2026 法律硕士

基础配套练习

（非法学、法学）

试题分册

文运法硕　主编

中国教育出版传媒集团

高等教育出版社 · 北京

图书在版编目（CIP）数据

法律硕士基础配套练习：非法学、法学．试题分册 /
文运法硕主编．－－北京：高等教育出版社，2025.2.

ISBN 978-7-04-064064-9

Ⅰ. D9-44

中国国家版本馆 CIP 数据核字第 2024YS4019 号

法律硕士基础配套练习（非法学、法学）试题分册
FALÜ SHUOSHI JICHU PEITAO LIANXI (FEIFAXUE、FAXUE) SHITI FENCE

| 策划编辑 逯琪琪 | 责任编辑 王 蓉 | 封面设计 贺雅馨 | 版式设计 徐艳妮 |
| 责任校对 刘娟娟 | 责任印制 存 怡 | | |

出版发行	高等教育出版社	网 址	http://www.hep.edu.cn
社 址	北京市西城区德外大街 4 号		http://www.hep.com.cn
邮政编码	100120	网上订购	http://www.hepmall.com.cn
印 刷	保定市中画美凯印刷有限公司		http://www.hepmall.com
开 本	787mm×1092mm 1/16		http://www.hepmall.cn
本册印张	21.75		
本册字数	530 千字	版 次	2025 年 2 月第 1 版
购书热线	010-58581118	印 次	2025 年 4 月第 3 次印刷
咨询电话	400-810-0598	总 定 价	80.00 元

本书如有缺页、倒页、脱页等质量问题，请到所购图书销售部门联系调换

版权所有 侵权必究

物 料 号 64064-A0

前言

一、2026 版全新修订

本书自 2016 年首次出版，历经十届法律硕士（以下简称"法硕"）考试，帮助众多考生成功上岸，成为绝大多数法硕考试复习高分经验文章必推荐的基础习题书。本书十次修订、十次升华，感谢上岸考生对本书的推荐，使得本书成为几乎人手一册的法硕基础复习阶段的配套习题书。

从最近几年的法硕考试真题来看，部分选择题的命题角度发生了变化。往年的法硕考试选择题几乎都可以从教材中找到"出处"，但是最近几年的法硕考试专业课选择题，有相当一部分题目是要求考生理解法律知识后，去运用法律知识解答问题，且很多选择题的题干亦紧跟时事热点。

文运法硕组编的《基础配套练习》，把握最新的命题趋势，全方位覆盖法硕考试命题核心知识点，帮助考生夯实基础知识，搭建完整的知识体系。本书 2026 版升级如下：

1. 题量优化。本书题量基本维持在 2600 至 3000 题，"地毯式"覆盖法硕考点，对法硕考试大纲和法硕考试分析中可以命题的知识点进行了命题，方便考生在复习的基础阶段进行习题训练。本书 2026 版，对主观题进行了较大的删减，主要是考虑到基础阶段有不少同学暂时无法完成过多主观题的作答，同时对部分针对某一个知识点重复考查的题目进行了删除。即，本书 2026 版主要做"减法"，力求节约同学们的时间，帮助同学们提高学习效率。

2. 题目优化。依据 2025 年法硕考试新大纲，本书对核心且大纲新增的知识点进行了命题，同时，依据上一年发生的重大法律事件和新的司法解释，新增了部分新题。部分题目，依据最新的法硕考试真题命题思路，进行了修订，确保题目的新颖性。

3. 排版升级。本书 2026 版，告别了延续多年的"双栏"排版模式，题目的编排采取单栏模式，题干和题目更醒目，提升使用体验。

二、关于《基础配套练习》的题目难度

文运法硕组编的《基础配套练习》是目前市面上出版时间较长、在考生群体中具有较好口碑、具有较大影响力的一本基础配套习题，大量法硕考试复习高分经验文章中基本上都会推荐这本书。一本书能持续多年获得如此口碑和影响力，核心原因是本书具备实用性，可以切实帮助考生，只有好产品才能得到考生认可。

目前法硕考试培训市场上有一些关于习题类图书的评论，说本书题目较简单，做《基础配套练习》的题目不如做真题。文运法硕现就相关问题说明如下：

1. 关于本书题目难度。本书书名是《基础配套练习》，全书落脚点是帮助考生在

基础入门阶段进行训练，巩固当天所学知识。而刚开始复习法硕的考生，法律基础薄弱，如果做太难的题目，一方面，考生的知识储备没有达到能做难题的水平，这样的难题也就起不到任何巩固知识的目的；另一方面，在第一轮就做太难的题目也会打击考生的复习心态和自信心。为此，文运法硕编写的这本习题书，就必须合理安排题目难易程度。并且，法硕考试真题，也不是每个题目都是难题。《基础配套练习》每年都有一些题目和当年的考试真题非常接近，这也说明本书的题目难度和出题思路与真题是一致的。

为了更好地帮助同学们在强化阶段的复习，文运法硕将全新推出《强化配套练习》，专供同学们在强化阶段提升、拔高使用，预计暑期出版。基础阶段做相对容易的《基础配套练习》，强化阶段做有一定难度的《强化配套练习》。

2. 关于基础阶段是做真题还是《基础配套练习》的题目，文运法硕坚持认为，考生在第一轮复习时尽量不要做真题。因为法硕考试真题有很多题目综合性较强，涉及不同章节的知识点。刚接触法硕的考生，如果在基础阶段就做真题，会因为知识储备不足而无法解答。此外，真题的宝贵性不言而喻，不能随随便便就去做。在第一轮复习或者第二轮复习之后，考生已经具有一定的基础，储备了较多知识点，此时再去做真题，才能发挥出真题的最大价值。

文运法硕在此做个不太恰当的比喻。对于一个新生儿而言，是先喝奶粉还是先吃大鱼大肉？答案毋庸置疑。《基础配套练习》就好比是营养全面的奶粉，对于处在复习基础阶段的考生来说，更容易"吸收和消化"。如果考生在复习基础阶段就去做难题甚至是和法硕考试真题命题规律不一致的"炫技题"，只会导致考生"消化不良和无法吸收"。

三、本书使用建议

在复习的基础阶段，考生可以使用文运法硕组编的 2026 版《考点详解》和配套免费视频课程来作为第一轮基础精讲阶段的复习资料，搭配使用《基础配套练习》，能完美满足基础阶段的复习需求，达到讲练结合，巩固知识点的目的。

我们建议各位考生应该一边看教材一边做题，看了教材一个章节的内容，然后就做相应章节的习题，做完习题之后自己按照所给的参考答案进行评分，并仔细思考与分析书中的解析。本书解析详尽，讲解明晰易懂，看解析等于又巩固了一遍所学知识。对于做错的部分，建议考生务必回到教材上去找相关知识点，并对相关知识点再进行学习理解。建议考生使用红笔标记错题，等到第二轮复习的时候，可以再返回来看看自己能否在本轮复习时做对题目。如果按照这个思路进行一轮完整复习，考生一般就能对相关知识点复习 2—3 遍。

一本书，畅销一两年很容易，但能一直畅销十年，这离不开考生的支持，也离不开编辑团队的努力。图书畅销是动力，更是压力，本书的编辑团队会继续努力，力求精益求精。感谢高等教育出版社的各位专家对本书提供的专业指导，感谢图书编辑的辛勤工作。

文运法硕认为，任何考试的备考书籍在于精而不在于多，一本书看三遍的效果肯定高于三本书各看一遍的效果。考研复习就需要重复、重复、再重复！

文运法硕在此向各位考生推荐以下法律硕士专业课核心图书（选择部分购买即可）：

1	《法律硕士考点详解》	已出版
2	《法律硕士基础配套练习》	2月上旬
3	《法律硕士刑法分则深度解读》	3月上旬
4	《法律硕士历年真题章节分类详解》	4月下旬
5	《法律硕士历年真题及答案详解（非法学）》	4月下旬
6	《法律硕士历年真题及答案详解（法学）》	4月下旬
7	《法律硕士强化配套练习》	7月中旬
8	《法律硕士背诵逻辑》	8月中旬
9	《法律硕士写作逻辑》	9月中旬
10	《法律硕士冲刺五套卷》	9月下旬
11	《法律硕士背诵重点》	10月中旬
12	《法律硕士预测4套卷》	10月下旬

另附法律硕士备考重要网站及功能介绍如下：

内容	网址或方式	功能
文运法硕网站	 手机扫描二维码即可登录	文运法硕网站及时发布法律硕士重要信息
微信公众号		提供备考、复试、资讯、学习方法等信息
文运法硕APP		全新改版的文运法硕APP，内有各类题库和免费的公开课资源
微信客服	18810591683（微信同号） 18810591685（微信同号）	及时回复考生咨询及课程服务
文运法硕企业微信课程顾问		解答您的书籍、课程、备考等方面的咨询

编　者

2025年1月

目 录

基 础 课

综 合 课

民法学

法理学

基础课

刑 法 学

第一章　绪　论

📝 **章节提要**　本章在理论上属于刑法论的内容，几乎每年都在真题开篇中出现。本章考点突出，几乎没有难点，绝大多数情况以客观题形式考查，属于同学们必抓之分，务必扎实掌握。

一、单项选择题

1. 以下中国公民中，在我国领域外犯罪必须按我国刑法予以追究的是（　　　）

A. 犯我国刑法规定的最高刑为三年以下有期徒刑的罪名的个体商户

B. 犯我国刑法规定的最高刑为三年以下有期徒刑的罪名的某市私企总经理

C. 犯我国刑法规定的最高刑为三年以下有期徒刑的罪名的某解放军合成旅旅长

D. 犯我国刑法规定的最高刑为三年以下有期徒刑的罪名的外出旅游的村委会主任

2. 关于我国刑法的体系，下列说法错误的是（　　　）

A. 我国刑法仅分为"总则"和"分则"两个部分

B. 我国刑法总则分为 5 章，规定的是犯罪与刑罚的通用性规则

C. 我国刑法分则分为 10 章，规定的是各种具体犯罪的罪状和法定刑

D. 我国现行刑法采用大陆法系的法典模式

3. 《刑法》第 12 条第 1 款规定："中华人民共和国成立以后本法施行以前的行为，如果当时的法律不认为是犯罪的，适用当时的法律；如果当时的法律认为是犯罪的，依照本法总则第四章第八节的规定应当追诉的，按照当时的法律追究刑事责任，但是如果本法不认为是犯罪或者处刑较轻的，适用本法。"根据上述规定可知，我国刑法对溯及力采取的原则是（　　　）

A. 从新原则　　　　　B. 从旧原则　　　　　C. 从新兼从轻原则　　　　　D. 从旧兼从轻原则

4. 下列法律法规中，属于我国刑法表现形式的是（　　　）

A. 2024 年 3 月 1 日生效的《刑法修正案（十二）》

B. 最高人民法院制定的《关于审理骗购外汇、非法买卖外汇刑事案件具体应用法律若干问题的解释》

C. 《产品质量法》第 49 条规定："……构成犯罪的，依法追究刑事责任。"

D. 省级地方性法规中关于"构成犯罪的，依法追究刑事责任"的规定

5. 全国人大常委会于 2023 年 12 月 29 日通过了我国第 12 个刑法修正案，并于 2024 年 3 月 1 日正式生效，关于《刑法修正案（十二）》，下列说法正确的是（　　　）

A. 《刑法修正案（十二）》属于立法解释

B. 《刑法修正案（十二）》属于附属刑法

C. 《刑法修正案（十二）》属于单行刑法

D. 《刑法修正案（十二）》属于修改刑法的方式，与刑法具有同等效力

6. 下列关于刑法的特征的说法，错误的是（　　　）

A. 刑法是规定犯罪及其法律后果的法律规范的总和，其调整范围不具有广泛性

B. 刑法的调整对象具有专门性，主要规定犯罪，以及运用刑罚的方法同犯罪作斗争、追究犯罪人的刑事责任

C. 刑法的特点集中体现在其对犯罪行为的法律后果上，制裁方法具有严厉性

D. 刑法需要遵循明确性和谦抑性原则，尽量限制刑罚的适用

7. 关于刑事司法解释的时间效力，下列选项正确的是（　　　）

A. 司法解释也是刑法的渊源，故其时间效力与刑法完全一样，适用从旧兼从轻原则

B. 行为时无相关司法解释，新司法解释实施时正在审理的案件，应当依新司法解释办理

C. 行为时有相关司法解释，新司法解释实施时正在审理的案件，仍须按旧司法解释办理

D. 依行为时司法解释已审结的案件，若适用新司法解释有利于被告人的，应依新司法解释改判

8. 我国刑法分则第四章中明确规定了破坏选举罪，体现了对宪法规定的公民的选举权和被选举权的切实保护。这体现了刑法的（　　　）

　A. 保障机能　　　　　B. 规制机能　　　　　C. 保护机能　　　　　D. 威慑机能

9. 刑法禁止杀人的行为，并对故意杀人行为制定了严厉的刑罚。这体现了刑法的（　　　）

　A. 规制机能　　　　　B. 保护机能　　　　　C. 保障机能　　　　　D. 打击犯罪机能

10. 最高人民法院院长在其编写的学术著作中，对刑法进行了全文解释，该解释属于（　　　）

　A. 立法解释　　　　　B. 司法解释　　　　　C. 学理解释　　　　　D. 论理解释

11. 最高人民法院法官孟某在审理一起劫持火车案件过程中，将劫持汽车罪中的"汽车"解释为包含火车。孟某的解释属于（　　　）

　A. 扩大解释　　　　　B. 司法解释　　　　　C. 类推解释　　　　　D. 立法解释

12. 下列做法中不违背罪刑法定原则要求的是（　　　）

　A. 重法效力溯及既往　　　　　　　　　　B. 法律规定不确定的刑罚

　C. 适用行为后的轻法　　　　　　　　　　D. 适用类推解释

13. 下列关于罪刑法定原则的说法，正确的是（　　　）

A. 罪刑法定只约束立法者，不约束司法者

B. 罪刑法定中的"法"指的是广义的法律

C. 罪刑法定只禁止不利于被告人的事后法，不禁止有利于被告人的事后法

D. 罪刑法定只禁止采用类推解释，不禁止采用习惯法

14. 某省高级人民法院下文称，为了本地经济发展，对高学历经济犯罪的罪犯适用减刑、假释，可以从宽掌握，给予优待。这违反了（　　　）

　A. 罪刑法定原则　　　　　　　　　　　　B. 刑法适用平等原则

　C. 罪责刑相适应原则　　　　　　　　　　D. 明确性原则

15. 下列选项中，根据属人管辖原则应当适用中国刑法的是（　　　）

A. 中国公民甲在行驶于公海的中国船舶上失手致另一中国公民落水身亡

B. 外国公民乙在行驶于公海的中国船舶上向中国船员兜售毒品

C. 外国公民丙在其本国境内实施爆炸致两名中国公民身亡

D. 中国公民丁被某国有公司派往国外工作，因严重失职给国家利益造成重大损失

16. 无国籍人甲在缅甸购买毒品后，到新加坡贩卖，后被我国司法机关抓获，我国可按照

（　　　　）对甲的犯罪行使管辖权

A. 属人原则　　　　B. 属地原则　　　　C. 保护原则　　　　D. 普遍管辖原则

17. 我国《刑法》规定：凡在中国船舶或者航空器内犯罪的，适用中国刑法。其确定刑法效力范围的依据是（　　　　）

A. 属地原则　　　　B. 属人原则　　　　C. 保护原则　　　　D. 普遍管辖原则

18. A 国公民甲，在 B 国境内杀害中国公民乙等 10 人，后被中国警方抓获归案，中国刑法对其具有管辖权的依据是（　　　　）

A. 属人原则　　　　B. 属地原则　　　　C. 保护原则　　　　D. 普遍管辖原则

19. 越南籍女性黄某伙同越南籍、中国籍共 24 人组成实施收购、运输、贩卖儿童的犯罪团伙，形成一条从越南向我国境内拐卖儿童的通道。中国司法机关对于黄某进行审判的依据是（　　　　）

A. 属地原则　　　　B. 属人原则　　　　C. 保护原则　　　　D. 普遍管辖原则

20. 2021 年 3 月 1 日，《刑法修正案（十一）》生效，"高空抛物"正式入刑。根据 2021 年最高人民法院的工作报告，2021 年高空抛物致人伤亡案件大幅减少，群众头顶上安全更有保障。这一变化反映了刑法的（　　　　）

A. 保障机能　　　　B. 规制机能　　　　C. 保护机能　　　　D. 威慑机能

21. 尼泊尔公民甲在本国境内打猎，一枪恰好将在尼泊尔境内攀登珠峰的中国公民乙打死。关于本案说法正确的是（　　　　）

A. 本案应由尼泊尔司法机关按照属地原则管辖，我国无管辖权

B. 本案应由尼泊尔司法机关按照属人原则管辖，我国无管辖权

C. 中国法院可以根据保护原则行使管辖权

D. 中国法院可以根据普遍管辖原则行使管辖权

22. 关于刑法的基本原则，下列选项中，说法正确的是（　　　　）

A. 简单罪状没有具体描述犯罪特征，违反了罪刑法定原则中的明确性要求

B. 罪刑法定原则中的"法"不仅包括法律，也包括行政法规

C. 合理运用减刑、假释是罪责刑相适应原则的体现

D. 禁止不均衡、残酷的刑罚是刑法适用平等原则的要求

23. 检察机关以强奸罪对犯罪嫌疑人张三依法提起公诉，法院依法审理后认为张三不构成强奸罪，故法院依法判决张三构成强制猥亵、侮辱罪。这体现了刑法的（　　　　）

A. 规制机能　　　　B. 威慑机能　　　　C. 保护机能　　　　D. 保障机能

24. 根据解释的方法，刑法解释可分为（　　　　）

A. 立法解释和司法解释　　　　　　　　B. 立法解释和学理解释

C. 司法解释和学理解释　　　　　　　　D. 文理解释和论理解释

二、多项选择题

1. 依据普遍管辖原则，我国对抓获的犯某国际罪行的美国人可以（　　　　）处理

A. 适用美国刑法规定进行审判

B. 适用我国刑法规定进行审判

C. 按照我国参加、缔结的国际条约实行引渡

D. 适用国际法规定进行审判

2. 下列选项中，不属于立法解释的是（　　）

A. 最高人民检察院对法律条文的解释

B. 全国人大常委会某委员的学术著作中对法律条文的解释

C. 全国人大常委会以决议的形式对《刑法》条文含义的解释

D. 在《刑法》中对有关术语的专条解释

3. 下列选项中，体现罪责刑相适应原则的是（　　）

A. 禁止采用过分的、残酷的刑罚

B. 定罪量刑不允许有任何歧视或优待

C. 对累犯从重处罚、不得假释、不得缓刑

D. 我国刑法对中止犯的处罚明显轻缓于未遂犯、预备犯

4. 下列选项中，属于附属刑法的是（　　）

A. 《海关法》中有关追究刑事责任的条款

B. 最高人民法院的司法解释

C. 1979 年《刑法》

D. 《公司法》中有关追究刑事责任的条款

5. 关于刑法的解释，下列说法正确的是（　　）

A. 将盗窃骨灰的行为认定为盗窃"尸体"，属于扩大解释

B. 将大型拖拉机解释为破坏交通工具罪的"汽车"，至少是扩大解释乃至类推解释

C. 将为境外窃取、刺探、收买、非法提供国家秘密、情报罪中的"情报"解释为"关系国家安全和利益、尚未公开或者依照有关规定不应公开的事项"，属于缩小解释

D. 立法解释是由立法机关作出的解释，既然立法机关在制定法律时可以规定"携带凶器抢夺的，以抢劫罪论处"，那么，立法解释也可以规定"携带凶器盗窃的，以抢劫罪论处"

6. 关于刑法的基本原则，下列说法正确的是（　　）

A. 罪刑法定原则只禁止有罪类推解释，因此可以把有利于被告人的类推解释方法作为法律解释的出发点和落脚点

B. 罪刑法定原则禁止不明确的罪状，因此简单罪状违反罪刑法定原则

C. 刑法适用平等原则要求在定罪、量刑以及行刑上都要平等地依照刑法规定处理

D. 罪责刑相适应原则要求在行刑中合理地运用减刑、假释等制度

7. 下列属于刑法的时间效力的说法，正确的是（　　）

A. 刑法的时间效力是指刑法的生效时间、失效时间以及刑法的溯及力

B. 刑法的生效时间通常只有一种方式，即自公布起生效

C. 刑法的失效时间通常有两种方式，即由国家司法机关明确宣布失效和自然失效

D. 刑法的溯及力是指刑法对于生效以前的行为是否适用的问题

8. 《最高人民法院关于审理抢劫案件具体应用法律若干问题的解释》第3条第2款规定，抢劫正在使用中的银行或者其他金融机构的运钞车的,视为"抢劫银行或者其他金融机构"，这属于（　　）

A. 司法解释　　　　　　　　　　B. 扩大解释

C. 类推解释　　　　　　　　　　D. 当然解释

9. 下列选项中，属于我国刑法渊源的是（　　）

A.《中华人民共和国刑法》

B.《关于惩治骗购外汇、逃汇和非法买卖外汇犯罪的决定》

C. 行政法规中关于"构成犯罪的，依法追究刑事责任"的规定

D. 地方性法规中关于"构成犯罪的，依法追究刑事责任"的规定

10. 1997年3月6日全国人大常委会副委员长王汉斌所作的《关于〈中华人民共和国刑法〉（修订草案）的说明》是（   ）

A. 立法解释　　　　　　　　　　　B. 司法解释

C. 学理解释　　　　　　　　　　　D. 有权解释

11. 我国《刑法》第12条对刑法溯及力采取从旧兼从轻原则。即对于现行刑法生效以前的未经审判或者判决尚未确定的行为，适用行为当时有效的法律。但是按照现行有效的法律不认为犯罪或处刑较轻的，适用现行有效的法律。依据行为当时有效法律已经作出的生效判决，继续有效。下列说法错误的是（   ）

A. 所谓"处刑较轻"，是指刑法对某种犯罪规定的刑罚即法定刑比修订前刑法规定的刑罚要轻。一般而言，法定刑较轻是指法定最高刑较轻，如果法定最高刑相同，则指法定最低刑较轻

B. 刑法溯及力既适用于未决犯，也适用于已决犯

C. 如果刑法规定的某一犯罪有两个以上的法定刑幅度，法定最高刑或者最低刑是指具体犯罪行为应当适用的法定刑幅度的最高刑或者最低刑

D. 按照审判监督程序重新审判的案件，适用审判时的法律

三、简答题

1. 简述刑法的表现形式。

2. 简述刑法的域外效力。

四、法条分析题

刑法第6条规定："凡在中华人民共和国领域内犯罪的，除法律有特别规定的以外，都适用本法。

凡在中华人民共和国船舶或者航空器内犯罪的，也适用本法。

犯罪的行为或者结果有一项发生在中华人民共和国领域内的，就认为是在中华人民共和国领域内犯罪。"

请分析：

（1）本条文中"除法律有特别规定的以外"包括哪些情形？

（2）本条文中"中华人民共和国领域内"的含义。

（3）如果甲的犯罪行为在我国领域外，犯罪结果发生在我国领域内，能否适用上述条文规定的管辖原则？

第二章 犯罪概念

📝 **章节提要**　本章属于犯罪论的开篇，"但书"可以考客观题，犯罪的基本特征可以考主观题。

一、单项选择题

1. 《刑法》第 13 条规定："……但是情节显著轻微危害不大的，不认为是犯罪。"该"但书"规定的目的主要在于（　　）
A. 对已经构成犯罪的行为免予刑罚处罚
B. 对已经构成犯罪的行为予以非刑罚处罚
C. 给予司法机关确定行为是否构成犯罪的自由裁量权
D. 避免轻微的违法行为犯罪化

2. 关于《刑法》第 13 条"但书"的理解错误的是（　　）
A. "但书"表明认定犯罪不仅仅需要正确"定性"，还需要合理确定危害的"程度"或"量"
B. "但书"赋予司法机构排除犯罪的权力，与罪刑法定原则不相容
C. "但书"是区分违法行为与犯罪行为的宏观标准
D. "但书"可以缩小犯罪或刑事处罚的范围

3. 下列关于犯罪的定义的观点中，说法正确的是（　　）
A. 刑事古典学派认为犯罪是犯罪人反社会性格的表现
B. 法益侵害说认为犯罪侵害了国家、社会或者个人的法益
C. 伦理规范违反说认为犯罪是造成侵害性结果或危险的行为
D. 刑事社会学派认为犯罪违反了基本的社会伦理规范

二、多项选择题

1. 下列对"犯罪是严重危害社会的行为，具有严重的社会危害性"这句话的理解中，正确的是（　　）
A. 犯罪必须是人的具体行为
B. 犯罪不是一般意义上的行为，而必须是具有严重社会危害性的行为
C. 严重的社会危害性是犯罪的实质特征
D. 行为被刑法明文规定为犯罪时才是犯罪

2. 下列关于犯罪的定义，说法正确的是（　　）
A. 按照法律形式层面的定义，犯罪就是一种严重危害社会的行为
B. 唯物史观认为犯罪是由掌握政权的统治阶级以国家意志的形式规定应受刑罚处罚的行为
C. 不同的犯罪的定义反映出不同的犯罪观
D. 我国《刑法》第 13 条规定犯罪是危害社会、依照法律应受刑罚处罚的行为，是根据犯罪的实质特征而下的定义

简述"但书"的意义。

第三章 犯罪构成

章节提要 本章为犯罪论的重点章节，传统的四要件犯罪构成理论是法硕考试的理论基石，一方面单独考查本章的题目较多，另一方面只有真正理解本章内容才能为学好刑法奠定基础，请考生们务必重视本章，当能真正将本章内容融会贯通之时，刑法的其他问题便可以迎刃而解。

一、单项选择题

1. 关于犯罪构成，下列说法正确的是（　　）

A. 犯罪构成只有部分要件是由刑法规定的

B. 基本的犯罪构成通常包括故意犯罪的未完成形态，如犯罪预备、犯罪未遂和犯罪中止等形态

C. 故意杀人，情节较轻的，处三年以上十年以下有期徒刑。属于基本的犯罪构成

D. 具备犯罪构成要件是适用刑罚法律后果的前提

2. 甲因家中停电而点燃蜡烛时，意识到蜡烛没有放稳，有可能会倾倒引起火灾，但想到如果就此引起火灾，反而可以获得高额的保险赔偿，于是外出吃饭。后来果然引起火灾，并将邻居家的房屋烧毁。甲以失火为由向保险公司索赔，获得赔偿。对于此案，下列选项正确的是（　　）

A. 就放火罪而言，甲的行为属于不作为犯

B. 就放火罪而言，甲的行为属于作为与不作为的结合

C. 就保险诈骗罪而言，甲的行为属于不作为犯

D. 就保险诈骗罪而言，甲的行为属于作为与不作为的结合

3. 甲与素不相识的崔某发生口角，推了他肩部一下，踢了他屁股一脚。崔某忽觉胸部不适继而倒地，在医院就医时死亡。经鉴定，崔某因患冠状动脉粥样硬化性心脏病致急性心力衰竭而死亡。关于本案，下列选项正确的是（　　）

A. 甲成立故意伤害罪，属于故意伤害致人死亡

B. 甲的行为既不能认定为故意犯罪，也不能认定为意外事件

C. 甲的行为与崔某死亡结果之间有因果关系，这是客观事实

D. 甲主观上对崔某死亡具有预见可能性，成立过失致人死亡罪

4. 关于期待可能性，下列选项错误的是（　　）

A. 行为人是否具有故意、过失，与是否具有期待可能性，是两个不同的问题。换言之，具有故意、过失的人，也可能没有期待可能性

B. 行为人犯罪后毁灭自己犯罪证据的行为之所以不构成犯罪，是因为欠缺期待可能性

C. 在司法实践中，对于因遭受自然灾害外流谋生而重婚的，之所以不以重婚罪论处，因为缺乏期待可能性

D. 身无分文的乞丐盗窃他人财物得以维持生存的，因为缺乏期待可能性，不应认定为盗窃罪

5. 甲明知乙要杀人，还为乙提供管制刀具，造成被害人死亡。法院认定甲构成故意杀人罪。甲的行为具备（　　　）

A. 基本的犯罪构成　　　　　　　　　　B. 修正的犯罪构成
C. 减轻的犯罪构成　　　　　　　　　　D. 加重的犯罪构成

6. 拐卖妇女、儿童，造成被拐卖的妇女、儿童或者其亲属重伤、死亡或者其他严重后果的，属于拐卖妇女、儿童罪的（　　　）

A. 加重的犯罪构成　　　　　　　　　　B. 减轻的犯罪构成
C. 标准的犯罪构成　　　　　　　　　　D. 修正的犯罪构成

7. 犯罪同类客体最显著的作用是（　　　）

A. 区分此罪与彼罪的根据　　　　　　　B. 构建刑法分则体系的根据
C. 确立具体犯罪构成的依据　　　　　　D. 区分故意犯罪与过失犯罪的根据

8. 重婚罪侵害的"一夫一妻制"属于（　　　）

A. 一般客体　　　　B. 同类客体　　　　C. 直接客体　　　　D. 复杂客体

9. 下列选项中，属于犯罪对象的是（　　　）

A. 制造的毒品　　　　　　　　　　　　B. 走私、贩卖、运输的毒品
C. 生产、销售伪劣产品所得　　　　　　D. 赌博的赌资

10. 关于犯罪客体与犯罪对象，下列说法错误的是（　　　）

A. 抢劫罪的对象是公私财物，犯罪客体是财产的所有权和他人的人身权利
B. 犯罪对象寓于犯罪客体之中，揭示犯罪的本质
C. 脱逃罪的犯罪对象不是其犯罪构成的必要要素
D. 任何犯罪都必然侵害一定的客体

11. 甲早就暗藏杀杨某之心，某日甲梦游中用水果刀杀死来家里做客的杨某一家五口。关于本案说法正确的是（　　　）

A. 甲构成过失致人死亡罪　　　　　　　B. 甲构成故意杀人罪
C. 甲构成以危险方法危害公共安全罪　　D. 甲不构成犯罪

12. 甲对某危害结果没有阻止其发生的义务，如果该危害结果发生，甲的不作为行为（　　　）

A. 不可能构成犯罪　　　　　　　　　　B. 可能构成纯正的不作为犯
C. 可能构成不纯正的不作为犯　　　　　D. 可能构成手段不能犯

13. 下列关于不作为犯的说法，错误的是（　　　）

A. 遗弃罪、拒不执行判决裁定罪属于纯正的不作为犯
B. 认定不纯正的不作为犯时要特别慎重
C. 纯正的不作为犯是适用法律认定犯罪的特殊问题
D. 不作为犯一般直接违反了某种命令性规范

14. 某住宅突发大火，甲急忙逃跑，跑到楼下想起自己的孩子还在屋子里睡觉，但火势太大甲无法返回，最终导致孩子死亡。甲的行为（　　　）

A. 构成失火罪　　　　B. 构成遗弃罪　　　　C. 构成故意杀人罪　　　　D. 不构成犯罪

15. 下列选项中，属于狭义的危害结果的是（　　　）

A. 甲诈骗个体经营户乙的大量钱财，乙因而自杀身亡

B. 甲违章作业导致设备损坏停产停工，损失利润 15 万元

C. 甲与女友乙分手，乙投河自尽

D. 甲故意伤害乙，不慎致乙死亡

16. 关于故意杀人罪，下列选项正确的是（　　　）

A. 甲意欲使乙在跑步时被车撞死，便劝乙清晨在马路上跑步。乙果真在马路上跑步时被车撞死，甲的行为构成故意杀人罪

B. 甲意欲使乙遭雷击死亡，便劝乙在下雨天到树林散步，因为下雨时在树林中行走容易遭雷击。乙果真下雨天在树林中散步时遭雷击身亡。甲的行为构成故意杀人罪

C. 甲对乙有仇，意图致乙死亡。甲仿照乙的模样捏了一个小面人，写上乙的姓名，在小面人身上扎针并诅咒 49 天。到第 50 天，乙因车祸身亡。甲的行为不可能致人死亡，所以不构成故意杀人罪

D. 甲以为杀害妻子乙后，乙可以升天，便在此念头支配下将乙杀死。后经法医鉴定，甲具有辨认与控制能力。但由于甲的行为是出于愚昧无知，所以不构成故意杀人罪

17. 下列关于特殊人群的从宽处罚规定，说法正确的是（　　　）

A. 不满 18 周岁的人犯罪，可以从轻或者减轻处罚

B. 尚未完全丧失辨认或者控制自己行为能力的精神病人犯罪的，应当负刑事责任，但是可以从轻、减轻、免除处罚

C. 醉酒的人犯罪，应当负刑事责任，但是可以从轻处罚

D. 又聋又哑的人或者盲人犯罪，可以从轻、减轻或者免除处罚

18. 甲 13 周岁，故意杀死同学乙，情节恶劣。甲的行为（　　　）

A. 绝对不构成犯罪

B. 经最高人民检察院核准追诉的，应当负刑事责任

C. 经最高人民法院核准追诉的，应当负刑事责任

D. 在必要的时候，可以由政府收容管教

19. 甲在林中打猎时，发现一个猎物旁边有一个孩子在玩耍，甲自知枪法不佳，但由于打猎心切，他仍然开了枪，结果子弹打偏打死了孩子。甲对于孩子死亡的主观心态属于（　　　）

　A. 直接故意　　　　B. 间接故意　　　　C. 过于自信的过失　　　D. 疏忽大意的过失

20. 甲明知自己的枪法很差，但为了杀乙，也顾不了那么多了，遂从 100 米外向乙开枪，没想到居然打中了乙，致乙死亡。此案中甲杀害乙的罪过形式是（　　　）

　A. 直接故意　　　　B. 间接故意　　　　C. 疏忽大意的过失　　　D. 过于自信的过失

21. 下列关于犯罪目的和犯罪动机的说法中，错误的是（　　　）

A. 犯罪目的，指犯罪人希望通过实施某种犯罪行为实现某种犯罪结果的心理态度

B. 间接故意和过失犯罪不存在犯罪目的

C. 犯罪动机是法定或酌定的量刑情节

D. 同一犯罪行为往往会出于相同的犯罪动机

22. 甲基于杀人故意实施的下列行为，与乙的死亡之间具有刑法上因果关系的是（　　　）

A. 甲劝说乙去蹦极，乙蹦极时因设备意外发生故障而坠落死亡

B. 甲殴打乙致乙轻微伤，乙在医院治疗时因医院发生火灾而死亡

C. 甲驾驶摩托车抢夺乙的钱包，乙死抓不放，甲将乙拖行碰撞地面而死亡

D. 甲不停诅咒乙死亡，后乙因突发车祸而死亡

23. 甲未经许可收购珍贵树木制作家具，没有意识到该行为属于《刑法》第344条规定的非法收购、加工国家重点保护植物罪。甲的认识错误属于（　　　）

A. 法律认识错误　　　B. 客体认识错误　　　C. 手段认识错误　　　D. 因果关系认识错误

24. 甲本想使用毒药杀害张三，但因为误认而错用了白糖，甲的行为属于（　　　）

A. 客体错误　　　　　B. 对象错误　　　　　C. 手段错误　　　　　D. 行为偏差

25. 甲意图杀害张三，在实行犯罪时误把李四认作张三而杀死，张三未遇害。对甲的行为应当（　　　）

A. 以故意杀人罪（未遂）和过失致人死亡罪数罪并罚

B. 以过失致人死亡罪定罪处罚

C. 以故意杀人罪（未遂）定罪处罚

D. 以故意杀人罪（既遂）定罪处罚

26. 甲（15周岁）因盗窃金店被保安发现后，将保安打成轻伤。对于甲的处理，下列说法正确的是（　　　）

A. 以抢劫罪定罪处罚　　　　　　　　　　B. 应责令甲的家长加以管教

C. 以盗窃罪定罪处罚　　　　　　　　　　D. 以故意伤害罪定罪处罚

27. 甲是一名高中教师，经常上山采蘑菇，对蘑菇种类有一定的了解。某日，甲上山采野生蘑菇做蘑菇汤，款待多年未见的好友乙，二人双双中毒，甲经抢救痊愈，但乙中毒身亡。甲的主观心态属于（　　　）

A. 直接故意　　　B. 间接故意　　　C. 过于自信的过失　　　D. 疏忽大意的过失

28. 甲（78周岁）因琐事与他人发生争吵，一怒之下用刀将他人捅成重伤。对甲量刑时（　　　）

A. 可以从轻或者减轻处罚　　　　　　　　B. 应当从轻或者减轻处罚

C. 可以减轻或者免除处罚　　　　　　　　D. 应当减轻或者免除处罚

29. 甲复制含有色情内容的有艺术价值的文学作品，本来不构成犯罪，但他却误以为犯罪，这种情况是（　　　）

A. 假想非罪　　　　B. 假想犯罪　　　　C. 客体错误　　　　D. 对象错误

30. 甲贩运假烟，驾车路过某检查站时，被市场监督管理部门拦住检查。检查人员乙正登车检查时，甲突然发动汽车夺路而逃。乙抓住汽车车门的把手不放，甲为摆脱乙，在疾驶时突然急刹车，导致乙头部着地身亡。甲对乙死亡的心理态度属于（　　　）

A. 直接故意　　　　B. 间接故意　　　C. 过于自信的过失　　　D. 疏忽大意的过失

31. 甲爱好游泳，且技术高超。一日，甲声称愿帮助乙学会游泳，乙欣然答应。甲遂将乙带到河流深水处去游，在乙刚学会游泳时，甲即弃之不顾，独自游回河岸。乙无力游回，面临被淹死的危险状态，甲能够救援却不救援，致使乙被淹死。此时，站在河岸上旁观的丙，游泳技术很好，完全能够及时救援乙，但丙不认识甲、乙两人，不愿跳入河中救人。本案中，甲和丙的行为（　　　）

A. 构成共同犯罪　　　　　　　　　　　　B. 甲的行为构成犯罪，丙的行为不构成犯罪

C. 均不构成犯罪　　　　　　　　　　　　D. 应分别以故意杀人罪论处

32. 甲在12岁生日当天绑架并杀害同学乙，情节恶劣。下列说法正确的是（　　　）

A. 甲成立故意杀人罪

B. 经最高人民检察院核准追诉的，应当负刑事责任

C. 甲不构成犯罪

D. 甲成立绑架罪

33. 下列选项中，属于犯罪构成选择要素的有（　　）

A. 罪过　　　　　　B. 危害结果　　　　　　C. 犯罪客体　　　　　　D. 犯罪主体

34. 刑法理论的核心和刑法理论体系的基础是（　　）

A. 犯罪构成　　　　B. 犯罪概念　　　　　　C. 刑罚论　　　　　　　D. 刑事责任

35. 甲想杀死乙，但由于紧张，捅错了位置，只扎伤了乙的大腿。甲的行为符合（　　）

A. 标准的犯罪构成　　　　　　　　　　B. 复杂的犯罪构成

C. 基本的犯罪构成　　　　　　　　　　D. 修正的犯罪构成

36. 我国《刑法》第 102 条第 1 款规定："勾结外国，危害中华人民共和国的主权、领土完整和安全的，处无期徒刑或者十年以上有期徒刑。"甲勾结外国，危害我国领土完整，人民法院认定其构成背叛国家罪。甲的行为符合背叛国家罪的（　　）

A. 加重的犯罪构成　　　　　　　　　　B. 派生的犯罪构成

C. 基本的犯罪构成　　　　　　　　　　D. 修正的犯罪构成

37. 下列关于犯罪构成的说法，错误的是（　　）

A. 犯罪构成指刑法规定的成立犯罪必须具备的主观要件和客观要件的总和

B. 犯罪构成回答什么是犯罪以及犯罪具有哪些基本属性等问题

C. 犯罪构成是成立犯罪的必备要件，具备犯罪构成要件是适用刑罚法律后果的前提

D. 犯罪构成是成立犯罪的标准、成立一罪还是数罪的标准、区分此罪与彼罪的标准

38. 下列关于犯罪直接客体的说法，正确的是（　　）

A. 对犯罪客体可以按照范围大小划分，犯罪直接客体的范围最小

B. 直接客体是指某一类犯罪共同侵害的社会利益

C. 暴力干涉婚姻自由罪直接侵害的客体是人身权利

D. 根据犯罪行为侵害的直接客体的数量，可以把直接客体分为简单客体、双重客体和复杂客体

39. 下列选项中，构成不作为犯罪的是（　　）

A. 甲约同事赵某到湖中游泳，赵某水性不佳，不慎溺亡，甲由于害怕没有进行营救

B. 钱某向朋友乙求爱，并声称"如果不接受求爱，我就跳河自杀"，乙不接受钱某的求爱，钱某遂跳河溺亡

C. 丙受邻居委托，带邻居家小孩毛毛去水上公园游玩，在丙低头玩手机时，毛毛不慎掉入水中溺亡，丙未进行施救

D. 丁到某景区游玩，看到孙某爬山时不慎掉入山谷，孙某进行呼救，丁未予理睬，孙某身亡

40. 甲拒绝抚养有严重残疾的女儿，将其丢弃于火车站，致使其冻成重伤。甲构成遗弃罪。在本案中，甲违反了（　　）

A. 法律明文规定的义务　　　　　　　　B. 业务上要求的义务

C. 法律行为引起的义务　　　　　　　　D. 先前行为引起的义务

41. 以下关于危害行为的说法，正确的是（　　）

A. 见危不救行为一定不构成犯罪

B. 实施同样的行为必须以同样的罪名定罪处罚

C. 刑法中的不作为就是身体处于静止状态的行为方式

D. 无行为即无犯罪

42. 王某是某物流公司的司机。一日深夜驾车返回公司仓库，倒车入库停车时将偷偷溜进仓库过夜的乞丐乙轧死，后查明乙当时为取暖而睡在仓库的麻袋中。王某的行为（ ）

A. 属于不可抗力，不构成犯罪

B. 属于意外事件，不构成犯罪

C. 属于疏忽大意的过失，成立过失致人死亡罪

D. 属于间接故意，成立故意杀人罪

43. 下列关于危害结果的表述，错误的是（ ）

A. 危险犯的既遂不要求实际危害结果的出现

B. 危害结果是所有犯罪成立的必备要件

C. 故意杀人罪只有发生了死亡结果才构成既遂

D. 绝大多数过失犯罪都要求发生法定性的物质性危害结果才构成犯罪

44. 行为人在实施不纯正不作为犯罪时，其罪过（ ）

A. 只能是故意   B. 只能是过失

C. 既可以是故意，也可以是过失   D. 只能是间接故意

45. 13 周岁的甲觊觎邻家 10 岁小妹丙已久，某日丙在放学途中被甲骗至家中。甲提出要与丙发生性关系，丙拒绝。甲恼羞成怒，使用残忍手段将丙杀害并抛尸至灌木丛，情节恶劣。根据我国《刑法》的相关规定，对甲应当如何处理（ ）

A. 因甲不满 14 周岁，因此不负刑事责任

B. 对甲应当以强奸罪未遂和故意杀人罪数罪并罚

C. 经最高人民检察院核准追诉，其应当负刑事责任

D. 经最高人民法院批准逮捕，其应当负刑事责任

46. 关于单位犯罪的主体，下列说法错误的是（ ）

A. 不具有法人资格的私营企业，也可以成为单位犯罪的主体

B. 刑法分则规定的只能由单位构成的犯罪，不可能由自然人单独实施

C. 单位的分支机构或者内设机构，可以成为单位犯罪的主体

D. 个人为进行违法犯罪活动而设立的公司、企业、事业单位，或者公司、企业、事业单位设立后，以实施犯罪为主要活动的，不能成为单位犯罪的主体

47. 饭店厨师乙在烹饪菜肴时出于意外将老鼠药混入了菜肴之中，食客甲因食用菜肴而中毒后，乙为了逃避责任故意不救助，最终导致甲死亡。下列说法错误的是（ ）

A. 本案中乙负有救助甲安全的义务   B. 乙的救助义务源自法律规定的义务

C. 乙属于不纯正的不作为犯   D. 乙构成不作为的故意杀人罪

二、多项选择题

1. 我国《刑法》第 238 条第 1、2 款规定："非法拘禁他人或者以其他方法非法剥夺他人人身自由的，处三年以下有期徒刑、拘役、管制或者剥夺政治权利。具有殴打、侮辱情节的，从重处罚。犯前款罪，致人重伤的，处三年以上十年以下有期徒刑；致人死亡的，处十年

以上有期徒刑。使用暴力致人伤残、死亡的，依照本法第二百三十四条、第二百三十二条的规定定罪处罚。"甲为索取债务非法拘禁乙，因捆绑过紧导致乙窒息死亡。甲的罪行符合非法拘禁罪的（　　　）

A. 修正的犯罪构成
B. 复杂的犯罪构成
C. 加重的犯罪构成
D. 派生的犯罪构成

2. 下列关于犯罪客体的说法，正确的是（　　　）

A. 《刑法》第 245 条规定的非法侵入住宅罪的客体是公共秩序

B. 因为《刑法》第 256 条规定的破坏选举罪的客体是公民行使宪法赋予的选举权利，所以该条规定的破坏选举的犯罪行为只限于破坏"各级人民代表大会代表和国家机关领导人员"的选举

C. 投放危险物质罪和使用投放危险物质的方法实施故意杀人罪的主要区别就在于客体不同

D. 重婚罪与暴力干涉婚姻罪侵害的直接客体不同，但同类客体相同

3. 下列罪名属于纯正不作为犯的是（　　　）

A. 遗弃罪
B. 放火罪
C. 拒不执行判决、裁定罪
D. 抗税罪

4. 下列选项中，属于不作为犯罪的是（　　　）

A. 甲见张某落水，救其上船后发现其是仇人，又将其推入水中，致其溺亡

B. 乙将一弃婴抱回家中，抚养一日后发现该弃婴有残疾，便将其放到菜市场门口，致其被冻死

C. 警察丙见到刘某持刀杀人并未阻止，而等刘某将被害人杀死扔掉刀逃跑时将刘某抓获

D. 丁邀请徐某到风景区漂流，在漂流筏转弯时，徐某的安全带突然松开致其摔落河中，丁未下河救人，徐某溺亡

5. 下列选项中，成立不作为犯罪的是（　　　）

A. 过路人甲看见某公寓发生火灾而不报警，导致公寓全部被烧毁

B. 成年人乙带邻居小孩出去游玩，小孩溺水，乙发现后能够救助而不及时抢救，致使小孩被淹死

C. 丙重男轻女，认为女儿不能延续香火，将年仅 1 岁的女儿抱到火车站，放在长椅上后匆匆离开。因为天冷，等警察发现女孩将其送到医院时，女孩已经死亡

D. 司机丁意外撞倒负完全责任的行人刘某后，没有立即将刘某送往医院，刘某死亡。事后查明，即使司机丁及时将刘某送往医院，也不可能挽救刘某的生命

6. 甲身患重病住院治疗，乙深夜潜入医院，将甲用来看病的钱财全部偷走，甲悲愤之下跳楼自杀身亡。下列说法正确的是（　　　）

A. 从广义的危害结果角度看，甲的财产损失和死亡都是乙盗窃行为的结果

B. 从狭义的危害结果角度看，甲的财产损失和死亡都是乙盗窃行为的结果

C. 甲的财产损失是乙盗窃罪犯罪构成要件的结果，甲的死亡是乙盗窃罪犯罪构成要件以外的结果

D. 甲的财产损失和死亡都是乙盗窃行为的直接结果

7. 下列选项中，属于刑法中的因果关系的特点的是（　　　）

A. 不以人的主观意志为转移

B. 相对性

C. 一般表现为两种现象之间有着内在的、必然的、合乎规律的引起与被引起的关系

D. 存在一果多因、一因多果的复杂形态

8. 关于因果关系，下列说法正确的是（　　　）

A. 甲故意伤害乙并致其重伤，乙被送到医院救治。当晚，医院发生火灾，乙被烧死。甲的伤害行为与乙的死亡之间不存在因果关系

B. 甲在穷乡僻壤致乙受伤，乙走两天路程才找到一所简陋的医院，后不治身亡。甲的行为与乙的死亡之间存在因果关系

C. 甲私设电网猎捕野生动物，在方圆百米外设立多处警示牌，乙钻电网触电身亡。甲的行为与乙的死亡之间存在因果关系

D. 甲与乙都对丙有仇，甲见乙向丙的食物投放了 5 毫克毒物，且知道 5 毫克毒物不能致丙死亡，遂在乙不知情的情况下又添加了 5 毫克毒物，丙吃下食物后死亡。甲的投毒行为与丙的死亡之间存在因果关系

9. 关于因果关系，下列选项正确的是（　　　）

A. 甲以杀人故意用铁棒将刘某打昏后，以为刘某已死亡，为隐藏尸体将刘某埋入雪沟，致其被冻死。甲的前行为与刘某的死亡有因果关系

B. 乙夜间驾车撞倒李某后逃逸，李某被随后驶过的多辆汽车碾轧，但不能查明是哪辆汽车造成李某死亡。乙的行为与李某的死亡有因果关系

C. 丙将海洛因送给 13 周岁的王某吸食，造成王某吸毒过量身亡。丙的行为与王某的死亡有因果关系

D. 丁以杀人故意开车撞向周某，周某为避免被撞跳入河中，不幸溺亡。丁的行为与周某的死亡有因果关系

10. 下列属于已满 14 周岁不满 16 周岁的人应负刑事责任的八种犯罪行为的是（　　　）

A. 故意伤害致人重伤　　　　　　　　B. 绑架

C. 贩卖毒品　　　　　　　　　　　　D. 盗窃银行金库

11. 下列行为中，属于已满 14 周岁不满 16 周岁的人应当负刑事责任的是（　　　）

A. 聚众"打砸抢"致人死亡

B. 携带凶器抢夺的

C. 盗窃病人财物致病人无钱治病死亡

D. 放鞭炮不小心酿成火灾导致一栋楼房被烧毁

12. 下列选项中，属于对未成年人的特殊宽大处理的是（　　　）

A. 15 周岁的男学生偶尔与 13 周岁的邻家女孩发生性行为，情节轻微，未造成严重后果，不认为是犯罪

B. 17 周岁的人使用轻微暴力，强行索要其他未成年人的学习用品，未造成严重后果，一般不认为是犯罪

C. 17 周岁的人盗窃未遂的，可不认为是犯罪

D. 15 周岁的人犯罪一般不判处无期徒刑

13. 下列对于精神病人的刑事责任的说法，正确的是（　　　）

A. 间歇性精神病人，在精神正常的时候犯罪，可以从轻处罚

B. 尚未完全丧失辨认或者控制自己行为能力的精神病人犯罪的，可以从轻或者减轻处罚

C. 认定精神病人无刑事责任能力的标准是医学标准

D. 又聋又哑的人或者盲人犯罪，可以从轻、减轻或者免除处罚

14. 下列情形中，不以单位犯罪论处的是（　　　）

A. 个人为进行违法犯罪活动而设立公司实施犯罪的

B. 公司设立后，以实施犯罪为主要活动的

C. 盗用单位名义实施犯罪，违法所得由实施犯罪的个人私分的

D. 以分公司的名义实施犯罪，违法所得归分公司所有的

15. 下列关于单位犯罪的说法中，错误的有（　　　）

A. 单位犯罪原则采取双罚制，例外采取单罚制

B. 单位犯罪只有法律明文规定的，才负刑事责任

C. 单位犯罪都是以单位牟利为目的

D. 对单位犯罪中直接负责的主管人员和其他直接责任人员的处罚必须分清主从犯

16. 下列犯罪中，属于特殊主体犯罪的是（　　　）

A. 叛逃罪　　　　　　　　　　　B. 徇私枉法罪

C. 生产、销售有毒、有害食品罪　　D. 妨害作证罪

17. 以下罪名中，犯罪主体属于特殊主体的是（　　　）

A. 故意杀人罪　　B. 滥用职权罪　　C. 挪用公款罪　　D. 行贿罪

18. 下列关于犯罪目的的说法，正确的是（　　　）

A. 只有直接故意犯罪才具有犯罪目的

B. 为报仇而杀人，报仇属于犯罪目的

C. 犯罪目的是拐卖妇女儿童罪的必要主观要件之一

D. 刑法分则条文没有规定犯罪目的

19. 下列关于犯罪过失的说法，正确的是（　　　）

A. 刑法以惩罚故意犯罪为原则，以惩罚过失犯罪为例外

B. 对过失犯罪，法律有规定的才负刑事责任

C. 对过失行为，只有造成严重后果的才负刑事责任

D. 过失犯罪的法定刑明显轻于故意犯罪

20. 下列选项中，属于事实认识错误的情形有（　　　）

A. 甲欲杀张三，却误将李四当作张三杀死

B. 乙认为嫖娼不为罪，有意嫖宿了不满 14 周岁的幼女

C. 丙想要偷窃他人钱包里的钱，将钱包偷回家后发现里面装的是枪支

D. 丁用锤子打死邻居后，将其投入井中藏尸，但实际上邻居并不是被锤子打死而是于井中溺亡

21. 下列关于未成年人犯罪的说法中，正确的有（　　　）

A. 未成年人犯罪只有罪行极其严重的，才可以适用无期徒刑

B. 对未成年罪犯判处附加剥夺政治权利的，应当从轻判处

C. 对未成年罪犯实施刑法规定的"可以并处"没收财产或者罚金的犯罪，一般不判处财产刑

D. 对未成年罪犯判处罚金刑时，罚金的最低数额不得少于 1 000 元人民币

22. 为了更好地预防犯罪和惩治凶手，《刑法修正案（十一）》下调了部分犯罪的刑事责

任年龄。根据《刑法修正案（十一）》的规定，已满 12 周岁不满 14 周岁的人如果有故意杀人行为的，同时满足以下哪些条件时应当负刑事责任（　　　）

A. 致人死亡
B. 手段残忍
C. 情节恶劣
D. 经最高人民检察院核准追诉

三、简答题

1. 简述犯罪客体与犯罪对象的联系和区别。
2. 简述我国刑法关于刑事责任年龄的规定。
3. 简述直接故意与间接故意的区别。

四、法条分析题

《刑法》第 15 条规定："应当预见自己的行为可能发生危害社会的结果，因为疏忽大意而没有预见，或者已经预见而轻信能够避免，以致发生这种结果的，是过失犯罪。

过失犯罪，法律有规定的才负刑事责任。"

请分析：

（1）本条文中"应当预见"的含义是什么？
（2）本条文中"疏忽大意"的含义是什么？
（3）本条文中"轻信能够避免"的含义是什么？
（4）本条文中"过失犯罪，法律有规定的才负刑事责任"的含义是什么？

第四章　正当化事由

📝 **章节提要**　本章中正当防卫是非常重要的考点，在历年真题中多次考查，考生应当重点掌握。但紧急避险考查的次数较少，作为考试的一个空白点，值得引起考生的重视。

一、单项选择题

1. 下列情形中，不具备正当化事由构成犯罪的是（　　　）

A. 拳击手甲在拳击比赛中造成拳击手乙轻伤
B. 死刑执行人员依法执行死刑
C. 甲经被害人承诺造成其重伤
D. 新闻记者报道了某企业家出轨的事实

2. 下列关于权利人承诺的说法中，正确的是（　　　）

A. 黑社会组织成员甲因违反帮规，愿意接受处罚让乙砍掉其左手小拇指，随后乙砍掉了甲的左手小拇指。乙的行为构成故意伤害罪
B. 丙为了参加"鱿鱼游戏"而承诺自愿承担在"游戏"期间的一切后果。丙的承诺有效，如果丙在"游戏"中被他人击杀，无需他人担责
C. 丁征得贫穷的戊父母的同意，将儿童戊拐卖至富贵人家。丁的行为得到了戊的父母的

有效承诺，并有利于戊的成长，故不构成拐卖儿童罪

D. 13 周岁的己为了购买最新版的手机，同意让庚割掉自己的左边肾脏并卖掉。己的承诺无效，庚的行为构成犯罪

3. 关于正当化事由，下列选项正确的是（　　　）

A. 只要防卫行为造成不法侵害人死亡的，均属防卫过当

B. 由于武装叛乱、暴乱罪属于危害国家安全罪，而非危害人身安全犯罪，所以，对于武装叛乱、暴乱犯罪不可能实行特殊正当防卫

C. 放火毁损自己所有的财物但危害公共安全的，不属于排除犯罪的事由

D. 消防队员在救火时，为了避免本人危险，而侵害他人健康的行为，属于紧急避险

4. 下列关于防卫过当的说法中，不正确的是（　　　）

A. 防卫过当的基本特征是客观上造成了不应有的损害

B. 防卫过当主观上对造成的过分损害存在过失甚至故意

C. 防卫过当应当负刑事责任，但是可以减轻或者免除处罚

D. 防卫过当构成犯罪的，依照刑法分则的有关规定确定罪名和适用的法定刑

5. 关于正当防卫，下列说法正确的是（　　　）

A. 正当防卫只能针对作为的不法侵害行使

B. 甲在路边被乙抢夺了钱包，第二天甲看见乙在商场购物，意欲向乙讨回钱包，将乙打成轻伤，成立正当防卫

C. 甲在野外郊游时遭遇山中猴子袭击，甲拿起石头反抗并将猴子打死，甲成立正当防卫

D. 甲遛狗时看到仇人乙在散步，便指使狗攻击乙，乙进行自卫反击造成狗死亡，乙的行为成立正当防卫

6. 甲手持匕首寻找抢劫目标时，突遇精神病人丙持刀袭击。丙追赶甲至一死胡同，甲迫于无奈，与丙搏斗，将其打成重伤。此后，甲继续寻找抢劫目标，见到丁后便实施暴力，用匕首将其刺成重伤，使之丧失反抗能力。此时甲的朋友乙驾车正好经过此地，见状后下车和甲一起取走丁的财物（约 2 万元），然后一起逃跑，后丁因伤势过重而不治身亡。关于甲将精神病人丙打成重伤的行为，下列选项正确的是（　　　）

A. 甲的行为属于正当防卫，因为对精神病人的不法侵害也可以进行正当防卫

B. 甲的行为属于紧急避险，精神病人没有责任能力，只能进行紧急避险

C. 甲的行为属于自救行为，因为甲当时只能依靠自己的力量救济自己的法益

D. 甲的行为既不是正当防卫，也不是紧急避险，因为甲当时正在进行不法侵害，精神病人丙的行为阻止了甲的不法行为，甲不得针对丙再进行正当防卫与紧急避险

7. 关于正当防卫的成立条件，下列说法正确的是（　　　）

A. 互殴场合不具备正当防卫的可能性

B. 成立正当防卫必须有犯罪行为的发生

C. 正当防卫不能明显超过必要限度或者造成重大损害

D. "防卫挑拨"不能成立正当防卫

8. 甲与乙因生活琐事互相斗殴，乙感到不是甲的对手而逃跑。甲紧追不舍，乙逃出 500 米后被甲追上。甲用木棒朝乙劈头盖脸打来，情急之下，乙抽出随身携带的水果刀朝甲刺去，致甲重伤。乙的行为（　　　）

A. 构成故意杀人罪（未遂）　　　　　　　B. 构成故意伤害罪

C. 构成寻衅滋事罪　　　　　　　　　　　　D. 不构成犯罪

9. 甲深夜从银行 ATM 机上取款 2 万元，因数额较大，害怕被人抢走，因此十分小心。甲在偏僻路段遇到乙，乙见甲形迹可疑，紧拽住甲，要甲给 5 000 元才能走。甲见无法脱身，顺手一拳打中乙左眼，致其眼部受到轻伤，甲乘机离去。关于甲伤害乙的行为定性，正确的是（　　　）

A. 属于紧急避险，不构成犯罪　　　　　　B. 构成故意伤害罪

C. 属于正当防卫，不构成犯罪　　　　　　D. 系过失致人轻伤，不构成犯罪

10. 2016 年 1 月 10 日，因陈某（未成年人）在甲的女朋友的网络空间留言示好，甲纠集乙、丙等 6 人（均为未成年人），在陈某就读的中学门口挑衅。陈某多番解释亦无效，甲等人仍围殴陈某。乙的 3 位朋友（均为未成年人）正在附近，见状一起围殴陈某。其中，有人用膝盖顶击陈某的胸口，有人持石块击打陈某的手臂，有人持钢管击打陈某的背部，其他人对陈某或勒脖子或拳打脚踢。陈某掏出随身携带的折叠式水果刀（不属于管制刀具），乱挥乱刺后逃脱。部分围殴人员继续追打并投掷石块，击中陈某的背部和腿部。陈某逃进学校，追打人员被学校保安拦住。陈某在反击过程中刺中了甲、乙和丙，经鉴定，该 3 人的损伤程度均构成重伤二级。陈某经人身检查，身体多处软组织损伤。陈某的行为属于（　　　）

A. 正当防卫　　　　　　　　　　　　　　B. 防卫过当，构成故意伤害罪

C. 假想防卫，构成故意伤害罪　　　　　　D. 事后防卫，构成故意伤害罪

11. 我国《刑法》第 20 条规定，对于一些严重危及人身安全的暴力犯罪，防卫人采取防卫行为，造成不法侵害人伤亡的，不属于防卫过当，不负刑事责任。下列属于上述暴力犯罪范围内的是（　　　）

A. 强奸罪　　　　　　B. 敲诈勒索罪　　　　　　C. 诈骗罪　　　　　　D. 盗窃罪

12. 张某的次子乙，时常因琐事而惹是生非，无端打骂张某。一日，乙与其妻发生争吵，张某过来劝说。乙转而辱骂张某并将其踢倒在地，并掏出身上的水果刀欲刺张某，张某起身逃跑，乙随后紧追。张某的长子甲见状，随手从门口拿起一根扁担朝乙的颈部打了一下，将乙打昏在地。张某顺手拿起地上的石头转身回来朝乙的头部猛砸数下，致乙死亡。对本案中张某、甲的行为，下列说法正确的是（　　　）

A. 张某的行为构成故意杀人罪，甲的行为属于正当防卫

B. 张某的行为构成故意杀人罪，甲的行为属于防卫过当

C. 张某的行为属于防卫过当，构成故意杀人罪，甲的行为属于正当防卫

D. 张某和甲的行为均构成故意杀人罪

13. 甲携带凶器抢夺到马拉松运动员乙的钱包后逃跑，乙在甲跑出 50 米后找到一根木棍开始追赶，并在甲跑出 200 米后追上甲，乙挥棍将甲击倒，夺回财物，甲摔成重伤。关于乙的行为性质，下列说法正确的是（　　　）

A. 正当防卫　　　　　　B. 防卫过当　　　　　　C. 假想防卫　　　　　　D. 事后防卫

14. 甲外出时在自己的住宅安放了防卫装置。某日晚上，乙撬门侵入甲的住宅后，被防卫装置打成轻伤。甲的行为属于（　　　）

A. 故意伤害罪　　　　　　　　　　　　　B. 正当防卫

C. 防卫不适时　　　　　　　　　　　　　D. 民事侵权行为，不构成犯罪

15. 关于正当防卫与紧急避险，下列说法错误的是（　　　）

A. 甲非法将丙所有的花瓶砸向乙的头部，乙用手或工具挡开花瓶，导致花瓶毁损（价值 1 万元）。乙的行为不应当认定为正当防卫

B. 某地森林突发火灾，为了防止火灾蔓延，不得已需砍伐树木形成隔离带时，根据当时情况，只要有 10 米的隔离带即可，但甲却下令大量砍伐树木形成 50 米的隔离带。不管采用何种观点，因为所保护的森林面积远远大于所砍伐的森林面积，所以避险行为没有超过必要限度

C. 乙在盗窃丙的财物时，甲为了保护丙的财产而对乙实施暴力殴打，欲阻止乙的盗窃行为。乙对甲实施了更为严重的暴力以反抗甲，甲又继续对乙实施暴力以制止乙的暴力。甲的前后两次暴力均成立正当防卫，第一次暴力防卫的对象是针对乙的盗窃行为，第二次暴力防卫的对象是针对乙的暴力侵害

D. 甲、乙为某街道的商铺老板。某日，甲发现乙商铺出售的产品均为假冒注册商标的商品，遂将其门店砸坏，以阻止乙商铺出售假冒注册商标的商品的行为。甲不构成正当防卫

16. 关于正当防卫与紧急避险，下列说法正确的是（   ）

A. 为保护国家利益实施的防卫行为，只有当防卫人是国家工作人员时，才成立正当防卫

B. 甲乙在海上遇险，小船只能承受一人重量。甲为了救自己，将乙推入海中。甲成立紧急避险

C. 为摆脱合法追捕而侵入他人住宅的，可认定为紧急避险

D. 为保护个人利益免受正在发生的危险，不得已可通过损害较小公共利益的方法进行紧急避险

17. 下列关于紧急避险的说法，错误的是（   ）

A. 紧急避险损害的对象是第三者的合法权益

B. 紧急避险是每个公民的权利

C. 紧急避险损害的利益必须小于所保护的合法权益

D. 紧急避险在合法权益受到紧迫危险时才能实施

18. 甲为了抢救伤员，在过往汽车拒绝将伤员送往医院时，将汽车司机推出车外，强行拦截过往汽车将伤员送往医院。甲的行为构成（   ）

A. 抢劫罪　　　　　　B. 抢夺罪　　　　　　C. 正当防卫　　　　　　D. 紧急避险

19. 甲遭乙追杀，情急之下夺过丙的摩托车骑上就跑，丙被摔成骨折。甲的行为属于（   ）

A. 正当防卫　　　　　　B. 紧急避险　　　　　　C. 抢夺罪　　　　　　D. 过失致人死亡罪

二、多项选择题

1. 权利人承诺作为正当化事由必须同时满足的条件有（   ）

A. 承诺者对被侵害法益有处分权限、承诺必须出于真实意志

B. 承诺者对承诺事项的性质、意义、范围具有理解能力

C. 必须存在现实或可以推知的承诺、经承诺实行的行为不得超出承诺的范围

D. 承诺必须在结果或行为发生之前或之时，事后承诺无效

2. 下列关于正当防卫的表述正确的是（   ）

A. 不法侵害行为一般指犯罪行为的侵害，还包括一些侵犯人身、财产，破坏社会秩序的违法行为

B. 不法侵害是真实存在的，而不是主观想象推测的

C. 防卫行为必须是针对不法侵害者本人实行

D. 正当防卫不能明显超过必要限度造成重大损害

3. **关于特别防卫，下列说法正确的是（　　）**

A. 对麻醉抢劫、迷奸等非暴力犯罪行为不可以进行特别防卫

B. 特别防卫即使造成不法侵害人死亡的，也不认为过当

C. 针对严重危及人身安全的暴力性犯罪，允许在不法侵害开始前进行防卫

D. 特别防卫不属于防卫过当，不应当负刑事责任

4. **下列关于紧急避险的说法，错误的是（　　）**

A. 紧急避险的危险来源不能是人的不法侵害

B. 紧急避险只能在迫不得已的情况下才能实行

C. 紧急避险损害的合法利益可以等于所保护的合法利益

D. 紧急避险不适用于职务上、业务上负有特定责任的人

5. **下列关于紧急避险的说法，正确的是（　　）**

A. 紧急避险属于正当化事由　　　　　　B. 避险过当应当负刑事责任

C. 避险过当不是独立的罪名　　　　　　D. 避险过当应当从轻或减轻处罚

6. **下列关于正当防卫和紧急避险的说法，正确的是（　　）**

A. 正当防卫和紧急避险的危险来源是相同的，都来源于人的不法侵害

B. 正当防卫和紧急避险在合理限度内造成某种利益损害的，都可以不负刑事责任

C. 正当防卫和紧急避险是每一个公民的权利，平等地适用于所有人

D. 正当防卫和紧急避险都是为了保护公共利益、本人或他人的合法权利

三、简答题

1. 简述正当化事由的种类。

2. 简述紧急避险与正当防卫的异同。

四、法条分析题

《刑法》第 20 条规定："为了使国家、公共利益、本人或者他人的人身、财产和其他权利免受正在进行的不法侵害，而采取的制止不法侵害的行为，对不法侵害人造成损害的，属于正当防卫，不负刑事责任。

正当防卫明显超过必要限度造成重大损害的，应当负刑事责任，但是应当减轻或者免除处罚。

对正在进行行凶、杀人、抢劫、强奸、绑架以及其他严重危及人身安全的暴力犯罪，采取防卫行为，造成不法侵害人伤亡的，不属于防卫过当，不负刑事责任。"

请分析：

（1）本条文中"不法侵害"的含义？

（2）本条文中"正在进行"的含义？

（3）本条文中"必要限度"的含义？

（4）本条文中"重大损害"的含义？

（5）本条文中"不法侵害人"的含义？

（6）本条文中"免除处罚"的含义？

第五章　故意犯罪的停止形态

📝 **章节提要**　本章是犯罪论的重要内容，属于考试的常考点，但是重点突出，难度不大。希望考生们把握重点，对于理论较强的内容，请以法硕考试的观点为准，更为重要的是要结合分则具体罪名来把握犯罪的停止形态问题。

一、单项选择题

1. 下列关于犯罪的未完成形态的说法，错误的是（　　）

A. 对于未遂犯，可以比照既遂犯从轻或减轻处罚

B. 过失犯罪不存在预备

C. 对既遂犯应当免除处罚

D. 犯罪预备阶段也可以中止

2. 故意杀人罪属于（　　）

A. 实害犯　　　　　　B. 危险犯　　　　　　C. 行为犯　　　　　　D. 迷信犯

3. 下列对于犯罪既遂的认定，正确的是（　　）

A. 只有造成交通工具倾覆、毁坏才能认定为破坏交通工具罪既遂

B. 只有导致被害人死亡才能认定为故意杀人罪既遂

C. 只有使他人受到刑事处罚才能认定为诬告陷害罪既遂

D. 只有窃取财物数额较大才能认定为盗窃罪既遂

4. 下列关于犯罪未完成形态的说法，错误的是（　　）

A. 对于预备犯，可以比照既遂犯从轻、减轻处罚或者免除处罚

B. 对于未遂犯，可以比照既遂犯从轻或者减轻处罚

C. 对于中止犯，没有造成损害的，应当免除处罚

D. 对于中止犯，造成损害的，可以减轻、免除处罚

5. 甲扬言要杀死抢走自己女友的乙，甲的行为属于（　　）

A. 犯意表示　　　　B. 预备行为　　　　C. 实行行为　　　　D. 教唆行为

6. 甲欲实施抢劫行为，因为自己身材不够高大，为了防止抢劫时对方反抗，甲遂去商店购买刀具，碰到巡逻警察，甲因形迹可疑被盘问，遂案发。甲的行为属于（　　）

A. 犯罪预备　　　　B. 犯罪未遂　　　　C. 犯罪既遂　　　　D. 犯罪中止

7. 甲意图抢劫，尾随妇女乙。当乙打开房门进屋并准备关门时，甲以为其家中无人，也强行挤进屋内，并随手锁上门，乙被吓得惊叫一声。乙的丈夫闻声起床后，在邻居的帮助下，将甲扭送到公安机关。甲的行为属于（　　）

A. 犯罪预备　　　　B. 犯罪未遂　　　　C. 犯罪既遂　　　　D. 犯罪中止

8. 甲为了实施抢劫，制定了周密的犯罪计划，其在笔记本上详述了其遇到犯罪对象会采取何种行为，遇到警察会采取何种行为，发现对象有帮手时会做何反应等，种种可能性都

详细列举，对策也一一列出。后笔记本被人发现举报，甲的行为属于（　　　）

A. 犯罪预备　　　B. 犯罪未遂　　　C. 犯罪既遂　　　D. 不成立犯罪

9. 为杀人而制造枪支的，属于非法制造枪支罪的（　　　）

A. 预备行为　　　B. 未遂行为　　　C. 实行行为　　　D. 不可罚行为

10. 张三欲杀死同事李四，将毒酒放在自己办公桌，准备晚上给李四喝，然后外出。李四来到张三办公室，看到桌子上摆的陈年老酒，便喝下，遂中毒身亡。关于张三的行为，下列说法正确的是（　　　）

A. 故意杀人罪（既遂）

B. 故意杀人罪（未遂）与过失致人死亡罪，择一重罪论处

C. 故意杀人罪（未遂）与过失致人死亡罪，数罪并罚

D. 故意杀人罪（预备）与过失致人死亡罪，择一重罪论处

11. 甲与一女子有染，其妻乙生怨。某日，乙将毒药拌入菜中意图杀甲。因久等甲未归且又惧怕法律制裁，乙遂打消杀人恶念，将菜倒掉。关于乙的行为，下列选项正确的是（　　　）

A. 犯罪预备　　　　　　　　　　　B. 犯罪预备阶段的犯罪中止

C. 犯罪未遂　　　　　　　　　　　D. 犯罪实行阶段的犯罪中止

12. 关于犯罪未遂，说法错误的是（　　　）

A. 犯罪未遂，要求犯罪未得逞，所谓未得逞是指没有实现犯罪目的

B. 根据犯罪实行行为是否完成，可以分为实行终了的未遂与未实行终了的未遂

C. 以犯罪实行行为能否实际达到既遂状态为标准，可以分为能犯未遂和不能犯未遂

D. 对未遂犯，可以比照既遂犯从轻或减轻处罚

13. 甲想杀乙，挥刀将乙砍伤后乙流血不止。甲晕血，一见血就晕倒了。乙被丙送往医院得救。甲的行为属于（　　　）

A. 故意杀人罪既遂　　　　　　　　B. 故意杀人罪预备

C. 故意杀人罪未遂　　　　　　　　D. 故意伤害罪既遂

14. 用诅咒的方法杀人的行为，属于（　　　）

A. 愚昧犯　　　B. 不能犯未遂　　　C. 能犯未遂　　　D. 预备犯

15. 甲冒充房主王某与乙签订商品房买卖合同，约定将王某的住房以 220 万元卖给乙，乙首付 100 万元给甲，待过户后再支付剩余的 120 万元。办理过户手续时，房管局工作人员识破甲的骗局并报警。关于甲的刑事责任的认定，下列选项正确的是（　　　）

A. 以合同诈骗罪 220 万元未遂论处，酌情从重处罚

B. 以合同诈骗罪 100 万元既遂论处，合同诈骗罪 120 万元作为未遂情节加以考虑

C. 以合同诈骗罪 120 万元未遂论处，合同诈骗罪 100 万元既遂的情节不再单独处罚

D. 以合同诈骗罪 100 万元既遂与合同诈骗罪 120 万元未遂并罚

16. 犯罪中止的本质特征是（　　　）

A. 时间性　　　B. 自动性　　　C. 客观有效性　　　D. 阶段性

17. 甲投毒杀姚某，姚某呕吐不止，甲又觉得姚某可怜，送姚某到医院，医生鉴定甲的毒药不纯，不会致命，吐一会儿就会康复。甲的行为属于（　　　）

A. 犯罪既遂　　　B. 犯罪未遂　　　C. 犯罪中止　　　D. 犯罪预备

18. 甲用菜刀砍杀妻子，被邻居阻止后，深感自责，于是将妻子送医院抢救，妻子未死。甲的行为属于（　　　）

A. 犯罪既遂　　　　B. 犯罪预备　　　　C. 犯罪未遂　　　　D. 犯罪中止

19. 刘某父亲病重，刘某担心其继母分得父亲遗产，于是买了一盒阿胶用毒药浸泡，意图杀害继母。刘某将阿胶交给继母数日后，心生悔意，于是打电话告诉继母事情真相。继母告诉刘某说，她已经发现阿胶有异，早将其丢弃。刘某的行为属于（　　　　）

A. 犯罪既遂　　　　B. 犯罪未遂　　　　C. 犯罪中止　　　　D. 不构成犯罪

20. 甲在抢劫时，突然产生幻觉，看见警车驶来，于是自动放弃犯罪。甲的行为属于（　　　　）

A. 犯罪既遂　　　　B. 犯罪预备　　　　C. 犯罪未遂　　　　D. 犯罪中止

21. 甲欲杀乙，埋伏在路旁开枪射击但未打中乙。甲枪内尚有子弹，但担心杀人后被判处死刑，遂停止射击。甲的行为属于（　　　　）

A. 犯罪既遂　　　　B. 犯罪预备　　　　C. 犯罪未遂　　　　D. 犯罪中止

22. 甲本想强奸妇女乙，在压制乙反抗的过程中发现乙很有钱，便放弃强奸，转而对其实施了抢劫。下列说法正确的是（　　　　）

A. 甲成立抢劫罪中止，强奸罪中止　　　　B. 甲成立抢劫罪既遂，强奸罪中止
C. 甲成立抢劫罪既遂，强奸罪既遂　　　　D. 甲成立抢劫罪中止，强奸罪预备

23. 甲、乙、丙等八人商量使用不法手段获取财物。八人并排在一人行道寻找目标，发现丁路过后，随即乙用随身携带的催泪气体喷向丁的眼睛企图劫取财物，丁大叫道："你们要干什么，我是派出所的！"八人见状随即逃跑。甲、乙、丙等八人的行为属于（　　　　）

A. 犯罪预备　　　　B. 犯罪未遂　　　　C. 犯罪既遂　　　　D. 犯罪中止

24. 甲拦路抢劫，被害人乙被迫交出少量现金之后对甲说："剩下的转微信可以吗？"甲听乙的口音十分熟悉，便让乙摘下口罩，这时甲发现乙原来是自己的邻居，于是说道，"不好意思，闹着玩呢"，并归还了乙的现金，让乙赶快离开，自己继续等待下一行人。甲对乙的行为属于（　　　　）

A. 抢劫罪（未遂）　　　B. 抢劫罪（中止）　　　C. 抢劫罪（既遂）　　　D. 抢劫罪（预备）

二、多项选择题

1. 下列犯罪中，属于危险犯的是（　　　　）

A. 放火罪　　　　　　　　　　　　　　B. 投放危险物质罪
C. 生产、销售不符合安全标准的食品罪　　D. 故意毁坏财物罪

2. 下列犯罪中，不存在犯罪的中止形态的是（　　　　）

A. 直接故意犯罪　　　　　　　　　　　B. 间接故意犯罪
C. 过于自信的过失　　　　　　　　　　D. 疏忽大意的过失

3. 下列关于犯罪既遂的说法，正确的是（　　　　）

A. 犯罪既遂是刑法分则规定的某种犯罪构成的完成形态
B. 犯罪既遂是依照刑法分则条文规定的法定刑进行处罚的标准形态
C. 通说采取目的说作为判断犯罪既遂的标准
D. 行为人没有实现犯罪预期的目的，不可能构成犯罪既遂

4. 下列关于着手实行犯罪的说法，正确的有（　　　　）

A. 保险诈骗罪中，行为人向保险公司咨询理赔事宜时是着手点
B. 盗窃银行，撬保险柜是着手点

C. 强奸罪中，实施压制反抗被害人的行为是着手点

D. 持枪杀人，瞄准被害人时是着手点

5. 下列犯罪中，存在未遂形态的是（　　　）

A. 故意杀人罪　　　　B. 诈骗罪　　　　C. 销售伪劣产品罪　　　D. 交通肇事罪

6. 下列情形中，属于故意杀人罪预备行为的是（　　　）

A. 甲为谋杀刘某而持刀潜入刘某家中隐藏、守候

B. 乙为谋杀刘某而购买砍刀一把

C. 丙为谋杀刘某而引诱刘某前往荒郊野外

D. 丁多次宣称一定要杀死刘某全家

7. 下列关于预备行为和实行行为的说法，正确的是（　　　）

A. 实行行为与预备行为的实质区别在于是否能直接侵害犯罪客体

B. 磨刀行为对于故意杀人罪而言属于预备行为

C. 为杀人而制造枪支，制造枪支的行为只可能是预备行为

D. 盗窃枪支后又使用该枪支杀人，该情形中存在两个实行行为

8. 甲深夜潜入乙家行窃，发现留长发穿花布睡衣的乙正在睡觉，意图奸淫，便扑在乙身上强脱其衣。乙惊醒后大声喝问，甲发现乙是男人，慌忙逃跑被抓获。甲的行为属于（　　　）

A. 实行终了的未遂　　　　　　　　　B. 未实行终了的未遂

C. 能犯未遂　　　　　　　　　　　　D. 不能犯未遂

9. 犯罪中止可以发生在（　　　）

A. 犯罪的预备阶段　　　　　　　　　B. 犯罪的实行阶段

C. 犯罪行为尚未实行完毕的情况下　　D. 犯罪行为已经实行完毕的情况下

10. 下列选项中，不构成犯罪中止的是（　　　）

A. 甲收买 1 名儿童打算日后卖出。次日，甲看到拐卖儿童犯罪分子被判处死刑的新闻，偷偷将儿童送回家

B. 乙使用暴力绑架被害人后，被害人反复向乙求情，乙释放了被害人

C. 丙加入某恐怖组织并参与了一次恐怖活动，后经家人规劝退出该组织

D. 丁为国家工作人员，挪用公款 5 万元用于孩子学费，4 个月后主动归还

11. 下列选项中，属于犯罪中止的原因的有（　　　）

A. 真诚的悔悟　　　　　　　　　　　B. 害怕受到刑罚的惩罚

C. 他人的阻止　　　　　　　　　　　D. 害怕受到上天的报应

三、简答题

1. 简述犯罪既遂的几种类型。

2. 简述犯罪预备的特征。

四、法条分析题

《刑法》第 23 条规定："已经着手实行犯罪，由于犯罪分子意志以外的原因而未得逞的，是犯罪未遂。

对于未遂犯，可以比照既遂犯从轻或者减轻处罚。"

请分析：

（1）本条文中"着手实行犯罪"的含义？

（2）本条文中"未得逞"的含义？

（3）本条文中"犯罪分子意志以外的原因"的含义？

第六章　共同犯罪

章节提要　本章属于犯罪论当中理论性最强、难度最大、综合性最突出、考点最集中，且最容易与分则相结合考查的一章。在客观题和主观题中都属于高频考点，务必重点掌握。

一、单项选择题

1. 关于共同犯罪，下列说法错误的是（　　　）

A. 只有存在共同犯罪行为，才成立共同犯罪

B. 单位和单位之间不可以成立共同犯罪

C. 共谋实行犯罪，在现场没有直接实行犯罪行为，但在一旁站脚助威的，也成立共犯

D. 教唆犯既可以是主犯，也可以是从犯

2. 甲为报夺妻之恨想要杀死丙，为请好友乙帮忙，便欺骗乙说，自己只是想教训教训丙。甲、乙共同用木棍打击丙，乙只打击丙的大腿，并告诫甲不要下手太狠。由于甲一直猛击丙的头部，导致丙死亡。关于本案，下列说法正确的是（　　　）

A. 甲构成故意杀人罪，乙构成故意伤害罪，二者不具有共同的犯罪故意，不能成立共同犯罪

B. 甲构成故意杀人罪，乙构成故意伤害罪，二者在故意伤害罪的限度内构成共同犯罪

C. 由于"一人行为，全部负责"，甲、乙都构成故意杀人罪

D. 甲、乙都应按故意伤害罪致人死亡追究刑事责任

3. 下列选项中，说法错误的是（　　　）

A. 共同过失犯罪通常不成立共同犯罪

B. 事前无通谋，事后有帮助的行为不成立共犯

C. 超出共同故意范围之外的犯罪行为，不属于共犯

D. 同时犯成立共同犯罪

4. 关于共同犯罪，下列说法正确的是（　　　）

A. 甲、乙应当预见但没有预见山下有人，共同推下山上一块石头砸死丙。甲、乙成立共同犯罪

B. 甲明知乙犯故意杀人罪而为乙提供隐藏处所和财物。甲、乙成立共同犯罪

C. 交警甲故意为乙实施保险诈骗提供虚假鉴定意见。甲、乙成立共同犯罪

D. 公安人员甲向犯罪分子乙通风报信帮助其逃避处罚。甲、乙成立共同犯罪

5. 关于共同犯罪，下列说法正确的是（　　　）

A. 医生因疏忽大意而在处方中给患者开出了两种不能同时使用的药，护士在配药时也没

有检查，导致患者输液时死亡。医生和护士构成共同犯罪

B. 甲用止疼粉冒充"K粉"卖给乙，乙又在夜店销售该"K粉"。甲和乙构成共同犯罪

C. 丙超速行驶将一行人撞成重伤，坐在副驾驶的丁告诉丙，"趁着没人赶紧跑"，最终致使被害人因得不到救助而死亡。丙和丁构成共同犯罪

D. 张三和李四不约而同在同一仓库盗窃，张三和李四构成共同犯罪

6. 甲因遭丈夫乙的虐待而被迫离家独居。某日其女儿丙（11周岁）来看望甲，甲叫丙把家中的老鼠药放到乙喝的酒中，丙按甲的吩咐行事，致乙死亡。对此案，下列说法正确的是（　　　）

A. 甲和丙构成共同犯罪　　　　　　B. 甲构成投放危险物质罪

C. 甲是故意杀人罪的教唆犯　　　　D. 甲单独构成故意杀人罪

7. 甲托乙将一个手提箱带到北京，到北京后手提箱中被查出藏有毒品。经查乙确不知情。关于本案，下列说法正确的是（　　　）

A. 甲、乙构成共同犯罪　　　　　　B. 甲是教唆犯

C. 乙是帮助犯　　　　　　　　　　D. 甲是间接正犯

8. 甲、乙、丙三人共谋盗窃汽车，由甲负责望风、乙负责盗窃、丙负责售卖。关于本案的刑事责任，说法正确的是（　　　）

A. 甲单独构成盗窃罪

B. 乙单独构成盗窃罪

C. 丙单独构成掩饰、隐瞒犯罪所得、犯罪所得收益罪

D. 甲乙丙成立盗窃罪的共犯

9. 甲告诉乙自己盗窃汽车的计划，乙答应为甲找销路，事后帮助甲将汽车卖往外地。关于本案，下列说法正确的是（　　　）

A. 甲、乙构成共同犯罪　　　　　　B. 乙构成掩饰、隐瞒犯罪所得罪

C. 乙构成窝藏、转移、收购赃物罪　　D. 乙构成包庇罪

10. 关于共同犯罪的论述，下列选项正确的是（　　　）

A. 甲为劫财将陶某打成重伤，陶某拼死反抗。张某路过，帮甲掏出陶某随身财物。二人构成共犯，均须对陶某的重伤结果负责

B. 乙明知黄某非法种植毒品原植物，仍按黄某要求为其收取毒品原植物的种子。二人构成非法种植毒品原植物罪的共犯

C. 丙明知李某低价销售的汽车系盗窃所得，仍向李某购买该汽车。二人之间存在共犯关系

D. 丁系国家机关负责人，召集领导层开会，决定以单位名义将国有资产私分给全体职工。丁和职工之间存在共犯关系

11. 以共同犯罪人之间有无组织形式为标准，共同犯罪可分为（　　　）

A. 任意共同犯罪和必要共同犯罪

B. 事前通谋的共同犯罪和事前无通谋的共同犯罪

C. 简单共同犯罪和复杂共同犯罪

D. 一般共同犯罪和特殊共同犯罪

12. 根据我国刑法规定，下列关于首要分子的表述中，正确的是（　　　）

A. 首要分子只能是组织领导犯罪集团的人

B. 首要分子只能是在聚众犯罪中起组织、策划、指挥作用的犯罪分子

C. 首要分子都是主犯

D. 首要分子既可以是主犯，也可以不是主犯

13. 关于共同犯罪成员的刑事责任，说法正确的是（　　）

A. 对于主犯，应当按照集团所犯的全部罪行处罚

B. 对于从犯，可以从轻、减轻处罚或者免除处罚

C. 对于胁从犯，应当按照他的犯罪情节减轻处罚或者免除处罚

D. 如果被教唆人没有犯被教唆的罪，应当对教唆犯从轻或者减轻处罚

14. 下列犯罪分子中，应当认定为从犯的是（　　）

A. 实行犯 　　　　　　　　　　　　B. 帮助犯

C. 犯罪集团的首要分子 　　　　　　D. 聚众犯罪的首要分子

15. 关于共同犯罪，下列说法错误的是（　　）

A. 犯罪集团的首要分子都是主犯 　　　B. 从犯都是帮助犯

C. 从犯应当从轻、减轻或免除处罚 　　D. 教唆犯既可以是主犯也可以是从犯

16. 关于共犯，下列选项正确的是（　　）

A. 为他人组织卖淫提供帮助的，以组织卖淫罪的帮助犯论处

B. 以出卖为目的，为拐卖妇女的犯罪分子接送、中转被拐卖的妇女的，以拐卖妇女罪的帮助犯论处

C. 应走私罪犯的要求，为其提供资金、账号的，以走私罪的共犯论处

D. 为他人偷越国（边）境提供伪造的护照的，以偷越国（边）境罪的共犯论处

17. 甲为非国家工作人员，是某国有公司控股的股份有限公司主管财务的副总经理；乙为国家工作人员，是该公司财务部主管。甲与乙勾结，分别利用各自的职务便利，共同侵吞了本单位的财物 100 万元。对甲、乙二人，下列说法正确的是（　　）

A. 甲定职务侵占罪，乙定贪污罪，两人不是共同犯罪

B. 甲定职务侵占罪，乙定贪污罪，但两人是共同犯罪

C. 甲定职务侵占罪，乙是共犯，也定职务侵占罪

D. 乙定贪污罪，甲是共犯，也定贪污罪

18. 甲、乙共谋盗窃汽车，由甲提供万能钥匙给乙。后甲担心进监狱就提出退出，乙自己偷配了一把万能钥匙后，将万能钥匙还给了甲，乙使用万能钥匙盗窃了 100 多台汽车。关于本案，说法正确的是（　　）

A. 甲构成犯罪中止 　　　　　　　　B. 甲、乙二人不成立共同犯罪

C. 甲应认定为主犯 　　　　　　　　D. 甲构成盗窃罪（既遂）

19. 甲、乙因挤地铁发生口角，挤上地铁后一路对骂。丙见二人争吵不休，在下地铁时喊了一句："是男人就别磨叽，动手啊！"甲见有人起哄，便向乙打去，将乙打成脑震荡。经鉴定乙为轻伤。丙的行为属于（　　）

A. 教唆犯 　　　　B. 实行犯 　　　　C. 帮助犯 　　　　D. 不构成犯罪

20. 下列关于教唆犯的刑事责任，说法错误的是（　　）

A. 教唆犯在共同犯罪中起主要作用的，按主犯处罚

B. 教唆犯在共同犯罪中起次要作用的，按从犯或胁从犯处罚

C. 被教唆人没有犯被教唆的罪，教唆犯独自构成犯罪，但可以从轻或减轻处罚

D. 对于教唆犯，应当按照所教唆的犯罪确定罪名，如果教唆他人犯盗窃罪，就认定为盗

窃罪（教唆）

21. 关于共同犯罪，下列说法正确的是（   ）

A. 协助组织卖淫行为，成立组织卖淫罪的帮助犯

B. 犯罪集团的首要分子对集团全体成员所犯的全部罪行承担责任

C. 对于从犯，应当从轻、减轻处罚

D. 若被教唆人没有实行被教唆的犯罪，教唆犯独自构成犯罪

22. 甲欲盗窃汽车，乙为甲提供了一把万能钥匙。后甲盗窃了一辆价值 30 万元的汽车，销赃得款 20 万元，甲分得 15 万元，乙分得 5 万元。关于本案，下列说法正确的是（   ）

A. 甲是主犯，乙是从犯，甲和乙均应按照盗窃数额 30 万元处罚

B. 甲是主犯，乙是从犯，甲和乙均应按照盗窃数额 20 万元处罚

C. 甲是主犯，乙是从犯，甲按照盗窃数额 15 万元处罚，乙按照盗窃数额 5 万元处罚

D. 对乙可以从轻、减轻、免除处罚

23. 甲与乙通奸后共谋杀害乙的丈夫，甲将一包毒药交给乙，乙因愧疚而没有投毒，并到公安机关自首。关于本案，说法正确的是（   ）

A. 甲成立犯罪未遂，乙成立犯罪中止   B. 甲成立犯罪预备，乙成立犯罪中止

C. 甲、乙均成立犯罪中止   D. 甲、乙均不构成犯罪

24. 甲给乙提供了某博物馆的防盗设施布局图，乙持该图盗窃博物馆，在盗窃过程中惧怕受到法律制裁而放弃犯罪。关于本案，说法正确的是（   ）

A. 甲不成立犯罪   B. 甲属于间接正犯   C. 甲成立犯罪中止   D. 甲成立犯罪未遂

25. 关于教唆犯，下列选项正确的是（   ）

A. 甲唆使不满 16 周岁的乙强奸妇女丙，但乙只是抢夺了丙的财物 1 万元后即离开现场，甲应成立强奸罪、抢夺罪的教唆犯

B. 教唆犯同时又有实行行为的，按教唆行为定罪

C. 教唆他人吸食、注射毒品的，成立吸食、注射毒品罪的教唆犯

D. 有的教唆犯是主犯，但所有的帮助犯都不是主犯

二、多项选择题

1. 下列关于共同犯罪的表述，正确的是（   ）

A. 一般认为过失犯罪不构成共同犯罪，但近年来，我国越来越多的学者意识到，依据社会需要，有必要承认共同过失犯

B. 利用没有责任能力或没有达到刑事责任年龄的人去实行犯罪的，利用者和被利用者之间不是共犯

C. 二人以上同时同地侵害同一对象，但彼此缺乏共同犯罪故意的意思联络的，不是共犯

D. 在共同实行的场合，实行犯与暗中相助者构成共犯

2. 下列犯罪中，属于必要共同犯罪的是（   ）

A. 重婚罪   B. 聚众扰乱社会秩序罪

C. 组织、领导、参加恐怖组织罪   D. 诈骗罪

3. 甲、乙、丙三人观看了电视剧《龙岭迷窟》之后决定一起盗窃古墓中的文物，甲负责提供盗墓工具，乙负责实施盗墓行为，丙负责出售盗得文物。甲、乙、丙三人的共同犯罪

形式是（　　　）

A. 任意共同犯罪　　　B. 简单共同犯罪　　　C. 复杂共同犯罪　　　D. 特殊共同犯罪

4. 丁是甲的上司，因对甲颇为严格导致甲的工作一直很不顺心，甲和朋友乙、丙吃饭时吐槽了丁。乙说："他敢这么欺负你，你打他一顿就好了。"丙附和说："如果需要的话，我给你拿我的甩棍。"次日，甲果然拿着丙提供的甩棍将丁打成重伤。关于本案，下列说法正确的是（　　　）

A. 本案的共同犯罪是复杂共同犯罪　　　　B. 本案的共同犯罪是必要共同犯罪

C. 甲乙一般可认定为主犯　　　　　　　　D. 丙一般认定为从犯

5. 下列属于犯罪集团的特征的是（　　　）

A. 有明显的首要分子

B. 有预谋地实行犯罪活动

C. 作案次数必须是多次，对社会造成严重危害

D. 人数较多（3 人以上），重要成员固定或基本固定

6. 甲为抢劫财物将王某打昏，甲的朋友乙刚好经过此地，乙得知真相后帮助甲照明，使甲顺利地将王某钱包拿走。关于本案，下列说法正确的是（　　　）

A. 甲与乙构成抢劫罪的共同犯罪　　　　B. 甲构成抢劫罪，乙构成盗窃罪，属于共同犯罪

C. 甲是主犯　　　　　　　　　　　　　D. 乙是从犯

7. 我国《刑法》中规定的共同犯罪的主犯包括（　　　）

A. 组织、领导犯罪集团进行犯罪活动的犯罪分子

B. 在犯罪集团中起主要作用的犯罪分子

C. 在一般共同犯罪中起主要作用的犯罪分子

D. 犯罪集团的首要分子

8. 下列有关主犯、从犯、胁从犯的说法，错误的是（　　　）

A. 胁从犯是指被胁迫、被诱骗参加犯罪的人

B. 首要分子不一定是主犯

C. 在共同犯罪中不可能只有从犯而没有主犯

D. 对于从犯，应当比照主犯从轻、减轻或者免除处罚

9. 以下属于共同犯罪的行为类型的是（　　　）

A. 组织行为　　　　B. 教唆行为　　　　C. 帮助行为　　　　D. 实行行为

10. 下列关于共同犯罪的说法，正确的是（　　　）

A. 对于犯罪集团的首要分子，应当按照集团所犯的全部罪行处罚，即应当对集团成员所实施的全部犯罪承担刑事责任

B. 在共同犯罪中起主要作用的是主犯，对从犯的处罚应当轻于主犯，所以，对于从犯不得按照其所参与的全部犯罪处罚

C. 犯罪集团的首要分子都是主犯，但聚众犯罪的首要分子不一定是主犯，因为聚众犯罪不一定成立共同犯罪

D. 一开始被胁迫参加犯罪，但在着手实行后，非常积极，在共同犯罪中起主要作用的，应认定为主犯

11. 关于教唆犯，说法正确的是（　　　）

A. 教唆犯都应按从犯处罚

B. 教唆犯都应按主犯处罚

C. 教唆不满 18 周岁的人犯罪的，应当从重处罚

D. 教唆犯可以独自构成犯罪

12. 丁某教唆 17 岁的肖某抢夺他人手机，肖某在抢夺得手后，为抗拒抓捕将追赶来的被害人打成重伤。关于本案，下列选项正确的是（ 　　 ）

A. 丁某构成抢夺罪的教唆既遂

B. 肖某构成转化型抢劫

C. 对丁某教唆肖某犯罪的行为应当从重处罚

D. 丁某与肖某之间不构成共同犯罪

13. 甲、乙共谋伤害丙，进而共同对丙实施伤害行为，导致丙身受一处重伤，但不能查明该重伤由谁的行为引起。对此，下列说法错误的是（ 　　 ）

A. 由于证据不足，甲、乙均无罪

B. 由于证据不足，甲、乙成立故意伤害（轻伤）罪的共犯，但都不对丙的重伤负责

C. 由于证据不足，认定甲、乙成立过失致人重伤罪较为合适

D. 甲、乙成立故意伤害（重伤）罪的共犯

14. 甲与乙共谋次日共同杀丙，但次日甲因腹泻未能前往犯罪地点，乙独自一人杀死丙。关于本案，下列说法正确的是（ 　　 ）

A. 甲与乙构成故意杀人罪的共犯

B. 甲与乙不构成故意杀人罪的共犯

C. 甲承担故意杀人预备的刑事责任，乙承担故意杀人罪（既遂）的刑事责任

D. 甲与乙均承担故意杀人既遂的刑事责任

三、简答题

1. 简述因缺乏共同故意或故意内容不一致，不认为是共同犯罪的情形。

2. 简述主犯和首要分子的区别。

3. 简述共同犯罪中成立犯罪中止的条件。

四、法条分析题

《刑法》第 25 条规定："共同犯罪是指二人以上共同故意犯罪。二人以上共同过失犯罪，不以共同犯罪论处；应当负刑事责任的，按照他们所犯的罪分别处罚。"

请分析：

（1）本条文中"二人以上"的范围是什么？

（2）共同犯罪故意是否要求二人以上持完全相同的犯罪故意？

五、论述题

论述教唆犯及其刑事责任。

第七章 罪数形态

✎ **章节提要**　本章属于犯罪论的基础性内容，可以与共同犯罪、犯罪形态、刑法分则具体罪名结合起来考查。考生在判断是一罪还是数罪时，应首先判断犯罪人实施了一行为还是数行为，以此来锁定究竟属于实质的一罪还是法定的一罪或者处断的一罪。在掌握基础理论的同时，需要结合刑法分则来具体学习每种犯罪与其相关罪名之间的罪数关系。

一、单项选择题

1. 我国刑法学说确定罪数的标准是（　　　）

A. 行为说　　　　　B. 意思说　　　　　C. 犯罪构成说　　　　　D. 法益说

2. 下列关于罪数形态的说法，正确的是（　　　）

A. "在公共交通工具上抢劫的"是抢劫罪的加重犯规定

B. 拐卖妇女、儿童罪是状态犯

C. 非法拘禁罪的追诉时效应当从拘禁行为开始之日起计算

D. 赌博罪是职业犯

3. 下列犯罪中，属于即成犯的是（　　　）

A. 故意杀人罪　　　　　B. 抢劫罪　　　　　C. 遗弃罪　　　　　D. 拐卖妇女、儿童罪

4. 下列选项中，属于状态犯的有（　　　）

A. 遗弃罪　　　　　　　　　　　B. 拒不执行判决、裁定罪

C. 故意毁坏财物罪　　　　　　　D. 诈骗罪

5. 下列选项中，不属于继续犯的是（　　　）

A. 非法持有毒品罪　　　　　　　B. 战时拒绝、逃避兵役罪

C. 绑架罪　　　　　　　　　　　D. 盗窃罪

6. 甲为了索取债务，遂将乙劫持到自己家中一周，甲的行为属于（　　　）

A. 继续犯　　　　　B. 连续犯　　　　　C. 牵连犯　　　　　D. 状态犯

7. 甲盗割正在使用中的电话线，导致通信大面积中断。对于甲的行为应（　　　）

A. 以盗窃罪定罪处罚

B. 以破坏交通设施罪处罚

C. 以盗窃罪、破坏公用电信设施罪择一重罪处罚

D. 盗窃罪和破坏公用电信设施罪数罪并罚

8. 甲生产有毒、有害食品符合生产、销售有毒、有害食品罪的构成要件，同时销售数额达到 50 万元又符合生产、销售伪劣产品罪的构成要件。对于甲的行为应当（　　　）

A. 数罪并罚

B. 适用特别法条，按照生产、销售有毒、有害食品罪定罪处罚

C. 择一重罪处罚

D. 按照牵连犯处理

9. 甲以非法占有为目的，在签订合同过程中骗取对方当事人乙 50 万元定金后逃匿。甲的行为属于（　　　）

A. 法条竞合犯 B. 想象竞合犯 C. 结果加重犯 D. 结合犯

10. 甲在街上醉酒驾驶机动车，偶然遇到交警检查，甲为了逃避检查驾驶机动车冲向警察，甲开车撞警察的行为同时触犯袭警罪与妨害公务罪，两罪属于（　　）

A. 想象竞合 B. 牵连犯 C. 法条竞合 D. 吸收犯

11. 司机甲驾驶汽车在戈壁道路上超速行驶，因刹车不及时撞上横穿马路的骆驼群导致发生车祸，致使 1 人死亡、3 人重伤，并导致多匹价值不菲的骆驼死亡，甲的行为同时符合交通肇事罪和过失致人死亡罪。按照我国刑法理论，该情形（　　）

A. 应数罪并罚 B. 属于法条竞合犯

C. 属于想象竞合犯 D. 属于结果加重犯

12. 下列选项中，表述正确的是（　　）

A. 想象竞合犯是实际上的一罪，对其采取"从一重罪处罚"的原则

B. 对法条竞合适用法律的基本规则是一般法优于特别法

C. 行贿罪与受贿罪之间存在法条竞合关系

D. 想象竞合犯，指行为人实施数个犯罪行为同时触犯数个罪名的情况

13. 关于结果加重犯，下列说法正确的是（　　）

A. 强奸罪和强制猥亵、侮辱罪的犯罪客体相同，强奸和强制猥亵、侮辱行为致妇女重伤的，均成立结果加重犯

B. 故意杀人包含了故意伤害，故意杀人罪实际上是故意伤害罪的结果加重犯

C. 甲抢劫乙后，为了灭口杀死乙。甲在抢劫过程中杀害他人，甲成立抢劫致人死亡的结果加重犯

D. 甲将乙拘禁在宾馆，声称只要乙还债就放人。乙无力还债，跳楼身亡。甲的行为不成立非法拘禁罪的结果加重犯

14. 非法行医罪属于（　　）

A. 集合犯 B. 连续犯 C. 结合犯 D. 继续犯

15. 李某与邻居因占地种树发生纠纷，2019 年 6 月 19 日清晨，李某基于报复心理，持刀一连杀死邻居家四口人，李某的行为属于（　　）

A. 继续犯 B. 连续犯 C. 牵连犯 D. 集合犯

16. 下列关于牵连犯的表述，不正确的是（　　）

A. 牵连犯是指实施某个犯罪，作为该犯罪的手段行为或结果行为又触犯其他犯罪

B. 除法律有特别规定的以外，对于牵连犯择一重罪处罚

C. 只要出于一个犯罪目的，实施两个以上犯罪行为的，都是牵连犯

D. 有学者认为，牵连犯除了具有目的上的关联性之外，数行为在客观上具有直接的内在的联系

17. 甲为了冒充国家工作人员招摇撞骗，而伪造公文用于诈骗活动。甲的行为属于（　　）

A. 结果加重犯 B. 吸收犯 C. 牵连犯 D. 连续犯

18. 依法被关押的罪犯在脱逃过程中使用暴力致人死亡的，属于（　　）

A. 牵连犯 B. 吸收犯 C. 数罪并罚 D. 想象竞合犯

19. 下列选项中，不属于吸收犯的形式的是（　　）

A. 吸收必经阶段的行为 B. 吸收组成部分的行为

C. 吸收当然结果的行为 D. 目的行为吸收手段行为

20. 对下列情形应当实行数罪并罚的是（　　）

A. 走私普通货物过程中，暴力抗拒缉私

B. 武装掩护走私

C. 贩卖毒品过程中，暴力抗拒检查

D. 运送他人偷越国境过程中，暴力抗拒检查

21. 关于罪数的说法，下列说法正确的是（　　）

A. 甲为杀人而盗窃枪支，构成牵连犯，择一重罪处罚

B. 乙将自己 3 个月大的孩子扔在医院门口，过失导致孩子死亡，乙成立遗弃罪的结果加重犯

C. 丙伪造增值税发票，同时又伪造发票印章，构成吸收犯

D. 丁生产、销售假药，销售金额达到 5 万元，构成想象竞合犯，择一重罪处罚

22. 关于罪数的说法，下列选项中正确的是（　　）

A. 甲缴纳税款 100 万元，又骗取出口退税 100 万元，应当以逃税罪和骗取出口退税罪数罪并罚

B. 乙在火车站抢到一皮包，回家后发现内有手枪一支，怕被发现便藏于床底，乙非法持有手枪的行为不属于事后不可罚的行为

C. 丙盗窃到他人汽车后低价转卖，构成盗窃罪和掩饰、隐瞒犯罪所得罪

D. 刑警丁刑讯逼供犯罪嫌疑人致其死亡，应当以刑讯逼供罪与故意杀人罪数罪并罚

23. 关于罪数的判断，以下选项正确的是（　　）

A. "二人以上轮奸"是强奸罪的加重犯规定，而不是特别法条

B. 赵某将盗窃的仿真品（价值 4 000 元）冒充真品卖给第三人，是不可罚的事后行为

C. 钱某两次入户抢劫、一次持枪抢劫，触犯了两个不同的加重犯，应当数罪并罚

D. 周某抢劫陈某后，担心罪行暴露，遂杀害了陈某，构成抢劫罪（致人死亡）、故意杀人罪，系想象竞合

二、多项选择题

1. 下列关于继续犯的表述，正确的是（　　）

A. 追诉时效从犯罪行为终了之日起计算

B. 犯罪既遂以后，仍然允许进行正当防卫

C. 犯罪继续期间，其他人加入的，可以成立共犯

D. 犯罪行为持续的时间可以在量刑时予以考虑

2. 关于判断罪数的标准，主要学说有（　　）

A. 行为说　　　　B. 法益说（结果说）C. 意思说　　　　D. 构成要件说

3. 下列属于实质的一罪的是（　　）

A. 吸收犯　　　　B. 继续犯　　　　C. 连续犯　　　　D. 想象竞合犯

4. 下列属于继续犯的罪名是（　　）

A. 非法持有毒品罪　B. 遗弃罪　　　　C. 绑架罪　　　　D. 非法行医罪

5. 下列选项中，属于法条竞合的是（　　）

A. 诈骗罪与合同诈骗罪　　　　　　　　B. 过失致人死亡罪与重大责任事故罪

C. 故意伤害罪与寻衅滋事罪　　　　　　　　D. 协助组织卖淫罪与帮助犯的规定

6. 下列情形中，属于想象竞合犯的是（　　　）

A. 甲盗割正在使用的电话线，导致通信中断

B. 乙使用暴力妨害公务，致人轻伤

C. 丙以非法占用目的在签订合同过程中骗取对方 50 万元

D. 丁非法拘禁他人致他人重伤

7. 下列属于法定的一罪的有（　　　）

A. 集合犯　　　　　　B. 连续犯　　　　　　C. 想象竞合犯　　　　　　D. 结合犯

8. 下列属于结果加重犯的是（　　　）

A. 绑架罪过失致人死亡　　　　　　　　　　B. 暴力干涉婚姻自由，导致被害人自杀身亡

C. 强奸致被害人重伤　　　　　　　　　　　D. 遗弃致被害人死亡

9. 下列情形中，不是结果加重犯的有（　　　）

A. 遗弃行为致人重伤或死亡的　　　　　　　B. 抢劫致人重伤或死亡的

C. 猥亵儿童造成儿童伤害的　　　　　　　　D. 暴力干涉婚姻自由致使被害人死亡的

10. 下列选项中，符合我国通说的结合犯特征的是（　　　）

A. 甲罪 + 乙罪 = 丙罪　　　　　　　　　　B. 甲罪 + 乙罪 = 甲乙罪

C. 甲罪 + 乙罪 = 甲罪　　　　　　　　　　D. 甲罪 + 乙罪 = 乙罪

11. 下列属于处断的一罪的有（　　　）

A. 法条竞合犯　　　　B. 结合犯　　　　　　C. 连续犯　　　　　　　D. 牵连犯

12. 下列属于吸收犯的有（　　　）

A. 伪造假美元之后又持有所伪造的假美元

B. 伪造假美元之后又持有他人伪造的假英镑

C. 制造毒品后又持有该毒品

D. 为伪造发票又伪造其上的印章

13. 下列情形中，属于一行为同时犯数罪的是（　　　）

A. 甲在实施盗窃油气等行为的过程中，采用打孔、拆卸开关等手段破坏正在使用的油气设备的，窃取油气数额较大，危害公共安全尚未造成严重后果的

B. 乙盗窃油气或者正在使用的油气设备，构成犯罪，但未危害公共安全的

C. 丙将假药冒充某著名品牌的药品销售，足以危害人体健康且销售额为 5 万元以上的

D. 丁在帮助张三抗拒强制执行判决过程中暴力致一法警身受重伤的

14. 下列情形中，应当数罪并罚的是（　　　）

A. 甲使用伪造的身份证件骗领信用卡数张，而后又使用该数张信用卡购物，消费数额较大

B. 犯侵犯著作权罪，又销售该侵权复制品的

C. 因为受贿而挪用公款，或者挪用公款后又使用挪用的公款犯其他罪的

D. 偷开汽车作为绑架犯罪工具使用，在绑架过程中使用该汽车，用后将汽车随意丢弃的

15. 甲鬼迷心窍，以自己为受益人为妻子购买巨额人身意外保险，后甲设计杀害妻子，造成妻子"意外死亡"的假象。甲以妻子意外死亡为由成功向保险公司索赔 100 万元保险金。关于本案，下列说法正确的是（　　　）

A. 对甲应该以故意杀人罪和保险诈骗罪择一重罪处罚

B. 甲实行的故意杀人罪和保险诈骗罪属于牵连犯

C. 甲实行的故意杀人罪和保险诈骗罪属于吸收犯

D. 对甲应该以故意杀人罪和保险诈骗罪实行数罪并罚

三、简答题

1. 简述继续犯的法律后果。
2. 简述处断的一罪的概念及其类型。

四、案例分析题

2001 年，甲（男）与乙（女）登记结婚。2007 年，甲与丙（女）以夫妻名义同居，同年 9 月，二人举办了婚礼，购买了一套房产居住，并育有一子。2012 年，丙要求甲与其办理结婚登记，甲拒绝并离开丙。2013 年，甲回到乙身边，与乙共同生活。同年 5 月，在未通知丙的情况下，甲将曾与丙同居的房产（登记在甲名下）出售。2014 年 3 月，丙找到甲并报警，甲被抓获。

2013 年年初，甲与丁联系，称自己是书商，想印一些大学教材，但无任何手续。丁同意印刷。甲将印刷好的盗版书销往全国各地，销售数额达 200 余万元。

根据上述材料，回答下列问题：

（1）甲的重婚行为属于何种罪数形态？其追诉期限应当从何时开始计算？

（2）甲与丁的行为构成哪些犯罪？各罪之间是什么关系？应当如何处理？

第八章　刑事责任

📝 **章节提要**　本章是 2017 年非法学法硕的新增章节，联系了犯罪论与刑罚论，理论性较强，考生只需掌握基本概念的含义即可，本章深度考查的可能性较小。

一、单项选择题

1. 关于刑事责任在刑法理论上的地位，以下学说中更可取的是（　　　）

A. 基础理论说　　　　　　　　　B. 罪、责平行说

C. 罪、责、刑平行说　　　　　　D. 罪、责、刑、罚平行说

2. 关于刑事责任与刑罚的关系，下列表述错误的是（　　　）

A. 刑事责任体现的是犯罪人应受刑事惩罚性，刑罚体现的是犯罪人实受刑事处罚

B. 刑事责任随实施犯罪而产生，刑罚则随法院的定罪判刑决定宣告生效而出现

C. 刑事责任的存在和大小直接决定刑罚的有无和轻重

D. 刑事责任必须通过刑罚来实现

3. 下列关于刑事责任的表述中，正确的是（　　　）

A. 收容教养属于一种非刑罚处理方法

B. 只有刑罚才是刑事责任的实现方式

C. 对行为人作有罪宣判但免予刑事处罚的，不属于刑事责任的承担方式

D. 没收违禁品和追缴犯罪所得不属于非刑罚处理方法

4.《刑法》第 11 条规定："享有外交特权和豁免权的外国人的刑事责任,通过外交途径解决。"该规定体现了哪种刑事责任的解决方式（　　）

A. 定罪判刑　　　　B. 定罪免刑　　　　C. 消灭处理　　　　D. 转移处理

5.《刑法》第 24 条第 2 款规定："对于中止犯，没有造成损害的，应当免除处罚；造成损害的，应当减轻处罚。""对于中止犯，没有造成损害的，应当免除处罚"的刑罚处理方式属于（　　）

A. 定罪免刑方式　　B. 消灭处理方式　　C. 定罪判刑方式　　D. 转移处理方式

二、多项选择题

1. 关于刑事责任的概念，中外刑法理论上存在的学说有（　　）

A. 法律责任说　　　B. 法律后果说　　　C. 刑事义务说　　　D. 刑事负担说

2. 关于刑事责任的根据问题，刑法理论上的学说有（　　）

A. 犯罪构成唯一根据说　　　　　　　　B. 罪过说

C. 犯罪（行为）说　　　　　　　　　　D. 社会危害性说

3. 关于刑事责任，下列说法正确的是（　　）

A. 刑事责任因实施犯罪行为而产生

B. 刑事责任以刑事惩罚、非刑罚方法的处理和单纯否定性法律评价为内容

C. 刑事责任只能由犯罪人自己承担

D. 刑事责任的哲学依据是行为人在实施犯罪时所具有的相对的意志自由

4. 刑事责任的特征包括（　　）

A. 刑事责任包含对犯罪行为的非难性和对犯罪人的谴责性

B. 刑事责任具有社会性与法律性

C. 刑事责任具有必然性与平等性

D. 刑事责任具有严厉性与专属性

5. 下列选项中，属于刑事责任的解决方式有（　　）

A. 定罪判刑方式　　B. 定罪免刑方式　　C. 消灭处理方式　　D. 转移处理方式

三、简答题

1. 简述刑事责任的概念和特征。

2. 简述刑事责任的解决方式。

第九章　刑　罚　概　述

📝 **章节提要**　本章是刑罚论的开篇，主要介绍了我国的刑罚体系，考生应当重点掌握我国各种刑罚的概念、特征、适用方式、期限。本章考查方式较为基础，难点较少，但需要把握其中细节。

1. 下列关于刑罚特征的表述中，说法错误的是（　　　）

A. 刑罚是以限制或剥夺犯罪人权益为内容的最严厉的法律制裁方法

B. 适用主体是国家审判机关和国家检察机关

C. 刑罚的种类及适用标准必须以刑法明文规定为依据

D. 适用程序上必须依照刑事诉讼程序的规定

2. "以牙还牙，以眼还眼"体现的是刑罚目的中的（　　　）

A. 刑罚报应观念　　　B. 预防犯罪　　　　C. 特殊预防　　　　　D. 一般预防

3. 下列关于刑罚之目的的表述说法错误的是（　　　）

A. 刑罚的目的是国家制定刑罚及对犯罪分子适用、执行刑罚所期望达到的结果

B. 所谓特殊预防，就是通过刑罚适用，预防犯罪人重新犯罪

C. 所谓一般预防，就是通过对犯罪人适用刑罚，预防尚未犯罪的人实施犯罪

D. 在对犯罪分子判处刑罚时，为了预防的目的，应当一律从重处罚

4. 下列选项中，是刑罚一般预防对象的是（　　　）

A. 犯罪分子　　　　　　　　　　　　B. 犯罪被害人

C. 不稳定、有可能实施犯罪的危险分子　　D. 人民群众

5. 关于刑罚体系，下列说法正确的是（　　　）

A. 甲因销售伪劣产品罪，依法应该被判处罚金。但法院考虑到甲家庭经济较为困难，故没有判处罚金

B. 甲有 20 万元现金以及两套住房，后因犯贪污罪，法院判决没收其部分财产，具体为 50 万元现金。该法院判决没收的具体财产是错误的

C. 越南人方某与中国人周某结婚，后方某与周某之母长期不和，便采取投毒方式将周某之母杀害，法院以故意杀人罪判处方某死刑，并剥夺政治权利终身

D. 甲前往某赌场将携带的 5 万元用作赌注赌博，赢得 7 万元，不久公安人员接到报警赶到现场，将甲抓获。甲因触犯赌博罪其赌资应该被收缴，但只能收缴甲赢得的 7 万元

6. 下列有关刑罚体系的说法，不正确的是（　　　）

A. 刑罚体系是各种刑罚方法的总和

B. 刑罚体系中的刑罚方法既包括刑法规定的方法，也包括学理上的方法

C. 刑罚体系通常按照一定次序将各种刑罚编排起来

D. 我国刑法体系宽严相济、目标统一、方法人道、内容合理

7. 下列关于刑罚的执行机关的说法，错误的是（　　　）

A. 管制的执行机关是社区矫正机构　　　B. 剥夺政治权利的执行机关是社区矫正机构

C. 死刑立即执行的执行机关是法院　　　D. 拘役的执行机关是公安机关

8. 关于刑罚的执行，下列说法正确的是（　　　）

A. 被判处拘役的罪犯每月可以回家 1 天至 5 天

B. 有期徒刑的期限为 1 年以上 25 年以下

C. 被判处拘役的犯罪分子由公安机关就近执行

D. 被判处无期徒刑的罪犯必须强制劳动改造

9. 下列关于刑期起算的表述，正确的是（   ）

A. 管制的刑期，从判决确定之日起计算

B. 拘役的刑期，从判决执行之日起计算

C. 有期徒刑的刑期，从在羁押场所羁押之日起计算

D. 死刑缓期执行减为有期徒刑的刑期，从判决确定之日起计算

10. 关于管制，下列说法正确的是（   ）

A. 管制属于剥夺自由刑

B. 被判处管制的犯罪分子，如未被人民法院宣告禁止令，也没有被剥夺政治权利，即可以行使言论、出版、集会、结社、游行、示威、自由的权利

C. 禁止令的期限可以与管制期限相同，也可短于管制期限

D. 管制的禁止令由公安机关负责执行

11. 禁止令的内容不包括（   ）

A. 禁止从事特定活动   B. 禁止进入特定区域、场所

C. 禁止从事特定职业   D. 禁止接触特定的人

12. 关于管制与拘役的执行，下列说法正确的是（   ）

A. 被判处管制的犯罪分子，在劳动中可以同工同酬

B. 禁止令适用于管制犯、缓刑犯、假释犯

C. 判处管制的犯罪分子在判决执行以前先行羁押以致管制执行的期限少于 3 个月的，禁止令的期限不受法律规定的最短期限的限制

D. 被判处拘役的犯罪分子在执行期间参加劳动的，应当酌量发给报酬

13. 审判的时候怀孕的妇女依法不适用死刑。对这一规定的理解，下列选项错误的是（   ）

A. 关押期间人工流产的，属于审判的时候怀孕的妇女

B. 关押期间自然流产的，属于审判的时候怀孕的妇女

C. 不适用死刑，是指不适用死刑立即执行但可适用死刑缓期 2 年执行

D. 不适用死刑，既包括不适用死刑立即执行，也包括不适用死刑缓期 2 年执行

14. 孙某因犯抢劫罪被判处死刑，缓期 2 年执行。在死刑缓期执行期间，孙某在劳动时由于违反规章制度，造成重大伤亡事故。对孙某的处理，下列说法正确的是（   ）

A. 其所犯之罪查证属实的，由最高人民法院核准，立即执行死刑

B. 其所犯之罪查证属实的，由最高人民法院核准，2 年期满后执行死刑

C. 2 年期满后减为无期徒刑

D. 2 年期满后减为 15 年以上 20 年以下有期徒刑

15. 关于死刑的适用和限制，下列说法正确的是（   ）

A. 判处死刑立即执行的，应当由高级人民法院核准

B. 羁押期间怀孕的妇女不适用死刑立即执行，但可以适用死刑缓期 2 年执行

C. 死刑只适用于罪行极其严重的犯罪分子

D. 罪犯由死刑缓期 2 年执行减为无期徒刑，适用了减刑的程序

16. 下列选项中，关于死刑的说法正确的是（   ）

A. 犯罪时怀孕的妇女不适用死刑

B. 对于不适用死刑的犯罪分子可以判处死刑缓期 2 年执行

C. 死刑应当由高级人民法院核准

D. 对于在死刑缓期执行期间故意犯罪未执行死刑的，死刑缓期执行的期间重新计算，并报最高人民法院备案

17. 《刑法》某条文规定："犯 A 罪的，处 3 年以下有期徒刑，并处或者单处罚金。"被告人犯 A 罪，但情节较轻，且其身无分文。对此，下列判决符合该条规定的是（　　）

A. 甲法官以被告人身无分文为由，判处有期徒刑 6 个月

B. 乙法官以被告人身无分文且犯罪情节较轻为由，判处有期徒刑 2 年

C. 丙法官以被告人的犯罪情节较轻为由，判处拘役 3 个月

D. 丁法官以被告人的犯罪情节较轻为由，判处罚金 1000 元

18. 甲在一刑事附带民事诉讼中，被人民法院依法判处罚金并赔偿被害人损失，但甲的财产不足以全部支付罚金和承担民事赔偿。下列关于如何执行本案判决的表述正确的是（　　）

A. 刑罚优先，应当先执行罚金　　　　B. 应当优先承担民事赔偿责任

C. 按比例执行罚金和承担民事赔偿责任　　D. 承担民事赔偿责任后减免罚金

19. 关于剥夺政治权利，下列说法错误的是（　　）

A. 对于危害国家安全的犯罪分子，应当附加剥夺政治权利终身

B. 对于抢劫罪情节严重的犯罪分子，可以附加剥夺政治权利

C. 对于被判处无期徒刑的犯罪分子，应当附加剥夺政治权利终身

D. 剥夺政治权利可以独立适用

20. 下列情形中，属于没收财产刑的是（　　）

A. 甲贩卖毒品 100 克被当场查获，对其 100 克毒品予以没收

B. 甲是用自己的汽车进行盗窃犯罪活动，被法院予以没收

C. 甲犯走私毒品罪获得非法利益 500 万元，法院予以没收

D. 甲犯贪污罪，法院没收属于其个人所有的全部财产

21. 关于罚金和没收财产的规定，下列说法正确的是（　　）

A. 犯罪分子同时被判处罚金和没收财产的，先执行罚金，后执行没收财产

B. 没收财产是指没收犯罪分子全部的个人所有财产

C. 对犯罪分子的赌资应当适用没收财产刑

D. 承担民事赔偿的犯罪分子，又被判处罚金的，其财产先执行罚金刑

22. 关于驱逐出境，下列说法错误的是（　　）

A. 驱逐出境只能对犯罪的外国人适用

B. 驱逐出境属于附加刑

C. 驱逐出境可以独立适用或者附加适用，而不是必须适用

D. 判处驱逐出境的，从判决生效之日起执行

23. 关于职业禁止，下列选项正确的是（　　）

A. 利用职务上的便利实施犯罪的，不一定都属于"利用职业便利"实施犯罪

B. 行为人违反职业禁止的决定，情节严重的，应以拒不执行判决、裁定罪定罪处罚

C. 判处有期徒刑并附加剥夺政治权利，同时决定职业禁止的，在有期徒刑与剥夺政治权利均执行完毕后，才能执行职业禁止

D. 职业禁止的期限均为 3 年至 5 年

1. 下列刑罚中，可以折抵刑期的有（　　　）

A. 管制　　　　　　　B. 拘役　　　　　　C. 有期徒刑　　　　　　D. 无期徒刑

2. 下列人员中，人民法院可以决定对判处死刑缓期执行的犯罪分子限制减刑的有（　　　）

A. 累犯　　　　　　　　　　　　　B. 故意杀人的犯罪分子

C. 抢劫的犯罪分子　　　　　　　　D. 有组织的暴力性犯罪分子

3. 被判处死刑缓期执行的犯罪分子，可能会被（　　　）

A. 减为无期徒刑　　　　　　　　　B. 减为 25 年有期徒刑

C. 核准执行死刑　　　　　　　　　D. 重新计算死刑缓期执行的期间

4. 下列关于刑罚和其他法律制裁方法的区别的表述中，说法正确的是（　　　）

A. 被适用刑罚的犯罪人如果重新犯罪，就有可能构成累犯；而仅被适用其他法律制裁方法的违法者如果实施了犯罪，则不构成累犯

B. 刑罚是一种最严厉的法律制裁方法，它包括对犯罪人的生命、自由、财产和资格的限制或剥夺；而其他法律制裁方法绝对排除对违法者生命的剥夺

C. 刑罚仅适用于犯罪人，即行为触犯刑律构成犯罪的人；而其他法律制裁方法适用于行为仅违反非刑事法律且尚未构成犯罪的人

D. 对犯罪人适用刑罚，必须以刑法为根据并依照刑事诉讼法规定的刑事诉讼程序进行；而对触犯非刑事法律的违法者适用其他法律制裁方法制裁时，分别以民法、经济法、行政法等实体法为根据，并依照民事诉讼法、行政诉讼法和行政程序法律规范所规定的程序进行

5. 关于我国刑罚的种类和体系，说法正确的是（　　　）

A. 管制的执行期间，即使没有被剥夺政治权利，未经执行机关批准也不得行使言论、出版、集会、结社、游行、示威的权利

B. 被判处拘役的犯罪分子，由监狱就近执行

C. 因贪污贿赂犯罪被判处无期徒刑的犯罪分子，不得减刑、不得假释，终身监禁

D. 没收财产以前犯罪分子所负的正当债务，需要以没收的财产偿还的，经债权人请求，应当偿还

6. 以刑罚所剥夺或者限制犯罪分子的权利和利益的性质为标准，刑罚在学理上分为（　　　）

A. 生命刑　　　　　B. 自由刑　　　　　C. 财产刑　　　　　　D. 资格刑

7. 下列刑罚方法中，属于自由刑的是（　　　）

A. 死刑　　　　　　B. 无期徒刑　　　　C. 剥夺政治权利　　　　D. 拘役

8. 依据法律规定，在管制的判决和执行方面，下列说法不正确的是（　　　）

A. 管制的期限为 3 个月以上 2 年以下，数罪并罚时不得超过 3 年

B. 被判处管制的犯罪分子，由公安机关执行

C. 对于被判处管制的犯罪分子，在劳动中应酌量发给报酬

D. 管制的刑期从判决执行之日起计算，判决执行以前先行羁押的，羁押 1 日折抵刑期 1 日

9. 关于禁止令，下列选项错误的是（　　　）

A. 甲因盗掘古墓葬罪被判处 7 年有期徒刑，在执行 5 年后被假释，法院裁定假释时，可对甲宣告禁止令

B. 乙犯合同诈骗罪被判处缓刑，因附带民事赔偿义务尚未履行，法院可在禁止令中禁止

其进入高档饭店消费

C. 丙因在公共厕所猥亵儿童被判处缓刑，法院可同时宣告禁止其进入公共厕所

D. 丁被判处管制，同时被禁止接触同案犯，禁止令的期限应从管制执行完毕之日起计算

10. 郭某（76周岁）因生活琐事与妻子万某发生矛盾，某日凌晨，郭某用擀面杖将睡梦中的万某砸晕，之后连捅万某十余刀，并将其碎尸后分散抛弃，对于郭某（　　　）

A. 可以适用死刑　　　　　　　　　　　　B. 不能适用死刑

C. 可以从轻或减轻处罚　　　　　　　　　D. 应当从轻或减轻处罚

11. 下列各项关于附加刑的说法正确的是（　　　）

A. 剥夺政治权利属于资格刑

B. 没收财产属于财产刑

C. 对于累犯、危害国家安全的犯罪分子以及被判处死刑、无期徒刑的犯罪分子应当附加剥夺政治权利

D. 没收财产时应当为犯罪分子个人及其扶养的家属保留必需的生活费用

12. 罚金的执行方式有（　　　）

A. 一次缴纳　　　　B. 分期缴纳　　　　C. 强制缴纳　　　　D. 减免缴纳

13. 下列刑罚属于附加刑的是（　　　）

A. 管制　　　　　　B. 罚金　　　　　　C. 驱逐出境　　　　D. 没收财产

14. 下列关于剥夺政治权利的说法，正确的是（　　　）

A. 剥夺选举权和被选举权

B. 剥夺言论、出版、集会、结社、游行、示威自由的权利

C. 剥夺担任国家机关、国有公司、企业、事业单位和人民团体职务的权利

D. 剥夺政治权利由社区矫正机构执行

15. 刑法分则中规定的没收财产的适用方式有（　　　）

A. 并处没收财产　　　　　　　　　　　　B. 可以并处没收财产

C. 并处罚金或者没收财产　　　　　　　　D. 单处没收财产

16. 下列关于剥夺政治权利的期限的说法，正确的是（　　　）

A. 独立适用剥夺政治权利的，期限为1年以上5年以下

B. 判处管制附加剥夺政治权利的，期限与管制期限相等

C. 判处死刑、无期徒刑的，应当剥夺政治权利终身

D. 死刑缓期执行减为有期徒刑或者无期徒刑减为有期徒刑的，应当把附加剥夺政治权利的期限相应地改为1年以上5年以下

17. 下列关于剥夺政治权利附加刑刑期计算的说法，正确的是（　　　）

A. 被判处管制的罪犯，附加剥夺政治权利的，剥夺政治权利的刑期与管制的刑期相等，同时起算

B. 被判处拘役的罪犯，附加剥夺政治权利的，剥夺政治权利的刑期从拘役执行完毕或假释之日起计算

C. 被判处有期徒刑的罪犯，附加剥夺政治权利的，剥夺政治权利的刑期从有期徒刑执行完毕之日或假释之日起计算

D. 被判处无期徒刑的罪犯，一般要剥夺政治权利，其刑期与主刑同时起算

18. 下列关于非刑罚处理方法的说法，正确的是（　　　）

A. 适用非刑罚处理方法，意味着行为人的行为不构成犯罪

B. 赔礼道歉、赔偿损失属于非刑罚处理方法

C. 从业禁止的期限为 1 年至 3 年

D. 非刑罚处理方法的适用主体是人民法院

三、简答题

1. 简述刑罚与其他法律制裁方法的区别。

2. 简述被判处管制的犯罪分子在执行期间应当遵守的规定。

第十章 量 刑

章节提要 本章是刑罚论部分中内容最多、地位最重要的章节，重点十分突出，难度不大，考点集中于累犯、自首、立功、数罪并罚、缓刑，其中自首、立功在案例分析题中经常涉及。考生应当重视把握本章的细节。

一、单项选择题

1. 下列关于量刑的表述错误的是（　　　）

A. 量刑的主体是人民检察院和人民法院

B. 量刑的内容是对犯罪人确定刑罚

C. 量刑的性质是一种刑事司法活动

D. 法定情节有从重、从轻、减轻和免除处罚的情节

2. 下列关于量刑情节的表述错误的是（　　　）

A. 持枪抢劫的属于抢劫罪的法定从重处罚情节

B. 奸淫幼女的属于强奸罪的法定从重处罚情节

C. 非法拘禁具有殴打、侮辱情节的属于非法拘禁罪的法定从重处罚情节

D. 国家工作人员诬告陷害他人的属于诬告陷害罪的法定从重处罚情节

3. 关于量刑情节，下列说法正确的是（　　　）

A. 从轻处罚，可以在法定刑之下判处刑罚

B. 减轻处罚，既包括刑种的减轻，也包括刑期的减轻

C. 各级人民法院可以直接对犯罪分子适用酌定减轻处罚

D. 减轻处罚，可以判处法定最低刑

4. 甲因交通肇事罪被判处 3 年有期徒刑，刑满释放后不久，又因参加黑社会性质组织贩卖毒品被逮捕。甲属于（　　　）

A. 一般累犯　　　　B. 特别累犯　　　　C. 再犯　　　　D. 毒品犯罪的再犯

5. 关于累犯的从重处罚，下列选项中理解正确的是（　　　）

A. 对于累犯应当根据犯罪情节决定是否从重处罚

B. 累犯的从重处罚指的是在法定刑以上判处刑罚

C. 累犯应当一律判处法定最高刑

D. 累犯的从重处罚指的是判处相对较重的刑种或较长的刑期

6. 2007年甲因犯煽动分裂国家罪，被单处剥夺政治权利1年，2016年又犯参加恐怖组织罪。对于甲（　　　）

A. 应当从重处罚

B. 应当附加驱逐出境

C. 由于甲未从事任何恐怖活动，可以酌情宣告缓刑

D. 由于甲是少数民族，为了民族团结，在执行刑罚过程中，可以酌情从宽适用假释

7. 下列选项中，不成立累犯的是（　　　）

A. 甲犯故意伤害罪被判处有期徒刑3年，缓刑3年，缓刑期满后的第三年又犯盗窃罪，被判处有期徒刑10年

B. 乙犯强奸罪被判处有期徒刑5年，刑满释放后的第四年，又犯妨害公务罪，被判处有期徒刑6个月

C. 丙犯抢夺罪被判处有期徒刑4年，执行3年后被假释，于假释期满后的第五年又犯故意杀人罪被判处无期徒刑

D. 丁犯叛逃罪被判处管制2年，管制期满后20年又犯为境外刺探国家秘密罪，被判处拘役6个月

8. 甲是某市民政局局长，在某个项目中受贿30万元，甲受贿后日夜不安，在家人的劝说下主动向监察委员会投案并如实供述自己的罪行。在调查过程中，甲发现监察委员会没有调取到自己受贿的证据，于是翻供。后来甲忍受不了良心的谴责，在一审法庭调查过程中，又如实供述了自己的犯罪事实。甲的行为（　　　）

A. 成立一般自首　　　B. 成立特别自首　　　C. 成立坦白　　　　D. 成立立功

9. 张某深夜盗窃10辆电动车后，藏于面包车内，当其驾车逃离现场时，遇到巡警，巡警觉其可疑，便进入车辆检查。巡警发现10辆电动车后，张某觉得无从抵赖便交代了全部犯罪事实。张某的行为构成（　　　）

A. 一般自首　　　　　B. 坦白　　　　　　　C. 特别自首　　　　D. 立功

10. 刘某今年15周岁，在老家和同学吵架时，掏出随身携带的匕首将同学捅成重伤。事后，刘某怕被抓获，就来到北京的阿姨家"避风"。姨父看其神色不对，就问他发生了什么事。经过教育，刘某告诉了姨父捅伤同学的事情，并答应第二天早上和姨父一起去自首。晚上，姨父怕刘某第二天反悔，就主动通知了公安人员。公安人员到达时，刘某正在床上睡觉，他没有反抗。则下列说法正确的是（　　　）

A. 刘某构成自首

B. 刘某不构成自首

C. 刘某不满16周岁，不需要负刑事责任

D. 如果处罚刘某，因其不满16周岁，可以从轻或减轻处罚

11. 甲因涉嫌诈骗被逮捕，在受讯问时如实供述了其诈骗罪行，并向公安机关提供一起强奸杀人案的重要线索，经查证属实。下列选项中，正确的是（　　　）

A. 甲具有自首情节，对其可以从轻处罚

B. 甲具有坦白情节，对其可以从轻处罚

C. 甲具有一般立功情节，对其可以免除处罚

D. 甲具有重大立功情节，对其应当免除处罚

12. 下列情形中，应当认定犯罪嫌疑人自动投案的是（　　　）

A. 甲犯罪后，经亲友规劝仍犹豫是否要自首，其亲友将其捆绑送到司法机关

B. 乙犯罪后逃跑，后因感到自己罪孽深重，准备自首。在乙前往公安机关投案自首的途中被公安机关抓获

C. 丙在被取保候审期间逃跑，后主动归案

D. 丁在有关部门发现其车上的犯罪工具后如实供述

13. 下列情形中，应当认定为自首的是（　　　）

A. 贪污罪的犯罪嫌疑人在办案机关询问期间，如实交代办案机关未掌握的同种罪行的

B. 胁从犯供述自己在被胁迫情况下实施的犯罪

C. 犯罪分子在犯罪后自动投案，如实供述自己罪行，但后来翻供，直到二审判决前才如实供述的

D. 单位没有自首，直接责任人员自动投案并如实交代自己知道的犯罪事实的，直接责任人员成立自首

14. 下列关于立功的说法错误的是（　　　）

A. 一般立功可以从轻或减轻处罚　　　　　　B. 重大立功应当从轻或减轻处罚

C. 立功属于法定量刑情节　　　　　　　　　　D. 协助司法机关抓捕同案犯也成立立功

15. 下列选项中，应当免除处罚的是（　　　）

A. 又聋又哑的人犯罪　　　　　　　　　　　　B. 盲人犯罪

C. 没有造成损害的犯罪中止　　　　　　　　　D. 重大立功

16. 关于数罪并罚，下列说法正确的是（　　　）

A. 甲犯两罪分别被判处没收财产和罚金，没收财产吸收罚金，只执行没收财产

B. 乙犯两罪分别被判处管制和有期徒刑，有期徒刑执行完毕之后，再执行管制

C. 丙犯两罪分别被判处有期徒刑和拘役，有期徒刑执行完毕之后，再执行拘役

D. 丁犯两罪分别被判处有期徒刑 10 年和有期徒刑 15 年，应在 15 年以上 25 年以下确定刑罚

17. 甲因交通肇事被判 2 年有期徒刑，缓刑 2 年。2 年考验期满后公安机关才发现甲在缓刑考验期内又犯故意伤害罪。则对甲应（　　　）

A. 以故意伤害罪处罚，原交通肇事罪所判刑罚不再执行

B. 构成累犯，应以故意伤害罪从重处罚

C. 对其所犯故意伤害罪和交通肇事罪按先减后并的原则并罚

D. 先对后罪作出判决，再将所处刑罚与前罪判处的 2 年有期徒刑实行并罚

18. 我国刑法确立的数罪并罚的原则是（　　　）

A. 并科原则　　　　B. 吸收原则　　　　C. 限制加重原则　　　　D. 折中原则

19. 判决宣告前，一人犯数罪，分别被判处有期徒刑和管制，对于并罚，应采用（　　　）

A. 吸收原则　　　　B. 并科原则　　　　C. 限制加重原则　　　　D. 限制并科原则

20. 甲因犯故意伤害罪被判处有期徒刑 7 年，在刑罚执行 4 年后，又发现他在判决宣告前还犯有抢劫罪，应判处有期徒刑 8 年。经数罪并罚决定执行 13 年。对甲还需要继续执行的刑期是（　　　）

A. 8 年　　　　　　　B. 13 年　　　　　　　C. 7 年　　　　　　　D. 9 年

21. 关于缓刑，下列说法正确的是（　　　）

A. 缓刑是犯罪分子在缓刑考验期内没有发生法定撤销缓刑的情形，原判刑罚就视为执行

完毕的制度

B. 缓刑的考验期从判决执行之日起计算

C. 根据犯罪具体情况，缓刑考察机关可以同时禁止被宣告缓刑的犯罪分子在缓刑考验期内从事特定活动，进入特定区域、场所，接触特定的人

D. 被宣告缓刑的犯罪分子，在缓刑考验期内，违反法律、行政法规及国务院有关部门关于缓刑的监督管理规定，违反人民法院的禁止令，情节严重的，即使缓刑考验期满后，仍应当撤销缓刑，执行原判刑罚

22. 下列情形中，应当适用吸收原则进行数罪并罚的是（　　　）

A. 甲犯两罪分别被判处无期徒刑和罚金

B. 乙犯两罪分别被判处无期徒刑和有期徒刑

C. 丙犯两罪分别被判处拘役和管制

D. 丁犯两罪各被判处有期徒刑 5 年

23. 甲因走私武器被判处 15 年有期徒刑，剥夺政治权利 5 年；因组织他人偷越国境被判处 14 年有期徒刑，并处没收财产 5 万元，剥夺政治权利 3 年；因犯骗取出口退税罪被判处 10 年有期徒刑，并处罚金 20 万；因招摇撞骗罪被判处管制 1 年。关于数罪并罚，下列符合刑法规定的是（　　　）

A. 决定判处甲有期徒刑 40 年，没收财产 25 万元，剥夺政治权利 8 年

B. 决定判处甲有期徒刑 25 年，管制 1 年，没收财产 5 万元，罚金 20 万元，剥夺政治权利 6 年

C. 决定判处甲有期徒刑 23 年，没收财产 5 万元，罚金 20 万元，剥夺政治权利 8 年

D. 决定判处甲有期徒刑 17 年，管制 1 年，没收财产 5 万元，罚金 20 万元，剥夺政治权利 8 年

24. 关于缓刑，下列说法错误的是（　　　）

A. 对于累犯不适用缓刑

B. 对于危害国家安全的犯罪分子，不适用缓刑

C. 对于数罪并罚但宣告刑为 3 年以下有期徒刑的犯罪分子，可以适用缓刑

D. 虽然故意杀人罪的法定最低刑为 3 年有期徒刑，但只要符合缓刑条件，仍然可以适用缓刑

25. 关于缓刑，下列说法错误的是（　　　）

A. 被宣告缓刑的犯罪军人，确有立功表现时，可以撤销原判刑罚，不以犯罪论处

B. 被判处 3 年以下有期徒刑的犯罪军人在战时都可以适用战时缓刑

C. 被宣告缓刑的犯罪分子，如果被判处附加刑的，附加刑仍须执行

D. 被宣告缓刑的犯罪分子，应当依法实行社区矫正

二、多项选择题

1. 对犯罪分子适用酌定减轻处罚情节，应当具备的条件有（　　　）

A. 犯罪分子不具有法定减轻处罚情节　　　　B. 案件具有特殊情况

C. 经最高人民法院核准　　　　D. 通知最高人民检察院

2. 下列选项中，属于酌定量刑情节的有（　　　）

A. 犯罪的手段
B. 罪犯分子的年龄
C. 犯罪分子的一贯表现
D. 犯罪后的态度

3. 关于战时缓刑，下列说法正确的有（　　　）

A. 部队处置突发性暴力事件时属于战时

B. 适用的对象可以是被判处 3 年以上有期徒刑的军人

C. 在战争条件下宣告缓刑没有现实危险，方可适用战时缓刑

D. 被宣告缓刑的犯罪军人可能被撤销原判刑罚，从而不以犯罪论处

4. 下列关于从重处罚的表述正确的是（　　　）

A. 从重处罚是指应当在犯罪所适用刑罚幅度的中线以上判处刑罚

B. 从重处罚是在法定刑以上判处刑罚

C. 从重处罚是指在法定刑的限度以内判处刑罚

D. 从重处罚不一定判处法定最高刑

5. 下列选项中，可以从轻或者减轻处罚的是（　　　）

A. 自首

B. 一般立功

C. 教唆犯，被教唆的人没有犯被教唆的罪

D. 从犯

6. 适用免除处罚，应该具备的条件有（　　　）

A. 行为人的行为已经构成犯罪
B. 行为人所构成的犯罪情节轻微
C. 行为人有重大立功表现
D. 因犯罪情节轻微而不需要判处刑罚

7. 下列选项中，属于量刑制度的是（　　　）

A. 缓刑　　　　　B. 累犯　　　　　C. 减刑　　　　　D. 假释

8. 下列不属于量刑的原则的是（　　　）

A. 以犯罪事实为根据的量刑原则
B. 以法律为准绳的量刑原则
C. 上诉不加刑的量刑原则
D. 罪责刑相适应的量刑原则

9. 所谓犯罪事实是指客观存在的犯罪的一切实际情况的总和，具体包括（　　　）

A. 犯罪性质
B. 犯罪事实
C. 犯罪情节
D. 犯罪对社会的危害程度

10. 在特别累犯的成立条件中，前罪和后罪必须是以下哪类犯罪中的罪名（　　　）

A. 黑社会性质的组织犯罪
B. 恐怖活动犯罪
C. 危害公共安全犯罪
D. 危害国家安全犯罪

11. 关于自动投案，下列说法正确的是（　　　）

A. 甲故意杀人后，因形迹可疑而被路过的民警进行盘问，甲主动交代自己的罪行，甲构成自动投案

B. 甲故意杀人后告知自己的父亲，父亲劝甲自动投案，但甲不想去。甲的母亲知道后以断绝母子关系为由要求甲去投案，在父亲的陪同下，甲前往公安局，甲构成自动投案

C. 甲投案后交代了自己的罪行，后又潜逃，但潜逃后甲又自动投案并不再潜逃，对甲仍然认定为自动投案

D. 甲犯故意杀人罪后，告诉其哥哥乙，乙劝甲投案自首，甲不听。乙采用捆绑的方式将甲送到公安局。甲应当认定为自动投案

12. 下列情形中，应当认定为特别自首的是（　　　）

A. 甲因涉嫌抢劫罪被羁押之后又交代了公安机关尚未掌握的盗窃汽车的事实

B. 乙因涉嫌受贿罪被采取留置措施后如实交代了办案机关尚未掌握线索的贪污罪的罪行

C. 丙在深夜盗窃后，因形迹可疑被巡逻民警拦住盘问，主动交代自己盗窃的罪行

D. 单位没有自首，直接责任人员丁主动投案并如实交代自己知道的犯罪事实

13. 刚从高校毕业的小刘误入黑社会性质组织，该组织的成员熊某、牛某等人一同实施多起抢劫行为，成员马某等人一同实施多起绑架行为。在一次抢劫过程中，熊某用枪威胁小刘抢劫被害人乔某，小刘被迫照做。若小刘构成自首，至少需要供述的罪行有（　　　）

A. 自己的抢劫行为

B. 熊某的抢劫行为

C. 牛某的抢劫行为

D. 马某的绑架行为

14. 关于数罪并罚，下列说法正确的是（　　　）

A. 甲在刑罚执行完毕以前发现漏罪的，应当按照"先并后减"的原则实行数罪并罚

B. 乙在刑罚执行完毕以前再犯新罪的，应当按照"先减后并"的原则实行数罪并罚

C. 丙在刑罚执行完毕以前再犯新罪，同时发现漏罪的，应当先将漏罪与原判决的罪实行"先并后减"，再对新罪与前一并罚后尚未执行完毕的刑期实行"先减后并"

D. "先减后并"在一般情况下使犯罪人受到的实际处罚比"先并后减"轻

15. 下列犯罪行为，应按数罪并罚原则处理的是（　　　）

A. 拐卖妇女又奸淫被拐卖妇女

B. 司法工作人员枉法裁判又构成受贿罪

C. 参加黑社会性质组织又杀人

D. 组织他人偷越国（边）境又强奸被组织人

16. 关于数罪并罚，下列选项中符合《刑法》规定的是（　　　）

A. 甲在判决宣告以前犯强奸罪、盗窃罪与贩卖毒品罪，分别被判处13年、8年、6年有期徒刑。法院数罪并罚决定执行21年有期徒刑

B. 乙犯故意杀人罪、盗窃罪分别被判处13年、6年有期徒刑，数罪并罚决定执行18年有期徒刑。在执行5年后，发现乙在判决宣告前还犯有贩卖毒品罪，应当判处15年有期徒刑。法院数罪并罚决定执行19年有期徒刑，已经执行的刑期，计算在新判决决定的刑期之内

C. 丙犯抢劫罪、盗窃罪分别被判处13年、8年有期徒刑，数罪并罚决定执行18年有期徒刑。在执行5年后，丙又犯故意伤害罪，被判处15年有期徒刑。法院在15年以上20年以下的刑期内决定应当判处16年有期徒刑，已经执行的刑期，不计算在新判决决定的刑期之内

D. 丁在判决宣告前犯有3罪，被分别并处罚金3万元、7万元和没收全部财产。法院不仅要合并执行罚金10万元，而且要没收全部财产

17. 下列情形中，不能适用一般缓刑的是（　　　）

A. 甲是累犯

B. 乙是主犯

C. 丙是聚众犯罪的首要分子

D. 丁是被判处拘役的犯罪集团的首要分子

三、简答题

1. 简述我国刑法中的数罪并罚原则。

2. 简述撤销缓刑的事由及法律后果。

《刑法》第 63 条："犯罪分子具有本法规定的减轻处罚情节的，应当在法定刑以下判处刑罚；本法规定有数个量刑幅度的，应当在法定量刑幅度的下一个量刑幅度内判处刑罚。

犯罪分子虽然不具有本法规定的减轻处罚情节，但是根据案件的特殊情况，经最高人民法院核准，也可以在法定刑以下判处刑罚。"

请分析：

（1）本条文中"以下"是否包含本数？

（2）本条文中第 2 款规定的情况在理论上称为什么？其适用条件有哪些？

第十一章　刑罚执行制度

章节提要　本章属于刑罚论的部分，内容较少，只有两个考点，即减刑和假释，重点极为突出，较容易掌握。但是考生需要细致把握假释的内容，尤其是假释与减刑、假释与缓刑、假释与监外执行的区别。

一、单项选择题

1. 关于减刑，下列选项正确的是（　　　）

A. 减轻原判刑罚既可以是将较重的刑种减为较轻的刑种，也可以是将较长的刑期减为较短的刑期

B. 减刑就是对原判决错误的纠正

C. 减刑的范围同时受刑罚种类、刑期长短和犯罪性质的限制

D. 罚金刑的减少也属于减刑制度

2. 下列选项中，属于减刑的是（　　　）

A. 死刑缓期执行的减刑

B. 罚金刑的酌情减少

C. 无期徒刑减为有期徒刑 14 年

D. 主刑刑种的性质改变而引起的附加刑的相应改变

3. 下列选项中，关于减刑的表述正确的是（　　　）

A. 减刑是一种刑罚执行制度，其适用对象为判决确定以后的已决犯

B. 减刑是一种刑罚消灭制度，罪犯被减刑后意味着所判刑罚不再执行

C. 减刑适用于被判处管制、拘役、有期徒刑、无期徒刑以及死缓的犯罪分子

D. 减刑包括对罚金的减免

4. 甲因强奸罪被判处 10 年有期徒刑，执行 3 年后，因表现较好被裁定减刑 1 年，刚作出减刑裁定第二天就将另一罪犯打成轻伤。关于本案，说法正确的是（　　　）

A. 因故意杀人、强奸、抢劫、绑架、放火、爆炸、投放危险物质或有组织的暴力性犯罪被判处 10 年以上有期徒刑、无期徒刑的犯罪分子，不得减刑。所以对甲的减刑不合法

B. 甲又犯新罪表明尚未悔改，应当撤销减刑

C. 甲构成累犯，应当对故意伤害罪从重处罚

D. 甲以后还可以减刑

5. 甲是累犯，因再次犯盗窃罪被判处有期徒刑 5 年。入狱后，甲认真遵守监规，接受教育改造，确有悔改表现。根据刑法规定，对甲（　　　）

A. 既可以减刑也可以假释

B. 可以假释但不能减刑

C. 可以减刑但不能假释

D. 既不能减刑也不能假释

6. 关于减刑，下列说法正确的是（　　　）

A. 犯罪分子在刑罚执行期间有立功表现，但不认真遵守监规，接受教育改造，不符合减刑的实质条件

B. 犯罪分子因犯有贪污罪被判处终身监禁，该犯罪分子不得再减刑或者假释

C. 减刑必须由执行机关向高级以上人民法院提出减刑建议书

D. 犯罪分子在刑罚执行期间完成了一项发明创造，可以适用减刑

7. 关于减刑的限度条件，下列选项中正确的是（　　　）

A. 判处管制的，减刑后的实际执行刑期不得少于 3 个月

B. 判处拘役的，减刑后的实际执行刑期不得少于原判刑期的 1/2

C. 判处无期徒刑的，减刑后的实际执行刑期不得少于 10 年

D. 判处死刑缓期 2 年执行的罪犯，减刑后的实际执行刑期不得少于 25 年

8. 下列关于减刑后的刑期计算，说法错误的是（　　　）

A. 对于原判管制、拘役、有期徒刑的，减刑后的刑期自原判决执行之日起算

B. 对于原判无期徒刑减为有期徒刑的，减刑后的刑期自原判决执行之日起算

C. 对于无期徒刑减为有期徒刑之后，再次减刑的，其刑期的计算应当从前次裁定减为有期徒刑之日算起

D. 对于曾被依法适用减刑，后因原判决有错误，经再审后改判为较轻刑罚的，原来的减刑仍然有效，所减刑期，应从改判的刑期中扣除

9. 有权裁定对犯罪分子予以减刑的最低级别的法院是（　　　）

A. 基层人民法院　　　B. 中级人民法院　　　C. 高级人民法院　　　D. 最高人民法院

10. 关于假释和缓刑、监外执行的区别，下列说法错误的是（　　　）

A. 假释是以裁定方式作出的；缓刑则是在判决的同时宣告的

B. 假释必须先执行原判刑期的一部分，而对尚未执行完的刑期，附条件不执行；缓刑是对原判决的全部刑期有条件地不执行

C. 假释犯若被撤销假释，其假释的期间，可以计入原判执行的刑期之内。监外执行的期间，无论是否收监执行，均不计入原判执行的刑期之内

D. 假释只有在假释考验期内发生法定情形，才能撤销；监外执行则在监外执行的法定条件消失，且刑期未满的情况下收监执行

11. 下列关于假释的说法正确的是（　　　）

A. 一般累犯不得假释，但特别累犯可以假释

B. 犯罪集团的首要分子可以宣告缓刑，但不得假释

C. 甲因抢夺罪被判处 11 年有期徒刑，对甲不得假释

D. 乙因爆炸罪被判处 5 年有期徒刑，因放火罪被判处 6 年有期徒刑，数罪并罚，执行 9 年有期徒刑，可以假释

12. 下列选项中，可以假释的是（　　　）

A. 累犯

B. 毒品犯罪的再犯

C. 强奸被判处 10 年有期徒刑

D. 有组织的暴力性犯罪被判处无期徒刑

13. 关于假释，下列选项中错误的是（　　　）

A. 甲系被假释的犯罪分子，即便其在假释考验期内再犯新罪，也不构成累犯

B. 乙系危害国家安全的犯罪分子，对乙不得假释

C. 丙因犯罪被判处有期徒刑 2 年，缓刑 3 年。缓刑考验期满后，发现丙在缓刑考验期内的第 7 个月犯有抢劫罪，应当判处有期徒刑 8 年，数罪并罚决定执行 9 年。丙服刑 6 年时，因有悔罪表现而被裁定假释

D. 丁犯抢劫罪被判处有期徒刑 6 年，犯寻衅滋事罪被判处有期徒刑 4 年，数罪并罚后，决定执行有期徒刑 8 年，对丁可以假释

14. 关于假释，下列选项正确的是（　　　）

A. 被假释的犯罪分子，未经执行机关批准，不得行使言论、出版、集会、结社、游行、示威自由的权利

B. 对于犯杀人、爆炸、抢劫、强奸、绑架等暴力性犯罪的犯罪分子，即使被判处 10 年以下有期徒刑，也不得适用假释

C. 对于累犯，只要被判处的刑罚为 10 年以下有期徒刑，均可适用假释

D. 被假释的犯罪分子，在假释考验期间再犯新罪的，不构成累犯

15. 甲因在学校食堂投毒被判处有期徒刑 8 年。服刑期间，甲认真遵守监规，接受教育改造，确有悔改表现。关于甲的假释，下列说法正确的是（　　　）

A. 可否假释，由检察机关决定

B. 可否假释，由执行机关决定

C. 服刑 4 年以上才可以假释

D. 不得假释

16. 关于假释的撤销，下列说法错误的是（　　　）

A. 被假释的犯罪分子，在假释考验期内犯新罪的，应撤销假释，按照先减后并的方法实行并罚

B. 被假释的犯罪分子，在假释考验期内严重违反假释监督管理规定，即使假释考验期满后才被发现，也应撤销假释

C. 在假释考验期内，发现被假释的犯罪分子在判决宣告前还有同种罪未判决的，应撤销假释

D. 在假释考验期满后，发现被假释的犯罪分子在判决宣告前有其他罪未判决的，应撤销假释，数罪并罚

17. 无期徒刑的假释考验期限为（　　　）

A. 没有执行完毕的刑期

B. 10 年

C. 15 年

D. 终身

二、多项选择题

1. 被宣告假释的犯罪分子，应当遵守的规定有（　　　）

A. 遵守法律法规及监规

B. 按照监督机关的规定报告自己的活动情况

C. 遵守监督机关关于会客的规定

D. 离开所居住的市、县或者迁居，应当报经监督机关批准

2. 下列情形中，依法须报经最高人民检察院核准的是（　　　）

A. 犯罪嫌疑人甲被某市中院判处死刑缓期 2 年执行

B. 犯罪分子没有法定减轻处罚情节，但是可以在法定刑以下判处刑罚的案件

C. 追诉时效经过 20 年以后，仍有必要追诉的案件

D. 已满 12 周岁不满 14 周岁的人，故意杀人致人死亡，且情节恶劣，地方检察院认为其应当负刑事责任

3. 关于减刑后刑期的计算方法，下列选项说法正确的有（　　　）

A. 对于原判管制、拘役刑的，减刑后的刑期自原判决执行之日起算

B. 对于原判无期徒刑减为有期徒刑的，刑期自裁定减刑之日起算

C. 对于无期徒刑减为有期徒刑之后，再次减刑的，应当从前次裁定减为有期徒刑之日算起

D. 对于曾被依法适用减刑，后因原判决有错误，经再审后改判为较轻刑罚的，则原来的减刑自动失效

4. 下列人员中，既可能获得减刑也可能获得假释的是（　　　）

A. 甲绑架赵某后又将赵某杀害，被法院判处死刑

B. 乙犯信用卡诈骗罪，被法院判处有期徒刑 5 年

C. 丙虐待其年老的母亲，被法院判处拘役 3 个月

D. 丁犯贪污罪，贪污数额特别巨大，被法院判处无期徒刑

5. 关于减刑和假释，下列说法正确的是（　　　）

A. 假释只能宣告一次；减刑可以减刑一次，也可以减刑数次

B. 减刑和假释都附有考验期，发生法定情形就会撤销减刑和假释

C. 对被假释人应立即予以附条件释放；被减刑人有未执行完毕刑期的，仍需在监执行

D. 假释只适用于被判处有期徒刑和无期徒刑的犯罪分子；减刑适用于被判处拘役、3 年以下有期徒刑的犯罪分子

6. 关于减刑、假释的适用，下列说法错误的是（　　　）

A. 对所有未被判处死刑的犯罪分子，如认真遵守监规，接受教育改造，确有悔改表现，或者有立功表现的，均可减刑

B. 无期徒刑减为有期徒刑的刑期，从裁定被执行之日起计算

C. 被宣告缓刑的犯罪分子，不符合"认真遵守监规，接受教育改造"的减刑条件，不能减刑

D. 在假释考验期限内犯新罪，假释考验期满后才发现的，不能撤销假释

▌三、简答题

1. 简述减刑与减轻处罚的区别。

2. 简述假释与减刑的区别。

3. 简述假释的限制条件。

▌四、法条分析题

《刑法》第81条第1款规定："被判处有期徒刑的犯罪分子,执行原判刑期二分之一以上,

被判处无期徒刑的犯罪分子，实际执行十三年以上，如果认真遵守监规，接受教育改造，确有悔改表现，没有再犯罪的危险的，可以假释。如果有特殊情况，经最高人民法院核准，可以不受上述执行刑期的限制。"

请分析：

（1）本条文中"确有悔改表现"的含义？

（2）"没有再犯罪的危险"的含义？

（3）本条文中"最高人民法院核准"的含义？

第十二章　刑罚消灭制度

章节提要 本章属于刑罚论的最后一部分，考点较少，其中追诉时效考查频率较高，赦免制度很少考。但由于2015年、2019年颁布了特赦令，因此有出简答题或选择题的可能性。

一、单项选择题

1. 劳某于1999年绑架并杀害3人后逃逸，公安机关立案侦查但一直未发现劳某的踪迹。2021年，劳某在商场盗窃他人财物3万元后被他人发现并被巡逻民警当场抓获。关于劳某的犯罪行为，下列说法正确的是（　　　）

A. 应当以绑架罪、故意杀人罪、盗窃罪追究刑事责任，数罪并罚

B. 应当以绑架罪、故意杀人罪追究刑事责任，数罪并罚

C. 应当以绑架罪、盗窃罪追究刑事责任

D. 应当以盗窃罪追究刑事责任

2. 甲于1998年1月犯盗窃罪（盗窃金额5000元），在公安机关立案侦查后逃往外地，又于2004年4月犯抢劫罪。关于甲的行为，下列说法正确的是（　　　）

A. 盗窃5000元，最高法定刑为3年，经过5年不再追诉，因此已经超过追诉时效

B. 抢劫罪的基本法定刑是3年以上10年以下有期徒刑，追诉时效是15年

C. 盗窃罪的追诉时效自犯抢劫罪之日起中断，追诉期限到2009年4月

D. 由于甲逃避侦查，所以盗窃罪和抢劫罪均不受追诉时效限制

3. 甲从2000年1月1日将乙非法拘禁至2000年5月1日，下列说法正确的是（　　　）

A. 对甲非法拘禁罪的追诉时效从2000年1月1日起算

B. 乙在2000年1月1日至2000年5月1日期间均可进行正当防卫

C. 若丙于2000年4月20日起帮助甲看守乙，则甲和丙不是共同犯罪

D. 如果2000年3月1日颁布了一个新法律，对非法拘禁的处罚重于旧法律，则对甲的行为不能适用新法

4. 下列关于刑法时效制度的内容，我国刑法没有规定的是（　　　）

A. 追诉时效　　　　B. 行刑时效　　　　C. 追诉时效的延长　　　　D. 追诉时效的中断

5. 按照刑法的规定，追诉时效中断的条件之一是在追诉期限内（　　　）

A. 犯罪分子还有其他违法行为

B. 犯罪分子又犯新罪

C. 犯罪分子逃避侦查或者审判

D. 犯罪分子阻止被害人向公、检、法机关提出控告

6. 在追诉期限内，因发生法定事由而使已经过了的时效期间归于无效，法定事由消失后重新计算追诉期限的制度是（　　　）

A. 时效中断　　　　　B. 时效中止　　　　　C. 时效延长　　　　　D. 时效终结

7. 甲于 2013 年 4 月 5 日逃避海关监管将境外固体废物运输进境，情节严重。根据《刑法》第 152 条第 2 款的规定，逃避海关监管将境外固体废物、液态废物和气态废物运输进境，情节严重的，处 5 年以下有期徒刑，并处或者单处罚金。在不具备追诉时效中断或延长的情况下，对甲的行为的追诉时效是（　　　）

A. 5 年　　　　　　　B. 10 年　　　　　　　C. 15 年　　　　　　　D. 20 年

8. 1992 年 3 月 24 日，南京警方接到原南京医学院（现南京医科大学）报警，称该校学生林某于 3 月 20 日晚自习后失踪。24 日下午林某的尸体在学校教学楼天井内的窨井中被发现。经法医检验，死者系被钝器击打头部并实施强奸后，投入窨井中死亡。2020 年 2 月 23 日，南京警方将"南医大杀人案"犯罪嫌疑人麻某某抓获，至此，案件发生已有 28 年。按照刑法规定，本案已经超过最长诉讼时效，本案要想得到追诉，须（　　　）

A. 报请最高人民法院核准　　　　　　　B. 报请最高人民检察院核准

C. 报请高级人民法院批准　　　　　　　D. 报请高级人民检察院批准

9. 关于追诉时效，下列说法正确的是（　　　）

A. 甲自 2019 年 3 月 8 日起长期虐待妻子，妻子向人民法院提起诉讼，则追诉期限自 2019 年 3 月 8 日开始计算

B. 乙犯故意杀人罪，即便经过 30 年，也有可能被追诉

C. 丙因债务纠纷致使李某重伤，李某在追诉期限内向公安机关报案，公安机关以属于民事纠纷为由不予立案，对丙的故意伤害罪追诉期限为 20 年

D. 丁自 2012 年 7 月 10 日起非法拘禁张某，直到 2013 年 4 月 3 日张某才获得自由到公安机关报案，则追诉期限自 2012 年 7 月 10 开始计算

10. 关于特赦，下列说法正确的是（　　　）

A. 一经特赦的犯罪分子，则不认为其曾经犯过罪

B. 特赦是针对一类或几类犯罪分子

C. 特赦由国家主席决定

D. 特赦应由犯罪分子本人或者家属提出申请

11. 下列关于赦免的说法，错误的是（　　　）

A. 特赦只能赦其刑，不能赦其罪

B. 特赦后再犯罪的，如果符合累犯条件，则构成累犯

C. 特赦是由犯罪分子本人及其家属或其他公民提出申请，由全国人大常委会批准

D. 特赦令由国家主席发布

12. 关于大赦和特赦，下列说法正确的是（　　　）

A. 大赦和特赦只能实行于法院判决之后　　　B. 大赦之后再犯罪同样构成累犯

C. 我国一共实行了 9 次特赦　　　　　　　　D. 特赦只针对一个或几个犯罪分子

二、多项选择题

1. 下列选项中，会导致刑罚消灭的有（　　　）

A. 刑罚执行完毕　　　B. 缓刑考验期满　　　C. 犯罪人死亡　　　　D. 赦免

2. 下列关于我国刑法设立时效制度的意义，说法正确的是（　　　）

A. 有利于实现刑罚的目的　　　　　　　B. 有利于司法机关集中打击现行犯罪

C. 有利于社会安定团结　　　　　　　　D. 有利于震慑犯罪分子、教育群众

3. 下列关于追诉时效的规定表述正确的是（　　　）

A. 法定最高刑为无期徒刑、死刑的，犯罪时效经过 20 年后就不再追诉

B. 如果 20 年以后认为必须追诉的，须报请最高人民法院核准

C. 犯罪行为有连续或者继续状态的，追诉时效从犯罪行为终了之日起计算

D. 在追诉期限以内又犯罪的，前罪追诉的期限从犯后罪之日起计算

4. 关于追诉时效，下列选项错误的是（　　　）

A. 甲犯贪污罪，如果经过 30 年，则不会再被追诉

B. 乙于 2021 年 6 月 6 日挪用资金 5 万元用于支付房屋首付，2021 年 12 月 6 日归还。对乙的追诉时效应从 2021 年 6 月 6 日起计算

C. 丙于 2001 年犯盗窃罪，并在公安机关立案后逃避公安机关的侦查。2022 年 1 月，丙因他事被抓。因追诉时效超过 20 年，因此不能追诉丙的盗窃罪的刑事责任

D. 丁与戊共同实施合同诈骗罪。在合同诈骗罪的追诉期届满前，戊单独实施抢夺罪。对丁合同诈骗罪的追诉时效，应从戊犯抢夺罪之日起计算

5. 关于大赦和特赦，下列说法中正确的是（　　　）

A. 大赦既可赦其刑，又可赦其罪

B. 特赦只赦其刑，不赦其罪

C. 特赦后再犯罪的，不构成累犯

D. 特赦由全国人大常委会决定，国家主席发布特赦令

6. 根据 2015 年 8 月 29 日第十二届全国人民代表大会常务委员会第十六次会议通过的《全国人民代表大会常务委员会关于特赦部分服刑罪犯的决定》，对下列人员中实行特赦的是（　　　）

A. 参加过中国人民抗日战争、中国人民解放战争的

B. 中华人民共和国成立以后，参加过保卫国家主权、安全和领土完整对外作战，犯故意伤害罪的

C. 年满 75 周岁、身体严重残疾且生活不能自理的

D. 犯罪的时候不满 18 周岁，被判处 5 年以下有期徒刑的

三、简答题

1. 简述追诉期限的规定。
2. 简述特赦和大赦的主要区别。

《刑法》第89条规定："追诉期限从犯罪之日起计算；犯罪行为有连续或者继续状态的，从犯罪行为终了之日起计算。

在追诉期限以内又犯罪的，前罪追诉的期限从犯后罪之日起计算。"

请分析：

（1）本条文中"犯罪之日"的含义？

（2）本条文中"连续或者继续状态"的含义？

（3）本条文中"前罪追诉的期限从犯后罪之日起计算"的含义？

第十三章　刑法各论概述

章节提要　本章主要是宏观介绍刑法各论的研究对象以及刑法分则条文的构成方式，不是重点章节，考查频率较低，且主要集中于罪状的种类，目前只考查过选择题。

一、单项选择题

1. 我国刑法分则对十大类犯罪进行排列，主要是以（　　　）为依据

A. 与刑法总则的密切程度　　　　　　B. 习惯排列

C. 各类犯罪的危害程度大小　　　　　D. 刑罚轻重程度

2. 建立我国刑罚分则体系的重要根据是（　　　）

A. 犯罪对象　　　B. 犯罪的同类客体　　　C. 犯罪的一般客体　　　D. 犯罪的直接客体

3. 我国《刑法》第236条规定："以暴力、胁迫或者其他手段强奸妇女的，处……"，本条的罪状形式是（　　　）

A. 空白罪状　　　B. 叙明罪状　　　C. 引证罪状　　　D. 简单罪状

4. 《刑法》第253条之一规定："违反国家有关规定，向他人出售或者提供公民个人信息，情节严重的，处三年以下有期徒刑或者拘役，并处或者单处罚金；情节特别严重的，处三年以上七年以下有期徒刑，并处罚金。违反国家有关规定，将在履行职责或者提供服务过程中获得的公民个人信息，出售或者提供给他人的，依照前款的规定从重处罚。窃取或者以其他方法非法获取公民个人信息的，依照第一款的规定处罚。单位犯前三款罪的，对单位判处罚金，并对其直接负责的主管人员和其他直接责任人员，依照各该款的规定处罚。"这种罪状形式属于（　　　）

A. 混合罪状　　　B. 叙明罪状　　　C. 空白罪状　　　D. 引证罪状

5. 伪造、变造、买卖国家机关公文、证件、印章罪属于（　　　）

A. 学理罪名　　　B. 选择罪名　　　C. 单一罪名　　　D. 不确定罪名

6. 我国刑法中目前存在绝对确定的法定刑的罪名是（　　　）

A. 绑架罪　　　B. 劫持航空器罪　　　C. 故意杀人罪　　　D. 抢劫罪

7. 《刑法》第287条规定的"利用计算机实施金融诈骗、盗窃、贪污、挪用公款、窃取国家秘密或者其他犯罪的，依照本法有关规定定罪处罚"，属于（　　　）

A. 简单罪状　　　　B. 叙明罪状　　　　C. 空白罪状　　　　D. 引证罪状

8. 《刑法》第 133 条规定的"违反交通运输管理法规"，第 285 条规定的"违反国家规定"属于（　　　）

A. 简单罪状　　　　B. 叙明罪状　　　　C. 空白罪状　　　　D. 引证罪状

9. 《刑法》第 230 条规定的"违反进出口商品检验法的规定，逃避商品检验，将必须经商检机构检验的进口商品未报经检验而擅自销售、使用，或者将必须经商检机构检验的出口商品未报经检验合格而擅自出口，情节严重的，处……"，属于（　　　）

A. 空白罪状　　　　B. 叙明罪状　　　　C. 混合罪状　　　　D. 引证罪状

10. 我国刑法规定的法定刑模式基本为（　　　）

A. 绝对不确定的法定刑　　　　　　　　B. 绝对确定的法定刑

C. 相对确定的法定刑　　　　　　　　　D. 相对确定的法定刑和绝对不确定的法定刑

11. 我国《刑法》第 233 条规定："过失致人死亡的，处……"，本条的罪状形式是（　　　）

A. 简单罪状　　　　B. 空白罪状　　　　C. 叙明罪状　　　　D. 引证罪状

12. 我国《刑法》第 177 条之一第 2 款规定："窃取、收买或者非法提供他人信用卡信息资料的，依照前款规定处罚。"本款规定属于（　　　）

A. 绝对确定的法定刑　　　　　　　　　B. 绝对不确定的法定刑

C. 宣告刑　　　　　　　　　　　　　　D. 援引法定刑

13. 《刑法》第 233 条规定："过失致人死亡的，处三年以上七年以下有期徒刑；情节较轻的，处三年以下有期徒刑。本法另有规定的，依照规定。"张某因过失导致他人死亡，被法院判处有期徒刑五年，在刑罚执行期间，因有悔改表现减刑一年，最终实际执行四年。在该案中，属于宣告刑的是（　　　）

A. 三年以上七年以下有期徒刑　　　　　B. 三年以下有期徒刑

C. 有期徒刑五年　　　　　　　　　　　D. 有期徒刑四年

14. 某法院在判决书中写明，因盗窃罪判处甲 2 年有期徒刑，因强奸罪判处甲 8 年有期徒刑，数罪并罚最终决定判处 9 年有期徒刑，后甲在刑罚执行期间因表现良好被减刑 2 年，最终实际执行 7 年有期徒刑。这 7 年有期徒刑属于（　　　）

A. 法定刑　　　　B. 执行刑　　　　C. 宣告刑　　　　D. 宣告刑和执行刑

二、多项选择题

1. 刑法分则条文的基本结构包括（　　　）

A. 罪行　　　　B. 罪名　　　　C. 罪状　　　　D. 法定刑

2. 刑法各论的研究对象是规定各种具体犯罪及刑事责任的法律规范，这些法律规范包括（　　　）

A. 刑法典的分则部分　　　　　　　　　B. 单行刑法

C. 附属刑法　　　　　　　　　　　　　D. 关于各种具体犯罪的司法解释

3. 我国刑法分则条文所采用的罪状类型包括（　　　）

A. 简单罪状　　　　B. 混合罪状　　　　C. 叙明罪状　　　　D. 空白罪状

4. 我国刑法分则条文中选择法定刑的具体规定方式包括（　　　）

A. 明确规定法定刑的最高限度，其最低限度依照刑法总则对该种法定刑的规定

B. 明确规定法定刑的最低限度，其最高限度依照刑法总则对该种法定刑的规定

C. 明确规定一种刑罚的最低限度和最高限度

D. 明确规定对其所规定的犯罪援引其他条文或同条的另一款的法定刑进行处罚

5. 下列各项中，表述正确的是（　　　）

A. 宣告刑是指国家审判机关对具体犯罪人依法判处并宣告应当实际执行的刑罚

B. 法定刑即刑法分则条文对具体犯罪所规定的量刑标准

C. 宣告刑是法定刑的基本依据，法定刑是宣告刑的实际运用

D. 法定刑与宣告刑是刑罚的普遍性规定和具体运用的关系

三、简答题

简述罪状的种类。

第十四章　危害国家安全罪

📝 **章节提要**　本章位于刑法分则之首，保护的法益十分重要，但是由于其规定的犯罪的特殊性，在考试中考查的次数较少。本章重点罪名是间谍罪和为境外窃取、刺探、收买、非法提供国家秘密、情报罪。2019年考试大纲新增叛逃罪。

一、单项选择题

1. 关于危害国家安全罪，下列说法正确的是（　　　）

A. 被判处煽动分裂国家罪的犯罪分子要被剥夺政治权利

B. 分裂国家罪和背叛国家罪的主体都是一般主体

C. 国家机关工作人员叛逃后又参加间谍组织或者接受间谍任务，触犯叛逃罪和间谍罪，择一重罪处罚

D. 叛逃罪的主体仅限于国家机关工作人员

2. 危害国家安全罪的主观方面（　　　）

A. 只能是故意　　　B. 只能是过失　　　C. 故意和过失均可以　　D. 只能是直接故意

3. 甲出生于国内，后加入外国籍，但长期在国内经商。2018 年，甲在某西方大国参加一场反华活动时，结识了反华分子乙。此后，甲在明知乙从事危害我国国家安全犯罪活动的情况下，长期资助乙实施相关犯罪活动。其中，2018 年至 2020 年，甲以现金或者支票方式资助乙 10 余万美元，折合人民币 100 余万元。甲的行为构成（　　　）

A. 分裂国家罪　　　　　　　　　　B. 资助危害国家安全犯罪活动罪

C. 颠覆国家政权罪　　　　　　　　D. 帮助恐怖活动罪

4. 甲出版宣传"港独"的图书，乙阅读其内容后大量翻印出售。乙的行为构成（　　　）

A. 侵犯著作权罪　　　B. 煽动分裂国家罪　　　C. 非法经营罪　　　　D. 销售侵权复制品罪

5. 某国家机关工作人员甲借到 M 国探亲的机会滞留不归。一年后，甲受雇于 N 国的一个专门收集有关中国军事情报的间谍组织，随后受该组织的指派潜回中国，找到其在某军区参谋部工作的战友乙，以 1 万美元的价格从乙手中购买了 3 份军事机密材料。甲的行为应

（　　　）

A. 以叛逃罪论处　　　　　　　　　　B. 以叛逃罪和间谍罪论处

C. 以间谍罪论处　　　　　　　　　　D. 以非法获取军事秘密罪论处

6. 甲是某市市长，在出国考察时担心自己受贿被查处，拒不归国，并加入当地的间谍组织。对甲（　　　）

A. 以叛逃罪一罪处罚　　　　　　　　B. 以间谍罪一罪处罚

C. 叛逃罪和间谍罪择一重罪处罚　　　D. 叛逃罪和间谍罪数罪并罚

7. 下列关于间谍罪的说法，错误的是（　　　　）

A. 间谍罪是行为犯

B. 因受欺骗加入间谍组织，并未实行危害国家安全犯罪活动的，不成立间谍罪

C. 国家机关工作人员叛逃后又参加间谍组织或者接受间谍任务，触犯叛逃罪和间谍罪，择一重罪处罚

D. 加入间谍组织的，必须明知是间谍组织而加入

8. 甲是某省国家安全厅副厅长，某次因公出国时，在境外叛逃。甲的行为构成（　　　　）

A. 间谍罪　　　　B. 叛逃罪　　　　C. 背叛国家罪　　　　D. 分裂国家罪

9. 某国间谍戴某，结识了我国某国家机关机要员黄某。戴某谎称来华投资建厂需了解政策动向，让黄某借工作之便为其搞到密级为"机密"的《内参报告》四份。戴某拿到文件后送给黄某一部手机，并为其子前往某国留学提供了六万元资金。对黄某的行为以下说法正确的是（　　　　）

A. 触犯资助危害国家安全犯罪活动罪、非法获取国家秘密罪，应数罪并罚

B. 触犯为境外窃取、刺探、收买、非法提供国家秘密、情报罪与受贿罪，应数罪并罚

C. 触犯非法获取国家秘密罪、受贿罪，应数罪并罚

D. 触犯故意泄露国家秘密罪、受贿罪，应从一重罪处断

10. 下列关于为境外窃取、刺探、收买、非法提供国家秘密、情报罪的说法，正确的是（　　　　）

A. 本罪的主观方面既包含故意也包含过失

B. 窃取、刺探的既遂标准是当行为人实际获取国家秘密、情报时既遂

C. 收买、非法提供的既遂标准是行为人将国家秘密、情报提供给境外组织、机构、人员时既遂

D. 本罪的主体不包括外国人

11. 甲是某国家部委的工作人员，在一次私人聚会上与美国人乙结识，后乙提出愿意出高价购买某国家机密文件用来经商，甲正好缺钱便同意了。次日，甲窃取了该国家机密文件并交给了乙。经查，乙实为间谍，但甲对此不知情。甲的行为构成（　　　　）

A. 间谍罪　　　　　　　　　　　　　B. 故意泄露国家秘密罪

C. 买卖国家机关公文罪　　　　　　　D. 为境外窃取国家秘密罪

二、多项选择题

1. 下列危害国家安全罪中，属于一般主体的犯罪是（　　　　）

A. 间谍罪　　　　　　　　　　　　　B. 叛逃罪

C. 煽动分裂国家罪　　　　　　　　　D. 为境外窃取国家秘密罪

2. 下列属于危害国家安全罪的是（　　　）

A. 故意泄露国家秘密罪

B. 帮助恐怖活动罪

C. 叛逃罪

D. 间谍罪

3. 下列行为构成间谍罪的是（　　　）

A. 参加间谍组织

B. 接受间谍组织的任务

C. 接受间谍组织代理人的任务

D. 为敌人指示轰击目标

4. 下列情形中，说法正确的有（　　　）

A. 甲不知某公司是间谍组织而加入，构成间谍罪

B. 乙是某省公安厅副厅长，在国外休假期间叛逃，不构成叛逃罪

C. 丙利用新冠疫情制造传播谣言，煽动分裂国家，构成煽动分裂国家罪

D. 丁故意将国家秘密通过互联网予以发布，情节严重，构成故意泄露国家秘密罪

三、简答题

简述颠覆国家政权罪的构成要件。

第十五章　危害公共安全罪

章节提要　本章涉及罪名较多，但共性较强，建议考生宏观把握危害公共安全罪的共同特征，在此基础上再来仔细把握每个罪名特定的行为方式。本章的重中之重是交通肇事罪，建议全面把握这个罪名；还要重点掌握放火罪、爆炸罪、投放危险物质罪等与故意杀人罪的区别。

一、单项选择题

1. 甲为报复仇人乙，趁乙在家休息，试图放火杀害乙，不料火势过大，造成乙和隔壁邻居丙死亡且造成重大财产损失。关于本案，下列说法正确的是（　　　）

A. 甲只构成故意杀人罪

B. 甲只构成放火罪

C. 甲构成故意杀人罪和放火罪的想象竞合犯

D. 对甲应以故意杀人罪和放火罪数罪并罚

2. 以放火的手段破坏正在修理中的交通工具，造成整片厂房着火的行为构成（　　　）

A. 放火罪

B. 破坏交通工具罪

C. 故意毁坏财物罪

D. 以危险方法危害公共安全罪

3. 下列关于爆炸罪的说法中，不正确的是（　　　）

A. 爆炸罪的犯罪主体包括已满 14 周岁不满 16 周岁的未成年人

B. 爆炸罪的主观方面是故意

C. 爆炸罪的行为方式只能是作为

D. 爆炸罪侵犯的客体是公共安全

4. 甲违反学校规定被处罚，为泄愤，在学校食堂免费供应的汤里投入剧毒农药，造成 5 人中毒死亡，多人受伤。甲的行为构成（　　　）

A. 故意杀人罪　　　　　　　　　　　B. 故意伤害罪

C. 投放危险物质罪　　　　　　　　　D. 以危险方法危害公共安全罪

5. 甲以为某单位食堂免费供应的汤粥如果没有被盛完则会在次日加热继续供应，便在某日傍晚食堂关门前向锅里投放剧毒农药"百草枯"。实际上食堂提供的汤粥如有剩余的会被倒掉。但是当晚单位加班人员较多，领导安排食堂制作消夜，加班人员吃完消夜之后汤粥才被倒掉，吃消夜期间没有人盛用该汤粥，最终没有造成人员伤亡。甲的行为属于（　　　）

A. 故意杀人罪的未遂　　　　　　　　B. 投放危险物质罪的未遂

C. 投放危险物质罪的既遂　　　　　　D. 投放虚假危险物质罪的既遂

6. 丙因工作不顺心，将水桶、杠铃、花盆从 18 楼扔下，持续时间长达 20 分钟，其楼下为公共道路，行人来往频繁，但丙的行为未造成人员伤亡。丙构成（　　　）

A. 高空抛物罪　　　　　　　　　　　B. 故意伤害罪

C. 以危险方法危害公共安全罪　　　　D. 不构成犯罪

7. 甲酒驾（未达到醉驾程度）撞倒乙之后（轻伤），又继续驾驶车辆疯狂逃窜，行至某路口时，再次肇事致使两人死亡。甲应当成立（　　　）

A. 以危险方法危害公共安全罪　　　　B. 交通肇事罪

C. 过失致人死亡罪　　　　　　　　　D. 故意杀人罪

8. 甲本欲驾驶汽车在繁华街道见人就撞，不料尚未撞人便直接撞到墙上，未造成人员损伤。甲的行为构成（　　　）

A. 以危险方法危害公共安全罪（预备）　B. 以危险方法危害公共安全罪（中止）

C. 以危险方法危害公共安全罪（未遂）　D. 以危险方法危害公共安全罪（既遂）

9. 被告人张某是一名出租车司机，因受单位领导批评，为发泄不满驾车驶入闹市区冲向密集人群，当场撞死 6 人，撞伤 18 人。张某的行为构成（　　　）

A. 交通肇事罪　　　　　　　　　　　B. 以危险方法危害公共安全罪

C. 重大责任事故罪　　　　　　　　　D. 故意杀人罪

10. 下列行为中，成立以危险方法危害公共安全罪的是（　　　）

A. 甲驾车在公路转弯处高速行驶，撞翻相向行驶车辆，致 2 人死亡

B. 乙驾驶越野车在道路上横冲直撞，撞翻数辆他人所驾汽车，致 2 人死亡

C. 丙醉酒后驾车，刚开出 10 米就撞死 2 人

D. 丁在繁华路段飙车，2 名老妇受到惊吓致心脏病发作死亡

11. 甲为泄愤，在 20 楼的家中向楼下人群中丢一烟灰缸，砸死人群中的乙。甲的行为属于（　　　）

A. 以危险方法危害公共安全罪　　　　B. 投放危险物质罪

C. 故意杀人罪　　　　　　　　　　　D. 过失致人死亡罪

12. 甲夜间在停车场盗窃第二天即将使用的汽车的发动机，发动机价值 5 万元，甲盗窃后变卖获利 1 万元。甲的行为构成（　　　）

A. 盗窃罪　　　　B. 故意毁坏财物罪　　　C. 破坏交通工具罪　　　D. 破坏交通设施罪

13. 甲在荒郊野外的空地上，将自己老旧的小轿车放火烧毁。甲的行为构成（　　　）

A. 放火罪　　　　B. 故意毁坏财物罪　　　C. 破坏交通工具罪　　　D. 不构成犯罪

14. 吴某因工作调动对领导不满。2014 年 4 月初，吴某产生实施犯罪以引起关注的想法。4 月 12 日，吴某来到滨北线 215 公里 850 米处，将事先选好的铁道钢轨拆卸并侧移出原位，

致使次日途经此处的 K7034 次旅客列车脱线，部分车厢脱轨或倾覆，中断铁路行车 15 小时 25 分钟，致 1 人轻伤，6 人轻微伤，造成经济损失 4 133 072 元。吴某的行为构成（   ）

A. 破坏交通工具罪
B. 破坏交通设施罪
C. 以危险方法危害公共安全罪
D. 故意伤害罪

15. 关于危害公共安全罪的认定，下列选项正确的是（   ）

A. 猎户甲合法持有猎枪，猎枪被盗后没有及时报告，造成严重后果。甲构成丢失枪支不报罪
B. 乙故意破坏旅游景点的缆车的关键设备，致数名游客从空中摔下。乙构成破坏交通设施罪
C. 丙因等待其丈夫，阻止高铁发车，致高铁晚点。丙构成破坏交通工具罪
D. 丁吸毒后驾车撞向等待红灯的人群。丁构成以危险方法危害公共安全罪

16. 2018 年 6 月 4 日，甲至广州市某工业园区，采用剪刀剪线的方式，盗窃正在通电使用中的电缆线 4 根，共计 76 米（价值 16 870 元），造成该工业园区内的广州市自立印刷厂、广州市某阀门有限公司等 7 户企业停电长达 13 小时。甲的行为（   ）

A. 只构成盗窃罪
B. 只构成破坏电力设备罪
C. 同时构成盗窃罪和破坏电力设备罪，择一重罪处罚
D. 同时构成盗窃罪和破坏电力设备罪，数罪并罚

17. 下列关于非法持有宣扬恐怖主义、极端主义物品罪的说法中，错误的是（   ）

A. 本罪的客体是公共安全
B. 本罪的主体是自然人，不包括单位
C. 本罪的主观方面是故意
D. 本罪是实害犯

18. 甲组织、领导某恐怖组织，并与其他同伙共同劫持某民航客机，甲等人在强奸并杀害一反抗的空姐后将飞机控制，不久被飞机安全员乘机制服，未造成其他损害。关于甲的行为，下列说法正确的是（   ）

A. 仅应当以组织、领导恐怖组织罪一罪定罪处罚
B. 仅应当认定为组织、领导恐怖组织罪与劫持航空器罪，数罪并罚
C. 应当认定为组织、领导恐怖组织罪与劫持航空器罪、强奸罪，数罪并罚
D. 应当认定为组织、领导恐怖组织罪与劫持航空器罪、强奸罪、故意杀人罪，数罪并罚

19. 下列选项中，关于非法制造买卖枪支罪与违规制造销售枪支罪的说法正确的有（   ）

A. 非法制造枪支罪和违规造枪支罪的主体都只能是单位
B. 非法买卖枪支后又持有枪支的，仅以非法买卖枪支罪一罪处罚
C. 非法买卖枪支罪包含了非法出租、出借枪支罪
D. 非法制造枪支应具有出卖的目的

20. 市公安局局长甲调任省政法委专职副书记后，将公务配枪藏于家中，拒不上交。甲的行为应认定为（   ）

A. 非法持有枪支罪
B. 私藏枪支罪
C. 盗窃枪支罪
D. 以危险方法危害公共安全罪

21. 甲驾驶机动车闯红灯撞上正常走路的行人乙，造成乙死亡，甲害怕受到法律制裁，驾车逃逸。关于本案，以下说法正确的是（   ）

A. 甲构成交通肇事罪，是交通肇事罪的基本犯

B. 甲构成交通肇事罪，系交通肇事后逃逸

C. 甲逃逸的情节，属于定罪情节

D. 交通肇事罪既可以是故意犯罪，也可以是过失犯罪

22. 教员甲在大学校园的操场内练习驾驶技术，错把油门当刹车，导致驾驶的汽车突然冲出去，撞死一名大学生。甲的行为属于（ 　　 ）

A. 交通肇事罪

B. 故意杀人罪

C. 重大责任事故罪

D. 过失致人死亡罪

23. 甲酒后驾车缓慢行驶，此时乙高速逆向行驶，甲及时刹车仍未能防止事故发生，乙当场死亡，甲受轻伤。经查，事故发生时甲血液酒精含量为 50 mg/100 ml。甲的行为（ 　　 ）

A. 不构成犯罪

B. 构成交通肇事罪

C. 构成危险驾驶罪

D. 以危险方法危害公共安全罪

24. 甲系某公司总经理，乙是其司机。某日，乙开车送甲去洽谈商务，途中因违章超速行驶当场将行人丙撞死，并致行人丁重伤。乙欲送丁去医院救治，被甲阻止。乙见甲拨打 120 之后，便离开肇事现场送甲前往洽谈商务，并且甲告知乙对撞人事件保密。后因延误救治，丁死亡。关于本案，下列说法正确的是（ 　　 ）

A. 甲不构成犯罪，乙构成交通肇事罪

B. 甲、乙构成交通肇事罪的共犯

C. 由于过失犯罪不成立共同犯罪，只能对甲、乙分别认定为交通肇事罪，但不存在共犯关系

D. 甲、乙均构成不作为的故意杀人罪

25. 下列说法中，不正确的是（ 　　 ）

A. 交通肇事引起被害人重伤、死亡的，应以过失致人重伤罪、过失致人死亡罪论

B. 不作为可以构成交通肇事罪

C. 如果行为人在窃取或者夺取的财产中发现有枪支、弹药或者爆炸物，而予以非法持有或者私藏，则构成盗窃罪的牵连犯，择一重罪处罚

D. 行为人在组织、领导或参加恐怖组织后，具体实施了杀人、绑架、爆炸等犯罪行为的，应当将所实施的具体犯罪行为和组织、领导、参加恐怖组织罪实行数罪并罚

26. 甲违章超速驾驶，撞上乙车、丙车，导致乙受重伤、丙车毁损，甲见状驾车逃逸。关于本案，以下说法正确的是（ 　　 ）

A. 甲构成交通肇事罪，是基本犯

B. 甲构成交通肇事罪，系交通肇事后逃逸

C. 甲逃逸的情节，不属于定罪情节，而属于量刑情节

D. 甲没有达到交通肇事罪成罪标准，不能构成该罪，但可构成以危险方法危害公共安全罪

27. 下列行为中，应以危险驾驶罪论处的是（ 　　 ）

A. 甲醉酒驾驶机动车，误将红灯看成绿灯，撞死 2 名行人

B. 乙吸毒后驾驶机动车，未造成人员伤亡，但危及交通安全

C. 丙在驾驶汽车前吃了大量荔枝，被交警以呼气式酒精检测仪测试到酒精含量达到醉酒程度

D. 丁将汽车误停在大型商场地下三层的固定卸货车位，后在醉酒时将汽车从地下三层开到地下一层的停车位

28. 甲在生产作业期间，违反操作规程造成供电线路短路，引起火灾，烧毁厂房，致 3 名工人死亡，造成直接经济损失 1 000 万元。甲的行为构成（　　　　）

A. 失火罪

B. 过失致人死亡罪

C. 重大责任事故罪

D. 失火罪和过失致人死亡罪

29. 某建筑工地负责人张某在前往工地检查时，未注意到升降梯下方有人即启动，造成正在维护升降梯的工人当场死亡。对于张某的行为，说法错误的是（　　　　）

A. 强令、组织他人违章冒险作业罪

B. 重大责任事故罪

C. 如对其宣告缓刑，可以禁止其在缓刑考验期限内从事与安全生产相关联的特定活动

D. 可以禁止其自刑罚执行完毕之日或者假释之日起 3 年至 5 年内从事与安全生产相关的职业

30. 2012 年 4 月 5 日，储某作为某工地的负责人，明知王某无吊车操作证，仍让王某操作吊车。在明知吊车线控不灵的情况下，为赶工期，强行让王某进行吊车施工，违反吊车安全操作规定，造成吊车出轨倒塌，导致两死一伤的后果。储某的行为构成（　　　　）

A. 重大责任事故罪

B. 过失致人死亡罪

C. 强令、组织他人违章冒险作业罪

D. 以危险方法危害公共安全罪

31. 甲自 2021 年 5 月起伙同他人在未取得危化品经营许可证的情况下，在人员、车辆较为密集的停车场从事非法储存、运输、销售汽油生意。同时其还购入了非法改装的车辆，在车内安装油桶、油泵、加油机和计量器等，使用不符合安全作业要求的改装车运输、储存汽油，并使用油泵，通过电瓶接电的危险作业方式抽取汽油。对甲的行为应当（　　　　）

A. 以危险驾驶罪定罪处罚

B. 以重大责任事故罪定罪处罚

C. 以危险作业罪定罪处罚

D. 以以危险方法危害公共安全罪定罪处罚

32. 甲领取了机动车驾驶证、危险货物运输从业资格证和道路危险货物运输操作证，具有从事危险品运输的专业资格。甲驾驶不符合安全标准的机动车辆超载运输液氮，途中因轮胎爆裂，未能采取有效紧急避让措施，发生交通事故，罐车侧翻，液氮大量泄漏，造成附近大量群众中毒，29 人死亡，400 余人住院治疗，大量家禽、庄稼等受损。经交警部门认定，甲驾驶机件不符合安全技术标准的车辆运输剧毒化学品且严重超载，是造成此次特大事故的直接原因。甲的行为构成（　　　　）

A. 爆炸罪

B. 以危险方法危害公共安全罪

C. 危险物品肇事罪

D. 重大责任事故罪

二、多项选择题

1. 关于危害公共安全罪主体，表述正确的是（　　　　）

A. 有的犯罪的主体包括已满十四周岁不满十六周岁的未成年人

B. 有的犯罪的主体是特殊主体

C. 有的犯罪只能由自然人构成

D. 有的犯罪既可以由自然人构成，也可以由单位构成

2. 下列行为中，构成放火罪的有（　　　　）

A. 以放火为手段杀人，烧毁了数十间房屋

B. 为了自杀，采取自焚的手段，但火烧毁了公园的一片林木

C. 犯罪后，为了掩盖罪证而放火，火势蔓延到附近的建筑物

D. 出于嫉妒，放火烧毁了邻居的柴草垛，但不会危及公共安全

3. 下列行为中，构成投放危险物质罪的是（　　　）

A. 甲故意非法开启实验室装有放射性物质的容器，致使多名实验人员遭受辐射

B. 乙投放毒害性、放射性、传染病病原体之外的其他有害物质，危害公共安全

C. 丙欲制造社会恐慌气氛，将食品干燥剂粉末冒充炭疽杆菌，分成多份邮寄给不特定多数人

D. 丁在食品中违法添加易使人形成瘾癖的罂粟壳粉末，该食品在市场上极为畅销

4. 下列情形中，构成以危险方法危害公共安全罪的是（　　　）

A. 甲盗窃人行道上的窨井盖，足以危害公共安全的

B. 施工经理乙在具有瓦斯爆炸高度危险的情形下，下令多人下井采煤

C. 丙在高速公路上逆向高速行驶

D. 丁故意从高楼扔下烟灰缸报复杀害李某，致使李某死亡

5. 下列情形中，应当认定为破坏交通工具罪的有（　　　）

A. 甲工作不顺，为发泄愤怒将公交车上的玻璃砸碎

B. 乙在修理公交车过程中，破坏了公交车的制动功能，随后将公交车交付给公交公司

C. 丙彻底破坏公交车的发动机，使其无法使用

D. 丁以爆炸的方法破坏正在行驶中的火车

6. 甲因为收费问题与公交车司机乙吵架，后一怒之下对乙使用暴力，造成乙轻微伤，其行为干扰了公交车正常行驶，危害了公共安全。下列说法错误的是（　　　）

A. 甲的行为不构成犯罪　　　　　　　　B. 甲的行为构成破坏交通设施罪

C. 甲的行为构成破坏交通工具罪　　　　D. 甲的行为构成故意伤害罪

7. 某恐怖活动组织从事了劫持并杀害人质和爆炸的活动，该恐怖组织的领导者甲构成（　　　）

A. 组织、领导恐怖组织罪　　　　　　　B. 绑架罪

C. 爆炸罪　　　　　　　　　　　　　　D. 故意杀人罪

8. 下列关于组织、领导、参加恐怖组织罪的说法，正确的是（　　　）

A. 恐怖活动组织一般带有明显的政治目的

B. 恐怖活动组织是犯罪集团的特殊形式

C. 资助恐怖活动组织也构成组织、领导、参加恐怖组织罪

D. 如果作为恐怖活动组织的成员又实施了爆炸犯罪行为，应当数罪并罚

9. 关于劫持航空器罪的说法，正确的是（　　　）

A. 先劫持航空器又强奸妇女的，应以劫持航空器罪和强奸罪实行数罪并罚

B. 劫持航空器致人重伤、死亡，是劫持航空器罪的结果加重犯

C. 为了控制航空器杀害机上空乘人员应以劫持航空器和故意杀人罪实行数罪并罚

D. 劫持航空器罪规定了绝对确定的法定刑

10. 下列关于劫持船只、汽车罪的说法，正确的是（　　　）

A. 本罪的犯罪对象仅限于正在使用中的船只、汽车

B. 劫持火车、地铁的，成立本罪

C. 不仅劫持了船只、汽车，还抢劫船只、汽车上的人的财物，应以劫持船只、汽车罪和抢劫罪数罪并罚

D. 单位可以成立本罪

11. 下列罪名中，犯罪主体可以是单位的有（　　　　）

A. 违规制造、销售枪支罪　　　　　　　　B. 非法制造枪支罪

C. 非法持有枪支罪　　　　　　　　　　　D. 非法买卖枪支罪

12. 甲盗窃了农民王某的一个手提包，发现包里有大量现金和一把手枪。甲将实情告诉乙，并将手枪交给乙保管，乙将手枪藏在家里。关于本案，下列说法正确的是（　　　　）

A. 甲构成盗窃罪　　　　　　　　　　　　B. 甲构成盗窃枪支罪

C. 乙构成窝藏罪　　　　　　　　　　　　D. 乙构成非法持有枪支罪

13. 下列关于非法私藏枪支罪与非法储存枪支罪的说法正确的是（　　　　）

A. 非法储存枪支罪的主体可以是单位

B. 非法买卖枪支后又私藏该枪支的，仅以非法买卖枪支罪一罪定罪处罚

C. 非法私藏枪支罪的主体是一般主体

D. 某现役军人私自藏匿盗窃来的枪支的，成立非法私藏枪支罪

14. 下列属于危险驾驶罪的行为方式的是（　　　　）

A. 醉酒驾驶

B. 追逐竞驶，情节恶劣

C. 从事校车业务，严重超过额定乘员载客

D. 违反危险化学品安全管理规定运输危险化学品，危及公共安全的

15. 下列选项表述错误的是（　　　　）

A. 甲是某工地的管理人员，明知塔吊已经过了最长使用寿命，为减少成本，仍要求工人继续操作该塔吊进行高空作业，导致塔吊垮塌，人员伤亡惨重。甲构成重大责任事故罪

B. 重大责任事故罪的犯罪主体是特殊主体，必须为一线工作、管理人员

C. 重大责任事故罪在主观方面是故意，包括直接故意和间接故意

D. 重大责任事故罪的发生场合必须是在生产、作业过程中

16. 下列行为中，构成强令、组织他人违章冒险作业罪的有（　　　　）

A. 明知存在安全隐患,继续作业存在危险,仍然违反有关安全管理的规定,利用组织、指挥、管理职权，强制他人违章作业的

B. 明知存在安全隐患,继续作业存在危险,仍然违反有关安全管理的规定,采取威逼、胁迫、恐吓等手段，强制他人违章作业的

C. 明知存在安全隐患，继续作业存在危险，仍然违反有关安全管理的规定，故意掩盖事故隐患，组织他人违章作业的

D. 在生产、作业中实施违反有关安全管理规定的行为，因而发生重大伤亡事故或者造成其他严重后果

17. 丁某（男、66 岁）因"离婚后财产纠纷一案"不满司法判决，在收到判决书后为泄私愤驾驶小型越野车肆意冲撞路边健身市民，致多人伤亡，随后丁某驾车逃离现场。后丁某在偏僻处自残时被警察抓获。关于本案，下列表述错误的是（　　　　）

A. 丁某的行为应以以危险方法危害公共安全罪定罪处罚

B. 若丁某在被发现时已经自残身亡，则其刑事责任因死亡而归于消灭

C. 丁某因年满六十五周岁，因此在量刑时可以从轻或者减轻处罚

D. 丁某的行为构成交通肇事罪

三、简答题

1. 简述危害公共安全罪的概念和共同特征。
2. 简述丢失枪支不报罪的构成要件。

四、法条分析题

《刑法》第 133 条之一规定："在道路上驾驶机动车，有下列情形之一的，处拘役，并处罚金：

（一）追逐竞驶，情节恶劣的；

（二）醉酒驾驶机动车的；

（三）从事校车业务或者旅客运输，严重超过额定乘员载客，或者严重超过规定时速行驶的；

（四）违反危险化学品安全管理规定运输危险化学品，危及公共安全的。

机动车所有人、管理人对前款第三项、第四项行为负有直接责任的，依照前款的规定处罚。

有前两款行为，同时构成其他犯罪的，依照处罚较重的规定定罪处罚。"

请分析：

（1）本条款中"机动车"的含义。

（2）本条款中"道路"的含义。

（3）本条款中"醉酒驾驶机动车"的含义。

（4）本条款中"同时构成其他犯罪的，依照处罚较重的规定定罪处罚"的含义。

五、案例分析题

2016 年 1 月，甲因拆迁问题报复乙，在乙办公室内的暗室安装机器，使用铱射线（放射性物质）对乙的身体进行照射，致使乙及其他 60 多位工作人员受到放射源的辐射伤害。经鉴定，乙为重伤，20 余人为轻伤。（事实一）

2016 年 4 月，执法人员拆除甲家的违章建筑。甲驾驶轿车直冲向执法人员，撞到了维持外围秩序的多名工作人员。甲继续驾驶，并朝工作人员密集的地方冲去，又撞到多名工作人员。后甲逃跑。经鉴定，其中 5 人为轻伤，2 人为轻微伤。（事实二）

根据上述材料，回答下列问题：

（1）事实一中甲构成何罪？

（2）事实二中甲构成何罪？

第十六章　破坏社会主义市场经济秩序罪

📝 **章节提要**　本章的罪名较多，而且相对较为专业，对大家来说比较生僻，建议考生着重把握重点罪名的行为方式和显著特征，这样便能准确把握罪与罪之间的区别，在考试中起到事半功倍的效果。

一、单项选择题

1. 甲在化肥中掺入石灰，以假乱真，销售数额达 20 万元，但未对相关农业生产造成影响。对甲的行为（　　）

A. 应以诈骗罪定罪处罚

B. 只能以生产、销售、提供假药罪定罪处罚

C. 只能以生产、销售伪劣产品罪定罪处罚

D. 因未造成严重后果，应认定为无罪

2. 玩具生产厂商甲以次充好，生产大批量的不合格儿童玩具，销售数额 4 万元，尚有 8 万元存货未销售，甲的行为构成（　　）

A. 生产、销售伪劣产品罪既遂　　　　B. 生产、销售伪劣产品罪未遂

C. 生产、销售伪劣产品罪中止　　　　D. 生产、销售伪劣产品罪预备

3. 民间赤脚医生甲根据祖传偏方私自加工治疗发烧的药物，向周围邻居少量售卖，效果良好，数量不大，邻居身体没有任何不适症状，甲的行为（　　）

A. 构成生产、销售、提供假药罪　　　　B. 构成非法行医罪

C. 构成生产、销售劣药罪　　　　D. 不构成犯罪

4. A 公司向 B 公司推销 C 公司生产的数控车床，B 公司决定购买。A 公司和 B 公司明知该设备不符合国家免税标准，合谋修改设备技术参数，并伪报设备名称，修改设备铭牌，以达到国家免税标准。B 公司向 C 公司购入 6 台数控车床分别从两处海关免税进口。B 公司构成（　　）

A. 走私普通货物、物品罪　　　　B. 走私禁止进出口的货物、物品罪

C. 走私限制进出口的货物、物品罪　　　　D. 不构成犯罪

5. 徐某代表某民营公司与他人商谈房屋租赁合同，利用负责洽谈房租事宜的职务之便，向房东张某索取回扣 80 余万元，索取的回扣全部归徐某个人所有，并帮助张某将房屋租赁给徐某的公司。徐某构成（　　）

A. 非国家工作人员受贿罪　　　　B. 受贿罪

C. 利用影响力受贿罪　　　　D. 不构成犯罪

6. 甲将自己的汽车藏匿，以汽车被盗为由向保险公司索赔。保险公司认为该案存有疑点，随即报警。在掌握充分证据后，公安机关安排保险公司向甲理赔。甲到保险公司财务室领取 20 万元赔偿金后，刚走到门口即被守候的多名侦查人员抓获。关于甲的行为，下列选项正确的是（　　）

A. 保险诈骗罪未遂　　B. 保险诈骗罪既遂　　C. 保险诈骗罪预备　　D. 合同诈骗罪

7. 某企业生产的一批外贸供货产品因外商原因无法出口，该企业采用伪造出口退税单证和签订虚假买卖合同等方法，骗取出口退税 50 万元（其中包括该批产品已征的增值税等

税款 20 万元）。对该企业行为的认定，下列说法正确的是（   ）

A. 以合同诈骗罪处罚   B. 仅以逃税罪处罚

C. 仅以骗取出口退税罪处罚   D. 以逃税罪和骗取出口退税罪并罚

8. 甲没有烟草生产许可证，生产、销售冒充中华香烟的劣质香烟，销售金额达 50 万元。关于甲的行为，说法正确的是（   ）

A. 以生产、销售伪劣产品罪与假冒注册商标罪数罪并罚

B. 以非法经营罪处罚

C. 以生产、销售伪劣产品罪与非法经营罪、假冒注册商标罪数罪并罚

D. 以生产、销售伪劣产品罪，非法经营罪，假冒注册商标罪择一重罪处罚

9. 甲误将乙从事恐怖活动的犯罪所得当成黑社会性质组织犯罪的犯罪所得转移至境外。甲的行为构成（   ）

A. 洗钱罪   B. 窝藏罪   C. 包庇罪   D. 逃税罪

10. 甲公司欠缴税款 20 万元，税务局工作人员小刘和小孙来甲公司查账时，甲公司总经理王某和其朋友李某组织一伙社会人员挡在公司门口不让税务人员进门，并将税务人员小刘打成重伤。王某的行为构成（   ）

A. 妨害公务罪   B. 抗税罪

C. 故意伤害罪   D. 聚众扰乱社会秩序罪

11. 甲虚开增值税专用发票用于抵扣税款，逃税数额巨大，且达到应缴税款数额 10% 的，应当以（   ）

A. 虚开增值税专用发票罪一罪处罚

B. 逃税罪一罪处罚

C. 虚开增值税专用发票罪与逃税罪择一重罪处罚

D. 虚开增值税专用发票罪与逃税罪数罪并罚

12. 下列关于逃税罪的说法，不正确的是（   ）

A. 逃税罪是纯正的不作为犯

B. 纳税人逃避缴纳税款不足应纳税额 10% 的不构成犯罪

C. 扣缴义务人经税务机关依法下达追缴通知后，补缴应纳税款，缴纳滞纳金，已受行政处罚的，可不追究刑事责任

D. 扣缴义务人不缴、少缴已扣、已收税款，只需要数额较大即可构成本罪

13. 下列关于侵犯商业秘密罪的说法，错误的是（   ）

A. 窃取权利人的商业秘密，给其造成重大损失的，构成侵犯商业秘密罪

B. 拾取权利人的商业秘密资料而擅自披露，给其造成重大损失的，构成侵犯商业秘密罪

C. 明知对方窃取他人的商业秘密而购买和使用的，给权利人造成重大损失的，构成侵犯商业秘密罪

D. 采取贿赂手段获取权利人的商业秘密，给权利人造成重大损失的，构成侵犯商业秘密罪

14. 杨某生产假冒避孕药品，其成份为面粉和白糖的混合物，货值金额达 15 万元，尚未销售即被查获。关于杨某的行为，下列说法正确的是（   ）

A. 不构成犯罪

B. 以生产、销售伪劣产品罪（未遂）定罪处罚

C. 以生产、销售伪劣产品罪（既遂）定罪处罚

D. 触犯生产假药罪与生产、销售伪劣产品罪（未遂），依照处罚较重的规定定罪处罚

15. 李某为了牟利，未经著作权人许可，私自复制了若干部影视作品 DVD 进行销售，销售金额为 11 万元，其中纯利润 6 万元。李某的行为构成（　　　）

A. 销售侵权复制品罪　　　　　　　　B. 侵犯著作权罪

C. 非法经营罪　　　　　　　　　　　D. 扰乱市场秩序罪

16. 甲弄虚作假，采用将高关税税率货物伪报为低关税税率货物的方法进口货物，偷逃关税 20 万元。甲的行为构成（　　　）

A. 逃税罪　　　　　　　　　　　　　B. 走私罪

C. 诈骗罪　　　　　　　　　　　　　D. 走私普通货物、物品罪

17. 保险事故的证明人故意提供虚假的证明文件，为他人骗取保险金提供条件的，应当认定为（　　　）

A. 保险诈骗罪的共犯　　　　　　　　B. 伪证罪

C. 诈骗罪的共犯　　　　　　　　　　D. 提供虚假证明文件罪

18. 下列四个选项中，不构成非法经营罪的是（　　　）

A. 未经国家烟草专卖局批准，经营香烟的

B. 捏造并散布虚假事实，损害竞争对手商业信誉的

C. 买卖进出口许可证的

D. 违反国家规定，擅自经营国际电信业务或者涉港澳台电信业务进行营利活动，严重扰乱电信市场管理秩序的

19. 2014 年起，潘某在北安市铁南区租住的平房院内加工牛杂熟食出售。2016 年 11 月，潘某从北安市正大化学试剂商店购入工业过氧化氢（对人体有害）用来浸泡牛肚，加工成熟食进行销售。潘某的行为构成（　　　）

A. 诈骗罪

B. 生产、销售有毒、有害食品罪

C. 生产、销售不符合安全标准的食品罪

D. 生产、销售不符合安全标准的产品罪

20. 甲是某实验小学的音乐教师，以所有学生必须在课余时间学习一种或多种乐器为由，指定学生去某乐器行购买乐器。该乐器行的价格比市价高很多，乐器行每年因学生购买乐器获利颇丰。甲每年收取乐器行送来的财物。甲的行为（不考虑数额）（　　　）

A. 不构成犯罪　　　　　　　　　　　B. 构成贪污罪

C. 构成受贿罪　　　　　　　　　　　D. 构成非国家工作人员受贿罪

21. 2014 年 9 月，周某在未经依法批准的情况下，以发放宣传单的形式，为四川某茶业公司筹集投资款，承诺月利息 1.3% 的高息回报，向张某某等 80 余人吸收存款 800 余万元，并出具凭证。周某的行为构成（　　　）

A. 集资诈骗罪　　　　　　　　　　　B. 非法吸收公众存款罪

C. 骗取贷款罪　　　　　　　　　　　D. 贷款诈骗罪

22. 2015 年 9 月，王某持伪造的科特迪瓦护照、马里护照、几内亚护照，分别在中国建设银行股份有限公司天长支行、中国银行股份有限公司天长支行、中国工商银行股份有

限公司天长支行、中国银行股份有限公司安徽宁国支行骗领 4 张信用卡。王某的行为
（　　　）

A. 构成信用卡诈骗罪

B. 构成妨害信用卡管理罪

C. 构成窃取、收买、非法提供信用卡信息罪

D. 不构成犯罪

23. 2007 年 4 月，北京中关村科技发展（控股）股份有限公司拟与鹏泰公司进行资产置换，黄某参与该项重大资产置换的运作和决策。在该信息公告前，黄某决定并指令他人借用龙某等人的身份证，开立个人股票账户并由其直接控制。2007 年 4 月 27 日至 6 月 27 日期间，黄某累计购入中关村股票 976 万余股，成交额共计 9 310 万余元，账面收益 348 万余元。黄某的行为（　　　）

A. 构成内幕交易、泄露内幕信息罪 　　　 B. 构成利用未公开信息交易罪

C. 构成操纵证券、期货市场罪 　　　 D. 不构成犯罪

24. 2016 年，时任某基金债券交易员的王某，利用其在职期间获得的基金产品交易信息，指令其父母进行股票交易，在动用不到 200 万元自有资金的情况下，交易金额高达 8.78 亿余元，最终获利 1 773 万余元。王某的行为（　　　）

A. 构成内幕交易、泄露内幕信息罪 　　　 B. 构成利用未公开信息交易罪

C. 构成操纵证券、期货市场罪 　　　 D. 不构成犯罪

25. 2006—2011 年，宁某以购买煤矿、土地，开设银行等为由，以许诺高收益、支付高额利息为诱饵，向 76 名不特定对象筹集资金 8.29 亿元。事实上，宁某并未购买煤矿和土地，而是将筹集到的资金用于归还个人借款以及为个人购置房产、车辆、奢侈品等，到期后集资款无法返还，给投资人造成重大损失。宁某的行为构成（　　　）

A. 集资诈骗罪 　　　 B. 贷款诈骗罪

C. 非法吸收公众存款罪 　　　 D. 骗取贷款罪

26. 2015 年 8 月至 11 月 26 日间，林某在其经营的广州市鸿达皮具厂生产假冒
"GUCCI" "LOUIS VUITTON" "MCM" 等注册商标的手袋、背包，并于同年 11 月起租用档口销售上述假冒注册商标的手袋、背包以牟利。林某生产的假冒注册商标的 "GUCCI" "LOUIS VUITTON" 品牌手袋和 "MCM" 品牌背包，共价值人民币 209 690 元。林某的行为（　　　）

A. 不构成犯罪 　　　 B. 构成侵犯著作权罪

C. 构成假冒注册商标罪 　　　 D. 构成销售侵权复制品罪

27. 2012 年以来，赵某在菏泽市牡丹区其经营的 "齐鲁书店" 营销盗版英、汉词典。其间，赵某购进盗版的《现代汉语词典》2 480 本和盗版的《牛津高阶英汉双解词典》6 420 本。赵某通过物流方式，将购进的盗版书籍销往陕西、河南、安徽、北京等地，从中牟利十余万元。赵某的行为构成（　　　）

A. 侵犯商业秘密罪 　　　 B. 侵犯著作权罪

C. 假冒注册商标罪 　　　 D. 销售侵权复制品罪

28. 2009 年 4 月，王某与女友黄某同居期间，窃得黄某放在床垫下的房产证（房产的所有人为黄某的弟弟黄某乙），后王某以办理有线数字电视整体转换为由骗得黄某乙的身份证。同年 5 月，王某持黄某乙的房产证、身份证，冒充黄某乙的身份与中国工商银行股份有

公司镇江分行签订《借款合同》《抵押合同》，以"黄某乙"的名义从中国工商银行股份有限公司镇江分行贷款 40 万元，贷款用途为购房，期限为 20 年（2009 年 5 月至 2029 年 5 月）。贷款发放后，王某即将贷款转账、提现，只于同年 6、7、8 月还款 3 次共计 3 600 元，其余贷款被挥霍殆尽。王某的行为构成（　　　）

A. 贷款诈骗罪   B. 骗取贷款罪

C. 集资诈骗罪   D. 非法吸收公众存款罪

29. 甲公司获得某采石场的采矿权，王某身为矿产所在村村委会主任和村党支部书记，要求甲公司将开采出来的石头，除供应金某二期工程用量外，全部卖给自己，并多次扬言石头不卖给他就拉不出去。王某还指使他人威胁甲公司股东，以后续期还需要村里的公章，而公章就在王某这里。甲公司股东被逼无奈，只得和王某签订销售协议书，以稍低于市场价的价格将开采出来的石头卖给王某合计 319 373.60 吨。王某的行为（　　　）

A. 构成强迫交易罪   B. 构成抢劫罪   C. 构成敲诈勒索罪   D. 构成抢夺罪

30. 郑某多次临摹某著名国画大师的一幅名画，然后署上该国画大师姓名并加盖伪造的印鉴，谎称真迹以五十万元售出。对郑某的行为应（　　　）

A. 按销售侵权复制品罪处罚   B. 按非法经营罪处罚

C. 按生产、销售伪劣产品罪处罚   D. 按侵犯著作权罪处罚

31. 甲是某地区有名的"神医"，其在自制的药膏里擅自添加了大量激素和添加剂等，并进行售卖。同乡的乙提出投资并可设立加工坊，对甲的药膏进行生产、销售，获利由二人平分，甲同意并提供了配方。甲、乙在未取得药品相关批准证明文件的情况下生产并销售了大量的药膏，后被人举报。对甲、乙应当（　　　）

A. 以妨害药品管理罪定罪处罚   B. 以生产、销售、提供假药罪定罪处罚

C. 以生产、销售、提供劣药罪定罪处罚   D. 以生产、销售伪劣产品罪定罪处罚

32. 下列关于合同诈骗罪和贷款诈骗罪的说法中，正确的是（　　　）

A. 合同诈骗罪的主体仅限于自然人

B. 单位可以构成贷款诈骗罪

C. 合同诈骗罪要求犯罪行为发生在签订、履行合同的过程中

D. 合同诈骗罪和贷款诈骗罪是特殊法条和一般法条的关系

33. 甲是某药店的老板，明知一批药品因受到太阳暴晒而变质，仍继续上架销售，获利巨大。对甲的行为（　　　）

A. 应当以生产、销售伪劣产品罪定罪处罚

B. 应当以生产、销售、提供假药罪定罪处罚

C. 只能以生产、销售、提供劣药罪定罪处罚

D. 应以生产、销售、提供假药罪与生产、销售伪劣产品罪择一重罪处断

34. 关于货币犯罪，说法正确的是（　　　）

A. 伪造货币后，持有、使用、运输、出售该伪造的货币的，应当数罪并罚

B. 伪造面额为 30 元的假币，不成立伪造货币罪

C. 将假币赠与他人的，不成立使用假币罪

D. 伪造中国人民银行发行的航天纪念钞，不成立伪造货币罪

35. 甲与走私普通货物、物品罪的犯罪分子事先通谋，为其提供账户以转移走私所得。对甲的行为应认定为（　　　）

A. 掩饰、隐瞒犯罪所得罪　　　　　　B. 窝藏罪

C. 走私普通货物、物品罪　　　　　　D. 包庇罪

36. 甲公司用伪造的产权证明作担保，向商业银行借款 5000 万元用于生产经营。后因经济不景气，导致该笔款项无法归还。甲公司的行为（　　　）

A. 不构成犯罪，属于民事违约　　　　B. 构成贷款诈骗罪

C. 构成骗取贷款罪　　　　　　　　　D. 构成合同诈骗罪

二、多项选择题

1. 下列关于强迫交易罪的表述错误的是（　　　）

A. 成立本罪要求达到"情节严重"的程度

B. 强迫交易罪属于侵犯财产罪章节的罪名

C. 以暴力、威胁手段强迫他人借贷的可以成立本罪

D. 以非法占有为目的，以借贷为名采用暴力、胁迫手段获取他人财物的应以本罪定罪处罚

2. 下列关于洗钱罪的表述正确的是（　　　）

A. 上游犯罪事实上可以确认，因上游犯罪人死亡依法不能追究刑事责任的，不影响洗钱罪的认定

B. 单位贷款诈骗应以合同诈骗罪论处，合同诈骗罪不属于洗钱罪的上游犯罪。为单位贷款诈骗所得实施洗钱行为的，不成立洗钱罪

C. 上游犯罪的本人"自洗钱"，可以构成本罪

D. 如果行为人的行为既构成洗钱罪，又构成窝藏、包庇罪，掩饰隐瞒犯罪所得、犯罪所得收益罪，依处罚较重的规定定罪

3. 组织、领导传销活动罪中"传销活动"的特征包括（　　　）

A. 以销售商品、提供服务为名义

B. 目的是骗取他人财物

C. 参加者按照一定顺序组成层级开展活动

D. 计酬或者返利以参加者发展的人员数量为依据

4. 关于窃取、收买、非法提供信用卡信息罪，说法正确的有（　　　）

A. 所谓窃取，是指采取自认为不被他人知悉的手段，非法获取他人信用卡信息资料的行为

B. 所谓收买，是指通过向知悉他人的信用卡信息资料的人员送财物的手段，非法获取他人信用卡信息资料的行为

C. 所谓非法提供，是指知悉他人信用卡信息资料的人员向第三人非法提供其所知悉的他人信用卡信息资料的行为

D. 只有银行或其他金融机构的工作人员才可以成为本罪的主体

5. 下列行为（不考虑数量），应以走私普通货物、物品罪论处的有（　　　）

A. 将黄金从境外走私进入中国境内　　B. 将法国珍贵文物走私进入中国境内

C. 走私能够使用的弹头、弹壳　　　　D. 为分享给单身群群友走私淫秽物品

6. 关于虚开增值税专用发票罪，说法正确的有（　　　）

A. 行为人为了逃税而虚开增值税专用发票的，应当以逃税罪和虚开增值税专用发票罪数罪并罚

B. 虚开增值税专用发票包括为他人虚开和为自己虚开

C. 虚开增值税专用发票包括让他人为自己虚开

D. 虚开增值税专用发票包括介绍他人虚开

7. 下列情形符合信用卡诈骗罪的是（ ）

A. 使用作废的信用卡　　　　　　　　B. 冒用他人信用卡

C. 非法持有他人信用卡，数量较大的　　D. 恶意透支

8. 以下选项所列行为中，应当以抗税罪论处的是（ ）

A. 以暴力抗税故意致人重伤的　　　　　B. 以暴力方法拒不缴纳税款

C. 以威胁方法拒不缴纳税款　　　　　　D. 以暴力抗税过失致人死亡

9. 下列关于生产、销售有毒、有害食品罪的说法，正确的是（ ）

A. 在食品加工、销售、运输、贮存等过程中，掺入有毒、有害的非食品原料，或者使用有毒、有害的非食品原料加工食品的，以生产、销售有毒、有害食品罪定罪处罚

B. 在食用农产品种植、养殖、销售、运输、贮存等过程中，使用禁用农药、兽药等禁用物质或者其他有毒、有害物质的，以生产、销售有毒、有害食品罪定罪处罚

C. 在保健食品或者其他食品中非法添加国家禁用药物等有毒、有害物质的，以生产、销售有毒、有害食品罪定罪处罚

D. 违反国家规定，私设生猪屠宰厂（场），从事生猪屠宰、销售等经营活动，情节严重，同时构成非法经营罪，生产、销售不符合安全标准的食品罪，生产、销售有毒、有害食品罪等其他犯罪的，依照处罚较重的规定定罪处罚

10. 下列行为构成非法经营罪的是（ ）

A. 违反国家有关盐业管理规定，非法生产、储运、销售食盐，扰乱市场秩序，情节严重

B. 违反国家在预防、控制突发传染病疫情等灾害期间有关市场经营、价格管理等规定，哄抬物价、牟取暴利，严重扰乱市场秩序，违法所得数额较大

C. 违反国家规定，擅自设立互联网上网服务营业场所，情节严重

D. 未经国家批准擅自发行、销售彩票

11. 下列关于生产、销售、提供劣药罪与生产、销售不符合安全标准的食品罪的说法中，正确的是（ ）

A. 两罪的犯罪主体都包括单位

B. 两罪都是行为犯

C. 药品成份的含量不符合国家标准的，为劣药

D. 在生产的食品中掺入有毒、有害的非食品原料，成立生产、销售不符合安全标准的食品罪

12. 下列行为中，构成生产、销售伪劣产品罪的是（ ）

A. 甲把塑料项链当作珍珠项链销售，销售金额 20 万元

B. 乙将其生产的不合格防尘口罩当作合格品销售，销售金额 30 万元

C. 丙销售变质的药品，销售金额 2 万元

D. 丁以残次、废旧汽车零部件非法拼装汽车，冒充正品销售，销售金额 50 万元

13. 下列罪名中，犯罪主体既可以是自然人，也可以是单位的有（ ）

A. 集资诈骗罪　　　B. 信用卡诈骗罪　　　C. 贷款诈骗罪　　　　　D. 骗取贷款罪

14. 承担资产评估、验资、验证、会计、审计、法律服务、保荐、安全评价、环境影响评价、

环境监测等职责的中介组织的人员的下列行为中，以提供虚假证明文件罪升格法定刑处罚的是（　　　）

A. 提供与证券发行相关的虚假的资产评估、会计、审计、法律服务、保荐等证明文件，情节特别严重

B. 提供与重大资产交易相关的虚假的资产评估、会计、审计等证明文件，情节特别严重

C. 在涉及公共安全的重大工程、项目中提供虚假的安全评价、环境影响评价等证明文件，致使公共财产、国家和人民利益遭受特别重大损失

D. 严重不负责任，出具的证明文件有重大失实，造成严重后果

15. 下列选项属于生产、销售、提供假药罪中的"假药"的有（　　　）

A. 生产的杀虫农药所含成份不符合国家农药标准

B. 变质的药品

C. 以非药品冒充药品或者以他种药品冒充此种药品

D. 药品所标明的适应症或者功能主治超出规定范围

16. 保险诈骗罪的行为方式包括（　　　）

A. 投保人故意虚构保险标的，骗取保险金的

B. 投保人、被保险人或者受益人编造未曾发生的保险事故，骗取保险金的

C. 投保人、被保险人故意造成财产损失的保险事故，骗取保险金的

D. 投保人、受益人故意造成被保险人死亡、伤残或者疾病，骗取保险金的

17. 下列情形中，应当认定为走私普通货物、物品罪既遂的有（　　　）

A. 甲走私奢侈品包在海关监管现场被查获

B. 乙走私享受减税政策的货物，后在境内销售

C. 丙意欲走私一批香烟但还未申报就自动放弃

D. 丁以虚假申报的方式走私大型卡车，并已经成功申报完毕

18. 下列情形中，构成非国家工作人员受贿罪的有（　　　）

A. 村委会主任甲在协助基层政府进行拆迁工作时，收受某村民现金 6 万元，为其谋取不正当利益

B. 某医院医生乙利用开处方的便利，非法收受医药代表 12 万元，优先销售其推销的药品

C. 某国有控股企业的会计丙利用职务便利，接受经理请托为其进行平账，索取 8 万元报酬

D. 评标委员会中的特邀专家丁收受某竞标人数额较大的财物后，在评标活动中为其成功竞标创造条件

19. 关于信用卡诈骗罪，下列说法正确的有（　　　）

A. 恶意透支，是指持卡人以非法占有为目的，超过规定限额或者规定期限透支的行为

B. 银行卡、借记卡、购物卡、储蓄卡都属于本罪"信用卡"的范围

C. 以非法方式获取他人银行卡资料，绑定支付宝后将卡内资金转走或消费，成立信用卡诈骗罪

D. 拾得他人信用卡并使用，取款数额较大，成立信用卡诈骗罪

20. 关于串通投标罪，下列表述正确的是（　　　）

A. 该罪在犯罪主体方面只包含自然人

B. 该罪属于破坏社会主义市场经济秩序犯罪

C. 该罪属于必要共同犯罪

D. 串通拍卖行为不宜认定为该罪

三、简答题

1. 简述妨害信用卡管理罪的具体行为方式。
2. 简述虚开增值税专用发票罪的构成要件。
3. 简述侵犯商业秘密罪的具体行为方式。

四、法条分析题

1.《刑法》第176条规定："非法吸收公众存款或者变相吸收公众存款，扰乱金融秩序的，处三年以下有期徒刑或者拘役，并处或者单处罚金；数额巨大或者有其他严重情节的，处三年以上十年以下有期徒刑，并处罚金；数额特别巨大或者有其他特别严重情节的，处十年以上有期徒刑，并处罚金。

单位犯前款罪的，对单位判处罚金，并对其直接负责的主管人员和其他直接责任人员，依照前款的规定处罚。

有前两款行为，在提起公诉前积极退赃退赔，减少损害结果发生的，可以从轻或者减轻处罚。"

请分析：

（1）本条款中"非法吸收"的含义。

（2）本条款中"变相吸收"的含义。

2.《刑法》第196条规定："有下列情形之一，进行信用卡诈骗活动，数额较大的，处五年以下有期徒刑或者拘役，并处二万元以上二十万元以下罚金；数额巨大或者有其他严重情节的，处五年以上十年以下有期徒刑，并处五万元以上五十万元以下罚金；数额特别巨大或者有其他特别严重情节的，处十年以上有期徒刑或者无期徒刑，并处五万元以上五十万元以下罚金或者没收财产：

（一）使用伪造的信用卡，或者使用以虚假的身份证明骗领的信用卡的；

（二）使用作废的信用卡的；

（三）冒用他人信用卡的；

（四）恶意透支的。

前款所称恶意透支，是指持卡人以非法占有为目的，超过规定限额或者规定期限透支，并且经发卡银行催收后仍不归还的行为。

盗窃信用卡并使用的，依照本法第二百六十四条的规定定罪处罚。"

请分析：

（1）本条文中"信用卡"的含义。

（2）本条文中"冒用他人信用卡"包括哪些情形？

（3）本条文中"以非法占有为目的"包括哪些情形？

第十七章　侵犯公民人身权利、民主权利罪

📝 **章节提要**　本章是法硕考试中最为重要的章节之一，不光在分则中考查，也是考查总则的主要依托，本章需要考生进行较为深入的掌握，才能从容应对选择题、法条分析题、案例分析题。

一、单项选择题

1. 男子李某和女友孙某均是"旱鸭子"。某日，两人因琐事吵架后，李某假装跳河自杀，想以此吓唬孙某。孙某多次呼喊李某不见回应，以为李某真的溺水，不顾自己不会游泳，直接跳河救人。结果孙某被男友李某拖至深水区导致溺水身亡。李某后被群众救上岸，孙某的尸体 6 天后浮出水面。李某的行为构成（　　）

A. 故意杀人罪

B. 故意伤害罪

C. 孙某属于被害人自陷风险，李某不构成犯罪

D. 过失致人死亡罪

2. 初中生甲（15 周岁）为与同学攀比，欲购买一部苹果手机，便通过 QQ 群找到乙去出卖自己的肾脏。最后，乙花费 3 万元将甲的一颗肾脏摘取并卖出，乙未收取任何中介费，将全部所得款项交给甲，甲用该钱款购买了一部最新款的苹果手机。乙的行为构成（　　）

A. 仅构成组织出卖人体器官罪

B. 仅构成故意伤害罪

C. 同时触犯故意伤害罪和组织出卖人体器官罪

D. 不构成犯罪

3. 关于拐卖妇女、儿童罪，下列说法正确的是（　　）

A. 乌克兰成年妇女乙请求中国公民甲将自己卖给中国公民做妻子。甲同意，将乙卖给中国公民丙，丙给了甲 20 万元。甲构成拐卖妇女罪

B. 成年妇女乙想从事卖淫，希望甲为其介绍卖淫场所。甲将乙介绍到某卖淫场所，收取场所老板丙"辛苦费"10 万元。乙自愿在该场所从事卖淫活动。甲构成拐卖妇女罪

C. 甲、乙因为生活困难，将幼子丙交给丁，收取丁 5000 元的"感谢费"。甲、乙构成拐卖儿童罪

D. 乙带着孩子丙逛街，甲以出卖为目的要劫持丙，乙阻止，甲将乙打成重伤，劫持了丙。甲构成拐卖儿童罪致人重伤

4. 下列选项中，正确的是（　　）

A. 甲（男）、乙（女）二人系夫妻，平时感情甚好。某晚，二人发生争吵，甲强行与乙发生性关系。事后，乙向当地公安局报案。甲成立强奸罪

B. 甲与乙在某酒吧因跳舞相识。某晚，甲趁乙醉酒不省人事之际，将乙带出酒吧，并伙同丙、丁前往 A 酒店开房，在包房内与乙发生性关系。乙在受到性侵的后半阶段，意识慢慢清醒，神情呆滞，但因面对多名异性，畏于反抗，一直在哭泣。甲不成立强奸罪

C. 张某（男）与李某（女）系同事。一日，二人下班后，一起在餐馆喝酒聊天，其间，李

某喝醉了，张某比较清醒。在回家的路上，李某要求与张某发生性关系，张某知道李某喝醉了，没有同意，但李某仍反复要求。于是二人发生性关系。次日李某知道真相后报警。张某成立强奸罪

D. 甲利用网络胁迫不满 14 周岁的乙，让乙去猥亵一名 15 周岁的少年。对于乙，甲可能成立猥亵儿童罪

5. 下列行为中，应当以故意杀人罪定罪处罚的是（　　　　）

A. 强奸致人死亡的

B. 绑架过程中杀害被绑架人的

C. 非法拘禁使用暴力致人死亡的

D. 抢劫致人死亡的

6. 关于强奸罪的相关规定，下列说法正确的是（　　　　）

A. 妇女可以成为强奸罪的间接正犯

B. 丈夫教唆、帮助他人强奸妻子的，不成立强奸罪

C. 在取得不满 14 周岁幼女的同意后，与其发生性关系，不成立强奸罪

D. 行为主体都必须达到刑事责任年龄才能成立"轮奸"情节

7. 下列情形中，应当认定为非法拘禁罪的是（　　　　）

A. 甲为了索要欠款，偷盗债务人张某的婴儿

B. 乙为防止精神病人李某实施自残行为，将其关在房间内

C. 丙为索取债务，非法拘禁债务人王某的妻子

D. 丁绑架富豪赵某以勒索财物

8. 甲在向乙催要赌债无果的情况下，纠集好友把乙挟持至甲家，并给乙家打电话，声称如果再不还钱，就砍掉乙一只手。甲的行为构成（　　　　）

A. 非法拘禁罪　　　B. 绑架罪　　　C. 敲诈勒索罪　　　D. 故意伤害罪

9. 为谋财绑架他人的，在下列情形中，不可能被判处死刑的是（　　　　）

A. 甲绑架并伤害被绑架人致其残疾的

B. 乙杀死人质后隐瞒事实真相向人质亲友勒索赎金 10 万元的

C. 丙绑架人质后害怕罪行败露杀人灭口的

D. 丁控制人质时因捆绑太紧失致被害人死亡的

10. 甲将一名 3 岁男孩从幼儿园骗走，向其家长勒索钱财。因未收到该男孩家长的回信，甲便将该男孩以 3 万元卖给他人。对甲的行为（　　　　）

A. 应以绑架罪定罪处罚

B. 应以拐卖儿童罪定罪处罚

C. 应以绑架罪（既遂）和拐卖儿童罪数罪并罚

D. 应以绑架罪（未遂）和拐卖儿童罪数罪并罚

11. 甲看到乙抱着男婴散步，心想这个男婴一定能卖个好价钱，于是冲上前去把乙推倒在地，抢走男婴。甲的行为构成（　　　　）

A. 抢劫罪　　　B. 抢夺罪　　　C. 绑架罪　　　D. 拐卖儿童罪

12. 甲拐骗了 5 名儿童，偷盗了 2 名婴儿，并准备全部卖往 A 地。在运送过程中甲因害怕他们哭闹，给他们注射了麻醉药。由于麻醉药过量，致使 2 名婴儿死亡，5 名儿童处于严重昏迷状态，后经救治康复。对甲的行为应认定为（　　　　）

A. 拐卖儿童罪　　　B. 故意伤害罪　　　C. 过失致人死亡罪　　　D. 绑架罪

13. 下列犯罪中，属于绝对的告诉才处理的犯罪是（　　　　）

A. 暴力干涉婚姻自由罪   B. 侮辱罪

C. 虐待罪   D. 侵占罪

14. 下列情形中，构成诬告陷害罪的是（　　　）

A. 甲为了得到提拔，便捏造同事曹某包养情人的事实并匿名举报，使曹某失去晋升机会

B. 乙捏造"文某明知王某是实施恐怖活动的人而向其提供资金"的事实，并向公安机关举报

C. 丙捏造同事贾某受贿 10 万元的事实，并写成 500 份传单在县城的大街小巷张贴

D. 丁匿名举报单位领导王某贪污救灾款 50 万元，事后查明，王某只贪污了救灾款 5 000 元

15. 下列关于侵犯人身权利的犯罪说法正确的是（　　　）

A. 非法拘禁过程中，殴打被害人过失致人死亡的，构成非法拘禁罪的结果加重犯

B. 明知卖淫女是幼女，而接受其提供的性服务的，构成强奸罪

C. 猥亵成年男性造成轻伤的，以强制猥亵罪从重处罚

D. 以出卖为目的强抢儿童，构成抢劫罪

16. 甲（14 周岁）拐骗一名女孩（15 周岁），准备将其出卖，其间甲多次摸女孩的胸部，后因女孩哭闹不止，甲对其进行殴打，造成轻伤。甲的行为（　　　）

A. 构成拐卖妇女、儿童罪   B. 构成故意伤害罪

C. 构成强奸罪   D. 不构成犯罪

17. 甲于某日早晨在路边捡回一名弃婴，抚养了 3 个月后，声称是自己的亲生儿子，以 3 000 元卖给乙。甲的行为构成（　　　）

A. 遗弃罪   B. 拐骗儿童罪   C. 诈骗罪   D. 拐卖儿童罪

18. 关于遗弃罪，下列说法错误的是（　　　）

A. 遗弃罪是不作为犯罪   B. 遗弃行为必须是情节恶劣才构成犯罪

C. 遗弃罪主体是特殊主体   D. 遗弃致人死亡是遗弃罪的结果加重犯

19. 下列说法正确的是（　　　）

A. 国家机关工作人员利用职权非法拘禁他人的，应以非法拘禁罪从重处罚

B. 非法拘禁他人，致他人重伤或者死亡的，应以故意伤害罪或故意杀人罪论处

C. 绑架并杀害他人的，以绑架罪和故意杀人罪数罪并罚

D. 收买被拐卖的妇女，强行与之发生性关系的，以收买被拐卖的妇女罪从重处罚

20. 甲以勒索财物为目的，绑架了乙。在获取赎金后，为防罪迹败露，便杀害乙以灭口。甲的行为（　　　）

A. 构成绑架罪一罪

B. 构成故意杀人罪一罪

C. 构成绑架罪和故意杀人罪二罪

D. 构成非法拘禁罪、敲诈勒索罪和故意杀人罪三罪

21. 2017 年 5 月底，患有尿毒症的黄某、王某等人通过一些渠道联系上李某，表示想做换肾手术，并谈好手术费用。李某通过 QQ 群找到了愿意出卖肾脏的"供体"张某、赵某等，并通过各类网络社交软件寻找到愿意主刀的医生、麻醉医生等人。后李某把黄某、王某等人带到长沙和张某、赵某等一起进行了肾脏配型等身体检查，配型成功后进行了手术。术后，黄某、王某等人支付了高额的费用给李某，李某分了一小部分给张某、赵某。李某的行为构成（　　　）

A. 非法经营罪　　　　　　　　　　B. 组织出卖人体器官罪

C. 故意伤害罪　　　　　　　　　　D. 过失致人重伤罪

22. 任某是某艺术幼儿园的教师。在 2016 年 4 月 26 日至 5 月 10 日，任某以被看护幼童刘某某淘气、不好管教为由，多次采取推搡、踢打等方式虐待被看护人，致被看护人刘某某轻微伤，情节恶劣。任某的行为构成（　　　）

A. 故意伤害罪　　　　　　　　　　B. 虐待罪

C. 虐待被监护、看护人罪　　　　　D. 遗弃罪

23. 根据法律规定，强奸妇女、奸淫幼女多人的，应升格法定刑处罚。其中"多人"是指（　　　）

A. 3 人以上　　　B. 4 人以上　　　C. 5 人以上　　　D. 7 人以上

24. 2010 年 3 月 3 日，刘某酒后在某电玩城消费，输钱后怀疑机器作弊，与闻讯赶来处理此事的该电玩城经理贾某发生争执。刘某因对处理结果不满意，跟随要离开的贾某来到该电玩城 3 号门前台阶处，背向台阶，再次与贾某发生口角。因刘某出言不逊，贾某手扇刘某脸部一下、脚踢刘某腿部一下，致刘某失足从 3 号门楼梯上端仰面倒地，滚落下台阶，当场昏迷。随后贾某离开现场，后贾某派工作人员到现场观察刘某的伤情，工作人员查看后回复刘某已清醒，正坐在台阶上休息。由于不放心刘某伤情，贾某亲自折返 3 号门口查看刘某伤情，在确信刘某无碍后，方才离开。后刘某于 2010 年 3 月 4 日凌晨被送入医院，因救治无效死亡。贾某的行为（　　　）

A. 构成过失致人死亡罪　　　　　　B. 构成故意杀人罪

C. 构成故意伤害罪（致人死亡）　　D. 不构成犯罪

25. 莫某于 2016 年 5 月 3 日凌晨 2 时许，爬窗进入蓝某（女）的住处，将蓝某压倒在床上并抚摸其胸部。莫某的行为构成（　　　）

A. 强奸罪　　　　B. 强制猥亵罪　　　C. 故意伤害罪　　　D. 侮辱罪

26. 王某结婚多年未生育，便想购买一名男婴来抚养。2016 年 5 月的一天，王某通过黄某的介绍，到于都县城查看了一名男婴（谭某从福建拐卖而来），并以 98 600 元的价格从谭某手中购买了该男婴。王某将男婴带至福建厦门务工处抚养。王某的行为（　　　）

A. 构成收买被拐卖的儿童罪　　　　B. 构成拐卖儿童罪

C. 构成非法拘禁罪　　　　　　　　D. 不构成犯罪

27. 张某是某"黑砖窑"的承包经营者，2007 年雇用多名不满 16 周岁的未成年男孩下井作业，并长期超时劳动，情节严重。张某的行为构成（　　　）

A. 非法拘禁罪　　　　　　　　　　B. 重大责任事故罪

C. 强迫劳动罪　　　　　　　　　　D. 雇用童工从事危重劳动罪

28. 宋某因交通事故纠纷案件向法院申请强制执行。法院在执行过程中将全部执行款发放，且向宋某发放司法救助金 6 万元，合计发放案件款达 9.8 万余元，已实现判决确定的全部债权，宋某亦向法院出具结案证明。但此后宋某多次向市区两级纪委、党委政法委、检察院等单位发送举报信息，称法院工作人员孙某克扣、截留其执行款 4.5 万元，意图使孙某受到刑事追究。检察院接到署名短信举报后，成立调查组对反映的问题进行核实。经查，并未发现孙某有任何克扣、截留执行款项的行为。宋某的行为构成（　　　）

A. 报复陷害罪　　　B. 诽谤罪　　　C. 诬告陷害罪　　　D. 侮辱罪

29. 2012 年 2 月，黄某工厂的塌方石头压倒了王某一间粉丝厂房。3 月 29 日，黄某与王某因协商清理该塌方石头问题双方发生争执，现场很多人围观，王某一气之下用猪粪池脏

水泼了黄某一身，且将粪便强行塞入黄某口中，恶臭难忍。后黄某向法院提起诉讼。根据法律规定，王某的行为（　　　）

A. 构成侮辱罪　　　B. 构成强制猥亵罪　　　C. 构成诽谤罪　　　D. 不构成犯罪

30. 甲（男）、乙（女）是男女朋友，同居一年后因性格不合分手。分手后，甲捏造乙患性病的事实，到处散布说乙生活不检点，生活作风有问题，得了性病，所以二人才分手。甲的行为给乙造成巨大的困扰，使乙患上抑郁症。后乙向法院提起诉讼。根据法律规定，甲的行为（　　　）

A. 构成侮辱罪　　　B. 构成强制猥亵罪　　　C. 构成诽谤罪　　　D. 不构成犯罪

31. 2012年7月20日，宋某伙同他人在金渠金矿1060坑口盗窃金矿石时，被井下巡逻的金渠分局民警当场抓获，并收缴矿石23袋。7月21日晚、7月22日上午，警察雷某对宋某进行讯问，让宋某说出谁是主谋，宋某未予供认。雷某认为宋某没有如实供述，对宋某进行殴打。雷某用手打宋某的脸，致宋某左耳外伤性鼓膜穿孔。经法医鉴定，宋某的伤情为轻伤。雷某的行为构成（　　　）

A. 故意伤害罪　　　B. 诬告陷害罪　　　C. 虐待罪　　　D. 刑讯逼供罪

32. 2016年年初，邵某以"大叔调查公司"的名义向他人出售公民个人信息。邵某通过在微信朋友圈发布出售个人户籍、车辆档案、手机定位、个人征信、旅馆住宿等各类公民个人信息的广告的方式寻找客户，接单后通过微信向上家购买信息后加价出售，每单收取10元至1 000余元不等的费用。邵某获利人民币26 000元。邵某的行为（　　　）

A. 是民事侵权　　　　　　　　　　　B. 构成诽谤罪

C. 构成侵害公民个人信息罪　　　　　D. 构成侮辱罪

33. 张某是某市工商局局长，1994年至2007年期间，张某利用职务便利或职权、地位形成的便利条件，为他人谋取利益，先后五十余次索取或收受他人钱款共计359万余元。李某是张某的下属，知晓张某受贿的事实，于是向纪检委、检察院等部门进行举报。2007年8月，张某为报复举报其违法违纪问题的李某，编造李某违反单位制度的理由，将李某开除公职。李某一时想不开自杀了。张某的行为构成（　　　）

A. 诬告陷害罪　　　B. 报复陷害罪　　　C. 侮辱罪　　　D. 诽谤罪

34. 2006年12月5日，董某为了顺利选上台州市路桥区人民代表大会代表，纠集孙某等人，以贿买方式进行拉票。董某伙同孙某等人分别跟着提选票箱的人在峰江街道白枫岙村几个小队里以50元1张选票的方法向选民购买选票，让选民将选票投给董某。董某、孙某等人的行为造成路桥区峰江街道第一选区选举路桥区人大代表的秩序遭到破坏，致使该街道第一选区选举无效。董某、孙某的行为（　　　）

A. 构成破坏选举罪　　　　　　　　　B. 构成报复陷害罪

C. 构成侵犯公民个人信息罪　　　　　D. 不构成犯罪

35. 王某和杜某于1995年1月22日登记结婚。2006年起，王某与张某以夫妻名义同居生活，张某明知王某有配偶而与之以夫妻名义同居生活，并于2007年11月15日生育一女。经法医司法鉴定所鉴定，认定该女是王某与张某的亲生孩子。王某、张某的行为（　　　）

A. 不构成犯罪　　　B. 构成重婚罪　　　C. 构成虐待罪　　　D. 构成遗弃罪

36. 1998年9月，朱某与刘某结婚。2002年开始，朱某经常因感情问题及家庭琐事殴打刘某，致使刘某多次受伤。2011年7月11日，朱某又因女儿的教育及怀疑女儿非自己亲生等问题与刘某发生争执。朱某持皮带抽打刘某，致使刘某持刀自杀身亡。朱某的行为构成（　　　）

A. 虐待罪 　　　　　　　　　　　 B. 虐待被监护、看护人罪

C. 故意杀人罪 　　　　　　　　　　 D. 遗弃罪

37. 甲找人将乙家大门敲开，伙同丙、丁等人冒充公安民警强行闯入乙家住宅，在乙及其亲属要求其退出时拒不退出。甲等人对乙及其亲属进行威胁、辱骂、殴打，致乙面部被打成轻微伤。甲等人的行为（　　　　）

A. 构成非法侵入住宅罪 　　　　　　 B. 行政处罚即可，不需要刑事处罚

C. 构成故意伤害罪 　　　　　　　　 D. 构成非法侵入住宅罪与故意伤害罪

38. 2017 年 1 月，骆某使用化名，通过 QQ 将 13 岁女童小羽加为好友。聊天中得知小羽系初二学生后，骆某通过言语恐吓，向其索要裸照。骆某通过各种手段向小羽施压，小羽被迫按照要求自拍裸照 10 张，通过 QQ 传送给骆某观看。后骆某又以在网络上公布小羽裸照相威胁，要求与其见面并在宾馆开房，企图实施猥亵行为。因小羽向公安机关报案，骆某在依约前往宾馆途中被抓获。骆某的行为构成（　　　　）

A. 猥亵儿童罪 　　　 B. 侮辱罪 　　　 C. 强奸罪 　　　 D. 故意伤害罪

39. 甲（女，14 周岁）是一名初三学生，由于父母在外打工，甲与爷爷奶奶生活。甲的学习成绩一直不好。某次家访，老师乙向爷爷奶奶表示，马上中考了，要想提升成绩，需要甲多花时间复习，让甲每周一、三、五放学后留下单独辅导、写作业。爷爷奶奶觉得是好事，于是就同意了。初三下学期某次补课，乙对甲表示希望她能留下来陪他。年龄还小的甲经过长时间的见面补习，也对乙有了些别样的感情，没有拒绝乙。就这样，乙与甲发生了性关系。后来爷爷奶奶发现甲经常反胃呕吐，肚子越来越大，带她就医后才发现甲已怀孕。在爷爷奶奶的再三追问下，甲吐露了实情，家人报警。对乙应当（　　　　）

A. 以强奸罪定罪处罚 　　　　　　　 B. 以负有照护职责人员性侵罪定罪处罚

C. 以强制猥亵、侮辱罪定罪处罚 　　 D. 甲同意发生性关系，乙不构成犯罪

40. 关于故意伤害罪与组织出卖人体器官罪，下列说法正确的是（　　　　）

A. 非法经营尸体器官买卖的，成立组织出卖人体器官罪

B. 医生明知是未成年人，征得该未成年人同意而摘取其器官的，成立故意伤害罪

C. 组织他人出卖人体器官但不从中牟利的，不成立组织出卖人体器官罪

D. 组织者出卖一个肾脏获取 15 万元，欺骗提供者仅取得了 5 万元的，应认定为故意伤害罪

41. 乙的丈夫常年在外打工，同村村民甲对乙垂涎已久，某夜潜入乙家欲强奸乙。乙挣扎中拉开电灯，发现原来是同村的甲，甲怕今后在村里无法立足便准备离开。此时乙对甲说："暗恋你很久了！"两人于是发生性关系。关于甲的行为，下列说法正确的是（　　　　）

A. 甲构成强奸罪（既遂） 　　　　　 B. 甲构成强奸罪（未遂）

C. 甲构成强奸罪（中止） 　　　　　 D. 甲不构成犯罪

42. 关于强奸罪及相关犯罪的判断，下列选项正确的是（　　　　）

A. 甲欲强奸某妇女，遭到妇女激烈反抗，一怒之下掐住该妇女喉咙，致其死亡后继续实施奸淫行为。甲的行为构成强奸罪的结果加重犯

B. 乙为迫使妇女王某卖淫而将王某强奸，对乙的行为应以强迫卖淫罪的结果加重犯定罪处罚

C. 丙在组织他人偷越国（边）境过程中，强奸了被组织的妇女李某，丙的行为虽然触犯了组织他人偷越国（边）境罪与强奸罪，但只能以组织他人偷越国（边）境罪定罪量刑

D. 丁在拐卖妇女的过程中，强行奸淫了该妇女，丁的行为虽然触犯了拐卖妇女罪与强奸罪，

但根据《刑法》规定，只能以拐卖妇女罪定罪量刑

43. 下列行为中，不能认定为强奸罪的是（　　）

A. 拐卖妇女的犯罪分子奸淫被拐卖的妇女的

B. 利用职权、从属关系，以胁迫手段奸淫现役军人的妻子的

C. 利用迷信奸淫妇女的

D. 组织卖淫的犯罪分子强奸妇女后迫使其卖淫的

二、多项选择题

1. 下列属于法律拟制的故意伤害罪的情形有（　　）

A. 司法工作人员在审讯过程中对犯罪嫌疑人使用肉刑导致其重伤的行为

B. 甲为索取赌债，将乙关押于废旧工厂内并拳打脚踢导致其重伤的行为

C. 丙经过13岁的戊的同意，摘取其肾脏并支付其"补偿"的行为

D. 丁绑架并故意伤害被害人致其重伤的行为

2. 下列选项中，不应认定为过失致人死亡罪的是（　　）

A. 甲遭受乙正在进行的不法侵害，在防卫过程中一棒将乙打倒，致乙脑部跌在一块石头上而死亡。法院认为甲的防卫行为明显超过必要限度造成了重大损害，应以防卫过当追究刑事责任

B. 甲对乙进行非法拘禁，在拘禁过程中，因长时间捆绑，致乙呼吸不畅窒息死亡

C. 甲因对女儿乙的恋爱对象丙不满意，阻止乙、丙正常交往，乙对此十分不满，而偷偷与丙登记结婚，甲获知后对乙进行打骂，逼其离婚。乙、丙不从，遂相约自杀身亡

D. 甲结婚以后，对丈夫与前妻所生之子乙十分不满，采取冻饿等方式进行虐待，后又发展到打骂，致乙多处伤口腐烂，乙因未能及时救治而不幸身亡

3. 甲得知乙一直在拐卖妇女，便对乙说："我的表弟丙没有老婆，你有合适的就告诉我一下。"不久，乙将拐骗的两名妇女带到甲家，甲与丙将其中一名妇女买下给丙做妻子。关于本案，下列说法正确的是（　　）

A. 乙构成拐卖妇女罪　　　　　　　　B. 甲构成拐卖妇女罪的共犯

C. 甲构成收买被拐卖的妇女罪　　　　D. 丙构成收买被拐卖的妇女罪

4. 关于暴力干涉婚姻自由罪，说法正确的有（　　）

A. 甲暴力干涉自己女儿婚姻自由，女儿为让甲后悔一生而割腕自杀，甲属于暴力干涉婚姻自由致被害人死亡

B. 暴力干涉婚姻自由，既包括干涉结婚自由，也包括干涉离婚自由，还包括恋爱自由与分手自由

C. 丙口头阻挠自己的丧偶父亲再婚，丙的行为构成暴力干涉婚姻自由罪

D. 乙暴力干涉邻居的儿子的婚姻自由，构成暴力干涉婚姻自由罪

5. 钱某由于生意失败，欲跳楼轻生。围观群众李某起哄大喊："不跳就不是男人。"钱某受到刺激而跳下摔死。此时恰巧六爷路过，极为气愤，抄起板砖砸向李某，致李某轻伤。关于本案，说法正确的有（　　）

A. 李某的行为构成不作为的故意杀人罪　　B. 李某不构成犯罪

C. 六爷构成故意伤害罪　　　　　　　　　D. 六爷见义勇为，构成正当防卫

6. 周某认为其一生被丈夫甲耽误，而备下毒酒，在吃饭时自己与甲一同喝下。甲当场死亡，而周某因酒中毒药剂量不足，在地上痛苦挣扎，此时青梅竹马的许某进入，周某请求许某帮助自己结束生命，于是许某便从厨房拿来水果刀，正欲刺向周某时，周某儿子回来一脚踢飞水果刀，将周某送往医院，将周某救活。关于本案，说法正确的是（　　）

A. 周某构成投放危险物质罪

B. 周某构成故意杀人罪

C. 许某的行为得到周某的承诺，故不构成犯罪

D. 许某构成故意杀人罪

7. 下列关于拐骗儿童罪的说法，正确的是（　　）

A. 本罪中的"儿童"是指不满 14 周岁的未成年人

B. 成立本罪，犯罪目的不能是出卖

C. 以抚养为目的拐骗儿童后产生出卖目的，进而出卖儿童的，以拐卖儿童罪一罪论处

D. 以勒索财物为目的，拐走儿童的，成立本罪

8. 甲于一日深夜，戴面罩将邻居乙劫持到郊外，将其强奸。恐乙认出自己，遂将乙杀死。对甲的行为的认定分析错误的是（　　）

A. 按强奸罪和故意杀人罪数罪并罚

B. 应视为强奸罪的结果加重犯，按强奸罪定罪处罚

C. 按故意杀人罪处罚

D. 按牵连犯的处罚原则对强奸罪和故意杀人罪择一重罪处罚

9. 下列选项中，成立侵犯公民个人信息罪的有（不考虑情节）（　　）

A. 甲长期用高倍望远镜偷窥邻居的日常生活

B. 乙将单位数据库中病人的姓名、血型、DNA 等资料，卖给某生物制药公司

C. 丙将捡到的几本通讯簿在网上卖给他人，通讯簿被他人用于电信诈骗犯罪

D. 丁将收藏的多封 50 年代的信封（有收件人姓名、单位或住址等信息）高价转让他人

10. 诽谤罪与诬告陷害罪的区别主要是（　　）

A. 客体要件不同。诬告陷害罪侵犯的客体是复杂客体，除了公民的人身权利外，还需要侵犯国家司法机关的正常活动，而诽谤罪的犯罪客体是单一客体，只是侵犯了公民的人身权利

B. 客观方面不同。诬告陷害罪要求行为人捏造的必须是犯罪事实，并向司法机关告发；而诽谤罪则只要求行为人捏造事实并向他人散布

C. 主观方面不同。诬告陷害罪要求行为人的犯罪目的是使他人受到刑事追究；而诽谤罪的行为人的主观目的在于破坏他人名誉

D. 主体要件不同。诬告陷害罪的主体是特殊主体，诽谤罪的主体是一般主体

11. 下列行为中，应当以猥亵儿童罪升格法定刑处罚的是（　　）

A. 猥亵儿童多人或者多次的

B. 聚众猥亵儿童的，或者在公共场所当众猥亵儿童，情节恶劣的

C. 造成儿童伤害或者其他严重后果的

D. 猥亵手段恶劣或者有其他恶劣情节的

12. 关于故意杀人罪，下列说法正确的有（　　）

A. 经过本人同意，摘取未满 18 周岁的人的器官，致其死亡的，应当认定为故意杀人罪

B. 消极安乐死和积极安乐死都不构成故意杀人罪

C. 教唆意志自由的成年人自杀的，不以犯罪论处

D. 相约自杀，其中一方杀死对方，然后其再自杀但未能得逞，应当认定为故意杀人罪

13. 甲以出卖为目的拐骗妇女丙，甲见丙貌美便强奸了丙。后甲将丙卖给了乙，乙想和丙发生性关系，但因丙激烈反抗而未得逞。对此，下列说法正确的有（　　　）

A. 甲的行为应当认定为拐卖妇女罪一罪

B. 甲的行为应认定为拐卖妇女罪和强奸罪，数罪并罚

C. 乙的行为应认定为收买被拐卖的妇女罪一罪

D. 乙的行为应认定为收买被拐卖的妇女罪和强奸罪（未遂），数罪并罚

三、简答题

1. 简述强制猥亵、侮辱罪的犯罪构成。

2. 简述刑讯逼供罪的犯罪构成。

四、法条分析题

1.《刑法》第 236 条规定："以暴力、胁迫或者其他手段强奸妇女的，处三年以上十年以下有期徒刑。

奸淫不满十四周岁的幼女的，以强奸论，从重处罚。

强奸妇女、奸淫幼女，有下列情形之一的，处十年以上有期徒刑、无期徒刑或死刑：

（一）强奸妇女、奸淫幼女情节恶劣的；

（二）强奸妇女、奸淫幼女多人的；

（三）在公共场所当众强奸妇女、奸淫幼女的；

（四）二人以上轮奸的；

（五）奸淫不满十周岁的幼女或者造成幼女伤害的；

（六）致使被害人重伤、死亡或者造成其他严重后果的。"

请分析：

（1）本条文中"轮奸"的含义？

（2）本条文中"致使被害人重伤、死亡"的含义？

2.《刑法》第 236 条之一规定："对已满十四周岁不满十六周岁的未成年女性负有监护、收养、看护、教育、医疗等特殊职责的人员，与该未成年女性发生性关系的，处三年以下有期徒刑；情节恶劣的，处三年以上十年以下有期徒刑。有前款行为，同时又构成本法第二百三十六条规定之罪的，依照处罚较重的规定定罪处罚。"

请分析：

（1）本条文规定的罪名是什么？

（2）30 周岁的男性甲与 15 周岁的养女自愿发生性关系，甲的行为是否构成本条规定的犯罪？

（3）30 周岁的男性乙使用暴力强行奸淫 15 周岁的养女，乙的行为应如何定罪处罚？

甲花8万元从人贩子处购买了女子乙，想让其当自己的妻子，但乙不肯，甲便将乙锁在阁楼上。锁了一个月乙仍旧不从，甲即放弃让她当自己妻子的念头，告诉乙让其家里人给8万元钱就放她回去否则杀了她。甲按照乙给的电话联系到乙的父亲，告诉他，不给钱就杀了乙，但乙父亲不为所动挂断电话。甲十分恼火就让乙卖淫还债，乙不肯，甲便将乙强奸迫使其卖淫。在卖淫过程中，乙感染了艾滋病病毒，又想起了自己父亲不管自己，就觉得世界上男人都不是好东西，便在之后的卖淫过程中趁机摘掉嫖客的保护措施，并且多次和甲发生性关系，意图将艾滋病病毒传染给嫖客和甲，致使多名嫖客和甲都感染了艾滋病病毒。

请根据上述案情，回答下列问题并说明理由：

（1）甲构成何罪？

（2）乙构成何罪？

第十八章　侵犯财产罪

📝 **章节提要**　本章要求掌握的罪名将近20个，由于侵犯财产罪是实践中数量最多的犯罪，因此本章在考试中十分重要，要求考生较为深入地掌握本章罪名的行为模式以及罪与罪的区别。本章考查题型上既有客观题，又有主观题；既在分则中单独考查，又会结合总则考查。

一、单项选择题

1. 甲与乙共谋"丢包诈骗"。甲假意丢包，乙随即捡起来诱骗经过此地的丙至偏僻处分钱。甲以失主的身份寻来，并要求丙拿出自己身上的钱以证清白，丙产生警觉而拒绝。甲、乙发现骗技被识破，遂用暴力对丙实施抢劫，而后逃离现场。后丙死亡（暴力行为所致）。甲、乙构成（　　）

A. 故意杀人罪　　　　　　　　　　B. 抢劫罪（致人死亡）

C. 抢劫罪（基本犯）　　　　　　　D. 抢劫罪和过失致人死亡罪，数罪并罚

2. 潘某、赖某共谋抢劫，并准备了电话卡、铁铲等作案工具，欲实施先杀人再劫财的行为。两人以出去玩为由将张某诱骗上轿车。后两人以殴打、威胁等手段劫取张某的银行卡两张，威逼张某说出银行卡的密码后，以防张某将银行卡挂失，两人合力将张某掐死，尸体就近掩埋。潘某、赖某成立（　　）

A. 构成抢劫罪和故意杀人罪，数罪并罚　　B. 仅构成抢劫罪（基本犯）

C. 构成抢劫罪（致人死亡）　　　　　　　D. 仅构成故意杀人罪

3. 甲发现其100多元的皮带不见了，隔日在乙宿舍发现其皮带。甲找到乙，问乙皮带来源并说要向单位告发，乙提出私了，但对盗窃皮带一事态度反复。甲打了乙两巴掌，称宿舍曾多次遭窃，损失约5 000元，逼乙写下5 000元的欠条，乙当日支付2 000元。甲的行为构成（　　）

A. 抢劫罪　　　　B. 敲诈勒索罪　　　　C. 诈骗罪　　　　D. 盗窃罪

4. 甲经预谋，驾驶集装箱卡车，至某加油站加入 234 升 0 号柴油后，为逃避支付加油费，驾车驶离加油站。该加油站工作人员乙抓住驾驶室门及座椅阻拦，甲加速行驶十余米后，强行扯开乙的手后驾车逃离，并致使乙倒地受伤。经鉴定，涉案柴油价值 2 000 元。甲构成（　　）

A. 抢劫罪　　　　　B. 抢夺罪　　　　　C. 敲诈勒索罪　　　　　D. 盗窃罪

5. 甲潜入某户盗窃，不料被刚回来的户主乙发现。乙便对甲拳打脚踢，随后乙拉住甲衣领不放，甲为了摆脱乙，疯狂挣脱，在挣脱过程中导致乙摔倒，但没有造成伤害结果。甲摆脱控制之后立马逃离现场。甲构成（　　）

A. 抢劫罪（转化型抢劫）　　　　　B. 抢劫罪（普通抢劫）

C. 故意伤害罪　　　　　D. 盗窃罪

6. 张某欲窃取陈某拥有的网络域名，其先利用技术手段破解该网络域名所绑定的邮箱密码，再将该网络域名转移绑定到自己的邮箱上。之后张某将该网络域名从原有的维护公司转移到自己在另一网络公司申请的 ID 上。后张某在某网络域名交易平台将该网络域名以人民币 12.5 万元的价格出售给李某。张某的行为构成（　　）

A. 盗窃罪　　　　　B. 诈骗罪　　　　　C. 不构成犯罪　　　　　D. 敲诈勒索罪

7. 甲在某企业财务室，将价值 5 万元保险柜破坏后，盗窃 1 万元现金。关于甲的行为，下列说法正确的是（　　）

A. 应以盗窃罪从重处罚

B. 应以盗窃罪和故意毁坏财物罪择一重罪从重处罚

C. 应以盗窃罪和故意毁坏财物罪数罪并罚

D. 应以故意毁坏财物罪从重处罚

8. 甲在候车室以需要紧急联络为名，向赵某借得高档手机，甲边打电话边向候车室外移动，出门后拔腿就跑，已经有所警觉的赵某猛追未果。甲的行为应认定为（　　）

A. 抢夺罪　　　　　B. 盗窃罪　　　　　C. 侵占罪　　　　　D. 抢劫罪

9. 甲得知乙得罪了丙，便欺骗乙，说道："我听说丙要找人教训你，你给我钱，我帮你摆平。"乙信以为真，因害怕丙的伤害而给了甲钱。本案中，甲的行为应当认定为（　　）

A. 敲诈勒索罪　　　　　B. 诈骗罪　　　　　C. 盗窃罪　　　　　D. 侵占罪

10. 通缉犯甲在某物流公司招聘货车司机时，使用假身份证应聘并被录用。后甲按照公司安排，独自一人将价值 7 万元的货物从上海运往三亚。途中甲在经过厦门时就将该货物变卖后潜逃，得款 2 万元。甲的行为构成（　　）

A. 盗窃罪　　　　　B. 诈骗罪　　　　　C. 侵占罪　　　　　D. 职务侵占罪

11. 甲看到吴某拎着名牌包边打电话边行走，甲趁其不备冲上前去一把夺下名牌包，用力过猛导致吴某摔倒，恰好后脑勺跌在路边石块上而死亡。关于甲的行为，说法正确的是（　　）

A. 应当以抢夺罪定罪处罚

B. 应当以抢劫罪定罪处罚

C. 应当以抢夺罪、过失致人死亡罪择一重罪论处

D. 应当以抢夺罪、过失致人死亡罪数罪并罚

12. 甲觉得同事乙总和自己作对，想教训他一下，就偷走乙的手机埋在树下。甲的行为可能构成（　　）

A. 盗窃罪　　　　　B. 侵占罪　　　　　C. 职务侵占罪　　　　　D. 故意毁坏财物罪

13. 甲在超市将价格昂贵的商品放到价格低廉商品的包装盒里，收银员没有发现，便按照低价格商品收款。在不考虑数额的情况下，甲的行为构成（　　　　）

A. 诈骗罪　　　　　B. 盗窃罪　　　　　C. 侵占罪　　　　　D. 强迫交易罪

14. 甲将史某骗至阳台后，将阳台门从外面锁上，拿走史某的手机和钱包，史某眼睁睁看着却无法反抗。甲的行为构成（　　　　）

A. 盗窃罪　　　　　B. 抢劫罪　　　　　C. 诈骗罪　　　　　D. 抢夺罪

15. 下列情形中，属于诈骗罪（不考虑数额）的是（　　　　）

A. 甲来到张某家谎称张某的小孩在楼下被人打，张某赶紧下楼，甲趁机拿走屋内财物

B. 乙对王某的儿子（5周岁）说"你爸爸让我来把电视拿去修理"，然后将彩电搬走

C. 丙在商店试穿衣服，谎称让售货员再找一件小一号的衣服，趁机溜走

D. 丁身无分文去高档餐厅大吃一顿后逃离

16. 甲与乙发生口角，甲对乙说："如果你不拿出5 000元，明天我就找黑社会弄死你。"乙害怕，于是从包里拿了5 000元给甲。甲的行为（不考虑数额）构成（　　　　）

A. 侵占罪　　　　　B. 诈骗罪　　　　　C. 敲诈勒索罪　　　　　D. 盗窃罪

17. 甲趁夜深人静时窜入村民乙家中盗取现金1万元，刚要离开，被惊醒的乙发觉，甲为了逃避抓捕将乙打伤。甲的行为构成（　　　　）

A. 抢劫罪

B. 故意伤害罪

C. 抢劫罪和故意伤害罪

D. 抢夺罪和故意伤害罪

18. 甲与乙投宿同一旅店时，甲得知乙身携巨款，于是甲利用聊天机会在乙的茶杯中偷放安眠药，待乙熟睡时将其巨款拿走。甲的行为构成（　　　　）

A. 盗窃罪　　　　　B. 诈骗罪　　　　　C. 抢劫罪　　　　　D. 抢夺罪

19. 甲、乙同乘一列火车。甲以为乙的手提包里有钱财，于是趁乙上厕所之际，拿走了乙的手提包。事实上乙的手提包内没有财物，只有一把手枪。甲的行为构成（　　　　）

A. 盗窃枪支罪　　　　　B. 盗窃罪　　　　　C. 侵占罪　　　　　D. 抢夺枪支罪

20. 甲与乙约定，甲窃取了财物后，由乙负责窝藏、销售赃物。乙的行为构成（　　　　）

A. 窝藏罪

B. 窝藏、包庇罪

C. 掩饰、隐瞒犯罪所得、犯罪所得收益罪

D. 盗窃罪

21. 甲与乙早年有土地纠纷，互相仇视对方。2016年10月的一天，两人在争吵后，乙一气之下将甲种植在争议地中的砂糖橘树苗毁掉，并捣毁了甲在自家地中种植的265株砂糖橘树苗。经物价局工作人员鉴定，甲家地中被毁坏的砂糖橘树苗价值33 250元。乙的行为（　　　　）

A. 不构成犯罪　　　　　　　　　B. 构成故意毁坏财物罪

C. 构成破坏生产经营罪　　　　　D. 构成盗窃罪

22. 2012年5月3日，陈某两次至上海市浦东新区号新金桥物流公司某某（上海）电子有限公司（民营公司）仓库，利用费某担任该公司保安负责看管仓库的职务便利，先后两次进入仓库内窃得合计价值人民币15万元的产品。陈某、费某的行为构成（　　　　）

A. 盗窃罪　　　　　B. 侵占罪　　　　　C. 职务侵占罪　　　　　D. 贪污罪

23. 2006 年 1 月至 2013 年 9 月期间，陈某利用担任某民营股份有限公司十堰中心支公司会计的职务便利，将该公司银行账户资金转至自己银行账户、其控制的他人银行账户、其在期货公司开设的账户，截至案发前，陈某挪用资金共计 1 074 884.82 元。陈某将上述资金用于在某甲证券、某甲期货、某乙期货、某丙期货、某丁期货、某戊期货等公司进行股票和期货交易，陈某案发前归还被害公司资金 77 300 元，案发后归还被害公司资金 59 492.50 元，尚未归还资金 90 余万元。陈某的行为构成（　　）

A. 挪用资金罪　　　B. 挪用公款罪　　　C. 贪污罪　　　D. 职务侵占罪

24. 甲公司因现金流紧张拖欠员工乙等 12 人 2019 年 1 月至 2019 年 9 月工资共计 218 459.20 元。2019 年 9 月 19 日城中区人社局对甲公司依法下达了《劳动保障监察责令整改决定书》，责令甲公司于 15 个工作日内支付劳动者劳动报酬。甲公司有能力支付，但逾期未支付。甲公司的行为（　　）

A. 构成妨害公务罪
B. 构成拒不执行判决、裁定罪
C. 构成拒不支付劳动报酬罪
D. 不构成犯罪

25. 甲深夜进入小超市，持枪胁迫正在椅子上睡觉的店员乙交出现金。乙说："钱在收款机里，只有购买商品才能打开收款机。"甲掏出 100 元钱给乙，说："给你，随便买什么。"乙打开收款机，交出所有现金，甲一把抓走就跑。事实上，乙给甲的现金只有 88 元，甲"亏了"12 元。关于本案，下列说法正确的是（　　）

A. 甲进入的虽是小超市，但乙已在椅子上睡觉，甲属于入户抢劫

B. 只要持枪抢劫，即使分文未取，也构成抢劫罪既遂

C. 对于持枪抢劫，不需要区分既遂与未遂，直接依照刑法分则条文规定的法定刑量刑即可

D. 甲虽"亏了"12 元，未能获利，但不属于因意志以外的原因未得逞，构成抢劫罪既遂

26. 甲长期以赌博所得为主要生活来源。某日，甲抢劫赌徒乙的赌资得逞后，为防止乙日后报案，将其杀死。对甲的处理，下列选项正确的是（　　）

A. 应以故意杀人罪、抢劫罪数罪并罚

B. 应以抢劫罪从重处罚

C. 应以赌博罪、抢劫罪数罪并罚

D. 应以赌博罪、抢劫罪、故意杀人罪数罪并罚

27. 甲深夜潜入某工厂盗窃生产设备（数额较大），在盗窃得手后，甲为了掩盖其盗窃行为，将工厂内价值数万元的监控设备全部毁坏，对甲应当（　　）

A. 按盗窃罪从重处罚

B. 按盗窃罪和故意毁坏财物罪数罪并罚

C. 在盗窃罪和故意毁坏财物罪中择一重罪处罚

D. 按故意毁坏财物罪从重处罚

28. 某地突发百年未遇的冰雪灾害，乙离开自己的住宅躲避自然灾害。两天后，大雪压垮了乙的房屋，家中财物散落一地。灾后最先返回的邻居甲路过乙家时，将乙垮塌房屋中的 2 万元现金拿走。关于甲行为的定性，下列说法正确的是（　　）

A. 甲构成盗窃罪

B. 甲构成侵占罪

C. 甲构成抢夺罪

D. 甲仅成立民法上的不当得利，不构成犯罪

29. 甲使用暴力将乙扣押在某废弃的建筑物内，强行从乙身上搜出现金 3 000 元和 1 张只有少量金额的信用卡。甲逼迫乙向该信用卡中打入人民币 10 万元。乙便给其妻打电话，谎称自己开车撞伤他人，让其立即向自己的信用卡打入 10 万元救治伤员并赔偿。乙妻信以为真，便向乙的信用卡中打入 10 万元，之后 10 万元被甲取走，甲在得款后将乙释放。甲的行为构成（　　　）

A. 非法拘禁罪
B. 绑架罪
C. 抢劫罪
D. 抢劫罪和绑架罪

30. 甲持刀将乙逼入山中，让乙通知其母送钱赎人。乙担心其母听到消息会心脏病发作，遂向其母谎称开车撞到人，需付 5 万元治疗费，其母信以为真。关于甲的行为性质，下列选项正确的是（　　　）

A. 甲构成非法拘禁罪
B. 甲构成绑架罪
C. 甲构成抢劫罪
D. 甲构成诈骗罪

31. 范某和冯某在火车上持枪抢劫，要求乘客把身上的财物全部交出。二人劫得一乘客 100 元人民币时听到火车报警铃声响起便跳车逃窜。对于范某和冯某的行为，下列说法正确的是（　　　）

A. 二人在火车上抢劫，属于抢劫罪的升格法定刑情形
B. 二人构成抢劫罪的未遂
C. 二人构成抢劫罪的中止
D. 二人持枪抢劫，无论是否劫得财物都应当认定为抢劫罪的既遂

32. 甲在某商场五楼实施盗窃，窃得财物后准备离开商场，因表情异样、形迹可疑在商场一楼被保安发现并盘问，甲出于抗拒心理，趁保安不注意挥拳将其打晕，随后逃离现场。不考虑数额的情况下，甲的行为属于（　　　）

A. 抢劫罪
B. 盗窃罪
C. 故意伤害罪
D. 盗窃罪和故意伤害罪

33. 下列选项中，属于盗窃罪既遂的是（　　　）

A. 甲在火车上趁对面乘客睡觉之际，欲将其行李箱扔到车厢外的预定地点，不巧扔到了黄河里
B. 乙晚上入室盗窃，将窃得的财物装入皮包，扔到院墙外僻静处
C. 丙在超市偷手机，刚拿到手当即被售货员发现
D. 丁在电器城偷电视机，在将电视机搬出专卖柜台走到大门口时被发现

34. 甲对某金店售货员说："把柜台里最左边那条金项链拿给我看看。"售货员便将金项链交给甲。甲趁机用自己携带的假项链调包，然后以不喜欢为由退还给售货员，之后离开商店。甲的行为构成（　　　）

A. 抢夺罪
B. 盗窃罪
C. 诈骗罪
D. 侵占罪

35. 甲开办的汽车修理厂系某保险公司的指定汽车修理厂家。甲在为他人修理汽车时，多次夸大汽车损坏程度，向保险公司多报汽车修理费用，从保险公司处骗取 10 万元。甲的行为构成（　　　）

A. 诈骗罪
B. 保险诈骗罪
C. 合同诈骗罪
D. 职务侵占罪

36. 甲、乙二人合谋抢夺财物。一日，甲假装向一坐在汽车内的妇女问路，乙乘该妇女不备，拉开车门，从其手中抢过提包就跑，甲也随即与乙一同逃跑，当场被群众抓获。群众从甲、乙二人身上各搜出一把匕首。甲、乙二人的行为构成（　　　）

A. 盗窃罪　　　　　B. 抢夺罪　　　　　C. 抢劫罪　　　　　D. 诈骗罪

二、多项选择题

1. 下列关于敲诈勒索罪与招摇撞骗罪的表述说法正确的是（　　　）

A. 两罪的犯罪客体属于同类客体

B. 使用合法的内容进行敲诈，也可能成立敲诈勒索罪

C. 以栽赃陷害相威胁、要挟的，也属于敲诈勒索罪的行为方式

D. 敲诈勒索罪的行为方式主要是威胁、要挟；招摇撞骗罪的行为方式主要是欺骗

2. 刘某强逛街时在西瓜摊上购买了一把西瓜刀，并将其放进了背包中准备回家切西瓜用。在乘坐公交车时偶然发现一乘客的钱包裸露在口袋外，便秘密窃取，下车后因形迹可疑被巡逻民警盘问并抓获。经查，这是刘某强两年内第二次盗窃，且乘客钱包内并没有财物。关于本案，下列选项表述错误的是（　　　）

A. 刘某强属于扒窃　　　　　　　　　B. 刘某强属于多次盗窃

C. 刘某强属于携带凶器盗窃　　　　　D. 刘某强属于盗窃罪（未遂）

3. 下列情形中，构成抢劫罪一罪的是（　　　）

A. 甲为劫取财物而预谋故意杀人，在杀死被害人后，拿走财物

B. 乙在抢劫行为实施完毕以后，为了灭口又杀死被害人

C. 丙明知他人持有淫秽物品而抢劫的

D. 丁强奸妇女造成妇女昏迷后，顺手牵羊拿走妇女财物

4. 崔某欠巨额赌债，向室友多次借钱，但室友不肯出借。于是崔某偷拿了父亲的枪支（崔某父亲为警察）并买了一包毒药，回到自己的合租屋后，对室友实施抢劫。崔某持枪（枪内无子弹）逼迫室友喝下毒药，待室友毒发身亡后取走室友在房间内的全部财物和枪支一把（室友爱好打猎）。本案中，属于抢劫罪法定加重情节的是（　　　）

A. 持枪抢劫　　　　B. 入户抢劫　　　　C. 抢劫致人死亡　　　　D. 抢劫枪支

5. 下列不能构成转化型抢劫罪的是（　　　）

A. 甲入户盗窃，正准备离开时，恰逢主人回家，主人解开院子里藏獒的绳索，甲为脱身拿石头砸死了藏獒

B. 乙在公交车上扒窃他人钱包，随即被发现，乙拿出匕首扎在自己手臂上，大喊："司机赶快开门让我下车，要不然我就死在车上。"司机开门后，乙迅速逃跑

C. 丙抢夺二傻财物，二傻紧追不舍，丙说："我会九阳神功，你再追我就发功打死你。"二傻害怕，随即不追了

D. 丁入户盗窃后逃跑，误认为送牛奶的张三是主人，便将张三打趴在地

6. 下列行为中，属于盗窃的是（　　　）

A. 甲穿过铁丝网从高尔夫球场内"拾得"大量高尔夫球

B. 乙在夜间翻入公园内，从公园水池中"捞得"旅客投掷的大量硬币

C. 丙在宾馆房间内"拾得"前一顾客遗忘的笔记本电脑一台

D. 丁从一辆没有关好门的小轿车内"拿走"他人公文包

7. 下列选项中，行为人具有非法占有目的的是（　　）

A. 某男基于癖好入户窃取女士内衣

B. 为了燃柴取暖而窃取他人木质家具

C. 骗取他人钢材后作为废品卖给废品回收公司

D. 杀人后为避免公安机关识别被害人身份，将被害人钱包、证件等物品丢弃

8. 下列行为中，应认定为抢劫罪一罪的是（　　）

A. 甲将仇人杀死后，取走其身上的 5 000 元现金

B. 乙持刀拦路行抢，故意将被害人杀死后取走其财物

C. 丙在抢劫过程中，为压制被害人的反抗，故意将被害人杀死，取走其财物

D. 丁实行抢劫罪后，为防止被害人报案，将其杀死

9. 关于敲诈勒索罪的判断，下列选项正确的是（　　）

A. 甲将王某杀害后，又以王某被绑架为由，向其亲属索要钱财。甲除构成故意杀人罪外还构成敲诈勒索罪

B. 饭店老板乙以可乐兑水冒充洋酒销售，向实际消费数十元的李某索要数千元。李某不从，乙召集店员对其进行殴打，致其被迫将钱交给乙。乙的行为构成抢劫罪而非敲诈勒索罪

C. 职员丙被公司辞退，要求公司支付 10 万元补偿费，否则会将所掌握的公司商业秘密出卖给其他公司使用。丙的行为构成敲诈勒索罪

D. 丁为谋取不正当利益送给国家工作人员刘某 10 万元。获取不正当利益后，丁以告发相要挟，要求刘某返还 10 万元。刘某担心被告发，便还给丁 10 万元。对丁的行为应以行贿罪与敲诈勒索罪实行数罪并罚

10. 下列情形中，应以抢劫罪定罪处罚的有（　　）

A. 甲为劫取财物，打死仓库的值班员孙某后，取走价值 10 万元财物

B. 乙在赵某的茶水中偷偷放入大量的安眠药，趁赵某饮后熟睡，拿走赵某 3 万元现金

C. 丙看见刘某因交通事故受伤，趁其昏迷之机，将其携带的现金 2 万元取走

D. 丁趁张某不备，夺取其随身携带的笔记本电脑

11. 下列有关职务侵占罪的表述，正确的是（　　）

A. 本罪的主体为特殊主体，即公司、企业或其他单位的工作人员，且这些人员不属于国家工作人员

B. 本罪在客观方面可以采用侵吞、盗窃、骗取等各种手段

C. 国有单位委派到非国有单位从事公务的人员实施侵占行为的，不以本罪论处

D. 主观上具有将本单位财物非法占为己有的目的

12. 下列关于侵犯财产罪的共同特征的说法，正确的是（　　）

A. 侵犯财产罪在主观方面既可以是故意，也可以是过失

B. 侵犯财产罪侵犯的客体是公共财产和公民私人财产所有权

C. 侵犯财产罪在客观上表现为非法占有、挪用或者故意损坏公私财产的行为

D. 侵犯财产罪的主体主要是自然人，单位也能够实施这类犯罪

13. 下列关于挪用资金罪的相关表述正确的是（　　）

A. 该罪的犯罪主体是特殊主体

B. 该罪的成罪金额与挪用公款罪的成罪金额完全一致

C. 国有公司、企业或者其他国有单位委派到非国有公司、企业以及其他单位从事公务的人员挪用单位资金进行非法活动的成立本罪

D. 涉嫌挪用资金罪的嫌疑人在被提起公诉前将挪用的资金退还的，可以从轻或者减轻处罚

14. 关于盗窃罪的判断，下列选项正确的有（　　　）

A. 甲受邀来朋友家做客，临时起意窃取了朋友的电脑，甲成立入户盗窃

B. 乙半夜进入超市盗窃冰箱，还未将冰箱搬出超市即被超市管理员发现，乙成立盗窃罪未遂

C. 丙在公交车上扒窃了多张身份证，丙不成立盗窃罪

D. 秘书丁跟随上司李某出差，并帮李某拿着电脑，随后丁拿着电脑逃跑，丁成立盗窃罪

15. 下列选项中，应当以故意毁坏财物罪定罪处罚的有（　　　）

A. 甲发现所盗手表是仿制品，将其丢弃

B. 乙偷开朋友的摩托车，导致车辆丢失

C. 丙为泄愤，将多辆大货车中的柴油偷偷放掉

D. 丁破解了李某的股票账户密码，为"练手"登录其账户买卖股票，造成李某股票账户资金实际亏损 10 万元

三、简答题

1. 简述挪用资金罪的构成要件。
2. 简述职务侵占罪和侵占罪的区别。

四、案例分析题

　　甲成立口碑公司专门从事互联网有偿发帖、删帖业务。某日，名为"去伪存真"的网友在网上发帖揭露某国有企业领导刘某贪污国有资产的消息，刘某拿钱请甲帮忙删除该帖子，甲照办。在删除帖子后，甲联系到"去伪存真"骗他说，刘某后台很硬，如果不拿钱消灾的话刘某就会让公安局把他抓起来。"去伪存真"听后担心遭受牢狱之灾，便给甲 1 万元钱让甲摆平此事。甲嫌钱太少，便将"去伪存真"劫持到一地下室，声称不给钱就让他死在这，"去伪存真"便将自己银行卡交与甲并告知密码，甲取钱后放走"去伪存真"。后刘某因贪污罪被抓，主动交代了让甲删帖的事情（司法机关不知此事），并提供了甲的联系方式，公安机关根据联系方式抓获甲。

　　请根据上述案情，回答下列问题并说明理由：

（1）甲构成哪些犯罪？
（2）刘某有哪些量刑情节？

第十九章　妨害社会管理秩序罪

✏ **章节提要**　本章的罪名较多，记忆量相对较大，但是法硕考试对本章内容的考查相对较浅显，因此考生只需熟练掌握本章重点罪名的概念和构成要件，便可以从容应对考试。

1. 甲、乙各自带领多人聚众斗殴。甲方未带凶器，乙方带有凶器。斗殴结束后，双方发现甲方的王某已倒地死亡。无法查明，是谁导致王某死亡，也无法查明，王某是被故意打死还是过失致其死亡。关于本案，下列说法正确的是（　　　）

A. 甲、乙构成故意杀人罪

B. 由于无法查明王某是被故意打死还是过失致其死亡，因此，对乙应认定为过失致人死亡罪

C. 由于无法查明是谁打死了王某，因此甲对王某的死亡不负刑事责任

D. 甲、乙均构成聚众斗殴罪的情节加重犯"持械聚众斗殴"

2. 下列关于妨害公务罪的说法中，正确的是（　　　）

A. 妨害公务罪要求行为人必须使用暴力、威胁的方法妨害国家机关工作人员执行公务

B. 阻止军人执行职务的，也同样构成妨害公务罪

C. 政协中从事公务的人员不属于本罪的对象

D. 行为人在组织他人偷越国（边）境过程中妨害公务的，应当以组织他人偷越国（边）境罪加重处罚

3. 刘某明知是犯罪所得的车辆，却在一个月内以明显低于市场价的价格购买了5辆自行车，准备日后销售。但刘某尚未销售便案发。刘某的行为构成（　　　）

A. 掩饰、隐瞒犯罪所得罪　　　　　　　B. 不构成犯罪

C. 洗钱罪　　　　　　　　　　　　　　D. 窝藏、转移毒赃罪

4. 下列情形中，构成刑法所规定的伪造、变造、买卖国家机关公文、证件、印章罪的是（　　　）

A. 甲伪造多张公民的身份证

B. 乙为逃避处罚，私刻交警部门公章，将被合法扣押的电动车骗回

C. 丙伪造某高校的大学印章

D. 丁多次伪造港澳通行证用于非法来往内地和香港、澳门地区

5. 下列关于非法获取国家秘密罪的表述中，说法正确的有（　　　）

A. 非法获取国家秘密罪侵犯的客体是国家安全

B. 非法获取国家秘密罪的主体是特殊主体，即国家机关工作人员

C. 行为人为境外机构、组织、人员窃取、刺探、收买国家秘密的，也成立非法获取国家秘密罪

D. 该罪的责任形式为故意

6. 2022年12月，甲在某高校英语六级考试中，为多名考生提供作弊器材，帮助他们顺利通过考试。甲的行为（　　　）

A. 构成组织考试作弊罪　　　　　　　　B. 构成代替考试罪

C. 构成非法出售、提供试题、答案罪　　D. 不构成犯罪

7. 甲以营利为目的，在计算机网络上建立赌博网站。甲的行为（　　　）

A. 不构成犯罪　　　B. 构成赌博罪　　　C. 构成开设赌场罪　　　D. 构成非法经营罪

8. 关于故意的认识内容，下列说法错误的是（　　　）

A. 走私、运输、贩卖、制造毒品的故意，必须对走私、运输、贩卖、制造行为和对象是毒品有认识

B. 成立传播淫秽物品罪，必须对传播的是淫秽物品有认识

C. 成立为境外窃取、刺探、收买、非法提供国家秘密、情报罪，要求行为人必须认识到对方是境外的组织、机构或个人

D. 成立犯罪故意，不要求行为人对行为及其结果具有社会危害性有认识

9. 关于非法持有毒品罪，下列说法正确的是（　　　）

A. 非法持有毒品的，无论数量多少都应当追究刑事责任

B. 持有毒品不限于本人持有，包括通过他人持有

C. 持有毒品者非所有者时，必须知道谁是所有者

D. 因贩卖而持有毒品的，应当实行数罪并罚

10. 下列情形中，应当数罪并罚的是（　　　）

A. 甲除走私 1 000 克冰毒外，还曾与他人共同运输 3 000 克海洛因

B. 乙非法购买一支手枪，并长期私藏在家中

C. 丙谋杀仇人张某后，发现张某携有现金 1 万多元，遂取走该现金

D. 丁见李某带有大量现金，将李某毒杀，劫取其所带全部财物，并将李某碎尸后掩埋

11. 下列选项中，属于传播淫秽物品罪与传播淫秽物品牟利罪的区别的是（　　　）

A. 淫秽物品的范围不同　　　　　　　　B. 犯罪主体不同

C. 犯罪目的不同　　　　　　　　　　　D. 传播方式不同

12. 卖淫女甲因某日身体不舒服想休息一天，但乙对其暴力殴打，强迫甲为某重要人士提供性服务。乙的行为构成（　　　）

A. 强奸罪　　　　　　　　　　　　　　B. 强迫卖淫罪

C. 强制猥亵、侮辱罪　　　　　　　　　D. 组织卖淫罪

13. 单位集体决定拒不执行法院判决，逃避支付货款的行为，应认定为（　　　）

A. 相关自然人构成拒不执行判决、裁定罪

B. 单位构成拒不执行判决、裁定罪

C. 构成妨害公务罪

D. 构成藐视司法罪

14. 被关押的罪犯在脱逃中使用暴力致使狱警死亡的行为，应当以（　　　）

A. 脱逃罪定罪处罚　　　　　　　　　　B. 脱逃罪、故意杀人罪数罪并罚

C. 故意杀人罪定罪处罚　　　　　　　　D. 暴动越狱罪定罪处罚

15. 聚众斗殴罪的主体是（　　　）

A. 聚众斗殴的全体参加者

B. 聚众斗殴的首要分子

C. 聚众斗殴的首要分子和其他积极参加者

D. 聚众斗殴的主犯

16. 下列行为不构成犯罪的是（　　　）

A. 多次抢夺　　　　B. 多次敲诈勒索　　　　C. 多次盗窃　　　　D. 多次卖淫

17. 高中生甲（17 周岁），为了在学校里当老大，纠集部分同学，经常随意殴打其他同学，在校园里横行霸道，严重扰乱学校秩序。甲的行为构成（　　　）

A. 组织、领导黑社会性质组织罪　　　　B. 故意伤害罪

C. 寻衅滋事罪　　　　　　　　　　　　D. 聚众斗殴罪

18. 甲是某地区的高利贷贷主，以放贷为生，2 年内向不特定多数人以借款名义出借资金 30 多次，每次出借年利率为 40%~50% 不等，放贷数额累计 500 余万元。甲的行为（   ）

A. 不构成犯罪，仅违反行政管理法规
B. 构成诈骗罪
C. 构成非法吸收公众存款罪
D. 构成非法经营罪

19. 甲制作、复制大量的淫秽光盘，除出卖外，还多次将淫秽光盘借给多人观看。对于甲的行为应当以（   ）

A. 制作、复制、贩卖、传播淫秽物品牟利罪处罚
B. 以组织播放淫秽音像制品罪从重处罚
C. 以制作、复制、贩卖淫秽物品牟利罪和传播淫秽物品罪数罪并罚
D. 以传播淫秽物品罪从重处罚

20. 甲系某医院外科医师，应邀在朋友乙的私人诊所兼职期间，擅自为多人进行了节育手术。甲的行为（   ）

A. 构成非法行医罪
B. 构成非法进行节育手术罪
C. 构成医疗事故罪
D. 不构成犯罪

21. 非法行医罪的主体是（   ）

A. 未按操作规程进行医疗的医护人员
B. 任何人
C. 未取得医生执业资格的人
D. 没有医疗实践经验的人

22. 孙某盗窃了价值数万元的贵重钻石项链，并送给他的女朋友蓝某当作定情礼物。后来，公安机关来追查，蓝某知道了项链是盗窃来的，但是，她未予揭发，而是暗地里将项链转移到乡下的亲戚家。蓝某的行为已经构成了（   ）

A. 盗窃共犯
B. 包庇罪
C. 伪证罪
D. 掩饰、隐瞒犯罪所得罪

23. 下列行为可以构成伪证罪的是（   ）

A. 在民事诉讼中，证人作伪证的
B. 在刑事诉讼中，辩护人伪造证据的
C. 在刑事诉讼中，证人故意作虚假证明意图陷害他人的
D. 在刑事诉讼中，诉讼代理人帮助当事人伪造证据的

24. 甲、古某、王某三人通过到越南集市招工、亲戚传话等方式，招集 42 名越南人乘坐联系好的面包车非法越境后，转乘大客车，途经文山、曲靖等地，欲将该 42 名越南人送往山东打工，从中赚取抽成。甲、古某、王某的行为构成（   ）

A. 运送他人偷越国（边）境罪
B. 骗取出境证件罪
C. 组织他人偷越国（边）境罪
D. 偷越国（边）境罪

25. 甲明知乙因醉酒驾车触犯危险驾驶罪，为帮助乙逃避法律责任，找到同车未喝酒的丙为乙作伪证说当时开车的是丙而不是乙，答应事成后给予丙 1 万元好处费。甲的行为构成（   ）

A. 伪证罪
B. 包庇罪
C. 窝藏罪
D. 妨害作证罪

26. 2013 年 11 月，钱某欲将一栋住宅楼改建成宾馆。因该楼非商业用房，相关部门不予出具商业用房证明，亦不予验收。钱某通过他人介绍获知左某可以制作假印章，遂找到左某要求为其伪造枞阳县住房和城乡建设局印章加盖在自己提供的商业用房证明上，左某同意。左某伪造了枞阳县住房和城乡建设局的印章，加盖在钱某写好的商业用房证明上。左

某的行为（　　）

A. 不构成犯罪

B. 构成伪造、变造、买卖国家机关公文、证件、印章罪

C. 构成伪造公司、企业、事业单位、人民团体印章罪

D. 构成盗窃、抢夺、毁灭国家机关公文、证件、印章罪

27. 2012 年 2 月 17 日，马某身着警用夹克，携带手铐，冒充正在执行公务的人民警察，以李某嫖娼为由，让其缴纳罚款 2 000 元现金。马某的行为构成（　　）

 A. 诈骗罪   B. 敲诈勒索罪   C. 抢劫罪   D. 招摇撞骗罪

28. 2017 年 3 月份开始，甲通过在网上进行百度搜索关键词"身份证"等信息的方式，从网上购买居民身份证，并通过快递方式寄送到甲指定的地址。2017 年 3 月 24 日，公安民警在甲住处缴获居民身份证 136 张，其中与常住人口信息一致、芯片能正常使用的身份证 92 张。甲的行为（　　）

 A. 构成伪造身份证件罪   B. 构成变造身份证件罪

 C. 构成买卖身份证件罪   D. 不构成犯罪

29. 2014 年 6 月 19 日，梁某故意将一捆定时炸弹仿真玩具（该玩具用牛皮纸卷好的 7 管疑似爆炸物品，还有一红一黑两条导线在外面，疑似电起爆爆炸装置），放置在地铁站 B1 出口通道的广告牌下面后离开现场。地铁站的工作人员在巡查中发现该疑似爆炸物后遂报警，民警接报到现场实施布控，关闭了地铁站 B1 出口，并封闭了站前广场和地铁通道，建立警戒区域进行排爆工作，直到次日才对现场解除警戒。梁某的行为构成（　　）

 A. 爆炸罪   B. 编造、故意传播虚假恐怖信息罪

 C. 投放虚假危险物质罪   D. 投放危险物质罪

30. 2017 年 5 月，甲为了提高高等教育自学考试成绩拿到学位，遂与正在上大学的乙商定，由乙代替甲参加高等教育自学考试，甲支付 3 500 元费用。甲将自己的身份证、准考证等交给乙。2017 年 10 月 21 日，乙到考场代替甲参加高等教育自学考试，考试完毕后被抓获。甲、乙的行为（　　）

 A. 构成组织考试作弊罪   B. 构成代替考试罪

 C. 构成非法获取国家秘密罪   D. 不构成犯罪

31. 下列关于拒不履行信息网络安全管理义务罪的表述，不正确的是（　　）

A. 本罪的犯罪主体是网络服务提供者，仅包括自然人

B. 单纯不履行信息网络安全管理义务的行为，不成立犯罪，只有经监管部门责令采取改正措施而拒不改正的，才可能成立本罪

C. 本罪的责任形式为故意

D. 本罪侵犯的客体是信息网络安全管理秩序

32. 甲路过偏僻路段，看到其好友乙强奸丙。甲的下列行为中，构成包庇罪的是（　　）

A. 用手机向乙通报公安机关抓捕乙的消息

B. 对侦查人员的询问沉默不语

C. 对侦查人员声称乙、丙系恋人，因乙另有新欢而遭丙报案诬陷

D. 经人民法院通知，无正当理由，拒绝出庭作证

33. 甲为了谋取利益，从 2010 年 10 月 12 日开始，在批发市场内的空地上利用麻将桌供他人以扑克牌形式进行赌博，甲负责发牌并从中抽头渔利。直到 2010 年 10 月 16 日被公

安机关查处，共赌博4天，先后组织了麦某、欧某等十多人参与赌博，抽头渔利达人民币5 200元。甲的行为构成（　　　）

A. 开设赌场罪　　　B. 赌博罪　　　C. 非法经营罪　　　D. 寻衅滋事罪

34. 2016年3月，宋某与周某、张某等人商议通过虚构债务提起诉讼的方式，企图从法院冻结的拆迁款项中套取部分资金。后宋某伪造工资表、劳动合同、欠条，周某、张某等人在相关材料上签字，并持上述虚假材料以欠工资名义向泗阳县人民法院提起诉讼。在诉讼过程中，周某、张某等人均保证提供的证据真实。后周某、张某等人分别与宋某达成调解，法院根据双方达成的调解协议，制作了民事调解书。周某、张某等人遂持生效的民事调解书向泗阳法院申请强制执行，企图参与分配宋某所有的已被法院冻结的拆迁款，被法院执行局识破。宋某、周某、张某等人的行为构成（　　　）

A. 伪证罪　　　B. 包庇罪　　　C. 虚假诉讼罪　　　D. 扰乱法庭秩序罪

35. 何某来与何某红是夫妻，2016年11月18日，二人在人民法院旁听一宗涉其亲属的民事纠纷案件。庭审过程中，何某红在未经法庭允许的情况下闯入审判区域，在审判长责令其退出审判区域并对其训诫过程中，何某红对审判长进行辱骂，审判长命令值庭法警将何某红带出法庭。这时，旁听席的何某来起身阻挠法警，并不停推搡法警，两次挥拳向法警面部打去，导致该法警上唇、手臂、手背多处挫伤，后经鉴定，构成轻微伤。随后何某红再次冲入审判区域，抱起一袋资料扔向审判席，并将桌上的麦克风狠狠砸在地上，场面十分混乱，审判活动被迫中断。在其他法警闻讯赶到法庭维持秩序期间，何某来和何某红仍然对审判人员不停辱骂。何某来与何某红的行为构成（　　　）

A. 伪证罪　　　B. 包庇罪　　　C. 虚假诉讼罪　　　D. 扰乱法庭秩序罪

36. 甲欠乙10万元久拖不还，乙向人民法院起诉并胜诉后，甲在履行期限内仍不归还。于是，乙向人民法院申请强制执行。当人民法院的执行人员持强制执行裁定书到甲家执行时，甲率领家人手持棍棒在门口守候，并将试图进入室内的执行人员打成重伤。甲的行为构成（　　　）

A. 拒不执行判决、裁定罪　　　B. 聚众扰乱社会秩序罪

C. 妨害公务罪　　　D. 故意伤害罪

37. 2016年4月，计某某承包盐城市某浴室的卖淫嫖娼项目，并约定与该浴室五五分成，其中卖淫女得四成。后计某某通过电话、微信联系、他人介绍、卖淫女应聘等方法，招募并容留王某等卖淫女在该浴室从事卖淫活动。2016年4月至2016年12月29日，该浴室共组织王某等数十人以人民币599元、799元、999元不等的价格向嫖客卖淫2 400余次，总收入240余万元。期间，计某某组织、控制、管理卖淫女的卖淫活动，给卖淫女及手下发工资，安排数十人分工负责推荐卖淫项目、为卖淫项目计时、对抗公安机关检查以及日常采购、管理收银台现金收入、工资发放等工作。计某某的行为构成（　　　）

A. 组织卖淫罪　　　B. 强迫卖淫罪　　　C. 传播性病罪　　　D. 传播淫秽物品罪

38. 2004年7月，性病防治中心工作人员对毕某进行抽血检测，检测结果为阳性。工作人员告知毕某其确诊为梅毒，并告知梅毒可通过性接触传播。由于缺乏生活来源，2014年5月，毕某来到南通市通州区某浴室从事卖淫活动。5月26日，李某云、刘某达相继来到浴室洗澡，在洗完后休息时，毕某主动上前招呼，表示可以提供特殊服务。李某云、刘某达相继与毕某发生了性关系。毕某的行为构成（　　　）

A. 组织卖淫罪　　　B. 强迫卖淫罪　　　C. 传播性病罪　　　D. 传播淫秽物品罪

39. 关于盗伐林木罪，下列说法正确的是（　　　）

A. 甲盗伐本村村民张某院落外面的零星树木，如果盗伐数量较大，构成盗伐林木罪

B. 乙在林区盗伐珍贵树木，数量较大，如同时触犯其他法条构成其他犯罪，应择一重罪处罚

C. 丙将邻县国有林区的珍贵树木移植到自己承包的林地精心养护使之成活，不属于盗伐林木

D. 丁在林区偷扒数量较多的具有药用价值的树皮（但对树木健康无影响），牟取经济利益数额较大，构成盗伐林木罪

40. 2010 年 8 月 4 日，李某为发泄心中不满，在北京市朝阳区小营北路 13 号工地施工现场，用手机编写短信"今晚要炸北京首都机场"，并向数十个随意编写的手机号码发送。北京首都国际机场公安分局接警后立即通知首都国际机场运行监控中心。首都国际机场运行监控中心随即启动紧急预案，对东、西航站楼和机坪进行排查，并加强对行李物品的检查和监控工作，耗费大量人力、物力，严重影响了首都国际机场的正常工作秩序。李某的行为（　　　）

A. 构成寻衅滋事罪　　　　　　　　　B. 不构成犯罪

C. 构成编造、故意传播虚假恐怖信息罪　　D. 构成准备实施恐怖活动罪

41. 2016 年 10 月至 11 月，曾某使用聊天社交软件，冒充年轻女性与被害人聊天，谎称自己的苹果手机因故障无法登录"iCloud"（云存储），请被害人代为登录，诱骗被害人先注销其苹果手机上原有的 ID，再使用曾某提供的 ID 及密码登录。随后，曾某立即在电脑上使用新的 ID 及密码登录苹果官方网站，利用苹果手机相关功能将被害人的手机设置修改，并使用"密码保护问题"修改该 ID 的密码，从而远程锁定被害人的苹果手机。曾某再在其个人电脑上，用网络聊天软件与被害人联系，以解锁为条件索要钱财。采用这种方式，曾某作案21起，锁定苹果手机21部，索得人民币合计 7 290 元。曾某的行为应认定为（　　　）

A. 抢劫罪　　　　　　　　　　　　B. 破坏计算机信息系统罪

C. 非法侵入计算机信息系统罪　　　　D. 拒不履行信息网络安全管理义务罪

42. 甲盗用乙的身份，顶替乙取得大学入学资格。甲的行为（　　　）

A. 不构成犯罪　　B. 构成招摇撞骗罪　　C. 构成诈骗罪　　D. 构成冒名顶替罪

43. 医生甲退休后，擅自为患者看病 2 年多。某日，甲为乙治疗，需注射青霉素。乙自述以前曾注射过青霉素，甲便未做皮试就给乙注射青霉素，乙因青霉素过敏而死亡。关于本案，下列选项正确的是（　　　）

A. 对甲应以非法行医罪的结果加重犯论处　B. 对甲应以非法行医罪的基本犯论处

C. 对甲应以过失致人死亡罪论处　　　　D. 对甲应以医疗事故罪论处

44. 家住五楼的甲与邻居乙因言语不和发生争执，甲一时激愤，从厨房拿出一把菜刀，乙见状上前夺刀未果，甲将菜刀抛掷至楼下公共租赁房附近。楼下居民发觉后向楼上质问，甲听到质问声后，又去厨房拿第二把菜刀，乙再次上前夺刀未果，甲又将第二把菜刀抛掷至楼下公共租赁房附近，楼下居民见状报警。甲的行为应认定为（　　　）

A. 以危险方法危害公共安全罪　　　　B. 故意伤害罪

C. 高空抛物罪　　　　　　　　　　D. 不构成犯罪

45. 2021 年 2 月 19 日，仇子明在卫国戍边官兵誓死捍卫国土的英雄事迹报道后，为博取眼球、获得更多关注，在住处使用其新浪微博账户"辣笔小球"（粉丝数 250 余万）先后

于 10 时 29 分、10 时 46 分发布 2 条微博，歪曲卫国戍边官兵的英雄事迹，诋毁、贬损卫国戍边官兵的英雄精神，侵害英雄烈士名誉、荣誉。对其应当（　　　）

A. 以侵害英雄烈士名誉、荣誉罪定罪处罚　　B. 以侮辱罪定罪处罚

C. 以诽谤罪定罪处罚　　D. 以寻衅滋事罪定罪处罚

46. 甲公司竖立的广告牌被路边树枝遮挡，甲公司在未取得采伐许可的情况下，将遮挡广告牌的部分树枝砍掉，所砍树枝共计 6 立方米。关于本案，下列选项正确的是（　　　）

A. 盗伐林木包括砍伐树枝，甲公司的行为成立盗伐林木罪

B. 盗伐林木罪是行为犯，不以破坏林木资源为要件，甲公司的行为成立盗伐林木罪

C. 甲公司不以非法占有为目的，只成立滥伐林木罪

D. 不能以盗伐林木罪判处甲公司罚金

47. 甲想要通过网络进行电信诈骗，乙明知其想法，仍为其提供服务器托管服务，情节严重。后甲因诈骗罪被抓，乙的行为（　　　）

A. 构成诈骗罪　　B. 构成帮助信息网络犯罪活动罪

C. 构成拒不履行信息网络安全管理义务罪　　D. 不构成犯罪

48. 甲以旅游为名组织多名中国公民到菲律宾进行赌博，数额巨大。甲的行为（　　　）

A. 构成赌博罪　　B. 构成开设赌场罪

C. 构成帮助信息网络犯罪活动罪　　D. 构成组织参与国（境）外赌博罪

49. 关于罪数判断，下列选项正确的是（　　　）

A. 冒充警察招摇撞骗，骗取他人财物的，适用特别法条以招摇撞骗罪论处

B. 冒充警察实施抢劫，同时构成抢劫罪与招摇撞骗罪，属于想象竞合犯，从一重罪论处

C. 冒充军人进行诈骗，同时构成诈骗罪与冒充军人招摇撞骗罪的，从一重罪论处

D. 冒充军人劫持航空器的，成立冒充军人招摇撞骗罪与劫持航空器罪，实行数罪并罚

50. 首要分子甲通过手机指令所有聚众斗殴参与者"和对方打斗时，下手重一点"。在聚众斗殴过程中，被害人被谁的行为重伤致死这一关键事实已无法查明。关于本案的分析，下列选项正确的是（　　　）

A. 对甲应以故意杀人罪定罪量刑

B. 甲是教唆犯，未参与打斗，应认定为从犯

C. 所有在现场斗殴者都构成故意杀人罪

D. 对积极参加者按故意杀人罪定罪，对其他参加者按聚众斗殴罪定罪

51. 甲欲购买乙公司生产的一批车辆，双方约定，采用分期付款的形式，乙公司先交付车辆，待甲付完货款后，车辆所有权归甲。为了防止甲不继续支付货款，乙公司在这些车辆上安装了定位监控系统。甲找丙通过技术手段破坏了定位监控系统后，将车辆变卖。丙构成（　　　）

A. 破坏计算机信息系统罪　　B. 非法侵入计算机信息系统罪

C. 非法控制计算机信息系统罪　　D. 帮助信息网络犯罪活动罪

52. 甲得知债主乙将搭乘飞机向其索债，为阻止或迟滞乙到达，遂拨打北京大兴国际机场客服投诉电话，谎称当天从深圳至北京的深圳航空公司 ZH1234 航班上有爆炸物。航空公司接到通报后，随即启动一级响应程序，协调空管部门指挥 ZH1234 航班紧急备降武汉天河机场。紧急备降期间，空中 9 个航班紧急避让，武汉天河机场地面待命航班全部停止起飞并启动了二级应急响应程序，调动消防、武警等多个部门 200 余人到现场应急处置。深

圳航空公司为运送滞留在机场的乘客，临时增加 2 个航班，给深圳航空公司造成直接经济损失 17 万余元。甲的行为构成（　　　）

A. 爆炸罪

B. 破坏交通工具罪

C. 以危险方法危害公共安全罪

D. 编造、故意传播虚假恐怖信息罪

53. 某地派出所接到报警称有人在某餐馆酒后闹事，该派出所民警带领辅警随即赶到餐馆进行处置。后在民警传唤行为人甲并将其带至医院醒酒期间，甲先后暴力袭击了执行职务的警务人员，致两位辅警受伤，并用污言秽语威胁、辱骂民警等人。对甲的暴力袭击和威胁、辱骂行为应当（　　　）

A. 以故意伤害罪定罪处罚

B. 以袭警罪定罪处罚

C. 以妨害公务罪定罪处罚

D. 以寻衅滋事罪定罪处罚

二、多项选择题

1. 甲在公园游玩时遇见仇人胡某，顿生杀死胡某的念头，便欺骗随行的朋友乙、丙说："我们追逐胡某，让他出洋相。"三人捡起木棒追逐胡某，致公园秩序严重混乱。将胡某追到公园后门偏僻处后，乙、丙因故离开。随后甲追上胡某，用木棒重击胡某头部，致胡某死亡。关于本案，下列选项正确的是（　　　）

A. 甲触犯故意杀人罪与寻衅滋事罪

B. 乙、丙的追逐行为是否构成寻衅滋事罪，与该行为能否产生救助胡某的义务是不同的问题

C. 乙、丙的追逐行为使胡某处于孤立无援的境地，但无法预见甲会杀害胡某，不成立过失致人死亡罪

D. 乙、丙属于寻衅滋事致人死亡，应从重处罚

2. 黑社会性质的组织应当同时具备的特征是（　　　）

A. 形成稳定的犯罪组织、人数较多、有明确的组织者

B. 有组织地多次进行违法犯罪

C. 通过违法犯罪获取经济利益，具有经济实力

D. 有官员提供保护，为其称霸一方提供支持

3. 甲抢劫出租车，将被害司机尸体藏入后备厢后打电话给堂兄乙，请其帮忙。乙帮助甲把尸体埋掉，并把被害司机的证件、衣物等烧掉。两天后，甲把抢来的出租车送给乙。乙的行为构成（　　　）

A. 抢劫罪

B. 包庇罪

C. 掩饰、隐瞒犯罪所得罪

D. 帮助毁灭证据罪

4. 下列情形中，应以破坏计算机信息系统罪论处的是（　　　）

A. 甲采用密码破解手段，非法进入国家尖端科学技术领域的计算机信息系统，窃取国家机密

B. 乙因与单位领导存在矛盾，便擅自对单位在计算机中存储的数据和应用程序进行修改操作，给单位的生产经营管理造成严重的混乱

C. 丙通过破解密码的手段，进入某银行计算机信息系统，为其朋友的银行卡增加存款额 10 万元

D. 丁为了显示自己在计算机技术方面的本事，设计出一种计算机病毒，并通过互联网进行传播，影响计算机系统正常运行，造成严重后果

5. 2016 年 4 月，甲利用乙提供的作弊器材，安排大学生丙在地方公务员考试中代替自己参加考试。但丙考试成绩不佳，甲未能进入复试。关于本案，下列选项正确的是（　　　　）

A. 甲组织他人考试作弊，应以组织考试作弊罪论处

B. 乙为他人考试作弊提供作弊器材，应按组织考试作弊罪论处

C. 丙考试成绩虽不佳，仍构成代替考试罪

D. 甲让丙代替自己参加考试，构成代替考试罪

6. 下列行为中，构成包庇罪的是（　　　　）

A. 甲帮助强奸罪犯毁灭证据

B. 乙（乘车人）在交通肇事后指使肇事人逃逸，致使被害人因得不到救助而死亡

C. 丙明知实施杀人、放火的犯罪行为是恐怖组织所为，而作假证明予以包庇

D. 丁系某歌舞厅老板，在公安机关查处卖淫、嫖娼违法行为时为违法者通风报信，情节严重

7. 下列人员中，可以成为脱逃罪的主体的是（　　　　）

A. 依法假释的罪犯　　　　　　　　B. 被宣告缓刑的罪犯

C. 被逮捕的犯罪嫌疑人　　　　　　D. 依法被关押的被告人

8. 关于组织卖淫罪，说法正确的是（　　　　）

A. 在组织卖淫过程中有强奸行为的，应当数罪并罚

B. 为组织卖淫的人招募、运送人员的，与组织卖淫者成立共同犯罪

C. 组织卖淫者事先与拐卖妇女的犯罪人通谋的，同时构成拐卖妇女罪和组织卖淫罪的，应当数罪并罚

D. 组织卖淫者对所组织的卖淫者有强迫、引诱、容留、介绍卖淫行为的，应当数罪并罚

9. 下列犯罪中，属于事后帮助犯的是（　　　　）

A. 窝藏罪　　　　　　　　　　　　B. 包庇罪

C. 掩饰、隐瞒犯罪所得罪　　　　　D. 盗窃罪

10. 下列选项中，可以成为伪证罪的主体的是（　　　　）

A. 证人　　　　　B. 鉴定人　　　　　C. 记录人　　　　　D. 翻译人

11. 下列行为中构成刑法所规定的窝藏、包庇罪的是（　　　　）

A. 虚构事实，隐瞒犯罪人的身份　　　　B. 毁灭或者隐匿罪证

C. 谎报犯罪人逃匿的路线　　　　　　　D. 谎报犯罪人的隐匿处所

12. 下列关于非法侵入计算机信息系统罪的说法，正确的是（　　　　）

A. 成立本罪，"侵入"的必须是国家事务、国防建设、尖端科学技术领域的计算机信息系统

B. 本罪是行为犯

C. 为了获取国家秘密而侵入国家事务领域的计算机信息系统的，成立本罪

D. 本罪的犯罪主体是一般主体，包括自然人和单位

13. 违反国家规定，排放、倾倒或者处置有放射性的废物、含传染病病原体的废物、有毒物质或者其他有害物质，严重污染环境的下列情形中，应以污染环境罪定罪并升格法定刑处罚的是（　　　　）

A. 在饮用水水源保护区、自然保护地核心保护区等依法确定的重点保护区域排放、倾倒、处置有放射性的废物、含传染病病原体的废物、有毒物质，情节特别严重的

B. 向国家确定的重要江河、湖泊水域排放、倾倒、处置有放射性的废物、含传染病病原体的废物、有毒物质，情节特别严重的

C. 致使大量永久基本农田基本功能丧失或者遭受永久性破坏的

D. 致使多人重伤、严重疾病，或者致人严重残疾、死亡的

14. 关于妨害公务罪，下列说法正确的是（   ）

A. 在聚众斗殴的过程中妨害公务的，应当数罪并罚

B. 在聚众阻碍解救被收买的儿童过程中妨害公务的，应当数罪并罚

C. 在走私、贩卖、运输、制造毒品的过程中妨害公务的，应当数罪并罚

D. 在组织他人偷越国（边）境的过程中妨害公务的，应当数罪并罚

15. 关于侵害英雄烈士名誉、荣誉罪，下列说法正确的有（   ）

A. 本罪的行为对象仅限于英雄烈士

B. 本罪是亲告罪

C. 本罪保护的客体是国家对英雄烈士的名誉、荣誉的保护秩序，以及英雄烈士的人格利益

D. 本罪的行为方式只能是作为

16. 甲、乙均为吸毒人员，且关系密切。某日，乙因毒瘾发作，临时买不到毒品，便让甲将自己吸食的海洛因转让 5 克给自己，乙表示可以加钱。甲只以购买价转让毒品给乙，未从中实际获利。关于本案，下列选项表述错误的是（   ）

A. 贩卖毒品罪必须以营利为目的，故甲的行为不成立贩卖毒品罪

B. 贩卖毒品罪以实际获利为要件，故甲的行为不成立贩卖毒品罪

C. 甲属于无偿转让毒品，不属于贩卖毒品，故不成立贩卖毒品罪

D. 甲只是帮助乙吸食毒品，《刑法》没有将吸食毒品规定为犯罪，故甲不成立犯罪

17. 单位不可以构成以下哪些犯罪（   ）

A. 故意损毁文物罪   B. 催收非法债务罪

C. 传授犯罪方法罪   D. 非法占用农用地罪

18. 以下行为中，可以构成非法利用信息网络罪的是（   ）

A. 设立用于实施诈骗、传授犯罪方法、制作或者销售违禁物品、管制物品等违法犯罪活动的网站、通讯群组的

B. 发布有关制作毒品、枪支、淫秽物品等违禁物品、管制物品的违法犯罪信息的

C. 发布有关销售毒品、枪支、淫秽物品等违禁物品、管制物品的违法犯罪信息的

D. 为实施诈骗等违法犯罪活动发布信息的

三、简答题

简述非法利用信息网络罪的构成要件。

四、法条分析题

《刑法》第 307 条之一规定："以捏造的事实提起民事诉讼，妨害司法秩序或者严重

侵害他人合法权益的，处三年以下有期徒刑、拘役或者管制，并处或者单处罚金；情节严重的，处三年以上七年以下有期徒刑，并处罚金。

单位犯前款罪的，对单位判处罚金，并对其直接负责的主管人员和其他直接责任人员，依照前款的规定处罚。

有第一款行为，非法占有他人财产或者逃避合法债务，又构成其他犯罪的，依照处罚较重的规定定罪从重处罚。

司法工作人员利用职权，与他人共同实施前三款行为的，从重处罚；同时构成其他犯罪的，依照处罚较重的规定定罪从重处罚。"

请分析：

（1）《刑法》第307条之一规定的罪名是什么？

（2）根据刑法理论确认该罪的犯罪构成。

（3）本条第3款中"又构成其他犯罪的，依照处罚较重的规定定罪从重处罚"可能包括哪种情形？

（4）本条第4款中"司法工作人员"的含义？

五、案例分析题

2015年1月，甲因租房认识了房东王某，甲身着法官制服谎称是某省法院副院长，答应将王某儿子调进法院工作。甲以需要疏通为名，骗取了王某4 000元。（事实一）

2015年4月，甲购买用于赌博作假的透视扑克牌及隐形眼镜，利用在家中赌博的机会，用该透视扑克牌与他人一起打牌。甲在赌博过程中一直佩戴隐形眼镜，可以看到牌底。至赌博结束，甲共赢得现金50 000元。（事实二）

2015年12月，甲酒后驾驶汽车行驶至某路口时遇民警检查。甲拒不配合检查，推搡、拉扯民警，撕破民警警服，并将民警推倒在地，致民警受轻微伤。经鉴定，甲酒精血液含量为206 mg/100 ml。（事实三）

根据上述材料，回答下列问题：

（1）事实一中，甲构成何罪？

（2）事实二中，甲构成何罪？

（3）事实三中，甲构成何罪？

第二十章　贪污贿赂罪

章节提要　本章要求掌握的罪名很少，但较为重要，并且与社会热点的关系较为密切，建议考生深入把握本章的罪名，其中贪污罪、挪用公款罪、受贿罪、利用影响力受贿罪是重中之重，考查主观题的可能性较大。

一、单项选择题

1. 某私营企业经营者朱某，与某食品总公司破产清算组签订租赁经营该食品总公司肉联厂（国有企业）的合同。之后，朱某擅自将肉联厂柴油发电机和制冷机等机器以28万元价格卖给蒋某，携带获利的28万元潜逃。朱某构成（　　　）

A. 贪污罪　　　　B. 受贿罪　　　　C. 滥用职权罪　　　　D. 玩忽职守罪

2. 甲系某人力资源和社会保障局局长,在企业和参保人员不知情的情况下,将参保人员(非企业员工)30多人次挂靠到企业名下,以企业员工身份办理社会养老保险关系,使企业虚增养老保险参保人数并多缴纳养老保险金,合计人民币40余万元(公共财产),并私自将单位占有的参保人员的养老保险费占为己有。甲构成(　　　　)

A. 诈骗罪　　　　B. 贪污罪　　　　C. 受贿罪　　　　D. 侵占罪

3. 某国有农机站站长王某与张某经事先商量,欲共同成立青育公司。同年11月,王某利用其全面负责农机站全资设立的神牛公司工作的职务便利,个人决定挪用神牛公司公款90万元,用于青育公司申报注册资本。次年3月,青育公司归还神牛公司90万元。王某的行为构成(　　　　)

A. 贪污罪　　　　B. 挪用公款罪　　　　C. 受贿罪　　　　D. 侵占罪

4. 某国有银行负责贷款事项的审核员甲,与贷款人乙共谋骗取银行贷款,在乙没有担保的情况下谎称乙有担保,欺骗主管贷款事项的副行长丙,使其同意发放贷款50万元。关于本案,下列说法正确的是(　　　　)

A. 甲作为国家工作人员,利用职务便利,骗取银行贷款,应以贪污罪论处

B. 乙和甲共谋骗取银行贷款,但乙并不是国家工作人员,故乙构成贷款诈骗罪

C. 甲利用负责审核贷款事项的职务便利,侵占银行50万元,应以职务侵占罪论处

D. 甲、乙不是贪污罪的共犯

5. 退休的财政局局长甲收受邻居乙5万元,后甲找到现任教育局局长丙请求其帮忙解决乙的儿子的上学问题。甲的行为应认定为(　　　　)

A. 介绍贿赂罪　　　　　　　　　　　B. 利用影响力受贿罪

C. 滥用职权罪　　　　　　　　　　　D. 受贿罪

6. 下列不属于"国家工作人员"的有(　　　　)

A. 国家机关中从事公务的人员

B. 国有公司、企业、事业单位、人民团体中从事公务的人员

C. 国家机关、国有公司、企业、事业单位委派到非国有公司、企业、事业单位、社会团体中的工作人员

D. 协助政府从事公务的村民委员会主任

7. 下列人员可以单独成为贪污罪主体的是(　　　　)

A. 国有参股公司一般文员　　　　　　B. 公立大学财务处副处长

C. 公立医院医生　　　　　　　　　　D. 私立中学校长

8. 甲被某国有资本控股的有限责任公司聘用,负责查验出场单、验货放行。甲与无业人员乙串通,趁甲一人值班时,由乙开车从货场拉出价值10万元的货物,并销赃平分。在本案中(　　　　)

A. 甲构成贪污罪,乙构成盗窃罪　　　　B. 甲构成职务侵占罪,乙构成盗窃罪

C. 甲、乙共同构成职务侵占罪　　　　　D. 甲、乙共同构成贪污罪

9. 下列情形中,不属于"挪用公款归个人使用"的是(　　　　)

A. 国家工作人员甲,将公款借给其弟炒股

B. 国家机关工作人员乙,以个人名义将公款借给原工作过的国有企业使用

C. 某县工商局局长丙,以单位名义将公款借给某公司使用

D. 某国有公司总经理丁，擅自决定以本公司名义将公款借给某国有事业单位使用，以安排其子在该单位就业

10. 国家工作人员甲挪用 4 万元用于炒股，之后又挪用 4 万元用于生活消费。该两笔款项均超过 3 个月未归还。关于甲的行为，以下选项说法正确的是（   ）

A. 甲不构成挪用公款罪

B. 甲构成挪用公款罪未遂，犯罪数额为 8 万元

C. 甲构成挪用公款罪既遂，犯罪数额为 8 万元

D. 应以挪用公款罪 4 万元未遂、4 万元既遂，择一重罪论处

11. 关于贪污罪的认定，下列说法错误的是（   ）

A. 国有公司中从事公务的甲，利用职务便利将本单位收受的回扣据为己有，数额较大。甲的行为构成贪污罪

B. 土地管理部门的工作人员乙，为农民多报青苗数，使其从房地产开发商处多领取 20 万元补偿款，自己分得 10 万元。乙的行为构成贪污罪

C. 村民委员会主任丙，在协助政府管理土地征用补偿费时，利用职务便利将其中数额较大的款项据为己有。丙的行为构成贪污罪

D. 国有保险公司工作人员丁，利用职务便利编造未发生的保险事故进行虚假理赔，将骗取的 5 万元保险金据为己有。丁的行为构成贪污罪

12. 下列关于贪污罪的说法，错误的是（   ）

A. 《刑法修正案（九）》废除了该罪的死刑

B. 刑法规定了贪污罪的特别宽宥制度

C. 刑法规定了贪污罪的终身监禁制度

D. 与挪用公款罪相比，贪污罪的特征是具有非法占有的目的

13. 行贿罪所谋取的利益是（   ）

A. 不正当利益   B. 违法利益   C. 个人利益   D. 利益

14. 甲欲向国家工作人员宋某行贿，但又怕宋某不接受，就趁宋某不在家时将财物交给保姆，并声称已经和宋某打好招呼，保姆便将财物放到宋某抽屉中，宋某对此并不知情。保姆的行为（   ）

A. 构成受贿罪的共犯   B. 构成利用影响力受贿罪

C. 构成介绍贿赂罪   D. 不构成犯罪

15. 某市财政局局长何某于 2015 年 1 月挪用救灾款 100 万元炒股，之后股市大跌，何某无力归还便使用虚假发票平账使其中 70 万元在单位账目上难以反映，然后于 2015 年 3 月归还了 30 万元。关于何某的行为，下列说法正确的是（   ）

A. 何某挪用 100 万元救灾款的行为构成挪用特定款物罪

B. 何某已归还 30 万元，因此该 30 万元不应当计算在犯罪数额内

C. 对何某应当以贪污罪定罪处罚

D. 对何某应当以贪污罪和挪用公款罪数罪并罚

16. 甲在当公安局局长时为他人谋取利益，约定在离职后收受财物，并且在离职后收取了财物。甲的行为构成（   ）

A. 受贿罪   B. 利用影响力受贿罪

C. 贪污罪   D. 间接贿赂

17. 妻子甲与作为国家工作人员的丈夫乙共同策划，由甲收受请托人财物，乙为请托人谋取利益。甲的行为构成（　　）

A. 受贿罪　　　　　　　　　　　　　B. 利用影响力受贿罪

C. 贪污罪　　　　　　　　　　　　　D. 介绍贿赂罪

18. 巨额财产来源不明罪的主体是（　　）

A. 一般主体　　　　　　　　　　　　B. 国家机关工作人员

C. 国家工作人员　　　　　　　　　　D. 公司、企业的主管人员

19. 孙某被聘在国有公司担任职务，后因该国有公司与某外商企业合资，国有公司占 10% 的股份，孙某被该国有公司委派到合资企业担任副总经理。在任职期间，孙某利用职务上的便利将合资企业价值 5 万元的财物非法据为己有。孙某的行为应定性为（　　）

A. 侵占罪　　　　B. 职务侵占罪　　　　C. 盗窃罪　　　　D. 贪污罪

20. 某国有保险公司理赔人员李某指使他人故意虚报保险事故，由自己进行保险理赔，骗取保险金 20 万元，归自己所有。李某的行为构成（　　）

A. 职务侵占罪　　　　B. 虚假理赔罪　　　　C. 贪污罪　　　　D. 侵占罪

21. 2003 年 8 月，潘某利用担任江苏省南京市某街道工委书记的职务便利，为南京某房地产开发有限公司总经理陈某在迈皋桥创业园区低价获取 100 亩土地等提供帮助，并于 9 月 3 日与陈某共同注册成立南京某商贸公司，以"开发"上述土地。潘某既未实际出资，也未参与该公司经营管理。2004 年 6 月，陈某以该商贸公司的名义将公司及土地转让给南京某体育用品有限公司，潘某以参与利润分配名义，收受陈某给予的 480 万元。潘某的行为构成（　　）

A. 受贿罪　　　　　　　　　　　　　B. 利用影响力受贿罪

C. 贪污罪　　　　　　　　　　　　　D. 巨额财产来源不明罪

22. 黄某曾任深圳市城管局计财处处长，2010 年 1 月退休。2012 年至 2013 年间，黄某受李某的请托，利用其曾在市城管局任职所形成的便利条件，介绍李某结识深圳市政府采购中心和市城管局的相关人员，并向相关人员打招呼，帮助李某成功中标某政府采购项目。为感谢黄某所提供的帮助，李某送予黄某 200 万元。黄某的行为构成（　　）

A. 受贿罪　　　　　　　　　　　　　B. 利用影响力受贿罪

C. 贪污罪　　　　　　　　　　　　　D. 巨额财产来源不明罪

23. 杨某是湖北省某县卫生行政部门领导，在新冠肺炎肆虐期间，杨某利用职务便利截留上级派发的 10 万余元防疫款项用于炒股，后予以归还。杨某的行为可能构成（　　）

A. 挪用公款罪　　　　B. 挪用资金罪　　　　C. 贪污罪　　　　D. 不构成犯罪

24. 甲公司（国企）领导王某与乙公司（私企）签订采购合同，以 10 万元的价格向乙公司采购一批设备。后王某发现，丙公司销售的相同设备仅为 6 万元。王某虽有权取消合同，但却与乙公司总经理刘某商议，由王某花 6 万元从丙公司购置设备交给乙公司，再由乙公司以 10 万元的价格卖给甲公司。经王某签字批准，甲公司将 10 万元货款支付给乙公司后，刘某再将 10 万元返给王某。刘某为方便以后参与甲公司采购业务，完全照办。关于本案的分析，下列选项正确的是（　　）

A. 王某利用职务上的便利套取公款，构成贪污罪，贪污数额为 10 万元

B. 王某利用与乙公司签订合同的机会谋取私利，应以职务侵占罪论处

C. 刘某为谋取不正当利益，完全同意王某的方案，事后将货款交给王某，刘某的行为构

成贪污罪

D. 刘某协助王某骗取公款，但因其并非国家工作人员，故刘某构成诈骗罪

25. 甲恳求某国有公司财务主管乙，从单位挪用 10 万元供他炒股，并将一块名表送给乙。乙做假账拿出 10 万元交甲，甲表示尽快归还。20 日后，乙用个人财产归还单位 10 万元。关于本案，下列选项错误的是（　　　　）

A. 甲、乙勾结私自动用公款，构成挪用公款罪的共犯

B. 乙虽 20 日后主动归还 10 万元，甲、乙仍属于挪用公款罪既遂

C. 乙非法收受名表，构成受贿罪

D. 对乙不能以挪用公款罪与受贿罪进行数罪并罚

26. 国家工作人员甲利用职务上的便利为某单位谋取利益。随后，该单位的经理送给甲一张购物卡，并告知其购物卡的价值为 2 万元，使用期限为 1 个月。甲收下购物卡后忘记使用，导致购物卡过期作废，卡内的 2 万元被退回到原单位。关于甲的行为，下列选项正确的是（　　　　）

A. 甲的行为不构成受贿罪

B. 甲的行为构成受贿罪（既遂）

C. 甲的行为构成受贿罪（未遂）

D. 甲的行为构成受贿罪（预备）

27. 无业人员甲通过伪造国家机关公文，骗取某县工商局副局长的职位。在该局处级干部竞聘时，甲向干部乙声称："如果不给我 2 万元，你这次绝对没有机会。"乙为获得岗位，只好送给甲 2 万元。关于对甲的行为的处理意见，下列选项正确的是（　　　　）

A. 甲触犯的伪造国家机关公文罪与招摇撞骗罪之间具有牵连关系，应从一重罪论处

B. 对甲的行为应以伪造国家机关公文罪与敲诈勒索罪实行数罪并罚

C. 对甲的行为应以伪造国家机关公文罪与受贿罪实行数罪并罚

D. 甲触犯的伪造国家机关公文罪与受贿罪之间具有牵连关系，应从一重罪论处

28. 居民委员会主任甲，在协助政府发放某专项资金的过程中，知悉出纳员将该笔资金存放于办公室抽屉里。甲在下班后故意加班，实际上是等办公室无人之时将该笔资金拿走。甲的行为构成（　　　　）

A. 贪污罪　　　　B. 盗窃罪　　　　C. 侵占罪　　　　D. 职务侵占罪

二、多项选择题

1. 下列选项中，说法错误的是（　　　　）

A. 甲在国有企业做出纳，擅自多配了一把保险柜钥匙，晚上趁着单位没人偷偷潜入财务办公室，用自己配的钥匙打开其本人保管的保险柜并取走了财物。甲构成盗窃罪

B. 乙在公安局工作时，和警察王某共同保管公安局扣押的当事人的财产。乙掌管钥匙，王某掌管密码，需要二人共同在场，才能打开保管室而取走财物。某日，乙偷窥了王某的密码，利用自己手中的钥匙，将保管室内扣押的当事人陈某的一个价值 6 万元的手机拿走。乙的行为构成贪污罪

C. 某日下午下班，A 市建设银行某储蓄所记账员丙发现本所出纳员陈某将 2 万元营业款遗忘在办公桌抽屉内（未锁）。当日下班后，丙趁所内无人之机，返回所内将该 2 万元取出，用报纸包好藏在自己办公桌下面的垃圾袋中。次日上午案发。丙的行为构成贪污罪

D. 赵某为国家工作人员，其好友钱某怂恿赵某挪用公款借给其炒股，赵某便将公款 50 万

元挪给钱某使用。4 个月后，赵某发现钱某借钱的真实用途是购买假币，匆忙催促钱某归还 50 万元。赵某收到钱某归还的 50 万元钱款后知事态严重，携带 50 万元潜逃。赵某构成挪用公款罪

2. **挪用公款罪是指国家工作人员利用职务上的便利，挪用公款归个人使用，进行非法活动的，或者挪用公款数额较大、进行营利活动的，或者挪用公款数额较大、超过三个月未还的行为。下列关于挪用公款罪的表述正确的是（　　　　）**

A. 本罪的犯罪主体是特殊主体

B. "利用职务上的便利"是指利用主管、经手、管理公共财物的便利

C. 挪用公款进行非法活动成立本罪的，无时间和数额较大的限制

D. 挪用用于救灾、抢险、防汛、优抚、扶贫、移民、救济款物归个人使用的，依照本罪从重处罚

3. **下列关于行贿罪的表述正确的有（　　　　）**

A. 本罪的犯罪主体是一般主体

B. 本罪的主观方面要求具有谋取不正当利益的目的

C. 被索贿的行为人没有获得不正当利益的，不成立本罪

D. 带着谋取不正当利益的目的主动行贿，即使未获得不正当利益的，仍构成本罪

4. **甲市中级人民法院法官赵某，其最高学历为硕士学历，但声称自己是博士学历，在一律师培训班做讲座，介绍司法实务经验，培训班按照市场价格给予赵某授课费。赵某在培训班授课期间结识律师孙某，孙某代理一乙市案件遇到难处，赵某谎称自己与乙市法院院长交情深，从孙某处索要 20 万元疏通关系，其实赵某根本不认识乙市法院院长也并未帮忙。关于本案，说法错误的是（　　　　）**

A. 赵某冒充博士在外授课，构成招摇撞骗罪

B. 赵某凭借法官身份在外上课，属于利用职务之便，收取他人财物，构成受贿罪

C. 赵某从孙某处索要 20 万元，构成索贿型受贿罪

D. 赵某从孙某处索要 20 万元，属于斡旋受贿

5. **贪污贿赂罪的构成特征表现为（　　　　）**

A. 侵犯的客体为公务活动的廉洁性

B. 犯罪主体都为特殊主体

C. 主观方面为故意

D. 主观方面多为故意，少数犯罪的主观方面也可以为过失

6. **关于受贿罪，下列说法正确的是（　　　　）**

A. 特定关系人收受他人财物，国家工作人员知道后未退还的，应当认定国家工作人员具有受贿故意

B. 国家工作人员甲在业余时间去某高校做讲座，收受学校支付的报酬。甲构成受贿罪

C. 国家机关工作人员实施渎职犯罪并收受贿赂，同时构成渎职罪和受贿罪的，除《刑法》有特别规定外，以渎职罪和受贿罪数罪并罚

D. 国家工作人员明知他人有请托事项而收受其财物，视为具备"为他人谋取利益"的构成要件，是否已实际为他人谋取利益，不影响受贿的认定

7. **犯贪污罪，在下列哪种情形下，被判处死刑缓期执行的，人民法院根据犯罪情节等情况可以同时决定在其死刑缓期执行二年期满依法减为无期徒刑后，终身监禁，不得减刑、**

假释。（　　）

A. 贪污数额较大或者有其他较重情节的

B. 贪污数额巨大或者有其他严重情节的

C. 贪污数额特别巨大或者有其他特别严重情节的

D. 贪污数额特别巨大并使国家和人民利益遭受特别重大损失的

8. 下列选项中，属于"公共财产"的有（　　）

A. 国有财产

B. 劳动群众集体所有的财产

C. 用于扶贫和其他公益事业的社会捐助或者专项基金的财产

D. 在国家机关、国有公司、企业、集体企业和人民团体管理、使用或者运输中的私人财产

9. 关于挪用公款罪和挪用资金罪的区别，下列说法正确的有（　　）

A. 挪用公款罪的主体是国家工作人员；挪用资金罪的主体是公司、企业或者其他单位的工作人员

B. 挪用公款罪的对象是公款；挪用资金罪的对象是单位资金

C. 挪用公款罪侵犯的客体是公共财产权和国家工作人员职务行为的廉洁性；挪用资金罪侵犯的客体是公司、企业或者其他单位资金的使用权和普通受雇用人员职务行为的廉洁性

D. 受国家机关、国有公司、企业、事业单位、人民团体委托管理、经营国有财产的人员，利用职务上的便利，挪用受委托管理、经营的国有财产的，认定为挪用公款罪

10. 下列情形中，应当认定为受贿罪的有（　　）

A. 某公安厅厅长甲在经济往来中，违反国家规定，收受几家房地产公司的手续费，归个人所有

B. 某公立学校校长乙在采购校服的过程中，利用职务便利，索取某服装销售商现金 3 万元，让该销售商承包该学校的校服采购业务

C. 某县级财政局处长丙收受公民李某的金额价值为 1 万元的会员卡，优先为其办理财政拨款

D. 某国有医院副院长丁，收受医药代表 10 万元，承诺为病人开处方时多开相关药品

11. 下列选项中，属于"为他人谋取利益"的是（　　）

A. 实际或者承诺为他人谋取利益的

B. 明知他人有具体请托事项的

C. 履职时未被请托，但事后基于该履职事由收受他人财物的

D. 国家工作人员索取、收受具有上下级关系的下属或者具有行政管理关系的被管理人员的财物价值三万元以上，可能影响职权行使的，视为承诺为他人谋取利益

三、简答题

1. 简述对有影响力的人行贿罪的构成要件。

2. 简述挪用公款罪和挪用特定款物罪的区别。

四、法条分析题

1. 《刑法》第389条规定："为谋取不正当利益，给予国家工作人员以财物的，是行贿罪。

在经济往来中，违反国家规定，给予国家工作人员以财物，数额较大的，或者违反国家规定，给予国家工作人员以各种名义的回扣、手续费的，以行贿论处。

因被勒索给予国家工作人员以财物，没有获得不正当利益的，不是行贿。"

请分析：

（1）"国家工作人员"包括哪些人员？

（2）什么是"斡旋受贿"？

（3）简要说明行贿罪的从宽处理规定。

（4）什么是"利用影响力受贿罪"？

2. 《刑法》第385条规定："国家工作人员利用职务上的便利，索取他人财物的，或者非法收受他人财物，为他人谋取利益的，是受贿罪。

国家工作人员在经济往来中，违反国家规定，收受各种名义的回扣、手续费，归个人所有的，以受贿论处。"

请分析：

（1）根据犯罪构成理论确认受贿罪的犯罪构成。

（2）如何理解本条规定中的"利用职务上的便利"？

（3）如何理解本条规定中的"为他人谋取利益"？

（4）第2款中的"违反国家规定"的含义是什么？

五、案例分析题

1. 某国有企业供货商王某为了可以获得独家供货权，向该国有企业采购主管丁某提供了一款"特别定制"的理财产品：丁某购买10万元理财，每月可以获得5万元的利息（至案发丁某共收利息50万元）。丁某儿子出国读书需要用钱，便与王某商量，让王某按正常价格（100万元）提供一批残次品，双方获利三七分（王某三成，丁某七成）。王某交付货物后，丁某以在仓储过程中遭遇恶劣天气受损为由向企业申请报废，成功蒙混过关。由于国企每年和王某结一次账，王某便用个人财产提前给了丁某70万元。但不出一个月就因他人举报而案发，王某在被司法机关采取强制措施后，主动交代了上述犯罪事实。

请根据上述案情，回答下列问题并说明理由：

（1）丁某是否构成受贿罪？

（2）分析王某的刑事责任。

2. 甲是某国有公司总经理，其朋友乙对甲说现在股市大涨，让甲从公司倒腾点钱出来炒股，赚到钱立刻归还，并承诺给甲好处费。甲未经董事会决定，以公司名义将300万资金借给乙。乙给了甲好处费30万元。（事实一）

乙得到钱款后，用于伪造货币，在黑市销售。（事实二）

由于假币销售情况不好，乙未能归还300万元给甲。

根据上述材料，回答下列问题：

（1）事实一中，甲、乙的行为如何定性？是否构成共同犯罪？

（2）事实二中，乙的行为如何定性？

第二十一章 渎职罪

📝 **章节提要**　本章罪名不多，对考生要求程度也比较低，本章需要着重了解的是滥用职权罪和玩忽职守罪是本章的一般法条，本章其他罪名为特殊法条，符合特殊法条的构成要件的，要优先适用特殊法条。

一、单项选择题

1. 关于环境监管失职罪，下列说法错误的是（　　　）

A. 该罪的犯罪主体是负有环境保护监督管理职责的国家机关工作人员

B. 故意不构成该罪

C. 该罪为实害犯

D. 收受贿赂后又构成该罪的，应择一重罪处罚

2. 下列关于玩忽职守罪的表述错误的是（　　　）

A. 本罪的犯罪主体是国家机关工作人员　　　B. 本罪是不纯正不作为犯

C. 本罪是危险犯　　　　　　　　　　　　　　D. 本罪的主观罪过为过失

3. 下列选项中，说法错误的是（　　　）

A. 刑罚执行机构的监管人员甲利用教育罪犯之机，使用暴力猥亵妇女乙（罪犯）的，构成强制猥亵妇女罪与滥用职权罪，应数罪并罚

B. 实际行使行政管理职权的国有公司、企业和事业单位的工作人员拥有一定管理公共事务和社会事务的职权，符合渎职罪主体要求，实施渎职行为构成犯罪的，应当依照刑法关于渎职罪的规定追究刑事责任

C. 具有查禁犯罪活动职责的国家机关工作人员甲，误认为乙实施了犯罪行为（而实际上乙的行为尚未达到犯罪标准，只是一般违法行为），出于私情便向乙通风报信，帮助其逃避处罚，甲客观上虽然有渎职的行为，但对其并不能以帮助犯罪分子逃避处罚罪处罚

D. 法官甲在审理乙诉丙拖欠货款案时，故意藏匿当事人乙借以胜诉的重要证据货物移交结算表，使乙招致败诉的结果的，构成民事枉法裁判罪

4. 刘某以赵某对其犯故意伤害罪为由，向人民法院提起刑事附带民事诉讼。因赵某妹妹曾拒绝本案主审法官王某的求爱，故王某在明知证据不足、指控犯罪不能成立的情况下，毁灭赵某无罪的证据，认定赵某构成故意伤害罪，并宣告免予刑罚处罚。对王某的定罪，下列选项正确的是（　　　）

A. 徇私枉法罪　　　B. 滥用职权罪　　　C. 玩忽职守罪　　　D. 帮助毁灭证据罪

5. 下列选项中不属于渎职罪的是（　　　）

A. 故意泄露国家秘密罪　　　　　　　　　　B. 私放在押人员罪

C. 非法获取国家秘密罪　　　　　　　　　　D. 放纵制售伪劣商品犯罪行为罪

6. 2004 年 1 月至 2006 年 6 月期间，陈某利用担任上海市某镇推进镇保工作领导小组办公室负责人的职务便利，在负责被征地人员就业和社会保障工作过程中，违反相关规定，采用虚增被征用土地面积等方法徇私舞弊，将某村 71 名不符合镇保条件的人员纳入镇保范

围，致使该镇人民政府为上述人员缴纳镇保费用共计人民币 400 余万元、上海市社会保险事业基金结算管理中心为上述人员实际发放镇保资金共计人民币 114 余万元，造成了恶劣的社会影响。陈某的行为（　　　）

A. 构成滥用职权罪
B. 构成徇私枉法罪
C. 构成玩忽职守罪
D. 构成贪污罪

7. 下列关于渎职犯罪的表述错误的是（　　　）

A. 滥用职权罪主观方面是故意
B. 玩忽职守罪主观方面是过失
C. 故意泄露国家秘密罪的主体是国家机关工作人员
D. 徇私枉法罪的主体是司法工作人员

8. 某市中级人民法院的主审法官甲收受故意杀人案被告人乙的家属现金 3 万元后，伪造乙防卫过当、自首的证据，欺骗该法院审判委员会，导致原本可能被判处死刑的乙最终仅被判处 3 年有期徒刑。甲应以（　　　）罪论处（　　　）

A. 徇私枉法罪　　　B. 滥用职权罪　　　C. 受贿罪　　　D. 伪证罪

9. 丙实施抢劫犯罪后，分管公安工作的副县长甲滥用职权，让侦办此案的警察乙想办法使丙无罪。乙明知丙有罪，但为徇私情，采取毁灭证据的手段使丙未受追诉。关于本案的分析，下列选项正确的是（　　　）

A. 因甲是国家机关工作人员，故甲是滥用职权罪的实行犯
B. 因甲居于领导地位，故甲是徇私枉法罪的间接正犯
C. 因甲实施了两个实行行为，故应实行数罪并罚
D. 乙的行为同时触犯徇私枉法罪与帮助毁灭证据罪、滥用职权罪，应当数罪并罚

10. 下列关于滥用职权罪的表述错误的是（　　　）

A. 本罪的犯罪主体是国家工作人员
B. 滥用职权罪的主观方面是故意
C. 本罪与徇私枉法罪属于法条竞合
D. 成立本罪要求造成致使公共财产、国家和人民利益遭受重大损失的严重后果

11. 下列行为中，应以玩忽职守罪论处的是（　　　）

A. 法官在执行判决时严重不负责任，因未履行法定执行职责，致使当事人利益遭受重大损失
B. 检察官讯问犯罪嫌疑人甲，甲要求上厕所，因检察官违规打开械具后未跟随，致使甲在厕所翻窗逃跑
C. 值班警察与女友电话聊天时接到杀人报警，又闲聊 10 分钟后才赶往现场，因延迟出警，致使被害人被杀、歹徒逃走
D. 市政府基建负责人因听信朋友介绍，未经审查便与对方签订建楼合同，致使被骗 300 万元

12. 关于渎职犯罪，下列说法错误的是（　　　）

A. 徇私枉法罪发生在刑事诉讼中
B. 执行判决、裁定失职罪是实害犯
C. 故意泄露国家秘密罪的主体是一般主体
D. 私放在押人员罪不要求利用职务便利

1. 食品、药品监管渎职罪的行为方式有（   ）

A. 瞒报、谎报食品安全事故、药品安全事件的

B. 对发现的严重食品药品安全违法行为未按规定查处的

C. 在药品和特殊食品审批审评过程中，对不符合条件的申请准予许可的

D. 依法应当移交司法机关追究刑事责任不移交的

2. 关于徇私枉法罪，下列选项正确的是（   ）

A. 甲（警察）与犯罪嫌疑人陈某曾是好友，在对陈某采取监视居住期间，故意对其放任不管导致陈某逃匿，致使司法机关无法对其追诉。甲成立徇私枉法罪

B. 乙（法官）为报复被告人赵某对自己的出言不逊，故意在刑事附带民事判决中加大赵某对被害人的赔偿数额，致使赵某多付 10 万元。乙不成立徇私枉法罪

C. 丙（鉴定人）在收取犯罪嫌疑人李某的钱财后，将被害人的伤情由重伤改为轻伤，导致李某被轻判。丙不成立徇私枉法罪

D. 丁（法官）为打击被告人程某，将对程某不起诉的理由从"证据不足，指控犯罪不能成立"擅自改为"可以免除刑罚"。丁成立徇私枉法罪

3. 关于渎职犯罪，下列选项正确的是（   ）

A. 县财政局副局长甲工作时擅离办公室，其他办公室人员操作电炉不当，触电身亡并引发大火将办公楼烧毁。甲触犯玩忽职守罪

B. 县卫计局执法监督大队队长乙，未能发现小李在足疗店内非法开诊所行医，该诊所开张三天即造成一患者死亡。乙触犯玩忽职守罪

C. 负责建房审批工作的干部丙，徇情为拆迁范围内违规修建的房屋补办了建设许可证，房主凭此获得补偿款 90 万元。丙触犯滥用职权罪

D. 县长丁擅自允许未经环境评估的水电工程开工，导致该县水域内濒危野生鱼类全部灭绝。丁触犯滥用职权罪

4. 关于渎职犯罪，下列说法正确的是（   ）

A. 市场监管执法人员甲明知王某生产的口罩是伪劣产品，涉嫌犯罪，向其通风报信，帮助其逃避处罚。甲构成包庇罪

B. 铁路警察乙发现李某盗窃，因收了李某的钱财，对李某不予立案。乙构成徇私枉法罪和受贿罪，择一重罪论处

C. 监狱管理人员丙在罪犯赵某被执行有期徒刑期间，利用职权私下让其回家，要求其按时返回。丙构成私放在押人员罪

D. 警察丁利用职权，使无资格获取驾驶证的田某取得驾驶证。某日，田某违章驾车，酿成车祸，致人死亡。丁构成滥用职权罪

5. 收受财物后实施下列犯罪中，与受贿罪择一重罪处罚的是（   ）

A. 故意泄露国家秘密罪   B. 徇私枉法罪

C. 民事、行政枉法裁判罪   D. 私放在押人员罪

6. 下列属于渎职罪的共同特征的有（   ）

A. 侵犯的客体是国家机关的正常活动

B. 客观方面表现为行为人实施滥用职权、玩忽职守等行为致使公共财产、国家和人民利

益遭受重大损失

C. 犯罪主体是国家工作人员

D. 主观方面有故意和过失两种心理态度

7. 甲负责某海关出口审单工作，收受乙给的 10 万元钱，对乙提供的出口报关的产品不经核查就在海关登记手册上加盖验讫章，予以通过。此行为致使乙利用来料加工名义假出口化工原料 3 000 吨，偷逃应缴税额 1 200 万元。甲的行为构成（　　　）

A. 受贿罪 　　　　　　　　　　　　B. 走私普通货物物品罪（共犯）

C. 放纵走私罪 　　　　　　　　　　D. 逃税罪

8. 下列关于徇私枉法罪的表述错误的是（　　　）

A. 本罪的主体是国家机关工作人员 　　B. 本罪的主观方面必须是故意

C. 枉法裁判是指故意地重罪轻判 　　　D. 本罪要求徇私枉法行为发生在刑事诉讼中

9.《刑法》第 416 条第 1 款规定："对被拐卖、绑架的妇女、儿童负有解救职责的国家机关工作人员，接到被拐卖、绑架的妇女、儿童及其家属的解救要求或者接到其他人的举报，而对被拐卖、绑架的妇女、儿童不进行解救，造成严重后果的，处五年以下有期徒刑或者拘役。"关于本条规定的不解救被拐卖、绑架妇女、儿童罪，下列说法正确的有（　　　）

A. 本罪的主体是负有解救被拐卖、绑架的妇女、儿童职责的国家机关工作人员

B. 本罪是纯正不作为犯

C. 本罪属于侵犯公民人身权利罪

D. 本罪是实害犯

10. 下列情形中，构成私放在押人员罪的有（　　　）

A. 狱警甲发现有罪犯正在越狱，故意放任不管，致使犯人成功逃走

B. 狱警乙看守犯人期间，因打瞌睡而过失将犯人放走

C. 看守所人员丙故意将被行政拘留 10 天的李某放走

D. 狱警丁在看守犯人期间利用职务便利，故意将因诈骗罪被关押的大学室友张某放走

三、简答题

1. 简述环境监管失职罪的构成要件。

2. 简述食品、药品监管渎职罪的客观行为方式。

四、法条分析题

《刑法》第 399 条规定："司法工作人员徇私枉法、徇情枉法，对明知是无罪的人而使他受追诉、对明知是有罪的人而故意包庇不使他受追诉，或者在刑事审判活动中故意违背事实和法律作枉法裁判的，处五年以下有期徒刑或者拘役；情节严重的，处五年以上十年以下有期徒刑；情节特别严重的，处十年以上有期徒刑。"

请分析：

（1）本条文中"司法工作人员"的含义。

（2）本条文适用的诉讼范围。

（3）本条文中"追诉"的含义。

（4）徇私枉法罪与受贿罪、渎职罪的罪数认定。

民 法 学

第一章　绪　论

章节提要　本章是对民法的总的介绍，主要内容包含民法的调整对象和民法的基本原则，考生初学时不必花费过多时间，随着对民法的深入学习，对此章的内容会有更好的理解。

一、单项选择题

1. 下列对《民法典》的评价中，说法错误的是（　　　）

A. 是一部固根本、稳预期、利长远、促发展的基础性法律

B. 是一部体现我国社会主义性质、符合人民利益和愿望、顺应时代发展要求的法律

C. 是一部体现对生命健康、财产安全、交易便利、生活幸福、人格尊严等各方面权利平等保护的法律

D. 是一部具有鲜明中国特色、实践特色、时代特色的法律

2. 下列属于形式意义上的民法的是（　　　）

A. 国际条约　　　　B. 民事习惯　　　　C. 司法解释　　　　D.《民法典》

3. 不拘泥于民事法律规范的字面含义以及立法者制定法律时的立法意图，从现实的社会关系发展的要求出发，依据合理的目的进行法律解释的方法是（　　　）

A. 比较法解释　　　B. 目的解释　　　　C. 当然解释　　　　D. 体系解释

4. 虽然法律没有明文规定，但是依据规范的目的进行衡量，某一事实比法律所规定的事实更有适用的理由时，直接将法律规定适用于该事实的法律解释方法是（　　　）

A. 目的解释　　　　B. 体系解释　　　　C. 比较法解释　　　　D. 当然解释

5. 下列不属于我国民法的渊源的是（　　　）

A.《民法典》　　　B. 民法判例　　　　C. 民事习惯　　　　D. 司法解释

6. 关于民事习惯，下列说法错误的是（　　　）

A. 民事习惯是民法的渊源

B. "习惯"是指在一定地域、行业范围内，长期为一般人从事民事活动时普遍遵守的民间习俗、惯常做法

C. 只有不违背社会主义核心价值观和公序良俗的习惯才是民法渊源

D. 在法律有规定的情况下也可以适用习惯

7. 下列选项中，不适用我国民法的是（　　　）

A. 居住在我国境内的中华人民共和国公民

B. 居住在我国境外的中华人民共和国公民

C. 居留在我国的享有外交豁免权的外国公民

D. 居留在我国的无国籍人

8. 下列不属于我国民法调整的社会关系的是（　　　）

A. 包租婆（公）与承租人之间签订租赁合同

B. 王某去世后，其子女之间就遗产归属问题发生纠纷

C. 委托人与受委托人之间发生著作权纠纷

D. 赵某与交警部门就罚款数额发生纠纷

9. 2017 年 3 月 20 日，文某邀请华某在愚人节的那天去自己家做客，愚人节当天，华某特地盛装打扮前去赴会，却被文某告知之前的邀请只是开玩笑。华某一怒之下将文某告上法院。两人的关系属于（　　　）

A. 好意施惠关系　　　B. 身份关系　　　　C. 合同关系　　　　D. 侵权关系

10.《民法典》第 83 条第 2 款规定："……滥用法人独立地位和出资人有限责任，逃避债务，严重损害法人债权人的利益的，应当对法人债务承担连带责任。"这一规定，主要体现了民法的（　　　）原则

A. 自愿原则　　　　B. 公平原则　　　　C. 合法原则　　　　D. 禁止滥用权利原则

11. 下列选项中，不属于民法平等原则内容的是（　　　）

A. 公民的民事行为能力一律平等

B. 不同民事主体参与民事法律关系适用同一法律，处于平等的地位

C. 民事主体在民事法律关系中必须平等协商

D. 对权利予以平等的保护

12. 合同当事人对合同的标的和金额进行自由协商，体现的是民法的（　　　）

A. 平等原则　　　　B. 公序良俗原则　　　C. 自愿原则　　　　D. 公平原则

13. 法律规定，民事主体从事民事活动，应当合理确定各方的权利和义务。这体现了民法的（　　　）

A. 自愿原则　　　　B. 合法原则　　　　C. 诚实信用原则　　　D. 公平原则

14. 下列民法原则中被称为"帝王条款"的是（　　　）

A. 诚实信用原则　　　B. 平等原则　　　　C. 公平原则　　　　D. 合法原则

15. 民法的（　　　）体现了代际正义的要求

A. 公序良俗原则　　　B. 公平原则　　　　C. 绿色原则　　　　D. 平等原则

16. 通过探求立法者在制定民事法律规范时的立法意图进行民法解释的方法是（　　　）

A. 体系解释　　　　B. 历史解释　　　　C. 目的解释　　　　D. 合宪性解释

17. 张某和李某是邻居，张某的宅基地地势较低，李某的宅基地地势较高，将张某的宅基地环绕。一日，张某与李某因为琐事争吵，李某越想越气，于是沿着宅基地的边界线在靠己方一侧建起高 4 米的围墙，使张某在自家院内却有身处监牢之感。李某的行为违背了（　　　）

A. 公平原则　　　　B. 平等原则　　　　C. 诚实信用原则　　　D. 自愿原则

18. 下列关于民法的性质的表述，错误的是（　　　）

A. 民法是调整市场经济关系的基本法　　　B. 民法是调整市民社会关系的基本法

C. 民法既是实体法也是程序法　　　　　D. 民法是权利法

19. 下列关于民法的效力的表述，错误的是（　　　）

A. 民法的效力是指民事法律规范在何时、何地、对何人发生法律效力

B. 民法在空间上的效力是指民法在什么地域内适用

C. 民法原则上没有溯及既往的效力，但在例外情况下，民法也可以有溯及力

D. 居住在外国的我国公民，原则上适用我国的民法，而不适用外国民法

二、多项选择题

1. 我国《民法典》规定了禁止权利滥用原则，构成权利滥用的条件包括（   ）

A. 当事人有权利存在   B. 权利人有行使权利的行为

C. 法律没有规定当事人具有相应的权利   D. 当事人的行为有滥用权利的违法性

2. 下列属于违反公序良俗的行为类型有（   ）

A. 射幸行为类型   B. 限制营业自由的行为类型

C. 暴利的行为类型   D. 违反两性道德准则的行为类型

3. 下列属于我国民法调整的人格关系的是（   ）

A. 生命权   B. 姓名权   C. 名称权   D. 荣誉权

4. 我国民法调整的财产关系包括（   ）

A. 买卖关系   B. 借贷关系   C. 租赁关系   D. 罚款关系

5. 关于民法调整的人身关系，下列说法不正确的是（   ）

A. 民法调整的人身关系基于人格或身份产生

B. 民法调整的人身关系与财产关系之间不具有任何联系

C. 民法保护人身关系的方式都是非财产性的责任方式

D. 民法调整的人身关系中，主体的法律地位一律平等

6. 关于民法调整的财产关系，下列说法不正确的是（   ）

A. 民法调整的财产关系主要是财产归属关系和财产流转关系

B. 财产流转关系是财产归属关系的前提

C. 财产归属关系是财产流转关系的发生根据

D. 民法调整的财产关系在利益方面都具有有偿性

7. 下列社会关系属于民法调整范围的是（   ）

A. 郭某和黄某因感情破裂而分手   B. 郭某和黄某因感情破裂而离婚

C. 李某和王某签订劳动合同   D. 赵某和周某签订劳务合同

8. 下列选项中，可以作为我国民法渊源的是

A. 民事习惯   B. 地方政府规章   C. 司法解释   D. 国际条约

9. 下列选项中，体现了我国民法基本原则的有（   ）

A. 民事主体在民事活动中的地位平等

B. 民事主体有权自主决定是否参加民事活动以及如何参加民事活动

C. 司法机关在处理民事纠纷的过程中应当做到公平合理

D. 民事主体从事民事活动不得违反法律

10. 关于我国民法基本原则之间的关系，说法正确的是（   ）

A. 自愿原则是平等原则的前提，平等原则是自愿原则的体现

B. 公平原则是自愿原则的必要补充，在当事人自愿的情况下，不符合等价有偿的利益关系并不违背公平原则

C. 诚实信用原则在现代民法中具有重要地位

D. 合法原则是公序良俗原则的基础

11. 民法基本原则的功能包括（　　　）

A. 指导功能　　　　B. 约束功能　　　　C. 补充功能　　　　D. 裁判功能

12. 下列方式中，通常可以确定民事法律的失效时间的是（　　　）

A. 当某一民事法规规定的任务已经完成后，该法规的效力自然终止

B. 在公布新的法律时，明确宣布以前的同类法规与其相抵触的部分效力终止

C. 修改并重新公布实施新的法律的同时宣布原法律的效力终止

D. 在法律文件中明确规定该法的失效日期

13. 具体体现民法诚实信用原则的民法制度有（　　　）

A. 合同的履行　　　　B. 先合同义务　　　　C. 后合同义务　　　　D. 缔约过失责任

三、简答题

简述民法的禁止权利滥用原则的概念和构成要件。

第二章　民事法律关系

✒ 章节提要　民事法律关系贯穿整个民法部门，其地位相当于犯罪构成理论之于刑法部门。所有民事法律关系都由三个要素组成，即主体、客体、内容（权利和义务），而引起民事法律关系变动的是民事法律事实。

一、单项选择题

1. 下列选项中，不属于民事法律事实中的事实行为的有（　　　）

A. 无因管理　　　　B. 不当得利　　　　C. 拾得遗失物　　　　D. 给付行为

2. 下列关于民事法律事实的说法，正确的是（　　　）

A. 当事人可以自由选择民事法律事实

B. 遗嘱民事法律关系的产生只需要遗嘱这一法律事实即可

C. 客观情况能否成为民事法律事实，取决于法律的规定

D. 事实行为要受到当事人民事行为能力的限制

3. 下列选项中属于用益物权的客体的是（　　　）

A. 行为　　　　B. 人身利益　　　　C. 智力成果　　　　D. 物

4. 下列属于民事权利的公力救济途径的有（　　　）

A. 自助行为　　　　B. 仲裁　　　　C. 紧急避险　　　　D. 正当防卫

5. 下列选项中，哪项权利可以拒绝对方的权利（　　　）

A. 支配权　　　　B. 请求权　　　　C. 抗辩权　　　　D. 形成权

6. 李某创作了一幅作品，这在民法上属于（　　　）

A. 民事法律行为　　　　B. 事件　　　　C. 事实行为　　　　D. 状态

7. 下列选项中，不属于民事法律事实中的"行为"的是（　　　）

A. 王某画了一幅油画　　　　　　　　B. 李某把陈某打成重伤

C. 洪某替郭某招待朋友　　　　　　　D. 黄某盗窃了袁某的汽车

8. 王某超速驾车，不慎撞死李某，王某支付李某家属 50 万元赔偿金。李某家属继承了李某的遗产。引起上述侵权损害赔偿关系和继承关系的分别是（　　　）

A. 行为、事件　　　B. 行为、行为　　　C. 事件、行为　　　D. 事件、事件

9. 以下关于民事法律关系的说法，正确的是（　　　）

A. 民事法律关系的主体指自然人和法人

B. 民事法律关系的客体包括智力成果

C. 民事法律关系的内容只能由当事人自主设定

D. 民事法律关系只能由法律进行规定

10. 下列权利中，可以由当事人一方以自己的行为使法律关系发生变动的是（　　　）

A. 支配权　　　B. 请求权　　　C. 形成权　　　D. 抗辩权

11. 当事人享有的抗辩权可以对抗对方当事人的（　　　）

A. 请求权　　　B. 支配权　　　C. 形成权　　　D. 期待权

12. 甲和乙签订了一份买卖合同，约定甲先发货，乙再付款。甲在还没有发货时向乙请求支付货款，乙予以拒绝。乙所行使的权利是（　　　）

A. 绝对权　　　B. 相对权　　　C. 形成权　　　D. 请求权

13. 支配权、请求权、抗辩权、形成权的分类标准是（　　　）

A. 民事权利的客体　　　　　　B. 民事权利的相互关系

C. 民事权利的作用　　　　　　D. 民事权利的权利人可以对抗的义务人范围

14. 根据民事权利的成立要件是否全部实现，可将民事权利分为（　　　）

A. 既得权和期待权　　　　　　B. 主权利和从权利

C. 对世权和对人权　　　　　　D. 形成权和支配权

15. 下列选项中，可以成为民法意义上的"物"的是（　　　）

A. 空气　　　　　　　　　　　B. 镶在口中的金牙齿

C. 戴在手上的钻石戒指　　　　D. 月球

16. 下列选项中，属于种类物的是（　　　）

A. 一幅古画真迹　　　B. 一套绝版书　　　C. 一辆汽车　　　D. 一份小说手稿

17. 下列选项中，属于主物和从物的是（　　　）

A. 房间和窗框　　　　　　　　B. 电视机和遥控器

C. 汽车和其上的轮子　　　　　D. 枕头和被子

18. 下列选项中，属于孳息的是（　　　）

A. 长在树上的果子　　　　　　B. 猪妈妈肚子里尚未出生的猪宝宝

C. 羊身上的羊毛　　　　　　　D. 母牛生出的小牛

19. 民事责任的承担方式不包括（　　　）

A. 消除影响　　　B. 赔偿损失　　　C. 罚金　　　D. 赔礼道歉

20. 下列关于民事法律关系的表述，错误的是（　　　）

A. 担保物权关系属于财产法律关系　　　B. 人身法律关系与人的物质利益不发生联系

C. 民事法律关系的保障措施具有补偿性　　　D. 国家也可以成为民事法律关系的主体

21. 下列关于民事权利的说法，错误的是（　　　）

A. 股权属于财产权　　　　　　B. 债权是一种请求权

C. 担保物权属于从权利　　　　D. 所有权属于绝对权

22. 以下事实能够导致民事法律关系产生的是（　　）

A. 甲素擅书法。一日，甲在梦游中挥毫泼墨，写就一幅颇有艺术水准的书法作品

B. 甲对同事乙说，如果评上工程师就请客。后来甲果然评上工程师

C. 甲与乙在定情崖下盟誓：永结同心，白头偕老

D. 乙约甲到奥体中心打球，甲打车花费 50 元到达后，乙电话告知甲自己因事不能前往

23. 根据民事法律关系的义务主体范围的不同，民事法律关系可以分为（　　）

A. 人身法律关系和财产法律关系　　　　B. 绝对法律关系和相对法律关系

C. 物权关系和债权关系　　　　　　　　D. 一般民事法律关系和特别民事法律关系

24. 王某家门口开了一家饭店，生意十分兴隆。由于王某家门前的路较窄，王某遂在自己家门口的路上画了一些车位线，供去饭店吃饭的人停车之用，王某私自收取一定的停车费。某日，一客人停车后未付钱即想把车开走，王某不让。双方发生争执，王某将车钥匙拔下。关于王某的行为性质应认定为（　　）

A. 属于侵权，系侵害人身自由权　　　　B. 属于侵权，系侵害财产权

C. 不属于侵权，是行使抗辩权之行为　　D. 不属于侵权，是自助行为

25. 下列关于民事法律关系的客体的说法，错误的是（　　）

A. 债权法律关系的客体是物和行为　　　B. 物权法律关系的客体包括物和权利

C. 人身法律关系的客体是人身利益　　　D. 知识产权法律关系的客体是智力成果

26. 以民事义务主体行为的方式为标准，民事义务可以分为（　　）

A. 法定义务和约定义务　　　　　　　　B. 作为义务和不作为义务

C. 主给付义务和从给付义务　　　　　　D. 基本义务和附随义务

27. 《民法典》第 181 条第 2 款规定："正当防卫超过必要的限度，造成不应有的损害的，正当防卫人应当承担适当的民事责任。"下列关于"适当的民事责任"表述正确的是（　　）

A. 正当防卫人承担全部责任

B. 正当防卫人承担连带责任

C. 正当防卫人在造成不应有的损害范围内承担部分责任

D. 正当防卫人不承担责任

28. 既可适用于侵权责任，也可适用于违约责任的责任形式是（　　）

A. 恢复原状　　　　B. 继续履行　　　　C. 支付违约金　　　　D. 停止侵害

二、多项选择题

1. 甲是幸福小区五栋一单元 1504 住宅的所有权人。关于甲的权利，下列说法正确的有（　　）

A. 甲的权利具有支配性　　　　　　　　B. 甲的权利具有排他性

C. 甲的权利受到诉讼时效的限制　　　　D. 甲的权利受到除斥期间的限制

2. 王某和孙某约定，3 月 10 日孙某需要向其交付制作完成的项链。孙某所承担的义务属于（　　）

A. 法定义务　　　B. 约定义务　　　C. 作为义务　　　D. 不作为义务

3. 下列选项中属于准民事法律行为的是（　　）

A. 要约拒绝　　　B. 事实行为　　　C. 瑕疵通知　　　D. 感情表示

4. 下列关于形成权的表述，正确的是（　　　）

A. 形成权不受诉讼时效的限制

B. 形成权不受除斥期间的限制

C. 效力待定的合同中被代理人的追认权是形成权

D. 催告权不是形成权

5. 下列关于绝对权和相对权的说法，正确的是（　　　）

A. 绝对权的权利人和义务人不是特定的

B. 绝对权的实现无须通过义务人的积极作为予以配合

C. 相对权的权利人和义务人都是特定的

D. 相对权的实现必须通过义务人的积极作为予以配合

6. 甲和乙签订买卖电脑的合同，并约定先付款再发货。现甲已经按照约定支付了货款，乙交付电脑的履行期已到，则甲对乙享有的权利是（　　　）

A. 期待权　　　　　　B. 既得权　　　　　　C. 请求权　　　　　　D. 相对权

7. 下列选项中关于民事责任的说法，正确的是（　　　）

A. 民事责任一般是补偿性责任，通常不具有惩罚性

B. 民事责任不以民事主体的过错为要件

C. 违约责任的内容可以由民事主体协商

D. 民事责任一律由当事人的侵权行为产生

8. 民事法律关系的产生、变更和消灭需要具备的基本条件包括（　　　）

A. 民事法律规范　　　B. 民事主体　　　　　C. 民事法律事实　　　D. 民事权利

9. 根据各责任主体的共同关系，共同责任可以分为（　　　）

A. 同等责任　　　　　B. 连带责任　　　　　C. 补充责任　　　　　D. 按份责任

10. 民事权利的行使应当遵循的原则有（　　　）

A. 民事权利的行使必须符合诚实信用原则

B. 民事权利的行使要最大限度地追求利益最大化

C. 民事权利的行使必须符合国家法律和社会公共利益的要求

D. 不得滥用权利损害国家利益、社会公共利益或者他人合法权益

11. 下列关于民事权利的分类中，说法正确的是（　　　）

A. 担保物权是从权利　　　　　　　　　　B. 期待权的成立要件未完全具备

C. 选择之债中的选择权是形成权　　　　　D. 股权是财产权

三、简答题

简述人身法律关系与财产法律关系的区别。

第三章　自　然　人

章节提要　本章的内容包括民法对自然人民事权利能力和民事行为能力的规定、监护制度、宣告失踪和宣告死亡制度，要注意宣告失踪和宣告死亡的条件和程序。

1. 完全不能辨认或者不能完全辨认自己行为的成年人，其利害关系人或者有关组织可以向何种组织申请认定该成年人为无民事行为能力人或者限制民事行为能力人（   ）

A. 居民委员会或者村民委员会　　　　　　B. 民政部门

C. 人民法院　　　　　　　　　　　　　　D. 专业鉴定机构

2. 学生甲今年16周岁，因外形出众拍摄了影视公司的一支广告宣传片，获得报酬100万元，甲（   ）

A. 是完全民事行为能力人　　　　　　　　B. 是限制民事行为能力人

C. 视为完全民事行为能力人　　　　　　　D. 是无民事行为能力人

3. 李某外出打工后失去联络达四年之久，其妻白某和债权人刘某因李某财产代管问题发生争议。根据民法典规定应当由谁担任李某的财产代管人（   ）

A. 债权人刘某　　　B. 其妻白某　　　C. 其父李大某　　　D. 人民法院指定

4. 李某发生意外事件后下落不明满二年，并经有关机关证明李某不可能生存。其妻白某向法院申请宣告李某死亡，后人民法院依照程序宣告李某死亡。下列选项表述正确的是（   ）

A. 人民法院的公告期间为 6 个月

B. 白某需在李某下落不明满二年后申请宣告死亡

C. 人民法院宣告死亡的判决作出之日视为李某死亡之日

D. 李某与白某的婚姻关系消除

5. 李某今年 8 岁，父母离异后，李某由其父亲李大某抚养。李大某因终日赌博怠于行使监护职责，被法院撤销监护资格。李某由其母亲孙某担任监护人。下列应当承担李某抚养费的是（   ）

A. 李某爷爷　　　B. 李某外婆　　　C. 民政部门　　　　D. 李大某

6. 一般情况下公民的民事权利能力的起算以（   ）为准

A. 户籍证明　　　B. 出生证明　　　C. 其他证明　　　　D. 亲属证明

7. 下列关于农村承包经营户的说法，错误的是（   ）

A. 农村承包经营户属于个体经济

B. 农村承包经营户从事的是农业生产经营活动

C. 农村承包经营户的债务，以从事农村土地承包经营的农户财产承担；事实上由农户部分成员经营的，以该部分成员的财产承担

D. 农村承包经营户从事生产的目的是进行商品交换

8. 以下选项中，适用我国监护制度的是（   ）

A. 仅精神病人

B. 仅无民事行为能力人

C. 无民事行为能力人、限制民事行为能力人

D. 未成年人、已满 75 周岁的人和无民事行为能力的成年人

9. 具有完全民事行为能力的成年人，可以与其近亲属、其他愿意担任监护人的个人或者组织事先协商，以书面形式确定自己的监护人，在自己丧失或者部分丧失民事行为能力时，由该监护人履行监护职责的监护是（   ）

A. 指定监护   B. 遗嘱监护   C. 协议监护   D. 意定监护

10. 对于父母已死亡的未成年人，其第一顺位的监护人是（   ）

A. 祖父母、外祖父母   B. 成年的兄、姐

C. 其他近亲属   D. 未成年人住所地的民政部门

11. 对于已结婚的无民事行为能力的成年人，其第一顺位监护人是（   ）

A. 配偶   B. 父母   C. 祖父母、外祖父母   D. 成年子女

12. 下列机关中没有权力指定监护人的是（   ）

A. 居民委员会   B. 村民委员会   C. 人民法院   D. 人民检察院

13. 公民在战争期间下落不明满（   ）的，利害关系人可以向人民法院申请宣告其为失踪人

A. 1 年   B. 2 年   C. 3 年   D. 4 年

14. 自然人因意外事故下落不明满 2 年的（没有机关证明该自然人不可能生存），可由利害关系人向法院申请宣告其死亡，公告期为（   ）

A. 1 年   B. 6 个月   C. 3 个月   D. 1 个月

15. 甲 10 岁，继承了巨额遗产，甲父的下列哪种行为在征得甲同意时为有效的民事法律行为（   ）

A. 用甲的钱偿还甲父的赌债   B. 用甲的钱支付甲出国留学的费用

C. 用甲的钱为甲的哥哥购买房产   D. 用甲的钱为甲母购买医疗保险

16. 庞某离开自己的住所下落不明已经满 4 年，根据我国法律的规定，其配偶（   ）

A. 只能申请宣告庞某失踪

B. 只能申请宣告庞某死亡

C. 应当先申请宣告庞某失踪，再申请宣告庞某死亡

D. 既可以申请宣告庞某失踪，也可申请宣告庞某死亡

17. 小张与小王是一对夫妻。小王怀孕 7 个月时，小张身患癌症离世，他生前留下遗嘱，将自己名下的一套楼房留给小王腹中的胎儿。不料，小王因小张去世伤心过度而早产，胎儿娩出时为死体。已知小张的亲属中只有父亲老张在世。下列说法正确的是（   ）

A. 根据《民法典》的规定，对于遗产继承，胎儿不具有民事权利能力

B. 根据《民法典》的规定，对于遗产继承，胎儿娩出时为死体的，民事权利能力随胎儿的死亡而消失

C. 小张名下的楼房由小王全部继承

D. 小张名下的楼房由小王和老张继承

18. 甲被人民法院宣告死亡，妻子乙改嫁丙，儿子丁也被丙收养。后甲重新出现，下列说法正确的是（   ）

A. 甲与乙的夫妻关系不自动恢复，甲与丁的父子关系自动恢复

B. 甲与乙的夫妻关系自动恢复，甲与丁的父子关系不自动恢复

C. 甲与乙的夫妻关系不自动恢复，甲与丁的父子关系不自动恢复

D. 甲与乙的夫妻关系自动恢复，甲与丁的父子关系自动恢复

19. 丈夫甲、妻子乙、女儿丙和奶奶丁乘坐大巴车前往郊区旅游，大巴车在行驶途中发生交通事故，四人均不幸丧生，但难以查明先后死亡时间，经查，甲、乙、丙、丁除本场事故继承人外还有其他继承人。根据法律规定，推定最先死亡的是（   ）

A. 甲　　　　　　　　B. 乙　　　　　　　　C. 丙　　　　　　　　D. 丁

20. 甲被人民法院依法宣告死亡，但实际上，甲并未死亡而是在某市找到一份新工作。工作期间，甲与乙订立房屋买卖合同，乙将房屋出卖给甲。该房屋买卖合同的效力是（　　　）

A. 有效　　　　　　B. 无效　　　　　　C. 可撤销　　　　　　D. 效力未定

二、多项选择题

1. 甲、乙二人结婚之后，甲不幸遭遇车祸身亡，此时，乙腹中胎儿丙已经数月。关于本题，下列说法正确的是（　　　）

A. 甲死亡后，应当为乙腹中胎儿丙保留相应的继承份额

B. 无论乙是否能够顺利分娩，为丙保留的继承份额均应当由丙继承

C. 如果乙顺利分娩，为丙保留的继承份额应当由丙继承

D. 如果乙未能顺利分娩，导致丙娩出之时即为死体，为丙保留的继承份额应当由甲的继承人继承

2. 李某今年 8 岁，为精神病人。关于其监护问题，下列选项表述正确的有（　　　）

A. 监护人只能是李某的父母

B. 监护人可以是同一顺序的数人

C. 对担任监护人有争议的，可以直接由法院指定

D. 应当适用对精神病人的监护制度

3. 我国法律用以判断自然人是否具有民事行为能力的条件是（　　　）

A. 年龄　　　　　　B. 财产状况　　　　　　C. 精神状态　　　　　　D. 社会阅历

4. 根据我国《民法典》的规定，以下可以担任无民事行为能力、限制民事行为能力的成年人的监护人的是（　　　）

A. 父母　　　　　　B. 配偶　　　　　　C. 祖父母　　　　　　D. 成年子女

5. 监护终止的原因包括（　　　）

A. 监护人被宣告死亡　　　　　　B. 被监护人获得完全民事行为能力

C. 监护人丧失行为能力　　　　　　D. 监护人被撤销监护人资格

6. 以下关于自然人宣告死亡制度的说法，正确的是（　　　）

A. 在宣告死亡前须先由法院宣告失踪

B. 自然人被宣告死亡后，其财产由他人代管

C. 自然人被宣告死亡后，其与配偶的婚姻关系消灭

D. 自然人被宣告死亡后，其财产发生继承

7. 2020 年 2 月，甲（5 周岁，城市居民）的父母均患有新冠肺炎，住院隔离治疗，甲的生活无人照料。下列选项中，应为甲安排必要临时生活照料措施的有（　　　）

A. 甲住所地的居民委员会　　　　　　B. 甲住所地的村民委员会

C. 甲住所地的民政部门　　　　　　D. 甲所住小区的物业公司

8. 下列关于利害关系人申请宣告自然人死亡的法定期间的说法，正确的是（　　　）

A. 自然人下落不明满 4 年

B. 自然人因意外事故下落不明，从事故发生之日起满 2 年

C. 自然人在战争期间下落不明，从战争发生之日起满 4 年

D. 自然人因意外事故下落不明，经有关机关证明不可能生存的，利害关系人可以立即申请

9. 下列关于民事权利能力的表述，正确的是（　　）

A. 民事权利能力也可以称为民事义务能力

B. 民事权利能力可以依法转让

C. 未出生的胎儿一般不具有民事权利能力

D. 宣告死亡可以导致自然人民事权利能力终止

10. 关于民事行为能力，下列说法正确的有（　　）

A. 民事行为能力依法定条件和程序可以被限制或取消

B. 无民事行为能力人单独实施的民事法律行为无效

C. 自然人是否具有民事行为能力是由国家法律确认的，与自然人自己的意志无关

D. 年满18周岁的自然人即具备完全民事行为能力

11. 下列选项中，可以向人民法院申请认定不能辨认或者不能完全辨认自己行为的成年人为无民事行为能力人或者限制民事行为能力人的是（　　）

A. 该成年人的利害关系人　　　　　　B. 居民委员会

C. 村民委员会　　　　　　　　　　　D. 依法设立的老年人组织

12. 下列关于个体工商户的特征的说法，错误的是（　　）

A. 个体工商户的经济性质是私人所有制

B. 个体工商户经营的范围仅限于工商业

C. 个体工商户以个人的名义独立进行民事活动

D. 个体工商户的债务均以个人财产承担

13. 人民法院依据《民法典》的规定指定监护人时，应当尊重被监护人的真实意愿，按照最有利于被监护人的原则指定，具体参考因素包括（　　）

A. 与被监护人生活、情感联系的密切程度

B. 依法具有监护资格的人的监护顺序

C. 是否有不利于履行监护职责的违法犯罪等情形

D. 依法具有监护资格的人的监护能力、意愿、品行等

14.《民法典》第40条规定：“自然人下落不明满二年的，利害关系人可以向人民法院申请宣告该自然人为失踪人。”根据相关司法解释，下列属于“利害关系人”的有（　　）

A. 被申请人的近亲属

B. 代位继承人

C. 对公婆、岳父母尽了主要赡养义务的丧偶儿媳、丧偶女婿

D. 不申请宣告失踪将影响其权利行使、义务履行的债权人、债务人、合伙人

15. 下列选项中，被人民法院撤销监护人资格后，其监护人资格还有可能恢复的是（　　）

A. 被监护人的父母　　　　　　　　　B. 被监护人的子女

C. 被监护人的配偶　　　　　　　　　D. 被监护人的祖父母

三、简答题

简述个体工商户的概念和特征。

《民法典》第13条规定："自然人从出生时起到死亡时止，具有民事权利能力，依法享有民事权利，承担民事义务。"

第18条第1款规定："成年人为完全民事行为能力人，可以独立实施民事法律行为。"

请分析：

（1）如何理解第13条所规定的"民事权利能力"，与"民事行为能力"有何区别？

（2）如何理解第18条第1款所规定的"完全民事行为能力人"？

五、案例分析题

1. 小张去年只有17岁，在本镇的啤酒厂做临时工，每月有600元的收入。为了上班方便，小张在镇里租了一间房。7月份，小张未经其父母同意，欲花500元钱从赵某处买一台旧电脑，此事遭到了其父母的强烈反对，但小张还是买了下来。同年10月，小张因患精神分裂症丧失了民事行为能力。随后，其父找到赵某，认为他们之间的买卖无效，要求赵某返还钱款，拿走电脑。

请根据上述材料，回答下列问题并说明理由：

（1）此买卖合同是否有效？

（2）分析本案中买卖法律关系的要素。

2. 农民田某于2004年去外国打工时在途中遇海难失踪，从此杳无音讯。2009年其妻胡某向当地人民法院申请宣告田某死亡，人民法院经审理判决宣告田某死亡。由于年幼的女儿田燕一直身体不好，家中又没有足够的经济能力给田燕治病，2010年胡某将田燕送给膝下无子的邻村姚某收养，并办理了合法的手续。2011年，失踪多年的田某突然返回，法院随即撤销了对田某的死亡宣告。田某要求与胡某恢复夫妻关系，并提出田燕的收养未征得他的同意，违反我国法律规定，是无效的，要求撤销收养合同。胡某没有再婚，对是否与田某恢复婚姻关系亦没有明确表示，姚某不同意撤销收养合同，田某诉至法院。

请根据上述材料，回答下列问题并说明理由：

（1）田某与胡某间的夫妻关系是否可以恢复？

（2）田燕的送养是否有效？

第四章　法　　人

章节提要　本章为重点章，对于"营利法人、非营利法人、特别法人"和"法人的设立、变更、终止"要花费一点时间进行记忆。

一、单项选择题

1. 滥用出资人权利给法人或者其他出资人造成损失的，应当依法承担民事责任。该民事责任属于（　　　）

A. 无过错责任　　　B. 过错推定责任　　　C. 过错责任　　　D. 公平责任

2. 合同系以法人、非法人组织的名义订立，但是仅有法定代表人、负责人或者工作人员签名或者按指印而未加盖法人、非法人组织的印章，相对人能够证明法定代表人、负责人或者工作人员在订立合同时未超越权限的，该合同（　　　）

A. 有效　　　　　　　　B. 无效　　　　　　　　C. 可撤销　　　　　　　　D. 效力未定

3. 甲为设立 A 公司，以自己的名义购买乙公司 2 万元的生产设备，约定公司成立后付清货款。A 公司成立后，乙公司对到期未付的货款（　　　）

A. 有权选择请求甲或 A 公司支付　　　　　B. 只能请求 A 公司支付

C. 只能请求甲支付　　　　　　　　　　　　D. 有权请求甲和 A 公司承担连带责任

4. 白茶公司的法定代表人为李某。李某在与雪人公司签订合同，双方约定白茶公司交付茶叶时雪人公司同时付款，后李某因意外死亡，合同尚未履行。下列说法正确的是（　　　）

A. 雪人公司可因李某死亡拒绝履行合同　　　B. 白茶公司可因李某死亡拒绝履行合同

C. 雪人公司应向白茶公司支付茶叶款项　　　D. 雪人公司可向李某妻子白某支付茶叶款项

5. A 公司分立为 B、C 两公司，约定由 B 公司继受 A 公司的全部债权，由 C 公司承担 A 公司的全部债务。下列选项正确的是（　　　）

A. 该约定有效，A 公司的债权人应该向 C 公司主张其债权

B. 该约定在 B、C 公司之间效力待定，A 公司的债权人不应当向 C 公司主张债权

C. 该约定无效，B、C 两公司应对 A 公司的债务承担连带责任

D. 该约定在 A 公司的债权人同意的情况下对债权人有效

6. A 公司与 B 公司因为发展需要，两公司合并成为一家新的公司。这种行为属于（　　　）

A. 吸收式合并　　　　B. 创设式合并　　　　C. 存续式分立　　　　D. 创设式分立

7. 公司的法定代表人以公司的名义从事经营活动时，因法定代表人自身的过失致使他人遭受重大经济损失。下列选项正确的是（　　　）

A. 应由法定代表人承担责任

B. 应由公司本身承担责任

C. 应由公司及其法定代表人承担连带责任

D. 应先由法定代表人承担责任，法定代表人的财产不足以清偿的，由公司承担补充责任

8. 根据《民法典》，下列不属于我国法人类型的为（　　　）

A. 营利法人　　　　　B. 非营利性法人　　　　C. 财团法人　　　　D. 特别法人

9. 在我国，基金会属于（　　　）

A. 营利法人　　　　　B. 特别法人　　　　C. 非法人组织　　　　D. 非营利法人

10. 下列选项中，是特别法人的类型的是（　　　）

A. 机关法人　　　　　　　　　　　　B. 事业单位法人

C. 捐助法人　　　　　　　　　　　　D. 社会团体

11. 下列属于营利法人权力机构职权的是（　　　）

A. 召集权力机构会议　　　　　　　　B. 决定法人的经营计划和投资方案

C. 决定法人内部管理机构的设置　　　D. 修改法人章程

12. 营利法人的出资人滥用法人独立地位和出资人有限责任，逃避债务，严重损害法人债权人的利益的，（　　　）

A. 出资人对法人债务不承担责任

B. 出资人对法人债务以出资额为限承担有限责任

C. 出资人对法人债务承担连带责任

D. 出资人对法人债务承担按份责任

13. 依法设立的宗教活动场所，具备法人条件的，可以申请法人登记，取得（　　　）

A. 事业单位法人资格　　　　　　　　B. 社会团体法人资格

C. 营利法人资格　　　　　　　　　　D. 捐助法人资格

14. 下列关于法人的说法，错误的是（　　　）

A. 法人的名称与其经营范围、业务性质相联系

B. 法人的权力机构、执行机构、监督机构等统称为法人的机关

C. 代表法人从事活动的负责人称为法人的法定代理人

D. 法人的住所具有唯一性

15. 下列关于捐助法人的说法中，错误的是（　　　）

A. 捐助人有权向捐助法人查询捐助财产的使用、管理情况，并提出意见和建议，捐助法人应当及时、如实答复

B. 捐助法人不需要依法登记即可以取得法人资格

C. 捐助法人应当设监事会等监督机构

D. 捐助法人的法定代表人作出决定的程序违反法人章程的，捐助人可以请求人民法院撤销该决定

16. 下列关于事业单位法人的表述中，正确的是（　　　）

A. 事业单位法人属于非营利法人，不得从事营利活动

B. 事业单位法人不得向出资人、设立人或者会员分配剩余财产

C. 事业单位法人需要办理法人登记才能设立

D. 事业单位法人基于会员的共同意愿设立

二、多项选择题

1. 甲公司是一家外贸公司，某日，其董事会作出决议：向乙公司采购办公用品一批，价值 100 万元。甲公司业务人员丙收悉决议内容之后立即驱车前往乙公司，谈判十分顺利，当日即与乙公司签订买卖合同。但是，上述决议却因董事会出席董事人数不足而被撤销。对此，下列说法错误的是（　　　）

A. 因为决议被撤销，基于该决议而签订的买卖合同自始无效

B. 因为决议被撤销，基于该决议而签订的买卖合同可撤销，但是撤销之前有效

C. 虽然决议被撤销，但是基于该决议而签订的买卖合同有效

D. 因为决议被撤销，基于该决议而签订的买卖合同效力待定，应当待甲公司作出新的决议之后再视新的决议确定效力

2. 下列属于社团法人解散原因的有（　　　）

A. 成员协议解散　　　　　　　　　　B. 法人章程规定的存续期间届满

C. 法人的权力机构决议解散　　　　　D. 法人依法被吊销营业执照

3. 下列属于法人的组织机构的有（　　　）

A. 权力机构　　　B. 执行机构　　　C. 监督机构　　　D. 法定代表人

4. 我国民法规定，法人享有的人格权有（　　　）

A. 隐私权　　　B. 名称权　　　C. 姓名权　　　D. 荣誉权

5. 关于法人的民事行为能力，下列说法正确的是（ 　　 ）

A. 法人通过自己的机关实现其意思并进行民事活动

B. 法人的民事行为能力可以通过代理人实现

C. 法人的民事权利能力与民事行为能力同时发生、同时消灭

D. 法人的民事行为能力与民事权利能力的范围一致

6. 以下关于法人的机关的说法正确的是（ 　　 ）

A. 法人的机关就是法人的组织机构　　　B. 不是一切法人都设置监督机关

C. 所有法人都设有意思机关和执行机关　　D. 法人对其机关的行为负责

7. 下列关于社团法人和财团法人的表述，正确的是（ 　　 ）

A. 二者的成立基础不同　　　　　　　　B. 二者的设立行为不同

C. 二者的目的事业不同　　　　　　　　D. 二者有无意思机关不同

8. 下列选项中，属于法人终止的原因的是（ 　　 ）

A. 解散　　　　　　B. 依法宣告破产　　C. 暂停营业　　　　　D. 大规模裁员

9. 下列选项中，属于法人解散的事由的是（ 　　 ）

A. 存续期间届满　　　　　　　　　　　B. 法人合并或者分立

C. 法人的权力机构决议解散　　　　　　D. 依法被吊销营业执照、登记证书

10. 法人的变更包括（ 　　 ）

A. 法人的分立　　　　　　　　　　　　B. 法人的合并

C. 法人的组织性质的变更　　　　　　　D. 法人的经营范围的变更

11. 下列关于法人的清算，说法正确的是（ 　　 ）

A. 清算期间法人存续，可以从事正常的经营活动

B. 清算义务人包括法人的董事、理事等执行机构或者决策机构的成员

C. 清算是依法消灭法人人格的程序

D. 清算结束并完成法人注销登记时，法人终止；依法不需要办理法人登记的，清算结束时，法人终止

12. 合伙企业的下列事项中，应当经全体合伙人一致同意的是（ 　　 ）

A. 改变合伙企业的名称　　　　　　　　B. 改变合伙企业的经营范围

C. 处分合伙企业的知识产权　　　　　　D. 以合伙企业名义为他人提供担保

三、简答题

简述特别法人的类型。

四、案例分析题

广州建筑安装公司从邻省的安电设备制造厂购进了2 000只电源开关，但回来一检测，发现有1/3质量不合格。经双方协商，安电设备制造厂同意全部退货。但是广州建筑安装公司却一直没有收到2 000只电源开关的退货款，几经催讨都没有结果，于是广州建筑安装公司以安电设备制造厂为被告向法院起诉。但此时安电设备制造厂已经被另一省的电力设备有限公司所兼并，成为其一个生产分厂。原制造厂领导以制造厂已经不存在为由，拒绝归还欠款；

而电力设备有限公司认为，此债务属原制造厂，与公司业务没有任何关系，也拒绝承担责任。

请根据上述材料，回答下列问题并说明理由：

（1）此债务应该由谁来承担？

（2）广州建筑安装公司应该以谁为被告？

第五章　非法人组织

章节提要　2018年的法硕大纲将"非法人组织"单独列为一章，在此之前非法人组织与法人在一章。"非法人组织的概念和特征"在2011年法律硕士（非法学）的简答题中进行了考查。虽然非法人组织的类型是多样化的，但本章主要还是谈"合伙企业"，希望考生对合伙企业的各种类型、成立条件及入伙与退伙等知识点加强学习。

一、单项选择题

1. 2022年5月，甲、乙、丙合开了一间饭馆，甲以现金20万元出资，乙以其所有的汽车出资，丙以担任厨师工作的劳务出资。2023年8月，饭馆欠某蔬菜批发商5万元货款。后甲因与其他合伙人发生矛盾，于2023年10月退伙。上述债务应当（　　　）

A. 由乙独立承担责任 　　　　　　　B. 由乙和丙承担连带责任

C. 由甲和乙承担连带责任 　　　　　D. 由甲、乙和丙承担连带责任

2. 有限合伙企业中的有限合伙人不得以（　　）形式出资

A. 劳务 　　　　B. 银行存款 　　　C. 建设用地使用权 　　D. 著作权

3. 下列单位中，不具有法人资格的是（　　　）

A. 居民委员会 　　B. 某高校 　　　C. 某律师事务所 　　D. 复兴股份有限公司

4. 在合伙企业存续期间，第三人要加入合伙企业并取得合伙人资格，需要经过（　　　）的同意（合伙协议无特别约定）

A. 1/5以上的合伙人 　　　　　　　B. 超过一半的合伙人

C. 2/3以上的合伙人 　　　　　　　D. 全体合伙人

5. 甲、乙、丙共同出资开办一家合伙企业，经营期间，甲提出退伙，乙、丙同意，并与甲约定甲放弃一切合伙权利，同时也不承担退伙前的合伙债务。以下说法正确的是（　　　）

A. 甲退伙后对退伙前的合伙债务承担按份责任

B. 甲退伙后对退伙前的合伙债务承担补充责任

C. 甲退伙后对退伙前的合伙债务承担连带责任

D. 甲退伙后对退伙前的合伙债务不必承担责任

6. 下列关于合伙企业的说法，错误的是（　　　）

A. 合伙企业属于非法人组织

B. 普通合伙企业名称中应当标明"普通合伙"字样

C. 有限合伙人可以用货币、实物、知识产权和劳务出资

D. 有限合伙人不得对外代表有限合伙企业

7. 有限合伙人就合伙债务对外承担（　　　）

A. 按份责任　　　　　B. 连带责任　　　　　C. 有限责任　　　　　D. 无限责任

8. 下列主体中，可以成为普通合伙人的是（　　　）

A. 上市公司　　　　　B. 非上市股份公司　　C. 国有企业　　　　　D. 国有独资公司

二、多项选择题

1. 李某与个人独资企业恒源纺织厂共同出资设立普通合伙企业恒方纺织厂，在运营过程中，恒方纺织厂拖欠货款50万元，而恒方纺织厂的全部资产仅剩20万元。对此，下列表述错误的是（　　　）

A. 债权人只能要求李某与恒源纺织厂各自承担15万元的清偿责任

B. 债权人只能要求恒方纺织厂承担清偿责任

C. 欠款应当先以恒方纺织厂的资产偿还，不足部分由李某与恒源纺织厂承担无限连带责任

D. 对于恒源纺织厂的债务，恒源纺织厂的投资人不必承担责任

2. 下列属于人合组织的是（　　　）

A. 个体工商户　　　　B. 合伙企业　　　　　C. 个人独资企业　　　D. 上市公司

3. 特殊的普通合伙企业的设立条件包括（　　　）

A. 有两个以上合伙人　　　　　　　　　B. 有书面或口头的合伙协议

C. 有合伙人认缴或实际缴付的出资　　　D. 有合伙企业的名称和生产经营场所

4. 下列关于合伙事务执行的表述，正确的是（　　　）

A. 经全体合伙人决定，可以委托一个合伙人对外代表合伙企业，执行合伙事务

B. 委托一个合伙人执行合伙事务的，其他合伙人不再执行合伙事务

C. 不执行合伙事务的合伙人有权监督执行事务合伙人执行合伙事务的情况

D. 不执行合伙事务的合伙人无权监督执行事务合伙人执行合伙事务的情况

5. 一般的普通合伙企业中的合伙人就合伙债务对外承担（　　　）

A. 按份责任　　　　　B. 连带责任　　　　　C. 有限责任　　　　　D. 无限责任

6. 在特殊的普通合伙企业中，数个合伙人在执业活动中因（　　　）或（　　　）造成合伙企业债务的，应当承担无限连带责任，其他合伙人以其在合伙企业中的财产份额为限承担责任。

A. 故意　　　　　　　B. 过失　　　　　　　C. 重大过失　　　　　D. 不可抗力

7. 下列选项中，属于非法人组织的是（　　　）

A. 有限责任公司　　　　　　　　　　　B. 个人独资企业

C. 合伙企业　　　　　　　　　　　　　D. 不具有法人资格的专业服务机构

8. 下列关于非法人组织的特征的表述，正确的是（　　　）

A. 非法人组织是具有稳定性的人合组织

B. 非法人组织能完全独立承担民事责任

C. 非法人组织具有相应的民事权利能力和民事行为能力

D. 非法人组织不具有一般意义上的民事权利能力和民事行为能力

9. 下列选项中，关于非法人组织的表述正确的是（　　　）

A. 普通合伙企业的合伙人为自然人的，应当具有完全民事行为能力

B. 普通合伙人退伙之后，对于退伙前的合伙企业债务承担无限连带责任

C. 有限合伙人可以对外代表合伙企业执行事务

D. 退伙之后，有限合伙人对于退伙前的合伙企业债务承担有限责任，以其退伙时取回的财产为限承担责任

三、简答题

1. 简述普通合伙企业的设立条件。
2. 简述非法人组织的类型。

第六章 民事法律行为

章节提要 本章涉及的民事法律行为是考试重点内容，要注意民事法律行为的成立和有效条件，无效的民事行为、效力待定的民事行为和可撤销的民事行为一般都缺乏有效条件的一项或数项。

一、单项选择题

1. 关于无权处分而缔结的合同，下列说法错误的是（   ）
A. 无权处分不影响该合同的效力　　　　B. 受让人可基于合同主张违约责任
C. 受让人无法取得标的物的所有权　　　　D. 受让人有权主张解除合同

2. 以民事法律行为的成立是否必须依照某种特定的形式为标准，民事法律行为可以划分为（   ）
A. 负担行为和处分行为　　　　B. 财产行为和身份行为
C. 要式行为和不要式行为　　　　D. 有因行为和无因行为

3. 甲临终时，神志清楚，于是自书遗嘱一份，亲笔签名，注明年、月、日。关于遗嘱的性质，下列说法正确的有（   ）
A. 属于单方行为　　　B. 属于实践行为　　　C. 属于双方行为　　　D. 属于有偿行为

4. 李某平日喜爱收藏手镯，一日在刘某的古董店中购买清代手镯，经鉴定家孙某鉴定该手镯为清代正品。实际上该手镯为现代工业产品，孙某基于多年情谊为刘某作虚假鉴定，刘某对孙某多次表示感谢。该合同为（   ）
A. 无效合同　　　B. 可撤销合同　　　C. 效力未定合同　　　D. 有效合同

5. 范某拍摄一部电影后获得 200 万元报酬。制片公司意图少缴税款，与范某签订了 20 万元的合同。该 20 万元的合同效力为（   ）
A. 有效合同　　　B. 无效合同　　　C. 可撤销合同　　　D. 效力待定合同

6. 甲与乙离婚时约定，双方在离婚后终生不能再婚。该约定为（   ）
A. 有效的民事法律行为　　　　B. 无效的民事法律行为
C. 可撤销的民事法律行为　　　　D. 效力未定的民事法律行为

7. 下列不属于民事法律法律行为的一般成立要件的是（   ）
A. 行为人作出意思表示　　　　B. 标的物已交付
C. 有标的　　　　D. 有行为人

8. 买卖行为属于下列哪种行为（   ）

A. 不要式行为　　　　B. 从行为　　　　　　C. 无偿行为　　　　　　D. 无因行为

9. 甲的父亲病重，急需钱治疗。为筹集治疗费，甲决定将其收藏的一幅油画出售，乙提出以相当于市场价一半的价格购买该油画，甲在急需用钱的情况下无奈把油画按市价的一半转让给乙。下列说法正确的是（　　　）

A. 甲、乙之间的买卖合同无效

B. 甲、乙之间的买卖合同效力待定

C. 甲、乙之间的买卖合同是可撤销的合同

D. 甲、乙之间的买卖合同不存在意思表示的瑕疵

10. 下列关于无效的民事法律行为的说法，正确的是（　　　）

A. 无效的民事法律行为不产生任何法律后果

B. 无效的民事法律行为自始当然无效

C. 重大误解的民事法律行为是无效的民事法律行为

D. 无效的民事法律行为不具备民事行为成立要件

11. 甲委托乙保管其手表，乙擅自将其保管的手表以市场价卖给了不知情的第三人。下列说法正确的是（　　　）

A. 甲可以向第三人请求返还手表

B. 甲可以向第三人主张侵权责任

C. 乙和第三人的买卖合同不需经甲追认就发生效力

D. 甲可以选择向第三人请求返还手表或向乙主张违约责任

12. 下列选项中，属于附条件的民事法律行为的是（　　　）

A. 甲和乙约定，若乙考试得了第一名，甲就送乙一辆自行车

B. 甲和乙约定，若乙交付的货物符合法律规定和合同约定的条件，甲就给付约定的价款

C. 甲和乙约定，若广州再次下雨，甲就送乙一艘船

D. 甲和乙约定，若乙将丈夫毒死，甲就送乙一套别墅

13. 下列选项中，不属于默示形式的意思表示的是（　　　）

A. 继承人在继承开始后不作出接受或者放弃继承的表示

B. 出租车司机在行人招手后将车停靠路边等行人上车

C. 租赁合同期届满，承租人继续支付租金并租用房屋，出租人继续收取租金

D. 要约人在要约中声明"受要约人在 10 天内不作出拒绝表示则视为同意"，10 天后受要约人未作任何表示

14. 下列关于意思表示的说法中，错误的是（　　　）

A. 意思表示依据是否符合生效要件，法律赋予其不同的效力

B. 意思表示的特殊书面形式有公证、鉴证、审核、登记等

C. 意思表示必须以对话方式作出

D. 沉默只有在有法律规定、当事人约定或者符合当事人之间的交易习惯时，才可以视为意思表示

15. 下列选项中，不构成意思表示的是（　　　）

A. 甲放弃对乙的债权

B. 甲向乙表示，若甲的儿子考上了国外的大学，甲就请乙吃饭

C. 甲在遗嘱中写道，在其死后把所有财产捐给红十字会

D. 甲把自己所有的一台电脑扔到垃圾场

16. 下列关于民事法律行为的表述，错误的是（　　　）

A. 债权行为是负担行为

B. 票据行为是有因行为

C. 借用合同是无偿行为

D. 保管合同是实践行为

17. 村民赖某与某信用社签订一份借款合同，约定：若赖某种植棉花歉收，则信用社借给赖某 1 万元。合同签订后，赖某为获得信用社的借款，对种植的棉花不管不顾，结果棉花毫无收成。赖某和某信用社的借款合同（　　　）

A. 条件成就，信用社应履行义务

B. 条件成就，但信用社不必履行义务

C. 条件不成就，但信用社应当履行合同义务

D. 条件不成就，双方借款合同不生效

18. 甲去某浴池洗澡，洗浴后离开时被前台服务人员拦住，要求加收 10 元，理由是在甲洗浴时，浴池工作人员给甲擦了皮鞋，甲应交擦鞋费。甲拒绝，认为自己并未要求擦鞋，则（　　　）

A. 基于无因管理，甲应付 10 元

B. 基于合同关系，甲应付 10 元

C. 基于不当得利，甲应付 10 元

D. 甲无须支付 10 元

19. 下列行为中，属于从行为的是（　　　）

A. 买卖合同　　　　B. 租赁合同　　　　C. 债权合同　　　　D. 抵押合同

20. 某机关工作人员王青峰看中了同事李小强的一套房屋，遂向李小强表示：我要购买你这套房屋，若不同意，我将检举你收受贿赂的行为。李小强"做贼心虚"，无奈将该房屋以较低价格卖给了王青峰。该房屋买卖合同属于（　　　）

A. 显失公平　　　　B. 乘人之危　　　　C. 胁迫　　　　D. 有效

21. 下列自然人实施的民事行为中，有效的是（　　　）

A. 9 周岁的甲买了一块橡皮

B. 10 周岁的乙写了一份遗嘱

C. 14 周岁的丙将自己的发明专利权转让给他人

D. 15 周岁的丁把家中的汽车卖给他人

22. 下列民事法律行为中，不属于单方行为的有（　　　）

A. 甲因患癌症，自觉不久于人世，故订立遗嘱

B. 乙追认了无权代理人赵某的代理行为

C. 丙买了新的冰箱，将旧冰箱扔到路边

D. 丁与王某订立了房屋买卖合同

23. 下列关于可撤销民事法律行为的说法中，正确的是（　　　）

A. 在可撤销的民事法律行为中，部分撤销的，没有被撤销的部分也无效

B. 撤销应以通知的方式作出

C. 被撤销的民事法律行为自撤销之日起丧失法律效力

D. 第三人实施欺诈行为，使一方在违背真实意思的情况下实施的民事法律行为，对方不知道且不应当知道存在欺诈行为的，受欺诈方不得主张撤销

1. 甲欲与乙签订买卖合同，乙不愿意，丙为报甲一饭之恩而对乙假许收益，乙受骗而与甲签订买卖合同。关于本题，下列说法正确的有（　　　）

A. 无论甲是否知道或者应当知道丙欺诈乙，乙均可以撤销该买卖合同

B. 如果甲知道或者应当知道丙欺诈乙，乙可以撤销该买卖合同

C. 无论甲是否知道或者应当知道丙欺诈乙，乙均不可以撤销该买卖合同

D. 如果甲不知道也不应当知道丙欺诈乙，乙不可以撤销该买卖合同

2. 意思表示的形式包括（　　　）

A. 口头形式　　　　　B. 书面形式　　　　　C. 作为的默示形式　　　　D. 不作为的默示形式

3. 对于因重大误解而发生的民事法律行为，下列关于当事人应当在何种期间之内主张撤销的说法中，错误的是（　　　）

A. 当事人应当自知道或者应当知道撤销事由之日起 90 日内、自民事法律行为发生之日起五年内行使撤销权

B. 当事人应当自知道或者应当知道撤销事由之日起一年内、自民事法律行为发生之日起五年内行使撤销权

C. 当事人应当自知道或者应当知道撤销事由之日起 90 日内、自民事法律行为发生之日起一年内行使撤销权

D. 当事人应当自知道或者应当知道撤销事由之日起 90 日内、自民事法律行为发生之日起两年内行使撤销权

4. 下列关于意思表示生效的说法，正确的是（　　　）

A. 以对话方式作出的有相对人的意思表示，相对人知道其内容时生效

B. 以非对话方式作出的有相对人的意思表示，表意人作出意思表示时生效

C. 无相对人的意思表示，表示完成时生效

D. 以公告方式作出的意思表示，公告发布时生效

5. 甲在商店购买了一块钻石手表，回家后发现手表上的钻石其实是塑料。甲多次与店方交涉未果，历时 1 年零 1 个月。现甲以欺诈为由向人民法院主张撤销钻石手表的买卖合同。以下选项中说法正确的是（　　　）

A. 买卖合同可以被撤销，因店方存在欺诈行为

B. 买卖合同是无效合同，自始当然无效，无需主张

C. 买卖合同无法被撤销，因为已超过了撤销权的 1 年除斥期间

D. 买卖合同无法被撤销，但甲可向店方主张违约责任

6. 附条件的民事法律行为中的条件具有的特征包括（　　　）

A. 未来性　　　　　　B. 或然性　　　　　　C. 法定性　　　　　　　D. 合法性

7. 甲和乙约定，若甲的儿子出国，甲就将自行车送给乙。"甲的儿子出国"这一条件属于（　　　）

A. 延缓条件　　　　　B. 解除条件　　　　　C. 积极条件　　　　　　D. 消极条件

8. 重大误解包括的情形有（　　　）

A. 对行为性质的误解　　　　　　　　　B. 对标的物的误解

C. 对行为动机的误解　　　　　　　　　D. 对当事人的误解

9. 民事法律行为无效或被撤销的法律后果是（　　）

A. 返还财产　　　　B. 赔偿损失　　　　C. 赔礼道歉　　　　D. 消除影响

10. 甲和乙约定，若甲的父亲去世，甲就把房屋租给乙使用。此约定属于（　　）

A. 附条件的民事法律行为　　　　　　B. 附期限的民事法律行为

C. 未成立的合同　　　　　　　　　　D. 未生效的合同

11. 下列选项中，属于效力待定的民事法律行为的是（　　）

A. 限制民事行为能力人与他人签订的纯获利益的合同

B. 限制民事行为能力人所立的遗嘱

C. 限制民事行为能力人花 5 000 元购买手机一部

D. 无权代理人（不构成表见代理）以他人名义从事的法律行为

12. 可撤销的民事法律行为的情形包括（　　）

A. 恶意串通，损害他人合法权益的民事法律行为

B. 因受欺诈实施的民事法律行为

C. 显失公平的民事法律行为

D. 限制民事行为能力人实施的纯获利益的民事法律行为

13. 甲打算卖汽车，问乙是否愿买，乙一向迷信，就跟甲说："如果明天早上 8 点你家屋顶上来了喜鹊，我就出 3 万块钱买你的汽车。"甲同意。乙回家后非常后悔。第二天早上 8 点差几分时，恰有一群喜鹊停在甲家的屋顶上，乙于是将喜鹊赶走，至 8 点再无喜鹊飞来。关于甲、乙之间的汽车买卖合同，下列说法正确的是（　　）

A. 甲、乙之间的合同属于附延缓条件的合同

B. 甲、乙之间的合同属于附解除条件的合同

C. 所附条件未成就，乙有权拒绝履行该合同

D. 所附条件已成就，乙应当履行该合同

14. 行为人可以撤回意思表示，撤回意思表示的通知应当在（　　）到达相对人

A. 在意思表示到达相对人前　　　　　B. 在意思表示到达相对人后

C. 与意思表示同时到达相对人时　　　D. 随时都可以

15. 下列选项中，属于有因行为的是（　　）

A. 租赁房屋　　　B. 赠与冰箱　　　C. 继承遗产　　　D. 出具汇票

16. 合同依法成立后，负有报批义务的当事人不履行报批义务或者履行报批义务不符合合同的约定或者法律、行政法规的规定，对方有权（　　）

A. 请求其继续履行报批义务　　　　　B. 请求其履行合同主要义务

C. 解除合同　　　　　　　　　　　　D. 赔偿损失

17. 违反下列强制性规定中，不会导致民事法律行为无效的是（　　）

A. 强制性规定旨在维护政府的税收、土地出让金等国家利益或者其他民事主体的合法利益而非合同当事人的民事权益，认定合同有效不会影响该规范目的的实现

B. 强制性规定旨在要求当事人一方加强风险控制、内部管理等，对方无能力或者无义务审查合同是否违反强制性规定，认定合同无效将使其承担不利后果

C. 强制性规定虽然旨在维护社会公共秩序，但是合同的实际履行对社会公共秩序造成的影响显著轻微，认定合同无效将导致案件处理结果有失公平公正

D. 当事人一方虽然在订立合同时违反强制性规定，但是在合同订立后其已经具备补正违

反强制性规定的条件却违背诚信原则不予补正

18. 关于民事法律行为分类中独立行为和辅助行为这一分类，下列说法正确的是（　　　　）

A. 独立行为和辅助行为的划分标准是有无独立的实质内容

B. 辅助行为虽是辅助其他民事法律行为生效的法律行为，但亦有其独立内容

C. 法定代理人对限制民事行为能力人订立合同的追认行为是辅助行为

D. 独立行为是指可以独立生效的行为

三、简答题

1. 简述显失公平的概念及其特征。

2. 简述民事法律行为的有效要件。

四、案例分析题

1. 南某某是某中学学生，15 岁。一天，在放学回家的路上，南某某看到商场正在进行有奖销售，每消费 20 元可领取奖券一张，最高奖金额为 5 000 元，便买了一瓶价值为 20 元的洗发水，领到一张奖券。几天后，抽奖结果公布，南某某所持奖券中了最高奖，南某某非常高兴，将中奖的消息告诉了母亲萧某，母子二人马上去商场兑了奖，萧某把这 5 000 元钱放到家里的箱子中。第二天，南某某与萧某发生争执，南某某一气之下，便偷偷将柜子中的 5 000 元钱拿出，到商场购物消气，其见到商场正在促销钻戒，便花了 4 800 元买了一只钻戒。几天后，萧某要购买股票，想用箱中的钱，却发现箱中的钱已不见，于是质问南某某，南某某在质问之下说出真相。但南某某认为钱是自己中奖所得，自己有权决定买什么。萧某则认为南某某还小，钱应当由自己和南某某的父亲支配。于是马上拉着南某某到商场，说南某某购买钻戒未征得父母同意，要求退货。售货员说钻戒售出无法退货。

请根据上述材料，回答下列问题并说明理由：

（1）南某某购买洗发水的行为的法律效力如何？奖金究竟归谁所有？为什么？

（2）南某某购买钻戒的行为的法律效力如何？萧某能否要求退货？为什么？

（3）萧某是否有权持此笔钱用于购买股票？

（4）假设南某某没有告诉萧某，直接到商场领奖，商场能否以南某某是未成年人为由拒绝兑奖？为什么？

2. 甲公司与乙公司签订一份秘密从境外买卖免税香烟并运至国内销售的合同。甲公司依双方约定，按期将香烟运至境内，但乙公司提走货物后，以目前账上无钱为由，要求暂缓支付货款，甲公司同意。3 个月后，乙公司仍未支付货款，甲公司多次索要无果，遂向当地人民法院起诉要求乙公司支付货款并支付违约金。

请根据上述材料，回答下列问题并说明理由：

（1）该合同是否具有法律效力？

（2）此案应如何处理？

第七章　代　理

📝 **章节提要**　本章应注意代理的概念以及代理的几种分类，还需要理解无权代理、表见代理的区别。

一、单项选择题

1. 下列不属于狭义的无权代理的情形的是（　　）

A. 行为人根本没有代理权却从事代理活动

B. 因表见授权而产生的表见代理

C. 行为人享有代理权，但却超越代理权限从事了本不该由其进行的代理活动

D. 行为人原本享有代理权，但其代理权已经终止，行为人仍以代理人的身份进行代理活动

2. 下列选项中，不属于委托合同和授权行为的区别的是（　　）

A. 委托合同是诺成性行为；授权行为是实践性行为

B. 委托合同不产生代理权；授权行为产生代理权

C. 委托合同是双方法律行为；授权行为是单方法律行为

D. 委托合同是不要式行为；授权行为一般采用书面形式

3. 甲因一批过时的服装无法脱手而面临巨大损失，乙是丙商场的服装采购员，为了使甲免遭损失，乙以丙商场的名义，按照服装过时前的市场价格购买了甲的这批服装。关于买卖合同的效力，下列说法正确的有（　　）

  A. 买卖合同效力未定　　　　　　　　B. 买卖合同可撤销

  C. 买卖合同无效　　　　　　　　　　D. 买卖合同在丙商场追认之后有效

4. 代理人和相对人恶意串通，损害被代理人合法权益的（　　）

  A. 代理人承担责任　　　　　　　　　B. 相对人承担责任

  C. 被代理人承担责任　　　　　　　　D. 代理人与相对人承担连带责任

5. 无权代理的行为若得不到事后追认，原则上（　　）

  A. 由无权代理人承担责任　　　　　　B. 由被代理人承担责任

  C. 由相对人和无权代理人承担责任　　D. 由相对人承担责任

6. 王某是某公司的销售代表，公司在王某离职时没有收回其手上盖有公司公章的格式合同。后来王某以该合同与公司的老客户签订买卖协议。该协议（　　）

  A. 属于无效合同　　　　　　　　　　B. 属于可撤销合同

  C. 属于有效合同　　　　　　　　　　D. 属于效力待定合同

7. 下列选项中，不能必然导致委托代理关系终止的是（　　）

  A. 被代理人取消委托　　　　　　　　B. 代理人辞去委托

  C. 被代理人死亡　　　　　　　　　　D. 代理事务完成

8. 下列选项中，属于无权代理的是（　　）

A. 刘某冒充其双胞胎弟弟与网友见面

B. 李某将王某交给他保管的电脑以自己的名义出卖，所得价款用于自己消费

C. 某公司法定代表人以公司名义从事超越经营范围的活动

D. 苏某未经孟某同意主动帮孟某签收了快递包裹

9. 甲去购买彩票，乙给了甲 10 元钱让其顺便代购彩票，同时告知购买号码，并一再嘱咐甲不要改变。甲预测乙提供的号码不能中奖，便擅自更改号码为乙购买了彩票并替乙保管。开奖时，甲为乙购买的彩票中了奖，二人为奖项归属发生纠纷。下列说法正确的是（　　　　）

A. 甲应获得该奖项，因按乙的号码无法中奖，甲、乙之间应类推适用借贷关系，由甲偿还乙 10 元

B. 甲、乙应平分该奖项，因乙出了钱，而甲更换了号码

C. 甲的贡献大，应该得该奖项之大部，同时按比例承担彩票购买款

D. 乙应该获得该奖项，因乙是委托人

10. 根据代理人在进行代理活动时是否明示被代理人名义，代理可分为（　　　　）

A. 本代理和再代理　　　　　　　　　B. 单独代理和共同代理

C. 直接代理和间接代理　　　　　　　D. 法定代理和委托代理

11. 根据代理权的来源不同，代理可分为（　　　　）

A. 委托代理和法定代理　　　　　　　B. 本代理和复代理

C. 直接代理和间接代理　　　　　　　D. 单独代理和共同代理

12. 甲将侵犯他人注册商标专用权的商品委托乙代理销售，乙对侵犯他人注册商标专用权这一事实明确知情。对此，下列说法正确的是（　　　　）

A. 由甲单独承担侵权责任　　　　　　B. 由乙单独承担侵权责任

C. 由甲、乙二人承担连带责任　　　　D. 由甲、乙二人承担按份责任

13. 王教授因公去美国讲学三个月，临行前邻居李大爷托其在美国购买助听器。三个月后，王教授带着替李大爷买好的助听器回国，得知一个月前李大爷去世，遂要求其子支付价款并取走助听器，其子以父亲已去世，助听器派不上用场而拒绝。王教授的行为（　　　　）

A. 经李大爷之子追认才有效　　　　　B. 属有权代理

C. 属代理权终止后的行为　　　　　　D. 属无权代理，因被代理人死亡，代理终止

14. 农民某甲去外地经商，将其一头青骡留给岳父某乙使用。甲在经商地事业得意，已无返乡务农之意。乙年事已高，青骡派不上用场，且需照料，乙既无力负担，又以为养而无用，颇不经济，于是将青骡牵至集市以自己的名义出卖，由某丙以公道价格买得。乙卖骡行为属于（　　　　）

A. 无权代理行为　　　B. 无权处分行为　　　C. 表见代理行为　　　D. 超越代理权行为

15. 根据代理人的选任和产生方式的不同，代理可以分为（　　　　）

A. 委托代理和法定代理　　　　　　　B. 本代理和再代理

C. 显名代理和隐名代理　　　　　　　D. 有权代理和无权代理

16. 数个委托代理人共同行使代理权，其中一人或者数人未与其他委托代理人协商，擅自行使代理权，且相对人有理由相信行为人有代理权的，构成（　　　　）

A. 有权代理　　　　B. 无权代理　　　　C. 表见代理　　　　D. 间接代理

17. 甲委托乙购买某品牌汽车并预付了购车款，乙又委托丙办理此事，但未将购车款交给丙，也未征求甲的意见。丙以甲的名义购得汽车后交给甲，甲拒绝接受。对此，下列说法正确的是（　　　　）

A. 丙是甲的指定代理人　　　　　　　B. 乙的转委托行为有效

C. 甲有权要求乙返还购车款　　　　　D. 丙有权要求甲支付购车款

1. 乙自认为甲需要一栋别墅，于是伪称自己是甲的代理人，以甲的名义与不知情的丙开发商签订买卖合同，约定：丙开发商将一栋别墅以 500 万元的价格卖与甲。关于买卖合同，下列说法正确的有（　　　）

A. 买卖合同效力待定

B. 如果甲追认，那么买卖合同自始有效

C. 如果甲拒绝追认，那么买卖合同自始无效

D. 甲追认之前，丙开发商可以以通知的方式撤销买卖合同

2. 对于"代理人在代理权限范围内实施代理行为"的理解，正确的是（　　　）

A. 代理人必须有代理权

B. 无权代理不在本人和第三人之间产生任何法律效力

C. 并非所有民事法律行为都可以代理

D. 代理人在进行代理行为时有独立的意思表示

3. 根据我国民法规定，委托代理的授权委托书应载明（　　　）

A. 代理人的姓名或名称　　　　　　　　B. 代理事项

C. 代理权限　　　　　　　　　　　　　D. 代理期间

4. 下列行为中，不属于代理行为的是（　　　）

A. 甲为公司的法定代表人，以公司的名义签订买卖合同

B. 甲通过中介出卖房屋

C. 甲请乙代为招呼多年未见的朋友

D. 甲委托乙担任其辩护律师

5. 下列选项中关于再代理的说法，正确的是（　　　）

A. 代理人只能把代理权的一部分转委托给他人行使

B. 再代理必须为了被代理人的利益

C. 被代理人对再代理行为有追认权

D. 在紧急情况下发生的再代理，在被代理人追认后发生法律效力

6. 在各种代理中通常都能引起代理终止的原因是（　　　）

A. 本人死亡　　　　　　　　　　　　　B. 代理人死亡

C. 本人丧失民事行为能力　　　　　　　D. 代理人丧失民事行为能力

7. 甲委托乙购买 TBL 电视机，乙在商场以甲的名义向商家表示要购买 TBL 电视机时，商家推荐了 CTL 电视机，乙觉得 CTL 电视机的质量更好，便擅自以甲的名义进行了购买。下列说法正确的是（　　　）

A. 甲享有追认权　　B. 甲享有撤销权　　C. 商场享有催告权　　D. 商场享有撤销权

8. 下列属于滥用代理权行为的是（　　　）

A. 自己代理　　　　　　　　　　　　　B. 表见代理

C. 双方代理　　　　　　　　　　　　　D. 代理人与第三人恶意串通

9. 下列行为中不得通过代理人进行的有（　　　）

A. 设立遗嘱　　　　B. 婚姻登记　　　　C. 收养子女　　　　D. 文艺演出

10. 甲委托乙购买一部二手"三星"手机，恰好乙有一部"三星"手机想卖，同时，丙委托乙出售一部二手"三星"手机。请问乙的下列行为（在甲不同意也不追认的情况下）属于滥用代理权的是（　　）

A. 乙代理甲购买了自己的二手"三星"手机

B. 乙代理甲购买了丙的手机

C. 乙代理甲从丁处购得一部"摩托罗拉"手机

D. 乙与戊恶意串通，代理甲从戊处购得一部高于市场价的二手"三星"手机

11. **被代理人死亡后，下列情形中，委托代理人实施的代理行为仍有效的是（　　）**

A. 代理人不知道并且不应当知道被代理人死亡

B. 被代理人的继承人予以承认

C. 授权中明确代理权在代理事务完成时终止

D. 被代理人死亡前已经实施，为了被代理人的继承人的利益继续代理

12. **下列关于代理的表述，说法正确的有（　　）**

A. 法定代理不需要被代理人的授权

B. 代理人和被代理人必须是完全民事行为能力人

C. 相对人如果有过失而不知行为人没有代理权，则不构成表见代理

D. 授权委托书中应载明代理人的姓名或者名称、代理事项、权限和期限

三、简答题

简述代理权的行使。

四、法条分析题

1. 《民法典》第 169 条规定："代理人需要转委托第三人代理的，应当取得被代理人的同意或者追认。转委托代理经被代理人同意或者追认的，被代理人可以就代理事务直接指示转委托的第三人，代理人仅就第三人的选任以及对第三人的指示承担责任。转委托代理未经被代理人同意或者追认的，代理人应当对转委托的第三人的行为承担责任；但是，在紧急情况下代理人为了维护被代理人的利益需要转委托第三人代理的除外。"

请分析：

（1）如何理解本条规定中的"紧急情况"？

（2）法律为何对转委托作出严格限制？

2. 《民法典》第 172 条规定："行为人没有代理权、超越代理权或者代理权终止后，仍然实施代理行为，相对人有理由相信行为人有代理权的，代理行为有效。"

请分析：

（1）如何理解本条规定中"有理由相信"的含义？其判断标准是什么？

（2）表见代理的法律后果。

（3）本条规定的意义。

1. 赵某受单位委派到某国考察，黄某听说后委托赵某代买一种该国产的名贵药材。赵某考察归来后将所买的价值 1 500 元的药送至黄某家中。但黄某的儿子告诉赵某，其父已于不久前去世，这药本来就是给他治病的，现在父亲已不在，药也就不要了，请赵某自己处理。赵某非常生气，认为不管黄某是否活着，这药黄家都应该收下。

　　请根据上述材料，回答下列问题并说明理由：

（1）赵某行为的法律后果到底应由谁来承担？

（2）药是否应由黄家出钱买下？为什么？

2. 某书画装裱店与著名书法家赵某签订了一份委托书法作品创作合同。双方约定，赵某交付装裱店 20 副对联作品，装裱店支付赵某 5 000 元报酬。赵某因不慎跌倒致使右臂受伤，不能创作，于是他委托他儿子代为书写了全部对联，以此交付装裱店，装裱店支付了全部报酬。但是不久装裱店感到作品风格与赵某不同，遂请专家鉴定，结果发现属他人作品。

　　请根据上述材料，回答下列问题并说明理由：

（1）赵某能否委托他的儿子代理其创作？

（2）赵某儿子的行为是否属于无权代理？

第八章　诉讼时效与期间

📝 **章节提要**　本章需要注意的知识点包括：时效的特征，诉讼时效的概念和适用范围，特殊诉讼时效的种类，诉讼时效的中断、中止和延长，除斥期间，期间的计算。

一、单项选择题

1. 下列关于诉讼时效的说法中，错误的是（　　　）

A. 法律上关于诉讼时效的规定，不允许当事人通过约定排除适用

B. 当事人在一审期间未提出诉讼时效抗辩，在二审期间提出的，人民法院不予支持，但其基于新的证据能够证明对方当事人的请求权已过诉讼时效期间的情形除外

C. 诉讼时效期间届满的法律后果是产生请求权已经超过诉讼时效的抗辩权

D. 人民法院可以主动适用诉讼时效的规定

2. 下列主体中可以决定延长最长诉讼时效的是（　　　）

A. 人民法院　　　　　B. 人民检察院　　　　C. 权利人　　　　　　D. 义务人

3. 甲（12 周岁）遭其班主任老师朱某性侵，甲的父母为免遭受流言蜚语，意欲息事宁人。六年之后，甲向朱某主张损害赔偿。关于诉讼时效，下列说法正确的有（　　　）

A. 甲的请求权已经超过最长诉讼时效　　　B. 甲的请求权已经超过普通诉讼时效

C. 朱某获得了诉讼时效经过的抗辩权　　　D. 朱某未获得诉讼时效经过的抗辩权

4. 根据我国法律规定，普通诉讼时效的期间为（　　　）

A. 从权利人知道或应当知道权利受到损害以及义务人之日起 1 年内

B. 从权利人知道或应当知道权利受到损害以及义务人之日起 2 年内

C. 从权利人知道或应当知道权利受到损害以及义务人之日起 3 年内

D. 从权利人知道或应当知道权利受到损害以及义务人之日起 4 年内

5. 根据我国法律规定，最长诉讼时效的期间是（　　　）

A. 从权利人知道或应当知道其权利被侵害之日起 15 年内

B. 从权利被侵害之日起 15 年内

C. 从权利人知道或应当知道其权利被侵害之日起 20 年内

D. 从权利被侵害之日起 20 年内

6. 甲在商店购买了一台手机。某日，手机在正常使用的情况下突然爆炸，造成甲面部和手部烧伤。自即日起，甲向法院提起诉讼的期间为（　　　）

A. 1 年　　　　　　　B. 2 年　　　　　　　C. 3 年　　　　　　　D. 4 年

7. 未成年人遭受性侵害的损害赔偿请求权诉讼时效期间的起算日期为（　　　）

A. 权利人知道或者应当知道其权利受到损害以及义务人之日

B. 权利受到损害之日

C. 受害人年满 18 周岁之日

D. 侵害行为发生之日

8. 根据法律规定，国际货物买卖合同和技术进出口合同争议的诉讼时效期间为（　　　）

A. 1 年　　　　　　　B. 2 年　　　　　　　C. 3 年　　　　　　　D. 4 年

9. 诉讼时效因法定事由而中止，待阻止时效计算的事由消除后，诉讼时效期间（　　　）

A. 重新计算　　　　B. 6 个月后届满　　　　C. 届满　　　　　　D. 延长

10. 下列选项中，不引起诉讼时效中断的是（　　　）

A. 债权人向债务人提出请求　　　　　　　B. 债务人主动向债权人履行义务

C. 债权人向法院起诉债务人　　　　　　　D. 债务人因不可抗力无法履行义务

11. 下列关于期间的计算方法，不正确的是（　　　）

A. "从知道或应当知道 ×× 之日起"的期间不包括开始的当天

B. 期间的最后一天是法定休息日的，以休息日的次日为最后一天

C. 民法上的"不满"不包括本数

D. 民法上的"以上""以下""以内""以外"包括本数

12. 甲于 2018 年 5 月 10 日同乙签订保管合同。5 月 12 日甲将货物交于乙保管。5 月 14 日，该货物被盗。5 月 25 日，甲提货时得知货物被盗。甲请求乙赔偿损失的诉讼时效届满日期为（　　　）

A. 2021 年 5 月 10 日　　　　　　　　B. 2021 年 5 月 12 日

C. 2021 年 5 月 14 日　　　　　　　　D. 2021 年 5 月 25 日

13. 下列关于诉讼时效的表述正确的是（　　　）

A. 普通诉讼时效可以中止、中断　　　　B. 普通诉讼时效可以中断、延长

C. 最长诉讼时效可以中止、延长　　　　D. 最长诉讼时效可以中断、延长

14. 《民法典》第 663 条规定："受赠人有下列情形之一的，赠与人可以撤销赠与：（一）严重侵害赠与人或者赠与人近亲属的合法权益；（二）对赠与人有扶养义务而不履行；（三）不履行赠与合同约定的义务。赠与人的撤销权，自知道或者应当知道撤销事由之日起一年内行使。"这里的"一年"的性质属于（　　　）

A. 诉讼时效　　　B. 除斥期间　　　C. 期限　　　D. 期日

15. 甲（15 岁）长期遭受父母的精神辱骂、身体虐待，此后甲的父母的监护资格被依法撤销，由甲的奶奶担任甲的监护人。甲向父母主张损害赔偿的诉讼时效期间的起算日期为（　　　　）

A. 权利遭受侵害之日

B. 监护资格被撤销之日

C. 受害人年满 18 周岁之日

D. 侵害行为发生之日

二、多项选择题

1. 关于诉讼时效的起算与期间，下列说法正确的是（　　　　）

A. 甲向乙借贷 10 万元，约定共分五期偿付本金以及利息，则乙请求甲还款的诉讼时效为 2 年，自最后一期履行期限届满之日起算

B. 甲、乙之间的买卖合同因故撤销，此前甲已付款，则甲请求乙返还已经支付的 10 万元货款的诉讼时效为 3 年，自合同撤销之日起算

C. 甲是乙的监护人，利用监护便利擅自使用乙的积蓄投入股市，导致乙蒙受巨大损失，则乙请求甲赔偿损失的诉讼时效为 3 年，自该法定代理关系终止之日起算

D. 甲向乙借贷 10 万元，未约定履行期间，某日乙首次请求甲还款，甲明确表示拒绝，则乙请求甲还款的诉讼时效为 3 年，自遭到拒绝之日起算

2. 下列关于诉讼时效的说法，正确的是（　　　　）

A. 特殊诉讼时效期间是可变期间

B. 诉讼时效仅适用于请求权

C. 诉讼时效期间的起算一律从权利人知道或应当知道权利受到损害以及义务人之日

D. 诉讼时效届满后，债务人履行义务的，债权人构成不当得利

3. 下列关于诉讼时效中止的说法，正确的是（　　　　）

A. 诉讼时效中止是指诉讼时效暂时停止计算

B. 诉讼时效的中止必须是由于不可抗力或其他使当事人不能行使请求权的障碍

C. 中止的事由只能发生于诉讼时效期间的最后 6 个月内

D. 诉讼时效暂停计算的那段时间不计入诉讼时效期间

4. 下列选项中，不适用诉讼时效的是（　　　　）

A. 支付存款本金及利息请求权

B. 兑付国债、金融债券以及向不特定对象发行的企业债券本息请求权

C. 基于投资关系产生的缴付出资请求权

D. 返还不当得利请求权

5. 下列属于诉讼时效中断的情形的有（　　　　）

A. 权利人向义务人提出履行请求

B. 义务人同意履行义务

C. 权利人提起诉讼或者申请仲裁

D. 权利人向义务人的代理人、财产代管人或者遗产管理人等提出履行请求

6. 下列选项中，属于诉讼时效和除斥期间的区别的是（　　　　）

A. 除斥期间是一个不变期间，而诉讼时效则可因各种原因中止、中断甚至延长

B. 除斥期间届满的法律效力是实体权利消灭，而诉讼时效期间届满的法律后果是抗辩权发生，实体权利并不消灭

C. 人民法院可依职权主动适用除斥期间届满的规定，但人民法院不得主动适用诉讼时效期间的规定

D. 除斥期间主要适用于形成权，诉讼时效适用于请求权

7. 诉讼时效中止的事由有（　　　）

A. 不可抗力

B. 继承开始后未确定继承人或者遗产管理人

C. 权利人提起诉讼或者申请仲裁

D. 权利人被义务人或者其他人控制

三、简答题

1. 简述诉讼时效与除斥期间的区别。

2. 简述诉讼时效期间的起算规则。

第九章　物权通则

📝 **章节提要**　本章是物权编的入门章节，需要注意的知识点有：物权的特征（尤其要注意跟债权的特征做比较）、物权的分类、物权的公示公信原则（涉及交付、登记）、不动产登记的分类。

一、单项选择题

1. 甲有相机一部，乙看到甲使用，便觉得相机很好用，于是向甲提出购买，甲表示同意，但是希望乙能借其使用一周，乙表示同意。相机的所有权移转的时间为（　　　）

A. 买卖约定达成时　B. 付款支付完成时　C. 借用约定达成时　　D. 实际交付完成时

2. 下列选项中，属于用益物权的是（　　　）

A. 留置权　　　　　　B. 质押权　　　　　　C. 地役权　　　　　　D. 抵押权

3. 不动产登记中，因登记错误，造成他人损害的，应当由谁承担赔偿责任（　　　）

A. 当事人　　　　　　B. 登记机构　　　　　C. 利害关系人　　　　D. 权利人

4. 在买卖、互换、赠与不动产时或者因继承、受遗赠导致不动产权利发生转移时，当事人可以向不动产登记机构申请（　　　）

A. 变更登记　　　　　B. 转移登记　　　　　C. 更正登记　　　　　D. 异议登记

5. 下列说法正确的是（　　　）

A. 不动产登记由权利人住所地的登记机构办理

B. 不动产登记簿可以推定权利人享有该不动产物权

C. 不动产权属证书与登记簿不一致的，应当以权属证书为准

D. 不动产物权的设立、变更、转让和消灭，依照法律规定应当登记的，自记载于不动产权属证书时发生效力

6. 下列选项中，属于主物权的是（　　　）

A. 抵押权　　　　　　B. 地役权　　　　　　C. 所有权　　　　　　D. 担保物权

7. 以下选项中，属于法定物权的是（　　　）

A. 动产抵押权　　　　B. 不动产抵押权　　　C. 质权　　　　　　　D. 留置权

8. 异议登记的有效期是自异议登记之日起（　　　）

A. 7 日内   B. 14 日内   C. 15 日内   D. 20 日内

9. 以下选项中，不属于物权相对于债权的特征的是（   ）

A. 优先性   B. 意定性   C. 追及性   D. 排他性

10. 甲将自己的电脑出售给乙，乙当场付清价金，并约定 15 天后交货。丙听说后，向甲提出在乙的基础上加价 3 000 元购买其电脑，甲当即答应并把电脑交付给丙，丙向甲付清价金。电脑的所有权归（   ）

A. 甲   B. 乙   C. 丙   D. 乙、丙共有

11. 甲有一辆汽车，下列没有体现汽车的物权性质的是（   ）

A. 甲制止欲侵占此汽车的乙   B. 甲用汽车为他人作担保

C. 甲出售汽车后要求买主支付价款   D. 甲使用汽车的行为

12. 关于物权，下列说法错误的是（   ）

A. 物权是权利主体依法直接支配特定的物并享受其利益的排他性权利

B. 物权可分为所有权、用益物权和担保物权

C. 一个物上只能成立一个所有权

D. 一个物上只能成立一个物权

13. 下列关于物权和债权的关系，说法错误的是（   ）

A. 物权既是支配权也是请求权，债权只是请求权

B. 物权的客体通常是有体物，债权的客体是行为

C. 物权的义务主体不特定，债权的权利主体和义务主体都是特定的

D. 当物权与债权发生冲突时，物权的效力通常优先于债权的效力

14. 王某欲将电脑出售给李某，两人达成了买卖协议，但由于王某还需要使用电脑，因此又与李某约定借用电脑 1 周。王某交付电脑的方式为（   ）

A. 现实交付   B. 简易交付   C. 指示交付   D. 占有改定

15. 关于不动产物权登记的效力，下列说法正确的是（   ）

A. 甲继承其父的一处房产，物权在办理房产过户登记时发生变动

B. 甲在自家的宅基地上建造一套房屋，物权自房屋建成时设立

C. 政府依法征收甲的房屋，物权自办理房屋过户登记时发生变动

D. 甲将其房屋赠与乙，物权自房屋交付时发生变动

16. 关于不动产物权，下列说法正确的是（   ）

A. 不动产物权的设立都需要登记，不动产物权的变动不一定需要登记

B. 转让不动产的协议，未经登记，不发生效力

C. 在不动产权利因不动产灭失而导致权利消灭时，当事人不可申请办理注销登记

D. 依法属于国家所有的自然资源，所有权可以不登记

17. 甲依法在自家宅基地上建造了 3 间平房，10 年后甲去世，房屋由其子乙继承。不久，乙将该房屋卖给了同村的丙，丙已经搬入居住。经查，该房屋从未办理任何登记手续。请问如今房屋的所有人为（   ）

A. 国家   B. 集体   C. 乙   D. 丙

18. 下列选项中，不属于预告登记的失效原因的是（   ）

A. 自能够进行不动产登记之日起九十日内权利人未申请登记

B. 买卖不动产的协议被认定无效

C. 预告登记的权利人丧失民事行为能力

D. 预告登记的权利人放弃债权

19. 甲和乙签订房屋买卖合同，约定 10 天内交付房屋和房款，并共同办理所有权转移登记。后来，双方按照约定交付了房屋和房款，但没有办理登记，按照《民法典》的规定（　　　）

A. 买卖合同不能生效，所有权不能转移　　B. 房屋已经交付，所有权已经转移

C. 买卖合同已经生效，所有权不能转移　　D. 买卖合同已经生效，所有权已经转移

20. 张某的平板电脑被甲偷走，甲随后以市场价卖给不知情的李某并完成交付。关于本案，下列说法错误的是（　　　）

A. 李某不能善意取得平板电脑的所有权　　B. 张某可以向甲主张损害赔偿请求权

C. 张某可以向李某主张返还原物请求权　　D. 张某可以向甲主张返还原物请求权

二、多项选择题

1. 下列选项中，不属于不动产物权的保护方式有（　　　）

A. 返还原物　　　　　　　　　　　　　B. 排除妨碍

C. 修理、重作、更换　　　　　　　　　D. 消除影响

2. 以下请求权中，属于物权请求权的有（　　　）

A. 返还原物　　　　B. 排除妨碍　　　　C. 消除危险　　　　D. 损害赔偿

3. 下列交付方式当中，属于观念交付的有（　　　）

A. 现实交付　　　　B. 指示交付　　　　C. 简易交付　　　　D. 占有改定

4. 下列情形当中，属于非基于法律行为的物权变动的有（　　　）

A. 人民政府征收房屋导致物权变动　　　　B. 人民法院作出形成判决导致物权变动

C. 继承导致物权变动　　　　　　　　　　D. 建造房屋导致物权变动

5. 下列权利设定采取法定主义的是（　　　）

A. 留置权　　　　B. 债权　　　　C. 不动产所有权　　　　D. 居住权

6. 下列选项中，关于物权法定原则的说法正确的是（　　　）

A. 物权的内容不得由当事人创设

B. 物权的种类不得由当事人创设

C. 当事人的约定部分违反内容强制的规定的，不影响其他部分的效力的，物权仍可设立

D. 当事人的约定违反种类强制的规定的，不发生物权设立的法律后果

7. 下列选项中属于对世权的是（　　　）

A. 请求权　　　　B. 抵押权　　　　C. 留置权　　　　D. 建设用地使用权

8. 下列选项中，可以以不动产为客体的是（　　　）

A. 所有权　　　　B. 抵押权　　　　C. 质权　　　　D. 留置权

9. 下列选项中，只能以不动产为客体的是（　　　）

A. 土地承包经营权　　　　　　　　　　B. 建设用地使用权

C. 宅基地使用权　　　　　　　　　　　D. 地役权

10. 物权变动的立法模式主要有（　　　）

A. 意思主义　　　B. 物权意思主义　　　C. 债权形式主义　　　D. 物权形式主义

11. 甲将其所有的一辆自行车租给乙使用，租期 2 个月。1 个月后，甲将自行车出售给知

情的丙，并通知乙把自行车交付给丙。下列选项中错误的是（   ）

A. 甲交付自行车的方式为简易交付　　B. 甲交付自行车的方式为指示交付

C. 甲交付自行车的方式为占有改定　　D. 甲交付自行车的方式为现实交付

12. 适用恢复原状的物权保护方法的条件是（   ）

A. 存在财产损坏的事实　　　　　　　B. 财产的损坏系出于他人的违法行为

C. 损坏的财产有修复的可能　　　　　D. 损坏财产的人为合法使用人

13. 不动产的变动登记包括（   ）

A. 首次登记　　　　B. 变更登记　　　　C. 转移登记　　　　D. 注销登记

14. 当事人签订的下列协议中，可以设定预告登记的是（   ）

A. 房屋买卖协议　　　　　　　　　　B. 其他不动产物权协议

C. 汽车买卖协议　　　　　　　　　　D. 船舶买卖办议

15. 下列物权中采用登记对抗主义的是（   ）

A. 不动产抵押权　　B. 建设用地使用权　　C. 动产抵押权　　　D. 地役权

16. 关于物权的特征，下列表述正确的是（   ）

A. 物权是支配权　　　　　　　　　　B. 物权是绝对权

C. 物权总是优先于债权　　　　　　　D. 物权的保护主要是赔偿损失的方法

17. 下列选项中，关于物权法的基本原则的说法正确的有（   ）

A. 物权客体特定原则表明，一物之上只能成立一个所有权

B. 物权法定原则表明，当事人不得创设法律不认可的新类型的物权

C. "占有"是不动产物权存在的公示方式

D. 公示、公信原则表明，物权变动经过公示的，即使公示所表现的物权状态与真实的物权状态不相符合，也不影响物权变动的效力

三、简答题

1. 简述物权变动的模式。
2. 简述物权保护的方式。

四、法条分析题

《民法典》第 208 条规定："不动产物权的设立、变更、转让和消灭，应当依照法律规定登记。动产物权的设立和转让，应当依照法律规定交付。"

请分析：

（1）如何理解本条规定中的"登记"和"交付"的含义？

（2）试分析登记和交付的适用范围及效力。

（3）本条规定的意义。

第十章 所 有 权

📝 **章节提要**　从本章开始进入物权编的重点难点部分。所有权包括四大积极权能，即占有、使用、收益、处分，其中处分是所有权的核心。善意取得是本章最常考的内容，其属于所有权的原始取得，而不是继受取得；要注意善意取得的条件、法律后果、适用范围等。对于共有、建筑物区分所有权和相邻关系，正常学习即可。

一、单项选择题

1. 下列选项中，属于所有权的积极权能的是（　　　）

A. 占有权能　　　　　B. 消除危险　　　　　C. 恢复原状　　　　　D. 请求排除妨害

2. 下列关于所有权受到的限制说法错误的是（　　　）

A. 行使所有权不得妨害他人的合法权益

B. 行使所有权时必须注意保护环境、自然资源和生态平衡

C. 征收组织、个人的房屋以及其他不动产，应当依法给予征收赔偿

D. 被征用的不动产或者动产使用后，应当返还被征用人

3. 行使优先购买权的前提是在同等条件下，下列不属于"同等条件"的影响因素的是（　　　）

A. 标的交付方式　　　B. 转让价格　　　　　C. 价款履行方式　　　D. 期限

4. 关于所有权原始取得中的先占，下列说法不正确的是（　　　）

A. 先占的物须为无主物　　　　　　　　B. 先占的物须为动产

C. 行为人须以所有的意思占有无主物　　D. 我国《民法典》规定了先占需要具备的条件

5. 在我国，遗失物自发布招领公告之日起（　　　）内无人认领的，归国家所有

A. 1 个月　　　　　　B. 3 个月　　　　　　C. 6 个月　　　　　　D. 1 年

6. 在动产所有权的善意取得中，动产的交付方式不能是（　　　）

A. 现实交付　　　　　B. 简易交付　　　　　C. 指示交付　　　　　D. 占有改定

7. 遗失物原则上不适用善意取得制度，权利人有权追回被他人占有的遗失物，权利人对无权占有人享有返还原物请求权的期间是（　　　）

A. 自知道或应当知道受让人之日起 1 年内

B. 自标的物遗失之日起 1 年内

C. 自知道或应当知道受让人之日起 2 年内

D. 自标的物遗失之日起 2 年内

8. 引起所有权绝对消灭的原因是（　　　）

A. 所有权的客体不复存在　　　　　　　B. 抛弃所有权

C. 国家机关依法采取强制措施　　　　　D. 所有权的主体消灭

9. 下列不属于所有权的继受取得方式的是（　　　）

A. 买卖　　　　　　　B. 善意取得　　　　　C. 赠与　　　　　　　D. 互易

10. 甲、乙、丙三人按份共有一辆汽车，没有约定各自份额，无法统计出资额度。现在甲想将汽车转让给丁，对此，下列说法正确的有（　　　）

A. 需要全体一致同意，甲才能转让汽车　　B. 至少再有一人同意，甲才能转让汽车

C. 甲一人即可决定转让汽车　　　　　　D. 任何一人反对，甲便不能转让汽车

11. 下列不属于建筑物区分所有权的特征的是（　　　）

A. 复合性　　　　　　B. 整体性　　　　　　C. 成员权的主导性　　　D. 客体的多元性

12. 关于相邻关系，下列说法正确的是（　　　）

A. 不动产所有权和使用权都可能涉及相邻关系

B. 相邻关系中的权利主体只能是不动产的使用人

C. 相邻关系可以在任意不动产的权利人之间设立

D. 相邻关系由毗邻不动产的权利人协议产生

13. 下列选项中不可能适用善意取得的是（　　　）

A. 在分期付款的电脑买卖合同中，未取得所有权的买家将电脑转卖给不知情的第三人

B. 在电脑租赁合同中，承租人擅自以电脑为不知情的第三人设立担保物权

C. 质权人谎称自己是所有权人将质押物质押给不知情的第三人

D. 受委托保管电脑的人将电脑赠与不知情的第三人

14. 下列纠纷中，不属于相邻关系的是（　　　）

A. 甲村为了取水浇地，擅自在乙村的土地上修建水渠，引起纠纷

B. 甲在自己的院子里挖地窖，导致邻居乙的地基有所下沉

C. 甲私自将房屋加高，导致邻居乙的房屋采光受到严重影响

D. 甲私自截停自然流过农田的河流，造成下游农户无法灌溉庄稼

15. 甲把电脑交给乙保管，乙擅自与知情的丙订立了电脑买卖合同，并约定 3 天后交付。丁（不知道乙是保管人）听说后向乙提出以双倍的价格购买电脑，乙当即答应并完成交付。下列选项正确的是（　　　）

A. 电脑的所有权人是甲　　　　　　　　　B. 电脑的所有权人是丁

C. 乙和知情的丙之间的买卖合同效力待定　　D. 甲有权向丁追回电脑

16. 甲把电脑借给乙使用，乙擅自与不知情的第三人订立电脑买卖合同。由于乙还需要使用电脑，遂与第三人约定在 1 周后再把电脑交给第三人。下列选项正确的是（　　　）

A. 乙交付电脑的方式为简易交付　　　　　B. 第三人已取得电脑的所有权

C. 乙和第三人之间的买卖合同无效　　　　D. 电脑的所有权人是甲

17. 李某不慎丢失一件古董，被王某误以为是无主物而带回家中作为摆设。袁某看到这件古董后十分喜欢，遂以市场价从王某手中购买。李某得知古董的下落后，向袁某索要古董。下列选项正确的是（　　　）

A. 古董的所有权人是袁某

B. 古董属于无主物，王某可以取得所有权

C. 古董是遗失物，不适用善意取得制度

D. 李某有权请求袁某返还古董，但要支付袁某之前所付的费用

18. 甲公司依照法定程序取得了某块土地的建设用地使用权后，在其上兴建房屋。下列选项正确的是（　　　）

A. 甲公司在办理房屋登记前，不能取得房屋所有权

B. 甲公司因享有建设用地使用权而取得房屋所有权

C. 甲公司因事实行为而取得房屋所有权

D. 甲公司因公法上的原因取得房屋所有权

19. 甲遗失一块手表，乙捡到该手表后以 2 000 元的市场价格卖给了不知情的丙。两年后，甲发现丙所戴的手表正是自己的那块。下列说法正确的是（　　　）

A. 甲有权要求丙返还手表，但需要向丙支付 2 000 元

B. 甲有权要求丙返还手表，且无须向丙支付 2 000 元

C. 甲无权要求丙返还手表，因为手表已经丢失了两年

D. 甲无权要求丙返还手表，因为丙善意取得该手表

20. 处分按份共有的不动产或者动产以及对共有的不动产或者动产作重大修缮的，应当经占份额（　　　）以上的按份共有人同意，共有人之间另有约定的除外

A. 1/2　　　　　　　B. 2/3　　　　　　　C. 3/4　　　　　　　D. 4/5

21. 甲、乙、丙三人以 3:2:1 的比例按份共有一辆卡车。乙、丙二人均打算卖掉卡车，甲坚决反对。关于卖掉卡车，下列选项正确的有（　　　）

A. 甲有权单独卖掉卡车　　　　　　　B. 乙、丙可以基于多数共有人同意卖掉卡车

C. 乙、丙未经甲同意无权卖掉卡车　　　D. 乙、丙可以基于多数份额卖掉卡车

22. 甲有两头牛（一公一母）要出售，乙有意购买，并与甲达成 1 个月的试用协议。在试用期限内，母牛产下小牛一头。小牛的所有权归（　　　）

A. 甲　　　　　　　B. 乙　　　　　　　C. 甲、乙按份共有　　　D. 甲、乙共同共有

23. 无居民海岛（　　　）

A. 属于国家所有　　　　　　　B. 属于集体所有

C. 属于国家和集体共有　　　　D. 属于开发者所有

24. 光明小区的物业公司在小区电梯中张贴广告，收取广告费 1 万元。下列说法正确的是（　　　）

A. 广告费归物业公司所有　　　　　　　B. 广告费归开发商所有

C. 全部广告费归业主共有　　　　　　　D. 广告费扣除合理成本后，归业主共有

二、多项选择题

1. 甲将相机出借给乙使用，乙谎称相机为自己所有，将其以市价转让给不知情的丙，并且当场交付。关于本题，下列说法正确的有（　　　）

A. 丙可以善意取得相机的所有权　　　　B. 丙不能善意取得相机的所有权

C. 甲可以向丙主张返还相机　　　　　　D. 甲可以向乙主张赔偿损失

2. 下列属于所有权的消极内容的是（　　　）

A. 返还请求权　　B. 妨害排除请求权　　C. 妨害预防请求权　　D. 恢复原状请求权

3. 下列关于建筑物及附属设施维修资金的表述，正确的是（　　　）

A. 建筑物及其附属设施的维修资金，属于业主共有

B. 经业主共同决定，维修资金可以用于电梯、屋顶、外墙、无障碍设施等共有部分的维修、更新和改造

C. 经 1/2 以上的业主决定，维修资金可以用于电梯、屋顶、外墙、无障碍设施等共有部分的维修、更新和改造

D. 紧急情况下需要维修建筑物及其附属设施的，业主大会或者业主委员会可以依法申请使用建筑物及其附属设施的维修资金

4. 除了受让人出于善意以外，动产所有权的善意取得还需要具备的条件包括（   ）

A. 标的物须为占有委托物且为非禁止流通物

B. 让与人系无权处分人

C. 受让人以合理的价格受让

D. 已完成交付

5. 下列关于按份共有人转让份额的说法，正确的是（   ）

A. 按份共有人转让其享有的共有的不动产或者动产份额的，应当将转让条件及时通知其他共有人

B. 两个以上其他共有人主张行使优先购买权的，协商确定各自的购买比例

C. 协商不成的，按照转让时各自的共有份额比例行使优先购买权

D. 协商不成的，按照共有产生时各自的共有份额比例行使优先购买权

6. 引起所有权相对消灭的原因是（   ）

A. 转让所有权   B. 抛弃所有权

C. 国家机关依法采取强制措施   D. 所有权主体消灭

7. 甲遗失爱宠暹罗猫一只，于是发布悬赏广告：对拾得爱宠暹罗猫并且通知或者送还的人，甲愿意支付赏金 3 000 元。乙拾得甲的暹罗猫，但是既未通知，也未送还，只是带回暂养。此后，甲根据线索找到乙，乙当即归还。此外，暂养期间，乙花费必要费用 300 元。关于本题，下列说法正确的有（   ）

A. 甲应当支付赏金 3 000 元   B. 甲不必支付赏金 3 000 元

C. 甲应当支付必要费用 300 元   D. 甲不必支付必要费用 300 元

8. 相邻关系的处理原则是（   ）

A. 有利生产   B. 方便生活   C. 团结互助   D. 公平合理

9. 叶某将自有房屋卖给沈某，在交房和过户之前，沈某擅自撬门装修，施工导致邻居赵某经常失眠。下列表述正确的是（   ）

A. 赵某有权要求叶某排除妨害   B. 赵某有权要求沈某排除妨害

C. 赵某请求排除妨害不受诉讼时效的限制 D. 赵某可主张精神损害赔偿

10. 下列情形属于共同共有的是（   ）

A. 夫妻财产共有   B. 家庭财产共有

C. 遗产分割前的共有   D. 男女朋友同居期间的共有

11. 下列情形既属于继受取得又属于基于民事法律行为取得所有权的是（   ）

A. 买卖   B. 赠与   C. 互易   D. 继承

12. 根据法律规定，改变共有部分的用途或者利用共有部分从事经营活动的，（   ）

A. 应当由专有部分面积占比 1/2 以上的业主且人数占比 1/2 以上的业主参与表决

B. 应当由专有部分面积占比 2/3 以上的业主且人数占比 2/3 以上的业主参与表决

C. 应当经参与表决专有部分面积 1/2 以上的业主且参与表决人数 1/2 以上的业主同意

D. 应当经参与表决专有部分面积 3/4 以上的业主且参与表决人数 3/4 以上的业主同意

13. 关于添附，下列说法正确的是（   ）

A. 因加工、附合、混合而产生的物的归属，有约定的，按照约定

B. 没有约定或者约定不明确的，依照法律规定

C. 法律没有规定的，按照充分发挥物的效用以及保护无过错当事人的原则确定

D. 因一方当事人的过错或者确定物的归属造成另一方当事人损害的，应当给予赔偿或者补偿

14. 下列财产中，专属于国家所有的有（　　　）

A. 森林　　　　　　　B. 矿藏　　　　　　　C. 水流　　　　　　　D. 荒地

15. 在建筑物区分所有权中，构成"专有部分"应当具备的条件有（　　　）

A. 构造上的独立性　　　　　　　　　B. 利用上的独立性

C. 能够登记成为特定业主所有权的客体　　D. 能够获取业主的资格

16. 下列选项中，属于所有权的特征的是（　　　）

A. 全面性　　　　　B. 整体性　　　　　C. 排他性　　　　　D. 弹力性

17. 根据《民法典》的规定，下列由建筑物区分所有权的业主共同决定的事项中，应当经专有部分面积占比 3/4 以上的业主且参与表决人数 3/4 以上的业主同意的有（　　　）

A. 使用建筑物及其附属设施的维修资金

B. 改建、重建建筑物及其附属设施

C. 选聘和解聘物业服务企业或者其他管理人

D. 改变共有部分的用途或者利用共有部分从事经营活动

18. 关于共同共有，下列说法正确的有（　　　）

A. 共同共有人对共有财产没有份额的区分

B. 共同共有人不享有分割请求权

C. 处分共有财产或者对共有财产作重大修缮、变更性质或者用途的，应当经全体共同共有人同意，除非共有人之间另有约定

D. 财产共同共有关系会因共同关系的解除而消灭

三、简答题

简述集体所有权的客体。

四、案例分析题

1. 李某和王某是同村农民，李某因家里盖房的需要向王某提出欲收购其所有的三根木料。双方约定，李某以 600 元价款购买王某所有的三根木料。李某当场向王某支付了 300 元，并说明，等到第二天将余款 300 元带来付清，并将三根木料拉走。不料，天有不测风云，当天晚上山洪暴发，将存放于王某院内的三根木料冲走。第二天，李某带着 300 元到王某家中要求其交出木料，王某则说，昨天买卖已经成交了，而且你已经给了 300 元，木料已归你了。为此双方发生纠纷，李某诉至人民法院，要求王某交付木料。

请根据上述材料回答下列问题并说明理由：

（1）本案中木料的所有权是否已经发生转移？

（2）本案中木料损失的风险应由谁负担？

2. 吴某、李某二人共有一套房屋，登记在吴某的名下。2010 年 2 月 1 日，法院二审判决吴某、李某二人离婚，并且判决该房屋归李某所有，但是并未办理房屋所有权的变更登记。3 月 1 日，李某将该房屋出卖给张某，张某基于对判决书的信赖支付了 50 万元价款，并入住了该房屋。4 月 1 日，吴某又就该房屋与王某签订了买卖合同，王某在查阅了房屋登记簿

确认房屋仍归吴某所有之后，支付了 50 万元价款，并于 5 月 10 日办理了所有权变更登记手续。

请根据上述材料，回答下列问题并说明理由：

（1）2010 年 2 月 1 日，房屋所有权人是谁？为什么？

（2）2010 年 3 月 1 日，房屋所有权人是谁？为什么？

（3）2010 年 5 月 10 日，房屋所有权人是谁？为什么？

第十一章　用　益　物　权

✐ **章节提要**　本章的重点是用益物权的种类、客体、设立方式和流转方式，还要注意地役权与相邻关系的区别。另外，需要明确一点：无论是登记设立主义还是登记对抗主义，针对的都是法律行为。因此，由事实行为或公法上的原因导致的物权变动，不存在登记设立主义或登记对抗主义的问题。《民法典》在用益物权分编增加了居住权，考生要给予高度关注。

一、单项选择题

1. 甲与乙是邻居。甲为了眺望远方海景，与乙于 2022 年 4 月订立合同：要求乙不得兴建四层以上住宅，甲一次性支付 5 万元补偿费，并进行了登记。后甲于 2023 年 12 月将房屋出卖给丙并办理了不动产登记。关于本案，下列说法错误的是（　　　）

A. 甲与乙订立的合同是地役权合同　　　B. 甲的权利自 2022 年 4 月起设立

C. 丙有权阻止乙兴建四层以上住宅　　　D. 丙无权阻止乙兴建四层以上住宅

2. 有偿使用供役地，约定的付款期限届满后在合理期限内经几次催告未支付费用的，当事人有权解除地役权合同（　　　）

A. 1 次　　　　B. 2 次　　　　C. 3 次　　　　D. 4 次

3. 按照《民法典》的规定，家庭承包方式的土地承包经营权通过（　　　）取得

A. 签订承包合同　　　B. 招标　　　　C. 拍卖　　　　D. 公开协商

4. 关于建设用地使用权，下列说法正确的是（　　　）

A. 建设用地使用权的主体仅限于法人和非法人组织

B. 建设用地使用权的客体只包括国有土地

C. 建设用地使用权的内容不包括对土地本身的处分

D. 建设用地使用权是用益物权，不具有排他性

5. 关于宅基地使用权，下列说法不正确的是（　　　）

A. 宅基地使用权的主体仅限于农村集体经济组织成员

B. 宅基地的所有权归集体所有

C. 宅基地使用权不得抵押

D. 宅基地使用权可以直接通过继承取得

6. 关于地役权，下列说法不正确的是（　　　）

A. 地役权的主体包括所有权人和使用权人

B. 地役权是所有权的延伸和限制

C. 地役权的客体是他人的不动产

D. 地役权是从物权

7. 下列关于用益物权的说法，不正确的是（　　　）

A. 用益物权的客体可以是不动产，也可以是动产

B. 土地承包经营权自土地承包经营权合同生效时设立

C. 工业、商业、旅游、娱乐和商品住宅等经营性用地以及同一土地有两个以上意向用地者的，应当采取招标、拍卖等公开竞价的方式出让

D. 建设用地使用权期间届满的，自动续期

8. 关于建设用地使用权的设立，下列说法错误的是（　　　）

A. 设立建设用地使用权应当符合节约资源、保护生态环境的要求

B. 设立建设用地使用权应当遵守法律、行政法规关于土地用途的规定

C. 设立建设用地使用权不得损害已经设立的用益物权

D. 设立建设用地使用权应以经济利益为主要考量因素，无须考虑环境因素

9. 居住权自（　　　）时设立

A. 居住权合同签订　　B. 居住权合同生效　　C. 登记　　　　　　D. 当事人达成合意

10. 甲与好朋友乙签订居住权合同，允许乙在其房屋永久居住，甲和乙办理了居住权登记。甲死亡后，该房屋由甲的女儿丙继承。则（　　　）

A. 乙可以将房屋出租给其他人

B. 丙继承房屋后，乙对该房屋享有的居住权消灭

C. 丙继承房屋后，不能将该房屋出租

D. 房屋受到他人侵害时，乙无权请求排除妨害、赔偿损失

二、多项选择题

1. 下列物权中，属于准物权的有（　　　）

A. 海域使用权　　　　B. 探矿权　　　　　C. 采矿权　　　　　　D. 养殖权

2. 关于土地承包经营权，下列说法正确的是（　　　）

A. 土地承包经营权自土地承包经营权合同生效时设立

B. 以家庭承包方式承包土地的，承包方只能是本集体经济组织成员

C. 土地承包经营权一律不得继承

D. 以招标、拍卖、公开协商等方式承包土地的，较之于本集体经济组织之外的人，同等条件下本集体经济组织成员享有优先承包权

3. 通过家庭承包取得的土地承包经营权，流转方式包括（　　　）

A. 转包　　　　　　　B. 互换　　　　　　C. 质押　　　　　　　D. 转让

4. 土地承包经营权中的承包人需要履行的义务是（　　　）

A. 未经依法批准，不得将承包地用于非农建设

B. 不得进行掠夺性经营

C. 在生产过程中要保护环境

D. 接受发包人的必要指导和管理

5. 建设用地使用权的取得方式包括出让、转让，以及行政划拨。关于这两种方式，以下

说法正确的是（　　　）

A. 前者属于民事方式，后者属于行政方式

B. 前者属于有偿方式，后者属于无偿方式

C. 通过前者取得的土地使用权可进入市场，通过后者取得的土地不可进入市场

D. 通过前者取得的土地使用权采取登记设立主义，通过后者取得的土地使用权采取登记对抗主义

6. 下列物权，采取登记生效主义的是（　　　）

A. 土地承包经营权设立　　　　　　　　B. 建设用地使用权设立

C. 不动产抵押权设立　　　　　　　　　D. 地役权设立

7. 甲公司在离海不远的地方建了一座酒店，在酒店上端的旋转餐厅就餐可以很好地欣赏海景。乙公司取得了酒店与大海之间的土地的建设用地使用权，甲公司担心乙公司修建高层建筑会妨害在旋转餐厅的客人的视野，遂与乙公司约定，乙公司 10 年内不修建 20 米以上的建筑，甲公司每年向乙公司支付 20 万元，双方签订了书面形式的合同，但未进行登记。如果乙公司将该土地的建设用地使用权转让给不知情的丙公司，下列说法正确的是（　　　）

A. 甲公司的地役权没有登记，不具有对抗效力

B. 丙公司是善意第三人，因此甲公司就无权要求丙公司履行地役权合同的义务

C. 甲公司的地役权对丙公司有效

D. 甲公司有权要求丙公司按照乙公司合同约定履行义务

8. 我国《民法典》规定的用益物权包括（　　　）

A. 土地承包经营权　　B. 居住权　　　　　　C. 宅基地使用权　　　　　D. 地役权

9. 下列关于地役权和相邻关系的表述，正确的是（　　　）

A. 相邻关系的产生是由于不动产的相邻各方为生产、生活所必须而形成的土地利用关系

B. 地役权是根据合同产生的

C. 地役权是为需役地的利益设定的

D. 相邻关系是法定的

10. 下列关于土地承包经营权的说法，正确的是（　　　）

A. 土地承包经营权人可以自主决定依法采取出租、入股或者其他方式向他人流转土地经营权

B. 流转期限为 5 年以上的土地经营权，自流转合同生效时设立

C. 流转期限为 5 年以上的土地经营权，自办理登记时设立

D. 通过招标、拍卖、公开协商等方式承包农村土地，经依法登记取得权属证书的，可以依法采取出租、入股、抵押或者其他方式流转土地经营权

11. 下列关于居住权的说法，正确的是（　　　）

A. 设立居住权，当事人应当采用书面形式订立居住权合同

B. 居住权不得转让、继承

C. 无须当事人特别约定，设立居住权的住宅就可以出租

D. 居住权期限届满或者居住权人死亡的，居住权消灭

12. 下列关于建设用地使用权的说法中，正确的是（　　　）

A. 以集体土地为客体的建设用地使用权限于兴办乡镇企业、乡（镇）村公共设施和公益事业

B. 建设用地使用权人有权处分建设用地

C. 处分建设用地使用权的，相应土地上的建筑物、构筑物及其附属设施应当一并处分；处分建筑物、构筑物及其附属设施的，占地范围内的建设用地使用权应当一并处分

D. 权利消灭之后应当返还土地并且恢复原状

13. 下列选项中，属于宅基地使用权人的权利的是（　　　）

A. 占有宅基地　　　　　　　　　　B. 使用宅基地建造房屋和附属设施

C. 取得因行使宅基地使用权而获得的收益　　D. 抵押宅基地

三、简答题

1. 简述建设用地使用权的特征。

2. 简述居住权的特征。

四、案例分析题

　　杜某长年在北京工作，其在河南老家有一套闲置楼房。杜某与其在河南当地工作的朋友李某订立合同，为李某设立居住权，楼房由李某和其妻子戴某居住，并约定李某应每年向杜某支付 1 000 元房屋使用费。一年后，李某因车祸去世。

　　请根据上述材料，回答下列问题并说明理由：

（1）杜某为李某设立居住权，应完成哪些手续？

（2）杜某与李某关于房屋使用费的约定是否有效？

（3）李某去世后，戴某能否对楼房行使居住权？

第十二章　担保物权

> 📝 **章节提要**　本章几乎所有内容都是重点，考点涵盖考试的所有题型。需要注意区分的是担保物权的生效和担保物权合同的生效。另外，还需要注意区分留置权的成立和留置权的实现。

一、单项选择题

1. 承包方可以用承包地的土地经营权向金融机构融资担保，并向发包方备案。该担保物权设立的时间为（　　　）

A. 完成登记时　　　B. 合同成立时　　　C. 合同生效时　　　D. 完成备案时

2. 当事人以建设用地使用权依法设立抵押，但是土地上存在违法的建筑物的，该抵押合同效力（　　　）

A. 有效　　　　　B. 无效　　　　　C. 可撤销　　　　　D. 效力未定

3. 甲为向乙银行贷款 100 万元，将自己的一套房屋抵押给乙银行，并办理了抵押登记。此后，甲陆续向乙银行偿还贷款 70 万元，仍有 30 万元未能清偿。对此，下列说法正确的有（　　　）

A. 乙银行的抵押权消灭

B. 乙银行的抵押权继续存在，但是额度缩减为 30 万元

C. 乙银行的抵押权继续存在，但是额度缩减为 70 万元

D. 乙银行的抵押权继续存在，并且额度不会缩减

4. 根据法律规定，动产质权何时设立（　　　　）

A. 质押合同成立时　　　　　　　　　B. 质押合同生效时

C. 质押财产交付时　　　　　　　　　D. 办理质押登记时

5. 下列不属于出质人的权利的是（　　　　）

A. 占有质押财产　　　　　　　　　　B. 保留质押财产的所有权

C. 请求质权人返还质押财产　　　　　D. 请求质权人行使质权

6. 在动产浮动抵押中，抵押权自（　　　　）时设立

A. 抵押合同生效时　　　　　　　　　B. 抵押合同订立时

C. 抵押合同登记时　　　　　　　　　D. 抵押合同备案时

7. 对于动产抵押担保的主债权是抵押物的价款，标的物交付后（　　　　）内办理抵押登记的，该抵押权人优先于抵押物买受人的其他担保物权人受偿,但是留置权人除外（　　　　）

A. 十日　　　　B. 十五日　　　　C. 三十日　　　　D. 六十日

8. 根据《民法典》的规定，担保物权消灭的情形不包括（　　　　）

A. 债务人放弃担保　　　　　　　　　B. 主债权消灭

C. 担保物权实现　　　　　　　　　　D. 法律规定的担保物权消灭的其他情形

9. 关于抵押权的特征，下列说法不正确的是（　　　　）

A. 抵押权是一种约定担保物权　　　　B. 抵押权的客体仅限于不动产

C. 抵押财产在抵押期间仍由抵押人占有　　D. 不动产抵押权采取登记设立主义

10. 关于质权的特征，下列说法不正确的是（　　　　）

A. 质押合同是实践性合同，自质押财产交付时生效

B. 质权人在债务履行期限届满前，与出质人约定债务人不履行到期债务时质押财产归债权人所有的，只能依法就质押财产优先受偿

C. 质权是转移占有的担保物权

D. 质权是约定担保物权

11. 关于留置权的特征，下列说法不正确的是（　　　　）

A. 物权具有追及力，因此留置权也具有追及力

B. 留置权的设立不以合同为依据

C. 留置权的客体仅限于动产

D. 当事人约定不得留置的动产，债权人不得留置

12. 关于抵押合同中双方当事人的权利义务，不正确的是（　　　　）

A. 抵押人可以同时在同一抵押财产上设立多个抵押权

B. 抵押人转让抵押财产时应当及时通知抵押权人

C. 抵押权人可以将抵押权与债权分离单独转让或者用作债权的担保

D. 抵押权人不得妨碍抵押人正常行使抵押财产的所有权

13. 以下不属于最高额抵押特征的是（　　　　）

A. 适用范围的限定性　　　　　　　　B. 从属性

C. 所担保债权的不确定性　　　　　　D. 以上均不属于最高额抵押的特征

14. 甲和乙签订了质押合同,约定甲将其汽车出质给乙,乙借给甲10万元。乙交付了款项后,甲一直不交付汽车。下列选项正确的是（　　　　）

A. 借款合同生效，质押合同不生效，质权未设立

B. 借款合同生效，质押合同生效，质权未设立

C. 借款合同不生效，质押合同生效，质权已设立

D. 借款合同不生效，质押合同不生效，质权已设立

15. 下列选项中，既能成为质权客体，又能成为抵押权客体的是（　　　）

    A. 汽车　　　　　　　　　　　B. 建设用地使用权

    C. 海域使用权　　　　　　　　D. 房屋

16. 下列选项中不能成为权利质权的客体的是（　　　）

    A. 存款单　　　　　　　　　　B. 可以转让的著作权中的财产权

    C. 现有的以及将有的应收账款　D. 土地承包经营权

17. 张某的奶牛病了，张某带奶牛到兽医李某处医牛，医疗费 200 元。张某觉得太贵，不愿意支付，李某遂将奶牛扣下，告诉张某如果 10 日内不交 200 元钱，就把奶牛卖了抵债。张某不同意，但是没有办法，只好先回家了。下列说法正确的是（　　　）

    A. 李某有权直接变卖奶牛抵偿医疗费

    B. 如张某未在 10 日内支付医疗费，则李某可以变卖奶牛抵偿医疗费

    C. 张某应在李某给予的 60 日以上的期间支付医疗费，否则李某可以变卖奶牛抵偿医疗费

    D. 张某应在 30 日以内的期间支付医疗费，否则李某可以变卖奶牛抵偿医疗费

18. 下列关于质权的表述，错误的是（　　　）

    A. 质权是转移占有的担保物权　　B. 质押合同是实践性合同

    C. 现有的以及将有的应收账款可以出质　D. 质权效力及于质权财产的代位物

19. 下列关于留置权的说法，错误的是（　　　）

    A. 债务人不履行到期债务，债权人因同一法律关系留置合法占有的第三人的动产，可以主张就该留置财产优先受偿

    B. 企业之间留置的动产与债权并非同一法律关系，债务人可以该债权不属于企业持续经营中发生的债权为由请求债权人返还留置财产

    C. 企业之间留置的动产与债权并非同一法律关系，债权人留置第三人的财产，第三人可以请求债权人返还留置财产

    D. 债务人不履行到期债务，债权人因同一法律关系留置合法占有的第三人的动产，不能主张就该留置财产优先受偿

20. 根据法律规定，海域使用权（　　　）

    A. 可以抵押　　　B. 不可以抵押　　　C. 可以质押　　　D. 可以留置

21. 以基金份额出质的，质权设立时间为（　　　）

    A. 权利凭证交付时　B. 办理出质登记时　C. 签订质押合同时　D. 达成质押合意时

22. 甲先后将自己的笔记本电脑抵押给乙，但未办理登记；出质给丙并转移占有；抵押给丁并办理登记。担保物权的受偿顺序是（　　　）

    A. 乙、丙、丁　　B. 丙、丁、乙　　C. 丁、乙、丙　　D. 丁、丙、乙

23. 下列关于抵押权的说法中，正确的是（　　　）

    A. 以建设用地使用权抵押的，该土地上的建筑物不能当作抵押财产

    B. 以动产抵押的，抵押权自登记时设立

    C. 建设用地使用权实现抵押权时，抵押权人应当将该土地上新增的建筑物与建设用地使

用权一并处分，并就新增建筑物所得的价款优先受偿

D. 动产抵押权人不得对抗正常经营活动中已经支付合理价款并取得抵押财产的买受人

二、多项选择题

1. 甲向乙借款 200 万元，并将自己的一套房子抵押给了乙，并办理了抵押登记，后丙又将其汽车质押给了乙，丁则与乙签订了连带保证合同，担保该笔借款的偿还。甲乙丙丁之间未约定实现担保的顺序。后该笔借款到期，甲不予偿还，乙为实现自己的债权，可以（　　　）

A. 先就抵押的房子实现债权，不足部分请求丁承担保证责任

B. 先就抵押的房子实现债权，不足部分则就质押的汽车实现债权

C. 先请求丁承担保证责任，不足部分再就抵押的房子实现债权

D. 先就质押的汽车实现债权，不足部分再请求丁承担保证责任

2. 关于抵押财产的转让，下列说法正确的有（　　　）

A. 抵押期间，抵押人可以转让抵押财产

B. 抵押人转让抵押财产的，应当及时通知抵押权人

C. 当事人约定禁止或者限制转让抵押财产但是未将约定登记，抵押人违反约定转让抵押财产，转让合同不会因此无效

D. 当事人约定禁止或者限制转让抵押财产且已经将约定登记，抵押人违反约定转让抵押财产，转让合同将会因此无效

3. 抵押权的效力范围包括（　　　）

A. 原抵押财产　　　　　　　　　　B. 抵押财产的从物

C. 抵押财产的添附物　　　　　　　D. 抵押财产的孳息

4. 根据《民法典》的规定，下列选项中可以成为抵押权客体的是（　　　）

A. 土地所有权　　　　　　　　　　B. 建设用地使用权

C. 宅基地使用权　　　　　　　　　D. 交通运输工具

5. 动产浮动抵押中，会导致抵押财产确定的情形是（　　　）

A. 债务履行期限届满，债权未实现

B. 抵押人被宣告破产或者解散

C. 当事人约定的实现抵押权的情形

D. 严重影响债权实现的其他情形

6. 抵押担保的范围包括（　　　）

A. 主债权　　　　　B. 利息　　　　　C. 违约金　　　　　D. 实现抵押权的费用

7. 下列关于权利质权的说法中，正确的是（　　　）

A. 以汇票、本票、支票、债券、存款单、仓单、提单出质的，质权自权利凭证交付质权人时设立

B. 以汇票、本票、支票、债券、存款单、仓单、提单出质没有权利凭证的，质权自办理出质登记时设立

C. 以汇票、本票、支票、债券、存款单、仓单、提单出质的，必须签订书面合同

D. 以汇票、本票、支票、债券、存款单、仓单、提单出质的，无须签订书面合同

8. 关于动产抵押权的顺位，以下说法正确的是（　　　）

A. 已经登记的抵押权先于未登记的受偿

B. 抵押权都登记的按照登记时间的先后顺序受偿

C. 抵押权均未登记的，按照抵押合同成立的顺序受偿

D. 抵押权均未登记的，按照债权比例受偿

9. 抵押权的实现方式包括（　　　）

A. 赔偿　　　　　　　B. 折价　　　　　　　C. 拍卖　　　　　　　D. 变卖

10. 下列选项中可以成为权利质权客体的是（　　　）

A. 知识产权中的财产权利　　　　　　B. 现有的以及将有的应收账款

C. 可以转让的基金份额　　　　　　　D. 债券

11. 李某是王某的债务人，李某将名下的一处不动产抵押给王某并办理登记。后李某又将不动产抵押给陈某，但未办理登记。若李某要转让该不动产（当事人无特别约定），应当（　　　）

A. 经过王某的同意

B. 经过王某和陈某的同意

C. 王某能够证明该不动产转让可能损害抵押权的，可以请求李某将转让所得的价款向王某提前清偿债务或者提存

D. 不必经过王某的同意

12. 王某将一件家具交给李某进行翻新处理，并约定在取回家具时支付翻新费用。李某完成工作后通知王某前来取货并付款，但王某拒绝支付款项，李某遂将家具留置。下列选项正确的是（　　　）

A. 李某对家具享有留置权

B. 李某在宽限期届满后可对家具行使优先受偿权

C. 由于王某和李某事先未约定宽限期，因此李某不能行使优先受偿权

D. 李某行使优先受偿权的宽限期为 60 日以上

13. 甲向乙借款 10 万元，并以一辆汽车作抵押，并办理抵押登记。随后甲又把汽车质押给丙。丙在占有汽车期间，将汽车交给丁保养，因丙拒绝支付保养费用，丁留置该汽车。下列说法正确的是（　　　）

A. 丁优先于乙受偿　　　　　　　　　B. 丙优先于乙受偿

C. 乙优先于丙受偿　　　　　　　　　D. 丙优先于丁受偿

14. 下列选项中属于留置权人和质权人都享有的权利的是（　　　）

A. 孳息收取权　　　　　　　　　　　B. 优先受偿权

C. 担保物使用权　　　　　　　　　　D. 保管担保物的必要费用请求权

15. 留置权的消灭事由包括（　　　）

A. 留置物毁损灭失且无代位物　　　　B. 留置权人对留置物丧失占有

C. 留置权人接受债务人另行提供的担保　　D. 主债权消灭

16. 甲公司向乙银行贷款，丙公司作为甲公司的连带责任保证人，同时甲公司将自己所有的办公楼作为抵押，丁公司也以自己所有的厂房作为抵押担保乙银行对甲公司的债权。甲公司、丙公司和丁公司未与乙银行约定甲公司、丙公司和丁公司之间的担保顺序和比例。甲公司到期无力还本付息。下列乙银行实现自己债权的方式，正确的有（　　　）

A. 乙银行应当先就甲公司提供的办公楼行使抵押权

B. 仍有未实现的债权的，乙银行可以就丁公司提供的厂房行使抵押权

C. 仍有未实现的债权的，乙银行可以要求丙公司承担保证责任

D. 乙银行可以首先要求丙公司承担保证责任

17. 甲在自己的房屋上依次为乙、丙、丁设立了抵押权，各自担保的债权数额分别为50万元、40万元、30万元。因甲不清偿到期债务，房屋拍卖所得价款为80万元。现乙放弃自己的抵押权顺位，下列说法正确的有（   ）

A. 丙成为第一顺位的抵押权人，有权就40万元优先受偿

B. 丁成为第二顺位的抵押权人，有权就30万元优先受偿

C. 乙成为第三顺位的抵押权人，有权就剩下的10万元优先受偿

D. 乙成为普通债权人，其50万元债权只能作为普通债权，不享有优先受偿权

18. 下列关于抵押权的说法，正确的是（   ）

A. 抵押权依法设立后，抵押财产被添附，添附物归第三人所有，抵押权人可以主张抵押权效力及于补偿金

B. 抵押权依法设立后，抵押人与第三人因添附成为添附物的共有人，抵押权人不能主张抵押权的效力及于抵押人对共有物享有的份额

C. 抵押权依法设立后，抵押财产毁损、灭失或者被征收等，抵押权人可以请求按照原抵押权的顺位就保险金、赔偿金或者补偿金等优先受偿

D. 从物产生于抵押权依法设立前，抵押权人可以主张抵押权的效力及于从物（当事人没有约定）

19. 下列关于质权人的权利和义务的说法中，正确的是（   ）

A. 质权人收取的孳息应当先充抵收取孳息的费用

B. 质权人可以任意使用、出租质押财产

C. 债务人以自己的财产出质，质权人放弃该质权的，其他担保人在质权人丧失优先受偿权益的范围内免除担保责任，但是其他担保人承诺仍然提供担保的除外

D. 债务人履行债务或者出质人提前清偿所担保的债权的，质权人应当返还质押财产

20. 下列关于留置权的表述正确的是（   ）

A. 债务履行期间届满，留置权人即可以行使留置权

B. 留置权的客体限于动产

C. 留置权人一旦丧失对留置财产的占有即丧失留置权

D. 留置权的宽限期可以由当事人事先约定

三、简答题

1. 简述留置权人的权利。

2. 简述最高额抵押中，抵押财产确定的情形。

四、法条分析题

1. 《民法典》第394条规定："为担保债务的履行，债务人或者第三人不转移财产的占有，

将该财产抵押给债权人的，债务人不履行到期债务或者发生当事人约定的实现抵押权的情形，债权人有权就该财产优先受偿。

前款规定的债务人或者第三人为抵押人，债权人为抵押权人，提供担保的财产为抵押财产。"

请分析：

（1）如何理解本条"债务人不履行到期债务或者发生当事人约定的实现抵押权的情形"之规定？该规定的适用条件是什么？

（2）如何理解本条"优先受偿"之规定？

2.《民法典》第420条规定："为担保债务的履行，债务人或者第三人对一定期间内将要连续发生的债权提供担保财产的，债务人不履行到期债务或者发生当事人约定的实现抵押权的情形，抵押权人有权在最高债权额限度内就该担保财产优先受偿。

最高额抵押权设立前已经存在的债权，经当事人同意，可以转入最高额抵押担保的债权范围。"

请分析：

（1）最高额抵押权的特征。

（2）如何理解本条第1款中"一定期间内将要连续发生的债权"的含义？

（3）如何理解本条第1款中"最高债权额限度内"的含义？

五、案例分析题

1. 2014年1月1日，甲公司与乙公司签订了一份关于机器设备的买卖合同，双方约定：甲公司向乙公司出售机器设备一套，货款100万元，乙公司应于2014年9月1日前付款，同时，甲公司代为保管该机器设备至2014年3月1日。为担保乙公司向甲公司支付100万元货款，丙公司担任保证人，但是没有约定保证期间与保证方式，刘某将其房屋抵押给甲公司，办理了抵押登记。

请根据上述材料，回答下列问题并说明理由：

（1）乙公司何时取得机器设备的所有权？为什么？

（2）如果甲公司向乙公司现实交付机器设备后为了确保乙公司能够支付价款，又要求乙公司将机器设备抵押给自己并于交付次日办理了抵押登记，如此将会产生何种法律效果？为什么？

（3）如果乙公司到期没有支付100万元货款，甲公司如何实现债权？为什么？

（4）如果乙公司到期没有支付100万元货款，甲公司实现债权后，如何处理乙公司、丙公司以及刘某间的关系？为什么？

2. 甲的公司破产之后，为了东山再起，于是将自己仅有的一辆轿车出卖给戴某以换取启动资金。轿车交付之后，戴某并未及时支付价款，为了确保戴某如约支付价款，甲便要求戴某将轿车抵押回来，戴某同意，并于轿车交付次日办理抵押登记。此后，戴某并未如约付款。经查，戴某除将该辆轿车抵押给甲外，还将该辆轿车抵押给刘某，同时由于修理该辆汽车欠付维修费用，该辆轿车还被赵某留置。

此后数年，几经波折，甲终于收到戴某支付的购车价款，加上其他家庭收入，甲与其妻共同开办了一家小餐馆。岂料赶上新冠疫情，各行各业经营惨淡，甲的小餐馆也不能幸免，生意寥寥。甲最终将小餐馆转租，并且欠下大额债务，甲与其妻的婚姻也因此走到尽头，双方最终协议离婚。

请根据上述材料，回答下列问题并说明理由：

（1）甲对轿车的抵押权何时设立？为什么？

（2）甲、刘某以及赵某均为轿车的担保物权人，三人如果行使担保物权应当按照何种顺序受偿？

（3）甲与其妻经营小餐馆的债务如何承担？为什么？

（4）如果债权人与甲签订和解协议，放弃对甲主张债权，这一行为对甲妻有何影响？为什么？

第十三章 占 有

章节提要 本章的重点是占有的分类和占有物返还请求权的除斥期间。要注意区分所有权的保护和占有保护。

一、单项选择题

1. 依据占有人的主观心理状态，可以将占有分为（ ）

A. 有权占有和无权占有　　　　　　　B. 善意占有和恶意占有

C. 直接占有和间接占有　　　　　　　D. 自主占有和他主占有

2. 一日，李某基于情谊将汽车租给白某使用，白某属于（ ）

A. 有权占有　　　B. 无权占有　　　C. 善意占有　　　D. 恶意占有

3. 下列不属于对占有的保护的是（ ）

A. 占有物返还请求权　　　　　　　　B. 妨害排除和消除危险请求权

C. 损害赔偿请求权　　　　　　　　　D. 优先受偿权

4. 关于占有物返还请求权的限制，适用（ ）

A. 1年的诉讼时效期间　　　　　　　B. 2年的诉讼时效期间

C. 1年的不变期间　　　　　　　　　D. 2年的不变期间

5. 下列选项中属于自主占有的是（ ）

A. 质权人对质押物的占有　　　　　　B. 出质人对质押物的占有

C. 承租人对租赁物的占有　　　　　　D. 留置权人对留置物的占有

6. 关于原物返还请求权和占有物返还请求权，下列说法不正确的是（ ）

A. 原物返还请求权和占有物返还请求权都是为了保护物权

B. 侵占发生时，所有人可以行使上述两种请求权，占有人只能行使上述第二种请求权

C. 前者基于物权产生，后者基于占有的事实产生

D. 后者的产生须基于相对人的侵占行为，前者无此要求

7. 甲在高铁站误将乙的同款行李箱当成自己的行李箱带回家。甲对该行李箱的占有属于（ ）

A. 善意占有　　　B. 间接占有　　　C. 有权占有　　　D. 他主占有

8. 关于占有，下列说法正确的是（　　　）

A. 占有的客体限于独立的物，对物的组成部分不能成立占有

B. 无权占有不受法律保护

C. 恶意占有人无权要求权利人返还因维护占有的不动产或者动产支出的必要费用

D. 占有是一种权利

二、多项选择题

1. 甲将其汽车出租给乙。对此，下列说法正确的有（　　　）

A. 甲是间接占有人　B. 甲是他主占有人　C. 乙是直接占有人　D. 乙是自主占有人

2. 对善意占有和恶意占有进行区分的意义在于（　　　）

A. 只有善意占有人才受到善意取得制度的保护

B. 占有人因使用占有物致使占有物受到损害的，恶意占有人应承担赔偿责任

C. 善意占有人享有因维护占有物而支出的必要费用的请求权，恶意占有人不享有此权利

D. 无权占有的占有物毁损、灭失的，恶意占有人除了应返还保险金、赔偿金或补偿金外，还应当赔偿损失

3. 下列选项中属于占有这一事实状态的法律效力的是（　　　）

A. 权利推定效力　　　B. 权利取得效力　　　C. 保护效力　　　D. 转移效力

4. 甲遗失一手机，被乙拾得并据为己有。后乙遗失该手机，被丙拾得并据为己有。下列说法正确的是（　　　）

A. 甲有权要求丙返还原物

B. 乙有权要求丙返还占有

C. 乙对手机的占有虽然是无权占有，但也受法律保护

D. 乙无权要求丙返还占有

5. 留置权人对留置物的占有属于（　　　）

A. 有权占有　　　　　B. 无权占有　　　　　C. 直接占有　　　　　D. 间接占有

6. 甲向乙借款 5 000 元，并将自己的一台笔记本电脑出质给乙。乙在出质期间将电脑无偿借给丙使用。丁因丙欠钱不还，趁丙不注意时拿走电脑并向丙声称要以其抵债。下列选项正确的是（　　　）

A. 甲有权基于其所有权请求丁返还电脑

B. 乙有权基于其质权请求丁返还电脑

C. 丙有权基于其占有被侵占请求丁返还电脑

D. 丁有权主张以电脑抵偿丙对自己的债务

三、简答题

简述占有的法律效力。

第十四章 合 同 通 则

章节提要　本章需要注意的重难点有：债的内容、合同的成立、格式条款的解释、合同履行中的抗辩权、合同履行的一般规则和特别规则、债权人的代位权和撤销权、合同的转让、合同的权利义务终止、违约责任等。

一、单项选择题

1. 当事人以认购书、订购书、预订书等形式约定在将来一定期限内订立合同，能够确定将来所要订立合同的主体、标的等内容的，应当认定（　　）
A. 预约合同成立　　　B. 本约合同成立　　　C. 要约发出　　　　D. 要约生效

2. 当事人订立的认购书、订购书、预订书等已就合同标的、数量、价款或者报酬等主要内容达成合意，符合合同成立的条件，未明确约定在将来一定期限内另行订立合同的，应当认定（　　）
A. 预约合同成立　　　B. 本约合同成立　　　C. 要约发出　　　　D. 要约生效

3. 有证据证明当事人之间对合同条款有不同于词句的通常含义的其他共同理解的，对该条款将（　　）
A. 按照其他共同理解解释　　　　　B. 按照通常含义解释
C. 选择有利于该条款有效的解释　　D. 选择对债务人负担较轻的解释

4. 采取招标方式订立合同的，合同通常何时成立（　　）
A. 中标通知书到达时　　　　　　　B. 中标通知书发出时
C. 投标文件送达时　　　　　　　　D. 招标文件公开时

5. 合同不成立、无效、被撤销或者确定不发生效力，有权请求返还价款或者报酬的当事人一方请求对方支付资金占用费的，若占用资金的当事人无过错，人民法院应当按照何种利率计算资金占用费（　　）
A. 一年期贷款市场报价利率　　　　B. 一年期贷款市场报价利率的四倍
C. 同期同类存款基准利率　　　　　D. 同期同类存款基准利率的四倍

6. 当事人因合同不成立、无效、被撤销或者解除而互负义务，如果具有对价关系，也可主张（　　）
A. 同时履行抗辩权　　B. 先履行抗辩权　　　C. 不安抗辩权　　　　D. 先诉抗辩权

7. 让与人将同一债权转让给两个以上受让人，债务人通常应当向哪一受让人履行债务（　　）
A. 最先签订债权让与协议的受让人
B. 最先支付债权转让费用的受让人
C. 最先到达债务人的转让通知中载明的受让人
D. 应当由各受让人按比例受偿

8. 当事人事先约定排除情事变更制度适用的，人民法院应当认定该约定（　　）
A. 有效　　　　　　　　　　　　　B. 无效
C. 不成为合同的内容　　　　　　　D. 效力未定

9. 甲有 100 吨大米，分别储存于十个仓库（编号 1 到 10）中，后甲与乙订立大米买卖合同，

乙购买 10 吨大米。就此合同，下列说法正确的有（　　　　）

A. 属于选择之债　　　B. 属于种类之债　　　C. 属于特定之债　　　D. 属于连带之债

10. 下列不属于债权的特征的是（　　　　）

A. 任意性　　　　　　B. 排他性　　　　　　C. 平等性　　　　　　D. 相对权

11. 下列不属于债务的特征的是（　　　　）

A. 特定性　　　　　　B. 期限性　　　　　　C. 永久性　　　　　　D. 强制性

12. 债权人的撤销权，是指在债务人实施的处分行为影响债权人的债权实现时，债权人享有的依诉讼程序申请法院撤销债务人实施的行为的权利。撤销权自债务人的行为发生之日起多长时间内没有行使撤销权的，该撤销权消灭（　　　　）

A. 1 年　　　　　　　B. 3 年　　　　　　　C. 5 年　　　　　　　D. 20 年

13. 以下选项中属于意定之债发生的原因的是（　　　　）

A. 不当得利　　　　　B. 合同行为　　　　　C. 侵权行为　　　　　D. 无因管理

14. 在多数人之债中，任意债权人都有权要求任意债务人履行全部给付行为的债是（　　　　）

A. 按份之债　　　　　B. 连带之债　　　　　C. 简单之债　　　　　D. 选择之债

15. 在债的变更中，不改变债的主体的情况下对债的履行条件予以改变的是（　　　　）

A. 债权转让　　　　　B. 债的内容变更　　　C. 债务承担　　　　　D. 债的转移

16. 下列选项中不属于通过合同让与债权的条件的是（　　　　）

A. 存在有效的债权

B. 受让人与原债权人达成合意且不违反法律规定

C. 经过债务人书面同意

D. 债权具有可让与性

17. 在债的消灭中，债权人和债务人合为一人的事实被称为（　　　　）

A. 抵销　　　　　　　B. 解除　　　　　　　C. 免除　　　　　　　D. 混同

18. 债权人领取提存物的期限是自提存之日起（　　　　）

A. 1 年内　　　　　　B. 2 年内　　　　　　C. 3 年内　　　　　　D. 5 年内

19. 提存期间，孳息归（　　　　）所有

A. 债权人

C. 提存机关

B. 债务人

D. 债权人和债务人共同

20. 关于免除，下列说法错误的是（　　　　）

A. 债权人可以免除债务人部分债务

B. 债权人可以免除债务人全部债务

C. 债权人免除债务的，债务人不可以拒绝

D. 债务人在合理期限内未拒绝债权人免除全部债务的，债权债务全部终止

21. 下列债权（当事人无特别约定）中，可以让与的是（　　　　）

A. 抚养费、赡养费之请求权　　　　B. 定作人对于承揽人之债权

C. 委托人对于受托人之债权　　　　D. 买卖合同中出卖人的请求权

22. 因债权转让增加的履行费用，由（　　　　）负担

A. 让与人　　　　　　B. 受让人　　　　　　C. 债务人　　　　　　D. 第三人

23. 下列关于从权利的说法，错误的是（　　　　）

A. 除从权利专属于债权人自身的外，债权人转让债权的，受让人取得与债权有关的从

权利

B. 债权转让时，受让人取得从权利不因该从权利未办理转移登记手续或者未转移占有而受影响

C. 债权转让时，从权利未办理转移登记手续或者未转移占有的，受让人不取得从权利

D. 除法律另有规定或者当事人另有约定外，债权债务终止的，债权的从权利同时消灭

24. 关于承诺，下列说法不正确的是（　　　）

A. 承诺生效意味着合同成立，法律另有规定或者当事人另有约定的除外

B. 对于以通知方式作出的承诺的生效的时间，我国采取的是到达主义

C. 承诺可以对要约的内容作出实质性变更

D. 承诺可以撤回

25. 对格式条款的解释，下列说法正确的是（　　　）

A. 对格式条款的理解发生争议的，应当作出不利于格式条款提供方的解释

B. 对格式条款有两种以上解释的，应采用有利于格式条款提供方的解释

C. 格式条款与非格式条款不一致的，应采用非格式条款

D. 格式条款与非格式条款冲突的，应采用格式条款

26. 缔约过失责任的法理基础是（　　　）

A. 平等原则　　　　B. 诚实信用原则　　　　C. 公平原则　　　　D. 合法原则

27. 到期债权的债权人的代位权可以通过（　　　）行使

A. 向第三人直接　　　　　　　　　　B. 仲裁

C. 诉讼　　　　　　　　　　　　　　D. 以上选项均错误

28. 下列选项中，不应被视为书面形式的是（　　　）

A. 合同书　　　　B. 电子邮件　　　　C. 传真　　　　D. 集市口头交易

29. 债权人的债权到期前，债务人的债权或者与该债权有关的从权利存在诉讼时效期间即将届满或者未及时申报破产债权等情形，影响债权人的债权实现。下列说法错误的是（　　　）

A. 债权人可以代位向债务人的相对人请求其向债务人履行

B. 债权人可以代位向破产管理人申报

C. 债权人可以作出其他必要的行为

D. 因为债权人的债权尚未到期，债权人不能采取任何措施

30. 关于违约责任，下列说法不正确的是（　　　）

A. 违约责任是一种财产性民事责任

B. 违约责任的归责原则采取过错责任原则

C. 由于第三人的原因导致当事人违约的，违约方也应承担违约责任

D. 违约责任可由当事人在法定范围内约定

31. 下列关于电子合同的说法，错误的是（　　　）

A. 通过互联网等信息网络订立的电子合同的标的为交付商品并采用快递物流方式交付的，收货人的签收时间为交付时间

B. 电子合同的标的为提供服务的，生成的电子凭证或者实物凭证中载明的时间为提供服务时间

C. 电子凭证或者实物凭证载明时间与实际提供服务时间不一致的，以凭证载明的时间为准

D. 电子合同的标的物为采用在线传输方式交付的，合同标的物进入对方当事人指定的特定系统且能够检索识别的时间为交付时间

32. 张某与李某共有一台机器，各占 50% 份额。双方共同将机器转卖获得 10 万元，约定张某和李某分别享有 6 万元和 4 万元。同时约定该 10 万元暂存李某账户，由其在 3 个月后返还给张某 6 万元。后该账户全部款项均被李某债权人王某申请法院查封并执行，致李某不能按期返还张某款项。下列表述中正确的是（　　　）

A. 李某构成违约，张某可请求李某返还 5 万元

B. 李某构成违约，张某可请求李某返还 6 万元

C. 李某构成侵权，张某可请求李某返还 5 万元

D. 李某构成侵权，张某可请求李某返还 6 万元

33. 下列关于合同成立的说法，错误的是（　　　）

A. 当事人采用合同书形式订立合同的，自当事人均签名、盖章或者按指印时合同成立

B. 在签名、盖章或者按指印之前，当事人一方已经履行主要义务，对方接受时，该合同成立

C. 法律、行政法规规定或者当事人约定合同应当采用书面形式订立，当事人未采用书面形式，该合同一定不成立

D. 当事人一方通过互联网等信息网络发布的商品或者服务信息符合要约条件的，对方选择该商品或者服务并提交订单成功时合同成立，但是当事人另有约定的除外

34. 下列选项中，不属于预约合同的是（　　　）

A. 当事人约定在将来一定期限内订立合同的认购书

B. 当事人约定在将来一定期限内订立合同的订购书

C. 当事人约定在将来一定期限内订立合同的预订书

D. 当事人采用信件、数据电文等形式订立合同要求签订的确认书

35. 甲未经授权以乙的名义与丙签订电视买卖合同，并约定将电视直接送到乙家。乙收到电视后询问具体情况，丙如实告知，乙收货并付款。对此，下列说法正确的是（　　　）

A. 甲是表见代理

B. 乙收货付款后也有权不追认该买卖合同

C. 乙收货付款不意味着买卖合同对乙产生法律效力

D. 乙收货付款视为对买卖合同的追认

36. 下列关于情事变更制度的说法，错误的是（　　　）

A. 情事变更制度的实质与功能在于消除合同因情事变更所产生的不公平后果，平衡当事人之间的利益，维护社会公平和商品安全交易

B. 情事变更须发生在合同成立以后，履行终止之前

C. 情事变更须是订立合同时无法预见的、不属于商业风险的重大变化

D. 发生情事变更，当事人只能请求人民法院或者仲裁机构变更合同

37. 当事人可以约定定金数额，但不得超过主合同金额的（　　　）

A. 10%　　　　　　B. 20%　　　　　　C. 30%　　　　　　D. 50%

38. 法律没有规定或者当事人没有约定解除权行使期限，自解除权人知道或者应当知道解除事由之日起（　　　）内不行使，或者经对方催告后在合理期限内不行使的，该权利消灭

A. 1 年　　　　　　B. 2 年　　　　　　C. 3 年　　　　　　D. 5 年

39. 根据法律规定，当事人一方未通知对方，直接以提起诉讼的方式依法主张解除合同，人民法院确认该主张的，合同解除的时间为（　　　）

A. 当事人一方向法院提交起诉状时
B. 起诉状副本送达对方时
C. 人民法院宣判时
D. 人民法院判决书生效时

40. 黄某从某政法院校毕业后经过多年打拼事业有成，为感谢母校的培养，黄某与某出版社签订买卖合同，约定黄某从该出版社订购 10 000 本《民法典》捐赠给母校。对此，下列说法中错误的是（　　　）

A. 对于该买卖合同，黄某的母校只享有权利，不承担义务
B. 黄某的母校是该买卖合同的当事人
C. 该合同是为第三人利益订立的合同
D. 黄某的母校可以拒绝接受合同权利

41. 下列选项中，属于不真正义务的情形的是（　　　）

A. 当事人一方违约后，对方应采取适当措施防止损失的扩大
B. 出卖人按照约定交付货物
C. 买受人按照约定数额支付价款
D. 出卖人按照约定向买受人交付除标的物单证以外的其他单证和资料

42. 下列关于合同的表述中，错误的是（　　　）

A. 主合同是否成立与生效直接影响着从合同的成立及效力，但从合同不成立或无效，通常不会影响主合同的成立与效力
B. 合同的解释对象主要是合同条款
C. 双务合同的当事人享有同时履行抗辩权、先履行抗辩权和不安抗辩权
D. 有关身份关系的协议，可以直接适用《民法典》合同编的规定

43. 甲、乙订立买卖合同，约定甲先交付货物，等乙验收合格后再给付货款。甲尚未履行交付货物义务便要求乙支付货款，乙明确拒绝。对此，下列表述正确的是（　　　）

A. 乙对甲享有不安抗辩权
B. 乙对甲享有同时履行抗辩权
C. 若乙已经对甲交付的货物验收合格，乙的先履行抗辩权继续存在
D. 乙有权拒绝支付货款

44. 甲于 2022 年 5 月从某商场购买了一台电视机，当月甲在使用电视机的过程中，电视机突然发生爆炸，致使甲身体烧伤，共花去医药费 2 万余元。从 2023 年 6 月开始，甲多次与商场交涉无果，遂诉至法院。则（　　　）

A. 甲可以要求商场承担违约责任
B. 甲可以要求商场承担缔约过失责任
C. 甲只能要求商场承担侵权责任
D. 甲有权撤销电视机买卖合同

二、多项选择题

1. 甲将某债权转让给了乙，甲与乙共同向债务人丙完成了通知，后甲又将同一债权转让给了不知情的丁，丙随后向丁履行了债务，对此（　　　）

A. 乙可以请求债务人丙继续履行债务
B. 乙可以依照债权转让协议请求甲承担违约责任

C. 乙可以请求丁返还其接受的财产

D. 丙因履行了债务，其有权拒绝继续履行债务

2. 无权主张抵销的债务有（　　　）

A. 侵权人因侵害他人人身权益而产生的损害赔偿债务

B. 侵权人因故意侵害他人财产权益而产生的损害赔偿债务

C. 侵权人因重大过失侵害他人财产权益而产生的损害赔偿债务

D. 侵权人因一般过失侵害他人财产权益而产生的损害赔偿债务

3. 定金的效力有（　　　）

A. 担保债务履行　　　B. 证明合同成立　　　C. 解除合同的条件　　　D. 预先给付

4. 甲对丙享有 100 万元的债权，为担保此债权，丙将自己的一辆汽车抵押给甲。此后由于业务往来，甲将该笔 100 万元的债权让与给乙，并且通知了丙。结合本案，下列说法正确的有（　　　）

A. 乙可以向丙主张 100 万元的主债权　　　B. 乙可以向丙主张汽车的抵押权

C. 甲可以向丙主张 100 万元的主债权　　　D. 甲可以向丙主张汽车的抵押权

5. 下列属于从给付义务的产生原因的是（　　　）

A. 法律明文规定　　　　　　　　　B. 当事人约定

C. 诚实信用原则　　　　　　　　　D. 对合同进行补充解释

6. 以下选项中属于债的附随义务的有（　　　）

A. 协助义务　　　　　　　　　　　B. 防止损失扩大的义务

C. 保密义务　　　　　　　　　　　D. 给付义务

7. 法定之债的发生原因包括（　　　）

A. 单方允诺　　　B. 侵权行为　　　C. 无因管理　　　D. 不当得利

8. 关于选择之债，下列说法正确的是（　　　）

A. 债务标的有多项而债务人只需履行其中一项的，债务人享有选择权（法律另有规定、当事人另有约定或者另有交易习惯的除外）

B. 享有选择权的当事人在约定期限内或者履行期限届满未作选择，经催告后在合理期限内仍未选择的，选择权转移至对方

C. 当事人行使选择权应当及时通知对方，通知到达对方时，标的确定

D. 标的确定后绝对不得变更

9. 合同成立通常需要经过的阶段有（　　　）

A. 要约　　　　　　　B. 要约邀请　　　　　　C. 承诺　　　　　　　　D. 单方允诺

10. 关于合同的成立，下列说法正确的是（　　　）

A. 能够确定当事人名称或者姓名、标的和数量的，一般应当认定合同成立

B. 受要约人不承诺，没有通知要约人的义务

C. 承诺可以撤销

D. 招标人和投标人应当自中标通知书发出之日起 30 日内订立书面合同

11. 关于法定抵销，下列说法正确的是（　　　）

A. 双方当事人互负债务

B. 任何一方可以将自己的债务与对方的到期债务抵销

C. 双方债务的标的物种类、品质相同

D. 不存在根据债务性质、按照当事人约定或者依照法律规定不得抵销的情形

12. 下列情形中属于债的混同的是（　　　）

A. 相互有债权债务的企业合并为一个企业

B. 债权人继承债务人的遗产

C. 债务人受让债权人的债权

D. 债权人承受债务人的债务

13. 甲对乙说，如果你在下次考试考得满分，我就送你一台电脑或者一台手机。后乙果然在下次考试得了满分。此约定属于（　　　）

A. 选择之债　　　　　B. 简单之债　　　　　C. 特定物之债　　　　　D. 种类物之债

14. 合同的权利义务终止的原因包括（　　　）

A. 清偿　　　　　　　B. 混同　　　　　　　C. 抵销　　　　　　　D. 提存

15. 下列关于清偿抵充的说法，正确的是（　　　）

A. 由债务人在清偿时指定其履行的债务

B. 债务人未作指定的，应当优先履行已经到期的债务

C. 数项债务均已到期的，优先履行对债务缺乏担保或者担保最少的债务

D. 均无担保或者担保相等的，优先履行债务人负担较重的债务

16. 债权转让中，债务人可以向受让人主张抵销的是（　　　）

A. 债务人接到债权转让通知时，债务人对让与人享有债权，且债务人的债权先于转让的债权到期或者同时到期

B. 债务人接到债权转让通知时，债务人对让与人享有债权，且让与人的债权先于债务人的债权到期

C. 债务人的债权与转让的债权是基于同一合同产生

D. 债务人的债权与转让的债权是基于同一事件产生

17. 下列关于连带债务的说法，正确的是（　　　）

A. 连带债务人之间的份额难以确定的，视为份额相同

B. 部分连带债务人履行、抵销债务或者提存标的物的，其他债务人对债权人的债务在相应范围内消灭

C. 债权人对部分连带债务人的给付受领迟延的，对其他连带债务人发生效力

D. 债权人对部分连带债务人的给付受领迟延的，对其他连带债务人不发生效力

18. 要约的成立条件包括（　　　）

A. 要约必须是特定人向相对人发出的意思表示

B. 要约必须以缔结合同为目的

C. 要约的内容应具体确定

D. 要约必须表明经受要约人承诺，要约人即受该意思表示约束

19. 下列情形中，会导致格式条款无效的有（　　　）

A. 格式条款中具有恶意串通等导致民事法律行为无效的情形

B. 提供格式条款一方不合理地免除或者减轻其责任、加重对方责任、限制对方主要权利

C. 提供格式条款一方排除对方主要权利

D. 对格式条款的理解存在争议

20. 缔约过失责任主要适用的情形包括（　　　）

A. 假借订立合同，恶意进行磋商

B. 故意隐瞒与订立合同有关的重要事实

C. 提供虚假情况

D. 泄露或不正当地使用在订立合同过程中知悉的对方商业秘密

21. 下列选项中，属于要约邀请的是（　　　　）

A. 债券募集办法　　　　　　　　B. 基金招募说明书

C. 招股说明书　　　　　　　　　D. 内容符合要约条件的商业广告和宣传

22. 当事人对合同质量要求不明确且无法达成补充协议，也无法通过合同相关条款或交易习惯确定质量标准时，应（　　　　）

A. 按照强制性国家标准履行

B. 没有强制性国家标准的，按照推荐性国家标准履行

C. 没有推荐性国家标准的，按照行业标准履行

D. 没有国家标准、行业标准的，按照通常标准或者符合合同目的的特定标准履行

23. 下列关于不安抗辩权的说法，正确的是（　　　　）

A. 当事人基于同一双务合同互负债务

B. 应当先履行债务的当事人，怀疑对方经营状况严重恶化的，可以中止履行

C. 行使不安抗辩权的当事人中止履行的，应当及时通知对方

D. 中止履行后，对方在合理期限内未恢复履行能力且未提供适当担保的，视为以自己的行为表明不履行主要债务，中止履行的一方可以解除合同并可以请求对方承担违约责任

24. 债权人代位权（债权已到期）的成立条件包括（　　　　）

A. 债务人不对债权人履行已到期的合法债务

B. 债务人对第三人享有合法且诉讼时效期间即将届满的债权

C. 债务人不以诉讼或者仲裁方式向其债务人主张快到期的债权以及与该债权有关的从权利，影响债权人的债权实现

D. 债务人对第三人的债权为非专属性权利和可以强制执行的权利

25. 以下选项中属于合同的法定解除事由的是（　　　　）

A. 因不可抗力致使不能实现合同目的

B. 当事人一方迟延履行主要债务，经催告后在合理期限内仍未履行

C. 当事人一方迟延履行债务致使不能实现合同目的

D. 在履行期限届满前，当事人一方明确表示不履行主要债务

26. 下列行为中，影响债权人的债权实现，债权人可以向人民法院请求予以撤销的是（　　　　）

A. 债务人放弃其对第三人的债权　　　B. 债务人无偿赠与第三人财产

C. 债务人放弃债权担保　　　　　　　D. 债务人恶意延长其到期债权的履行期限

27. 孔某拖欠张某 100 万元。张某请求孔某以登记在其名下的房屋抵债时，孔某称其已把房屋作价 105 万元卖给赖某，房屋钥匙已交，但产权尚未过户。该房屋市值为 110 万元。孔某已经将房款全花了。关于张某权利的保护，下列选项中错误的是（　　　　）

A. 张某可请求法院撤销孔某、赖某的买卖合同

B. 因房屋尚未过户，孔某、赖某买卖合同无效

C. 如张某能举证孔某、赖某构成恶意串通，目的是损害张某的权益，则孔某、赖某买卖合同无效

D. 因房屋尚未过户，房屋仍属孔某所有，张某有权直接取得房屋的所有权以实现其债权

28. 下列关于定金的说法中，正确的是（　　　）

A. 当事人既约定违约金，又约定定金的，一方违约时，对方可以选择适用违约金或者定金条款

B. 当事人既约定违约金，又约定定金的，一方违约时，对方可以同时适用违约金和定金条款

C. 定金不足以弥补一方违约造成的损失的，对方可以请求赔偿超过定金数额的损失

D. 定金不足以弥补一方违约造成的损失的，对方不能请求赔偿超过定金数额的损失

29. 甲、乙二人签订房屋买卖合同，约定：乙以 500 万元的价格购买甲的房屋，次月办理过户登记，任何一方违约应当支付违约金 50 万元。甲、丙二人签订房屋买卖合同，约定：丙以 500 万元的价格购买甲的房屋，次月办理过户登记，任何一方违约应当支付违约金 50 万元。此后，由于房价上涨，甲拒绝为乙、丙二人办理过户登记，乙因此蒙受损失 25 万元，丙因此蒙受损失 55 万元。对此，下列说法正确的是（　　　）

A. 丙可以向甲请求适当增加违约金　　　　B. 丙不能向甲请求适当增加违约金

C. 甲可以向乙请求适当减少违约金　　　　D. 甲不能向乙请求适当减少违约金

30. 依据《民法典》的规定，下列选项中，一方当事人无权解除合同的有（　　　）

A. 甲、乙签订钢材购销合同，约定甲 4 月 5 日前向乙交付钢材 500 吨，货到付款。过了 4 月 5 日后，甲仍未向乙履行交付义务

B. 甲、乙签订钢材购销合同，约定甲 4 月 5 日前向乙交付钢材 500 吨，货到付款。4 月 5 日，甲向乙交付钢材 450 吨，剩余 50 吨经催告后仍不予交付

C. 甲从乙商店购买电视机一台，回家后发现图像正常，但没有声音

D. 甲从乙商店购买电视机一台，回家后发现品质良好只是画面中有少许"雪花"

31. 缔约过失责任的赔偿范围包括（　　　）

A. 缔约费用　　　　　　　　　　　　　　B. 履行合同之后的预期利益

C. 丧失其他交易机会的损失　　　　　　　D. 异常通货膨胀导致的损失

32. 下列关于全面履行规则说法正确的是（　　　）

A. 履行地点不明确，给付货币的，在接受货币一方所在地履行；交付不动产的，在不动产所在地履行；其他标的，在履行义务一方所在地履行

B. 履行期限不明确的，债务人可以随时履行，债权人也可以随时请求履行，但是应当给对方必要的准备时间

C. 履行方式不明确的，按照有利于实现合同目的的方式履行

D. 履行费用的负担不明确的，由履行义务一方负担；因债权人原因增加的履行费用，由债权人负担

33. 关于向第三人履行的合同，下列说法正确的有（　　　）

A. 如果债务人违约，债务人通常应当向债权人承担违约责任

B. 法律规定或者当事人约定第三人可以直接请求债务人向其履行债务，第三人未在合理期限内明确拒绝的，第三人可以请求债务人向自己履行债务

C. 债务人按照约定向第三人履行债务，第三人拒绝受领，债权人通常可以请求债务人向自己履行债务

D. 第三人拒绝受领或者受领迟延，债务人可以请求债权人承担因此造成的损失

34. 债务人不履行债务，第三人对履行该债务具有合法利益的，第三人有权向债权人代为履行。对履行该债务具有合法利益的第三人包括（   ）

A. 债务人的配偶　　　B. 债务人的父母　　　C. 债务人的保证人　　　D. 债务人的出资人

35. 下列权利中，可以认定为专属于债务人自身的债权的是（   ）

A. 扶养费请求权　　　　　　　　B. 人身损害赔偿请求权

C. 劳动报酬请求权　　　　　　　D. 最低生活保障金请求权

36. 债务人或者第三人与债权人在债务履行期限届满后达成以物抵债协议，对此（   ）

A. 该协议通常自当事人意思表示一致时生效

B. 债务人履行以物抵债协议后，法院应当认定相应的原债务同时消灭

C. 债务人未按照约定履行以物抵债协议，债权人选择请求债务人履行原债务或者以物抵债协议

D. 债务人或者第三人以自己不享有所有权或者处分权的财产权利订立以物抵债协议的，依据无权处分的规定处理

三、简答题

1. 简述要约与要约邀请的区别。
2. 简述先履行抗辩权的概念及其成立要件。
3. 简述债权人代位权的概念及其构成要件。
4. 简述定金的概念及其特征。

四、法条分析题

1. 《民法典》第 509 条规定："当事人应当按照约定全面履行自己的义务。当事人应当遵循诚信原则，根据合同的性质、目的和交易习惯履行通知、协助、保密等义务。当事人在履行合同过程中，应当避免浪费资源、污染环境和破坏生态。"

请分析：

（1）本条第 1 款中"全面履行"的含义。

（2）本条第 2 款中"诚信原则"的含义。

（3）本条第 2 款中规定的义务是何种性质的义务？该义务与主合同义务有何区别？

2. 《民法典》第 525 条规定："当事人互负债务，没有先后履行顺序的，应当同时履行。一方在对方履行之前有权拒绝其履行请求。一方在对方履行债务不符合约定时，有权拒绝其相应的履行请求。"

请分析：

（1）同时履行抗辩权的成立条件。

（2）如何理解本条规定中的"同时履行"的含义？

（3）同时履行抗辩权的效力。

3. 《民法典》第 186 条规定："因当事人一方的违约行为，损害对方人身权益、财产权益的，受损害方有权选择请求其承担违约责任或者侵权责任。"

请分析：
（1）侵权责任和违约责任发生竞合的条件。
（2）侵权责任和违约责任发生竞合的主要原因。
（3）根据本条规定分析对侵权责任和违约责任竞合的处理。

五、案例分析题

1. 2003 年 8 月 10 日，A 公司工作人员向黄某介绍了正在预售的某小区住宅，并向其详细展示了该小区的宣传资料与沙盘图。2003 年 8 月 17 日，黄某与 A 公司签订一份《商品房买卖合同》，约定：黄某购买 A 公司预售的某小区商品房一套，黄某应于合同订立之日起一周内一次性支付全部价款，A 公司应于 2004 年 6 月 30 日之前交付房屋，任何一方迟延履行义务，应当支付违约金。2004 年 8 月 16 日，该小区建成后，黄某发现房屋窗外存在装饰钢梁，严重影响视野范围，而宣传资料与沙盘图上均未显示，遂与 A 公司沟通，一直未有结果。黄某之后向法院提起诉讼，请求判令 A 公司：按照合同约定支付违约金；将该钢梁上移一定距离。

请根据上述材料，回答下列问题并说明理由：
（1）A 公司工作人员展示的宣传资料与沙盘图是否可构成合同内容？为什么？
（2）A 公司存在哪些违约行为？为什么？
（3）黄某的两个诉讼请求能否同时主张？为什么？
（4）对于黄某的诉讼请求"将该钢梁上移一定距离"，应否支持？为什么？

2. 甲公司因急需柴油，与乙公司签订了一份买卖合同。双方商定，乙公司在一个月内筹集 0 号或 10 号柴油 10 吨供给甲公司，每吨单价为 1 200 元。合同生效后，甲公司按合同约定支付了 2 000 元定金，乙公司也在合同生效后的第 25 天，依约定向甲公司发运了 0 号柴油 10 吨并通知了甲公司。因当时气温下降，0 号柴油无法投入使用，故甲公司收到通知后要求乙公司改供 10 号柴油或者退货。乙公司认为其所供 0 号柴油符合国家质量标准和合同规定，不应换货，同时要求甲公司依约支付货款，不能退货。

请根据上述材料，回答下列问题并说明理由：
（1）本合同所生之债是简单之债还是选择之债？
（2）甲公司要求乙公司换货或退货的理由能否成立？

3. 甲公司向乙商业银行借款 10 万元，借款期限为 1 年。借款合同期满后，由于甲公司经营不善，无力偿还借款本息。但是丙公司欠甲公司到期货款 20 万元，甲公司不积极向丙公司主张支付货款。为此，乙商业银行以自己的名义请求法院执行丙公司的财产，以偿还甲公司的借款。

请根据上述材料，回答下列问题并说明理由：
（1）法院是否应支持乙商业银行的请求？
（2）若乙商业银行行使代位权花费 3 000 元必要费用，此费用应由谁承担？

第十五章 典型合同

📝 **章节提要** 本章是重点章节，尤其是买卖合同、赠与合同、租赁合同、保管合同、委托合同、中介合同等，主观题和客观题都可能涉及。《民法典》中增加的合同种类有保证合同、保理合同、物业服务合同、合伙合同等，考生也要给予关注。

一、单项选择题

1. 商品房消费者以居住为目的购买房屋并已支付全部价款，在房屋不能交付且无实际交付可能的情况下，下列权利顺位正确的是（　　）
A. 价款返还请求权、建设工程价款优先受偿权、抵押权、其他债权
B. 抵押权、价款返还请求权、建设工程价款优先受偿权、其他债权
C. 建设工程价款优先受偿权、抵押权、价款返还请求权、其他债权
D. 建设工程价款优先受偿权、价款返还请求权、抵押权、其他债权

2. 甲想从乙商场购买一辆汽车，但是甲暂时没有足够的钱，于是甲与乙商场约定：甲自2023年4月起每月支付价款的四分之一，分四次还清。对此交易，下列说法正确的是（　　）
A. 属于样品买卖　　　　　　　　　　B. 属于分期付款买卖
C. 属于试用买卖　　　　　　　　　　D. 属于保留所有权买卖

3. 下列关于买卖合同的说法中，错误的是（　　）
A. 因标的物的从物不符合约定解除合同的，解除的效力及于主物
B. 凭样品买卖的买受人不知道样品有隐蔽瑕疵的，即使交付的标的物与样品相同，出卖人交付的标的物的质量仍然应当符合同种物的通常标准
C. 互易合同中当事人对交付的标的物互负瑕疵担保义务
D. 若买受人发现标的物不符合约定，可以行使拒收权，但同时应负通知义务、保管义务与紧急情况下的处置义务

4. 下列享有有优先承租权的人是（　　）
A. 房屋按份共有人　　B. 出租人的近亲属　　C. 承租人　　　　D. 债权人

5. 在我国，租赁合同期限达多久以上的应当采用书面形式（　　）
A. 三个月　　　　　B. 六个月　　　　　C. 一年　　　　　D. 三年

6. 甲向乙订购一批红酒，双方约定乙将红酒送到甲家。乙与丙签订运输合同，约定由丙负责将红酒送到甲家。丙在运输途中遭遇泥石流，红酒全部毁损。损失由（　　）承担
A. 甲　　　　　　　B. 乙　　　　　　　C. 丙　　　　　　　D. 乙或丙

7. 甲将一台电脑赠与乙，乙在第一次使用时发现电脑存在故障，遂向甲要求支付修理费。下列选项正确的是（　　）
A. 若甲明知电脑存在故障而故意不告知乙，则应支付修理费
B. 甲不须支付修理费
C. 甲可以撤销赠与
D. 无论甲是否知道电脑存在故障，都应支付修理费

8. 甲向乙表示愿意将自己的电脑赠与乙，两人签订了赠与合同，后甲反悔。下列选项正

确的是（   ）

A. 甲和乙之间的赠与合同成立，但未生效

B. 甲的行为构成违约

C. 甲在实际交付电脑前可以撤销赠与

D. 若甲和乙的赠与合同有附带条件，则不可撤销

9. 甲、乙二人签订赠与合同，约定：甲将其轿车赠给乙。赠与合同已经经过公证。此后，甲将轿车交付乙，但是数日后便反悔。对此，甲（   ）

A. 可以行使任意撤销权撤销赠与合同　　　B. 可以行使法定撤销权撤销赠与合同

C. 可以行使穷困抗辩权撤销赠与合同　　　D. 无权撤销赠与合同

10. 根据《民法典》规定，自然人之间借款的合同是（   ）

A. 诺成合同　　　B. 实践合同　　　C. 要式合同　　　D. 有偿合同

11. 出租人委托拍卖人拍卖租赁房屋的，应当在拍卖（   ）前通知承租人

A. 1 日　　　B. 3 日　　　C. 5 日　　　D. 7 日

12. 关于承揽合同，下列说法不正确的是（   ）

A. 承揽人的义务不可让与

B. 承揽人的留置权可在承揽合同中由双方约定排除

C. 承揽合同是要式合同

D. 承揽合同是诺成性合同

13. 甲的电视机出现故障，甲将电视机送到乙维修厂修理。后甲又打算买一台新电视机，于是想解除与乙的承揽合同。本案中，定作人甲可以解除承揽合同的时间为（   ）

A. 乙开始工作之前　　B. 乙完成工作之前　　C. 可以随时解除　　D. 无权解除

14. 甲因生产经营之需，意欲购买一台机械设备，无奈资金短缺，于是与乙约定：由乙从丙处购买一台机械设备，而后出租给甲，甲按月支付租金，租期结束之后该台机械设备的所有权归乙。对此，下列说法正确的有（   ）

A. 属于分期付款买卖　　　　　　B. 属于融资租赁合同

C. 属于借款合同　　　　　　　　D. 属于委托合同

15. 在运输过程中，旅客随身携带物品毁损、灭失的，承运人按照（   ）承担责任

A. 无过错责任原则　　　　　　　B. 过错推定原则

C. 过错责任原则　　　　　　　　D. 公平原则

16. 下列关于物业服务合同的说法，错误的是（   ）

A. 物业服务人公开作出的有利于业主的服务承诺，为物业服务合同的组成部分

B. 物业服务合同应当采用书面形式

C. 建设单位依法与物业服务人订立的前期物业服务合同，以及业主委员会与业主大会依法选聘的物业服务人订立的物业服务合同，对业主不具有法律约束力

D. 当事人可以随时解除不定期物业服务合同，但是应当提前 60 日书面通知对方

17. 甲委托乙购买电脑，乙以自己的名义与丙签订电脑买卖合同，但丙知道乙是受甲委托。下列选项正确的是（   ）

A. 买卖合同只对乙和丙产生效力　　　B. 买卖合同直接对甲和丙产生效力

C. 买卖合同同时约束甲、乙、丙三人　　D. 以上说法均错误

18. 甲、乙共同完成一项发明，就该项发明的专利申请权（甲、乙无约定）所作的下列判断中，

不正确的是（　　　）

A. 如果甲不同意申请专利，乙可以自行申请

B. 如果甲放弃其专利申请权，乙可以单独申请，但取得专利后，甲有免费使用的权利

C. 如果甲准备转让其专利申请权，应签订书面合同

D. 如果甲准备转让其专利申请权，乙在同等条件下有优先受让的权利

19. 保证人与债权人未约定保证期间的，保证期间为（　　　）

A. 自债权人对债务人提起诉讼或申请仲裁之日起 6 个月

B. 自判决或者仲裁裁决生效之日起 6 个月

C. 自主债务履行期届满之日起 6 个月

D. 自主债务履行期届满之日起 2 年

20. 连带保证合同的诉讼时效（　　　）计算

A. 自主债务履行期届满之日起

B. 自债权人对债务人提起诉讼或申请仲裁之日起

C. 自判决或者仲裁裁决生效之日起

D. 自债权人请求保证人承担保证责任之日起

21. 关于保证，下列说法错误的是（　　　）

A. 先诉抗辩权存在于一般保证中

B. 以公益为目的的非营利法人可以担任保证人

C. 保证具有从属性

D. 保证合同可以是单独订立的书面合同，也可以是主债权债务合同中的保证条款

22. 甲、乙双方于 2 月 7 日订立买卖鱼粉的合同，约定每吨 3 000 元，由丙为乙付款提供保证担保。同年 4 月 5 日，未经过丙同意，甲、乙双方又约定每吨 3 800 元。根据已知条件，下列观点正确的是（　　　）

A. 甲、乙变更原买卖合同，不适用要约和承诺的规则

B. 甲、乙变更买卖合同，为新合同

C. 甲、乙变更买卖合同，未经丙同意，丙免除保证责任

D. 甲、乙变更买卖合同，未经丙同意，对加重的部分，丙不承担责任

23. 甲、乙二人签订租赁合同，约定：甲将其房屋出租给乙，租期三年。仅一年后，在征得甲的同意后，乙、丙二人签订转租合同，约定：乙将该房屋出租给丙，租期五年。对此，下列说法正确的有（　　　）

A. 转租合同租期约定有效　　　　　　　B. 转租合同超期部分约定无效

C. 转租合同视为不定期租赁合同　　　　D. 转租合同超期部分约定对甲无效

24. 甲将房屋出租给乙，租期 2 年。1 年后，甲未通知乙即将房屋出卖给自己的姐姐丙并办理了不动产登记。对此，乙有权（　　　）

A. 主张优先承租权　　　　　　　　　　B. 主张甲与丙签订的买卖合同无效

C. 主张优先购买权　　　　　　　　　　D. 主张"买卖不破租赁"

25. 当事人以虚构租赁物订立的融资租赁合同（　　　）

A. 有效　　　　　　B. 无效　　　　　　C. 效力待定　　　　　　D. 可撤销

26. 下列关于合伙合同的说法，错误的是（　　　）

A. 合伙合同是两个以上合伙人为了共同的事业目的，订立的共享利益、共担风险的协议

B. 合伙合同终止前，合伙人不得请求分割合伙财产

C. 合伙人可以随时解除不定期合伙合同，但是应当在合理期限之前通知其他合伙人

D. 除合伙合同另有约定外，合伙人向合伙人以外的人转让其全部或者部分财产份额的，须经一半以上其他合伙人同意

27. 2020 年 9 月 1 日，白某将自己的一辆摩托车租赁给蓝某，租期为 3 个月，白某同意蓝某在租期内将摩托车转租他人。2020 年 10 月 15 日，蓝某将摩托车转租给黄某，约定租期为 2 个月，黄某在租赁摩托车的第二天骑车撞到电线杆上，致摩托车损坏。对此，下列说法错误的是（　　　　）

A. 蓝某将摩托车转租给黄某，白某和蓝某之间的租赁合同仍然有效

B. 黄某造成摩托车损坏，蓝某应向白某赔偿损失

C. 转租期限超过了蓝某剩余的租赁期限，蓝某与黄某之间的租赁合同无效

D. 白某如果出卖摩托车，蓝某不享有以同等条件优先购买的权利

28. 甲与乙签订赠与合同，约定：甲赠与乙两部手机。二人对该赠与合同进行了公证。交付一部手机之后，乙因为一次邻里纠纷将甲的儿子丙打成重伤。对此，下列说法正确的是（　　　　）

A. 因为赠与合同已经公证，甲不能撤销该赠与合同

B. 甲虽然可以撤销该赠与合同，但是已经交付的一部手机不能取回

C. 甲的儿子丙可以撤销该赠与合同，但是受到六个月的除斥期间的限制

D. 甲不仅可以撤销该赠与合同，而且可以取回已经交付的一部手机

29. 甲要出差一星期，将自己的宠物狗交给朋友乙照管，乙不收取报酬。一次，在外出遛狗时，乙让甲的宠物狗在小区绿化带内撒尿，宠物狗不小心食用了居民委员会在小区绿化带内喷洒的驱虫药而生病。下列选项正确的是（　　　　）

A. 乙应当向甲承担违约责任

B. 乙应当向甲承担侵权责任

C. 除非乙能够证明自己没有故意和重大过失，否则要赔偿甲的损失

D. 除非甲能够证明乙具有重大过失，否则不能要求乙赔偿损失

二、多项选择题

1. 应收账款债权人就同一应收账款订立多个保理合同，致使多个保理人主张权利，此时保理人债权实现的顺序为（　　　　）

A. 已经登记的先于未登记的取得应收账款

B. 均已经登记的，按照登记时间的先后顺序取得应收账款

C. 均未登记的，按照保理融资款或者服务报酬的比例取得应收账款

D. 既未登记也未通知的，由债务人选择清偿顺序

2. 承运人对承运途中的旅客伤亡承担责任的情形有（　　　　）

A. 按规定免票的旅客受伤　　　　　　B. 经承运人许可搭乘的无票旅客受伤

C. 因乘务员工作失误造成的伤亡　　　　D. 旅客自身疾病原因造成的伤亡

3. 一般情况下，在保管合同中，保管人的义务有（　　　　）

A. 给付保管凭证

B. 亲自履行保管义务

C. 在第三人对保管物主张权利时有通知义务

D. 返还保管物原物及其孳息

4. **在委托合同中，当受托人因委托人的原因对第三人不履行义务时，受托人向第三人披露委托人的，第三人可以（　　）**

A. 选择委托人作为相对人主张权利

B. 选择受托人作为相对人主张权利

C. 选择受托人和委托人为共同相对人

D. 选择委托人作为相对人主张权利后，再次主张变更受托人作为相对人主张权利

5. **孙某有一辆叉车，先后就该叉车与甲、乙、丙三人签订买卖合同，均未完成交付，但是丙已完成付款。此后，孙某又将该车出卖给了不知情的丁并完成交付。对此，下列说法错误的是（　　）**

A. 丁善意取得该叉车的所有权

B. 因为丙付款在先，丙应当取得该叉车的所有权

C. 因为甲缔约在先，甲应当取得该叉车的所有权

D. 孙某与甲、乙、丙、丁四人间的买卖合同均有效

6. **下列选项中说法正确的是（　　）**

A. 保证合同具有相对独立性

B. 以公益为目的的非营利法人、非法人组织可以为保证人

C. 债权人和债务人未经保证人书面同意变更债务内容的，减轻债务的，保证人对减轻后的债务承担保证责任

D. 当事人在保证合同中没有约定保证方式的，按照连带保证承担保证责任

7. **保理合同中，当事人约定有追索权保理的，保理人可以（　　）**

A. 向应收账款债权人主张返还保理融资款本息

B. 向应收账款债权人主张回购应收账款债权

C. 向应收账款债务人主张应收账款债权

D. 向应收账款债务人主张应收账款债权后无需返还超过保理融资本息和相关费用的部分

8. **下列关于物业服务合同的表述，正确的是（　　）**

A. 业主应当按照约定向物业服务人支付物业费

B. 物业服务人已经按照约定和有关规定提供服务的，业主有权以未接受或者无需接受相关物业服务为由拒绝支付物业费

C. 业主违反约定逾期不支付物业费的，物业服务人可以催告其在合理期限内支付

D. 物业服务人有权采取停止供电、供水、供热、供燃气等方式催交物业费

9. **下列赠与合同，在赠与标的交付前不可撤销的是（　　）**

A. 甲和乙口头约定，由甲赠与乙一辆自行车

B. 甲与慈善机构签订赠与合同，约定甲捐赠 100 万元用于灾区救援

C. 甲和乙签订赠与合同，约定甲送乙一套书籍

D. 甲和乙签订赠与电脑的合同，该合同已经公证

10. **金融机构借款合同属于（　　）**

A. 无偿合同　　　　B. 实践性合同　　　　C. 要式合同　　　　D. 诺成性合同

11. 下列情形中，房屋承租人不得行使优先购买权的是（　　）

A. 房屋按份共有人行使优先购买权

B. 出租人将房屋卖给近亲属

C. 承租人在接到出租人通知后 15 日内未明确表示购买

D. 出租人在拍卖 5 日前通知承租人，承租人未参加拍卖

12. 下列选项中属于承揽合同的是（　　）

A. 复制合同　　　　B. 修理合同　　　　C. 检验合同　　　　D. 加工合同

13. 关于行纪合同，下列说法正确的是（　　）

A. 行纪合同是有偿合同

B. 行纪人是具有特定资格的主体

C. 行纪人为委托人办理的事务仅限于贸易活动

D. 行纪合同必须采取书面形式

14. 甲委托行纪人乙将自己的一幅字画以 1 万元的价格出卖。乙最终以 2 万元的价格将字画卖出。下列说法正确的是（　　）

A. 甲只能获得 1 万元的利益

B. 甲可以获得 2 万元的利益

C. 乙可以与甲协议增加报酬

D. 若甲和乙无法达成增加报酬的协议，则 2 万元全部归甲所有

15. 应收账款债权人就同一应收账款订立多个保理合同，致使多个保理人主张权利的清偿顺序为（　　）

A. 已经登记的先于未登记的取得应收账款

B. 均已经登记的，按照登记时间的先后顺序取得应收账款

C. 均未登记的，由最先到达应收账款债务人的转让通知中载明的保理人取得应收账款

D. 既未登记也未通知的，按照保理融资或者服务报酬的比例取得应收账款

16. 关于委托合同，下列说法正确的是（　　）

A. 委托合同既可以有偿，也可以无偿

B. 委托合同受托人不享有单方解除合同的权利

C. 委托合同是诺成性合同

D. 委托合同是不要式合同

17. 甲将错误登记在自己名下的房屋出售给乙，但在办理过户登记前，被真正的房主丙发现，丙将房屋更正登记在自己名下，致使乙无法取得房屋所有权。对此，乙可以且有必要（　　）

A. 解除合同　　　　　　　　　　　　B. 请求甲承担违约责任

C. 请求甲继续履行合同　　　　　　　D. 请求甲承担缔约过失责任

18. 当事人约定出卖人保留合同标的物的所有权，在标的物所有权转移前，在无特别约定时，出卖人有权取回标的物的情形是（　　）

A. 买受人未按照约定支付价款，经催告后在合理期限内仍未支付

B. 买受人未按照约定完成特定条件

C. 买受人将标的物出卖、出质或者作出其他不当处分

D. 买受人致使标的物灭失

19. 下列关于中介合同的说法，正确的是（　　）

A. 中介合同应当采用书面形式

B. 中介人促成合同成立的，委托人应当按照约定支付报酬

C. 中介人促成合同成立的，中介活动的费用由中介人负担

D. 委托人在接受中介人的服务后，利用中介人提供的交易机会或者媒介服务，绕开中介人直接订立合同的，应当向中介人支付报酬

20. 下列自然人之间的借款合同，可以视为合同成立的情形是（　　）

A. 以现金支付的，自借款人收到借款时

B. 以银行转账、网上电子汇款等形式支付的，自资金到达借款人账户时

C. 以票据交付的，自借款人依法取得票据权利时

D. 出借人将特定资金账户支配权授权给借款人的，自借款人取得对该账户实际支配权时

21. 关于供用电、水、气、热力合同的特征，下列说法正确的是（　　）

A. 合同主体具有特定性，供应人通常是专营的

B. 合同标的具有垄断性

C. 债务的履行具有持续性

D. 合同目的具有营利性

22. 赠与合同，指赠与人将自己的财产无偿给予受赠人，受赠人表示接受的合同。据此，赠与合同是（　　）

A. 单务合同　　　　　B. 无偿合同　　　　　C. 要式合同　　　　　D. 实践性合同

23. 下列关于建设工程合同的说法，正确的是（　　）

A. 建设工程合同必须采用书面形式

B. 建设工程施工合同无效，但是建设工程经验收合格的，可以参照合同关于工程价款的约定折价补偿承包人

C. 因承包人的原因致使建设工程在合理使用期限内造成人身损害和财产损失的，承包人应当承担赔偿责任

D. 建设工程的价款及利息可以就该工程折价或者拍卖的价款优先受偿

24. 甲和某公交公司的司机乙是朋友，甲经乙的许可未支付车票即乘坐公交，乙在驾驶公交车的过程中因疲劳驾驶撞向路边栏杆，造成甲轻伤以及甲随身携带的手机毁损。下列表述正确的是（　　）

A. 公交公司应当就甲的人身损害承担赔偿责任

B. 公交公司应当就甲的手机损毁承担赔偿责任

C. 甲与公交公司之间的客运合同已经成立

D. 公交公司无过错即不用承担任何责任

三、简答题

1. 简述建设工程合同的概念及其特征。

2. 简述合伙人的权利。

《民法典》第 686 条第 1 款规定："保证的方式包括一般保证和连带责任保证。"

请分析：

（1）何谓"一般保证"？何谓"连带责任保证"？

（2）一般保证和连带责任保证的主要区别。

（3）当事人对保证方式没有约定或者约定不明确的，应当如何确定保证方式？

五、案例分析题

1. 赵某和陆某是同村农民，赵某因无耕牛便向陆某购买一头公牛耕地。合同约定，赵某以 1 200 元的价格购买该耕牛。1 月 1 日陆某将公牛交付赵某，赵某 2 月 1 日支付价款。二人约定在支付价款前，耕牛所有权仍属于陆某，但未将该约定进行登记。1 月 15 日赵某以 1 500 元的价格将耕牛卖给不知情的王某并完成交付。

请根据上述材料，回答下列问题并说明理由：

（1）赵某和陆某的买卖合同中关于陆某保留所有权的约定是否有效？

（2）现在耕牛归谁所有？

2. 5 月 26 日，某印刷厂与某科技开发公司，订立了一份购销合同。印刷厂从科技开发公司购买应用于激光照排的排版设备一套，单价 5 万元。因为科技开发公司原有的排版设备不能完全符合印刷厂的生产要求，故印刷厂要求科技开发公司按其提供的资料进行改造生产，科技开发公司同意，并在合同中注明这一点。7 月 26 日，新设备运到印刷厂。印刷厂随即按合同支付了货款。可是印刷厂 8 月初在安装设备之后进行测试时发现设备在辨认字体方面存在一些问题，即要求科技开发公司来人处理。经检查后，印刷厂发现该设备远远达不到排版的技术要求，其原因是科技开发公司生产的设备没有完全按某印刷厂提供的资料制作。由于设备存在以上问题，致使无法正常投入使用，印刷厂要求科技开发公司重新制作符合其要求的排版设备。

请根据上述材料，回答下列问题并说明理由：

（1）该案例中的合同是买卖合同，还是承揽合同？合同性质的不同对案件的结果是否有影响？

（2）本案应该怎么处理？

第十六章　准　合　同

章节提要　本章是《民法典》新增内容，但只是分类的新增，具体知识点是《民法典》颁布之前的民事法律已有的内容，主要有"无因管理"和"不当得利"两类。本章知识点很重要，选择题经常考，且无因管理在2006年和2017年考过法条分析题，不当得利在2008年考过法条分析题。

一、单项选择题

1. 下列情形中，不是无因管理构成要件的有（　　　）

A. 管理他人事务   B. 为他人利益而管理

C. 没有法定或者约定义务   D. 没有造成损失

2. 下列关于不当得利之债说法错误的是（　　）

A. 一方获得利益包括未承担本应承担的债务

B. 获益没有法律依据仅指取得利益时无法律根据

C. 不当得利包括因给付而发生的不当得利

D. 不当得利包括因基于给付以外的事实而发生的不当得利

3. 无因管理在性质上属于（　　）

A. 事件   B. 状态   C. 法律行为   D. 事实行为

4. 下列情形中，权利人可以主张不当得利的是（　　）

A. 合同被宣告无效而要求返还财产的   B. 超过诉讼时效而主张债权的

C. 因赌博而欠下巨额债务的   D. 因保管他人财物而要求支付保管费的

二、多项选择题

1. 关于无因管理，下列说法错误的是（　　）

A. 甲误将乙的房屋认作丙的房屋而救火，甲对丙成立无因管理

B. 甲误将乙的房屋认作自有房屋而装修，甲对乙成立无因管理

C. 台风到来之际，甲为加固乙的房屋而花费数千元，但是乙的房屋最终倒塌，甲对乙成立无因管理，可以主张所花费之数千元以及报酬

D. 甲欲自杀，消防队员加以施救，因为甲的行为违背善良风俗，故消防队员的行为虽然违背甲的意思，但是消防队员仍然成立无因管理

2. 下列行为中，构成无因管理的是（　　）

A. 甲错把他人的牛当成自家的牛饲养

B. 甲家失火，邻居乙恐殃及自家，遂用自家的灭火器灭火

C. 甲出钱修复邻居家被台风刮倒的院墙

D. 甲有事出门，邻居乙帮甲招待其朋友

3. 下列情形不构成不当得利的是（　　）

A. 履行道德义务而为给付   B. 履行未到期债务

C. 明知没有给付义务而交付财产   D. 不知无法律根据而交付财产

4. 下列关于无因管理的说法中，正确的是（　　）

A. 管理人管理他人事务，应当采取有利于受益人的方法

B. 中断管理对受益人不利的，无正当理由不得中断

C. 管理人管理他人事务，能够通知受益人的，应当及时通知受益人

D. 管理的事务不需要紧急处理的，应当等待受益人的指示

5. 下列关于无因管理的说法中，正确的是（　　）

A. 无因管理是事实行为

B. 无因管理人管理的只能是财产性事项

C. 无因管理人必须将为他人谋利益的意思表示出来

D. 管理人管理事务经受益人事后追认的，从管理事务开始时起,适用委托合同的有关规定,

但是管理人另有意思表示的除外

简述不当得利之债的构成要件。

第十七章　知　识　产　权

章节提要　本章应重点关注的考点是：知识产权的概念和特征、著作权和专利权的内容、商标权的客体和内容等。另外，本章可结合法律条文进行学习，这样有助于梳理知识产权的考点结构。由于知识产权的内容并不被《民法典》所包含，故考试分析中对该部分内容作了大幅度删减，对于考试分析中已经删除的内容，考生可通过本章练习题作补充学习。

一、单项选择题

1. 下列选项中，不是知识产权的特征的是（　　　）

A. 专有性　　　　　　B. 国际性　　　　　　C. 时间性　　　　　　D. 客体的无形性

2. 根据《民法典》规定，下列选项中，不属于广义的知识产权的客体的是（　　　）

A. 地理标志　　　　　B. 植物新品种　　　　C. 商标　　　　　　　D. 数据

3. 改变作品，创作出具有独创性的新作品的权利是指（　　　）

A. 修改权　　　　　　B. 改编权　　　　　　C. 翻译权　　　　　　D. 汇编权

4. 根据《著作权法》的规定，下列属于"创作"的是（　　　）

A. 为他人创作提供物质条件　　　　　B. 为他人创作进行组织工作

C. 直接产生科学作品的活动　　　　　D. 为他人创作提供咨询意见

5. 下列属于《著作权法》保护的对象的是（　　　）

A. 法院判决书　　　　　　　　　　　B. 通用公式

C. 计算机软件　　　　　　　　　　　D. 《中华人民共和国著作权法》

6. 下列属于可以转让的著作权的是（　　　）

A. 发表权　　　　　　B. 署名权　　　　　　C. 保护作品完整权　　D. 发行权

7. 下列著作权中的权利中，保护期限不受限制的是（　　　）

A. 改编权　　　　　　B. 保护作品完整权　　C. 发行权　　　　　　D. 复制权

8. 关于专利权，以下说法不正确的是（　　　）

A. 专利权的授予须将专利技术予以公开

B. 专利权并非自动产生，须由行政部门授予

C. 外国公民也可以成为我国的专利权人

D. 专利权的授予须经过初步审查和实质审查

9. （　　　）记载外观设计的保护范围

A. 权利要求书　　　　B. 《专利法》　　　　C. 说明书　　　　　　D. 照片或图片

10. 某影视公司根据网络作家李某的小说《从你的全世界路过》改编并制作成一部电影。

电影的著作权属于（　　　　）

A. 影视公司　　　　　B. 李某　　　　　C. 影视公司和李某　　　D. 电影的编剧

11. 书法家王某将自己的书法作品赠与朋友李某，李某将该书法作品公开展览。下列说法正确的是（　　　　）

A. 李某侵犯了王某的展览权

B. 李某侵犯了王某的发行权

C. 李某侵犯了王某的署名权

D. 李某没有侵犯王某的权利

12. 某制药厂研制出一种新型的治疗心脏病的药物，按照《专利法》的规定（　　　　）

A. 对该药物不能授予专利权

B. 对该药物不能授予专利权，但其生产方法可以授予专利权

C. 对该药物可以授予专利权，但其生产方法不能授予专利权

D. 对该药物及其生产方法均可以授予专利权

13. 下列选项中不能作为商标使用的是（　　　　）

A. "白狼"牌服装

B. "天堂"牌剪刀

C. "六月"牌啤酒

D. "国务院"牌钢笔

14. 甲是乙公司的研发人员，为了完成研发任务，甲夜以继日在公司实验室勤奋工作，终于发明了一种抗癌新药。该药品后来被国家知识产权局授予了发明专利。下列说法不正确的是（　　　　）

A. 甲拥有专利申请权

B. 甲有权在专利文件中写明自己是发明人

C. 甲有权获得奖励或报酬

D. 乙公司转让专利权时，甲在同等条件下有优先受让权

15. 以团体、协会或者其他组织名义注册，供该组织成员在商事活动中使用，以表明使用者成员资格的标志是（　　　　）

A. 商品商标　　　B. 服务商标　　　C. 集体商标　　　D. 证明商标

16. 下列标志中，不能申请商标注册的是（　　　　）

A. 颜色组合　　　B. 声音　　　C. 图形　　　D. 气味

二、多项选择题

1. 关于专利权的继受取得，下列说法正确的是（　　　　）

A. 通过合同取得专利权，属于继受取得

B. 通过继承取得专利权，属于继受取得

C. 专属于专利人的人身权利，也可以继受取得

D. 外国企业也可以继受取得专利权，成为我国专利权人

2. 甲、乙、丙三人签订合作开发合同，约定：甲、乙、丙三人合作开发一项发动机节油技术。除了开发费用，其他事项均未约定。结合本题，下列说法正确的有（　　　　）

A. 专利申请权由甲、乙、丙三人共有

B. 如果甲转让其专利申请权，乙、丙二人有权优先受让

C. 如果甲放弃专利申请权，不影响乙、丙二人申请专利

D. 如果甲反对申请专利，乙、丙二人不得申请专利

3. 下列没有时间限制的知识产权的是（　　　）

A. 作品署名权　　　　B. 商业秘密权　　　　C. 地理标志权　　　　D. 作品修改权

4. 下列不属于著作权的特征的是（　　　）

A. 权利内容的单一性　　　　　　　　B. 行政授予性

C. 时间性　　　　　　　　　　　　D. 地域性

5. 下列属于执行本单位的任务所完成的职务发明创造的是（　　　）

A. 人事关系终止后 6 个月内作出的，与其在原单位承担的本职工作有关的发明创造

B. 在本职工作中作出的发明创造

C. 退休后 1 年内作出的，与其在原单位承担的本职工作有关的发明创造

D. 履行本单位交付的本职工作之外的任务所作出的发明创造

6. 下列知识产权中需要申请人申请、行政部门授予才能取得的是（　　　）

A. 实用新型　　　　B. 外观设计　　　　C. 信息网络传播权　　　　D. 商标权

7. 权利转让合同应当包括下列内容（　　　）

A. 作品的名称　　　　　　　　　　B. 转让的权利种类、地域范围

C. 转让价金　　　　　　　　　　　D. 交付转让价金的日期和方式

8. 专利产品或者依照专利方法直接获得的产品，由专利权人或者经其许可的单位、个人售出之后，不构成侵权的是（　　　）

A. 使用该专利产品　　　　　　　　B. 制造该专利产品

C. 销售该专利产品　　　　　　　　D. 进口该专利产品

9. 下列关于专利权的表述正确的是（　　　）

A. 科学发现不授予专利权

B. 专利权具有公开性

C. 专利权是自动产生的权利

D. 发明创造活动是一种事实行为，不受民事行为能力的限制

10. 甲服装厂生产以"豪情"为注册商标的西服，乙商店购得大量"豪情"牌西服后，将"豪情"商标撕去，贴上其擅自印制的丙服装公司的注册商标"船王"商标。乙将该批服装转让给了知情的丁商店，丁将该批服装销售出去。以下说法正确的有（　　　）

A. 乙侵犯了甲的商标权　　　　　　B. 乙侵犯了丙的商标权

C. 丁侵犯了甲的商标权　　　　　　D. 丁侵犯了丙的商标权

11. 下列选项中，属于侵犯商业秘密行为的是（　　　）

A. 以盗窃手段获取权利人的商业秘密　　B. 使用以盗窃手段获取的权利人的商业秘密

C. 违反保密义务，使用他人的商业秘密　　D. 以胁迫手段获取权利人的商业秘密

12. 根据《民法典》规定，"商业秘密"必须具备的构成要件有（　　　）

A. 非公知性　　　　B. 独创性　　　　C. 具有商业价值　　　　D. 保密性

13. 下列关于专利权的说法，正确的是（　　　）

A. 实用新型专利权的保护期限为 15 年

B. 外观设计专利权的保护期限为 10 年

C. 发明专利权的保护期限为 20 年

D. 专利申请权或者专利权的转让自登记之日起生效

第十八章　人　格　权

📝 **章节提要**　本章的重点考查范围是人格权。姓名权、名称权、肖像权、名誉权、隐私权等是高频考点。另外，要理解一般人格权的内容。对于身份权要注意结合监护制度、婚姻制度和继承制度来学习。

一、单项选择题

1. 下列关于人格权的表述中，正确的是（　　　）

A. 法人、非法人组织不具备人格权

B. 人格权包括身体权、隐私权、名誉权、姓名权、悼念权等

C. 人格权受到侵害后，受害人的停止侵害、排除妨碍、消除危险、消除影响、恢复名誉、赔礼道歉请求权同样适用诉讼时效的规定

D. 死者的人格利益也受到保护

2. 李某与王某发生纠纷并互相殴打，王某的假牙被打至脱落，除此之外身体无大碍。关于本案，下列哪项说法正确。（　　　）

A. 王某的身体权受到了侵害

B. 王某的健康权受到了侵害

C. 王某的所有权受到了侵害

D. 王某可就李某的行为提出精神损害赔偿

3. 下列选项中不属于一般人格权的功能的是（　　　）

A. 产生功能　　　B. 解释功能　　　C. 指导功能　　　D. 补充功能

4. 下列关于身体权和健康权的说法，正确的是（　　　）

A. 侵犯身体权的行为一定侵犯健康权

B. 侵犯健康权的行为不一定侵犯身体权

C. 砍断他人肢体的行为侵犯身体权而不侵犯健康权

D. 剪掉他人头发的行为侵犯健康权而不侵犯身体权

5. 以下选项中不属于姓名权内容的是（　　　）

A. 姓名决定权　　B. 姓名使用权　　C. 姓名转让权　　D. 姓名变更权

6. 某明星曾在某医院治疗性疾病，医院擅自把明星的照片用于宣传其在性疾病治疗方面的水平，导致该明星的微博粉丝数一夜之间下降 10 万。医院侵犯了该明星的（　　　）

A. 肖像权和姓名权

B. 隐私权和名誉权

C. 名誉权和姓名权

D. 肖像权和隐私权

7. 李某因极度崇拜明星杨某，通过多次整容使自己的外貌酷似杨某。后李某以自己名义参加了多个营利性的电视节目，并成了某饮料品牌的形象代言人。以下选项正确的是（　　　）

A. 李某整容成杨某的样子，侵犯了杨某的肖像权

B. 李某参加营利性电视节目，侵犯了杨某的肖像权

C. 李某成为某饮料品牌的形象代言人，侵犯了杨某的肖像权

D. 以上选项均错误

8. 下列关于荣誉权的说法，错误的是（　　　）

A. 荣誉只能是对权利人的积极评价

B. 荣誉权的主体包括一切民事主体

C. 毁坏荣誉勋章的行为侵犯荣誉权

D. 权利人可通过荣誉权获得物质利益

9. 甲20周岁，其母患白血病，需要进行骨髓移植。甲欲捐献自己的骨髓给母亲。对此，下列说法正确是（　　）

A. 甲可以口头表示同意捐献

B. 甲不能自己决定捐献事宜，需要其父亲同意后才可捐献

C. 甲可以要求其母亲支付捐献骨髓的报酬

D. 甲应当采用书面形式表示同意捐献

10. 根据法律规定，因当事人一方的违约行为，损害对方人格权并造成严重精神损害，受损害方（　　）

A. 只能要求对方承担违约责任，不能请求精神损害赔偿

B. 只能请求精神损害赔偿，不能要求对方承担违约责任

C. 要求对方承担违约责任的同时可以请求精神损害赔偿

D. 可以在违约责任与精神损害赔偿中择一适用，不能同时适用

11. 甲同学趁乙同学午睡之机，为捉弄乙同学，将其头发用剪刀剪去了一部分。则甲侵犯了乙的（　　）

A. 身体权　　　　　　B. 健康权　　　　　　C. 生命权　　　　　　D. 名誉权

12. 甲一直从事网络写手的工作，每天写小说发布在网上。甲给自己起了个笔名叫"流星"。甲的小说文笔优美、情节曲折，广受欢迎，笔名被他人使用足以造成公众混淆。对于甲的笔名"流星"，下列说法正确的是（　　）

A. 参照适用姓名权和名称权保护的有关规定

B. 参照适用隐私权保护的有关规定

C. 参照适用名誉权保护的有关规定

D. 参照适用肖像权保护的有关规定

13. 甲（男）、乙（女）同住一个小区，甲特别喜欢乙。在未经乙同意的情况下，甲实施的下列行为中，不侵犯隐私权的是（　　）

A. 甲拿望远镜经常窥视乙的房间，偷看乙的日常活动

B. 甲经常发短信侵扰乙的生活安宁

C. 甲处理乙的私密信息

D. 甲每天在心中默念十遍喜欢乙

14. 某网站报道了一名女孩因母亲怀孕期间吸毒而被传染严重疾病的事实，该报道中披露了女孩的真实姓名、年龄及其他真实情况，致使其备受同学歧视，精神遭受严重打击。该网站的报道行为（　　）

A. 是如实报道，不构成侵权　　　　　　B. 侵害了女孩的隐私权

C. 侵害了女孩的健康权　　　　　　　　D. 侵害了女孩的荣誉权

15. 马某感觉自己的姓氏太过平庸，不够霸气，于是想更换姓氏。已知马某的父亲姓马，马某的母亲姓龙，马某的奶奶姓牛，马某的外婆姓熊，那么，马某不可以姓（　　）

A. 龙　　　　　　　　B. 牛　　　　　　　　C. 熊　　　　　　　　D. 麒麟

16. 下列选项中，只能由法人享有的人格权是（　　）

A. 名誉权　　　　　　B. 姓名权　　　　　　C. 名称权　　　　　　D. 隐私权

17. 某商店在店内安装高清摄像头，在未告知顾客的情况下，抓取进店顾客脸部信息进行识别分析，用于线上营销。对此，下列表述正确的是（　　）

A. 商店侵犯了顾客的身体权　　　　　　B. 商店侵犯了顾客的身份权

C. 商店侵犯了顾客的个人信息权益　　　D. 人脸信息是公开信息，商店不构成侵权

二、多项选择题

1. 基于《民法典》，一般人格权的内容通常概括为（　　　　）

A. 人身自由　　　　B. 人格平等　　　　C. 人格尊严　　　　D. 人格独立

2. 关于人格权，下列说法正确的有（　　　　）

A. 完全民事行为能力人有权采用书面或者遗嘱形式自主决定无偿捐献人体细胞

B. 临床试验不得向受试者收取试验费用

C. 民事主体变更姓名、名称的，之前实施的民事法律行为对其具有法律约束力

D. 行为人发表的文学、艺术作品以真人真事或者特定人为描述对象，含有侮辱、诽谤内容，侵害他人名誉权的，应当承担侵权责任

3. 下列选项中，属于一般人格权的特征的是（　　　　）

A. 权利内容的不确定性　　　　　　　　B. 主体限定于自然人

C. 权利客体的高度概括性　　　　　　　D. 所保护利益的根本性

4. 名誉权中认定行为人对他人提供的严重失实内容是否尽到合理核实义务，应当考虑的因素包括（　　　　）

A. 内容来源的可信度　　　　　　　　　B. 内容的时限性

C. 受害人名誉受贬损的可能性　　　　　D. 核实能力和核实成本

5. 下列关于个人信息的说法，正确的是（　　　　）

A. 处理个人信息，在该自然人或者其监护人同意的范围内合理实施的行为，行为人不承担民事责任

B. 自然人可以依法向信息处理者查阅或者复制其个人信息

C. 信息处理者不得泄露或者篡改其收集、存储的个人信息

D. 国家机关、承担行政职能的法定机构及其工作人员对于履行职责过程中知悉的自然人的隐私和个人信息，应当予以保密

6. 隐私包括的内容有（　　　　）

A. 私人生活安宁　　B. 私密空间　　　　C. 私密活动　　　　D. 私密信息

7. 根据法律规定，对他人实施性骚扰的方式有（　　　　）

A. 言语　　　　　　B. 文字　　　　　　C. 图像　　　　　　D. 肢体行为

8. 甲是追星族，一日，甲从网上下载了其偶像乙的照片（乙已婚），并将自己的照片与偶像照片合成在一起，制作成画册贩卖，同时宣称自己和乙在谈恋爱，甲的举动使公众认为乙在婚内出轨，给乙造成了恶劣影响。甲的行为（　　　　）

A. 不构成侵权　　　　　　　　　　　　B. 侵犯了乙的肖像权

C. 侵犯了乙的名誉权　　　　　　　　　D. 侵犯了乙的隐私权

9. 某晚报新闻记者甲在报道一起扫黄案件时，故意将与其有矛盾的邻居乙写成是妓女，并配发了相应照片。该消息在晚报上发表后给乙带来了巨大的社会压力，乙的未婚夫也离她而去，导致乙精神恍惚。对此，下列有关表述正确的是（　　　　）

A. 此报道侵犯了乙的名誉权

B. 乙有权请求该晚报及时采取更正等必要措施

C. 乙可以请求精神损害赔偿

D. 此行为不构成侵权，因甲是报道新闻

10. 下列行为中，属于侵犯自然人个人信息权的是（　　）

A. 非法收集他人个人信息　　　　　　　B. 非法使用他人个人信息

C. 非法加工他人个人信息　　　　　　　D. 非法传输他人个人信息

11. 下列选项中，民事主体可以许可他人使用的是（　　）

A. 姓名　　　　　B. 名称　　　　　C. 肖像　　　　　D. 名誉

12. 下列关于临床试验的说法中，正确的是（　　）

A. 临床试验的目的是研制新药、医疗器械或者发展新的预防和治疗方法

B. 临床试验可以向受试者收取费用

C. 临床试验应当经伦理委员会审查同意

D. 临床试验应当经受试者或者受试者的监护人口头或者书面同意

13. 下列行为中，合理实施可以不经过肖像权人同意的是（　　）

A. 为个人学习、艺术欣赏、课堂教学或者科学研究，在必要范围内使用肖像权人已经公开的肖像

B. 为实施新闻报道，不可避免地制作、使用、公开肖像权人的肖像

C. 为展示特定公共环境，不可避免地制作、使用、公开肖像权人的肖像

D. 为依法履行职责，国家机关在必要范围内制作、使用、公开肖像权人的肖像

14. 新闻报道、舆论监督等行为影响他人名誉的，不必承担民事责任，但是有下列情形之一的除外（　　）

A. 捏造、歪曲事实

B. 对他人提供的严重失实内容未尽到合理核实义务

C. 使用侮辱性言辞等贬损他人名誉

D. 明知报道事实将会损害他人名誉仍然报道

15. 下列选项中，属于敏感个人信息的是（　　）

A. 生物识别信息　　　B. 宗教信仰　　　C. 金融账户　　　D. 行踪轨迹

16. 关于名誉和荣誉，下列说法正确的是（　　）

A. 荣誉是积极评价；名誉既有可能是积极评价，也有可能是消极评价

B. 荣誉是特定方面的评价；名誉是整体评价

C. 荣誉和名誉都可以被剥夺或者撤销

D. 荣誉是由特定组织授予的；名誉是不特定的社会公众评价的

三、简答题

1. 简述一般人格权的概念及其特征。

2. 简述身体权的概念及其特征。

3. 简述处理个人信息的条件。

《民法典》第 109 条规定："自然人的人身自由、人格尊严受法律保护。"

第 110 条规定："自然人享有生命权、身体权、健康权、姓名权、肖像权、名誉权、荣誉权、隐私权、婚姻自主权等权利。法人、非法人组织享有名称权、名誉权、荣誉权等。"

请分析：

（1）如何理解第 109 条规定的"人格尊严"的含义？

（2）如何理解"名誉"的含义？

（3）如何理解第 110 条规定的"名誉权"的含义，其基本内容是什么？

（4）死者是否享有名誉权？对死者的名誉如何保护？

第十九章 婚 姻 家 庭

章节提要　本章需要注意的重难点是拟制血亲关系与收养制度的联系、结婚的实质要件和形式要件、无效婚姻和可撤销婚姻的区别、夫妻财产关系和离婚制度。本章考查方式一般是选择题，因此需要加强对各项制度的理解和细碎知识点的记忆。

一、单项选择题

1. 小明与其姑姑属于（   ）

A. 二代直系血亲　　　B. 三代直系血亲　　　C. 二代旁系血亲　　　D. 三代旁系血亲

2. 下列人员之间，不属于我国《民法典》规定的近亲属范围的是（   ）

A. 祖父母与孙子女之间　　　　　　　B. 同母异父的兄弟姐妹之间

C. 叔叔与侄子之间　　　　　　　　　D. 配偶之间

3. 下列关于亲属的说法中，正确的是（   ）

A. 家庭成员不一定是近亲属

B. 法律调整所有的亲属关系

C. 兄弟姐妹之间为一代旁系血亲

D. 继父母与受其抚养教育的继子女之间是拟制血亲

4. 边某（女）在与岩某（男）登记结婚，2 年之后边某发现岩某登记结婚的年龄为 19 周岁。下列有权申请法院宣告婚姻无效的是（   ）

A. 基层组织　　　　B. 边某的父亲　　　　C. 岩某的父亲　　　　D. 岩某的舅舅

5. 李某与白某结婚多年，婚姻中主要是白某负责抚养子女、照料老人。后双方向法院提起诉讼后离婚。2 年后李某生活日渐穷潦倒。下列说法正确的是（   ）

A. 李某有权请求经济补偿　　　　　　B. 李某有权请求白某给予适当经济帮助

C. 李某有权请求损害赔偿　　　　　　D. 李某无权请求白某给予适当经济帮助

6. 离婚后，夫妻一方发现另一方隐藏、转移、变卖、毁损、挥霍夫妻共同财产，或者伪造夫妻共同债务企图侵占另一方财产的，请求再次分割夫妻共同财产的诉讼时效期间为（   ），从当事人发现之日起计算

A. 6 个月　　　　　　B. 1 年　　　　　　C. 2 年　　　　　　D. 3 年

7. 经人民法院判决不准离婚后，双方又分居满（　　），一方再次提起离婚诉讼的，应当准予离婚

A. 1 年　　　　　　B. 2 年　　　　　　C. 3 年　　　　　　D. 5 年

8. 死亡宣告被人民法院撤销后，被宣告死亡的人与其配偶的婚姻关系认定为（　　）

A. 若其配偶未再婚的，自动恢复（其配偶向婚姻登记机关书面声明不愿意恢复的除外）

B. 若其配偶已再婚的，被宣告死亡人可向法院申请恢复婚姻关系

C. 若其配偶再婚后又离婚的，自动恢复

D. 若其配偶再婚后又丧偶的，自动恢复

9. 自婚姻登记机关收到离婚登记申请之日起（　　）内，任何一方不愿意离婚的，可以向婚姻登记机关撤回离婚登记申请

A. 5 日　　　　　　B. 10 日　　　　　　C. 30 日　　　　　　D. 60 日

10. 根据我国法律规定，离婚协议的形式应采取（　　）

A. 公证形式　　　　B. 书面形式　　　　C. 口头形式　　　　D. 以上选项均错误

11. 关于可撤销婚姻，下列说法错误的是（　　）

A. 因存在胁迫请求撤销婚姻的，应当自胁迫行为终止之日起 1 年内提出

B. 我国有权撤销婚姻的机关包括婚姻登记机关和人民法院

C. 撤销权人只能是受胁迫一方的婚姻关系当事人本人

D. 被撤销的婚姻与被宣告无效的婚姻具有相同的法律后果

12. 甲、乙夫妻二人以书面形式约定在婚姻关系存续期间所得财产归各自所有，并到公证机关办理了公证。甲以自己的名义向丙借款 5 000 元，后这笔钱一直未归还。对于这 5 000 元债务，下列说法正确的是（　　）

A. 一定为甲、乙的共同债务

B. 一定为甲的个人债务

C. 为甲、乙的共同债务，除非甲或乙能够证明丙知道甲、乙之间关于夫妻财产的约定

D. 为甲的个人债务，除非丙能够证明其不知道甲、乙之间关于夫妻财产的约定

13. 下列情形不属于无效婚姻的是（　　）

A. 一审判决准予离婚，在上诉期内与他人结婚的

B. 舅舅与其外甥女结婚的

C. 未达到法定婚龄而登记结婚的

D. 因受到人身威胁而结婚的

14. 下列选项中，符合收养条件的是（　　）

A. 甲 35 岁，已有一子，无违法犯罪记录

B. 甲 40 岁，已有二子，无违法犯罪记录

C. 甲 29 岁，无子女

D. 甲 33 岁，无子女，有不利于被收养人健康成长的违法犯罪记录

15. 根据法律规定，女方终止妊娠后（　　）内，男方不得提出离婚

A. 1 年内　　　　　　B. 3 个月内　　　　　　C. 6 个月内　　　　　　D. 2 年内

16. 关于离婚在父母子女关系上的效力，下列说法错误的是（　　）

A. 离婚后，不满两周岁的子女，以由母亲直接抚养为原则

B. 离婚后，不直接抚养子女的父、母、祖父母，有探望子女的权利，另一方有协助的义务

C. 父母不得因子女变更姓氏而拒付子女抚养费

D. 离婚后，子女由一方直接抚养的，另一方应当负担部分或者全部抚养费。

17. 下列选项中，不属于夫妻人身关系的内容的是（   ）

A. 夫妻相互忠实义务

B. 夫妻的姓名权

C. 夫妻的人身自由权

D. 夫妻间的相互扶养义务

二、多项选择题

1. 张某和李某因感情不和而协议离婚，二人育有一子小张（13 岁）。离婚后，小张同李某共同生活。一年后，张某意外患上严重精神性疾病且有暴力倾向，曾在探望小张时突发疾病伤害了小张，对此（   ）

A. 小张有权向人民法院提出中止探望的请求

B. 李某有权向人民法院提出中止探望的请求

C. 张某的探望权不受影响，李某应予以配合

D. 若张某被中止了探望权，后经治疗痊愈，此时张某可以向人民法院请求恢复探望

2. 下列情形中，女方应当返还彩礼的情形有（   ）

A. 男方向女方支付彩礼之后，双方并未登记结婚

B. 男方向女方支付彩礼之后，双方虽然登记结婚，但是直至离婚均未共同生活

C. 男方向女方支付彩礼之后，双方因为女方过错离婚

D. 男方向女方支付彩礼之后，婚姻关系因为女方被宣告死亡而自动消灭

3. 下列关于离婚的说法，正确的是（   ）

A. 离婚后，不满两周岁的子女，以由母亲直接抚养为原则

B. 离婚后，不满两周岁的子女，以由父亲直接抚养为原则

C. 已满两周岁的子女，父母双方对抚养问题协议不成的，由人民法院根据双方的具体情况，按照最有利于未成年子女的原则判决

D. 子女已满八周岁的，应当尊重其真实意愿

4. 以下选项中，不属于可撤销婚姻中的撤销权主体的是（   ）

A. 受胁迫当事人

B. 受胁迫当事人的父母

C. 受胁迫当事人所在单位

D. 受胁迫当事人的兄弟姐妹

5. 下列亲属关系中，禁止结婚的是（   ）

A. 同父异母的兄弟姐妹

B. 堂兄弟姐妹

C. 舅舅与外甥女

D. 姑婆与侄孙

6. 关于诉讼离婚的说法，正确的是（   ）

A. 判决离婚的唯一法定理由是夫妻双方感情确已破裂

B. 人民法院在判决离婚前应当先进行调解

C. 调解无效是感情确已破裂情形之一

D. 如果夫妻双方感情没有破裂，即使调解无效，也不准予离婚

7. 下列情形中属于法律规定的感情确已破裂的标准的有（   ）

A. 重婚或者与他人同居   B. 实施家庭暴力或者虐待、遗弃家庭成员
C. 有赌博、吸毒等恶习屡教不改   D. 夫妻双方分居满 1 年

8. 离婚的财产分割，由双方协议处理，双方协议不成时，由人民法院依法判决。人民法院依法判决时应当照顾的权益群体为（   ）
A. 子女   B. 女方
C. 无过错方   D. 对家庭付出较多的一方

9. 下列选项中，属于夫妻共同债务的是（   ）
A. 夫妻双方共同签名的债务
B. 夫妻一方事后追认的债务
C. 夫妻一方在婚姻关系存续期间以个人名义为家庭日常生活所负的债务
D. 夫妻一方在婚姻关系存续期间以个人名义所负且另一方不知情的非用于夫妻共同生活、共同生产经营的债务

10. 华侨收养三代以内旁系同辈血亲的子女，可不受限制的条件包括（   ）
A. 未患有在医学上认为不应当收养子女的疾病
B. 被收养人应为生父母有特殊困难无力抚养的子女
C. 无子女或者只有一名子女
D. 无配偶者收养异性子女，收养人和被收养人的年龄相差 40 岁以上

11. 下列选项中可以作为送养人的主体有（   ）
A. 儿童福利机构   B. 孤儿的监护人
C. 有特殊困难无力抚养子女的生父母   D. 婴儿出生的医院

12. 婚姻关系存续期间，夫妻一方可以向人民法院请求分割共同财产的情形有（   ）
A. 一方隐藏、转移、变卖、毁损、挥霍夫妻共同财产
B. 一方伪造夫妻共同债务
C. 一方负有法定扶养义务的人患重大疾病需要医治，另一方不同意支付相关医疗费用
D. 一方虐待家庭成员

13. 下列属于婚姻可撤销的情形的是（   ）
A. 患有重大疾病，在结婚登记前未如实告知
B. 胁迫
C. 乘人之危
D. 显失公平

14. 下列关于亲子关系的说法，正确的是（   ）
A. 对亲子关系有异议且有正当理由的，父亲可以向人民法院提起诉讼，请求确认或否认亲子关系
B. 即使对亲子关系有异议且有正当理由的，母亲也不能向人民法院提起诉讼，请求确认或否认亲子关系
C. 对亲子关系有异议且有正当理由，成年子女可以向人民法院提起诉讼，请求确认亲子关系
D. 对亲子关系有异议且有正当理由，未成年子女可以向人民法院提起诉讼，请求确认亲子关系

15. 婚姻关系存续期间所得的下列财产，属于夫妻共同所有的是（   ）

A. 一方以个人财产投资取得的收益　　B. 男女双方实际取得的住房补贴
C. 男女双方实际取得的基本养老金　　D. 夫妻一方个人财产在婚后的自然增值

16. 下列财产中，属于夫妻一方的个人财产的是（　　　）

A. 夫或妻一方因受到人身损害获得的赔偿或者补偿
B. 夫或妻获得的明确归个人的遗赠财产
C. 夫或妻一方的婚前财产
D. 夫或妻一方专用的生活用品

17. 孙子女、外孙子女对祖父母、外祖父母承担赡养义务的条件是（　　　）

A. 孙子女、外孙子女为有负担能力的成年人
B. 祖父母、外祖父母的子女已经死亡或子女无力赡养
C. 祖父母、外祖父母必须是需要赡养的人
D. 孙子女、外孙子女由祖父母、外祖父母抚养长大

18. 下列选项中，可以作为请求离婚损害赔偿的条件的是（　　　）

A. 须一方有法定过错　　　　　　　B. 须一方的法定过错导致离婚
C. 须请求权人无法定过错　　　　　D. 须无过错方因离婚受到损害

三、简答题

1. 简述登记离婚的概念及其条件。
2. 简述夫妻财产约定的有效条件。
3. 简述解除收养关系的效力。

四、案例分析题

甲男与乙女于 10 月 1 日结婚登记。婚前甲男为结婚盖了砖房两间，乙女有一叔父侨居国外，于同年 8 月得知乙女将结婚时，答应赠送两件高档家电作为乙女的结婚礼物，并于第二年 2 月将两件礼物带回交予乙女。第三年，甲、乙因性格不合，双方都同意离婚。但甲男要求分得上述两件家电的一件，乙女则要求分得上述住房的一间，双方争执不下。现已查实，甲男与乙女无任何财产约定。

请根据上述材料，回答下列问题并说明理由：

（1）本案应适用何种离婚程序？
（2）甲男与乙女对家电及住房的分割要求是否有法律根据？

五、论述题

论述离婚的法律后果。

第二十章 继 承

📝 **章节提要** 继承编与婚姻家庭编联系十分密切，虽然教材将两者分别设置为一个独立章节，但在学习时应有意识地把两者结合起来。本章的重难点是继承权的发生根据、继承权的丧失、法定继承人的范围和顺位、代位继承与转继承的区别、遗嘱继承的特征和分类、遗嘱继承和遗赠的区别、遗赠扶养协议的主体范围、被继承人债务的清偿等。

一、单项选择题

1. 2023 年 5 月 2 日，甲去世。5 月 7 日，甲的子女将其安葬。5 月 20 日，甲的子女一起清理甲的遗产并确定继承份额。5 月 24 日，遗产分割完毕。遗产继承开始的时间是（   ）
A. 5 月 2 日   B. 5 月 7 日   C. 5 月 20 日   D. 5 月 24 日

2. 根据《民法典》的规定，遗嘱的生效时间是（   ）
A. 遗嘱继承人知道遗嘱时   B. 立遗嘱人死亡时
C. 遗嘱继承人取得遗产时   D. 遗嘱完成时

3. 下列关于继承权的说法错误的是（   ）
A. 继承权是自然人享有的权利
B. 继承权可以转让
C. 继承权的产生是基于法律的规定或有效遗嘱的指定
D. 继承权是于被继承人死亡时才实际享有的权利

4. 下列选项中，属于第二顺位继承人的是（   ）
A. 父母   B. 兄弟姐妹
C. 子女   D. 孙子女、外孙子女

5. 根据《民法典》的规定，不可以作为第一顺序继承人的是（   ）
A. 配偶   B. 祖父母
C. 子女   D. 对公婆尽了主要赡养义务的丧偶儿媳

6. 关于代位继承，下列说法不正确的是（   ）
A. 须被代位继承人先于被继承人死亡
B. 须被代位继承人是被继承人的子女或者兄弟姐妹
C. 须被代位继承人未丧失继承权
D. 须代位继承人是被代位继承人的晚辈直系自然血亲

7. 根据《民法典》的规定，下列选项中一般不能作为遗产的是（   ）
A. 家庭承包的土地承包经营权   B. 文物
C. 著作权中的出租权   D. 房屋

8. 甲和乙是夫妻，两人共有黄金 4 吨。丙是甲的父亲，丁是乙的弟弟，除此之外，两人无其他继承人。甲在某次空难事故中丧生，乙其后也因悲痛过度而去世。甲、乙二人遗留的黄金应当（   ）
A. 全部由丙继承   B. 全部由丁继承
C. 丙、丁各继承 2 吨   D. 丙继承 1 吨，丁继承 3 吨

9. 有扶养能力和扶养条件的人不尽扶养义务的，分配遗产时（　　）

A. 可以少分或者不分　　　　　　　　B. 不影响遗产分配

C. 丧失继承权　　　　　　　　　　　D. 应当少分或者不分

10. 既有法定继承又有遗嘱继承和遗赠的，首先由（　　）清偿被继承人依法应当缴纳的税款和债务

A. 法定继承人　　　　　　　　　　　B. 遗嘱继承人

C. 受遗赠人　　　　　　　　　　　　D. 遗嘱继承人和受遗赠人

11. 关于继承权的放弃，下列说法错误的是（　　）

A. 继承权放弃必须以明示的方法　　　B. 放弃继承权的意思必须由本人作出

C. 继承权的放弃可以在遗产处理后　　D. 放弃继承权的效力追溯到继承开始的时间

12. 下列关于遗嘱的表述，错误的是（　　）

A. 遗嘱是单方法律行为

B. 遗嘱是遗嘱人死后生效的民事法律行为

C. 遗嘱是遗嘱人独立所为的民事法律行为

D. 遗嘱是不要式法律行为

13. 下列选项中，不属于遗产管理人职责的是（　　）

A. 清理遗产并制作遗产清单　　　　　B. 采取必要措施防止遗产毁损、灭失

C. 处理被继承人的债权债务　　　　　D. 调解继承人之间的感情纠纷

14. 贾某是某民营互联网企业的一名工程师，退休后在养老院居住。2020 年 2 月，贾某因病在医院去世。贾某去世前未订立遗赠扶养协议，也没有继承人，其名下财产应（　　）

A. 归其工作单位所有　　　　　　　　B. 归国家所有

C. 归医院所有　　　　　　　　　　　D. 归养老院所有

15. 甲突发心脏病去世，甲生前立有遗嘱，其死后财产全部归儿子乙所有。不久，乙因车祸在甲的遗产分割前死亡。则下列人员中，最终可顺利继承甲的遗产的是（　　）

A. 乙的继母（甲的配偶，乙未受其抚养教育）

B. 乙的姑姑

C. 乙的儿子丙通过转继承方式继承甲的遗产

D. 乙的女儿通过代位继承方式继承甲的遗产

16. 下列关于口头遗嘱的说法中，错误的是（　　）

A. 口头遗嘱属于要式法律行为

B. 口头遗嘱的效力高于自书遗嘱

C. 口头遗嘱必须在危急情况下订立，所谓"危急情况"，一般是指遗嘱人生命垂危、突遇自然灾害、意外事故、战争等

D. 口头遗嘱至少需要有两个无利害关系人在场见证

二、多项选择题

1. 下列遗嘱中，完全无效的是（　　）

A. 受欺诈所立的遗嘱　　　　　　　　B. 伪造的遗嘱

C. 被篡改的遗嘱　　　　　　　　　　D. 处分了他人财产的遗嘱

2. 关于被继承人债务的清偿，下列说法正确的是（　　）

A. 继承人以所得遗产实际价值为限清偿被继承人依法应当缴纳的税款和债务

B. 清偿债务优先于执行遗赠

C. 保留必留份优先于债务清偿

D. 继承人放弃继承的，不负担债务清偿责任

3. 乙是甲的儿子，常年在外打工。某日，甲预感自己时日无多，于是自书遗嘱表示死后遗产由乙继承，亲笔签名，注上年、月、日。此后，由于感念邻居丙对自己的悉心照料，甲将 5 000 元积蓄赠与丙，丙虽然多番推辞但是甲一再坚持，丙最终只得接受。对此，下列说法正确的有（　　）

A. 5 000 元积蓄由丙取得

B. 5 000 元积蓄由乙取得

C. 甲的生前行为与遗嘱不符，应当以遗嘱为准

D. 甲的生前行为与遗嘱不符，应当以生前行为为准

4. 继承人实施的下列行为中会导致其丧失继承权的有（　　）

A. 故意杀害被继承人

B. 以胁迫手段迫使被继承人变更遗嘱，情节严重的

C. 虐待被继承人

D. 篡改遗嘱，情节严重的

5. 下列选项中不能成为遗嘱见证人的是（　　）

A. 限制行为能力人　　　　　　　　B. 继承人的债权人

C. 继承人的近亲属　　　　　　　　D. 无民事行为能力人

6. 关于遗赠与遗嘱继承的区别，下列说法正确的是（　　）

A. 受遗赠人没有继承权，遗嘱继承人有继承权

B. 受遗赠人不限于自然人，遗嘱继承人只能是自然人

C. 遗嘱继承人到期没有表示是否接受继承，视为接受；受遗赠人到期没有表示是否接受遗赠，视为放弃受遗赠

D. 遗嘱继承不可以附义务，遗赠可以附义务

7. 下列选项中，属于遗赠扶养协议的特征的是（　　）

A. 遗赠扶养协议是合同行为

B. 法定继承人不能成为遗赠扶养协议的扶养人

C. 遗赠扶养协议是生前生效与死后生效相结合的行为

D. 遗赠扶养协议的效力优先于遗嘱继承、遗赠和法定继承

8. 遗产的特征包括（　　）

A. 时间上的特定性　　　　　　　　B. 内容上的财产性

C. 范围上的限定性　　　　　　　　D. 性质上的合法性

9. 以下选项中属于被继承人债务的清偿原则的是（　　）

A. 连带责任原则　　　　　　　　　B. 清偿债务优先于执行遗赠原则

C. 限定继承原则　　　　　　　　　D. 保留必要份额原则

10. 下列关于遗嘱的说法，正确的是（　　）

A. 打印遗嘱的遗嘱人和见证人应当在遗嘱每一页签名

B. 立遗嘱后，遗嘱人实施与遗嘱内容相反的民事法律行为的，视为对遗嘱相关内容的撤回

C. 立有数份遗嘱，内容相抵触的，以最后的遗嘱为准

D. 自书遗嘱不得撤销、变更公证遗嘱

11. 下列遗嘱中要求有两个以上见证人在场的是（　　　）

A. 自书遗嘱　　　　　B. 打印遗嘱　　　　　C. 代书遗嘱　　　　　D. 口头遗嘱

12. 下列不能作为遗赠受领人的是（　　　）

A. 慈善机构　　　　　B. 兄弟姐妹　　　　　C. 学校　　　　　D. 父母

13. 下列关于遗产管理人的说法，正确的是（　　　）

A. 继承开始后，遗嘱执行人为遗产管理人

B. 没有遗嘱执行人的，继承人应当及时推选遗产管理人

C. 继承人未推选的，由继承人共同担任遗产管理人

D. 没有继承人或者继承人均放弃继承的，由被继承人生前住所地的民政部门或者村民委员会担任遗产管理人

14. 下列选项中，属于转继承应当具备的条件的有（　　　）

A. 被转继承人未丧失继承权

B. 被转继承人生前未立另有安排的遗嘱

C. 被转继承人同意转继承人转继承

D. 被转继承人于被继承人死亡后、遗产分割前死亡

15. 下列关于代位继承的说法，正确的是（　　　）

A. 被继承人的养子女、已形成扶养关系的继子女的生子女可以代位继承

B. 被继承人亲生子女的养子女可以代位继承

C. 被继承人养子女的养子女可以代位继承

D. 与被继承人已形成扶养关系的继子女的养子女也可以代位继承

16. 我国《民法典》规定的适用法定继承的情形有（　　　）

A. 遗嘱继承人放弃继承或者受遗赠人放弃受遗赠

B. 遗嘱继承人、受遗赠人先于遗嘱人死亡或者终止

C. 遗嘱继承人丧失继承权或者受遗赠人丧失受遗赠权

D. 遗嘱无效部分所涉及的遗产

17. 下列选项中，属于遗产分配的原则的是（　　　）

A. 互谅互让、协商分割原则　　　　　B. 物尽其用原则

C. 先遗嘱继承后法定继承原则　　　　D. 保留胎儿继承份额原则

18. 下列关于继承的说法中，正确的是（　　　）

A. 代位继承人受辈数的限制

B. 对公婆尽了主要赡养义务、作为第一顺序继承人的丧偶儿媳如果再婚，其子女不能代位继承

C. 人民法院对故意隐匿、侵吞或者争抢遗产的继承人，可以酌情减少其应继承的遗产

D. 遗产管理人有获得报酬权

三、简答题

1. 简述丧失继承权的情形。
2. 简述遗嘱的无效情形。
3. 简述遗赠的概念及其特征。

四、案例分析题

1. 吴某有一幢两层楼房，二层租给其内侄洪某夫妇居住。吴某考虑到自己年老多病，身边又没有其他亲人（儿子小吴在国外），遂与洪某签合同，约定洪某对其生前悉心照料，死后料理后事，那么吴某死后，所有财产归洪某所有。洪某夫妇一直按合同约定履行，悉心照顾吴某。后吴某死亡，洪某办理了丧事。小吴听闻吴某去世后回国，要对吴某的财产进行变卖。此时洪某拿出合同，表示吴某的财产应归自己所有。小吴不承认合同的效力，遂起诉至法院。

请根据上述材料，回答下列问题并说明理由：

（1）吴某与洪某之间的协议属于什么合同？这是什么性质的法律行为？

（2）法院应该怎样判决？

2. 李大成与儿子李晓光及孙子李蓓蓓出去旅游，不幸遇到车祸，无一生还。闻此讯后，李晓光的妻子王平突发心脏病而死。李大成的妻子郭氏与王平之父王某料理丧事后，对遗产分割发生争议。据查，李大成有遗产价值1.2万元，李晓光及妻子、儿子共有遗产价值3万元，其中李蓓蓓生前接受李晓光朋友赠与0.2万元。

请根据上述材料，回答下列问题并说明理由：

（1）此案中，如何推定三名死者的死亡时间？

（2）本案涉及的遗产应如何分割？郭氏和王某各应分得多少遗产？

第二十一章　侵 权 责 任

✎ **章节提要**　本章的考查方式比较多样，要注意容易出主观题的考点。本章的重难点是侵权责任的归责原则、一般侵权的要件、共同侵权行为、共同危险行为、无意思联络的数人侵权、各类侵权责任的具体规定

一、单项选择题

1. 某用户利用甲公司的社交平台发布虚假信息诽谤张某，张某发现后及时向甲公司提供了基本证据，但甲公司视而不见，后因虚假信息广为传播给张某造成了极大损失，对此甲公司（　　　）

A. 与侵权用户共同向张某承担连带责任　　B. 承担补充责任

C. 承担替代责任　　　　　　　　　　　　D. 不承担责任

2. 两个以上侵权人分别排放的物质相互作用产生污染物造成他人损害的，应当承担（　　　）

A. 按份责任　　　B. 连带责任　　　C. 补充责任　　　D. 过错责任

3. 故意或者重大过失为侵权人污染环境、破坏生态提供场地或者储存、运输等帮助的，行为人应当与侵权人承担（　　）

A. 按份责任　　　　B. 连带责任　　　　C. 补充责任　　　　D. 过错责任

4. 下列关于侵权责任的说法中，正确的是（　　）

A. 过错推定是独立的归责原则

B. 侵权责任的主要形式是损害赔偿

C. 适用无过错责任原则时，被侵权人无需证明侵权行为和损害后果之间的因果关系

D. 过错推定普遍适用于一般侵权行为

5. 在下列侵权责任的抗辩事由中，属于外来原因的抗辩事由的是（　　）

A. 正当防卫　　　　B. 紧急避险　　　　C. 受害人故意　　　　D. 自助

6. 二人以上无意思联络，分别实施侵权行为造成同一损害，每个人的侵权行为都不足以造成全部损害，且难以确定责任大小的，适用（　　）

A. 各自承担相应的责任　　　　　　B. 行为人承担连带责任

C. 行为人平均承担责任　　　　　　D. 都无需承担责任

7. 张某晚上回家时因坠入井盖损毁的井中死亡，下列有权请求管理人承担责任的是（　　）

A. 国家　　　　B. 所在单位　　　　C. 居委会　　　　D. 其近亲属

8. 张某与刘某发生车祸后到某市医院中进行治疗，后该医院植入张某体中的固定钢板因存在严重的质量问题而断裂。某市医院赔偿张某后有权向谁追偿（　　）

A. 为其植入钢板的医生　　　　　　B. 刘某

C. 医疗器械的生产者　　　　　　　D. 卫生局

9. 在劳务派遣期间，被派遣的工作人员因执行工作任务造成他人损害的，劳务派遣单位有过错的，承担（　　）

A. 补充责任　　　　B. 连带责任　　　　C. 相应的责任　　　　D. 共同责任

10. 在个人劳务关系中，提供劳务的一方因劳务受到损害的，责任应由（　　）

A. 接受劳务方承担

B. 提供劳务方承担

C. 提供劳务方和接受劳务方各承担一半责任

D. 提供劳务方和接受劳务方按各自的过错分配责任

11. 无行为能力人在教育机构中受到人身损害的，适用（　　）

A. 无过错责任原则　　　　　　　　B. 过错推定原则

C. 过错责任原则　　　　　　　　　D. 二元归责原则

12. 林木的致害责任适用（　　）

A. 过错责任原则　　　　　　　　　B. 过错推定原则

C. 无过错责任原则　　　　　　　　D. 公平责任原则

13. 一般侵权责任的归责原则是（　　）

A. 过错责任原则　　　　　　　　　B. 过错推定原则

C. 无过错责任原则　　　　　　　　D. 公平责任原则

14. 甲和乙各自分别往丙的食物中投放了半份毒药，毒药刚好达到致死量，致丙死亡。甲和乙的行为属于（　　）

A. 共同侵权行为　　　　　　　　　B. 共同危险行为

C. 承担连带责任的无意思联络数人侵权　　D. 承担按份责任的无意思联络数人侵权

15. 乙从甲处购买了一辆拼装的汽车，但未投保任何机动车保险。某日，乙驾驶该车撞到丙，致丙受伤，花去医药费 7 000 元。关于丙的医药费承担的说法，正确的是（　　　）

A. 应由甲、乙平均分摊责任

B. 应根据甲、乙的过错程度，各自承担相应责任

C. 应由甲、乙承担连带责任

D. 应由乙独立承担责任

16. 甲在公交站点候车时，发现一个小偷正在偷乙的钱包，甲当场喝止。小偷逃跑时用刀将甲手臂划伤。共同候车的人一起抓小偷，也未能将小偷抓捕归案。关于甲医药费的承担，下列说法正确的是（　　　）

A. 应由小偷赔偿，因小偷逃跑，应由乙给予适当补偿

B. 应只由公交公司给予适当补偿

C. 应由乙和公交公司共同给予适当补偿

D. 应由小偷赔偿，但无法找到小偷，只能甲自担

17. 彩虹温泉度假中心委托华正广告公司制作了一块宣传企业形象的广告牌，并由华正广告公司负责安装在度假中心外墙。某日天降暴雨，广告牌被吹落砸伤行人姜某。后查明，广告牌系安装不牢致坠落。关于姜某所受损害的责任承担的说法，正确的是（　　　）

A. 彩虹温泉度假中心承担主要责任，华正广告公司承担补充责任

B. 华正广告公司承担主要责任，彩虹温泉度假中心承担补充责任

C. 彩虹温泉度假中心承担赔偿责任，但其有权向华正广告公司追偿

D. 华正广告公司承担赔偿责任，彩虹温泉度假中心不承担责任

18. 一日，陈某外出办事，将儿子高某（6 岁）委托给邻居周某代为看管。下午 3 时左右，高某在周某家与另一个小孩王某玩耍时，将王某打伤。此时，周某正在打麻将，没有看顾高某。对于王某的损害（　　　）

A. 陈某承担全部的责任　　　　　　　　B. 陈某和周某承担连带责任

C. 周某承担全部的责任　　　　　　　　D. 陈某承担侵权责任，周某承担相应的责任

19. 甲将自己的汽车交给乙修理，修理过程中，乙受伤。对于乙的损害（　　　）

A. 应由甲承担责任　　　　　　　　　　B. 应由乙自己承担

C. 应由甲、乙承担连带责任　　　　　　D. 应由甲、乙承担按份责任

20. 某医院医生李某在为患者张某进行阑尾炎手术时，不慎将一块纱布遗留在张某的体内，张某在手术后疼痛数日再次检查时才发现纱布，这给张某的身体造成了较大的损害。关于张某的损害责任承担的说法，正确的是（　　　）

A. 应由李某承担责任　　　　　　　　　B. 应由医院承担责任

C. 应由李某和医院各自承担 50% 的责任　D. 应由医院和李某承担连带责任

21. 甲中学将操场出租给他人停车。2005 年 8 月 10 日，乙开车前往操场，由于刹车不灵，将正在上体育课的学生丙撞成重伤，丙花去医疗费 4 万元。关于学校应承担的责任，下列说法正确的是（　　　）

A. 学校应与乙承担连带赔偿责任　　　　B. 学校应承担补充赔偿责任

C. 学校应承担无过错责任　　　　　　　D. 学校应承担监护责任

22. 甲在某论坛发布诽谤乙的言论，乙知道后通知该论坛要求其采取删帖等必要措施，通

知中包括了构成侵权的初步证据及权利人的真实身份信息。但是该论坛未及时采取措施，导致诽谤言论进一步扩散。对于乙的损害扩大的部分（　　　　）

A. 由甲承担侵权责任
B. 由论坛承担侵权责任
C. 由甲和论坛承担连带责任
D. 由甲和论坛承担按份责任

23. 甲将自己的机动车挂靠在乙单位从事道路运输经营。一日，甲驾车过马路时闯红灯撞伤丙。对丙的损害（　　　　）

A. 由甲单独承担责任
B. 由乙单位单独承担责任
C. 由甲和乙单位承担连带责任
D. 由甲和乙单位承担按份责任

24. 甲在某宾馆住宿，夜晚小偷乙潜入其房间盗窃甲的一部手机后逃跑，甲发现后立即追赶，宾馆前台人员见状不管不顾。对于甲的财物损失（　　　　）

A. 由乙承担，宾馆无责任
B. 由乙和宾馆承担连带赔偿责任
C. 由宾馆承担，宾馆承担责任后可以向乙追偿
D. 由乙承担，宾馆承担补充赔偿责任

25. 甲与乙在学校的校篮球比赛中不幸发生碰撞，甲的腿部受伤，花去医疗费200元，甲、乙对此均无过错，甲的人身损害应该（　　　　）

A. 由甲承担
B. 由乙承担
C. 由甲或乙承担
D. 由甲和乙承担

26. 下列关于侵权责任中的损害赔偿的说法，错误的是（　　　　）

A. 法人的人格利益遭受侵犯不得请求精神损害赔偿
B. 侵害他人财产的，财产损失按照损失发生时的市场价格计算
C. 财产损失赔偿不包括侵害人身权益造成的财产损失赔偿
D. 惩罚性赔偿措施的主要目的在于惩罚侵权人

27. 下列选项中，不是因果关系的判定规则的是（　　　　）

A. 相当因果关系规则
B. 近因规则
C. 直接原因规则
D. 间接原因规则

28. 下列侵权责任中，当事人不得以受害人故意作为免责事由的是（　　　　）

A. 民用核设施致人损害责任
B. 民用航空器致人损害责任
C. 使用高速轨道运输工具致人损害责任
D. 非法占有高度危险物致人损害责任

29. 甲从某手机销售商处购买了一部手机，不料手机在使用过程中发生爆炸，造成甲面部部分烧伤。经查明，手机故障是由于运输商在运输过程中颠簸造成的。对于这一损害，甲可以（　　　　）

A. 向手机的生产商和销售商请求赔偿
B. 向手机的生产商和运输商请求赔偿
C. 向手机的销售商和运输商请求赔偿
D. 向手机的运输商请求赔偿

二、多项选择题

1. 下列情形中，能够主张精神损害赔偿的有（　　　　）

A. 侵害自然人人身权益造成严重精神损害
B. 因故意或者重大过失侵害自然人具有人身意义的特定物造成严重精神损害
C. 违约行为损害对方人格权并且造成严重精神损害

D. 法人、非法人组织的人格权益遭受侵犯

2. **违反国家规定造成生态环境损害，侵权人赔偿的损失和费用包括（　　）**

A. 生态环境受到损害至修复完成期间服务功能丧失导致的损失

B. 生态环境功能永久性损害造成的损失

C. 生态环境损害调查、鉴定评估等费用

D. 清除污染、修复生态环境费用

3. **自助行为的构成要件包括（　　）**

A. 为保护自己的合法权益　　　　　　　B. 情势紧迫来不及通过国家机关解决

C. 采取的方法适当　　　　　　　　　　D. 没有超过必要的限度

4. **以下选项中属于产品责任承担方式的有（　　）**

A. 召回　　　　　　B. 停止侵害　　　　　　C. 停止销售　　　　　　D. 惩罚性赔偿

5. **医疗损害责任的构成要件包括（　　）**

A. 医疗机构或者医务人员实施了正常的医疗行为

B. 患者遭受非正常的损害

C. 医疗行为与非正常损害之间存在因果关系

D. 医疗机构、医务人员有过错

6. **下列关于环境污染和生态破坏责任的说法，正确的是（　　）**

A. 环境污染和生态破坏责任适用无过错责任原则

B. 排污符合国家标准是环境污染和生态破坏责任的免责事由

C. 第三人过错不能作为环境污染和生态破坏责任的免责事由

D. 因污染环境致人财产损害的，诉讼时效期间为 2 年

7. **本源公司与某市市政部门签订了一份承建市内江桥的工程合同。之后，本源公司与甲设计院签订了桥梁设计合同。江桥建成后，由路政管理部门负责日常管理。10 年后，该江桥一段突然坍塌，造成人员伤亡与财产损失。后经查明，此次坍塌系因本源公司施工原因造成的，江桥存在质量缺陷。对人员伤亡与财产损失，受害者有权请求（　　）承担赔偿责任**

A. 本源公司　　　　　B. 甲设计院　　　　　　C. 市政部门　　　　　　D. 路政管理部门

8. **下列情形中，属于推定医疗机构有过错的情形的有（　　）**

A. 违反法律、行政法规、规章以及其他有关诊疗规范的规定

B. 隐匿或者拒绝提供与纠纷有关的病历资料

C. 患者遭受非正常的损害

D. 遗失、伪造、篡改或者违法销毁病历资料

9. **下列选项中，被侵权人可以请求惩罚性赔偿的是（　　）**

A. 故意侵害他人知识产权，情节严重

B. 明知产品存在缺陷仍然生产、销售，造成他人死亡或者健康严重损害

C. 侵权人故意违反法律规定污染环境、破坏生态造成损言后果

D. 医疗活动中受到严重损害

10. **一日，甲路过乙小区时，被楼上抛下的一个玻璃瓶砸伤。对此，下列说法正确的是（　　）**

A. 如果能够确定侵权人，由侵权人承担责任

B. 经调查难以确定具体侵权人，除能够证明自己不是侵权人的外，由可能加害的建筑物

使用人给予补偿

C. 可能加害的建筑物使用人补偿后，有权向侵权人追偿

D. 物业服务企业未采取必要的安全保障措施的，应当依法承担未履行安全保障义务的侵权责任

11. 甲私自把邻居乙家拴养的两条大狗牵出去玩，在遛狗的过程中，甲任由大狗肆意奔跑，在经过一个路口时，其中一条大狗将丙撞倒，致使丙头部着地受伤。关于本案，下列说法正确的有（　　　）

A. 丙可以向乙请求赔偿　　　　　　　　B. 丙可以向甲请求赔偿

C. 丙只能请求乙赔偿　　　　　　　　　D. 乙承担赔偿责任后，有权向甲追偿

12. 下列选项中，适用无过错责任原则的有（　　　）

A. 环境污染责任　　　B. 高度危险责任　　　C. 物件损害责任　　　D. 监护人责任

13. 下列关于法定分担损失规则，说法正确的是（　　　）

A. 法定分担损失是侵权责任的承担问题

B. 法定分担损失规则是公平原则在损害赔偿制度中的体现

C. 分担损失应当平均分担

D. 当事人双方对损失的发生均无过错

三、简答题

1. 简述精神损害赔偿的适用情形。

2. 简述用人单位责任的特征。

四、案例分析题

1. 某日下午，钱某驾车与孙某驾车发生交通事故，导致骑车经过的赵某受伤骨折。经查，钱某为了庆祝好友王某脱单，二人相约喝酒，席间王某明知钱某不胜酒力仍然极力劝酒，最终钱某醉驾回家途中发生交通事故。并且，车辆系钱某从周某处借得，周某在出借时知道钱某并无驾照。

次日，钱某由于发生交通事故，心情压抑，时常心不在焉，在乘坐公交车时不小心坐过站，强行下车不成，便与公交车司机发生冲突，公交车司机在驾驶过程中愤而还击，导致车辆失控坠江，全车乘客遇难。

请根据上述材料，回答下列问题并说明理由：

（1）本题中，如果赵某个人体质的因素在其所受损害中占到25%，那么钱某与孙某能否主张减轻25%的责任？为什么？

（2）本题中，赵某是否可以向周某主张承担侵权责任？为什么？

（3）如果你是公交车上其他乘客的代理律师，准备向人民法院提起侵权损害赔偿之诉，你会将谁列为被告？为什么？

2. 2017年6月1日，养殖公司与赵甲、赵乙、赵丙兄弟三人分别签订蜜蜂收购合同，约定赵甲、赵乙、赵丙分别将50箱蜜蜂出售于该养殖公司。于是兄弟三人与孙某签订运输合同，由孙某运送蜜蜂。由于孙某当日身体不适，无法亲自驾车，便雇李某为驾驶员。运

输途中，后座的孙某见驾驶座旁车窗未被完全关闭，于是提醒李某关闭车窗，李某并未理睬，孙某也未关闭车窗。后来，因有蜂箱未被密封，致使几只蜜蜂飞出蜇伤李某。无法查明蜇伤李某的蜜蜂为何人所有，但是赵丙的蜂箱始终是处于封闭状态。

2017 年 6 月 9 日，孙某将蜜蜂运送至约定地点交付于养殖公司的司机钱某。钱某在正常驾驶过程中，迎面驶来一辆逆行的汽车，该车司机周某醉酒驾驶，为免两车相撞，钱某急打方向盘导致多名行人死亡。孙某收到运输费用之后外出旅游，与康泰旅行社签订旅游合同，但是在出游途中，旅行社导游将游客错误引导至一处山路，导致孙某被恰好途经此地的王某撞伤，事后查明王某属于酒驾。

请根据上述材料，回答下列问题并说明理由：

（1）赵甲、赵乙、赵丙三人是否应当对李某承担侵权责任？为什么？

（2）孙某是否应当对李某承担侵权责任？为什么？

（3）对多名行人的死亡，钱某是否应当承担侵权责任？为什么？

（4）孙某在旅游途中遭遇的损害是否属于侵权责任与违约责任的竞合？为什么？

法 理 学

第一章 绪 论

章节提要　作为法理学的入门篇章，本章着重帮助考生界定法学、法理学的概念，并着重介绍了马克思主义法学发展的状况。考生在备考中，应该对法学的研究对象（法及法的现象的一般规律）作出清晰的界定，理解法理学的基础、理论学科的地位（它是法学的一般理论、基础理论和方法论）。本章出选择题的可能性比较大，考生对于本章的基础知识要在理解的基础上进行认真的识记；同时，要对马克思主义法学的特征进行较为熟练的记忆，此部分可能在主观题的简答中有所涉及。

一、单项选择题

1. 从法学和其他学科的关系这一角度对法学体系所作的划分中，法理学属于（　　　）

A. 理论法学　　　　　B. 法教义学　　　　　C. 立法学　　　　　D. 应用法学

2. 法学又称法律科学，下列关于法学的说法正确的是（　　　）

A. 古典自然法学派坚持以人文主义或人道主义为基础，主张用"人的眼睛"来观察政治法律问题，将法学发展为一门科学

B. 法学以法的社会现象为研究对象，法的规律并不属于其研究范围

C. 法是在法学发展到一定阶段时才产生的

D. 法学应当被界定为一种存在于社会科学和人文科学之间的知识形态

3. 下列选项中，属于法学产生的条件的是（　　　）

A. 法律现象的材料的一定积累　　　　　B. 个别从事研究法律现象的学者的出现

C. 法律意识的产生　　　　　D. 国家的出现

4. 下列关于西方主要法学流派的说法正确的是（　　　）

A. 古典自然法学派的代表人物主要有普芬道夫、卢梭、洛克、霍姆斯、格劳秀斯等

B. 现代的新自然法学派的代表人物德沃金提出了"正义论"

C. 社会法学派的代表人物主要有埃尔利希、霍布斯、庞德、狄骥等

D. 分析实证法学派将价值考虑排除在法理学的研究范围之外，并提出了"恶法亦法"的论断

5. 12 世纪至 16 世纪是罗马法的复兴时期，出现了以研究和恢复罗马法为核心的新的法学，主要是（　　　）

A. 自然法学派　　　　　B. 分析法学派　　　　　C. 社会法学派　　　　　D. 注释法学派

6. 在非马克思主义思想家和法学家们关于法的本质的学说中，理性论的主要代表人物是（　　　）

A. 霍布斯、洛克、格劳秀斯　　　　　B. 霍布斯、洛克、卡尔·冯·萨维尼

C. 孟德斯鸠、卢梭、约翰·奥斯丁　　　　　D. 孟德斯鸠、卢梭、罗斯科·庞德

7. 下列选项中，试图将价值考虑排除在法理学科学研究范围之外的是（　　）

A. 卢梭　　　　　　B. 孟德斯鸠　　　　　C. 凯尔森　　　　　D. 庞德

8. 社会法学派起源于 19 世纪后半期，其起源的地区为（　　）

A. 北美洲　　　　　B. 南美洲　　　　　C. 欧洲　　　　　D. 亚洲

9. 下列选项中，不是分析法学派代表人物的是（　　）

A. 边沁　　　　　　B. 奥斯丁　　　　　C. 富勒　　　　　D. 哈特

10. 下列说法错误的是（　　）

A. 分析法学派主张"恶法亦法"　　　　　B. 社会法学派强调研究"现实的法学"

C. 社会法学派主张法是人的理性　　　　D. 历史法学派主张法律是民族精神

11. 相较于以往的法学，马克思主义法学最鲜明的特点在于（　　）

A. 认为法是由统治阶级的意志决定的　　B. 否定了新法对旧法的继承性

C. 承认经济以外的因素对法会产生影响　D. 对法的最终决定者认识不同

12. 马克思主义法学思想的最初出发点是（　　）

A. 唯物主义法学　　B. 唯心主义法学　　C. 历史主义法学　　D. 理性主义法学

13. 下列选项中，不属于马克思主义法学特征的是（　　）

A. 实践性　　　　　B. 人文性　　　　　C. 历史性　　　　　D. 超阶级性

14. 关于法学，下列表述正确的是（　　）

A. 法学是社会科学，不具有人文科学的性质

B. 马克思主义法学认为，超阶级的法学是不存在的

C. 法学在资产阶级革命胜利后成为一门独立的学科

D. 作为法学的一般理论和基础理论，法理学不是方法论

15. 马克思主义法学关于法的本质的学说中，说法正确的是（　　）

A. 统治阶级的意志就是法　　　　　　　B. 法是统治阶级各个成员意志的相加

C. 物质生活条件是法的决定因素　　　　D. 政治、文化对法没有影响

16. 法理学与部门法学之间的关系是（　　）

A. "论"与"史"的关系　　　　　　　　B. "一般"与"特殊"的关系

C. "整体"与"部分"的关系　　　　　　D. "理论"与"方法"的关系

17. 关于法理学，下列说法错误的是（　　）

A. 法理学只研究现行有效的法律

B. 法理学与部门法学是"一般"与"特殊"的关系

C. 法理学与法律史学的关系是"论"与"史"的关系

D. 法理学是我国法学体系中的一门重要的理论法学学科

18. 下列法学研究的方法论中，不属于法学自身的方法论的是（　　）

A. 社会调查的方法　　　　　　　　　　B. 价值分析的方法

C. 阶级分析的方法　　　　　　　　　　D. 马克思主义的哲学方法

二、多项选择题

1. 马克思主义法学所具有的主要特征是（　　）

A. 实践性　　　　　B. 批判性　　　　　C. 人文性　　　　　D. 历史性

2. 以下属于法学交叉学科的有（　　　）

A. 比较法学　　　　　B. 法理学　　　　　C. 法社会学　　　　　D. 法医学

3. 下列属于理论法学的有（　　　）

A. 法律教育学　　　　B. 行政法　　　　　C. 法哲学　　　　　D. 立法学

4. 下列关于法学发展情况的表述，正确的是（　　　）

A. 法学最早起源于古希腊

B. 法学发展演变为一个独立的学科是在古罗马共和国时期

C. 12 世纪至 16 世纪是罗马法的复兴时期，出现了以研究和恢复罗马法为核心的注释法学派

D. 中世纪欧洲，法学成为神学的一个分支

5. 关于法的产生与发展，下列说法正确的是（　　　）

A. 法学是在法发展到一定阶段的产物

B. 17 世纪至 18 世纪，西方出现了自然法学派、分析实证主义法学派、社会法学派、批判法学等资产阶级法学流派

C. 12 世纪至 16 世纪出现了以研究和恢复罗马法为核心的注释法学派

D. 1848 年问世的《共产党宣言》是历史唯物主义法学的纲领性文件

6. 现代西方影响较大、占统治地位的三大法学流派为（　　　）

A. 自然法学派　　　　B. 分析法学派　　　　C. 批判法学派　　　　D. 社会法学派

7. 近代自然法学的代表人物有（　　　）

A. 洛克　　　　　　　B. 孟德斯鸠　　　　　C. 卢梭　　　　　　　D. 德沃金

8. 现代新自然法学派的代表人物有（　　　）

A. 富勒　　　　　　　B. 德沃金　　　　　　C. 凯尔森　　　　　　D. 罗尔斯

9. 下列法学流派中，产生于 19 世纪的是（　　　）

A. 分析法学派　　　　B. 社会法学派　　　　C. 历史法学派　　　　D. 经济分析法学派

10. 关于分析法学派，下列说法正确的是（　　　）

A. 是 19 世纪产生的学派

B. 反对超越现行法律制度的任何企图，主张恶法亦法

C. 试图将价值考虑排除在法理学科学研究范围之外

D. 代表人物有边沁、奥斯丁、凯尔森、哈特等

11. 20 世纪末出现的后现代法学思潮有（　　　）

A. 现代自然法学派　　B. 批判法学　　　　　C. 经济分析法学派　　D. 法与文学运动

12. 马克思主义认为，法学研究最根本的方法论是（　　　）

A. 历史唯物主义　　　B. 主观唯心主义　　　C. 辩证唯物主义　　　D. 客观唯心主义

13. 马克思主义法学给整个法学带来了革命性的变革，关于这种革命性，以下表述正确的是（　　　）

A. 马克思主义法学反映无产阶级及其领导下广大人民的根本利益

B. 马克思主义法学不具有阶级性

C. 马克思主义法学使法学真正严格地走上了科学之路

D. 马克思主义法学以唯物史观为基础，第一次科学地揭示了法的本质，阐明了法律现象产生和发展的基本规律

14. 下列关于马克思主义法学的发展的说法中，正确的是（　　　）

A. 《黑格尔法哲学批判》初步指明了历史唯物主义法学的基本方向

B. 《共产党宣言》是历史唯物主义法学的纲领性文件

C. 马克思主义的唯物主义法律观在《资本论》中得到进一步的论证和集中的体现

D. 列宁认为人民的利益是最高的法律

15. 下列属于习近平法治思想的核心要义的是（　　　）

A. 坚持党对全面依法治国的领导　　　　B. 坚持以人民为中心

C. 坚持中国特色社会主义法治道路　　　D. 坚持依宪治国、依宪执政

16. 下列关于马克思主义法学的表述，说法错误的是（　　　）

A. 马克思主义法学继承了西方人文主义法律思想

B. 马克思主义法学仅具有理论意义，不具有实践意义

C. 马克思主义法学认为人的解放离不开法律

D. 马克思主义法学认为法律和权利是思想的产物

三、简答题

简述马克思主义法学的主要特征。

第二章　法的特征与本质

章节提要　本章内容较少，但知识点较为细碎。需要重点掌握的知识为：非马克思主义法学关于法的本质的学说（包括各流派观点及代表人物）、马克思主义法学关于法的本质的学说的主要内容以及法的基本特征。前者主要考查知识点的记忆，学生在学习过程中可以借助画表格的方式加深记忆并进行区分。对于马克思主义法学关于法的本质的学说以及法的基本特征，考生应在理解的基础上进行记忆，并能够用文字的形式进行表述，达到灵活运用的程度。

一、单项选择题

1. 以下不属于汉语中"法"的词义的是（　　　）

A. "刑"　　　　　B. "律"　　　　　C. "明断曲直"　　　　D. "主观法""客观法"

2. 下列说法错误的是（　　　）

A. 一切社会规范都具有强制性

B. 法律由国家强制力保证实施完全是因为法律不一定能始终为人们所自愿遵守

C. 法的普遍性意味着法律面前人人平等

D. 法律与宗教、政策等发生冲突时，法律具有更大的权威性

3. 下列关于法的基本特征的说法，正确的是（　　　）

A. 法是调整人们行为的规范，具有规范性，所以法律规范对其公布后发生的行为即产生效力

B. 法的国家权威性表现为当它与道德、宗教、政策等发生冲突时，它作为国家意志的体现具有更大的权威性

C. 对国家权力而言，可以在法律中将权利分配给一部分人，将义务分配给另一部分人，但权利和义务的总数应保持一致

D. 法的程序性主要体现在针对公民上，需要制定详细的法律程序对其权利进行限制

4. **法律规定了人们的一般行为模式，指导人们行为的性质，从而为人们交互行为提供一个模型、标准或者方向。以上表述反映了法的（　　　）**

A. 程序性　　　　　　B. 规范性　　　　　C. 国家意志性　　　　D. 可诉性

5. **法是由国家制定或者认可的社会规范，具有国家意志性和普遍性。关于法的普遍性，下列说法错误的是（　　　）**

A. 因为法律具有普遍性，所以相同的事项和相同的主体适用相同的法律

B. 法的普遍性，指法在国家权力管辖范围内普遍有效

C. 法的普遍性以其规范性为前提和基础

D. 法既然具有普遍性，那么也就具有绝对性和无限性

6. **关于法具有国家强制力，下列说法错误的是（　　　）**

A. 法的国家强制性来源于法律本身的内在力量

B. 国家强制力是法律实施的唯一保障

C. 法律之所以要由国家强制力保证实施，一部分原因是法律不能始终为人们所自愿遵守，需要通过国家强迫人们遵守

D. 法律之所以要由国家强制力保证实施，还有一部分原因是法律不能自行实施，需要国家专门机关予以运用

7. **下列关于法的本质属性的表述中，正确的是（　　　）**

A. 法的本质属性是规范性　　　　　　B. 法的本质属性是国家强制性

C. 法的本质属性是社会公众意志性　　D. 法的本质属性是阶级性

8. **法律、道德、宗教等都是指引人们社会活动的行为规范。下列说法错误的是（　　　）**

A. 法律、道德与宗教都具有强制性

B. 法律、道德与宗教都为人们设定了权利和义务

C. 法律、道德与宗教都坚持义务本位

D. 与道德、宗教发生冲突时，法律具有更大的权威性

9. **法对人们的行为可以反复适用。这能体现出法的（　　　）**

A. 强制性　　　　　　B. 国家意志性　　　　C. 规范性　　　　　　D. 普遍性

10. **下列关于法的本质与特征的说法，错误的是（　　　）**

A. 国家制定或认可是创制法律的两种方式

B. 法律只要规定了权利，就必须规定或意味着相应的义务

C. 与其他社会规范相比，只有法律才具有强制性

D. 国家的强制力是法律实施的最后的保障手段

11. **社会的基本事实是连带关系，法律就是基于这一事实和为了维护社会连带关系而存在的。主张这种观点的著作是（　　　）**

A. 《神学大全》　　　　　　　　　B. 《社会契约论》

C. 《通过法律的社会控制》　　　　D. 《法和国家》

12. **法是自由意志的外在表现形式，自由意志是法的内核，"法是自由意志的定在"是以下哪位法学家的观点（　　　）**

A. 奥古斯丁   B. 卢梭   C. 黑格尔   D. 罗尔斯

13. 法是公意的体现，公意即人们的共同意志、普遍意志。这种观点是（   ）的观点

A.《社会契约论》   B.《法哲学原理》

C.《正义论》   D.《通过法律的社会控制》

14. 关于法的第二层次本质，以下说法不正确的是（   ）

A. 统治阶级的意志不是凭空产生的

B. 法必然随着社会物质生活条件的变化而变化

C. 法创造并且影响现有的经济关系

D. 任何阶级的立法活动都要以现有的物质生活条件为基础

15. 关于法的本质学说，以下说法正确的是（   ）

A. 13 世纪经院主义哲学家托马斯·阿奎那认为法是神的意志的体现

B. 英国霍布斯坚持的是民族精神论

C. 卡尔·冯·萨维尼认为法是社会控制的手段

D. 罗尔斯在《法哲学原理》中指出，正义是至高无上的

16. 根据马克思主义关于法的第一层次本质的学说，以下说法不正确的是（   ）

A. 法的第一层次的本质是统治阶级意志的体现

B. 统治阶级的意志变成国家意志后，可以借助国家机器来保证法律的施行

C. 法律体现统治阶级和被统治阶级的意志

D. 法具有阶级性，是统治阶级的国家意志的体现

17. 下列选项中，是古典自然法学派在法的概念问题上的观点的是（   ）

A. 法是民族精神的产物   B. 法是阶级社会的产物

C. 法是人类理性和本性的体现   D. 法是自由意志的外在表现形式

18. 主张"法律是主权者对其臣民所发布的应当如何行为并以制裁为后盾的命令"的学者是（   ）

A. 奥斯丁   B. 萨维尼   C. 霍布斯   D. 奥古斯丁

19. 下列关于法的本质的表述中，不属于卢梭观点的是（   ）

A. 法的本质是人的理性   B. 法是民族精神的产物

C. 法是公意的体现   D. 自然法普遍永恒

20. 马克思、恩格斯在《德意志意识形态》中写道：由这些特定关系所决定的意志具有国家意志即法这种一般表现形式，其内容总是由这个阶级的关系决定的。下列说法错误的是（   ）

A. 统治阶级的意志要受到物质生活条件制约

B. 统治阶级意志是统治阶级内部成员意志的总和

C. 法不代表被统治阶级的利益

D. 统治阶级的意志具有整体性和根本性

二、多项选择题

1. 法是由国家强制力保证实施的社会规范，具有国家强制性和程序性。关于法的程序性，下列说法错误的是（   ）

A. 法具有程序性，是法自古以来的基本特征

B. 法具有程序性，意味着无论是司法还是执法，都应有相应的法律程序

C. 由于立法是法律的创制性活动，故无需受法的程序性约束

D. 法律程序是保证法律公正的重要手段

2. 在当代中国，下列选项中属于广义的法律的是（　　）

A. 宪法　　　　　　　B. 行政法规　　　　　　C. 地方性法律　　　　　　D. 规章

3. 法的基本特征包括（　　）

A. 规范性和普遍性　　　　　　　　　　B. 国家意志性和权威性

C. 权利和义务的一致性　　　　　　　　D. 国家强制性和程序性

4. 从效力范围上看，法的规范性的特点是（　　）

A. 它针对的对象是不特定的大多数人

B. 它只对规范制定生效后发生的行为有效

C. 在其有效期内，针对同样的情况反复适用

D. 法律面前人人平等

5. 法律之所以要由国家强制力保证实施是因为（　　）

A. 法律不一定能始终为人们所自愿遵守，需要通过国家强制力强迫施行

B. 所有法律规范均需要国家强制力才能产生实际效果

C. 法律不能自行实施，需要国家专门机关予以运用

D. 法律的正当性依据是国家强制力

6. 下列属于法律上权利与义务规定的特点的有（　　）

A. 确定性　　　　　　B. 自发性　　　　　　C. 可预测性　　　　　　D. 不稳定性

7. 从效力范围上看，法的规范性的特点包括（　　）

A. 法针对的对象是不特定的大多数人

B. 法只对规范制定生效后发生的行为有效

C. 在其有效期内，针对同样的情况法反复适用

D. 在一国主权范围内，法具有普遍效力

8. 下列关于法的本质与特征的描述不正确的是（　　）

A. 法是由被统治阶级的物质生活条件所决定的

B. 法是社会成员共同意志的体现

C. 法是由国家制定或认可的规范

D. 法是确定人们在社会关系中权利和义务的行为规范

9. 马克思主义法学关于法的本质的观点认为，法具有阶级意志性和物质制约性。下列关于法的本质属性的关系，理解正确的是（　　）

A. 片面强调法的阶级意志性，可能会导致法律的"唯意志论"

B. 片面强调法的物质制约性，可能会导致法律"宿命论"

C. 物质制约性和阶级意志性是法的同一层面的本质属性

D. 物质制约性和阶级意志性辩证统一，共同构成法的本质

10. 将法的本质归结为理性，是（　　）的观点

A. 英国的洛克　　　　B. 美国的庞德　　　　C. 荷兰的格劳秀斯　　　　D. 德国的萨维尼

11. 下列关于法律所体现的意志的说法，不正确的是（　　）

A. 法所体现的意志为社会各阶层的总体意志

B. 法所体现的意志为统治阶级的共同意志、整体意志或根本意志

C. 法所体现的意志为取得胜利并掌握国家政权的阶级的意志

D. 法所体现的意志为统治阶级中各集团意志的总和

12. 下列属于马克思主义法学关于法的本质的学说的是（　　　）

A. 法是统治阶级意志的体现

B. 法是民族精神和民族共同意识的体现

C. 法所体现的意志由一定的物质生活条件所决定

D. 法所体现的意志受经济以外诸多因素的影响

三、简答题

简述马克思主义法学关于法的本质的学说内容。

第三章 法的起源与演进

📝 **章节提要**
本章需要着重掌握的知识为法起源的一般规律、两大法系的内容以及对比、法律移植和法律继承。对于法起源的一般规律、法律移植和法律继承要在理解的基础之上掌握，在具体问题中能够灵活运用。对于两大法系的相关内容，知识点比较琐碎，需要多复习几遍以加深印象。本章在主客观题中都有所涉及，需要引起高度重视。法律全球化作为新增加的内容，被考查的可能性非常大，尤其很可能以主观题的形式进行考查。考生在备考中要格外注意，熟练掌握该部分的知识点。

一、单项选择题

1. 公法和私法这一基本分类归于（　　　）

A. 罗马法系　　　　B. 英美法系　　　　C. 印度法系　　　　D. 中华法系

2. 下列关于法的起源的一般规律，说法正确的是（　　　）

A. 法的形态总是先表现为不成文形态，然后再发展为成文形态

B. 法是自发产生的

C. 法由规范性调整逐步发展为对特定人、特定事的调整

D. 法在产生之初就与宗教、道德规范等社会规范之间有明确的界限

3. 结合马克思主义法学关于法的起源的学说，下列表述错误的是（　　　）

A. 从存在形态看，法律先于国家产生

B. 私有制是法起源的经济根源

C. 法的产生也是阶级划分和阶级斗争的结果

D. 从个别调整到一般调整是法起源的基本规律

4. 法起源的主要因素中，决定性因素是（　　　）

A. 经济因素　　　　B. 政治因素　　　　C. 意识因素　　　　D. 社会因素

5. 法系是西方法学家首先使用的一个概念，下列关于法系的表述中，正确的是（　　　）

A. 法系的划分主要是按照形式上的某些特点对法律所作的分类

B. 中华法系的特点是民法发达、刑法薄弱

C. 英美法系又称盎格鲁 – 撒克逊法系、普通法法系、判例法系、不成文法系、海洋法系等

D. 大陆法系分布于美国（除路易斯安那州）、加拿大（除魁北克省）、英国（除苏格兰）
等国家或地区

6. 最早制定成文法典的国家是（　　　）

A. 古希腊　　　　　　B. 古罗马　　　　　　C. 古巴比伦　　　　　　D. 古印度

7. 下列选项中不属于对资本主义法律影响较大的法系的是（　　　）

A. 日耳曼法系　　　　B. 海洋法系　　　　　C. 伊斯兰法系　　　　　D. 民法法系

8. 我国社会主义法的基础是（　　　）

A. 党的章程　　　　　B. 宪法　　　　　　　C. "六法全书"　　　　　D. 革命根据地的法

9. 以下不属于英国法律的相关特点的是（　　　）

A. 不成文宪法　　　　　　　　　　　　　B. 实行单一制

C. 法院享有司法审查权　　　　　　　　　D. 属于英美法系

10. 下列有关英国法和美国法的说法，错误的是（　　　）

A. 英国法和美国法是普通法法系中的两个分支

B. 英国法采取不成文宪法制，美国法采取成文宪法制

C. 英国法院有司法审查权，美国法院没有司法审查权

D. 英国采取单一制，美国采取联邦制

11. 民法法系的基础是（　　　）

A. 普通法　　　　　　B. 日耳曼法　　　　　C. 罗马法　　　　　　　D. 海洋法

12. 下列不属于普通法法系国家的是（　　　）

A. 美国　　　　　　　B. 日本　　　　　　　C. 澳大利亚　　　　　　D. 新西兰

13. 下列关于普通法法系，说法错误的是（　　　）

A. 普通法法系又叫作判例法系、海洋法系、日耳曼法系

B. 普通法和衡平法都是判例法

C. 诉讼程序奉行当事人主义

D. 制定法和判例法都是正式的法的渊源

14. 以下选项中，不是奴隶制法的共同特征的是（　　　）

A. 严格保护奴隶主的所有制

B. 公开反映和维护奴隶主贵族的等级特权

C. 维护公民的人权

D. 刑罚手段残酷，长期保留着原始社会的某些行为规范残余

15. 下列关于英美法系的理解，错误的是（　　　）

A. 英美法系又称普通法法系、判例法系、不成文法系、海洋法系等

B. 英美法系是以英国中世纪的法律，特别是普通法为基础而发展起来的法律的总称

C. 在英美法系国家，判例法在整个法律体系中占有非常重要的地位

D. 英美法系的诉讼程序以法官为重心，奉行职权主义，具有纠问程序的特点

16. 以下选项中，不是法系划分标准的是（　　　）

A. 历史传统　　　　B. 国家的经济基础　　C. 法律形式的特点　　D. 法律的源流关系

17. 关于法系，下列说法正确的是（　　　）

A. 法律移植是法系形成和发展的重要途径

B. 法系是以法律赖以存在的经济基础为划分标准的

C. 英国威尔士和加拿大魁北克省的法律属于大陆法系

D. 当前两大法系之间的差异逐渐缩小，对各国法律进行法系划分已失去意义

18. 资本主义法的核心是（　　　）

A. 资本主义私有制　　B. 资产阶级自由　　C. 资产阶级平等　　D. 资产阶级人权

19. 下列有关资本主义法的说法错误的是（　　　）

A. 资本主义法律的核心是维护资产阶级财产权

B. 资本主义法维护资产阶级自由、平等和人权

C. 资本主义法不是公共利益的体现

D. 资本主义法是超阶级的

20. 下列说法正确的是（　　　）

A. 封建制法是最早的私有制类型的法

B. 《开皇律》是中华法系完备的标志

C. 法律是公共意志的体现

D. 私有财产神圣不可侵犯是所有资产阶级宪法的一项基本原则

21. 下列说法错误的是（　　　）

A. 历史传统是法系划分的主要依据

B. 普通法是指公元 11 世纪诺曼人入侵英国后逐步形成的以判例形式出现的一种法律

C. 大陆法系是以罗马法为基础而发展起来的法律的总称

D. 普通法法系的诉讼程序以法官为重心

22. 关于法律移植，以下说法错误的是（　　　）

A. 法律移植是在鉴别、认同、调适、整合的基础之上，引进、吸收、采纳、摄取、同化外国法，使之成为本国法律体系中的有机组成部分，为本国法所用

B. 法律移植反映了一国对其他国家法律制度的吸收和借鉴，法律移植的范围除外国的法律外，还包括国际法律和惯例

C. 法律移植是一种偶然性的行为，只有极少数国家存在法律移植

D. 法律移植有其必然性和必要性

23. 下列关于法律发展的表述，正确的是（　　　）

A. 法律永远无法跟上社会发展的步伐

B. 法律发展总是滞后于社会发展的需要

C. 法律发展与社会发展完全同步

D. 法律发展与社会发展有时会存在不一致的情况

24. 下列关于法律全球化的表述，正确的是（　　　）

A. 法律全球化要求所有法律的全球化

B. 法律全球化意味着国家主权概念的过时或消失

C. 法律全球化要警惕和制止某些国家借机推行法律帝国主义

D. 法律全球化与科技和经济的全球化没有关联

25. 当代世界在国际法治领域已经取得重大进展，下列有关国际法的说法错误的是（　　　）

A. 国际法院的作用不断强化

B. 《世界人权宣言》已被全世界所有国家认可

C. 国际法许多任意性规范成为强制性规范

D. 国际法与各国国内法渐趋一致

26. 地方法或国内法的全球化是法律全球化的主要途径之一。下列表述正确的是（　　　）

A. 法律的全球化首先体现在宪法、刑法等公法领域

B. 发达国家负有向发展中国家输出先进法律的义务

C. 所有的国内法都有全球化的可能性

D. 地方法和国内法仍将呈现多样化

二、多项选择题

1. 法起源的影响因素包含（　　　）

A. 经济因素　　　　B. 政治因素　　　　C. 人文因素　　　　D. 地理因素

2. 促使法产生的原因有（　　　）

A. 社会公共事务变得更加复杂和增多　　　B. 人的独立意识的成长

C. 地理因素　　　　　　　　　　　　　　D. 人文因素

3. 法的产生受多种因素的影响。下列有关法的起源的原因，说法正确的是（　　　）

A. 经济因素对法的起源起决定作用

B. 法是随着阶级分化产生的

C. 人的独立意识的成长对法的起源有重要作用

D. 法是由生产和交换的规则发展而来的

4. 下列关于法的起源，说法正确的是（　　　）

A. 法是以统治阶级的意志为基础的

B. 经济因素在法的产生过程中起决定性作用

C. 法与宗教、道德的相对独立到浑然一体是法发展的规律

D. 法的形态总是先表现为不成文形式，然后才发展为成文法

5. 下列法律中，兼有公法和私法成分的法有（　　　）

A. 劳动法　　　　　B. 合同法　　　　　C. 经济法　　　　　D. 行政法

6. 下列选项中，属于奴隶制法典型代表作的是（　　　）

A.《汉谟拉比法典》B.《十二铜表法》　C.《法国民法典》　　D.《唐律疏议》

7. 大陆法系又可以被称作（　　　）

A. 海洋法系　　　　B. 罗马法系　　　　C. 法典法系　　　　D. 成文法系

8. 中华法系的特点有（　　　）

A. 法律以君主的意志为主　　　　　　　B. 礼法结合是法律的重要原则

C. 民法发达，刑法薄弱　　　　　　　　D. 行政司法合一

9. 我国社会主义法的本质特征是（　　　）

A. 人民性与阶级性的统一　　　　　　　B. 科学性与先进性的统一

C. 正义性与政治性的统一　　　　　　　D. 系统性与协调性的统一

10. 下列属于大陆法系的国家是（　　　）

A. 日本　　　　　　B. 澳大利亚　　　　　C. 土耳其　　　　　D. 加拿大

11. 下列选项中，属于普通法法系和大陆法系相同点的是（　　　）

A. 经济基础　　　　B. 阶级本质　　　　C. 法律渊源　　　　D. 指导思想

12. 以下选项中，属于大陆法系和英美法系区别的是（　　　）

A. 大陆法系的基本分类是公法和私法，英美法系的基本分类是普通法和衡平法

B. 大陆法系一般倾向于法典形式，英美法系主要为不成文法

C. 大陆法系的诉讼程序主要采用职权主义，英美法系采用当事人主义

D. 大陆法系的正式渊源为制定法，英美法系的正式渊源为判例法和制定法

13. 下列关于法律继承和法律移植的理解，正确的是（　　　）

A. 法律移植不反映时间关系，只体现空间联系

B. 市场经济的客观规律决定了法律移植的必要性

C. 1896 年《德国民法典》体现了对罗马法的继承

D. 法律继承要求新法对旧法作适当改造，而法律移植应当直接将被移植的法律用于本国

14. 下列关于法律继承，说法错误的是（　　　）

A. 法律继承表现为消极的法律废止活动

B. 法律的相对独立性决定了法的发展过程的继承性

C. 法律发展的不平衡性决定了法律继承的必然性

D. 法律继承仅指国内法的继承

15. 下列关于法律移植，说法错误的是（　　　）

A. 法律移植是指对不同历史类型法律的借鉴与引进

B. 法律移植是对外开放的应有内容

C. 法律移植的范围仅限于外国的法律

D. 法律移植是法律全球化的动力

16. 法律全球化的趋势主要表现为（　　　）

A. 法律的"非国家化"　　　　　　　B. 法律的"标本化"或"标准化"

C. 法律的"趋同化"　　　　　　　　D. 法律的"世界化"

17. 下列说法正确的有（　　　）

A. 法律全球化目前只是一个进程

B. 法律全球化应当积极推进所有法律的全球化

C. 法律全球化意味着国家主权概念的过时和消失

D. 各国要警惕个别国家借法律全球化的名义推行法律帝国主义

18. 在人权领域中，联合国和国际组织已形成了许多标准人权文件，下列属于人权文件的有（　　　）

A. 《世界人权宣言》　　　　　　　　B. 《联合国宪章》

C. 《公民权利和政治权利国际公约》　　D. 《经济、社会及文化权利国际公约》

三、简答题

简述法律移植的必然性和必要性。

结合中国古代法律起源的特点，试述法起源的原因和一般规律。（法制史＋法理学方向论述题，新题型）

第四章　法的作用与法的价值

章节提要　本章可以分为法的作用和法的价值两部分。较之前三章，本章知识在考试中的重要性比较突出，考生应着重掌握。法作用的局限性在本部分较为重要，要从法本身和法的实施两个角度进行分析。法的价值部分考生要掌握法的主要价值有哪些以及在实践中出现价值冲突时的解决办法。本章知识框架性比较强，考生在学习中可以自我构建一个知识体系进行识记，以实现知识的迁移。

一、单项选择题

1. 在法的主要价值中，作为基础性价值、底线价值的是（　　）

A. 平等　　　　　　　B. 正义　　　　　　　C. 安全　　　　　　　D. 人权

2. 法律保护个人隐私不被滥用主要体现了一种法的价值，这种法的价值是（　　）

A. 平等　　　　　　　B. 自由　　　　　　　C. 安全　　　　　　　D. 效率

3. 关于法的价值，下列说法错误的是（　　）

A. 法的平等价值为私人领域和公共领域的各种主体的利益与价值的实现奠定了基础

B. 法的人权价值是对法律内在品质进行批判的标准和完善的依据

C. 法的正义价值是法律的存在根据和评价标准

D. 法的秩序价值从积极和消极两个角度来消解、缓和社会矛盾和冲突

4. 依据法的作用结果的状态进行的分类是（　　）

A. 直接作用和间接作用　　　　　　　B. 积极作用与消极作用

C. 预期作用与实际作用　　　　　　　D. 整体作用与局部作用

5. 《民法典》第182条第1款规定："因紧急避险造成损害的，由引起险情发生的人承担民事责任。"这一规定体现了法的（　　）

A. 确定性指引作用和个别性指引作用　　　B. 不确定性指引作用和个别性指引作用

C. 确定性指引作用和规范性指引作用　　　D. 不确定性指引作用和规范性指引作用

6. 法的价值是法的积极意义和有用性。关于法的价值的特征，下列说法错误的是（　　）

A. 法的价值是开放性与可实证性的统一　　B. 法的价值是阶级性与社会性的统一

C. 法的价值是主观性与客观性的统一　　　D. 法的价值是统一性与多样性的统一

7. 下列有关法的指引作用，说法错误的是（　　）

A. 法的指引是一般性指引

B. 法的指引作用通过权利义务及责任的分配实现

C. 法之所以具有指引作用，是因为法具有规范性、确定性

D. 法的指引作用具有连续性、稳定性

8. 法的局限性不包括（　　　）

A. 不是所有的社会问题都能通过法律调整

B. 法律缺乏抽象性、稳定性

C. 法律的实施受人的因素影响

D. 法总是依赖于外部条件

9. 李某通过了国家统一法律职业资格考试，决定申请律师执照。根据有关法律的规定，他认为有关部门会批准他的申请，这体现了以下法的哪一种作用（　　　）

A. 指引作用　　　　B. 教育作用　　　　C. 评价作用　　　　D. 预测作用

10. 下列主体对法的评价中体现了法的社会评价作用的是（　　　）

A. 法院　　　　B. 行政机关　　　　C. 仲裁机构　　　　D. 法学教授

11. 关于法的作用，下列说法不正确的是（　　　）

A. 法的作用是指法律对人们的行为、社会生活和社会关系产生的影响

B. 法的作用是国家权力运行和国家意志实现的具体表现

C. 国家意志是法律内容的规范化

D. 法的作用是社会经济状况的具体表现

12. 法的指引作用的对象是（　　　）

A. 本人的行为　　　　B. 他人　　　　C. 人们的相互行为　　　　D. 犯罪分子

13. 群众对于某地贪官被判处重罪表示：贪官枉法重判，罪有应得。群众的这一观点，反映的是法的（　　　）

A. 预测作用　　　　B. 指引作用　　　　C. 教育作用　　　　D. 评价作用

14. 关于法的社会作用，下列说法不正确的是（　　　）

A. 调整统治阶级与被统治阶级之间的关系，是法的社会作用的重要表现

B. 法律维护统治阶级中每个人的利益

C. 法维护的是统治阶级整体的长远利益，统治阶级中个别成员违背统治阶级整体利益和长远利益的行为，也受到法的制裁

D. 法除了维护阶级统治这一核心作用，还具有执行各种社会公共事务的作用

15. 关于法的作用，下列说法不正确的是（　　　）

A. 法律调整的范围囊括生活的方方面面，其调整范围是无限的

B. 法的特征与社会生活的现实之间存在着矛盾

C. 法的制定和实施受人的因素的制约

D. 法的实施受政治、经济、文化等社会因素的制约

16. 公路上虽然会有交通事故，但是行人只要遵守交通法规，还是比较安全的。对于道路交通安全的认识，体现的是法的（　　　）

A. 指引作用　　　　B. 强制作用　　　　C. 评价作用　　　　D. 预测作用

17. 下列各项能反映法的评价作用的是（　　　）

A. 张某认为邻居林法官是个合格的丈夫

B. 王某认为新出台的《刑法修正案（十一）》虽然完善了刑法的有些规定，但是总体看，刑法仍然有不完善之处

C. 李某自豪于我国社会主义法治事业发展势头良好

D. 赵某对于黑社会群体被一网打尽表示罪有应得，应该判刑

18.《中华人民共和国环境保护法》第1条规定:"为保护和改善环境,防治污染和其他公害,保障公众健康,推进生态文明建设,促进经济社会可持续发展,制定本法。"关于这条规定下列说法正确的是( )

A. 体现了法的政治职能　　　　　　B. 体现的是法的缓和阶级矛盾职能

C. 体现法的维护阶级统治职能　　　D. 这项规定的实现最终受经济发展水平的限制

19. 以下法律中,主要执行政治统治职能的是( )

A. 道路交通安全法　　B. 食品安全法　　　　C. 民法典　　　　　D. 刑法

20. 关于法的作用,下列表述正确的是( )

A. 法的作用只能通过守法的方式来体现

B. 法的规范作用是法的社会作用的目的

C. 法的规范作用是法对人们的意志与行为发生的间接影响

D. 法的作用根本上取决于生产关系或生产方式自身的生命力

21. 谢某交通肇事连环追尾死伤十余人,畏罪潜逃,归案后法院依法判处其无期徒刑,剥夺政治权利终身。从法的作用的角度,下列表述正确的是( )

A. 谢某畏罪潜逃体现了法的指引作用

B. 法院的判决体现了法的强制作用,而非法的教育作用

C. 法院的判决既体现了法的规范作用,也体现了法的社会作用

D. 有人认为谢某畏罪潜逃应罪加一等,该观点体现了法的预测作用而非评价作用

22. 关于法的规范作用,以下说法正确的是( )

A. 王法官依据《刑事诉讼法》的规定主动申请回避,体现了法的教育作用

B. 法院判决李某的行为构成盗窃罪,体现了法的指引作用

C. 张某参加法律培训后开始注重所经营企业的法律风险防控,体现了法的保护自由价值作用

D. 孙某因散布谣言被罚款500元,体现了法的强制作用

23. 法存在的最后屏障是法的( )

A. 指引作用　　　　　B. 教育作用　　　　　C. 强制作用　　　　　D. 预测作用

24. 下列关于法的作用的说法,正确的是( )

A. 法的社会作用是手段,法的规范作用是目的

B. 法的指引是一种个别指引

C. 法的预测作用的对象是一般人的行为

D. 对违法行为人实施制裁,对包括违法者本人在内的一般人进行警示和警诫,体现了法的教育作用

25. "徒善不足以为政,徒法不足以自行"是法的作用局限性在下列选项中哪一方面的体现( )

A. 法的调整范围是有限的

B. 法的特性与社会生活的现实之间存在矛盾

C. 法的制定和实施受人的因素的制约

D. 法的实施受政治、经济、文化等社会因素的制约

26. 关于法的作用的局限性,下列说法错误的是( )

A. 法是调整社会关系的唯一手段

B. 法具有保守性，总是落后于现实生活的变化

C. 法的作用总是依赖其外部条件

D. 我们既要反对法律万能论，也要反对法律虚无主义、法律无用论

27. 自由和平等是法的重要价值，下列有关自由和平等的表述，正确的是（   ）

A. 法律禁止主体任意放弃自由　　　　　B. 自由要求排斥法律规则的约束

C. 平等要求排斥合理差别　　　　　　　D. 平等是法律的核心价值

28. 某城市打算招商引资引进某大型化工建设项目，引发社会争议。支持者认为该项目将促进本市经济发展；反对者认为该项目会造成严重环境污染，损害民众健康。该市综合考量后，决定终止引进该项目。从法的价值冲突的角度，该城市的最终决定体现出（   ）

A. 效率优于自由　　　B. 效率优于平等　　　C. 人权高于效率　　　D. 秩序高于正义

29. 下列有关法的价值冲突的表述，正确的是（   ）

A. 当效率与人权发生冲突时，应当采用个案平衡原则

B. 当个体与共同体之间发生价值冲突时，应当优先维护共同体价值

C. 平等和正义是法治保障的核心

D. 秩序、自由都属于法的基本价值

30. 有关法律与自由，下列说法正确的是（   ）

A. 自由是神圣至上的，限制自由的法律不是真正的法律

B. 自由对人至关重要，因此自由是衡量法律善恶的唯一标准

C. 从实证的角度看，一切法律都是自由的法律

D. 自由是神圣的，也是有限度的，这个限度应该由法律来规定

31. 某市暴发严重的传染疾病，政府为了控制疫情，对感染人员和密切接触者进行了强制隔离。该市的做法体现了哪一法的价值冲突解决原则（   ）

A. 价值位阶原则　　　B. 个案平衡原则　　　C. 比例原则　　　　　D. 有效补救原则

32. 当代中国特色社会主义法律价值体系中的根本价值原则是（   ）

A. 价值位阶原则　　　B. 个案平衡原则　　　C. 比例原则　　　　　D. 人民根本利益原则

33. 临产孕妇黄某由于胎盘早剥被送往医院抢救，若不尽快进行剖宫产手术将危及母子生命。当时黄某处于昏迷状态，其家属不在身边，且联系不上。经医院院长批准，医生立即实施了剖宫产手术，挽救了母子生命。该医院的做法体现了解决法的价值冲突的（   ）

A. 价值位阶原则　　　B. 自由裁量原则　　　C. 比例原则　　　　　D. 功利主义原则

34. 下列不是人权的基本特征的是（   ）

A. 普遍性　　　　　　B. 综合性　　　　　　C. 历史发展的产物　　D. 实然性

二、多项选择题

1. 关于法的安全价值，下列说法正确的是（   ）

A. 法的安全价值是法治保障的核心和标尺

B. 法的安全价值体现在其对社会信任的促进上

C. 法律通过保护个人权利来维护个体安全

D. 法律通过预防和制裁犯罪来维护政治安全

2. 关于法的作用，下列说法正确的是（   ）

A. 法的作用取决于经济基础

B. 法的社会作用是法的规范作用的目的

C. 法作为行为规范，对人们的意志、行为发生直接的影响

D. 法的间接作用是指法调整特定关系时对其他社会关系的影响

3. 法的指引是一种规范性指引，下列选项中，属于确定性指引的是（　　）

A. 走私武器、弹药、核材料或者伪造的货币的，处七年以上有期徒刑

B. 提供保证金的人应当将保证金存入执行机关指定银行的专门账户

C. 个体工商户可以起字号

D. 法人应当有自己的名称、组织机构、住所、财产或者经费

4. 关于法的规范作用和社会作用的关系，下列表述正确的有（　　）

A. 法的规范作用和社会作用是相辅相成的

B. 法的规范作用和社会作用之间具有手段和目的的关系

C. 法是通过调整人们行为这种规范作用来实现维护社会经济基础和发展生产力的社会作用的

D. 法律的规范作用是实现法律的社会作用的手段或者说是方法

5. 下列有关法的评价作用的表述，错误的是（　　）

A. 法的评价作用的对象是自己和他人的行为

B. 法的评价作用的标准是合理性与合法性

C. 法的评价作用以国家强制力为保障

D. 法的评价作用只针对行为，不针对思想

6. 下列关于法的教育作用的表述，正确的是（　　）

A. 仅通过制裁违法行为来实现

B. 需要经过法的实施这一步骤

C. 作用对象是一般人的行为

D. 对于人们今后的行为具有重要导向和示范功能

7. 下列选项中属于法执行社会公共事务作用的是（　　）

A. 维护人类社会的基本生活条件　　　　B. 维护最低限度的社会治安

C. 保障社会成员的基本人身安全　　　　D. 保护人类优秀的文化遗产

8. 下列有关法的作用的说法，正确的是（　　）

A. 法的规范作用是手段，社会作用是目的

B. 法在社会生活调整中具有主导地位

C. 通过法治化建设，可以克服法的局限性

D. 法的社会作用是指法对人行为的直接影响

9. 法律通过立法、执法和司法等活动来确认和保障平等实现的方式有（　　）

A. 法律将平等确立为一项基本的法律原则

B. 法律确认和保障主体法律地位的平等

C. 法律确认和保障社会财富、资源、机会与社会负担的平等分配

D. 法律公平地分配法律责任

10. 2023 年"两会"前夕，全国政协委员周世虹接受采访时表示，一人犯罪受到刑事处罚，就影响其子女、亲属参军、考公、进入重要岗位的规定，应予以彻底摒弃，否则会对受影

响人员极不公平。同时，全国人大常委会法工委就涉罪人员近亲属受限制规范也在进行合宪性审查。这种审查体现了法的价值是（　　　）

A. 自由　　　　　　B. 正义　　　　　　C. 效率　　　　　　D. 人权

11. 下列选项中，能够体现法的强制作用的是（　　　）

A. 小明构成我国《刑法》规定中的累犯，因此法院对其加重进行了处罚

B. 小芳与小明签订了购房合同，并忠诚履行合同义务，交付了购房款

C. 小戴因传播淫秽物品，被司法机关依法判决

D. 小孙对小戴说"不喝不是好哥们"，强迫小戴饮酒

12. 以下属于法律的基本价值的是（　　　）

A. 秩序　　　　　　B. 自由　　　　　　C. 平等　　　　　　D. 正义

13. 下列关于法的价值的说法，不正确的是（　　　）

A. 某市为了解决交通拥堵问题，实行车辆单双号限行制度，这体现了法的价值冲突解决方法中的个案平衡原则

B. 在法的价值体系中，正义是法的价值的最高级，是制约其他法的价值的法律标准

C. "公民服从国家的法律也就是服从他自己的理性即人类理性的自然规律"这句话体现了法的正义价值

D. 法的价值是法的作用的手段，法的作用是法的价值的目的

14. 关于法的价值的说法，下列表述正确的有（　　　）

A. 法的价值影响人们的法律实践活动

B. 法律的各种主要价值之间存在一定的冲突

C. 与法律原则相比，法律规则更能体现法的价值

D. 除了正义、自由与秩序外，不存在其他法的价值

15. 关于人权的含义及其特点，下列表述正确的是（　　　）

A. 人权是人所以为人，享有或应当享有的权利

B. 人权具有本源性

C. 人权不是天赋的，而是历史地产生的

D. 人权的内容是固定不变的

第五章　法的渊源、效力与分类

📝 **章节提要**　本章知识在法理学整个范围中较少，但是重点突出。考生应着重掌握当代中国的法律渊源，并会在选择题中对法律的不同分类进行快速的鉴别。对于法律的分类，在选择题的考查中也会有所涉及，在学习中要认真识记每种分类的划分标准。西方两大法系的特殊分类的学习要和之前法系部分的知识相互串联，以构建起完整的知识框架。

一、单项选择题

1. 关于普通法与衡平法这一分类方式，下列说法正确的是（　　　）

A. 普通法与衡平法是普通法法系的一种法律分类

B. 这里的普通法不是判例法

C. 普通法是指英国在 14 世纪后对衡平法进行修正和补充而出现的一种判例法

D. 我国澳门特别行政区的法律适用这种分类

2. 法的渊源是指（　　　）

A. 法律的制定方式   B. 法律的生效范围

C. 法律的表现形式   D. 法律的实施方式

3. 关于法律渊源，下列说法不正确的是（　　　）

A. 法律渊源可以分为实质意义上的法律渊源和形式意义上的法律渊源

B. 各国的形式意义上的法律渊源不存在差别

C. 法的效力渊源指法的创制方式和表达形式

D. 法的实质渊源是指法的真正来源，是法得以产生的一定生产方式下的物质生活条件

4. 下列选项中，属于我国正式的法律渊源的是（　　　）

A. 最高人民法院发布的指导性案例

B. 延边地区少数民族的交易习惯

C. 某县政府发布的关于当地疾病防控的管理办法

D. 被我国认可的国际条约

5. 下列选项中，不是我国社会主义法的渊源的组成部分的是（　　　）

A. 我国批准加入的《联合国国际货物销售合同公约》

B. 《中华人民共和国刑法修正案（十二）》

C. 《最高人民法院关于审理行政赔偿案件若干问题的规定》

D. 《中华人民共和国治安管理处罚条例》

6. 关于法的渊源，下列说法正确的是（　　　）

A. 不成文法均没有法律效力   B. 宪法是我国社会主义法律的正式渊源

C. 判例法是我国正式法律渊源之一   D. 国际条约均不属于法的正式渊源

7. 下列关于法的渊源，表述错误的是（　　　）

A. 习惯法指经有权的国家机关以一定方式认可，赋予其法律规范效力的习惯和惯例

B. 在大陆法系国家中，判例法是绝大部分国家重要的正式渊源

C. 法律学说是法的非正式渊源

D. 全国人民代表大会及其常委会发布的具有规范性内容的决定和决议，也属于法律渊源

8. 下列有权制定非基本法律的主体是（　　　）

A. 全国人民代表大会   B. 全国人大常委会

C. 国务院   D. 省、自治区、直辖市人民代表大会

9. 我国制定行政法规的主体是（　　　）

A. 全国人民代表大会   B. 全国人民代表大会常务委员会

C. 国务院   D. 国务院各部委

10. 下列有权制定基本法律的主体是（　　　）

A. 全国人民代表大会

B. 全国人民代表大会常务委员会

C. 全国人民代表大会各专门委员会

D. 全国人民代表大会常务委员会法制工作委员会

11. 下列选项中，属于我国指导性案例的公布机关是（　　）

A. 省高级人民法院　　　　　　　　　B. 最高人民检察院

C. 全国人大常委会　　　　　　　　　D. 宪法和法律委员会

12. 按照法律的创制主体和适用主体的不同，法律可以分为（　　）

A. 成文法和不成文法　　　　　　　　B. 实体法和程序法

C. 根本法和普通法　　　　　　　　　D. 国内法和国际法

13. 根据我国现行《宪法》的规定，有权全面修改基本法律的国家机关是（　　）

A. 全国人民代表大会

B. 全国人民代表大会常务委员会

C. 全国人民代表大会各专门委员会

D. 全国人民代表大会常务委员会法制工作委员会

14. 我国 ×× 省人大常委会制定了《×× 省食品卫生管理条例》。对此，下列说法错误的是（　　）

A. 该法规性质上属于行政法部门

B. 该法规制定后，不必报全国人大常委会和国务院备案

C. 该法规虽在该省范围内适用，但仍具有效力上的普遍性

D. 该法规属于我国法律的正式渊源，该省法院审理相关案件时可直接适用

15. 在我国登记的航空航班上，美国人麦克和同行的阿拉伯商人艾里巴巴有仇，在其水中投入足够量的有毒物质，导致艾里巴巴在飞机降落在米兰机场后身亡。关于这起案件，倘若适用我国的法律，依据是（　　）

A. 属人主义　　　　B. 属地主义　　　　C. 保护主义　　　　D. 普遍管辖

16. 关于法律的时间效力，下列表述不正确的是（　　）

A. 法的溯及力是指法律溯及既往的效力，研究新的法律颁布后，对其生效以前的事件和行为是否适用的问题

B. 我国法律原则上不具有溯及力，但也存在例外

C. 法律效力的终止是指通过明令废止或默示废止的形式而终止某一法律的效力

D. 法律制定后法律即产生效力

17. 关于法的溯及力，下列表述正确的是（　　）

A. 法律生效后，对生效之前的行为没有效力

B. 法律生效后，对生效之前的行为效力可溯及既往

C. 法律生效后，对生效之前的行为效力一律无效

D. 法律生效后，对生效之前的行为效力一律有效

18. 关于法的效力，下列说法正确的是（　　）

A. 法的效力是指法的空间适用范围

B. 所有的法都具有普遍约束力

C. 法的效力具有层次性，下位法受上位法制约

D. 法的效力不受时间限制

19. 关于法的溯及力问题，下列说法正确的是（　　）

A. 法在公布之后即具有溯及力，即新法可以适用于公布之前的行为

B. 法生效之后即具有溯及力，即使其生效时间晚于相关行为发生时间

C. 法不具有溯及力，因此只有在新法公布并生效之后发生的行为才能适用新法

D. 法原则上不具有溯及力，但为了更好地打击犯罪，在法律技术上有时具有溯及力

20. 以默示方式终止法律效力适用的原则是（　　）

A. 上位法优于下位法　　　　　　　　B. 新法优于旧法

C. 国际法优于国内法　　　　　　　　D. 特别法优于一般法

21. 我国《刑法》第6条第2款规定："凡在中华人民共和国船舶或者航空器内犯罪的，也适用本法。"该法条体现了法的效力的（　　）原则

A. 属地主义　　　　B. 属人主义　　　　C. 折中主义　　　　D. 保护主义

22. 我国法律在对人的效力方面，采用的原则是（　　）

A. 以属地主义为主，以属人主义为补充

B. 以属人主义为主，以属地主义为补充

C. 以属人主义为主，以属地主义和保护主义为补充

D. 以属地主义为主，以属人主义和保护主义为补充

23. 下列关于法的效力的说法，正确的是（　　）

A. 折中主义指以属人主义为主，与属地主义、保护主义相结合的原则

B. 凡是地方国家机关制定的规范性法律文件，只能在制定机关所管辖的范围内生效

C. 我国法律对人的效力采用属地主义

D. 我国现行刑法采用"从新兼从轻"的原则

24. 我国某省人大常委会制定了该省的《食品安全条例》，关于该地方性法规，下列选项正确的是（　　）

A. 该法属于公法

B. 《食品安全条例》属于地方性法规，当地法院审理相关案件时不可直接适用

C. 该法规的具体应用问题，应由该省人大常委会进行解释

D. 该法只能在该省范围内适用，不具有普遍性

25. 下列关于"普通法"的说法，不正确的是（　　）

A. 在法学中，"普通法"是个多义词

B. "普通法"可以指与根本法相对应的一种法律

C. "普通法"可以指与衡平法相对应的一种法律

D. "普通法"是英国议会制定的一种法律

26. 根据法律的地位、效力、内容和制定主体、程序的不同这一标准对法律进行的分类的是（　　）

A. 根本法与普通法　　　　　　　　　B. 实体法与程序法

C. 一般法与特别法　　　　　　　　　D. 国内法与国际法

27. 一般法与特别法划分的标准是（　　）

A. 法律创制方式和表达形式的不同

B. 法律的地位、效力、内容和制定主体、程序的不同

C. 法律适用范围的不同

D. 创制主体和适用主体的不同

28. 根据法律的创制方式和表达形式不同，法律可以分为（　　）

A. 成文法和不成文法　　　　　　　　B. 实体法和程序法

C. 一般法和特别法   D. 国内法和国际法

29. 关于法律的分类，下列说法不正确的是（　　　　）

A. 以法律的地位、效力、内容和制定主体、程序的不同可以将法律分为根本法和普通法

B. 以法律规定内容的不同为标准可以将法律分为实体法和程序法

C. 以法律的创制方式和表达形式不同为标准可以将法律分为成文法和不成文法

D. 按照法律适用范围的不同可以将法律分为国内法和国际法

30. 关于公法和私法的划分，最早是由（　　　　）提出的

A. 马克思   B. 黑格尔   C. 乌尔比安   D. 奥古斯丁

31. 下列关于公法和私法的表述，错误的是（　　　　）

A. 公法和私法的分类源于古罗马法

B. 公法和私法的划分是英美法系的传统

C. 在当代，公法和私法的界限日益模糊

D. 私法主要调整国家的公民个人之间的关系

32. 关于法的分类，下列说法错误的是（　　　　）

A. 判例法是不成文法的主要形式之一

B. 我国香港特别行政区的法律适用公法与私法的分类

C. 刑事诉讼法属于公法

D. 公法与私法的分类源于古罗马法

33. 下列关于"公法"和"私法"的论述，正确的是（　　　　）

A. 公法是调整国家与普通个人之间关系的法律，私法主要是调整国家的公民个人之间关系的法律

B. 反垄断法属于公法，民事诉讼法属于私法

C. 公法和私法是普通法法系国家的基本法律分类

D. 公法和私法的分类源于古罗马法学家哈耶克

二、多项选择题

1. 在我国，非正式法律渊源主要包括（　　　　）

A. 习惯   B. 最高人民法院发布的指导性案例

C. 政策   D. 国际惯例

2. 下列关于我国法律渊源的说法中，正确的是（　　　　）

A. 行政法规的效力仅次于宪法和法律

B. 经济特区法规在经济特区范围内优先于行政法规

C. 特别行政区立法机关制定的法律须报全国人大常委会备案，不备案会导致该法律不生效

D. 中国人民银行可以制定部门规章

3. 下列属于当代中国法的渊源的是（　　　　）

A. 监察法规   B. 经济特区法规   C. 军事法规与规章   D. 政策

4. 下列属于当代中国法的正式渊源的是（　　　　）

A. 监察法规   B. 地方性法规   C. 习惯   D. 政策

5. 下列属于我国法的正式法律渊源的是（   ）

A. 《中华人民共和国民族区域自治法》

B. 河北省人大出台的《河北省种子法》

C. 我国加入的《保护工业产权巴黎公约》

D. 安徽省政府出台的《卫生防疫管理章程》

6. 在实际的司法审判过程中，当规范性法律文件在某个问题上的规定发生冲突时，法官可以（   ）进行审判

A. 依据新法优于旧法原则

B. 依据特别法优于一般法原则

C. 依据上位法优于下位法原则

D. 按照溯及既往的原则，适用旧法

7. 《中华人民共和国刑法》第8条规定："外国人在中华人民共和国领域外对中华人民共和国国家或者公民犯罪，而按本法规定的最低刑为三年以上有期徒刑的，可以适用本法，但是按照犯罪地的法律不受处罚的除外。"关于该条文，下列说法正确的是（   ）

A. 规定的是法的溯及力

B. 规定的是法对人的效力

C. 体现的是保护主义原则

D. 体现的是属人主义原则

8. 根据法律的地位、效力、内容和制定主体、程序的不同，可以将法律分为根本法与普通法。下列选项中，属于普通法的是（   ）

A. 民族区域自治法

B. 香港特别行政区基本法

C. 高等教育法

D. 人民警察法

9. 下列关于两大法系的特殊法律分类，说法正确的是（   ）

A. 两大法系根据其历史传统的不同将法律分别区分为公法和私法、普通法和衡平法

B. 普通法和衡平法是大陆法系的一种法律分类方法

C. 普通法专指英国在11世纪后由法官通过判决形式逐渐形成的适用于全英格兰的一种判例法

D. 我国香港特别行政区的法律分类也适用普通法和衡平法

10. 以下关于成文法和不成文法的规定，不正确的是（   ）

A. 是按照法律规定内容的不同进行的分类

B. 不成文法就是习惯法

C. 不成文法不能构成国家正式的法律渊源

D. 我国是成文法国家，但是也存在不成文法

11. 关于成文法与不成文法，下列表述正确的是（   ）

A. 习惯法是不成文法的一种形式

B. 判例是成文法的一种形式

C. 不成文法一般不具有法律效力

D. 成文法是国家立法机关创制的法

12. 下列法律属于公法的是（   ）

A. 宪法   B. 刑法   C. 行政法   D. 民法

三、简答题

简述法的效力等级的一般原则。

第六章　法律要素与法律体系

✒ **章节提要**　本章介绍了法律要素——法律规则、法律原则和法律概念以及法律体系。在法律规则部分，要在掌握定义的基础上能够明确区分各种不同种类的规则，以便应对选择题的考查。法律规则由假定（条件）、行为模式和法律后果三部分构成，尽管它们往往不表现于同一条文当中，或者有些法律规则在表现形式上只有行为模式和法律后果两项要素，而假定（条件）这一要素被省略了，但在逻辑结构上，任何一个完整的法律规则都是由这三部分构成的。法律原则部分要着重掌握法律原则与法律规则的区别，对法律原则的种类要能在选择题中作出判断。法律概念部分，能清晰地界定法律概念包括的种类即可。本章知识比较具有体系性，考生在学习时可自行构建框架，便于连贯性记忆。法律体系是法理学中较为重要的一个章节，在本章中考生应该学会区分法律体系和法律部门的概念、法律部门的划分原则，并着重掌握我国法律体系的构成。本章在考试中出选择题的可能性相对较大，望考生在熟记的基础上能够灵活运用。

一、单项选择题

1. 将法律概念划分为主体概念、关系概念、客体概念和事实概念的标准是（　　）
   A. 按照法律概念所具有的功能不同
   B. 按照法律概念所涉及的因素不同
   C. 按照法律概念所涉及的内容不同
   D. 按照法律概念所涵盖的范围大小不同

2. 将法律规则划分为调整性规则和构成性规则的标准是（　　）
   A. 按照规则的内容规定不同
   B. 按照规则对人们行为规定和限定的范围或程度不同
   C. 按照法律规则内容的确定性程度不同
   D. 按照法律规则功能的不同

3. 根据规则对人们行为规定和限定的范围或程度不同，可以把法律规则分为（　　）
   A. 授权性规则和义务性规则
   B. 任意性规则和确定性规则
   C. 命令性规则和禁止性规则
   D. 强行性规则和任意性规则

4. 2023 年 12 月，全国人民代表大会常务委员会作出了关于修改《慈善法》的决定，修改后的《慈善法》第 75 条第 1、2 款规定："国家建立健全慈善信息统计和发布制度。国务院民政部门建立健全统一的慈善信息平台，免费提供慈善信息发布服务。"该法条中包含的法律规则的逻辑结构是（　　）
   A. 只有假定条件
   B. 假定条件和行为模式
   C. 假定条件、行为模式和法律后果
   D. 以上选项均不正确

5. 于 2024 年 3 月 1 日起施行的《中华人民共和国刑法修正案（十二）》规定，在刑法第 166 条中增加一款作为第 2 款，将该条修改为："国有公司、企业、事业单位的工作人员，利用职务便利，有下列情形之一，致使国家利益遭受重大损失的，处三年以下有期徒刑或者拘役，并处或者单处罚金；致使国家利益遭受特别重大损失的，处三年以上七年以下有期徒刑，并处罚金：

（一）将本单位的盈利业务交由自己的亲友进行经营的；

（二）以明显高于市场的价格从自己的亲友经营管理的单位采购商品、接受服务或者以明显低于市场的价格向自己的亲友经营管理的单位销售商品、提供服务的；

（三）从自己的亲友经营管理的单位采购、接受不合格商品、服务的……"

　　该修正案修改后的《刑法》第166条中包含的法律规则的逻辑结构是（　　　　）

A. 假定条件和行为模式

B. 假定条件和法律后果

C. 行为模式和法律后果

D. 假定条件、行为模式和法律后果

6.《中华人民共和国刑法》第202条："以暴力、威胁方法拒不缴纳税款的，处三年以下有期徒刑或者拘役，并处拒缴税款一倍以上五倍以下罚金；情节严重的，处三年以上七年以下有期徒刑，并处拒缴税款一倍以上五倍以下罚金。"该规则的行为模式是（　　　　）

A. 可为 　　　　B. 应为 　　　　C. 勿为 　　　　D. 必为

7. 我国《民法典》规定，民事主体可以通过代理人实施民事法律行为。结合法律规则的结构，该规则没有省略的是（　　　　）

A. 假定 　　　　B. 行为模式 　　　　C. 法律概念 　　　　D. 法律后果

8.《中华人民共和国民法典》第33条："具有完全民事行为能力的成年人，可以与其近亲属、其他愿意担任监护人的个人或者组织事先协商，以书面形式确定自己的监护人，在自己丧失或者部分丧失民事行为能力时，由该监护人履行监护职责。"该规则所包含的逻辑结构要素是（　　　　）

A. 假定条件 　　　　　　　　　　B. 假定条件和行为模式

C. 假定条件、行为模式和法律后果 　　D. 以上选项均不正确

9. 规则内容本身没有规定人们具体的行为模式，可以援引或参照其他相应内容规定的规则是（　　　　）

A. 任意性规则 　　B. 确定性规则 　　C. 准用性规则 　　D. 委任性规则

10. 下列选项中，属于主体概念的是（　　　　）

A. 行政机关 　　B. 所有权 　　C. 动产 　　D. 失踪

11. 关于法律规则的结构，下列说法不正确的是（　　　　）

A. 传统观念认为，法律规则主要由假定（条件）、行为模式、法律后果三个要素组成

B. 法律后果在法律规则的逻辑结构中可以缺少

C. 法律规则中的行为模式分为可为模式、应为模式和不得为模式

D. 在立法实践中，法律条文一般不明确表述合法的后果，因为根据行为模式，人们可以直接推知该法律后果

12. 我国《教育法》第85条规定："境外的组织和个人在中国境内办学和合作办学的办法，由国务院规定。"从法律规则的分类角度看，该规定属于（　　　　）

A. 确定性规则 　　B. 委任性规则 　　C. 准用性规则 　　D. 任意性规则

13. 甲、乙签订一份二手房买卖合同，约定："本合同一式三份，经双方签字后生效。甲、乙各执一份，见证律师留存一份，均有同等的法律效力。"关于该条款，以下说法正确的是（　　　　）

A. 是有关法律原则之适用条件的规定　　B. 属于案件事实的表述

C. 是甲、乙双方所确立的授权性规则　　D. 关涉甲、乙双方的行为效力及后果

14. 《民法典》第 617 条规定："出卖人交付的标的物不符合质量要求的，买受人可以依据本法第五百八十二条至第五百八十四条的规定请求承担违约责任。"该规定属于（　　　）

A. 强制性规则　　　　B. 委任性规则　　　　C. 命令性规则　　　　D. 准用性规则

15. 1997 年 3 月 14 日公布、同年 10 月 1 日施行的《中华人民共和国刑法》第 232 条规定："故意杀人的，处死刑、无期徒刑或者十年以上有期徒刑……"根据以上条文，下列说法不正确的是（　　　）

A. 该法律条文中的行为模式为"勿为"

B. 该法律条文所载内容属于确定性规则

C. 1997 年 3 月 14 日以后发生的故意杀人案，应当依此条文裁判

D. 该法律条文中刑罚的排序意在对故意杀人行为依法优先适用较重刑罚

16. 关于法律规则与法律原则的区别，下列说法错误的是（　　　）

A. 法律规则的规定是明确具体的，而法律原则的要求比较笼统、模糊

B. 法律规则只适用于某一类型的行为，法律原则具有宏观的指导性

C. 法律规则是以"全有或全无的方式"应用于个案当中，法律原则不是

D. 法律原则均可以替代法律规则的适用

17. 关于法律规则和法律条文的关系，下列表述不正确的是（　　　）

A. 法律条文是法律规则的形式，法律规则是法律条文的内容

B. 一个法律条文可以表述很多个法律规则

C. 一个法律规则可以包含在几个法律条文中

D. 法律条文表述的都是法律规则

18. 我国《民法典》第 4 条规定："民事主体在民事活动中的法律地位一律平等。"这一法律条文反映的是法律要素中的（　　　）

A. 法律规则　　　　B. 法律概念　　　　C. 法律原则　　　　D. 法律条文

19. 按照法律原则涉及的内容和问题不同，可以把法律原则分为（　　　）

A. 实体性原则和程序性原则　　　　B. 基本原则和具体原则

C. 政策性原则和公理性原则　　　　D. 特殊性原则和普遍性原则

20. 下列不属于法律概念的功能的是（　　　）

A. 表达功能　　　　　　　　　　　　B. 认识功能

C. 补充功能　　　　　　　　　　　　D. 改进法律、提高法律科学化程度的功能

21. 以下选项中，属于事实概念的是（　　　）

A. 公民　　　　　　B. 交付义务　　　　C. 支票　　　　　　D. 不可抗力

22. 2023 年我国制定了《中华人民共和国粮食安全保障法》。该法第 73 条第 1 款规定："本法所称粮食，是指小麦、稻谷、玉米、大豆、杂粮及其成品粮。杂粮包括谷子、高粱、大麦、荞麦、燕麦、青稞、绿豆、马铃薯、甘薯等。"属于下列法律要素的是（　　　）

A. 法律规则　　　　B. 法律原则　　　　C. 法律概念　　　　D. 技术性事项

23. 关于法律体系，下列说法错误的是（　　　）

A. 法律体系是一个系统化的整体

B. 法律体系指的就是立法体系

C. 法律体系指一国的部门法体系

D. 法律体系不包括具有完整意义的国际法范畴

24. 下列表述中，正确的是（　　　）

A. 宪法是我国法律体系的基础和主导性的法律部门

B. 经济法是指调整国家在解决社会问题和促进社会公共事业发展的过程中所产生的各种社会关系的法律规范的总称

C. 民商法可以分为民法和商法两个次级法律部门，从立法模式上看，我国采取的是民商分立的模式

D. 行政法和行政法规是法律体系中两个不同的部门法

25. 下列关于当代中国法律体系的说法中，错误的是（　　　）

A. 刑法是国家的基本法律之一

B. 教育法是调整教育领域法律关系的专门法

C. 行政法仅调整政府与公民之间的法律关系

D. 民法主要调整平等主体之间的财产关系和人身关系

26.《中华人民共和国环境保护法》属于我国法律体系中的（　　　）部门法范围

A. 环境法　　　　　B. 经济法　　　　　C. 行政法　　　　　D. 社会法

27. 下列选项中，属于程序法部门的是（　　　）

A.《法官法》　　　　B.《行政复议法》　　C.《行政诉讼法》　　D.《国家安全法》

28. 下列选项中，属于社会法部门的是（　　　）

A.《高等教育法》　　B.《劳动法》　　　　C.《律师法》　　　　D.《药品管理法》

29.《教育法》属于我国法律体系中的（　　　）部门法范围

A. 宪法及其相关法　　B. 行政法　　　　　C. 经济法　　　　　D. 社会法

30. 按照我国法律部门划分的标准和原则，《澳门特别行政区基本法》属于（　　　）

A. 宪法及其相关法　　B. 民商法　　　　　C. 行政法　　　　　D. 社会法

31. 在法学上一般认为，法律部门的划分依据主要是（　　　）

A. 法律调整的效率　　　　　　　　　B. 法律调整的对象和方法

C. 法律规范的数量　　　　　　　　　D. 法律调整的后果

32. 下列不属于法律部门的划分原则的是（　　　）

A. 合目的性原则　　B. 主次原则　　　　C. 比例原则　　　　　D. 辩证发展原则

33. 关于法律部门，下列说法错误的是（　　　）

A. 一国的法律体系不包括已经制定颁布但尚未生效的法律

B. 宪法部门除了包括我国的《宪法》外，还包括《法官法》《国籍法》等

C. 行政机关制定的规范性法律文件都属于行政法部门

D. 法律部门的划分是人们主观活动的产物

34. 下列法律中，不属于宪法性法律文件的是（　　　）

A.《全国人民代表大会组织法》　　　　B.《人民法院组织法》

C.《人民检察院组织法》　　　　　　　D.《监狱法》

35. 下列属于行政法部门的是（　　　）

A.《高等教育法》　　B.《劳动法》　　　　C.《劳动合同法》　　D.《企业所得税法》

36. 划分法律部门首先应该坚持的原则是（　　　）

A. 客观原则　　　　　　B. 合目的性原则　　　　　C. 适当平衡原则　　　　　D. 辩证发展原则

二、多项选择题

1. 军事法是有关国防和军队建设的法律规范的总称。下列属于军事行政法规制定主体的是（　　　）

A. 全国人民代表大会　　　　　　　　　B. 全国人民代表大会常务委员会

C. 中央军委　　　　　　　　　　　　　D. 国务院

2. 法律要素包括（　　　）

A. 法律规则　　　　　　B. 法律概念　　　　　　C. 法律事实　　　　　　D. 法律原则

3. 下列关于法律规则的表述，正确的是（　　　）

A. 法律规则是一种命令式的必须遵守的行为规则，这使它区别于不包含确定行为方案或仅具有倡导性的口号或建议

B. 法律规则是由国家制定或认可的行为规范

C. 法律规则规定了社会关系参加者在法律上的权利和义务以及违反规范要求时的法律责任和制裁措施

D. 法律规范有明确、肯定的行为模式，有特殊的构成要素和结构，是一种高度发达的社会行为规范

4. 以下列举的法律条文中，属于法律规则的是（　　　）

A. 当事人对诉讼时效利益的预先放弃无效

B. 民事主体从事民事活动，应当遵循诚信原则，秉持诚实，恪守承诺

C. 委托代理人按照被代理人的委托行使代理权

D. 民事主体从事民事活动，应当遵循自愿原则，按照自己的意思设立、变更、终止民事法律关系

5. 下列关于法律的三要素，说法正确的有（　　　）

A. 法律原则可以单独适用

B. 法律概念可以单独适用

C. 法律规则最大限度地体现了法律的可预测性

D. 法律原则克服了法律规则的僵硬性缺陷，应当优先适用

6. 小戴经过紧张的婚礼筹备，准备迎娶小芳。婚礼当天迎亲车队到达时，小芳因移情别恋而飞往国外，并转告小戴希望办理离婚手续。此事对小戴造成了严重伤害。法院认为小芳违背了诚实信用原则和公序良俗原则，侮辱了小戴的人格尊严，判决小芳赔偿小戴财产损失和精神抚慰金。关于本案，下列说法正确的有（　　　）

A. 由于缺乏可供适用的法律规则，法官可依民法的基本原则裁判案件

B. 本案法官运用了演绎推理

C. 确认案件事实是法官进行推理的前提条件

D. 只有依据法律原则裁判的情形，法官才需要提供裁判理由

7. 下列关于法律原则的说法，正确的有（　　　）

A. 法律原则可以弥补法律规则的不足与局限

B. 法律原则没有规定具体的法律后果

C. 法律原则不可以作为案件的断案依据

D. 法律原则以"全有或全无的方式"应用于个案当中

8. 法律规则和法律原则的区别，下列表述正确的是（　　　）

A. 两个法律规则发生冲突时，会导致一个有效，另一个无效

B. 两个法律原则发生冲突时，会导致一个有效，另一个无效

C. 需穷尽法律规则，方可适用法律原则

D. 法律规则极端不正义时，可适用法律原则

9. 下列选项中，属于公理性原则的有（　　　）

A. 法律面前人人平等原则　　　　　　B. 实行计划生育原则

C. 无罪推定原则　　　　　　　　　　D. 意思自治原则

10. 以下关于法律原则的说法，正确的有（　　　）

A. 法律原则是法的要素之一，规定权利义务和确定的法律后果

B. 法律原则可以是非常抽象的，也可以是具体的

C. 法律原则包括政策性原则和公理性原则

D. 具有可适用性的特点

11. 下列选项属于法律原则的是（　　　）

A. 承诺生效时合同成立

B. 当事人在民事活动中的地位平等

C. 为了犯罪，准备工具、制造条件的，是犯罪预备

D. 法律没有明文规定为犯罪行为的，不得定罪处刑

12. 关于我国法律体系的说法，不正确的是（　　　）

A. 当代中国的法律体系由宪法及其相关法、行政法、民商法、经济法、环境法、社会法、军事法、刑法、程序法九部分构成

B. 民族区域自治法属于社会法法律部门

C. 宪法在当代我国法律体系中居于核心地位，是其他部门法所有规范性法律文件的最高依据

D. 我国的诉讼法主要由民事诉讼法和刑事诉讼法两部分组成

13. 一国的法律体系不包括（　　　）

A. 国内法　　　　　　　　　　　　　B. 国际法

C. 已经失效的国内法　　　　　　　　D. 已经失效的国际法

14. 下列关于完善社会主义法律体系的说法，正确的是（　　　）

A. 积极加强发展社会主义民主政治的立法

B. 继续加强经济领域立法

C. 突出加强社会领域立法

D. 深入推进科学立法、民主立法，着力提高立法质量

15. 关于法律部门的特征，说法正确的是（　　　）

A. 构成一国法律体系的所有部门法是统一的，各个部门法之间是协调的

B. 各个法律部门之间既相互联系又相对独立

C. 各个法律部门的结构和内容基本上是确定的，但又是相对的和变动的

D. 法律部门是主客观相结合的产物

16. 下列关于法律部门的说法正确的是（　　）

A. 一种法律制度可能分属于几个法律部门

B. 法律部门就是由规范性法律文件构成的

C. 法律部门等同于规范性法律文件

D. 规范性法律文件的名称与部门法的名称有时候会一致

17. 下列列举的法律属于社会法法律部门的是（　　）

A. 未成年人保护法　　　　　　　　B. 土地管理法

C. 农业法　　　　　　　　　　　　D. 义务教育法

18. 以下列举的各项说法中，正确的有（　　）

A. 部门法就是规范性法律文件

B. 部门法往往是由许多个规范性法律文件构成的

C. 规范性法律文件的名称与部门法的名称均一致

D. 法律部门与法律制度属于交叉关系

19. 以下属于我国社会法部门的是（　　）

A. 彩票管理条例　　　　　　　　　B. 著作权法

C. 体育法　　　　　　　　　　　　D. 监察法

三、简答题

简述法律规则的基本特征。

四、论述题

早在 2011 年中国特色社会主义法律体系已经形成。请结合这一背景，论述我国社会主义法律体系的特色与构成。

第七章　立　　法

章节提要　本章的重要考点为立法的原则、立法的程序以及《立法法》的修改。学习本部分知识，考生要结合我国立法的实际状况进行理解性记忆。此外，考生要掌握我国实行既统一又分层次的立法体制的原因。

一、单项选择题

1. 我国立法工作的根本原则是（　　）

A. 党领导立法与人大主导立法　　　B. 合宪和国家法制统一原则

C. 民主原则　　　　　　　　　　　D. 科学原则

2. 下列主体中，有权行使狭义国家立法权的是（　　）

A. 市级人民代表大会　　　　　　　B. 省级人民代表大会常务委员会

C. 国务院各部委　　　　　　　　　D. 全国人民代表大会

3. 以下关于我国的立法体制，说法不正确的是（　　）

A. 我国现行的立法体制是既统一又分层次的立法体制

B. 我国现行的立法体制是集中了二元立法体制和一元立法体制两种立法体制的一些特点，并结合我国的具体情况确定的

C. 我国是单一制国家，不是联邦制，这决定了我国的立法权必须相对分散

D. 我国地域辽阔，人口众多，各地经济、政治、文化、社会情况各不相同，这就决定了我国的立法不能全部集中在中央，必须给民族自治地方一定的立法权，在少数民族聚居的地方实行民族区域自治，以适应各地的不同情况

4. 下列关于立法权的说法，不正确的是（　　　）

A. 全国人大常委会作为全国人大的常设机构，与全国人大享有同等的立法权

B. 并非所有的国家机关都享有立法权

C. 有立法权的国家机关不一定享有同等的立法权限

D. 并非地方各级人大及常委会都有立法权

5. 关于法的制定，下列说法错误的是（　　　）

A. 法的制定是一定的国家机关在法定的职权范围内依照法定的程序进行的活动

B. 法的制定只包括制定规范性法律文件的活动，不包括修改、废止规范性法律文件的活动

C. 通过法的制定这种方式创制的法律规范称为成文法

D. 通过认可这种法的制定方式创制的法主要是习惯法

6. 有权制定行政法规的是（　　　）

A. 国务院　　　　　　　　　　　　B. 国务院各部委

C. 地方各级人民政府　　　　　　　D. 省级人民政府

7. 根据立法活动的定义，下列选项中不属于立法活动的是（　　　）

A. 法的制定　　　　B. 法的修改　　　　C. 法的废除　　　　D. 法律汇编

8. 关于立法，下列表述正确的是（　　　）

A. 立法包括法律的创制、认可、修改和解释，不包括法律的废止

B. 邓析制"竹刑"，说明立法主体不仅限于特定的国家机关

C. 现代国家权力体系中，立法权是最重要、最核心的权力

D. 国家结构形式对一国立法体制形成的影响不大

9. 下列选项中说法正确的是（　　　）

A. 所有的法律（此处指狭义的法律）都由全国人民代表大会制定

B. 立法程序只包括提出法案、审议法案和表决法案三个阶段

C. 全国人民代表大会的主席团或 10 名以上的代表联名享有立法提案权

D. 公布法律是立法程序的最后一个环节

10. 《立法法》第 70 条规定，行政法规一般由（　　　）签署公布令

A. 国务院总理　　　　　　　　　　B. 全国人大主席团

C. 国家主席　　　　　　　　　　　D. 行政法规涉及的相关行业部委

11. 在诸多国家职能中，最重要最根本的职能是（　　　）

A. 立法职能　　　B. 行政职能　　　C. 司法职能　　　D. 监察职能

12. 我国立法的体制是（　　　）

A. 两极化立法体制　　　　　　　　B. 二元立法体制

C. 多元立法体制 D. 既统一又分层次的立法体制

13. 下列选项中，属于立法的基本原则是（　　　）

A. 公平、公正、公开 B. 高效、便捷、实用

C. 民主、科学、合宪 D. 自由、平等、公正

14. 马克思深刻地指出，立法者应该把自己看作一个自然科学家。他不是在创造法律，不是在发明法律，而仅仅是在表述法律，他用有意识的实在法把精神关系的内在规律表现出来。这段话表明立法要遵循的原则是（　　　）

A. 合宪原则 B. 民主原则 C. 科学原则 D. 维护法制统一原则

15. 立法必须从最大多数人的根本利益出发，体现人民的意志。这一表述体现了立法活动的（　　　）

A. 合宪和法制统一原则 B. 民主原则

C. 科学原则 D. 分权制衡原则

16. 关于法律制定程序的理解，下列表述不正确的是（　　　）

A. 法律草案的提出是立法程序中的首要环节

B. 全国人大常委会对法律草案的审议包括全国人大专门委员会进行审议和全国人大常委会全体会议的审议等方式

C. 法律草案的表决和通过是法律制定过程中具有决定意义的步骤

D. 法律通过后，不经公布有一些法律也会产生法律效力

二、多项选择题

1. 下列有关立法的表述，正确的是（　　　）

A. 立法仅包括创制、认可以及修改法律 B. 立法体制的核心是立法权限的划分问题

C. 我国立法坚持党的领导和人大主导 D. 国家结构形式对立法体制的形成有重要影响

2. 关于立法，下列表述正确的是（　　　）

A. 立法只能由特定的享有立法权的国家机关行使

B. 党政机关制定政策的行为，不属于立法

C. 立法体制的核心是立法权限的划分问题

D. 我国法律的公布权由最高权力机关行使

3. 关于立法的民主原则，下列表述正确的是（　　　）

A. 立法的民主原则是指在立法过程中，要体现和贯彻人民主权思想，集中和反映人民的智慧、利益、要求和愿望，使立法机关与人民群众相结合，使立法活动与人民群众参与相结合

B. 立法的民主原则是指立法要求全体公民直接参与立法

C. 立法内容的民主是指立法必须从最大多数人的根本利益出发，这是由我国社会主义的性质决定的

D. 我国宪法规定的公民的基本权利体现了民主立法的原则

4. 立法要体现民主原则和科学原则。下列做法体现科学原则和民主原则的是（　　　）

A. 在《大气污染防治法》的修改中，立法部门就处罚幅度听取政府部门和专家学者的意见

B. 在《长江保护法》的制定中，全国人大相关专门委员会到实地考察，征求人民群众和专家学者的意见

C. 甲市人大常委会在某社区建立了立法联系点，推进立法精细化

D. 乙设区的市人大常委会制定有关环境保护的地方性法规，无须批准并直接由其公布实施

5. 下列选项中，属于合宪和法制统一原则内涵的是（　　）

A. 立法遵循宪法　　　B. 依法立法　　　　C. 民主立法　　　　　　D. 立法维护法制统一

6. 法律草案的审议结果有（　　）

A. 提付立法机关表决　　　　　　　　B. 搁置

C. 终止审议　　　　　　　　　　　　D. 撤回

7. 下列关于立法程序的说法中，正确的是（　　）

A. 立法程序是法律规定的程序

B. 立法程序规定了立法步骤和方法

C. 立法程序是所有立法环节必须遵守的程序

D. 只有狭义的"法律"在制定时才需要遵守立法程序

三、简答题

简述立法的合宪和法制统一原则。

四、论述题

论述科学原则在立法程序中的体现。

第八章　法律实施

章节提要　法律的实施由执法、司法、守法、法律监督四部分构成。本章需要重点掌握的知识点为：法律实施、法律实现和法律实效的关系；执法的特点及原则；司法的特点及原则，提高司法公信力；守法的三种态度；当代中国的法律监督体系。考生在学习过程中应当在熟练掌握课本知识的基础上，对重点问题进行背诵，以便于在考试中灵活运用。

一、单项选择题

1. 关于法律实施，以下表述错误的是（　　）

A. 法律实施并不一定意味着法律的实现

B. 法律实现是法律实施的过程性与实效性的结合

C. 法律实施是使法从应然状态向实然状态转变的过程

D. 法律实施包括立法、执法、司法、守法和法律监督诸环节

2. 下列关于法律实施、法律实现和法律实效三者之间关系的表述，错误的是（　　）

A. 法律实现是法律实施的直接目的

B. 法律实效等同于法律的正当性

C. 法律实效不等同于法律实现

D. 法律得到完全的实施，并不一定能实现其预期目的

3. 下列关于法律实施的说法，错误的是（　　　）

A. 法律只有通过实施才能得到实现

B. 法律实施是法律实现的前提和基础

C. 法律实现是法律存在和发展的目的

D. 法律实施是将法实现的过程性与法的实效的结果性结合的一个概念

4. 执法者应当严谨、严肃、严明、公正地执法，反对任性执法、选择性执法、钓鱼式执法等非正常执法模式，这体现了执法应当遵循下列哪一原则（　　　）

A. 依法行政原则　　　B. 讲求效率原则　　　C. 严格执法原则　　　D. 正当程序原则

5. 关于法律的执行，下列说法不正确的是（　　　）

A. 法律的执行可以被简单称作执法

B. 法律的执行存在广义和狭义之分

C. 执法活动具有主体法定性、国家权威性、强制性和灵活性的特点

D. 广义的执法是指国家行政机关和法律法规授权、行政主体委托的组织及其公职人员依照法定职权和程序行使行政管理职权、履行职责、实施法律的活动

6. 狭义上的执法，其主体不包括（　　　）

A. 国家行政机关　　　　　　　　　B. 国家行政机关公职人员

C. 法律授权或行政主体委托的组织　　　D. 国家司法机关

7. 行政机关公布的信息应当全面、准确、真实，这体现了执法的（　　　）

A. 合理行政原则　　　B. 依法行政原则　　　C. 诚实守信原则　　　D. 权责统一原则

8. 下列关于司法改革方向和原则的说法中，错误的是（　　　）

A. 坚持以宪法为根本遵循

B. 坚持先开展改革，再提请立法机关修改现行法律

C. 坚持正确的政治方向

D. 坚持以提高司法公信力为根本尺度

9. 下列选项中，不属于司法的原则的是（　　　）

A. 司法法治原则　　　　　　　　　B. 司法平等原则

C. 司法机关依法独立行使职权原则　　　D. 司法至上原则

10. 在处理某一房产纠纷案件过程中，法官林某收到了该地市委书记的书信，按照信中的建议作出了审判。林某的这一行为违反了司法的（　　　）

A. 专属性　　　B. 中立性　　　C. 被动性　　　D. 终极性

11. 司法是保护公民权益的最后一道防线，这最体现司法的特点是（　　　）

A. 中立性　　　B. 终局性　　　C. 被动性　　　D. 专属性

12. 法院受理亲属申请宣告失踪人的行为属于（　　　）

A. 法的执行　　　B. 法的适用　　　C. 法的遵守　　　D. 法律监督

13. 以下关于司法法治原则的理解，不正确的是（　　　）

A. 我国三大诉讼法都规定了"以事实为根据，以法律为准绳"的原则

B. 司法机关在司法过程中，也可以适用政策对案件作出判决或裁定

C. 司法机关在司法过程中，要把法律作为处理案件的唯一标准和尺度

D. 司法机关处理一切案件，都只能以与案件有关的事实为基础和依据

14. 下列情形中，符合我国法律适用原则的是（　　）

A. 某中院院长王某要求本院法官李某向其汇报正在由李某独立审理的案件情况

B. 法官李某为办好案件，多次与原被告双方私下接触

C. 市检察院检察官孙某在办案过程中接到本院检察长戴某的批示，于是按照领导戴某的批示处理此案

D. 村主任李某协调处理本村发生的抢劫事件，最终促成双方以赔偿 5 000 元自行了结

15. 对领导干部干预司法活动、插手具体案件处理的行为作出禁止性规定，是保证公正司法的重要举措。对此，下列说法错误的是（　　）

A. 任何党政机关让司法机关做违反法定职责、有碍司法公正的事情，均属于干预司法的行为

B. 任何司法机关不接受对司法活动的干预，可以确保依法独立行使审判权和检察权

C. 任何领导干部在职务活动中均不得了解案件信息，以免干扰独立办案

D. 对非法干预司法机关办案的党员干部，应给予党纪处分，造成严重后果的，依法追究刑事责任

16. 守法的高级状态是（　　）

A. 不违法犯罪

B. 依法办事，形成统一的法律秩序

C. 守法主体不论是外在的行为，还是内在动机都符合法的精神和要求，严格履行法律义务，充分行使法律权利，从而真正实现法律调整的目的

D. 运用法律对日常生活中的违法犯罪行为进行判决

17. 大学生杨某为区人民代表的选举投上自己的选票。该行为属于法律实施中的（　　）

A. 法的执行　　　　　B. 法的监督　　　　　C. 法的遵守　　　　　D. 法的适用

18. 下列有关守法的表述，正确的是（　　）

A. 守法单指不违反法律的禁止性规范　　　B. 依法办事是守法的高级状态

C. 守法的范围不包括非规范性法律文件　　D. 守法的状态受法律意识水平的影响

19. 下列有关法律监督的说法正确的是（　　）

A. 审计监督属于狭义的法律监督　　　　　B. 检察院对刑事侦查的监督属于专门监督

C. 司法机关的监督均属于专门监督　　　　D. 法律监督不存在于执法活动中

20. 下列属于社会监督的是（　　）

A. 中国共产党的监督　　　　　　　　　　B. 全国人大的监督

C. 人民法院的监督　　　　　　　　　　　D. 监察委员会的监督

21. 在国家监督中处于核心和主导地位的监督方式是（　　）

A. 国家权力机关的监督　　　　　　　　　B. 国家司法机关的监督

C. 国家行政机关的监督　　　　　　　　　D. 中国共产党的监督

22. 依法登记的事业单位所进行的法律监督是（　　）

A. 国家监督　　　B. 社会舆论的监督　　　C. 人民群众的监督　　　D. 社会组织的监督

23. 关于当代中国的法律监督，下列表述错误的是（　　）

A. 国家权力机关的监督是法律监督的核心

B. 人民政协的监督属于国家监督

C. 人民群众的监督的主体包括公民

D. 《监察法》坚持党内监督与国家监察有机统一

二、多项选择题

1. 国家行政机关的监督可以分为（　　　）

A. 一般行政监督　　　B. 专门行政监督　　　C. 行政复议　　　　D. 行政监管

2. 审判机关的监督具体可分为（　　　）

A. 人民法院系统内部的监督　　　　　　　B. 人民法院对检察机关的监督

C. 人民法院对监察机关的监督　　　　　　D. 人民法院对行政机关的监督

3. 古希腊思想家亚里士多德认为组成法治的两项重要条件是（　　　）

A. 制定出好的法律　　　　　　　　　　　B. 严格实施好的法律

C. 加强法律监督　　　　　　　　　　　　D. 自觉遵守好的法律

4. 以下选项中，属于法的实施的基本形式的有（　　　）

A. 法的遵守　　　　　B. 法的实现　　　　C. 法的执行　　　　D. 法的适用

5. 关于法律实施，下列表述正确的有（　　　）

A. 法律实施是使法律从书本上的法律变成实践中的法律

B. 公安机关对涉嫌嫖娼的李某行政拘留 15 天，属于法的执行

C. 某省人大常委会对该省地方性法规进行解释属于法律监督

D. 居民委员会委员马大姐向公安机关举报李某涉嫌嫖娼的行为属于法的适用

6. 下列关于我国法律实施状况的说法，正确的是（　　　）

A. 我国宪法实施的监督机制和具体制度已经非常健全

B. 我国基本杜绝了有法不依、执法不严、违法不究的现象

C. 关系人民群众切身利益的食品药品安全、环境保护、生产安全等执法司法问题还比较突出

D. 滥用职权、失职渎职、执法犯法甚至徇私枉法现象频发，严重损害国家法律权威

7. 在我国，执法的原则包括（　　　）

A. 依法行政原则　　　B. 讲求效率原则　　　C. 合理性原则　　　D. 正当程序原则

8. 下列选项中，属于执法活动特征的有（　　　）

A. 执法的主动性　　　　　　　　　　　　B. 执法的单方面性

C. 执法内容的广泛性　　　　　　　　　　D. 强制性

9. 某市场监管部门在执法过程中发现某企业生产销售伪劣产品，按照执法原则，市场监管部门应当首先调查确认企业是否存在违法行为。市场监管部门在调查中应当遵循（　　　）

A. 依法行政原则　　　B. 合理性原则　　　C. 正当程序原则　　　D. 讲求效率原则

10. 18 岁的小彬被某公办大学录取。学校体检时发现小彬手臂上有一处梅花形状的文身，在未听取其本人及家属申辩意见的情况下，直接宣布开除小彬学籍。小彬报警后协商无果，遂将学校诉至法院。该学校违反的行政原则是（　　　）

A. 依法行政原则　　　B. 比例原则　　　C. 正当程序原则　　　D. 严格执法原则

11. 执法活动中必须坚持比例原则（广义）。广义的比例原则包括（　　　）

A. 妥当性原则   B. 保护公民信赖利益原则

C. 必要性原则   D. 比例性原则（狭义）

12. 下列属于当前司法改革的主要任务的有（   ）

A. 保证公正司法、提高司法公信力   B. 增强全民法治观念、推进法治社会建设

C. 保护公民信赖利益   D. 加强法治工作队伍建设

13. 下列选项中，属于司法活动的特征的有（   ）

A. 专属性   B. 中立性   C. 主动性   D. 形式性

14. 下列有关守法的表述，正确的是（   ）

A. 党领导立法，因此政党不属于守法的主体

B. 某中级人民法院依法判决小彬死刑属于广义上的守法

C. 老戴没有抗拒抓捕属于积极的守法

D. 守法中的法属于广义的法

15. 我国广义的守法范围包括（   ）

A. 各种制定法   B. 人民法院的判决书、调解书、裁定书

C. 村规民约   D. 依照法律设立的合同

16. 下列选项中，属于守法原因的有（   ）

A. 习惯   B. 对法律认同   C. 畏惧   D. 社会压力

17. 下列属于检察机关的法律监督的是（   ）

A. 人民法院对检察机关的监督   B. 民事诉讼监督

C. 行政诉讼监督   D. 一般行政监督

18. 《监察法》的主要内容包括（   ）

A. 监察范围和管辖   B. 监察机关及其职责

C. 反腐败国际合作   D. 对监察机关和监察人员的监督

19. 当代中国的国家监督包括（   ）

A. 各级人大及其常委会的监督   B. 中国共产党的监督

C. 国家行政机关的监督   D. 人民法院和人民检察院的监督

20. 在我国，属于社会监督的主体有（   ）

A. 社会组织   B. 人民群众   C. 政党   D. 社会舆论

21. 法官吴某系中共党员，他以匿名信方式向监察机关检举某领导的贪污行为。他的法律监督行为属于（   ）

A. 检察监督   B. 政党监督   C. 社会监督   D. 人民群众监督

三、简答题

1. 简述法律实施的主要基础与动力。

2. 简述我国法律监督体系。

四、分析题

     大学生王某参加学校组织的社区普法宣传活动，一位前来参加活动的大妈问道："都

说我们老百姓要遵守宪法和法律，那到底什么是守法？"王某对此解释说："守法就是每一位公民积极地履行宪法和法律规定的各项义务，把义务履行到位了就是守法。"

请结合法理学有关法律实施这一章节的知识和原理，对王某的上述观点进行分析。

五、论述题

论述如何完善人权司法保障制度。

第九章　法律职业与法律方法

章节提要　本章2019年改动较大，考生对本章要给予高度关注。考生在学习的过程需要对细碎的知识点进行认真的识记。法律解释部分，需要重点掌握的是法律解释的必要性以及当代中国的法律解释。法律推理部分，要对法律推理的特征有正确的认识，并能清晰地区分法律推理的两种方式。

一、单项选择题

1. 律师不得因委托人罪恶深重而拒绝接受委托，体现了法律职业的（　　）
   A. 技能特征　　　　　B. 伦理特征　　　　　C. 自治特征　　　　　D. 准入特征
2. 下列选项中，不属于法官义务的是（　　）
   A. 通过依法办理案件以案释法　　　　　　B. 努力维护委托人的合法权益
   C. 秉公办案，不得徇私枉法　　　　　　　D. 接受法律监督和人民群众监督
3. 下列选项不属于律师伦理的是（　　）
   A. 忠诚信念　　　　　B. 讲求效率　　　　　C. 恪守诚信　　　　　D. 信仰法治
4. 下列机关中，有权撤销国务院及其主管部门违反宪法和法律的解释的是（　　）
   A. 全国人民代表大会　　　　　　　　　　B. 全国人民代表大会常务委员会
   C. 全国人民代表大会各专门委员会　　　　D. 国家监察委员会
5. 关于法律解释，下列说法错误的是（　　）
   A. 法律解释具有一定的价值取向性
   B. 法律解释是法律实施的一个重要前提
   C. 法律解释的对象是规范性法律文件和非规范性法律文件
   D. 法律解释与具体案件密切相关
6. 严格遵循法律规范的字面含义来对法律进行解释的方法叫作（　　）
   A. 文义解释　　　　　B. 历史解释　　　　　C. 体系解释　　　　　D. 目的解释
7. 当代中国的法律解释体系不包含（　　）
   A. 立法解释　　　　　B. 司法解释　　　　　C. 行政解释　　　　　D. 监察解释
8. 关于立法解释，下列表述错误的是（　　）
   A. 广义上的立法解释，泛指有权制定法律、法规的国家机关或其授权机关对自己制定的法律、法规所作的解释
   B. 在我国，立法解释权属于全国人大常委会
   C. 立法解释是指立法机关对自己及下位机关立法的解释

D. 严格意义上的立法解释是一种效力最高的法律解释

9. 在一些公共场所，我们都能看到"禁止随地吐痰"的标语。从法律解释的角度来看，此规定可以解释为：在公共场所，不准在允许吐痰的地方以外的地方吐痰。这一解释属于（   ）

A. 体系解释　　　　B. 历史解释　　　　C. 目的解释　　　　D. 文义解释

10. 关于法律解释，下列说法错误的是（   ）

A. 法律解释的方法多种多样，解释者往往综合采用这些解释方法，从不同的角度阐释分析解释的对象

B. 法律解释受解释学循环的制约

C. 法律解释具有一定的价值取向性。因此，它是一种纯粹主观的活动，不具有客观性

D. 法律解释是人们日常法律实践的重要组成部分

11. 关于法律解释的效力，以下说法正确的是（   ）

A. 司法解释的效力最高，优先于立法解释和行政解释适用

B. 立法解释的效力最高，优先于司法解释和行政解释适用

C. 行政解释的效力最高，优先于立法解释和司法解释适用

D. 立法解释、司法解释和行政解释的效力相同，适用时没有先后顺序之分

12. 当最高人民法院和最高人民检察院对具体适用法律问题的解释有原则性分歧时，应当由（   ）来解释或者决定

A. 全国人民代表大会常务委员会　　　　B. 宪法和法律委员会

C. 国务院　　　　　　　　　　　　　　D. 全国人民代表大会

13. 法官吴某在审理一起民事案件过程中，根据自己的专业知识和经验对相关法律条文进行了解释并据此作出判决。吴某在判决中对法律的解释属于（   ）

A. 立法解释　　　　B. 非正式解释　　　　C. 司法解释　　　　D. 行政解释

14. 我国《民法典》第26条第2款规定："成年子女对父母负有赡养、扶助和保护的义务。"尹律师在适用该法条解决实际问题时，认为该规定中的"子女"既包括婚生子女，又包括非婚生子女、养子女和继子女。尹律师的解释属于（   ）

A. 正式解释　　　　B. 扩充解释　　　　C. 字面解释　　　　D. 限制解释

15. 下列关于我国的法律解释，表述不正确的是（   ）

A. 全国人大常委会的法律解释同法律具有同等效力

B. 司法解释单指最高人民法院所作的审判解释

C. 国务院及其主管部门有权对有关法律和法规进行行政解释

D. 立法解释的主要方式是通过决定、决议进行有针对性的解释

16. 关于我国司法解释，下列说法正确的是（   ）

A. 我国的司法解释权由最高人民法院和最高人民检察院统一行使，地方各级人民法院和人民检察院没有司法解释权

B. 审判机关和检察机关只能分别作出司法解释，不采用联合解释的形式

C. 司法解释仅指最高人民法院对审判工作中具体应用法律、法令问题的解释

D. 立法解释的效力低于司法解释

17. 关于我国的法律解释，下列说法错误的是（   ）

A. 在我国，狭义的立法解释权属于全国人大常委会

B. 全国人大常委会的法律解释同法律具有同等效力

C. 各级法院对司法工作中具体应用法律问题所作的解释均属于司法解释

D. 最高人民法院和最高人民检察院的司法解释发生冲突的，应当报请全国人大常委会作出最终解释

18. 关于法律解释和法律推理，以下说法正确的是（　　）

A. 作为一种法律思维活动，法律推理的目的是发现绝对事实和真相

B. 法律解释和法律推理属于完全不同的两种思维活动，法律推理完全独立于法律解释

C. 法官在进行法律推理时，既要遵守和服从法律规则，又要在不同利益冲突间进行价值平衡和选择

D. 法律推理是严格的形式推理，不受人的价值观影响

19. 关于法律推理，下列说法错误的是（　　）

A. 法律推理广泛应用于立法、执法、司法和法律监督乃至人们的生活当中

B. 法律推理以法律和事实两个已知的判断作为推理的前提

C. 法律推理的过程会运用到多种科学的方法和规则

D. 法律推理的结果一定是客观公正的

20. "大前提—小前提—结论"，这种推理方式属于（　　）

A. 演绎推理　　　　B. 归纳推理　　　　C. 辩证推理　　　　D. 类比推理

21. 外卖小哥李某为患急症的病人送急需药物而闯红灯被交警王某拦下。王某认为李某虽然闯了红灯，但是情有可原。交警王某的推理方式属于（　　）

A. 演绎推理　　　　B. 归纳推理　　　　C. 类比推理　　　　D. 辩证推理

22. 辩证推理的作用主要是为了（　　）

A. 解决因法律规定的复杂性而引起的疑难问题

B. 类似案件，类似处理

C. 从普遍性问题推理出个案问题的答案

D. 从个案问题推理出普遍性问题的答案

23. 我国《刑法》第234条规定："故意伤害他人身体的，处三年以下有期徒刑、拘役或者管制。犯前款罪，致人重伤的，处三年以上十年以下有期徒刑……"周法官据此认为，杨某故意伤害他人身体并致人重伤，依法应当对其判处3年以上10年以下有期徒刑。周法官所运用的法律推理是（　　）

A. 类比推理　　　　B. 归纳推理　　　　C. 演绎推理　　　　D. 辩证推理

24. 下列关于法律论证的表述错误的是（　　）

A. 法理论证属于演绎论证和归纳论证之外的似真论证，即合情理论证

B. 法律论证一般由法律问题和事实问题两部分组成

C. 法律论证的结论是绝对正确的

D. 法律论证的结论具有可证伪性

二、多项选择题

1. 下列初任人员中，应当取得国家统一法律职业资格的是（　　）

A. 初任公证员　　　　　　　　　　B. 行政机关中初次从事行政复议的公务员

C. 非初任法官　　　　　　　　　　　　　　D. 非初任法律类仲裁员

2. 下列人员中，不得报名参加国家统一法律职业资格考试的是（　　　）

A. 因故意犯罪受过刑事处罚的

B. 曾被开除公职或者曾被吊销律师执业证书、公证员执业证书的

C. 被吊销法律职业资格证书的

D. 因严重失信行为曾经被国家有关单位确定为失信联合惩戒对象并纳入国家信用信息共享平台的，现在移出的

3. 法官职业道德的核心是（　　　）

A. 公正　　　　　　B. 廉洁　　　　　　C. 为民　　　　　　D. 文明

4. 法律这一职业具有许多特点，以下属于律师的特点的是（　　　）

A. 律师必须是受过专业训练，具备丰富法律知识的人

B. 律师必须是依法取得律师执业证书的人

C. 律师可以对案件处理过程中了解到的当事人的商业秘密适当对外公开

D. 律师是为社会提供法律服务的执业人员

5. 根据解释尺度的不同，法律解释可以分为（　　　）

A. 限制解释　　　　B. 扩充解释　　　　C. 目的解释　　　　D. 字面解释

6. 司法解释的基本作用是为司法机关适用法律审理案件提供说明。这种解释的作用主要体现在（　　　）

A. 对法律规定不够具体而使理解和执行有困难的问题进行解释，赋予比较概括、原则性的规定以具体内容

B. 通过法律解释适应变化了的社会情况

C. 对适用法律中的疑问进行统一的解释

D. 对各级法院之间应如何依据法律规定相互配合审理案件，确定管辖以及有关操作规范问题进行解释

7. 关于行政解释，下列观点不正确的是（　　　）

A. 行政解释的效力低于立法解释

B. 行政解释可以对不属于审判和检察工作中其他法律如何具体应用的问题作解释

C. 有权进行行政解释的机关包括国务院和地方各级行政机关

D. 全国人大常委会有权改变和撤销国务院作出的行政解释

8. 律师在辩护的过程中，对法律条文所作出的解释属于（　　　）

A. 有权解释　　　　B. 无权解释　　　　C. 学理解释　　　　D. 司法解释

9. 下列关于历史解释的表述，正确的是（　　　）

A. 历史解释适用于任何情况

B. 在没有充分证据的情况下，历史解释可以作出多种合理的推测

C. 历史解释必须完全依据法律产生的历史背景

D. 历史解释应当考虑相关法律概念在历史上如何演变和被接受

10. 王某与谢某存在积怨，后谢某服毒自杀。王某患有风湿，全身疼痛，怀疑是谢某阴魂不散一直纠缠，遂先后四次到谢某坟地挖出谢某骨头埋在自家田地间。事发后，检察院对王某提起公诉。一审法院根据《中华人民共和国刑法》第 302 条规定，认定王某构成侮辱尸体罪。王某不服，认为坟地里谢某的白骨不属于尸体。王某对"尸体"的解释，属于（　　　）

A. 非正式解释　　　　B. 比较解释　　　　C. 文义解释　　　　D. 法定解释

11. 法律推理的方法可以分为（　　　）

A. 形式逻辑　　　　B. 演绎推理　　　　C. 归纳推理　　　　D. 辩证逻辑

12. 以下列举的满足辩证推理适用条件的是（　　　）

A. 某些法律规定明显落后于社会发展

B. 同一位阶的法律规定之间存在抵触

C. 因法律规定的复杂性引发了疑难问题

D. 作为法律推理前提的两个法律命题相互矛盾

13. 下列选项中说法正确的是（　　　）

A. 演绎推理是从一般知识推出特殊知识的活动，是一种或然性推理

B. 归纳推理是从一般知识推出特殊知识的活动，是一种或然性推理

C. 类别推理是一种或然性推理

D. 形式推理包括演绎推理、归纳推理和类比推理

14. 下列属于分析推理的是（　　　）

A. 三段论推理　　　　B. 归纳推理　　　　C. 辩证推理　　　　D. 类比推理

15. 法律论证的正当性标准有（　　　）

A. 内容融贯性　　　　　　　　　　B. 程序合理性

C. 依据的客观性和逻辑有效性　　　　D. 效果的最优性

三、简答题

简述法律论证的含义、目的和特点。

第十章　法　律　关　系

章节提要　本章为法律关系的相关知识，在法硕考试中相对较为重要。需要考生进行体系化掌握的为法律关系的分类和法律关系的构成要素两部分。关于法律关系的构成要素，要在清晰界定的基础上作出正确的判断，以提高选择题的正确率。法律关系产生、变更或消灭的原因为法律事实，对于法律事实要掌握到能准确区分法律事件和法律行为的程度。

一、单项选择题

1. 下列关于法律关系特征的说法，错误的是（　　　）

A. 法律关系是以法律上的权利义务为内容的社会关系

B. 法律关系是一种体现意志性的特殊社会关系

C. 法律关系是依法建立的社会关系

D. 法律关系的产生不以法律规范的存在为前提

2. 按照法律关系产生的依据、作用和实现规范的内容的不同，可以将法律关系分为（　　　）

A. 基本法律关系与普通法律关系　　　　B. 平权型法律关系与隶属型法律关系

C. 绝对法律关系与相对法律关系　　　　D. 调整性法律关系与保护性法律关系

3. 法律意义上"权利"一词最早来源于（　　　）

A. 古典自然法学　　　B. 古希腊　　　　　C. 古罗马　　　　　D. 中世纪的欧洲

4. 关于法律规范与法律关系，以下表述正确的是（　　　）

A. 法律规范是法律关系的前提　　　　　　　B. 法律规范是法律关系的结果

C. 法律关系是法律规范的基础　　　　　　　D. 法律关系是法律规范的根据

5. 下列关于法律关系的表述，错误的是（　　　）

A. 绝对法律关系以"一个人对一切人"的形式表现出来

B. 保护性法律关系是法的实现的正常形式

C. 基本法律关系是其他法律关系的基础

D. 民事法律关系大多是平权型法律关系

6. 关于法律关系，下列说法错误的是（　　　）

A. 法律规范是法律关系产生的前提　　　B. 法律关系就是法律规范调整的社会关系本身

C. 法律关系是法律规范的实现形式　　　D. 法律关系属于思想社会关系

7. 就职权、权限、权力与权利的区别而言，在我国现行宪法中，对公民使用（　　　）
一词

A. 职权　　　　　　B. 权利　　　　　　C. 权力　　　　　　D. 权限

8. 根据我国《宪法》和《选举法》的规定，凡年满 18 周岁的中华人民共和国公民，除被依法剥夺政治权利的人外，不分民族、种族、性别、职业、家庭出身、宗教信仰、教育程度、财产状况和居住期限，都有选举权和被选举权。这体现了选举权和被选举权行使时要求具有（　　　）

A. 限制民事行为能力　　　　　　　　　　B. 完全民事行为能力

C. 一般权利能力　　　　　　　　　　　　D. 特殊权利能力

9. 以下选项中，属于法律意义上的物的是（　　　）

A. 非法制造的枪支　　　　　　　　　　　B. 被植入人体的器官

C. 空气　　　　　　　　　　　　　　　　D. 手工制作的艺术品雕像

10. 以下选项中，属于法律事件的是（　　　）

A. 出生　　　　　　B. 拍摄电影　　　　C. 解除合同　　　　D. 盗窃他人财物

11. 我国《民法典》规定，法定结婚年龄男不得早于 22 周岁，女不得早于 20 周岁。这表明法律关系主体所特有的性质是（　　　）

A. 广泛性　　　　　　B. 社会性　　　　　C. 主观性　　　　　D. 法律性

12. 某施工单位与某基层政府签订合同，规定该施工单位承建该政府的办公大楼，后来该施工单位没有按照合同规定进行建设，基层政府诉至法院。关于施工单位和基层政府之间的法律关系，下列说法正确的是（　　　）

A. 平权型法律关系，因为双方签订的是"合同"

B. 隶属型法律关系，因为双方存在隶属关系

C. 不形成法律关系，因为施工单位没有履行合同内容

D. 保护性法律关系，因为施工单位没有按照合同履行义务，应该受到法律制裁

13. 下列关于法律权利与法律义务的说法，正确的是（　　　）

A. 法律权利和法律义务是法学范畴体系中最基本的范畴

B. 法律权利是目的，法律义务是手段

C. 法律权利可以脱离法律义务而独立存在

D. 不履行法律义务也可以实现法律权利

14. 工商业情报属于法律关系客体中的（　　　）

A. 物　　　　　　　　B. 智力成果　　　　　C. 数据信息　　　　　D. 人身利益

15. 关于权利能力，以下表述正确的是（　　　）

A. 法律关系的主体不一定拥有权利能力

B. 享有具体权利的人一定具有权利能力

C. 有权利能力的人一定实际享有具体权利

D. 权利能力只体现享有权利的资格而不包括承担义务的资格

二、多项选择题

1. 下列关于行为能力和权利能力的表述，正确的是（　　　）

A. 一般权利能力为所有公民普遍享有　　　B. 有行为能力一定有权利能力

C. 法人的权利能力始于法人依法成立　　　D. 法人的权利能力和行为能力具有一致性

2. 下列法律事实中，属于绝对事件的是（　　　）

A. 自然人的出生　　　B. 时间的流逝　　　C. 政策的变更　　　D. 爆发战争

3. 下列关于法律关系的表述，正确的是（　　　）

A. 行政法律关系都是隶属型法律关系

B. 民事法律关系都是平权型法律关系

C. 绝对法律关系以"一个人对一切人"的形式表现出来

D. 基本法律关系只包括公民与国家之间的关系

4. 张某因涉嫌盗窃罪被公安机关依法逮捕。在此过程中，公安机关与张某之间的关系属于（　　　）

A. 平权型法律关系　　B. 绝对法律关系　　　C. 隶属型法律关系　　D. 相对法律关系

5. 新婚夫妇到影楼拍摄婚纱照。由于拍摄工作人员工作失职，导致所拍婚纱照片的底片未能保存下来，该新婚夫妇以服务合同内容未能履行为由将影楼诉至法院。下列有关法律关系的说法，正确的是（　　　）

A. 新婚夫妇与影楼之间形成的是平权型法律关系

B. 新婚夫妇与影楼之间形成的法律关系只体现了双方的意志，未体现国家意志

C. 新婚夫妇与影楼之间形成的诉讼法律关系为相对法律关系

D. 如果底片没有报废，新婚夫妇与影楼之间形成的法律关系的客体是照片

6. 以下选项中，属于完全民事行为能力人的是（　　　）

A. 20周岁因高考失利而患有间歇性精神病的小吕

B. 25周岁因盗窃被判刑的老白

C. 17周岁但是能够以劳动收入作为生活来源的小六

D. 13周岁的小贝

7. 以下选项中，属于法律关系的客体的有（　　　）

A. 物　　　　　　　　B. 数据信息　　　　　C. 智力成果　　　　　D. 人身利益

8. 法律意义上的物须满足下列的条件是（　　　）

A. 具有经济价值　　B. 独立性　　　　C. 为人类认识和控制　　D. 通过劳动创造

9. 下列各项中，不属于法律关系客体中的物这一客体的是（　　　）

A. 一粒随处可见的小石子　　　　　　B. 小明的发明专利

C. 机动车上的油漆　　　　　　　　　D. 李老师刚刚脱落的头发

10. 在我国，能够成为法律关系主体的是（　　　）

A. 自然人　　　　　　B. 法人　　　　　C. 其他社会组织　　　　D. 国家

11. 下列选项中，表述正确的是（　　　）

A. 法律关系必然体现当事人意志，但不一定体现国家意志

B. 根据法律事实是否由人们的行为引起，可以分为法律事件和法律行为

C. "事实构成"是指两个或两个以上的法律事实构成的一个相关整体

D. 同一个法律事实可以引起多种法律关系的演变

12. 下列关于法律关系的说法，错误的是（　　　）

A. 法律关系的产生、变更和消灭称为法律关系的演变

B. 法律关系的变更是指主体间权利义务关系完全终止

C. 法律事实的存在是法律关系产生、变更、消灭的唯一前提和依据

D. 每一种法律关系自产生后都可能在一定条件下趋于变更或消灭

三、简答题

简述法律关系的含义及其特征。

第十一章　法律责任与法律制裁

📝 **章节提要**　本章知识点较为细碎，考生在学习过程中需要勤翻书加以牢记。对于法律责任和法律制裁要有清晰的区分，在归责和免责部分，要熟练掌握归责的原则和免责的具体条件，注意免责与"不负责任""无责任"的区别，以应付考试中题目的灵活多变。

一、单项选择题

1. 关于法律责任的归结原则，下列说法正确的是（　　　）

A. 反对责任擅断体现的是责任法定原则

B. 责任法定原则意味着法院不能行使自由裁量权

C. 因果关系原则不考虑因果关系是不是必然的

D. 责任自负原则要求不能让没有违法行为的人承担法律责任，没有例外

2. 关于法律责任，下列说法不正确的是（　　　）

A. 法律责任的目的是通过其惩罚、救济、预防三个功能的发挥来实现的

B. 法律责任不全是过错责任

C. 法律责任不必然导致法律制裁

D. 法律责任是由特定国家机关对违法者根据其违法行为而采取的惩罚措施

3. "法不溯及既往"体现了下列归责原则的（　　　）

A. 责任法定原则   B. 因果关系原则

C. 责任与处罚相称原则   D. 责任自负原则

4. 以下列举的情况中，不一定产生法律责任的是（   ）

A. 小李无正当理由拒绝偿还到期债务

B. 小王向检察机关举报某单位国家工作人员受贿的事实，检察机关应立案而不立案

C. 公交车上小孙拒不给抱小孩的乘客让座，该乘客因车辆颠簸而摔倒受伤

D. 某列车的售货员在出售泡面后，拒不提供发票

5. 下列选项中，属于法定的法律责任免除事由的是（   ）

A. 自首并重大立功   B. 未达到法定责任年龄

C. 合理限度内的紧急避险   D. 生理性醉酒

6. 下列关于"免责"的说法错误的是（   ）

A. 免责以法律责任的存在为前提

B. 免责既可以免除部分责任也可以免除全部责任

C. 免责的条件包括时效免责、未达法定责任年龄免责、自首免责、立功免责等

D. 免责不同于"不负责任"或"无责任"

7. 下列说法中，正确的是（   ）

A. 追究刑事责任的唯一法律依据是刑事法律

B. 民事责任都是违约责任

C. 有法律责任必然会受到法律制裁

D. 违反道德的行为一定是违法行为

8. 关于法律责任，下列说法错误的是（   ）

A. 刑事责任可以由法人或非法人组织承担

B. 民事责任不具有惩罚的功能

C. 行政责任的承担方式包括人身责任

D. 违宪责任产生的原因是违宪行为

9. 法律责任的轻重和种类应当与行为人的主观恶性相适应，体现了（   ）归责原则

A. 责任自负   B. 责任法定   C. 因果关系   D. 责任与处罚相称

10. 下列关于法律责任与法律制裁的说法，错误的是（   ）

A. 法律责任是法律制裁的前提，没有法律责任就不会有法律制裁

B. 所有的违法行为都会受到法律制裁

C. 民事赔偿是一种典型的民事责任承担方式

D. 有法律制裁一定有法律责任

11. 下列法律制裁形式中，最严厉的是（   ）

A. 刑事制裁   B. 民事制裁   C. 行政制裁   D. 违宪制裁

12. 小戴20周岁，已经向学校递交了入党申请书。一次，小戴与同学饮酒后驾车，在一路口闯红灯并将阿彬撞成轻伤。小戴不应当受到（   ）

A. 党纪处分   B. 民事制裁   C. 刑事制裁   D. 行政处罚

13. 民事法律责任最基本的功能是（   ）

A. 制裁   B. 惩罚   C. 报应   D. 救济

14. 将法律制裁分为民事制裁、行政制裁、刑事制裁和违宪制裁的标准是（   ）

A. 违法者的主观过错　　　　　　B. 追究法律责任的程序

C. 违法者承担法律责任的方式　　D. 违法行为和法律责任的性质

15. 警告和剥夺政治权利（　　　）

A. 均属于行政制裁

B. 均属于刑事制裁

C. 前者属于行政制裁，后者属于刑事制裁

D. 前者属于刑事制裁，后者属于行政制裁

16. 关于法律制裁，下列表述正确的是（　　　）

A. 罚金与罚款没有性质上的区别　　B. 行政处分不属于法律制裁

C. 民事制裁都是财产制裁　　　　　D. 法人可以成为刑事制裁的对象

17. 某乡镇民政办公室主任万某利用其掌握的乡镇户籍低保资格复核权，收受申请人好处费，被监察委员会撤销主任一职。万某受到的法律制裁属于（　　　）

A. 行政处罚　　　B. 刑事制裁　　　C. 民事制裁　　　D. 政务处分

二、多项选择题

1. 以下行为中，不可以适用协议免责的是（　　　）

A. 民事违法行为　　B. 犯罪行为　　　C. 行政违法行为　　D. 违宪行为

2. 以下选项中，属于法律责任产生原因的是（　　　）

A. 违法行为　　　　B. 违约行为　　　C. 法律规定　　　D. 违背道德

3. 下列关于法律责任的构成，说法正确的是（　　　）

A. 法律责任的构成是国家机关要求行为人承担法律责任时进行分析、判断的标准

B. 违法行为是一切法律责任产生的前提，没有违法行为就没有法律责任

C. 有些法律责任的承担不以实际损害结果的存在为条件

D. 法律归责原则上要求证明违法行为与损害结果之间的因果关系

4. 在 2022 年 10 月，某公司的董事长张三与总经理李四在未经公司批准的情况下在公司擅自安装、使用窃听器、摄像头等设备对公司商业秘密进行窃取。直至 2023 年 12 月，李四共复制了该公司的商业秘密文件 100 余份，并将上述文件通过微信发送给张三及另一名股东王五，给公司造成直接经济损失 3500 万元。2024 年 1 月 2 日两人被公安机关抓获。此案例中张三和李四应当承担的责任有（　　　）

A. 刑事责任　　　　B. 民事责任　　　C. 行政责任　　　D. 违宪责任

5. 在我国的法律规定和法律实践中，属于免责条件的是（　　　）

A. 时效免责　　　　B. 不诉免责　　　C. 自助免责　　　D. 自首立功免责

6. 下列选项中，属于我国法律责任的归责原则的是（　　　）

A. 责任法定原则　　　　　　　　　B. 责任与处罚相称原则

C. 因果关系原则　　　　　　　　　D. 责任自负原则

7. 下列选项中，属于免责的是（　　　）

A. 小王因合理限度的正当防卫而伤人

B. 小赵有立功表现，法官因而对其从轻处罚

C. 小李在商场盗窃小戴 50 元

D. 小刘欠小孙 1 000 元，超过三年小孙仍未主张让小刘偿还

8. **在我国，行使违宪制裁权的国家机关是（　　　）**

A. 全国人民代表大会　　　　　　　B. 全国人民代表大会常务委员会

C. 国务院　　　　　　　　　　　　D. 最高人民检察院

三、简答题

1. 简述法律责任的构成。
2. 简述违法行为、法律责任与法律制裁的联系与区别。

四、分析题

1. 付某为国家机关工作人员，因误解与同事小刘发生口头争执。当天，恰逢小刘心情不好，两人说话语气过重，扭打到一起，小刘左眼被打伤住院治疗。事后，两人所在的机关单位对小刘作出警告的处分，对付某作出开除公职的处分，并移交司法机关处理。法院认为，付某的行为构成故意伤害罪，判处有期徒刑 2 年，并赔偿小刘的医药费。

本材料涉及的法律责任有哪些？各自的含义是什么？

2. 小王绑架当地钢管厂主吴某的儿子进行敲诈勒索，吴某报警后警方顺利侦破此案，救出了人质，小王因此被判处有期徒刑 6 年。经过在监狱中的劳动教育改造后，小王改过自新，并表示"以后再也不会干这种违法乱纪、伤天害理的坏事"。

请根据以上案例，简要分析法律责任的目的和功能。

第十二章　法　　治

📝 **章节提要**　本章在法硕考试中十分重要，题型种类多样，考查范围较大。本章需要重点掌握的为社会主义法治的相关知识、法治的基本原则、法治国家的标志、建设社会主义法治国家的相关知识。本章需要背诵的主观知识点比重较大，考生需要认真识记。

一、单项选择题

1. **社会主义法治的核心价值是（　　　）**

A. 制约权利　　　　B. 以人民为中心　　　　C. 保障权利　　　　D. 维护公平正义

2. **全面依法治国的首要任务是（　　　）**

A. 坚持党的领导　　　　　　　　　B. 全面贯彻实施宪法

C. 坚持人民主体地位　　　　　　　D. 坚持依法治国和以德治国相结合

3. **社会主义法律的基本属性是（　　　）**

A. 正义　　　　　　B. 人民　　　　　　C. 平等　　　　　　D. 公正

4. **全面依法治国的根本目标是（　　　）**

A. 法治国家　　　　B. 法治政府　　　　C. 法治社会　　　　D. 全民守法

5. **关于法治，下列表述不正确的是（　　　）**

A. 法治强调法律的至高权威

B. 法治的根本意义在于依法行政

C. 法治要求公共权力必须依法取得和行使

D. 在没有民主和宪治的时代，不可能有真正的法治

6. 下列关于法治的表述中，正确的是（　　）

A. 与法制相比，法治更侧重于形式意义上的法律制度及其实施

B. 只要有法律和制度的存在就有法治存在

C. 法治与人治是对立的，法治要求"法律的统治"

D. 法治与法制同时出现

7. 关于民主、法治、人治、德治，下列表述正确的是（　　）

A. 西方"民主"一词源于古罗马

B. 法治与德治是两种根本对立的治国方略

C. 依照人治的理论，治理国家不需要法律

D. 依照传统的德治理论，国家主要通过道德教化进行治理

8. 法治的首要条件是（　　）

A. 法律至上　　　　B. 权利平等　　　　C. 权力制约　　　　D. 正当程序

9. 关于法治的基本原则，下列表述不正确的是（　　）

A. 宪法至上是法律至上原则的核心

B. 正当程序原则主要是针对国家公权力而言的

C. 充分尊重和扩展人权是法治的终极性的目的价值

D. 确立正当程序原则的法律最早源于美国

10. 下列选项中，不属于党内法规的是（　　）

A. 《关于新形势下党内政治生活的若干准则》

B. 《中国共产党问责条例》

C. 《干部教育培训工作条例》

D. 《国家监察法》

11. 全面推进依法治国，总目标是建设中国特色社会主义法治体系，建设社会主义法治国家。关于对全面推进依法治国的重大意义和总目标的理解，下列说法错误的是（　　）

A. 依法治国事关我们党执政兴国，事关人民的幸福安康，事关党和国家的长治久安

B. 依法治国是实现国家治理体系和治理能力现代化的必然要求

C. 总目标包括形成完备的法律规范体系和高效的法律实施体系

D. 通过将全部社会关系法律化，为建设和发展中国特色社会主义法治国家提供保障

12. 下列选项中，不属于权利保障原则的主要内容的是（　　）

A. 听取当事人的意见　　　　　　　　B. 尊重和保障人权

C. 法律面前人人平等　　　　　　　　D. 权利与义务相一致

13. 关于德治，下列说法不正确的是（　　）

A. 德治主张国家应通过对社会成员进行道德教化来治理

B. 现代意义上的德治不再局限于运用儒家的道德理念来治理国家

C. 在当代社会，法治和德治有着目的上的一致性

D. 法治和德治，在一个社会中是不能兼容的治国模式

14. 下列关于法治思维的表述，不正确的是（　　）

A. 法治思维是规则思维　　　　　　　　B. 法治思维是平等思维

C. 法治思维是权力受保障思维　　　　　D. 法治思维是程序思维

15. 关于建设社会主义法治国家的前提条件，下列选项中不正确的是（　　）

A. 较高的民主政治体制　　　　　　　　B. 健全的法律体系

C. 全民较高的文化素养　　　　　　　　D. 完善的市场经济体制

二、多项选择题

1. 下列属于全面依法治国的政治方向的内容的是（　　）

A. 坚持党对全面依法治国的领导　　　　B. 坚持依宪治国

C. 坚持以人民为中心　　　　　　　　　D. 坚持中国特色社会主义法治道路

2. 全面依法治国的政治方向决定法治建设的成败得失，它集中体现在全面依法治国由谁领导、为了谁、依靠谁、走什么路等问题上。"坚持以人民为中心"是社会主义法治的核心价值，深刻回答的问题是（　　）

A. 由谁领导　　　B. 为了谁　　　C. 依靠谁　　　D. 走什么路

3. 全面依法治国的关键环节是（　　）

A. 科学立法　　　B. 严格执法　　　C. 公正司法　　　D. 全民守法

4. 下列属于全面依法治国的重要保障的是（　　）

A. 制度保障　　　B. 组织保障　　　C. 运行保障　　　D. 科技保障

5. 下列属于社会主义法治理念的基本特征的是（　　）

A. 系统的科学性和合理性　　　　　　　B. 鲜明的政治性和时代性

C. 真正的开放性和可实证性　　　　　　D. 统一的主观性和客观性

6. 关于社会主义法治理念，下列说法不正确的是（　　）

A. 社会主义法治理念本身属于社会主义法治的制度体系

B. 社会主义法治理念是符合人民利益和需要的法治理念

C. 社会主义法治理念是建设社会主义法治文化的价值指引

D. 将"建设社会主义法治国家"确定为我国社会主义现代化的重要目标是在 1998 年

7. 下列关于法治与法制的说法，正确的是（　　）

A. 法治强调法律在社会生活中至高无上的权威

B. 法治与法制没有区别

C. 法律和制度是动态意义上的法制

D. 古代中国的法制与民主没有关系

8. 下列做法中，有助于全面推进依法治国这一方略的实现的是（　　）

A. 维护宪法和法律的尊严，坚持法律面前人人平等

B. 逐步完善我国的社会主义法律体系

C. 完善行政执法制度和司法制度

D. 大力开展普法教育

9. 全面依法治国的总目标是（　　）

A. 实现中华民族伟大复兴的中国梦　　　B. 建设中国特色社会主义法治体系

C. 建设社会主义法治国家　　　　　　　D. 完善和发展中国特色社会主义制度

三、简答题

1. 简述如何推进国家治理体系与治理能力现代化。
2. 简述依法执政的基本内容。

四、论述题

论述法治的基本原则。

第十三章　法 与 社 会

📝 **章节提要**　　本章涉及的知识比较多，在法硕综合课主观题中考查的可能性比较大。对于可以进行阐述的考点，考生要多费心思进行背诵，并在此基础上对本章知识形成框架，以便于形成知识之间的关联。社会主义法与社会主义道德是主观题部分可能会被考查的内容。此外，对于本章涉及的法律意识、法律道德和法律文化，也需要考生形成一定的思维方式，应灵活掌握。

一、单项选择题

1. 社会主义法治的本质要求是（　　　　）
A. 维护社会稳定　　　B. 追求公平正义　　　C. 以人民为中心　　　　D. 解决社会矛盾
2. 下列调整手段中，属于对社会进行调整的首要工具的是（　　　　）
A. 法律　　　　　　B. 道德　　　　　　C. 经济　　　　　　　D. 宗教
3. 社会是法律产生与形成的基础，对此理解错误的是（　　　　）
A. 社会物质生活条件最终决定着法的本质
B. 在同一性质或历史形态的社会，法律的内容、特点和表现形式是相同的
C. 国家法以社会法为基础，"纸面上的法"以"活法"为基础
D. 新的法律不可能产生于旧的社会基础上，旧的法律也不可能长期在新的社会基础上生存和延续
4. 奥地利法学家艾丽希在《法社会学原理》中指出："在当代以及任何其他的时代，法的发展重心既不在立法，也不在法学或司法判决，而在于社会本身。"关于这句话含义的阐释，以下说法错误的是（　　　　）
A. 法是社会的产物，也是时代的产物
B. 国家的法以社会的法为基础
C. 法的变迁受社会发展进程的影响
D. 任何时代，法只要以社会为基础，就可以脱离立法、法学和司法判决而独立发展
5. 关于法律对社会主义市场经济的作用，下列说法错误的是（　　　　）
A. 市场经济是自由竞争、平等竞争的经济，法律就是竞争的规则

B. 市场经济运行所需的正常秩序离不开法律的作用

C. 市场经济关系是开放性经济，要求主权国家善于运用国际法律规制和惯例等

D. 法律只对社会主义市场经济的具体规则发挥作用，社会主义市场经济宏观调控不需要法律

6. 社会主义法的核心内容是（　　　）

A. 宪法　　　　　　　B. 法律　　　　　　　C. 党的政策　　　　　　　D. 人民

7. 关于法律保障国家职能的实现，下列说法不正确的是（　　　）

A. 法律是国家存在的政治基础

B. 法律增强了国家机关行使权力的权威性

C. 法律对国家权力的运行进行制约和监督

D. 法律确认了国家权力的合法性

8. 关于法律文化，下列说法不正确的是（　　　）

A. 法律文化由两个层面组成，一是物质性的法律文化，二是精神性的法律文化

B. 法律文化与现行法、法律实践、法律意识等法律现实没有太多联系

C. 法律文化是人们从事法律活动的行为模式和思维模式

D. 法律文化具有多样性

9. 根据法律意识专门化、职业化的不同程度，可以将法律意识分为（　　　）

A. 个人法律意识、群体法律意识和社会法律意识

B. 职业法律意识和非职业法律意识

C. 低级法律意识和高级法律意识

D. 占统治地位的法律意识和不占统治地位的法律意识

10. 关于法律意识，下列表述错误的是（　　　）

A. 法律心理是构筑法律思想体系的基础

B. 群体法律意识是对一个国家法制状况的总的反映

C. 法律意识在很大程度上制约和影响着法律实践活动

D. 法律意识是法文化概念的基本构成要素

11. 在下列法律文化中，对我国整个社会的影响最大的是（　　　）

A. 中国传统的法律文化

B. 西方法律文化

C. 苏联的法律文化

D. 我国社会主义法治实践基础上形成的法律文化

12. 关于法与道德的区别，下列说法错误的是（　　　）

A. 法律是自觉的、有形的，道德是自发的、无形的

B. 法主要以成文方式表现出来，道德通过人们的言论、行为、风俗习惯等表现出来

C. 道德主要调整人的行为，道德所调整的范围远远比法律广泛得多

D. 法主要是以权利为本位，道德主要以义务为主体

二、多项选择题

1. 关于经济基础与法律，下列说法正确的有（　　　）

A. 法律与经济基础之间是形式与内容的关系

B. 法律是一种超经济的力量

C. 经济基础对法律有决定作用

D. 法律可以否定生产关系的某些方面

2. 关于法律与科技，下列说法正确的是（　　　）

A. 科技的发展会影响法律的内容

B. 科技的发展会拓展法律调整的范围

C. 科技的发展会改变一些传统的法律概念和原则

D. 科技的发展意味着立法技术越来越好，故随着科技的发展，"委任立法"的范围会逐渐缩小

3. 法律与执政党政策的主要区别有（　　　）

A. 意志属性不同　　　　B. 表现形式不同　　　　C. 价值取向不同　　　　D. 社会目的不同

4. 关于我国法律与中国共产党的政策，下列说法正确的是（　　　）

A. 党的政策和我国法律在本质上是一致的

B. 充分发挥党的政策的作用，能够促进我国法律的实现

C. 党的政策可以在一定程度上背离我国宪法的规定

D. 中国特色社会主义法律体系是通过将党的政策转化为法律的方式形成和发展起来的

5. 依法治理网络空间的主要内容有（　　　）

A. 完善网络法律制度　　　　　　　　B. 推进多层次多领域依法治理

C. 培育良好的网络法治意识　　　　　D. 保障公民依法安全用网

6. 关于中国社会主义法与中国共产党政策的表述，下列说法正确的是（　　　）

A. 党的政策是社会主义法的核心内容

B. 社会主义法是完善党的领导的手段

C. 党的政策充分发挥作用，能够保障、促进社会主义法的实现

D. 两者之间有着内在的一致性

7. 下列关于法与国家关系的表述，不正确的是（　　　）

A. 国家意志只能通过法律的形式表现出来

B. 法律对国家权力起到支持和制约作用

C. 法律是国家存在的政治基础

D. 国家政权的运行以法的实现为必要条件

8. 关于法律意识的表述，下列表述能够成立的有（　　　）

A. 法律意识无法通过教育形成　　　　B. 法律意识是法律文化的组成部分

C. 法律意识制约着法律实践活动　　　　D. 法律意识的高级形态是法律心理

9. 下列选项中，属于法律意识的有（　　　）

A. 消费者的维权意识　　　　　　　　B. 人们对法律尊重或反感的情绪

C. 人们关于法律公正的观念　　　　　D. 当事人对法院不信任的态度

10. 下列属于法律意识范畴的是（　　　）

A. 律师对法条的认识　　　　　　　　B. 法学家的理论

C. 法官在判案时对法律的认识　　　　D. 法律规定的原则

11. 下列属于法律文化的是（　　　）

A. 法律制度　　　　B. 法律规范　　　　C. 法律学说　　　　D. 法律习惯

12. 下列属于法律文化的特征的有（　　　）

A. 多样性　　　　　B. 相对独立性　　　　C. 民族性　　　　D. 阶级性

13. 下列关于法与宗教区别的表述，正确的是（　　　）

A. 产生方式不同　　B. 实施方式不同　　C. 适用原则不同　　D. 组织结构不同

14. 法律是传播道德、保障道德实施的有效手段，主要表现在（　　　）

A. 法律通过立法，将社会中的道德理念、信念、基本原则和基本要求法律化、制度化、规范化，赋予社会的道德价值观念以法律的强制力，进一步强化、维护、实现道德规范

B. 法律是道德的承载者，它弘扬、发展一定的社会道德理念、信条和原则，促进社会道德的更新和变革

C. 法律是形成新的道德风貌、新的精神文明的强大动力

D. 有些道德上不许可的行为，在法律上可以得到许可

15. 解决法律与道德在日常法律适用领域中冲突的措施主要是（　　　）

A. 立法方面，充分考虑社会主义道德的要求，提高立法质量，尽量避免出现法律的漏洞

B. 在司法过程中，在自由裁量权的范围内考虑道德要求，使法律的适用不仅合法，而且合乎常理

C. 在执法的过程中，最大限度地减少法律与道德之间不必要碰撞的概率

D. 在法律宣传过程中，对旧的道德进行评判，加强人们对法律制度和法治理念的认同感

三、简答题

1. 简述科技对法的影响。
2. 简述社会主义法与社会主义道德的关系。

四、分析题

1. 当下的社会生活，处处渗透着法律意识：大学生小孙认为偷拿阅览室里的杂志不构成盗窃；农民工老刘年底遇到老板赖账，就老板未能发放工资的情况自认倒霉，认为没人能管。请结合法理学的有关知识，分析法律意识的作用。
2. 有人说："没有无国家的法律，也没有无法律的国家。"
请结合本章法与国家的关系，分析材料中的观点。

五、论述题

论述法与政策的关系。

中国宪法学

第一章　宪法基本理论

章节提要　本章主要为宪法的基础知识。考点较为细小，考生在学习本部分的时候需要勤翻书，对课本的文字表述尽可能熟悉。此外，考生也要在总体上构建框架体系，例如宪法原则和宪法规范两部分，能出主观题的点比较多，考生应该在熟练识记的基础上灵活运用。

一、单项选择题

1. 下列选项中，说法正确的是（　　　）

A. 美国宪法被誉为"宪法之母"

B. 英国宪法以人民主权思想为指导，突出议会至上的体制特点

C. 美国宪法没有序言和附则

D. 美国宪法并未体现出权力分立和制约与平衡原则

2. 下列选项中，属于宪法的实质特征的是（　　　）

A. 宪法的内容具有根本性　　　　　B. 宪法的效力具有最高性

C. 宪法是公民权利的保障书　　　　D. 宪法的制定和修改程序具有特殊性

3. 世界上第一个社会主义性质的宪法是（　　　）

A. 1215 年《自由大宪章》　　　　　B. 1787 年美国宪法

C. 1791 年法国宪法　　　　　　　　D. 1918 年苏俄宪法

4. 最早提出刚性宪法与柔性宪法之分的是（　　　）

A. 蒲莱士　　　　　B. 洛克　　　　　C. 卢梭　　　　　D. 孟德斯鸠

5. 马克思主义宪法学者根据宪法的阶级本质和赖以建立的经济基础的不同，将宪法分为（　　　）

A. 成文宪法和不成文宪法　　　　　B. 刚性宪法和柔性宪法

C. 钦定宪法、协定宪法和民定宪法　D. 资本主义类型的宪法和社会主义类型的宪法

6. 下列选项中，说法错误的是（　　　）

A. 成文宪法和不成文宪法是英国学者蒲莱士提出的分类

B. 世界上第一部成文宪法典是 1787 年的《美利坚合众国宪法》

C. 有的成文宪法也可能是柔性宪法

D. 中国宪法的修改程序严于普通法律，普通法律的修改只需要全国人大全体代表 1/2 以上通过即可

7. 关于宪法的分类，下列说法正确的是（　　　）

A. 现存最古老的协定宪法是 1814 年 5 月 17 日的《挪威王国宪法》

B. 美国宪法由序言、正文、修正案、附则组成

C. 不成文宪法由带有宪法性质的各种法律文件、宪法判例和宪法惯例等内容组成

D. 刚性宪法和柔性宪法由英国学者奥斯丁最早提出

8. 下列关于宪法与依宪治国的表述中，错误的是（　　　　）

A. 宪法与依宪治国互为基础和前提

B. 宪法与依宪治国是形式与内容的关系

C. 依宪治国是宪法规范与宪法实施的政治实践相结合的产物

D. 宪法的生命在于民主性

9. 我国宪法一共通过了52条宪法修正案，对于我国宪法修正案，下列说法错误的是（　　　　）

A. 1988年增加了"土地的所有权可以依照法律的规定转让"的规定

B. 1993年将"国营经济"改为"国有经济"

C. 2004年将乡、镇人大的任期由3年改为5年

D. 2018年增设"监察委员会"一节；相应地调整人大、人大常委会、国务院的职权

10. 世界上第一部成文宪法是（　　　　）

A. 美国宪法　　　　B. 英国宪法　　　　C. 法国宪法　　　　D. 罗马法

11. 至今为止，全国人大以宪法修正案的方式对1982年《宪法》进行了（　　　　）次修改

A. 2　　　　　　　B. 3　　　　　　　C. 5　　　　　　　D. 6

12. 宪法修正案将《义勇军进行曲》作为国歌写入宪法的是（　　　　）

A. 1993年宪法修正案　　　　　　　　B. 1999年宪法修正案

C. 2004年宪法修正案　　　　　　　　D. 2018年宪法修正案

13. 将"戒严"改为"紧急状态"的宪法修正案是（　　　　）

A. 1988年宪法修正案　　　　　　　　B. 1993年宪法修正案

C. 1999年宪法修正案　　　　　　　　D. 2004年宪法修正案

14. 我国《宪法》经历了全面修改的次数是（　　　　）

A. 2　　　　　　　B. 3　　　　　　　C. 4　　　　　　　D. 5

15. "凡权利无保障和分权未确立的社会，就没有宪法"的论断是由（　　　　）予以明文规定的

A. 1789年法国《人权宣言》　　　　　B. 1776年美国《独立宣言》

C. 1688年英国《权利法案》　　　　　D. 1918年苏俄《被剥削劳动人民权利宣言》

16. 将"国家建立健全同经济发展水平相适应的社会保障制度"载入现行《宪法》的是（　　　　）

A. 1988年宪法修正案　　　　　　　　B. 1993年宪法修正案

C. 1999年宪法修正案　　　　　　　　D. 2004年宪法修正案

17. 下列关于宪法发展历程的说法，正确的是（　　　　）

A. "君权神授"思想是近代宪法发展的思想条件之一

B. 美国宪法是世界上最早的成文的民定宪法

C. 1918年苏联宪法是世界上第一部社会主义性质的宪法

D. 《独立宣言》是1791年法国第一部宪法的序言

18. 下列选项中，被马克思称为"世界上第一个人权宣言"的是（　　　　）

A. 1689年英国的《权利法案》　　　　B. 1776年美国的《独立宣言》

C. 1789年法国的《人权宣言》　　　　D. 1848年的《共产党宣言》

19. 下列关于我国 1982 年《宪法》的表述中，错误的是（　　）

A. 我国采用修正案方式对宪法进行修改，始于"82 宪法"

B. 我国采用修正案方式对宪法进行修改始于 1988 年

C. 首次将"国家机构"一章置于"公民的基本权利和义务"一章之前

D. 1982 年《宪法》继承并发展了 1954 年《宪法》的基本原则和精神，删除了 1975 年《宪法》与 1978 年《宪法》中不适宜的内容

20. 下列关于 2018 年宪法修正案，说法错误的是（　　）

A. 增加了"科学发展观""习近平新时代中国特色社会主义思想"

B. 统一战线的范围扩大到包括"致力于中华民族伟大复兴的爱国者"

C. 增加了"坚持和平发展道路，坚持互利共赢开放战略"

D. 2018 年宪法修正案是对 1982 年《宪法》的全面修改

21. 现存最古老的协定宪法是（　　）

A. 《挪威王国宪法》 　　　　　　B. 《大日本帝国宪法》

C. 法国 1830 年《协定宪法》 　　D. 《瑞典王国宪法》

22. 在美国，众议院的任期是（　　）

A. 1 年 　　　B. 2 年 　　　C. 3 年 　　　D. 5 年

23. 中华人民共和国成立后的行使制宪权制定的宪法是（　　）

A. 1949 年《中国人民政治协商会议共同纲领》

B. 1954 年《宪法》

C. 1975 年《宪法》

D. 1978 年《宪法》

24. 我国历史上第一部社会主义类型的宪法是（　　）

A. 《共同纲领》 　　　　　　　　B. 《中华苏维埃共和国宪法大纲》

C. 1954 年《宪法》 　　　　　　D. 1975 年《宪法》

25. 在新中国成立之初，起到临时宪法作用的是（　　）

A. 《中华人民共和国共同纲领》 　　B. 《中国人民政治协商会议共同纲领》

C. 《陕甘宁边区施政纲领》 　　　　D. 1954 年《宪法》

26. 按照宪法规范的类型，我国《宪法》中基本国策的条款多属于（　　）

A. 组织权限规范 　　B. 权利义务规范 　　C. 宪法委托规范 　　D. 宪法指示规范

27. 以宪法修正案的方式对宪法进行修改起源于（　　）

A. 英国 　　　　　　B. 法国 　　　　　　C. 美国 　　　　　　D. 中国

28. 关于宪法的演变与发展，下列表述错误的是（　　）

A. 我国以宪法修正案的方式对宪法进行调整和完善

B. 美国宪法正文前 10 条专门规定了公民的基本权利，即"权利法案"

C. 法国宪法是欧洲大陆第一部成文宪法

D. 1958 年法兰西第五共和国宪法设立专章规定宪法委员会

29. 下列选项中，不属于 1993 年宪法修正案内容的是（　　）

A. 实行"社会主义市场经济"

B. 增加规定"土地的使用权可以依照法律的规定转让"

C. 将"改革开放"正式写进宪法

D. 规定"中国共产党领导的多党合作和政治协商制度将长期存在和发展"

30. 下列选项中，不属于法治原则内容的是（　　）

A. 宪法优位　　　　B. 法律保留　　　　C. 审判独立　　　　D. 基本人权

31. 近代分权学说最初是（　　）提出的

A. 孟德斯鸠　　　　B. 洛克　　　　C. 戴雪　　　　D. 卢梭

32. 我国现行《宪法》的修改的决定机关是（　　）

A. 全国人大　　　　　　　　　　B. 全国人大常委会

C. 全国人大及其常委会　　　　　D. 宪法和法律委员会

33. 我国《宪法》第 2 条第 3 款规定："人民依照法律规定，通过各种途径和形式，管理国家事务，管理经济和文化事业，管理社会事务。"这一规定体现的宪法基本原则是（　　）

A. 法治原则　　　　　　　　　　B. 权力制约与监督原则

C. 人民主权原则　　　　　　　　D. 人权保障原则

34. 下列关于宪法的原则，表述错误的是（　　）

A. 人民主权原则解决的是权力来源与国家合法性问题

B. 近代意义上的主权概念是法国人西耶斯在《共和六书》中提出来的

C. 在我国，限制人身自由的行政处罚只能由法律规定

D. 立法权、行政权、对外权的分立是由英国的洛克提出的

35. 关于宪法规范，下列说法不正确的是（　　）

A. 宪法规范是调整宪法关系的各种规范的总和

B. 宪法规范可以由宪法典中一个或几个条文构成

C. 宪法关系是经由宪法调整而包含宪法上权利义务内容的社会关系

D. 宪法关系的一方通常总是公民

36. 宪法规范区别于普通法律规范的特点不包括（　　）

A. 内容的政治性　　　　　　　　B. 效力的最高性

C. 立法的原则性　　　　　　　　D. 国家强制性

37. 关于宪法规范，以下表述正确的是（　　）

A. 宪法规范比普通法律规范更具原则性、概括性

B. 宪法规范内容上的政治性决定了违宪主体不承担法律后果

C. 宪法规范主要调整国家与公民之间、公民与公民之间的关系

D. 宪法规范在我国的表现形式主要有宪法典、宪法相关法、宪法惯例和宪法判例

38. 关于宪法规范及其特点，下列说法错误的是（　　）

A. 宪法不调整国家机关内部的关系

B. 宪法规范的效力最高性是由宪法的最高法律地位决定的

C. 有的宪法规范由于立法形式比较具体，其实现就可能是一次性完成

D. 宪法所调整的社会关系中一般必然有国家的参与

二、多项选择题

1. 关于 1982 年《宪法》的内容与特点，下列说法正确的是（　　）

A. 加强了人民代表大会制度，市级以上人大设立了专门委员会

B. 发展了民主宪制，恢复完善了国家机构体系

C. 体现了精简国家机构和人员的要求

D. 扩大了公民的民主权利和自由

2. 宪法所调整的社会关系主要包括（　　　）

A. 国家与公民之间的关系

B. 国家与其他社会主体之间的关系

C. 国家机关之间的关系

D. 国家机关内部的关系

3. 下列关于宪法的基本特征，表述正确的是（　　　）

A. 宪法是其他一般法律的立法基础

B. 任何其他的法律都不得与宪法相抵触

C. 任何组织和个人都不得享有超越于宪法之上的特权

D. 宪法规范国家生活和地方生活的总体运行规则

4. 下列国家的宪法是柔性宪法的是（　　　）

A. 哥伦比亚　　　　　B. 智利　　　　　　C. 秘鲁　　　　　　D. 新西兰

5. 下列选项中说法正确的是（　　　）

A. 不成文宪法都是柔性宪法

B. 成文宪法都是刚性宪法

C. 刚性宪法和柔性宪法是由英国学者蒲莱士最早提出的

D. 刚性宪法在效力上高于普通法律

6. 下列选项中，属于 2018 年宪法修正案内容的是（　　　）

A. 统一战线的范围扩大到包括"致力于实现中华民族伟大复兴的爱国者"

B. 提出了"构建人类命运共同体"的构想

C. 增加规定"中国共产党领导是中国特色社会主义最本质的特征"

D. 将全国人大法律委员会改名为"宪法和法律委员会"

7. 英国宪法以人民主权思想为主导，突出议会至上的体制特点，下列选项中标志英国宪制逐步确立的宪法性文件是（　　　）

A. 1215 年的《自由大宪章》　　　　　B. 1628 年的《权利请愿书》

C. 1701 年的《王位继承法》　　　　　D. 1911 年的《国会法》

8. 关于我国《宪法》，下列选项中正确的是（　　　）

A. 宪法修正案与宪法具有同等的约束力

B. 序言部分规定了宪法的根本地位和最高法律效力

C. 《宪法》文本中没有"附则"

D. 我国对宪法进行过全面修改，也进行过部分修改

9. 以下列举的属于 1999 年宪法修正案内容的是（　　　）

A. 将"邓小平理论"写入《宪法》序言

B. 明确了中华人民共和国实行依法治国

C. 确立了我国社会主义初级阶段的基本经济制度和分配制度

D. 将"反革命活动"修改为"危害国家安全的犯罪活动"

10. 关于英国宪法，下列说法正确的有（　　　）

A. 英国是最早确立司法机关进行合宪性审查制度的国家

B. 英国宪法由宪法性法律、宪法惯例和宪法判例等构成

C. 英国是典型的不成文宪法国家，没有统一、完整的宪法典

D. 英国宪制是通过限制王权、扩大资产阶级政治权力的途径实现的

11. 根据宪法和法律的规定，下列选项中错误的是（　　　）

A. 2004 年宪法修正案增加了"我国社会主义事业的建设者"

B. 1999 年宪法修正案确立了非公有制经济在社会主义市场经济中的地位

C. 1999 年宪法修正案将"国家保障公民的合法私有财产权神圣不可侵犯"写进宪法

D. 1988 年宪法修正案明确规定集体土地所有权可以依法出租或者转让

12. 下列选项中，属于我国现行宪法 1988 年宪法修正案内容的是（　　　）

A. 承认私营经济的合法地位

B. 承认个体经济的合法地位

C. 允许土地使用权可以依照法律规定转让

D. 将"国营经济"改为"国有经济"

13. 下列关于近代宪法产生条件的表述中，正确的是（　　　）

A. 宪法和法同时产生

B. 宪法是近代资本主义经济发展的必然产物

C. 宪法是社会政治历史条件发展到一定阶段的产物

D. 宪法是以资产阶级启蒙思想和民主政治理论为基础发展起来的

14. 下列选项中，属于 2004 年宪法修正案内容的是（　　　）

A. 对非公有制经济既鼓励、支持、引导，又依法监督、管理

B. 国家尊重和保障人权

C. 建立健全同经济水平相适应的社会保障制度

D. 把乡、镇人大的任期由 3 年改为 5 年

15. 下列关于宪法的发展及其趋势的说法正确的是（　　　）

A. 各国宪法越来越强调对人权的保障

B. 各国宪法愈发注重对政府权力的监督和限制

C. 宪法领域从国内法扩展到国际法

D. 各国越来越重视建立合宪性审查制度来维护宪法的最高权威

16. 下列宪法条文中，能够体现权力制约与监督原则的有（　　　）

A. 全国人民代表大会和地方各级人民代表大会都由民主选举产生，对人民负责，受人民监督

B. 国家行政机关、监察机关、审判机关、检察机关都由人民代表大会产生，对它负责，受它监督

C. 中华人民共和国公民对于任何国家机关和国家工作人员，有提出批评和建议的权利

D. 一切法律、行政法规和地方性法规都不得同宪法相抵触

17. 下列选项中，属于宪法确认民主施政规则的具体表现是（　　　）

A. 宪法规定了代议制和普选制，为人民主权的实现构建了政治运行机制

B. 赋予人民广泛的政治权利和社会、经济、文化权利

C. 宪法确认了社会各阶级的政治地位

D. 规范了国家机构的职权和行使程序

18. 宪法的效力最高性体现在（   ）

A. 宪法被称为"母法"，普通法律被称为"子法"

B. 任何其他的法律都不得与宪法相抵触，否则，该法律即为无效

C. 一切国家机关、政治力量、政治组织以及一切社会组织和个人都不得享有超越于宪法之上的特权

D. 宪法规定的内容是有关国家制度和社会制度的基本原则和主要问题

19. 关于宪法优位，下列表述正确的有（   ）

A. 法律必须受宪法约束

B. 行政法规不得同宪法相抵触

C. 国家机关的行为必须有明确的宪法依据

D. 宪法优位要求在行政机关和立法机关的关系上遵循法律优位原则

20. 下列属于美国宪法中基本原则的是（   ）

A. 人民主权原则和有限政府原则　　　　B. 权力分立和制约与平衡原则

C. 联邦与州的分立原则　　　　　　　　D. 对军队文职控制原则

21. 下列属于宪法规范种类的是（   ）

A. 组织权限规范　　　　　　　　　　　B. 权利义务规范

C. 宪法委托规范　　　　　　　　　　　D. 宪法指示规范

三、简答题

1. 简述我国现行宪法的内容和特点。
2. 简述权力制约与监督原则在我国宪法中的体现。

四、论述题

　　结合我国现行宪法和古代法律制度的有关规定，试述当代中国宪法的原则与中国古代正统立法指导思想有何不同。（宪法学＋法制史，新题型）

第二章　宪法的制定和实施

✒ 章节提要　本章在法硕考试中考查的内容相对较少，考生需要在熟悉课本的基础上对这些基础知识有一定的印象，以便在选择题中灵活把握。此外，合宪性审查制度以及我国的宪法修改制度为本章重点内容，考生应对合宪性审查的几种方式以及我国合宪性审查的模式、评价以及宪法修改的机关、程序有较为清晰的界定。我国的宪法监督制度内容是分析题的重点。

一、单项选择题

1. 最早系统提出宪法制定权概念及其理论体系的学者是法国大革命时期的西耶斯，按照

他的观点，国民是（　　　）的主体

A. 制宪权　　　　　　B. 修宪权　　　　　　C. 释宪权　　　　　　D. 立法权

2. 宪法制定的程序不包括（　　　）

A. 成立专门的制宪机构　　　　　　　　B. 提出宪法草案

C. 公布　　　　　　　　　　　　　　　D. 宪法解释

3. 下列关于制宪机关的表述，正确的是（　　　）

A. 我国的制宪机关是常设机构

B. 制宪机关无权批准和通过宪法

C. 制宪机关通过任命产生

D. 我国的制宪机关是第一届全国人民代表大会第一次会议

4. 世界上最早建立宪法法院的国家是（　　　）

A. 奥地利　　　　　　B. 西班牙　　　　　　C. 匈牙利　　　　　　D. 波兰

5. 关于宪法的解释，下列国家中不属于专门机关解释体制的是（　　　）

A. 奥地利　　　　　　B. 德国　　　　　　　C. 俄罗斯　　　　　　D. 日本

6. 下列人员中，宣誓仪式只能由全国人民代表大会主席团负责组织的是（　　　）

A. 国家副主席　　　　　　　　　　　　B. 国务院副总理

C. 最高人民法院副院长　　　　　　　　D. 中华人民共和国驻外全权代表

7. 根据我国现行《宪法》的规定，行使宪法解释权的机关是（　　　）

A. 全国人民代表大会及其常务委员会　　B. 全国人民代表大会

C. 全国人民代表大会常务委员会　　　　D. 国务院

8. 关于宪法解释体制的表述，下列表述正确的是（　　　）

A. 社会主义国家一般由最高国家权力机关解释宪法

B. 德国创设了由立法机关解释宪法的体制

C. 日本是最早采用宪法法院进行宪法解释的国家

D. 美国经由马伯里诉麦迪逊案确立了专门机关解释宪法的体制

9. 关于对特定国家宪法解释体制的表述，正确的是（　　　）

A. 法国采用立法机关解释体制　　　　　B. 俄罗斯采用司法机关解释体制

C. 美国采用专门机关解释体制　　　　　D. 德国采用专门机关解释体制

10. 下列对宪法的解释，在我国属于正式解释的是（　　　）

A. 法官周某对宪法所作的解释　　　　　B. 最高人民法院对宪法所作的解释

C. 国务院对宪法所作的解释　　　　　　D. 全国人大常委会对宪法所作的解释

11. 我国宪法实施制度的最新发展是（　　　）

A. 合宪性审查制度　　B. 宪法宣誓制度　　　C. 宪法解释制度　　　D. 宪法修改制度

12. 关于我国宪法的修改，下列说法错误的是（　　　）

A. 1975 年《宪法》、1978 年《宪法》和 1982 年《宪法》都是对前一部宪法的全面修改

B. 1982 年宪法生效以后，均采用部分修改的方式

C. 我国宪法的修改，需由全国人大以出席代表的 2/3 以上多数通过

D. 现行宪法经过了五次修改，通过了 52 条宪法修正案

13. 关于我国宪法修正案的通过，下列选项正确的是（　　　）

A. 全体代表的 2/3 以上的多数通过　　　B. 全体代表的 1/2 以上的多数通过

C. 到会代表的 1/2 以上的多数通过　　　D. 到会代表的 2/3 以上的多数通过

14. 美国联邦最高法院在 1803 年的马伯里诉麦迪逊一案中创立了的合宪性审查模式是（　　　）

A. 立法机关模式　　B. 普通法院模式　　C. 宪法委员会模式　　D. 宪法法院模式

15. 我国制定颁布的四部宪法中，首次规定由全国人民代表大会常务委员会行使宪法监督权的是（　　　）

A. 1954 年《宪法》　B. 1975 年《宪法》　C. 1978 年《宪法》　　D. 1982 年《宪法》

16. 在宪法理论中认为宪法监督是宪法保障的核心内容，那么其具体监督方式是（　　　）

A. 合宪性审查　　　B. 宪法遵守　　　C. 宪法制定　　　　D. 宪法修改

17. 关于合宪性审查，下列说法正确的是（　　　）

A. 事先审查是针对特定问题的具体审查

B. 事后审查是法律发生效力或者行为已经实施后的审查

C. 法国设立了宪法法院

D. 德国设立了宪法委员会

18. 下列主体中，无权向全国人大常委会提出涉及合宪性问题的审查要求的是（　　　）

A. 最高人民法院　　B. 中央军委　　　C. 专门委员会　　　D. 省级人大常委会

19. 全国人大常委会认为有关法律文件同下列哪些法律法规相抵触时可交全国人大各专门委员会进行审议（　　　）

A. 宪法　　　　　　　　　　　　B. 宪法和法律

C. 法律和行政法规　　　　　　　D. 法律、行政法规和地方性法规

20. 下列关于合宪性审查与宪法监督的说法中，错误的是（　　　）

A. 合宪性审查是实现宪法监督的重要手段之一

B. 合宪性审查与宪法监督在本质上没有区别

C. 合宪性审查可以对地方性法规进行审查

D. 合宪性审查的目的是维护宪法的权威和尊严

21. 下列关于合宪性审查的说法中，错误的是（　　　）

A. 合宪性审查的对象包括行政行为和立法行为

B. 合宪性审查应当在司法裁判前进行

C. 我国合宪性审查的方式包括事先审查和事后审查

D. 权力机关有权撤销行政机关的法规、决议，但无权改变行政机关的法规、决议

二、多项选择题

1. 下列关于制宪机关的说法中，正确的是（　　　）

A. 制宪机关就是宪法的通过机关　　　B. 制宪机关就是宪法的起草机关

C. 制宪机关就是行使制宪权的主体　　D. 制宪机关一般是常设机关

2. 下列选项中，属于宪法和法律委员会职责的是（　　　）

A. 统一审议法律草案　　　　　　B. 推动宪法实施

C. 开展宪法解释　　　　　　　　D. 推进合宪性审查

3. 关于制宪权，下列说法正确的是（   ）

A. 西耶斯认为国民是制宪权的主体

B. 制宪权是一种原生性权力，修宪权是依据制宪权而产生的一种派生性的权力

C. 国民作为制宪权的主体意味着全体国民直接参与制宪活动，行使制宪权

D. 宪法的起草机关一般不行使制宪权

4. 下列选项中正确的是（   ）

A. 全国人大有权改变或撤销全国人大常委会不适当的决定

B. 全国人大常委会有权撤销国务院制定的同宪法、法律相抵触的行政法规、决定和命令

C. 全国人大常委会有权撤销省、自治区、直辖市的国家权力机关制定的同宪法相抵触的地方性法规

D. 国务院有权撤销或改变各部、各委员会发布的不适当的规章

5. 下列事项中，只能制定法律的是（   ）

A. 国家主权的事项

B. 民族区域自治制度、特别行政区制度、基层群众自治制度

C. 对非国有财产的征收、征用

D. 诉讼制度和仲裁基本制度

6. 下列人员就任时，需要进行宪法宣誓的是（   ）

A. 国务院总理   B. 中央军委主席

C. 最高人民法院院长   D. 最高人民检察院检察长

7. 下列国家中，由司法机关来解释宪法的是（   ）

A. 日本   B. 加拿大   C. 奥地利   D. 法国

8. 下列选项中，关于我国宪法的解释说法正确的是（   ）

A. 1954 年《宪法》和 1975 年《宪法》都没有对宪法解释权的归属作出规定

B. 1978 年《宪法》规定了全国人大有"解释宪法和法律，制定法令"的职权

C. 1982 年《宪法》规定了全国人大常委会有"解释宪法和法律，制定法令"的职权

D. 1978 年《宪法》首次规定了全国人大常委会有解释宪法的职权

9. 宪法的解释方法有（   ）

A. 文义解释   B. 目的解释   C. 体系解释   D. 字面解释

10. 我国有权提出宪法修正案的主体是（   ）

A. 全国人大   B. 全国人大常委会

C. 1/10 以上全国人大代表   D. 1/5 以上全国人大代表

11. 采用普通法院模式来进行合宪性审查的国家是（   ）

A. 日本   B. 加拿大   C. 墨西哥   D. 阿根廷

12. 下列关于合宪性审查的说法中，正确的是（   ）

A. 合宪性审查的对象是立法行为以及其他行为

B. 合宪性审查是宪法保障的一种方式

C. 合宪性审查就是司法审查

D. 合宪性审查的结果具有监督意义

13. 下列关于我国宪法监督制度的说法，正确的是（   ）

A. 全国人大行使监督宪法实施的职权

B. 根据《宪法》第 67 条的规定，全国人大常委会有权监督宪法的实施

C. 合宪性审查的对象不包括最高人民法院和最高人民检察院的司法解释

D. 有关的专门委员会可以对报送备案的规范性文件进行主动审查

三、简答题

1. 简述制宪机关与宪法起草机关的区别。
2. 简述中国宪法的解释体制。

四、分析题

某城市盛行面点生产，为了加强对面点行业的市场监管，市政府遂成立面点管理服务站，并发布了《关于面点加工经营许可审批制度的规定》。本市一家面点龙头厂的经理小刘认为，该规定内容上存在与法律的有关规定相抵触的状况，因而请求当地人民法院依据宪法和法律撤销这一规定。人民法院则认为，该规定属于市政府的行政立法，法院无权受理此案，建议小刘向省政府和市级人大反映问题。小刘对法院的态度表示气愤，认为其存在包庇政府的嫌疑，坚决要求法院受理此案。

请根据宪法的相关知识，分析人民法院的做法是否正确。

第三章　国家基本制度

📝 **章节提要**　本章在中国宪法学中所占据的篇幅较长，由此可以看出其重要性。考生需要在熟悉课本知识的基础上，对本章知识建立起框架体系。本章涉及的内容均为我国国家制度的相关知识，与时政具有很强的结合可能性，考生在备考时需要多加注意。

一、单项选择题

1. 中华人民共和国是工人阶级领导的、以工农联盟为基础的人民民主专政的社会主义国家。我国的根本政治制度是（　　　）

A. 人民代表大会制度　　　　　　　　B. 人民民主专政

C. 社会主义　　　　　　　　　　　　D. 中国特色社会主义

2. 中国特色社会主义最本质的特征是（　　　）

A. 依宪治国　　　　　　　　　　　　B. 中国共产党的领导

C. 单一制　　　　　　　　　　　　　D. 人民当家作主

3. 我国爱国统一战线的最高原则是（　　　）

A. 依法治国　　　　B. 人民民主　　　　C. 爱国主义　　　　D. 党的领导

4. 下列选项中，应当在开放日升挂国旗的是（　　　）

A. 学校　　　　B. 国务院各部门　　　　C. 地方各级人民法院　　　D. 图书馆

5. 根据《宪法》的相关规定，下列关于非公有制经济的表述，错误的是（　　　）

A. 国家保护非公有制经济的合法权利和利益

B. 非公有制经济是我国国民经济中的主导力量

C. 非公有制经济是社会主义市场经济的重要组成部分

D. 国家鼓励、支持和引导非公有制经济的发展，并对非公有制经济依法实行监督和管理

6. 我国社会主义初级阶段的分配制度是（　　　　）

A. 按劳分配为主，多种分配方式并存　　　B. 按劳分配和按需分配相结合

C. 各尽所能，按需分配　　　　　　　　　D. 各尽所能，按劳分配

7. 我国社会主义政治文明建设的根本途径是（　　　　）

A. 中国共产党的领导　　　　　　　　　　B. 坚持民主集中制

C. 人民当家作主　　　　　　　　　　　　D. 坚持依宪治国

8. 下列关于"五个文明"的表述中，不正确的是（　　　　）

A. 物质文明是"五个文明"系统中的前提

B. 政治文明是"五个文明"系统中的保障

C. 精神文明是"五个文明"系统中的灵魂

D. 社会文明是"五个文明"系统中的目的

9. 下列选项中，未体现生态文明建设内涵的是（　　　　）

A. 2020 年，第十三届全国人大常委会第二十四次会议通过《中华人民共和国长江保护法》

B. 《中华人民共和国海洋环境保护法（修订草案）》提请第十三届全国人大常委会第三十八次会议审议

C. 2022 年，全国人大常委会对《中华人民共和国环境保护法》的实施情况开展了执法检查

D. 2017 年，《中华人民共和国网络安全法》正式施行

10. 下列选项中，实行半总统制的政权组织形式的国家是（　　　　）

A. 德国　　　　　　B. 美国　　　　　　C. 法国　　　　　　D. 英国

11. 关于我国人民代表大会制度，下列说法错误的是（　　　　）

A. 人民代表大会制度是我国的根本政治制度

B. 人民代表大会在国家机关体系中居最高的地位

C. 人民代表大会制度实行的是一院制

D. 人民代表大会制度是实现社会主义民主的唯一形式

12. 我国的根本制度是（　　　　）

A. 人民代表大会制度　　　　　　　　　　B. 民主集中制

C. 单一制　　　　　　　　　　　　　　　D. 社会主义制度

13. 下列选项中，决定了我国人民代表大会制度的是（　　　　）

A. 民主集中制　　　B. 人民民主专政　　　C. 党的领导　　　D. 中央统一领导

14. 我国人民代表大会制度的组织和活动原则是（　　　　）

A. 三权分立与制衡　　B. 民主集中制　　　C. 个人负责制　　　D. 政治协商

15. 根据我国现行《宪法》和法律的规定，罢免某省级人民代表大会代表的决议的备案机关是（　　　　）

A. 省级人民代表大会　　　　　　　　　　B. 省级人民代表大会常务委员会

C. 全国人民代表大会　　　　　　　　　　D. 全国人民代表大会常务委员会

16. 我国的根本政治制度是（　　　　）

A. 人民代表大会制度　　　　　　　　　B. 人民民主专政制度

C. 民主集中制　　　　　　　　　　　　D. 社会主义制度

17. 我国《宪法》和《选举法》规定，凡年满18周岁的中华人民共和国公民，除被依法剥夺政治权利的人外，不分民族、种族、性别、职业、家庭出身、宗教信仰、教育程度、财产状况和居住期限，都有选举权和被选举权。以上表述体现的是我国选举制度的（　　　）

A. 差额选举原则　　　　　　　　　　　B. 直接选举与间接选举并用原则

C. 选举权的平等性原则　　　　　　　　D. 选举权的普遍性原则

18. 下列选项中，说法错误的是（　　　）

A. 全国人民代表大会常务委员会主持全国人民代表大会代表的选举

B. 县级以上的地方各级人民代表大会在选举上一级人民代表大会代表时，由该级人大常委会主持

C. 不设区的市、市辖区、县、自治县的选举委员会受本级人民代表大会常务委员会的领导

D. 乡、民族乡、镇的选举委员会受不设区的市、市辖区、县、自治县的人民代表大会常务委员会的领导

19. 以下列举的主体中，不享有选举权的是（　　　）

A. 阿彬28周岁，但患有间歇性精神病，有时在家大喊大叫

B. 老戴17周岁，能够以劳动收入作为主要生活来源

C. 霞姐18周岁，半年前加入中国国籍

D. 老孙被判处有期徒刑五年，未被附加剥夺政治权利，刚刚刑满释放

20. 我国现行《选举法》规定，选区的划分原则是（　　　）

A. 只能按照居住状况划分

B. 只能按照生产单位、事业单位、工作单位划分

C. 可以按照地区人口划分

D. 既可以按照居住状况划分，也可以按照生产单位、事业单位、工作状况划分

21. 某乡其中一个选区在基层人大代表的换届选举中，应选代表3人。根据我国《选举法》的规定，该选区正式候选人人数可以为（　　　）

A. 3 人　　　　　B. 5 人　　　　　C. 7 人　　　　　D. 9 人

22. 下列选项中，不属于我国《选举法》确立的基本原则是（　　　）

A. 平等性原则　　　　　　　　　　　B. 公开选举原则

C. 直接选举和间接选举并用原则　　　　D. 差额选举原则

23. 关于我国选举制度，下列说法错误的是（　　　）

A. 当选代表名单由选举委员会或者人民代表大会主席团予以公布

B. 在实行间接选举的地方，由本级人民代表大会主席团主持投票选举

C. 县级以上地方各级人民代表大会在选举上一级人民代表大会代表时，由选举委员会主持投票选举

D. 选民登记采用"一次登记、长期有效"的原则

24. 对选举委员会处理的申诉意见不服的，应当在选举日（　　　）以前向法院起诉

A. 7 日　　　　　B. 3 日　　　　　C. 20 日　　　　　D. 5 日

25. 下列选项中，说法正确的是（　　　）

A. 对于县级人大代表，原选区选民 30 人以上联名，可以向本级人大常委会提出罢免要求

B. 对于乡级人大代表，原选区选民 30 人以上联名，可以向本级人大常委会提出罢免要求

C. 县级以上的地方各级人民代表大会举行会议的时候，1/5 以上代表可以提出对由该级人民代表大会选出的上一级人民代表大会代表的罢免案

D. 代表在任期内，因故出缺，由原选区或者原选举单位补选，既可以采用差额选举也可以采用等额选举

26. 关于对人大代表的监督和罢免，下列说法错误的是（　　　）

A. 原选区选民全体过半数通过，可以罢免自己选出的代表

B. 对于乡级的人民代表大会代表，原选区选民至少 50 人以上联名，方可向县级的人民代表大会常务委员会书面提出罢免要求

C. 罢免间接选举所产生的代表，须经原选举单位全体过半数通过

D. 间接选举产生的人大代表，其罢免决议须报上一级人大常委会备案、公告

27. 某县人大闭会期间，赵某因身体疾病，拟辞去自己的县人大代表职务。对此，根据《宪法》和其他法律的规定，下列说法错误的是（　　　）

A. 赵某可以向县级人大常委会书面提出辞职

B. 接受辞职的决议，须报送上一级人大备案、公告

C. 补选出缺的代表可以采用差额选举，也可以采用等额选举

D. 赵某辞职后，由原选区或原选举单位补选

28. 中国人民政治协商会议的性质是（　　　）

A. 国家机关　　　　B. 事业单位　　　　C. 人民团体　　　　D. 爱国统一战线组织

29. 有关爱国统一战线的表述错误的是（　　　）

A. 以政治协商为主要工作方式　　　　B. 以爱国主义为政治基础和界限范围

C. 以民主集中制原则为最高原则　　　　D. 以"三大任务"为奋斗目标

30. 下列有关中国共产党与民主党派的关系，说法正确的是（　　　）

A. 是执政党与反对党的关系　　　　B. 中国共产党和民主党派轮流执政

C. 中国共产党对各民主党派进行工作领导　　D. 各民主党派参政、议政

31. 中国共产党领导的多党合作和政治协商制度的入宪时间是在（　　　）

A. 1988 年　　　　B. 1993 年　　　　C. 1999 年　　　　D. 2004 年

32. 多党合作制中，我国各民主党派的地位和性质是（　　　）

A. 在野党　　　　B. 执政党　　　　C. 反对党　　　　D. 参政党

33. 可以制定自治条例的机关是（　　　）

A. 自治区人大　　　　　　　　　　B. 自治州人大及其常委会

C. 自治县人大常委会　　　　　　　　D. 民族乡人大

34. 有权批准省、自治区、直辖市简称、排列顺序的变更的机关是（　　　）

A. 全国人民代表大会　　　　　　　　B. 全国人民代表大会及其常务委员会

C. 国务院　　　　　　　　　　　　　D. 省政府

35. 为加快地区经济发展，湖北省拟将某县改设为区。有权批准该区设立的国家机关是（　　　）

A. 湖北省人民代表大会　　　　　　　B. 全国人民代表大会

C. 国务院　　　　　　　　　　　　　D. 全国人大常委会

36. 关于单一制国家结构形式的特点，下列说法不正确的是（　　）

A. 国家只有一部宪法

B. 每个公民都具有地方国籍和国家国籍双重国籍

C. 国家只有一个中央政权机关

D. 国家整体在国际关系中是唯一的主体

37. 以下选项中，不属于目前我国存在的行政单元的是（　　）

A. 普通行政地方　　　　　　　　B. 民族自治地方

C. 特别行政区　　　　　　　　　D. 经济特区

38. 我国宪法和法律严格规定了行政区划变更的法律程序，规定省、自治区、直辖市的设立、撤销、更名，需要报请批准的机关是（　　）

A. 全国人大　　　　　　　　　　B. 全国人大常委会

C. 国务院　　　　　　　　　　　D. 省、自治区、直辖市所在的人大

39. 我国最早建立的民族自治区是（　　）

A. 新疆维吾尔自治区　　　　　　B. 内蒙古自治区

C. 广西壮族自治区　　　　　　　D. 西藏自治区

40. 关于我国行政区划变更的法律程序，下列说法错误的是（　　）

A. 省、自治区、直辖市人民政府驻地迁移，报全国人大批准

B. 自治州、自治县的设立、撤销、更名，报国务院审批

C. 乡、民族乡、镇的行政区域界线的变更，由省、自治区、直辖市人民政府审批

D. 县、市、市辖区的部分行政区域界线的变更，由国务院授权省级政府审批，并报国务院备案

41. 依照宪法，河北省廊坊市大厂回族自治县的人大常委会主任或者副主任人选应当符合的规定是（　　）

A. 主任或副主任中任一人由回族公民担任即可

B. 主任必须由回族公民担任

C. 副主任必须由回族公民担任

D. 主任和副主任必须同时由回族公民担任

42. 关于我国的民族区域自治制度，下列说法正确的是（　　）

A. 民族自治地方的自治机关是自治区、自治州、自治县的人民代表大会及其常务委员会、人民政府

B. 自治区主席、自治州州长、自治县县长由实行区域自治的民族的公民担任

C. 民族自治地方人大常委会中应当有实行区域自治的民族的公民担任主任和副主任

D. 经全国人民代表大会批准，民族自治地方的自治机关可以组织本地方维护社会治安的公安部队

43. 下列关于特别行政区的表述，不正确的是（　　）

A. 特别行政区的设立以及所实行的制度是由全国人大以法律来规定的

B. 中央人民政府与特别行政区的关系是单一制国家结构形式内中央与地方之间的关系

C. 特别行政区享有高度的自治权，包括享有独立的主权

D. 与特别行政区有关的绝大部分外交事务由中央管理

44. 下列不属于澳门特别行政区法院系统的组成部分的是（　　）

A. 初级法院   B. 中级法院   C. 高等法院   D. 终审法院

45. 下列关于香港特别行政区的说法，正确的是（　　　）

A. 香港特别行政区政府是特别行政区的行政机关，对全国人民代表大会负责

B. 香港特别行政区行政长官通过直接选举产生，由中央人民政府任命

C. 中央人民政府与香港特别行政区是单一制国家结构形式内中央与地方之间的关系

D. 香港特别行政区行政长官应由在香港通常连续居住满 15 年的中国公民担任

46. 下列关于香港特别行政区行政长官的说法，正确的是（　　　）

A. 行政长官是特别行政区的首长，对中央人民政府和香港特别行政区负责

B. 行政长官对立法会以不少于全体议员 2/3 多数再次通过的原法案，必须签署公布或辞职

C. 香港特别行政区行政长官由年满 45 周岁，在香港通常居住连续满 20 年，并在外国无居留权的特别行政区永久性居民中的中国公民担任

D. 行政长官只能从行政机关的主要官员中委任行政会议的成员

47. 关于特别行政区制度，下列说法错误的是（　　　）

A. 特别行政区享有独立的司法权和终审权

B. 中央有决定特别行政区进入紧急状态的权利

C. 特别行政区保留原有的资本主义制度和生活方式 50 年不变

D. 香港特别行政区立法会议员只能是中国籍公民

48. 下列选项符合特别行政区行政长官任职资格的是（　　　）

A. 45 周岁，在澳门连续居住 23 年，澳门永久性居民，有外国居留权的中国公民甲可以担任澳门行政长官

B. 55 周岁，已经连任一次香港行政长官的乙可以再次连任

C. 52 周岁，在香港居住 14 年，香港永久性居民，无外国居留权的中国公民丙可以担任香港行政长官

D. 55 周岁，在香港连续居住 29 年的加拿大籍人士丁可以担任澳门行政长官

49. 下列选项，表述正确的是（　　　）

A. 香港特别行政区设立行政法院专门管辖行政诉讼

B. 终审法院是澳门特别行政区的最高法院

C. 香港特别行政区设立独立的检察机关承担检察职能

D. 澳门特别行政区属于英美法系

50. 特别行政区政治体制的特点不包括（　　　）

A. 行政主导　　　　　　　　　　B. 司法独立

C. 民主集中制　　　　　　　　　D. 行政与立法相互制约与配合

51. 基层群众性自治组织首次出现是在（　　　）

A. 1954 年《宪法》　B. 1975 年《宪法》　C. 1978 年《宪法》　　D. 1982 年《宪法》

52. 关于村民委员会，下列表述正确的是（　　　）

A. 组成人员每届任期 3 年　　　　B. 其性质属于基层国家机关

C. 组成人员的人数为 5～9 人　　　D. 其性质属于基层群众自治组织

53. 根据我国现行《宪法》和法律的规定，居民委员会的设立所依据的原则是（　　　）

A. 便于治安管理原则　　　　　　B. 便于经济发展原则

C. 便于居民自治原则　　　　　　D. 便于行政指导原则

54. 下列关于基层群众自治制度表述正确的是（　　　）

A. 村民委员会的年度工作报告由乡政府审议

B. 村民会议制定和修改的村民自治章程和村规民约，报乡政府备案

C. 对登记参加选举的村民名单有异议的，向乡政府提出申诉

D. 村民委员会组成人员违法犯罪不能继续任职的，由乡政府任命新的成员暂时代理至本届村民委员会任期届满

55. 关于城市居民委员会的性质、组成和任务，下列说法错误的是（　　　）

A. 是居民自我管理、自我教育、自我服务的基层群众性自治组织

B. 由主任、副主任和委员共 3 至 7 人组成

C. 居民委员会每届任期 5 年，其成员可以连选连任

D. 协助人民政府做好与居民利益有关的公共卫生、优抚救济、青少年教育等各项工作

二、多项选择题

1. 以民族构成为基础进行划分，我国民族自治地方的类型有（　　　）

A. 以一个少数民族聚居区为基础而建立的自治地方

B. 以两个或两个以上的少数民族聚居区为基础而建立的自治地方

C. 以一个人口较多的少数民族聚居区为基础，同时包括一个或几个人口较少的其他少数民族聚居区而建立的自治地方

D. 在相当于乡一级的少数民族聚居区，建立民族乡自治地方

2. 我国特别行政区的行政长官具有的职权有（　　　）

A. 执行权　　　　　B. 立法方面的职权　　C. 司法方面的职权　　　D. 行政方面的职权

3. 现阶段我国的统一战线称为爱国统一战线，其特点包括（　　　）

A. 以中国共产党的领导为最高原则　　　　B. 以政治协商为主要工作方式

C. 以爱国主义为政治基础和界限范围　　　D. 以中国人民政治协商会议为组织形式

4. 关于人民民主专政的阶级结构，下列说法正确的有（　　　）

A. 工农联盟是阶级基础　　　　　　　　　B. 民族资产阶级是依靠力量

C. 以工人阶级为领导　　　　　　　　　　D. 统一战线是人民民主专政的重要特色

5. 下列选项中，应当悬挂国徽的是（　　　）

A. 国家驻外使馆　　　B. 中央军事委员会　　C. 北京天安门城楼　　　D. 宪法宣誓场所

6. 在一定的意义上讲，所有制就是区分不同类型国家的重要标志。公有制经济在成分上包括（　　　）

A. 全民所有制经济　　　　　　　　　　　B. 劳动群众集体所有制经济

C. 外商投资经济　　　　　　　　　　　　D. 混合所有制经济中的国有成分和集体成分

7. 下列选项中，说法错误的是（　　　）

A. 农村和城市郊区的土地都属于集体所有

B. 宅基地和自留地、自留山都属于集体所有

C. 非公有制经济包括个体经济和私营经济

D. 全民所有制经济控制着我国的经济命脉

8. 决定我国实行按劳分配为主体、多种分配方式并存的分配制度的是（　　　）

A. 我国社会主义初级阶段生产力发展水平

B. 生产资料的社会主义公有制

C. 我国的多民族性

D. 多种生产方式并存的实际状况

9. 根据我国《宪法》的规定，国家对集体经济发展的指导方针是（　　　）

A. 引导　　　　　　　B. 支持　　　　　　　C. 指导　　　　　　　D. 帮助

10. 我国现行《宪法》规定，我国的社会主义经济制度的基础是（　　　）

A. 个体经济和私营经济　　　　　　B. 全民所有制经济

C. 劳动者集体所有制经济　　　　　　D. 公有制为主体，多种所有制经济共同发展

11. 根据我国《宪法》，下列自然资源既可属于国家所有，也可属于集体所有的是（　　　）

A. 矿藏　　　　　　　B. 水流　　　　　　　C. 森林　　　　　　　D. 草原

12. 关于我国的经济制度，下列说法正确的是（　　　）

A. 国家鼓励、指导、帮助集体经济的发展

B. 国家保障国有经济的巩固和发展

C. 国家鼓励、支持和引导非公有制经济的发展

D. 按劳分配原则是我国社会主义分配制度的基础

13. 根据我国《宪法》规定，关于我国基本经济制度的说法正确的是（　　　）

A. 国家实行社会主义市场经济

B. 国有企业在法律规定范围内和政府统一安排下，开展管理经营

C. 集体经济组织均实行家庭承包经营为基础、统分结合的双层经营体制

D. 土地的使用权可以依照法律的规定转让

14. 我国公有制经济包括的经济形式是（　　　）

A. 全民所有制经济　　　　　　　B. 劳动群众集体所有制经济

C. 混合所有制中的国有成分和集体成分　　　D. 外商投资经济

15. 我国社会主义精神文明建设的内容有（　　　）

A. 文化教育建设　　　　　　　B. 思想道德建设

C. 经济建设　　　　　　　D. 社会主义现代化建设

16. 下列选项中，属于社会文明内涵的是（　　　）

A. 社会主体文明　　　　　　　B. 社会制度文明

C. 社会观念文明　　　　　　　D. 社会行为文明

17. 下列关于"五个文明"协调发展的表述，正确的是（　　　）

A. 生态文明是"五个文明"系统中的前提

B. 物质文明是"五个文明"系统中的基础

C. 政治文明是"五个文明"系统中的保障

D. 精神文明是"五个文明"系统中的灵魂

18. 与其他的代议制度相比较，属于人民代表大会制度特点的有（　　　）

A. 人民代表大会制度的目标是规范国家权力和保障公民权利

B. 人民代表是全职代表

C. 人民代表大会在国家机关体系中居于最高地位，其他机关由它产生

D. 各级人民代表大会均设立常设机关

19. 下列选项中，会导致人大代表资格终止的是（   ）

A. 被行政拘留　　　　　　　　　　　B. 未经批准一次不出席本级人大会议

C. 被判处管制并附加剥夺政治权利　　D. 丧失行为能力

20. 以下关于我国选举制度的基本原则的说法中，正确的是（   ）

A. 乡级人大代表采取直接选举的方式，县级及以上人大代表采取间接选举的方式

B. 各级人大选举均采用秘密投票原则

C. 外国人没有选举权并不违反普遍性原则

D. 人口特少的民族，至少应有代表一人，体现了平等性原则

21. 下列选项中能够体现我国选举权的平等性原则的是（   ）

A. 实行城乡按相同人口比例选举人大代表

B. 各行政区域不论人口多少，都应有相同的基本名额数

C. 保障各民族都有适当数量的代表

D. 没有被剥夺政治权利年满 18 周岁的中华人民共和国公民都有选举权

22. 下列属于选举委员会的职责的是（   ）

A. 及时公布选举信息

B. 确定选举日期

C. 划分选举本级人大代表的选区，分配各选区应选代表名额

D. 根据较多数选民意见，确定和公布正式候选人的名单

23. 关于委托选举，下列说法正确的是（   ）

A. 委托选举须经选举委员会同意认可

B. 必须有书面委托

C. 受委托人必须是具有选举权和被选举权，并依法进行登记的选民

D. 每一选民接受的委托不得超过三人

24. 我国省级人民代表大会代表若在任期内因故出缺，不可以补选的方式包括（   ）

A. 由原选区补选　　　　　　　　　　B. 由省级人大补选

C. 由省级人大常委会补选　　　　　　D. 由全国人大补选

25. 关于选民登记制度，下列说法正确的是（   ）

A. 选民登记按选区进行，经登记确认的选民资格长期有效

B. 对选民经登记后迁出原选区的，列入新迁入的选区的选民名单

C. 对于公布的选民名单有不同意见的，可以在选民名单公布之日起 5 日内向选举委员会提出申诉

D. 申诉人如果对处理决定不服，可以在选举日的 5 日以前向人民法院起诉

26. 关于政党，下列说法不正确的是（   ）

A. 政党以夺取、控制或者影响国家政权运行作为目的

B. 政党具有阶级性

C. 政党内部比较松散，没有组织体系

D. 政党靠成员的自觉行为，没有规范成员的组织纪律

27. 关于中国人民政治协商会议，下列说法错误的是（   ）

A. 是中国人民的爱国统一战线组织

B. 职能是政治协商、民主监督、参政议政

C. 属于我国国家机构体系

D. 第一届全体会议召开的时间是 1949 年 6 月

28. 关于中国人民政治协商会议的主要职能，下列表述正确的是（   ）

A. 参政议政　　　　　　　　　　　　　B. 民主监督

C. 审议政府工作报告　　　　　　　　　D. 政治协商

29. 在政党制度的类型划分中，以掌握权力的形式为标准可以将政党分为（   ）

A. 一党制　　　　　　　　　　　　　　B. 两党制

C. 多党制　　　　　　　　　　　　　　D. 一党领导的多党合作制

30. 我国行政区域划分的原则包括（   ）

A. 有利于现代化建设　　　　　　　　　B. 有利于行政管理

C. 有利于各民族团结　　　　　　　　　D. 有利于巩固国防

31. 关于我国的国家结构形式，下列表述正确的是（   ）

A. 我国是统一的多民族的单一制国家

B. 我国国家结构形式是人民代表大会制度

C. 行政区划制度决定了我国的国家结构形式

D. 我国的国家结构形式是由历史、民族等多种因素形成的

32. 关于我国的国家结构形式，下列选项正确的是（   ）

A. 我国实行单一制国家结构形式

B. 目前采用单一制结构形式是我国历史上单一制国家结构形式的延续

C. 在全国范围内统一实行社会主义制度

D. 中华人民共和国是一个统一的国际法主体

33. 下列属于民族自治地方自治机关自治权的内容的是（   ）

A. 制定自治条例和单行条例

B. 对于上级国家机关的决议、决定、命令和指示，如有不适合民族自治地方实际情况的，自治机关可以报经上级国家机关批准变通执行或停止执行

C. 安排和管理地方性经济建设事业的自主权

D. 经国务院批准，可以组织本地方维护社会治安的公安部队

34. 现行宪法规定的我国民族关系是（   ）

A. 和谐　　　　　　B. 平等　　　　　　C. 团结　　　　　　D. 互助

35. 关于我国特别行政区自治与民族区域自治的表述，以下说法正确的是（   ）

A. 两者都是区域性自治，但自治的基础不同

B. 两者都是单一制国家结构形式下的特殊设计

C. 两者区域内都拥有高度自治权

D. 两者都是地方性自治，但自治权的侧重点有所不同

36. 特别行政区享有高度自治权，包括（   ）

A. 立法权　　　　B. 主权　　　　C. 独立的司法权　　　　D. 独立的外交权

37. 特别行政区的立法机关有（   ）

A. 立法权　　　　B. 任免权　　　　C. 监督权　　　　D. 财政权

38. 基层群众性自治组织的特点有（   ）

A. 基层性　　　　B. 群众性　　　　C. 自治性　　　　D. 开放性

39. 有助于进一步完善基层群众自治制度的措施包括（　　　）

A. 提高基层群众性自治组织干部的素质　　B. 帮助基层群众性自治组织增加经济来源

C. 搞好基层群众性自治组织的制度建设　　D. 拓宽基层群众性自治的途径和形式

40. 根据《宪法》和法律规定，关于村民委员会的表述，下列说法正确的是（　　　）

A. 村民委员会实行村务公开制度

B. 村民委员会的选举由乡、民族乡、镇的选举委员会主持

C. 村民委员会可以按照居住状况分设若干村民小组

D. 村民委员会根据需要设立人民调解、治安保卫等委员会

41. 以下选项中可以作为我国基层群众自治的法律依据和法律保障的法律是（　　　）

A.《城市居民委员会组织法》　　　　　　B.《村民委员会组织法》

C.《民族区域自治法》　　　　　　　　　D.《香港特别行政区基本法》

三、简答题

1. 简述民族区域自治制度的优越性。

2. 简述基层群众自治制度的完善。

四、分析题

　　河南省郑州市金水区举行人大代表选举。某选区应选 2 名人大代表，该选区共有 2 000 名选民，实际投票中有 1 000 名选民参与投票。

　　根据我国宪法和法律，结合材料，回答下列问题：

（1）金水区人大代表选举的主持机关是什么？

（2）该选区正式代表候选人的人数范围是什么？

（3）该次选举是否有效？若有，请说明最少多少票可以让代表候选人当选，若没有，请说明理由。

第四章　公民的基本权利和义务

📝 **章节提要**　本章主干比较清晰，主要内容为公民的基本权利和义务。在考试中多以主观题的形式进行考查，考生在学习本部分知识的过程中应该在熟记的基础上灵活运用。

一、单项选择题

1. 根据我国《宪法》的有关规定，下列说法正确的是（　　　）

A. 出生在我国的人是我国公民　　　　　　B. 具有我国国籍的人是我国公民

C. 享有政治权利的人是我国公民　　　　　D. 年满 18 周岁且具有我国国籍的人是我国公民

2. 人类历史上最早确认人权的宪法性文件是（　　　）

A. 法国《人权宣言》　　　　　　　　　　B. 美国《独立宣言》

C. 英国《大宪章》　　　　　　　　　　　D. 德国《魏玛宪法》

3. 下列表述正确的是（　　　　）

A. 公民是政治概念

B. 只要是我国公民，均享有宪法和法律规定的全部权利并履行全部义务

C. 公民的范围大于人民

D. 公民通常表述群体概念

4. 下列有关公民权和人权的关系，说法正确的是（　　　　）

A. 公民权是人权的政治基础　　　　　　B. 人权体现着公民权的内在要求

C. 公民权和人权可以一一对等　　　　　D. 公民权是人权的具体化

5. 下列选项中的表述错误的是（　　　　）

A. 公民是指具有某个国家国籍的自然人

B. 国籍在宪法上指的是一个人隶属于某个国家的法律上的身份

C. 凡具有中华人民共和国国籍的人都是中华人民共和国公民

D. 我国国籍的取得方式采用血统主义和出生地主义的原则

6. 下列关于人权的表述错误的是（　　　　）

A. 人权是指人作为人应该享有的权利

B. 人权和公民权都是法律概念

C. 公民权是人权的法律化和具体化

D. 历史上最早确认人权的宪法性文件是 1776 年美国的《独立宣言》

7. 我国对出生国籍采取的原则是（　　　　）

A. 血统主义　　　　　　　　　　　　B. 出生地主义

C. 以血统主义为主、出生地主义为辅　　D. 以出生地主义为主、血统主义为辅

8. 中国人民长期争取的首要权利是（　　　　）

A. 发展权　　　　　B. 独立权　　　　　C. 自由权　　　　　D. 生存权

9. 下列选项中，不属于我国宪法规定的公民政治权利的是（　　　　）

A. 集会、游行、示威自由　　　　　　B. 批评、建议权

C. 选举权和被选举权　　　　　　　　D. 结社自由

10. 我国法律规定，需要申请的集会、游行、示威活动，其负责人必须在举行日期的（　　　　）日前向主管机关递交书面申请

A. 3　　　　　　　B. 5　　　　　　　C. 7　　　　　　　D. 10

11. 我国对于集会、游行、示威自由的管理方式是（　　　　）

A. 登记制　　　　　B. 许可制　　　　　C. 追惩制　　　　　D. 预防制

12. 公民行使一切权利和自由的基础是公民享有（　　　　）

A. 政治自由　　　　B. 财产权　　　　　C. 平等权　　　　　D. 人身自由

13. 关于我国《宪法》对人身自由的规定，以下说法错误的是（　　　　）

A. 禁止用任何方法对公民进行侮辱、诽谤和诬告陷害

B. 生命权是《宪法》明确规定的公民基本权利，属于广义的人身自由权

C. 禁止非法搜查公民身体

D. 禁止非法搜查或非法侵入公民住宅

14. 下列关于通信自由和通信秘密的性质表述，正确的是（　　　　）

A. 政治权利和自由　　B. 人身自由　　　C. 文化教育自由　　　D. 民主权利

15. 关于公民的通讯自由和通信秘密的规定，下列说法错误的是（　　　）

A. 扣押和检查公民的通信必须是出于追查刑事犯罪的需要

B. 只有公安机关、国家安全机关和检察机关才有权扣押和检查公民的邮件

C. 隐匿、毁损他人信件，情节严重的可构成刑事犯罪

D. 我国历部《宪法》都肯定了公民的通信自由这一权利

16. 下列有关财产权的表述，错误的是（　　　）

A. 私有财产权规定在《宪法》"总纲"部分

B. 我国《宪法》中受保护的私有财产必须是合法的

C. 财产权负有社会义务

D. 征收、征用公民私有财产必须给予合理补偿

17. 对公民的社会经济权利加以详细规定是从（　　　）开始的

A.《魏玛宪法》　　　　B.《罗马法》　　　　C.《瑞士民法典》　　　　D.《苏俄宪法》

18. 我国《宪法》规定，我国公民有从国家获得物质帮助的权利的情况是（　　　）

A. 年老、疾病或者丧失劳动能力　　　　　B. 有特殊贡献

C. 生活确实有困难　　　　　　　　　　　D. 见义勇为

19. 以下属于我国《宪法》规定的文化教育权利的是（　　　）

A. 言论自由　　　　B. 科学研究的自由　　　C. 出版自由　　　　D. 宗教信仰自由

20. 公民对于国家机关作出的决定不服，可向有关国家机关提出请求，要求重新处理的权利被称作（　　　）

A. 申诉权　　　　B. 批评、建议权　　　C. 国家赔偿请求权　　　D. 检举权

21. 我国《宪法》规定，依法服兵役和参加（　　　）是公民的一项光荣义务

A. 解放军　　　　B. 武警部队　　　C. 预备役部队　　　D. 民兵组织

二、多项选择题

1. 以下行为中，不属于行使我国宪法上规定的集会、游行、示威权的是（　　　）

A. 阳光有限公司依照其公司章程举行的集会

B. 城市举办的马拉松比赛

C. 国家举行的国庆大游行

D. 公民在封闭大会堂举行的集会

2. 维护祖国统一的主体包含（　　　）

A. 香港同胞　　　　B. 澳门同胞　　　　C. 台湾同胞　　　　D. 海外华侨

3. 在我国，可以免服兵役的公民有（　　　）

A. 对国家有极大贡献的　　　　　　　　B. 未接受国民教育的

C. 有严重生理缺陷不适合服兵役的　　　D. 有严重残疾不适合服兵役的

4. 我国宪法规定的公民基本权利有（　　　）

A. 平等权、政治权利、宗教信仰自由、人身自由

B. 言论自由、出版自由、集会、结社自由

C. 选举权和被选举权、批评和建议权

D. 劳动权、休息权、受教育权和从事科学研究、文学艺术创作和其他文化活动的自由

5. 根据宪法相关内容，下列表述不正确的是（　　）

A. 公民享有休息权

B. 公民有获得物质帮助的权利

C. 国家保护华侨的合法权益

D. 国家保护归侨的正当权益

6. 公民基本权利也被称为宪法权利。关于公民基本权利的说法，以下表述正确的是（　　）

A. 人权是基本权利的来源，基本权利是人权宪法化的具体表现

B. 基本权利的主体只有公民

C. 我国公民在行使自由和权利的时候，不得损害国家的、社会的、集体的利益和其他公民的合法的自由和权利

D. 权利和义务的平等性是我国公民基本权利和义务的重要特点

7. 对公民基本权利进行限制要符合比例原则。这一原则包括（　　）

A. 手段适合性   B. 限制最小化   C. 明确性原则   D. 狭义比例原则

8. 根据我国《宪法》的规定，下列关于我国公民平等权的表述正确的是（　　）

A. 平等权的主体是全体公民，它意味着全体公民法律地位的平等

B. 平等权是公民的基本权利，是国家的基本义务

C. 平等权意味着公民平等地享有权利履行义务

D. 平等权是贯穿于公民其他权利的一项权利，它通过其他权利，如男女平等、民族平等、受教育权平等而具体化

9. 中华人民共和国公民在法律面前一律平等。关于平等权，下列表述正确的是（　　）

A. 平等权是公民的基本权利，是国家的基本义务

B. 犯罪嫌疑人的合法权利应该一律平等地受到法律保护

C. 在选举权领域，性别和年龄属于宪法所列举的禁止差别理由

D. 妇女享有同男子平等的权利，但对其特殊情况可予以特殊保护

10. 我国宪法中明确规定保护的公民权利有（　　）

A. 劳动权   B. 生命权   C. 隐私权   D. 言论自由权

11. 下列属于我国《宪法》规定的政治权利的内容的是（　　）

A. 选举权与被选举权   B. 言论自由

C. 出版自由   D. 结社自由

12. 关于宗教信仰自由，下列说法正确的是（　　）

A. 国家不得禁止公民信仰某种宗教，也不能鼓励公民信仰某种宗教

B. 国家不得强迫公民履行某种宗教仪式或禁止、限制公民履行某种宗教仪式

C. 公民不得参加宗教社团活动

D. 国家既不得限制，也不得强制或鼓励公民参加某种宗教社团或宗教社团活动

13. 我国《宪法》第 36 条第 4 款规定，我国（　　）不受外国势力的支配

A. 宗教组织   B. 宗教团体   C. 宗教事务   D. 宗教仪式

14. 下列选项中，属于我国《宪法》规定的关于人身自由内容的是（　　）

A. 公民的通信自由和通信秘密受法律保护

B. 公民的住宅不受侵犯

C. 公民的人格尊严不受侵犯

D. 公民具有言论自由

15. 我国《宪法》规定，公民在行使自由和权利时应不得侵犯（　　　）

A. 国家利益　　　　　　　　　　　　　B. 社会利益

C. 集体利益　　　　　　　　　　　　　D. 其他公民合法的自由和权利

16. 以下列举的行为中，侵犯了我国《宪法》规定的公民通信自由和通信秘密的是（　　　）

A. 某重点中学规定，学校可定期检查学生手机信息

B. 某县法院在审理一起民事案件过程中，为查明案件事实，对当事人信件进行拆检

C. 某县检察院在侦查一起受贿案件过程中，依法对犯罪嫌疑人王某的电话进行录音

D. 某县公安局因刘某在网络上批评该县征地过程中存在的违法行为，进入刘某的电子邮箱进行查看

17. 根据我国《宪法》规定，有权依照法定程序扣押和检查公民的邮件的机关是（　　　）

A. 公安机关　　　B. 国家安全机关　　　C. 人民法院　　　D. 人民检察院

18. 根据我国宪法关于公民私有财产的规定，下列表述正确的是（　　　）

A. 公民的合法的私有财产不受侵犯

B. 国家机关不得没收公民的任何私有财产

C. 公民的合法私有财产受法律保护，并可依法继承

D. 国家为了公共利益的需要，可依法对公民的私有财产实行征收或征用并给予补偿

19. 国家在征收或者征用公民私有财产时，必须满足（　　　）要件才能满足合宪性要求

A. 公共利益　　　B. 正当程序　　　C. 公平补偿　　　D. 利益对等

20. 我国《宪法》规定，国家和社会帮助安排盲、聋、哑和其他有残疾的公民的劳动、生活和教育。对于这一规定，下列表述正确的是（　　　）

A. 该规定属于合理的差别对待

B. 该规定与宪法平等原则相抵触

C. 政府对残疾人差别对待须负举证责任

D. 对残疾人实行优惠措施应当是必要和适当的

21. 根据我国《宪法》规定，公民的社会文化权利包括（　　　）

A. 劳动权　　　　　　　　　　　　　B. 退休人员的生活保障权

C. 物质帮助权　　　　　　　　　　　D. 休息权

22. 以下属于公民享有的监督权的是（　　　）

A. 批评、建议权　　　　　　　　　　B. 申诉、控告、检举权

C. 国家赔偿请求权　　　　　　　　　D. 选举权

23. 我国《国家赔偿法》规定的公民取得赔偿的情况有（　　　）

A. 民事赔偿　　　B. 违宪赔偿　　　C. 行政赔偿　　　D. 刑事赔偿

24. 我国公民权利和义务的一致性主要表现在（　　　）

A. 公民既享受宪法和法律规定的权利，又必须履行宪法和法律规定的义务

B. 公民的某些宪法权利和义务是相互结合的

C. 权利和义务在整体上是相互促进的

D. 权利享有上附有限制条件

25. 下列既是权利同时也是义务的是（　　　）

A. 劳动权　　　B. 受教育权　　　C. 休息权　　　D. 监督权

26. 王某为某普通高校应届毕业生，24岁尚未就业。根据《宪法》和相关法律的规定，关

于王某的权利义务，以下说法不正确的是（　　）

A. 不需要承担纳税义务　　　　　　　B. 不得被征集服兵役

C. 有选举权和被选举权　　　　　　　D. 有休息的权利

27. 以下属于祖国的荣誉范畴的是（　　）

A. 国家的尊严不受侵犯　　　　　　　B. 国家的信誉不受破坏

C. 国家的荣誉不受玷污　　　　　　　D. 国家的名誉不受侮辱

三、简答题

1. 简述扣押和检查公民的通信必须遵守的规定。

2. 简述我国《宪法》规定的公民的社会文化权利的内容。

四、分析题

王某（男）和刘某（女）为夫妻。王某在结婚时曾提出条件，要求妻子必须与自己信仰同一宗教。当时刘某恰巧信仰该宗教，因而两人结婚。婚后一段时间，刘某的宗教信仰观念发生了变化，王某不满遂起诉至法院，以刘某宗教信仰的变化不再符合自己对配偶的要求为由，要求解除婚姻关系。

请从宪法规定的基本权利的角度对此案进行分析。

五、论述题

结合我国现行宪法和古代法律制度的有关规定，试述当代中国公民继承权和财产权与中国古代有何不同。（宪法学＋法制史，新题型）

第五章　国家机构

章节提要　本章主要为国家机构的相关知识，考生需要对国家机构的体系、组织活动原则及其各个具体的国家机构的内容进行掌握。本章作为出题的重点，选择题涉猎会较多，考生需要认真熟练地掌握课本知识，以尽可能多地取得分数。

一、单项选择题

1. 关于全国人民代表大会临时性委员会，下列说法错误的是（　　）

A. 全国人民代表大会认为必要时，可组织关于特定问题的调查委员会

B. 全国人民代表大会常务委员会认为必要时，可组织关于特定问题的调查委员会

C. 临时性委员会的工作是临时性的，但有固定任期

D. 历史上设立的香港特别行政区基本法起草委员会属于临时性委员会

2. 全国人民代表大会常务委员会会议期间，常务委员会组成人员最少（　　）人以上联名，可以向常务委员会书面提出对国家监察委员会的质询案

A. 7   B. 10   C. 11   C. 15

3. 以下机构中，属于国务院直属特设机构的是（ ）

A. 国家金融监督管理总局   B. 国务院国有资产监督管理委员会

C. 国务院港澳事务办公室   D. 新华通讯社

4. 下列不属于我国国家机构的组织和活动原则的是（ ）

A. 民主集中制原则   B. 党的领导原则

C. 科学原则   D. 效率原则

5. 下列国家机关中，实行首长责任制的是（ ）

A. 人民法院   B. 人民检察院   C. 人大及其常委会   D. 行政机关

6. 下列选项中，不受连任届数限制的是（ ）

A. 国务院总理   B. 中央军委主席   C. 国家监察委主任   D. 特别行政区首长

7. 下列关于中央国家机关职权或相互间关系的表述中，正确的是（ ）

A. 最高人民法院对全国人民代表大会和全国人民代表大会常务委员会负责并报告工作

B. 中央军事委员会向全国人民代表大会及其常务委员会负责并报告工作

C. 国务院制定行政法规均须由全国人民代表大会常务委员会授权

D. 国务院有权决定个别省、自治区、直辖市进入紧急状态

8. 在我国，全国人大行使职权的法定期限为（ ）

A. 3 年   B. 4 年   C. 5 年   D. 7 年

9. 全国人大的工作方式是（ ）

A. 制定政策   B. 发布文件   C. 举行会议   D. 举行活动

10. 全国人民代表大会任期届满的两个月以前，全国人民代表大会常务委员会必须完成下届全国人民代表大会代表的选举。如果遇到不能进行选举的非常情况，可以推迟选举，但须由全国人民代表大会常务委员会（ ）人通过

A. 以全体组成人员的 2/3 以上多数   B. 以全体组成人员的 1/2 以上多数

C. 出席到会人员的 2/3 以上多数   D. 出席到会人员的 1/2 以上多数

11. 下列不属于我国人大与政府之间的监督关系的是（ ）

A. 依法撤销政府不适当的决定和命令   B. 对政府工作提出建议批评

C. 批准政府年度财政预算决算   D. 通过执法检查监督行政法规的遵守和执行

12. 下列关于全国人大调查委员会的说法，正确的是（ ）

A. 调查委员会是常设性机构   B. 调查委员会的组成人员均为全国人大代表

C. 调查委员会有固定的任期   D. 调查委员会是一种专门委员会

13. 根据我国《立法法》，下列事项尚未制定法律的，全国人大及其常委会可授权国务院先行制定行政法规的是（ ）

A. 犯罪和刑罚   B. 对公民政治权利的剥夺

C. 税收的基本制度   D. 限制人身自由的强制措施和处罚

14. 下列情况中，可以临时召集全国人大的是（ ）

A. 1 个代表团联名提议   B. 1/5 以上的全国人大代表提议

C. 1/10 以上的全国人大代表提议   D. 国务院提议

15. 下列关于全国人民代表大会常务委员会的职权，说法错误的是（ ）

A. 有权解释宪法，监督宪法的实施

B. 有权撤销和改变国务院制定的同宪法、法律相抵触的行政法规、决定和命令

C. 根据最高人民法院院长的提请，任免最高人民法院副院长、审判员、审判委员会委员和军事法院院长

D. 决定全国或者个别省、自治区、直辖市进入紧急状态

16. 下列选项中，说法错误的是（　　　）

A. 法律之间对同一事项的新的一般规定与旧的特别规定不一致，不能确定如何适用时，由全国人民代表大会常务委员会裁决

B. 地方性法规与部门规章之间对同一事项的规定不一致，由国务院裁决

C. 部门规章之间、部门规章与地方政府规章之间对同一事项的规定不一致时，由国务院裁决

D. 根据授权制定的法规与法律规定不一致，不能确定如何适用时，由全国人民代表大会常务委员会裁决

17. 下列关于全国人大常委会说法错误的是（　　　）

A. 每届任期同全国人大相同，行使职权的任期到下届人大召开时终止

B. 有权决定批准或废除同外国缔结的条约和重要协定

C. 在全国人大闭会期间，全国人大常委会有权根据国务院总理的提名，决定部长的人选

D. 在全国人大常委会会议期间，常委会组成人员 10 人以上联名，可以向常委会书面提出质询案

18. 全国人大常务委员会对国务院制定的同宪法相抵触的行政法规（　　　）

A. 无权撤销，无权改变　　　　　　B. 无权撤销，有权改变

C. 有权撤销，无权改变　　　　　　D. 有权撤销，有权改变

19. 下列关于全国人大专门委员会的表述，错误的是（　　　）

A. 审议全国人大主席团或常委会交付的质询案

B. 审议全国人大主席团或常委会交付的议案

C. 专门委员会每届任期 5 年，与全国人大任期相同

D. 专门委员会主任委员，由委员长会议提名，常务委员会会议通过

20. 下列关于全国人民代表大会常务委员会的职权表述错误的是（　　　）

A. 全国人大常务委员会有权撤销国务院制定的与宪法相抵触的行政法规

B. 有权规定和决定授予国家的勋章和荣誉称号

C. 有权决定省、自治区、直辖市范围内部分地区进入紧急状态

D. 决定特赦

21. 我国宪法规定，全国人民代表大会常务委员会中应当有适当名额的（　　　）代表

A. 民主党派　　　　B. 少数民族　　　　C. 妇女　　　　　　D. 军人

22. 广西壮族自治区的自治条例和单行条例制定后（　　　）

A. 应当报全国人民代表大会常务委员会批准后生效

B. 无须批准

C. 应当报全国人民代表大会常务委员会备案

D. 应当报国务院备案

23. 香港特别行政区立法机关制定的法律，应当（　　　）

A. 报全国人民代表大会批准

B. 报全国人民代表大会备案

C. 报全国人民代表大会常务委员会批准

D. 报全国人民代表大会常务委员会备案

24. 《民族区域自治法》作为我国的基本法律，其制定机关是（　　　）

A. 全国人民代表大会　　　　　　　　B. 全国人民代表大会常务委员会

C. 国务院　　　　　　　　　　　　　D. 自治区人民代表大会

25. 根据宪法和法律的规定，由全国人民代表大会选举产生的是（　　　）

A. 国务院总理　　　B. 国家副主席　　　C. 中央军委副主席　　　D. 国务院副总理

26. 下列选项中，有权决定省、自治区、直辖市范围内部分地区进入紧急状态的机关是
（　　　）

A. 全国人民代表大会　　　　　　　　B. 全国人民代表大会常务委员会

C. 国家主席　　　　　　　　　　　　D. 国务院

27. 下列选项中，不属于全国人大常委会的职权的是（　　　）

A. 决定驻外全权代表的任免　　　　　B. 决定特赦

C. 决定战争和和平问题　　　　　　　D. 决定全国总动员和局部动员

28. 根据现行宪法和选举法，全国人大代表可由下列（　　　）地域或职业群体选举组成

A. 省、自治区　　　　　　　　　　　B. 直辖市、县级市

C. 经济特区、特别行政区　　　　　　D. 军队、建设兵团

29. 下列关于全国人民代表大会代表人身特别保护权表述错误的是（　　　）

A. 在全国人大开会期间，非经全国人大常委会的许可，全国人大代表不受逮捕或者刑事
审判

B. 在全国人大闭会期间，非经全国人大常委会的许可，不受逮捕或刑事审判

C. 在全国人大开会期间，如果全国人大代表是现行犯被拘留，执行拘留的应当立即向全
国人大主席团报告

D. 在全国人大闭会期间，如果全国人大代表是现行犯被拘留，公安机关应当立即向全国
人大常委会报告

30. 我国法律规定，县级人大代表若辞去职务应当向（　　　）机关提出

A. 上一级人民代表大会　　　　　　　B. 本级人民代表大会

C. 本级人民代表大会常务委员会　　　D. 上一级人民代表大会常务委员会

31. 在全国人大开会期间，非经全国人大会议主席团的许可，在全国人大闭会期间，非经
全国人大常委会的许可，全国人大代表不受逮捕或者刑事审判。这体现的是对全国人大代
表的（　　　）

A. 人身特别保护　　　B. 物质保障　　　C. 精神保护　　　D. 司法保护

32. 全国人民代表大会任期届满的（　　　）以前，全国人大常委会必须完成下届全国人民
代表大会代表的选举

A. 1个月　　　　　　B. 2个月　　　　　　C. 3个月　　　　　　D. 6个月

33. 确定国家主席、国家副主席候选人名单的是（　　　）

A. 全国人民代表大会　　　　　　　　B. 全国人民代表大会常务委员会

C. 委员长会议　　　　　　　　　　　D. 全国人大主席团

34. 根据我国宪法规定，在我国发布特赦令的国家机关是（　　　）

A. 全国人民代表大会常务委员会　　　　B. 国家主席

C. 国务院　　　　D. 最高人民法院

35. 有权宣布战争状态，发布动员令的国家机关是（　　　）

A. 全国人民代表大会　　　　B. 全国人民代表大会常务委员会

C. 国家主席　　　　D. 国务院

36. 下列职权可由国家主席独立行使的是（　　　）

A. 发布特赦令

B. 派遣或召回代表国家的常驻外交代表

C. 国家主席对外代表国家，进行国事活动

D. 授予共和国勋章和友谊勋章

37. 关于国务院的职权范围，下列表述不正确的是（　　　）

A. 编制国家新一年度的预算　　　　B. 领导全国武装力量

C. 同外国缔结条约　　　　D. 领导国防建设事业

38. 下列机关中，中央军事委员会主席向其负责的是（　　　）

A. 全国人民代表大会及其常务委员会　　　　B. 全国人民代表大会

C. 全国人民代表大会常务委员会　　　　D. 中国共产党中央委员会政治局

39. 我国行使国家监察职能的专责机关是（　　　）

A. 全国人民代表大会　　　　B. 全国人民代表大会常务委员会

C. 人民检察院　　　　D. 监察委员会

40. 监察委员会的领导体制是（　　　）

A. 上级监察委员会领导下级监察委员会的工作

B. 上级监察委员会指导下级监察委员会的工作

C. 上级监察委员会监督下级监察委员会的工作

D. 上级监察委员会协助下级监察委员会的工作

41. 人民法院的负责体制是（　　　）

A. 集体负责制　　B. 法官负责制　　C. 院长负责制　　D. 个人负责制

42. 目前，我国人民法院审判案件实行（　　　）

A. 三级两审制　　B. 四级两审制　　C. 三级三审制　　D. 四级三审制

43. 下列选项中，不属于《人民法院组织法》规定的专门人民法院的是（　　　）

A. 互联网法院　　B. 军事法院　　C. 知识产权法院　　D. 金融法院

44. 下列选项中，不属于人民法院工作原则的是（　　　）

A. 依法独立审判原则　　　　B. 使用本民族语言文字进行诉讼原则

C. 被告人有权获得辩护原则　　　　D. 秘密审判原则

45. 我国上级检察院与下级检察院之间的关系是（　　　）

A. 领导关系　　B. 监督关系　　C. 隶属关系　　D. 管理关系

46. 地方各级人大常委会的会议每（　　　）至少举行一次

A. 1 个月　　B. 2 个月　　C. 3 个月　　D. 半年

47. 特别行政区政府行政区划上相当于（　　　）

A. 省级　　B. 市级　　C. 县级　　D. 乡级

48. 县、自治县的人民政府在必要的时候，经下列哪一机关批准，可以设立若干区公所（　　　）

A. 省、自治区、直辖市的人民政府　　　B. 设区的市级人民政府

C. 不设区的市级人民政府　　　D. 国务院

49. 根据宪法规定，以下关于派出机关的表述，不正确的是（　　　）

A. 行政公署是省人民政府的派出机关　　　B. 区公所是县人民政府的派出机关

C. 村委会是乡人民政府的派出机关　　　D. 街道办事处是市辖区人民政府的派出机关

50. 在直辖市内设立的中级人民法院院长（　　　）

A. 由该直辖市人民代表大会选举

B. 由该直辖市人民代表大会常务委员会选举

C. 由该直辖市人大代表提名

D. 由该直辖市人民代表大会常务委员会根据主任会议的提名决定任免

二、多项选择题

1. 中央军事委员会领导的武装力量包括（　　　）

A. 中国人民解放军现役部队　　　B. 中国人民解放军预备役部队

C. 中国人民武装警察部队　　　D. 民兵组织

2. 以下机构中，属于行政机关的派出机关的是（　　　）

A. 区公所　　　B. 街道办事处　　　C. 派出所　　　D. 居民委员会

3. 下列属于我国国家机构的组织和活动的主要原则有（　　　）

A. 党的领导原则　　　B. 民主集中制原则　　　C. 责任制原则　　　D. 法治原则

4. 下列选项中，属于国家机构特点的是（　　　）

A. 组织性　　　B. 特殊的强制性　　　C. 阶级性　　　D. 历史性

5. 下列属于全国人大代表的权利的是（　　　）

A. 根据法律规定的程序提出议案、建议和意见的权利

B. 依照法律规定的程序提出质询案、罢免案的权利

C. 全国人大代表在全国人大各种会议上的发言和表决不受法律追究

D. 在全国人大开会期间，非经全国人大会议主席团的许可，不受逮捕或者刑事审判

6. 关于国家机关之间的关系，下列表述正确的有（　　　）

A. 在全国人民代表大会闭会期间，各专门委员会受全国人大常委会领导

B. 国务院领导地方各级人民政府的工作

C. 上级人民法院领导下级人民法院的工作

D. 最高人民检察院指导下级人民检察院的工作

7. 下列选项中说法正确的是（　　　）

A. 全国人民代表大会有权改变或者撤销它的常务委员会制定的不适当的法律

B. 全国人大常委会有权撤销同宪法、法律和行政法规相抵触的地方性法规

C. 省、自治区、直辖市的人民代表大会有权改变或者撤销它的常务委员会制定的和批准的不适当的地方性法规

D. 省、自治区的人民政府有权改变或者撤销下级人民政府制定的不适当的规章

8. 根据现行宪法的规定，下列人员中只能由全国人民代表大会选举产生的是（ ）

A. 国家副主席
B. 最高人民法院院长
C. 国务院总理
D. 中央军委主席

9. 下列选项中，可以对全国人大常委会组成人员提出罢免案的有（ ）

A. 30 名以上的全国人大代表
B. 1/10 以上全国人大代表
C. 3 个以上的代表团
D. 1 个代表团

10. 下列关于我国人大常委会与政府关系的表述，正确的是（ ）

A. 政府受人大常委会监督，并向其报告工作
B. 在全国人大闭会期间，全国人大常委会可以根据国务院总理的提名，决定部长的人选
C. 国务院是最高国家行政机关，对全国人大及其常委会负责并报告工作
D. 在全国人大常委会举行全体会议时，政府负责人不得列席会议

11. 下列关于审判委员会的说法，正确的是（ ）

A. 最高人民法院对属于审判工作中具体应用法律的问题进行解释，应当由审判委员会全体会议讨论通过
B. 审判委员会讨论案件，合议庭对其汇报的事实负责，审判委员会委员对本人发表的意见和表决负责
C. 审判委员会讨论案件的决定及其理由应当在裁判文书中公开，法律规定不公开的除外
D. 审判委员会就是合议庭

12. 下列关于专门委员会的说法，正确的有（ ）

A. 专门委员会是常设性机构
B. 专门委员会委员一般由全国人大主席团在代表中提名，大会通过
C. 专门委员会每届任期 5 年，与全国人大任期相同
D. 特定问题的调查委员会属于专门委员会

13. 全国人大常委会会议期间，有权向常委会提出属于常委会职权范围内议案的主体包括（ ）

A. 委员长会议
B. 国家监察委员会
C. 全国人大各专门委员会
D. 常委会组成人员 10 名以上联名

14. 下列关于人大代表的表述正确的是（ ）

A. 未经批准两次不出席本级人民代表大会会议的应当终止其代表资格
B. 人大代表丧失中华人民共和国国籍的应当终止其代表权利
C. 在全国人大会议期间，30 名以上代表联名，可以书面提出对国务院的质询案
D. 在全国人大常委会会议期间，常务委员会组成人员 10 人以上联名，可以书面提出对国务院的质询案

15. 根据我国宪法的规定，国家主席、副主席的任职基本条件有（ ）

A. 必须有选举权和被选举权
B. 具有我国国籍
C. 在我国居住满 20 年
D. 年满 45 周岁

16. 根据我国宪法的规定，国家主席的职权包括（ ）

A. 任免权
B. 外交权
C. 荣典权
D. 公布法律、发布命令权

17. 下列属于国务院组成人员的有（ ）

A. 国务委员　　　　B. 秘书长　　　　C. 副秘书长　　　　D. 公安部副部长

18. 根据我国宪法的规定，有权制定行政规章的主体是（　　　）

A. 国务院　　　　　　　　　　　B. 国务院各部委

C. 省级人民政府　　　　　　　　D. 设区的市的人民政府

19. 根据我国宪法和法律的规定，中央军事委员会的组成人员包括（　　　）

A. 中央军事委员会主席　　　　　B. 中央军事委员会副主席

C. 中央军事委员会委员　　　　　D. 中央军事委员会秘书长

20. 关于中央军事委员会，下列表述正确的是（　　　）

A. 实行主席负责制　　　　　　　B. 每届任期与全国人大相同

C. 对全国人大及其常委会负责　　D. 副主席由全国人大选举产生

21. 监察委员会和人民法院、人民检察院、执法部门的关系是（　　　）

A. 互相配合　　　B. 互相领导　　　C. 互相制约　　　D. 互相维护

22. 下列关于法院与检察院的说法正确的是（　　　）

A. 最高人民法院副院长由全国人大常委会决定产生

B. 最高人民法院可以发布指导性案例

C. 对职务犯罪案件拟作出不起诉决定，须经上一级人民检察院批准

D. 省检察院检察长的任免须报最高人民检察院检察长提请全国人大常委会批准

23. 河南省政府制定的政府规章，应当向（　　　）机关备案

A. 河南省人大　　　　　　　　　B. 河南省人大常务委员会

C. 全国人大常务委员会　　　　　D. 国务院

24. 下列选项中，属于设区的市、自治州的人民政府制定规章范围的是（　　　）

A. 城乡建设与管理　　　　　　　B. 生态文明建设

C. 历史文化保护　　　　　　　　D. 基层治理

25. 下列说法正确的是（　　　）

A. 在人大举行会议时，县级以上地方各级人大代表 10 人以上联名，可以向本级人大提出议案

B. 在全国人大常委会会议期间，常委会组成人员 10 人以上联名可以向其提出议案

C. 县级以上人大的专门委员会可以向本级人大和本级人大常委会提出议案

D. 在人大举行会议时，乡镇人大代表 5 人以上联名，可以向本级人大提出议案

三、简答题

1. 简述全国人民代表大会的职权。
2. 简述人民检察院的工作原则。

四、分析题

　　几位知名法学教授认为国务院施行的《城市房屋拆迁管理条例》（以下简称《拆迁条例》）与宪法和法律的有关规定相抵触，向全国人大常委会提出对《拆迁条例》进行审查的建议。这一行为引起社会广泛关注。国务院对此高度重视，启动《拆迁条例》的修改程序，召开

专家研讨会，公布草案征求民意，于 2011 年 1 月颁布了《国有土地上房屋征收与补偿条例》。

请结合我国宪法的规定及相关知识，回答下列问题：

（1）法学教授对《拆迁条例》提出审查建议，有何《宪法》和《立法法》的依据？

（2）针对该审查建议，全国人大常委会可以进行何种处理？

（3）国务院在制定《国有土地上房屋征收与补偿条例》的过程中，广泛听取民意的《宪法》和《立法法》依据又是什么？此举反映了立法活动的何种原则？

五、论述题

结合我国现行宪法和古代法律制度的有关规定，试述古代中央集权制度与当代中国民主集中制有何不同。（宪法学 + 法制史，新题型）

中国法制史

第一章 绪 论

📝 **章节提要** 本章内容为2020年法硕大纲新增内容，本章有两大主观题潜在考点，即"中国传统法制的主要特征"及"中国法制历史中的优秀传统"，考生需重点复习。

一、单项选择题

1. 最早确立"以德配天"观念的是（ ）

A. 夏朝　　　　　　　　B. 西周　　　　　　　　C. 春秋时期　　　　　　D. 战国时期

2. 下列关于中国法制史的说法中，**错误**的是（ ）

A. 中国法制史只研究中国法律的起源　　B. 中国法制史是法学中的基础学科

C. 中国法制史是中国史中的专门史　　　D. 中国法制史属于法学与史学的交叉学科

3. 下列有关中国传统法制的表述，**错误**的是（ ）

A. 中国古代的法律编纂体系诸法并存、民刑有分

B. 中国古代法制建设的价值取向是无讼

C. 中国传统法制，宗法与政治高度结合

D. 中国传统法制具有浓厚的民本主义色彩

4. 下列关于中国传统法制特征的说法，**错误**的是（ ）

A. 宗法与政治高度结合，造成了家国一体、亲贵合一的特有体制

B. 道德法律化和法律道德化交融发展

C. 儒家所倡导的伦理道德成为法律的重要内容和精神

D. 调处适用所有的案件

5. 中国古代法律最主要的传统是（ ）

A. 法自君出　　　　B. 家族本位　　　　C. 民贵君轻　　　　D. 礼法结合

6. 中华法系最鲜明的特征是（ ）

A. 民本主义色彩　　　　　　　　　　　B. 礼法相互为用，实现社会综合治理

C. 体系完备并兼顾法的稳定性和适应性　D. 公平成为法律的基本价值追求

7. 中国古代法典编撰体例的特点是（ ）

A. 诸法合体，民刑不分　　　　　　　　B. 诸法并存，民刑有分

C. 诸法并存，民刑不分　　　　　　　　D. 诸法合体，民刑有分

二、多项选择题

1. 关于中华法系，下列说法正确的是（ ）

A. 中华法系是在中国特定的历史条件下形成的，是中华法文化的特殊性及其世界影响力的集中体现

B. 我国固有的中华法系在 19 世纪末 20 世纪初西方法文化的冲击和影响下，才开始逐步解体

C. 中华法系所凝聚的中华民族精神和法文化精华中的因子没有消亡

D. 今天复兴或重塑中华法系，对于实现中华民族伟大复兴具有重大意义

2. 关于调处息争，下列说法正确的是（　　　　）

A. 调处是实现无讼的重要手段

B. 调处适用的对象只有民事案件

C. 调处的主持者不包括地方州县官员

D. 调处息争适应封闭的小农经济基础的深厚地缘关系

3. 下列选项中，属于中国传统法制的主要特征的是（　　　　）

A. 法自君出，重权隆法　　　　　　B. 诸法合体，民刑不分

C. 家族本位，伦理法制　　　　　　D. 体系完备，律例并行

4. 下列属于中华法系主要特点的是（　　　　）

A. 皇权至上　　　　　　　　　　　B. 维护宗法伦理

C. 引礼入法，法律不断儒家化　　　D. 以民为主，诸法并存

5. 下列选项中，体现浓厚的民本主义色彩的是（　　　　）

A. 天罚神判　　　B. 德主刑辅　　　C. 宽仁慎刑　　　　D. 爱惜人命

6. 下列选项中，属于中国古代法的渊源的是（　　　　）

A. 律　　　　　B. 决事比　　　　C. 格　　　　　D. 廷行事

7. 下列选项中，属于中国法制历史中的优秀传统的是（　　　　）

A. 德配王命，君贵民轻　　　　　　B. 礼法结合，综合为治

C. 以法治官，明职课责　　　　　　D. 法尚公平，执法原情

8. 下列关于中华法系的主要特点说法正确的是（　　　　）

A. 皇权至上　　　　　　　　　　　B. 维护宗法伦理

C. 以刑为主，诸法并存　　　　　　D. 引礼入法，法律不断儒家化

三、简答题

1. 简述中国传统法制的主要特征。

2. 简述中国法制历史中的优秀传统。

第二章　夏商西周春秋战国法律制度

章节提要　本章在中国法制史部分所占篇幅较小，但是内容比较重要。进入法制史部分的学习，首先要端正态度，一切从课本出发，尽可能多地记住课本中出现过的专业名词及其解释，尽可能多地牢记课本中讲过的内容。由于本部分可出考点的地方很多，需要考生反复熟练地学习课本中的内容，以尽可能掌握法制史的学习方法，在考试中取得高分。

1. 学界普遍认为，标志着中国进入国家和法的历史发展阶段的是（　　）
A. 夏朝的建立　　　　　　　　　B. 商朝的建立
C. 周朝的建立　　　　　　　　　D. 秦始皇统一六国建立秦朝

2. 商王朝拥有最高审判权的是（　　）
A. 天　　　　　　B. 神　　　　　　C. 商王　　　　　　D. 卜者、巫史

3. 西周时期刑事诉讼费被称为（　　）
A. 钧金　　　　　　B. 狱金　　　　　　C. 束矢　　　　　　D. 讼金

4. 西周时期确立了老幼犯罪减免刑罚的刑法原则，其中"悼"是指（　　）
A. 八十岁以上的老人　　　　　　　B. 九十岁以上的老人
C. 七岁以下的幼童　　　　　　　　D. 九岁以下的幼童

5. 西周关于婚姻的解除，有"七出""三不去"之规定。设立"三不去"的根本目的是（　　）
A. 对妻子权利的保护　　　　　　　B. 对休妻制度的限制
C. 维护宗法伦理　　　　　　　　　D. 维护国家人口基数，增加国家财政收入

6. "析言破律，乱名改作，执左道以乱政，杀。"该罪名规定于（　　）
A. 夏朝　　　　　　B. 商朝　　　　　　C. 西周　　　　　　D. 西汉

7. 在商朝法律中，内容偏向于王对大臣发出的训诫的是（　　）
A. 誓　　　　　　B. 令　　　　　　C. 命　　　　　　D. 诰

8. "三风十愆"最早规定于（　　）
A. 夏朝　　　　　　B. 商朝　　　　　　C. 西周　　　　　　D. 汉朝

9. 为惩治职官犯罪，商朝有"三风十愆"之规定，其中"三风"不包括（　　）
A. 巫风　　　　　　B. 淫风　　　　　　C. 贪风　　　　　　D. 乱风

10. 《左传·昭公十四年》中有"昏、墨、贼，杀，皋陶之刑也"的记载，其中"墨"指的是（　　）
A. 杀人不忌　　　　B. 乱政疑众　　　　C. 贪以败官　　　　D. 己恶而掠美

11. "与其杀不辜，宁失不经"的刑罚适用原则，最早起源于（　　）
A. 夏商　　　　　　B. 西周　　　　　　C. 春秋　　　　　　D. 战国

12. 学界普遍认为，中国进入国家和法的历史发展阶段的标志是（　　）
A. 夏王朝的建立　　B. 商汤灭夏　　　　C. 武王伐纣　　　　D. 铸刑书于鼎

13. 上古五刑中，断人之足或剐去膝盖骨的刑罚名称是（　　）
A. 黥刑　　　　　　B. 劓刑　　　　　　C. 刖刑　　　　　　D. 流刑

14. 下列有关上古时期刑罚的表述，错误的是（　　）
A. 五刑起源的记载最早见于《尚书》　　B. 夏商周三代死刑方式单一，仅限于斩首
C. 宫刑直到北齐才从法律上废止　　　　D. 除五刑之外还存在劳役刑、赎刑等刑罚

15. 关于古代刑罚，下列说法正确的是（　　）
A. 劓刑，即割鼻之刑
B. 刖刑，是破坏生殖器官的刑罚
C. 大辟，是指或断人之足，或剐去膝盖骨，使人丧失行走能力的刑罚
D. 宫刑，是指在罪人面上或额头刺刻后再涂上墨的刑罚

16. 据历史记载，"禹刑"指的是（　　）

A. 夏王朝法律的总称

B. 禹制定的刑罚

C. 夏王朝刑事法律的总称

D. 禹以自身典范示范后世

17. 商朝的法律总称叫作（　　）

A. 禹刑　　　　B. 汤刑　　　　C. 吕刑　　　　D. 九刑

18. 近代学者章太炎认为（　　）已有不孝罪

A. 夏朝　　　　B. 商朝　　　　C. 西周　　　　D. 汉朝

19. 关于西周法制的表述，下列选项正确的是（　　）

A. 周初统治者为修补以往神权政治学说的缺陷，提出了"德主刑辅，明德慎罚"的政治法律主张

B. 《后汉书·陈宠传》称西周时期的礼刑关系为"礼之所去，刑之所取，失礼则入刑，相为表里者也"

C. 西周的借贷契约称为"书约"，法律规定重要的借贷行为都须订立书面契约

D. 西周时期在宗法制度下已形成子女平均继承制

20. 西周的立法指导思想是（　　）

A. 一断于法　　　　B. 轻罪重罚　　　　C. 约法省刑　　　　D. 明德慎罚

21. 西周中期代表性的法典是（　　）

A. 禹刑　　　　B. 汤刑　　　　C. 吕刑　　　　D. 九刑

22. 下列关于西周宗法制度的表述，不正确的是（　　）

A. 宗法制度是由氏族社会的父家长制发展而来

B. 西周时期形成了周天子、诸侯、卿大夫、士之间严密的等级结构

C. 小宗服从大宗，诸弟服从嫡长兄

D. 西周的宗法制重点关注周天子及各级贵族的财产继承问题

23. 下列关于西周礼刑关系的表述，不正确的是（　　）

A. 所谓"礼不下庶人"，是指庶人"遽于事且不能备物"

B. 贵族犯罪在适用刑罚上可以享有减免特权，一般犯罪能够获得宽宥

C. 贵族若有严重犯罪，一般不适用肉刑

D. 贵族即使有严重犯罪，也不会被判处死刑

24. 西周"三刺之法"体现了刑法原则中的（　　）

A. 老幼犯罪减免刑罚

B. 罪疑从轻、罪疑从赦

C. 宽严适中原则

D. 因地、因时制宜

25. 在西周时期，故意犯罪与过失犯罪已有区分，其中过失犯被称为（　　）

A. 非眚　　　　B. 眚　　　　C. 非终　　　　D. 惟终

26. 中国最早的五刑指的是（　　）

A. 大辟、膑、宫、黥、墨

B. 墨、黥、刖、宫、大辟

C. 墨、劓、刖、宫、大辟

D. 墨、黥、宫、大辟、劓

27. 在我国历史上，比较完整的赎刑制度最早见于（　　）

A. 禹刑　　　　B. 汤刑　　　　C. 吕刑　　　　D. 法经

28. 西周时期"以财货相告"称为（　　）

A. 讼　　　　B. 告　　　　C. 狱　　　　D. 诉

29. "三不去"的离婚限制确立于（　　　）

A. 夏　　　　　　　B. 商　　　　　　　C. 西周　　　　　　D. 汉朝

30. 西周关于婚姻制度的"六礼"制度中，男方请媒人向女方送礼品提亲，称为（　　　）

A. 纳采　　　　　　B. 纳币　　　　　　C. 纳吉　　　　　　D. 纳征

31. 西周时期关于婚姻的解除，规定了"三不去"制度，其中"与更三年丧"是指女子入夫家后为谁守孝三年（　　　）

A. 公公　　　　　　B. 婆婆　　　　　　C. 丈夫　　　　　　D. 公婆

32. 西周婚姻实行的制度是（　　　）

A. 一夫多妻制　　　B. 一夫两妻制　　　C. 一妻多夫制　　　D. 一夫一妻制

33. 西周时期，"吉礼"是（　　　）

A. 祭祀之礼　　　　B. 冠婚之礼　　　　C. 丧葬之礼　　　　D. 迎宾之礼

34. 以下选项中，不属于我国西周时期婚姻制度中婚姻缔结原则的是（　　　）

A. 一夫一妻制　　　　　　　　　　　B. 同姓不婚

C. "父母之命，媒妁之言"　　　　　　D. "七出""三不去"

35. 西周时期的礼仪内容可以分为五个方面，其中嘉礼是（　　　）

A. 祭祀之礼　　　　B. 丧葬之礼　　　　C. 行兵打仗之礼　　D. 冠婚之礼

36. 在西周时期，借贷契约是指（　　　）

A. 质剂　　　　　　B. 傅别　　　　　　C. 司约　　　　　　D. 司刺

37. 西周婚姻"六礼"程序中，男家与女家订婚是指（　　　）

A. 纳采　　　　　　B. 请期　　　　　　C. 纳吉　　　　　　D. 纳征

38. 西周时期，买卖奴隶使用的契券被称为（　　　）

A. 质　　　　　　　B. 剂　　　　　　　C. 傅　　　　　　　D. 别

39. 西周专职官员管理立契事宜的人被称作（　　　）

A. 司约　　　　　　B. 质人　　　　　　C. 司刺　　　　　　D. 小司寇

40. 西周时期审理民事案件被称为（　　　）

A. 断狱　　　　　　B. 听狱　　　　　　C. 听讼　　　　　　D. 断讼

41. 在西周时期，"掌建邦之三典，以佐王刑邦国、诘四方"的司法官为（　　　）

A. 大司寇　　　　　B. 小司寇　　　　　C. 掌囚　　　　　　D. 掌戮

42. 西周时期，法官在审理案件过程中判断当事人陈述真伪的方式是（　　　）

A. 五过　　　　　　B. 五刑　　　　　　C. 五听　　　　　　D. 五罚

43. 下列属于西周量刑时考虑行为人主观动机的是（　　　）

A. 三风十愆　　　　B. 三赦之法　　　　C. 三宥之法　　　　D. 五过之疵

44. 西周时期总结出一套"以五声听狱讼求民情"的经验，其中"观其气息，不直则喘"指的是（　　　）

A. 辞听　　　　　　B. 色听　　　　　　C. 气听　　　　　　D. 目听

45. 贵族犯罪历来享受特权，"八议"制度最早起源于（　　　）

A. 夏朝　　　　　　B. 商朝　　　　　　C. 西周　　　　　　D. 秦朝

46. 西周的罪名比商朝发达，其中偷盗国器宝物者被称为（　　　）

A. 贼　　　　　　　B. 赃　　　　　　　C. 盗　　　　　　　D. 奸

47. 西周时期，司法官利用职权，报私恩怨所触犯的罪名是（　　　）

A. 惟官　　　　　　B. 惟反　　　　　　C. 惟内　　　　　　D. 惟来

48. 我国历史上第一次正式公布成文法的活动是（　　　）

A. 邓析铸"竹刑"　　B. 晋国铸刑鼎　　　C. 成文法之争　　　　　D. 郑国铸刑书

49. 下列法律中，关于禁止隐匿逃亡人的是（　　　）

A.《被庐之法》　　　B.《仆区法》　　　C.《卯门法》　　　D.《囚法》

50. 下列不属于战国的立法指导思想的是（　　　）

A. 一断于法　　　　　B. 礼有等差　　　C. 轻罪重刑　　　　D. 法布于众

51.《法经》中相当于近代法典总则部分的篇目是（　　　）

A.《盗法》　　　　　B.《贼法》　　　C.《捕法》　　　　D.《具法》

52.《法经》中，规定追捕盗、贼及其他犯罪者的篇目是（　　　）

A.《盗法》　　　　　B.《贼法》　　　C.《网法》　　　　D.《捕法》

53. 关于《法经》，下列说法正确的是（　　　）

A.《法经》是中国历史上第一部比较系统、完整的成文法典

B.《贼法》是侵犯官私财产所有权犯罪的法律规定

C.《捕法》主要规定了"六禁"

D.《杂法》属于诉讼法的范围

54.《法经》中主要规定"六禁"内容的是（　　　）

A.《盗法》　　　　　B.《贼法》　　　C.《杂法》　　　　D.《具法》

55. 商鞅变法是战国时期影响最大、效果最为突出的社会变革。为了增强国力，奖励战功，商鞅颁布了下列哪一法令（　　　）

A. 分户令　　　　　B. 军爵令　　　C. 武德令　　　　D. 大明令

56. 因一人犯罪牵连其亲属、邻里、同伍以及其他与之有联系的人，使他们一起承担罪责的刑罚制度是（　　　）

A. 分户令　　　　　B. 连坐法　　　C. 亲罪　　　　D. 共犯

二、多项选择题

1. 作为西周礼制的抽象精神原则的是（　　　）

A. 亲亲　　　　　　B. 尊尊　　　　　　C. 父父　　　　　　D. 君君

2. 西周关于婚姻的解除，有"七出""三不去"之规定，所谓"七出"包含（　　　）

A. 无子　　　　　　B. 口舌　　　　　　C. 妒忌　　　　　　D. 恶疾

3.《礼记·王制》记载商有"乱政"和"疑众"等罪，下列选项中不属于"疑众"的是（　　　）

A. 行伪而坚　　　　B. 学非而博　　　C. 乱名改作　　　D. 析言破律

4. 商朝法律除了汤刑之外还有（　　　）

A. 不成文的习惯法　B. 誓　　　　　　C. 诰　　　　　　D. 命

5. 下列关于商朝时期监狱的叫法表述正确的是（　　　）

A. 圜土　　　　　　B. 钧台　　　　　　C. 囹圄　　　　　　D. 羑里

6. 以下属于西周宗法制的基本原则的是（　　　）

A. 周天子、诸侯、卿大夫、士都实行嫡长子继承制

B. 大宗与小宗并无联系，相互不存在权利义务

C. 大宗和小宗权利义务关系明确，相辅相成

D. 家国一体，等级秩序分明

7. 以下属于中国早期法制特点的是（　　　　）

A. 成文法　　　　　B. 公开　　　　　C. 不成文　　　　　D. 不公开

8. 《吕刑》是西周时期刑事立法的代表作之一，下列属于其规定的审案原则的是（　　　　）

A. 明于刑之中　　　　　　　　　B. 其罪惟均，其审克之

C. 五刑之疑有赦，五罚之疑有赦　　　D. 刑罚世轻世重，轻重诸罚有权

9. 西周明德慎罚的法律思想主要体现在（　　　　）

A. "三赦"之法　　　　　　　　　B. "五刑之疑有赦，五罚之疑有赦，其审克之"

C. "中道""中罚""中正"　　　　　D. "贵族无宫刑"

10. 下列属于西周时期刑罚适用原则的内容有（　　　　）

A. 眚　　　　　B. 惟终　　　　　C. 非眚　　　　　D. 非终

11. 以下属于西周的刑法原则的有（　　　　）

A. 因地、因时制宜　　　　　　　B. 老幼犯罪减免刑罚

C. 宽严适中　　　　　　　　　　D. 同罪异罚

12. 西周刑罚除了墨、劓、刖、宫、大辟外，还有（　　　　）

A. 赎　　　　　B. 鞭　　　　　C. 扑　　　　　D. 流

13. 西周时有"三赦"之法，赦免的人员包括（　　　　）

A. 幼弱　　　　　B. 老耄　　　　　C. 蠢愚　　　　　D. 非终

14. 西周时期从赦的原则在司法审判中要经过"三刺"的程序，"三刺"是指（　　　　）

A. 讯群臣　　　　　B. 讯群吏　　　　　C. 讯被告　　　　　D. 讯万民

15. 《周礼·秋官·司刺》记载有"三宥之法"，下列属于三宥的是（　　　　）

A. 不识　　　　　B. 遗忘　　　　　C. 过失　　　　　D. 故意

16. 以下属于西周时期关于婚姻解除方面规定的是（　　　　）

A. 七出　　　　　B. 三不去　　　　　C. 义绝　　　　　D. 六礼

17. 在周代礼制中，已婚妇女不被夫家休弃的情形包括（　　　　）

A. 有恶疾　　　　　B. 有所娶无所归　　　　　C. 与更三年丧　　　　　D. 前贫贱后富贵

18. 西周时期婚姻关系的成立需要履行"六礼"程序，下列选项中关于"六礼"程序的表述正确的有（　　　　）

A. 纳采指的是男家请媒妁向女家提亲

B. 纳吉指的是男方询问女子生辰，卜于宗庙以定吉凶

C. 纳征指的是卜得吉兆后即与女家订婚

D. 亲迎指的是婚期之日新郎迎娶新妇

19. 下列选项中属于西周司法官的"五过"之疵（弊端）的有（　　　　）

A. 惟官　　　　　B. 惟反　　　　　C. 惟内　　　　　D. 惟过

20. 西周时期的司法官除了大司寇和小司寇还有（　　　　）

A. 司刑　　　　　B. 司刺　　　　　C. 司约　　　　　D. 掌戮

21. 以下列举的活动，属于春秋时期公布成文法活动的有（　　　　）

A. 商鞅的连坐法　　B. 邓析"造竹刑"　　C. 子产"铸刑书"　　D. 赵鞅等人"铸刑鼎"

22. 下列人物中，反对公布成文法的是（　　　　）

A. 孔子　　　　　　　B. 荀寅　　　　　　　C. 叔向　　　　　　　D. 子产

23.《法经》在中国法律制度史上具有重要的地位。下列关于《法经》的表述中，正确的是（　　　）

A.《法经》为李悝所制定

B.《盗法》《贼法》两篇列为《法经》之首，体现了"王者之政，莫急于盗贼"的思想

C.《法经》的篇目为秦、汉律及以后封建法律所继承并不断发展

D.《法经》系中国历史上第一部成文法典

24. 下列属于《法经》篇目的有（　　　）

A.《盗法》　　　　　B.《户法》　　　　　C.《囚法》　　　　　D.《具法》

25.《法经》中属于诉讼法范围的是（　　　）

A.《贼法》　　　　　B.《网法》　　　　　C.《捕法》　　　　　D.《具法》

26. 以下属于战国时期立法指导思想的是（　　　）

A. 一断于法　　　　B. 刑无等级　　　　C. 法布于众　　　　D. 轻罪重刑

27. 下列选项中，属于商鞅变法内容的是（　　　）

A. 改法为律　　　　B. 连坐法　　　　　C. 公布成文法　　　　D. 分户令

三、分析题

1. 旧律（指汉律）因秦《法经》，就增三篇，而《具律》不移，因在第六。罪条例既不在始，又不在终，非篇章之义。故（新律）集罪例以为《刑名》，冠于律首。

——《晋书·刑法志》

阅读以上材料，请结合中国法制史的相关知识回答下列问题：

（1）《法经》具体包括哪些篇目？它在历史上有着怎样的地位和特点？

（2）"旧律"具体是指什么？它在篇目上增加了哪三篇？

（3）《晋律》在法典的篇目体例上又是如何演变的？

2. 昔周之法，建三典以刑邦国，诘四方：一曰，刑新邦用轻典；二曰，刑平邦用中典；三曰，刑乱邦用重典。五刑，墨罪五百，劓罪五百，宫罪五百，刖罪五百，杀罪五百，所谓刑平邦用中典者也……周道既衰，穆王眊荒，命甫侯度时作刑，以诘四方。墨罚之属千，劓罚之属千，髌罚之属五百，宫罚之属三百，大辟之罚其属二百。五刑之属三千，盖多于平邦中典五百章，所谓刑乱邦用重典者也。

——《汉书·刑法志》

请运用中国法制史的知识和理论，分析上述材料并回答下列问题：

（1）材料反映了西周的何种定罪量刑原则？

（2）材料中"甫侯度时作刑"是指的哪部法律？

（3）"五刑"的具体内容是什么？

四、论述题

"不别亲疏，不疏贵贱，一断于法"，中国古代战国时期的立法指导思想，是如何体现法的作用和法的价值的？（法制史＋法理学，新题型）

第三章　秦汉三国两晋南北朝法律制度

📝 **章节提要**　本章篇幅较长，内容也较为杂乱。对于本部分的学习思路，考生可以参考的为两种：一种是按照朝代的线索进行梳理，一种是按照立法性质进行梳理。目的都在于对不同朝代、不同领域的立法状况进行清晰的区分，以防止混淆。此外，从本章开始出现的成文法逐渐多样，建议考生对于每部法律的特点、体例等进行细致的整理，近年法硕考试的出题已经越来越细致，考生在复习时应该准备充分。

一、单项选择题

1. 《九章律》中，《具律》的规定位于（　　　）
A. 律首　　　　　B. 律中　　　　　C. 律末　　　　　D. 未规定

2. 下列关于秦朝时期主要法律形式的表述错误的是（　　　）
A. 律是秦朝法律的主体，是通过正式立法程序制定、颁布、实施的法律条文，具有稳定性、规范性与普遍适用性
B. 令是皇帝针对某些具体事项临时发布的命令，具有最高的法律效力
C. 法律问答是采用问答的形式对法律条文、术语、律义作出的具有法律效力的解释
D. 廷行事是司法机关有关审判原则、治狱程式以及对案件进行调查、勘验、审讯、查封等方面的法律规定和文书程式，包括了一些具体案例

3. 关于秦朝立法指导思想，下列表述正确的是（　　　）
A. 秦朝的立法强调"明德慎罚""一断于法"
B. 秦朝的立法主张"缘法而治"和"法令由一统"
C. 秦朝的立法体现"无为而治"的老庄核心思想
D. 秦朝的立法提倡"德治""礼治"与"人治"

4. 秦朝的法律形式包括（　　　）
A. 律、令、科、比
B. 律、令、法律答问、封诊式、廷行事
C. 律、令、格、式
D. 令、条格、制、敕、断例

5. 下列关于秦朝刑名的表述正确的是（　　　）
A. 城旦、舂属于作刑
B. 鬼薪、白粲属于死刑
C. 司寇属于其他刑
D. 墨刑属于耻辱刑

6. 秦朝区分故意与过失犯罪，其中故意称为（　　　）
A. 眚　　　　　B. 非眚　　　　　C. 端　　　　　D. 不端

7. 在秦朝时期，犯盗徙封罪，处刑为（　　　）
A. 髡　　　　　B. 赀刑　　　　　C. 耐　　　　　D. 赎耐

8. 秦朝法律责令犯罪人缴纳一定金钱的"赀甲""赀盾"的刑罚，是一种（　　　）
A. 财产刑　　　　　B. 身体刑　　　　　C. 资格刑　　　　　D. 自由刑

9. 在秦朝，对杀伤、盗窃等危害封建统治的犯罪的这类诉讼称为（　　　）
A. 公罪　　　　　B. 私罪　　　　　C. 公室告　　　　　D. 非公室告

10. "八议"是中国古代优待官僚贵族的法律制度，其中"议宾"的对象是指（　　　）

A. 皇亲国戚   B. 贤人能臣   C. 前朝皇室宗亲   D. 三品以上职事官

11. 下列不属于秦朝作刑的是（　　　）

A. 城旦、舂   B. 鬼薪、白粲   C. 隶臣妾   D. 弃市

12. 秦朝时期十分注重自然资源的保护，每年二月实施禁令，此禁解除的时间是（　　　）

A. 六月   B. 七月   C. 八月   D. 九月

13. 在秦朝，把讯问被告称作（　　　）

A. 讯狱   B. 治狱   C. 讯监   D. 问监

14. 在秦朝，"子盗父母""父母擅刑"属于（　　　）

A. 公室告   B. 非公室告   C. 公罪   D. 私罪

15. 有关秦朝司法制度的说法正确的是（　　　）

A. 只有当事人及其亲属可以告发，邻里不得告发

B. "非公室告"包括全部民事和轻微刑事案件

C. 廷尉掌握最高司法审判权

D. 御史大夫有重大案件的司法审判权

16. 在秦朝司法审判结束之后宣读判决书被称为（　　　）

A. 读鞫   B. 爰书   C. 乞鞫   D. 封守

17. 秦律明确规定了法官的责任，凡故意加重或者减轻罪犯刑罚的，被称为（　　　）

A. 不正   B. 不直   C. 不公   D. 纵囚

18. 秋冬行刑制度化始于（　　　）

A. 汉朝   B. 西周   C. 秦朝   D. 曹魏

19. 秦始皇三十三年，咸阳令审判一起盗羊案件时，误将系羊绳圈的价值计入赃值，与秦律规定的计赃方法不符。依照秦律，该县令的行为已构成犯罪，其所触犯的罪名是（　　　）

A. 不直   B. 纵囚   C. 失刑   D. 擅刑

20. 秦朝允许使用刑讯手段，在审讯中动刑后查清案情的审讯效果是（　　　）

A. 上   B. 中   C. 下   D. 败

21. 以下列举的法律文本不属于汉律六十篇的是（　　　）

A.《傍章律》   B.《朝律》   C.《金布律》   D.《九章律》

22. 在汉朝，以典型案例作为判案依据的法律形式叫作（　　　）

A. 科条   B. 决事比   C. 廷行事   D. 故事

23. 在汉朝，"德主刑辅"的思想确立于（　　　）

A. 汉文帝时期   B. 汉武帝时期   C. 武则天时期   D. 汉景帝时期

24. 汉朝规定有关朝廷礼仪的法律是（　　　）

A.《九章律》   B.《傍章律》   C.《越宫律》   D.《朝律》

25. 汉朝法律形式中，皇帝随时发布的诏令或者由臣下提出经皇帝批准的立法建议，涉及面广，法律效力高于律的是（　　　）

A. 令   B. 科   C. 比   D. 格

26. 汉朝法律规定，直系三代血亲之间和夫妻之间，除犯谋反、谋大逆以外的罪行，均可因互相隐匿犯罪行为而免于刑罚。这一规定体现的汉朝刑罚适用原则是（　　　）

A. 上请   B. 亲亲得相首匿   C. 德主刑辅   D. 八议

27. 因怨恨不满而诽谤朝政的罪名，在汉朝被称作（　　　）

A. 欺谩、诋欺、诬罔   B. 废格诏书

C. 怨望诽谤   D. 左道

28. 以身高来决定是否负刑事责任的朝代是 （   ）

A. 曹魏   B. 唐朝   C. 汉朝   D. 秦朝

29. 下列关于文景时期的刑制改革，错误的是（   ）

A. 促成汉文帝进行刑制改革的直接原因是缇萦上书

B. 文帝下令废除肉刑，改斩左趾为弃市刑

C. 景帝第一次改革将笞三百改为笞二百

D. 景帝第二次改革将笞二百改为笞一百

30. 汉朝大司农颜异在别人谈及国政时，未答，仅"微反唇"，被御史大夫张汤处死。根据汉朝法律颜异所犯罪名是（   ）

A. 非所宜言   B. 怨望诽谤   C. 诽谤妖言   D. 腹诽

31. 汉朝法律中增设的"女徒顾山"属于 （   ）

A. 死刑   B. 徒刑   C. 赎刑   D. 笞刑

32. 汉朝诸侯王在王国内滥征人力，扩张势力，构成的犯罪是（   ）

A. 左官   B. 非正   C. 酎金不如法   D. 事国人过员

33. 关于汉朝的罪名，下列说法错误的是（   ）

A. 诸侯国的官吏与诸侯王结党，知其犯罪不举奏为"阿党"

B. 朝廷官员"舍天子而仕诸侯"为"附益"

C. 以邪道巫术诅咒皇帝、蛊惑民众者为"左道"

D. 见知人犯法不举告为故纵，而所监临部主有罪并连坐也为"见知故纵"

34. 在汉朝，监察官之首为（   ）

A. 丞相   B. 太尉   C. 御史大夫   D. 太常

35. 汉朝时致仕的年龄为（   ）岁

A. 70   B. 80   C. 90   D. 60

36. 汉朝高级主管官吏或地方郡守以上官吏将其辖内有名望和才德之士向中央推荐或自选为属吏。这种选官制度是（   ）

A. 察举   B. 征召   C. 辟举   D. 任子

37. 下列可以在汉朝为官的是（   ）

A. 商人子弟   B. 因贪赃被免官者   C. 宗室子弟   D. 赘婿

38. 汉朝规定官吏政绩考课的法律是（   ）

A.《告缗令》   B.《上计律》   C.《六条问事》   D.《监御史九条》

39. 汉朝在京师设立的地方监察机关是（   ）

A. 御史台   B. 司隶校尉   C. 尚书台   D. 肃正廉访司

40. 汉武帝时为了强化中央集权，把全国划分为（   ）监察区

A. 11个   B. 12个   C. 13个   D. 14个

41. 录囚制度开始于 （   ）

A. 秦朝   B. 汉朝   C. 南北朝   D. 唐朝

42. 汉朝颁布的"六条问事"，就其性质而言属于（   ）

A. 民事法律   B. 监察法律   C. 经济法律   D. 诉讼法律

43. 汉朝时期，如果被告人及其亲属对判决不服，允许其申请重审，被称为（　　）

A. 鞫狱　　　　　B. 辞服　　　　　C. 读鞫　　　　　D. 乞鞫

44. 汉惠帝时期颁布的监察法规是（　　）

A. 《监御史九条》　B. 《六条问事》　C. 《盗律》　　　D. 《贼律》

45. 第一部将《具法》改为《刑名》并置于律文之首的法典是（　　）

A. 秦律　　　　　B. 新律　　　　　C. 汉律　　　　　D. 晋律

46. 历史上最早以"式"为形式的法典是（　　）

A. 封诊式　　　　B. 品式章程　　　C. 大统式　　　　D. 晋律

47. 在我国封建法律发展史上，最早确立法典 12 篇结构的是（　　）

A. 《开皇律》　　B. 《永徽律》　　C. 《北齐律》　　D. 《北魏律》

48. 首次将律和令明确分开，解决了汉以来律令混杂、矛盾的局面的是（　　）

A. 《泰始律》　　B. 《北魏律》　　C. 《北齐律》　　D. 《新律》

49. 《麟趾格》是（　　）

A. 定罪量刑的普遍性规范　　　　　B. 弥补的附属性法律

C. 规定国家制度的暂时性法令　　　D. 地方习惯法

50. "重罪十条"正式确立于（　　）

A. 《泰始律》　　B. 《北魏律》　　C. 《北齐律》　　D. 《新律》

51. 三国两晋南北朝时期，以"法令明审，科条简要"著称的法典是（　　）

A. 《新律》　　　B. 《北齐律》　　C. 《北魏律》　　D. 《泰始律》

52. 《大统式》是历史上最早以"式"为形式的法典，编定于（　　）

A. 北齐　　　　　B. 北周　　　　　C. 东魏　　　　　D. 西魏

53. 据《魏书·刑法志》记载，北魏延昌三年，冀州阜城之民费羊皮为葬母而卖女为婢，按律当死。此案在朝野引起巨大争议，后经宣武帝权衡各方意见，作出最终裁决："羊皮卖女葬母，孝诚可嘉，便可特原。"关于此案判决所遵循的法律原则，下列表述正确的是（　　）

A. 亲属相犯，罪不至死　　　　　B. 为伸张孝道，可特赦罪责

C. 诏令与律条冲突时，须依律断案　　D. 子女的人格从属尊长，不受法律保护

54. 南梁创立了一种名为"测罚"的刑讯方式。关于该刑讯方式的描述，下列选项正确的是（　　）

A. 墨面文身，挑筋去指

B. 以利刃零割碎剐肌肤，残损肢体

C. 对拒不招供者断绝饮食，三日后才许进食少量粥，循环使用

D. 对受审者先鞭笞，再令其负枷械刑具站立于顶部尖圆且仅容两足的一尺之高的土埌上

55. 下列选项中，出现存留养亲制度的朝代是（　　）

A. 秦朝　　　　　B. 汉朝　　　　　C. 北魏　　　　　D. 西晋

56. 古代律学家张斐对法律概念作了精要的表述，其中"两讼相趣"指的是（　　）

A. 谩　　　　　　B. 斗　　　　　　C. 戏　　　　　　D. 诈

57. "春秋决狱"，也称"引经决狱"，是指以儒家经典的精神和事例作为司法审判的根据，它是汉武帝确立"罢黜百家，独尊儒术"的必然产物。"春秋决狱"最早的提倡者是（　　）

A. 孔子　　　　　B. 汉武帝　　　　C. 董仲舒　　　　D. 司马迁

58. 秋官大司寇是南北朝时期（   ）设立的官职
A. 北齐　　　　　B. 南陈　　　　　　C. 北周　　　　　D. 南梁
59. 将廷尉改为大理寺的朝代是（   ）
A. 北齐　　　　　B. 北周　　　　　　C. 东魏　　　　　D. 西魏

二、多项选择题

1. 下列选项中，属于秦朝死刑的执行方式的有（   ）
A. 磔　　　　　　B. 凌迟　　　　　　C. 弃市　　　　　D. 囊扑
2. 秦朝惩治思想言论的犯罪有（   ）
A. 以古非今　　　B. 非所宜言　　　　C. 投书　　　　　D. 妄言
3. 秦朝加强市场管理的法律手段有（   ）
A. 管制商品价格　B. 管制货币流通　　C. 管理度量衡　　D. 管制外贸
4. 根据汉宣帝时的诏令规定，直系三代血亲和夫妻之间可以隐匿的罪行有（   ）
A. 谋反　　　　　B. 强盗　　　　　　C. 杀人　　　　　D. 窃盗
5. 汉朝通过立法管理外贸活动，其不允许与匈奴互市的商品有（   ）
A. 铁　　　　　　B. 兵器　　　　　　C. 马匹　　　　　D. 铜钱
6. 下列选项中，属于曹魏时期"八议"的对象的是（   ）
A. 有大才能的人　　　　　　　　　　B. 有大功勋的人
C. 为国家勤劳服务的人　　　　　　　D. 前朝皇帝宗亲
7. 下列选项中，属于《北齐律》的"重罪十条"的是（   ）
A. 反逆　　　　　B. 不道　　　　　　C. 不睦　　　　　D. 内乱
8. 下列属于秦朝立法指导思想的是（   ）
A. 缘法而治　　　B. 德主刑辅　　　　C. 法令由一统　　D. 严刑重法
9. 下列属于秦朝主要法律形式的有（   ）
A. 封诊式　　　　B. 大统式　　　　　C. 廷行事　　　　D. 决事比
10. 下列法律形式中，属于判例的是（   ）
A. 廷行事　　　　B. 封诊式　　　　　C. 科　　　　　　D. 比
11. 秦朝适用于官吏轻微犯罪的刑罚包括（   ）
A. 废　　　　　　B. 耐　　　　　　　C. 髡　　　　　　D. 免
12. 汉朝刑罚适用的两项重要原则是（   ）
A. 上请　　　　　B. 区分故意与过失　C. 自首减轻处罚　D. 亲亲得相首匿
13. 以下属于秦朝刑法原则的有（   ）
A. 诬告反坐　　　B. 区分故意与过失　C. 自首减轻处罚　D. 累犯加重处罚
14. 秦朝惩治思想言论的罪名有（   ）
A. 以古非今　　　B. 妄言　　　　　　C. 非所宜言　　　D. 投书
15. 汉朝官吏诈称皇帝诏命者，轻者免官，重者腰斩，视后果轻重分为（   ）
A. 大害　　　　　B. 小害　　　　　　C. 害　　　　　　D. 不害
16. 自首减轻处罚是秦朝定罪量刑的主要原则之一，下列属于秦律中自首者的表述的是
（   ）

A. 自出   B. 自告   C. 自首   D. 自新

17. 下列关于秦朝起诉方式及诉讼程序的说法正确的是（   ）

A. 秦朝的起诉方式分为当事人或亲属的告发以及官吏的纠举两种

B. "公室告"包括"杀伤人、偷盗"等，官府必须受理

C. "非公室告"案件包括"子盗父母，父母擅杀、刑、髡子及奴妾"等

D. 对于"非公室告"案件除非亲自告发，否则官府不得受理

18. 下列选项中，属于汉朝危害国家政权犯罪的是（   ）

A. 蔽匿盗贼   B. 见知故纵   C. 群饮酒   D. 通行饮食

19. 在汉朝，下列属于危害中央集权制的犯罪的是（   ）

A. 阿党附益   B. 左官   C. 非正   D. 矫制

20. 下列商品中，汉武帝时期进行国家专营的是（   ）

A. 盐   B. 铁   C. 酒   D. 烟

21. 汉朝通过互市缓和与匈奴的矛盾，下列不准与匈奴互市的有（   ）

A. 盐   B. 铁   C. 酒   D. 马匹

22. 汉代对选拔任用官吏有身份的限制，（   ）不得为官

A. 商人子弟   B. 赘婿   C. 因贪赃被免官者   D. 宗室子弟

23. 汉朝选拔和任用官吏主要方式包括（   ）

A. 征召   B. 辟举   C. 太学补官   D. 军功爵位制

24. 汉初中央机构的主要官吏为"三公九卿"，其中"三公"包括（   ）

A. 太尉   B. 廷尉   C. 丞相   D. 御史大夫

25. 下列选项中，属于三国两晋南北朝时期法律儒家化的表现的有（   ）

A. 重罪十条   B. 八议制度   C. 登闻鼓直诉制度   D. 官当制度

26. 三国两晋南北朝时期，出现了一批著名的律学家，其中，《刑法律本》由（   ）
合著

A. 杜预   B. 刘劭   C. 张斐   D. 贾充

27. 下列律典中，采用 20 篇法典体例的是（   ）

A. 《曹魏律》   B. 《泰始律》   C. 《北魏律》   D. 《北齐律》

28. 三国两晋南北朝时期的法律制度较秦汉时期有了重大发展，其中确立于这一时期并对
后世影响较大的制度有（   ）

A. 官当   B. 准五服以制罪   C. 重罪十条   D. 春秋决狱

29. 下列关于"准五服以制罪"制度的说法中，错误的是（   ）

A. 《九章律》首立"准五服以制罪"制度

B. 封建服制把亲属分为五等：斩衰、齐衰、大功、小功、缌麻

C. 凡以尊犯卑，服制愈近，处罚愈重，服制愈远，处罚愈重

D. 凡以卑犯尊，服制愈近，处罚愈重，服制愈远，处罚愈轻

30. 下列关于三国两晋南北朝时期司法制度的变化，说法正确的是（   ）

A. 北齐时期正式设立了大理寺   B. 登闻鼓直诉制度在这一时期确立

C. 禁止刑讯逼供   D. 死刑复奏制度设立

31. 三国两晋南北朝时期确立的司法制度不包括（   ）

A. 登闻鼓直诉制度   B. 春秋决狱制度

C. 死刑复奏制度   D. 三司推事制度

三、简答题

1. 简述汉朝的刑罚适用原则。
2. 简述《曹魏律》改革的主要内容。

四、分析题

    峻礼教之防，准五服以制罪也……服制若近，以尊犯卑，处刑则轻，以卑犯尊，处刑则重；服制若远，以尊犯卑，处刑则重，以卑犯尊，处刑则轻。若财产转让有犯，服制若近，处罚若轻。

——《晋书·刑法志》

    请分析上述材料并结合中国法制史的有关知识回答下列问题：
（1）上述文字反映的是我国古代法制史上的哪一项制度？
（2）如何理解这项制度？
（3）该制度的确立在历史上有何重要意义？

第四章　隋唐宋法律制度

章节提要　自隋唐开始，我国的法律体系逐渐走向完善，涉及的法律门类逐步多样。考生可以按照刑事、民事、行政相关的角度进行知识梳理，以便形成知识体系化。此外，在背诵上，需要投入更多的精力，要在熟练掌握课本知识的基础上，自我总结。

一、单项选择题

1. 基于唐律，亲属代为自首可称为（　　）
A. 代首　　　　　　B. 他首　　　　　　C. 为首　　　　　　D. 首露
2. 唐律规定的强制离婚的条件是（　　）
A. 七出　　　　　　B. 三不去　　　　　C. 和离　　　　　　D. 义绝
3. 唐律规定，妻至少（　　）岁，夫方可以无子为由休妻
A. 45　　　　　　　B. 50　　　　　　　C. 55　　　　　　　D. 60
4. 唐朝科举考试中，最重要的两科是（　　）
A. 明经、进士　　　B. 进士、明法　　　C. 明经、明法　　　D. 秀才、进士
5. 宋初以"两府三司"共治国事，两府是指（　　）
A. 中书省和枢密院　　　　　　　　　B. 门下省和枢密院
C. 中书省和门下省　　　　　　　　　D. 中书门下和枢密院
6. 殿试成为常制是在（　　）
A. 隋朝　　　　　　B. 唐朝　　　　　　C. 宋朝　　　　　　D. 明朝
7. 宋朝中央监察机关御史台的长官是（　　）

A. 御史大夫   B. 御史中丞   C. 谏议大夫   D. 监察御史

8. 下列关于《开皇律》的主要成就表述错误的是（   ）

A. 代表了隋朝立法的最高成就

B. 确立了新五刑体系，并沿用至清末

C. 通过"议、减、赎、当"制度，使贵族官僚的特权扩大化

D. 在《北魏律》的体例基础上确定了 12 篇 500 条的法典篇目体例

9. 下列有关《开皇律》的说法，错误的是（   ）

A. 笞刑分为笞十到笞五十五等   B. 杖刑分为杖六十到杖一百五等

C. 流刑分为一千里到三千里三等   D. 死刑为绞、斩两等

10. 《开皇律》在北齐"重罪十条"的基础上正式确立了（   ）的罪名

A. 十恶   B. 八议   C. 官当   D. 重罪十条

11. 《开皇律》的历史蓝本是（   ）

A. 《北齐律》   B. 《北周律》   C. 《大业律》   D. 《陈律》

12. 标志着古代法典体例由繁到简过程的完成的法律文献是（   ）

A. 《北齐律》   B. 《开皇律》   C. 《大业律》   D. 《贞观律》

13. 系统记载唐朝官制的政书是（   ）

A. 《五十三条新格》   B. 《永徽律疏》

C. 《唐六典》   D. 《开元律》

14. 唐朝的立法指导思想是（   ）

A. 一断于法   B. 明刑弼教

C. 明德慎罚   D. 德礼为政教之本，刑罚为政教之用

15. 代表唐朝立法开端的法律是（   ）

A. 《武德律》   B. 《贞观律》   C. 《开皇律》   D. 《永徽律疏》

16. 我国现存最早最完整的古代法典是（   ）

A. 《唐律疏议》   B. 《武德律》   C. 《贞观律》   D. 《开皇律》

17. "刑统"这种法典编纂形式出现在（   ）

A. 《唐六典》   B. 《开元律》   C. 《贞观律》   D. 《大中刑律统类》

18. 《唐六典》系统地记载了唐朝（   ）的制度

A. 刑事法律   B. 民事法律   C. 行政法律   D. 经济法律

19. 《唐律疏议·名例》规定："诸犯罪已发及已配而更为罪者，各重其罪"；"已发者，谓已被告言；及已配者，谓犯徒已配，而更为笞罪以上者，各重其后之事而累科之。"这规定的是（   ）

A. 累犯   B. 共同犯罪   C. 自首   D. 立功

20. 唐朝的诉讼制度主要规定在（   ）中

A. 《斗讼》   B. 《杂律》   C. 《名例》   D. 《断狱》

21. 下列不属于《唐律》中的篇目的是（   ）

A. 《卫禁》   B. 《职制》   C. 《户兴》   D. 《断狱》

22. 唐律的篇目数是（   ）

A. 6 篇   B. 7 篇   C. 12 篇   D. 18 篇

23. 唐朝中央政府内部各机构关于行政管理、行政程序及具体办事规则的规定是（   ）

A. 律   B. 令   C. 格   D. 式

24. 唐朝法律形式中，用来"禁违止邪"的是（   ）

A. 律   B. 令   C. 格   D. 式

25. 《唐律疏议》中，主要规定对皇帝、宫殿、太庙、陵墓等的警卫，及关津要塞和边防的保卫的篇章是（   ）

A. 《卫禁》   B. 《职制》   C. 《厩库》   D. 《擅兴》

26. 关于唐律的特点，后人有这样的评价："乘之则过，除之则不及，过与不及，其失均矣。"关于这条评价所对应的特点正确的是（   ）

A. 一准乎礼   B. 用刑持平

C. 科条简要、繁简适中   D. 立法技术空前完善

27. 关于唐朝刑事立法中自首减免刑罚的规定，下列表述错误的是（   ）

A. 严格区分自首和自新的界限

B. 所有的犯罪都可以享受自首的待遇

C. 自首者虽然可以免罪，但"正赃犹征如法"，即赃物须按规定如数偿还，以防止自首者非法获财

D. 对自首不彻底行为作了严格规定，分为自首不实和自首不尽

28. 唐朝时期，在一些与财产相关的犯罪中，罪犯向受害的财主主动坦白称为（   ）

A. 自首   B. 自新   C. 首露   D. 不实

29. 在唐朝，不同国家侨民相犯或唐朝人与外国人相犯，按照（   ）处理

A. 受害方国家法律   B. 实施犯罪的人所在的国家法律

C. 唐朝法律   D. 道德

30. 唐朝时期，杀一家非死罪三人和肢解人，是触犯"十恶"中的（   ）

A. 谋叛   B. 恶逆   C. 不道   D. 不义

31. 在唐代《斗讼》的六杀制度中，在斗殴中出于激愤失手将人杀死被称作（   ）

A. 谋杀   B. 故杀   C. 斗杀   D. 误杀

32. 《唐律疏议·名例》规定："其本应重而犯时不知者，依凡论；本应轻者，听从本。"《疏议》规定："假有叔侄别处生长，素不相识，侄打伤叔，官司推问始知，听依凡人斗法。"以上规定意在区分（   ）

A. 惯犯和偶犯   B. 初犯和累犯   C. 自首和自新   D. 故意和过失

33. 关于唐律中五刑，下列选项正确的是（   ）

A. 笞刑、羞辱刑、流放刑、经济刑、死刑

B. 笞刑、徒刑、流放刑、株连刑、死刑

C. 笞刑、杖刑、徒刑、流刑、死刑

D. 杖刑、徒刑、流刑、肉刑、死刑

34. 依照唐律的规定，因"耳目所不及，思虑所不至"而杀人是（   ）

A. 误杀   B. 过失杀   C. 斗杀   D. 戏杀

35. 关于保辜制度，下列说法错误的是（   ）

A. 保辜制度设立的目的是准确区分伤害罪和伤害致死的杀人罪

B. 辜限内被害人死亡的，一律以杀人罪论

C. 辜限外死亡的，以伤害罪论

D. 在辜限内加害人可积极救助被害人

36. 唐朝初年，在"流三千里"的基础上减刑一等，应判处（　　　）

A. 流二千五百里　　　B. 徒五年　　　　C. 徒三年　　　　D. 流二千里

37. 告发或者咒骂祖父母、父母，祖父母、父母在世而别籍异财者，这一罪名在唐朝被称作（　　　）

A. 不睦　　　　　　　B. 不孝　　　　　　C. 不义　　　　　　D. 不道

38. 在唐朝，民间借贷关系已经相当复杂，"借"一般指的是（　　　）

A. 使用借贷　　　　　B. 消费借贷　　　　C. 买卖借贷　　　　D. 抵押

39. 关于唐朝的继承制度，下列说法不正确的是（　　　）

A. 分为宗祧继承和财产继承

B. 宗祧继承更为重要，采取嫡长子继承制

C. 财产继承实行诸子均分制

D. 女子出嫁后不享有本家财产的继承权，在室女也不例外

40. 唐朝法律规定，山野无主物的所有人是（　　　）

A. 国家　　　　　　　　　　　　　B. 地方政府

C. 土地所有权人　　　　　　　　　D. 首先对山野无主物实施收集性劳动者

41. 唐朝的有息借贷契约被称为（　　　）

A. 借　　　　　　　　B. 贷　　　　　　　C. 出举　　　　　　D. 负债

42. 唐朝法律规定，允许债权人在债务人不能清偿债务时扣押债务人的财产，这被称为（　　　）

A. 牵掣　　　　　　　B. 役身折酬　　　　C. 抵押　　　　　　D. 典当

43. 唐朝土地中，由被授者永远执业，子孙可继承，经特别批准可买卖交易的是（　　　）

A. 口分田　　　　　　B. 公廨田　　　　　C. 职分田　　　　　D. 永业田

44. 在唐朝，负责执行皇帝的诏敕和经皇帝批准的各项政令的是（　　　）

A. 中书省　　　　　　B. 门下省　　　　　C. 尚书省　　　　　D. 丞相

45. 唐朝官员的致仕年龄为（　　　）

A. 50 岁　　　　　　B. 60 岁　　　　　C. 70 岁　　　　　D. 80 岁

46. 在唐朝，中央最高审判机关是（　　　）

A. 中书省　　　　　　B. 御史台　　　　　C. 刑部　　　　　　D. 大理寺

47. 下列关于唐朝时期御史台的表述，正确的是（　　　）

A. 御史台下设台院、殿院、察院　　　B. 御史台是三省的重要组成部分

C. 御史台职能仅限于监察中央官吏　　D. 御史台负责传承皇帝的命令，草拟诏书

48. 唐朝法定的市舶税中，蕃货在市场上与中国商人贸易时征收的市税叫作（　　　）

A. 收市　　　　　　　B. 舶脚　　　　　　C. 抽分　　　　　　D. 进奉

49. 唐德宗时期，采纳宰相（　　　）的建议，实行两税法

A. 长孙无忌　　　　　B. 房玄龄　　　　　C. 杨炎　　　　　　D. 杜如晦

50. 在唐代，中央和地方发生重大疑难案件时，由大理寺、刑部和御史台的长官会同审判，这一形式被称作（　　　）

A. 三司推事　　　　　B. 圆审　　　　　　C. 三司会审　　　　D. 联合办案

51. 唐代对犯有恶逆以上罪者实行（　　　）

A. 一复奏　　　　　　B. 三复奏　　　　　　C. 五复奏　　　　　　D. 不复奏

52. 在宋朝，皇帝对特定的人和事或者特定的区域颁发的诏令被称作（　　　）

A. 令　　　　　　　　B. 敕　　　　　　　　C. 条法事类　　　　　D. 诏

53. 在宋代，法律形式除敕令外，新增的还有（　　　）

A. 条法事类　　　　　B. 格　　　　　　　　C. 式　　　　　　　　D. 科

54. 宋代皇帝和中央司法机关发布的典型案例被称为（　　　）

A. 敕　　　　　　　　B. 条例　　　　　　　C. 指挥　　　　　　　D. 断例

55. 宋朝例的形式中，中央官署对下级官署下达的命令是（　　　）

A. 条例　　　　　　　B. 断例　　　　　　　C. 指挥　　　　　　　D. 条法事类

56. 关于宋代的法律制度，下列说法错误的是（　　　）

A.《宋刑统》是中国历史上第一部刊印颁行的法典

B. 编敕是宋朝最重要的、经常的立法活动

C. 凌迟首用于五代，一说至宋同时立为法定刑，至清末法制改革时凌迟才被废除

D. 宋朝法律允许在室女享受与兄弟同等的继承财产权

57. 折杖法为宋太祖建隆四年创立，下列关于折杖法说法错误的是（　　　）

A. 徒刑折为臀杖，杖后释放　　　　　　　　B. 流刑折为脊杖，并于本地配役一年

C. 加役流，脊杖后就地配役三年　　　　　　D. 笞刑、杖刑折为臀杖

58. 宋朝典卖契约中，业主与钱主没有约定回赎期限及约定不清的，业主可以原价赎回标的物的年限是（　　　）

A. 10 年内　　　　　　B. 20 年内　　　　　　C. 30 年内　　　　　　D. 50 年内

59. 承认遗腹子与亲生子享有同样的继承权是在（　　　）

A. 宋朝　　　　　　　B. 元朝　　　　　　　C. 明朝　　　　　　　D. 清朝

60. 典卖与买卖最严格的区别在于前者是（　　　）

A. 永卖　　　　　　　B. 活卖　　　　　　　C. 断卖　　　　　　　D. 绝卖

61. 未缴纳契税、未加盖官印的契约，在宋朝被称为（　　　）

A. 红契　　　　　　　B. 白契　　　　　　　C. 质剂　　　　　　　D. 傅别

62. 关于宋朝的科举取士制度与唐朝相比，下列说法不正确的是（　　　）

A. 录取和任用的范围较宽

B. 殿试成为常制，由此考生一律成为天子门生，避免了考生和主考官之间以师生之名结为同党

C. 创造了糊名方法防止舞弊

D. 考试内容脱离治理实际，侧重诗赋、经义

63. 宋代的中央审判机关是（　　　）

A. 刑部　　　　　　　B. 大理寺　　　　　　C. 审刑院　　　　　　D. 宣政院

64. 宋朝把犯人推翻原来的口供称为（　　　）

A. 翻供　　　　　　　B. 覆供　　　　　　　C. 翻异　　　　　　　D. 否供

65. 宋朝为了防止冤假错案而建立的复审制度叫作（　　　）

A. 秋审制度　　　　　B. 翻异别推制　　　　C. 务限法　　　　　　D. 审判分离制度

66. 南宋庆元年间，某地发生一桩"杀妻案"。死者丈夫甲被当地州府逮捕，受尽拷掠，只得招认"杀妻事实"。但在该案提交本路（路为宋代设置的地位高于州县的地方行政区

域）提刑司审核时，甲推翻原口供，断然否认杀妻指控。提刑司对本案可能做出的下列处置中，符合当时"翻异别勘"制度的规定的做法是（　　　）

A. 发回原审州府重审　　　　　　　　　B. 指定本路管辖的另一州级官府重审

C. 直接上报中央刑部审理　　　　　　　D. 直接上报中央御史台审理

67. 在宋朝，《洗冤集录》是中国乃至世界最早的（　　　）

A. 案例集　　　　　　B. 成文法典　　　　　　C. 法医学专著　　　　　　D. 勘验教材

68. 宋朝规定在农务繁忙季节中停止民事诉讼审判的法律制度是（　　　）

A. 鞫谳分司制　　　　　　B. 翻异别推制　　　　　　C. 务限法　　　　　　D. 圆审

69. 辽朝第一部比较完整的法典是（　　　）

A.《重熙条例》　　　　　　　　　　　　B.《天盛改旧新定律令》

C.《皇统制》　　　　　　　　　　　　　D.《泰和律义》

70. 金朝第一部成文法典是（　　　）

A.《重熙条例》　　　　　　　　　　　　B.《天盛改旧新定律令》

C.《皇统制》　　　　　　　　　　　　　D.《泰和律义》

二、多项选择题

1. 唐律的特点有（　　　）

A. 一准乎礼　　　　　　　　　　　　　B. 科条简要、繁简适中

C. 用刑持平　　　　　　　　　　　　　D. 立法技术空前完善

2. 同居相隐不为罪是唐律的主要原则，但该原则不适用于（　　　）

A. 谋反　　　　　　　B. 谋叛　　　　　　C. 谋大逆　　　　　　D. 恶逆

3. 以下犯罪中，适用唐律的是（　　　）

A. 高丽人对高丽人犯罪　　　　　　　　B. 高丽人对唐朝人犯罪

C. 唐朝人对高丽人犯罪　　　　　　　　D. 日本人对高丽人犯罪

4. 下列选项中，属于隋朝《大业律》特点的是（　　　）

A. 体例为 12 篇 500 条　　　　　　　　B. 删除"十恶"条款

C. 轻刑其名，酷刑其实　　　　　　　　D. 确立新五刑制度

5. 下列关于唐朝主要法律形式的说法正确的是（　　　）

A. 律是关于定罪量刑的基本法典

B. 令是有关国家政权组织体制、尊卑贵贱等级制度与行政管理活动方面的法规

C. 格是皇帝临时颁发的各种敕令，经过汇编后上升为普遍适用的法律

D. 式是皇帝对特定的人和事或特定的区域颁发的诏令

6. 《贞观律》的作者有（　　　）

A. 长孙无忌　　　　　　B. 李林甫　　　　　　C. 房玄龄　　　　　　D. 唐玄宗

7. 下列关于《贞观律》的表述正确的是（　　　）

A. 以《开皇律》为基础，共 12 篇　　　　B. 增设加役流为死刑减等后的刑罚

C. 缩小了因缘坐而处以死刑的范围　　　　D. 标志着唐代基本法典即告定型

8. 参照唐律制定的法律有（　　　）

A. 朝鲜《高丽律》　　　　　　　　　　B. 日本《大宝律》

C. 越南李朝太尊时期《刑书》　　　　　　　D. 日本《养老律》

9. 唐朝定罪量刑的主要原则包括（　　　）

A. 共同犯罪，以造意为首　　　　　　　　　B. 合并论罪从重

C. 自首减免刑罚　　　　　　　　　　　　　D. 贵族官员犯罪减免刑罚

10. 在唐朝《杂律》规定的"六赃"中，犯罪主体是各级官吏的有（　　　）

A. 强盗　　　　　　　B. 窃盗　　　　　　　C. 受财枉法　　　　　　　D. 坐赃

11. 唐律中区分强盗、窃盗、受财枉法、受财不枉法、受所监临财物、坐赃（"六赃"）的依据是（　　　）

A. 故意或者过失的程度　　　　　　　　　　B. 犯罪客观方面

C. 犯罪主观方面　　　　　　　　　　　　　D. 犯罪行为

12. 下列选项中，不受唐朝死刑执行时间限制的犯罪是（　　　）

A. 谋反　　　　　　　B. 谋大逆　　　　　　C. 谋叛　　　　　　　D. 不孝

13. 唐朝的中央司法机关有（　　　）

A. 御史台　　　　　　B. 大理寺　　　　　　C. 刑部　　　　　　　D. 都察院

14. 在唐代，市舶制度中规定的政府抽取 1/10 的实物税的货物包括（　　　）

A. 龙香　　　　　　　B. 沉香　　　　　　　C. 丁香　　　　　　　D. 白豆蔻

15. 唐代对（　　　）实行禁榷制度

A. 盐　　　　　　　　B. 铁　　　　　　　　C. 茶　　　　　　　　D. 酒

16. 下列关于唐朝对外国人在中国境内活动的表述，正确的是（　　　）

A. 外国人非法入境，与中国人从事货物交易活动，比照中国人非法出境从事货物交易活动治罪

B. 外国人因出使进入中国境内而从事货物交易活动，计赃准盗论

C. 外国人非法入境，与中国人从事货物交易活动，计赃准盗论

D. 外国人因出使进入中国境内而从事货物交易活动，比照中国人非法出境从事货物交易活动治罪

17. 在唐朝，下列符合死刑的执行要求的是（　　　）

A. 犯谋大逆罪，在经过一次复奏后即可执行死刑

B. 犯恶逆罪，在秋冬才能执行死刑

C. 各州的死刑案，经大理寺批准后执行死刑

D. 犯谋叛罪，在某月朔日执行死刑

18. 关于宋朝不动产买卖契约的成立要件，正确的有（　　　）

A. 先问亲邻　　　　　B. 输钱印契　　　　　C. 过割赋税　　　　　D. 原主离业

19. 宋代享有继承权的人有（　　　）

A. 在室女　　　　　　B. 遗腹子　　　　　　C. 户绝之女　　　　　D. 奸生子

20. 宋朝地方机构新设路一级政权，实际上是中央派出机构，其长官是（　　　）

A. 经略安抚使（帅司）　　　　　　　　　　B. 转运使（漕司）

C. 提点刑狱使（宪司）　　　　　　　　　　D. 提举常平使（仓司）

21. 下列选项中，属于宋朝刑罚制度的是（　　　）

A. 折杖法　　　　　　B. 廷杖　　　　　　　C. 刺配　　　　　　　D. 凌迟

22. 下列选项中，属于西夏法典的是（　　　）

A. 《咸雍条例》　　　　　　　　　　B. 《贞观玉镜统》
C. 《亥年新法》　　　　　　　　　　D. 《泰和律令敕条格式》

三、简答题

1. 简述唐代关于自首的规定。
2. 简述唐代对婚姻缔结的限制。
3. 简述宋朝鞫谳分司制度。

四、分析题

1. 诸断罪而无正条，其应出罪者，则举重以明轻；其应入罪者，则举轻以明重。

——《唐律疏议·名例》

请结合中国法制史的有关知识，分析上述材料并回答下列问题：
（1）上述材料反映了唐朝哪一项定罪量刑的主要原则？
（2）这项原则的含义是什么？
（3）唐朝制定此原则体现了立法者的什么精神？

2. 诸官司入人罪者，若入全罪以全罪论，从轻入重以所剩论；刑名易者：从笞入杖、从徒入流亦以所剩论。从笞杖入徒流、从徒流入死罪亦以全罪论。其出罪者，各如之。即断罪失于入者，各减三等；失于出者，各减五等。

——《唐律疏议·断狱》

请运用中国法制史的基本知识，分析上述材料并回答下列问题：
（1）"入罪""出罪"的含义是什么？
（2）唐律关于司法官员"出入人罪"的处罚原则是什么？
（3）如何评价唐朝的该条规定？

3. 诸犯罪未发而自首者，原其罪。……即自首不实及不尽者，以不实不尽之罪罪之，至死者听减一等。……其于人损伤，于物不可备偿，即事发逃亡，若越度关及奸，并私习天文者，并不在自首之例。

——《唐律疏议·名例》

请运用中国法制史的知识和理论，分析上述材料并回答下列问题：
（1）这段文字体现了唐律的什么原则？
（2）该项原则的例外情况有哪些？
（3）解释"自首不实"和"自首不尽"的含义。

4. 枉法赃，谓受人财为曲法处分事者，一尺杖一百，已上每一匹加一等，止十五匹绞。不枉法赃，谓虽受财，依法处分者，一尺杖九十，二匹加一等，止三十匹加役流……强盗赃，谓以威力取其财，并与药酒及食使狂乱取财，不得，徒二年；得财一尺徒三年，二匹加一等，十匹以上绞。窃盗赃者，谓私窃人财，不得，笞五十；得财一尺杖六十，一匹加一等，五匹徒一年，又每五匹加一等，五十匹止加役流。受所监临赃者，谓不因公事受部人财物者，一尺笞四十，每一匹加一等，至八匹徒一年，又每八匹加一等，五十匹罪止流二千里。坐赃者，谓非监临主司而因事受财者，一尺笞二十，每一匹加一等，至十匹徒一年，每十匹加一等，五十疋罪止徒三年。自外诸条皆约此六赃为罪。

——《唐六典》

请根据上述材料回答下列问题：

（1）概括说明唐朝六赃犯罪的具体情形。

（2）简要概括唐朝六赃犯罪的处罚原则并说明各罪的定罪量刑。

（3）如何评价上述规定？

第五章　元明清法律制度

📝 **章节提要**　元明清的法律制度在中国法制史的考核中所占的比重较大，本部分出现的成文法典数量较多。考生需要对每部法典在教材中涉及的知识予以全部掌握；与此同时，也要树立时间意识，正确地界定好法典和朝代的对应关系，以便于选择题的作答。

一、单项选择题

1. 下列法典中，最早附有五服图的是（　　　）

A. 《泰始律》　　　　B. 《元典章》　　　　C. 《大明律》　　　　D. 《大清律例》

2. 首创以程朱理学为内容的经义取士制度的是（　　　）

A. 宋朝　　　　B. 元朝　　　　C. 明朝　　　　D. 清朝

3. 清朝仅次于死刑的重刑是（　　　）

A. 流刑　　　　B. 充军　　　　C. 发遣　　　　D. 刺字

4. 清朝各级政府衙门中从事文书工作的人员是（　　　）

A. 幕友　　　　B. 师爷　　　　C. 胥吏　　　　D. 县尉

5. 下列关于元朝立法指导思想的说法错误的是（　　　）

A. 因俗而治　　　　B. 附会汉法　　　　C. 官分南北　　　　D. 分而治之

6. 元朝统一中国后颁布的第一部比较系统的成文法典是（　　　）

A. 《条画五章》　　　　B. 《大扎撒》　　　　C. 《至元新格》　　　　D. 《元典章》

7. 元朝地方官员对世祖以来约五十年间有关政治、经济、军事、法律等方面的圣旨条例进行汇编的法律是（　　　）

A. 《大扎撒》　　　　B. 《至元新格》　　　　C. 《大元通制》　　　　D. 《元典章》

8. 元顺帝至正六年（1346年）颁布的（　　　）是对《大元通制》的修订补充

A. 《条画五章》　　　　B. 《大扎撒》　　　　C. 《至正条格》　　　　D. 《元典章》

9. 元朝仿效《唐六典》而编订的典章汇编是（　　　）

A. 《大元通制》　　　　B. 《经世大典》　　　　C. 《至正条格》　　　　D. 《元典章》

10. 元朝罪名体系最为显著的变化是（　　　）罪名的确立

A. 强奸罪　　　　B. 奸淫幼女罪　　　　C. 强奸幼女罪　　　　D. 拐卖幼女罪

11. 在元朝，对"幼女"年龄，界定在（　　　）

A. 16 岁以下　　　　B. 14 岁以下　　　　C. 18 岁以下　　　　D. 10 岁以下

12. 下列关于元朝婚姻与继承制度的说法，不正确的是（　　　）

A. 元朝在婚姻方面仍保持着某些蒙古族原有的传统，不强求划一

B. 元朝建立婚姻关系必须订立婚书

C. 关于婚姻的限制和解除，元朝基本上沿用唐宋旧法，但不似唐宋那样严格

D. 在继承方面，蒙古人和色目人都要依照元朝法律，不允许变通本俗法

13. 对媒妁进行规范化管理，只有经基层官员、地方长老等保举推荐的"信实妇人"才能充任媒妁的朝代是（　　）

A. 唐朝　　　　　　　B. 宋朝　　　　　　　C. 元朝　　　　　　　D. 明朝

14. 元朝的"充警迹人，红泥粉壁"制度，通过昭示盗贼犯人之劣迹，以彰其过，达到"自警亦警"人目的，类似现代的哪项制度（　　）

A. 缓刑　　　　　　　B. 管制刑　　　　　　C. 禁止令制度　　　　D. 社区矫正制度

15. 在元朝，取代隋唐三省的是（　　）

A. 中书省　　　　　　B. 门下省　　　　　　C. 尚书省　　　　　　D. 刑部

16. 终元一世，"非国姓不以授"的官职是（　　）

A. 吏部尚书　　　　　B. 御史大夫　　　　　C. 肃政廉访使　　　　D. 丞相

17. 元朝上都、大都所属蒙古人、色目人与汉人相犯的案件，普通司法机关无权管辖，须由专门机构审理裁决。该专门机构是（　　）

A. 理藩院　　　　　　B. 大理寺　　　　　　C. 宣政院　　　　　　D. 大宗正府

18. 结束了以诗赋取士的历史，首创以程朱理学为内容的经义取士制度的朝代是（　　）

A. 元　　　　　　　　B. 明　　　　　　　　C. 宋　　　　　　　　D. 清

19. 我国实体法和程序法开始逐步分离始于（　　）

A. 唐朝　　　　　　　B. 宋朝　　　　　　　C. 元朝　　　　　　　D. 清朝

20. 为贯彻"刑乱国用重典"的方针，防止"法外遗奸"，朱元璋御制（　　）

A. 《大明律》　　　　B. 《大诰》　　　　　C. 《问行条例》　　　D. 《大明会典》

21. 明朝官修的一部行政法规汇编被叫作（　　）

A. 《大明律》　　　　B. 《大诰》　　　　　C. 《问行条例》　　　D. 《大明会典》

22. 在明朝，被视为通行不改的国家大法为（　　）

A. 《大明律》　　　　B. 《大明会典》　　　C. 《大明令》　　　　D. 《大诰》

23. 最早将例附于律文之后，律例合编的法典是（　　）

A. 唐律　　　　　　　B. 宋刑统　　　　　　C. 元律　　　　　　　D. 明律

24. 帝制中国最后一部令典是（　　）

A. 《大清令》　　　　B. 《大明令》　　　C. 《大宋令》　　　　D. 《大诰》

25. 在明朝，皇帝处罚大臣的特殊刑罚是（　　）

A. 充军　　　　　　　B. 发遣　　　　　　　C. 枷号　　　　　　　D. 廷杖

26. 在明朝时期，设申明亭于各州县乡间，由本里百姓推举正直乡里耆老、里长主持，申明亭不审理的案件是（　　）

A. 婚姻　　　　　　　B. 田土　　　　　　　C. 斗殴　　　　　　　D. 谋反

27. 明洪武三十一年，某省布政使上书皇帝，嘉言宰执大臣"美政才德"。依照《大明律》的规定，该上书行为构成的罪名是（　　）

A. 内乱　　　　　　　B. 左官　　　　　　　C. 奸党　　　　　　　D. 谋大逆

28. 关于明朝婚姻家庭继承法律制度的说法，下列表述不正确的是（　　）

A. 主婚权属于祖父母、父母，嫁娶违律的，独坐主婚者

B. 七出仍是丈夫休妻的理由，义绝不再成为婚姻解除的条件

C. 婚姻缔结须有婚书和聘礼，同姓、同宗无服亲及良贱不得为婚

D. 继承采取"嫡庶无别，诸子均分"的原则，承认奸生子的继承权

29. 在明朝，官员致仕的年龄是（　　　）

A. 50 岁   B. 60 岁   C. 70 岁   D. 80 岁

30. 在明朝，被称为"风宪衙门"的机关是（　　　）

A. 御史台   B. 都察院   C. 大理寺   D. 刑部

31. 在明朝，由刑部、大理寺和都察院组成的联合审判制度被称为（　　　）

A. 三司会审   B. 朝审   C. 热审   D. 大审

32. 中国历史上废除丞相制度的皇帝是（　　　）

A. 明太祖   B. 明惠帝   C. 明成祖   D. 明仁宗

33. 在明朝，一切死刑案件必须上报的中央司法机构是（　　　）

A. 大理寺   B. 都察院   C. 御史台   D. 刑部

34. 取消《大清律例》中的六律总目，第一次将法典各条按其性质分隶30门的法律是（　　　）

A.《大清现行刑律》   B.《大清新刑律》

C.《暂行新刑律》   D.《中华民国刑法》

35. 下列法典中，增设了总理各国事务衙门的机构和权限的是（　　　）

A.《雍正会典》   B.《乾隆会典》   C.《嘉庆会典》   D.《光绪会典》

36. 清朝的下列法典中，颁行最早的是（　　　）

A.《大清律例》   B.《大清律集解附例》

C.《大清律集解》   D.《康熙会典》

37. 下列属于清朝创设的刑罚有（　　　）

A. 迁徙   B. 枷号   C. 充军   D. 发遣

38. 清代发遣的对象是（　　　）

A. 犯徒罪以上的文武官员   B. 犯杖刑以上的文武官员

C. 犯徒罪以下的文武官员   D. 犯杖刑以下的文武官员

39. 清朝民间的不动产典当契约最长期限为（　　　）

A. 10 年   B. 20 年   C. 25 年   D. 30 年

40. 下列继承制度中，由清朝独创的是（　　　）

A. 嫡长子继承制   B. 诸子均分制   C. 独子兼祧   D. 寡妇享有继承权

41. 在清朝，全国最高监察机关是（　　　）

A. 刑部   B. 大理寺   C. 都察院   D. 理藩院

二、多项选择题

1. 关于元朝的"警迹人"制度，下列说法正确的是（　　　）

A. 强盗、窃盗罪犯在服刑完毕后，发付原籍充"警迹人"

B. "警迹人"五年不犯者除籍，再犯者终身拘籍

C. 该制度可以达到"自警亦警人"目的

D. 该制度有些类似于现代的社区矫正制度

2. **明朝诉讼制度的特点主要有（　　　）**

A. 严厉制裁诬告行为

B. 军官、军人诉讼一般不受普通司法机构管辖

C. 明确地域管辖的原则

D. 强调以民间半官方组织调解"息讼"

3. **下列不属于元朝立法指导思想的是（　　　）**

A. 详译明律，参以国制　　　　　　　B. 缘法而治，严刑重法

C. 祖述变通，附会汉法　　　　　　　D. 无为而治，约法省刑

4. **元朝的死刑包括（　　　）**

A. 凌迟　　　　　　B. 绞　　　　　　C. 斩　　　　　　D. 杖毙

5. **下列关于元朝监察制度的说法，正确的是（　　　）**

A. 加强监察立法，使监察有法可依，有章可循

B. 监察体制设置严密，并且赋予其较大的权限

C. 重视加强对监察官本身的监督

D. 体现民族歧视政策

6. **以下属于明朝的立法指导思想的有（　　　）**

A. 一断于法　　　　B. 刑无等级　　　C. 刑乱国用重典　　　D. 明刑弼教

7. **关于明朝时期的厂卫机构，下列说法正确的是（　　　）**

A. 厂卫干预司法活动，是明朝一大弊政

B. "厂"是直属皇帝的特务机构，包括东厂、西厂和内行厂

C. 厂卫机构属于国家正式的司法机关

D. 厂卫之制是皇权高度集中和恶性发展的产物

8. **明朝的会审方式有（　　　）**

A. 九卿会审　　　　B. 朝审　　　　　C. 热审　　　　　D. 秋审

9. **下列属于明朝的中央司法机构的是（　　　）**

A. 大理寺　　　　　B. 刑部　　　　　C. 御史台　　　　　D. 都察院

10. **下列属于清朝制定的少数民族法规的有（　　　）**

A. 《理藩院则例》　　　　　　　　　　B. 《蒙古律例》

C. 《回疆则例》　　　　　　　　　　　D. 《西宁青海番夷成例》

11. **下列刑种中，属于流徙类的是（　　　）**

A. 枷号　　　　　　B. 充军　　　　　C. 发遣　　　　　D. 凌迟

12. **清朝人身依附关系削弱的表现有（　　　）**

A. 废除匠籍制度　　　　　　　　　　　B. 雇工人的地位有所改善

C. 部分贱籍豁免从良　　　　　　　　　D. 奴婢可以开户为民

13. **下列属于清朝的会审制度的有（　　　）**

A. 九卿会审　　　　B. 秋审　　　　　C. 大审　　　　　D. 热审

14. **清朝律例规定在农忙季节（四月初一至七月三十）不得控告哪些案件（　　　）**

A. 民事案件　　　　B. 刑事案件　　　C. 行政案件　　　D. 轻微刑事案件

15. **关于中国古代诉讼、审判制度的说法，下列选项正确的是（　　　）**

A. 西周时期"听讼"为审理民事案件，"断狱"为审理刑事案件

B. 唐代县以下乡官、里正对犯罪案件具有纠举责任，对轻微犯罪与民事案件具有调解处理的权力

C. 明代的大审是一种会审制度，每三年举行一次

D. 清末改大理寺为大理院，为全国最高审判机关

三、简答题

1. 简述元朝监察制度的发展。

2. 简述明朝诉讼制度的特点。

3. 简述清朝秋审制度中的五种处理情况。

四、分析题

1. 若亭疑献决，而囚有番异，则改调隔别街门问拟。二次番异不服，则具奏，会九卿鞫之，谓之圆审。至三四讯不服，而后请旨决焉。

——《明史》

请结合以上材料，回答下列问题：

（1）上述材料反映的是哪一项制度？

（2）该制度反映的是哪种统治思想？

2. 事关典礼及风俗教化等事，唐律较明律为重；贼、盗及有关带项、钱粮等事，明律则又较唐律为重。

——《唐明律合编》

请分析上述文字所反映的具体制度及其历史渊源。

第六章　清末民初的法律制度

章节提要　本章在法硕考试中主观题部分涉及的可能性比较大，对于可以分成几点来回答的内容要格外重视。此外，由于清末到南京国民政府时期出现的法律文本的名字相似的很多，考生需要细心区分，建议可以自行构架时间图表，以防止出现记混的状况。

一、单项选择题

1. 清末修律的指导思想是（　　　　）

A. 详译明律，参以国制
B. 大权统于朝廷，庶政公诸舆论

C. 中外通行，有裨治理
D. "隆礼"与"重刑"并重

2. 预备立宪时期，清政府设立的地方咨询机关叫作（　　　　）

A. 咨询局
B. 谘议局
C. 资政院
D. 咨询院

3. 关于清末"预备立宪"，下列选项正确的是（　　　　）

A. 1908 年颁布的《钦定宪法大纲》作为中国近代史上第一部宪法性文件，确立了资产阶

级民主共和国的国家制度

B. 《十九信条》取消了皇权至上，大大缩小了皇帝的权力，扩大了国会与内阁总理的权力

C. 清末成立的资政院是中国近代第一届国家议会

D. 清末各省成立了咨（谘）议局作为地方督抚的咨询机关，权限包括讨论本省兴革事宜、预算决算等

4. 清末时期，确定"大权统于朝廷，庶政公诸舆论"立法原则的文件是（　　　）

A. 《钦定逐年筹备事宜清单》　　　　　　B. 《钦定宪法大纲》

C. 《宣示预备立宪先行厘定官制谕》　　　D. 《宪法重大信条十九条》

5. 清末，修订法律馆与礼学馆于 1911 年 10 月，共同完成《大清民律草案》。下列有关该草案的表述中，错误的是（　　　）

A. 《大清民律草案》的结构顺序是：总则、债权、物权、亲属、继承

B. 日本法学家参与了《大清民律草案》的起草工作

C. 《大清民律草案》的基本思路体现了"中学为体、西学为用"的精神

D. 《大清民律草案》已经正式公布，但未及实施，清王朝即告崩溃

6. 清末资政院正式设立于（　　　）

A. 1907 年　　　　　B. 1908 年　　　　　C. 1909 年　　　　　D. 1910 年

7. 下列关于清末预备立宪的表述，不正确的是（　　　）

A. 清政府于 1905 年正式打出"仿行宪政"的旗号

B. 立宪指导原则是"大权统于朝廷，庶政公诸舆论"

C. 1908 年 8 月 27 日，《钦定逐年筹备事宜清单》颁布，规定预备立宪期为五年

D. 筹备期内官制改革强化了满洲亲贵的中央集权，使督抚对清廷的离心力加大，满汉矛盾趋于尖锐，从而加速了清廷的灭亡

8. 中国历史上第一部民法草案共分五编，其中由修订法律馆会同礼学馆起草的部分是（　　　）

A. 总则　　　　　B. 债权　　　　　C. 物权　　　　　D. 继承

9. 在清朝末期，设立的专门修律的机构是（　　　）

A. 资政院　　　B. 修订法律馆　　　C. 宪政编查馆　　　D. 考查政治馆

10. 《十九信条》的制定机构是（　　　）

A. 宪政编查馆　　　B. 谘议局　　　C. 修订法律馆　　　D. 资政院

11. 中国历史上第一个宪法性文件是（　　　）

A. 《钦定宪法大纲》　　　　　　　　B. 《十九信条》

C. 《中华民国临时约法》　　　　　　D. 1923 年《中华民国宪法》

12. 清政府于辛亥革命爆发后制定的又一个宪法性文件是（　　　）

A. 《钦定宪法大纲》　　　　　　　　B. 《十九信条》

C. 《大清现行刑律》　　　　　　　　D. 《大清新刑律》

13. 中国历史上第一部近代意义上的专门刑法典是（　　　）

A. 《大清现行刑律》　　　　　　　　B. 《大清新刑律》

C. 《中华民国临时约法》　　　　　　D. 《暂行新刑律》

14. 下列关于《大清现行刑律》的表述，正确的是（　　　）

A. 取消了十恶、八议、官当以及按官秩、良贱、服制等刑律适用原则

B. 在体例上抛弃了以往旧律"诸法合体"的编纂形式

C. 在《大清律例》的基础上作局部调整删改而成

D. 主刑包括死刑（仅绞刑一种）

15. 关于《大清民律草案》，下列说法不正确的是（　　　）

A. 《大清民律草案》的制定由修订法律馆与礼学馆共同承担

B. 该草案在制定后即刻正式颁布

C. 该草案充分考虑了中国特定的国情民风，确定最适合中国风俗习惯的法则

D. 前三编以模范列强为主，后两编以固守国粹为主

16. 中国近代意义上第一部法院编制法是（　　　）

A. 《大理院编制法》　　　　　　　　B. 《大理院诉讼编制法》

C. 《大理院审判编制法》　　　　　　D. 《大理院法官编制法》

17. 《大清民律草案》的最后一编是（　　　）

A. 债　　　　　　　B. 物　　　　　　　C. 亲属　　　　　　　D. 继承

18. 关于清末修律的表述，下列说法正确的是（　　　）

A. 清末修律进一步完善了中华法系

B. 通过修律，清政府收回了"治外法权"

C. 清末修律的成果随着清王朝的覆灭而失去影响

D. 清末修律改变了中国传统上的"诸法合体"的形式，形成了近代法律体系的雏形

19. 《钦定宪法大纲》的内容借鉴了（　　　）的宪法

A. 德国　　　　　　　B. 朝鲜　　　　　　　C. 日本　　　　　　　D. 瑞士

20. 下列关于《十九信条》的表述，不正确的是（　　　）

A. 《十九信条》是一部临时宪法，采行君主立宪政体

B. 规定宪法由资政院起草议决，由皇帝颁布之

C. 规定预决算由国会审核批准

D. 规定了广泛的人民权利

21. 关于清末法律制度的变革，下列选项正确的是（　　　）

A. 《大清现行刑律》是一部过渡性法典

B. 《大清新刑律》是清王朝正式施行的第一部近代意义上的专门刑法典

C. 清末改刑部为法部，为全国最高审判机关

D. 改四级四审制为四级两审制

22. 下列法典中，采用近代刑罚体系，规定刑罚分为主刑和从刑两种的是（　　　）

A. 《十九信条》　　　　　　　　　　B. 《大清律例》

C. 《大清现行刑律》　　　　　　　　D. 《大清新刑律》

23. 清末全国最高审判机关是（　　　）

A. 大理寺　　　　　　B. 大理院　　　　　　C. 刑部　　　　　　D. 御史台

24. 清末掌管全国司法行政事务的机关是（　　　）

A. 法部　　　　　　　B. 大理院　　　　　　C. 检察厅　　　　　　D. 刑部

25. 清末在诉讼程序上实行（　　　）

A. 两审终审制　　　　B. 三审终审制　　　　C. 四级三审　　　　D. 三级两审

26. 关于《中华民国临时政府组织大纲》，下列说法不正确的是（　　　）

A. 它第一次以法律形式宣告废除封建帝制

B. 以美国的国家制度为蓝本，确立了中华民国的基本政治体制

C. 实行三权分立的原则

D. 临时政府为责任内阁制

27. 北洋政府时期，规定大总统的任期为10年，可连选连任的法律是（　　　）

A. 《中华民国宪法草案》"天坛宪草"　　B. 《中华民国约法》"袁记约法"

C. 《修正大总统选举法》　　　　　　D. 《中华民国宪法》"贿选宪法"

28. 被称为"贿选宪法"的法律文件是（　　　）

A. 《钦定宪法大纲》　　　　　　　B. 《中华民国宪法草案》

C. 1923年《中华民国宪法》　　　　D. 1947年《中华民国宪法》

29. 中国近代宪法史上公布的第一部正式宪法是（　　　）

A. 《临时约法》　　　　　　　　　B. 《中华民国约法》

C. 1923年《中华民国宪法》　　　　D. 1947年《中华民国宪法》

30. 中国近代第一部资产阶级共和国性质的宪法文件是（　　　）

A. 《中华民国临时政府组织大纲》　　B. 《中华民国临时约法》

C. 1923年《中华民国宪法》　　　　D. 1947年《中华民国宪法》

31. 下列关于《临时约法》主要内容的表述，正确的是（　　　）

A. 主要特点是对袁世凯加以限制和防范

B. 采用总统制的政体

C. 规定不得对《临时约法》进行修改

D. 规定行政权力由大总统与内阁总理共同行使

32. 南京临时政府时期的最高司法行政机关为（　　　）

A. 最高法院　　　B. 司法部　　　C. 中央审判所　　　D. 刑部

33. 律师制度是在（　　　）开始试行的

A. 清末　　　　　　　　　　　　B. 南京临时政府时期

C. 北洋政府时期　　　　　　　　D. 南京国民政府时期

34. 北洋政府时期的第一部宪法草案是（　　　）

A. 《中华民国宪法草案》　　　　　B. 《中华民国约法》

C. 《中华民国宪法》　　　　　　　D. 《暂行新刑律》

35. 下列法典中，取消了国会制并设立了有名无实的立法院的是（　　　）

A. 《中华民国宪法草案》　　　　　B. 《中华民国约法》

C. 《中华民国宪法》　　　　　　　D. 《暂行新刑律》

36. 北洋政府时期的最高审判机关是（　　　）

A. 最高法院　　　B. 高等审判庭　　　C. 大理院　　　D. 刑部

37. 北洋政府时期执掌行政诉讼审判的机构是（　　　）

A. 大理院　　　B. 平政院　　　C. 最高法院　　　D. 司法部

38. 南京临时政府时期采取措施发展文化教育，下列说法错误的是（　　　）

A. 奖励女学　　　　　　　　　　B. 实行男女同校

C. 禁用前清学部颁行的教科书　　　D. 鼓励男女读经

1. 清末商事立法的主要特点是（　　　）

A. 以"模范列强"和"博稽中外"为立法原则

B. 采取了一系列与商为便的规定

C. 客观上有利于鼓励私人投资近代企业

D. 带有半殖民地法律的烙印

2. 清末礼法之争中，礼教派的代表人物有（　　　）

A. 张之洞　　　　　B. 劳乃宣　　　　　C. 沈家本　　　　　D. 杨度

3. 清末对司法组织体制进行的调整有（　　　）

A. 改刑部为法部　　　　　　　　　B. 改大理寺为大理院

C. 改省按察使司为提法使司　　　　D. 实行审检分离

4. 北洋政府时期的正式法律渊源有（　　　）

A. 法律　　　　　B. 单行法规　　　　　C. 判例　　　　　D. 解释例

5. 下列选项中属于清末五大臣上书"立宪之预备"中的"立宪三大利"的是（　　　）

A. 皇位永固　　　　　B. 帝制长久　　　　　C. 外患渐轻　　　　　D. 内乱可弭

6. 关于咨议局的表述，下列说法错误的是（　　　）

A. 咨议局负责"指陈通省利病，筹计地方治安"

B. 咨议局对于地方督抚具有监督、裁决之权

C. 咨议局具有地方议会的性质

D. 可以"议决"法典的修订

7. 1903 年，清廷派大臣（　　　）拟定商律

A. 载振　　　　　B. 沈家本　　　　　C. 伍廷芳　　　　　D. 袁世凯

8. 下列关于《钦定宪法大纲》的表述正确的是（　　　）

A. 《钦定宪法大纲》由宪政编查馆编订

B. 《钦定宪法大纲》是中国历史上的第一部宪法

C. 《钦定宪法大纲》是中国历史上的第一个宪法性文件

D. 《钦定宪法大纲》在中国历史上第一次明确规定了皇权的"法定"

9. 以下属于清末礼法之争中的争论焦点的是（　　　）

A. 关于"干名犯义"条存废　　　　B. 关于"存留养亲"

C. 关于"无夫奸"及"亲属相奸"　　D. 关于"子孙违犯教令"

10. 《大清民律草案》的前三编引进了（　　　）的民法条文

A. 德国　　　　　B. 朝鲜　　　　　C. 日本　　　　　D. 瑞士

11. 关于《大清现行刑律》的特点，下列说法正确的是（　　　）

A. 改律名为"刑律"　　　　　　　　B. 取消了《大清律例》中的六律总目

C. 纯属于民事性质的条款不再科刑　　D. 删除了妨害国交罪

12. 《大清民律草案》中，（　　　）是由日本法学家草拟的

A. 总则　　　　　B. 亲属　　　　　C. 债　　　　　D. 继承

13. 属于《大清新刑律》规定的刑罚种类的是（　　　）

A. 流刑　　　　　B. 管制　　　　　C. 有期徒刑　　　　　D. 无期徒刑

14. **清末颁行的商事法律有（　　　）**

A. 《钦定大清商律》

B. 《破产律》

C. 《公司注册试办章程》

D. 《商标注册试办章程》

15. **下列关于《大清新刑律》的表述，正确的是（　　　）**

A. 采用罪刑法定主义原则

B. 在体例上抛弃了旧律"诸法合体"的编纂形式

C. 具有浓厚礼教色彩

D. 是清政府于1911年1月公布的中国历史上第一部近代意义上的专门刑法典

16. **下列属于《大清新刑律》的特点的是（　　　）**

A. 主刑包括死刑、无期徒刑、有期徒刑、拘役、罚金

B. 取消了十恶、八议、官当以及按官秩、良贱、服制等刑律适用原则

C. 在各省设感化院，对少年犯改用惩治教育

D. 将法典各条按其性质分隶30门

17. **为了限制袁世凯独裁专制，《中华民国临时约法》（　　　）**

A. 规定了总统制

B. 规定了责任内阁制

C. 进一步扩大参议院的权力

D. 规定了严格的修改程序

18. **下列选项中，属于《中华民国临时约法》内容的是（　　　）**

A. 明确宣示中华民国为统一的民主共和国

B. 确立了资产阶级民主共和国的政治体制和国家制度

C. 规定人民享有广泛的权利以及应尽的义务

D. 确认保护私有财产的原则

19. **南京临时政府颁布的社会改革法令包括（　　　）**

A. 禁烟令　　　　B. 禁赌令　　　　C. 剪辫令　　　　D. 劝禁缠足令

20. **以下列举的属于中华民国南京临时政府颁布的革命法令的是（　　　）**

A. 《易答条例》

B. 《保护人民财产令》

C. 《徒刑改遣条例》

D. 《大总统令内务部禁止买卖人口文》

21. **以下属于北洋政府时期制定的重要宪法性文件的是（　　　）**

A. 临时约法　　　B. 袁记约法　　　C. 天坛宪草　　　D. 贿选宪法

22. **下列选项中属于北洋政府立法活动特点的是（　　　）**

A. 采用、删改清末新订之法律

B. 采用西方资本主义国家的某些立法原则

C. 制定颁布众多单行法规

D. 判例和解释例成为重要的法律渊源

23. **下列属于北洋政府时期颁布的单行法规的是（　　　）**

A. 《戒严法》

B. 《海军刑事条例》

C. 《羁押法》

D. 《监狱行刑法》

24. **下列关于北洋政府时期的表述，正确的是（　　　）**

A. 1913年《天坛宪草》规定了国会制

B. 1914年《中华民国约法》设立了立法院，之前由参政院代为行使职权

C. 1914年《修正大总统选举法》规定总统可连选连任

D. 北洋政府时期的民事制定法采用了《大清现行刑律》中的有关民事规范

三、简答题

1. 简述《大清民律草案》的立法原则和特点。
2. 简述清末商事立法的主要特点。

四、分析题

现在通商交涉。事益繁多。著派沈家本、伍廷芳将一切现行律例。按照交涉情形。参酌各国法律。悉心考订。妥为拟议。务期中外通行。有俾治理。

——《光绪朝东华录》

请结合对上述材料的理解，简要分析材料体现的内涵。

第七章　南京国民政府及中国共产党领导下的革命根据地法律制度

章节提要　本章的重点是南京国民政府法律制度，该部分在真题中出简答题的概率非常高，要给予高度重视。革命根据地时期法律内容较少，但是与新中国成立后的当今社会生活贴切程度很高，常出现的考点集中于土地相关制度、农工相关制度和婚姻相关制度三个方面，考生在复习的过程中可以按照这个线索进行串联。

一、单项选择题

1. 抗日民主政权时期，在未经土改的地区，地主出租土地的地租必须比抗战以前原租额减轻（　　　）
A. 20%　　　　　　B. 25%　　　　　　C. 30%　　　　　　D. 35%

2. 南京国民政府立法活动的主要原则是坚持"党治"，下列关于"党治"的说法正确的是（　　　）
A. 党治即由各党派共同立法　　　　B. 党治即由国共两大党主持立法
C. 党治即由国民党垄断立法权　　　　D. 党治即由国民党的党规作为法律法规

3. 1946—1949 年是国民党政权"法统"的（　　　）
A. 形成时期　　　B. 发展时期　　　C. 曲折时期　　　D. 完善和崩溃时期

4. 依照《中华民国训政时期约法》的规定，训政时期中华民国最高的训政者是（　　　）
A. 国民全体　　　B. 国民大会　　　C. 国民党　　　　D. 立法院

5. 南京国民政府立法指导思想的核心是（　　　）
A. 权能分治　　　B. 建国三时期　　　C. 训政保姆论　　　D. 三民主义

6. （　　　）的编纂标志着国民政府六法体系的建构完成
A. 《六法全书》　　　　　　　　B. 五五宪草
C. 《训政纲领》　　　　　　　　D. 1947 年《中华民国宪法》

7. 下列关于 1935 年《中华民国刑法》的表述，不正确的是（　　　）

A. 在立法原则方面，继受了罪刑法定、罪刑相适应以及刑罚人道主义等原则

B. 刑法典保留了更多传统中国刑法的痕迹，如对侵害直系尊亲属的犯罪行为采取加重处罚原则

C. 规定禁止纳妾

D. 同居相为隐原则得到一定的体现

8. 中国历史上第一部正式颁行的民法典是（　　　　）

A. 《大清民事草案》 　　　　B. 《中华民国民法》

C. 《中国银行条例》 　　　　D. 《公司法》

9. 南京国民政府时期民商事立法体系是（　　　　）

A. 民商合一 　　B. 民商分立 　　C. 民商分离 　　D. 民商分开

10. 中华民国南京国民政府时期，刑事诉讼法在证据制度方面采取的是（　　　　）原则

A. 口供为主 　　B. 证据法定 　　C. 自由心证 　　D. 自己举证

11. 1936 年，中华民国南京国民政府普通法院的诉讼制度是（　　　　）

A. 四级三审制 　　B. 三级三审制 　　C. 四级两审制 　　D. 三级两审制

12. 南京国民政府时期，负责行使解释宪法及统一解释法律命令职权的机关是（　　　　）

A. 行政院 　　B. 立法院 　　C. 司法院 　　D. 检察院

13. 关于《中华苏维埃共和国宪法大纲》，下列说法不正确的是（　　　　）

A. 它规定了苏维埃国家性质是工人和农民的民主专政国家

B. 它规定苏维埃国家政治制度是工农兵代表大会

C. 它规定并保障了苏维埃国家公民的权利与义务

D. 它严格区分了民主革命和社会主义的界限

14. 《中国土地法大纲》颁布于（　　　　）

A. 土地革命时期 　　B. 抗日战争时期 　　C. 解放战争时期 　　D. 新中国成立初期

15. （　　　　）纠正了《井冈山土地法》"没收一切土地"的错误，改为"没收一切公共土地及地主阶级的土地"

A. 《中华苏维埃共和国宪法大纲》 　　B. 《兴国土地法》

C. 《中华苏维埃共和国劳动法》 　　D. 《陕甘宁边区施政纲领》

16. 确立了"减租减息"原则的法律是（　　　　）

A. 《井冈山土地法》 　　　　B. 《兴国土地法》

C. 《陕甘宁边区施政纲领》 　　D. 《抗日救国十大纲领》

17. 实行"没收地主土地，进行土地改革"政策的文件是（　　　　）

A. 《中国土地法大纲》 　　　　B. 《五四指示》

C. 《抗日救国十大纲领》 　　D. 《中国人民解放军宣言》

18. 《中华苏维埃共和国劳动法》中规定的工作制是（　　　　）

A. 6 小时 　　B. 8 小时 　　C. 10 小时 　　D. 12 小时

19. 明确出现过 10 小时工作制的是（　　　　）

A. 工农民主政权期 　　　　B. 抗日民主政权时期

C. 解放战争时期 　　　　D. 南京国民政府时期

20. 抗日民主政权时期，女性的法定最低结婚年龄为（　　　　）

A. 16 周岁 　　B. 18 周岁 　　C. 20 周岁 　　D. 22 周岁

21. 关于抗日民主政权时期的婚姻立法的主要内容，下列说法正确的是（　　）

A. 规定男性的最低婚龄为 22 周岁　　　　B. 未将重婚规定为法定的离婚条件

C. 规定了男女平等的原则　　　　　　　　D. 没有规定离婚后子女的抚养问题

22. 抗日民主政权制定的最具代表性的宪法性文件是（　　）

A. 《陕甘宁边区施政纲领》　　　　　　　B. 《中华苏维埃共和国惩治反革命条例》

C. 《中华苏维埃共和国宪法大纲》　　　　D. 《中华苏维埃共和国劳动法》

23. 工农民主政权时期，苏区主要负责反革命案件的侦查、预审、提起公诉等工作的单位是（　　）

A. 国家保卫局　　　B. 国家政治局　　　C. 国家政治保卫局　　　D. 国家保卫政治局

24. "管制"这一刑种出现在（　　）

A. 清朝末年　　　　　　　　　　　　　　B. 工农民主政权时期

C. 抗日民主政权时期　　　　　　　　　　D. 解放战争时期

25. "首恶者必办，胁从者不问，立功者受奖"，明确提出这一刑法原则是在（　　）

A. 工农民主政权时期　　　　　　　　　　B. 抗日民主政权时期

C. 解放战争时期　　　　　　　　　　　　D. 新中国成立初期

26. 确立了"三三制"的政权组织原则的宪法性文件是（　　）

A. 《陕甘宁边区施政纲领》　　　　　　　B. 《陕甘宁边区宪法原则》

C. 《抗日救国十大纲领》　　　　　　　　D. 《中华苏维埃共和国宪法大纲》

27. 人民调解制度得到普遍的发展是在（　　）

A. 工农民主政权时期　　　　　　　　　　B. 抗日民主政权时期

C. 解放战争时期　　　　　　　　　　　　D. 新中国成立以后

28. 规定采取人民代表会议制的政权组织形式的宪法性文件是（　　）

A. 《中华苏维埃共和国宪法大纲》　　　　B. 《华北人民政府施政方针》

C. 《陕甘宁边区施政纲领》　　　　　　　D. 《陕甘宁边区宪法原则》

二、多项选择题

1. 孙中山提出的权能分治理论中，治权包含（　　）权能

A. 行政　　　　　　　B. 立法　　　　　　　C. 军事　　　　　　　D. 考试

2. 关于抗日民主政权时期的人民调解制度，下列说法正确的是（　　）

A. 调解是诉讼必经程序

B. 调解的范围主要是民事纠纷和轻微刑事案件

C. 调解处理方式一般有赔礼道歉、认错、赔偿损失或抚慰金等

D. 调解一般需制作和解书

3. 下列关于《训政纲领》的说法，正确的是（　　）

A. 国民党与人民的关系上，体现了"训政保姆论"的精神

B. 属于国民大会的政权，由国民党全国代表大会代为行使

C. 属于国民政府的治权，由国民党全国代表大会及中央执行委员会代为行使

D. 国民党在训政时期真正做到了人民管理政府，政府在人民的监督下执行

4. 下列属于南京国民政府时期法律制度特点的是（　　）

A. 以孙中山的"遗教"为立法的根本原则

B. 特别法多于一般法，其效力往往也高于一般法

C. 形成了以《六法全书》为标志的国家成文法律体系

D. 不成文法在法律体系中占据重要地位

5. 关于1935年《中华民国刑法》，下列说法中正确的是（　　　）

A. 由"主观主义"改为"侧重于客观主义"

B. 由"报应主义"改为"侧重于防卫社会主义"

C. 强调"保全与教育机能"，引进保安处分制度

D. 在时间效力上取"从新从轻主义"

6. 南京国民政府采用"民商合一"的制定原则，下列选项中属于南京国民政府时期的商事立法的有（　　　）

A. 交易所法　　　　　B. 中央银行法　　　　　C. 储蓄银行法　　　　　D. 破产法施行法

7. 下列属于《中华民国民法》的内容和特点的是（　　　）

A. 采用社会本位的立法原则

B. 在无法可依的情况下，习惯及法理可作为审理民事案件的依据

C. 重在维护私有财产所有权及地主土地经营权

D. 婚姻家庭制度体现浓厚的固有法色彩

8. 南京国民政府时期，普通法院的审判机构是（　　　）

A. 特种刑事法院　　　　B. 地方法院　　　　　C. 高等法院　　　　　D. 最高法院

9. 关于《中华苏维埃共和国婚姻法》的内容，下列表述正确的是（　　　）

A. 规定婚姻自由的原则　　　　　　　B. 实行一夫一妻制

C. 禁止三代以内血亲通婚　　　　　　D. 婚姻受到严格的保护，不可离婚

10. 下列属于《中华苏维埃共和国惩治反革命条例》主要原则的有（　　　）

A. 区分主犯、首犯和附和参与者，区别对待

B. 对自首、自新者减免刑罚

C. 罪刑法定主义与类推原则相结合

D. 废止肉刑，实行革命的人道主义

11. 以下属于1939年陕甘宁边区规定的离婚条件的有（　　　）

A. 有赌博者　　　　B. 有重婚之行为者　　　C. 与他人通奸者　　　　D. 图谋陷害他方者

12. 抗日民主政权时期，各边区刑事立法确定的主要罪名有（　　　）

A. 汉奸罪　　　　　B. 破坏坚壁财物罪　　C. 贪污罪　　　　　D. 赌博罪

13. 下列属于工农民主政权时期的立法是（　　　）

A. 《井冈山土地法》　　　　　　　　B. 《中华苏维埃共和国土地法》

C. 《中国土地法大纲》　　　　　　　D. 《兴国土地法》

14. 抗日民主政权时期劳动立法的内容包括（　　　）

A. 关于工人权利的规定　　　　　　　B. 关于工资的规定

C. 关于安全生产防护的规定　　　　　D. 关于集体合同的规定

15. 在解放战争时期，处理婚姻问题在强调感情因素的同时，注重政治条件，规定夫妻一方是（　　　），对方可以据此为理由提出离婚

A. 恶霸　　　　　　B. 地主　　　　　　C. 富农　　　　　　D. 有反革命活动的人

16. 下列属于中国共产党领导下的人民民主政权建设时期的法律制度的是（　　　）

A. 《陕甘宁边区施政纲领》　　　　　　B. 《井冈山土地法》

C. 《五四指示》　　　　　　　　　　　D. 《中国土地法大纲》

17. 关于"马锡五审判方式"，下列说法正确的有（　　　）

A. 重视深入实际，调查研究，调解息讼

B. 注重诉讼程序的正规化、法典化建设

C. 开创了抗日民主政权司法民主的崭新形式

D. 创造性地把中国共产党群众路线的工作方针运用于审判实践

三、简答题

1. 简述南京国民政府时期《中华民国民法》的主要特点。

2. 简述《陕甘宁边区施政纲领》的主要内容。

3. 简述《中国土地法大纲》的主要内容。

4. 简述北洋政府时期的民事法律体系。

四、论述题

　　清末及南京临时政府司法改革的措施对当下我国的司法改革及司法公信力的提升有何启示？（法制史＋法理学，新题型）

2026 法律硕士

基础配套练习

（非法学、法学）

答案分册

文运法硕　主编

中国教育出版传媒集团
高等教育出版社·北京

图书在版编目（CIP）数据

法律硕士基础配套练习：非法学、法学．答案分册 /
文运法硕主编 . -- 北京：高等教育出版社，2025.2.
ISBN 978-7-04-064064-9

Ⅰ. D9-44

中国国家版本馆 CIP 数据核字第 2024ZR8019 号

法律硕士基础配套练习（非法学、法学）答案分册
FALÜ SHUOSHI JICHU PEITAO LIANXI （FEIFAXUE、FAXUE）DA'AN FENCE

策划编辑	逯琪琪	责任编辑	王　蓉	封面设计	贺雅馨	版式设计	徐艳妮
责任校对	马鑫蕊	责任印制	存　怡				

出版发行	高等教育出版社	网　　址	http://www.hep.edu.cn
社　　址	北京市西城区德外大街 4 号		http://www.hep.com.cn
邮政编码	100120	网上订购	http://www.hepmall.com.cn
印　　刷	保定市中画美凯印刷有限公司		http://www.hepmall.com
开　　本	787mm×1092mm　1/16		http://www.hepmall.cn
本册印张	29		
本册字数	720千字	版　　次	2025 年 2 月第 1 版
购书热线	010-58581118	印　　次	2025 年 4 月第 3 次印刷
咨询电话	400-810-0598	总定价	80.00 元

物　料　号　64064-A01

目 录

基 础 课

综 合 课

基础课

刑法学

第一章 绪论

一、单项选择题

1. C 【解析】中国公民在中国领域外犯罪，适用中国刑法。但是，按照中国刑法规定的最高刑为 3 年以下有期徒刑的，可以不予追究。中国国家工作人员和军人在中国领域外犯中国刑法规定之罪的，适用中国刑法。故国家工作人员和军人不适用"按照中国刑法规定的最高刑为 3 年以下有期徒刑的，可以不予追究"这一例外规定。村委会、居委会等基层组织人员，原则上不属于国家工作人员，如果其协助人民政府从事行政管理工作，则具备国家工作人员的身份。故 A 选项、B 选项、D 选项错误，C 选项正确。

2. A 【解析】刑法的体系指刑法的组成和结构。我国现行刑法采用大陆法系的法典模式，刑法（刑法典、狭义刑法）分为"总则"和"分则"两编，此外还有一条附则。故 A 选项表述错误，D 选项正确。我国刑法总则分为 5 章，规定的是犯罪与刑罚的通用性规则。刑法分则共 10 章，规定的是各种具体犯罪的罪状和法定刑。故 B 选项、C 选项正确。本题答案为 A。

3. D 【解析】我国《刑法》第 12 条对刑法溯及力采取从旧兼从轻原则。即对于现行刑法生效以前的未经审判或者判决尚未确定的行为，适用行为当时有效的法律。但是按照现行有效的法律不认为是犯罪或处刑较轻的，适用现行有效的法律。依据行为当时有效法律已经作出的生效判决，继续有效。故 D 选项正确。

4. C 【解析】在我国，刑法的表现形式有且仅有 3 种，即刑法典、单行刑法和附属刑法。刑法典，即全面、系统规定犯罪及其法律后果的内容的法典。单行刑法，是规定某一类犯罪及其后果或者刑法某一事项的法律。附属刑法，是指在经济、行政等非专门刑事法中附带规定的一些关于犯罪与刑罚或追究刑事责任的条款。刑法修正案是对刑法典的补充和修正，是修改刑法的方式，而非刑法的表现形式，故 A 选项错误。附属刑法仅能附带规定在法律中，不能附带规定在其他法律文件中。B 选项最高人民法院发布的司法解释的制定主体是最高人民法院，D 选项省级地方性法规的制定主体为省级人民代表大会及其常务委员会，司法解释和地方性法规均不属于法律，故上述文件中规定的关于追究刑事责任的规定不属于附属刑法，不是刑法的表现形式，故 B 选项和 D 选项错误。C 选项，《产品质量法》的制定主体是全国人民代表大会及其常务委员会，该文件属于法律，其中关于追究犯罪的规定，属于附属刑法，是刑法的表现形式，故 C 选项正确。

5. D 【解析】刑法有广义和狭义之分，广义刑法包含刑法典、单行刑法和附属刑法，狭义刑法特指刑法典。刑法典是指全面、系统规定犯罪及其法律后果的法典，刑法修正案是对刑法典部分内容的修正，其与刑法典具有同等效力。D 选项正确。单行刑法是规定某一类犯罪及其后果或者刑法某一事项的法律。目前有效的单行刑法仅有一个，即 1998 年 12 月颁布的全国人民代表大会常务委员会《关于惩治骗购外汇、逃汇和非法买卖外汇犯罪的决定》。C 选项错误。立法解释是指刑法的立法机关对刑法条文的解释。A 选项错误。附属刑法，是指在经济、行政等非专门刑事法中附带规定的一些关于犯罪与刑罚或追究刑事责任的条款。B 选项错误。因此，本题选 D。

6. A 【解析】刑法同其他法律如民法、行政法相比具有以下特征：（1）调整范围的广泛性。刑法在保护的利益与调整的对象上，比较广泛。刑法保护一切对我们社会生活至关重要的利益，从国家安全、公共安全、经济秩序到公民个人的人身权利、财产权利，而其他法律如民法、经济法、行政法可能仅涉及社会生活的某一方面或某一层面的利益与关系。严重违反其他法律的行为，就有可能进入刑法的调整范围。A 选项说刑法调整范围不具有广泛性，是错误的。（2）调整对象的专门性。刑法的任务以及实现任务的方法不同于其他法律部门。刑法主要规定犯罪，以及运用刑罚的方法同犯罪作斗争、追究犯罪人的刑事责任，而其他法律则各有自己的任务和实现的方法。B 选项说法正确。（3）刑罚制裁的严厉性。刑法的强制力度较其他法律的强制力度严厉得多。刑法的特点集中体现在其对犯罪行为设定的法律后果上，这种法律后果的严厉性是其他法律如民法、行政法所不能比拟的。违反刑法的后果是刑罚制裁，刑罚制裁的方法包括剥夺生命、自由、财产、资格等重要的权益。C 选项说法正确。（4）刑法发动的补充性和保障性。刑罚制裁的严厉性，决定了刑法需要遵循明确性和谦抑性原则、罪刑法定原则，要求适用刑罚的构成要件具体化、明确化、尽量限制刑罚的适用。作为保护社会的"最后手段"，只有当其他部门法不能充分保护某种社会关系时，才由刑法调整。所以，刑法是其他法律的保障法。D 选项说法正确。本题为选非题，因此应选 A 选项。

7. B 【解析】A 选项中，刑法相关的司法解释和立法解释，是对刑法的解释，不是法律本身，不是刑法的渊源。刑法渊源只有刑法典、单行刑法、附属刑法。故 A 选项前半句说法错误。A 选项后半句，司法解释的时间效力与刑法（刑法典、单行刑法）的时间效力也不一样。根据《刑法》第 12 条第 1 款，刑法的时间效力依照从旧兼从轻的规则，禁止不利于被告人的溯及既往。而刑法的立法解释、司法解释的时间效力，根据《最高人民法院、最高人民检察院关于适用刑事司法解释时间效力问题的规定》第 1 条，"自发布或者规定之日起施行，效力适用于法律的施行期间"。也就是说，新司法解释可以溯及既往。因此后半句说法也错误。A 选项错误。B 选项中，对于司法解释实施前发生的行为，行为时没有相关司法解释，司法解释施行后尚未处理或者正在处理的案件，依照司法解释的规定办理。也就是说，行为时无司法解释的，未决案可适用新司法解释，可溯及既往。B 选项说法正确。C 选项，对于新的司法解释实施前发生的行为，行为时已有相关司法解释的，依照行为时的司法解释办理，但适用新的司法解释对犯罪嫌疑人、被告人有利的，适用新的司法解释。也就是说，行为时有旧司法解释，审判时有新司法解释，适用从旧兼从轻的原则。C 选项说法错误。D 选项，对于在司法解释施行前已办结的案件，按照当时的法律和司法解释，认定事实和适用法律没有错误的，不再变动。也就是说，对于已审结的案件不再变动。D 选项说法错误。

8. C 【解析】刑法的机能，是指刑法能产生的积极作用。A 选项中的保障机能是指刑法在惩罚犯罪的同时，也应保障人权，既要求对犯罪的人准确定罪量刑，又要确保无罪的人不受刑罚权的非法侵害。B选项中的规制机能，是指通过明确什么行为是犯罪以及处以何种刑罚，来宣告国家禁止的行为，以实现对人的行为的规制或者约束，这是指刑法作为一种行为规范的作用。C选项中的保护机能，是指刑法通过打击犯罪来保护国家、社会和个人法益的机能。通过立法设置的每一个罪名都是为了保护特定的法益，设置破坏选举罪就是为了保障公民政治权利这种法益，因此C选项正确。D选项的威慑机能，不属于刑法的机能。

9. A 【解析】规制机能，是对人的行为进行规制或者约束的机能。其方式是将一定的行为当作犯罪，对其规定刑罚，向国民显示该行为为法律所不容许；或者要求国民不要实施特定的犯罪行为。刑法通过规定故意杀人罪来明确故意杀人行为是犯罪以及处以何种刑罚，来宣告国家禁止的行为，以实现对人的行为的规制或者约束，这是指刑法作为一种行为规范的作用。A选项正确。保护机能，即保护国家、社会和个人法益的机能。题干中给出的信息并没有体现保护法益的意思，B选项错误。保障机能，即保障公民不受国家刑罚权的非法侵害并保障犯罪人不受刑法规定之外的刑罚处罚的功能。题干中的信息没有说明刑法对公民的保障，因此C选项错误。打击犯罪不是刑法的机能，而是刑法的任务。D选项错误。

10. C 【解析】在我国，立法解释是指全国人民代表大会及其常务委员会对刑法条文的解释。A选项错误。司法解释是指最高人民法院对于法院在审判工作中具体应用刑法问题所作的解释，以及最高人民检察院对于检察院在检察工作中具体应用刑法问题所作的解释。司法解释必须是最高人民法院和最高人民检察院的官方文件所作出的解释，而不是其中的某个人的解释。B选项错误。学理解释，是指有权对刑法进行立法解释和司法解释的机构之外的机关、团体和个人对刑法条文含义的阐释。最高人民法院院长在个人著作中对法律的解释，不具有法律上的约束力，是无权解释、学理解释。C选项正确。根据解释的方法，刑法解释可分为文理解释和论理解释，文理解释是根据条文的字面含义进行说明；论理解释是根据立法的精神与目的对条文进行说明，论理解释包括目的解释、扩大解释、缩小解释、当然解释、比较解释和历史解释等，根据题目现有信息无法确定是否属于论理解释。D选项错误。

11. C 【解析】根据解释的效力，刑法解释可划分为立法解释、司法解释和学理解释；根据解释的方法，刑法解释可分为文理解释和论理解释。一般认为，论理解释包括目的解释、扩大解释、缩小解释、当然解释、比较解释和历史解释等。扩大解释，是指刑法条文的字面通常含义比刑法的真实含义窄，于是将其字面含义加以扩张，使其符合刑法真实含义。类推解释，是指需要判断的具体事实与法律规定的构成要件基本相似时，将后者的法律效果适用于前者。火车与汽车属于并列关系，完全不在汽车词义所包含范围之内，不属于扩大解释，而是类推解释。A选项错误。C选项正确。最高人民法院所作的解释是司法解释，但具体至某一法官的解释则为学理解释。B选项错误。立法解释即刑法的立法机关对刑法条文的解释，我国立法解释的主体是全国人民代表大会及其常务委员会。D选项错误。

12. C 【解析】罪刑法定原则，是指法无明文规定不为罪，法无明文规定不处罚。罪刑法定原则的基本内容包括法定化、禁止事后法、禁止类推、禁止绝对不确定的刑罚、明确性、适当性。其中，罪刑法定原则禁止事后法，即禁止事后重法溯及既往，故A选项错误。罪刑法定原则要求确定犯罪与刑罚的规范必须明确，排斥绝对不确定刑，B选项错误。罪刑法定原则禁止事后重法溯及既往，但有利于被告人的事后轻法可以溯及既往，C选项正确。罪刑法定原则排斥习惯法，禁止不利于被告人的类推解释。D 选项错误。本题答案为 C。

13. C 【解析】罪刑法定原则适用于立法、司法、执法整个过程。无论是司法解释，还是立法解释，均须符合罪刑法定原则，例如，禁止类推解释等。无论是针对立法者还是司法者，均受到罪刑法定原则的约束，A 选项错误。罪刑法定原则中的"法"指全国人民代表大会及其常务委员会制定的法律、法令，不是广义的法律，B 选项错误。罪刑法定禁止采用类推解释、习惯法、行为后的重法（对被告人不利的法律），不禁止有利于被告人的事后法，故 C 选项正确，D 选项错误。

14. B 【解析】《刑法》第 4 条规定："对任何人犯罪，在适用法律上一律平等。不允许任何人有超越法律的特权。"它意味着刑法适用平等原则要求，对所有的人，不论其社会地位高低、民族、种族、性别、职业、宗教信仰、财产状况如何，在定罪量刑以及行刑的标准上都平等地依照刑法规定处理，不允许有任何歧视或者优待。本题中，对高学历犯罪人适用刑罚进行优待，属于不合理的归罪方式，违反了刑法适用平等原则，B 选项最符合题意。罪刑法定原则，是指法律明文规定为犯罪的，依照法律定罪处罚，法律没有明文规定为犯罪行为的，不得定罪处罚，A 选项不符合题意。罪责刑相适应原则，是指刑罚的轻重，应当与犯罪分子所犯罪行和承担的刑事责任相适应，本题没有说明刑罚与犯罪适应问题，C 选项不符合题意。明确性原则是罪刑法定原则中的一方面，D 选项不符合题意。

15. D 【解析】在确立刑法空间效力方面，我国刑法采取以属地原则为基础、其他原则为补充的综合性原则。在确定选择何种原则行使管辖权时，应按照属地原则、属人原则、保护原则、普遍管辖原则的顺序来确定管辖原则，如果可以适用在前的原则管辖，则不能适用在后的原则。属地原则是指，凡在中华人民共和国领域内或者中国船舶、航空器内犯罪的，除法律有特别规定的以外，都适用中国刑法。AB 选项都是在中国船舶上犯罪，根据旗国主义，这应视为中国领域的延伸，应根据属地原则适用中国刑法，因此不选。属人原则是指，凡是中国公民，即使在中国领域外犯罪，原则上也适用中国刑法。C 选项是外国人在中国领域外对中国国家或者公民犯罪，如这种犯罪按我国《刑法》规定的最低刑为 3 年以上有期徒刑且按照犯罪地的法律也应受刑罚处罚，我国可根据保护原则行使管辖权。因此 C 选项错误。《刑法》第 7 条规定："中华人民共和国公民在中华人民共和国领域外犯本法规定之罪的，适用本法，但是按本法规定的最高刑为三年以下有期徒刑的，可以不予追究。中华人民共和国国家工作人员和军人在中华人民共和国领域外犯本法规定之罪的，适用本法。"丁是国有公司工作人员，属于国家工作人员，在我国领域外犯罪，我国可以根据属人原则对其行使管辖权。D 选项正确。

16. D 【解析】本案中，犯罪地发生在缅甸和新加坡，不属于我国领域内，不能适用属地管辖原则，B 选项错误。行为人甲是无国籍人，不属于我国公民，不能适用属人管辖原则，A 选项错误。本案并未侵害我国公民的合法权益，并未侵害我国的国家利益，不适用保护管辖原则，C 选项错误。本案涉及的毒品犯罪为国际犯罪，我国缔结的国际条约中可以管辖毒品犯罪，且犯罪分子犯罪后，出现在我国领域内，可依照普遍管辖原则进行管辖。所谓普遍管辖原则，是指对于中国缔结或者参加的国际条约所规定的罪行，中国在承担条约义务的范围内行使刑事管辖权。即使该罪行不是发生在中国领域，未侵犯中国国家和公民，犯罪人不具有中国国籍，中国司法机关也有权管辖该案件。D 选项正确。

17. A 【解析】在确立刑法空间效力方面，我国刑法采取以属地原则为基础、其他原则为补充的综合性原则。在确定选择何种原则行使管辖权时，应按照属地原则、属人原则、保护原则、普遍管辖原则的顺序来确定管辖原则，如果可以适用在前的原则管辖，则不能适用在后的原则。属地原则是指，凡在中华人民共和国领域内或者中国船舶、航空器内犯罪的，除法律有特别规定的以外，都适用中国刑法。因此本题可以直接以属地原则确定管辖，无须再考虑其他三项原则。A 选项正确，BCD 选项错误。属人原则是指一国刑法只负责本国公民实施的犯罪；保护原则是指一国刑法可以管辖侵害本国公民或国家利益的犯罪；普遍管辖原则是指一国刑法对侵害人类共同利益的国际犯罪所具有的管辖权。

18. C 【解析】外国人在中国领域外对中国国家或者公民犯罪，而按中国刑法规定的最低刑为 3 年以上有期徒刑的，可以适用我国刑法，但是按照犯罪地的法律不受处罚的除外。这种规定，体现了保护原则。C 选项正确。属人原则是刑法对中国公民在中国领域外犯罪的效力，A 选项错误。属地原则，是指在中国领域内犯罪，除法律有特别规定的以外，都适用中国刑法，B 选项错误。普遍管辖原则，是指对于中国缔结或参加的国际条约所规定的罪行，中国在承担条约义务范围内行使刑事管辖权，D 选项错误。

19. A 【解析】我国刑法采取以属地原则为基础、其他原则为补充的综合性原则。凡在我国领域内犯罪的，除法律有特别规定的以外，都适用我国刑法。犯罪行为或者结果有一项发生在我国领域内，就认为是在我国领域内犯罪。这都是属地原则的要求。具体到共同犯罪中，有一人在我国领域内犯罪，对整体行为都认定为在我国领域内犯罪。本案中，黄某等人组成的犯罪团伙从越南向我国境内拐卖儿童，其中犯罪行为的一部分发生在我国领域内，视为整体行为均属于在我国领域内犯罪，适用属地管辖原则。故 A 选项正确。

20. B 【解析】保障机能，是指刑法保障公民人权的作用。刑法既要保障无罪之人不受到有罪追究，也要保障有罪之人不受到非法追究。本案中，高空抛物案件数量下降，这一数据变化没有体现保障了犯罪人不受刑法以外的刑罚方法惩罚，也没有体现保障普通人不受国家刑罚权的非法侵害。因此，这一数据变化没有体现刑法的保障机能。A 选项错误。规制机能，是指刑法对人的行为进行的规制和约束，本案中，刑法将高空抛物的行为规定为高空抛物罪后，高空抛物案件数量下降明显，这体现了刑法对人们行为的规制。因此，体现了刑法的规制机能。B 选项当选。保护机能，是指保护国家、社会和个人法益的作用。本案中，题干并未指明对高空抛物罪如何处罚，故没有体现保护机能。C 选项不当选。D 选项，威慑机能不属于刑法的机能。D 选项错误。故本题答案为 B。

21. C 【解析】保护原则是指外国人在中国领域外对中国国家或者公民犯罪，而按中国刑法规定的最低刑为 3 年以上有期徒刑的，可以适用中国刑法，但按照犯罪地法律不受处罚的除外。本案中，行为人属于尼泊尔公民，其行为发生在本国境内，不属于中国领域，我国司法机关不能适用属地管辖权和属人管辖权。甲作为外国公民在中国领域外实施的侵害中国公民利益的行为，我国司法机关可以适用保护管辖原则，具有管辖权，因此，C 选项正确，AB 选项错误。普遍管辖原则是指一个国家的刑法对侵犯人类共同利益的国际犯罪都要行使管辖权。如果按照传统的属地、属人、保护管辖原则中的任一原则能确立刑法的效力，则不需要适用普遍管辖原则。因此，D 选项说法错误。本题答案为 C 项。

22. C 【解析】简单罪状之所以没有详细描述犯罪特征，是因为没有必要，一般人都明白什么情况下构成该罪，所以不违反罪刑法定原则中的明确性要求。A 选项错误。罪刑法定原则中的"法"仅指全国人大及其常委会制定的法律、法令。B 选项错误。合理运用减刑、假释，在执行过程中根据犯罪嫌疑人的人身危险性、再犯可能性决定是否减刑、假释，即在行刑中考虑罪犯的人身危险性，体现了罪责刑相适应原则。刑法基本原则是刑法明文规定的，在全部刑事立法和司法活动中应当遵循的准则，故合理运用减刑、假释能够体现罪责刑相适应原则。C 选项正确。禁止不均衡、残酷的刑罚是罪刑法定原则的要求。D 选项错误。

23. D 【解析】刑法的机能，是指刑法能产生的积极作用。刑法具有三种机能，分别是规制机能、保护机能和保障机能。规制机能，是对人的行为进行规制或者约束的机能。其方式是将一定的行为当作犯罪，对其规定刑罚，向国民显示该行为为法律所不容许或者要求国民不要实施特定的犯罪行为。保护机能，即保护国家、社会和个人法益的功能。保障机能，即保障公民不受国家刑罚权的非法侵害并保障犯罪嫌疑人不受刑罚规定之外的刑罚处罚的功能。本题中，检察机关以强奸罪提起公诉，但张三的行为不符合强奸罪的构成要件，为了保障犯罪嫌疑人受到法律公正审判，避免受到不合理的刑罚处罚，法院依法审理后对罪名进行变更，体现了对犯罪人合法权益的充分保障。因此，本题答案为 D。

24. D 【解析】根据解释的方法，刑法解释可分为文理解释和论理解释。文理解释是根据条文的字面含义进行说明，论理解释是根据立法的精神与目的对条文进行说明。D 选项正确。根据解释的效力，刑法解释分为立法解释、司法解释和学理解释。

二、多项选择题

1. BC 【解析】对于中国缔结或参加的国际条约所规定的罪行，中国在承担条约义务的范围内行使刑事管辖权。即使该罪行不是发生在中国领域，未侵犯中国国家和公民，犯罪人不具有中国国籍，我国司法机关也有权管辖该案件。要么适用中国刑法定罪处刑，要么按照我国参加、缔结的国际条约实行引渡（或起诉或引渡）。故答案为 BC。

2. AB 【解析】立法解释是指全国人民代表大会及其常务委员会对刑法条文的解释，通常有以下几种：（1）全国人民代表大会常务委员会以决议形式对刑法条文含义的解释。（2）在刑法中对有关术语的专条解释。（3）在刑法的起草说明或修订说明中所作的解释。CD 选项都是立法解释的形式。A 选项是司法解释。B 选项是学理解释。本题要求选择"不属于立法解释"的选项，故本题选 AB。

3. CD 【解析】禁止采用过分的、残酷的刑罚体现的是罪刑法定原则，A 选项错误。定罪量刑不允许有任何歧视或优待体现的是刑法适用平等原则，B 选项错误。CD 两项是罪责刑相适应原则的体现。因此本题选 CD。

4. AD 【解析】特别刑法是单行刑法和附属刑法的合称。其中，单行刑法是规定某一类犯罪及其后果或者刑法某一事项的法律，在 1979 年《刑法》生效期间曾先后颁行过 20 多个单行刑法，我国现行唯一有效的一部单行刑法是 1998 年 12 月全国人大常委会颁布的《关于惩治骗购外汇、逃汇和非法买卖外汇犯罪的决定》。附属刑法，是指在经济、行政等非专门刑事法中附带规定的一些关于犯罪与刑罚或追究刑事责任的条款，如在《海关法》《环境保护法》《票据法》中规定的有关追究刑事责任的条款。目前，我国的附属刑法一般只重申刑法典的内容，没有确立新的犯罪与法律后果的具体内容。AD 选项属于附属刑法，应当选。狭义刑法特指刑法典，又称为普通刑法，1979 年《刑法》属于狭义刑法，C 选项错误。最高人民法院的司法解释是对法律条文的解释，不是刑法的表现形式、形式渊源，因此既不是普通刑法，也不是特别刑法，B 选项不选。区分普通刑法和特别刑法的意义在于，当犯罪行为同时触犯普通刑法与特别刑法条文时，应适用特别刑法优于普通刑法的原则；当犯罪行为同时触犯两个特别刑法条文时，应适用新法优于旧法的原则。

5. BC 【解析】扩大解释，是指对刑法用语进行解释后的含义大于字面含义，但该含义仍处于该用语可能涉及的范围之内的解释。类推解释，是指通过同类事物间的类比将不符合刑法规定的情形解释为符合刑法规定的情形，这种解释超出了刑法用语本身可能具有的含义，明显超出了一般理性人的预测可能性，这种解释方法违背了罪刑法定原则。《刑法修正案（九）》将盗窃尸体罪修改为"盗窃、侮辱、故意毁坏尸体、尸骨、骨灰罪"，""尸体"与"骨灰"是并列关系，"尸体"指的是人的躯体，"骨灰"是指躯体燃烧后的灰烬，两者含义的范围完全不能等同，因此将"骨灰"解释为"尸体"属于刑法禁止的类推解释，A 选项错误。破坏交通工具罪是指破坏火车、汽车、电车、船只、航空器，足以使火车、汽车、电车、船只、航空器发生倾覆、毁坏危险的行为。虽然破坏大型拖拉机也会发生危害公共安全的危害结果，但"汽车"一词的含义并不包含大型拖拉机，因此将"大型拖拉机"解释为"汽车"至少是扩大解释乃至是类推解释，B 选项正确。究竟属于扩大解释还是类推解释在法硕考试中请考生们无须深究。情报分为很多种，由于 C 选项涉及的罪名属于危害国家安全犯罪，这里的"情报"仅限于尚未公开的部分，并不包括已经公开的情报，法条涉及的含义小于该词语的日常含义，属于缩小解释，C 选项说法正确。立法解释，即全国人大及其常委会对刑法条文的解释。解释法律与制定法律是不同层次的活动，即使是立法机关在解释法律的时候也必须立足于刑法的规定，不能创设新的规定。换句话说，禁止类推解释既针对司法机关，也针对立法机关。D 选项错误。

6. CD 【解析】罪刑法定原则，是指法无明文规定不为罪，法无明文规定不处罚。罪刑法定原则的基本内容包括法定化、禁止事后法、禁止类推、禁止绝对不确定的刑罚、明确性、适当性。其中，禁止类推解释强调的是，原则上禁止有罪的类推解释，不禁止有利于被告人的类推解释。有利于被告人的类推解释即使例外地被允许，但不是原则，不能作为刑法解释的方法，否则在司法实践中法官可能利用这一原则为被告人脱罪。A 选项错误。罪刑法定原则的基本内容之一包含明确性，即对于什么行为是犯罪以及犯罪所产生的法律后果，都必须作出具体的规定，禁止不明确的罪状。但是，简单罪状不做更多解释的原因是，这类罪状为人们所熟知，一看罪状就知道该种行为是哪一种犯罪。所以简单罪状并不是不明确的罪状，也不违反罪刑法定原则。B 选项错误。刑法适用平等原则意味着，所有人不论其社会地位高低、民族、种族、性别、职业、宗教信仰、财产状况如何，在定罪量刑以及行刑的标准上都平等地依照刑法规定处理，不允许有任何歧视或者优待。C 选项正确。罪责刑相适应原则是指，犯多重的罪就应当承担多重的刑事责任，重罪重罚，轻罪轻罚；在分析罪重罪轻时要综合考虑行为人的主观恶性和人身危险性。这要求：制刑上，要确立科学的刑罚体系；量刑上，要根据罪犯的社会危害性和人身危险性来区别对待判处刑罚；行刑上，要求注重犯罪人的人身危险程度的变化情况，合理地运用减刑、假释等制度。D 选项正确。

7. AD 【解析】刑法的时间效力是指刑法的生效时间、失效时间以及刑法的溯及力，即对其生效前行为的效力，故 AD 选项正确。刑法的生效时间通常有两种方式，分别是公布之后一段时间生效、自公布之日起生效；失效时间也有两种方式，分别是由国家立法机关（而非司法机关）明确宣布某些法律自何日起失效和自然失效，故 BC 选项错误。

8. AB 【解析】司法解释，即最高司法机关包括最高人民法院和最高人民检察院对刑法具体应用问题所作的解释。A 选项正确。扩大解释，即对用语解释后的含义大于其字面含义，但仍旧在该用语可能的含义范围内。将银行或其他金融机构的运钞车解释为金融机构，没有超出"金融机构"词义的"射程"，也没有超出国民预测可能性，因此属于扩大解释，不属于类推解释。B选项正确，C选项错误。当然解释，即入罪时"举轻以明重"，出罪时"举重以明轻"，题目中不存在二者罪名的比较，所以不存在当然解释。D选项错误。

9. **AB** 【解析】在中国，刑法有以下几种形式渊源：刑法典、单行刑法、附属刑法。本题中，A选项是刑法典，B选项是单行刑法，都是刑法的渊源。C选项是行政法规，D选项是地方性法规，都不是刑法的渊源。因此本题选AB选项。应当注意的是，附属刑法是指在经济、行政等非专门刑事法中附带规定的一些关于犯罪与刑罚或追究刑事责任的条款。而C、D选项中的行政法规和地方性法规都不属于法律，因此不是附属刑法。

10. **AD** 【解析】在刑事领域，立法解释是指刑法的立法机关对刑法条文的解释，通常有以下几种：（1）全国人大常委会以决议形式对刑法条文含义的解释。（2）在刑法中对有关术语的专条解释。（3）在刑法的起草说明或修订说明中所作的解释。本题属于第（3）种情况，属于立法解释，A选项正确。立法解释、司法解释有法律上的约束力，属于有权解释，D选项正确。因此本题选AD选项。司法解释，即我国最高司法机关对刑法条文进行的解释。本题与最高司法机关无关，B选项错误。学理解释，是指有权对刑法进行立法解释和司法解释的机构之外的机关、团体和个人对刑法条文含义的阐释。学理解释没有法律上的约束力，所以又称"无权解释"。因此，B、C选项不当选。

11. **BD** 【解析】我国《刑法》第12条对刑法溯及力采取从旧兼从轻原则。即对于现行刑法生效以前的未经审判或者判决尚未确定的行为，适用行为当时有效的法律。但是按照现行有效的法律不认为是犯罪或处刑较轻的，适用现行有效的法律。依据行为当时有效法律已经作出的生效判决，继续有效，刑法溯及力适用的对象只能是未决犯，对于已决犯不适用，既判力高于溯及力，B选项错误。所谓"处刑较轻"，是指刑法对某种犯罪规定的刑罚即法定刑比修订前刑法规定的刑罚要轻。一般而言，法定刑较轻是指法定最高刑较轻；如果法定最高刑相同，则指法定最低刑较轻，A选项正确。如果刑法规定的某一犯罪只有一个法定刑幅度，法定最高刑或者最低刑是指该法定刑幅度的最高刑或者最低刑；如果刑法规定的某一犯罪有两个以上的法定刑幅度，法定最高刑或者最低刑是指具体犯罪行为应当适用的法定刑幅度的最高刑或者最低刑，C选项正确。D选项，按照审判监督程序重新审判的案件，适用行为时的法律（旧法），而不是重审时的新法，D选项错误。本题为选非题，故本题选BD。

三、简答题

1. 参考答案 在中国，刑法有以下几种存在形式（或表现形式、形式渊源）：
（1）刑法典，即全面、系统规定犯罪及其法律后果的内容的法典。
（2）单行刑法，是规定某一类犯罪及其后果或者刑法某一事项的法律。
（3）附属刑法，是指在经济、行政等非专门刑事法中附带规定的一些关于犯罪与刑罚或追究刑事责任的条款。

2. 参考答案 （1）刑法对中国公民在中国领域外犯罪的效力。中国公民在中国领域外犯罪，适用中国刑法。但是，按照中国刑法规定的最高刑为3年以下有期徒刑的，可以不予追究。

（2）刑法对外国人在中国领域外犯罪的效力。外国人在中国领域外对中国国家或者公民犯罪，而按我国刑法规定的最低刑为3年以上有期徒刑的，可以适用我国刑法；但是按照犯罪地的法律不受处罚的除外。

（3）刑法对国际犯罪的效力。对于中国缔结或参加的国际条约所规定的罪行，中国在承担条约义务的范围内行使刑事管辖权。

四、法条分析题

参考答案（1）凡在中国领域内犯罪的，除法律有特别规定的以外，都适用中国刑法。所谓"除法律有特别规定的以外"，主要是指享有外交特权和豁免权的外国人的刑事责任，通过外交途径解决；香港、澳门特别行政区发生的犯罪由当地的司法机构适用当地的刑法。

（2）"中华人民共和国领域内"具体包括：领陆、领水和领空；广义领土（毗连区、专属经济区、大陆架等）；其他区域。还包括属于拟制领土的中国船舶或者航空器，在我国驻外使领馆，不包括国际列车、汽车。

（3）对甲的行为可以适用我国刑法。行为或结果有一项发生在我国领域内，我国可全案管辖。行为的一部分（如预备阶段、实行阶段行为）或结果的一部分发生在我国领域内，也适用我国刑法；共同犯罪中的任一共犯行为或者共同犯罪的结果有一部分发生在我国领域内，依然可以适用我国刑法进行管辖。

第二章　犯罪概念

一、单项选择题

1. D　【解析】《刑法》第13条的规定表明认定犯罪不仅仅要符合定性的要求，还要满足定量的条件。"但书"的意义在于：可以缩小犯罪或刑事处罚的范围，避免给一些轻微的违法行为（危害行为）打上犯罪的标记。D选项正确。但需要注意的是，"但书"的规定仅为宣示性的规定，具体是否构成犯罪必须要看是否符合刑法分则的具体犯罪的构成要件，不能利用"但书"来随意地为被告人出罪，否则将违反罪刑法定原则，因此ABC选项说法错误。

2. B　【解析】《刑法》第13条规定的犯罪定义既含定性要求又含定量要求，对于合理认定犯罪及处罚犯罪具有重要的意义。该犯罪定义不仅从性质上明确了犯罪具有危害性和违法性，而且还设置了定量要求。A选项正确，不当选。该"但书"表明认定犯罪不仅仅需要正确定性，还需要符合量的要求，赋予司法机关酌情排除犯罪的权力，避免过分拘泥于法律形式而作出刻板教条的判决，并不违背罪刑法定原则。B选项错误，当选。"但书"是区分违法行为与犯罪行为的宏观标准。"但书"也是为适应我国法律结构需要而产生的。C、D选项正确，不当选。我国对危害行为的惩罚体制由两个层次的法律构成：第一层次是治安管理处罚法和劳动教养条例以及工商、海关、税务等行政、经济法规中的处罚规定，违反这些规定的属于"违法行为"；第二层次才是刑法，违反刑法的属于"犯罪"。"但书"的刑事政策意义在于：可以缩小犯罪或刑事处罚的范围；避免给一些轻微的危害行为（或违法行为）打上犯罪的标记，有利于行为人改过自新；还可以合理配置司法资源，集中力量惩罚严重的违法行为——犯罪。与《刑法》第13条犯罪定义的定量要求相呼应，分则条文对有些犯罪特意规定了程度方面的限制要件，例如盗窃、诈骗、抢夺、敲诈勒索、故意毁坏财物罪等，在通常情况下有"数额较大"的限制；侮辱、诽谤罪等有"情节严重"的限制；寻衅滋事、遗弃、虐待罪等有"情节恶劣"的限制；在经济犯罪中，往往有"销售额""逃避缴纳税款数额""非法经营额""违法所得"等数量的限制。与外国刑法中的犯罪相比，中国刑法中的犯罪构成门槛较高。

3. B 【解析】刑事古典学派重视犯罪行为的危害结果，认为犯罪是造成侵害性结果或危险的行为，A选项错误。伦理规范违反说认为犯罪违反了基本的社会伦理规范，C选项错误。刑事社会学派重视犯罪人及其危险性格，认为犯罪是犯罪人反社会性格的表现，D选项错误。B选项说法正确，当选。

二、多项选择题

1. ABC 【解析】犯罪必须是人的具体行为。人只有通过行为才能对外界发生影响、造成损害，法律只有通过对行为的刻画、描述才能确定什么是犯罪。A选项正确。某种行为即使具有一定的社会危害性，但是情节显著轻微危害不大的，不认为是犯罪。B选项正确。国家之所以要禁止、惩罚犯罪行为，就是因为它具有严重的社会危害性。C选项正确。"行为被刑法明文规定为犯罪时才是犯罪"是"犯罪具有刑事违法性"的体现。本题考查犯罪的社会危害性。D选项错误。

2. BC 【解析】外国刑法或学说大多对犯罪采取法律形式层面的定义，认为犯罪是刑法规定以刑罚禁止或惩罚的行为，或犯罪就是刑法规定为犯罪的行为。而从实质意义上讲，犯罪是一种严重危害社会的行为。A选项错误。唯物史观认为，犯罪是阶级社会的产物，是危害统治阶级利益，由掌握政权的统治阶级以国家意志的形式规定应受刑罚处罚的行为。B选项正确。不同的犯罪定义反映出不同的犯罪观，在司法实践中，采取不同的犯罪本质观得出的关于犯罪的定义的结论是不一样的，C选项正确。我国《刑法》规定的犯罪的定义是兼顾犯罪的实质特征和形式特征，是形式与实质相统一的犯罪定义，故D选项错误。

三、简答题

【参考答案】《刑法》第13条中规定"情节显著轻微危害不大的，不认为是犯罪"，被称为犯罪定义的"但书"。该"但书"表明，认定犯罪不仅仅需要正确"定性"，还需要合理确定危害的"程度"或"量"。"但书"的意义如下：

（1）赋予司法机关酌情排除犯罪的权力，避免过分拘泥于法律形式而作出刻板教条的判决。

（2）"但书"的刑事政策意义在于：可以缩小犯罪或刑事处罚的范围，避免给一些轻微的危害行为（或违法行为）打上犯罪的标记，有利于行为人改过自新。还可以合理配置司法资源，集中力量惩罚严重的违法行为——犯罪。

（3）与《刑法》第13条犯罪定义的定量要求相呼应，分则条文对有些犯罪规定了程度方面的限制要件，如盗窃罪、故意毁坏财物罪等，在通常情况下有"数额较大"的限制。

第三章 犯罪构成

1. D 　【解析】犯罪构成指刑法规定的成立犯罪必须具备的主观要件和客观要件的总和。犯罪构成是成立犯罪的必备要件。犯罪构成的诸要件是由刑法规定的。具备犯罪构成要件是适用刑罚法律后果的前提。犯罪构成的全部构成要件是由刑法规定的，故 A 选项表述错误，D 选项表述正确。基本的犯罪构成，指刑法分则条文就某一犯罪的基本形态所规定的犯罪构成。修正的犯罪构成，指以基本的犯罪构成为基础并对之进行补充、扩展所形成的犯罪构成。修正的犯罪构成通常包括故意犯罪的未完成形态，如犯罪预备、犯罪未遂和犯罪中止等形态，以及共同犯罪形态，如帮助犯、教唆犯等。故 B 选项表述错误。标准的犯罪构成，又称普通的犯罪构成，指刑法条文对具有通常社会危害程度的行为所规定的犯罪构成。因为刑法通常以此为基准设置处罚，所以也作为处罚的基准形态。派生的犯罪构成，指以标准的犯罪构成为基础，因为具有较轻或较重的法益侵害程度而从标准的犯罪构成中派生出来的犯罪构成。后者相对于标准的犯罪构成的处罚基准形态而言，属于处罚减轻或加重的形态，包括减轻的犯罪构成与加重的犯罪构成。C 选项属于故意杀人罪中处罚较轻的规定，属于派生的犯罪构成，故 C 选项说法错误。因此本题答案为 D。

2. A 　【解析】放火罪是不纯正的不作为犯，可由作为和不作为的方式构成。甲没有放稳蜡烛的先前行为，属于过失的作为行为；对于引起火灾的危险，甲负有消除危险的义务，这属于先行行为引起的义务；甲实施的不扶稳的后行为，系不作为行为。在因果关系上，火灾结果与甲不扶稳蜡烛的行为有因果关系。按题意，甲对火灾结果系故意，不能被先前的过失行为包容。后行为可独立成立不作为的放火罪。故 A 选项正确，B 选项说法错误。甲向保险公司虚假索赔，是制造保险公司财产损失的行为，属于作为犯，构成保险诈骗罪。故 C、D 选项说法错误。

3. C 　【解析】被害人崔某受到打击后导致心脏病而死亡，系危害行为与特殊体质结合导致的死亡结果，应当认为甲的行为与崔某死亡结果之间有条件关系，特殊体质不中断这其中的因果关系，因此认定甲的行为与崔某的死亡结果之间具有因果关系，这是客观事实。故 C 选项说法正确。在甲的主观心态上，其并不想致崔某死亡，甲对死亡结果无故意；一般公众也不能预见"推肩部、踢屁股"会导致死亡结果。甲也没有过失，崔某的死亡系意外事件，甲不构成犯罪。故 ABD 选项说法错误。

4. D 　【解析】A 选项中，欠缺期待可能性和罪过形式的认定是两个不同的问题，故 A 选项正确。B 选项中，犯罪人本人为本人犯罪，而实施妨害司法的行为或者教唆、帮助他人为本人犯罪而实施前述妨害司法的行为，一般可认为该行为欠缺期待可能性而不再认定构成新的犯罪。B 选项正确。C 选项中，"因遭受自然灾害外流谋生"的行为人，如当时不重婚将会给自己带来极其重大的生命、身体和其他重大利益的损害，而使其陷入极其困难的选择，属于欠缺期待可能性的情况。相关司法解释参见原《最高人民法院关于贯彻执行民事政策几个问题的意见《修正稿）》。C 选项正确。D 选项中，乞丐虽然身无分文，但是乞丐本身可以选择以乞讨所得或者接受国家救助作为生活来源，并非只能选择盗窃以维持生存，故其盗窃行为并不欠缺期待可能性，可以认定为盗窃罪。D 选项错误。

5. B 【解析】基本的犯罪构成，指刑法分则条文就某一犯罪的基本形态所规定的犯罪构成。修正的犯罪构成，指以基本的犯罪构成为基础并对之进行补充、扩展所形成的犯罪构成。修正的犯罪构成通常包括故意犯罪的未完成形态，如犯罪预备、犯罪未遂和犯罪中止等形态，以及共同犯罪形态，如帮助犯、教唆犯等。简言之，基本的犯罪构成指的是一个人实施犯罪的完成形态，修正的犯罪构成属于多个人的共同犯罪，或者犯罪的未完成形态。本题中，甲为乙杀人提供犯罪工具的行为构成故意杀人罪的帮助犯，出现共同犯罪的形态，故属于修正的犯罪构成。B 选项正确，A 选项错误。标准的犯罪构成，又称普通的犯罪构成，指刑法条文对具有通常社会危害程度的行为所规定的犯罪构成。派生的犯罪构成，指以标准的犯罪构成为基础，因为具有较轻或较重的法益侵害程度而从标准的犯罪构成中派生出来的犯罪构成。后者相对于标准的犯罪构成的处罚基准形态而言，属于处罚减轻或加重的形态，包括减轻的犯罪构成与加重的犯罪构成。标准的犯罪构成和派生的犯罪构成属于量刑有关的犯罪构成，本题中并未涉及如何处罚问题，故 CD 选项错误。

6. A 【解析】标准的犯罪构成，又称普通的犯罪构成，指刑法条文对具有通常社会危害程度的行为所规定的犯罪构成。派生的犯罪构成，指以标准的犯罪构成为基础，因为具有较轻或较重的法益侵害程度而从标准的犯罪构成中派生出来的犯罪构成。后者相对于标准的犯罪构成的处罚基准形态而言属于处罚减轻或加重的形态，包括减轻的犯罪构成与加重的犯罪构成。标准的犯罪构成和派生的犯罪构成属于量刑有关的犯罪构成，本题中涉及拐卖妇女、儿童罪中的加重处罚情形，属于派生的犯罪构成中的加重的犯罪构成，故 A 选项正确，B 选项错误，C 选项错误。基本的犯罪构成，指刑法分则条文就某一犯罪的基本形态所规定的犯罪构成。修正的犯罪构成，指以基本的犯罪构成为基础并对之进行补充、扩展所形成的犯罪构成。修正的犯罪构成通常包括故意犯罪的未完成形态，如犯罪预备、犯罪未遂和犯罪中止等形态，以及共同犯罪形态，如帮助犯、教唆犯等。简言之，基本的犯罪构成指的是一个人实施犯罪的完成形态，修正的犯罪构成属于多个人的共同犯罪，或者犯罪的未完成形态。D 选项错误。

7. B 【解析】同类客体是指某一类犯罪所共同侵犯的客体，它说明的是某一类犯罪所侵犯的法益的共同特征，其体现的是某些犯罪的共同属性，是对犯罪进行分类的基础。研究同类客体最主要的意义是为构建刑法分则体系奠定理论基础。B 选项正确。同类客体虽然对区分此罪与彼罪有一定意义，但罪名之间的区分还要根据直接客体、主体、客观方面、主观方面来进行判断。A 选项错误。犯罪构成包括犯罪客体、犯罪客观方面、犯罪主体、犯罪主观方面，四者缺一不可。C 选项错误。故意和过失的区别主要体现在主观方面的认识和意志因素有所不同，而与犯罪客体之间没有必然联系。D 选项错误。

8. C 【解析】一般客体是指一切犯罪所共同侵害的社会利益，即社会主义社会利益的总体。同类客体，是指某一类犯罪共同侵害的社会利益。直接客体是指某一犯罪所直接侵害的某种特定的社会利益。根据犯罪行为侵害的直接客体数量，可以把直接客体分为两种：（1）简单客体，即某一犯罪只侵害一个利益的；（2）复杂客体，即某一犯罪侵害两个及以上利益的。所以 C 选项正确。

9. B 【解析】犯罪对象，是指刑法规定的犯罪行为所侵犯或直接指向的具体的人、物或信息。常见的犯罪对象包括：盗窃枪支弹药罪中的枪支弹药,强奸罪中的被强奸的妇女,走私、贩卖、运输毒品罪中的毒品。B 选项正确。犯罪对象与犯罪滋生之物不同。伪造的公文、制造的毒品分别属于伪造国家机关公文罪、制造毒品罪所生之物，不是犯罪对象。A 选项错误。犯罪对象与犯罪所得不同。生产、销售伪劣产品所获得的销售金额属于犯罪所得，不是犯罪对象。C 选项错误。犯罪对象与组成犯罪之物不同。用于赌博、贿赂的财物，是组成赌博罪、贿赂罪之物，不是赌博罪、贿赂罪的犯罪对象。D 选项错误。需要注意的是，不是所有犯罪都有犯罪对象（例如脱逃罪，组织、领导、参加黑社会性质组织罪，组织、领导、参加恐怖组织罪等），也不是每个犯罪仅有一个犯罪对象（抢劫罪的犯罪对象包括人身和财物）。

10. B 【解析】犯罪对象是刑法规定的犯罪行为所侵犯或直接指向的具体事物（人、物或信息），而犯罪客体是法律所保护的为犯罪所侵害的社会利益。A 选项正确。犯罪客体寓于犯罪对象之中，揭示犯罪的本质，而犯罪对象是它的载体。犯罪行为对犯罪客体的侵害，往往是通过侵犯或指向犯罪对象来实现的。B 选项颠倒了二者关系，错误。犯罪对象虽然是绝大多数犯罪构成的必要要素，但也有极少数犯罪，如组织、领导、参加恐怖组织罪，脱逃罪等，犯罪对象不是其犯罪构成的必要要素。C 选项正确。任何犯罪都必然侵害一定的社会利益，即侵害一定的客体，但是犯罪对象不一定受到犯罪的侵害。D 选项正确。因此本题应当选择 B 选项。

11. D 【解析】危害行为，是指行为人在意识支配之下实施的危害社会并被刑法禁止的身体活动。梦游人的无意识动作，没有人的意识支配，则不能认为是危害行为。现代刑法禁止对思想定罪处罚，所以，任何犯罪都不能缺少危害行为，无危害行为则无犯罪，因此甲的行为不构成犯罪。D 选项正确。

12. A 【解析】不作为犯罪是指行为人负有某种义务，能够履行却消极地不履行该义务，导致或可能导致危害结果的行为。不作为行为构成犯罪需要三个要件：（1）行为人负有某种特定的义务（有义务）。（2）行为人具有履行这种义务的能力（有能力）。（3）行为人不履行特定义务，造成或可能造成危害社会的结果（有危害）。甲对某危害结果没有阻止其发生的义务，即没有作为的义务，因此不符合不作为犯罪的构成要件，不可能构成犯罪。A 选项正确，BCD 选项错误。

13. C 【解析】纯正不作为犯，是指行为人的行为构成了法定的犯罪行为本身就是不作为的犯罪，如遗弃罪、拒不执行判决裁定罪等。A 选项正确。其"纯正性"在于：人的行为形式与法定的犯罪行为形式是一致的，即都是不作为。纯正不作为犯是适用法律认定犯罪的常态问题，在行为形式方面一致，没有任何障碍或特别之处。C 选项错误。不纯正不作为犯是适用法律认定犯罪的非常态、特殊问题，因为在行为形式方面存在不一致，应当特别慎重。B 选项正确。不作为从表现形式看是消极的身体动作，从违反法律规范的性质看，不作为直接违反了某种命令性规范。D 选项正确。

14. D 【解析】本题考点是不作为犯罪的构成要件。不作为犯罪需要具备以下条件：行为人负有某种特定的义务；行为人能够履行义务；行为人不履行特定义务，造成或可能造成危害结果。甲虽然有作为的义务，并且不履行特定义务造成了危害后果，但由于火势太大，甲没有作为的能力，所以甲不构成不作为犯罪。并且，甲也没有实施作为的行为，所以本题选择 D 选项，甲不构成犯罪。

15. D 【解析】危害结果分为广义的危害结果和狭义的危害结果。广义的危害结果指犯罪行为所造成的一切损害事实，包括属于构成要件的结果和不属于构成要件的结果。

狭义的危害结果，特指刑法规定作为犯罪构成要件的结果，包括标准犯罪构成的结果和派生犯罪构成的结果。A 选项中甲实施的行为构成诈骗罪，刑法规定的诈骗罪的结果是财产损失，自杀身亡属于广义的危害结果。B 选项中违章操作导致的利润损失和 C 选项中分手引起的乙自杀的结果均属于广义的危害结果，不属于刑法分则中规定的构成要件的结果，故不属于狭义的危害结果。D 选项中甲实施故意伤害罪，故意伤害罪在刑法分则中规定的构成要件的结果为轻伤以上或者死亡，故 D 选项属于狭义的危害结果。

16. C 【解析】A 选项中，甲实施的劝乙在马路上跑步的行为，不属于危害行为，不具有大概率引起死亡结果的可能性。在因果关系上，应将乙的死亡结果归责于乙本身或汽车司机。甲的行为应认定为无罪。B 选项中，甲实施的劝人下雨时在树林中行走的行为，虽有发生遭雷击死亡的可能，但这种情况发生危害结果的概率极低，不具有致使危害结果发生的绝对性，不能认定甲的行为系危害行为，应认定为无罪。C 选项中，甲的行为没有导致危害结果的可能性，不属于危害行为。以上三个选项中，行为人的行为均不属于刑法中的危害行为，故无需判断有无故意、是否未遂，应认定为无罪。AB 选项错误，C 选项正确。D 选项中，甲因愚昧无知实施了杀人行为，其认识到对象是人，具有杀人故意；虽是出于善良动机，但动机并不是故意杀人罪的构成要件要素（只是酌情量刑情节）。即使甲误认为杀人能让人"升天"，是好事，但属于其对法律认识错误，仍然构成故意杀人罪。D 选项错误。

17. D 【解析】根据《刑法》第 17 条第 4 款规定，不满 18 周岁的人犯罪，应当从轻或者减轻处罚。这一规定中的"应当"应理解为"必须"，即不允许有例外，凡是未成年人犯罪都必须予以从宽处罚。A 选项错误。《刑法》第 18 条第 3 款规定："尚未完全丧失辨认或者控制自己行为能力的精神病人犯罪的，应当负刑事责任，但是可以从轻或者减轻处罚。"由于其并非完全不具有刑事责任能力，因此仅是可以从轻、减轻处罚，而不包括免除处罚。B 选项错误。生理醉酒的人在刑法理论上被称为"原因自由行为"，是指有责任能力的行为人在一时丧失责任能力的状态下实施了符合犯罪构成要件的行为，但对于是否陷入这种无责任能力的状态，行为人可以自由决定。因此，醉酒的人犯罪，应当负刑事责任，且没有从宽处罚的规定。C 选项错误。又聋又哑的人或者盲人由于其重要的生理功能的丧失而影响其接受教育，影响其学习知识，并进而影响到其辨认或控制能力，因此《刑法》第 19 条规定，又聋又哑的人或者盲人犯罪，可以从轻、减轻或者免除处罚。D 选项正确。

18. B 【解析】《刑法》第 17 条规定："已满十六周岁的人犯罪，应当负刑事责任。已满十四周岁不满十六周岁的人，犯故意杀人、故意伤害致人重伤或者死亡、强奸、抢劫、贩卖毒品、放火、爆炸、投放危险物质罪的，应当负刑事责任。已满十二周岁不满十四周岁的人，犯故意杀人、故意伤害罪，致人死亡或者以特别残忍手段致人重伤造成严重残疾，情节恶劣，经最高人民检察院核准追诉的，应当负刑事责任。对依照前三款规定追究刑事责任的不满十八周岁的人，应当从轻或者减轻处罚。因不满十六周岁不予刑事处罚的，责令其父母或者其他监护人加以管教；在必要的时候，依法进行专门矫治教育。"因此 A 选项错误，B 选项正确。《刑法修正案（十一）》对本条进行了修改，降低了未成年人入罪的年龄。本题中，甲已满 12 周岁未满 14 周岁，故意杀人，经最高人民检察院核准追诉的，情节严重，应当负刑事责任。应当经最高人民检察院核准追诉，而非最高人民法院，因此 C 选项错误。如果不予刑事处罚的，在必要的时候，依法进行专门矫治教育，而不是由政府收容教养。政府收容教养是《刑法修正案（十一）》颁布之前规定的内容。D 选项错误。

19. B 【解析】直接故意，是指行为人明知自己的行为会发生危害社会的结果，并且希望这种结果发生的心理态度。本题中，甲不具有希望结果发生的意志因素，因此不构成直接故意。A 选项错误。间接故意，是指行为人明知自己的行为可能发生危害社会的结果，并且听之任之放纵危害结果的发生。故意犯罪要求行为人认识到行为、结果以及二者的因果关系，并且要求认识到行为及结果的社会危害性。甲认识到了自己行为、可能造成的结果以及因果关系，并且认识到了行为及结果的危害性，在意志因素上放任了结果的发生，因此完全符合间接故意的构成要件。B 选项正确。过于自信的过失，是指行为人已经预见到自己的行为会发生危害社会的结果，但轻信能够避免，以致发生危害结果的心理态度。过于自信的过失与间接故意的最大区别在于：行为人均认识到行为会导致危害结果发生，是否采取了防止危害结果发生的措施。如果采取措施的，属于过于自信的过失；反之，属于间接故意。本题中，甲已经认识到自己的行为可能导致危害结果，但仍然开枪，并未采取任何防止危害结果发生的措施，不成立过于自信的过失。C 选项错误。疏忽大意的过失，是指行为人应当预见自己的行为可能发生危害社会的结果，由于疏忽大意没有预见，以致发生危害结果的心理态度。疏忽大意的过失的前提是对危害结果没有预见，而本题中甲已经预见到了可能发生危害结果。因此 D 选项错误。

20. A 【解析】直接故意，是指行为人明知自己的行为会发生危害社会的结果，并且希望这种结果发生的心理态度。甲抱着希望乙死亡的态度开枪，并意识到可能会发生乙死亡的结果，在认识因素上是明知可能会发生危害结果，在意志因素上追求结果的发生，完全符合直接故意的标准。甲的罪过形式是直接故意，A 选项正确，BCD 选项错误。

21. D 【解析】犯罪目的，是指犯罪人希望通过实施某种犯罪行为实现某种犯罪结果的心理态度。A 选项正确。间接故意往往是为了追求一个目的而放任另一结果发生，不具有特定的目的；过失犯罪往往是反对结果发生，并不具有希望通过犯罪行为实现犯罪结果的心理，不具有犯罪目的。B 选项正确。犯罪动机，是指推动行为人实施犯罪行为的内心起因。同一犯罪行为可能出于各种不同的犯罪动机，如杀人可能出于奸情、仇恨、图财、激愤等不同的动机；同一犯罪动机可能实施各种不同的犯罪，如仇视社会的心理可能推动行为人实施杀人、放火、爆炸等不同的犯罪。犯罪动机在某些犯罪中是法定的量刑情节，在大多数犯罪中作为酌定量刑情节出现。故 C 选项正确，D 选项说法错误。因此本题选 D 选项。

22. C 【解析】刑法上的因果关系是指危害行为与危害结果之间的一种客观的引起与被引起的联系。A 选项，甲劝说乙去蹦极属于日常生活行为，且不会通常性、合乎规律、合乎逻辑地造成他人死亡的结果，所以二者不具有刑法上的因果关系。B 选项，医院发生火灾致使在医院治疗的乙死亡的事件属于低概率事件，即异常介入因素，且独立导致乙的死亡结果，中断甲的殴打伤害行为和乙的死亡之间的因果关系。同时，轻微伤一般不会导致死亡结果的发生，所以甲的殴打行为和乙的死亡结果之间不存在因果关系。C 选项，甲驾驶摩托车强行抢夺乙的钱包，乙拼命反抗属于正常的介入因素，甲的飞车抢夺行为和乙的死亡结果之间具备正常的因果关系。D 选项，甲诅咒乙死亡的行为属于迷信犯，是指使用迷信或愚昧的方式犯罪，按照科学的观念根本不可能对法律利益造成损害，不属于犯罪行为，更不具备刑法上的因果关系。本题选 C。

23. A 【解析】法律认识错误，是指行为人对自己行为的法律性质发生误解。法律认识错误表现为三种情况：（1）假想非罪，行为被法律规定为犯罪，而行为人误认为不是犯罪，本题就属于这种情况。因此 A 选项正确。（2）假想犯罪，行为并没有被规定为犯罪，而行为人误以为是犯罪。（3）行为人对自己犯罪行为的罪名和罪行轻重发生误解。BCD 选项属于事实认识错误。

24. C 【解析】客体错误，是指行为人预想侵犯的对象与实际侵犯的对象在法律性质上不同。对象错误，是指行为人预想侵犯的对象与行为人实际侵犯的对象在法律性质上是相同的，但发生了对象上的认识错误。手段错误，是指行为人对犯罪手段发生误用。行为偏差，是指行为人因为行为本身发生了误差，使得行为人预想打击的目标与实际打击的目标不一致。甲属于对犯罪手段发生误用，是手段错误，属于手段不能犯未遂。C 选项正确。

25. D 【解析】对象错误，是指行为人预想侵犯的对象与行为人实际侵犯的对象在法律性质上是相同的（属于同一犯罪构成要件）。按照法定符合说，行为人预想的事实与实际发生的事实若在法律性质上是相同的，则不能阻却行为人对因错误而发生的危害结果承担故意的责任。本题中，甲意图杀害张三，实际杀害了李四，二者都是人，属于对象错误，依据法定符合说，不影响故意杀人罪既遂的认定，对象错误对行为人行为的性质没有影响，所以甲仍成立故意杀人罪（既遂）。D 选项正确，ABC 选项错误。

26. B 【解析】已满 14 周岁不满 16 周岁的人盗窃、诈骗、抢夺他人财物，为窝藏赃物、抗拒抓捕或者毁灭罪证，当场使用暴力，故意伤害致人重伤或者死亡，或者故意杀人的，不认定为转化型抢劫，应当分别以故意伤害罪或者故意杀人罪定罪处罚。本案中，甲不能构成抢劫罪；同时甲只是致人轻伤，难以认定为故意伤害致人重伤，故不构成犯罪。因此 ACD 选项错误。因不满 16 周岁不处罚的，责令他的家长或其他监护人加以管教，必要时依法进行专门矫治教育。B 选项正确。

27. D 【解析】本题主要考查两种形式的过失犯罪。犯罪过失，是指行为人应当预见自己的行为可能发生危害社会的结果，因为疏忽大意没有预见或者已经预见而轻信能够避免的心理态度。注意不要混淆"已经预见"和"应当预见"，"已经预见"是指行为人在主观上有思考判断的过程或客观上采取了避免措施；而"应当预见"是指是否具有预见可能性，主要应通过行为人主观认识能力、预见能力和客观认识条件、环境来判断。通过甲也一同饮用蘑菇汤可知，甲没有预见自己的行为会导致危害结果。本题中说明甲是一名高中教师，其应当预见食用野蘑菇可能会中毒，但没能预见，所以属于疏忽大意的过失。D 选项正确。

28. A 【解析】根据《刑法》第 17 条之一规定，已满 75 周岁的人故意犯罪的，可以从轻或者减轻处罚；过失犯罪的，应当从轻或者减轻处罚。甲已满 75 周岁，故意犯罪，因此可以从轻或者减轻处罚。A 选项正确。

29. B 【解析】假想犯罪是指行为并没有被规定为犯罪，而行为人误以为是犯罪，这种误解对行为性质不产生影响，不成立犯罪。本题中甲的行为构成假想犯罪。B 选项正确。

30. B 【解析】直接故意，指明知自己的行为会发生危害社会的结果并且希望这种结果发生的心理态度。所谓希望危害结果发生，表现为行为人对这种结果的积极追求，把它作为自己行为的目的，并采取积极的行动以达到这个目的而努力。间接故意是指行为人明知自己的行为可能会发生危害社会的结果，并且放任危害结果的发生。过于自信的过失，指行为人已经预见到自己的行为可能发生危害社会的结果，但轻信能够避免，以致发生危害结果的心理态度。本案中，甲为了逃避检查，不顾抓住车门门把手的乙的生命安全，在疾驶中突然刹车，导致乙死亡。甲作为司机，明知自己的行为会发生危害乙的生命安全的结果，并放任这种结果的发生，没有采取任何的防止危害结果发生的措施，不属于过于自信的过失，这是典型的间接故意。甲没有积极希望追求乙死亡的结果发生，不属于直接故意。故 B 选项正确。

31. B 【解析】不作为犯罪需要具备以下条件：行为人负有某种特定的义务；行为人能够履行义务；行为人不履行特定义务，造成或可能造成危害结果。本题中，甲带不会游泳的乙去学习游泳，对乙具有救助义务，且甲能够救援却不救援，致使乙被淹死，构成不作为的犯罪。C 选项错误。丙系路人，对乙并不负有义务，虽然未进行救援，但不成立不作为犯罪。B 选项正确。AD 选项错误。

32. C 【解析】我国《刑法》第 17 条第 3 款规定："已满十二周岁不满十四周岁的人，犯故意杀人、故意伤害罪，致人死亡或者以特别残忍手段造成严重残疾，情节恶劣，经最高人民检察院核准追诉的，应当负刑事责任。"不满 12 周岁不负任何刑事责任，且责任年龄的计算以生日第二天为准，故甲在 12 岁生日当天属于不满 12 周岁，不负任何刑事责任，自然不构成故意杀人罪和绑架罪。A、D 选项错误，C 选项正确。已满 12 周岁不满 14 周岁的人，犯故意杀人、故意伤害罪，致人死亡或者以特别残忍手段造成严重残疾，情节恶劣，经最高人民检察院核准追诉的，应当负刑事责任。甲不满 12 周岁，不负刑事责任，B 选项错误。

33. B 【解析】犯罪构成的必备要素包括犯罪客体、犯罪客观方面、犯罪主体、犯罪主观方面。危害结果不是所有犯罪的必备要素，只是作为某些犯罪的构成要件，因此是犯罪构成的选择要素，本题选 B。罪过，即指犯罪行为人对自己的行为所造成的危害后果所持的故意或过失的心理态度，是犯罪主观方面的最主要的内容，属于犯罪构成必备要素。

34. A 【解析】在刑法理论中，犯罪构成是刑法理论的核心和刑法理论体系的基础。犯罪论的基本问题都是围绕着犯罪构成展开的，并且是按照犯罪构成四个要件的框架分门别类论述的；在刑法分则中，也是按照犯罪构成四个要件的体系分别论述具体犯罪的特殊构成要件的。因此，理解、掌握犯罪构成理论的内容和体系，是学好刑法学的关键之一。A 选项正确。

35. D 【解析】修正的犯罪构成是指以基本的犯罪构成为基础并对之进行补充、扩展而形成的犯罪构成。修正的犯罪构成通常包括故意犯罪的未完成形态如犯罪预备、未遂和中止等形态以及共同犯罪形态，如帮助犯、教唆犯等。本题中，甲构成故意杀人罪未遂，是故意犯罪的未完成形态，是修正的犯罪构成。D 选项正确。基本的犯罪构成，指刑法分则条文就某一犯罪的基本形态所规定的犯罪构成。标准的犯罪构成又称普通的犯罪构成，指刑法条文对具有通常社会危害程度的行为所规定的犯罪构成。刑法中不存在复杂的犯罪构成，因此 ABC 选项错误。

36. C 【解析】基本的犯罪构成是指刑法分则条文就某一犯罪的基本形态所规定的犯罪构成。本题中，甲的行为符合刑法分则条文对于背叛国家罪行为的规定，成立背叛国家罪，甲的行为符合背叛国家罪基本犯罪构成。C 选项正确。背叛国家罪只规定了一档法定刑，没有加重或者减轻的处罚形态，也就是没有派生的犯罪构成，AB 选项错误。修正的犯罪构成，通常包括故意犯罪的未完成形态及共同犯罪形态，背叛国家罪的条文只规定了基本形态，因此不是修正的犯罪构成，D 选项错误。

37. B 【解析】犯罪构成指刑法规定的成立犯罪必须具备的主观要件和客观要件的

总和，犯罪构成是成立犯罪的必备要件，犯罪构成的诸要件是由刑法规定的，具备犯罪构成要件是适用刑罚法律后果的前提，故 AC 选项正确。犯罪概念回答什么是犯罪以及犯罪具有哪些基本属性等问题，犯罪构成则进一步回答犯罪成立需要具备哪些法定的要件，并通过犯罪构成主客观要件具体确立什么样的行为是犯罪，故 B 选项错误。犯罪构成作为法律规定的确立犯罪的要件，是定罪量刑的法律准绳，具体而言，犯罪构成是成立犯罪的标准、成立一罪还是数罪的标准、区分此种犯罪与彼种犯罪的标准。犯罪构成通过确定是否犯罪、一罪与数罪、罪轻与罪重，为正确量刑提供依据，故 D 选项正确。综上，本题选择 B 选项。

38. A 【解析】对犯罪客体可按其范围大小划分为三种：一般客体，同类客体和直接客体，因此直接客体的范围最小，A 选项正确。直接客体是指某一犯罪所直接侵害的某种特定的社会利益，同类客体是指某一类犯罪共同侵害的社会利益，B 选项错误。暴力干涉婚姻自由罪直接侵害的客体是他人的婚姻自由，C 选项错误。根据犯罪行为侵害的直接客体的数量，可以把直接客体分为简单客体和复杂客体，D 选项错误。

39. C 【解析】A 选项中，甲与同事赵某都是成年人，虽然是甲约赵某一同游泳，但赵某应当对游泳所可能引发的风险自负责任，甲并不负有刑法中的作为义务，因此甲不构成不作为犯罪，A 选项错误。B 选项中，乙不会因钱某向其求爱而负有救助钱某的义务，因此乙不构成不作为犯罪，B 选项错误。C 选项中，丙因邻居委托负有对毛毛的看护、照顾义务，毛毛掉入水中，丙未进行施救，丙负有法定义务而不履行，构成不作为犯罪，C 选项正确。丁与孙某素不相识，没有救助孙某的义务，不构成不作为犯罪，D 选项错误。

40. A 【解析】根据《民法典》第 1058 条规定，父母对未成年子女负有抚养、教育和保护的义务。这是法律明文规定的义务。本题中，甲拒绝抚养自己的女儿，将其丢弃，违反了法律明文规定的义务，构成遗弃罪，本题选 A 选项。

41. D 【解析】见危不救行为属于不作为，该行为是否构成犯罪，关键看是否存在救助的作为义务。救助义务来源于四个方面：（1）法律上的明文规定；（2）行为人职务上、业务上的要求；（3）行为人的法律地位或法律行为所产生的义务；（4）行为人自己先前行为具有发生一定危害结果的危险的，负有防止其发生的义务。如果见危不救行为违背了作为的义务，就可以构成不作为的犯罪。如果行为人没有作为义务，见危不救行为不构成犯罪。所以 A 选项认为见危不救行为"一定"不构成犯罪是错误的。认定某一犯罪行为构成何种罪名需要同时从主客观两方面进行考察，具体要从犯罪客体、犯罪客观方面、犯罪主体和犯罪主观方面进行考察，行为只是犯罪客观方面的内容，还要通过对其他构成要件的认定才能确定其罪名，因此有可能出现同行为不同罪名的情况。比如，因犯罪主体不同导致可能相同行为定不同罪名并处罚不同，如盗窃罪与职务侵占罪、贪污罪。因此 B 选项说法错误。不作为是行为人具有履行某种行为的义务，并具有履行该义务的能力，而不履行该义务的行为方式。作为与不作为的区分标准不是行为人的身体动静，而是行为所违反的法律规范的性质。作为违反的是禁止性规范，不作为违反的是命令性规范。行为人的身体处于静止状态属于不作为，但是积极的身体动作逃避履行义务也属于不作为，C 选项说法错误。从犯罪的本质上讲，犯罪应具有社会危害性。没有行为，就不可能对外界发生影响，不可能具有社会危害性。行为是犯罪构成的必备要素，从犯罪的一般概念看，犯罪是危害社会的依法应受刑法处罚的行为。从刑法分则各条规定的犯罪看，也是把犯罪归结为某种行为。因此 D 选项的说法是正确的，无行为即无犯罪。本题选 D 选项。

42. B 【解析】意外事件具有三个特征：（1）行为在客观上造成了损害结果。（2）行为人对自己所造成的结果既无故意也无过失。（3）这种损害结果的发生是由于不能预见的原因引起的。所谓不能预见的原因，是指行为人没有预见，而且根据当时的客观情况和行为人的主观认识能力，也不可能预见的原因。王某在深夜进入公司仓库倒车时，是难以预料到会有人为取暖而睡在仓库麻袋中的，故王某的行为造成乙的死亡，属于意外事件，不构成犯罪。B 选项正确。不可抗力是指行为在客观上虽然造成了损害后果，但不是出于行为人的故意或者过失，而是由于不能抗拒的原因所引起的，不是犯罪。本案中，乞丐的行为不属于不可抗力的来源。因此 A 选项错误。疏忽大意的过失是指行为人应当预见自己的行为可能发生危害社会的结果，由于疏忽大意而没有预见，以至于发生危害结果的心理态度。间接故意指明知自己的行为可能会发生危害社会的结果，并且放任这种危害结果发生的心理态度。本案中，司机难以预料到自己的行为会发生导致乞丐死亡的后果，因此不属于疏忽大意的过失或间接故意。因此 CD 选项错误。

43. B 【解析】A 选项正确。危险犯的特征是发生侵害法益的现实危险是既遂的构成要件。只要行为具备足以造成某种严重后果发生的危险，就是该罪的既遂。B 选项错误。行为犯的特征是实施了刑法明文规定的犯罪构成要件的行为即成立犯罪，不要求特定的危害结果的发生。C 选项正确。故意杀人罪是实害犯，行为必须造成法定的死亡结果才是该罪的既遂。D 选项正确。绝大多数过失犯罪都要求发生法定的物质性危害结果才构成犯罪。例如，过失致人死亡罪必须发生死亡结果才能构成该罪。

44. C 【解析】可以由作为实现，也可以由不作为实现的犯罪，如果行为人是以不作为的形式实现的，这种情形就称为不纯正的不作为犯。注意不能把作为和不作为的划分与故意和过失的划分相混淆。作为和不作为是危害行为在客观上的两种基本形式，而故意和过失是行为人实施危害行为时主观心理态度的两种基本形式。绝不能认为作为都是故意，不作为都是过失。实际上，作为和不作为都是既有故意，也有过失。例如，故意杀人罪与过失致人死亡罪，都可以作为方式实现，也都可以不作为方式实现。C 选项正确。

45. C 【解析】2020 年 12 月 26 日，全国人大常委会通过了《刑法修正案（十一）》，下调了部分刑事责任年龄。修正后的《刑法》第 17 条第 3 款规定："已满十二周岁不满十四周岁的人，犯故意杀人、故意伤害罪，致人死亡或者以特别残忍手段致人重伤造成严重残疾，情节恶劣，经最高人民检察院核准追诉的，应当负刑事责任。"甲已满 12 周岁不满 14 周岁，犯故意杀人罪致人死亡，情节恶劣，经最高人民检察院核准追诉，应当负刑事责任。C 选项正确，A 选项错误。已满 12 周岁不满 14 周岁的人对强奸罪不负刑事责任。B 选项错误。在我国，人民检察院是公诉机关，追究已满 12 周岁不满 14 周岁的人的刑事责任应当经最高人民检察院核准，而不是最高人民法院。D 选项错误。

46. A 【解析】《最高人民法院关于审理单位犯罪案件具体应用法律有关问题的解释》第 1 条规定："刑法第三十条规定的'公司、企业、事业单位'，既包括国有、集体所有的公司、企业、事业单位，也包括依法设立的合资经营、合作经营企业和具有法人资格的独资、私营等公司、企业、事业单位。"故 A 选项"不具有法人资格的私营企业，也可以成为单位犯罪的主体"的说法不正确。该解释第 2 条规定："个人为进行违法犯罪活动而设立的公司、企业、事业单位实施犯罪的，或者公司、企业、事业单位设立后，以实施犯罪为主要活动的，不以单位犯罪论处。"故 D 选项说法正确。刑法分则规定的只能由单位构成的犯罪，称为"纯正的单位犯罪"，不可能由自然人单独实施，所以 B 选项说法正确。2001 年 1 月 21 日《全国法院审理金融犯罪案件工作座谈会纪要》明确指出，以单位的分支机构或者内设机构、部门的名义实施犯罪，违法所得亦归分支机构或者内设机构、部门所有的，应认定为单位犯罪。可见，单位的分支机构或者内设机构在某些情况下也可能成为犯罪主体。故 C 选项说法正确。本题答案为 A。

47. **B**　【解析】不作为是消极的身体动作，即不为某种行为，这种情况一般是不致危害社会的。因此，不作为构成犯罪相对于作为构成犯罪，需要具备以下的前提条件：（1）行为人负有某种特定的义务。这种义务主要来自以下几个方面：① 法律上的明文规定。② 行为人职务上、业务上的要求。③ 行为人的法律地位或法律行为所产生的义务。④ 行为人因自己的先前行为具有发生一定危害结果的危险的，负有防止其发生的义务。（2）行为人能够履行义务。（3）行为人不履行特定义务，造成或可能造成危害结果。本案中，乙的先前错误投放老鼠药的行为引起乙应当救助甲的义务，其具有履行义务的可能性而未履行的行为，构成不作为的故意杀人罪。故 AD 选项正确，B 选项错误。纯正不作为犯（或称真正不作为犯），指行为人的行为构成了法定的犯罪行为本身就是不作为的犯罪，如遗弃罪，拒不执行判决、裁定罪等。不纯正不作为犯（或称不真正不作为犯），指行为人因不作为而构成了法定犯罪行为本身应是作为的犯罪，如因不作为而构成故意杀人罪。本案中，乙构成不作为的故意杀人罪，属于不纯正的不作为犯。故 C 选项正确。本题答案为 B。

二、多项选择题

1. **CD**　【解析】派生的犯罪构成，指以标准的犯罪构成为基础，因为具有较轻或较重的法益侵害程度而从标准的犯罪构成中派生出来的犯罪构成。后者相对于标准犯罪构成的处罚基准形态而言，属于处罚减轻或加重的形态，包括减轻的犯罪构成与加重的犯罪构成。《刑法》对于甲捆绑拘禁乙导致乙窒息死亡的行为规定了加重处罚的法定刑，符合以标准的犯罪构成为基础的派生的犯罪构成中的加重的犯罪构成。CD 选项正确。修正的犯罪构成通常包括故意犯罪的未完成形态，如犯罪预备、未遂和中止等，以及共同犯罪形态，如帮助犯、教唆犯等。A 选项错误。不存在复杂的犯罪构成的说法。B 选项错误。因此本题选 CD。

2. **BCD**　【解析】犯罪客体是犯罪活动侵害的、为刑法所保护的社会利益。犯罪客体能揭示某一刑法条文的目的或宗旨，对于正确理解、适用刑法条文具有指导作用。非法侵入住宅罪规定在"侵犯公民人身权利、民主权利罪"一章，因此其主要保护的客体是公民的居住安宁和住宅权，而不是公共秩序。A 选项错误。《刑法》第 256 条规定："在选举各级人民代表大会代表和国家机关领导人员时，以暴力、威胁、欺骗、贿赂、伪造选举文件、虚报选举票数等手段破坏选举或者妨害选民和代表自由行使选举权和被选举权，情节严重的，处三年以下有期徒刑、拘役或者剥夺政治权利。"该条明确规定了其保护的客体是公民的选举权和被选举权，以及适用的范围仅限于"在选举各级人民代表大会代表和国家机关领导人员时"。B 选项正确。同类客体，是指某一类犯罪共同侵害的社会利益，是构建我国刑法分则体系的基础，对区分此罪与彼罪的界限具有重要的意义。投放危险物质罪，是指故意对不特定的多数人或者重大公私财产投放毒害性、放射性、传染病病原体等物质，危害公共安全的行为，属于刑法分则第二章危害公共安全罪，故意杀人罪属于刑法分则第四章侵犯公民人身权利、民主权利罪。投放危险物质罪与使用投放危险物质的方法实施故意杀人罪区分的关键在于行为人在使用投放危险物质的方法时是否危及公共安全，凡是危及公共安全的（例如投毒于公共食堂），都以投放危险物质罪定罪处罚，没有危及公共安全的（例如投毒于某个人的食物中），一般以故意杀人罪定罪处罚。C选项正确。直接客体，是指某一犯罪所直接侵害的某种特定的社会利益。重婚罪直接侵害的客体是一夫一妻制，暴力干涉婚姻自由罪直接侵害的客体是他人的婚姻自由。而同类客体是一类犯罪所共同侵犯的客体，重婚罪和暴力干涉婚姻自由罪都规定在"侵犯公民人身权利、民主权利罪"一章中，二者侵害的共同客体都是人身权利、民主权利。D选项正确。

3. **AC** 【解析】纯正的不作为犯是指行为人的行为构成了法定的犯罪行为本身就是不作为的犯罪，如遗弃罪、拒不执行判决、裁定罪等。其"纯正性"在于人的行为形式与法定的犯罪行为形式是一致的，都是不作为。AC选项正确。

4. **BC** 【解析】作为，是指行为人以积极的身体活动实施某种被刑法禁止的行为。甲将仇人张某推入水中，是以积极的行为从事了刑法所禁止的故意杀人行为，属于作为的犯罪，而不是不作为犯罪。A选项错误。不作为，是指行为人消极地不履行法律义务而危害社会的行为。乙将弃婴抱回家中，即产生抚养婴儿的义务，乙有履行义务的能力而不履行抚养义务将其遗弃，并且造成了危害结果，所以其构成不作为犯罪。B选项正确。不作为犯罪的义务来源之一是行为人职务上、业务上的要求。警察有制止犯罪行为的义务，根据本题看来，警察丙有履行义务的能力，因为其不作为的行为导致了被害人被杀死的危害结果，因此警察丙构成不作为犯罪。C选项正确。丁和徐某都是成年人，成年人应当自己保障自己的安全，在一般情况下没有相互救助的义务，因此丁对徐某遇到的危险没有法律上的救助义务，丁不构成不作为犯罪，对徐某负有法律上的救助义务的是景区。D选项错误。

5. **BC** 【解析】A选项中，根据《消防法》的规定，公民发现火情后有报警义务；但此义务为行政法义务。由于刑法上没有规定对应的"不报警"犯罪，故而甲只是行政法上的不作为行为，而不是刑法上的不作为行为。此外，火灾结果与不报警行为也无刑法上的因果关系。B选项中，成年人乙带邻居小孩出去游玩，乙因自愿接受行为而成为未成年人的临时监护人，对于小孩的危难负有保护义务。C选项中，丙作为父母，依据《民法典》负有抚养未成年子女的义务，有能力履行却不履行，系不作为行为，其构成不作为犯罪。D选项中，依题意行人负完全责任，司机对事故没有责任，也就是说，此案件中司机未违章而行人违章。即便如此，根据《道路交通安全法》第70条："在道路上发生交通事故，车辆驾驶人应当立即停车，保护现场；造成人身伤亡的，车辆驾驶人应当立即抢救受伤人员，并迅速报告执勤的交通警察或者公安机关交通管理部门……"，即司机有法律法规规定的法定救助义务。有能力救助而不救助，系不作为行为。但在因果关系上，题意强调"即使司机丁及时将刘某送往医院，也不可能挽救刘某的生命"，说明不作为行为与死亡结果无因果关系，不符合不作为犯成立的因果关系条件，不构成不作为犯罪。答案为BC。

6. **AC** 【解析】广义的危害结果包括属于构成要件的结果和不属于构成要件的结果、危害行为的直接结果和间接结果，而狭义的危害结果特指刑法规定作为犯罪构成要件的结果。乙偷走甲的看病钱财，甲悲愤自杀，甲的财产损失是乙盗窃罪犯罪构成要件的结果，甲的死亡是乙盗窃罪犯罪构成要件以外的结果，C选项正确。从广义的危害结果角度看，甲的财产损失和死亡都是乙盗窃行为的危害结果，A选项正确。甲的财产损失是乙盗窃行为的直接结果，甲的死亡是乙盗窃行为的间接结果，D选项错误。从狭义的危害结果角度看，甲的财产损失是乙盗窃行为的结果，而甲的死亡并不是乙盗窃行为的结果，B选项错误。

故本题选择 AC 选项。

7. ABCD 　【解析】刑法中的因果关系具有客观性，即危害行为与危害结果之间的因果关系是不以人的主观意志为转移的客观存在；相对性，即原因与结果是相对的，某一现象既是前一现象的结果又是后一现象的原因；必然性，因果关系一般表现为两种现象之间有着内在的、必然的、合乎规律的引起与被引起的关系；复杂性，在某些场合因果关系会呈现出复杂的形态，主要体现为一果多因和一因多果。ABCD 选项均正确。

8. ABCD 　【解析】刑法中的因果关系是危害行为与危害结果之间的一种客观的引起与被引起的关系。因果关系的认定不受行为人主观认识的影响，并且由于因果关系只是行为人具备对该结果承担刑事责任的客观性条件，不是充分条件，所以即使认定因果关系有所扩大，也不会导致刑事责任扩大化。法硕考试坚持因果关系客观说，只承认具有追究刑事责任客观基础的地位，因此大多数情况下都认为行为与结果具有因果关系，但是不能走向极端。甲重伤乙的行为与乙死亡之间介入了医院发生火灾这一极端异常的因素，所以切断了甲的行为与乙的死亡之间的因果关系链条，应认为甲的伤害行为与乙的死亡之间不存在因果关系。A 选项正确。在特定条件下的行为导致结果，如遭遇被害人特异体质或者遭遇恶劣环境发生危害结果，并不存在介入因素，因此应当认定存在因果关系。B 选项正确。甲的危害行为与被害人自身行为相遇导致结果，通常情况下认为因果关系链条没有中断，因此认为有因果关系。C 选项正确。数行为共同作用导致危害结果的情形下，应认定每一行为都为结果发生提供了原因力、作用力和影响力，因此认为有因果关系。D 选项正确。在法硕考试中，同学们只需要记住两个不存在因果关系的例子，举一反三，其他情形一般都认定有因果关系即可。例一：甲窃得乙钱包后逃跑，乙追赶甲的过程中被车撞死。例二：甲殴打乙致伤，乙在乘救护车去医院途中发生交通事故车毁人亡。

9. ABCD 　【解析】A 选项中，通常情况下杀人之后大概率会埋尸，埋尸行为属于正常的介入因素，因果关系不中断，杀人行为与死亡结果之间具有因果关系。行为人存在事实认识错误，属于因果关系错误，根据《刑法》第 232 条，构成故意杀人罪（既遂）一罪。A 选项说法正确。B 选项中，乙撞倒李某后逃逸不救助的行为、多辆汽车碾轧行为，均是李某死亡的条件。由于题意已述"夜间"，提示信息是后车一般看不清路况、大概率会发生碾轧，后车碾轧的行为属于正常介入因素，不中断因果关系，即乙的不救助行为应负主要责任，与李某的死亡有因果关系。B 选项说法正确。C 选项中，如果王某是有自主意识能力的人，其本人对吸毒可以自主决定，则丙无需对王某的死亡负责。但是，本选项中已明示"13 周岁的王某"，亦即王某不具有完全自主意识能力，丙送毒品供王某吸食，王某的死亡结果应归责于丙的行为。C 选项说法正确。D 选项中，一般人为了躲避撞击都会跳入河中，属于正常的介入因素，不中断因果关系，因此周某的死亡结果应归责于丁的撞击行为。D 选项说法正确。

10. AC 　【解析】已满 14 周岁不满 16 周岁的人，犯故意杀人、故意伤害致人重伤或者死亡、强奸、抢劫、贩卖毒品、放火、爆炸、投放危险物质罪的，应当负刑事责任。这是相对负刑事责任年龄阶段，处在此年龄段的人只对法律明文列举的上述几种犯罪行为负刑事责任，而对其他犯罪行为不负刑事责任。AC 选项正确。

11. AB 　【解析】已满 14 周岁不满 16 周岁的人，犯故意杀人、故意伤害致人重伤或者死亡、强奸、抢劫、贩卖毒品、放火、爆炸、投放危险物质罪的，应当负刑事责任。上述八种犯罪是指具体犯罪行为而不是具体罪名。法律拟制是指将原本不符合某种规定的行为也按照该规定处理。注意规定是指在刑法已作相关规定的前提下，提示司法人员注意、以免司法人员忽略的规定。需要注意刑法拟制为故意杀人罪的情形：（1）非法拘禁过程中，使用暴力致人死亡的；（2）刑讯逼供、暴力取证过程中，致人死亡的；（3）虐待被监管人过程中，致人死亡的；（4）聚众斗殴，致人死亡的；（5）聚众"打砸抢"，致人死亡的。因此，聚众"打砸抢"致人死亡应当认定为故意杀人罪，已满14周岁不满16周岁的人对故意杀人罪应当负刑事责任。A选项正确。刑法将携带凶器抢夺的拟制为抢劫罪。这里所说的携带是指行为人携带但没有使用凶器，如果不仅携带而且使用，则本就应认定为抢劫罪，不属于法律拟制而是注意规定。已满14周岁不满16周岁的人对抢劫罪应当负刑事责任。B选项正确。已满14周岁不满16周岁的人盗窃、诈骗、抢夺他人财物，为窝藏赃物、抗拒抓捕或者毁灭罪证，当场使用暴力，故意伤害致人重伤或者死亡，或者故意杀人的，应当分别以故意伤害罪或者故意杀人罪定罪处罚。但是，盗窃病人财物与病人死亡之间不具有因果关系的必然性，不能将病人的死亡作为盗窃行为的危害结果，C选项仅是普通的盗窃行为，已满14周岁不满16周岁的人对盗窃罪不负刑事责任，C选项错误。放火罪即故意放火焚烧公私财物，危害公共安全的行为。D选项中的行为明显属于过失形态，可以构成失火罪。但是已满14周岁不满16周岁的人对失火罪不负刑事责任，D选项错误。

12. ABCD 【解析】已满14周岁不满16周岁的人偶尔与幼女发生性行为，情节轻微，未造成严重后果的，不认为是犯罪。A选项正确。已满14周岁不满16周岁的人使用轻微暴力或者威胁，强行索要其他未成年人随身携带的生活、学习用品或者钱财数量不大，且未造成被害人轻微伤以上或者不敢正常到校学习、生活等危害后果的，不认为是犯罪。已满16周岁不满18周岁的人具有前述规定情形的，一般也不认为是犯罪。B选项正确。已满16周岁不满18周岁的人盗窃未遂或者中止的，可不认为是犯罪。C选项正确。未成年人犯罪只有罪行极其严重的，才可以适用无期徒刑，对已满14周岁不满16周岁的人犯罪一般不判处无期徒刑。D选项正确。

13. BD 【解析】间歇性精神病人，在精神正常的时候犯罪，应当负刑事责任，刑法未规定可以从轻处罚。A选项错误。尚未完全丧失辨认或者控制自己行为能力的精神病人犯罪的，应当负刑事责任，但是可以从轻或者减轻处罚。B选项正确。认定精神病人无刑事责任能力必须同时具备两个条件：医学标准和心理学标准。C选项错误。根据《刑法》第19条的规定，又聋又哑的人或者盲人犯罪，可以从轻、减轻或者免除处罚。D选项正确。

14. ABC 【解析】单位犯罪的主体包括公司、企业、事业单位、机关和团体，既包括国有、集体所有的公司、企业、事业单位，也包括依法设立的合资经营、合作经营企业和具有法人资格的独资、私营等公司、企业、事业单位。需注意，下列情形不以单位犯罪论处：（1）个人为进行违法犯罪活动而设立的公司、企业、事业单位实施犯罪的，或者公司、企业、事业单位设立后，以实施犯罪为主要活动的。AB选项正确。（2）盗用单位名义实施犯罪，违法所得由实施犯罪的个人私分的。C选项正确。以单位的分支机构或者内设机构、部门的名义实施犯罪，违法所得归分支机构或者内设机构、部门所有的，应认定为单位犯罪。不能因为单位的分支机构或者内设机构、部门没有可供执行罚金的财产，就不将其认定为单位犯罪，而按照个人犯罪处理。分公司就是指单位的分支机构，D选项应以单位犯罪论处，所以D选项不当选。

15. CD 【解析】《刑法》第31条规定："单位犯罪的，对单位判处罚金，并对其直接负责的主管人员和其他直接责任人员判处刑罚。本法分则和其他法律另有规定的，依照规定。"即对单位犯罪一般实行"两罚"原则。刑法分则有特别规定只实行"单罚"的，依照其规定。A 选项正确。单位犯罪，以刑法分则有明文规定的为限。刑法规定的单位犯罪主要属于破坏经济秩序、环境资源、危害公共卫生的犯罪。凡是法律未指明该罪的主体包括单位的，只有自然人可以构成该罪，单位不能构成该罪。B 选项正确。单位犯罪要为本单位谋取非法利益或者为单位全体、多数成员谋取非法利益。所以单位犯罪完全可以为单位全体或多数成员谋取利益。C 选项错误。对单位犯罪中的直接负责的主管人员和其他直接责任人员，应根据其在单位犯罪中的地位、作用和犯罪情节，分别处以相应的刑罚。主管人员与直接责任人员，在个案中，不是当然的主从犯关系，有的案件中，主管人员与直接责任人员在实施犯罪行为的主从关系不明显的，可不分；可以分清，且不分清主从犯，在同一法定刑档次、幅度内量刑无法做到罪刑相适应的，应当分清主从犯，依法处罚。D 选项错误。

16. **AB** 【解析】特殊主体是指除了具备一般犯罪主体所要求的成立条件外，还必须具有某些犯罪所要求的特定身份作为其构成要件的自然人主体。A 选项中叛逃罪的犯罪主体是国家机关工作人员和掌握国家秘密的国家工作人员，是特殊主体。B 选项中徇私枉法罪的犯罪主体是国家司法机关工作人员，是特殊主体。CD 选项的犯罪主体均为一般主体，只要是达到刑事责任年龄、具有刑事责任能力的自然人均可构成。因此本题选 AB 选项。

17. **BC** 【解析】挪用公款罪的主体除了要求具备一般主体的条件外，还必须具备"国家工作人员"身份，滥用职权罪的主体是"国家机关工作人员"，因此 BC 选项是特殊主体。而故意杀人罪、行贿罪的主体没有特殊身份的要求，故本题选择 BC 选项。

18. **AC** 【解析】犯罪目的，是指犯罪人希望通过实施某种犯罪行为实现某种犯罪结果的心理态度。直接故意的基本内容就是追求某种犯罪结果的发生，包含着犯罪目的，所以刑法对故意犯罪通常不明示犯罪目的。但是对某些犯罪，刑法条文规定特定的犯罪目的。间接故意和过失犯罪可以有其他目的，但不存在犯罪目的。A 选项正确。报仇是推动犯罪人实施犯罪行为的内心起因，属于犯罪动机。B 选项错误。拐卖妇女、儿童罪必须以出卖为目的，所以犯罪目的是构成该罪的必要的主观要件。C 选项正确。刑法对故意犯罪通常不明确规定犯罪目的，但对于某些犯罪，刑法条文明文规定特定的犯罪目的，如赌博罪等。D 选项错误。

19. **ABCD** 【解析】因为犯罪过失与犯罪故意在主观恶性程度上具有本质的差别，所以刑法规定犯罪过失的罪责与犯罪故意的罪责明显不同。其具体表现为：（1）对过失犯罪，法律有规定的才负刑事责任。B 选项正确。这意味着刑法分则各条规定的犯罪，在没有特别说明的情况下，其主观罪过形式当然是故意，并且不能理解为当然包括过失。只有当法律条文明示该条之罪的罪过形式是过失或者包括过失，过失才可能构成犯罪，承担刑事责任。这充分显示了刑法是以惩罚故意犯罪为主，以惩罚过失犯罪为例外。A 选项正确。（2）对过失行为，只有造成严重后果的才负刑事责任。C 选项正确。刑法所规定的过失犯罪有一个明显的共同点，就是都必须以造成法定的严重后果为构成要件。（3）过失犯罪的法定刑明显轻于故意犯罪。D 选项正确。ABCD 选项全选。

20. **ACD** 【解析】事实认识错误，是指行为人对与自己行为有关的事实情况有不正确的理解。明知是幼女而嫖宿构成强奸罪，行为被法律规定为犯罪而行为人认为不是犯罪，属于假想非罪，是法律认识错误，故 B 选项错误。ACD 选项分别属于事实认识错误中的对象错误、客体错误、因果关系错误。

21. ABC 【解析】未成年人犯罪只有罪行极其严重的，才可以适用无期徒刑，A选项正确。除刑法规定"应当"附加剥夺政治权利外，对未成年罪犯一般不判处附加剥夺政治权利。如果对未成年罪犯判处附加剥夺政治权利的，应当依法从轻判处，B选项正确。对未成年罪犯实施刑法规定的"并处"没收财产或者罚金的犯罪，应当依法判处相应的财产刑；对未成年罪犯实施刑法规定的"可以并处"没收财产或者罚金的犯罪，一般不判处财产刑，C选项正确。对未成年罪犯判处罚金刑时，应当依法从轻或者减轻判处，并根据犯罪情节，综合考虑其缴纳罚金的能力，确定罚金数额。但罚金的最低数额不得少于500元人民币，D选项错误。本题选择ABC选项。

22. ACD 【解析】已满12周岁不满14周岁承担刑事责任的条件总结：（1）罪名性质要求：① 故意杀人罪；② 故意伤害罪。（2）结果要求：致人死亡；特别残忍手段致人重伤造成严重残疾（注意：只有在致人重伤造成严重残疾的情况下，才要求特别残忍手段）。因此，B选项错误。（3）程度要求：情节恶劣。例如，顽劣霸凌、多次欺凌他人甚至屡教不改的；造成极为广泛的恶劣社会影响的；造成多人死伤或者以极其残忍的手段杀害父母等尊亲属的或者残害婴幼儿的，都可视为情节恶劣。（4）程序要求：经最高人民检察院核准。如果已满12周岁不满14周岁的人有故意杀人行为的，同时满足上述要求的，应当负刑事责任。因此，ACD选项正确。

三、简答题

1. 参考答案 （1）犯罪对象是刑法规定的犯罪行为所侵犯或直接指向的具体事物（人、物或信息），而犯罪客体是法律所保护的为犯罪所侵害的社会利益，二者是现象与本质的关系。犯罪客体寓于犯罪对象之中，揭示犯罪的本质，而犯罪对象是它的载体。犯罪行为对犯罪客体的侵害，往往是通过侵犯或指向犯罪对象来实现的。（2）犯罪客体是犯罪构成的一般要件之一，而犯罪对象仅是犯罪客观方面的选择性要素之一。（3）任何犯罪都必然侵害一定的客体，但是犯罪对象不一定受到犯罪的侵害。

2. 参考答案 刑事责任年龄，指法律所规定的行为人对自己的犯罪行为负刑事责任必须达到的年龄。我国《刑法》第17条对刑事责任年龄作了如下的具体规定：

（1）已满16周岁的人犯罪，应当负刑事责任。这是完全负刑事责任年龄阶段。

（2）已满14周岁不满16周岁的人，犯故意杀人、故意伤害致人重伤或者死亡、强奸、抢劫、贩卖毒品、放火、爆炸、投放危险物质罪的，应当负刑事责任。这是相对负刑事责任年龄阶段。

（3）已满12周岁不满14周岁的人，犯故意杀人、故意伤害罪，致人死亡或者以特别残忍手段致人重伤造成严重残疾，情节恶劣，经最高人民检察院核准追诉的，应当负刑事责任。

（4）不满12周岁的，对任何犯罪都不负刑事责任。

3. 参考答案 （1）从认识因素看，二者对危害结果发生认识程度有所不同。在直接故意的情况下，行为人认识到危害结果发生的可能性或者必然性；间接故意的情况下，行为人认识到危害结果发生的可能性。（2）从意志因素看，二者对危害结果发生的态度明显不同。直接故意是希望这种危害社会的结果的发生，对结果是积极追求的态度；间接故意则是放任这种危害结果的发生，不是积极追求的态度，而是任凭事态发展。（3）特定的危害结果是否发生对二者具有不同的意义。在直接故意的场合，即使追求的特定危害结果没有实际发生，通常也应当追究预备、未遂的罪责；在间接故意的场合，如果没有实际发生特定危害结果，就无所谓犯罪的成立。

四、法条分析题

参考答案（1）行为人基于生活日常规则或者工作规则对于结果发生负有预见的义务。这种应当预见的标准一般以社会共同或者同行作为标准。

对于生活过失，需结合社会一般人的生活经验，看一般公众在当时的情形下能否预见。对于业务过失，主要是要看行为人是否违反操作规则，违反职务业务惯例、规章的规定等。

（2）疏忽大意指行为人应当预见自己的行为可能发生危害社会的结果，由于疏忽大意而没有预见，以至于发生危害结果的心理态度。

（3）轻信能够避免是指行为人凭借一定的主客观条件，相信自己能够避免危害结果的发生，但所凭借的主客观条件并非真实可靠。换言之，行为人过高估计自己的主观能力、错误地估计了现实存在的客观条件，认为其可以避免危害结果的发生。

（4）① 这里的"法律"仅指刑法，不包括其他规范性法律文件。

② 刑法分则各条规定的犯罪，无特别说明的情况下，主观罪过形式是故意。只有当法律条文明文规定该条罪名的罪过形式是过失或者包括过失的，才可能构成过失犯罪，承担刑事责任。

③ 我国刑法以处罚故意犯罪为原则，以处罚过失犯罪为例外；过失犯罪的刑罚轻于与之相对应的故意犯罪。

第四章 正当化事由

一、单项选择题

1. C 【解析】在刑法理论上和外国的刑法中，除了正当防卫和紧急避险之外，正当化事由还有下列一些情形：第一，依照法律的行为，即具有法律明文依据的行为，直接依照法律作出的行为不为犯罪，如死刑执行行为，因此，B 选项不构成犯罪。第二，执行命令的行为，即基于上级的命令而实施的行为。第三，正当业务的行为，即为从事合法的行业、职业、职务等活动而实施的行为。A 选项、D 选项中的拳击比赛和新闻报道行为都属于正当业务，不构成犯罪。第四，经权利人承诺的行为，即权利人请求、许可、默认行为人损害其合法权益，行为人根据权利人的承诺损害其合法权益的情况。C 选项中，虽然被害人要求甲将其重伤，但被害人承诺仅限于轻伤以下程度。因此，本题答案为 C。

2. D 【解析】权利人承诺又称被害人承诺，指权利人请求、许可、默认行为人损害其合法权益，行为人根据权利人的承诺损害其合法权益的情况，属于刑法理论上或外国刑法中的正当化事由。权利人承诺作为正当化事由必须同时满足六个条件：（1）承诺者对被侵害法益有处分权限，被害人只能处分自己的个人法益，对于轻伤以下的承诺有效；

（2） 承诺者对承诺事项的性质、意义、范围具有理解能力；（3） 承诺必须出于真实意志；（4） 必须存在现实或可以推知的承诺；（5） 承诺必须在结果或行为发生之前或之时，事后承诺无效；（6） 经承诺实行的行为不得超出承诺的范围。甲对砍掉自己左手小拇指所作出的承诺，属于轻伤以下的承诺，是有效的，故乙的行为不构成犯罪。A 选项错误。（应当注意的是，如果甲承诺乙砍掉自己的大拇指或一只手，则承诺无效。）丙放弃自己生命权利的承诺因超过轻伤范围而无效，如果丙在"鱿鱼游戏"中被他人击杀，他人应当依法担责，承担相应的刑事责任。B 选项错误。任何人对拐卖儿童的情形都不得承诺，父母对于儿童的法益没有处分的权限，故承诺无效。C 选项错误。己系未成年人，其不具有认知风险的能力，其对自己的器官没有处分的权利，根据《刑法》相关规定，庚的行为构成故意伤害罪。

3. C 【解析】防卫过当是指正当防卫明显超过必要限度造成重大损害的行为，即使造成不法侵害人死亡，但如果并未超过必要限度的，即不属于防卫过当。A 选项错误。《刑法》第 20 条第 3 款规定："对正在进行行凶、杀人、抢劫、强奸、绑架以及其他严重危及人身安全的暴力犯罪，采取防卫行为，造成不法侵害人伤亡的，不属于防卫过当，不负刑事责任。"这并不限于侵害公民人身权利罪，对于武装叛乱、暴乱等其他犯罪，只要严重危害公民人身权利的，即可以实施特殊正当防卫。B 选项错误。不管财物所有人是他人还是自己，只要放火足以危害公共安全，就属于放火罪，因此 C 选项正确。关于避免本人危险的规定，不适用于职务上、业务上负有特定责任的人。D 选项错误。

4. C 【解析】防卫过当的基本特征是客观上造成了不应有的损害，具有社会危害性，A 选项正确。防卫过当主观上对造成的过分损害存在过失甚至故意，具有罪过性，B 选项正确。防卫过当应当负刑事责任，但应当酌情减轻或者免除处罚，C 选项错误。因防卫过当而构成犯罪的，依照刑法分则的有关规定确定罪名和适用的法定刑。致人重伤、死亡的，依法定过失致人重伤罪或过失致人死亡罪；如有犯罪故意，依法定故意伤害罪或者故意杀人罪。防卫过当本身不是罪名，不能定防卫过当罪，D 选项正确。本题选择 C 选项。

5. D 【解析】正当防卫，指为了使国家、公共利益、本人或者他人的人身及其他权利免受正在进行的不法侵害，而对实施侵害的人所采取的合理的防卫行为。只要满足了正当防卫的构成要件，针对不作为的不法侵害，同样可以成立正当防卫。A 选项错误。正当防卫必须满足时间条件，即对正在进行的不法侵害进行防卫。不法侵害必须正在进行，即已经开始尚未结束。B 选项中乙的抢夺行为已经明显终止，甲在不法侵害结束后致使乙轻伤，是"防卫的不适时"，具体而言属于事后防卫，不能成立正当防卫。B 选项错误。对野生动物的攻击行为进行反击，不属于正当防卫。正当防卫的前提，即不法侵害必须是由人实施的，野生动物的攻击不属于人的不法侵害，但是可以对这种攻击进行紧急避险，故 C 选项中甲成立紧急避险。C 选项错误。甲利用自己饲养的动物故意或者过失攻击他人，这相当于甲的不法侵害，乙反击动物（相当于反击人），成立正当防卫。D 选项正确。

6. A 【解析】针对精神病人的行为，可以进行正当防卫。精神病人丙在袭击甲时，甲正在寻找抢劫目标，其预备行为并未紧迫侵害他人合法权益，即甲并未正在实施紧迫的不法侵害，故甲可以为了保护自身的合法权益针对不法侵害人丙进行正当防卫，故 A 选项正确。紧急避险必须是为了保护合法权益，损害合法第三人利益，本题中丙不属于合法第三人，故甲的行为不属于紧急避险，B、D 选项错误。自救行为是一种事后救济，甲将丙打成重伤的行为不属于自救行为，C 选项错误。

7. D 【解析】正当防卫的主观条件，即防卫必须是基于保护合法权益免受不法侵害的目的。在互殴的场合，因互殴双方都有侵害对方的意图，所以原则上都不能成立正当防卫。但是如果一方逃跑或者求饶，另一方继续实行加害行为，前者可基于防卫目的进行正当防卫。A 选项错误。正当防卫的起因条件，即有不法侵害行为发生。所谓不法侵害，一般指犯罪行为的侵害，还包括一些侵犯人身、财产，破坏社会秩序的违法行为。B 选项错误。正当防卫的限度条件，即正当防卫不能明显超过必要限度造成重大损害，必须同时满足明显超过必要限度且造成重大损害两个条件。C 选项错误。防卫目的的正当性既是正当防卫成立的首要条件，也是正当防卫不负刑事责任的重要根据。所谓防卫挑拨，是指为了侵害对方，有意挑逗对方首先实行侵害行为，然后借口遭到不法侵害，实施加害对方的行为。因此，"防卫挑拨"不能成立正当防卫。D 选项正确。

8. D 【解析】正当防卫是指为了保护国家、公共利益、本人或他人的人身、财产和其他合法权利免受正在进行的不法侵害，采取对不法侵害人造成损害的方法，制止不法侵害的行为。正当防卫的目的条件是制止不法侵害行为，所以相互斗殴行为一般不能构成正当防卫，但是如果一方已经放弃斗殴而逃跑，另一方继续实施加害行为的，可以对其正当防卫。本题中，乙已经放弃斗殴行为，甲仍继续实施加害行为，并用木棒劈头盖脸打来，很可能造成他人重伤后果，因此，乙正当防卫将其刺成重伤，没有超出必要限度造成重大损害，属于正当防卫，乙不构成犯罪。D 选项正确，ABC 选项错误。

9. C 【解析】本题中，甲为了维护自己的合法财物不被乙侵犯，将乙打成轻伤，是为了维护自己的合法权益免受正在进行的不法侵害而对实施侵害的人所采取的合理的防卫行为，属于正当防卫，不构成犯罪。C 选项正确。B 选项错误。甲的行为属于故意针对不法侵害人本人的行为，不属于过失，也不属于紧急避险。因此 AD 选项错误。

10. A 【解析】正当防卫有限度要求，超过限度的属于防卫过当，需要负刑事责任。《刑法》规定的限度条件是"明显超过必要限度造成重大损害"，具体而言，行为人的防卫措施虽明显超过必要限度但防卫结果客观上并未造成重大损害，或者防卫结果虽客观上造成重大损害但防卫措施并未明显超过必要限度，均不能认定为防卫过当。本案中，陈某的行为是正当防卫，不构成犯罪。主要理由如下：第一，陈某面临正在进行的不法侵害，反击行为具有防卫性质。本案中，甲等人借故拦截陈某并实施围殴，属于正在进行的不法侵害，陈某的反击行为显然具有防卫性质，不属于假想防卫，C 选项错误。第二，陈某随身携带刀具，不影响正当防卫的认定。对认定正当防卫有影响的，并不是防卫人携带了可用于自卫的工具，而是防卫人是否有相互斗殴的故意。陈某在事前没有与对方约架斗殴的意图，被拦住后也是先解释退让，最后在遭到对方围殴时才被迫还手，其随身携带水果刀，无论是日常携带还是事先有所防备，都不影响对正当防卫作出认定。第三，陈某的防卫措施没有明显超过必要限度，不属于防卫过当。陈某的防卫行为致实施不法侵害的 3 人重伤，客观上造成了重大损害，但防卫措施并没有明显超过必要限度。陈某被 9 人围住殴打，其中有人使用了钢管、石块等工具，双方实力相差悬殊，陈某借助水果刀增强防卫能力，在手段强度上合情合理，不属于防卫过当，B 选项错误。并且，对方在陈某逃脱时仍持续追打，共同侵害行为没有停止，所以就制止整体不法侵害的实际需要来看，陈某持刀挥刺也没有不相适应之处，因而不属于事后防卫，D 选项错误。综合来看，陈某的防卫行为虽有致多人重伤的客观后果，但防卫措施没有明显超过必要限度，依法不属于防卫过当。因此本题选 A 选项。

11. A 【解析】我国《刑法》第 20 条第 3 款规定："对正在进行行凶、杀人、抢劫、强奸、绑架以及其他严重危及人身安全的暴力犯罪，采取防卫行为，造成不法侵害人伤亡的，不属于防卫过当，不负刑事责任。" A 选项正确。

12. A 【解析】本题考查正当防卫的时间条件。案情可分为两个阶段：第一阶段，乙持水果刀追刺张某，不法侵害正在进行，本人和他人防卫适时。且甲的防卫行为并未超出必要限度，是正当防卫。第二阶段，张某在乙失去侵害能力时，侵害乙的生命权，属于事后防卫，构成故意杀人罪。根据《最高人民法院、最高人民检察院、公安部关于依法适用正当防卫制度的指导意见》第 6 条，……对于不法侵害已经形成现实、紧迫危险的，应当认定为不法侵害已经开始；对于不法侵害虽然暂时中断或者被暂时制止，但不法侵害人仍有继续实施侵害的现实可能性的，应当认定为不法侵害仍在进行……对于不法侵害人确已失去侵害能力或者确已放弃侵害的，应当认定为不法侵害已经结束……因此本题选 A。

13. A 【解析】正当防卫，是指为了使国家、公共利益、本人或者他人的人身、财产和其他权利免受正在进行的不法侵害，而对实施侵害的人所采取的合理的防卫行为。明显超出必要限度，造成重大损害的，行为构成防卫过当，即防卫过当要求手段和目的均过当。根据《刑法》第 267 条第 2 款的规定，携带凶器抢夺的，依照抢劫罪的规定定罪处罚。甲携带凶器抢夺，乙使用木棍进行防卫，手段行为不过当，但对甲造成了重伤结果，仅结果过当，故不属于防卫过当，而属于正当防卫。A 选项正确，B 选项错误。甲的不法侵害行为事实存在，乙的防卫行为不属于假想防卫。C 选项错误。不法侵害尚未结束，是指不法侵害行为或其导致的危害状态尚在继续中，防卫人可以用防卫手段予以制止。在财产犯罪中，即使犯罪已经既遂，但犯罪人没有远离犯罪现场，被害人采取防卫行为仍可以挽回损失的，应视为不法侵害尚未结束，不属于事后防卫。D 选项错误。

14. B 【解析】甲为了本人的财产权利免受不法侵害，当自己外出时，在本人住宅内安放防卫装置，没有侵害他人正当权益的危险，并且防卫装置是在乙实施了不法行为时才启动，又仅造成轻伤后果，完全符合正当防卫的构成条件。B 选项正确。

15. B 【解析】花瓶虽然并非不法侵害人所有，却是甲进行不法侵害的工具，刑法不可能禁止防卫人对不法侵害工具进行正当防卫。将这种情形认定为正当防卫可能不符合《刑法》第 20 条关于"对不法侵害人造成损害"的规定，但防卫行为并非必须造成不法侵害人的人身损害，只需防卫人的行为表现为符合构成要件且客观上是可能制止不法侵害的行为，就是正当防卫。"乙用手或工具挡开花瓶"不是法益侵害行为，故乙不构成正当防卫。A 选项正确。我国传统刑法理论认为，紧急避险的必要限度，是指紧急避险所引起的损害小于所避免的损害，即凡是避险行为所引起的损害小于所避免的损害时，就没有超过必要限度。按照此种观点，甲的行为并没有超过必要限度。但是，紧急避险的必要限度是指在所造成的损害不超过所避免的损害的前提下，足以排除危险所必需的限度。因此，在避险行为造成的损害小于所避免的损害时，也可能超过必要限度。原本砍伐 10 米树木就可防止火灾，但甲却下令砍伐 50 米树木，明显超过必要限度。B 选项错误，故当选。乙是盗窃犯，乙对甲的防卫行为实施暴力不属于正当防卫行为，而是转化为抢劫行为。此时甲再次进行防卫，针对的便不单单是盗窃行为，而是新的抢劫行为（或者说，新的暴力行为）。C 选项正确。正当防卫的不法侵害仅限于那些具有进攻性、破坏性、紧迫性的不法侵害。即不法侵害原则上必须对人身或财产具有紧迫的侵害，主要是针对有具体受害人的不法侵害。对于贪污贿赂、假冒注册商标、出售假冒注册商标的商品等违法行为，完全可以通过检举、揭发、举报等方式处理。故甲的行为不属于正当防卫。D 选项正确。本题答案为 B。

16. D 【解析】正当防卫是指为了使国家、公共利益、本人或者他人的人身、财产和其他权利免受正在进行的不法侵害，而对实施侵害的人所采取的合理的防卫行为。为保护国家利益实施的防卫行为，并未要求防卫人必须是国家工作人员。A 选项错误。紧急避险损害的利益，必须小于所保护的利益，不能牺牲一个人的生命去保护另一个人的生命。甲不成立紧急避险。B 选项错误。摆脱的是合法追捕，既不能实施正当防卫，也不能紧急避险。C 选项错误。若保护的个人利益大于所损害的公共利益，则可以紧急避险。D 选项正确。

17. B 【解析】紧急避险的主体具有限定性，不适用于职务上、业务上负有特定责任的人。本题选 B 选项。

18. D 【解析】紧急避险，是指为了使国家、公共利益、本人或者他人的人身、财产和其他权利免受正在发生的危险，不得已而采取的损害另一较小合法利益的行为。成立紧急避险需要满足七个条件：（1）必须有危险发生；（2）危险正在发生，尚未消失；（3）避险行为针对的对象是第三人的合法利益；（4）避险行为主观上是为了使合法利益免受正在发生的危险；（5）避险行为在迫不得已的情况下实施；（6）避险行为不能超过必要限度造成不应有的危害；（7）避免本人危险的规定，不适用于职务上、业务上负有特定责任的人。紧急避险的危险，是指现实存在的某种有可能立即对合法权益造成危害的紧迫事实状态。危险的来源主要有：（1）自然灾害；（2）动物的侵袭；（3）非法侵害行为；（4）人的生理、病理过程。本题中，甲是为了抢救伤员，属于正在进行的危险，符合紧急避险的起因条件，并且其为了人的生命健康权而采取牺牲合法第三人财产权的行为并未超过必要限度，因此甲构成紧急避险。D 选项正确。甲的紧急避险行为不构成犯罪，AB 选项错误。甲的行为是针对合法第三人的财产而非"不法侵害人本人"，因此不构成正当防卫，C 选项错误。

19. B 【解析】正当防卫的对象只能是不法侵害人，甲的行为对象是第三人，不可能构成正当防卫。A 选项错误。甲是为了保护自己的生命不得已夺取丙的摩托车，属于为了保护合法权益免受正在发生的危险，不得已而采取的损害另一较小合法利益的行为，甲的行为构成紧急避险，排除了犯罪。B 选项正确。

二、多项选择题

1. ABCD 【解析】权利人承诺作为正当化事由必须同时满足下列条件：（1）承诺者对被侵害法益有处分权限；（2）承诺者对承诺事项的性质、意义、范围具有理解能力；（3）承诺必须出于真实意志；（4）必须存在现实或可以推知的承诺；（5）承诺必须在结果或行为发生之前或之时，事后承诺无效；（6）经承诺实行的行为不得超出承诺的范围。故本题 ABCD 四项全选。

2. ABCD 【解析】成立正当防卫必须具备以下条件：（1）起因条件，有不法侵害行为发生。所谓不法侵害，一般指犯罪行为的侵害，还包括一些侵犯人身、财产，破坏社会秩序的违法行为。（2）时间条件，正当防卫是对正在进行的不法侵害进行防卫。不法侵害是真实存在的，而不是主观想象推测的；不法侵害正在进行，即已经开始尚未结束。

（3）对象条件，正当防卫只能是通过给不法侵害人本人造成损害的方法来进行，而不能通过给第三者造成损害的方法来进行。（4）主观条件，正当防卫必须是基于保护合法权利免受不法侵害的目的。（5）限度条件，正当防卫不能明显超过必要限度造成重大损害。正当防卫的必要限度，指足以制止正在进行的不法侵害所必需的限度。故本题 ABCD 四项全选。

3. ABD 【解析】《刑法》第 20 条第 3 款规定："对正在进行行凶、杀人、抢劫、强奸、绑架以及其他严重危及人身安全的暴力犯罪，采取防卫行为，造成不法侵害人伤亡的，不属于防卫过当，不负刑事责任。"

特别防卫首先必须具备成立正当防卫的起因、时间、对象、主观这四个基本条件，其次还必须具备特定的对象条件，即针对正在进行且严重危及人身安全的暴力。麻醉抢劫、迷奸等属于使用非暴力手段犯罪行为，不会严重危及人身安全，不能进行特别防卫。A 选项正确。

如果符合特别防卫的条件，即使造成不法侵害人伤亡的，也不认为过当。B 选项正确。

特别防卫是正当防卫的特殊情况，但都应当具备时间条件——不法侵害正在进行，防卫在任何情况下都不允许在时间上不当。即使是遇到严重危及人身安全的暴力犯罪，也不允许在不法侵害开始前或结束后打击不法侵害人。C 选项错误。

特别防卫是正当防卫，不应当负刑事责任。D 选项正确。

4. AC 【解析】紧急避险的危害来源非常广泛，既可以是人的不法侵害，也可以是自然灾害、动物侵袭等。A 选项错误。紧急避险损害的合法利益必须小于所保护的合法利益。C 选项错误，BD 选项说法正确，本题为选非题，因此选择 AC 选项。

5. ABC 【解析】避险过当意味着不能排除行为人对造成的不应有损害的非法性，在追究刑事责任的时候应当根据具体情况确定触犯的罪名，依法减轻或免除处罚。D 选项错误，ABC 选项正确。

6. BD 【解析】正当防卫和紧急避险的目的相同，都是为了保护国家、公共利益、本人或他人的合法权利；责任相同，在合理限度内给某种利益造成一定损害的，都可以不负刑事责任，故 BD 选项正确。正当防卫和紧急避险的危险来源不同，正当防卫的危险来源只能是人的不法侵害，而紧急避险的危险来源既可以是人的不法侵害，也可以是自然灾害、动物侵袭等；主体的限定不同，正当防卫是每一个公民的权利，而紧急避险不适用于职务上、业务上负有特定责任的人，故 AC 选项错误。

三、简答题

1. 参考答案 关于正当化事由，我国刑法明文规定的只有正当防卫和紧急避险两种。但在刑法理论上和外国的刑法中，除了正当防卫和紧急避险之外，正当化事由还有下列一些情形：第一，依照法律的行为，即具有法律明文依据的行为，直接依照法律作出的行为不为犯罪；第二，执行命令的行为，即基于上级的命令实施的行为；第三，正当业务的行为，即为从事合法的行业、职业、职务等活动实施的行为；第四，经权利人承诺的行为，即权利人请求、许可、默认行为人损害其合法权益，行为人根据权利人的承诺损害其合法权益的情况；第五，自救行为，即合法权益受到侵害的人，依靠自己力量及时恢复权益，以防止其权益今后难以恢复的情况。

2. 参考答案 紧急避险与正当防卫的相同点：（1）目的相同。都是为了保护国家、公共利益、本人或者他人的人身或其他合法权利。（2）前提相同。都必须是在合法权益正在受到紧迫危险时才能实施。（3）责任相同。在合理限度内给某种利益造成一定的损害，都可以不负刑事责任；如果超出法定限度造成损害结果的，都应当负刑事责任，但应当减轻或免除处罚。

紧急避险与正当防卫的区别：（1）危害的来源不同。紧急避险的危害来源非常广泛，既可以是人的不法侵害，也可以是自然灾害，动物侵袭等，而正当防卫的危害来源只能是人的不法侵害。（2）行为所损害的对象不同。紧急避险损害的对象是第三者的合法权益，正当防卫损害的对象只能是不法侵害者。（3）行为的限制条件不同。紧急避险只能在迫不得已时即在没有其他方法可以避免危险的情况下才能实行，而正当防卫则无此限制。（4）对损害程度的要求不同。紧急避险损害的合法利益必须小于所保护的合法利益，而正当防卫所造成的损害可以大于不法侵害者可能造成的损害。（5）主体的限定不同。正当防卫是每一个公民的权利，而紧急避险不适用于职务上、业务上负有特定责任的人。

四、法条分析题

参考答案 （1）不法侵害，指现实存在的违法行为。不法侵害本质上只能是客观存在的人的行为，包括犯罪行为，也包括其他违法行为，但不包括合法行为。未达到刑事责任年龄、不具有辨认控制能力的人的侵害行为，可以防卫；过失行为、不作为行为、预备行为，也可防卫。

（2）正在进行，是指不法侵害已经开始并且尚未结束。财产犯罪侵害行为已经结束，行为人尚在现场，损害尚可通过防卫挽回时，也被认为是不法侵害尚未结束，对其进行防卫也属于正当防卫。如果不法侵害尚未开始或者已经结束而实行防卫的，属于防卫不适时，不能成立正当防卫。

（3）正当防卫的必要限度，指足以制止正在进行的不法侵害所必需的限度，即当时场景之下制止不法侵害所需要的手段（当时采用其他较低程度的手段无法制止不法侵害）。

（4）重大损害，指致人重伤、死亡。

（5）不法侵害人，指防卫对象，即不法侵害人本人的人身或财产。如果不法侵害人以其财物作为侵害的工具，防卫者损害该财物的，也可以成立正当防卫。

（6）免除处罚，指对犯罪分子作出有罪宣告，但是免除其刑罚处罚。

第五章　故意犯罪的停止形态

一、单项选择题

1. C 【解析】对中止犯，没有造成损害的，应当免除处罚；造成损害的，应当减轻处罚。C选项错误，故当选。《刑法》第23条第2款规定："对于未遂犯，可以比照既遂犯从轻或者减轻处罚。"A选项正确。未完成状态，即犯罪预备、犯罪未遂、犯罪中止只存在于故意犯罪中，因此过失犯罪不存在犯罪预备。B选项正确。犯罪中止可分为预备阶段的中止和实行阶段的中止。D 选项正确。

2. A 【解析】实害犯是指行为必须已造成法定的实害后果，才是该罪的既遂，仅有杀人的行为尚不足以成为该罪的既遂，必须有杀人行为且致人死亡才能成立该罪的既遂。故意毁坏财物罪、故意伤害罪等也属于实害犯。A 选项正确。危险犯的特征是发生侵害法益的现实危险是既遂的要件。行为犯的特征是犯罪行为实施到一定程度即构成既遂。迷信犯是指使用迷信的方式犯罪，按照科学的观念根本不可能对法益造成损害的情况。故 BCD 选项错误。

3. B 【解析】犯罪既遂，指犯罪人的行为完整地实现了刑法分则条文所规定的全部犯罪构成的事实。危险犯的特征为发生侵害法益的现实危险是既遂的要件。只要行为足以造成某种严重后果发生的危险，就是该罪的既遂。对于破坏交通工具罪，只要破坏行为足以使交通工具有发生倾覆、毁坏危险的，即使尚未造成"倾覆、毁坏"的严重后果，也成立既遂。A 选项错误。实害犯，行为必须已造成法定的实害后果，才是该罪的既遂。故意杀人罪是实害犯，仅有杀人的行为尚不足以成立该罪的既遂，必须有杀人行为且致人死亡才能成立该罪的既遂。B 选项正确。诬告陷害罪是行为犯。行为犯的特征是犯罪行为实施到一定程度即构成既遂。只要实行了诬告陷害的犯罪行为，且该行为达到了使司法机关可能采取刑事追究活动的程度，就是诬告陷害罪的既遂，不需要行为人诬告陷害的对象实际受到刑罚处罚。C 选项错误。盗窃罪的类型有两类：一类要求数额较大，另一类是没有数额要求。例如，入户盗窃、多次盗窃、扒窃、携带凶器盗窃等类型的盗窃罪，即使窃得的公私财物没有达到数额较大标准，也可成立盗窃罪且既遂。D 选项错误。

4. D 【解析】根据《刑法》第 24 条的规定，在犯罪过程中，自动放弃犯罪或者自动有效地防止犯罪结果发生的，是犯罪中止。对于中止犯，没有造成损害的，应当免除处罚；造成损害的，应当减轻处罚。D 选项错误，应选。ABC 选项表述正确，不当选。

5. A 【解析】犯意表示，是指行为人以口头、文字等形式将其直接故意犯罪的意图明确表露出来，没有任何具体的犯罪准备活动。A 选项正确。犯意表示停留在思想表露的范畴，而不是任何犯罪行为，对外界不发生现实的影响，故不认为是犯罪，C 选项错误。而犯罪预备越过了思想认识阶段，实施了为犯罪准备工具、制造条件的行为，并有进一步发展至犯罪现实的可能，在重视犯罪预防的背景下，具有一定的可罚性。B 选项错误。教唆犯是指故意引起他人实行犯罪决意的人。D 选项错误。

6. A 【解析】犯罪预备是指为了实施犯罪，准备工具或者制造条件的行为。本案中，行为人甲为了实施抢劫行为而购买刀具，属于一种具有危险性的行为。甲购买刀具之后未能着手实施抢劫行为就被警察抓获，属于因意志以外的原因而未能着手，属于犯罪预备。本题答案为 A。

7. A 【解析】甲的行为属于犯罪预备。抢劫罪的着手是指行为人已经实施暴力等足以危害被害人人身安全的行为。本题中，甲主观上想抢劫，但只实施了尾随、进屋的行为，该行为还没有对乙的人身和财产权利造成紧迫的危险，即甲还没来得及着手就因为意志以外的原因而未能着手实现犯罪，故甲的行为构成抢劫罪（犯罪预备）。因此本题答案为 A。

8. A 【解析】单纯的犯意表示，如行为人扬言要杀死或抢劫某人的行为，不构成犯罪预备，不以犯罪论处。但是，本题中，甲已经为实施犯罪做好了主观上的准备，此时已超出单纯的犯意表示，而是体现为一种行为，这实际上是制造了犯罪的主观条件，甲的行为属于犯罪预备。

9. C 　【解析】实行行为，是指行为人实施的符合刑法分则规定的某一犯罪行为。实行行为与预备行为的实质区别在于能否直接侵害犯罪客体。如果行为人实行了某一分则条文规定的犯罪行为，即使仅是为实行另一犯罪行为做准备的，也是实行行为。例如，为杀人而制造枪支或者偷窃枪弹的杀人预备行为，其行为本身属于非法制造枪支罪或者盗窃枪支罪的实行行为。C 选项正确。A、B 选项错误。不可罚行为包括事前不可罚行为和事后不可罚行为。基本罪的基本实施行为以前的行为本身也是独立的罪名，如果行为人实施这些行为以后，又进而实施了基本罪的基本实施行为，那么，基本实施行为前的这些行为就不再独立定罪处罚。例如，故意杀人罪之前的杀人预备行为、盗窃罪之前的侵入住宅行为等。事后不可罚行为是指在状态犯实行行为完成后，为维持或利用不法状态以确保犯罪利益得以实现的行为，虽在形式上符合某一犯罪构成，但因法律对该事后行为缺乏适法行为的期待可能性，故不单独定罪处罚的行为。例如，实施了盗窃行为以后，又进而将盗窃来的财物故意加以毁坏的，故意毁坏公私财物的行为不再单独定罪处罚。因此 D 选项错误。

10. D 　【解析】本案中，张三意图杀害李四，并且准备好毒酒，但张三的杀人行为并未针对李四进行着手，仍处于犯罪的预备阶段，属于预备行为。张三将毒酒放在办公室中，应当预见到毒酒具有被他人喝下去的可能性，但其因疏忽大意没有预见到，属于疏忽大意的过失，后李四自行喝下张三准备的毒酒，张三应当承担过失致人死亡罪的责任。对于李四的死亡，张三不构成故意杀人罪既遂，而构成故意杀人罪犯罪预备，同时触犯过失致人死亡罪，因为张三只有一个行为，属于想象竞合犯，择一重罪论处。D 选项正确。

11. B 　【解析】本题考查犯罪未完成形态问题。犯罪预备是指为了犯罪准备工具、创造条件的行为。犯罪预备与犯罪未遂的区别在于：是否已经着手。如果着手实行之后因为行为人意志以外的原因停止，属于犯罪未遂；如果尚未着手实行就因行为人意志以外的原因停止，属于犯罪预备。对于着手的认定，通说认为产生法益侵害的紧迫危险时为着手。对于故意杀人罪，其着手的认定要根据行为的具体方式而定。以投毒的方式杀人的，应以已经下毒的物品产生危及被害人生命的危险时，认定为杀人行为的着手。本题中，乙出于杀人的故意将毒药拌入菜中意图杀甲，但因久等甲未归且又惧怕法律制裁，乙遂打消杀人恶念，将菜倒掉。此时，乙的行为并未产生法益侵害的紧迫危险，因此乙的杀人行为并未着手，其属于犯罪预备，CD 选项错误。乙放弃犯罪并积极阻止危害结果的发生，构成犯罪中止。因此乙成立犯罪预备阶段的犯罪中止，B 选项正确。

12. A 　【解析】犯罪未得逞，是指犯罪没有既遂，即犯罪行为尚未完整地满足刑法分则规定的全部犯罪构成事实。我国认定犯罪既遂的通说是构成要件齐备说，认为犯罪既遂是指犯罪行为完全具备了基本犯罪构成要件的情况，因此犯罪是否既遂与实行行为是否达到了行为人的犯罪目的没有关系。A 选项错误，BCD 选项说法正确。

13. C 　【解析】犯罪未遂是由于意志以外的原因没有得逞。比较常见的意志以外的原因有：被害人的反抗；第三者的阻止；自身能力的不足；自然力的破坏；物质的障碍；认识错误。本题中，甲的情况属于自身能力不足，成立故意杀人罪未遂。C 选项正确。甲已经实施了杀人的实行行为，不是犯罪预备，B 选项错误。甲因意志以外的原因未能得逞，不属于既遂，AD 选项错误。

14. A 　【解析】愚昧犯或者迷信犯，是指使用愚昧或迷信的方式犯罪，按照科学的观念根本不可能对法律利益造成损害的情况。迷信犯或者愚昧犯与不能犯未遂区别的要点是：迷信犯、愚昧犯是行为人犯了常识错误，愚昧犯或者迷信犯预定实施的行为与实际实施的行为是一致的；在不能犯未遂的场合，行为人实际使用的犯罪方法与预想使用的犯罪方法不一致，以致犯罪不能既遂。A选项正确。愚昧犯实质上不具有社会危害性，不构成犯罪。BCD选项错误。

15. B 【解析】《最高人民法院、最高人民检察院关于办理诈骗刑事案件具体应用法律若干问题的解释》第6条规定："诈骗既有既遂，又有未遂，分别达到不同量刑幅度的，依照处罚较重的规定处罚；达到同一量刑幅度的，以诈骗罪既遂处罚。"由于合同诈骗罪是诈骗罪的特别情况（法条竞合），故适用于诈骗罪的规则，也适用于合同诈骗罪的规则。本题中，甲的行为属于合同诈骗罪100万元既遂，属于数额特别巨大的既遂；120万元未遂，属于数额特别巨大的未遂，可以从轻、减轻处罚。如果对120万元未遂从轻，则与100万元既遂属于"同一量刑幅度"，以100万元既遂论处；如果对120万元未遂减轻，则与100万元既遂属于"不同量刑幅度"，择一重处仍以100万元既遂论处。当然，120万元未遂可作为量刑情节加以考虑。故本题正确答案选B选项。本案原题参见《最高人民法院刑事审判参考》【第1020号】"王新明合同诈骗案——在数额犯中，行为既遂部分与未遂部分并存且分别构成犯罪的，如何准确量刑"。本题考点在2022年法硕考试中已经考查到，十分重要。

16. B 【解析】自动性是犯罪中止的本质特征，也是它与犯罪预备、犯罪未遂区别的标志。自动性的要点是"自主放弃犯罪"，与此相对，预备犯、未遂犯是遭遇意志以外的原因而"被迫放弃犯罪"。B选项正确。

17. C 【解析】不管出于何种原因，只要是犯罪分子认为自己能够把犯罪进行到底而自动停止犯罪行为，或者自动有效地阻止犯罪结果发生，都认为具备自动性。认定犯罪中止应注意：在犯罪实际上不可能进行到底而犯罪人自认为能够把犯罪进行到底的情况下，犯罪人自动停止犯罪，或者自动防止犯罪结果发生的，可以成立犯罪中止。在犯罪实际上能够进行到底而犯罪人认为遭遇客观障碍不可能进行到底的情况下，犯罪人撤离犯罪，不成立犯罪中止。C选项正确。

18. C 【解析】犯罪中止的时间性条件是指从犯罪预备开始到犯罪既遂以前的全过程。如果犯罪已经既遂，则不存在中止问题。犯罪明显告一段落归于未遂后，有某种补救行为，不成立中止。甲被邻居阻止，已经构成犯罪未遂，不可能再成立犯罪中止。C选项正确。D选项错误。甲已经着手实行了砍杀行为，不属于犯罪预备，B选项错误。甲妻经抢救未死亡，甲的犯罪目的没有实现，不成立既遂，A选项错误。

19. B 【解析】故意犯罪的停止形态，是犯罪的终局状态，具有不可逆性。继母将有毒的阿胶扔掉，刘某已经构成犯罪未遂，不能再成立中止，也不成立既遂。B选项正确，AC选项错误。刘某已经着手实施了危害行为，已经构成犯罪，D选项错误。

20. C 【解析】自动放弃犯罪意味着行为人彻底放弃继续实施该犯罪的意图。自动中止犯罪的原因有：出于真诚的悔悟；基于对被害人的怜悯；受到别人的规劝；害怕受到刑罚的惩罚等。在犯罪实际上能够进行到底而犯罪人认为遭遇客观障碍不可能进行到底的情况下，犯罪人撤离犯罪，不成立犯罪中止。由于认识错误、发生错觉或幻觉而使犯罪没有进行下去的，通常不认为具有自动性。C选项正确。

21. D 【解析】在犯罪过程中，自动放弃可重复加害行为的，可以成立中止。在此种情况下，犯罪人预想的犯罪过程并没有结束，且自认为可以继续实施，没有遇到意志以外的原因，放弃的是可重复加害的行为，属于"未实行终了的中止"。D选项正确。

22. B 【解析】犯罪中止，指在犯罪过程中，自动放弃犯罪或者自动有效地防止犯罪结果发生的形态。甲在实施强奸的过程中，自动放弃强奸乙的犯罪行为，具备客观有效性，成立强奸罪的犯罪中止。犯罪中止只要求行为人彻底放弃正在实施的犯罪的犯罪意图，不论行为人是否产生了其他的犯罪意图，都不影响此次强奸罪的犯罪中止。甲对乙实施了抢劫行为，成立抢劫罪既遂。所以，B 选项正确。

23. D 【解析】甲、乙、丙等八人以非法占有为目的，结伙使用暴力当场劫取他人财物，均已构成抢劫罪。由于被害人丁向八人表明自己是派出所工作人员的身份，八人惧怕而未进一步实施暴力和劫取财物的行为。八人相对丁来说具有人数优势，且携带凶器，继续实施犯罪具有可能性，在现场被捕的现实危险较低，外在障碍对八人的心理压力较小，但由于八人主观上出于对派出所的惧怕心理，自动放弃继续犯罪的念头，选择逃跑，其行为符合犯罪中止特征，属于犯罪中止。因此本题选 D。

24. C 【解析】抢劫罪是指以非法占有为目的，当场使用暴力、胁迫或者其他方法，强行劫取公私财物的行为。行为人如果造成被害人轻伤以上后果或者抢到财物的，则是抢劫罪既遂。本案中，被害人乙被迫交出少量现金，甲取得财物，即甲已经构成抢劫罪既遂。C 选项正确。故意犯罪的停止形态具有排斥性，行为人构成既遂之后便不再构成预备、中止或未遂，因此 ABD 选项错误。

二、多项选择题

1. ABC 【解析】犯罪既遂的形态在理论上争议较大，建议考生以法硕考试观点为准，并记住常见的犯罪既遂类型。常见的犯罪既遂类型主要有实害犯、危险犯、行为犯。行为犯，是指犯罪行为实施到一定程度即构成既遂。常见的行为犯包括绑架罪，拐卖妇女、儿童罪，诬告陷害罪，刑讯逼供罪，煽动分裂国家罪，脱逃罪，传播性病罪，参加恐怖组织罪、参加黑社会性质组织罪等。实害犯，是指行为必须已造成法定的实害后果，才是该罪的既遂。常见的实害犯有故意杀人罪、故意伤害罪、故意毁坏财物罪等。D 选项错误。危险犯，是指发生侵害法益的现实危险是既遂的要件。常见的危险犯有放火罪，爆炸罪，决水罪，投放危险物质罪，破坏电力设备罪，破坏交通设施罪，破坏交通工具罪，生产、销售不符合安全标准的食品罪等。ABC 选项正确。

2. BCD 【解析】犯罪预备、未遂、中止是犯罪的未完成形态，未完成罪只存在于直接故意犯罪中。直接故意犯罪的行为人在希望、追求完成某种特定犯罪的主观罪过形式的支配下，客观上就会有一个进行犯罪预备行为、实施犯罪实行行为和完成犯罪的发展过程。这一过程顺利完成即达到既遂状态，如若在完成之前停止就形成犯罪的未完成形态，并且根据其停止的阶段和原因不同可以分为预备、未遂、中止。A 选项不当选。间接故意犯罪由于对危害结果的出现所持的是"放任"的心理态度，所以间接故意实施的危害行为只有是否构成犯罪的问题，出现了刑法所禁止的危害后果时就构成犯罪，未出现则不构成犯罪。因此不会有犯罪的未完成形态的问题。B 选项当选。注意：间接故意犯罪不存在犯罪的未完成形态是法硕考试明确的观点，与法律职业资格考试的观点或有一定冲突，但请以法硕考试的观点为准。我国刑法对过失犯罪的惩罚仅限于发生危害结果且刑法明文规定过失行为构成犯罪的情况。因此，过失犯罪必须有法定的危害结果才能成立犯罪，不处罚其未完成形态，故不必讨论过失犯罪的未完成形态。CD 选项当选。因此本题选 BCD。

3. AB 【解析】犯罪既遂，是指行为人的行为完整地实现了刑法分则条文所规定的全部犯罪构成的事实。犯罪既遂是刑法分则规定的某种犯罪构成的完成形态，也是依照分则条文规定的法定刑（法律后果）进行处罚的标准形态。AB 选项正确。理论上关于犯罪既遂的判断标准不一，有结果说、目的说、构成要件（齐备）说。通说采取构成要件（齐备）说，该学说认为犯罪既遂是指犯罪行为完全具备了基本犯罪构成的情况。只要完全具备了基本犯罪构成的情况，就构成犯罪既遂，而不管是否达到犯罪预期的目的。在危险犯、行为犯中，只要产生了危险或者完成了犯罪行为，就构成犯罪既遂，是否实现犯罪目的，不影响犯罪既遂的认定。因此 CD 选项错误。

4. BCD 【解析】已着手实行犯罪，指犯罪分子已经开始实行刑法分则条文所规定的某种犯罪的基本构成要件的行为。"着手"的判断标准为对法益（即客体）是否造成现实、紧迫、直接的危险。行为人单纯向保险公司咨询理赔事宜不能使保险公司产生处分财物的意识，向保险公司提出理赔才是着手点。A 选项错误。撬保险柜的行为对银行的财产法益造成紧迫的危险，视为着手点。B 选项正确。强奸罪的本质是违背妇女意志以及压制反抗，因此实施压制反抗行为是着手实行犯罪的时刻。C 选项正确。持枪杀人犯罪中，掏枪是预备行为，不会对目标法益造成紧迫、现实的危险，只有行为人将枪瞄准被害人，被害人的生命法益才陷入现实、紧迫、直接的危险当中。D 选项正确。本题选 BCD。

5. ABC 【解析】未遂作为犯罪停止形态中的一种，只存在于故意犯罪之中。D 选项交通肇事罪是指违反交通运输管理法规，因而发生重大事故，致人重伤、死亡或者使公私财产遭受重大损失的行为，属于过失犯罪，不存在未遂形态。ABC 选项正确。

6. ABC 【解析】犯罪预备，是指为了犯罪准备工具、制造条件的行为。考生需要记住一些常见的预备行为，例如，准备犯罪工具、商议犯罪计划、引诱共同犯罪人、调查犯罪现场、排除犯罪障碍、前往犯罪现场、诱骗被害人前往犯罪地点、跟踪或守候被害人。A 选项属于守候被害人，正确。B 选项属于准备犯罪工具，正确。C 选项属于诱骗被害人前往犯罪地点，正确。犯罪预备行为不同于犯意表示。犯意表示是指行为人以语言、文字等方式将故意犯罪的意图表露出来，而没有进行具体的客观活动。现代刑法摒弃思想犯，因此，犯意表示不构成犯罪。犯罪预备行为超出了思想阶段，而从事了准备工具、制造条件的行为，具有一定的社会危险性。D 选项属于犯意表示，错误。

7. ABD 【解析】实行行为与预备行为的实质区别就在于是否能直接侵害犯罪客体，是否对犯罪客体造成直接、现实的危险，A 选项正确。磨刀行为本身不可能致人死亡，对于故意杀人罪而言只能是预备行为，B 选项正确。为杀人而制造枪支，制造枪支的行为可以是故意杀人罪的预备行为，也可以是非法制造枪支罪的实行行为，C 选项错误。盗窃枪支后又使用该枪支杀人，盗窃枪支是盗窃枪支罪的实行行为，用枪支杀人是故意杀人罪的实行行为，故该情形中存在两个实行行为，D 选项正确。

8. BD 【解析】实行终了的未遂，是指行为人把实现犯罪意图必要的行为实施完毕的未遂。未实行终了的未遂，是指行为人没有把实现犯罪意图必要的行为实施完毕的未遂。本题中，甲没有将其意图实现的强奸行为全部实行完毕，在中途即被迫停止，因此属于未实行终了的未遂。A 选项错误，B 选项正确。能犯未遂，是指有可能既遂的未遂。不能犯未遂，是指行为人产生了事实错误而不可能既遂的未遂，主要有工具不能犯的未遂和对象不能犯的未遂。本题中，甲将男人当成女人产生了对象错误，这种错误导致其不可能达到强奸的既遂状态，因此属于不能犯未遂。C 选项错误，D 选项正确。需要注意区分不能犯与迷信犯。

迷信犯，又称愚昧犯，是指用迷信或愚昧的方式犯罪，而不可能对法律利益造成任何危害。另外，还需注意法硕考试中不能犯属于未遂犯中的一种情形，这一点与法律职业资格考试不同。

9. ABCD 【解析】犯罪中止既可能发生于犯罪预备阶段，也可能发生于犯罪实行阶段。据此，犯罪中止从时间上可划分为：（1）预备阶段的中止，即发生在预备过程、着手实行犯罪之前的犯罪中止。（2）实行阶段的中止，即发生在着手实行以后的犯罪中止。实行阶段的中止可细分为：未实行终了的中止，即发生在着手实行犯罪以后，犯罪行为实行终了之前的犯罪中止；实行终了的中止，即在犯罪行为实行终了而犯罪结果最终出现之前，行为人自动有效防止犯罪结果发生的犯罪中止。ABCD 选项都正确。

10. ABCD 【解析】A 选项中，拐卖妇女、儿童罪的既遂只要求"拐"的行为实施完毕，并不要求实施"卖出"行为。本选项中行为人已收买、控制了儿童，收买行为已完成，无需卖出行为，属于犯罪既遂。B 选项中，绑架罪以控制人质使之逃脱显著困难或杀死（结果犯）为既遂，本选项中乙的行为构成绑架罪既遂。C 选项中，参加恐怖组织罪，是以参加行为实施完毕为既遂，本选项中丙的行为已构成既遂。D 选项中，挪用公款归个人日常消费等其他之用，数额较大，以将公款挪出为既遂标准，以挪用超过 3 个月时间为成立犯罪的罪量要素。本选项中丁已挪用公款 4 个月，已经成立犯罪，挪出公款行为已构成犯罪既遂。既遂之后无犯罪中止，即使归还了公款也是既遂。本题答案为 ABCD。

11. ABD 【解析】自动性是犯罪中止的本质特征，也是它与预备犯、犯罪未遂区别的标志。在把握自动性时尤其要注意：自动中止犯罪不必一律达到真诚悔悟的程度。犯罪人真诚悔悟是自动性最典型、最理想的情况，但却不是成立中止的唯一要件。犯罪人因为他人规劝或者害怕受到刑罚的惩罚、上天的报应等原因而放弃犯罪的，即使其内心并未达到真诚悔悟的程度，也不妨碍成立犯罪中止。他人的阻止是意志以外的原因而"被迫放弃犯罪"，不能成立犯罪中止，C 选项错误，本题选 ABD 选项。

三、简答题

1. 参考答案 犯罪既遂，指犯罪人的行为完整地实现了刑法分则条文所规定的全部犯罪构成的事实。（1）实害犯。行为必须已造成法定的实害后果，才是该罪的既遂。例如，故意杀人罪必须有杀人行为且致人死亡才能成立该罪的既遂。（2）危险犯。危险犯的特征为发生侵害法益的现实危险是既遂的要件。只要行为具备足以造成某种严重后果发生的危险，就是该罪的既遂。（3）行为犯。行为犯的特征是犯罪行为实施到一定程度即构成既遂。只要实行了某种犯罪行为，就是该罪的既遂。例如非法拘禁罪，只要有非法拘禁他人或者以其他方法非法剥夺他人人身自由的行为，就是该罪的既遂。

2. 参考答案 （1）行为人具有为便利实行、完成某种犯罪的主观意图。（2）客观上犯罪分子进行了准备工具、制造条件等犯罪的预备活动。（3）犯罪的预备行为由于犯罪分子意志以外的原因被阻止在犯罪准备阶段，未能进展到着手实行犯罪阶段。

四、法条分析题

参考答案 （1）着手实行犯罪是指形式上实行刑法分则规定的具体犯罪的构成要件

行为。实行行为包含多个环节或多种形式的，开始实施其中任一环节、形式。实质上该行为表示已对法益（客体）造成了现实、紧迫、直接的危险。

（2）未得逞指犯罪未既遂，即犯罪分子尚未完整地实施了满足刑法分则规定的全部犯罪构成要件的行为。

（3）意志以外的原因，指犯罪分子不想放弃犯罪而被迫放弃犯罪，具体是指：有客观障碍，或犯罪分子主观上认为有障碍，且障碍使其不能既遂、或不能通过犯罪而既遂。

第六章　共同犯罪

一、单项选择题

1. B　【解析】在客观方面，必须具有共同犯罪的行为，才成立共同犯罪。共同犯罪的行为包括实行行为、帮助行为、教唆行为、组织行为、共谋行为，例如，事先参与犯罪共谋，但未具体实行犯罪行为的，依旧成立共同犯罪。A 选项正确。共同犯罪的犯罪主体（自然人、单位）都要具备主体资格，自然人和自然人、自然人和单位、单位和单位之间均可以成立共同犯罪。B 选项错误。有共谋行为而未参与犯罪实行的，也可以成立共犯。C 选项正确。对教唆犯按照其在共同犯罪中所起的作用处罚。起主要作用的，按主犯处罚；仅起到次要作用的，按从犯处罚。实际上，教唆犯一般起主要作用，一般按主犯处罚，但不排除其所起作用确实较小而按从犯处罚的可能。D 选项正确。

2. B　【解析】共同犯罪，是指二人以上共同故意犯罪。在主观方面，共同犯罪人必须有共同犯罪的故意，这包含两个条件：（1）各共同犯罪人对共同犯罪持性质相同的故意心态；（2）各共同犯罪人之间具有意思联络。需要注意的是，法硕考试认为性质相同的故意仅需部分相同。甲有故意杀人的故意，乙持故意伤害的故意，共同加害丙，故意杀人和故意伤害在故意伤害上具有共同的部分，因此二人在犯罪性质重合的限度，即故意伤害的限度内成立共同犯罪。A 选项错误。由于故意杀人行为属于超出共同犯罪故意的过限行为，因此乙只在主客观相统一范围内对故意伤害罪承担刑事责任，甲则需要对故意杀人的过限行为负刑事责任。B 选项正确。C 选项错误。甲的行为符合故意杀人罪的构成要件，乙的行为符合故意伤害罪的构成要件，依据部分犯罪共同说，二人在重复范围内成立共犯，但罪名可以分别认定，无需均按照故意伤害致人死亡定罪处罚，因此 D 选项错误。需注意，构成共同犯罪的共同犯罪人之间罪名未必相同，例如行贿罪和受贿罪。考生需要了解常见的具有重合部分的一些犯罪：绑架罪和非法拘禁罪在非法拘禁的限度内重合；强奸罪和强制猥亵罪在强制猥亵罪的限度内重合；故意杀人罪和故意伤害罪在故意伤害罪的限度内重合。

3. D　【解析】共同犯罪是指二人以上共同故意犯罪。在我国传统刑法理论中，共同过失不成立共同犯罪。共同过失犯罪时，只要根据各人过失犯罪的情况分别定罪量刑即可，A 选项正确。事前无通谋、在犯罪实行过程中也无通谋，仅有事后帮助行为的，缺乏共犯的主观条件，对这种事后帮助行为单独定罪处罚。B 选项正确。共犯人超出共同犯罪故意实施的犯罪行为，属于过限行为，由过限者自行负责，不构成共犯，C 选项正确。同时犯是指二人以上同时以各自行为侵害同一对象，但彼此之间无意思联络。故同时犯不成立共同犯罪。因此，D 选项错误。

4. C 【解析】共同犯罪是指二人以上共同故意犯罪，共同过失应分别认定为过失犯罪，而不构成共同犯罪。A 选项中，甲、乙二人应当预见而没有预见，属于疏忽大意的过失，不构成共同犯罪。A 选项错误。事前无通谋的窝藏、包庇行为，掩饰、隐瞒犯罪所得及其收益的行为，不成立共犯。B 选项错误。交警甲属于保险事故的鉴定人，故意为乙实施保险诈骗提供虚假鉴定意见，属于帮助行为，甲、乙构成保险诈骗罪的共犯。C 选项正确。有查禁犯罪活动职责的国家机关工作人员，向犯罪分子通风报信、提供便利，帮助犯罪分子逃避处罚的，构成帮助犯罪分子逃避处罚罪，二人事前无通谋不以共犯论处。D 选项错误。

5. C 【解析】共同犯罪是指二人以上共同故意犯罪。医生与护士不存在犯罪故意，不能构成共同犯罪，A 选项错误。甲用止疼粉冒充"K 粉"，具有诈骗故意，乙销售"K 粉"具有贩卖毒品的故意，甲、乙二人的犯罪故意性质不同，不具有重合之处，不构成共同犯罪，B 选项错误。过失犯罪不构成共同犯罪，但存在例外情况，即交通肇事后，单位主管人员、机动车辆所有人、承包人或者乘车人指使肇事人逃逸，致使被害人因得不到救助而死亡的，以交通肇事罪的共犯论处，C 选项正确。"同时犯"不具备成立共同犯罪所要具备的主观要件，无共同故意，不构成共同犯罪，D 选项错误。

6. D 【解析】共同犯罪要求必须有两个以上的犯罪主体，只有达到相应刑事责任年龄，并具有刑事责任能力的个人或是单位才能成为犯罪主体。丙仅 11 周岁，对故意杀人罪不负刑事责任，不能成为犯罪主体，所以甲和丙不能构成共同犯罪。A 选项错误。甲的行为仅侵犯了乙的生命权，并没有危害公共安全，不构成投放危险物质罪。B 选项错误。由于丙不是犯罪主体，甲也不能是教唆犯，在这里丙相当于甲的犯罪工具，甲成立间接正犯。C 选项错误。甲在本案中作为间接正犯，单独构成故意杀人罪。D 选项正确。

7. D 【解析】把他人当工具利用的不构成共同犯罪，这种情形称为间接正犯或间接实行犯，分两种情况：（1）利用没有责任能力或没有达到责任年龄的人去实行犯罪的；（2）利用不知情人的行为。甲利用乙的不知情运输毒品，是间接正犯。D 选项正确。

8. D 【解析】共同犯罪，是指二人以上共同故意犯罪。在客观方面，共同犯罪人必须具有共同犯罪的行为，即各共同犯罪人的行为都是指向同一目标，彼此联系、互相配合，结成一个犯罪行为整体。共同犯罪行为包括实行行为、帮助行为、组织行为、教唆行为、共谋行为。有共谋行为而未参与犯罪实行的，也可以构成共犯。D 选项正确。如果丙事前没有与甲乙二人共谋，事后明知是盗窃来的汽车而帮助售卖的，成立掩饰、隐瞒犯罪所得、犯罪所得收益罪。

9. A 【解析】甲、乙二人事先通谋，并结成分工合作关系，构成盗窃罪的共犯，乙属于盗窃罪的帮助犯。实施盗窃的行为人本身从事的转移赃物类的犯罪，由于没有侵犯新的法益，不再单独定罪。窝藏、转移、收购赃物罪已经被掩饰、隐瞒犯罪所得罪所吸收，该罪名已经不存在。C 选项错误。而 BD 两项罪名都属于事前无通谋、事后提供帮助的行为，甲、乙二人存在事前通谋，不能构成此类犯罪。A 选项正确。

10. B 【解析】甲为劫财将陶某打成重伤，陶某拼死反抗，张某路过，帮甲掏出陶某随身财物，张某与甲构成抢劫罪共犯，二人属于承继的共同犯罪，但张某系在甲重伤陶某之后加入的，二人仅在"后半段"部分成立共同犯罪，张某无须对陶某的重伤结果负责。A 选项错误。乙明知黄某非法种植毒品原植物，仍按黄某要求为其收取毒品原植物的种子，二人存在通谋，构成非法种植毒品原植物罪的共犯。B 选项正确。丙明知李某低价销售的汽车系盗窃所得，仍向李某购买该汽车，李某成立盗窃罪，丙成立掩饰、隐瞒犯罪所得、犯罪所得收益罪，二人事前无通谋，丙仅成立事后犯。在此，盗窃罪是上游犯罪，掩饰、隐瞒犯罪所得、犯罪所得收益罪是下游犯罪，显然李某与丙不存在共犯关系（除非盗窃事前或者事中通谋）。C 选项错误。丁系国家机关负责人，召集领导层开会，决定以单位名义将国有资产私分给全体职工，丁与职工之间并未形成共同故意，和职工之间不存在共犯关系。D 选项错误。

11. D 【解析】以共同犯罪人之间有无组织形式为标准，共同犯罪可分为一般共同犯罪和特殊共同犯罪。一般共同犯罪，是指共同犯罪人之间无特殊组织形式的犯罪。特殊共同犯罪，亦称有组织犯罪或犯罪集团，是指三人以上为多次实行某种或几种犯罪而建立起来的犯罪组织。因此本题选 D 选项。

12. D 【解析】首要分子分为两类：（1）犯罪集团中的首要分子，必定为主犯；（2）聚众犯罪中的首要分子，又分为：可成立共同犯罪的聚众犯罪中的首要分子，必定也是主犯；不能成立共同犯罪的聚众犯罪中的首要分子，可能是单独犯而不涉及主犯的问题。A 选项错误，因为首要分子还有聚众犯罪这种情况。B 选项错误，犯罪集团中也有首要分子。C 选项错误，对于只处罚首要分子的聚众犯罪（如聚众扰乱公共场所秩序、交通秩序罪，聚众阻碍解救被收买的妇女、儿童罪）中的首要分子，如果这种聚众犯罪中的首要分子仅一人，就没有共同犯罪问题，是单独犯。如果这种聚众犯罪中的首要分子是数人，可以区分主从关系的，既有主犯也有从犯。D 选项正确，见 C 选项解析后半段。

13. C 【解析】对组织、领导犯罪集团的首要分子，按照犯罪集团所犯的全部罪行处罚；对于其他主犯，应当按照其所参与或者组织、指挥的全部犯罪处罚。A 选项错误。对于从犯，应当从轻、减轻处罚或者免除处罚。B 选项错误。对于胁从犯，应当按照他的犯罪情节减轻处罚或者免除处罚。C 选项正确。如果被教唆人没有犯被教唆的罪，教唆犯独自构成犯罪，可以从轻或者减轻处罚。D 选项错误。

14. B 【解析】实行犯根据其起的作用大小可以分为主犯和从犯。A 选项错误。对共同犯罪人，按照分工可以分为实行犯、帮助犯、教唆犯，帮助犯均是从犯。B 选项正确。犯罪集团的首要分子都是主犯。C 选项错误。聚众犯罪的首要分子有两种情况：（1）如果聚众犯罪中聚众者只有一个人时，不是严格意义上的共同犯罪，无所谓主犯，更没有从犯。（2）如果聚众者为二人以上，则构成共同犯罪，此时要根据行为人作用大小认定主犯，当聚众者都起主要作用时，皆为主犯；当聚众者的作用有主次之分时，则起主要作用者为主犯。D 选项错误。本题设问的是应当按照从犯认定，帮助犯原则上均是从犯，实行犯、共同犯罪中聚众犯罪的首要分子多数情况下是作为主犯出现，故本题答案应当为 B 选项。

15. B 【解析】从犯是指在共同犯罪中起次要作用或辅助作用的犯罪分子，既包括在共同犯罪中起次要作用的实行犯，也包括在共同犯罪中辅助他人实行犯罪的帮助犯，故 B 选项错误。ACD 选项说法正确。

16. C 【解析】A 选项中，根据《刑法》第 358 条第 4 款可知，为他人组织卖淫提供帮助的，构成协助组织卖淫罪的正犯，不再以组织卖淫罪的帮助犯论处。《最高人民法院、最高人民检察院关于办理组织、强迫、引诱、容留、介绍卖淫刑事案件适用法律若干问题的解释》第 4 条第 1 款规定：“明知他人实施组织卖淫犯罪活动而为其招募、运送人员或者充当保镖、打手、管账人等的，依照刑法第三百五十八条第四款的规定，以协助组织卖淫罪定罪处罚，不以组织卖淫罪的从犯论处。”故 A 选项错误。B 选项中，根据《刑法》

第 240 条第 2 款可知,以出卖为目的对被拐卖妇女进行的接送、中转行为就是拐卖行为本身,是拐卖妇女罪的实行行为而非帮助行为,系实行犯而非帮助犯。故 B 选项错误。C 选项中,《刑法》第 156 条规定:"与走私罪犯通谋,为其提供贷款、资金、账号、发票、证明,或者为其提供运输、保管、邮寄或者其他方便的,以走私罪的共犯论处。"故 C 选项正确。D 选项中,根据《刑法》第 320 条可知,为他人偷越国(边)境提供伪造的护照的,以提供伪造的出入境证件罪(正犯)论处,不按照偷越国(边)境罪的共犯论处。故 D 选项错误。

17. C 【解析】不同身份者相互勾结,各自利用各自身份的共同犯罪,按照主犯的犯罪性质认定为共同犯罪。这里的主犯,指职权作用更大的一方,亦即对于犯罪的得逞具有更大作用的身份。本案中,甲和乙相互勾结,构成共同犯罪。两个共犯人中,甲是"主管财务"的副总经理,乙是财务部主管,二人对于犯罪行为所涉事务有管理权,则职务高者也就是甲是主犯。甲的身份为非国家工作人员,故二人构成职务侵占罪的共同犯罪。本题答案为 C。

18. D 【解析】共同犯罪中,共同犯罪人必须有效消除自己对共同犯罪的作用或者阻止共同犯罪既遂,才能成立犯罪中止,缺乏有效性不能认定为中止,应按照"一人既遂,全部既遂"的原则处理。本案中,甲虽然中途退出犯罪,但是未能有效消除自己对共同犯罪的作用或者阻止乙继续实施犯罪,因此甲不能单独成立犯罪中止,A 选项错误。甲与乙仍构成共同犯罪,B 选项错误。根据共同犯罪"部分既遂,全部既遂"的原则,在乙成立盗窃罪既遂后,甲也成立盗窃罪既遂。D 选项正确。甲仅提供帮助,应当认定为从犯。C 选项错误。

19. D 【解析】丙只是起哄,没有教唆的故意,也没有针对特定的人实行教唆,因此丙不构成犯罪,D 选项正确。

20. B 【解析】教唆犯在共同犯罪中起次要作用的,应当按从犯处理。胁从犯,指被胁迫参加犯罪的犯罪分子,即犯罪人是在他人的暴力强制或精神威逼下被迫参加犯罪的。只有在被胁迫参加犯罪时,才会被认定为属于胁从犯。B 选项错误,其他选项正确。

21. D 【解析】刑法分则对特定的帮助行为作出了明文规定,规定了独立的罪名和法定刑,将特定的帮助犯正犯化,协助组织卖淫行为单独构成协助组织卖淫罪。A 选项错误。根据《刑法》第 26 条第 3 款、第 4 款的规定,对组织、领导犯罪集团的首要分子,按照集团所犯的全部罪行处罚;对于其他主犯,应当按照其所参与的或者组织、指挥的全部犯罪处罚。但是集团所犯的全部罪行不等于"集团全体成员"所犯的全部罪行,即如果集团成员独自实施超过集团犯罪计划的犯罪行为,该成员单独承担刑事责任。B 选项错误。根据《刑法》第 27 条第 2 款的规定,对于从犯,应当从轻、减轻处罚或者免除处罚。C 选项错误。如果被教唆的人没有犯被教唆的罪,教唆犯独自构成犯罪,但可以从轻或者减轻处罚。这种情形通常被称为"教唆(本身)未遂"。教唆未遂亦可罚,说明我国刑法上的教唆行为具有独立的犯罪性或可罚性。D 选项正确。

22. A 【解析】在共同犯罪的场合,每个犯罪人的行为都为损害结果的发生提供原因力、作用力、影响力,共同犯罪人之间结成了不可分割的整体,每个人都应当对共同犯罪的整体行为及其危害结果负责。盗窃财产数额的认定应以所盗窃财产的价值为准,而不是以犯罪分子的获利来计算犯罪数额,因此甲、乙都必须对盗窃 30 万元的金额承担刑事责任。甲起主要作用,认定为主犯;乙起到了帮助作用,认定为从犯。A 选项正确,BC 选项错误。《刑法》第 27 条第 2 款规定:"对于从犯,应当从轻、减轻处罚或者免除处罚。"

需注意：（1）从犯是法定从宽处罚情节，因此是"应当"从宽，而不是"可以"从宽；（2）对于从犯从宽处罚不需要比照主犯。D选项错误。

23. B 【解析】甲和乙已经实施了商议犯罪计划、准备犯罪工具的犯罪预备行为，超出了犯意表示阶段，进入到预备阶段，但并未进一步实施实行行为，因此甲、乙处于犯罪的预备阶段。D选项错误。共同犯罪中部分犯罪人自动放弃犯罪且具备有效性的，单独成立犯罪中止，中止的效力不及于其他共同犯罪人，其他共同犯罪人应认定为属于因意志以外的原因未得逞。本案中，乙自动放弃犯罪并避免了犯罪结果发生，成立犯罪中止；由于乙在预备阶段中止，而整个共同犯罪的进程从属于实行犯，甲则因意志以外的原因未能进入实行阶段，因此属于犯罪预备。B选项正确，AC选项错误。

24. D 【解析】共同犯罪中，要成立犯罪中止，需要具备以下要件：（1）必须具备有效性。共同犯罪中的部分共犯人退出或者放弃犯罪的，可以成立中止。但除必须具备犯罪中止的一般条件外，还必须具备"有效性"。（2）中止的效力仅及于本人，不及于其他共犯人。部分共同犯罪人自动放弃犯罪且具备有效性的，单独成立犯罪中止，但是其中止效力不及于其他共同犯罪人。（3）缺乏有效性不单独成立中止。在共同犯罪中，共同犯罪人消极退出犯罪或自动放弃犯罪、阻止共同犯罪结果未奏效的，不能单独成立犯罪中止。本案中，甲属于共同犯罪中的帮助犯，在共同犯罪中中止的效力只及于本人，乙中止的效力不及于甲，对甲而言属于意志以外原因未得逞，成立犯罪未遂。D选项正确。

25. D 【解析】乙实施的抢夺行为与甲的教唆行为没有因果关系，因此甲无须对抢夺罪承担刑事责任，自然不构成抢夺罪的教唆犯。A选项错误。教唆犯是教唆他人实施犯罪，行为人在同一案件中既有教唆行为，又参与了犯罪的实行，一般按照实行行为定罪处罚，对于教唆行为，作为在共同犯罪中的作用考虑。B选项错误。违反国家毒品管理法规，故意引诱、教唆、欺骗他人吸食、注射毒品的行为构成引诱、教唆、欺骗他人吸毒罪，属于该罪实行犯。C选项错误。对教唆犯按照其在共同犯罪中所起的作用处罚，起主要作用的，按主犯处罚；仅起到次要作用的，按从犯处罚。帮助犯是在共同犯罪中辅助他人实行犯罪的，不是主犯。D选项正确。

二、多项选择题

1. ABC 【解析】在共同实行的场合，不存在片面共犯。所谓片面共犯，指对他人犯罪暗中相助的情况。因为受到暗中相助的实行犯不知情，所以不能与暗中相助者构成共犯。因此D选项错误。ABC选项正确，本题选ABC选项。

2. ABC 【解析】必要共同犯罪，是指二人以上共同构成法律规定其犯罪主体是二人以上、必须采取共同犯罪形式的犯罪，包括对向犯（如贿赂犯罪、重婚罪等）和众多犯（如集团性犯罪和聚众性犯罪）。聚众性犯罪是常见的必要的共犯，如聚众哄抢罪，聚众持械劫狱罪，聚众扰乱社会秩序罪，武装叛乱、暴乱罪等。集团性犯罪包括组织、领导、参加恐怖组织罪，组织、领导、参加黑社会性质组织罪。因此本题选ABC选项。D选项是任意共同犯罪。

3. AC 【解析】任意共同犯罪和必要共同犯罪是以共同犯罪是否能够任意形成为标准进行的划分。任意共同犯罪，是指二人以上共同构成法律没有限制主体数量的犯罪。必要共同犯罪，是指二人以上共同实施刑法规定的其犯罪主体是二人以上、必须采取共同犯罪形式的犯罪，包括对向犯和众多犯。盗掘古墓葬罪是既可以由一人单独实施的犯罪，也可以由二人以上共同实施的犯罪，因此属于任意共同犯罪。A 选项正确。简单共同犯罪和复杂共同犯罪是以共同犯罪人之间有无分工为标准进行的划分。简单共同犯罪，是指各共同犯罪人均参与实行某一犯罪构成要件的行为。复杂共同犯罪，是指各共同犯罪人在共同犯罪中有所分工，存在着教唆犯、帮助犯和实行犯区别的共同犯罪形态。本案中，甲、乙、丙三人之间存在分工，有帮助犯，也有实行犯，因此属于复杂共同犯罪。B 选项错误，C 选项正确。一般共同犯罪和特殊共同犯罪是以共同犯罪人之间有无组织形式为标准进行的划分。一般共同犯罪，是指共同犯罪人之间没有特殊组织形式，仅是临时纠合在一起实施犯罪的共同犯罪形态。特殊共同犯罪，是指三人以上为多次实施某种或者几种犯罪而建立起来的犯罪组织。甲、乙、丙三人观看了电视剧《龙岭迷窟》之后产生犯意，属于临时纠合在一起实施犯罪的共同犯罪形态，因此属于一般共同犯罪。D 选项错误。因此本题选 AC。

4. ACD 【解析】复杂共同犯罪，是指各共同犯罪人在共同犯罪中有所分工，存在着教唆犯、帮助犯和实行犯区别的共同犯罪形态。本案中，乙是教唆犯，甲是实行犯，丙是帮助犯，有明确分工，因此是复杂共同犯罪。A 选项正确。必要共同犯罪，是指二人以上共同实施刑法规定的其犯罪主体是二人以上、必须采取共同犯罪形式的犯罪，包括对向犯和众多犯。故意伤害罪是既可以由一人单独实施的犯罪，也可以由二人以上共同实施的犯罪，因此不属于必要共同犯罪。B 选项错误。在认定行为人在共同犯罪中的地位时，按照其在共同犯罪中所起的作用为主要标准，以分工为次要标准。本案中，乙作为教唆犯，甲作为实行犯在伤害丁的共同犯罪中均起到了主要作用，可以认定为主犯。C 选项正确。丙作为帮助犯，在共同犯罪中起的是辅助作用，为从犯。D 选项正确。

5. AB 【解析】犯罪集团具有以下特征：（1）人数较多（3 人以上），重要成员固定或基本固定；（2）经常纠集在一起进行一种或数种严重的犯罪活动；（3）有明显的首要分子；（4）有预谋地实行犯罪活动；（5）不论作案次数多少，对社会造成的危害或其具有的危险性都很严重。AB 选项正确。

6. ACD 【解析】甲为抢劫财物将王某打昏后，乙明知甲在从事抢劫行为，仍然加入提供帮助，构成承继的帮助犯，因此甲、乙二人构成抢劫罪的共犯。A 选项正确。根据共同犯罪"部分实行，全部负责"原则，乙明知甲的抢劫行为而加入，乙也要承担抢劫罪的刑事责任。B 选项错误。甲在犯罪中起到主要作用，是主犯；乙起的是帮助作用，是从犯。CD 选项正确。

7. ABCD 【解析】我国《刑法》第 26 条第 1 款规定："组织、领导犯罪集团进行犯罪活动的或者在共同犯罪中起主要作用的，是主犯。"ABC 选项正确。犯罪集团的首要分子都是主犯，D 选项正确。

8. AD 【解析】胁从犯是指被胁迫参加犯罪的人，不包括被诱骗参加犯罪的人。A 选项错误。首要分子分为两类，即犯罪集团中的首要分子和聚众犯罪中的首要分子，在聚众犯罪并不构成共同犯罪的情况下，不存在主犯、从犯之分，因此首要分子自然无所谓主犯。B 选项正确。共同犯罪中可能没有从犯，但不可能没有主犯。C 选项正确。对于从犯，应当从轻、减轻处罚或者免除处罚，没有应当比照主犯的限制。D 选项错误。

9. ABCD 【解析】共同犯罪行为包括：（1）实行行为；（2）帮助行为；（3）组织行为；（4）教唆行为；（5）共谋行为。故本题四个选项均当选。

10. CD 　【解析】集团所犯的全部罪行不等于集团成员所犯的全部罪行，首要分子对于集团成员超出集团犯罪计划之外所实施的罪行，不承担刑事责任。A 选项错误。对于从犯也应当按照其所参与的全部犯罪处罚，只是在量刑上应当从轻、减轻处罚或免除处罚。B 选项错误。犯罪集团的首要分子都是主犯，但是聚众犯罪中的首要分子未必都是主犯。聚众犯罪在某些情形下只处罚首要分子，在此种情况下如果首要分子只有一人，就不是共同犯罪，自然不存在主犯、从犯之分。C 选项正确。如果行为人最初是因为被胁迫而参加共同犯罪，但后来发生变化，积极主动实施犯罪行为，在共同犯罪中起主要作用，则不宜认定为胁从犯，而应被认定为主犯。D 选项正确。

11. CD 　【解析】对教唆犯，按照其在共同犯罪中所起的作用处罚，起主要作用的，按主犯处罚；仅起次要作用的，按从犯处罚。AB 选项错误。教唆不满 18 周岁的人犯罪的，应当从重处罚。C 选项正确。如果被教唆人没有被教唆的罪，则教唆犯独自构成犯罪，但可以从轻或者减轻处罚。D 选项正确。

12. ABC 　【解析】肖某犯抢夺罪之后为抗拒抓捕而当场使用暴力，属于转化型抢劫。B 选项正确。肖某取得财物、致人重伤，系抢劫罪既遂。肖某为抗拒抓捕使用暴力导致被害人重伤，系抢劫致人重伤，即抢劫罪的结果加重犯。肖某属于不满 18 周岁的人犯罪，应当从轻、减轻处罚。丁某教唆肖某抢夺，构成抢夺罪的教唆犯。二人在抢夺罪的范围内成立共同犯罪。D 选项错误。实行犯肖某的抢夺已得手，构成抢夺罪的既遂，教唆犯丁某亦为既遂。A 选项正确。丁某未教唆肖某实施暴力行为，对暴力行为无共同行为、共同故意，不对肖某抗拒抓捕的暴力行为构成共同犯罪。丁某教唆不满 18 周岁的人犯罪，应从重处罚。C 选项正确。

13. ABC 　【解析】甲、乙共谋并共同伤害丙，构成共同犯罪。在共同犯罪中，按照"部分实行，全部负责"的原则，甲、乙不仅构成故意伤害罪的共同犯罪，而且属于共同实行犯，均应对重伤结果承担刑事责任。其中一人犯罪既遂的，共同犯罪整体既遂，全体共犯人承担既遂的罪责，对其他共犯人不需要考虑未完成罪的问题，只需要考虑作用的大小，区分主犯、从犯。D 选项正确，其他选项均错误。

14. AD 　【解析】甲、乙二人共谋杀害丙，客观上实施了共同犯罪行为，主观上具有共同犯罪故意，二人构成故意杀人罪的共犯。A 选项正确，B 选项错误。在共同实行犯罪的场合，其中一人犯罪既遂的，共同犯罪整体既遂，全体共犯人承担既遂的罪责。对其他共同犯罪人不需要考虑未完成罪的问题，只是考虑作用大小区分主犯、从犯。C 选项错误，D 选项正确。

三、简答题

1. 参考答案　（1）过失犯罪不构成共同犯罪。二人以上共同过失犯罪的，不以共同犯罪论处，分别追究刑事责任。

（2）把他人当工具利用的不构成共同犯罪。这种情形称为间接正犯或间接实行犯。间接正犯有如下两种情形：①利用没有责任能力或没有达到责任年龄的人去实行犯罪。②利用不知情人的行为实行犯罪。

（3）事前无通谋、事后提供帮助的行为不构成共同犯罪。

（4）过限行为不构成共同犯罪。过限行为是指在共同犯罪中，有共同犯罪人实施了超出共同犯罪故意范围的行为。过限行为由实施者个人承担责任，其他人不承担共犯责任。

（5）"同时犯"不构成共同犯罪。二人以上同时同地侵害同一对象，但彼此缺乏共同犯罪故意的意思联络的，不是共犯。

（6）在共同实行的场合，不存在片面共犯。所谓片面共犯，指对他人犯罪暗中相助的情况。

2. 参考答案 （1）主犯未必是首要分子。主犯包括两类：组织、领导犯罪集团进行犯罪活动的首要分子；在犯罪集团或者一般共同犯罪中起主要作用的犯罪分子。第一类主犯都是首要分子，第二类主犯不一定是首要分子。（2）首要分子未必是主犯。首要分子是指在犯罪集团或者聚众犯罪中起组织、策划、指挥作用的犯罪分子。犯罪集团的首要分子都是主犯，但聚众犯罪中的首要分子未必是主犯。聚众犯罪有三种形态：一是全体参与者均可构成犯罪，如聚众持械劫狱罪；二是只有聚众者和积极参与者可构成犯罪，一般参与者不构成犯罪，如聚众斗殴罪；三是只有聚众者才构成犯罪，如聚众扰乱公共场所秩序、交通秩序罪。第一种情形和第二种情形中的首要分子是主犯，但第三种情形中的聚众者不一定是主犯。如果第三种聚众犯罪中的聚众者只有一人，这类聚众犯罪不属于共同犯罪，则无所谓主犯；如果聚众者为二人以上，则构成共同犯罪，此时要根据行为人的作用大小认定主犯。

3. 参考答案 在共同犯罪中，要成立犯罪中止，必须具备下列条件：（1）必须具备有效性。即有效地阻止共同犯罪结果发生或者有效地消除自己先前参与行为对共同犯罪的作用。（2）中止的效力仅及于本人，不及于其他共犯人。（3）缺乏有效性不能单独成立中止。在共同犯罪中，共同犯罪人消极退出犯罪或者自动放弃犯罪、阻止共同犯罪结果未奏效的，不能单独成立犯罪中止。

四、法条分析题

参考答案 （1）"二人以上"包括自然人与自然人、自然人与单位、单位与单位。但单位犯罪中，单位与内部的直接责任人员或者其他负责的主管人员不成立共犯。

（2）不要求。我国通说采取部分犯罪共同说，不要求犯罪人持内容完全相同的犯罪故意，只要持性质相同的犯罪故意即可。应当负刑事责任的，按照他们所犯的罪分别处罚。

五、论述题

参考答案 （1）教唆犯，指教唆他人实行犯罪的人。具体而言，就是指故意引起他人实行犯罪决意的人。（2）教唆犯的基本特点是教唆他人实行犯罪而自己并不参加犯罪的实施，是使他人产生犯罪意图的人。（3）教唆犯应具备以下成立条件：① 主观上具有使他人产生犯罪意图和决心的故意，即所谓唆使他人犯罪的故意。② 在客观上实施了教唆他人犯罪的行为。通常表现为怂恿、诱骗、劝说、请求、收买、强迫、威胁等方式，唆使特定的人实施特定的犯罪。（4）教唆犯的刑事责任：① 对教唆犯按照其在共同犯罪中所起的作用处罚。起主要作用的，按主犯处罚；仅起到次要作用的，按从犯处罚。② 如果被教唆人没有犯被教唆的罪，教唆犯独自构成犯罪，但可以从轻或者减轻处罚。③ 教唆不满18周岁的人犯罪的，应当从重处罚。教唆犯虽然具有独立的犯罪性或可罚性，却不是独立的罪名。对于教唆犯，应当按照所教唆的犯罪确定罪名。

第七章　罪数形态

一、单项选择题

1. C　【解析】行为说、意思说、犯罪构成说、法益说都是关于判断罪数标准的学说，我国刑法学说确定罪数的标准是犯罪构成说，C选项正确。

2. A　【解析】抢劫罪，指以暴力、胁迫或其他方法强行劫取公私财物的行为。《刑法》第263条所规定的八种加重处罚的情形就属于结果加重犯或情节加重犯。这八种加重法定刑的情节分别是：（1）入户抢劫的；（2）在公共交通工具上抢劫的；（3）抢劫银行或者其他金融机构的；（4）多次抢劫或者抢劫数额巨大的；（5）抢劫致人重伤、死亡的；（6）冒充军警人员抢劫的；（7）持枪抢劫的；（8）抢劫军用物资或者抢险、救灾、救济物资的。A选项正确。拐卖妇女、儿童罪是继续犯。继续犯又称持续犯，是指作用于同一对象的一个犯罪行为从着手实行到实行终了，犯罪行为与不法状态在一定时间内同时处于继续状态的犯罪。拐卖妇女、儿童既遂之后，拐卖妇女、儿童的行为与妇女、儿童自由受到拘禁的状态在一定时间内同时处于继续。状态犯，指发生侵害一定法益的事实同时，犯罪行为虽然结束，但在其后侵害法益的状态可能依然存在。其特点是行为、结果、法益均随犯罪既遂而终结，但形成的不法状态可独立存在。例如盗窃罪、诈骗罪、抢劫罪。B选项错误。《刑法》第89条第1款规定："追诉期限从犯罪之日起计算；犯罪行为有连续或者继续状态的，从犯罪行为终了之日起计算。"非法拘禁罪属于继续犯，其追诉时效应当从拘禁行为终了之日起计算。C选项错误。集合犯，是指行为人以实施不定次数的同种犯罪行为为目的，实施了数个同种犯罪行为，刑法规定作为一罪论处的犯罪形态。集合犯分为职业犯和营业犯。（1）职业犯（没有营利目的）：即将一定的犯罪行为作为职业或业务反复实施的。如非法行医罪。（2）营业犯（具有营利目的）：即以营利为目的反复实施一定犯罪行为的，如赌博罪。D选项错误。

3. A　【解析】即成犯，是指犯罪行为发生侵害法益结果的同时，犯罪行为即告终了，犯罪行为终了，随之法益被消灭。其特点是行为、结果、法益、不法状态均随着犯罪完成而终结。例如故意杀人罪就是如此，行为人的犯罪行为造成死亡结果，即故意杀人的犯罪既遂。犯罪既遂，意味着犯罪行为结束和法律保护的利益（人的生命权）遭到毁灭（消灭）。因此本题选A选项。B选项是状态犯，CD选项是继续犯。状态犯，是指发生侵害一定法益的事实同时，犯罪行为虽然结束，但在其后侵害法益的状态可能依然存在。其特点是行为、结果、法益均随犯罪既遂而终结，但形成的不法状态可独立存在。当这种存续的侵害法益的状态还受构成要件的评价时，不另成立他罪。盗窃罪、诈骗罪、抢劫罪等都是状态犯。

4. D　【解析】状态犯，是指发生侵害一定法益的事实同时，犯罪行为虽然结束，但在其后侵害法益的状态可能依然存在。行为、结果、法益均随犯罪既遂而终结，但形成的不法状态可独立存在。遗弃罪，是指对于年老、年幼、患病或者其他没有独立生活能力的人，负有扶养义务而拒绝扶养，情节恶劣的行为。拒不执行判决、裁定罪，是指对人民法院的判决、裁定有能力执行而拒不执行，情节严重的行为。遗弃罪和拒不执行判决、裁定罪是继续犯，虽然犯罪行为都已终了结束，但遗弃行为和受扶养人的生命健康法益受到损害的状态持续存在，拒不执行判决、裁定的行为和人民法院正常裁判的执行活动受到侵害的状态同时存在。A、B 选项错误。即成犯，是指犯罪行为发生侵害法益结果的同时，犯罪行为即告终了，犯罪行为终了，随之法益被消灭。故意毁坏财物罪，是指行为人的犯罪行为造成财物毁坏的结果时，故意毁坏财物罪就既遂。故意毁坏财物罪既遂，意味着犯罪行为结束和法律所保护的财产法益消灭。C 选项故意毁坏财物罪是即成犯。D 选项诈骗罪是状态犯。受害人基于错误认识向第三人交付财产，犯罪行为人取得财物，财产法益随着行为人实现非法占有而终了，但行为人非法占有他人财物的状态仍然独立存在。本题答案为 D。

5. D 【解析】继续犯，是指作用于同一对象的一个犯罪行为从着手实行到实行终了，犯罪行为与不法状态在一定时间内同时处于继续状态的犯罪。继续犯主要包括以下三类：（1）持有型犯罪，如非法持有毒品罪，非法持有枪支、弹药、爆炸物罪，非法持有假币罪。（2）不作为犯罪，如遗弃罪，拒不执行判决、裁定罪，战时拒绝、逃避兵役罪等。（3）侵犯人身自由的犯罪，如绑架罪、拐卖妇女儿童罪。本题选 D 选项。

6. A 【解析】继续犯，是指犯罪行为自着手实行之时直至其构成既遂，且通常在既遂之后至犯罪行为终了的一定时间内，该犯罪行为及其所引起的不法状态同时处于持续过程中的犯罪形态。《刑法》第 238 条第 3 款规定："为索取债务非法扣押、拘禁他人的，依照前两款的规定处罚。"即对甲以非法拘禁罪论处。非法拘禁罪属于继续犯。故 A 选项正确。连续犯是指基于同一的或者概括的犯罪故意，连续实施数个独立的性质相同的行为，触犯同一罪名的犯罪形态。B 选项错误。牵连犯是指以某种犯罪为目的实施的实行行为，与其手段行为或者结果行为分别触犯不同罪名的犯罪形态。C 选项错误。状态犯是指犯罪既遂之后，其行为所造成的不法状态仍然处于持续之中的犯罪形态。D 选项错误。

7. C 【解析】甲只有一个盗割电话线的行为，同时触犯了盗窃罪和破坏公用电信设施罪，属于一行为触犯数罪，是想象竞合犯，采取从一重罪处罚的原则，也就是在犯罪人同时触犯的数个罪名中，选择最重的一罪处罚。C 选项正确。

8. C 【解析】法条竞合犯原则上按照特别法优于一般法的原则，适用特别法条排斥一般法条，在法律有特别规定的情形下，依照法律规定。《刑法》第 149 条规定："生产、销售本节第一百四十一条至第一百四十八条所列产品，不构成各该条规定的犯罪，但是销售金额在五万元以上的，依照本节第一百四十条的规定定罪处罚。生产、销售本节第一百四十一条至第一百四十八条所列产品，构成各该条规定的犯罪，同时又构成本节第一百四十条规定之罪的，依照处罚较重的规定定罪处罚。"此即优先适用重法条。C 选项正确。

9. A 【解析】法条竞合犯，是指一行为同时触犯存在法条竞合关系的数个法条的犯罪形态。甲的行为既符合合同诈骗罪的构成要件，也完全符合诈骗罪的构成要件，因为二者存在法条竞合关系，导致甲的一行为不可避免地触犯这两个法条，属于法条竞合犯。A 选项正确。

10. C 【解析】《刑法修正案（十一）》规定了袭警罪。本案中，甲的行为同时触犯袭警罪和妨害公务罪，两罪属于一般法和特别法的法条竞合关系，袭警罪是妨害公务罪的特别法条。因此本题答案为 C。

11. B 【解析】法条竞合犯，是指一行为同时触犯刑法中有一些在内容上存在重复或交叉的数个法条的犯罪形态。常见的法条竞合的情形有：诈骗罪与金融诈骗罪（集资诈骗罪、信用卡诈骗罪、信用证诈骗罪、保险诈骗罪等）；诈骗罪与合同诈骗罪、骗取出口退税罪；滥用职权罪、玩忽职守罪与渎职犯罪一章中的其他特别罪名（如失职致使在押人员脱逃罪、商检失职罪等）；过失致人死亡罪与其他包含过失致人死亡情形的犯罪（如失火罪、交通肇事罪、重大责任事故罪等）；故意伤害罪与其他包含伤害行为的犯罪（如寻衅滋事罪、聚众斗殴罪、刑讯逼供罪、非法拘禁罪、虐待被监管人罪等）。需注意，绝大多数包含着伤害行为的犯罪只是包含故意伤害致人轻伤的情况，如果故意伤害致人重伤或者死亡的，则要转化为故意伤害罪。例如，刑讯逼供造成被害人重伤或者死亡的，应当以故意伤害罪、故意杀人罪定罪处罚。B 选项正确。法条竞合犯原则上按照特别法优于一般法的原则适用法律，如本题应当按照交通肇事罪定罪量刑，不需要数罪并罚。法条竞合犯在例外情况下，依照法律规定优先适用重法条，例如同时构成生产、销售伪劣产品罪与生产、销售伪劣商品犯罪一节中的其他特别罪名的，依照处罚较重的规定定罪处罚。总之，无论是原则情况还是例外情况，法条竞合犯都不需要数罪并罚。A 选项错误。想象竞合犯，是指行为人实施一个犯罪行为同时触犯数个罪名的情况。法条竞合犯的数个刑法规范之间天然地存在包含或交叉关系，触犯了特别法条必然符合一般法条的犯罪构成；而想象竞合犯同时触犯的数个法条之间并不具有天然的联系，而是在某一具体的犯罪中产生特殊的联系，在其他情况下则不存在联系。C 选项错误。结果加重犯，是指在实施基本犯罪构成的行为时，造成了刑法规定的基本犯罪结果以外的加重结果的犯罪形态。结果加重犯仍然以基本犯罪的罪名定罪，只是按照加重法定刑量刑，在罪名上不会发生变化。D 选项错误。因此本题选 B。

12. A 【解析】想象竞合犯，指行为人实施一个犯罪行为同时触犯数个罪名的情况。例如，甲偷盗机场的照明灯装饰歌厅，一个偷盗行为同时触犯盗窃罪和破坏交通设施罪，是想象竞合犯。D 选项错误。想象竞合犯是实际上的一罪，对其采取"从一重罪处罚"的原则。也就是在犯罪人同时触犯的数个罪名中，选择最重的一罪处罚。如上例中，甲同时触犯盗窃罪和破坏交通设施罪，如果按破坏交通设施罪处理较重，就按破坏交通设施罪定罪处罚。A 选项正确。对法条竞合适用法律的基本规则一般是特别法优于一般法，适用特别法条，排斥一般法条。B 选项错误。行贿罪与受贿罪在客体、客观方面、主体、主观方面均不同，是两个完全不同的罪名，只属于必要共同犯罪，不存在法条竞合关系。C 选项错误。因此本题选 A。

13. D 【解析】成立结果加重犯要求刑法分则对该加重结果专门规定了较重的法定刑。强奸行为致使被害人重伤、死亡的，刑法规定为强奸罪的结果加重犯，并设置了更高的法定刑。强制猥亵、侮辱罪并未规定结果加重犯，因此，强制猥亵、侮辱行为，致使被害人重伤、死亡的，如果构成故意伤害罪、故意杀人罪，则与强制猥亵、侮辱罪属于想象竞合犯的关系，择一重罪处罚。A 选项错误。成立结果加重犯必须是实施基本的犯罪构成行为造成了基本犯罪构成以外的结果。结果加重犯不是独立的罪名，仍然要认定为基本犯罪的罪名，只是要适用更重的法定刑。故意伤害罪的基本犯罪构成行为是故意伤害行为，故意杀人罪的基本犯罪构成行为是故意杀人行为，二者的基本犯罪构成行为不同，因此故意杀人罪不是故意伤害罪的结果加重犯。B 选项错误。抢劫行为导致他人重伤、死亡的是抢劫罪的结果加重犯。需要注意的是，这里造成重伤、死亡的结果必须是基于一个抢劫的概括的故意，即为了取财而排除反抗的行为造成的重伤、死亡的结果。而抢劫既遂后，为了灭口实施杀人行为与抢劫罪之间完全基于不同的犯罪故意，属于一个新的行为，应当单独认定为故意杀人罪，与之前的抢劫罪数罪并罚。C 选项错误。成立结果加重犯要求行为人对加重的结果具有罪过（故意或过失）。非法拘禁致人重伤、死亡的是非法拘禁罪的结果加重犯。只有重伤、死亡结果与非法拘禁行为有因果关系，行为人才可能有罪过。被害人乙跳楼自杀的行为与甲的非法拘禁行为不具有因果关系，甲对死亡结果没有罪过，因此甲不构成非法拘禁罪的结果加重犯。D 选项正确。

14. A 【解析】集合犯，是指行为人以实施不定次数的同种犯罪行为为目的，实施了数个同种犯罪行为，刑法规定作为一罪论处的犯罪形态。常见的集合犯有：非法行医罪，非法组织卖血罪，生产、销售伪劣产品罪，走私普通货物、物品罪。因此本题选择 A 选项。

15. B 【解析】连续犯是指行为人基于同一或者概括的犯罪故意，连续多次实施犯罪行为，触犯相同罪名的犯罪。甲基于报复目的，对邻居家四口人实施故意杀人行为，属于连续犯，B 选项正确。

16. C 【解析】牵连犯，是指实施某个犯罪，作为该犯罪的手段行为或结果行为又触犯其他罪的情况。牵连犯应当择一重罪论处。AB 选项正确。牵连犯有一个最终的犯罪目的，有两个以上的犯罪行为，但不是只要有一个犯罪目的，就一定构成牵连犯。构成牵连犯要求所触犯的两个罪名之间有牵连关系。比如吸收犯也可以只有一个犯罪目的实施两个以上犯罪行为，但是其中应当存在一个犯罪行为吸收了另一个犯罪行为，而不是两行为之间具有牵连关系。因此 C 选项错误，本题选 C 选项。ABD 选项正确。

17. C 【解析】牵连犯，是指实施某个犯罪，作为该犯罪的手段行为或结果行为又触犯其他罪的情况。牵连犯的特征：（1）有一个最终的犯罪目的。（2）有两个以上的犯罪行为。（3）触犯了两个以上不同的罪名。（4）所触犯的两个以上罪名之间有着类型化的牵连关系。甲以招摇撞骗为目的，实施了伪造公文和招摇撞骗的行为，分别构成伪造国家机关公文罪和招摇撞骗罪，这两个罪名之间有着类型化的牵连关系，因此属于牵连犯。C 选项正确。

18. A 【解析】牵连犯，是指实施某个犯罪，作为该犯罪的手段行为或结果行为又触犯其他罪的情况。牵连犯的特征：（1）有一个最终的犯罪目的。（2）有两个以上的犯罪行为。（3）触犯了两个以上不同的罪名。（4）所触犯的两个以上罪名之间有牵连关系，即一罪或数罪是他罪的手段行为或结果行为。脱逃过程中使用暴力致人重伤、死亡的，是牵连犯（手段和目的相牵连），应当以故意伤害罪、故意杀人罪（择一重罪处罚）定罪处罚。A 选项正确，C 选项错误。吸收犯是指一个犯罪行为因为是另一个犯罪行为的必经阶段、组成部分、当然结果，而被另一个犯罪行为吸收的情况。暴力致人死亡的行为不是逃脱监管行为的必经阶段、组成部分、当然结果，因此不属于吸收犯。B 选项错误。想象竞合犯是指行为人实施一个犯罪行为同时触犯数个罪名的情况。行为人既有逃脱监管行为又有暴力致人死亡的行为，因此不属于想象竞合犯。D 选项错误。

19. D 【解析】吸收犯，是指一个犯罪行为因为是另一个犯罪行为的必经阶段、组成部分、当然结果，而被另一个犯罪所吸收的情况。吸收犯包括三种形式：吸收必经阶段的行为；吸收组成部分的行为；吸收当然结果的行为。因此 D 选项不属于吸收犯的形式，当选。

20. A 【解析】一般情况下，在犯罪中暴力抗拒执法的，需要以实施的犯罪与妨害公务罪数罪并罚。特殊的情况下，暴力抗拒执法不再定妨害公务罪，而是作为加重处罚情节。如走私、贩卖、运输、制造毒品过程中，暴力抗拒检查、拘留、逮捕的；武装掩护走私的；

运送他人偷越国边境过程中，以暴力、威胁方法抗拒检查的。此类较严重的犯罪一般都存在暴力抗拒执法的行为，故作为加重处罚情节而不是数罪并罚。故本题选择 A 选项。

21. C 【解析】牵连犯，指实施某个犯罪，作为该犯罪的手段行为或结果行为又触犯其他罪的情况。牵连犯的特征为：（1）有一个最终的犯罪目的。（2）有两个以上的犯罪行为。（3）触犯了两个以上不同的罪名。（4）所触犯的两个以上罪名之间有牵连关系，即一罪或数罪是他罪的手段行为或结果行为。盗窃枪支和杀人缺乏内在客观的必然联系，不构成牵连犯，应当数罪并罚，A 选项错误。遗弃罪没有结果加重犯，在遗弃过程中过失引起被遗弃者死亡的，同时触犯遗弃罪和过失致人死亡罪，系想象竞合。B 选项错误。伪造印章的行为是伪造发票行为的一个组成部分，被伪造发票行为吸收，只需要以伪造发票罪论处。C 选项正确。D 选项应为法条竞合犯，而并非想象竞合犯，故 D 选项错误。本题答案为 C。

22. B 【解析】缴纳税款后又骗取出口退税，骗取的数额超过缴纳的数额的，应当以逃税罪和骗取出口退税罪数罪并罚，A 选项中骗取的数额未超过缴纳的数额，因此属于想象竞合犯，择一重罪处罚。A 选项错误。以抢劫（或抢夺）财物为目的，意外抢得枪支，然后又非法持有枪支的，行为同时触犯抢夺罪和非法持有枪支罪，属于牵连犯，应当择一重罪论处。事后不可罚行为是指在状态犯实行行为完成后，为维持或利用不法状态以确保犯罪利益得以实现的行为，虽在形式上符合某一犯罪构成，但因法律对该事后行为缺乏适法行为的期待可能性，故不单独定罪处罚。本案后续持有不属于事后不可罚的行为。B 选项正确。犯罪分子本人实施财产犯罪后又窝藏、销售赃物的，后续的窝藏、销售赃物的行为属于欠缺期待可能性的行为，不再另行认定为掩饰、隐瞒犯罪所得罪。C 选项错误。司法机关工作人员在刑讯逼供过程中致人伤残、死亡的，依照故意伤害罪、故意杀人罪论处，不再数罪并罚。D 选项错误。

23. A 【解析】"二人以上轮奸"的内容被规定在《刑法》第 236 条第 3 款中，是强奸罪的情节加重犯。刑法中只有"强奸罪"的罪名，没有"轮奸罪"的罪名，因此不是特别法条。A 选项正确。赵某的前行为触犯盗窃罪，对象是仿真品；后行为触犯诈骗罪，对象是第三人的钱款。前后两行为针对不同对象，认定为两罪不会重复评价，不属于不可罚的事后行为，应当两罪并罚。B 选项错误。钱某的前后两罪都触犯抢劫罪，尽管属于不同的加重犯。但前后两行为性质相同，属于连续犯，应以一个抢劫罪论处，加重情节累加综合考虑。C 选项错误。行为人的前行为触犯抢劫罪，但被害人的死亡结果与抢劫行为无因果关系，不属于抢劫罪（致人死亡），系抢劫罪的基本犯。后行为触犯故意杀人罪，死亡结果系后行为杀人行为导致，有因果关系，属于故意杀人罪（既遂）。行为人系两行为触犯两罪，应当两罪并罚。本选项系抢劫之后为灭口而杀人，而不是以杀人为手段实施抢劫。D 选项错误。

二、多项选择题

1. ABCD 【解析】确定继续犯的意义有以下三点：（1）追诉时效的起算时间推后，不是从犯罪成立之日起计算，而是从犯罪行为终了之日起计算。（2）正当防卫时机。在犯罪既遂以后，如果犯罪行为继续存在，属于正在进行的不法侵害，允许进行正当防卫。例如，甲绑架乙，犯罪既遂，但在犯罪既遂之后继续扣押人质期间，人质乙对甲可实行正当防卫。（3） 犯罪继续期间，其他人加入的，可以成立共犯。故 ABC 选项正确。对于继续犯，我国刑法分则设置了专门法条，规定了具体罪名，不实行数罪并罚，但针对犯罪行为和不法状态在时间上持续的长短，可以在量刑时予以考虑，故 D 选项也正确。综上，答案为 ABCD。

2. ABCD 【解析】关于判断罪数的标准，主要有以下几种学说：（1） 行为说，认为行为是犯罪的核心要素，主张按照自然观察的行为个数判断犯罪的个数，即行为人实施一行为的，只能构成一罪；实施数行为的，才能构成数罪。（2） 法益说（结果说），认为犯罪的本质是对法益的侵害，主张以犯罪行为侵害的法益个数作为判断罪数的标准。（3） 意思说，认为犯罪是行为人主观犯罪意思的外部表现，行为只是行为人犯罪意思或主观恶性的表征，应当以行为人犯罪意思的个数作为判断犯罪个数的标准。（4） 构成要件说，以构成要件为标准，主张符合一次（一个）构成要件的事实就是一罪，符合数次（数个）构成要件的事实就是数罪。我国刑法学说确定罪数的标准是犯罪构成要件说。因此本题选 ABCD 选项。

3. BD 【解析】实质的一罪是指刑法中貌似数罪，实际上是一罪的情况，包括继续犯、想象竞合犯、结果加重犯。吸收犯和连续犯属于处断的一罪，故 AC 选项错误。

4. ABC 【解析】继续犯主要包括三类：（1） 持有型犯罪，如非法持有毒品罪、非法持有假币罪；（2） 不作为犯罪，如遗弃罪与拒不执行判决、裁定罪；（3） 侵犯人身自由的犯罪，如绑架罪、拐卖妇女儿童罪。D 选项属于集合犯。ABC 选项正确。

5. ABCD 【解析】法条竞合，是指刑法中有一些条文之间存在重复或交叉的情况。例如诈骗罪与《刑法》第 192 条至 200 条规定的金融诈骗类犯罪，诈骗罪与合同诈骗罪、骗取出口退税罪，滥用职权罪、玩忽职守罪与失职致使在押人员脱逃罪、商检失职罪，过失致人死亡罪与失火罪、交通肇事罪、重大责任事故罪，故意伤害罪与寻衅滋事、聚众斗殴、非法拘禁、刑讯逼供、虐待被监管人等侵犯人身的犯罪，妨害作证罪与教唆犯，协助组织卖淫罪与帮助犯等。ABCD 选项正确。

6. AB 【解析】甲一行为同时触犯盗窃罪和破坏公用电信设施罪，属于想象竞合犯。乙一行为同时触犯妨害公务罪和故意伤害罪，属于想象竞合犯。丙的行为既符合诈骗罪的构成要件，也符合合同诈骗罪的构成要件，是一行为同时触犯存在法条竞合关系的数个法条，属于法条竞合犯。D 选项属于结果加重犯。故 AB 选项正确。

7. AD 【解析】法定的一罪，指数个独立的犯罪行为依据刑罚的规定作为一罪定罪处罚的情况，主要有结合犯、集合犯，AD 选项正确。连续犯是处断的一罪，想象竞合犯是实质的一罪，BC 选项错误。

8. BC 【解析】根据《刑法修正案（九）》的规定，绑架罪过失致人死亡，不再是结果加重犯，行为人在实施绑架过程中过失致人死亡，同时触犯绑架罪和过失致人死亡罪的，想象竞合，择一重罪处罚，定绑架罪。A 选项错误。根据《刑法》第 257 条关于暴力干涉婚姻自由罪的规定，需注意被害人自杀也是本罪的加重结果。B 选项正确。《刑法修正案（十一）》对强奸罪升格法定刑处罚的情形进行了修改，增加了在公共场所奸淫幼女、奸淫不满十周岁的幼女或者造成幼女伤害等情形。《刑法》第 236 条第 3 款规定："强奸妇女、奸淫幼女，有下列情形之一的，处十年以上有期徒刑、无期徒刑或者死刑：（一） 强奸妇女、奸淫幼女情节恶劣的；（二） 强奸妇女、奸淫幼女多人的；（三） 在公共场所当众强奸妇女、奸淫幼女的；（四） 二人以上轮奸的；（五） 奸淫不满十周岁的幼女或者造成幼女伤害的；（六） 致使被害人重伤、死亡或者造成其他严重后果的。"C选项正确。结果加重犯要求刑法对加重结果规定了法定刑，遗弃罪没有结果加重犯的规定。D选项错误。

9. AC 【解析】遗弃罪，是指对于年老、年幼、患病或者其他没有独立生活能力的人，负有扶养义务而拒绝扶养，情节恶劣的行为。遗弃行为致人重伤或死亡的，因为没有加重法定刑，不是结果加重犯，成立遗弃罪与过失致人重伤罪或过失致人死亡罪的想象竞合犯。A选项当选。抢劫罪，是指以暴力、胁迫或者其他方法强行劫取公私财物的行为。抢劫行为造成被害人重伤或者死亡的加重结果，刑法对其规定了更重的法定刑，是结果加重犯。B选项不当选。猥亵儿童罪是指猥亵儿童的行为。根据立法要求，《刑法修正案（十一）》对猥亵儿童罪增加了加重处罚的情形：（1）猥亵儿童多人或者多次的；（2）聚众猥亵儿童，或者在公共场所当众猥亵儿童,情节恶劣的;（3）造成儿童伤害或者其他严重后果的;（4）猥亵手段恶劣或者有其他恶劣情节的。新增的四种情形，属于本罪的情节加重犯，造成儿童伤害的不属于结果加重犯。暴力干涉婚姻自由罪，是指以暴力干涉他人结婚或离婚自由的行为。暴力干涉婚姻自由的行为，致使被害人死亡的，成立本罪的结果加重犯。这里的"死亡"包括因暴力干涉婚姻自由而直接引起的被害人自杀的情形。D选项不当选。

10. AB 【解析】结合犯是指两个以上各自独立成罪的犯罪行为，根据刑法的明文规定，结合成另一独立的新罪的犯罪形态。数个独立的犯罪结合成为一个新罪的方式是，甲罪 + 乙罪 = 丙罪或者甲乙罪。我国通说认为甲罪 + 乙罪 = 甲罪或乙罪不属于结合犯。因而目前我国没有结合犯的规定，只有类结合犯的规定。AB选项正确。

11. CD 【解析】处断的一罪，是指数行为犯数罪按一罪定罪处罚的情况，主要包括连续犯、牵连犯、吸收犯。因此本题选CD选项。

12. ACD 【解析】吸收犯的构成条件是：（1） 有数个犯罪行为；（2） 数个犯罪行为分别触犯不同罪名；（3） 数行为之间具有吸收关系。吸收犯包含三种形式：（1） 一行为是另一行为的必经阶段；（2） 一行为是另一行为的组成部分；（3） 一行为是另一行为的当然结果。伪造假币后又持有同一来源假币的，持有伪造假币的行为被伪造假币行为所吸收，以伪造假币罪从重处罚，属于吸收犯。A选项正确。持有的假币如并非伪造的假币时，即持有的假币与伪造的假币属于不同来源时，则侵犯了不同的法益，不符合吸收犯的构成条件。B选项错误。非法持有毒品是行为人制造毒品的当然结果，为制造毒品行为所吸收，只需要以制造毒品罪一罪论处。C选项正确。伪造发票上的印章是伪造发票的组成行为，被伪造发票行为所吸收。D选项正确。因此本题选ACD。

13. ACD 【解析】甲的行为构成盗窃罪与破坏易燃易爆设备罪想象竞合，A选项当选。乙的行为并未危害公共安全，因此仅成立盗窃罪，B选项不当选。丙销售冒充著名品牌的假药，足以危害人体健康，且销售金额达到5万元以上，同时触犯销售伪劣产品罪、销售假药罪、销售假冒注册商标的商品罪，C选项当选。丁触犯拒不执行判决、裁定罪与妨害公务罪、故意伤害罪，择一重罪处断，D选项当选。本题答案为ACD。

14. CD 【解析】甲使用伪造的身份证件骗领信用卡的行为构成妨害信用卡管理罪，其后使用信用卡购物的行为成立信用卡诈骗罪，二者具有牵连关系，是牵连犯，应择一重罪论处。因此，A选项应当在妨害信用卡管理罪与信用卡诈骗罪中择一重罪论处。《最高人民法院、最高人民检察院关于办理侵犯知识产权刑事案件具体应用法律若干问题的解释》第14条规定："实施《刑法》第217条规定的侵犯著作权犯罪，又销售该侵权复制品，构成犯罪的，应当依照《刑法》第 217 条的规定，以侵犯著作权罪定罪处罚。"因此 B 选项只定侵犯著作权罪，不数罪并罚。《最高人民法院关于审理挪用公款案件具体应用法律若干问题的解释》第 7 条规定："因挪用公款索取、收受贿赂构成犯罪的，依照数罪并罚的规定处罚。挪用公款进行非法活动构成其他犯罪的，依照数罪并罚的规定处罚。"因此 C 选项应数罪并罚。《最高人民法院、最高人民检察院关于办理盗窃刑事案件适用法律若干问题的解释》第 10 条第 3 款规定："为实施其他犯罪，偷开机动车作为犯罪工具使用后非法占有车辆，或者将车辆遗弃导致丢失的，以盗窃罪和其他犯罪数罪并罚；将车辆送回未造成丢失的，按照其所实施的其他犯罪从重处罚。"因此 D 选项应当以盗窃罪和绑架罪数罪并罚。

15. BD 【解析】甲先杀害妻子的行为成立故意杀人罪，随后骗保成功的行为成立保险诈骗罪。牵连犯，指实施某个犯罪，作为该犯罪的手段行为或结果行为又触犯其他罪的情况。本案属于手段（杀人）和目的（骗保）之间的牵连，应成立牵连犯（具有高度并发性）。对于牵连犯，原则上择一重罪处罚，牵连犯实际上是数行为犯数罪，但鉴于其数行为间存在牵连关系，数罪并罚显得过重，所以一般按择一重罪处罚的原则处理，但是刑法有特别规定的除外。例如，为骗取保险金而杀害被保险人的，同时构成故意杀人罪和保险诈骗罪的，法律特殊规定为数罪并罚。A 选项错误，BD 选项正确。吸收犯，指一个犯罪行为因为是另一个犯罪行为的必经阶段、组成部分、当然结果，而被另一个犯罪行为吸收的情况。本案中，故意杀人不是保险诈骗的必经阶段，同时保险诈骗也不是故意杀人后的必然结果，所以二者之间也不符合吸收犯概念。C 选项错误。综上，本题选 BD。

三、简答题

1. 参考答案 （1） 追诉时效的起算时间推后，不是从犯罪成立之日起计算，而是从犯罪行为终了之日起计算。（2） 正当防卫时机。在犯罪既遂以后，如果犯罪行为继续存在，属于正在进行的不法侵害，允许正当防卫。（3） 犯罪继续期间，其他人加入的可以成立共犯。

2. 参考答案 处断的一罪，指数行为犯数罪按一罪定罪处罚的情况，数罪并罚是一般规则，但是有些数罪并罚会不近情理，所以例外情况下不实行数行为并罚。处断的一罪主要包括连续犯、牵连犯、吸收犯。

连续犯，指行为人基于同一或者概括的犯罪故意，连续多次实施犯罪行为，触犯相同罪名的犯罪。比如，甲基于盗窃的意思，一夜连续撬窃 13 户人家。该案例中的甲为连续犯。

牵连犯，指实施某个犯罪，作为该犯罪的手段行为或结果行为又触犯其他罪的情况。比如，盗窃他人皮箱后发现其中有枪支而加以藏匿。该案例中的行为人为牵连犯。

吸收犯，指一个犯罪行为因为是另一个犯罪行为的必经阶段、组成部分、当然结果，而被另一个犯罪行为吸收的情况。比如，行为人伪造增值税专用发票，同时又伪造发票印章。该案例中的行为人为吸收犯。

四、案例分析题

参考答案 （1） 甲的重婚行为属于继续犯。在重婚既遂后，重婚行为和不法状态一直处于持续的过程中。根据法律规定，犯罪行为有连续或者继续状态的，从犯罪行为终了之日起计算。因此，重婚罪的追诉期限应当从重婚行为终了之日起计算。本案中，甲2013年回到原配乙处生活，并于同年5月变卖与丙同居时居住的房产，这个时间点可以认为是甲以实际行动表明了不再维持与丙事实婚姻的意思，为犯罪行为终了之日。故追诉期限从2013年开始计算，至2014年时甲的重婚犯罪仍然在追诉期限内。（2）甲与丁的行为构成侵犯著作权罪、销售侵权复制品罪。甲、丁未经著作权人同意，擅自印刷书籍，成立侵犯著作权罪。其后的销售行为，构成销售侵权复制品罪。前罪与后罪是吸收关系，前罪吸收后罪。因此，甲、丁的行为只以侵犯著作权罪定罪处罚。

第八章　刑事责任

一、单项选择题

1. C　【解析】对于刑事责任在刑法理论上的具体地位，认识并不一致，概括而言，主要有三种不同观点：（1）基础理论说。该说认为刑事责任在价值功能上具有基础理论的意义，犯罪论、刑罚论和罪刑各论不过是刑事责任的具体化。因此，在体系上应赋予刑事责任以刑法学基本原理的地位并将其置于犯罪论之前。（2）罪、责平行说。此说认为，刑事责任是与犯罪相对应并具有直接联系的概念。犯罪是刑事责任的前提，刑事责任是犯罪的法律后果，刑罚虽然是实现刑事责任的基本方式，但不是唯一的实现方式，因此，不能将刑罚与犯罪和刑事责任这两个基本范畴相提并论，而应按照犯罪论—刑事责任论的思路来建立刑法学体系。（3）罪、责、刑平行说。这一学说认为犯罪、刑事责任和刑罚是各自独立而又相互联系的三个范畴，其中刑事责任是介于犯罪与刑罚之间的纽带。刑事责任以犯罪为前提，属于犯罪的法律后果，而其本身又是刑罚的前提，刑罚系实现刑事责任的基本方式。因此，应当按照犯罪论—刑事责任论—刑罚论的框架来构建刑法学的体系。从现行刑法的结构体例来看，罪、责、刑平行说要更可取一些，因此C选项正确。

2. D　【解析】刑事责任与刑罚既密切联系又有明显区别，刑事责任以犯罪人应当承受刑事处罚、非刑罚方法的处理和单纯否定性法律评价为内容，刑罚则以实际剥夺犯罪人一定的权益为内容。A选项正确。刑事责任随实施犯罪而产生，刑罚则随法院的定罪判刑决定宣告生效而出现。B选项正确。刑事责任与犯罪和刑罚也有着直接而密切的关系，刑事责任的存在是适用刑罚的直接前提，无刑事责任则不能适用刑罚。刑事责任的大小直接决定刑罚的轻重，刑事责任小的，刑罚必然轻，刑事责任大的，刑罚必然重。C选项正确。刑事责任主要通过刑罚来实现，非刑罚处理方法也是刑事责任的实现方式。D选项错误。

3. D　【解析】收容教养并非属于非刑罚处理方法，而是一种社会保护措施，与刑事责任的实现毫无关系。A选项错误。行为人承担刑事责任的方式包括刑罚和非刑罚处理方法，非刑罚处理方法也是刑事责任的实现方式，如对行为人作有罪宣判但免予刑事处罚的情形。B选项错误。行为人承担刑事责任的方式包括定罪判刑方式、定罪免刑方式、消灭处理方式和转移处理方式，C项表述的情形属于定罪免刑方式，属于刑事责任的承担方式。C选项错误。没收违禁品和追缴犯罪所得不属于非刑罚处理方法，而是一种行政强制措施。D选项正确。

4. D 【解析】定罪判刑方式，是指法院认定犯罪人有罪的同时宣告适用相应的刑罚。这种方式是解决刑事责任最常见、最基本的一种方式。定罪免刑方式，是指法院认定犯罪人有罪但免除刑罚。这种方式是解决刑事责任的辅助的、次要的方式。消灭处理方式，即行为人的行为已构成犯罪，应负刑事责任，但由于法律规定的阻却刑事责任事由的存在，使刑事责任归于消灭，例如，已过追诉时效、犯罪人死亡、经特赦予以释放等。转移处理方式，是指行为人的刑事责任不由我国司法机关解决，而通过外交途径解决。这主要是针对享有外交特权和豁免权的外国人，是一种极为特殊的解决方式。因此本题选 D。

5. A 【解析】刑事责任的解决方式包括定罪判刑、定罪免刑、消灭处理和转移处理。其中，定罪免刑方式是指法院对犯罪人认定有罪作出定罪判决而免除处罚。《刑法》第24条第2款规定的对中止犯的免除处罚，就属于定罪免刑，故本题选 A。

二、多项选择题

1. ABCD 【解析】刑事责任是刑法中广泛使用的一个概念。关于刑事责任，在中外刑法理论中，有如下观点：（1）法律责任说，即认为"刑事责任是国家司法机关依照法律规定，根据犯罪行为以及其他能说明犯罪的社会危害性的事实，强制犯罪人负担的法律责任"。（2）法律后果说，该说认为刑事责任"是依照刑事法律规定，行为人实施刑事法律禁止的行为所必须承担的法律后果"。（3）否定评价说（责难说、谴责说），此说认为"刑事责任是指犯罪人因实施刑法禁止的行为而应承担的、代表国家的司法机关依照刑事法律对其犯罪行为及其本人的否定性评价和谴责"。（4）刑事义务说，即认为刑事责任是"犯罪人因其犯罪行为应当向国家承担的、体现着国家最强烈的否定评价的惩罚义务"。（5）刑事负担说，该说认为"刑事责任是国家为维持自身的生存条件，在清算触犯刑律的行为时，运用国家暴力，强迫行为人承受的刑事上的负担"。故答案为 ABCD。

2. ABCD 【解析】关于刑事责任的根据问题，刑法理论上存在不同的学说。（1）犯罪构成唯一根据说认为，人的行为符合犯罪构成是适用刑罚的根据，如果行为中缺少犯罪构成则应免除刑事责任。犯罪构成是刑事责任的唯一根据。（2）罪过说又有狭义说和广义说两种观点。狭义的罪过即犯罪的主观方面，广义的罪过还包括犯罪构成中的情节与刑罚裁量的情节，一般认为广义的罪过是刑事责任的根据。（3）犯罪（行为）说主张，应将犯罪行为即犯罪本身视为刑事责任的根据。（4）社会危害性说，认为犯罪的社会危害性是刑事责任的事实根据。其主要理由是：犯罪的社会危害性是犯罪的本质属性，因而也是决定刑事责任产生的根据。因此本题 ABCD 四项全选。

3. ABCD 【解析】实施犯罪行为是刑事责任产生的前提，无犯罪则无刑事责任。刑事责任因实施犯罪行为而产生，这是刑事责任与其他法律责任在产生基础上的区别。这体现了刑事责任包含对犯罪行为的非难性和对犯罪人的谴责性。A 选项正确。刑事责任不是承受一般的负担，也不只是承受否定的道德评价。所谓刑事惩罚，主要指按刑法规定的刑罚处罚；所谓非刑罚方法的处理，是指人民法院对于犯罪人使用的刑罚方法以外的各种处理方法的总称；所谓单纯否定性法律评价，是指免予刑事惩罚，仅仅宣告犯罪人有罪。刑事责任以刑事惩罚、非刑罚方法的处理和单纯否定性法律评价为内容，可以说是刑事责任的本质特征，它体现了刑事责任的严厉性。B 选项正确。现代刑法实行罪责自负、反对株连的原则，所以刑事责任只有实施犯罪的人才承担。刑事责任只能由犯罪人承担，既不能株连非犯罪人，也不能由非犯罪人代为承担，这表现了刑事责任的专属性。C 选项正确。由于人具有相对的意志自由，即自由选择的能力，因而人对自己选择实施的行为应当承担责任。所以，对犯罪人追究刑事责任的根据，从哲学上讲，就在于行为人在实施犯罪时具有相对的意志自由，或者说自由选择能力。D 选项正确。

4. ABCD 【解析】刑事责任具有如下特征：第一，刑事责任包含对犯罪行为的非难性和对犯罪人的谴责性；第二，刑事责任具有社会性与法律性；第三，刑事责任具有必然性与平等性；第四，刑事责任具有严厉性与专属性。因此本题 ABCD 四项都正确。

5. ABCD 【解析】定罪判刑方式，是指法院认定犯罪人有罪的同时宣告适用相应的刑罚。这种方式是解决刑事责任最常见、最基本的一种方式。A 选项正确。定罪免刑方式，是指法院认定犯罪人有罪但免除刑罚。这种方式是解决刑事责任的辅助的、次要的方式。B 选项正确。消灭处理方式，即行为人的行为已构成犯罪，应负刑事责任，但由于法律规定的阻却刑事责任事由的存在，使刑事责任归于消灭，例如，已过追诉时效、犯罪人死亡、经特赦予以释放等。C 选项正确。转移处理方式，是指行为人的刑事责任不由我国司法机关解决，而通过外交途径解决。这主要是针对享有外交特权和豁免权的外国人，是一种极为特殊的解决方式。D 选项正确。

三、简答题

1. 参考答案 刑事责任是指行为人因其犯罪行为所应承受的、代表国家的司法机关根据刑事法律对该行为所作的否定评价和对行为人进行谴责的责任。刑事责任具有如下特征：第一，刑事责任包含对犯罪行为的非难性和对犯罪人的谴责性；第二，刑事责任具有社会性与法律性；第三，刑事责任具有必然性与平等性；第四，刑事责任具有严厉性与专属性。

2. 参考答案 （1）定罪判刑，即法院对犯罪人认定有罪作出定罪判决的同时宣告适用相应的刑罚。

（2）定罪免刑，即法院对犯罪人认定有罪作出定罪判决而免除刑罚处罚。

（3）消灭处理，即行为人的行为已经构成犯罪，应当负刑事责任，但由于法律规定的阻却刑事责任事由的存在，使刑事责任归于消灭。这时国家不再追究行为人的刑事责任，行为人也不再负刑事责任。

（4）转移处理，即行为人的刑事责任不由我国司法机关解决，而通过外交途径解决。

第九章　刑罚概述

一、单项选择题

1. B 【解析】刑罚具有以下特征：（1）是以限制或剥夺犯罪人权益为内容的最严厉的法律制裁方法。（2）适用对象只能是犯罪人。（3）适用主体只能是国家审判机关。（4）刑罚的种类及适用标准必须以刑法明文规定为依据。（5）适用程序上必须依照刑事诉讼程序的规定。（6）以国家强制力作保障。刑罚的适用主体只能是国家审判机关，不包括国家检察机关，B 选项错误。ACD 选项表述正确。本题为选非题，故选 B。

2. A 【解析】刑罚报应观念是关于刑罚的根据即国家为什么要对犯人动用刑罚的见解之一。刑罚报应观念认为，刑罚是对犯罪的公平报应，在对犯罪科处刑罚的时候，不应当抱有防止犯罪等目的性的考虑。也就是说，即便没有防止犯罪的效果，也必须基于正义的要求而对犯罪人科处刑罚，而不得将对犯人科处刑罚作为"防止犯罪的手段"。这种考虑，通俗地说，就是"以牙还牙，以眼还眼"，科处刑罚就是因为行为人犯了罪，而再没有其他任何理由。因此 A 选项正确。

3. D 【解析】刑罚的目的是国家制定刑罚及对犯罪分子适用、执行刑罚所期望达到的结果。它集中体现着统治阶级制定刑罚、运用刑罚、执行刑罚的方针、政策和指导思想，决定着刑罚种类和体系的确立，是整个刑罚制度赖以建立的出发点和最终归宿。A 选项正确。所谓特殊预防，就是通过刑罚适用，预防犯罪人重新犯罪。预防犯罪人重新犯罪，主要是通过刑罚的适用与执行，把绝大多数犯罪人改造成为守法的公民。B 选项正确。所谓一般预防，就是通过对犯罪人适用刑罚，预防尚未犯罪的人实施犯罪。国家通过颁布刑法、适用刑罚，不仅直接惩罚了犯罪人，预防其重新犯罪，而且对社会上的不稳定分子也起到了警戒和抑制作用，使其不敢轻举妄动、以身试法。C 选项正确。在对犯罪分子判处刑罚时，既要考虑特殊预防的需要，又要考虑一般预防的需要，二者要并重。同时，根据罪责刑相适应原则，刑罚的轻重应当与犯罪分子所犯罪行和承担的刑事责任相适应。为了预防犯罪而一律从重处罚违反了罪责刑相适应原则。D 选项错误。本题为选非题，故选 D。

4. C 【解析】一般预防，就是通过对犯罪人适用刑罚，预防尚未犯罪的人实施犯罪，从而不敢以身试法、不敢犯罪。因此，刑罚一般预防的对象是可能实施犯罪的不稳定分子。C 项正确，A、B、D 项错误。

5. B 【解析】根据《最高人民法院关于适用财产刑若干问题的规定》第 2 条规定："人民法院应当根据犯罪情节，如违法所得数额、造成损失的大小等，并综合考虑犯罪分子缴纳罚金的能力，依法判处罚金。刑法没有明确规定罚金数额标准的，罚金的最低数额不能少于一千元。"在能否适用罚金这一问题上，必须以刑法的规定为准。当刑法对某一犯罪规定了必须判处罚金刑，不能因为犯罪分子的家庭经济困难就免除罚金刑。A 选项错误。没收财产是没收犯罪分子个人所有财产的一部分或者全部的刑罚方法。所谓犯罪分子个人所有财产，是指属于犯罪分子本人实际、现实所有的财产及与他人共有财产中依法应得的份额。本选项中，甲现实具有的财产只有 20 万元现金以及两套住房，在没收财产时只能没收以上财产的一部分或全部。因此法院判决没收甲 50 万元现金是错误的，甲没有这么多现金。B 选项正确。政治权利是宪法赋予中国公民的权利，外国国籍被告人并不享有。方某虽与周某结婚，但并未加入中国国籍，不符合适用剥夺政治权利的对象条件，对其不能附加剥夺政治权利终身。C 选项错误。根据《最高人民法院、最高人民检察院关于办理赌博刑事案件具体应用法律若干问题的解释》第 8 条，赌博犯罪中用作赌注的款物、换取筹码的款物和通过赌博赢取的款物属于赌资。赌资应当依法予以追缴。因此，甲身上的 12 万元都应被收缴。D 选项错误。综上，B 选项当选。

6. B 【解析】刑罚体系是刑法规定的按照一定次序排列的各种刑罚方法的总和。刑法体系中的刑罚方法必须是刑法所规定的，不包括学理上的方法。B 选项错误，本题选 B 选项。ACD 选项正确。

7. B　【解析】公安机关负责执行剥夺政治权利、拘役、驱逐出境；社区矫正机关执行管制；监狱负责执行有期徒刑、无期徒刑、死刑缓期 2 年执行；法院负责执行罚金、没收财产、死刑立即执行。本题选 B 选项。

8. C　【解析】拘役是短期剥夺犯罪分子的人身自由，由公安机关就近执行并实行劳动改造的刑罚方法。被判处拘役的犯罪分子在执行期间具有某些优于有期徒刑的待遇，主要表现在：在执行期间，被判处拘役的犯罪分子每月可以回家 1 天至 2 天；参加劳动的，可以酌量发给报酬。A 选项错误。管制的期限为 3 个月以上 2 年以下，数罪并罚时，管制的刑期最高不能超过 3 年。拘役的期限为 1 个月以上 6 个月以下，数罪并罚时，拘役的刑期最高不能超过 1 年。有期徒刑的期限为 6 个月以上 15 年以下，数罪并罚时，有期徒刑的刑期最高不能超过 25 年。B 选项错误。管制由社区矫正机构执行。拘役由公安机关就近执行。有期徒刑、无期徒刑、死刑缓期 2 年执行由监狱执行。死刑立即执行由法院执行。C 选项正确。被判处有期徒刑、无期徒刑的犯罪分子，在监狱或者其他执行场所执行；凡有劳动能力的，都应当参加劳动，接受教育和改造。这里要注意的是，有劳动能力的犯罪分子应当强制参加劳动改造，但对于没有劳动能力的犯罪分子则无须强制其劳动。D 选项错误。

9. B　【解析】《刑法》第 41 条规定："管制的刑期，从判决执行之日起计算；判决执行以前先行羁押的，羁押一日折抵刑期二日。"A 选项错误。《刑法》第 44 条规定："拘役的刑期，从判决执行之日起计算；判决执行以前先行羁押的，羁押一日折抵刑期一日。"B 选项正确。《刑法》第 47 条规定："有期徒刑的刑期，从判决执行之日起计算；判决执行以前先行羁押的，羁押一日折抵刑期一日。"C 选项错误。《刑法》第 51 条规定："死刑缓期执行的期间，从判决确定之日起计算。死刑缓期执行减为有期徒刑的刑期，从死刑缓期执行期满之日起计算。"D 选项错误。

10. C　【解析】管制是对罪犯不予关押，但限制其一定人身自由、依法实行社区矫正的刑罚方法。管制的特点是不将犯罪分子羁押于一定的设施或者场所内，因此管制并没有剥夺犯罪分子的人身自由，只是限制犯罪分子一定的人身自由，因此管制属于限制自由刑。A 选项错误。根据《刑法》第 39 条第 1 款的规定，被判处管制的犯罪分子，在执行期间，应当遵守以下规定：（1）遵守法律、行政法规，服从监督；（2）未经执行机关批准，不得行使言论、出版、集会、结社、游行、示威自由的权利；（3）按照执行机关规定报告自己的活动情况；（4）遵守执行机关关于会客的规定；（5）离开所居住的市、县或者迁居，应当报经执行机关批准。因此只要犯罪分子被依法判处管制，未经执行机关批准就不得行使言论、出版、集会、结社、游行、示威自由的权利。B 选项错误。这一点应当与缓刑、假释相区分。禁止令是人民法院对犯罪分子宣判管制、宣告缓刑的同时，判令禁止其从事特定活动，进入特定区域、场所，接触特定的人的命令。禁止令的期限，既可以与管制执行、缓刑考验的期限相同，也可以短于管制执行、缓刑考验的期限，但判处管制的，禁止令的期限不得少于 3 个月，宣告缓刑的，禁止令的期限不得少于 2 个月。判处管制的犯罪分子在判决执行以前先行羁押以致管制执行的期限少于 3 个月的，禁止令的期限不受前述规定的最短期限的限制。C 选项正确。《刑法修正案（八）》将刑法原来规定的管制由公安机关执行修改为对被判处管制的犯罪分子，依法实行社区矫正。因此，管制是由司法行政机关指导管理的社区矫正机构负责执行。D 选项错误。

11. C　【解析】禁止令是人民法院对犯罪分子宣判管制、宣告缓刑的同时，判令禁止其从事特定活动，进入特定区域、场所，接触特定的人的命令，不包括禁止从事特定职业，故本题选择 C 选项。

12. C 【解析】被判处管制的犯罪分子享有除限制之外的各项权利，未附加剥夺政治权利者仍然享有政治权利，在劳动中应当同工同酬等。是"应当"同工同酬，不是"可以"同工同酬。A 选项错误。禁止令是人民法院对犯罪分子宣判管制、宣告缓刑的同时，判令禁止其从事特定活动，进入特定区域、场所，接触特定的人的命令。禁止令适用于管制犯、缓刑犯，实质是对于刑罚尚未执行完毕，但又有一定人身自由的犯罪分子进行监督，而假释犯刑期已经执行完毕，属于提前释放，不适用禁止令。B 选项错误。禁止令的期限既可以与管制执行、缓刑考验的期限相同，也可以短于管制执行、缓刑考验的期限，但判处管制的，禁止令的期限不得少于 3 个月；宣告缓刑的，禁止令的期限不得少 2 个月。判处管制的犯罪分子在判决执行以前先行羁押以致管制执行的期限少于 3 个月的，禁止令的期限不受上述规定的最短期限的限制。C 选项正确。被判处拘役的犯罪分子，由公安机关就近执行。在执行期间，被判处拘役的犯罪分子每月可以回家 1 天至 2 天；参加劳动的，可以酌量发给报酬，而不是应当。D 选项错误。

13. C 【解析】本题考查禁止适用死刑的对象，对"审判时怀孕的妇女"禁止适用死刑的理解。"不适用死刑"，既包括不适用死刑立即执行，也包括不适用死刑缓期 2 年执行。C 选项错误，D 选项正确。"怀孕"包括审判期间怀孕的妇女，在此期间自然流产和人工流产的妇女亦属于此范畴。AB 选项正确。故本题答案为 C。

14. C 【解析】本题考查死刑缓期执行的变更。孙某在死刑缓期执行期间构成过失犯罪，而非故意犯罪。在死刑缓期执行期间，如果没有故意犯罪，2 年期满以后，死刑缓期执行减为无期徒刑。故本题选 C。

15. C 【解析】判处死刑立即执行的，除依法由最高人民法院判决的以外，都应当报请最高人民法院核准。A 选项错误。犯罪的时候不满 18 周岁的人和审判的时候怀孕的妇女，不适用死刑。不适用死刑，既包括不适用死刑立即执行，也包括不适用死刑缓期 2 年执行。B 选项错误。死刑只适用于罪行极其严重的犯罪分子。所谓罪行极其严重，是指犯罪行为对国家和人民的利益危害特别严重，社会危害性极为巨大。C 选项正确。罪犯由死刑缓期 2 年执行减为无期，属于死刑缓期执行的执行方式。根据《刑法》和《刑事诉讼法》的规定，死刑的执行方法包括判处死刑立即执行和判处死刑缓期 2 年执行。判处死刑立即执行的，采用枪决或者注射等方法执行；判处死刑缓期执行的，在死刑缓期执行期间，如果没有故意犯罪，2 年期满以后，减为无期徒刑；如果确有重大立功表现，2 年期满以后，减为 25 年有期徒刑；如果故意犯罪，情节恶劣的，报请最高人民法院核准后执行死刑。D 选项错误。

16. D 【解析】我国虽然没有废除死刑，但限制死刑的适用对象。犯罪的时候不满 18 周岁的人和审判的时候怀孕的妇女、审判的时候已满 75 周岁的人不适用死刑，但是审判的时候已满 75 周岁的人以特别残忍手段致人死亡的除外。因此是"审判时"怀孕的妇女不适用死刑，而不是"犯罪时"怀孕的妇女。A 选项错误。为了贯彻少杀、慎杀的政策，对于不适用死刑的对象，既不能判处死刑立即执行，也不能判处死刑缓期 2 年执行。B 选项错误。为了更好地控制死刑的数量，刑法规定，判处死刑立即执行的，除依法由最高人民法院判决的以外，都应当报请最高人民法院核准。注意死刑立即执行必须由最高人民法院核准，而不是高级人民法院。如果是死刑缓期 2 年执行则可以由高级人民法院核准。C

选项错误。注意《刑法修正案（九）》对《刑法》第 50 条第 1 款的重要改动：判处死刑缓期执行的，在死刑缓期执行期间，如果没有故意犯罪，2 年期满以后，减为无期徒刑；如果确有重大立功表现，2 年期满以后，减为 25 年有期徒刑；如果故意犯罪，情节恶劣的，报请最高人民法院核准后执行死刑；对于故意犯罪未执行死刑的，死刑缓期执行的期间重新计算，并报最高人民法院备案。D 选项正确。

17. D 【解析】"并处或者单处罚金"的意思是"一定"要科处罚金，故 A、B、C 选项不正确。即使被告人没有履行能力，也必须判处罚金。《最高人民法院关于适用财产刑若干问题的规定》第 1 条规定："刑法规定'并处'没收财产或者罚金的犯罪，人民法院在对犯罪分子判处主刑的同时，必须依法判处相应的财产刑；刑法规定'可以并处'没收财产或者罚金的犯罪，人民法院应当根据案件具体情况及犯罪分子的财产状况，决定是否适用财产刑。"第 2 条第 1 款规定："人民法院应当根据犯罪情节，如违法所得数额、造成损失的大小等，并综合考虑犯罪分子缴纳罚金的能力，依法判处罚金。刑法没有明确规定罚金数额标准的，罚金的最低数额不能少于一千元。"亦即，"缴纳罚金的能力"不是决定因素，只是考虑因素。C 选项中的宣判刑的主刑为拘役，即使是因犯罪情节较轻而"减轻"，在法定刑"3 年以下有期徒刑"以下判处主刑，也必须判决罚金。D 选项正确，可以不判处主刑，但必须单处罚金。

18. B 【解析】本题考查罚金与民事赔偿的执行顺序。罚金以及没收财产的刑罚，系刑事责任，在被告人财产不足以执行民事赔偿责任时，民事赔偿责任均应优于刑事责任。即被告人财产不足以同时承担民事赔偿责任和执行罚金时，应当优先承担民事赔偿责任，余下部分再缴纳罚金。罪犯暂时无力缴纳罚金的，可以待之后有缴纳能力时再缴纳。因民事赔偿与罚金性质不同，故二者不能充折。承担民事赔偿责任后，不能减免罚金。D 选项错误。法条依据参见《最高人民法院关于刑事裁判涉财产部分执行的若干规定》第 13 条第 1 款规定："被执行人在执行中同时承担刑事责任、民事责任，其财产不足以支付的，按照下列顺序执行：（一）人身损害赔偿中的医疗费用；（二）退赔被害人的损失；（三）其他民事债务；（四）罚金；（五）没收财产。"故本题答案为 B。

19. A 【解析】对于危害国家安全的犯罪分子，应当附加剥夺政治权利，但未必是终身，只有被判处无期徒刑、死刑才可剥夺政治权利终身。本题选 A。BCD 选项说法正确，不当选。

20. D 【解析】ABC 选项属于《刑法》第 64 条规定的违禁品、犯罪工具、违法所得的没收，即犯罪分子违法所得的一切财物，应当予以追缴或者责令退赔；对被害人的合法财产，应当及时返还；违禁品和供犯罪所用的本人财物，应当予以没收。没收的财物和罚金，一律上缴国库，不得挪用和自行处理。没收财产是将犯罪分子个人所有财产的部分或者全部强制无偿收归国有的刑罚方法，D 选项属于没收财产刑。本题选 D 选项。

21. A 【解析】犯罪分子同时被判处罚金和没收财产的，先执行罚金，后执行没收财产，体现人性关怀，避免执行没收财产刑后无力执行罚金刑。A 选项正确。没收财产，是指将犯罪分子个人所有财产的部分或全部强制无偿收归国有的刑罚方法。没收财产是没收犯罪分子个人所有财产的一部分或者全部，而不是一律没收犯罪分子全部的个人所有财产。B 选项错误。违禁品和供犯罪所用的本人财物，应当予以没收。赌资属于犯罪所用之物，应当予以没收，这里的"没收"是行政处罚的一种，而非没收财产刑。C 选项错误。承担民事赔偿的犯罪分子，又被判处罚金的，其财产先承担民事赔偿。在民事责任和刑事责任发生竞合时，为了保护被害人的合法权益，法律规定在犯罪分子财产不足时，实行"先民后刑"原则。D 选项错误。

22. D 【解析】驱逐出境，是指强迫犯罪的外国人离开中国国（边）境的刑罚方法，它是一种专门适用于犯罪的外国人的特殊的附加刑，AB 选项正确。既可以独立适用，又可以附加适用。C 选项正确。单独判处驱逐出境的，从判决生效之日起执行；附加判处驱逐出境的，从主刑执行完毕之日起执行。D 选项以偏概全，本题选 D 选项。

23. B 【解析】根据《刑法》第 37 条之一第 1 款，职业禁止适用的对象是"因利用职业便利实施犯罪，或者实施违背职业要求的特定义务的犯罪"。按照文理解释，职务便利是一种特殊的职业便利，故而"利用职业便利"实施犯罪，包括利用职务上的便利实施犯罪；利用职务上的便利实施犯罪的，一定都属于"利用职业便利"实施犯罪。A 选项错误。《刑法》第 37 条之一第 2 款规定："被禁止从事相关职业的人违反人民法院依照前款规定作出的决定的，由公安机关依法给予处罚；情节严重的，依照本法第三百一十三条的规定（拒不执行判决、裁定罪）定罪处罚。"B 选项正确。职业禁止的起算日期为"自刑罚执行完毕之日或者假释之日起"，其中的"刑罚执行完毕"是指主刑执行完毕，不包括附加刑。故 C 选项应在有期徒刑执行完毕后，就能执行职业禁止，不必等到有期徒刑与剥夺政治权利均执行完毕。C 选项错误。《刑法》第 37 条之一第 1 款规定职业禁止的"期限为三年至五年"，但第 3 款规定"其他法律、行政法规对其从事相关职业另有禁止或者限制性规定的，从其规定。"当其他法律、行政法规规定的职业禁止的期限不是 3 年至 5 年时，应当适用其他法律、行政法规的规定。例如，《证券法》第 221 条第 1、2 款规定"在一定期限内直至终身不得从事证券业务、证券服务业务"，此时职业禁止的期限就不再是 3 年至 5 年，情节严重者，职业禁止的期限可以是终身。D 选项错误，错在"均"字。

二、多项选择题

1. ABC 【解析】根据我国刑法规定，管制的刑期，从判决执行之日起计算；判决执行以前先行羁押的，羁押一日折抵刑期二日，故 A 选项正确。拘役的刑期，从判决执行之日起计算；判决执行以前先行羁押的，羁押一日折抵刑期一日，故 B 选项正确。有期徒刑的刑期，从判决执行之日起计算；判决执行以前先行羁押的，羁押一日折抵刑期一日，故 C 选项正确。无期徒刑没有刑期限制，判决执行以前先行羁押的也不存在折抵刑期的问题，故 D 选项错误。综上，答案为 ABC。

2. ABCD 【解析】对被判处死刑缓期执行的累犯以及因故意杀人、强奸、抢劫、绑架、放火、爆炸、投放危险物质或者有组织的暴力性犯罪被判处死刑缓期执行的犯罪分子，人民法院根据犯罪情节等情况可以同时决定对其限制减刑。故答案为 ABCD。

3. ABCD 【解析】判处死刑缓期执行的，在死刑缓期执行期间，如果没有故意犯罪，2 年期满以后，减为无期徒刑，故 A 选项正确。如果确有重大立功表现，2 年期满以后，减为 25 年有期徒刑，故 B 选项正确。如果故意犯罪，情节恶劣的，报请最高人民法院核准后执行死刑，故 C 选项正确。对于故意犯罪未执行死刑的，死刑缓期执行的期间重新计算，并报最高人民法院备案，故 D 选项正确。综上，答案为 ABCD。

4. ABCD 【解析】刑罚与其他法律制裁方法的区别，主要表现在：（1）适用对象不同。刑罚仅适用于犯罪人，即行为触犯刑法构成犯罪的人；而其他法律制裁方法适用于行为仅违反非刑事法律且尚未构成犯罪的人。（2）严厉程度不同。刑罚是一种最严厉的法律制裁方法，它包括对犯罪人的生命、自由、财产和资格的限制或剥夺；而其他法律制裁方法绝对排除对违法者生命的剥夺，一般也不会剥夺违法者的人身自由，即使涉及剥夺违法者的人身自由，其期限也较为短暂，性质和法律后果更有别于刑罚。（3）适用机关不同。刑罚只能由国家审判机关的刑事审判部门适用；而民事制裁、经济制裁和对妨害诉讼的强制措施，分别由国家审判机关的民事审判、经济审判等部门适用；行政制裁，只能由国家行政机关依法适用。（4）适用根据和适用程度不同。对犯罪人适用刑罚，必须以刑法为根据并依照刑事诉讼法规定的刑事诉讼程序进行；而对触犯非刑事法律的违法者适用民事制裁、经济制裁、行政制裁和对妨害诉讼的强制措施，分别以民法、经济法、行政法等实体法为根据，并依照民事诉讼法、行政诉讼法和行政程序法律规范所规定的程序进行。（5）法律后果不同。被适用刑罚的犯罪人如果重新犯罪，就有可能构成累犯，受到比初犯相对较为严厉的刑事处罚；而仅被适用其他法律制裁方法的违法者如果实施了犯罪，则不构成累犯，不会受到与累犯严厉程度相同的刑事处罚。因此本题 ABCD 四项都正确。

5. AD 【解析】被判处管制的犯罪分子，在执行期间，未经执行机关批准，不得行使言论、出版、集会、结社、游行、示威自由的权利。A 选项正确。被判处拘役的犯罪分子，由公安机关就近执行。B 选项错误。《刑法修正案（九）》规定犯贪污罪、受贿罪被判处死刑缓期执行的，人民法院根据犯罪情节等情况可以同时决定在其死刑缓期执行 2 年期满依法减为无期徒刑后，终身监禁，不得减刑、假释。C 选项错误。《刑法》第 60 条规定："没收财产以前犯罪分子所负的正当债务，需要以没收的财产偿还的，经债权人请求，应当偿还。"D 选项正确。

6. ABCD 【解析】刑罚的种类可根据两种方法加以区分：一是学理分类，即以刑罚所剥夺或者限制犯罪分子的权利和利益的性质为标准，将刑罚方法分为生命刑、自由刑、财产刑、资格刑四类；二是刑法中的分类，即以某种刑罚方法只能单独适用还是可以附加适用为标准，将刑罚分为主刑和附加刑。因此本题选 ABCD 选项。

7. BD 【解析】管制、拘役、有期徒刑、无期徒刑属于自由刑；死刑属于生命刑；罚金、没收财产属于财产刑；剥夺政治权利属于资格刑；驱逐出境是一种专门适用于犯罪的外国人的特殊附加刑，一般认为属于资格刑。故 BD 选项正确。

8. BCD 【解析】A 选项中，根据《刑法》第 38 条、第 69 条的规定，管制的期限，为 3 个月以上 2 年以下，数罪并罚最高不能超过 3 年。A 选项正确。B 选项中，《刑法》第 38 条第 3 款规定："对判处管制的犯罪分子，依法实行社区矫正。"因此，管制应当由社区矫正机构执行。B 选项错误，当选。C 选项中，《刑法》第 39 条第 2 款规定："对于被判处管制的犯罪分子，在劳动中应当同工同酬。"C 选项错误，当选。在劳动中可以"酌量发给报酬"的，是对判处拘役的犯罪分子的执行内容。D 选项中，《刑法》第 41 条规定："管制的刑期，从判决执行之日起计算；判决执行以前先行羁押的，羁押一日折抵刑期二日。"D 选项错误，当选。

9. ACD 【解析】本题考查禁止令的适用。禁止令的适用对象（两种人）：被判处管制的犯罪分子；被宣告缓刑的犯罪分子。禁止令的内容（三类禁止）：禁止从事特定活动，禁止进入特定区域、场所，禁止接触特定的人。具体规定参见最高人民法院、最高人民检察院、公安部、司法部《关于对判处管制、宣告缓刑的犯罪分子适用禁止令有关问题的规定（试行）》（以下简称"关于适用禁止令的规定"）。

A 选项，禁止令适用的对象只包括被判处管制、被宣告缓刑的犯罪分子，不包括被裁定假释的犯罪分子。

B 选项，根据"关于适用禁止令的规定"第 3 条第 4 项，附带民事赔偿义务未履行完毕，违法所得未追缴、退赔到位，或者罚金尚未足额缴纳的，禁止从事高消费活动。

禁止令禁止的内容不能严重影响一般的日常生活，C 选项"法院可同时宣告禁止其进入公共厕所"会严重影响犯罪分子一般的日常生活，故 C 选项错误。禁止令的期限，从管制、缓刑执行之日起算，不是"执行完毕"之日，D 选项错误。

10. AC **【解析】**《刑法》第 49 条第 2 款规定："审判的时候已满七十五周岁的人，不适用死刑，但以特别残忍手段致人死亡的除外。"本题中，郭某用碎尸的方式杀人，属于以特别残忍的手段致人死亡的情形，可以适用死刑，A 选项正确，B 选项错误。《刑法》第 17 条之一规定："已满七十五周岁的人故意犯罪的，可以从轻或者减轻处罚；过失犯罪的，应当从轻或者减轻处罚。"甲是故意犯罪，已满七十五周岁，可以从轻或者减轻处罚，C 选项正确，D 选项错误。故本题选择 AC 选项。

11. ABD **【解析】**我国《刑法》将刑罚分为主刑和附加刑两大类。主刑有管制、拘役、有期徒刑、无期徒刑、死刑五种；附加刑有罚金、剥夺政治权利、没收财产以及驱逐出境。以刑罚所剥夺或者限制犯罪分子的权利和利益的性质为标准，将刑罚方法分为生命刑、自由刑、财产刑、资格刑四类。死刑属于生命刑，管制、拘役、有期徒刑、无期徒刑属于自由刑，罚金和没收财产属于财产刑，剥夺政治权利、驱逐出境属于资格刑。AB 选项说法正确。应当附加剥夺政治权利有两种情形：（1）危害国家安全的犯罪分子；（2）被判处死刑、无期徒刑的犯罪分子。累犯不属于应当附加剥夺政治权利的情形，因此 C 选项错误。没收财产是没收犯罪分子个人所有财产的部分或者全部。当没收犯罪分子的全部财产时，基于人道主义和维护社会稳定的要求，应当为犯罪分子个人及其扶养的家属保留必需的生活费用。D 选项正确。

12. ABCD **【解析】**罚金是人民法院判处犯罪分子或者犯罪的单位向国家缴纳一定金钱的刑罚方法，属于财产刑。我国刑法分则规定的罚金的适用方式有选处罚金、单处罚金、并处罚金、并处或者单处罚金。罚金的执行方式主要有一次缴纳、分期缴纳、强制缴纳、随时追缴、减免缴纳。因此 ABCD 选项均正确。

13. BCD **【解析】**以某种刑罚方法只能单独适用还是可以附加适用为标准，刑罚可以分为主刑和附加刑。主刑包括管制、拘役、有期徒刑、无期徒刑和死刑；附加刑包括罚金、剥夺政治权利和没收财产。此外，《刑法》第 35 条还规定，对于犯罪的外国人可以独立适用或附加适用驱逐出境。据此，驱逐出境也是一种附加刑。因此本题应选 BCD 选项。

14. AB **【解析】**剥夺政治权利，是指剥夺犯罪分子参加国家管理与政治活动权利的刑罚方法。剥夺政治权利，是指剥夺以下权利：（1）选举权和被选举权；（2）言论、出版、集会、结社、游行、示威自由的权利；（3）担任国家机关职务的权利；（4）担任国有公司、企业、事业单位和人民团体领导职务的权利。AB 选项正确，C 选项错误。剥夺政治权利剥夺的是担任国家机关职务的权利和担任国有公司、企业、事业单位、人民团体领导职务的权利。剥夺政治权利由公安机关执行。D 选项错误。

15. ABC **【解析】**没收财产是指将犯罪分子个人所有财产的部分或全部强制无偿收归国有的刑罚方法。它的适用形式有三种：（1）并处没收财产；（2）可以并处没收财产；（3）并处罚金或者没收财产。故答案为 ABC 选项。

16. **ABC** 【解析】剥夺政治权利的期限有以下四种情况：（1） 独立适用剥夺政治权利或者主刑是有期徒刑、拘役附加剥夺政治权利的，期限为 1 年以上 5 年以下；（2） 判处管制附加剥夺政治权利的，期限与管制的期限相等；（3） 判处死刑、无期徒刑的，应当剥夺政治权利终身；（4） 死刑缓期执行减为有期徒刑或者无期徒刑减为有期徒刑的，应当把附加剥夺政治权利的期限改为 3 年以上 10 年以下。因此，死刑缓期执行减为有期徒刑或者无期徒刑减为有期徒刑的，应当把附加剥夺政治权利的期限相应地改为 3 年以上 10 年以下，而不是 1 年以上 5 年以下。D 选项错误。ABC 选项正确，本题选 ABC 选项。

17. **AC** 【解析】剥夺政治权利刑期的计算，随主刑的不同而有以下几种情况：（1） 判处管制附加剥夺政治权利的，剥夺政治权利的刑期与管制的刑期相等，同时起算；（2） 判处拘役附加剥夺政治权利的，剥夺政治权利的刑期从拘役执行完毕之日起计算；（3） 判处有期徒刑附加剥夺政治权利的，剥夺政治权利的刑期从有期徒刑执行完毕之日或者从假释之日起计算；（4） 死刑缓期执行减为有期徒刑或者无期徒刑减为有期徒刑时，附加的剥夺政治权利终身减为 3 年以上 10 年以下，该剥夺政治权利的刑期，应从减刑以后的有期徒刑执行完毕之日或者从假释之日起计算，在主刑执行期间，当然不享有政治权利。对于被判处无期徒刑的犯罪分子，应当附加剥夺政治权利终身，在未减刑的情况下，没有计算剥夺政治权利的刑期的问题。AC 选项正确。

18. **BD** 【解析】非刑罚处理方法，是指人民法院对犯罪分子适用的刑罚以外的处理方法，包括判处赔偿经济损失、责令赔偿经济损失、训诫、责令具结悔过、责令赔礼道歉、给予行政处罚或者行政处分、从业禁止等。适用对象是犯罪分子，A 选项错误，BD 选项正确。根据《刑法》第 37 条之一的规定，从业禁止的期限是 3 年至 5 年（考生可补充记忆），C 选项错误。故本题选择 BD 选项。

三、简答题

1. **参考答案** （1） 适用对象不同。刑罚仅适用于犯罪人，即行为触犯刑律构成犯罪的人；而其他法律制裁方法适用于行为仅违反非刑事法律且尚未构成犯罪的人。（2） 严厉程度不同。刑罚是一种最严厉的法律制裁方法，它包括对犯罪人的生命、自由、财产和资格的限制或剥夺；而其他法律制裁方法绝对排除对违法者生命的剥夺，一般也不会剥夺违法者的人身自由，即使涉及剥夺违法者的人身自由，其期限也较为短暂，性质和法律后果更有别于刑罚。（3） 适用机关不同。刑罚只能由国家审判机关的刑事审判部门适用；而民事制裁、经济制裁和对妨害诉讼的强制措施，分别由国家审判机关的民事审判、经济审判等部门适用；行政制裁，只能由国家行政机关依法适用。（4） 适用根据和适用程序不同。对犯罪人适用刑罚，必须以刑法为根据并依照刑事诉讼法规定的刑事诉讼程序进行；而对触犯非刑事法律的违法者适用民事制裁、经济制裁、行政制裁和对妨害诉讼的强制措施，分别以民法、经济法、行政法等实体法为根据，并依照民事诉讼法、行政诉讼法和行政程序法律规范所规定的程序进行。（5）法律后果不同。被适用刑罚的犯罪人如果重新犯罪，就有可能构成累犯，受到比初犯相对较为严厉的刑事处罚；而仅被适用其他法律制裁方法的违法者如果实施了犯罪，则不构成累犯，不会受到与累犯严厉程度相同的刑事处罚。

2. **参考答案** （1） 遵守法律、行政法规、接受监督；（2） 未经执行机关批准，不得行使言论、出版、集会、结社、游行、示威自由的权利；（3） 按照执行机关的规定定期报告自己的活动情况；（4）遵守执行机关关于会客的规定；（5）离开所居住的市、县或者迁居，应当报请执行机关批准；（6）遵守人民法院的禁止犯罪分子在执行期间从事特定活动，进入特定区域、场所，接触特定人的禁止令。

第十章 量刑

一、单项选择题

1. A 【解析】量刑具有以下特征：（1）主体是人民法院；（2）内容是对犯罪人确定刑罚；（3）性质是一种刑事司法活动。法定情节，是指刑法明文规定的在量刑时应当予以考虑的情节。从功能上看，法定情节包括从重、从轻、减轻和免除处罚的情节。因此 BCD 选项正确，本题为选非题，故不当选。量刑，又称刑罚裁量，是指人民法院依据刑事法律，在认定行为人构成犯罪的基础上，确定对犯罪人是否判处刑罚、判处何种刑罚以及判处多重的刑罚，并决定所判刑罚是否立即执行的刑事司法活动。A 选项错误，故当选。

2. A 【解析】从重处罚，是指在法定刑幅度内选择判处比没有该情节的类似犯罪相对较重的刑种或刑期。根据《刑法》第 236 条、238 条、243 条的规定，BCD 选项表述正确。根据《刑法》第 263 条的规定，持枪抢劫属于抢劫罪的加重处罚情节，也即升格法定刑，不属于从重处罚情节，A 选项表述错误。本题为选非题，故选 A。

3. B 【解析】《刑法》第 62 条规定："犯罪分子具有本法规定的从重处罚、从轻处罚情节的，应当在法定刑的限度以内判处刑罚。"因此，从轻处罚不允许在法定最低刑之下判处刑罚。A 选项错误。《刑法》第 63 条第 1 款规定："犯罪分子具有本法规定的减轻处罚情节的，应当在法定刑以下判处刑罚；本法规定有数个量刑幅度的，应当在法定量刑幅度的下一个量刑幅度内判处刑罚。"减轻处罚，既包括刑种的减轻，也包括刑期的减轻。B 选项正确。除遵守减轻处罚情节的基本适用规则以外，人民法院对犯罪分子适用酌定减轻处罚，还必须符合下列条件：（1）犯罪分子不具有法定减轻处罚情节。如果犯罪分子具有法定减轻处罚情节，则不能适用《刑法》第 63 条第 2 款的规定。（2）案件具有特殊情况。至于何谓特殊情况，有待必要的司法解释予以明确。（3）经最高人民法院核准。各级人民法院适用《刑法》第 63 条第 2 款规定所作的酌定减轻处罚的判决，只有逐级报最高人民法院核准后，才能发生法律效力。所以，各级人民法院不可以直接对犯罪分子适用酌定减轻处罚。C 选项错误。减轻处罚不能判处法定最低刑，只能在法定最低刑之下判处刑罚，否则将同从轻处罚相混淆；减轻处罚也不能减轻到免除处罚的程度，否则将同免除处罚相混淆。D 选项错误。

4. C 【解析】一般累犯的成立条件是：（1）犯罪发生时犯罪人已满 18 周岁，构成累犯者应当是前罪和后罪发生时犯罪人均已满 18 周岁，如果犯罪人前罪发生时不满 18 周岁，后罪发生时已满 18 周岁的，也不宜认定为累犯。（2）前罪与后罪都是故意犯罪。（3）前罪被判处有期徒刑以上刑罚，后罪应当被判处有期徒刑以上刑罚。（4）后罪发生在前罪的刑罚执行完毕或者赦免后 5 年之内。甲第一个犯罪是交通肇事罪，属于过失犯罪，不符合一般累犯的成立条件。A 选项错误。特别累犯的成立条件是：（1）前罪与后罪为危害国家安全犯罪、恐怖活动犯罪、黑社会性质的组织犯罪的任一类犯罪。（2）前罪被判处的刑罚和后罪应判处的刑罚的种类及其轻重不受限制。（3）因危害国家安全犯罪、恐怖活动犯罪、黑社会性质的组织犯罪的任一类犯罪被判处刑罚，在刑罚执行完毕或者赦免以后的任何时候，再犯危害国家安全罪、恐怖活动犯罪、黑社会性质的组织犯罪的任一类犯罪。本题中，甲的第一个犯罪是交通肇事罪，不属于危害国家安全犯罪、恐怖活动犯罪、黑社会性质的组织犯罪的任何一类，不成立特别累犯。B选项错误。一般意义上的再犯，是指再次犯罪的人，即两次或者两次以上实施犯罪的人。甲犯过交通肇事罪，又犯参加黑社会性质的组织罪和贩卖毒品罪，成立一般意义上的再犯。C选项正确。毒品犯罪的再犯，是指因走私、贩卖、运输、制造、非法持有毒品罪被判过刑，又犯毒品犯罪的，从重处罚。甲的第一个罪是交通肇事罪，不是走私、贩卖、运输、制造、非法持有毒品罪，因此不能构成毒品犯罪的再犯。D选项错误。

5. D 【解析】《刑法》第65条第1款规定："被判处有期徒刑以上刑罚的犯罪分子，刑罚执行完毕或者赦免以后，在5年以内再犯应当判处有期徒刑以上刑罚之罪的，是累犯，应当从重处罚，但是过失犯罪和不满18周岁的人犯罪的除外。"因此只要构成累犯，必须从重处罚，没有不从重处罚的余地。A选项错误。从重处罚，是指在法定刑幅度内选择判处比没有该情节的类似犯罪相对较重的刑种或刑期。从重处罚必须在法定刑幅度内，而不能在法定刑以上判处刑罚，否则将违反罪刑法定原则。B选项错误。对于累犯应当比照不构成累犯的初犯或其他犯罪人从重处罚。对于累犯应从重处罚，必须根据其所实施的犯罪行为的性质、情节和社会危害程度，确定具体应判处的刑罚，切忌毫无事实根据地对累犯一律判处法定最高刑的做法。C选项错误。对于累犯必须从重处罚。无论具备一般累犯的构成条件，还是具备特别累犯的构成条件，都必须对其在法定刑的限度以内，判处相对较重的刑罚即适用较重的刑种或较长的刑期。D选项正确。

6. A 【解析】所谓特别累犯，是指因犯危害国家安全犯罪、恐怖活动犯罪、黑社会性质的组织犯罪的犯罪分子受过刑罚处罚，刑罚执行完毕或者赦免以后，在任何时候再犯上述任一类罪的犯罪分子。甲构成特别累犯，应当从重处罚，不得缓刑，不得假释。A选项正确，CD选项错误。只有外国人犯罪，才可以单独或者附加适用驱逐出境。B选项错误。

7. A 【解析】一般累犯是指被判处有期徒刑以上刑罚并在刑罚执行完毕或赦免以后，5年内再犯应当判处有期徒刑以上刑罚之罪的犯罪分子。特别累犯是指因犯危害国家安全犯罪、恐怖活动犯罪、黑社会性质的组织犯罪的犯罪分子受过刑罚处罚，刑罚执行完毕或者赦免以后，在任何时候再犯上述任一类罪的犯罪分子。B选项属于一般累犯，D选项属于特别累犯。假释期满视为刑罚执行完毕，在五年以内再故意犯被判处有期徒刑以上刑罚的罪，构成累犯，因此C选项属于一般累犯。被宣告缓刑的犯罪分子，在缓刑考验期内，依法实行社区矫正，如果没有《刑法》第77条规定的情形，缓刑考验期满，原判的刑罚就不再执行，并公开予以宣告。即对于缓刑考验期满的犯罪分子而言，相当于刑罚从未执行，因此不符合一般累犯的构成条件，甲所犯的罪并非危害国家安全犯罪、恐怖活动犯罪、黑社会性质的组织犯罪中的罪，因此也不符合特别累犯的构成要件，因此甲不构成累犯，A选项当选。

8. A 【解析】一般自首是指犯罪分子犯罪以后自动投案，如实供述自己罪行的行为。犯罪嫌疑人自动投案并如实供述自己的罪行后又翻供的，不能认定为自首，但在一审判决前又能如实供述的，应当认定为自首。本题中，甲受贿后自动投案并如实供述自己的罪行，本应认定为一般自首，但是其后又翻供，不能认定为自首。最后在一审判决前又如实供述自己的罪行，因此应当认定为一般自首。A 选项正确。特别自首是指被采取强制措施的犯罪嫌疑人、被告人和正在服刑的罪犯，如实供述司法机关还未掌握的本人其他罪行的行为。B 选项错误。坦白是指犯罪分子被动归案之后，如实供述自己罪行，并接受国家司法机关审查和裁判的行为。C 选项错误。立功是指犯罪分子揭发他人犯罪行为，查证属实，或者提供重要线索，从而得以侦破其他案件等行为。D 选项错误。

9. B 【解析】有关部门、司法机关在其身上、随身携带的物品、驾乘的交通工具等处发现与犯罪有关的物品的，不能认定为自动投案，所以张某交代犯罪事实的行为不属于自首，而是坦白。B 选项正确。

10. A 【解析】本题中刘某已满 14 周岁不满 16 周岁，其对于重伤他人的行为，构成故意伤害致人重伤罪，即使是 15 周岁，也要负刑事责任。C 选项错误。刘某已答应第二天早上和姨父一起去自首，其并未逃走，因此仍应认定为自首。A 选项正确，B 选项错误。对于未成年人犯罪是应当从轻或减轻处罚，不是可以。D 选项错误。

11. B 【解析】甲是被逮捕后，如实供述了诈骗罪行，是坦白，不是自首，A 选项错误。甲具有坦白情节，对其可以从轻处罚，B 选项正确。甲向公安机关提供强奸杀人案的重要线索，成立重大立功，C 选项错误。根据刑法的规定，具有重大立功情节的，可以减轻或免除处罚，D 选项错误。

12. B 【解析】甲不是出于自愿去投案，而是被亲友捆绑送至司法机关，没有自动性，不能评价为自动投案。A 选项错误。经查实犯罪嫌疑人确已准备去投案，或者正在投案途中，被公安机关捕获的，应当视为自动投案，乙成立自首。B 选项正确。取保候审属于刑事强制措施，丙不属于自动投案。C 选项错误。如果犯罪分子仅仅是因形迹可疑，被有关机关盘问、教育后，主动交代自己罪行，视为自动投案，成立自首。但是如果有关机关发现犯罪分子的犯罪工具后，证明有关机关已经有了十足的犯罪证据，此时犯罪分子即使如实供述自己的罪行，也不再属于自动投案，不成立自首。D 选项错误。

13. D 【解析】贪污贿赂、渎职等职务犯罪的犯罪分子，如果没有自动投案，在办案机关调查谈话、讯问、采取调查措施或者强制措施期间，如实交代办案机关掌握的线索所针对的事实的，不能认定为自首。但是上述人员虽然没有自动投案，但具有以下情形之一的，应认定为自首：（1）犯罪分子如实交代办案机关未掌握的罪行，与办案机关已掌握的罪行属不同种罪行的；（2）办案机关所掌握线索针对的犯罪事实不成立，在此范围外犯罪分子交代同种罪行的。A 选项错误。就胁从犯而言，所应供述的罪行的范围，包括自己在被胁迫情况下实施的犯罪，以及所知道的胁迫自己犯罪的胁迫人所实施的犯罪行为。单独供述自己在被胁迫状态下所犯的罪不能成立自首。B 选项错误。犯罪嫌疑人自动投案并如实供述自己的罪行后又翻供的，不能认定为自首，但在一审判决前又能如实供述的，应当认定为自首。犯罪分子在二审判决前才翻供的，不能认定为自首。C 选项错误。单位犯罪案件中，单位集体决定或者单位负责人决定而自动投案，如实交代单位犯罪事实的，或者单位直接负责的主管人员自动投案，如实交代单位犯罪事实的，应当认定为单位自首。单位自首的，直接负责的主管人员和直接责任人员未自动投案，但如实交代自己知道的犯罪事实的，可以视为自首；拒不交代自己知道的犯罪事实或者逃避法律追究的，不应当认定为自首。单位没有自首，直接责任人员自动投案并如实交代自己知道的犯罪事实的，对该直接责任人员应当认定为自首。D 选项正确。

14. B 【解析】我国《刑法》第 68 条规定："犯罪分子有重大立功表现的，可以减轻或免除处罚。"B 选项表述错误当选，ACD 选项说法正确，不当选。

15. C 【解析】《刑法》第 24 条第 2 款规定："对于中止犯，没有造成损害的，应当免除处罚；造成损害的，应当减轻处罚。"因此 C 选项正确。《刑法》第 19 条规定："又聋又哑的人或者盲人犯罪，可以从轻、减轻或者免除处罚。"AB 选项错误。《刑法》第 68 条规定："犯罪分子有揭发他人犯罪行为，查证属实的，或者提供重要线索，从而得以侦破其他案件等立功表现的，可以从轻或者减轻处罚；有重大立功表现的，可以减轻或者免除处罚。"D 选项错误。因此本题选 C 选项。

16. B 【解析】根据《刑法》第 69 条第 3 款，数罪中有判处附加刑的，附加刑仍须执行，其中附加刑种类相同的，合并执行，种类不同的，分别执行。没收财产和罚金属于种类不同的附加刑，应当分别执行。A 选项错误。根据《刑法》第 69 条第 2 款："数罪中有判处有期徒刑和拘役的，执行有期徒刑。数罪中有判处有期徒刑和管制，或者拘役和管制的，有期徒刑、拘役执行完毕后，管制仍须执行。"乙犯两罪分别被判处管制和有期徒刑的，有期徒刑执行完毕后，管制仍须执行。B 选项正确。丙犯两罪分别被判处有期徒刑和拘役，执行有期徒刑。C 选项错误。判决宣告的数个主刑均为有期徒刑的，应当在总和刑期以下、数刑中最高刑期以上，酌情决定执行的刑期；有期徒刑总和刑期不满 35 年的，最高不能超过 20 年，总和刑期在 35 年以上的，最高不能超过 25 年。丁所犯两罪的有期徒刑，总和刑期不满 35 年，最终确定的刑期最高不能超过 20 年，因此应当在 15 年以上20 年以下，确定刑罚。D 选项错误。

17. D 【解析】只要犯罪分子是在缓刑考验期限内违反了缓刑条件，又犯新罪，不论所犯新罪是在缓刑考验期限内发现，还是在缓刑考验期满后发现，只要没有超过刑法规定的追诉时效期限，都应当撤销缓刑，将前后两罪合并处罚。D 选项正确。A 选项错误。宣告缓刑说明所判刑罚并未实际执行，因此不会构成累犯，B 选项错误。甲在缓刑考验期内又犯新罪，应当撤销缓刑，因前罪并未实际执行，不存在"先减"还是"后减"的问题，故 C 选项错误。

18. D 【解析】按照《刑法》第 69 条的规定，我国确立了以限制加重原则为主、以吸收原则和并科原则为补充的折中原则。因此本题选 D 选项。

19. B 【解析】《刑法》第 69 条第 2 款规定："数罪中有判处有期徒刑和拘役的，执行有期徒刑。数罪中有判处有期徒刑和管制，或者拘役和管制的，有期徒刑、拘役执行完毕后，管制仍须执行。"因此，对于判处有期徒刑和管制的，应当采用并科原则，在有期徒刑执行完毕后，执行管制。B 选项正确。

20. D 【解析】判决宣告以后，刑罚执行完毕以前，发现被判刑的犯罪分子在判决宣告以前还有其他罪没有判决的，应当对新发现的罪作出判决，把前后两个判决所判决的刑罚，依照《刑法》第 69 条的规定，根据"先并后减"的规则，决定执行的刑罚。已经执行的刑期，应当计算在新判决决定的刑期以内。本题就是刑罚执行过程中发现漏罪的情况。根据题干，两罪"先并"决定执行的刑罚是 13 年，然后减去已经执行的 4 年，还需要继续执行 9 年。因此本题选 D 选项。

21. D 【解析】我国刑法所规定的缓刑，属于刑罚暂缓执行，即对原判刑罚附条件不执行的一种刑罚制度。若犯罪分子在考验期内没有发生法定撤销缓刑的情形，原判刑罚就不再执行。注意需要与假释相区别，假释是考验期限届满，没有发生法定事由视为刑罚执行完毕的制度。A 选项错误。缓刑是一种对原判刑罚附条件不执行的刑罚制度，因此如没有发生法定情形就不会执行判决确定的刑罚，就没有判决执行之日。因此，《刑法》第73条第3款规定："缓刑考验期限，从判决确定之日起计算。"B选项错误。人民法院根据犯罪的具体情况，在宣告缓刑时可以同时禁止犯罪分子在缓刑考验期限内从事特定活动，进入特定区域、场所，接触特定的人。禁止令必须与人民法院宣告缓刑的判决同时作出，而缓刑的考察机关是社区矫正机构。社区矫正机构无权作出禁止令。C选项错误。根据《刑法》第77条规定，被宣告缓刑的犯罪分子，在缓刑考验期限内犯新罪或者发现判决宣告以前还有其他罪没有判决的，应当撤销缓刑，对新犯的罪或者新发现的罪作出判决，把前罪和后罪所判处的刑罚，依照本法第69条的规定，决定执行的刑罚。被宣告缓刑的犯罪分子，在缓刑考验期限内，违反法律、行政法规或者国务院有关部门关于缓刑的监督管理规定，或者违反人民法院判决中的禁止令，情节严重的，应当撤销缓刑，执行原判刑罚。因此，只要在缓刑考验期限内，违反法律法规或禁止令且情节严重，或者又犯新罪的，即使考验期满，仍应撤销缓刑，执行原判刑罚。但是，如果是漏罪，只有在缓刑考验期内发现，才能撤销缓刑，执行原判刑罚。D选项正确。

22. B 【解析】数罪中有判处附加刑的，附加刑仍须执行，A选项适用并科原则。判决宣告的数个主刑中有数个无期徒刑或最高刑为无期徒刑的，适用吸收原则，只执行一个无期徒刑，B选项当选。数罪中有判处有期徒刑和管制，有期徒刑执行完毕后，管制仍须执行，C选项适用并科原则。有期徒刑、拘役、管制三种有期自由刑，数个同种刑罚适用限制加重原则，D选项适用限制加重原则。因此本题选B选项。

23. D 【解析】甲的总和刑期为39年，所以应在15年以上25年以下决定有期徒刑。数罪中有判处有期徒刑和管制，或者拘役和管制的，有期徒刑、拘役执行完毕后，管制仍须执行。附加刑种类相同的合并执行（剥夺政治权利5年+3年），种类不同的分别执行（没收财产5万元、罚金20万元）。D选项正确。

24. B 【解析】我国刑法所规定的缓刑，属于刑罚暂缓执行，即对原判刑罚附条件不执行的一种刑罚制度。缓刑的禁止条件是对于累犯和犯罪集团的首要分子不适用缓刑，其他任何犯罪只要符合缓刑的适用条件均可以宣告缓刑，危害国家安全犯罪也不例外。本题选B选项，ACD选项说法正确，不当选。

25. B 【解析】被宣告缓刑的犯罪军人，允许其戴罪立功，确有立功表现时，可以撤销原判刑罚，不以犯罪论处，如有《刑法》第77条规定的应予撤销缓刑的情形，则撤销缓刑并做出相应的处理。A选项正确。适用战时缓刑的基本根据，是在战争条件下宣告缓刑没有现实危险。这是战时缓刑最关键的适用条件。在战时，即使是被判处3年以下有期徒刑的犯罪军人，若适用缓刑具有现实危险，也不能宣告缓刑。B选项错误。缓刑的效力不及于附加刑，即被宣告缓刑的犯罪分子，如果被判处附加刑的，附加刑仍须执行。因而，无论缓刑是否撤销，所判处的附加刑均须执行。C选项正确。根据《刑法》第76条的规定，对宣告缓刑的犯罪分子，在缓刑考验期限内依法实行社区矫正。D选项正确。本题为选非题，因此B选项当选。

二、多项选择题

1. ABC 【解析】除遵守减轻处罚情节的基本适用规则以外，对犯罪分子适用酌定减轻处罚，还必须符合下列条件：（1）犯罪分子不具有法定减轻处罚情节。如果犯罪分子具有法定减轻处罚情节，则不能适用《刑法》第 63 条第 2 款的规定。（2） 案件具有特殊情况。至于何为特殊情况，有待必要的司法解释予以明确。（3） 经最高人民法院核准。各级法院适用《刑法》第 63 条第 2 款规定所作的酌定减轻处罚的判决，只有逐级报最高人民法院核准后，才能发生法律效力。故答案为 ABC。

2. ACD　【解析】酌定量刑情节主要包括以下几种：（1） 犯罪的动机；（2） 犯罪的手段；（3） 犯罪的时间、地点；（4） 犯罪侵害的对象；（5） 犯罪造成的损害结果；（6） 犯罪分子的一贯表现；（7） 犯罪后的态度。犯罪分子的年龄在量刑时是否应当予以考虑，刑法已有明确规定，故应为法定量刑情节，故 B 选项错误。综上，答案为 ACD。

3. ACD　【解析】战时缓刑，是指在战时对军人适用的一种特殊缓刑制度。根据我国《刑法》第 449 条的规定，适用战时缓刑应当遵守以下条件：（1） 适用的时间必须是在战时。所谓战时，是指国家宣布进入战争状态、部队受领作战任务或者遭敌突然袭击时。部队执行戒严任务或者处置突发性暴力事件时，以战时论。故 A 选项正确。（2） 适用的对象只能是被判处 3 年以下有期徒刑（依立法精神应含被判处拘役）的犯罪军人。不是犯罪的军人，或者虽是犯罪的军人，但被判处的刑罚为 3 年以上有期徒刑，均不能适用战时缓刑。故 B 选项错误。（3） 适用战时缓刑的基本根据，是在战争条件下宣告缓刑没有现实危险。这是战时缓刑最关键的适用条件。即使是被判处 3 年以下有期徒刑的犯罪军人，若适用缓刑具有现实危险，也不能宣告缓刑。故 C 选项正确。被宣告缓刑的犯罪军人，允许其戴罪立功，确有立功表现时，可以撤销原判刑罚，不以犯罪论处。故 D 选项正确。综上，答案为 ACD。

4. CD　【解析】从重处罚，是指在法定刑幅度内选择判处比没有该情节的类似犯罪相对较重的刑种或刑期。从重处罚，不允许在法定最高刑之上判处刑罚，B 选项错误。刑法学界有人所主张的中间线论，不符合刑法所确定的适用规则，A 选项错误。CD 选项正确。

5. ABC　【解析】《刑法》第 29 条第 1 款规定：“如果被教唆的人没有犯被教唆的罪，对于教唆犯，可以从轻或者减轻处罚。”C 选项正确。《刑法》第 27 条第 2 款规定：“对于从犯，应当从轻、减轻处罚或者免除处罚。”D 选项错误。《刑法》第 67 条第 1 款规定：“犯罪以后自动投案，如实供述自己的罪行的，是自首。对于自首的犯罪分子，可以从轻或者减轻处罚。其中，犯罪较轻的，可以免除处罚。”A 选项正确。《刑法》第 68 条规定：“犯罪分子有揭发他人犯罪行为，查证属实的，或者提供重要线索，从而得以侦破其他案件等立功表现的，可以从轻或者减轻处罚；有重大立功表现的，可以减轻或者免除处罚。”B 选项正确。因此本题选 ABC 选项。

6. ABD　【解析】根据我国《刑法》第 37 条的规定，免除处罚，是对犯罪分子作有罪宣告，但免除其刑罚处罚。适用免除处罚的情节，除应当明确各种总则性和分则性免除处罚情节的具体内容外，必须把握三个基本条件：（1） 行为人的行为已经构成犯罪。（2） 行为人所构成的犯罪情节轻微。（3） 因犯罪情节轻微而不需要判处刑罚。只有符合这三项条件者，才能对其免除处罚，否则，不能适用免除处罚。所以，ABD 项正确。

7. AB　【解析】量刑，又称刑罚裁量，是指人民法院依据刑事法律，在认定行为人构成犯罪的基础上，确定对犯罪人是否判处刑罚、判处何种刑罚以及判处多重的刑罚，并决定所判刑罚是否立即执行的刑事司法活动。量刑制度包括累犯、自首、立功、数罪并罚、缓刑。AB 选项正确。CD 选项是刑罚执行制度，而不是量刑制度。

8. CD　【解析】量刑的原则包括以犯罪事实为根据的量刑原则和以法律为准绳的量

刑原则，不包括 CD 选项。"上诉不加刑"是刑事诉讼法（程序法）中的上诉原则，因此 C 选项不属于刑法（实体法）中的量刑原则，故 C 选项当选；"罪责刑相适应"是刑法的基本原则之一，并非量刑的基本原则，故 D 选项当选。

9. ABCD 　【解析】犯罪事实既包括属于犯罪构成要件的基本事实，也包括犯罪构成要件以外的影响犯罪社会危害程度的其他事实，具体包括犯罪事实、犯罪性质、犯罪情节、犯罪对社会的危害程度等，故 ABCD 选项均正确。

10. ABD 　【解析】特别累犯的成立条件之一是前罪与后罪均为危害国家安全犯罪、恐怖活动犯罪、黑社会性质的组织犯罪中的任一类犯罪，故 ABD 选项正确。

11. ABC 　【解析】认定自动投案应当从实质上进行判断，自动投案的实质是主动将自己置于或最终置于公安、检察、审判机关的合法控制之下，接受司法机关的审查与裁判。该选项属于典型的自动投案。A 选项正确。甲虽然前面拒绝父亲的劝告，但是最后还是听从了母亲的劝告，在父亲的陪同下前往公安局，因此，甲将自己置于公安机关的合法控制下，属于自动投案。B 选项正确。虽然甲第一次潜逃了，但是后面又前来投案，不能因为甲的第一次潜逃行为而认定甲不构成自动投案，因为甲最后还是来自动投案，具有自动性。C 选项正确。根据 2010 年出台的《最高人民法院关于处理自首和立功若干具体问题的意见》规定，犯罪嫌疑人被亲友采用捆绑等手段送到司法机关的，不属于自动投案。D 选项错误。综上，ABC 三项当选。

12. AB 　【解析】特别自首，亦称准自首，是指被采取强制措施的犯罪嫌疑人、被告人和正在服刑的罪犯，如实供述司法机关还未掌握的本人其他罪行的行为。AB 两项中犯罪分子甲、乙都在被采取强制措施期间主动交代司法机关还未掌握的本人其他罪行，成立特别自首，AB 两项正确。丙罪行尚未被司法机关发觉，仅因形迹可疑，被有关组织或者司法机关盘问、教育后，主动交代自己的罪行，属于自动投案并如实供述自己罪行，应认定为一般自首。C 选项错误。单位犯罪案件中，单位集体决定或者单位负责人决定而自动投案，如实交代单位犯罪事实的，或者单位直接负责的主管人员自动投案，如实交代单位犯罪事实的，应当认定为单位自首。单位自首的，直接负责的主管人员和直接责任人员未自动投案，但如实交代自己知道的犯罪事实的，可以视为自首。单位没有自首，直接责任人员自动投案并如实交代自己知道的犯罪事实的，对该直接责任人员应认定为自首。D 选项中，单位没有自首，直接责任人员丁主动投案并如实交代自己知道的犯罪事实，对丁应认定为自首，但不属于特别自首，D 选项错误。因此本题选 AB。

13. AB 　【解析】正确认定共同犯罪人的自首，关键在于准确把握共同犯罪人各自的罪行的范围。根据我国刑法的规定，各种共同犯罪人自首时所要供述的自己的罪行的范围与其在共同犯罪中所起的作用和具体分工是相适应的。就主犯而言，当其为首要分子的时候，必须供述的罪行，包括其组织、策划、指挥作用所及或支配下的全部罪行。当其为其他主犯的时候，必须供述的罪行，包括其在首要分子的组织、策划、指挥作用的支配下单独实施的共同犯罪行为，以及与其他共同犯罪人共同实施的犯罪行为。就从犯而言，当其为次要的实行犯的时候，所应供述的罪行，包括犯罪分子自己实施的犯罪，以及与自己共同实施犯罪的主犯和胁从犯的犯罪行为。当其为帮助犯的时候，所应供述的罪行，包括自己实施的犯罪帮助行为，以及自己所帮助的实行犯的行为。就胁从犯而言，所应供述的罪行的范围，包括自己在被胁迫情况下实施的犯罪，以及所知道的胁迫自己犯罪的胁迫人所实施的犯罪行为。就教唆犯而言，所应供述的罪行的范围，包括自己的教唆行为，以及所了解的被教唆人产生犯罪意图之后实施的犯罪行为。本题中，小刘被迫参与抢劫，属于胁从犯，若构成自首，需要供述自己在被胁迫情况下实施的犯罪和胁迫人熊某所实施的犯罪。故本题选择 AB 选项。

14. ABC 【解析】《刑法》第 70 条规定："判决宣告以后，刑罚执行完毕以前，发现被判刑的犯罪分子在判决宣告以前还有其他罪没有判决的，应当对新发现的罪作出判决，把前后两个判决所判处的刑罚，依照本法第六十九条的规定，决定执行的刑罚。已经执行的刑期，应当计算在新判决决定的刑期以内。"甲在刑罚执行完毕以前发现漏罪的，应当按照"先并后减"的原则实行数罪并罚。A 选项正确。《刑法》第 71 条规定："判决宣告以后，刑罚执行完毕以前，被判刑的犯罪分子又犯罪的，应当对新犯的罪作出判决，把前罪没有执行的刑罚和后罪所判处的刑罚，依照本法第六十九条的规定，决定执行的刑罚。"乙在刑罚执行完毕前又犯新罪的，应按照"先减后并"的原则实行数罪并罚。B 选项正确。如果罪犯在刑罚执行期间又犯新罪，并发现其在原判宣告以前还有其他罪没有判决的，则先处理漏罪，再处理新罪，即按照"先并后减再并"原则并罚。C 选项正确。"先减后并"的结果与"先并后减"相比，实际执行的起点刑期提高；实际执行的刑期可能超过刑法规定的数罪并罚法定最高刑的限制。因此"先减后并"比"先并后减"的结果更重。D 选项错误。

15. CD 【解析】奸淫被拐卖的妇女是拐卖妇女、儿童罪的情节加重犯，按照升格法定刑处罚，不需要数罪并罚。A 选项错误。对于枉法裁判的司法工作人员在枉法裁判的同时，又收受贿赂，构成受贿罪的依照处罚较重的规定定罪处罚，因此不应当数罪并罚。B 选项错误。组织、领导、参加黑社会性质组织又有其他犯罪行为的，依照数罪并罚的规定处罚。C 选项正确。对犯组织他人偷越国（边）境罪的犯罪人，对被组织人有杀害、伤害、强奸、抢劫等犯罪行为，或者对检查人员有杀害、伤害等犯罪行为的，依照数罪并罚的规定处罚。D 选项正确。

16. BCD 【解析】甲所犯的数罪分别被判处 13 年、8 年和 6 年，并罚后的总和刑期未超过 35 年，应该在 13 年以上，20 年以下判处刑罚。因此，法院最后决定判处甲 21 年有期徒刑不符合《刑法》规定，A 选项错误。根据《刑法》第 70 条的规定，对乙应采取"先并后减"的方式进行处罚，即将 18 年和 15 年进行并罚，因其总和刑期为 33 年，因此，最后法院判决对其执行 19 年有期徒刑是符合法律规定的。同时，已经执行的刑期应计算在新判决决定的刑期之内，B 选项正确。根据《刑法》第 71 条的规定，对丙应采取"先减后并"的方式进行处罚，即用前次并罚后没有执行完的刑罚 13 年有期徒刑与新罪判处的 15 年有期徒刑进行并罚，二者相加的刑期为 28 年，因此，应当在 15 年至 20 年之间确定宣告刑，最后法院判决对其执行 16 年有期徒刑是符合法律规定的。同时，已经执行的刑期，不计算在新判决决定的刑期之内，C 选项正确。根据《刑法》第 69 条第 3 款的规定，数罪中有判处附加刑的，附加刑仍须执行，其中附加刑种类相同的，合并执行，种类不同的，分别执行，D 选项正确。

17. AD 【解析】《刑法》第 74 条规定："对于累犯和犯罪集团的首要分子，不适用缓刑。"累犯屡教不改、主观恶性较深，有再犯之虞，适用缓刑难以防止其再犯新罪，犯罪集团的首要分子社会危害性较大。所以即使累犯和犯罪集团的首要分子被判处拘役或 3 年以下有期徒刑，也不能适用缓刑。据此，本题选 AD 项。首要分子包括犯罪集团的首要分子和聚众犯罪的首要分子，对于犯罪集团的首要分子，不适用缓刑，但对于聚众犯罪的首要分子，可以适用缓刑，故不选 C 项。主犯符合缓刑条件的，可以适用缓刑，故不选 B 项。

三、简答题

1. **参考答案** 按照《刑法》第 69 条的规定，我国确立了以限制加重原则为主、以吸收原则和并科原则为补充的折中原则，我国刑法中的数罪并罚原则具有以下特点：

（1）全面兼采各种数罪并罚原则，包括吸收原则、限制加重原则、并科原则。

（2）所采用的各种原则均无普遍适用效力，每一原则仅适用于特定的刑种。即依据《刑法》的规定，吸收原则一般只适用于死刑和无期徒刑。但是当数个刑罚中有有期徒刑和拘役，只执行有期徒刑时，也具有吸收的意思。限制加重原则只适用于有期徒刑、拘役和管制三种有期自由刑。并科原则只适用于附加刑、管制。

（3）限制加重原则居于主导地位，吸收原则和并科原则处于辅助或次要地位。

（4）吸收原则和限制加重原则的适用效力互相排斥，并科原则的效力相对独立，不影响其他原则的适用。

2. **参考答案** 撤销缓刑的事由：（1）在缓刑考验期限以内犯新罪；（2）在缓刑考验期内发现判决宣告以前还有其他罪没有判决的；（3）在缓刑考验期限内违反法律、行政法规或者国务院有关部门有关缓刑的监督管理规定，或者违反人民法院的禁止令，情节严重的，应当撤销缓刑。撤销缓刑的法律后果：（1）在缓刑考验期限内犯新罪被撤销缓刑的，或者是因为在缓刑考验期限内发现判决宣告以前还有其他罪没有判决被撤销缓刑的，应当对新犯的罪或者新发现的罪作出判决，把前罪和后罪所判决的刑罚，按照数罪并罚的规定，决定执行的刑罚。（2）在缓刑考验期限内，违反法律、行政法规或国务院有关部门有关缓刑的监督管理规定、违反人民法院禁止令而撤销缓刑的，应当执行原判刑罚。

四、法条分析题

参考答案 （1）虽然《刑法》第 99 条规定："本法所称以上、以下、以内，包括本数。"但是本条文中的"以下"不包括本数，应解释为"低于法定最低刑判处刑罚"。因为减轻处罚不能判处法定最低刑，否则同从轻处罚混淆，只能在法定最低刑之下判处刑罚。

（2）本条文中第 2 款规定的情况称为酌定减轻处罚，适用酌定减轻处罚必须符合下列条件：

① 犯罪分子不具有法定减轻处罚情节。

② 案件具有特殊情况。至于何为特殊情况，有待必要的司法解释予以明确。

③ 经最高人民法院核准。

第十一章　刑罚执行制度

一、单项选择题

1. **A** 【解析】减刑，是指对被判处管制、拘役、有期徒刑或者无期徒刑的犯罪分子，因其在刑罚执行期间认真遵守监规，接受教育改造，确有悔改表现或者有立功表现，而适当减轻其原判刑罚的制度。所谓减轻原判刑罚，既可以是将较重的刑种减为较轻的刑种，也可以是将较长的刑期减为较短的刑期。A 选项正确。减刑是在肯定原判决的基础上，根据犯罪分子在刑罚执行期间的表现，按照法定条件和程序，将原判刑罚予以适当减轻，它是一种刑罚执行制度。对原判决错误的纠正，属于刑事诉讼程序问题，是原判决在认定事实或者适用法律上确有错误时，依照第二审程序或者审判监督程序，撤销原判决，重新判决。减刑不是对原判决错误的纠正。B 选项错误。减刑的对象条件，是指减刑只适用于被判处管制、拘役、有期徒刑、无期徒刑的犯罪分子。它表明，减刑的范围仅受刑罚种类的限制，而不受刑期长短和犯罪性质的限制。只要是被判处上述四种刑罚之一的犯罪分子，无论其犯罪行为是故意犯罪还是过失犯罪，是重罪还是轻罪，是危害国家安全罪还是其他刑事犯罪，只要具备了法定的减刑条件，就可以减刑。C 选项错误。罚金刑不属于减刑的对象条件里规定的四种刑罚种类，即管制、拘役、有期徒刑、无期徒刑，所以罚金刑的减少不属于减刑制度。D 选项错误。

2. C 【解析】减刑，是指对被判处管制、拘役、有期徒刑或者无期徒刑的犯罪分子，因其在刑罚执行期间认真遵守监规，接受教育改造，确有悔改或者立功表现，而适当减轻其原判刑罚的制度。死刑缓期执行的减刑，随主刑刑种的性质改变而引起的附加刑的相应改变，以及罚金刑的酌情减少或者免除，均不属于《刑法》第 78 条规定的减刑制度的范围。C 选项正确。

3. A 【解析】减刑，是指对被判处管制、拘役、有期徒刑或者无期徒刑的犯罪分子，因其在刑罚执行期间认真遵守监规，接受教育改造，确有悔改或者立功表现，而适当减轻其原判刑罚的制度。减刑适用对象不包括被判处死缓的罪犯。因此 C 选项错误。减刑是一种刑罚执行制度而非刑罚消灭制度，其适用对象为判决确定以后的已决犯，减刑之后如有未执行完的刑期的，仍需在监继续执行。A 选项正确，B 选项错误。减刑的对象只包括被判处管制、拘役、有期徒刑、无期徒刑的犯罪分子，对罚金刑的酌情减少或者免除不属于减刑制度的范围。D 选项错误。

4. D 【解析】因故意杀人、强奸、抢劫、绑架、放火、爆炸、投放危险物质或有组织暴力性犯罪被判处 10 年以上有期徒刑、无期徒刑的犯罪分子，不得假释，而非不得减刑，A 选项错误。减刑没有考验期，即使犯罪分子再犯新罪，已减的刑期也不恢复，B 选项错误。甲在刑罚执行期间又犯新罪，不构成累犯，C 选项错误。只要符合减刑的条件，甲就还可以减刑，D 选项正确。本题选择 D 选项。

5. C 【解析】减刑是对判处管制、拘役、有期徒刑或无期徒刑的犯罪分子，因其在刑罚执行期间认真遵守监规，接受教育改造，确有悔改表现或者立功表现，而适当减轻其原判刑罚的制度。法律没有规定累犯不得减刑，因此本题中甲虽然是累犯，但是只要符合减刑的条件，仍然可以减刑。假释是对被判处有期徒刑、无期徒刑的犯罪分子，在执行一定刑期后，因其认真遵守监规，接受教育改造，确有悔改表现，没有再犯罪的危险，而附条件地将其予以提前释放的制度。法律规定，对累犯以及因故意杀人、强奸、抢劫、绑架、放火、爆炸、投放危险物质或者有组织的暴力性犯罪被判处 10 年以上有期徒刑、无期徒刑的犯罪分子，不得假释。本题中，甲是累犯，不得假释。因此本题选 C 选项。

6. B 【解析】减刑的实质条件如下，一是可以减刑的实质条件，即犯罪分子在刑罚执行期间认真遵守监规，接受教育改造，确有悔改表现，或者有立功表现。两个条件只需满足一项即符合可以减刑的实质条件。二是应当减刑的实质条件，即犯罪分子在刑罚执行期间有重大立功表现。A选项符合"有立功表现"这一条件，因此可以减刑。A选项错误。《最高人民法院关于办理减刑、假释案件具体应用法律的规定》第15条规定："对被判处终身监禁的罪犯，在死刑缓期执行期满依法减为无期徒刑的裁定中，应当明确终身监禁，不得再减刑或者假释。"B选项正确。根据《刑法》第79条的规定，对于犯罪分子的减刑，由执行机关向中级以上人民法院提出减刑建议书，而不是"高级以上人民法院"。C选项错误。应当减刑的实质条件，即犯罪分子在刑罚执行期间有重大立功表现。发明创造属于重大立功表现，是"应当"减刑而不是"可以"减刑。根据《刑法》第78条和相关司法解释规定，犯罪分子在刑罚执行期间有下列重大立功表现之一的，应当减刑：

（1）阻止他人重大犯罪活动的。

（2）检举监狱内外重大犯罪活动，经查证属实的。

（3）协助司法机关抓捕其他重大犯罪嫌疑人的。

（4）有发明创造或者重大技术革新的。

（5）在日常生产、生活中舍己救人的。

（6）在抗御自然灾害或者排除重大事故中，有突出表现的。

（7）对国家和社会有其他重大贡献的。D选项错误。

7. B 【解析】减刑的限度，是指犯罪分子经过减刑以后，应当实际执行的最低刑期。根据我国《刑法》第78条的规定和有关司法解释，减刑的限度为：减刑以后实际执行的刑期，判处管制、拘役、有期徒刑的，不能少于原判刑期的1/2；A选项错误，B选项正确。判处无期徒刑的，不能少于13年，C选项错误；对于被限制减刑的死刑缓期2年执行的罪犯，缓期执行期满后依法减为无期徒刑的，不能少于25年，缓期执行期满后依法减为25年有期徒刑的，不能少于20年。没有限制减刑的死刑缓期执行的犯罪分子，不能少于15年，死刑缓期执行期间不包括在内。所谓实际执行的刑期，是指判决执行后犯罪分子实际服刑的时间。如果判决前先行羁押的，羁押期应当按相关规定分别计入实际执行的刑期之内。

8. B 【解析】对于原判管制、拘役、有期徒刑的，减刑后的刑期自原判决执行之日起算；原判刑期已经执行的部分，应计入减刑以后的刑期之内。对于原判无期徒刑减为有期徒刑的，刑期自裁定减刑之日起算；已经执行的刑期，不计入减为有期徒刑以后的刑期之内。对于无期徒刑减为有期徒刑之后，再次减刑的，其刑期的计算，则应按照有期徒刑的减刑方法计算，即应当从前次裁定减为有期徒刑之日算起。对于曾被依法适用减刑，后因原判决有错误，经再审后改判为较轻刑罚的，原来的减刑仍然有效，所减刑期，应从改判的刑期中扣除。因此，对于原判无期徒刑减为有期徒刑的，减刑后的刑期自裁定减刑之日起算，而非从原判决执行之日起算，B选项错误，ACD选项正确。

9. B 【解析】根据《刑法》第79条的规定："对于犯罪分子的减刑，由执行机关向中级以上人民法院提出减刑建议书。人民法院应当组成合议庭进行审理，对确有悔改或者立功事实的，裁定予以减刑。非经法定程序不得减刑。"因此本题选B选项。

10. C 【解析】假释是在刑罚执行过程中，根据犯罪分子的表现，以裁定方式作出的，是刑罚执行制度；缓刑则是在判决的同时宣告的，是量刑制度。A选项正确。假释和缓刑不执行的刑期不同。假释必须先执行原判刑期的一部分，而对尚未执行完的刑期，附条件不执行；缓刑是对原判决的全部刑期有条件地不执行。B选项正确。假释和监外执行的期间计算不同。假释犯若被撤销假释，其假释的期间，不能计入原判执行的刑期之内。监外执行的期间，无论是否收监执行，均计入原判执行的刑期之内。C 选项错误。假释和监外执行的收监条件不同。假释只有在假释考验期内发生法定情形，才能撤销；监外执行则在监外执行的法定条件消失，且刑期未满的情况下收监执行。D 选项正确。

11. D 【解析】我国刑法规定的假释，是对被判处有期徒刑、无期徒刑的犯罪分子，在执行一定刑期之后，因其认真遵守监规，接受教育改造，确有悔改表现，没有再犯罪的危险，而附条件地将其予以提前释放的制度。对累犯以及因故意杀人、强奸、抢劫、绑架、放火、爆炸、投放危险物质或者有组织的暴力性犯罪被判处 10 年以上有期徒刑、无期徒刑的犯罪分子，不得假释。无论是一般累犯还是特别累犯都不得假释。A 选项错误。犯罪集团的首要分子不得宣告缓刑，但是没有不得假释的规定。B 选项错误。甲虽然被判处 11 年有期徒刑，但是其所犯的抢夺罪不属于 8 种暴力性犯罪之一，因此可以假释。C 选项错误。乙没有被判处 10 年以上有期徒刑，可以假释。D 选项正确。

12. B 【解析】假释是对犯罪分子附条件地提前释放，并在一定时期内保持继续执行未执行的部分刑罚的可能性。对累犯以及因故意杀人、强奸、抢劫、绑架、放火、爆炸、投放危险物质或者有组织的暴力性犯罪被判处 10 年以上有期徒刑、无期徒刑的犯罪分子，不得假释。B 选项正确。

13. B 【解析】累犯是在刑罚执行完毕后一定期限内再犯某种罪行，假释是对满足一定条件的犯罪人有条件的提前释放，假释期满视为刑罚执行完毕。在假释考验期内意味着刑罚还未执行完毕，又犯新罪的不构成累犯，A 选项正确。对累犯以及因故意杀人、强奸、抢劫、绑架、放火、爆炸、投放危险物质或有组织暴力性犯罪被判处 10 年以上有期徒刑、无期徒刑的犯罪分子，不得假释，乙犯危害国家安全罪，不妨碍其适用假释，B 选项错误。缓刑考验期内犯新罪，应当撤销缓刑，对新犯的罪作出判决，把前罪和后罪所判处的刑罚，依照《刑法》第 69 条的规定，决定执行刑罚。丙前罪为有期徒刑 2 年，后罪为有期徒刑 8 年，因此，应在 8 年以上，10 年以下判处刑罚，对丙决定执行有期徒刑 9 年符合规定，丙前罪被判处缓刑，在缓刑期内再犯新罪不构成累犯，丙服刑 6 年，超过原判刑罚一半以上，符合条件可以假释，C 选项正确。丁犯抢劫罪被判处有期徒刑 6 年，犯寻衅滋事罪被判处有期徒刑 4 年，数罪并罚应在 6 年以上 10 年以下判处刑罚，数罪并罚决定执行有期徒刑 8 年符合规定，符合条件可以假释，D 选项正确。

14. D 【解析】根据《刑法》第 84 条规定，被宣告假释的犯罪分子，应当遵守下列规定：（一）遵守法律、行政法规，服从监督；（二）按照监督机关的规定报告自己的活动情况；（三）遵守监督机关关于会客的规定；（四）离开所居住的市、县或者迁居，应当报经监督机关批准。被宣告假释的犯罪分子如果未被剥夺政治权利，并不被限制行使言论、出版、集会、结社、游行、示威自由的权利，这一点与管制的规定不同，A 选项错误。对累犯以及因杀人、爆炸、抢劫、强奸、绑架等暴力性犯罪被判处 10 年以上有期徒刑、无期徒刑的犯罪分子，不得假释，即必须同时具备暴力性犯罪和被判处 10 年以上有期徒刑、无期徒刑的才不能假释，B 选项错误。而对于累犯，由于其主观恶性较大，一律不能假释，不要求同时具备被判处 10 年以上有期徒刑的条件。C 选项错误。被判处有期徒刑以上刑罚的犯罪分子，刑罚执行完毕或者赦免以后，在 5 年以内再犯应当判处有期徒刑以上刑罚之罪的，是累犯，对于被假释的犯罪分子，假释期满视为刑罚执行完毕，在假释考验期内意味着刑罚并未执行完毕，因此再犯新罪的，不构成累犯，D 选项正确。

15. C 【解析】根据《刑法》第 81 条第 1、2 款的规定，被判处有期徒刑的犯罪分子，执行原判刑期 1/2 以上，被判处无期徒刑的犯罪分子，实际执行 13 年以上，如果认真遵守监规，接受教育改造，确有悔改表现，没有再犯罪的危险的，可以假释。如果有特殊情况，经最高人民法院核准，可以不受上述执行刑期的限制。对累犯以及因故意杀人、强奸、抢劫、绑架、放火、爆炸、投放危险物质或者有组织的暴力性犯罪被判处 10 年以上有期徒刑、无期徒刑的犯罪分子，不得假释。甲犯投放危险物质罪，刑期低于 10 年有期徒刑，在服刑 4 年以上后符合假释实质条件的可以假释。C 选项正确，D 选项错误。对于是否可以假释，由中级以上人民法院决定。AB 选项错误。

16. D　【解析】根据《刑法》第 86 条第 1 款的规定，被假释的犯罪分子，在假释考验期限内犯新罪，应当撤销假释，依照《刑法》第 71 条先减后并的规定实行数罪并罚，A 选项正确。根据《刑法》第 86 条第 3 款规定，被假释的犯罪分子，在假释考验期内，有违反法律、行政法规或者国务院有关部门关于假释的监督管理规定的行为，尚未构成新的犯罪的，应当依照法定程序撤销假释，收监执行未执行完毕的刑罚。B 选项正确。根据《刑法》第 86 条第 2 款的规定，在假释考验期限内，发现被假释的犯罪分子在判决宣告以前还有其他罪没有判决的，应当撤销假释，依照《刑法》第 70 条先并后减的规定实行数罪并罚，C 选项正确。根据《刑法》第 85 条的规定，对假释的犯罪分子，在假释考验期限内，如果没有发现新罪、漏罪，也没有违反法律、行政法规或者国务院有关部门关于假释的监督管理规定的行为，假释考验期满，就认为原判刑罚已经执行完毕，并公开予以宣告。因此，在假释考验期满后发现漏罪的，不能撤销假释，而应对漏罪单独定罪处罚，不能与前罪实行数罪并罚，D 选项错误。

17. B　【解析】《刑法》第 83 条规定："有期徒刑的假释考验期限，为没有执行完毕的刑期；无期徒刑的假释考验期限为 10 年。假释考验期限，从假释之日起计算。"因此本题选 B 选项。

二、多项选择题

1. BCD　【解析】根据《刑法》有关规定，被宣告假释的犯罪分子，应当遵守下列规定：（1）遵守法律、行政法规，服从监督。（2）按照监督机关的规定报告自己的活动情况。（3）遵守监督机关关于会客的规定。（4）离开所居住的市、县或者迁居，应当报经监督机关批准。遵守法律法规及监规是裁量是否予以假释的具体规定，已经被宣告假释的犯罪分子不在监狱内继续执行刑罚，故无需遵守监规，故 A 选项错误。综上，答案为 BCD。

2. CD　【解析】《刑法》第 48 条第 2 款规定："死刑除依法由最高人民法院判决的以外，都应当报请最高人民法院核准。死刑缓期执行的，可以由高级人民法院判决或者核准。"甲被某市中院判处死刑缓期 2 年执行，可以由所在地的省高级人民法院核准，A 选项错误。《刑法》第 63 条第 2 款规定："犯罪分子虽然不具有本法规定的减轻处罚情节，但是根据案件的特殊情况，经最高人民法院核准，也可以在法定刑以下判处刑罚。" B 选项应当报经最高人民法院核准，错误。《刑法》第 87 条第（四）项规定："法定最高刑为无期徒刑、死刑的，经过二十年。如果二十年以后认为必须追诉的，须报请最高人民检察院核准。" C 选项正确。《刑法》第 17 条第 3 款规定："已满十二周岁不满十四周岁的人，犯故意杀人、故意伤害罪，致人死亡或者以特别残忍手段致人重伤造成严重残疾，情节恶劣，经最高人民检察院核准追诉的，应当负刑事责任。" D 选项正确。

3. ABC 【解析】对于原判管制、拘役、有期徒刑的，减刑后的刑期自原判决执行之日起算；原判刑期已经执行的部分，应计入减刑以后的刑期之内。对于原判无期徒刑减为有期徒刑的，刑期自裁定减刑之日起算；已经执行的刑期，不计入减为有期徒刑以后的刑期之内。对于无期徒刑减为有期徒刑之后，再次减刑的，其刑期的计算，则应按照有期徒刑的减刑方法计算，即应当从前次裁定减为有期徒刑之日算起。因此 ABC 选项正确。对于曾被依法适用减刑，后因原判决有错误，经再审后改判为较轻刑罚的，原来的减刑仍然有效，所减刑期，应从改判的刑期中扣除。因此 D 选项错误。

4. BD 【解析】减刑适用于被判处管制、拘役、有期徒刑、无期徒刑的犯罪分子，假释适用于被判处有期徒刑、无期徒刑的犯罪分子，故本题中既可能获得减刑也可能获得假释的是乙和丁，故 BD 选项正确。对于被判处死刑的犯罪分子，不能适用减刑制度，A 选项错误；丙被判处拘役，对于拘役不能适用假释制度，C 选项错误。

5. AC 【解析】减刑，是指对被判处管制、拘役、有期徒刑或者无期徒刑的犯罪分子，因其在刑罚执行期间认真遵守监规，接受教育改造，确有悔改表现或者有立功表现，而适当减轻其原判刑罚的制度。假释，是指对被判处有期徒刑、无期徒刑的犯罪分子，在执行一定刑期之后，因其认真遵守监规，接受教育改造，确有悔改表现，没有再犯罪的危险，而附条件地将其予以提前释放的制度。减刑和假释的适用次数不同。假释只能宣告一次；而减刑不受次数的限制，可以减刑一次，也可以减刑数次。A 选项正确。减刑和假释的法律后果不同。假释附有考验期，如果发生法定情形，就撤销假释；减刑没有考验期，即使犯罪分子再犯新罪，已减的刑期也不恢复。B 选项错误。减刑和假释的适用方法不同。对被假释人应当立即解除监禁，予以附条件释放；对被减刑人则要视其减刑后是否有余刑，才能决定是否释放，有未执行完的刑期的，仍需在监继续执行。C 选项正确。假释只适用于被判处有期徒刑和无期徒刑的犯罪分子；减刑适用于被判处管制、拘役、有期徒刑、无期徒刑的犯罪分子。D 选项错误。

6. ABCD 【解析】减刑的对象是被判处管制、拘役、有期徒刑、无期徒刑的犯罪分子，如果单独被判处附加刑的犯罪分子不适用减刑。A 选项错误。无期徒刑减为有期徒刑的刑期，从裁定减刑之日起计算。B 选项错误。被宣告缓刑的犯罪分子，一般情况下不适用减刑。但在缓刑考验期内有重大立功表现的，可以参照《刑法》第 78 条予以减刑，同时依法缩减缓刑考验期。C 选项错误。被假释的犯罪分子，在假释考验期内犯新罪，应当撤销假释，只要在假释考验期内犯罪，即使假释期满后发现也应撤销假释。D 选项错误。

三、简答题

1. 参考答案 （1） 减轻处罚是人民法院根据犯罪分子所具有的法定或者酌定减轻处罚情节，依法在法定刑以下判处刑罚；减刑则是在判决确定以后的刑罚执行期间，对正在服刑的犯罪分子，依法将原判刑罚予以适当减轻。

（2） 减轻处罚属于刑罚裁量情节及其适用规则问题，其适用对象为判决确定前的未决犯；减刑是一种刑罚执行制度，其适用对象为判决确定以后的已决犯。

2. 参考答案 （1） 适用范围不同。假释只适用于被判处无期徒刑和有期徒刑的犯罪分子；减刑适用于被判处管制、拘役、有期徒刑、无期徒刑的犯罪分子。（2） 适用次数不同。假释只能宣告一次；而减刑不受次数的限制，可以减刑一次，也可减刑数次。（3）法律后果不同。假释附有考验期，如果发生法定情形，就撤销假释；减刑没有考验期，即使犯罪分子再犯新罪，已减的刑期也不恢复。（4）适用方法不同。对被假释人当即解除监禁，予以附条件释放；对被减刑人则要视其减刑后是否有余刑，才能决定是否释放，有未执行完的刑期的，仍需继续在监执行。

3. 参考答案 （1）被判处有期徒刑的犯罪分子，执行原判刑罚 1/2 以上，被判处无期徒刑的犯罪分子，实际执行 13 年以上，才可以适用假释。（2）对累犯以及因故意杀人、强奸、抢劫、绑架、放火、爆炸、投放危险物质或者有组织的暴力性犯罪被判处 10 年以上有期徒刑、无期徒刑的犯罪分子，不得假释。（3）因前述情形和犯罪被判处死刑缓期执行的罪犯，被减为无期徒刑、有期徒刑后，也不得假释。（4）对犯罪分子决定假释时，应当考虑其假释后对所居住社区的影响。

四、法条分析题

参考答案 （1）"确有悔改表现"是指同时具备以下条件：①认罪悔罪；②遵守法律法规及监规，接受教育改造；③积极参加思想、文化、职业技术教育；④积极参加劳动，努力完成劳动任务。

（2）"没有再犯罪的危险"，是指罪犯在刑罚执行期间一贯表现好，确有悔改表现，不致违法、重新犯罪，或是年老、身体有残疾（不含自伤致残），并丧失犯罪能力。

（3）"最高人民法院核准"，是指由最高人民法院核准可以予以假释的规定，只针对符合假释的其他条件、但没有达到最低执行刑期要求的情形。

第十二章 刑罚消灭制度

一、单项选择题

1. C 【解析】《刑法》第 88 条规定："在人民检察院、公安机关、国家安全机关立案侦查或者在人民法院受理案件以后，逃避侦查或者审判的，不受追诉期限的限制。"公安机关立案侦查后劳某逃逸躲避侦查，因此其绑架罪不受追诉时效的限制，D 选项错误。《刑法》第 239 条第 1、2 款规定："以勒索财物为目的绑架他人的，或者绑架他人作为人质的，处十年以上有期徒刑或者无期徒刑，并处罚金或者没收财产；情节较轻的，处五年以上十年以下有期徒刑，并处罚金。犯前款罪，杀害被绑架人的，或者故意伤害被绑架人，致人重伤、死亡的，处无期徒刑或者死刑，并处没收财产。"因此劳某绑架并杀人的行为应当按照绑架罪定罪，以升格法定刑处罚，不再定故意杀人罪，AB 选项错误，C 选项正确。

2. B 【解析】在人民检察院、公安机关、国家安全机关立案侦查或者在人民法院受理案件以后，逃避侦查或者审判的，不受追诉期限的限制。但是如果在逃避侦查或审判期间，又犯新罪的，新罪仍然要受追诉时效限制。甲犯盗窃罪被公安机关立案侦查后逃往外地，对于盗窃罪，不受追诉时效的限制，对于抢劫罪要受追诉时效的限制。ACD 选项错误。抢劫罪的基本法定刑是 3 年以上 10 年以下有期徒刑，刑法中，"以上""以下""以内"包含本数，因此抢劫罪的基本法定刑的最高刑即为 10 年，根据《刑法》第 87 条的规定，法定最高刑为 10 年以上有期徒刑的，追诉时效为 15 年，B 选项正确。

3. B 【解析】非法拘禁罪属于继续犯。继续犯和连续犯的追诉时效不是从犯罪成立之日起计算，而是从犯罪行为终了之日起计算。A 选项错误。继续犯既遂后不法侵害仍然正在进行，所以在不法侵害结束前都允许正当防卫。B 选项正确。继续犯犯罪继续期间，其他人只要在行为终了前加入的可以成立共犯。C 选项错误。犯罪行为继续到新法生效之后的，直接适用新法。D 选项错误。

4. B 【解析】行刑时效是指法律规定对判处刑罚的犯罪分子执行刑罚的有效期限。判处刑罚而未执行，超过法定执行期限，刑罚就不得再执行。我国刑法没有规定行刑时效制度。本题选 B 选项。

5. B 【解析】时效中断是指在追诉期限内，因发生法定事由而使已经过了的时效期间归于无效。我国《刑法》第 89 条第 2 款规定："在追诉期限以内又犯罪的，前罪追诉的期限从犯后罪之日起计算。"所谓"又犯罪"，包括故意犯罪、过失犯罪、重罪、轻罪、与前罪同种罪或不同种罪，无论什么罪，只要又犯罪，前罪的追诉期限即中断，其追诉期限从犯后罪之日起重新计算。同时，后罪的追诉期限也开始计算。B 选项正确。考生应当注意区分时效中断与时效延长的区别。时效延长是指在追诉期限内，因发生法定事由而使追究犯罪人的刑事责任不受追诉期限限制的制度。根据我国《刑法》第 88 条的规定，时效延长的情形有：（1）人民检察院、公安机关、国家安全机关立案侦查或者在人民法院受理案件以后，逃避侦查或者审判的，不受追诉期限的限制；（2）被害人在追诉期限内提出控告，人民法院、人民检察院、公安机关应当立案而不予立案的，不受追诉期限的限制。

6. A 【解析】我国《刑法》只规定了时效中断和时效延长。因而 BD 选项不正确。时效延长，是指在追诉期期限内，因发生法定事由而使追究犯罪人的刑事责任不受追诉期限限制的制度。因而 C 选项应予排除。本题选 A 选项。

7. B 【解析】根据《刑法》第 87 条规定，犯罪经过下列期限不再追诉：（1）法定最高刑为不满 5 年有期徒刑的，经过 5 年；（2）法定最高刑为 5 年以上不满 10 年有期徒刑的，经过 10 年；（3）法定最高刑为 10 年以上有期徒刑的，经过 15 年；（4）法定最高刑为无期徒刑、死刑的，经过 20 年。如果 20 年以后认为必须追诉的，须报请最高人民检察院核准。本题中，法定刑是 5 年以下有期徒刑，最高刑是 5 年有期徒刑。根据上述规定，法定最高刑不满 5 年的，追诉时效是 5 年。法定最高刑 5 年以上的（包括 5 年），追诉时效是 10 年。因此本题选 B 选项。

8. B 【解析】因本案系强奸杀人案，故法定最高刑为死刑，追诉时效为 20 年。本案已经过 28 年，此时要想追诉，须报请最高人民检察院核准。B 选项正确。

9. B 【解析】我国《刑法》第 89 条第 1 款规定："追诉期限从犯罪之日起计算；犯罪行为有连续或者继续状态的，从犯罪行为终了之日起计算。"甲的虐待行为有连续状态，因此追诉期限应当从虐待结束之日起计算，而不是从虐待开始之日起计算。丁的非法拘禁行为有连续状态，因此追诉期限应当从非法拘禁行为结束之日即 2013 年 4 月 3 日起计算，而不是从非法拘禁开始之日 2012 年 7 月 10 日起计算。A 选项错误、D 选项错误。法定最高刑为无期徒刑、死刑的，犯罪经过 20 年不再追诉。如果 20 年以后认为必须追诉的，须报请最高人民检察院核准。故意杀人罪的法定最高刑为死刑，30 年之后也有可能被追诉。B 选项正确。《刑法》第 88 条第 2 款规定："被害人在追诉期限内提出控告，人民法院、人民检察院、公安机关应当立案而不予立案的，不受追诉期限的限制。"也就是说，被害人在追诉期限内提出控告，司法机关应当立案而不予立案的，不受追诉期限的限制。本案中，公安机关应当立案而没有立案，则对丙的故意伤害罪的追诉期限不受限制，而不是 20 年。C 选项错误。

10. B 　【解析】特赦，是国家针对特定的犯罪分子的赦免，即对于受罪刑宣告的特定犯罪分子免除其刑罚的全部或者部分的执行。这种赦免只赦其刑，不赦其罪。A 选项错误。特赦是以一类或几类犯罪分子为对象，而不是适用于个别的犯罪分子。B 选项正确。特赦是由全国人大常委会决定，由国家主席发布特赦令，再由最高人民法院和高级人民法院予以执行，而不是由犯罪分子本人及其家属或者其他公民提出申请而执行。CD 选项错误。

11. C 　【解析】赦免分为大赦和特赦两种。大赦，是指国家对不特定的多数犯罪分子的赦免。其效力及于罪与刑两个方面，即对宣布大赦的犯罪，不再认为是犯罪，对实施此类犯罪者，不再认为是犯罪分子，也不再追究其刑事责任。已受罪刑宣告的，宣告归于无效；已受追诉而未受罪刑宣告的，追诉归于无效。特赦，是指国家对特定的犯罪分子的赦免，即对于受罪刑宣告的特定犯罪分子免除其刑罚的全部或部分的执行。这种赦免只赦其刑，不赦其罪。一般而言，大赦与特赦的主要区别是：（1）大赦是赦免一定种类或不特定种类的犯罪，其对象是不特定的犯罪人；特赦是赦免特定的犯罪人。（2）大赦既可实行于法院判决之后，也可实行于法院判决之前；特赦只能实行于法院判决之后。（3）大赦既可赦其罪，又可赦其刑；特赦只能赦其刑，不能赦其罪。（4）大赦后再犯罪不构成累犯；特赦后再犯罪的，如果符合累犯条件，则构成累犯。特赦是由全国人大常委会决定，由国家主席发布特赦令，再由最高人民法院和高级人民法院予以执行，而不是由犯罪分子本人及其家属或其他公民提出申请而实行。C 选项错误，本题选 C 选项。ABD 选项说法正确，不当选。

12. C 　【解析】大赦，是指国家对不特定的多数犯罪分子的赦免。特赦，是指国家对特定的犯罪分子的赦免，即对于受罪刑宣告的特定犯罪分子免除其刑罚的全部或部分的执行。大赦既可实行于法院判决之后，也可实行于法院判决之前；特赦只能实行于法院判决之后。A 选项错误。大赦既可赦其罪，又可赦其刑，大赦后再犯罪不构成累犯。B 选项错误。自 1959 年至今，我国先后实行了 9 次特赦。C 选项正确。特赦是赦免特定的犯罪人，即针对一类或几类犯罪的犯罪分子实行，而不是针对以一个或几个犯罪分子。D 选项错误。

二、多项选择题

1. ABCD 　【解析】刑罚消灭，必须以一定的法定事由为前提。就各国刑事立法例而言，导致刑罚消灭的法定原因大致有以下几种情况：刑罚执行完毕、缓刑考验期满、假释考验期满、犯罪人死亡、超过追诉时效期限、赦免。因此本题 ABCD 项全选。

2. ABC 　【解析】我国刑法设立时效（即追诉时效）制度，主要具有以下意义：（1）有利于实现刑罚的目的；（2）有利于司法机关集中打击现行犯罪；（3）有利于社会安定团结，故 ABC 选项正确。

3. ACD 　【解析】《刑法》第 87 条第（四）项规定："法定最高刑为无期徒刑、死刑的，经过二十年。如果二十年以后认为必须追诉的，须报请最高人民检察院核准。"因此 B 选项错误，本题选 ACD 项。

4. ABCD 　【解析】法定最高刑为无期徒刑、死刑的，追诉期限为 20 年，如果 20 年以后认为必须追诉的,须报请最高人民检察院核准,贪污罪法定最高刑为死刑,即便经过30年也可能被追诉。A 选项错误。乙挪用资金归自己使用,未进行营利活动或犯罪活动,自超过3个月未还时成立挪用资金罪,因此应从2021年9月6日起计算追诉期限。B 选项错误。丙在公安机关立案侦查以后,逃避侦查,不受追诉期限的限制,因此仍然可以追诉丙的盗窃罪的刑事责任。C 选项错误。在共同犯罪中,在追诉期限以内有再犯罪的共犯人,其前罪追诉的期限从犯后罪之日起计算;在追诉期限内没有再犯罪的共犯人,其犯罪的追诉期限并不中断,所以对丁合同诈骗罪的追诉时效并不中断,仍按前罪计算。D 选项错误。本题为选非题,故答案为 ABCD。

5. **ABD** 【解析】大赦与特赦是赦免的两种类型,一般而言,大赦与特赦的主要区别是:(1) 大赦是赦免一定种类或不特定种类的犯罪,其对象是不特定的犯罪人;特赦是赦免特定的犯罪人。(2) 大赦既可实行于法院判决之后,也可实行于法院判决之前;特赦只能实行于法院判决之后。(3) 大赦既可赦其罪,又可赦其刑;特赦只能赦其刑,不能赦其罪。(4) 大赦后再犯罪不构成累犯;特赦后再犯罪的,如果符合累犯条件,则构成累犯。特赦是由全国人大常委会决定,由国家主席发布特赦令,AB 选项正是两者的区别点。特赦后再犯罪的,如果符合累犯条件,则构成累犯。C 选项错误。《刑法》第65条、第66条中的"赦免"是指特赦。D 选项是正确的,参见《宪法》第67条、第80条的规定。

6. **ABC** 【解析】2015年8月29日第十二届全国人民代表大会常务委员会第十六次会议通过《全国人民代表大会常务委员会关于特赦部分服刑罪犯的决定》,决定对依据2015年1月1日前人民法院作出的生效判决正在服刑,释放后不具有现实社会危险性的下列罪犯实行特赦:(1) 参加过中国人民抗日战争、中国人民解放战争的;(2) 中华人民共和国成立以后,参加过保卫国家主权、安全和领土完整对外作战的,但犯贪污受贿犯罪,故意杀人、强奸、抢劫、绑架、放火、爆炸、投放危险物质或者有组织的暴力性犯罪,黑社会性质的组织犯罪,危害国家安全犯罪,恐怖活动犯罪的,有组织犯罪的主犯以及累犯除外;(3) 年满75周岁、身体严重残疾且生活不能自理的;(4) 犯罪的时候不满18周岁,被判处3年以下有期徒刑或者剩余刑期在1年以下的,但犯故意杀人、强奸等严重暴力性犯罪,恐怖活动犯罪,贩卖毒品犯罪的除外。因此本题选 ABC 选项。

三、简答题

1. 参考答案 追诉时效期限的长短,应当与犯罪的社会危害性程度、刑罚的轻重相适应。根据《刑法》的有关规定,犯罪经过下列期限不再追诉:

(1) 法定最高刑为不满5年有期徒刑的,经过5年;

(2) 法定最高刑为5年以上不满10年有期徒刑的,经过10年;

(3) 法定最高刑为10年以上有期徒刑的,经过15年;

(4) 法定最高刑为无期徒刑、死刑的,经过20年。如果20年以后认为必须追诉的,须报请最高人民检察院核准。

2. 参考答案 (1) 大赦是赦免一定种类或不特定种类的犯罪,其对象是不特定的犯罪人;特赦是赦免特定的犯罪人。(2) 大赦既可以实行于法院判决之后,也可以实行于法院判决之前;特赦只能实行于法院判决之后。(3) 大赦既可赦其罪,又可赦其刑;特赦只能赦其刑,不能赦其罪。(4) 大赦后再犯罪不构成累犯;特赦后再犯罪,如果符合累犯条件，则构成累犯。

参考答案 （1） 犯罪之日，是指犯罪成立之日。有以下四种具体情形：

① 行为犯，从犯罪行为完成之日起计算；

② 举动犯，从犯罪行为实施之日起计算；

③ 结果犯，从犯罪结果发生之日起计算；结果加重犯，从加重结果发生之日起计算；

④ 预备犯、未遂犯、中止犯，从犯罪预备、犯罪未遂、犯罪中止成立之日起计算。

（2） "连续或者继续状态"是指犯罪行为与不法状态在一定时间内同时处于继续状态，属于连续犯和继续犯，其追诉期限从犯罪行为终了之日起计算。

（3） 时效中断，即在追诉期限内，因发生法定事由而使已经过的时效期间归于无效，法定事由消失后重新计算追诉期限的制度。

第十三章　刑法各论概述

一、单项选择题

1. C 【解析】我国刑法分则中具体犯罪的排列依据是以其社会危害程度的大小由重到轻排列为主，兼顾罪与罪之间的内在联系。C选项正确。

2. B 【解析】根据犯罪所侵害的社会关系范围的不同，理论上将犯罪客体分为一般客体、同类客体和直接客体。（1） 一般客体即共同客体，是指一切犯罪所共同侵害的客体。这个客体就是社会主义的社会关系。（2） 同类客体即分类客体，是指某一类犯罪所共同侵犯的客体。同类客体是某一类犯罪的一种共同属性，它是我国刑法对犯罪分类的重要基础。（3） 直接客体是指某一具体犯罪所直接侵犯的客体，也就是刑法所保护的社会主义社会关系的某个具体部分。B选项正确。

3. B 【解析】空白罪状，在刑法分则条文中不直接叙明犯罪的特征，而只是指出该犯罪行为所违反的其他法律、法规。简单罪状，在刑法分则条文中只简单地描述具体犯罪的基本特征而不作更多的解释。例如，《刑法》第232条规定的"故意杀人的"。引证罪状，即引用刑法分则的其他条款来说明某种犯罪的特征。叙明罪状，在刑法分则条文中详尽描述具体犯罪的基本特征。本题中对强奸罪的犯罪构成做了比较详细的说明，属于叙明罪状。所以，B项正确。

4. A 【解析】混合罪状是指刑法分则条文同时采用空白罪状与叙明罪状形式描述某种具体犯罪的罪状。叙明罪状即刑法分则条文对具体犯罪的基本特征作了详细的描述。为了准确定罪量刑，绝大多数刑法分则条文采用叙明罪状。空白罪状即刑法分则条文不直接地具体规定某一犯罪构成的特征，但指明该犯罪行为所违反的其他法律、法规。引证罪状即引用刑法中的其他条款来说明和确定某一犯罪构成的特征。题干中对侵犯公民个人信息罪的行为方式作了明确的规定，具有叙明罪状形式；又指明该犯罪行为所违反的其他法律、法规，具有空白罪状形式。本题所引刑法条文中既有叙明罪状形式，又有空白罪状形式，是混合罪状。因此，本题选 A 选项。

5. B 【解析】学理罪名是刑法理论上根据刑法分则条文规定的内容，对犯罪所概括出的罪名。学理罪名不具有法律效力，而伪造、变造、买卖国家机关公文、证件、印章罪是法定罪名。A 选项错误。选择罪名是指同一刑法分则条款规定的某种具体犯罪的罪状中包含了行为方式与行为对象的多种结合形式，而这些结合形式都可以独立为单独罪名的情况。选择罪名可以包含多种行为方式或者多种行为对象，也可以既包含多种行为方式也包含多种行为对象。伪造、变造、买卖国家机关公文、证件、印章罪包含了三种行为方式、三种行为对象，属于选择罪名。B 选项正确。单一罪名是指所包含的犯罪构成的具体内容单一，只能反映一个犯罪行为，不能分解拆开使用的罪名。伪造、变造、买卖国家机关公文、证件、印章罪，可以分解。C 选项错误。不确定罪名，是指可以根据案件的具体情况使用不同名称的罪名。罪刑法定原则要求刑法具有确定性，因此在我国现在的刑法中不具有不确定罪名。D 选项错误。因此本题选 B。

6. B 【解析】《刑法》第 239 条规定："以勒索财物为目的绑架他人的，或者绑架他人作为人质的，处十年以上有期徒刑或者无期徒刑，并处罚金或者没收财产；情节较轻的，处五年以上十年以下有期徒刑，并处罚金。犯前款罪，杀害被绑架人的，或者故意伤害被绑架人，致人重伤、死亡的，处无期徒刑或者死刑，并处没收财产。以勒索财物为目的偷盗婴幼儿的，依照前两款的规定处罚。"《刑法修正案（九）》已经将绑架罪加重情节的绝对确定的法定刑修改为相对确定的法定刑。A 选项错误。《刑法》第 121 条规定："以暴力、胁迫或者其他方法劫持航空器的，处十年以上有期徒刑或者无期徒刑；致人重伤、死亡或者使航空器遭受严重破坏的，处死刑。"除了劫持航空器罪之外，现有的确定的法定刑还包括拐卖妇女、儿童情节特别严重的；暴动越狱或者聚众持械劫狱情节特别严重的首要分子、积极参加者。B 选项正确。《刑法》第 232 条规定："故意杀人的，处死刑、无期徒刑或者十年以上有期徒刑；情节较轻的，处三年以上十年以下有期徒刑。"故意杀人罪的法定刑属于相对确定的法定刑。C 选项错误。根据《刑法》第 263 条规定，以暴力、胁迫或者其他方法抢劫公私财物的，处 3 年以上 10 年以下有期徒刑，并处罚金；有八种严重情形之一的，处 10 年以上有期徒刑、无期徒刑或者死刑，并处罚金或者没收财产。抢劫罪属于相对确定的法定刑。D 选项错误。

7. D 【解析】简单罪状即在刑法分则条文中只简单描述具体犯罪的基本特征而不作更多的解释。A 选项错误。叙明罪状即在刑法分则条文中详尽描述具体犯罪的基本特征。B 选项错误。空白罪状即在刑法分则条文中不直接叙明犯罪的特征，而只是指出该犯罪行为所违反的其他法律、法规。C 选项错误。引证罪状即引用刑法中的其他条款来说明和确定某种犯罪的特征。D 选项正确。

8. C 【解析】空白罪状即在刑法分则条文中不直接叙明犯罪的特征，而只是指出该犯罪行为所违反的其他法律、法规。违反其他的法律、法规是构成某种犯罪的前提，没有这个前提，该犯罪也就不能成立。C 选项正确。

9. C 【解析】混合罪状是指刑法分则条文同时采用空白罪状与叙明罪状形式描述某种具体犯罪的罪状。本题所引刑法条文中既有空白罪状形式，又有叙明罪状形式，是混合罪状。C 选项正确。

10. C 【解析】根据刑事立法实践和刑法理论，法定刑可以分为绝对确定的法定刑、绝对不确定的法定刑、相对确定的法定刑。我国刑法分则条文所规定的法定刑基本属于相对确定的法定刑，即在刑法条文中对某种犯罪规定一定的刑种和刑度，并明确规定出最低刑和最高刑。C 选项正确。

11. A 【解析】根据刑法分则条文对罪状描述方式的不同，可以把罪状分为简单罪状、叙明罪状、空白罪状、引证罪状、混合罪状。简单罪状即在刑法分则条文中只简单描述具体犯罪的基本特征而不作更多的解释。这是因为这类罪状都为人们所熟知。本题中，只是简单提及过失致人死亡，没有更详细的阐述，因此是简单罪状。A 选项正确。

12. D 【解析】援引法定刑，即刑法分则条文中，对其所规定的犯罪援引其他条文或者同条的另一款的法定刑。本题题干对于法定刑没有明确规定，而是援引同条另一款的法定刑，因此是援引法定刑。D 选项正确。

13. C 【解析】宣告刑是指国家审判机关对具体犯罪人依法判处并宣告应当实际执行的刑罚。法定刑是刑法分则条文对具体犯罪所规定的量刑标准。本题中，AB 选项均为法定刑，C 选项为宣告刑，D 选项为犯罪人最终被实际执行的刑期。故本题选择 C 选项。

14. B 【解析】法定刑即刑法分则条文对具体犯罪所规定的量刑标准，包括刑罚种类和刑罚幅度。宣告刑是指国家审判机关对具体犯罪人依法判处并宣告应当实际执行的刑罚。执行刑是指犯罪分子最终实际执行的刑罚。9 年有期徒刑属于宣告刑，7 年有期徒刑属于执行刑。所以，B 项正确。

二、多项选择题

1. BCD 【解析】刑法分则条文的基本结构是指刑法分则中有罪刑单位的条文的基本结构，包括罪状、罪名和法定刑。BCD 选项正确。

2. ABC 【解析】刑法各论研究的法律规范主要由三部分构成，即刑法典的分则部分、单行刑法以及附属刑法即其他非刑事法律、法规中关于犯罪及其刑事责任的规定，ABC 选项正确，D 选项错误。本题选择 ABC 选项。

3. ABCD 【解析】我国刑法分则条文采用的罪状类型包括简单罪状、混合罪状、叙明罪状、空白罪状和引证罪状 5 种。所以 A、B、C、D 项全选。

4. ABC 【解析】我国刑法分则条文中相对确定的法定刑的具体规定方式包括选择法定刑、援引法定刑。其中选择法定刑包括：明确规定法定刑的最高限度，其最低限度依照刑法总则对该种法定刑的规定；明确规定法定刑的最低限度，其最高限度依照刑法总则对该种法定刑的规定；明确规定一种刑罚的最低限度和最高限度；明确规定两种以上的法定刑，包括两种以上的主刑和两种以上的附加刑，同时还规定主刑和附加刑的量刑幅度。ABC 项正确。D 项是援引法定刑。援引法定刑，即刑法分则条文规定，对其所规定的犯罪援引其他条文或同条的另一款的法定刑进行处罚。

5. ABD 【解析】宣告刑是指国家审判机关对具体犯罪人依法判处并宣告应当实际执行的刑罚。A 选项正确。法定刑即刑法分则条文对具体犯罪所规定的量刑标准，包括刑罚种类（刑种）和刑罚幅度（刑期）。B 选项正确。法定刑是宣告刑的基本依据，宣告刑是法定刑的实际运用。C 选项错误。如果说法定刑是针对某种犯罪而做的规定，带有一定的普遍性的话，那么宣告刑则是针对某一具体犯罪案件所做的判决，带有一定的特殊性。从这个意义上说，法定刑与宣告刑是刑罚的普遍性规定和具体运用的关系。D 选项正确。因此本题选 ABD。

参考答案 根据刑法分则条文对罪状描述方式的不同，可以把罪状分为简单罪状、叙明罪状、空白罪状、引证罪状、混合罪状。

简单罪状即在刑法分则条文中只简单描述具体犯罪的基本特征而不作更多的解释。

叙明罪状即在刑法分则条文中详尽描述具体犯罪的基本特征。

空白罪状即在刑法分则条文中不直接叙明犯罪的特征，而只是指出该犯罪行为所违反的其他法律、法规。

引证罪状即引用刑法分则的其他条款来说明某种犯罪的特征。

混合罪状是指刑法分则条文同时采用空白罪状与叙明罪状形式描述某种具体犯罪。

第十四章　危害国家安全罪

一、单项选择题

1. A　【解析】危害国家安全罪是指故意危害中华人民共和国的主权、领土完整和安全，分裂国家，颠覆国家政权、推翻社会主义制度的行为。被判处危害国家安全罪的犯罪分子均要被剥夺政治权利。煽动分裂国家罪属于危害国家安全罪的一种类型，应当被剥夺政治权利。A 选项正确。分裂国家罪，是指组织、策划、实施分裂国家、破坏国家统一的行为。本罪的主体为一般主体，中、外、无国籍人均可以。背叛国家罪的主体只能是中国公民。B 选项错误。国家机关工作人员叛逃之后又实施其他行为的，构成其他犯罪（如间谍罪、为境外非法提供国家秘密罪等），应当数罪并罚。国家机关工作人员叛逃后又参加间谍组织或者接受间谍任务，触犯叛逃罪和间谍罪，应该数罪并罚。C 选项错误。叛逃罪，是指国家机关工作人员在履行公务期间，擅离岗位，叛逃境外或者在境外叛逃，以及掌握国家秘密的国家工作人员叛逃境外或者在境外叛逃，危害国家安全的行为。叛逃罪的主体包括国家机关工作人员和掌握国家秘密的国家工作人员。D 选项错误。

2. A　【解析】危害国家安全罪的主观方面表现为故意，直接故意和间接故意均可以。A 选项正确。

3. B　【解析】分裂国家罪是指组织、策划、实施分裂国家、破坏国家统一的行为。甲没有直接组织、策划、实施分裂国家、破坏国家统一的行为，A 选项错误。资助危害国家安全犯罪活动罪是指境内外机构、组织或者个人资助实施背叛国家、分裂国家、武装叛乱、暴乱以及颠覆国家政权的行为，甲的行为符合该罪的构成要件，B 选项正确。颠覆国家政权罪是指组织、策划、实施颠覆国家政权、推翻社会主义制度的行为，甲没有直接组织、策划、实施颠覆国家政权、推翻社会主义制度的行为，C 选项错误。帮助恐怖活动罪是指资助恐怖活动组织、实施恐怖活动的个人的，或者资助恐怖活动培训的行为，乙从事的是危害我国国家安全的犯罪活动，而非恐怖活动，因此 D 选项错误。

4. B　【解析】侵犯著作权罪是指以营利为目的，侵犯著作权或者与著作权有关的权利，违法所得数额较大或者有其他严重情节的行为。侵犯著作权罪的犯罪对象是他人受著作权法保护的合法作品，如果是以营利为目的盗版发行明知具有煽动分裂国家、破坏国家统一或者煽动颠覆国家政权、推翻社会主义制度内容的作品的，不构成侵犯著作权罪，而应以煽动分裂国家罪或者煽动颠覆国家政权罪定罪处罚。A 选项错误。煽动分裂国家罪，是指煽动分裂国家、破坏国家统一的行为。乙明知出版物中具有煽动分裂国家、破坏国家统一的内容而盗版、复制、发行的行为，实质上相当于自己在从事煽动分裂国家的行为，因此符合煽动分裂国家罪的犯罪构成。B 选项正确。如果以营利为目的盗版、发行他人非法出版物，又不能认定为煽动分裂国家罪、煽动颠覆国家政权罪、侮辱罪、诽谤罪、出版歧视、侮辱少数民族作品罪的，可以认定为非法经营罪。但本题中乙的行为构成煽动分裂国家罪，则不构成非法经营罪。C 选项错误。销售侵权复制品罪与侵犯著作权罪的犯罪对象相同，必须是受著作权法保护的合法的作品。D 选项错误。

5. C 【解析】叛逃罪是国家机关工作人员在履行公务期间，擅离岗位，叛逃境外或者在境外叛逃的行为。因此，认定叛逃罪，必须是国家机关工作人员在"履行公务期间"发生叛逃行为，甲系到外国探亲时滞留不归，不符合此要求，不构成叛逃罪（注意：如果是掌握国家秘密的国家工作人员则不要求履行公务期间）。甲参加间谍组织，触犯《刑法》第 110 条规定的间谍罪。甲参加间谍组织后受指派搜集情报，根据《刑法》第 111 条，又触犯为境外收买国家秘密、情报罪。在罪数上，甲触犯了间谍罪与为境外收买国家秘密、情报罪，应以间谍罪一罪论处。《刑法》第 431 条规定的非法获取军事秘密罪属于军人违反职责罪中的犯罪，主体身份要求是军人，甲不具有军人身份，不能构成该罪。即使甲是军人，加入间谍组织后非法获取军事秘密的，因为此行为是间谍行为的组成部分，不再单独定罪，也只应认定为间谍罪一罪。故 C 选项正确。

6. D 【解析】国家机关工作人员叛逃后又参加间谍组织或者接受间谍组织任务的，触犯叛逃罪和间谍罪，侵犯了不同的法益，两行为无必然牵连关系，应当数罪并罚。D 选项正确。

7. C 【解析】间谍罪是行为犯，法定犯罪行为实施完毕，就既遂。A 项正确。相关司法解释规定，被胁迫或因受欺骗被拉进间谍组织，并未实行危害国家安全犯罪活动的，不成立间谍罪。B 项正确。国家机关工作人员叛逃后又参加间谍组织或者接受间谍任务，触犯叛逃罪和间谍罪，数罪并罚。国家机关工作人员叛逃已经构成叛逃罪，叛逃后又加入间谍组织构成间谍罪，行为人先后触犯叛逃罪和间谍罪，应当实行数罪并罚。C 项错误。参加间谍组织的，必须明知是间谍组织而参加；接受间谍任务的，必须明知是间谍组织或其代理人派遣的任务而接受；为敌人指示轰击目标的，必须明知对方是敌人而向其指示轰击目标。D 项正确。

8. B 【解析】叛逃罪是指国家机关工作人员在履行公务期间，擅离岗位，叛逃境外或者在境外叛逃，危害国家安全的行为。本题中，甲是某省国家安全厅副厅长，是国家机关工作人员，在履行公务期间，在境外叛逃，成立叛逃罪。B 选项正确。间谍罪是参加间谍组织或者接受间谍组织及其代理人的任务，或者为敌人指示轰击目标，危害国家安全的行为。背叛国家罪是指勾结外国，危害我国的主权、领土完整和安全的行为。分裂国家罪是指组织、策划、实施分裂国家、破坏国家统一的行为。ACD 选项错误。

9. B 【解析】（1）黄某实施了为境外间谍人员非法提供国家秘密的行为。其未认识到对象是间谍组织或代理人的身份，欠缺间谍罪故意，不能构成间谍罪。（2）黄某利用熟悉环境的便利非法获取国家秘密（"借工作之便为其搞到"），根据《刑法》第 282 条第 1 款，触犯非法获取国家秘密罪。（3）黄某将国家秘密泄露给他人，根据《刑法》

第 398 条，触犯故意泄露国家秘密罪。（4） 黄某客观上为境外间谍人员窃取、刺探、非法提供国家秘密，主观上明知戴某为境外人员还为其提供国家秘密，具有为境外非法提供国家秘密的故意，根据《刑法》第 111 条，触犯为境外窃取、刺探、收买、非法提供国家秘密、情报罪。（5） 黄某作为国家工作人员利用职务上的便利，收受手机和钱款，为他人谋取利益的，根据《刑法》第 385 条，触犯受贿罪。（6） 在罪数上，为境外窃取、刺探、收买、非法提供国家秘密、情报罪，与非法获取国家秘密罪、故意泄露国家秘密罪之间，存在整体法与部分法的法条竞合关系，应以整体法为境外窃取、刺探、收买、非法提供国家秘密、情报罪论处。（7） 受贿后利用职务便利为他人谋取利益，谋利行为本身构成它罪，不是"伪造后诈骗"的模型，不成立牵连犯。除刑法明文规定择一重处以外，都应数罪并罚。故选 B 项。

10. B 【解析】为境外窃取、刺探、收买、非法提供国家秘密、情报罪，是指为境外的机构、组织、人员窃取、刺探、收买、非法提供国家秘密或者情报的行为。本罪的主观方面只能是故意，即行为人必须明知对方是境外组织、机构、人员而实施相应的窃取、刺探、收买、非法提供国家秘密、情报的行为。A 项错误。本罪的既遂标准根据不同的犯罪实行行为而有所不同。窃取、刺探、收买的既遂标准是当行为人实际获取国家秘密、情报时既遂；非法提供的既遂标准是行为人将国家秘密、情报提供给境外组织、机构、人员时既遂。B 项正确，C 项错误。本罪的主体是年满 16 周岁具有刑事责任能力的自然人，包括外国人。D 项错误。

11. D 【解析】间谍罪，是指参加间谍组织或者接受间谍组织及其代理人的任务，或者为敌人指示轰击目标，危害国家安全的行为。甲不知乙为间谍，不构成间谍罪。A 选项错误。故意泄露国家秘密罪在客观方面表现为违反保守国家秘密法的规定，将自己掌管或知悉的国家秘密泄露给不该知悉此项秘密的单位或个人。甲不具有保管、知悉国家秘密的权限，其窃取国家秘密的行为不能构成故意泄露国家秘密罪。B 选项错误。国家机关公文，是指以国家机关名义制作的处理公务的书面文件，包括命令、决定、通知、指示、函电等。甲买卖的不是国家机关公文，而是国家机密文件，因此不成立买卖国家机关公文罪。C 选项错误。为境外窃取、刺探、收买、非法提供国家秘密、情报罪即为境外的机构、组织、人员窃取、刺探、收买、非法提供国家秘密或者情报的行为。甲明知是境外的个人，仍为其窃取国家秘密的行为符合为境外窃取国家秘密罪的犯罪构成。D 选项正确。为境外窃取、刺探、收买、非法提供国家秘密、情报罪与间谍罪的区别在于行为人主观上是否明知对方是间谍组织而为其窃取、刺探、收买、非法提供国家秘密或者情报，即行为人是否有从事间谍活动的故意，如果明知则构成间谍罪，没有则构成为境外窃取、刺探、收买、非法提供国家秘密、情报罪。因此本题选 D。

二、多项选择题

1. ACD 【解析】叛逃罪的主体是国家机关工作人员和掌握国家秘密的国家工作人员，为特殊主体，故 B 选项错误，ACD 选项正确。

2. CD 【解析】危害国家安全罪包括分裂国家罪、煽动分裂国家罪、叛逃罪、间谍罪、为境外窃取、刺探、收买、非法提供国家秘密、情报罪等，CD 选项正确。故意泄露国家秘密罪属于渎职罪，A 选项错误。帮助恐怖活动罪属于危害公共安全罪，B 选项错误。

3. **ABCD** 【解析】间谍罪的客观方面表现为参加间谍组织、接受间谍组织及其代理人的任务、为敌人指示轰击目标。以上情形构成一种即成立间谍罪，故 ABCD 选项均正确。

4. **BCD** 【解析】间谍罪，是指参加间谍组织或者接受间谍组织及其代理人的任务，或者为敌人指示轰击目标，危害国家安全的行为。参加间谍组织的，必须明知是间谍组织而参加，否则不构成间谍罪，因此甲不构成间谍罪。A 选项错误。叛逃罪，是指国家机关工作人员在履行公务期间，擅离岗位，叛逃境外或者在境外叛逃，以及掌握国家秘密的国家工作人员叛逃境外或者在境外叛逃，危害国家安全的行为。国家机关工作人员构成本罪的，要求必须是在履行公务期间，擅离岗位，叛逃境外或者在境外叛逃。本案中，乙虽然是国家机关工作人员，但乙并不是在履行公务期间叛逃，而是在休假期间叛逃，因此不构成叛逃罪。B 选项正确。煽动分裂国家罪，是指煽动分裂国家、破坏国家统一的行为。丙利用突发传染病疫情等灾害，制造、传播谣言，实施了煽动分裂国家、破坏国家统一的行为，丙构成煽动分裂国家罪。C 选项正确。丁并没有将国家秘密泄露给境外组织、机构、人员，不构成为境外窃取、刺探、收买、非法提供国家秘密、情报罪。本案中，丁故意将国家秘密或情报通过互联网公布，构成故意泄露国家秘密罪。D 选项正确。

三、简答题

参考答案 颠覆国家政权罪，是指组织、策划、实施颠覆国家政权、推翻社会主义制度的行为。本罪的构成要件为：

犯罪的客体是我国的人民民主专政政权和社会主义制度。

犯罪的客观方面表现为组织、策划、实施颠覆国家政权、推翻社会主义制度的行为。

犯罪的主体是年满 16 周岁具有刑事责任能力的自然人。且首要分子、积极参加者、一般参加者均可构成本罪。

犯罪的主观方面是故意。

第十五章　危害公共安全罪

一、单项选择题

1. **C** 【解析】本案中，甲以放火的方式杀害乙，成立故意杀人罪；同时甲放火的行为已经严重危及公共安全，造成多人死亡和重大财产损失，成立放火罪。甲只实行了一个放火行为，同时构成故意杀人罪和放火罪，是想象竞合犯，应当择一重罪处罚，对甲应定放火罪。

2. **A** 【解析】以放火、爆炸等危险方法破坏的是尚未交付使用或者正在修理中的交通工具，危及公共安全的，并非是通过交通工具来使公共安全遭受危害，因此不以破坏交通工具罪定罪，而以放火罪、爆炸罪定罪处罚。A 选项正确。破坏正在修理中的交通工具并不会导致发生倾覆、毁坏危险，因此不构成破坏交通工具罪。B 选项错误。以放火手段破坏正在修理中的交通工具，造成整片厂房着火的行为已经侵害了公共安全，应当定放火罪，而非故意毁坏财物罪。C 选项错误。以危险方法危害公共安全罪的客观方面是以放火、决水、爆炸以及投放危险物质之外的行为危害公共安全，本案中即是放火行为，便不成立以危险方法危害公共安全罪。D 选项错误。

3. C 【解析】爆炸罪的客观方面是实施了用爆炸的方法杀伤不特定多数人、毁坏重大公私财产，危害公共安全的行为。行为方式包括作为和不作为，例如锅炉工故意不给锅炉加水致使锅炉发生爆炸就是以不作为方式实施的爆炸罪，因此 C 选项错误。本题选 C 选项。

4. C 【解析】投放危险物质罪是指故意针对不特定的多数人或者重大公私财产投放毒害性、放射性、传染病病原体等物质，危害公共安全的行为。成立本罪，要求投放的必须是毒害性、放射性、传染病病原体等危险物质，包括危险气体、液体、固体。将危险物质投放于供不特定或多数人饮食的食品或饮料中的行为是投放行为。本题中，甲向食堂免费供应的汤中投放剧毒农药，汤是供不特定多数人饮用的，剧毒农药属于毒害性的危险物质，因此甲的行为是投放毒害性的危险物质，危害公共安全，成立投放危险物质罪。C 选项正确。

5. C 【解析】投放危险物质罪是指故意针对不特定多数人或者重大公私财产投放毒害性、放射性、传染病病原体等物质，危害公共安全的行为。本罪属于危险犯，只要投放危险物质的行为足以危害到不特定多数人的生命、健康和重大公私财产安全的，即构成本罪既遂。至于是否实际发生严重后果，不影响本罪既遂的认定。甲的投毒行为针对单位食堂，系针对公众性的不特定人实施投毒行为，具有公众性，虽然最终没有造成严重后果，但是已经构成投放危险物质罪的既遂，B 选项错误，C 选项正确。甲的行为针对不特定多数人，危及公共安全，最终不认定为故意杀人罪，A 选项错误。投放虚假危险物质罪是指投放虚假的爆炸性、毒害性、放射性、传染病病原体等物质，或者编造爆炸威胁、生化威胁、放射威胁等恐怖信息，或者明知是编造的恐怖信息而故意传播，严重扰乱社会秩序的行为。D 选项错误。因此本题选 C。

6. C 【解析】《刑法》第 291 条之二规定："从建筑物或者其他高空抛掷物品，情节严重的，处一年以下有期徒刑、拘役或者管制，并处或者单处罚金。有前款行为，同时构成其他犯罪的，依照处罚较重的规定定罪处罚。"《刑法》第 291 条之二规定的是高空抛物罪，高空抛物罪需要"情节严重"才能构成。认定高空抛物罪的"情节严重"应当从行为人的动机、抛物场所、抛掷物品的情况以及造成的后果等方面，全面考量行为的社会危害程度，只有达到刑罚当罚的程度，才能理解为"情节严重"。本题中，丙多次实施高空抛物行为，持续时间较长，扔下的东西多为重物等可能导致他人轻伤害以上后果；且丙是向公共道路、广场等人群较多的场所抛掷物品。丙的行为情节严重，已经构成高空抛物罪。同时，丙的行为足以危害公共安全，构成以危险方法危害公共安全罪。因此，丙同时构成高空抛物罪和以危险方法危害公共安全罪，应依照处罚较重的规定处罚，故对丙应以以危险方法危害公共安全罪论处。

7. A 【解析】本案选自《刑事审判参考》第 908 号案例。本案中，甲的醉驾行为未达到定罪标准，不构成犯罪，但其在肇事之后继续开车，再次发生安全事故。这种情形明显反映出行为人不计酒驾后果，对他人伤亡的危害结果持放任态度，具有危害公共安全的间接故意，应当构成以危险方法危害公共安全罪。

8. D 【解析】以危险方法危害公共安全罪是危险犯，只需要达到足以危害公共安全的程度就构成该罪的既遂，而不需要造成实际损害结果。D 选项正确。

9. B 【解析】以危险方法危害公共安全罪，是指故意使用放火、决水、爆炸、投放危险物质以外的其他危险方法危害公共安全的行为。张某故意驾车在闹市区撞人，危害的是公共安全，主观上也不是过失，不构成交通肇事罪，应认定为以危险方法危害公共安全罪。B 选项正确。

10. B 【解析】以危险方法危害公共安全罪主观表现为故意，甲、丙主观上属于过失，构成交通肇事罪，AC 选项错误。乙驾驶越野车在道路上横冲直撞，主观表现为故意，客观上足以危害到公共安全，构成以危险方法危害公共安全罪，B 选项正确。危险驾驶罪，是指在道路上驾驶机动车追逐竞驶，情节恶劣，或者在道路上醉酒驾驶机动车的行为。丁在繁华路段飙车，造成 2 名老妇因受到惊吓致心脏病发作死亡，属于情节恶劣的情况，构成危险驾驶罪，D 选项错误。

11. C 【解析】以危险方法危害公共安全罪是指使用与放火、爆炸、决水、投放危险物质罪方法的危险性相当的其他危险方法，危害公共安全的行为。注意本罪的客体是公共安全，即以不特定的多数人或者财物为侵害对象。不要把不特定简单理解为是谁都可以，这里不特定是指受害范围大小是不特定的。甲丢下一个烟灰缸无论砸到谁，也只能砸到一个人，因此不可能危害公共安全。A 选项错误。投放危险物质罪是指故意针对不特定的多数人或者重大公私财产投放毒害性、放射性、传染病病原体等物质危害公共安全的行为。这里的危险物质必须是毒害性、放射性、传染病病原体等通过化学作用的方式危害人、财、物的物质，而不是指任何具有危险性的物质。B 选项错误。甲明知自己的行为可能会造成他人死亡的危害后果，仍然实施了危害行为，放任危害后果发生，造成了乙死亡的后果，成立故意杀人罪（间接故意）。C 选项正确。过失分为过于自信的过失和疏忽大意的过失。过于自信的过失行为是指行为人预料到危害结果可能发生，但轻信能够避免，结果未能避免造成了损害结果发生的行为；疏忽大意的过失行为是指行为人应当预料但未能预料到可能发生危害社会的结果，造成损害结果发生的行为。本题中，甲明知可能发生危害后果，但未采取任何手段避免危害，对危害结果发生存在放任心态，属于间接故意，因此不能构成过失致人死亡罪。D 选项错误。

12. A 【解析】盗窃罪是指以非法占有为目的，盗窃公私财物数额较大的行为。甲盗窃汽车发动机，数额较大，完全符合盗窃罪的构成要件，应当认定为盗窃罪。A 选项正确。故意毁坏财物罪是指故意毁损公私财物，数额较大或者情节恶劣的行为。成立故意毁坏财物罪必须不具有非法占有的目的，如果具有非法占有的目的则构成取得型财产犯罪（盗窃罪、诈骗罪、抢劫罪、抢夺罪、敲诈勒索罪等）。甲以非法占有为目的盗窃汽车发动机，并将其变卖，不能成立故意毁坏财物罪。B 选项错误。破坏交通工具罪是指破坏火车、汽车、船只、航空器、电车，足以使前述的各类交通工具发生倾覆、毁坏危险的行为。甲盗窃的是汽车发动机，汽车没有了发动机将不能行驶，故不可能造成倾覆、毁坏，从而危害公共安全的危险，因此不能构成破坏交通工具罪。C 选项错误。破坏交通设施罪是指故意破坏轨道、桥梁等交通设施，足以使火车、汽车、电车、船只、航空器发生倾覆、毁坏危险或造成严重后果的行为。甲的行为对象并不是交通设施，因此不能成立破坏交通设施罪。D 选项错误。

13. D 【解析】放火罪和破坏交通工具罪必须对公共安全产生现实危险，才成立该罪，而甲的行为系在荒郊野外的空地上放火，因该地点很偏僻，故该行为没有危害到公共安全，也不具有危及公共安全的可能性。AC 选项错误。故意毁坏财物罪，必须是毁坏他人财物，毁坏自己财物不构成本罪。B 选项错误，D 选项正确。

14. B 　【解析】破坏交通设施罪是指故意破坏轨道、桥梁、隧道、公路、机场、航道、灯塔、标志或者进行其他破坏活动，足以使火车、汽车、电车、船只、航空器发生倾覆、毁坏危险或者造成严重后果的行为。破坏交通工具罪与破坏交通设施罪区分的关键在于行为人在实施破坏行为时的直接指向究竟是什么。如果指向的是交通工具，即使造成了交通设施的损坏，也应当以破坏交通工具罪定罪处罚；如果指向的是交通设施，即使造成了交通工具的损坏，也应当以破坏交通设施罪定罪处罚。本题中，吴某为泄愤故意破坏铁路轨道，破坏行为指向的对象是交通设施。吴某实施破坏交通设施的行为，致使火车脱轨、倾覆，行车中断十余小时，多人受伤，造成巨额经济损失，其行为已构成破坏交通设施罪。B选项正确。

15. D 　【解析】《刑法》第129条规定："依法配备公务用枪的人员，丢失枪支不及时报告，造成严重后果的，处三年以下有期徒刑或者拘役。"据此可知，猎户甲不属于依法配备公务用枪的人员，不满足该罪的主体条件，A选项错误。破坏交通设施罪，是指故意破坏轨道、桥梁、隧道、公路、机场、航道、灯塔、标志或者进行其他破坏活动，足以使火车、汽车、电车、船只、航空器发生倾覆、毁坏危险或者造成严重后果的行为。缆车不属于交通设施，不能构成破坏交通设施罪，B选项错误。破坏交通工具罪，是指故意破坏火车、汽车、电车、船只、航空器，足以使火车、汽车、电车、船只、航空器发生倾覆、毁坏危险，危害公共安全的行为。丙阻止高铁发车并不会导致高铁发生倾覆、毁坏危险，因此不构成该罪，C选项错误。丁吸毒后驾驶机动车撞向人群，该行为足以危及公共安全，构成以危险方法危害公共安全罪。D选项正确。

16. C 　【解析】以盗窃方式破坏正在使用中的电力设备，同时构成盗窃罪与破坏电力设备罪，属于想象竞合犯，从一重罪处罚。C选项正确。

17. D 　【解析】非法持有宣扬恐怖主义、极端主义物品罪是行为犯，行为人明知是宣扬恐怖主义、极端主义的书籍、视频、音频等而持有，在立法上就认为他有可能去宣扬或者让别人利用它去宣扬恐怖主义、极端主义，所以刑法就要禁止这种行为。只要存在持有此类物品的行为，就成立犯罪。D选项说法错误。本题选D选项。

18. C 　【解析】组织、领导、参加恐怖组织罪是指策划组织、领导或者参加恐怖活动组织的行为。该罪是行为犯，行为人只要具有组织、领导、参加恐怖活动组织的行为，就构成组织、领导、参加恐怖组织罪，如果组织、领导、参加恐怖活动组织之后，又从事暗杀、绑架、放火、爆炸、劫持交通工具等其他犯罪行为的，应当数罪并罚。A选项错误。劫持航空器罪是指以暴力、胁迫或者其他方法劫持航空器的行为。在劫持并控制航空器以后，又实施滥杀无辜、强奸妇女等犯罪行为，应当以劫持航空器罪与所实施的犯罪数罪并罚。B选项错误。在以故意杀人手段控制航空器条件下，劫持航空器罪可以包容故意杀人，故意杀人也是其法定升格情形，而强奸行为并非法律明文规定的升格法定刑。而劫持航空器也不必然发生强奸行为，因此两者不具备通常的紧密的联系，因此劫持航空器罪无法包容强奸罪。甲等人实施的强奸行为与劫持航空器罪没有任何通常的牵连关系，因此应当单独评价强奸行为，应当认定为组织、领导恐怖组织罪与劫持航空器罪、强奸罪，数罪并罚。C选项正确。甲等人针对一反抗的空姐实施杀人行为，系为了进一步控制并劫持飞机，该杀人行为属于劫持航空器的组成行为，行为人以杀人、伤害、损坏航空器等方法劫持航空器的，其犯罪的暴力方法中已经包含了这些内容，这些犯罪与劫持航空器罪具有通常的牵连关系，应当仅评价为劫持航空器罪一罪。甲等人通过实施故意杀人的行为，排除反抗，达到控制航空器的行为，被劫持航空器罪所包含，无须单独评价。因此 D 选项错误。

19. B 【解析】非法制造枪支罪的主体可以是自然人，也可以是单位，而违规制造枪支罪的主体只能是单位。A 选项错误。非法买卖枪支后又持有枪支的，属于吸收犯，非法买卖的行为吸收了非法持有的行为，因此仅需以非法买卖枪支罪一罪定罪处罚。B 选项正确。非法出租、出借枪支罪是指依法配备公务用枪的人员或单位，违反管理规定，非法出租、出借枪支，依法配备枪支的人员或者单位，违反管理规定，非法出租、出借枪支造成严重后果的行为。非法买卖枪支罪与非法出租、出借枪支罪犯罪行为的方式不同，并且非法出租、出借枪支罪的犯罪主体只能是特殊主体，即依法配备枪支的自然人、单位。C 选项错误。非法制造枪支罪的非法制造，是指未经批准，私自制造枪支的危害公共安全的行为。只要实际进行了制造的行为，无论是否制造成功，也无论是为了自用或非法出售，只要具有危害公共安全的可能性，都成立本罪，不一定必须具备出卖的目的。D 选项错误。

20. B 【解析】非法持有枪支罪，是指不符合配备枪支条件的人员，违反枪支管理法律规范，擅自持有枪支的行为。甲作为市公安局局长具备配备枪支的条件，所以不成立非法持有枪支罪。A 选项错误。私藏枪支罪，是指依法配备枪支的人员，在配备枪支条件消除后，违反枪支管理法律规范，私自藏匿所配备的枪支拒不交出的行为。甲在调任后便丧失了配备枪支的条件，甲应当将占有的枪支上交，但甲违反枪支管理法律规范，将枪支藏匿且拒不交出，符合私藏枪支罪的构成要件。B 选项正确。盗窃枪支罪是指以非法占有为目的，盗窃他人占有的枪支的行为。甲藏匿自己占有的枪支，不具有占有他人枪支的故意，不构成盗窃枪支罪。C 选项错误。以危险方法危害公共安全罪是一个兜底罪名，只有在不能构成其他危害公共安全犯罪，又实施了与放火、决水、爆炸、投放危险物质相等价的行为才能构成本罪。D 选项错误。

21. B 【解析】交通肇事罪，是指违反交通运输管理法规，在公共交通管理范围内发生重大事故，致人重伤、死亡或者使公私财产遭受重大损失的行为。本案中，甲违反交通管理法规，闯红灯发生重大事故，造成一人死亡，已经构成交通肇事罪，甲明知已经发生交通肇事行为，为逃避法律制裁驾车逃逸，构成交通肇事罪的情节加重犯"交通肇事后逃逸"，A 项错误，B 项正确。甲逃逸的情节属于量刑情节，刑法对其规定了较重一档的法定刑，C 项错误。交通肇事罪是过失犯罪，虽然甲的违章行为即闯红灯是故意心态，但甲对乙的死亡结果是过失心态。行政法上的故意违章行为不等于其具备对刑法上的重大交通事故的故意，相反，行为人对重大交通事故的结果是过失心态，D 项错误。

22. D 【解析】交通肇事罪是指违反交通运输管理法规，在公共交通管理范围内发生重大事故，致人重伤、死亡或者使公私财产遭受重大损失的行为。交通肇事罪必须发生在公共交通管理范围内，大学校园的操场不属于公共交通管理范围，因此不能构成交通肇事罪。A 选项错误。成立故意杀人罪要求主观上具有杀人故意。本案中，甲错把油门当刹车，主观系过失，不具有故意内容。甲既没有预料到练车行为会造成他人死亡，也没有希望或者放任的主观心态，而是排斥犯罪结果的发生，因此不能认定为故意杀人罪。B 选项错误。重大责任事故罪，是指在生产、作业中违反有关安全管理的规定，因而发生重大伤亡事故或造成其他严重后果的行为。重大责任事故罪所侵犯的直接客体是正常的生产、工作安全，因此必须发生在生产、作业中，甲的行为发生在日常生活中，不能成立重大责任事故罪。C 选项错误。甲在校园的操场内练车，驾驶技术生疏，应当预见自己的行为可能发生危害社会的结果但因疏忽大意没有预见，或者已经预见但轻信能够避免，最终造成了他人死亡的危害后果，成立过失致人死亡罪。D 选项正确。

23．A 【解析】甲虽然酒后驾车，但行驶缓慢，紧急情况下又及时采取刹车措施，说明甲的意识是清醒的，而乙高速逆向行驶，没有甲的行为，仍然会有乙死亡的结果，故甲酒后驾车的违法行为与乙的死亡后果没有刑法上的因果关系，甲无须对乙死亡的后果负责，所以甲不构成交通肇事罪。此外，2023 年 12 月 18 日发布的最高人民法院、最高人民检察院、公安部、司法部《关于办理醉酒危险驾驶刑事案件的意见》第 12 条规定："醉驾具有下列情形之一，且不具有本意见第十条规定情形的，可以认定为情节显著轻微、危害不大，依照刑法第十三条、刑事诉讼法第十六条的规定处理：（一）血液酒精含量不满150 毫克 /100 毫升的；（二）出于急救伤病人员等紧急情况驾驶机动车，且不构成紧急避险的；（三）在居民小区、停车场等场所因挪车、停车入位等短距离驾驶机动车的；……"由该条规定可知，危险驾驶罪中的醉酒驾车的认定标准，是要求行为人血液中酒精含量在150 毫克 /100 毫升以上，甲血液中酒精含量未达到醉驾的标准，因此不成立危险驾驶罪。综上，甲不构成犯罪。A 选项正确，B 选项错误，C 选项错误。以危险方法危害公共安全罪是一个兜底罪名，只有不能构成危害公共安全罪一章的任何一种犯罪，且行为与放火、爆炸、投放危险物质具有相当的危险性时才可能构成该罪。另外，以危险方法危害公共安全罪是一个故意犯罪，甲明显不具有造成乙死亡的故意心态。D 选项错误。

24．B 【解析】《最高人民法院关于审理交通肇事刑事案件具体应用法律若干问题的解释》第 5 条规定："'因逃逸致人死亡'，是指行为人在交通肇事后为逃避法律追究而逃跑，致使被害人因得不到救助而死亡的情形。交通肇事后，单位主管人员、机动车辆所有人、承包人或者乘车人指使肇事人逃逸，致使被害人因得不到救助而死亡的，以交通肇事罪的共犯论处。"乙违章肇事后，单位主管人员甲指使乙逃跑，虽然甲拨打了 120 急救电话，但这不属于积极有效的救助行为，在完全可以送往医院实施救助的情况下，离开了现场，致使被害人因未能及时得到救助而死亡，甲和乙构成交通肇事罪的共犯，这是作为过失犯罪不能成立共同犯罪的例外。B 选项正确。AC 选项错误。《最高人民法院关于审理交通肇事刑事案件具体应用法律若干问题的解释》第 6 条规定："行为人在交通肇事后为逃避法律追究，将被害人带离事故现场后隐藏或者遗弃，致使被害人无法得到救助而死亡或者严重残疾的，应当分别依照刑法第二百三十二条、第二百三十四条第二款的规定，以故意杀人罪或者故意伤害罪定罪处罚。"本案中，乙仅仅是受甲的指使而逃离事故现场，而并没有将被害人丁带离事故现场后隐藏或者遗弃，因此其行为与故意杀人罪不具有等价性，不能成立不作为的故意杀人罪。D 选项错误。

25．A 【解析】交通肇事引起被害人重伤、死亡的，应以交通肇事罪论处，A 选项错误。交通肇事罪既可以以作为方式构成，也可以以不作为方式构成，B 选项正确。窃取或夺取财产中发现有枪支、弹药或者爆炸物，再非法持有或者私藏，作为盗窃结果的占有枪支又触犯了非法持有、私藏枪支、弹药罪，犯罪的结果行为触犯其他罪名，构成牵连犯，择一重罪处罚，C 选项正确。在组织、领导、参加恐怖活动组织之后，又实施杀人、绑架、放火、爆炸等其他犯罪行为的，应当数罪并罚，D 选项正确。

26．A 【解析】在是否构成交通肇事罪的判断上，甲有一般违章的行为，致一人重伤，仅以此情况认定，不构成交通肇事罪的基本犯；再考虑逃逸情节，才可构成交通肇事罪的基本犯。故而，甲构成交通肇事罪的基本犯；不属于交通肇事后逃逸。A 选项正确，BD选项错误。在定罪情节与量刑情节的判断上，本案中的逃逸属于定罪情节，不属于量刑情节。C 选项错误。

27. D 【解析】甲的行为触犯危险驾驶罪、交通肇事罪，应以交通肇事罪论处。《刑法》第 133 条之一第 3 款规定："有前两款行为，同时构成其他犯罪的，依照处罚较重的规定定罪处罚。"即有追逐竞驶，情节恶劣以及醉酒驾驶机动车的行为，同时又构成其他犯罪的，依照处罚较重的规定定罪处罚。本选项中，交通肇事罪处刑更重，因此，对甲应以交通肇事罪定罪论处。A 选项不当选。《刑法》第 133 条之一第 1 款第 2 项规定的是"醉酒"，若将吸毒解释为"醉酒"的范围是类推解释。我国刑法原则上禁止类推解释，故不构成危险驾驶罪。本案情形，已造成危害公共安全的具体危险，可以构成以危险方法危害公共安全罪。如果没有危险，则按《道路交通安全法》处罚。B 选项不当选。吃荔枝表面上"醉"，但实际血液中酒精含量为零，不属于"醉酒"，没有危险驾驶行为，故不构成危险驾驶罪。C 选项不当选。"道路"包括停车场。根据《最高人民法院、最高人民检察院、公安部关于办理醉酒驾驶机动车刑事案件适用法律若干问题的意见》第 1 条第 2 款，前款规定的"道路""机动车"，适用道路交通安全法的有关规定。根据《道路交通安全法》第 119 条第 1 项，"道路"是指公路、城市道路和虽在单位管辖范围但允许社会机动车通行的地方，包括广场、公共停车场等用于公众通行的场所。因此，丁的行为构成危险驾驶罪。D 选项当选。

28. C 【解析】失火罪和重大责任事故罪都是危害公共安全的过失犯罪，二者主要区别在于发生的场合不同，失火罪是发生在日常生活中的过失犯罪，重大责任事故罪是发生在生产、作业过程中的过失犯罪。本题中，火灾发生在生产、作业领域，不构成失火罪，构成重大责任事故罪。A 选项错误，C 选项正确。《刑法》第 233 条规定："过失致人死亡的，处三年以上七年以下有期徒刑；情节较轻的，处三年以下有期徒刑。本法另有规定的，依照规定。"如果其他罪名中包含了过失致人死亡的行为，则以其他罪名定罪处罚，不单独评价为过失致人死亡罪。BD 选项错误。

29. A 【解析】根据司法解释，重大责任事故罪的犯罪主体，包括对生产、作业负有组织、指挥或者管理职责的负责人、管理人、实际控制人、投资人等人员，以及直接从事生产、作业的人员。所以未必只有一线生产、作业人员才能构成重大责任事故罪，本题中，建筑工地负责人张某在生产、作业中违反有关安全管理规定，造成严重后果，构成重大责任事故罪，B 选项正确。本题中张某没有强令他人违章作业的情况，所以不构成强令、组织他人违章冒险作业罪，A 选项错误。《刑法》第 72 条第 2 款规定："宣告缓刑，可以根据犯罪情况，同时禁止犯罪分子在缓刑考验期限内从事特定活动，进入特定区域、场所，接触特定的人。"张某因从事安全生产活动而造成严重后果，对其宣告缓刑可以禁止其在缓刑考验期限内从事与安全生产相关联的特定活动，C 选项正确。《刑法》第 37 条之一规定："因利用职业便利实施犯罪，或者实施违背职业要求的特定义务的犯罪被判处刑罚的，人民法院可以根据犯罪情况和预防再犯罪的需要，禁止其自刑罚执行完毕之日或者假释之日起从事相关职业，期限为三年至五年。"张某因违反安全生产的义务构成犯罪，可以禁止其自刑罚执行完毕之日或者假释之日起 3 年至 5 年从事与安全生产相关的职业，D 选项正确。故本题选择 A 选项。

30. C 【解析】强令、组织他人违章冒险作业罪是指强令他人违章冒险作业，或者明知存在重大事故隐患而不排除，仍冒险组织作业，因而发生重大伤亡事故或者造成其他严重后果的行为。本罪的行为主体是自然人，包括对生产、作业负有组织、指挥或者管理职责的负责人、管理人、实际控制人、投资人等人员。本题中，储某作为对作业负有组织、指挥、管理职责的人，明知吊车存在安全隐患且操作人员无证，仍然违反有关安全管理的规定，强制王某违章作业，造成重大伤亡事故，储某的行为构成强令、组织他人违章冒险作业罪。C选项正确。

31. C 【解析】危险作业罪是指在生产、作业中违反有关安全管理的规定，有下列情形之一，具有发生重大伤亡事故或者其他严重后果的现实危险的行为。（一）关闭、破坏直接关系生产安全的监控、报警、防护、救生设备、设施，或者篡改、隐瞒、销毁其相关数据、信息的；（二）因存在重大事故隐患被依法责令停产停业、停止施工、停止使用有关设备、设施、场所或者立即采取排除危险的整改措施，而拒不执行的；（三）涉及安全生产的事项未经依法批准或者许可，擅自从事矿山开采、金属冶炼、建筑施工，以及危险物品生产、经营、储存等高度危险的生产作业活动的。甲未经依法批准，擅自从事危险物品经营、储存等高度危险的作业活动，其行为对其本人及其他不特定社会公众的人身和财产安全产生威胁，具有发生重大伤亡事故或者其他严重后果的现实危险，构成危险作业罪。C选项正确。

32. C 【解析】危险物品肇事罪是指违反爆炸性、易燃性、放射性、毒害性、腐蚀性物品的管理规定，在生产、储存、运输、使用中发生重大事故，造成严重后果的行为。根据我国相关法律规定，运输化学危险品的驾驶员应具备相关安全知识、取得相应的上岗资格证，了解发生意外时的应急措施，车辆不得超载、超装。本案中，甲持有机动车驾驶证，了解机动车的安全技术要求；甲领取了危险货物运输从业资格证、道路危险货物运输操作证，对驾驶存在安全隐患的机动车运输液氮可能发生的危险，事先有充分的认识。但是，甲仍驾驶着存在安全隐患且严重超载的机动车上路行驶，明知他的行为有可能引发危害公共安全的事故，却轻信能够避免，以致重大事故发生。甲的行为已经构成危险物品肇事罪。C选项正确。

二、多项选择题

1. ABCD 【解析】危害公共安全犯罪中，有的犯罪的犯罪主体既可以是单位也可以是自然人，例如非法制造、买卖、运输、邮寄、储存枪支、弹药、爆炸物罪；有的犯罪只能由自然人构成，例如交通肇事罪；有的犯罪主体是特殊主体，例如违规制造、销售枪支罪；有的犯罪的刑事责任年龄是14周岁，例如放火罪、爆炸罪。ABCD选项都正确。

2. ABC 【解析】放火罪属于危害公共安全的犯罪，D选项不会危害公共安全，因此，不构成放火罪。行为人死亡不影响犯罪成立，只是不再追究刑事责任，所以B选项以自焚的方法烧毁公园的林木，不管自焚目的是否实现，均成立放火罪，此项当选。ABC选项正确。

3. AB 【解析】根据《刑法》第114条的规定，投放危险物质罪的罪状是"投放毒害性、放射性、传染病病原体等物质，危害公共安全"。A选项，考查"投放"行为的含义，投出、释放、放置等对毒害物质扩散起作用的行为都可包括。本选项可构成投放危险物质罪。B选项，考查"……等物质"要素，可包括危害公共安全的其他有害物质。本选项可构成投放危险物质罪。A、B选项当选。C选项，考查"危险物质""危害公共安全"要素。本罪是危险犯，要求使用的危险物质能够有实际造成不特定多数人伤亡的公共安全危险的可能。本选项中使用假炭疽杆菌不可能造成此危险结果，不构成投放危险物质罪。可构成

《刑法》第291条之一规定的投放虚假危险物质罪。D选项，易使人形成瘾癖的罂粟壳粉末，也不属于可造成人员伤亡的危险物质，不能构成投放危险物质罪。本选项可构成《刑法》第353条规定的欺骗他人吸毒罪、《刑法》第144条规定的生产、销售有毒、有害食品罪，是两罪的想象竞合。

4. ABC 【解析】以危险方法危害公共安全罪，是指使用与放火、爆炸、决水、投放危险物质方法的危险性相当的其他危险方法，危害公共安全的行为。A、B、C项正确。根据司法解释规定，盗窃、破坏人员密集往来的非机动车道、人行道以及车站、码头、公园、广场、学校、商业中心、厂区、社区、院落等生产生活、人员聚集场所的窨井盖，足以危害公共安全的，成立以危险方法危害公共安全罪；在具有瓦斯爆炸高度危险的情形下，下令多人下井采煤、在高速公路上逆向高速行驶都构成以危险方法危害公共安全罪。D项错误。行为人为伤害、杀害特定人员实施高空抛物行为的，依照故意伤害罪、故意杀人罪定罪处罚。本案中，丁是为了杀害李某而将烟灰缸从高空抛落，应当认定为故意杀人罪。丁并没有危害公共安全的故意，不应当认定为以危险方法危害公共安全罪。

5. BD 【解析】破坏交通工具罪，是指破坏火车、汽车、电车、船只、航空器，足以使火车、汽车、电车、船只、航空器发生颠覆、毁坏危险，尚未造成严重后果或者已经造成严重后果的行为。甲将公交车上的玻璃砸碎不会影响公交车的正常行驶，不足以造成公交车发生倾覆、毁坏危险，不成立破坏交通工具罪。A选项不当选。乙的行为构成破坏交通工具罪，因为车辆具有随时使用的可能，车辆的制动功能受损足以使公交车发生倾覆、损坏危险。B选项当选。丙彻底破坏公交车的发动机，属于故意毁坏财物，但公交车实际上无法继续交付使用，不会发生危害公共安全的可能性。C选项不当选。丁以爆炸的方法破坏正在行驶中的火车，同时构成爆炸罪和破坏交通工具罪的构成要件，是法条竞合犯，爆炸是实现破坏交通工具的手段，破坏交通工具罪是特别法条，根据法律规定，特别法条优先于一般法条，对丁应当认定为破坏交通工具罪。D选项当选。

6. ABCD 【解析】《刑法》第133条之二规定："对行驶中的公共交通工具的驾驶人员使用暴力或者抢控驾驶操纵装置，干扰公共交通工具正常行驶，危及公共安全的，处一年以下有期徒刑、拘役或者管制，并处或者单处罚金。前款规定的驾驶人员在行驶的公共交通工具上擅离职守，与他人互殴或者殴打他人，危及公共安全的，依照前款的规定处罚。有前两款行为，同时构成其他犯罪的，依照处罚较重的规定定罪处罚。"因此甲的行为应以上述条款规定的罪名（妨害安全驾驶罪）定罪。ABC选项错误。甲造成乙轻微伤，不构成故意伤害罪，D选项错误。因此本题选ABCD选项。本条为《刑法修正案（十一）》新增条款。

7. ABC 【解析】行为人只要有组织、领导、参加恐怖组织的行为，就构成犯罪，如果作为恐怖活动组织的成员又实施了杀人、绑架、爆炸等犯罪行为的，应当按照数罪并罚的原则来处理。绑架又故意杀人的，依据刑法分则的规定，只按照绑架罪一罪定罪。因此，甲应以组织、领导恐怖组织罪与绑架罪、爆炸罪数罪并罚。ABC选项正确。

8. ABD 【解析】组织、领导、参加恐怖组织罪是指为首策划组织、领导或者积极参加恐怖活动组织的行为。恐怖活动组织一般带有明显的政治性目的，是犯罪集团的一种特殊形式，AB选项正确。资助恐怖活动组织的行为，属于帮助行为正犯化，不再按照刑法总则的规定认定帮助犯，应当依据刑法分则的规定认定构成帮助恐怖活动罪，C选项错误。行为人只要有组织、领导、参加恐怖活动组织的行为，就构成犯罪，如果作为恐怖活动组织的成员又实施了杀人、绑架、爆炸等犯罪行为的，应当按照数罪并罚的原则来处理。

9. ABD 【解析】劫持航空器罪，是指以暴力、胁迫或者其他方法劫持航空器的行为。劫持并控制航空器以后，又实施滥杀无辜或者强奸妇女等其他犯罪行为的，成立劫持航空器罪和所实施的其他犯罪，进行数罪并罚。A选项正确。劫持航空器致人重伤、死亡，属于本罪的结果加重犯，不需要数罪并罚，法定刑升格处罚即可。B选项正确。把杀人、伤害、损坏航空器等方法作为劫持航空器的手段，成立劫持航空器罪一罪。C选项错误。《刑法》第121条；"以暴力、胁迫或者其他方法劫持航空器的，处十年以上有期徒刑或者无期徒刑；致人重伤、死亡或者使航空器遭受严重破坏的，处死刑。"该法条规定了绝对确定的法定刑——死刑。D选项正确。

10. AC 【解析】劫持船只、汽车罪是指以暴力、胁迫或者其他方法劫持船只、汽车的行为。本罪的犯罪主体只能是自然人，不能是单位，D选项错误。本罪的犯罪对象限于正在使用中的船只、汽车，不包括火车、地铁等。劫持火车、地铁的行为，不构成本罪，一般应当按照以危险方法危害公共安全罪论处。A选项正确，B选项错误。如果不仅劫持了船只、汽车，还抢劫船只、汽车上的人的财物，应以劫持船只、汽车罪和抢劫罪，数罪并罚，C选项正确。本题选AC选项。

11. ABD 【解析】非法制造、买卖、运输、邮寄、储存枪支、弹药、爆炸物罪的犯罪主体既包括自然人也包括单位。违规制造、销售枪支罪的犯罪主体只能是单位。非法持有、私藏枪支、弹药罪的主体只能是自然人。因此，本题选择ABD选项。

12. AD 【解析】甲在盗窃时不知包内有枪，仅具有非法占有一般财物的目的，盗窃了数额较大的财物和枪支，应以盗窃罪定罪处罚。A选项正确，B选项错误。窝藏罪是指明知是犯罪的人而为其提供隐藏处所、财物，帮助其逃匿的行为，乙所隐藏的是枪支，不构成窝藏罪。C选项错误。乙违反枪支管理规定，将枪支藏在家中，符合非法持有枪支罪的构成要件。D选项正确。

13. AB 【解析】非法制造、买卖、运输、邮寄、储存枪支、弹药、爆炸物罪是指违反国家有关枪支、弹药、爆炸物管理的法律规定，非法制造、买卖、运输、邮寄、储存枪支、弹药、爆炸物的行为。该罪的犯罪主体为一般主体，单位可以成立本罪。A选项正确。行为人在非法买卖枪支后又私藏该枪支的行为，属于非法买卖枪支行为的延续，符合吸收犯的特征，仅以非法买卖枪支罪一罪定罪处罚。B选项正确。非法私藏枪支罪是指依法配备、配置枪支、弹药的人员，在配备、配置枪支、弹药的条件消除后，违反枪支管理法律、法规的规定，私自藏匿配备、配置的枪支且拒不交出的行为，该罪犯罪主体是特殊主体，即依法配备、配置枪支、弹药的人员。C选项错误。某现役军人私自藏匿盗窃来的枪支而非依法配置、配备的枪支，则其构成盗窃枪支罪，其后续的藏匿行为属于"不可罚的事后行为"，不再另成立非法私藏枪支罪。D选项错误。本题答案为AB。

14. ABCD 【解析】《刑法》第133条之一第1款规定："在道路上驾驶机动车，有下列情形之一的，处拘役，并处罚金：（一）追逐竞驶，情节恶劣的；（二）醉酒驾驶机动车的；（三）从事校车业务或者旅客运输，严重超过额定乘员载客，或者严重超过规定时速行驶的；（四）违反危险化学品安全管理规定运输危险化学品，危及公共安全的。"ABCD选项都正确。

15. ABC 【解析】强令、组织他人违章冒险作业罪是指强令他人违章冒险作业，或者明知存在重大安全隐患而不排除，仍冒险组织作业，发生重大伤亡事故或者造成其他严重后果的行为。甲明知存在重大安全隐患而不排除，仍冒险组织作业，发生重大伤亡事故，符合强令、组织他人违章冒险作业罪的构成。A选项错误。重大责任事故罪是指在生产、作业中违反有关安全管理的规定，因而发生重大伤亡事故或者造成其他严重后果的行为。犯罪主体为一般主体，并无特殊限制。B选项错误。重大责任事故罪的犯罪主观方面为过失，行为人不希望出现重大伤亡事故，但对于违反有关安全管理规定的行为往往是出于故意。C选项错误。发生场合必须是在生产、作业过程中，否则不成立本罪，D选项正确。因此本题选ABC。

16. ABC 【解析】《最高人民法院、最高人民检察院关于办理危害生产安全刑事案件适用法律若干问题的解释》第5条规定："明知存在事故隐患、继续作业存在危险，仍然违反有关安全管理的规定，实施下列行为之一的，应当认定为刑法第一百三十四条第二款规定的'强令他人违章冒险作业'：（一）利用组织、指挥、管理职权，强制他人违章作业的；（二）采取威逼、胁迫、恐吓等手段，强制他人违章作业的；（三）故意掩盖事故隐患，组织他人违章作业的；（四）其他强令他人违章作业的行为。"因此本题选ABC。《刑法修正案（十一）》对强令、组织他人违章冒险作业罪进行了修改，明确规定明知存在重大安全隐患而不排除，仍冒险组织作业，因而发生重大伤亡事故或者造成其他严重后果的，构成强令、组织他人违章冒险作业罪。《刑法》第134条第2款规定："强令他人违章冒险作业，或者明知存在重大事故隐患而不排除，仍冒险组织作业，因而发生重大伤亡事故或者造成其他严重后果的，处五年以下有期徒刑或者拘役；情节特别恶劣的，处五年以上有期徒刑。"D选项是重大责任事故罪的行为方式，而不是强令、组织他人违章冒险作业罪的行为方式。

17. CD 【解析】丁某驾驶机动车肆意冲撞密集人群，其行为针对的是不特定人群，且危害程度与放火、决水、爆炸等行为相当，严重危害公共安全，故应当以以危险方法危害公共安全罪定罪处罚，其行为明显具有故意性，交通肇事罪为过失犯罪，丁某的行为显然不构成交通肇事罪。A项正确，不选；D项错误，当选。刑事责任的解决方式包含定罪判刑、定罪免刑、消灭处理和转移处理。其中，消灭处理是指，行为人的行为已经构成犯罪，应当负刑事责任，但由于法定的阻却刑事责任的事由存在，使刑事责任归于消灭，而死亡属于法定的阻却刑事责任的事由。B项正确，不选。根据我国《刑法》规定，已满75周岁的人故意犯罪的，可以从轻或者减轻处罚。丁某的年龄为66岁，不符合该条件，故C项错误，当选。本题答案为CD。

三、简答题

1. **参考答案** 危害公共安全罪，是指故意或过失地实施危害不特定多数人的生命、健康和重大公私财产安全的行为。危害公共安全罪有以下共同特征：

（1）客体是社会公共安全，即不特定多数人的生命、健康和重大公私财产安全。

（2）客观方面是行为人实施了已经造成严重后果或者足以造成严重后果的危及公共安全的行为，既可以是作为，也可以是不作为。

（3）犯罪主体既有一般主体，也有特殊主体。

（4）主观方面既有故意，也有过失。

2. **参考答案** 丢失枪支不报罪，是指依法配备公务用枪的人员，丢失枪支不及时报告，造成严重后果的行为。本罪的构成要件为：

犯罪的客体是社会公共安全和国家对枪支的管理制度。

犯罪的客观方面是丢失枪支不及时报告，造成严重后果的行为。

犯罪的主体是依法配备公务用枪的人员。

犯罪的主观方面是故意。

四、法条分析题

参考答案 （1）所谓机动车，是指以动力装置驱动或者牵引，上道路行驶的供人员乘用或者用于运送物品以及进行工程专项作业的轮式车辆。（2）所谓道路包括两种情形：其一，公路、城市道路；其二，虽在单位管辖范围但允许社会机动车通行的地方，包括广场、公共停车场等用于公众通行的场所。（3）所谓醉酒驾驶机动车，是指在道路上驾驶机动车，血液酒精含量80毫克/100毫升的。2023年12月18日发布的《最高人民法院、最高人民检察院、公安部、司法部关于办理醉酒危险驾驶刑事案件的意见》第十二条"醉驾具有下列情形之一，且不具有本意见第十条规定情形的，可以认定为情节显著轻微、危害不大，依照刑法第十三条、刑事诉讼法第十六条的规定处理：（一）血液酒精含量不满150毫克/100毫升的；（二）出于急救伤病人员等紧急情况驾驶机动车，且不构成紧急避险的；（三）在居民小区、停车场等场所因挪车、停车入位等短距离驾驶机动车的；……"要求行为人血液中酒精含量在80毫克/100毫升以上。（4）危险驾驶罪是行为犯，只要有刑法规定的危险驾驶行为就构成本罪，如果有危险驾驶的行为又造成了严重的后果，又构成交通肇事罪、以危险方法危害公共安全罪等其他犯罪的，是一行为侵犯数个法益的想象竞合犯，择一重罪定罪处罚（在一般情况下，危险驾驶罪的刑罚轻于其他犯罪）。但如果有危险驾驶行为，又以暴力、威胁方法阻碍公安机关依法检查，又构成妨害公务罪等其他犯罪的，依照刑法数罪并罚的规定处罚。

五、案例分析题

参考答案 （1）甲成立投放危险物质罪。铱射线属于放射性物质，会严重危及公共安全。虽然甲报复的对象是乙，但是甲将机器放置在乙的办公室内，当机器开机照射乙时，不可避免地将照射与乙相邻办公室的工作人员以及到乙办公室来办公的人员。甲的行为危害了公共安全，侵犯了不特定多数人的生命健康。所以甲的行为构成投放危险物质罪。甲的行为造成了重伤结果，属于投放危险物质罪的结果加重犯。（2）甲成立以危险方法危害公共安全罪。甲驾驶汽车撞向执法人员，在撞到多人后还继续驾驶，并朝工作人员密集地冲撞，危及了公共安全，成立以危险方法危害公共安全罪。

第十六章　破坏社会主义市场经济秩序罪

一、单项选择题

1. C　【解析】诈骗罪客观方面表现为行为人采用虚构事实或隐瞒真相的方法，使公私财物的所有权人、管理人产生错觉，信以为真，从而自愿交出财物的行为，其本身不是经济行为。而生产、销售伪劣产品罪在客观方面虽然可能有欺骗的因素，但毕竟存在真实的经营活动。本题中，甲是存在真实经营活动的，因此不构成诈骗罪。A选项错误。生产、销售、提供假药罪是指生产者、销售者违反国家的药品管理法规，生产、销售假药以及药品使用单位的人员明知是假药而提供给他人使用的行为。甲生产、销售的对象是化肥，不属于药品，也不属于假药，B选项错误。生产、销售伪劣产品的行为有四种表现形式：掺杂、掺假、以假充真、以次充好、以不合格产品冒充合格产品。甲在化肥中掺杂、掺假，销售数额在5万元以上，构成生产、销售伪劣产品罪。C选项正确。只要行为人以故意的主观心态，实施了上述四种行为之一并且销售数额达到5万元以上，就构成生产、销售伪劣产品罪，不需要造成其他严重后果，D选项错误。

2. B　【解析】生产、销售伪劣产品罪，是指生产者、销售者在产品中掺杂、掺假，以假充真，以次充好或者以不合格产品冒充合格产品，销售数额达5万元以上的行为。本罪关于既遂和未遂的数额标准不同：（1）既遂；销售数额达到5万元。即构成本罪既遂。（2）未遂；相关司法解释规定，伪劣产品尚未销售，货值金额（库存额）达到生产、销售伪劣产品罪规定的销售金额（5万元）3倍以上的（15万元），以生产、销售伪劣产品罪（未遂）定罪处罚。如果销售数额×3+货值数额≥15万元的，同样是本罪的未遂。即销售数额可以降格评价为货值数额。本案中，销售数额为4万元，尚未达到既遂数额5万元的标准，不构成生产、销售伪劣产品罪的既遂。本案定罪数额为：4×3+8=20万元，成立生产、销售伪劣产品罪未遂。综上所述，B选项当选。

3. D　【解析】生产、销售、提供假药罪，是指生产者、销售者违反国家药品管理法规，生产、销售假药或者药品使用单位的人员明知是假药而提供给他人使用的行为。但最高人民法院、最高人民检察院《关于办理危害药品安全刑事案件适用法律若干问题的解释》第18条第1款规定："根据民间传统配方私自加工药品或者销售上述药品，数量不大，且未造成他人伤害后果或者延误诊治的，或者不以营利为目的实施带有自救、互助性质的生产、进口、销售药品的行为，不应当认定为犯罪。"本案中，甲根据祖传偏方生产、销售发烧药品，数量不大，没有造成他人身体受到伤害的结果，情节显著轻微，不应当认定为犯罪。非法行医罪，需要情节严重才构成。因此AB选项错误，D选项正确。生产、销售、提供劣药罪，是指生产者、销售者违反国家药品管理制度，生产、销售劣药，或者药品使用单位的人员明知是劣药而提供给他人使用，对人体健康造成严重危害的行为。本案中，甲生产、销售的药品有疗效，并没有对人体健康造成严重危害，不构成生产、销售、提供劣药罪，C选项错误。

4. A　【解析】本案改编自《人民法院案例选》。走私普通货物、物品罪是指违反海关法规，逃避海关监管，非法运输、携带、邮寄国家禁止进出口的武器、弹药、核材料、假币、珍贵动物及其制品、珍稀植物及其制品、淫秽物品以及国家禁止出口的文物、金银和其他贵重金属以外的其他货物、物品进出境，偷逃应缴税额较大或者一年内曾因走私被给予两次行政处罚后又走私的行为。本罪犯罪对象是其他走私犯罪以及走私毒品罪以外的货物、物品。B公司伙同A公司采用伪报贸易性质的方式走私普通货物，逃避海关监管，偷逃进口货物的应缴税款，其行为已构成走私普通货物、物品罪。因此A选项当选。

5. A　【解析】非国家工作人员受贿罪是指公司、企业或者其他单位的工作人员，利用职务上的便利，索取他人财物或者非法收受他人财物，为他人谋取利益，数额较大的行为。徐某作为民营公司的工作人员，利用职务上的便利，索取他人财物，为他人谋取利益的行为构成非国家工作人员受贿罪。徐某不具有国家工作人员的身份，也不属于国家工作人员的关系密切人，不构成受贿罪和利用影响力受贿罪。本题答案为 A 选项。

6. A 【解析】保险诈骗罪是指行为人以非法占有为目的的虚构保险标的、虚构保险事故、夸大保险事故、故意制造保险事故进行保险诈骗活动，数额较大的行为。甲以非法占有为目的，虚构保险事故，向保险公司提出理赔申请，就进入了犯罪的实行阶段，不可能构成保险诈骗罪预备。C 选项错误。保险诈骗罪的既遂要求行为人实际取得了保险赔偿金，这里甲虽然取得了理赔款，但是早已被保险公司识破，保险公司的赔款行为是为了配合公安机关，因此甲取得赔偿金与其实施的保险诈骗行为不存在因果关系，其取得的赔款，在实质上并不属于赔偿金，即甲未取得真正的保险赔偿金，不构成保险诈骗罪的既遂。B 选项错误。甲实施了保险诈骗行为，在实行阶段，因意志以外的原因未能达到既遂状态，属于犯罪未遂。甲成立保险诈骗罪未遂，A 选项正确。合同诈骗罪与保险诈骗罪是一般法条与特别法条的关系，如果符合特别法条的构成要件，则优先适用特别法条，因此甲的行为不再成立合同诈骗罪。D 选项错误。

7. D 【解析】合同诈骗罪是指以非法占有为目的，在签订、履行合同过程中，骗取对方当事人财物，数额较大的行为。该企业虽然签订虚假买卖合同，但并非是利用合同来骗取合同对方当事人财物，因此不构成合同诈骗罪。A 选项错误。骗取出口退税罪，是指以假报出口或者其他欺骗手段，骗取国家出口退税款，数额较大的行为。该企业采用伪造出口退税单证和签订虚假买卖合同等方法，骗取出口退税 30 万元，完全符合骗取出口退税罪的犯罪构成。B 选项错误。逃税罪是指纳税人采取欺骗、隐瞒手段进行虚假的纳税申报或者不申报，逃避缴纳税款数额较大并且占应纳税额 10% 以上或者扣缴义务人采取欺骗、隐瞒手段，不缴或少缴已扣、已收税款，数额较大的行为。该企业先缴纳税款，然后又利用骗取出口退税方式骗回已缴纳 20 万元税款，相当于从未缴纳税款，因此符合逃税罪的构成要件。C 选项错误。根据《刑法》第 204 条第 2 款规定，纳税人缴纳税款后，采取欺骗方法，骗取所缴纳的税款的，依照逃税罪的规定定罪处罚；骗取税款超过所缴纳的税款部分，依照骗取出口退税罪的规定处罚，并将二者数罪并罚。D 选项正确。

8. D 【解析】第一，甲生产、销售伪劣产品，销售金额达到 5 万元以上，完全符合生产、销售伪劣产品罪的构成要件，其行为触犯生产、销售伪劣产品罪。第二，甲违反国家商标管理法规，在烟草制品上使用与中华香烟注册商标相同的商标，触犯假冒注册商标罪。第三，非法经营罪是指违反国家规定，非法经营，扰乱市场秩序，情节严重的行为。甲未经许可，经营法律、行政法规规定的专营、专卖的烟草制品，情节严重，触犯非法经营罪。《最高人民法院、最高人民检察院关于办理非法生产、销售烟草专卖品等刑事案件具体应用法律若干问题的解释》第 5 条规定："行为人实施非法生产、销售烟草专卖品犯罪，同时构成生产、销售伪劣产品罪、侵犯知识产权犯罪、非法经营罪的，依照处罚较重的规定定罪处罚。"此即属于一行为侵害多个法益的想象竞合犯，择一重罪处罚。因此 D 选项正确，ABC 选项错误。

9. A 【解析】洗钱罪的上游犯罪包括毒品犯罪、黑社会性质的组织犯罪、恐怖活动犯罪、走私犯罪、贪污贿赂犯罪、破坏金融管理秩序犯罪、金融诈骗犯罪。被告人将洗钱罪规定的某一上游犯罪的犯罪所得及其收益误认为洗钱罪上游犯罪内的其他犯罪所得及其收益的，属于在同一犯罪构成内发生误认，是事实认识错误中的对象错误，不影响洗钱罪的认定。A 选项正确。

10. C 　【解析】行为人使用暴力手段抗税，故意造成税务人员重伤、死亡的，同时触犯故意伤害罪、故意杀人罪与抗税罪，抗税行为不能吸收故意伤害、故意杀人行为，应当以故意伤害罪、故意杀人罪定罪处罚。C 选项正确。

11. C 　【解析】根据司法解释规定，行为人为了达到逃税或者骗取出口退税的目的而虚开增值税专用发票或者用于骗取出口退税、抵扣税款发票的，属于牵连犯，从一重罪处断。C 选项正确。

12. C 　【解析】逃税罪本质上是因不履行纳税义务而构成犯罪，因此是纯正的不作为犯。A 选项正确。《刑法》第 201 条第 1 款规定："纳税人采取欺骗、隐瞒手段进行虚假纳税申报或者不申报，逃避缴纳税款数额较大并且占应纳税额百分之十以上的，处三年以下有期徒刑或者拘役，并处罚金；数额巨大并且占应纳税额百分之三十以上的，处三年以上七年以下有期徒刑，并处罚金。"因此，纳税人逃避缴纳税款不足应纳税额 10% 的不构成犯罪，B 选项正确。《刑法》第 201 条第 2 款规定："扣缴义务人采取前款所列手段，不缴或者少缴已扣、已收税款，数额较大的，依照前款的规定处罚。"第 4 款规定："有第一款行为，经税务机关依法下达追缴通知后，补缴应纳税款，缴纳滞纳金，已受行政处罚的，不予追究刑事责任；但是，五年内因逃避缴纳税款受过刑事处罚或者被税务机关给予二次以上行政处罚的除外。"值得注意的是，前述第 4 款的处罚阻却事由仅适用于纳税人。因此，扣缴义务人并不适用第 4 款规定，扣缴义务人的逃税行为只要达到数额较大就构成逃税罪，C 选项错误，D 选项正确。

13. B 　【解析】《刑法》第 219 条规定："有下列侵犯商业秘密行为之一，情节严重的，处三年以下有期徒刑，并处或者单处罚金；情节特别严重的，处三年以上十年以下有期徒刑，并处罚金：（一）以盗窃、贿赂、欺诈、胁迫、电子侵入或者其他不正当手段获取权利人的商业秘密的；（二）披露、使用或者允许他人使用以前项手段获取的权利人的商业秘密的；（三）违反保密义务或者违反权利人有关保守商业秘密的要求，披露、使用或者允许他人使用其所掌握的商业秘密的。明知前款所列行为，获取、披露、使用或者允许他人使用该商业秘密的，以侵犯商业秘密论。"本条所称权利人，是指商业秘密的所有人和经商业秘密所有人许可的商业秘密使用人。因此 ACD 选项均属于侵犯商业秘密的行为。B 选项拾取商业秘密属于合法取得，其不属于侵犯商业秘密的行为，不构成侵犯商业秘密罪，本题选 B 选项。

14. D 　【解析】成立生产、销售伪劣产品罪，要求销售金额达到 5 万元，伪劣产品尚未销售，货值达到 15 万元以上的，以生产、销售伪劣产品罪（未遂）定罪处罚，AC 选项错误。生产、销售《刑法》第 141 条至第 148 条所列产品，构成有关犯罪，同时又构成生产、销售伪劣产品罪的，依照处罚较重的规定定罪处罚。本题中，行为人将面粉和白糖的混合物冒充避孕药品进行售卖，属于以非药品冒充药品，其行为触犯生产、销售假药罪。行为人一行为同时触犯数罪，属于法条竞合关系，应当择一重罪论处。B 选项错误，D 选项正确。

15. B 　【解析】《刑法》第 217 条规定："以营利为目的，有下列侵犯著作权或者与著作权有关的权利的情形之一，违法所得数额较大或者有其他严重情节的，处三年以下有期徒刑，并处或者单处罚金；违法所得数额巨大或者有其他特别严重情节的，处三年以上十年以下有期徒刑，并处罚金：（一）未经著作权人许可，复制发行、通过信息网络向公众传播其文字作品、音乐、美术、视听作品、计算机软件及法律、行政法规规定的其他作品的；（二）出版他人享有专有出版权的图书的；（三）未经录音录像制作者许可，复制发行、通过信息网络向公众传播其制作的录音录像的；（四）未经表演者许可，复制发行录有其表演的录音录像制品，或者通过信息网络向公众传播其表演的；（五）制作、出售假冒他人署名的美术作品的；（六）未经著作权人或者与著作权有关的权利人许可，故意避开或者破坏权利人为其作品、录音录像制品等采取的保护著作权或者与著作权有关的权利的技术措施的。"依据 2004 年 12 月 22 日最高人民法院、最高人民检察院《关于办理侵犯知识产权刑事案件具体应用法律若干问题的解释》第五条，以营利为目的，实施《刑法》第 217 条所列侵犯著作权行为之一，违法所得数额在 3 万元以上的，属于"违法所得数额较大"；具有下列情形之一的，属于"有其他严重情节"，应当以侵犯著作权罪判处 3 年以下有期徒刑，并处或者单处罚金：（1）非法经营数额在 5 万元以上的；（2）未经著作权人许可，复制发行其文字作品、音乐、电影、电视、录像作品、计算机软件及其他作品，复制品数量合计在 1 000 张（份）以上的；（3）其他严重情节的情形。依据 2007 年 4 月 5 日最高人民法院、最高人民检察院《关于办理侵犯知识产权刑事案件具体应用法律若干问题的解释（二）》，就刑法第二百一十七条的适用，补充解释：第一条，以营利为目的，未经著作权人许可，复制发行其文字作品、音乐、电影、电视、录像作品、计算机软件及其他制品，复制品数量合计在 500 张（份）以上的，属于刑法第二百一十七条规定的"有其他严重情节"；复制品数量在 2 500 张（份）以上的，属于刑法第二百一十七条规定的"有其他特别严重情节"。依据 2011 年 1 月 10 日最高人民法院、最高人民检察院、公安部《关于办理侵犯知识产权刑事案件适用法律若干问题的意见》，就适用刑法第二百一十七条意见：以营利为目的，未经著作权人许可，通过信息网络向公众传播他人文字作品、音乐、电影、电视、美术、摄影、录像作品、录音录像制品、计算机软件及其他作品，具有下列情形之一的，属于刑法第二百一十七条规定的其他严重情节，包括（1）非法经营数额在 5 万元以上的；（2）传播他人作品的数量合计在 500 件（部）以上的；（3）传播他人作品的实际被点击数量达到 5 万次以上的；（4）以会员制方式传播他人作品，注册会员达到 1 000 人以上的；（5）数额或者数量虽未达到第 1 项至第 4 项规定的标准的，但分别达到其中 2 项以上标准一半以上的；（6）其他严重情节。实施前款规定的行为，数额或者数量达到前款第 1 项至第 5 项规定标准 5 倍以上的，属于刑法第二百一十七条规定的"其他特别严重情节"。本题中，李某以营利目的，未经著作权人的许可，复制发行其影视作品，违法所得 6 万元，其行为符合侵犯著作权罪的构成要件，构成侵犯著作权罪，B 选项正确。

16. D 【解析】本题考查走私普通货物、物品罪。走私普通货物、物品罪客观方面表现为行为人违反海关法规，逃避海关监管，走私普通货物、物品，偷逃应缴税额较大（个人 10 万元以上、单位 20 万元以上）或者 1 年内曾因走私被给予 2 次行政处罚后又走私的行为。本题中，甲弄虚作假，采用将高关税税率货物伪报为低关税税率货物的方法进口货物，偷逃关税 20 万元的行为构成走私普通货物、物品罪。D 选项正确。应当注意本罪与逃税罪的区别，走私普通货物、物品罪偷逃的是关税。逃税罪是指纳税人采取欺骗、隐瞒手段进行虚假纳税申报或者不申报，逃避缴纳税款数额较大并且占应纳税额百分之十以上的行为，或者扣缴义务人采取前款所列手段，不缴或者少缴已扣、已收税款，数额较大的行为。如果同时触犯走私普通货物、物品罪又触犯逃税罪，应当以走私普通货物、物品罪定罪处罚，不再定逃税罪。A 选项错误。走私罪是刑法分则第三章"破坏社会主义市场经济秩序罪"第二节的章节罪名,而不是具体罪名。B 选项错误。甲的行为不符合诈骗罪的构成要件,因此 C 选项错误。因此,D 选项当选。

17. A 【解析】根据《刑法》第 198 条第 4 款的规定,保险事故的鉴定人、证明人、财产评估人故意提供虚假证明文件,为他人诈骗提供条件的,以保险诈骗的共犯论处。A 选项正确。伪证罪是指在刑事诉讼中,证人、鉴定人、记录人、翻译人对与案件有重要关系的情节,故意作虚假证明、鉴定、记录、翻译,意图陷害他人或者隐匿罪证的行为。保险事故的证明人不属于证人、鉴定人、记录人、翻译人,也不属于刑事诉讼活动,因此 B 选项错误。提供虚假证明文件罪是指承担资产评估、验资、验证、会计、审计、法律服务、保荐、安全评价、环境影响评价、环境监测等职责的中介组织的人员故意提供虚假证明文件,情节严重的行为。保险事故的证明人不属于上述组织的人员,因此 D 选项错误。行为人既触犯诈骗罪,又触犯保险诈骗罪的,两罪是普通法条与特别法条的关系,应当适用法条竞合的一般处理原则。C 选项错误。

18. B 【解析】《刑法》第 225 条规定:"违反国家规定,有下列非法经营行为之一,扰乱市场秩序,情节严重的,处五年以下有期徒刑或者拘役,并处或者单处违法所得一倍以上五倍以下罚金;情节特别严重的,处五年以上有期徒刑,并处违法所得一倍以上五倍以下罚金或者没收财产:(一)未经许可经营法律、行政法规规定的专营、专卖物品或者其他限制买卖的物品的;(二)买卖进出口许可证、进出口原产地证明以及其他法律、行政法规规定的经营许可证或者批准文件的;(三)未经国家有关主管部门批准非法经营证券、期货或者保险业务的,或者非法从事资金支付结算业务的;(四)其他严重扰乱市场秩序的非法经营行为。"B 选项并不符合法律规定的非法经营罪的行为方式,所以,不应当认定为非法经营罪。本题选 B。

19. B 【解析】生产、销售伪劣商品犯罪,往往存在欺骗消费者的情况,如生产、销售伪劣产品罪,金融诈骗类犯罪包含了诈骗行为,此时按照其他罪名定罪,不再认定为诈骗罪,A 选项错误。生产、销售有毒、有害食品罪,是指违反国家食品卫生管理法律法规,在生产、销售的食品中掺入有毒、有害的非食品原料的,或者销售明知掺有有毒、有害的非食品原料的食品的行为。本题中,潘某违反国家食品卫生管理法规,在生产和销售的食品中,使用了有毒有害的非食品原料工业过氧化氢,其行为构成生产、销售有毒、有害食品罪。B 选项正确。生产、销售不符合安全标准的食品罪是指生产、销售不符合卫生标准的食品或足以造成严重食物中毒事故或者其他严重食源性疾病的行为。C 选项错误。生产、销售不符合安全标准的产品罪是指生产不符合保障人身、财产安全的国家标准、行业标准的电器、压力容器、易燃易爆产品或者其他不符合保障人身、财产安全的国家标准、行业标准的产品,或者销售明知是以上不符合保障人身、财产安全的国家标准、行业标准的产品的行为。D 选项错误。

20. D 【解析】非国家工作人员受贿罪是指公司、企业或者其他单位的工作人员利用职务上的便利,索取他人财物或者非法收受他人财物,为他人谋取利益,数额较大的行为。根据司法解释的规定,学校及其他教育机构中的教师,利用教学活动的职务便利,以各种名义非法收受教材、教具、校服或者其他物品销售方财物,为教材、教具、校服或者其他物品销售方谋取利益,数额较大的,依照《刑法》第 163 条的规定,以非国家工作人员受贿罪定罪处罚。本题中,甲是学校的音乐教师,利用职务便利,指定学生去乐器行购买乐器,为乐器行谋取利益,收受乐器行的财物,甲的行为成立非国家工作人员受贿罪。

D 选项正确。

21. B 【解析】非法吸收公众存款罪是指违反国家金融管理法规，非法吸收公众存款或变相吸收公众存款，扰乱金融秩序的行为。"非法吸收"是指未经中国人民银行批准，向社会不特定对象吸收资金，出具凭证，承诺在一定期限内还本付息的活动；"变相吸收"是指未经中国人民银行批准，不以吸收公众存款的名义向社会不特定对象吸收资金，但承诺履行的义务与吸收公众存款性质相同的活动。本题中，周某未经中国人民银行批准，以发放宣传单的形式向社会不特定对象吸收资金，出具凭证，承诺在一定期限内还本付息，周某的行为属于非法吸收，扰乱了金融秩序，应成立非法吸收公众存款罪。B 选项正确。

22. B 【解析】妨害信用卡管理罪是指违反信用卡管理法律、法规的规定，妨害信用卡管理的行为。妨害信用卡管理的行为包括：（1）明知是伪造的信用卡而持有、运输的，或者明知是伪造的空白信用卡而持有、运输，数量较大的；（2）非法持有他人信用卡，数量较大的；（3）使用虚假的身份证明骗领信用卡的；（4）出售、购买、为他人提供伪造的信用卡或者以虚假的身份证明骗领信用卡的行为。本题中，王某使用虚假的身份证明骗领信用卡，成立妨害信用卡管理罪。B 选项正确。

23. A 【解析】内幕交易、泄露内幕信息罪是指证券、期货交易内幕信息的知情人员或者非法获取证券、期货内幕信息的人员，在涉及证券的发行、证券、期货交易或者其他对证券、期货交易价格有重大影响的信息尚未公开前，买入或者卖出该证券，或者从事与该内幕信息有关的期货交易，或者泄露该信息，或者明示、暗示他人从事上述交易活动，情节严重的行为。本题中，黄某作为证券交易内幕信息的知情人员，在涉及对证券交易价格有重大影响的信息尚未公开前，买入该证券，内幕交易成交额及账面收益均特别巨大，情节特别严重，黄某构成内幕交易、泄露内幕信息罪。A 选项正确。利用未公开信息交易罪是指证券交易所、期货交易所、证券公司、期货经纪公司、基金管理公司、商业银行、保险公司等金融机构的从业人员以及有关监管部门或者行业协会的工作人员，利用因职务便利获取的内幕信息以外的其他未公开的信息，违反规定，从事与该信息相关的证券、期货交易活动，或者明示、暗示他人从事相关交易活动的行为。本题中，黄某并非利用职务便利获取内幕信息以外的其他未公开信息，且该信息属于内幕信息范畴，故不成立利用未公开信息交易罪。B 选项错误。《刑法》第 182 条规定："有下列情形之一，操纵证券、期货市场，影响证券、期货交易价格或者证券、期货交易量，情节严重的，处五年以下有期徒刑或者拘役，并处或者单处罚金；情节特别严重的，处五年以上十年以下有期徒刑，并处罚金：（一）单独或者合谋，集中资金优势、持股或者持仓优势或者利用信息优势联合或者连续买卖的；（二）与他人串通，以事先约定的时间、价格和方式相互进行证券、期货交易的；（三）在自己实际控制的账户之间进行证券交易，或者以自己为交易对象，自买自卖期货合约的；（四）不以成交为目的，频繁或者大量申报买入、卖出证券、期货合约并撤销申报的；（五）利用虚假或者不确定的重大信息，诱导投资者进行证券、期货交易的；（六）对证券、证券发行人、期货交易标的公开作出评价、预测或者投资建议，同时进行反向证券交易或者相关期货交易的；（七）以其他方法操纵证券、期货市场的。单位犯前款罪的，对单位判处罚金，并对其直接负责的主管人员和其他直接责任人员，依照前款的规定处罚。"本题中黄某未实施操纵证券、期货市场的行为，不构成操纵证券、期货市场罪，C 选项错误。

24. B 【解析】利用未公开信息交易罪是指证券交易所、期货交易所、证券公司、期货经纪公司、基金管理公司、商业银行、保险公司等金融机构的从业人员以及有关监管部门或者行业协会的工作人员，利用因职务便利获取的内幕信息以外的其他未公开信息，违反规定，从事与该信息相关的证券、期货交易活动，或者明示、暗示他人从事相关交易活动，情节严重的行为。本题中，王某作为基金管理公司从业人员，利用因职务便利获取的未公开信息，违反规定，指令自己的父母从事股票交易活动，交易金额特别巨大，获利特别巨大，严重扰乱金融秩序，构成利用未公开信息交易罪。B 选项正确。

25. A 【解析】集资诈骗罪是指以非法占有为目的，使用诈骗方法非法集资，数额较大的行为。以下情况可以认定为本罪的"以非法占有为目的"：集资后不用于生产经营活动或者用于生产经营活动与筹集资金规模明显不成比例，致使集资款不能返还的；肆意挥霍集资款，致使集资款不能返还的；携带集资款逃匿的；将集资款用于违法犯罪活动的；抽逃、转移资金、隐匿财产，逃避返还资金的；隐匿、销毁账目，或者搞假破产、假倒闭，逃避返还资金的；拒不交代资金去向，逃避返还资金的；其他可以认定非法占有目的的情形。本题中，宁某虚构投资项目，以高额回报为诱饵筹集资金，但集资后并没有将资金用于生产经营活动，而是肆意挥霍，致使集资款不能返还。宁某实际上具有非法占有的目的，使用诈骗方法非法集资，数额较大，构成集资诈骗罪。A 选项正确。本罪与非法吸收公众存款罪的区别在于具有非法占有的目的。C 选项错误。

26. C 【解析】假冒注册商标罪是指违反国家商标管理法规，未经商标所有人许可，在同一种商品、服务上使用与其注册商标相同的商标，情节严重的行为。实施假冒注册商标犯罪，又销售该假冒注册商标的商品，构成犯罪的，应当依照假冒注册商标罪定罪处罚。本题中，林某未经"GUCCI""LOUIS VUITTON""MCM"商标所有人许可，在同一种商品——手袋、背包上使用上述商标，情节严重。林某生产上述商品后又销售该假冒注册商标的商品，按照假冒注册商标罪定罪处罚。C 选项正确。

27. D 【解析】销售侵权复制品罪，是指以营利为目的，违反著作权管理法规，明知是侵权复制品而故意销售，违法所得数额巨大的行为。所谓"侵权复制品"，包括侵权复制的文字作品、音乐、电影、电视、录像作品、计算机软件及其他作品、他人享有专有出版权的图书、录音录像制品、美术作品等。本题中，赵某明知《现代汉语词典》和《牛津高阶英汉双解词典》是盗版的，是侵权复制品，但仍以营利为目的，故意将其销往各地，违法所得数额巨大，构成销售侵权复制品罪。D 选项正确。

28. A 【解析】贷款诈骗罪是指以非法占有为目的，使用虚构事实或隐瞒真相的方法诈骗银行或者其他金融机构的贷款，数额较大的行为。贷款诈骗罪的构造为：行为人实施欺骗行为→金融机构工作人员产生错误认识→基于错误认识发放贷款→行为人或第三者取得贷款→金融机构遭受财产损失。对于具有下列情形之一的，应认定为具有非法占有的目的：（1）假冒他人名义贷款的；（2）贷款后携款潜逃的；（3）未将贷款按贷款用途使用，而是用于挥霍致使贷款无法偿还的；（4）改变贷款用途，将贷款用于高风险的经济活动造成重大经济损失，导致无法偿还贷款的；（5）为谋取不正当利益，改变贷款用途，造成重大经济损失，致使无法偿还贷款的；（6）使用贷款进行违法犯罪活动的；（7）隐匿贷款去向，贷款到期后拒不偿还的，等等。本题中，王某假冒黄某乙贷款，并将黄某乙的房屋进行抵押，使银行工作人员产生错误认识，银行工作人员基于错误认识发放了贷款，王某取得贷款后进行挥霍，致使无法偿还贷款，银行遭受损失。王某的行为构成贷款诈骗罪。A 选项正确。本罪与骗取贷款罪的区别在于本罪具有非法占有的目的，B 选项错误。

29. A **【解析】**强迫交易罪是指以暴力、威胁手段，迫使他人进行交易，情节严重的行为。本题中，王某以威胁的手段，强行购买甲公司的石头，情节严重，构成强迫交易罪。A 选项正确。本题中，王某强迫甲公司股东与自己签订销售协议书，其以稍低于市场价的价格购买石头，未明显低于市场价，双方存在真实交易，故王某主观不存在非法占有目的，不能认定为抢劫罪，BCD 选项错误。

30. D **【解析】**《刑法》第 217 条关于侵犯著作权罪的规定："以营利为目的，有下列侵犯著作权或者与著作权有关的权利的情形之一，违法所得数额较大或者有其他严重情节的，处三年以下有期徒刑，并处或者单处罚金；违法所得数额巨大或者有其他特别严重情节的，处三年以上十年以下有期徒刑，并处罚金：（一） 未经著作权人许可，复制发行、通过信息网络向公众传播其文字作品、音乐、美术、视听作品、计算机软件及法律、行政法规规定的其他作品的；（二） 出版他人享有专有出版权的图书的；（三） 未经录音录像制作者许可，复制发行、通过信息网络向公众传播其制作的录音录像的；（四） 未经表演者许可，复制发行录有其表演的录音录像制品，或者通过信息网络向公众传播其表演的；（五） 制作、出售假冒他人署名的美术作品的；（六） 未经著作权人或者与著作权有关的权利人许可，故意避开或者破坏权利人为其作品、录音录像制品等采取的保护著作权或者与著作权有关的权利的技术措施的。"郑某的行为属于上述第（五） 种情形，其仿制他人享有著作权的作品，侵犯他人已有的复制权，按侵犯著作权罪处罚，D 选项正确。

31. A **【解析】**《刑法》第 142 条之一规定："违反药品管理法规，有下列情形之一，足以严重危害人体健康的，处三年以下有期徒刑或者拘役，并处或者单处罚金；对人体健康造成严重危害或者有其他严重情节的，处三年以上七年以下有期徒刑,并处罚金:（一）生产、销售国务院药品监督管理部门禁止使用的药品的；（二） 未取得药品相关批准证明文件生产、进口药品或者明知是上述药品而销售的;（三）药品申请注册中提供虚假的证明、数据、资料、样品或者采取其他欺骗手段的；（四） 编造生产、检验记录的。有前款行为，同时又构成本法第一百四十一条、第一百四十二条规定之罪或者其他犯罪的，依照处罚较重的规定定罪处罚。"根据《药品管理法》的规定，有以下情形之一的为假药：药品所含成份与国家药品标准规定的成份不符；以非药品冒充药品或者以他种药品冒充此种药品；变质的药品；药品所标明的适应症或者功能主治超出规定范围。甲、乙在未取得药品相关批准证明文件的情形下生产药品，足以严重危害人体健康，但尚未对人体健康造成严重危害，应当以妨害药品管理罪定罪处罚。A 选项正确，BC 选项错误。甲乙的行为不符合"掺杂、掺假，以假充真，以次充好或者以不合格产品冒充合格产品"的行为特征，因此不构成生产、销售伪劣产品罪。D 选项错误。因此本题选 A。

32. C **【解析】**合同诈骗罪，是指以非法占有为目的，在签订、履行合同过程中，骗取对方当事人财物，数额较大的行为。合同诈骗罪的主体包括自然人和单位。A 项错误。贷款诈骗罪的主体仅限于自然人，单位不能构成贷款诈骗罪。B 选项错误。合同诈骗罪要求犯罪行为必须发生在签订、履行合同的过程中，被害人必须是合同对方当事人。C 选项正确。合同诈骗罪和贷款诈骗罪是一般法条和特殊法条的关系，合同诈骗罪是一般法条，贷款诈骗罪是特殊法条，两罪发生竞合时，特殊法条优先适用，D 选项错误。

33. D 【解析】根据《药品管理法》的规定，有以下情形之一的为假药：药品所含成份与国家药品标准规定的成份不符；以非药品冒充药品或者以他种药品冒充此种药品；变质的药品；药品所标明的适应症或者功能主治超出规定范围。甲销售变质药品，符合生产、销售、提供假药罪的犯罪构成。甲的行为获利巨大，隐含的意思是销售金额在 5 万元以上，因此也符合生产、销售伪劣产品罪的构成要件。根据《刑法》第 149 条第 2 款的规定，生产、销售特定种类的伪劣产品，构成生产、销售特定种类伪劣产品犯罪，同时销售金额在 5 万元以上，又构成生产、销售伪劣产品罪的，依照处罚较重的规定定罪处罚。这属于法条竞合犯的特别处理原则，即依重法优于轻法的原则处断。因此，AB 选项错误，D 选项正确。生产、销售、提供劣药罪，是指违反国家药品管理法规，生产、销售劣药，对人体健康造成严重危害或者药品使用单位的人员明知是劣药而提供给他人使用的行为。甲属于销售假药的行为，变质的药品是假药，并非劣药。C 选项错误。故本题选 D。

34. B 【解析】行为人同时实施伪造、出售、运输、持有、使用伪造的货币等数种犯罪的，需要分两种情况：如果行为人出售、运输、持有、使用伪造的货币系其本人伪造的，按伪造货币罪一罪从重处罚；如果行为人既伪造了货币，又持有、使用、运输、出售了其他人伪造的货币，则应按伪造货币罪和有关犯罪实行数罪并罚。A 选项错误。伪造的货币，要求在外观上足以达到以假乱真的程度，可以使一般人相信是真币。面额 30 元的假币，不可能使一般人相信是真币，不成立伪造货币罪。B 选项正确。使用假币罪，要求按照货币的流通方式去使用假币，赠与他人属于货币的一般流通方式，因此成立使用假币罪。C 选项错误。伪造货币罪的对象包括伪造正在流通的货币、正在流通的境外货币、中国人民银行发行的纪念币。因此，伪造航天纪念钞成立伪造货币罪。D 选项错误。

35. C 【解析】掩饰、隐瞒犯罪所得、犯罪所得收益罪，是指行为人明知是犯罪所得及其产生的收益而予以窝藏、转移、收购、代为销售或者以其他方法掩饰、隐瞒的行为。本罪的最大特点在于属于事后帮助犯，即本罪的犯罪故意必须产生在产生犯罪所得的犯罪既遂之后，如果既遂前形成帮助他人犯罪的故意或有通谋行为的，则认定为其他罪名的共犯，不再认定为本罪。A 选项错误。窝藏罪是指明知是犯罪的人而为其提供隐蔽处所、财物，帮助其逃匿的行为。本题中，甲的行为不构成窝藏罪。B 选项错误。《刑法》第 156 条规定："与走私罪犯通谋，为其提供贷款、资金、账号、发票、证明，或者为其提供运输、保管、邮寄或者其他方便的，以走私罪的共犯论处。"因此甲的行为成立走私普通货物、物品罪。C 选项正确。包庇罪，是指明知是犯罪的人，而提供虚假证明包庇，使其逃避处罚的行为。甲没有实施提供虚假证明包庇犯罪分子的行为，因此不成立包庇罪。D 选项错误。

36. C 【解析】甲公司采用欺骗的手段取得银行贷款，给银行造成了重大损失，严重侵犯了银行的财产和金融管理秩序，已经触犯刑法，甲既要承担民事违约责任，又要承担刑事责任，二者并不冲突。A 选项错误。贷款诈骗罪，是指以非法占有为目的，诈骗银行或其他金融机构的贷款，数额较大的行为。第一，甲公司为了经营需要骗取银行贷款，具有归还的意思，不能认定为其具有非法占有的目的；第二，贷款诈骗罪的主体只能是自然人，单位不能构成贷款诈骗罪。综上，B 选项错误。骗取贷款罪是指以欺骗手段取得银行或其他金融机构的贷款，给银行或其他金融机构造成重大损失的行为。一般认为，以欺骗手段取得银行贷款 100 万元以上，给银行造成的直接经济损失在 20 万元以上的，可以构成本罪。甲公司的行为完全符合骗取贷款罪的构成要件。C 选项正确。合同诈骗罪，是指以非法占有为目的，在签订、履行合同过程中，骗取对方当事人财物，数额较大的行为。

甲公司不具有非法占有的目的，因此不成立合同诈骗罪。D 选项错误。另外，法硕考试认为，单位以非法占有为目的，诈骗银行或其他金融机构贷款的，以合同诈骗罪定罪处罚。

二、多项选择题

1. BD 【解析】强迫交易罪是指以暴力、威胁手段实施法定行为，情节严重的行为。A 选项正确。强迫交易罪属于破坏社会主义市场经济秩序罪章节的罪名，B 选项错误。根据司法解释的规定，以暴力、威胁手段强迫他人借贷的，属于"强迫他人提供或者接受服务"，可以成立本罪。C 选项正确。以非法占有为目的，以借贷为名采用暴力、胁迫手段获取他人财物的，以抢劫罪或者敲诈勒索罪定罪处罚。D 选项错误。本题为选非题，答案为 BD。

2. ACD 【解析】上游犯罪尚未依法裁判，但查证属实的，或者上游犯罪事实可以确认，因行为人死亡等原因依法不予追究刑事责任的，不影响洗钱罪的认定。A 选项正确。上游犯罪事实可以确认，依法以其他罪名定罪处罚的，不影响洗钱罪的认定。单位贷款诈骗的事实已经确认，其行为属于贷款诈骗的行为，仅因为单位作为犯罪主体，故以合同诈骗罪定罪处罚，不影响其行为性质属于洗钱罪上游犯罪中的金融诈骗犯罪，即使因某种原因需要以合同诈骗罪定罪处罚的，不影响洗钱罪的认定。B 选项错误。CD 选项表述正确。

3. ABCD 【解析】《刑法》第 224 条之一规定："组织、领导以推销商品、提供服务等经营活动为名，要求参加者以缴纳费用或者购买商品、服务等方式获得加入资格，并按照一定顺序组成层级，直接或者间接以发展人员的数量作为计酬或者返利依据，引诱、胁迫参加者继续发展他人参加，骗取财物，扰乱经济社会秩序的传销活动的，处五年以下有期徒刑或者拘役，并处罚金；情节严重的，处五年以上有期徒刑，并处罚金。"可以看出，ABCD 四个选项都正确。

4. ABC 【解析】窃取、收买、非法提供信用卡信息罪是指违反信用卡管理法律、法规，窃取、收买、非法提供他人信用卡信息资料的行为。所谓窃取他人信用卡信息资料是指采取自认为不被他人知悉的手段，非法获取他人信用卡信息资料的行为。A 选项正确。收买他人信用卡信息资料是指通过向知悉他人的信用卡信息资料的人员送财物的手段，非法获取他人信用卡信息资料的行为。B 选项正确。非法提供他人信用卡信息资料是指知悉他人信用卡信息资料的人员向第三人非法提供其所知悉的他人信用卡信息资料的行为。C 选项正确。本罪是一般主体，银行或其他金融机构的工作人员利用职务上的便利窃取、收买或者非法提供他人信用卡信息资料的，从重处罚。D 选项错误。

5. AB 【解析】走私文物罪、走私贵重金属罪，只禁止出口，不禁止进口，偷逃关税进口贵重金属入境的行为，以走私普通货物、物品罪定罪，所以 AB 选项正确。走私能够使用的弹头、弹壳，无论是进口还是出口，均定走私弹药罪，所以 C 选项错误。走私淫秽物品罪的成立，需要有牟利或传播的目的，D 选项有传播目的，应当认定为走私淫秽物品罪，所以 D 选项错误。

6. BCD 【解析】行为人为逃税而虚开增值税专用发票的，属于牵连犯，择一重罪处断。A 选项错误。虚开增值税专用发票罪有四种具体方式：为他人虚开、为自己虚开、让他人为自己虚开，介绍他人虚开。BCD 选项正确。

7. ABD 【解析】《刑法》第 196 条关于信用卡诈骗罪的规定："有下列情形之一，进行信用卡诈骗活动，数额较大的，处五年以下有期徒刑或者拘役，并处二万元以上二十万元以下罚金；数额巨大或者有其他严重情节的，处五年以上十年以下有期徒刑，并处五万元以上五十万元以下罚金；数额特别巨大或者有其他特别严重情节的，处十年以上有期徒刑或者无期徒刑，并处五万元以上五十万元以下罚金或者没收财产：（一）使用伪造的信用卡，或者使用以虚假的身份证明骗领的信用卡的；（二）使用作废的信用卡的；（三）冒用他人信用卡的；（四）恶意透支。"C选项非法持有他人信用卡，数量较大的属于妨害信用卡管理罪的构成要件，信用卡诈骗罪与妨害信用卡管理罪两罪之间有些联系，如果仅仅是持有、运输、骗领、出售、购买、提供等行为而没有对人或机器使用的，定妨害信用卡管理罪；反之，如果对人或机器使用的，应定信用卡诈骗罪。应注意区分，避免混淆。ABD选项正确。

8. BCD 【解析】《刑法》第202条关于抗税罪的规定："以暴力、威胁方法拒不缴纳税款的，处三年以下有期徒刑或者拘役，并处拒缴税款一倍以上五倍以下罚金；情节严重的，处三年以上七年以下有期徒刑，并处拒缴税款一倍以上五倍以下罚金。"如果在暴力抗税过程中故意致税务人员重伤、死亡的，同时触犯故意伤害罪（重伤）、故意杀人罪和抗税罪，即应当以故意伤害罪、故意杀人罪定罪处罚。A选项错误。如果在暴力抗税过程中因过失致税务人员重伤、死亡的，同时触犯过失致人重伤罪和抗税罪（情节严重），系想象竞合，应当择一重罪论处，最终依照情节严重的抗税罪论处。BCD选项正确。

9. ABCD 【解析】根据《最高人民法院、最高人民检察院关于办理危害食品安全刑事案件适用法律若干问题的解释》第7条、第8条、第9条、第12条的规定，本题选项属于考查前述法条原文，建议考生当作考点记忆。ABCD选项全正确。

10. BCD 【解析】非法经营罪是指违反国家规定，非法经营，扰乱市场秩序，情节严重的行为。违反国家规定，是指违反全国人民代表大会及其常务委员会制定的法律和决定，国务院制定的行政法规、规定的行政措施、发布的决定和命令。构成非法经营罪的行为类型非常广泛，除了刑法条文规定的几种行为方式外，还有众多司法解释规定的以非法经营罪定罪处罚的情形。本题BCD三项均属于现行司法解释规定的以非法经营罪定罪处罚的情形。2020年3月27日，《最高人民检察院关于废止〈最高人民检察院关于办理非法经营食盐刑事案件具体应用法律若干问题的解释〉的决定》中废止了关于非法销售食盐的规定，根据该决定，以工业用盐等非食盐充当食盐销售，构成生产、销售有毒、有害食品罪；以非碘盐充当碘盐进行销售，足以造成严重食物中毒事故或者其他严重食源性疾病的，构成生产、销售不符合安全标准的食品罪；以非碘盐充当碘盐进行销售，不足以造成严重食物中毒事故或者其他严重食源性疾病的，构成生产、销售伪劣产品罪。根据前述最新的司法解释规定，A选项不再属于以非法经营罪定罪处罚的情形。本题选择BCD。

11. AC 【解析】生产、销售、提供劣药罪是指违反国家药品管理法规，生产、销售劣药，对人体健康造成严重危害或者药品使用单位的人员明知是劣药而提供给他人使用的行为。根据《药品管理法》的规定，药品成份的含量不符合国家药品标准的，为劣药。C选项正确。生产、销售不符合安全标准的食品罪，是指违反国家食品卫生安全管理法规，生产、销售不符合安全标准的食品，足以造成严重食物中毒事故或者其他严重食源性疾病的行为。本罪是危险犯，足以造成严重食物中毒事故或者其他严重食源性疾病，才构成本罪。故生产、销售、提供劣药罪属于结果犯，生产、销售不符合安全标准的食品罪属于危险犯，B选项错误。在生产的食品中掺入有毒、有害的非食品原料，成立生产、销售有毒、有害食品罪。D选项错误。生产、销售、提供劣药罪和生产、销售不符合安全标准的食品罪的犯罪主体是一般主体，既包括自然人，也包括单位。A 选项正确。本题选 AC 选项。

12. ABD 【解析】生产、销售伪劣产品罪的行为方式包括掺杂、掺假，以假充真，以次充好，以不合格产品冒充合格产品，销售金额要求 5 万元以上，生产、销售、提供假药罪是行为犯，不要求最低销售金额。生产、销售伪劣产品往往伴随诈骗行为，同时触犯诈骗罪的，应当按照生产、销售伪劣产品罪定罪处罚。ABD 选项均构成生产、销售伪劣产品罪。销售变质的药品构成销售假药罪，销售金额不满 5 万元，不构成销售伪劣产品罪，C 选项错误。本题选择 ABD 选项。

13. AD 【解析】集资诈骗罪、骗取贷款罪的主体既包括自然人，也包括单位。信用卡诈骗罪、贷款诈骗罪只能由自然人构成，AD 选项正确。

14. ABC 【解析】《刑法》第 229 条第 1 款规定："承担资产评估、验资、验证、会计、审计、法律服务、保荐、安全评价、环境影响评价、环境监测等职责的中介组织的人员故意提供虚假证明文件，情节严重的，处五年以下有期徒刑或者拘役，并处罚金；有下列情形之一的，处五年以上十年以下有期徒刑，并处罚金：（一）提供与证券发行相关的虚假的资产评估、会计、审计、法律服务、保荐等证明文件，情节特别严重的；（二）提供与重大资产交易相关的虚假的资产评估、会计、审计等证明文件，情节特别严重的；（三）在涉及公共安全的重大工程、项目中提供虚假的安全评价、环境影响评价等证明文件，致使公共财产、国家和人民利益遭受特别重大损失的。"因此本题选 ABC 选项。

15. BCD 【解析】生产、销售、提供假药罪，是指生产者、销售者违反国家药品管理法规，生产、销售假药或者药品使用单位的人员明知是假药而提供给他人使用的行为。依照《药品管理法》的规定，有下列情形之一的，为假药：（1）药品所含成份与国家药品标准规定的成份不符；（2）以非药品冒充药品或者以他种药品冒充此种药品；（3）变质的药品；（4）药品所标明的适应症或者功能主治超出规定范围。上述假药都限于用于人体的药品与非药品，如果生产、销售假农药、假兽药则构成生产、销售伪劣农药、兽药罪，因此 A 项错误，BCD 项正确。

16. ABCD 【解析】保险诈骗罪，指违反保险法规，以非法占有为目的，进行保险诈骗活动，数额较大的行为。保险诈骗罪的行为方式通常有以下几种：（1）投保人故意虚构保险标的，骗取保险金的；（2）投保人、被保险人或者受益人对发生的保险事故编造虚假的原因或者夸大损失的程度，骗取保险金的；（3）投保人、被保险人或者受益人编造未曾发生的保险事故，骗取保险金的；（4）投保人、被保险人故意造成财产损失的保险事故，骗取保险金的；（5）投保人、受益人故意造成被保险人死亡、伤残或者疾病，骗取保险金的。综上所述，ABCD 项当选。

17. ABD 【解析】走私普通货物、物品罪，是指违反海关法规，逃避海关监管，非法运输、携带、邮寄国家禁止进出口的武器、弹药、核材料、假币、珍贵动物及其制品、珍稀植物及其制品、淫秽物品、毒品以及国家禁止出口的文物、金银和其他贵重金属以外的货物、物品进出境，偷逃应缴税额较大或者 1 年内曾因走私被给予 2 次行政处罚后又走私的行为。该罪的既遂标准是：（1）在海关监管现场被查获的。（2）以虚假申报方式走私，申报行为实施完毕的。（3）以保税货物或者特定减税、免税进口的货物、物品为对象走私，在境内销售的，或者申请核销行为实施完毕的。ABD 项情形都已达到既遂标准。C 项错误。丙本来可以以申报方式完成走私行为，但其主动放弃，成立走私普通货物、物品罪的犯罪中止。

18. BCD 【解析】非国家工作人员受贿罪，是指公司、企业或者其他单位的工作人员利用职务上的便利，索取他人财物或者非法收受他人财物，为他人谋取利益，数额较大的行为。本罪为真正身份犯，行为主体必须是公司、企业或者其他单位的非国家工作人员。

A项错误。村委会、居委会等基层组织人员，原则上属于本罪主体，如果其协助人民政府从事行政管理工作，则具备国家工作人员的身份。村委会主任甲协助基层政府的拆迁工作属于从事行政管理工作，应当认定为具备国家工作人员的身份，甲非法收受村民财物，为其谋取不正当利益的行为，成立受贿罪。

B项正确。根据最高人民法院、最高人民检察院《关于办理商业贿赂刑事案件适用法律若干问题的意见》，医疗机构中的医务人员，利用开处方的职务便利，以各种名义非法收受药品、医疗器械、医用卫生材料等医药产品销售方财物，为医药产品销售方谋取利益，数额较大的，成立非国家工作人员受贿罪。医生乙利用自己开处方的技术行为，收受数额较大的现金，为医药代表谋取利益，成立非国家工作人员受贿罪。

C项正确。国有控股企业中不从事公务的非国家工作人员，是本罪的主体。会计丙虽然是国有控股企业的员工，但并没有从事公务性工作，属于非国家工作人员，其利用职务便利索取经理财物8万元，为经理进行平账，成立非国家工作人员受贿罪。

D项正确。根据前述《意见》可知，依法组建的评标委员会、竞争性谈判采购中谈判小组、询价采购中询价小组的组成人员，在招标、政府采购等事项的评标或者采购活动中，索取他人财物或者非法收受他人财物，为他人谋取利益，数额较大的，成立非国家工作人员受贿罪。

19. CD 【解析】A项错误。恶意透支，是指持卡人以非法占有为目的，超过规定限额或者规定期限透支，并且经发卡银行催收后仍不归还的行为。司法解释规定，持卡人以非法占有为目的，超过规定限额或者规定期限透支，并且经发卡银行两次催收（间隔至少30日）后超过3个月仍不归还的，才属于"恶意透支"。

B项错误。根据立法解释规定，本罪的信用卡，是指由商业银行或者其他金融机构发行的具有消费支付、信用贷款、转账结算、存取现金等全部功能或者部分功能的电子支付卡。购物卡不具备上述特征，不属于"信用卡"的范围。

C项正确。司法解释规定，窃取、收买、骗取或者以其他非法方式获取他人信用卡信息资料，并通过互联网、通讯终端等使用的，属于"冒用他人信用卡"，成立信用卡诈骗罪。以非法方式获取他人银行卡资料（即信用卡信息资料），绑定支付宝、微信等，后将卡内资金转走或消费，符合上述司法解释的规定，成立信用卡诈骗罪。

D项正确。根据司法解释规定，"冒用他人信用卡"包括以下情形：拾得他人信用卡并使用的；骗取他人信用卡并使用的；窃取、收买、骗取或者以其他非法方式获取他人信用卡信息资料，并通过互联网、通讯终端等使用的；其他冒用他人信用卡的情形。

20. BCD 【解析】串通投标罪，是指投标人相互串通投标报价，损害招标人或者其他投标人利益，情节严重，或者投标人与招标人串通投标，损害国家、集体、公民的合法利益的行为。基于刑法第231条之规定，该罪的犯罪主体包含单位，故A项错误。该罪位于破坏社会主义市场经济秩序罪一章中扰乱市场秩序罪一节，故B项正确。该罪需要投标人相互串通投标方可构成，属于典型的必要共同犯罪，故C项正确。招标投标和拍卖是两个不同的概念，我国现行《招标投标法》和《拍卖法》也明显将招标、拍卖行为予以区分，认为它们从性质上来说就属于明显不同的市场行为，若将串通拍卖行为作为串通投标罪客观方面的一种表现形式予以处罚，有类推之嫌。【参考案例：黄某某、许某某等串通投标案，《刑事审判参考》第 1251 号】。故 D 项正确。本题答案为 BCD。

三、简答题

1. **参考答案** 妨害信用卡管理罪是指违反信用卡管理法律、法规的规定，妨害信用卡管理的行为。具体行为方式包括：（1）明知是伪造的信用卡而持有、运输的，或者明知是伪造的空白信用卡而持有、运输，数量较大的；（2）非法持有他人信用卡，数量较大的；（3）使用虚假的身份证明骗领信用卡的；（4）出售、购买、为他人提供伪造的信用卡或者以虚假的身份证明骗领信用卡的。

2. **参考答案** 虚开增值税专用发票罪是指违反国家发票管理、增值税征管的法规，实施虚开增值税专用发票的行为。该罪构成要件为：（1）虚开增值税专用发票罪的客体是国家的税收征管秩序。（2）本罪的客观方面是行为人虚开增值税专用发票，具体表现为：为他人虚开；为自己虚开；让他人为自己虚开；介绍他人虚开。（3）本罪的主体是一般主体，即年满 16 周岁、具有刑事责任能力的自然人和单位。（4）本罪在主观方面表现为故意。

3. **参考答案** 侵犯商业秘密罪是指违反反不正当竞争法等规范商业秘密的法律规定，侵犯商业秘密，情节严重的行为。具体行为方式包括：（1）以盗窃、贿赂、欺诈、胁迫、电子侵入或者其他不正当手段获取权利人的商业秘密的。（2）披露、使用或者允许他人使用以前项手段获取的权利人的商业秘密的。（3）违反保密义务或者违反权利人有关保守商业秘密的要求，披露、使用或者允许他人使用其所掌握的商业秘密的。（4）明知前款所列行为，获取、披露、使用或者允许他人使用该商业秘密的，以侵犯商业秘密论。

四、法条分析题

1. **参考答案**（1）"非法吸收"包括两种情形：其一，行为人不具有吸收存款的主体资格，未经有关部门批准，向社会不特定对象吸收资金；其二，行为人本身具有吸收存款的主体资格，但其所采用的吸收存款的方法是违法的。（2）"变相吸收"是指行为人不以吸收公众存款的名义，而通过其他形式向社会不特定对象吸收资金，但承诺履行的义务与吸收公众存款性质相同的活动。

2. **参考答案**（1）信用卡是指由商业银行或其他金融机构发行的具有消费支付、信用贷款、转账结算、存取现金等全部功能或者部分功能的电子支付卡。（2）冒用他人信用卡包括以下情形：拾得他人信用卡并使用的；骗取他人信用卡并使用的；窃取、收买、骗取或者以其他非法方式获取他人信用卡信息资料，并通过互联网、通信终端等使用的；其他冒用他人信用卡的情形。（3）应认定行为人具有非法占有目的的情形包括：明知没有还款能力而大量透支，无法归还的；肆意挥霍透支的资金，无法归还的；透支后逃匿、改变联系方式，逃避银行催收的；抽逃、转移资金，隐匿财产，逃避还款的；使用透支的资金进行违法犯罪活动的；其他非法占有资金，拒不归还的行为。

第十七章 侵犯公民人身权利、民主权利罪

一、单项选择题

1. A 【解析】首先，男友李某主观上存在过错，故排除意外事件。其次，李某明知自己和女友都不会游泳，因此其应当意识到将女友拉至深水区后自己并无救助能力，可以判断出，他没有因为主观评估上的错误而轻信能够避免女友死亡结果的发生的心态，故不构成过失致人死亡罪。最后，李某做出将女友拖至深水区的行为，作为一个成年人，其主观上明知该行为可能会造成女友死亡的结果，却放任该结果的发生，系间接故意。因此，李某的行为应当认定为构成故意杀人罪。本题答案为 A。

2. C 【解析】组织出卖人体器官罪，是指违反国家有关规定，组织他人出卖人体器官的行为。未经本人同意摘取其器官，或者摘取不满 18 周岁的人的器官，或者强迫、欺骗他人捐献器官的，依照故意杀人罪、故意伤害罪定罪处罚。本案中，乙的行为同时触犯了组织出卖人体器官罪与故意伤害罪。摘取不满 18 周岁的人的器官，即使经过未成年人同意，也成立故意伤害罪。故乙的行为同时触犯了组织出卖人体器官罪与故意伤害罪，从一重罪处罚，最终认定为构成故意伤害罪。

3. D 【解析】拐卖妇女、儿童罪的保护法益是妇女、儿童的人身自由。注意：成年妇女如果同意放弃该法益，则行为人不构成拐卖妇女罪。AB 选项中，由于成年妇女有承诺，因此 AB 选项中的甲均不构成拐卖妇女罪。C 选项，根据相关司法解释规定，注意区分借送养之名出卖亲生子女与民间送养行为的界限。关键区分在于是否具有非法获利的目的。下列情形属于出卖亲生子女，应以拐卖儿童罪论处：第一，将生育作为非法获利手段，生育后即出卖子女的；第二，明知对方不具有抚养目的，或者根本不考虑对方是否具有抚养目的，为收取钱财将子女"送"给他人的；第三，为收取明显不属于"营养费""感谢费"的巨额钱财将子女"送"给他人的。C 选项中，甲、乙收取 5 000 元，不属于巨额钱财，不能评价为将孩子作为商品的对价，因此不属于出卖行为，不构成拐卖儿童罪。D 选项，"拐卖妇女、儿童罪致人重伤、死亡"中的"人"包括前来阻挡的亲属。因此，甲构成拐卖儿童罪致人重伤。综上，本题答案为 D。

4. D 【解析】A 选项错误。在婚姻关系正常存续期间，丈夫强行与妻子性交的，不宜认定为强奸罪。考虑到双方的婚姻关系，丈夫行为的违法性就明显降低，故不宜以强奸罪论处。B 选项错误。乙因醉酒对自身所处的环境、状况以及可能遭遇的危险并不能正确认知。在遭受性侵的后半阶段清醒后，神情仍旧呆滞并伴有哭泣。甲明知被害人处于认知能力减弱的醉酒状态，利用被害人不知反抗、不能亦不敢反抗的状态，与被害人发生性关系，其行为已违背被害妇女意志，成立强奸罪。C 选项错误。张某既无使用暴力、胁迫手段，也没有使用与暴力、胁迫相当的其他手段使李某不敢反抗、不能反抗、不知反抗。同时张某在李某第一次要求发生性关系时，已明确拒绝，由于李某的反复要求才发生性关系。所以不能认定为张某趁李某喝醉，利用其不能反抗、不知反抗、不敢反抗状态强行与其发生性关系。因此张某不成立强奸。D 选项正确。D 选项中，乙表面上是加害人，但同时也是受害人。甲让不满 14 周岁的乙猥亵他人，同时也是对乙的猥亵。因此，对于乙而言，甲

成立猥亵儿童罪。

5. C 【解析】强奸致人死亡的，是强奸罪的结果加重犯，以强奸罪的升格法定刑定罪处罚，A 选项错误。绑架过程中杀害被绑架人的，直接以绑架罪定罪处罚，B 选项错误。非法拘禁使用暴力致人死亡的，是故意杀人罪的转化犯，直接以故意杀人罪定罪处罚，C 选项正确。抢劫致人死亡的，是抢劫罪的结果加重犯，以抢劫罪的升格法定刑定罪处罚。

6. A 【解析】强奸罪，是指违背妇女意志，以暴力、胁迫或者其他手段，强行与其发生性交或者奸淫不满 14 周岁的幼女的行为。A 选项正确。强奸罪的行为主体一般是男子，但妇女也可以成为强奸罪的间接正犯，例如，妇女甲教唆男精神病人乙强奸女性丙，由于乙不具备刑事责任能力，乙实际上相当于甲实施强奸犯罪的工具，甲成立强奸罪的间接正犯。但注意：强奸罪单独的直接正犯只能是男子。B 选项错误。丈夫教唆、帮助他人强奸妻子的，属于违背妻子意志，教唆、帮助他人强行奸淫其妻子，符合强奸罪的构成要件，二人成立强奸罪的共同犯罪，显然丈夫成立强奸罪。C 选项错误。由于不满 14 周岁的幼女身心发育不成熟，缺乏辨别是非的能力，不理解性行为的后果与意义，也没有抗拒能力，因此，不论行为人采用什么手段，也不论幼女是否愿意，只要行为人与幼女性交，就侵害了幼女性的自主决定权，成立强奸罪。D 选项错误。二人以上轮奸，是指两个以上的男子在同一犯罪活动中，以暴力、胁迫或者其他手段对同一妇女（或幼女）轮流进行强奸或者奸淫的行为。轮奸不要求行为主体均达到刑事责任年龄或均具有刑事责任能力。

7. C 【解析】非法拘禁罪，是指非法拘禁他人或者以其他方法非法剥夺他人人身自由的行为。A 选项错误。非法拘禁罪的对象应当是具有人身自由的人，婴儿不具有人身自由，甲为了索要欠款偷盗婴儿的行为不成立非法拘禁罪，成立拐骗儿童罪。B 选项错误。非法拘禁罪要求剥夺人身自由的行为必须具有非法性，不能具备违法阻却事由，否则不成立非法拘禁罪。乙是为了保护精神病人李某的身体健康权而暂时剥夺了李某的身体活动自由，具有合法性，不成立非法拘禁罪。C 选项正确。根据相关司法解释规定，为索取债务非法扣押、拘禁他人的，应当认定为非法拘禁罪。这里的"他人"，包括与债务人有共同财产关系、抚养关系、扶养关系的第三人。丙出于索取债务的目的，非法拘禁与债务人王某有共同财产关系的妻子，应当认定为非法拘禁罪。D 项错误。以非法绑架、扣留他人的方法勒索财物的，成立绑架罪。因此丁应当认定为绑架罪。

8. A 【解析】法硕考试的观点认为为索取债务非法扣押、拘禁他人的，按照非法拘禁罪定罪处罚。行为人为索取高利贷、赌债等法律不予保护的债务，非法拘禁、扣押他人的，依照非法拘禁罪定罪处罚。因为非法拘禁罪不要求特定的目的，只要实施了非法拘禁行为就可以成立本罪，所以法硕考试的观点有其合理性。A 选项正确。绑架罪，是指以勒索财物为目的绑架他人，或者绑架他人作为人质，或者以勒索财物为目的偷盗婴幼儿的行为。绑架罪必须是主观上具有非法占有的目的或者具有其他非法目的。索要赌债、高利贷等非法债务，行为人不具有非法占有的目的，故甲不构成绑架罪。B 选项错误。敲诈勒索罪，是指以非法占有为目的，对公私财物的所有人、管理人实施威胁或者要挟的方法，多次强行索取公私财物或者索取数额较大的公私财物的行为。敲诈勒索罪必须具有非法占有的目的，而甲为了索要赌债，并非是为了非法占有他人的财产，甲不构成敲诈勒索罪。C 选项错误。故意伤害罪是指故意非法伤害他人身体的行为。甲对于故意伤害乙，仅停留在犯意表示阶段，而没有任何付诸行动的行为，现代刑法不惩罚思想犯，所以甲不构成故意伤害罪。D 选项错误。

9. D 【解析】《刑法》第239条规定："以勒索财物为目的绑架他人的，或者绑架他人作为人质的，处十年以上有期徒刑或者无期徒刑，并处罚金或者没收财产；情节较轻的，处五年以上十年以下有期徒刑，并处罚金。犯前款罪，杀害被绑架人的，或者故意伤害被绑架人，致人重伤、死亡的，处无期徒刑或者死刑，并处没收财产。以勒索财物为目的偷盗婴幼儿的，依照前两款的规定处罚。"甲故意伤害被绑架人致人伤残的，处无期徒刑或者死刑，并处没收财产，有可能判处死刑。A 选项不选。乙故意杀害被绑架人的，处无期徒刑或者死刑，并处没收财产，有可能判处死刑。B 选项不选。丙为灭口故意杀害被绑架人的，处无期徒刑或者死刑，并处没收财产，有可能判处死刑。C 选项不选。丁属于过失致使被害人死亡，《刑法修正案（九）》将这种情形移出了绑架罪的加重处罚情形。绑架过失致人死亡的，构成绑架罪和过失致人死亡罪的想象竞合，择一重罪处罚，但都不会判处死刑。D 选项当选。

10. C 【解析】绑架罪是指以勒索财物为目的绑架他人，或者绑架他人作为人质，或者以勒索财物为目的偷盗婴幼儿的行为。甲以勒索财物为目的，将男孩从幼儿园骗走作为人质，利用男孩亲属的担忧，向其索要财物，完全符合绑架罪的成立要件。并且，绑架罪只要将人质置于行为人的控制之下，即构成既遂，无须实现勒索财物等非法目的。甲的行为已经完全符合绑架罪既遂的构成要件。D 选项错误。拐卖儿童罪是指以出卖为目的，拐骗、绑架、收买、贩卖、接送、中转儿童的行为。注意该罪的行为方式只需要有前述行为之一即可，不需要从事行为链条上的全部六个行为。甲以出卖为目的，实施了贩卖儿童的行为，完全符合拐卖儿童罪的构成要件。甲先实施了绑架的行为，达到既遂状态，之后又变更犯罪意图，实施了拐卖儿童行为，前后属于两个行为，侵害两个法益，应当数罪并罚，应以绑架罪（既遂）与拐卖儿童罪（既遂）数罪并罚。C 选项正确，ABD 选项错误。

11. D 【解析】抢劫罪是以非法占有为目的，当场使用暴力、胁迫或者其他方法，强行劫取公私财物的行为。抢劫罪是一个侵犯财产犯罪，人不是财产，抢孩子不可能构成抢劫罪。A 选项错误。抢夺罪是指以非法占有为目的，公然夺取公私财物，数额较大或者多次抢夺的行为。抢夺罪与抢劫罪一样是一个侵犯财产犯罪，甲的行为也不可能构成抢夺罪。B 选项错误。绑架罪是指以勒索财物为目的绑架他人，或者绑架他人作为人质，或者以勒索财物为目的偷盗婴幼儿的行为。甲的目的不是勒索财物，而是出卖，因此不符合绑架罪的主观方面的要求，甲不成立绑架罪。C 选项错误。拐卖儿童罪是指以出卖为目的，拐骗、绑架、收买、贩卖、接送、中转儿童的行为。以出卖为目的强抢儿童，或者捡拾儿童后予以出卖的，应当以拐卖儿童罪论处。甲以出卖为目的，实施了强抢儿童的行为，符合拐卖儿童罪的犯罪构成。D 选项正确。

12. A 【解析】拐卖儿童罪是指以出卖为目的，拐骗、绑架、收买、贩卖、接送、中转儿童的行为，以出卖为目的，偷盗婴幼儿的，构成拐卖儿童罪。甲以出卖为目的，分别实施拐骗儿童、偷盗幼儿的行为，构成拐卖儿童罪。A 选项正确。甲并非是明知自己的行为可能会造成儿童重伤、死亡的后果，并希望或放任结果发生，所以对儿童受伤、死亡的结果，不存在故意心态，而是存在疏忽大意的过失，不构成故意伤害罪。B 选项错误。根据《刑法》第240条的规定，造成被拐卖的儿童重伤、死亡或者发生其他严重后果的，认定为拐卖儿童罪的结果加重犯，处 10 年以上有期徒刑或者无期徒刑，并处罚金或者没收财产；情节特别严重的，处死刑，并处没收财产，如此可做到罪刑相适应，无须再单独评价为过失致人死亡罪。C 选项错误。区别拐卖儿童罪与绑架罪的关键是犯罪目的的不同，拐卖儿童罪是以出卖为目的，绑架罪是以利用亲友对被绑架人安危的担忧从而勒索赎金为目的。甲是以出卖为目的，而并非以勒索赎金为目的，所以不成立绑架罪。D 选项错误。

13. D 【解析】《刑法》第 257 条规定："以暴力干涉他人婚姻自由的，处二年以下有期徒刑或者拘役。犯前款罪，致使被害人死亡的，处二年以上七年以下有期徒刑。第一款罪，告诉的才处理。"可见，暴力干涉婚姻自由罪只有一般情形是告诉才处理，造成他人死亡的结果加重犯属于公诉案件。A 选项错误。《刑法》第 246 条规定："以暴力或者其他方法公然侮辱他人或者捏造事实诽谤他人，情节严重的，处三年以下有期徒刑、拘役、管制或者剥夺政治权利。前款罪，告诉的才处理，但是严重危害社会秩序和国家利益的除外。通过信息网络实施第一款规定的行为，被害人向人民法院告诉，但提供证据确有困难的，人民法院可以要求公安机关提供协助。"可见，侮辱、诽谤罪在一般情形下是告诉才处理，但严重危害社会秩序和国家利益的则转为公诉案件。B 选项错误。《刑法》第 260 条规定："虐待家庭成员，情节恶劣的，处二年以下有期徒刑、拘役或者管制。犯前款罪，致使被害人重伤、死亡的，处二年以上七年以下有期徒刑。第一款罪，告诉的才处理，但被害人没有能力告诉，或者因受到强制、威吓无法告诉的除外。"可见，虐待罪在一般情况下告诉才处理，但是如果致使被害人重伤、死亡的，或者被害人没有能力告诉、受到强制、威吓无法告诉的，则转为公诉案件。C 选项错误。《刑法》第 270 条规定："将代为保管的他人财物非法占为己有，数额较大，拒不退还的，处二年以下有期徒刑、拘役或者罚金；数额巨大或者有其他严重情节的，处二年以上五年以下有期徒刑，并处罚金。将他人的遗忘物或者埋藏物非法占为己有，数额较大，拒不交出的，依照前款的规定处罚。本条罪，告诉的才处理。"可见，侵占罪都是告诉才处理的案件，没有例外情形。D 选项正确。

14. B 【解析】诬告陷害罪是指捏造犯罪事实诬告陷害他人，意图使他人受刑事追究，情节严重的行为。甲捏造同事曹某包养情人，不属于捏造犯罪事实，也不可能使他人受到刑事追究，所以不构成诬告陷害罪。A 选项错误。乙捏造文某明知王某是实施恐怖活动的人而向其提供资金的犯罪事实，向公安机关告发，意图使文某受到刑事追究，侵犯了他人人身权利，情节严重，构成诬告陷害罪。B 选项正确。丙虽然捏造了同事贾某的受贿罪犯罪事实，但是并未向公安机关告发，并非意图使贾某受到刑事追究，不成立诬告陷害罪。但丙的行为是捏造并公开散布虚构的贾某受贿罪的犯罪事实，损害了他人人格与名誉，情节严重，构成了诽谤罪。C 选项错误。丁不是捏造事实诬告陷害他人，而是属于错告或是举报不实，不能认定为诬告陷害罪。D 选项错误。

15. B 【解析】非法拘禁过程中，使用暴力致人死亡的，转化为故意杀人罪，A 选项错误。明知是幼女而发生性关系的，构成强奸罪。B 选项正确。强制猥亵他人造成被害人轻伤以上后果的，构成故意杀人罪、故意伤害罪和强制猥亵罪的想象竞合犯，择一重罪论处。C 选项错误。以出卖为目的强抢儿童，应当以拐卖儿童罪论处。D 选项错误。

16. D 【解析】已满 14 周岁不满 16 周岁的人，犯故意杀人、故意伤害致人重伤或者死亡、强奸、抢劫、贩卖毒品、放火、爆炸或者投放危险物质罪的，应当负刑事责任。拐卖妇女、儿童与故意伤害致人轻伤不属于此八类行为，AB 选项错误。甲没有强奸的故意，仅有猥亵的行为，不成立强奸罪。C 选项错误。所以甲不构成犯罪。D 选项正确。

17. D 【解析】拐卖妇女、儿童罪是指以出卖为目的，拐骗、绑架、收买、贩卖、接送、中转妇女、儿童的行为。以非法获利为目的，出卖亲生子女的，应当以拐卖妇女、儿童罪论处。不论儿童的来源，只要实施了贩卖的行为，就符合拐卖儿童罪的构成要件。D 选项正确。

18. D 【解析】遗弃罪是指对于年老、年幼、患病或者其他没有独立生活能力的人，负有扶养义务而拒绝扶养，情节恶劣的行为。遗弃罪的主体是特殊主体，即负有扶养义务的人。ABC 选项正确。遗弃行为必须是情节恶劣才构成犯罪，遗弃致人死亡属于情节恶劣的情形，构成遗弃罪，遗弃罪没有结果加重犯。D 选项说法错误，当选。

19. A 【解析】根据我国《刑法》第 238 条第 4 款的规定，国家机关工作人员利用职权非法拘禁他人的，应该按照非法拘禁罪从重处罚。A 选项正确。根据我国《刑法》第 238 条第 2 款的规定，非法拘禁他人，致他人伤残、死亡的，构成非法拘禁罪的结果加重犯，不构成故意伤害罪或故意杀人罪。B 选项错误。根据我国《刑法》第 239 条的规定，绑架后杀害被害人的，按照绑架罪处理，但法定刑升格。C 选项错误。根据我国《刑法》第 241 条第 2 款和第 4 款的规定，强行与所收买的被拐卖的妇女发生性关系的，应当以收买被拐卖的妇女罪和强奸罪数罪并罚。D 选项错误。

20. A 【解析】根据《刑法》第 239 条的规定，对于绑架后杀害被绑架人的，仍以绑架罪定罪处罚。A 选项正确。

21. B 【解析】组织出卖人体器官罪是指违反国家有关规定，组织他人出卖人体器官的行为。根据我国法律规定，人体器官只能无偿捐赠，不允许买卖。李某违反国家规定，组织黄某、王某等人与张某、赵某等人非法买卖肾脏，是组织他人出卖人体器官的行为，成立组织出卖人体器官罪。B 选项正确。

22. C 【解析】虐待被监护、看护人罪是指对未成年人、老年人、患病的人、残疾人等负有监护、看护职责的人虐待被监护、看护的人，情节恶劣的行为。本题中，幼儿园老师任某是对幼儿负有监护、看护职责的人，但是却虐待被监护、看护的幼儿刘某某，情节恶劣，因此成立虐待被监护、看护人罪。C 选项正确。本题原型是"上海携程托管亲子园虐童事件"。

23. A 【解析】《刑法》第 236 条第 3 款规定："强奸妇女、奸淫幼女，有下列情形之一的，处十年以上有期徒刑、无期徒刑或者死刑：（一）强奸妇女、奸淫幼女情节恶劣的；（二）强奸妇女、奸淫幼女多人的；（三）在公共场所当众强奸妇女、奸淫幼女的；（四）二人以上轮奸的；（五）奸淫不满十周岁的幼女或者造成幼女伤害的；（六）致使被害人重伤、死亡或者造成其他严重后果的。"其中第（二）项的"多人"是指 3 人以上。A 选项正确。

24. A 【解析】过失致人死亡罪是指过失致人死亡的行为。构成要件的内容为实施了致人死亡的行为，并且已经造成死亡结果。责任形式为过失，即行为人对自己的行为造成他人的死亡结果具有预见可能性，或者已经预见而轻信能够避免。本题中，刘某因对机器输钱的处理结果不满而与贾某发生争执，对于刘某的纠缠，贾某选择转身离开，后由于刘某尾随贾某至电玩城 3 号门台阶处并出言不逊，贾某才手扇刘某脸部一下，脚踢刘某腿部一下，以求摆脱刘某的纠缠。基于社会一般人的认识标准，刘某作为成年男子，受到普通的一下手扇或脚踢并不足以使其滚落石阶，因此贾某认为手扇、脚踢刘某并不会对其造成严重的后果。贾某认识到了行为时能够避免危害结果发生的一些客观条件，其主观罪过是过于自信的过失。而且刘某在滚落石阶昏迷后，贾某派工作人员到现场观察刘某的伤情，在被告知刘某已醒过来正在休息时，贾某仍不放心，亲自到现场观察刘某的伤势，在确信刘某无大碍后方才离开现场。上述行为充分说明了刘某死亡的结果完全违背贾某的主观愿望，贾某并不是放任危害后果的发生，贾某既无伤害故意，更无杀人故意，不成立故意犯罪。

因此，贾某的行为成立过失致人死亡罪，而不是故意伤害罪（致人死亡）。A 选项正确。

25. B 【解析】强制猥亵、侮辱罪是指以暴力、胁迫或者其他方法强制猥亵他人或者侮辱妇女的行为。本罪与强奸罪的行为方式不同，前者是猥亵、侮辱行为，后者是奸淫行为，A 选项错误。本题中，莫某采用压制的方式强行抚摸蓝某的胸部，是以暴力手段直接对蓝某实施猥亵行为，构成强制猥亵罪。B 选项正确。侮辱罪是指以暴力或者其他方法公然侮辱他人，情节严重的行为。D 选项错误。

26. A 【解析】收买被拐卖的儿童罪是指不以出卖为目的，收买被拐卖的儿童的行为。本罪的犯罪客体是被拐卖的儿童的人身权利和人格尊严。犯罪对象是被拐卖的儿童。本罪在客观方面表现为收买被拐卖的儿童的行为，即以金钱或者金钱以外的有经济价值的物品为报酬，从第三者手中换取儿童的行为。主观方面表现为故意。本题中，王某以 9 万余元的价格从谭某手中换取男婴，侵犯了被拐卖儿童的人身权利和人格尊严，王某明知男婴是被拐卖的，仍然购买，主观方面表现为故意。王某的行为符合收买被拐卖的儿童罪的构成要件，成立收买被拐卖的儿童罪。A 选项正确。

27. D 【解析】雇用童工从事危重劳动罪是指违反劳动管理法规，雇用未满 16 周岁的未成年人从事超强度体力劳动的，或者从事高空、井下作业的，或者在爆炸性、易燃性、放射性、毒害性等危险环境下从事劳动，情节严重的行为。本题中，张某明知雇用对象是未满 16 周岁的未成年人，还要求其从事井下作业，且长期超时工作，情节严重。张某的行为构成雇用童工从事危重劳动罪。D 选项正确。

28. C 【解析】诬告陷害罪是指捏造事实诬告陷害他人，意图使他人受刑事追究，情节严重的行为。本题中，宋某的民事纠纷已经得到解决，宋某已经得到完全的补偿。宋某明知法院工作人员孙某没有克扣执行款，还捏造事实向司法机关举报，意图使孙某受到刑事追究，扰乱司法工作秩序。宋某的行为构成诬告陷害罪。C 选项正确。报复陷害罪是指国家机关工作人员滥用职权、假公济私，对控告人、申诉人、批评人、举报人实行报复陷害的行为。本案中宋某非国家机关工作人员，故不成立此罪，A 选项错误。诽谤罪是指故意捏造并散布虚构的事实，足以贬损他人人格，破坏他人名誉，情节严重的行为。本案中宋某的目的并非贬损他人人格、破坏他人名誉，而是意图使他人受到刑事追究。B 选项错误。侮辱罪是指使用暴力或者其他方法，公然贬低他人人格，败坏他人名誉，情节严重的行为。本题中，宋某的举报行为缺乏公然性，故不成立侮辱罪，D 选项错误。

29. A 【解析】侮辱罪是指使用暴力或者其他方法,公然贬低他人人格,败坏他人名誉,情节严重的行为。侮辱,是指对他人予以轻蔑的价值判断的表示,所表示的内容通常与他人的能力、德性、身份、身体状况等相关。侮辱方式可以分为四种:一是暴力侮辱。这里的暴力不是指杀人、伤害、殴打,而是指使用强力破坏他人的名誉。如使用强力逼迫他人做难堪的动作,强行将粪便等秽物塞入他人口中等。二是非暴力的动作侮辱。如与他人握手后,随即取出纸巾擦拭,做嫌恶状。三是言词侮辱,表现为使用言词对被害人进行戏弄、诋毁、谩骂。四是文字或图画侮辱,即书写、张贴、传阅有损他人名誉的大字报、小字报、漫画、标语等。侮辱行为必须公然进行。侮辱必须情节严重才构成犯罪。情节严重主要指以下情形:手段恶劣的,如当众将粪便塞入他人口中等;侮辱行为造成严重后果的,如被害人不堪侮辱自杀的,因受侮辱导致精神失常的;多次实施侮辱行为等。本题中,王某当众将粪水泼了黄某一身,且将粪便强行塞入黄某的口中,是使用暴力侮辱黄某,情节严重,构成侮辱罪。A 选项正确。王某的行为不符合强制猥亵罪或诽谤罪的行为方式,BC 选项错误。

30．C　【解析】诽谤罪是指捏造并公开散布某种虚构的事实，损害他人人格与名誉，情节严重的行为。捏造是指无中生有、凭空制造虚假事实。所捏造的事实，是有损对他人的社会评价、具有某种程度的具体内容的事实。但是单纯的捏造，并不是本罪的实行行为。将捏造的事实予以散布，才是诽谤的实行行为。明知是损害他人名誉的虚假事实而散布的，也属于诽谤。成立本罪要求情节严重，如手段恶劣、内容恶毒、后果严重等。本题中，甲捏造乙生活作风不好、生活不检点且患性病等事实，并在不特定多数人中散布，内容恶毒，后果严重。甲的行为构成诽谤罪。C选项正确。甲的行为不符合侮辱罪或强制猥亵罪的客观方面，AB选项错误。

31．D　【解析】刑讯逼供罪是指司法工作人员对犯罪嫌疑人、被告人实行刑讯逼供的行为。"刑讯逼供的行为"是指使用肉刑或者变相肉刑，逼取口供。所谓肉刑，是指对被害人的肉体施行暴力，如吊打、捆绑、殴打以及其他折磨人的肉体的方法。所谓变相肉刑，一般是指对被害人使用类似于暴力的摧残和折磨，如冻、饿、烤、晒、不准睡觉等。二者不存在实质区别，无论是使用肉刑还是变相肉刑，均可成立本罪。没有使用肉刑或者变相肉刑的诱供、指供，不成立刑讯逼供罪。成立本罪要求必须有逼供行为，即逼迫犯罪嫌疑人、被告人作出某种供述（包括口供与书面陈述）。本罪是身份犯，行为主体必须是司法工作人员，即有侦查、检察、审判、监管职责的工作人员。本罪的责任形式是故意，犯罪动机不影响本罪成立。在认定刑讯逼供罪时，要注意其转化形态。行为人在实施刑讯逼供行为时造成被害人伤残、死亡的，其行为性质发生转化，不再定刑讯逼供罪，而应以故意伤害罪、故意杀人罪处罚。所谓"伤残"是指重伤或者残疾，刑讯逼供造成轻伤的，不转化为故意伤害罪。A选项错误。本题中，雷某是警察，是具有侦查职能的司法工作人员，采用肉刑逼取犯罪嫌疑人的口供，造成犯罪嫌疑人轻伤，因此雷某的行为成立刑讯逼供罪。D选项正确。虐待罪是指虐待家庭成员，情节恶劣的行为，C选项错误。

32．C　【解析】侵犯公民个人信息罪是指违反国家有关规定，向他人出售或者提供公民个人信息，情节严重的行为。违反国家有关规定，将在履行职责或者提供服务过程中获得的公民个人信息，出售或者提供给他人的，应当从重处罚。"公民个人信息"包括公民的姓名、年龄、有效证件号码、婚姻状况、工作单位、学历、履历、家庭住址、电话号码等能够识别公民个人身份或者涉及公民个人隐私的信息、数据资料。公民生理状态、遗传特征、经济状况、电话通话清单、个人具体行踪等也包括在内。本罪包括三个行为类型：第一种类型是违反国家有关规定，向他人出售或者提供公民个人信息。第二种类型是违反国家有关规定，将在履行职责或者提供服务过程中获得的公民个人信息，出售或者提供给他人。第三种类型是窃取或者以其他方法非法获取公民个人信息。"窃取"也是"非法获取"的一种方式，只是由于窃取的方式较为常见，故法条将其独立规定。凡是非法获得公民个人信息的行为，均属于"以其他方法非法获取"，如购得、骗取、夺取等。本罪情节严重的，才构成犯罪。"情节严重"的情况包括：（1）出售或者提供行踪轨迹信息，被他人用于犯罪的；（2）知道或者应当知道他人利用公民个人信息实施犯罪，向其出售或者提供的；（3）非法获取、出售或者提供行踪轨迹信息、通信内容、征信信息、财产信息50条以上的；（4）非法获取、出售或者提供住宿信息、通信记录、健康生理信息、交易信息等其他可能影响人身、财产安全的公民个人信息500条以上的；（5）非法获取、出售或者提供第（3）项、第（4）项规定以外的公民个人信息5000条以上的；（6）数量未达到第（3）项至第（5）项规定标准，但是按相应比例合计达到有关数量标准的；（7）违法所得 5 000 元以上的；（8） 将在履行职责或者提供服务过程中获得的公民个人信息出售或者提供给他人，数量或者数额达到第（3）项至第（7）项规定标准一半以上的；（9） 曾因侵犯公民个人信息受过刑事处罚或者 2 年内受过行政处罚，又非法获取、出售或者提供公民个人信息的；（10） 其他情节严重的情形。本题中，邵某违反国家有关规定，向他人出售公民个人信息，违法所得已超过 5 000 元，达到"情节严重"的标准，因此，邵某的行为构成侵犯公民个人信息罪。C 选项正确。

33. B 【解析】报复陷害罪是指国家机关工作人员滥用职权、假公济私，对控告人、申诉人、批评人、举报人实行报复陷害的行为。本罪是身份犯，行为主体必须是国家机关工作人员。行为对象是控告人、申诉人、批评人、举报人。控告人是向司法机关或其他有关国家机关告发国家工作人员违法失职行为的人；申诉人是指对自己或亲属所受的处分不服，请求改变或撤销处分的人；批评人是指对国家机关及其工作人员提出批评建议的人；举报人是指向司法机关及其他有关部门检举、报告违法犯罪行为的人。报复陷害的方式多种多样，如制造种种"理由"或"借口"，非法克扣工资、奖金，或开除公职、降职、降薪，或压制学术、技术职称的评定等。本题中，张某作为国家工作人员，滥用职权、假公济私，对举报人李某实行打击报复。因此，张某的行为构成报复陷害罪。B 选项正确。

34. A 【解析】破坏选举罪是指在选举国家各级人民代表大会代表和国家机关领导人员时，以暴力、威胁、欺骗、贿赂、伪造选举文件、虚报选举票数等手段破坏选举或者妨碍选民和代表自由行使选举权和被选举权，情节严重的行为。破坏"选举"，是指破坏国家各级人民代表大会代表的选举与国家机关领导人员的选举。其中的"国家机关"不限于中央国家机关，还包括地方国家机关。"破坏"选举的行为主要表现为三个方面：一是破坏选举工作的正常进行，如伪造选举文件，虚报选举票数，扰乱选举会场，强行宣布合法选举结果无效等；二是妨害选民与代表自由行使选举权与被选举权，如诱使或迫使选民违反自己的意志选举某人或者不选举某人，阻碍他人充当被选举人；三是采取不正当方式影响选举结果。本罪情节严重的才构成犯罪。下列情形属于情节严重：（1） 以暴力、威胁、欺骗、贿赂等手段，妨害选民、各级人民代表大会代表自由行使选举权和被选举权，致使选举无法正常进行或者选举结果不真实的；（2） 以暴力破坏选举场所或者选举设备，致使选举无法正常进行的；（3） 伪造选举文件，虚报选举票数，产生不真实的选举结果或者强行宣布合法选举无效、非法选举有效的；（4） 聚众冲击选举场所或者故意扰乱选举会场秩序，使选举工作无法进行的；（5） 其他情节严重的情形。本题中，董某、孙某在选举人民代表大会代表时采用贿赂的手段，妨害选民自由行使选举权，诱使选民违反自己的意志选举董某，严重扰乱选举秩序，致使选举结果不真实，选举无效。董某、孙某的行为构成破坏选举罪。A 选项正确。

35. B 【解析】重婚罪是指有配偶而重婚或者明知他人有配偶而与之结婚的行为。本罪的行为主体分为两种人：一是重婚者，即已有配偶并且没有解除婚姻关系，又与他人结婚的人。所谓"有配偶"，是指男子有妻子、女子有丈夫，而且夫妻关系处于存续期间。二是相婚者，即明知对方有配偶而与之结婚的人。本罪的行为方式是实施重婚行为。例如，重婚者又和第三者登记结婚，或者相婚者明知他人有配偶而与之登记结婚；重婚者又和第三者建立事实婚姻，或者相婚者明知他人有配偶而与之建立事实婚姻。后一种情况是否成立重婚罪，有争议。我国以前承认事实婚姻，所以事实重婚也成立重婚罪，但新的《婚姻登记条例》规定，事实婚姻无效，不受法律保护。于是有人认为，事实重婚不应继续作为重婚罪的表现形式。但是很多学者包括司法实践多认为，事实重婚也构成重婚罪。事实婚姻是公开以夫妻名义长期生活在一起，而且周围民众也认为二人存在夫妻关系。事实重婚关系的存在，侵犯了一夫一妻制的婚姻关系，有必要认定为重婚罪。本题中，王某的合法配偶是杜某，王某在没有离婚的情况下，与张某以夫妻名义长期居住，且生有一女，王某与张某形成事实婚姻，王某是重婚者，张某是相婚者，二人都构成重婚罪。B选项正确。

36. A 【解析】虐待罪是指虐待家庭成员，情节恶劣的行为。本罪的行为主体必须是共同生活的同一家庭成员，即虐待人与被虐待人之间存在一定的亲属关系或收养关系，如丈夫虐待妻子、父母虐待子女、子女虐待父母、媳妇虐待公婆等。虐待行为的内容必须表现为进行肉体上的摧残和精神上的折磨，包括使被害人产生肉体上或者精神上痛苦的一切行为。前者如殴打、冻饿、强迫过度劳动、有病不予治疗等；后者如侮辱、咒骂、讽刺、不让参加社会活动等。两种虐待手段既可能同时使用，也可能单独使用或交替使用。虐待行为必须达到情节恶劣才构成犯罪。情节是否恶劣，要从虐待的手段、持续的时间、对象、结果等方面进行综合评价。根据司法实践，下列情形属于情节恶劣：虐待持续时间较长、次数较多；虐待手段残忍；虐待造成被害人轻微伤或者患较严重疾病；对未成年人、老年人、残疾人、孕妇、哺乳期妇女、重病患者实施较为严重的虐待行为等。要准确区分虐待犯罪致人重伤、死亡与故意伤害、故意杀人犯罪致人重伤、死亡的界限，必须根据被告人的主观故意、所实施的暴力手段与方式、是否立即或者直接造成被害人伤亡后果等进行综合判断。对于被告人主观上不具有侵害被害人健康或者剥夺被害人生命的故意，而是出于追求被害人肉体和精神上的痛苦，长期或者多次实施虐待行为，逐渐造成被害人身体损害，过失导致被害人重伤或者死亡的；或者因虐待致使被害人不堪忍受而自残、自杀，导致重伤或者死亡的，属于《刑法》第260条第2款规定的虐待"致使被害人重伤、死亡"，应当以虐待罪定罪处罚。被告人虽然实施家庭暴力呈现出经常性、持续性、反复性的特点，但其主观上具有希望或者放任被害人重伤或者死亡的故意，持凶器实施暴力，暴力手段残忍，暴力程度较强，直接或者立即造成被害人重伤或者死亡的，应当以故意伤害罪或者故意杀人罪定罪处罚。本题中，朱某长期殴打自己的妻子，在2011年的这次殴打中，朱某并没有剥夺妻子生命的故意，C选项错误。只是出于追求妻子肉体上的痛苦，导致妻子不堪忍受而自杀，朱某的行为属于虐待致使被害人死亡，成立虐待罪。A选项正确。虐待被监护、看护人罪是指对未成年人、老年人、患病的人、残疾人等负有监护、看护职责的人虐待被监护、看护的人，情节恶劣的行为。朱某并非对其妻子负有监护、看护职责的人，因此B选项错误。遗弃罪是指对于年老、年幼、患病或者其他没有独立生活能力的人，负有扶养义务而拒绝扶养，情节恶劣的行为。本题中不存在遗弃行为，与遗弃罪无关，D选项错误。

37. A 【解析】非法侵入住宅罪是指未经允许非法进入他人住宅或者经要求无故拒不退出的行为。本题中，甲、丙、丁进入乙家住宅后，经乙及其亲属要求，拒不退出，成立非法侵入住宅罪。A选项正确，B选项错误。乙是轻微伤，未达到故意伤害罪的伤害程度，故甲、丙、丁不构成故意伤害罪。CD选项错误。

38. A 【解析】猥亵儿童罪是指以淫秽下流的手段猥亵不满14周岁儿童的行为。网络环境下，以满足性刺激为目的，虽未直接与被害儿童进行身体接触，但是通过QQ、微信等网络软件，以诱骗、强迫或者其他方法要求儿童拍摄、传送暴露身体的不雅照片、视频，行为人通过画面看到被害儿童裸体、敏感部位的，是对儿童人格尊严和心理健康的严重侵害，与实际接触儿童身体的猥亵行为具有相同的社会危害性，应当认定构成猥亵儿童罪。A 选项正确。

39. B 【解析】《刑法》第 236 条之一规定："对已满十四周岁不满十六周岁的未成年女性负有监护、收养、看护、教育、医疗等特殊职责的人员，与该未成年女性发生性关系的，处三年以下有期徒刑；情节恶劣的，处三年以上十年以下有期徒刑。有前款行为，同时又构成本法第二百三十六条规定之罪的，依照处罚较重的规定定罪处罚。"甲女已满 14 周岁不满 16 周岁，教师乙对其负有教育职责，与甲发生性关系，构成负有照护职责人员性侵罪。B 选项正确，D 选项错误。甲自愿与乙发生性关系，乙没有违背甲的意愿，因此不构成强奸罪或强制猥亵、侮辱罪，AC 选项错误。

40. B 【解析】组织出卖人体器官罪的对象是"人体器官"，"人体"并不等于"尸体"，因此，非法经营尸体器官买卖的，不成立组织出卖人体器官罪，可能成立《刑法》第 302 条的盗窃、侮辱、故意毁坏尸体、尸骨、骨灰罪。A 选项错误。《刑法》第 234 条之一第 2 款规定："未经本人同意摘取其器官，或者摘取不满十八周岁的人的器官，或者强迫、欺骗他人捐献器官的，依照本法第二百三十四条（故意伤害罪）、第二百三十二条（故意杀人罪）的规定定罪处罚。"B 选项正确。《刑法》第 234 条之一第 1 款规定："组织他人出卖人体器官的，处五年以下有期徒刑，并处罚金；情节严重的，处五年以上有期徒刑，并处罚金或者没收财产。"组织出卖人体器官罪的主观方面不要求具有牟利的目的，因此即使行为人并未从中牟利，但只要具有组织出卖人体器官的行为，就可以构成组织出卖人体器官罪。C 选项错误。只要他人出于真实意思表示，捐献或出卖人体器官的，就不属于强迫、欺骗他人捐献器官，至于具体价款等方面的欺骗，不构成刑法上该罪的欺骗。D 选项错误。

41. C 【解析】强奸罪，是指违背妇女意志，以暴力、胁迫或者其他手段，强行与其发生性交或者奸淫不满 14 周岁的幼女的行为。甲违背妇女意志，实施了排除其反抗的行为，但甲并未将行为实行到既遂之前，便放弃犯罪，之后的性交行为不违背妇女意志，与强奸行为不具有因果关系，因此甲不能构成强奸罪的既遂。A 选项错误。犯罪未遂，是指已经着手实行犯罪，由于犯罪分子意志以外的原因而未能得逞的形态。乙虽然拉开电灯发现犯罪人是甲，但乙的行为在客观上并不能阻碍甲继续实施强奸行为，因此甲没有遭遇意志以外的原因，甲客观上还可以继续实施强奸行为，但甲自动放弃实施，不是犯罪未遂。B 选项错误。犯罪中止，是指在犯罪过程中，自动放弃犯罪或者自动有效地防止犯罪结果发生的形态。甲在能够将犯罪完成的情况下，因碍于情面而主动地放弃了犯罪，没有造成犯罪既遂的结果，其后与乙发生性关系的行为与强奸行为不具有因果关系，甲构成强奸罪的中止。C 选项正确。甲已经实施了压制妇女反抗的强奸罪的实行行为，并且主观方面具有强奸的故意，甲已经构成了强奸罪。D 选项错误。

42. D 【解析】A 选项中，甲欲强奸某妇女并已着手实施，遭到妇女激烈反抗，属于犯罪分子意志以外的原因，构成强奸罪未遂。甲遭到妇女激烈反抗而故意杀人，构成故意杀人罪。之后又奸尸，构成侮辱尸体罪。作为强奸罪结果加重犯的强奸"致使被害人重伤、死亡"是指强奸本身的行为致使被害人重伤、死亡，不包括故意杀害。故本选项不属于强奸罪的结果加重犯，应当三罪并罚。A 选项错误。B 选项中，根据《刑法》第 358 条的规定，犯组织卖淫罪、强迫卖淫罪，"并有杀害、伤害、强奸、绑架等犯罪行为的，依照数罪并罚的规定处罚。"故而对乙应当以强奸罪与强迫卖淫罪实行数罪并罚。故 B 选项说法错误。C 选项中，根据《刑法》第 318 条第 2 款的规定，犯组织他人偷越国（边）境罪，对被组织人有杀害、伤害、强奸、拐卖等犯罪行为，依照数罪并罚的规定处罚。故 C 选项错误。D 选项中，根据《刑法》第 240 条第 1 款第 3 项的规定，奸淫被拐卖的妇女是拐卖妇女罪的加重犯，不再数罪并罚。故 D 选项正确。

43. A 【解析】《刑法》第 240 条规定："拐卖妇女、儿童的，处五年以上十年以下有期徒刑，并处罚金；有下列情形之一的，处十年以上有期徒刑或者无期徒刑，并处罚金或者没收财产；情节特别严重的，处死刑，并处没收财产：（一）拐卖妇女、儿童集团的首要分子；（二）拐卖妇女、儿童三人以上的；（三）奸淫被拐卖的妇女的；（四）诱骗、强迫被拐卖的妇女卖淫或者将被拐卖的妇女卖给他人迫使其卖淫的；（五）以出卖为目的，使用暴力、胁迫或者麻醉方法绑架妇女、儿童的；（六）以出卖为目的，偷盗婴幼儿的；（七）造成被拐卖的妇女、儿童或者其亲属重伤、死亡或者其他严重后果的；（八）将妇女、儿童卖往境外的。拐卖妇女、儿童是指以出卖为目的，有拐骗、绑架、收买、贩卖、接送、中转妇女、儿童的行为之一的。"因此拐卖妇女的犯罪分子奸淫被拐卖的妇女的，直接认定为拐卖妇女、儿童罪的结果加重犯，不再认定为强奸罪。A 选项正确。《刑法》第 259 条规定："明知是现役军人的配偶而与之同居或者结婚的，处三年以下有期徒刑或者拘役。利用职权、从属关系，以胁迫手段奸淫现役军人的妻子的，依照本法第二百三十六条（强奸罪）的规定定罪处罚。"因此 B 选项应认定为强奸罪，不选。强奸罪是指违背妇女意志，以暴力、胁迫或者其他手段，强行与其发生性交的行为。这里的其他手段多种多样，只要是使妇女不能反抗、不知反抗、不敢反抗，违背了其真实意志，与妇女发生性关系就构成强奸罪。以迷信手段奸淫妇女，是使妇女不知反抗，违背了妇女的真实意志，应认定为强奸罪。C 选项不选。根据《刑法》第 358 条第 3 款的规定，犯组织、强迫卖淫罪，并有杀害、伤害、强奸、绑架等犯罪行为的，依照数罪并罚的规定处罚。这是《刑法修正案（九）》的重大修改，因此 D 选项可以认定为强奸罪，不选。

二、多项选择题

1. ABC 【解析】考生需要记住常见的刑法拟制为故意伤害罪的情形：聚众斗殴致人重伤的；聚众打砸抢致人伤残的；刑讯逼供、暴力取证、虐待被监管人员致人伤残的；非法拘禁过程中使用暴力致人伤残的；非法组织或强迫他人出卖血液致人重伤的；摘取未成年人器官的等。ABC 选项正确。故意伤害被绑架人致使被绑架人重伤的行为属于绑架罪的法定加重处罚情形，不定故意伤害罪。D 选项错误。

2. BCD 【解析】防卫过当的基本特征是客观上造成了不应有的损害，具有社会危害性；主观上对造成的过分损害存在过失甚至故意，具有罪过性，属于滥用防卫权对不法侵害人造成过分损害的非法行为，应当负刑事责任。一般情况下，防卫人是由于疏忽或判断失误才造成了不应有的危害结果。甲在进行防卫的时候没有预料到自己的行为会导致乙的死亡，但应当预见到自己的行为可能造成乙死亡的危害后果，甲存在疏忽大意的过失，因此应认定为过失致人死亡罪。A 选项不选。《刑法》第 238 条第 2 款规定："犯前款罪，致人重伤的，处三年以上十年以下有期徒刑；致人死亡的，处十年以上有期徒刑。使用暴力致人伤残、死亡的，依照本法第二百三十四条、第二百三十二条的规定定罪处罚。"甲在非法拘禁过程中，因拘禁行为本身不当致人死亡，可以直接认定为非法拘禁罪的结果加重犯，不需要再单独评价为过失致人死亡罪。B 选项应当选。暴力干涉婚姻自由罪是以暴力干涉他人婚姻自由的行为。本罪有两个特别之处：第一，如果没有造成被害人死亡的，本罪是告诉才处理的犯罪；第二，本罪致人死亡的结果加重犯包含被干涉婚姻自由人自杀的情形。甲暴力干涉婚姻自由，导致被害人自杀的，应认定为暴力干涉婚姻自由罪的结果加重犯，无须再单独评价为过失致人死亡罪。C选项应当选。虐待罪是指虐待家庭成员，情节恶劣的行为。行为人主观上不具有侵害被害人健康或者剥夺被害人生命的故意，而是出于追求被害人肉体和精神上的痛苦，长期、多次实施虐待行为，逐渐造成被害人身体损害，过失导致被害人重伤、死亡的，或者因虐待致使被害人自残、自杀，导致重伤、死亡的，属于虐待罪的结果加重犯。甲长期虐待乙逐渐造成被害人身体损害，导致乙死亡的，直接评价为虐待罪的结果加重犯，无须单独评价为过失致人死亡罪。D选项应当选。

3. ACD 【解析】乙长期以出卖为目的，拐骗、绑架、收买、贩卖、接送、中转妇女，完全符合拐卖妇女罪的构成要件，成立拐卖妇女罪。A选项正确。如果认为甲构成拐卖妇女罪的共犯，则甲只有是教唆犯或者帮助犯的可能。教唆犯是指教唆他人实行犯罪，即故意引起他人实行犯罪决意的人。甲向乙提出的要求是表达自己收买的意愿，乙是一个"职业"人贩子，甲的行为并非引起乙的犯罪决意，因为乙一直都存在拐卖妇女的犯罪意图，甲不能认定为拐卖妇女罪的教唆犯。帮助犯是指在共同犯罪中辅助他人实行犯罪的人。甲在整个过程中，并没有从事帮助乙拐卖妇女的行为，也不能认定甲是拐卖妇女罪的帮助犯。综上，甲不是拐卖妇女罪的共犯。B选项错误。收买被拐卖的妇女罪是指不以出卖为目的，收买被拐卖的妇女的行为。甲、丙都实施了收买被拐卖的妇女的行为，均应认定为收买被拐卖的妇女罪。CD选项正确。

4. AD 【解析】暴力干涉婚姻自由罪，致使被害人死亡的情形，包括被害人自杀，其他犯罪被害人自杀一般不属于加重危害结果。A选项正确。暴力干涉婚姻自由，包括干涉结婚自由和离婚自由，但不包括恋爱自由与分手自由。B选项错误。暴力干涉婚姻自由的行为主体和行为对象之间，不要求具有特定关系，不要求干涉者和被干涉者是亲戚关系。乙暴力干涉邻居的儿子的婚姻自由，也成立本罪。D选项正确。暴力干涉婚姻自由罪中，使用暴力是本罪在客观方面的一个显著特征，没有暴力干涉就不构成本罪。所谓暴力，是指对意图结婚或离婚的人实行拳打脚踢、捆绑、禁闭、强抢等人身强制的方法。口头阻挠不构成暴力，因此，丙的行为不构成暴力，也不成立暴力干涉婚姻自由罪。C选项错误。

5. BC 【解析】李某对钱某没有救助的义务，所以不构成不作为犯罪，故不选A选项。李某的行为虽然刺激到了钱某，但李某仅是看热闹不怕事大的行为，也并非起到教唆或实际帮助作用，所以不是教唆或帮助他人自杀行为，故李某不构成犯罪，所以选B选项。李某不是不法侵害人，所以六爷的行为不符合正当防卫的条件，故不选D选项。六爷故意伤害，造成他人轻伤的后果，构成故意伤害罪，应选C选项。

6. BD 【解析】投放危险物质罪是指针对不特定的多数人或者重大公私财产投放毒害性、放射性、传染病病原体等物质，危害公共安全的行为。周某的行为没有危害公共安全，而是投毒杀害特定人的行为，所以构成故意杀人罪。A选项错误，B选项正确。被害人承诺是免除行为人责任的事由之一，但对人身伤害的承诺以轻伤为限，对重伤、死亡的承诺无效，故许某成立故意杀人罪（未遂）。C选项错误，D选项正确。

7. ABC 【解析】拐骗儿童罪是指拐骗不满14周岁的未成年人，使之脱离家庭或者监护人的行为。本罪的行为对象是不满14周岁的未成年人。A选项正确。成立本罪，是基于出卖、勒索财物之外的目的，如收养、奴役等。B选项正确。根据司法解释的规定，以抚养目的拐骗儿童后产生出卖目的，进而出卖儿童，仅以拐卖儿童罪一罪论处。C 选项正确。如果以勒索财物为目的，拐走儿童，成立绑架罪。D 选项错误。本题选 ABC 选项。

8. BCD 【解析】甲实施完强奸行为后又以灭口的目的，将乙杀死，与强奸行为是两个性质不同的犯罪，应当数罪并罚。所以本题四个选项中只有 A 选项的分析正确，答案为 BCD 选项。

9. BC 【解析】侵犯公民个人信息罪是指违反国家有关规定，向他人出售或者提供公民个人信息，情节严重的行为。违反国家有关规定，将在履行职责或者提供服务过程中获得的公民个人信息，出售或者提供给他人的，应该从重处罚。A 选项中甲的行为侵犯了他人隐私权，但不构成侵犯公民个人信息罪，因为甲没有出售或提供个人信息给他人。B 选项中乙的行为属于违反国家有关规定，将在履行职责或者提供服务过程中获得的公民个人信息，出售给他人，成立侵犯公民个人信息罪，且应该从重处罚。C 选项丙的行为属于违反国家有关规定，向他人出售公民个人信息，成立侵犯公民个人信息罪。D 选项中由于年代久远，信封上的单位、地址等早已变化，不再成为公民个人信息，因此将信封出卖给他人的行为不构成侵犯公民个人信息罪。本题选 BC。

10. ABC 【解析】诬告陷害罪是捏造事实诬告陷害他人，意图使他人受刑事追究，情节严重的行为；诽谤罪则是捏造并公开散布某种虚构的事实，损害他人人格与名誉，情节严重的行为。因此，二者在客体要件、客观方面、主观方面存在不同，ABC 选项正确，诬告陷害罪与诽谤罪主体相同，均是一般主体，D 选项错误。

11. ABCD 【解析】《刑法》第 237 条第 3 款规定："猥亵儿童的，处五年以下有期徒刑；有下列情形之一的，处五年以上有期徒刑：（一） 猥亵儿童多人或者多次的；（二） 聚众猥亵儿童的，或者在公共场所当众猥亵儿童，情节恶劣的；（三） 造成儿童伤害或者其他严重后果的；（四） 猥亵手段恶劣或者有其他恶劣情节的。"因此 ABCD 选项正确。

12. ACD 【解析】故意杀人罪，是指故意非法剥夺他人生命的行为。A 选项正确。未经本人同意摘取其器官，或者摘取不满 18 周岁的人的器官，或者强迫、欺骗他人捐献器官，致人死亡或者具有致人死亡危险的，应当认定为故意杀人罪。由于未成年人没有自主处分器官的资格，所以即使经过未成年人同意摘取其器官，但致其死亡的，仍构成故意杀人罪。B 选项错误。消极安乐死，是指对濒临死亡的患者，经其承诺，不采取治疗措施任其自然死亡的行为，这种行为没有明显缩短患者生命，不成立故意杀人罪。积极安乐死，指为了免除患者的痛苦，提前结束其生命的行为，这种行为明显缩短患者生命，构成故意杀人罪。我国允许消极安乐死，不允许积极安乐死，后者在我国成立故意杀人罪。C 选项正确。教唆他人自杀是指行为人故意采取引诱、怂恿、欺骗等方法，使他人产生自杀意图。教唆意志完全自由的成年人自杀，实际上行为人并没有做出能够剥夺他人生命法益的行为，被教唆的成年人具有完全的意志自由和行为自由决定是否实施自杀行为，所以教唆意志完全自由的成年人自杀，不以犯罪论处。D 选项正确。两者相约自杀，一方杀死另外一方，实施了故意杀害他人的行为，造成了他人死亡的结果，应当认定为故意杀人罪，但其后尝试自杀未能得逞，可以作为量刑情节对其从宽处罚。

13. AD 【解析】A 选项正确、B 选项错误。拐卖妇女、儿童罪，是指以出卖为目的，拐骗、绑架、收买、贩卖、接送、中转妇女、儿童的行为。拐卖妇女、儿童的过程中，奸淫被拐卖妇女或者幼女的，只成立本罪，加重处罚，不再认定为强奸罪。甲以出卖为目的，在拐卖妇女丙的过程中强奸了丙，成立拐卖妇女罪的结果加重犯。C选项错误、D选项正确。收买被拐卖的妇女、儿童罪，是指不以出卖为目的，收买被拐卖的妇女、儿童的行为。收买被拐卖的妇女、儿童后有拘禁、伤害、杀害、虐待、侮辱、猥亵、强奸等行为的，应当实行数罪并罚。乙不以出卖为目的收买了妇女丙，成立收买被拐卖的妇女罪，随后违背丙意志，强行与丙发生性关系但未得逞，成立强奸罪的未遂，成立收买被拐卖的妇女罪和强奸罪（未遂），数罪并罚。

三、简答题

1. **参考答案** 强制猥亵、侮辱罪是指以暴力、胁迫或者其他方法强制猥亵他人或者侮辱妇女的行为。该罪的犯罪构成为：（1）强制猥亵、侮辱罪的客体是他人的人格尊严和人身自由权利。（2）本罪的客观方面表现为以暴力、胁迫或者其他方法，强制猥亵他人或者侮辱妇女的行为。犯罪对象限于年满14周岁的男性和女性。（3）本罪的主体为一般主体，即年满16周岁、具有刑事责任能力的自然人。（4）本罪的主观方面表现为故意，过失不能成立本罪。

2. **参考答案** 刑讯逼供罪是指司法工作人员对犯罪嫌疑人、被告人实行刑讯逼供的行为。该罪的犯罪构成为：（1）刑讯逼供罪侵犯的客体是公民的人身权利和司法机关的正常活动。（2）本罪的客观方面表现为使用肉刑或变相肉刑逼取犯罪嫌疑人、被告人的口供。本罪的犯罪对象是犯罪嫌疑人、被告人。（3）本罪的主体为司法工作人员，即具有侦查、检察、审判、监管职责的工作人员。（4）本罪的主观方面是故意，犯罪目的是逼取口供。

四、法条分析题

1. **参考答案**（1）"轮奸"是指二男以上在同一段时间内，共同对同一妇女（或幼女）连续地轮流或同时奸淫的行为。二人以上轮奸的，要求二男以上均有强奸的实行行为，不要求均得逞。

（2）致使被害人重伤、死亡，属于本罪的结果加重犯，"致使被害人重伤、死亡"是指强奸行为导致被害人性器官严重损伤，或者造成其他严重伤害，甚至当场死亡或者经抢救无效死亡。强奸行为致使被害人重伤、死亡要求重伤、死亡的结果与强奸行为之间具有因果关系。强奸行为必须是带着奸淫目的实施的暴力和奸淫行为。

2. **参考答案**（1）本条文规定的罪名是负有照护职责人员性侵罪。

（2）对已满14周岁不满16周岁的未成年女性负有监护、收养、看护、教育、医疗等特殊职责的人员，与该未成年女性发生性关系的，即使该未成年人"同意"，也构成负有照护职责人员性侵罪。因此，甲的行为构成本条规定的犯罪。

（3）根据本条第2款的规定，如果负有特殊职责的人员使用暴力、胁迫或者其他强制手段，迫使已满14周岁不满16周岁的未成年女性与其发生性关系的，同时触犯负有照护职责人员性侵罪和强奸罪的，从一重罪处罚，即应以强奸罪定罪处罚。因此，对乙的行为应以强奸罪定罪处罚。

参考答案 （1） 甲构成收买被拐卖的妇女罪、非法拘禁罪、绑架罪、强奸罪、强迫卖淫罪，应当数罪并罚。甲不以出卖为目的，收买被拐卖的妇女，构成收买被拐卖的妇女罪。收买被拐卖的妇女，非法剥夺、限制其人身自由，构成非法拘禁罪的，应当与收买被拐卖的妇女罪数罪并罚。甲在无法达到让乙当自己妻子的目的后，又产生了以乙为人质向乙的家人勒索财物的故意，构成绑架罪，并且绑架罪的既遂不需要实际勒索到赎金，只需要将人质置于自己控制下，所以甲构成绑架罪既遂。甲以强奸的手段迫使乙卖淫，根据《刑法修正案（九）》的规定，应当以强奸罪和强迫卖淫罪数罪并罚。（2） 乙构成故意伤害罪。根据司法解释的规定，明知自己感染艾滋病病毒而卖淫或者明知自己感染艾滋病病毒，故意不采取防范措施而与他人发生性关系，致使他人感染艾滋病病毒的，以故意伤害罪定罪处罚。乙明知自己感染艾滋病病毒，故意不采取防范措施与嫖客和甲发生性行为，致使嫖客和甲感染艾滋病病毒，应当认定为故意伤害罪。

第十八章　侵犯财产罪

一、单项选择题

1. B 【解析】甲、乙的第一个行为构成诈骗罪且未遂，虽然甲、乙共谋"丢包诈骗"，具有非法占有钱财的目的，且欲通过题目中所描述的手段使丙陷入错误认识，从而让丙基于错误认识而处分钱财。但事实上丙因警觉而拒绝甲的要求，并没有交付钱财，故不符合诈骗罪的既遂特征。甲、乙的第二个行为也即暴力行为构成抢劫罪无疑，且属于抢劫罪致人死亡。但对甲、乙二人不能数罪并罚：一方面，从侵害的法益来看，甲、乙只侵害了一个法益，也即财产性法益。如果定为数罪并罚，将量刑过重；另一方面，甲、乙的行为也是诈骗后的犯意升级，即具有抢劫的犯意，故可以抢劫罪一罪（致人死亡）定罪处罚。故本题答案为 B 选项。

2. C 【解析】本题改编自《刑事审判参考》第1127号：潘光荣、赖铭有抢劫案。本题中，潘某、赖某成立抢劫罪（致人死亡）。首先，潘某、赖某在抢劫前为了劫取他人财物而预谋抢劫杀人，并准备了埋尸的工具铁锹，明显有抢劫而预谋杀人的故意。其次，两人在抢劫中虽然取得了张某的银行卡及密码，但未实际掌握银行卡内财物，为了不让张某报案，并为进一步取得财物排除障碍，两人合力将张某杀害，可见杀害张某并不超出两人预谋抢劫杀人的范畴，以抢劫罪（致人死亡）定罪完全可以涵盖两人的主观故意和客观行为。因此本题答案为 C。

3. B 【解析】本题改编自《刑事审判参考》第349号案例。本题中，甲的行为构成敲诈勒索罪。区分敲诈勒索与抢劫二罪，主要看乙交出财物行为的心理状态。抢劫是被害人迫于暴力或者将要实施的暴力而造成精神上的恐惧，对被害人的控制程度更大，被害人被迫当场交付财物；敲诈勒索则是被害人迫于将要实施的暴力或者毁坏财物、名誉等恐吓行为造成精神上的恐惧，出于无奈，被迫当场交付或者事后交付财物或者出让其他财产权利。本题中，乙盗窃甲财物，事出有因，因害怕被甲告发而交付财物，即甲以要挟手段非法占有被害人财物，符合敲诈勒索罪的犯罪构成。因此本题答案为 B。

4. A 【解析】本题改编自《刑事审判参考》第 868 号案例。甲加"霸王油"的行为属于抢夺的行为，但是在加油站工作人员乙抓住驾驶室门或者座椅阻拦时，甲加速行驶以迫使乙放手，甚至强行扯开乙的手导致乙倒地受伤，此时甲的行为性质发生了转化。根据《刑法》第 269 条的规定，犯盗窃、诈骗、抢夺罪，为窝藏赃物、抗拒抓捕或者毁灭罪证而当场使用暴力或者以暴力相威胁的，依照《刑法》第 263 条（抢劫罪）的规定定罪处罚。因此，甲加"霸王油"的行为触犯抢夺罪，其之后为抗拒抓捕而当场使用暴力的犯罪行为，应当依照抢劫罪定罪处罚。

5. D 【解析】本题改编自《刑事审判参考》第 1186 号案例。本题中，甲以非法占有为目的，采取秘密手段盗窃乙的财物，在不考虑金额的情况下，其行为已经构成盗窃罪。最高人民法院《关于审理抢劫刑事案件适用法律若干问题的指导意见》指出，对于以摆脱的方式逃避抓捕，暴力程度较小，未造成轻伤以上后果的，可不认定为"使用暴力"，不以抢劫罪论处。甲在盗窃过程中被乙发现，为抗拒抓捕与乙发生撕扯，在此过程中乙对甲实施殴打，甲始终未还手，没有实施暴力或以暴力相威胁的行为，其与乙拉扯是被动地针对乙的殴打及抓捕行为进行的抵抗、摆脱，不符合"转化型抢劫罪"的构成要件。故本题答案为 D。

6. A 【解析】本题改编自最高人民检察院第九批指导性案例第 37 号。盗窃罪中的财物包括财产性利益，网络域名具备法律意义上的财产属性，盗窃网络域名可以认定为盗窃行为。本题中，张某先后利用技术手段，通过变更网络域名绑定邮箱及注册 ID，实现了对网络域名的非法占有，并使原所有人陈某丧失了其对网络域名的合法占有和控制。故张某的行为给网络域名的所有人带来直接的经济损失，其行为符合以非法占有为目的窃取他人财产性利益的盗窃罪本质属性，应以盗窃罪论处。故本题答案为 A。

7. B 【解析】《最高人民法院、最高人民检察院关于办理盗窃刑事案件适用法律若干问题的解释》第 11 条规定："盗窃公私财物并造成财物损毁的，按照下列规定处理：（一）采用破坏性手段盗窃公私财物，造成其他财物损毁的，以盗窃罪从重处罚；同时构成盗窃罪和其他犯罪的，择一重罪从重处罚；（二）实施盗窃犯罪后，为掩盖罪行或者报复等，故意毁坏其他财物构成犯罪的，以盗窃罪和构成的其他犯罪数罪并罚；（三）盗窃行为未构成犯罪，但损毁财物构成其他犯罪的，以其他犯罪定罪处罚。"甲采用破坏保险柜的方式盗窃 1 万元现金，造成价值 5 万元的保险柜损坏，同时构成了盗窃罪和故意毁坏财物罪，应适用上述司法解释的规定，以盗窃罪和故意毁坏财物罪择一重罪从重处罚。B 选项正确，ACD 选项错误。

8. B 【解析】关于盗窃罪和抢夺罪，法硕考试坚持的观点是盗窃罪的成立要求具有秘密性，公开则成立抢夺罪，即"明抢暗偷"。所谓秘密窃取，是指犯罪分子采取主观上自认为不会被财物所有人、管理人、持有人发觉的方法，将公私财物据为己有。即使他人发现，行为人以为没发现，同样属于秘密窃取。本案中，行为人甲以"借打"电话为名，边打电话边向候车室外移动，其自认为没有受到被害人赵某的怀疑，即甲主观上认为自己是秘密的，并未被赵某发觉，当然成立盗窃罪。即使赵某有所察觉，但不妨碍甲依旧成立盗窃罪。但如果行为人借得手机后拔腿就跑，则属于明知自己是公然进行抢夺，应成立抢夺罪。

9. B 【解析】诈骗罪，是指以非法占有为目的，使用虚构事实或者隐瞒真相的方法，骗取数额较大的公私财物的行为。甲以非法占有为目的，虚构丙要找人教训乙的事实，使得乙基于认识错误而交付财物，成立诈骗罪。乙惧怕的是丙，乙对于甲的转告行为并不害怕，因此甲不成立敲诈勒索罪。本题选 B。

10. D 【解析】D 选项正确，C 选项错误。职务侵占罪，是指公司、企业或者其他单位的工作人员，利用职务上的便利，将本单位财物非法占为己有，数额较大的行为。本案中，货车司机甲利用负责管理货物的职务便利，将本单位的货物变卖，非法占为己有，数额较大，成立职务侵占罪。A 选项，盗窃罪要求打破旧占有，建立新占有，甲是合法占有人，不成立盗窃罪。B 选项，甲用假身份应聘，是有欺骗行为，但并不意味着甲此时具有非法占有公司财物的目的，甲的非法占有目的是在运送货物途中产生的，故甲不成立诈骗罪。本题选 D。

11. A 【解析】根据 2013 年《最高人民法院、最高人民检察院关于办理抢夺刑事案件适用法律若干问题的解释》的规定，抢夺过程中，过失致人重伤、死亡的，应当认定为抢夺罪的"其他严重情节""其他特别严重情节"，即作为抢夺罪的情节加重犯定罪处罚。本案中，甲抢夺吴某提包，用力过猛过失致使吴某死亡，按上述司法解释，应按照抢夺罪的情节加重犯定罪处罚。A 选项正确，BCD 选项错误。注意：抢劫罪有结果加重犯的规定，抢夺罪没有结果加重犯，仅有情节加重犯的规定。

12. D 【解析】侵犯财产罪可以分为取得型犯罪和毁坏型犯罪两大类。取得型犯罪主要包括抢劫罪、盗窃罪、诈骗罪、抢夺罪、侵占罪、职务侵占罪、敲诈勒索罪，这一类犯罪的共同特点是必须具有非法占有的目的。毁坏型犯罪主要是指故意毁坏财物罪，这一类犯罪不具有非法占有的目的。非法占有为目的主要包括两个方面：排除占有的意思和利用的意思。如果仅具有排除占有的意思，而不具有利用的意思，属于毁坏型侵犯财产罪。甲没有利用的意思，而仅仅是想排除乙对手机的占有，因此不具有非法占有的目的，只能构成故意毁坏财物罪。D 选项正确，ABC 选项错误。故意毁坏财物罪既包括物理上对财物的毁坏，也包括妨碍财物使用功能的实现。

13. B 【解析】盗窃罪是指以非法占有为目的，盗窃公私财物，数额较大的，或者多次盗窃、入户盗窃、携带凶器盗窃、扒窃的行为。诈骗罪是指以非法占有为目的，用虚构事实或隐瞒真相的方法，骗取数额较大的公私财物的行为。诈骗罪的行为特征是受害人基于错误认识而处分了财物。甲的行为既采用了欺骗手段，又实施了秘密窃取的行为，由于被骗人并没有因被骗而对高价格的财物作出处分，即被害人并没有意识到其在对价格昂贵的商品进行处分，故行为人仍属于在被害人不知情的情况下秘密转移财物，秘密窃取是本题行为的本质特征，应认定为盗窃罪。B 选项正确。

14. B 【解析】甲以非法占有为目的，使用限制人身自由的方式，排除他人反抗能力取得财物，完全符合抢劫罪的行为模式，是抢劫罪。B 选项正确。

15. D 【解析】诈骗罪的行为特征是受害人基于错误认识而处分了财物。AC 选项中，财物所有人或管理人并未将财物处分给行为人，行为人秘密转移了财物，所以不构成诈骗罪，而是盗窃罪。B 选项中，5 岁的儿子不具有处分能力，其处分行为无效，仍构成盗窃罪。D 选项中，丁的行为让餐厅人员产生了其会付钱的错误认识，对财物（饭菜）作出了处分，构成诈骗罪。D 选项正确。

16. C 【解析】敲诈勒索罪是指以非法占有为目的，对公私财物的所有人、管理人实施威胁或要挟的方法，多次强行索取公私财物或者索取数额较大的公私财物的行为。本题中，甲对乙实施要挟，强行索取公私财物，构成敲诈勒索罪。C 选项正确。敲诈勒索罪和抢劫罪的区别在于暴力行为与取财行为是否具有当场性，抢劫罪是当场对被害人使用暴力或者变相暴力，当场劫取财物。本题中，行为人并未当场对被害人使用暴力压制反抗取走财物，故其行为不构成抢劫罪。

17. A 【解析】甲实施盗窃行为，为了抗拒抓捕而当场使用暴力，致人轻微伤以上后果，符合《刑法》第 269 条规定的转化型抢劫的规定，认定其行为构成抢劫罪。A 选项正确。

18. C 【解析】抢劫罪是指以非法占有为目的，当场使用暴力、胁迫或者其他方法，强行劫取公私财物的行为。甲用安眠药使他人陷入不能反抗的境地而窃取他人财物，属于使用抢劫罪中的其他方法压制被害人的反抗，从而转移财物的行为，构成抢劫罪。C 选项正确。

19. B 【解析】甲主观上想要盗窃普通财物，实际上取得枪支，实际犯罪与预想的犯罪分别属于不同的犯罪构成，其主观发生的误认属于事实认识错误中的客体错误，甲主客观实施的犯罪存在轻重罪的重合关系，依据主客观相一致的原则，甲的行为构成盗窃罪，而不构成盗窃枪支罪。B 选项正确。AD 选项错误。乙在上厕所的过程中，手提包仍归乙本人占有，该手提包不属于遗失物，甲并未合法取得对该包的占有，故甲的行为不构成侵占罪，C 选项错误。

20. D 【解析】甲和乙属于事前有共谋的犯罪，二人形成共同故意，其二人共谋对犯罪进行明确分工，因此，应该成立共同犯罪。甲实施了盗窃行为，成立了盗窃罪，因此乙也成立盗窃罪。D 选项正确。如果甲、乙事前没有共谋，甲实施盗窃行为之后，乙窝藏、销售赃物的行为构成掩饰、隐瞒犯罪所得、犯罪所得收益罪。

21. C 【解析】破坏生产经营罪是指以泄愤、报复或者其他个人目的，毁坏机器设备，残害牲畜或者以其他方法破坏生产经营的行为。本题中，乙为泄私愤，毁坏被害人甲家土地上种植的价值 33 250 元的树苗，其行为已构成破坏生产经营罪。C 选项正确。破坏生产经营罪与故意毁坏财物罪在行为上有相似之处，因为行为人通过毁坏机器设备、残害耕畜破坏生产经营的同时，必然毁坏公私财物。尽管如此，两者仍有本质区别，应当注意区分：（1）主观的目的不同。破坏生产经营罪采用毁坏机器设备、残害耕畜等手段，虽然会造成财物的毁坏，但这不是行为人的目的，行为人的目的是通过上述手段来毁坏生产经营，进而达到自己泄愤报复或者其他个人的不法目的。毁坏机器设备、残害耕畜等仅仅是实现其目的的手段；（2）侵害的客体不同。破坏生产经营罪所侵害的是国有的、集体的以及个人的生产经营正常活动，而后者侵害的则是公私财物的所有权；（3）侵害的对象不同。破坏生产经营罪的对象是特定的财物，即与生产经营活动直接相关的已经投入使用的机器设备、服役期间的耕畜等。而正是通过这些直接关系到生产经营活动的财物的毁坏进而实现破坏生产经营的意图。倘若与生产经营无关，如在仓库中备用或闲置不用的财物，即使是机器设备，亦不能成为本罪对象，但可以构成故意毁坏财物罪的对象。相比较而言，破坏生产经营罪较故意毁坏财物罪更为特殊。因此本题选 C 选项。

22. C 【解析】职务侵占罪是指公司、企业或者其他单位的工作人员，利用职务上的便利，将本单位财物非法占为己有，数额较大的行为。本罪的行为主体是公司、企业或者其他单位的人员。但国有公司、企业或者其他国有单位中从事公务的人员和国有公司、企业或者其他国有单位委派到非国有公司、企业以及其他单位从事公务的人员，利用职务上的便利侵占公共财物的，应认定为贪污罪，而不是职务侵占罪。本罪的行为方式是利用职务上的便利，将数额较大的单位财物非法占为己有的行为。刑法理论的通说与司法实践均认为，职务侵占罪均包括利用职务上的便利窃取、骗取、侵占本单位财物的行为以及其他将本单位财物占为己有的行为。首先，行为人必须利用了职务上的便利，即利用自己主管、管理、经营、经手单位财物的便利条件。其次，必须将单位财物非法占为己有。"非法占为己有"不限于行为人所有，还包括使第三者所有。本题中，陈某与费某勾结，利用费某看管仓库的职务便利，将费某公司仓库的产品窃取，非法占为己有。陈某、费某的行为构成职务侵占罪。C 选项正确。

23. A 【解析】挪用资金罪是指公司、企业或者其他单位的工作人员，利用职务上的便利，挪用本单位资金归个人使用或者借贷给他人，数额较大，超过 3 个月未还的，或者虽然没有超过 3 个月，但数额较大，进行营利活动，或者进行非法活动的行为。行为主体必须是公司、企业或者其他单位的工作人员（与职务侵占罪的行为主体相同）。行为对象是单位资金。筹建公司的工作人员在公司登记注册前，利用职务上的便利，挪用准备设立的公司在银行开设的临时账户上的资金，归个人使用或者借贷给他人，构成犯罪的，应当以挪用资金罪论处。挪用资金构成犯罪的，分为三种情况：（1）挪用单位资金用于营利活动与非法活动以外的活动的，如用于消费、娱乐活动等，必须数额较大，并且超过 3 个月未还。数额在 10 万元以上的，为数额较大。（2）挪用单位资金进行营利活动的，只要求数额较大，不要求超过 3 个月未还。营利活动，应是合法的营利活动，即就营利活动自身的性质而言为国家法律、法规所允许。（3）挪用单位资金进行非法活动的，不问挪用数额与时间，均认定为挪用资金罪。非法活动，包括犯罪活动与一般违法活动，从实践上看，主要是用于赌博、走私、行贿、嫖娼等。刑法虽然对这种挪用行为的数额与时间没有特别规定，但认定犯罪时也不能不考虑数额与时间。根据最高人民检察院、公安部于2022 年 4 月 29 日联合发布修订后的《关于公安机关管辖的刑事案件立案追诉标准的规定（二）》，将挪用资金罪的追诉标准从挪用资金罪用于非法活动 6 万元以上，用于营利活动、其他活动 10 万元以上修改为用于非法活动 3 万元以上；用于营利活动、其他活动 5 万元以上，与挪用公款罪定罪标准相同。本罪中的挪用资金"归个人使用"包括三种情况：（1）将本单位资金供本人、亲友或者其他自然人使用的；（2）以个人名义将本单位资金供其他单位使用的；（3）个人决定以单位名义将本单位资金供其他单位使用，谋取个人利益的。本题中，陈某作为民营公司的会计，利用自己的职务便利，挪用本单位的资金进行炒股、炒期货等营利活动，挪用金额达到数额较大的标准，因此陈某的行为构成挪用资金罪。A 选项正确。本罪与挪用公款罪客观方面相似，但主体与客体不同，应注意区分。

24. C 【解析】拒不支付劳动报酬罪是指以转移财产、逃匿等方法逃避支付劳动者的劳动报酬，或者有能力支付而不支付劳动者的报酬，数额较大，经政府有关部门责令支付仍不支付的行为。本题中，甲公司有能力支付而不支付乙等人的工资，经政府有关部门责令支付后仍不支付，构成拒不支付劳动报酬罪。C 选项正确。拒不执行判决、裁定罪是指对人民法院的判决、裁定有能力执行而拒不执行，情节严重的行为。本案中《劳动保障监察责令整改决定书》是人社局下发的，而非人民法院的判决、裁定，因此 B 选项错误。妨害公务罪是指以暴力、威胁方法阻碍国家机关工作人员依法执行职务的行为。本题中甲公司并未采取暴力、威胁方法阻碍国家工作人员职务，故不构成妨害公务罪，A 选项错误。

25. D 【解析】甲持枪胁迫小超市店员乙当场交出财物，根据《刑法》第 263 条，构成抢劫罪。抢劫罪的既遂标准是取得财物或造成轻伤。题干中甲已经劫得现金 88 元，应认定为抢劫罪既遂。D 选项正确。甲支付的 100 元可认为是"犯罪成本",刑法中计算犯罪数额,并不扣除犯罪成本。故而本案中抢劫罪的数额为 88 元,且不能再算"亏了"12 元的账。小超市并非为家庭生活而居住的场所,而是商业场所,不属于"户",不属于入户抢劫。A 选项错误。甲属于持枪抢劫,是抢劫罪的情节加重犯。持枪抢劫是情节加重犯,犯罪的既遂应当以基本犯既遂为标准。本题案情系犯罪既遂。注意:实施任何抢劫罪,如果分文未取,也未造成轻伤,仍认定为犯罪未遂;实施持枪抢劫,但抢劫未遂的,是情节加重犯的未遂,应先以加重刑为基准刑,再结合未遂可从宽的规定处刑。BC 选项错误。本题选 D。

26. D 【解析】根据《刑法》第 303 条第 1 款,以营利为目的,以赌博为业,长期以赌博所得为主要生活来源,构成赌博罪。根据《最高人民法院关于审理抢劫、抢夺刑事案件适用法律若干问题的意见》第 7 条,抢劫赌资、犯罪所得的赃款赃物的,以抢劫罪定罪。根据《最高人民法院关于抢劫过程中故意杀人案件如何定罪问题的批复》,行为人实施抢劫后,为灭口而故意杀人的,以抢劫罪和故意杀人罪定罪,实行数罪并罚。故本案三罪并罚。

27. B 【解析】在盗窃过程中造成公私财物严重毁损的,以盗窃罪从重处罚。盗窃数额较小但造成公私财物严重损坏的,以故意毁坏财物罪定罪处罚。盗窃行为完成后,为了掩盖盗窃行为而故意毁坏公私财物的,以盗窃罪和故意毁坏财物罪数罪并罚。本题中,甲毁坏监控设备是在其完成盗窃行为后,故应当按照盗窃罪和故意毁坏财物罪数罪并罚,B 选项正确。

28. A 【解析】盗窃罪的行为对象是他人占有的财物。"占有"的意思是只要财物在主人控制范围内即可。本题中,乙家住宅内的财物,无论乙身在何处,客观上在乙的控制范围内,主观上乙具有占有意思,属于乙在占有。甲将乙占有的财物转移为自己占有,构成盗窃罪。综上所述,本题答案为 A。

29. C 【解析】抢劫罪与绑架罪的区别在于,行为人主观上是意图向被害人本人要钱还是向第三人要钱。抢劫罪系行为人直接向被害人本人要钱,绑架罪是行为人向第三人要钱。本题中,甲并没有带着向乙的妻子勒索财物的目的扣押被害人,而是带着向被害人本人乙要钱的目的扣押被害人,故甲构成抢劫罪。综上所述,本题答案为 C。

30. B 【解析】抢劫罪,行为人是带着向被害人勒索财物的目的而劫持被害人;绑架罪,行为人是带着向第三人勒索财物的目的而劫持被害人。注意,这个勒索财物的目的是否实现,影响抢劫罪的既遂,但不影响绑架罪的既遂。本题中,甲让乙通知其母送钱赎人,表明甲具有向乙的母亲勒索财物的目的,因此构成绑架罪,不构成抢劫罪。至于乙如何给母亲打电话,并不重要。当甲实际控制住乙,就构成绑架罪既遂。综上所述,本题答案为 B。

31. A 【解析】《刑法》第 263 条规定:"以暴力、胁迫或者其他方法抢劫公私财物的,处三年以上十年以下有期徒刑,并处罚金;有下列情形之一的,处十年以上有期徒刑、无期徒刑或者死刑,并处罚金或者没收财产:(一)入户抢劫的;(二)在公共交通工具上抢劫的;(三)抢劫银行或者其他金融机构的;(四)多次抢劫或者抢劫数额巨大的;(五)抢劫致人重伤、死亡的;(六)冒充军警人员抢劫的;(七)持枪抢劫的;(八)抢劫军用物资或者抢险、救灾、救济物资的。"火车属于公共交通工具,因此二人在火车上持枪抢劫,属于抢劫罪的升格法定刑情形。A 选项正确。劫取到财物(不论数额)或造成对方轻伤以上后果的,就成立抢劫罪既遂;未劫取到财物,也未造成他人轻伤以上后果的,成立抢劫罪的未遂。D 选项错误。本案中,二人劫得 100 元人民币,已经构成抢劫罪既遂,不再定其他未完成形态。BC 选项错误。

32. D 【解析】《刑法》第 269 条规定："犯盗窃、诈骗、抢夺罪，为窝藏赃物、抗拒抓捕或者毁灭罪证而当场使用暴力或者以暴力相威胁的，依照本法第二百六十三条的规定定罪处罚。"该条规定的是转化型抢劫罪。转化型抢劫罪的成立要求特定时间，即"当场"。本案中，甲在商场五楼实施盗窃，下到一楼时对保安实施暴力，不符合"当场"的时间要求，因此不成立转化型抢劫罪。A 选项错误。甲分别实施了盗窃行为和故意伤害行为，侵犯了不同的法益，应当定盗窃罪和故意伤害罪，并依照数罪并罚的规定处罚。D 选项正确。

33. B 【解析】对于盗窃罪的既遂，法硕考试认为，盗窃一般财物的，以财物的所有人、管理人、保护人失去对财物的控制并为盗窃犯罪人所控制的状态为既遂，即失控加控制说。甲的行为使乘客对行李箱失去了控制，但由于扔进黄河里，甲自己也无法控制行李箱，因此不构成盗窃罪既遂，只能构成盗窃罪未遂。A 选项错误。乙将窃得的财物打包后丢入院墙外，使得主人丧失了对财物的控制，由于财物被丢到自己预期的地方，因此自己同时取得了对财物的控制，符合失控加控制说，构成盗窃罪既遂。B 选项正确。如果在商场、超市等经营场所盗窃，需要区分财物的大小，如果是小件物品，通说认为行为人将该物品装入自己的兜里，就符合失控加控制说。丙刚将盗窃的手机拿在手里，还未放进口袋，便被售货员发现，故不能认为超市对手机失去控制，也不符合自己平稳控制手机的要求，因此丙不构成盗窃罪既遂。C 选项错误。如果是大件物品，行为人只有将物品搬出商场、超市的大门才能认为商场、超市失去了对物品的控制。丁盗窃电视机，没有将电视机搬出商场大门即被发现，该电视机仍在商场的控制之下，因此不能认为丁构成盗窃罪既遂。D 选项错误。

34. B 【解析】抢夺罪是指以非法占有为目的，公然夺取公私财物，数额较大或多次抢夺的行为。所谓公然夺取，是指行为人明知被害人知情还当着被害人的面强行夺走财物。甲并非公然夺取金项链，不可能构成抢夺罪。A 选项错误。盗窃罪是以非法占有为目的，采用自以为秘密的手段窃取他人财物的行为。如果行为人既使用了诈骗手段，又实施了秘密窃取行为的，秘密窃取是行为的本质特征，应以盗窃罪定罪处罚。B 选项正确。诈骗罪的行为结构是：虚构事实或隐瞒真相——使他人产生错误认识——他人基于错误认识处分财物——他人受有损失——行为人获得利益。甲虽然虚构事实并使得售货员产生错误认识，但售货员并没有基于错误认识将财产的占有处分给甲，因此甲获得财物与诈骗行为不具有因果关系，不成立诈骗罪。C 选项错误。侵占罪是指将代为保管的他人财物或者他人的遗忘物、埋藏物变为自己所有，拒不退还的行为。金项链不是甲代为保管之物，也不是他人的遗忘物、埋藏物，甲不可能构成侵占罪。D 选项错误。

35. A 【解析】诈骗罪，是指以非法占有为目的，用虚构事实或者隐瞒真相的方法，骗取数额较大的公私财物的行为。甲以非法占有为目的，采用虚构事实、隐瞒真相的方法，使保险公司产生错误认识，保险公司基于错误认识作出财产处分，甲获得财物，保险公司受有损失，甲完全符合诈骗罪的犯罪构成。A 选项正确。保险诈骗罪，是指违反保险法规，以非法占有为目的，进行保险诈骗活动，数额较大的行为。需注意，保险诈骗罪的主体是特殊主体，即必须是投保人、被保险人或受益人，其他人不能构成本罪。甲不是投保人、被保险人或受益人，不能构成保险诈骗罪。B 选项错误。合同诈骗罪，是指以非法占有为目的，在签订、履行合同过程中，骗取对方当事人财物，数额较大的行为。题目中没有说明甲是利用签订、履行合同来骗取合同对方当事人的财物，因此不构成合同诈骗罪。C 选项错误。职务侵占罪,是指公司、企业或者其他单位的工作人员,利用职务上的便利,将本单位财物非法占为己有,数额较大的行为。甲并不是保险公司的工作人员,所以不可能成立职务侵占罪。D选项错误。

36. C 【解析】刑法中关于法律拟制的抢劫罪有两项规定:第一,盗窃、诈骗、抢夺过程中为抗拒抓捕、毁灭罪证、窝藏赃物当场使用暴力或以暴力相威胁的,构成法律拟制的抢劫罪;第二,携带凶器抢夺的,构成法律拟制的抢劫罪。《刑法》第267条规定:"抢夺公私财物,数额较大的,或者多次抢夺的,处三年以下有期徒刑、拘役或者管制,并处或者单处罚金;数额巨大或者有其他严重情节的,处三年以上十年以下有期徒刑,并处罚金;数额特别巨大或者有其他特别严重情节的,处十年以上有期徒刑或者无期徒刑,并处罚金或者没收财产。携带凶器抢夺的,依照本法第二百六十三条(抢劫罪)的规定定罪处罚。"携带凶器抢夺,不要求行为人使用凶器或者将凶器加以显示,甲和乙携带匕首抢夺,完全符合《刑法》第267条第2款携带凶器抢夺的构成要件,应以抢劫罪论处。C选项正确。

二、多项选择题

1. BCD 【解析】敲诈勒索罪的犯罪客体是公私财产所有权和公民的人身权利,属于侵犯财产罪章节的罪名;招摇撞骗罪的犯罪客体是国家机关的威信和社会管理秩序,属于妨害社会管理秩序罪章节的罪名,因此两罪的犯罪客体不属于同类客体。A选项错误。使用合法的内容进行敲诈,也可能成立敲诈勒索罪。例如,以向监委会举报某贪污官员的贪污事由为要挟,对贪污官员进行敲诈勒索的,成立敲诈勒索罪。B选项正确。威胁、要挟的方法多种多样,以栽赃陷害相威胁、要挟的,也可以成立敲诈勒索罪。C选项正确。招摇撞骗罪是指冒充国家机关工作人员招摇撞骗的行为,主要行为方式是欺骗。敲诈勒索罪是指利用被害人的恐惧心理进行威胁、要挟,主要行为方式是威胁、要挟。D选项正确。

2. BC 【解析】扒窃,是指在公共场所或者公共交通工具上盗窃他人随身携带的财物的行为。刘某强的行为符合扒窃的行为特征。A选项正确。多次盗窃,是指2年内盗窃3次以上。刘某强2年内盗窃2次,不能认定为多次盗窃。B选项错误。携带凶器盗窃,是指携带枪支、爆炸物、管制刀具等国家禁止个人携带的器械盗窃,或者为了实施违法犯罪携带其他足以危害他人人身安全的器械盗窃的行为。刘某强携带西瓜刀并不是为了实施违法犯罪行为而使用,因此不能认定为携带凶器盗窃。C选项错误。多次盗窃、入户盗窃、携带凶器盗窃、扒窃的,在判断是否成立盗窃罪时对数额不要求达到数额较大的标准,但判断盗窃罪是否既遂时要求行为人取得值得刑法所保护的财物,如果财物价值过低,不能认定为既遂。刘某强盗窃的钱包内没有财物,因此不构成盗窃罪既遂,而是未遂。D选项正确。因此,本题应当选择BC选项。

3. AC 【解析】抢劫致人死亡包含为排除反抗故意杀人的情形。A选项正确。如果行为人在抢劫行为实施完毕以后,为了灭口或者其他目的又杀死被害人的,应当以抢劫罪和故意杀人罪并罚。B选项错误。违禁品具有一定价值的,也属于财产犯罪的对象。以毒品、假币、淫秽物品等为对象,实施抢劫的,以抢劫罪定罪处罚。C选项正确。行为人实施伤害、强奸等犯罪行为,在被害人失去知觉或者没有发觉的情形下,以及实施故意杀人犯罪行为后,临时起意拿走他人财物的,应以前所实施的具体犯罪与盗窃罪数罪并罚。D选项错误。

4. AC 【解析】持枪抢劫的枪支必须是真枪,但可以是空枪。A选项正确。入户本身不具有非法性的，不成立入户抢劫。B 选项错误。崔某是典型的杀人取财行为，属于抢劫致人死亡。C 选项正确。抢劫枪支，并不是抢劫罪的法定加重情节。D 选项错误。

5. ABC　【解析】转化型抢劫罪，是指犯盗窃、诈骗、抢夺罪，为窝藏赃物、抗拒抓捕、毁灭罪证而当场使用暴力或以暴力相威胁的，以抢劫罪论处。暴力对象不限于被害人，包括其他妨碍人和认识错误的情形，但不包括动物，也不包括行为人对自己实施暴力或者对自己以暴力相威胁。所以 AB 选项错误，D 选项正确。暴力或者暴力威胁要求达到足以压制对方反抗的程度，C 选项中的暴力程度不足以压制对方反抗，所以 C 选项错误。本题选 ABC 选项。

6. ABCD　【解析】A 选项中，高尔夫球场内的高尔夫球，处于高尔夫球场的直接控制之下，应认定为"他人占有的财物"，系盗窃罪对象。甲秘密窃取转移占有，构成盗窃罪。B 选项中，公园水池中旅客投掷的硬币，为旅客赠与公园的物品，不是无主物。虽公园为公共场所，但其水池中的硬币系特定场所的财物，应认定为归公园控制、占有，系"他人占有的财物"，系盗窃罪对象。乙秘密窃取转移占有，构成盗窃罪。C 选项中，宾馆房间里的笔记本电脑，虽其主人已失去控制，但由于处于宾馆这种特定场所，应认定为该物被临时代管人宾馆所控制、占有，系"他人占有的财物"，系盗窃罪对象。丙秘密窃取转移占有，构成盗窃罪。D 选项中，公文包处于小轿车内，在车主的控制领域内，即使轿车未关好门，也应认定为归轿车车主控制、占有，系盗窃罪对象。丁秘密窃取转移占有，构成盗窃罪。本题选 ABCD。

7. ABC　【解析】A 选项中，某男窃取女士内衣，排除了物主的占有，赏玩也是利用意思，认定为有非法占有目的，可构成盗窃罪。B 选项中，窃取他人木质家具，排除了物主的占有，燃柴也是利用方法，认定为有非法占有目的，可构成盗窃罪。C 选项中，骗取排除了物主的占有，卖给废品回收公司是处分行为，认定为有非法占有目的，可构成诈骗罪。D 选项中，丢弃排除了物主的占有，但没有自己利用的意思，不认定为有非法占有目的，而应认定为毁损目的，构成故意毁坏财物罪。本题选 ABC。

8. BC　【解析】A 选项中，甲的行为应定故意杀人罪、盗窃罪。B 选项中，乙以杀人为手段的抢劫行为应定抢劫罪（致人死亡）一罪。C 选项中，在劫取财物过程中，为制服被害人反抗而故意杀人的，以抢劫罪（致人死亡）一罪定罪处罚。D 选项中，行为人实施抢劫后，为灭口而故意杀人的，以抢劫罪和故意杀人罪定罪，数罪并罚。因此本题选 BC。

9. ABCD　【解析】A 选项中，甲在杀人时没有勒赎目的，不构成绑架罪，构成故意杀人罪。杀人后又实施其他犯罪，应数罪并罚。对于后一行为，系隐瞒被害人已死的真相，向第三人威胁索财；意图利用被害人的认识错误和恐惧心理取财，应认定为敲诈勒索罪。B 选项中，饭店老板乙用可乐兑水冒充洋酒销售，属于销售伪劣产品或诈骗行为，被人识破后转而使用暴力当场劫取财物，系抢劫罪。本案系当场实施暴力并当场取财，不再以敲诈勒索罪论罪。C 选项中，丙以揭露商业秘密的非法侵害为要挟内容，而要求明显高额的所谓"补偿费"，可认为其具有非法占有目的，可构成敲诈勒索罪。D 选项中，前行为构成行贿罪无异议。对于后一行为，贿赂已经送出，即认为归受贿人事实上占有，刑法亦保护这种事实占有关系，以非法手段侵占此种事实占有权的，也构成犯罪。本案行为人以告发犯罪相要挟，侵占他人事实占有权，可认定为非法占有，构成敲诈勒索罪，应当数罪并罚。因此本题选 ABCD。

10. AB　【解析】本题考查抢劫罪的认定。抢劫罪客观方面表现为以非法占有为目的，以暴力、胁迫或者其他方法，强行劫取财物的行为。甲将财务管理者孙某打死，取走财物的行为符合前述抢劫罪的构成要件，其构成抢劫罪。A选项正确。这里的其他方法，是指行为人实施暴力、胁迫方法以外的其他使被害人不知反抗或不能反抗的方法。例如，用药物麻醉、用酒灌醉、使用催眠术或用毒药毒昏等，致使被害人处于不知反抗或不能反抗的状态。B选项正确。如果行为人利用被害人熟睡、酣醉、昏迷等状态而秘密窃取其财物的，因行为人并未实施侵犯他人人身权利的手段行为，不属于以其他方法实施的抢劫罪。如果是采取秘密窃取的方法，窃取数额较大财物或者多次窃取，则构成盗窃罪。故C选项成立盗窃罪而非抢劫罪。D选项成立抢夺罪。

11. **ABCD** 【解析】根据我国《刑法》第271条的规定，职务侵占罪是指非国有单位的工作人员利用职务上的便利将本单位财物非法占为已有，数额较大的行为。职务侵占罪与挪用资金罪的区别在于是否有非法占有的目的。非国家工作人员具有非法占有目的侵占本单位财物的行为，构成职务侵占罪。国有单位委派到非国有企业中从事公务的主体依然属于国家工作人员，如果利用职务便利实施侵占行为的，构成贪污罪，不以职务侵占罪定罪处罚。因此，本题应全选。

12. **BCD** 【解析】侵犯财产罪在主观方面只能是故意，过失不构成这类犯罪，A选项错误。侵犯财产罪的客体是公私财产所有权，客观上表现为非法占有、挪用或故意毁坏公私财产的行为，因此BC选项正确。侵犯财产罪的主体可以是单位，拒不支付劳动报酬罪就可以由单位构成，因此D项说法是正确的。本题选择BCD选项。

13. **ABD** 【解析】挪用资金罪是指公司、企业或者其他单位的工作人员，利用职务上的便利，挪用本单位资金归个人使用或者借贷给他人，数额较大、超过三个月未还的，或者虽未超过三个月，但数额较大、进行营利活动的，或者进行非法活动的行为。本罪的犯罪主体是特殊主体，A选项正确。根据最高人民检察院、公安部于2022年4月29日联合发布修订后的《关于公安机关管辖的刑事案件立案追诉标准的规定（二）》的规定，将挪用资金罪的追诉标准从挪用资金罪用于非法活动6万元以上，用于营利活动、其他活动10万元以上修改为用于非法活动3万元以上；用于营利活动、其他活动5万元以上，与挪用公款罪定罪标准相同。B选项正确。国有公司、企业或者其他国有单位委派到非国有公司、企业以及其他单位从事公务的人员挪用单位资金进行非法活动的成立挪用公款罪。C选项错误。《刑法》第272条第3款规定："有第一款行为，在提起公诉前将挪用的资金退还的，可以从轻或者减轻处罚。其中，犯罪较轻的，可以减轻或者免除处罚。"D选项正确。

14. **BD** 【解析】A选项错误。入户盗窃是指非法进入他人生活的与外界相对隔离的住所进行盗窃的行为。入户要具有非法目的，合法进入他人住宅后盗窃的，不应认定为入户盗窃。甲是合法进入朋友家中，后又产生盗窃目的，实施盗窃行为，成立普通盗窃罪。

B选项正确。只要行为人取得（控制）了财物，就是盗窃罪既遂。乙虽然已经取得了冰箱，但冰箱体积很大，一般只有将该财物搬出商店才能认定乙构成盗窃罪既遂。乙还没有将冰箱搬出超市即被发现，应当认定为盗窃罪未遂。

C选项错误。盗窃罪的成立不限于数额较大的财物，值得刑法保护的数额较小的财物也可以成为盗窃罪的对象，例如身份证、护照等。丙的扒窃行为不需要数额较大的要求即可成立盗窃罪。而且，身份证属于有重大价值的物品，虽然实际财产价值数额不大，但一旦落入他人手中便可能会被用来犯罪，造成身份证丢失者的重大利益损失，所以也是盗窃罪保护的对象。因此，丙在公交车上扒窃了多张身份证，成立盗窃罪。

D 选项正确。所有人对财物的占有不限于紧密占有、随身占有，处于其实力支配下且保持一定距离的占有也属于所有人自己的占有状态。D 选项中，上司李某虽然没有实际占有自己的电脑，但仍处于一定距离的占有，不能认定为丁占有电脑。因此，丁以非法占有为目的，秘密窃取李某电脑，破坏了李某对电脑的占有，并实际控制了电脑，成立盗窃罪。

15. CD 【解析】A 选项错误。该手表虽然是仿制品，但仍属于财物，所以甲的行为成立盗窃罪，之后毁坏的行为并没有侵犯新的法益，不再成立故意毁坏财物罪。

B 选项错误。根据司法解释的规定，偷开机动车，导致车辆丢失的，成立盗窃罪。如果偷开机动车实施其他犯罪，事后将车丢弃，被盗车辆价值计入盗窃数额。因此，乙偷开朋友的摩托车，导致车辆丢失，成立盗窃罪，不成立故意毁坏财物罪。

C 选项正确。关于故意毁坏财物罪中"毁坏"行为的认定，根据效用侵害说的观点，"毁坏"包括物理上变更、消灭财物的形体的行为，还包括丧失或者减少财物的效用的一切行为。C 选项中，丙将他人货车的柴油放掉，属于让柴油失去效用的毁坏行为，当然成立故意毁坏财物罪。

D 选项正确。丁登录李某的股票账户只有"利用"意思，没有排除意思，不具有非法占有目的，不成立盗窃罪，但丁的"练手"行为导致李某股票账户实际亏损 10 万元，该行为成立故意毁坏财物罪。

三、简答题

1. 参考答案 挪用资金罪是指公司、企业或者其他单位的工作人员，利用职务上的便利，挪用本单位资金归个人使用或者借贷给他人，数额较大、超过 3 个月未还的，或者虽未超过 3 个月，但数额较大、进行营利活动，或者进行非法活动的行为。该罪的构成要件为：（1）挪用资金罪的客体是公司、企业或其他单位的财产权，具体侵犯的是单位对财产的占有、使用和收益。（2）本罪的客观方面表现为利用职务上的便利，挪用单位资金归个人使用。（3）本罪的主体是特殊主体，即公司、企业或者其他单位中的非国家工作人员。（4）本罪的主观方面为故意，具有非法使用单位资金的目的。

2. 参考答案 职务侵占罪是指公司、企业或者其他单位的工作人员，利用职务上的便利，将本单位财物非法占为己有，数额较大的行为。侵占罪是指以非法占有为目的，将代为保管的他人财物或者将他人的遗忘物、埋藏物非法占为己有，数额较大拒不退还或者拒不交出的行为。两罪的区别见下：（1）行为方式不同：职务侵占罪要求利用职务上的便利，而侵占罪没有利用职务上的便利。（2）对象不同：职务侵占罪的对象是单位的财物；而侵占罪的对象是普通他人的财物，具体包括代为保管物、遗失物等。（3）主体不同：职务侵占罪的主体是特殊主体，即公司、企业或者其他单位的工作人员；侵占罪的主体是一般主体。（4）获取财物手段不同：职务侵占罪的行为人采用窃取、骗取、侵吞（和职务便利有关的任何方式均可）的方式获取财物；侵占罪的行为人采取保管物拒不退还，遗忘物、埋藏物拒不交出的方式获取财物。

四、案例分析题

参考答案 （1）甲构成非法经营罪、诈骗罪、抢劫罪，应当数罪并罚。根据司法解释，违反国家规定，以营利为目的，通过信息网络有偿提供删除信息服务，或者明知是虚假信息，通过信息网络有偿提供发布信息等服务，扰乱市场秩序的，构成非法经营罪。而甲以从事违法犯罪活动为目的成立公司，进行犯罪活动的，不认为是单位犯罪，以自然人犯罪定罪处罚，所以甲构成非法经营罪。甲以非法占有为目的，虚构事实，使他人产生错误认识，并基于错误认识对财产作出处分的，构成诈骗罪。甲以非法占有为目的，以暴力相威胁，当场从被害人处取得财物，构成抢劫罪。甲使用他人银行卡的行为，属于抢劫信用卡并使用的行为，构成抢劫罪，不再成立其他犯罪。（2）刘某具有立功情节，可以从轻或减轻处罚。刘某拿钱请甲帮忙删除帖子的行为不构成犯罪，所以刘某和甲不是同案犯，也不能成立自首。但刘某的行为属于揭发他人犯罪，而且具有协助抓捕其他案件犯罪嫌疑人的行为，可以认定为立功。

【特别提示】 诈骗罪中行为人虚构的事实可以有暴力内容，敲诈勒索罪中行为人通告的恶害可以是虚假内容。当这些事实既是虚假的，又是让人恐惧的，行为就既符合诈骗罪又符合敲诈勒索罪，属于想象竞合，一般情况下，择一重罪论处。但要注意敲诈勒索与转告虚假恐吓信息式的诈骗的区分。敲诈勒索罪的行为模式是：我恐吓你，你若不给钱，我就对你施加恶害，由此你对我产生恐惧心理。如果行为人只是转告虚假恐吓信息，不构成敲诈勒索罪，而构成诈骗罪。本题中，甲谎称刘某要让公安局抓"去伪存真"，是转告虚假恐吓信息，因此只成立诈骗罪。

第十九章　妨害社会管理秩序罪

一、单项选择题

1. A 【解析】聚众斗殴罪是指以聚众的形式相互斗殴。本罪只处罚首要分子和积极参加者。聚众斗殴过失致人重伤、死亡的，以故意伤害罪、故意杀人罪定罪处罚。（1）该规定是法律拟制，是指聚众斗殴过程中过失致人重伤、死亡，也定故意伤害罪、故意杀人罪。若故意重伤或杀人，理所当然也定故意伤害罪、故意杀人罪。（2）该规定是针对两种人而言的：一是直接造成重伤、死亡的斗殴者；二是首要分子。其他参与者对此不负责任。在不能查明死亡是由谁造成时，只让首要分子负责。（3）致人重伤、死亡，既包括一方导致另一方人员重伤、死亡，也包括一方导致本方人员重伤、死亡。因此，甲、乙对王某的死亡均构成故意杀人罪。"持械聚众斗殴"是聚众斗殴罪的情节加重犯（法定刑升格条件）。只有持械一方构成该情节加重犯，未持械一方不构成该情节加重犯。因此，只有乙构成"持械聚众斗殴"。综上，本题答案为A。

2. D 【解析】妨害公务罪既有行为犯，行为犯要求使用暴力、威胁的方法阻止国家机关工作人员执行公务；也有实害犯，即未使用暴力、威胁的方法，但故意阻碍国家安全机关、公安机关工作人员依法执行国家安全工作任务，造成严重后果的行为，也能构成妨害公务罪。A选项错误。阻碍军人执行职务的，成立阻碍军人执行职务罪（《刑法》第368条），不以妨害公务罪论处。B选项错误。妨害公务罪中的"国家机关工作人员"是指在我国各级立法机关、行政机关、司法机关中从事公务的人员。妨害公务罪行为对象的本质是从事公务的人员，因此，政协中从事公务的人员也应当认定为本罪的行为对象，C选项错误。

妨害公务罪的处罚原则如下：实施某罪 + 妨害公务罪 = 数罪并罚。例外情况为：走私、贩卖、运输、制造毒品 + 妨害公务罪 = 前罪加重处罚，组织他人偷越国（边）境 + 妨害公务罪 = 前罪加重处罚。D 选项正确。

3. A 【解析】本题改编自《刑事审判参考》第 1110 号：陈飞、刘波掩饰、隐瞒犯罪所得案。本题中，刘某明知是犯罪所得的车辆，却以明显低于市场价的价格购买了 5 辆自行车，其行为应认定为掩饰、隐瞒犯罪所得罪。刘某虽未实施销售行为，但其一个月内购买的数量达到 5 辆，显然不能认定为刘某是出于自用而购买自行车，因而也不能以"自用"的理由对其从轻处罚。本题答案为 A。

4. B 【解析】伪造、变造、买卖国家机关公文、证件、印章罪，是指伪造、变造、买卖国家机关的公文、证件、印章的行为。A 选项错误、D 选项错误。身份证和港澳通行证均属于依法可以用于证明身份的证件，甲和丁的行为应当认定为伪造身份证件罪。B 选项正确。乙非法私刻交警部门公章，是伪造国家机关印章的行为，构成伪造、变造、买卖国家机关公文、证件、印章罪。C 选项错误。高校属于事业单位，不属于国家机关，丙的行为应当认定为伪造事业单位印章罪。

5. D 【解析】非法获取国家秘密罪，是指以窃取、刺探、收买的方法，非法取得国家秘密的行为。A 选项错误。非法获取国家秘密罪保护的客体是国家的保密制度，而不是国家安全。B 选项错误。非法获取国家秘密罪的主体是一般主体。C 选项错误。非法获取国家秘密罪的行为方式仅限于将获取的国家秘密提供给国内的组织、机构和个人。行为人为境外机构、组织、人员窃取、刺探、收买国家秘密的，成立为境外窃取、刺探、收买、非法提供国家秘密、情报罪。D 选项正确。非法获取国家秘密罪的责任形式为故意，行为人必须认识到自己非法获取的是国家秘密或者可能是国家秘密，否则不成立该罪。

6. D 【解析】组织考试作弊罪，是指在法律规定的国家考试中，组织作弊或者为他人实施前款犯罪提供作弊器材或者其他帮助的行为。代替考试罪，是指代替他人或者让他人代替自己参加法律规定的国家考试的行为。考试作弊类犯罪的成立的前提是，所涉及的考试必须是法律所规定的相关国家考试。英语四、六级考试不属于法律规定的国家考试，其属于教育部主管的一项全国性考试，因此甲不构成组织考试作弊罪和代替考试罪，甲的行为不构成犯罪。A、B 选项错误，D 选项正确。《刑法》第 284 条之一第 3 款规定了非法出售、提供试题、答案罪，《刑法》第 284 条之一第 3 款规定："为实施考试作弊行为，向他人非法出售或者提供第一款规定的考试的试题、答案的，依照第一款的规定处罚。"本案中，甲并不是通过向考生提供试题答案来实施犯罪，故不构成非法出售、提供试题、答案罪。C 选项错误。

7. C 【解析】赌博罪是指以营利为目的，聚众赌博或者以赌博为业的行为。应当注意的是，以营利为目的，在计算机网络上建立赌博网站，或者为赌博网站担任代理，接受投注的，构成开设赌场罪，而不是成立赌博罪。C 选项正确。

8. D 【解析】犯罪故意，是指明知自己的行为会发生危害结果，希望或者放任危害结果发生的心理态度。在认识因素上，要求行为人明知自己的行为会发生危害结果，包括两个方面：第一，对行为、结果以及它们之间的因果关系这样的客观事实具有明确认识，即对犯罪构成所属情况具有明确认识。ABC 选项正确。第二，对行为及其结果具有社会危害性有明确认识。D 选项错误。

9. B 【解析】《刑法》第 348 条规定："非法持有鸦片一千克以上、海洛因或者甲基苯丙胺五十克以上或者其他毒品数量大的,处七年以上有期徒刑或者无期徒刑,并处罚金;非法持有鸦片二百克以上不满一千克、海洛因或者甲基苯丙胺十克以上不满五十克或者其他毒品数量较大的,处三年以下有期徒刑、拘役或者管制,并处罚金;情节严重的,处三年以上七年以下有期徒刑,并处罚金。"可见,非法持有毒品罪,是指违反国家毒品管理法规,非法持有毒品数量较大的行为。非法持有的毒品需达到一定数量,才能构成犯罪。A 选项错误。非法持有毒品,是指对毒品具有事实上的管领和控制力,因此行为人可以由本人直接持有毒品,也可以通过他人间接持有毒品。B 选项正确。只要毒品的直接持有人,明知是毒品而持有,并且数量较大,就可以认定为非法持有毒品罪,不需要查清毒品的所有人,现实中也很难查清楚。C 选项错误。行为人为贩卖毒品而持有毒品的,持有行为是贩卖行为的组成部分的行为,根据吸收犯的原理,持有行为被贩卖行为所吸收,只认定为贩卖毒品罪。D 选项错误。

10. C 【解析】甲的走私、运输毒品罪属于刑法分则中的选择性罪名,多次走私、运输、制造、贩卖毒品,毒品数量累计计算,按照一罪定罪处罚,不实行数罪并罚。A 选项错误。乙非法持有枪支的行为是其非法购买枪支行为的必然结果,因此其非法持有枪支罪被非法买卖枪支罪所吸收,仅成立非法买卖枪支罪,不实行数罪并罚。B 选项错误。丙谋杀张某的行为构成故意杀人罪既遂,之后又取走张某现金,此行为构成盗窃罪,属于数个行为触犯了不相关的数个罪名,应当数罪并罚。C 选项正确。丁以非法占有为目的,通过杀人行为排除反抗,劫取财物,构成抢劫罪的结果加重犯,不数罪并罚,而其之后实施的碎尸行为属于毁灭证据的行为,不具有期待可能性,不单独评价为犯罪,综上对丁仅以抢劫罪一罪定罪处罚。D 选项错误。

11. C 【解析】传播淫秽物品罪与传播淫秽物品牟利罪的淫秽物品的范围、犯罪主体、犯罪客体、客观方面完全相同,唯一区别就是传播淫秽物品罪不以牟利为目的,而传播淫秽物品牟利罪必须以牟利为目的。因此 C 选项正确,ABD 选项错误。

12. B 【解析】强迫卖淫罪,是指以暴力、胁迫或者其他手段,迫使他人卖淫的行为。强迫卖淫包括逼良为娼、不让从良、具体时间和地点的强迫三种情况,题目说的是第三种情形。强迫卖淫罪的目的是迫使他人从事卖淫活动,而不是为了强行奸淫女性。因此选 B 选项,不选 A 选项。组织卖淫罪是指以招募、雇用、纠集等手段,管理或控制他人卖淫,卖淫人员在三人以上的行为。D 选项错误。

13. B 【解析】《刑法修正案(九)》规定拒不执行判决、裁定罪的主体可以是自然人、单位。A 选项错误,B 选项正确。妨害公务罪只能是自然人犯罪,并且需要以暴力、威胁手段阻碍国家机关工作人员执行职务,C 选项错误。刑法中不存在藐视司法罪。D 选项错误。

14. C 【解析】脱逃罪是指依法被关押的罪犯、被告人、犯罪嫌疑人脱逃司法机关的羁押和监管的行为。行为人在脱逃过程中使用暴力,致人重伤、死亡的,是牵连犯,择一重罪处罚。应当以故意伤害罪、故意杀人罪定罪处罚。C 选项正确。

15. C 【解析】聚众斗殴罪是指出于报私仇、争霸或者其他不正当目的,成帮结伙打架斗殴,破坏公共秩序的行为。聚众斗殴罪的处罚对象是首要分子和其他积极参加者,非首要分子或非积极参加者,即使参与了聚众斗殴行为,也不能以该罪定罪处罚。C 选项正确。

16. D 【解析】卖淫是违法行为,但不是犯罪行为,由于刑法没有将多次卖淫行为规定为犯罪,所以即使是多次卖淫社会危害性较大也不构成犯罪,多次抢夺是《刑法修正案（九）》新增的情形，应当注意。根据《刑法》第264条、274条的规定，多次盗窃、多次敲诈勒索均构成犯罪，ABC三选项均可构成犯罪，不当选。本题选D。

17．C　【解析】已满16周岁不满18周岁的人出于以大欺小、以强凌弱或者寻求精神刺激，随意殴打其他未成年人、多次对其他未成年人强拿硬要或者任意损毁公私财物，扰乱学校及其他公共场所秩序，情节严重的，以寻衅滋事罪定罪处罚。C选项正确。

18．D　【解析】根据最高人民法院、最高人民检察院、公安部、司法部联合制定的《关于办理非法放贷刑事案件若干问题的意见》，违反国家规定，未经监管部门批准，或者超越经营范围，以营利为目的，经常性地向社会不特定对象发放贷款，扰乱金融市场秩序，情节严重的，依照刑法第225条第4项的规定，以非法经营罪定罪处罚。"经常性地向社会不特定对象发放贷款"，是指2年内向不特定多人（包括单位和个人）以借款或其他名义出借资金10次以上。构成非法经营罪要求非法放贷的实际年利率超过36%，个人非法放贷数额累计在200万元以上，单位非法放贷数额累计在1000万元以上。本题中，甲在2年内向不特定多人以借款名义出借资金10次以上，年利率超过36%，非法放贷数额累计在200万元以上，成立非法经营罪。D选项正确，A选项错误。甲的行为不属于欺诈行为，不成立诈骗罪。B选项错误。甲是向不特定对象发放借款而非吸收存款，因此不构成非法吸收公众存款罪。C选项错误。

19．C　【解析】甲以牟利为目的，制作、复制大量淫秽光盘，该行为构成制作、复制、贩卖淫秽物品牟利罪。同时，甲多次将淫秽光盘借给多人观看，构成传播淫秽物品罪。甲属于数行为触犯数罪，而且不具有连续、吸收、牵连关系，应当数罪并罚。C选项正确。组织播放淫秽音像制品罪是指组织召集多人观看、收听并播映淫秽的电影、录像等音像制品的行为，甲是将淫秽光盘借给他人看，而没有组织召集多人观看，不构成该罪。B选项错误。

20．D　【解析】非法行医罪、非法进行节育手术罪的主体都是不具有医生执业资格的人，甲具有医生执业资格不能构成此罪。AB选项错误。医疗事故罪是一个过失犯罪，且需要造成就诊人死亡或健康严重受损的结果，甲没有造成严重后果不构成本罪。C选项错误。因此，甲的行为不构成犯罪。D选项正确。

21．C　【解析】非法行医罪是指未取得行医资格的人非法行医，情节严重的行为，其犯罪主体只能是未取得医生执业资格的人。C选项正确。

22．D　【解析】掩饰、隐瞒犯罪所得罪是指行为人明知是犯罪所得而予以窝藏、转移、收购、代为销售或者以其他方法掩饰、隐瞒的行为。蓝某的行为符合掩饰、隐瞒犯罪所得罪的构成要件。D选项正确。孙某在盗窃之前与蓝某没有通谋，因此不构成盗窃罪的共犯，A选项错误。包庇罪是指明知是犯罪的人而作假证明包庇的行为，蓝某没有作假证明进行包庇的行为，因此不构成包庇罪。B选项错误。伪证罪是指在刑事诉讼中，证人、鉴定人、记录人、翻译人对与案件有重要关系的情节，故意作虚假证明、鉴定、记录、翻译，意图陷害他人或者隐匿罪证的行为。蓝某不属于上述主体，因此不构成伪证罪。C选项错误。

23．C　【解析】伪证罪只发生在刑事诉讼中且伪证罪的主体是特殊主体，只能是证人、鉴定人、记录人、翻译人。辩护人和诉讼代理人不符合主体要件。C选项正确。

24．C　【解析】组织他人偷越国（边）境罪是指违反国家出入境管理法规，非法组织他人偷越国（边）境的行为。本题中，甲、古某、王某违反国家出入境管理法规，领导、策划、指挥42名越南人偷越国（边）境，是组织他人偷越国（边）境的行为，成立组织他人偷越国（边）境罪。C选项正确。甲、古某、王某组织他人偷越国（边）境之后使用大巴车运送他人的行为不构成运送他人偷越国（边）境罪。A选项错误。本案中，甲、古某、王某组织他人偷越国（边）境而非自己实施偷越国（边）境的行为，因此D选项错误。

25. D 【解析】妨害作证罪是指以暴力、威胁、贿买等方法阻止证人作证或者指使他人作伪证的行为。本题中，甲以贿买的方式指使丙作伪证，其行为构成妨害作证罪。D选项正确。

26. B 【解析】伪造、变造、买卖国家机关公文、证件、印章罪，是指伪造、变造、买卖国家机关的公文、证件、印章的行为。本罪要求伪造、变造、买卖的必须是国家机关的公文、证件、印章。这里的国家机关包括立法机关、行政机关与司法机关，以及中国共产党的各级机关和中国人民政治协商会议的各级机关。公文，是指以国家机关名义制作的处理公务的文书。证件，一般是指有权制作的国家机关颁发的，用以证明身份、权利义务关系或者其他事项的凭证。印章，包括印形和印影。印形，是指固定了国家机关名称等内容并可以通过一定方式表现在其他物体上的图章；印影，是指印形加盖在纸张等物品上所呈现的形象。本题中，左某伪造住建局的印章，属于国家机关印章，并加盖在商业用房证明上，左某的行为成立伪造、变造、买卖国家机关公文、证件、印章罪。B选项正确。

27. D 【解析】招摇撞骗罪是指以谋取非法利益为目的，冒充国家机关工作人员进行招摇撞骗的行为。根据司法解释的规定，行为人冒充正在执行公务的人民警察"抓赌""抓嫖"、没收赌资或者罚款的行为，构成犯罪的，以招摇撞骗罪从重处罚；在实施上述行为中使用暴力或者暴力威胁的，以抢劫罪定罪处罚。行为人冒充治安联防队员"抓赌""抓嫖"、没收赌资或者罚款的行为，构成犯罪的，以敲诈勒索罪定罪处罚；在实施上述行为中使用暴力或者暴力威胁的，以抢劫罪定罪处罚。本题中，马某冒充正在执行公务的人民警察"抓嫖"，对受害人进行罚款，对于马某的行为应当以招摇撞骗罪从重处罚。D选项正确。

28. C 【解析】伪造、变造、买卖身份证件罪是指伪造、变造、买卖居民身份证、护照、社会保障卡、驾驶证等依法可以用于证明身份的证件的行为。伪造不仅包括无权制作身份证件的人擅自制作居民身份证件，而且包括有权制作人制作内容虚假的居民身份证件或者违反法律规定的身份证件。变造，是指对真实有效的居民身份证件的非本质部分进行加工、修改。如果对真实有效的居民身份证件的本质部分进行加工、修改，则属于伪造居民身份证件。买卖是指买入或者卖出，既包括买入他人真实身份证件与卖出自己或者他人的真实身份证件的行为，也包括买入或者卖出伪造、变造的身份证件的行为。本题中，甲从网上买入大量身份证，构成买卖身份证件罪。C选项正确。近年来，公民个人信息泄露已成为一大社会公害，居民身份证作为公民日常生活中最常用、最重要的证件之一，一旦被不法分子利用，不仅侵害公民个人的权益，更易诱发其他关联的犯罪，扰乱社会秩序。在《刑法修正案（九）》正式实施以前，刑法对伪造、变造居民身份证的行为设置了伪造、变造居民身份证罪，但司法实践中，买卖居民身份证的案件屡见不鲜，对此类行为是否按犯罪处理以及应定何罪产生了法律分歧。《刑法修正案（九）》将买卖身份证、护照、社会保障卡、驾驶证等依法可以用于证明身份的证件的行为定性为买卖身份证件罪，解决了长期以来刑法理论界存在的争议和混乱。买卖身份证件罪是行为犯，买卖身份证件的数额和获利只作为量刑情节考虑，而不作为定罪依据。故一旦有购买或者贩卖身份证件的行为，不论数额多少或者是否获利，都触犯了买卖身份证件罪。

29. C 【解析】投放虚假危险物质罪是指行为人故意投放虚假的爆炸性、毒害性、放射性、传染病病原体等物质，严重扰乱社会秩序的行为。所谓"投放虚假的爆炸性、毒害性、放射性、传染病病原体等物质"，必须在外形上让一般人感觉到行为人投放了爆炸性、毒害性、放射性、传染病病原体等物质；或者以邮寄、放置、丢弃等方式，将外观上类似于爆炸性、毒害性、放射性、传染病病原体等物质置于他人能够发现的场所。行为是否严重扰乱了社会秩序，要从行为所引起的社会心理恐慌、所导致的社会秩序混乱程度等方面进行判断。本题中，梁某故意将疑似爆炸物放置在地铁口出口，造成地铁口关闭，警方动用大量警力进行排爆工作。梁某的行为严重扰乱社会秩序，构成投放虚假危险物质罪。C 选项正确。

30. B 【解析】代替考试罪，是指代替他人或者让他人代替自己参加法律规定的国家考试的行为。一般来说，代替他人考试的人（替考人）与让他人代替自己参加考试的人（应考人）会形成共犯关系。本题中，甲是应考人，乙是替考人，甲、乙都构成代替考试罪。B 选项正确。

31. A 【解析】拒不履行信息网络安全管理义务罪是指网络服务提供者不履行法律、行政法规规定的信息网络安全管理义务，经监管部门责令采取改正措施而拒不改正，有法定情形的行为。法定情形的行为包括：（1）致使违法信息大量传播的；（2）致使用户信息泄露、造成严重后果的；（3）致使刑事案件证据灭失，情节严重的；（4）有其他严重情节的。本罪的犯罪主体是特殊主体，即网络服务提供者，包括自然人和单位。因此 A 选项错误，BCD 选项正确，本题选 A。

32. C 【解析】A 选项中，为犯罪人通风报信，帮助其逃匿的行为，构成窝藏罪。B、D 选项中，提供虚假证明包庇犯罪人（作为），成立包庇罪；司法机关对知情他人犯罪事实的人进行调查取证时，其单纯不提供证言（不作为）的，不构成犯罪。C 选项中，系作假证明包庇犯罪人（作为），成立包庇罪。如果成为证人，还可涉嫌伪证罪。因此本题选 C。

33. B 【解析】赌博罪，是指以营利为目的，聚众赌博或者以赌博为业的行为。赌博罪的主观方面是故意，且要求具有营利目的。这里的营利目的主要有两种情况：一是通过在赌博活动中取胜进而获取财物的目的；二是通过抽头渔利或者收取各种名义的手续费、入场费等获取财物的目的。本题中，甲以抽头渔利为目的，组织 3 人以上进行赌博，抽头渔利数额累计超过 5 000 元，甲的行为构成赌博罪。B 选项正确。开设赌场罪是指以营利为目的，开设赌场的行为，主要方式有：一是以营利为目的，以行为人为中心，在行为人支配下设立、承包、租赁专门用于赌博的场所。二是以营利为目的，在计算机网络上建立赌博网站，或者为赌博网站担任代理，接受投注的。本题中，甲在批发市场内空地上赌博的行为不属于开设赌场。A 选项错误。本题中，甲没有刑法第 225 条及 293 条规定的非法经营和寻衅滋事行为，故不构成非法经营罪、寻衅滋事罪，CD 选项错误。

34. C 【解析】虚假诉讼罪是指以捏造的事实提起民事诉讼，妨害司法秩序或者严重侵害他人合法权益的行为。本罪的主体包括自然人和单位。以捏造的事实提起民事诉讼，是指以虚假事实为根据，依照民事诉讼法向法院提起诉讼。常见的情形是，通过伪造书证、物证，或者双方恶意串通提起民事诉讼。本题中，宋某与张某、周某等人恶意串通，伪造证据，捏造事实，提起民事诉讼，妨害司法秩序，宋某等人的行为构成虚假诉讼罪。C 选项正确。近年来，虚假诉讼案件多发，特别是在民间借贷、拆迁等案件中呈现多发态势。除了数量增多、金额增加之外，虚假诉讼的参与方式也呈现多样性，从单方虚假诉讼到双方恶意串通，再到诉讼代理人参与等，虚假诉讼的识别难度越来越大。虚假诉讼行为不但扰乱了正常的诉讼秩序，浪费了司法资源，还损害了当事人或案外人的合法权益。司法实践中，虚假诉讼主要呈现以下特点：一是案件类型相对集中。多发生于离婚、民间借贷、企业破产、继承、房屋买卖合同纠纷案件中，当事人假借诉讼以图转移财产、逃避债务，损害第三人权益。二是当事人间关系特殊。双方当事人多存在亲属、朋友、生意伙伴等较为密切的关系，或属某种利益共同体。三是当事人多是采取委托代理人出庭的方式，法庭陈述细节出现多处不清或矛盾，特别是当事人对义务自认的较多，原被告间缺乏实质性对抗。四是当事人在本院或他院有关联诉讼或执行案件，标的相互关联。五是证据材料单一，难以形成完整证据链。虽双方对证据真实性、关联性不存异议，但事实、理由往往不合常理。六是双方当事人对诉请、事实、证据均争议不大，依据常理本可自行解决，却极力要求法院快审快结，出具调解或判决。2015年8月通过的《刑法修正案（九）》增加了"虚假诉讼罪"，旨在通过刑罚的威慑力，起到防范和制裁虚假诉讼行为的作用。

35. D 【解析】扰乱法庭秩序罪是指以法定方式实施扰乱法庭秩序的行为。本罪的行为方式包括以下几种：（1）聚众哄闹，冲击法庭的；（2）殴打司法工作人员或者诉讼参与人的；（3）侮辱、诽谤、威胁司法工作人员或者诉讼参与人，不听法庭制止，严重扰乱法庭秩序的；（4）有毁坏法庭设施、抢夺、损毁诉讼文书、证据等扰乱法庭秩序行为，情节严重的。法庭是人民法院代表国家依法独立行使审判权的主要场所，是诉讼参与人通过陈述主张、举证证明和辩论，理性解决纷争的场所。法庭秩序是人民法院履行法定职责的基本保障，也是诉讼参与人行使法定权利的基本保障。在庭审活动中，全体人员应尊重司法礼仪，遵守法庭纪律。扰乱法庭秩序、危害法庭安全的行为，不仅会破坏审理活动的正常进行，还会侵犯他人的人身权利、诉讼权利，损害司法权威、法律尊严，依法应予惩处。本题中，何某来和何某红在参与旁听庭审过程中不服从审判长指挥，不听审判长制止，何某来殴打值庭法警致其受轻微伤，何某红辱骂审判人员并向审判人员投砸物品，其二人行为均已严重扰乱法庭秩序，构成扰乱法庭秩序罪。D选项正确。

36. D 【解析】以重伤的手段拒不执行判决、裁定的，触犯拒不执行判决、裁定罪与故意伤害罪（致人重伤），系想象竞合，择一重罪处断，以重罪故意伤害（重伤）罪论处。法条依据为1998年《最高人民法院关于审理拒不执行判决、裁定案件具体应用法律若干问题的解释》第6条的规定，暴力抗拒人民法院执行判决、裁定，杀害、重伤执行人员的，依照故意杀人罪、故意伤害罪的规定定罪处罚。注意：前述1998年解释的该规定与下文最新发布的2020年解释并不矛盾，仍然有效。以一般暴力手段抗拒国家机关工作人员，拒不执行判决、裁定的，认定为拒不执行判决、裁定罪，不认定为妨害公务罪。法条依据为《全国人民代表大会常务委员会关于〈中华人民共和国刑法〉第三百一十三条的解释》第2款第5项，以及2020年《最高人民法院关于审理拒不执行判决、裁定刑事案件适用法律若干问题的解释》第2条第5～7项。其中规定，以暴力、威胁方法阻碍执行人员进入执行现场或者聚众哄闹、冲击执行现场，致使执行工作无法进行的，属于《全国人民代表大会常务委员会关于〈中华人民共和国刑法〉第三百一十三条的解释》规定的"其他有能力执行而拒不执行，情节严重"的情形，构成拒不执行判决、裁定罪。

37. A 【解析】组织卖淫罪是指以招募、雇佣、纠集等手段，管理或者控制他人卖淫，卖淫人员在三人以上的行为。其一般表现为两种情况：（1）设置卖淫场所或者变相卖淫场所，控制卖淫者，招揽嫖娼者。（2）没有固定的卖淫场所，通过控制卖淫人员，有组织地进行卖淫活动。在认定组织卖淫罪时，要注意该罪中的罪数形态问题。在组织卖淫犯罪活动中，对被组织卖淫的人有引诱、容留、介绍卖淫行为的，依照处罚较重的规定定罪处罚。但是，对被组织卖淫的人以外的其他人员有引诱、容留、介绍卖淫行为的，应当分别定罪，实行数罪并罚。本题中，计某某招募卖淫人员、安排人具体管理卖淫女、安排人介绍卖淫、制定措施监督卖淫女、负责发放工资等行为，说明其是整个卖淫组织的发起者、雇佣者与控制者，且已经建立了相对固定的卖淫组织对卖淫者实施管理和控制，并实际指挥卖淫活动的实施。其行为具有明显的组织性，属于组织卖淫行为，因此计某某成立组织卖淫罪。A 选项正确。

38. C 【解析】传播性病罪是指明知自己身患梅毒、淋病等严重性病，而进行卖淫或者嫖娼活动的行为。根据刑法的规定，传播性病罪，不仅要求行为人确实患有性病，还要求行为人"明知自己患有梅毒、淋病等严重性病"。一般来说，具有下列情形之一的，可以认定为"明知"：（1）有证据证明曾到医疗机构就医，被诊断为患有严重性病的；（2）根据本人的知识和经验，知道自己患有严重性病的；（3）通过其他方法能够证明是"明知"的。本题中，毕某明知道自己患有梅毒，还进行卖淫活动，其行为构成传播性病罪。C 选项正确。

39. B 【解析】盗伐林木罪是指以非法占有为目的，盗伐森林或者其他林木，数量较大的行为。偷砍他人房前屋后、自留地种植的零星树木，不属于森林，应认定为盗窃罪。A 选项错误。乙在林区盗伐珍贵林木，数量较大的，触犯了盗伐林木罪和非法采伐国家重点保护植物罪两个罪名，对此应从一重罪处罚。B 选项正确。丙将国有林区的珍贵树木移植到自己承包林地养护的属于将国家所有的林木窃为己有，构成盗伐林木罪。C 选项错误。《最高人民法院关于审理破坏森林资源刑事案件具体应用法律若干问题的解释》第15 条规定："非法实施采种、采脂、挖笋、掘根、剥树皮等行为，牟取经济利益数额较大的，依照刑法第二百六十四条的规定，以盗窃罪定罪处罚。同时构成其他犯罪的，依照处罚较重的规定定罪处罚。"因此丁的行为构成盗窃罪。D 选项错误。

40. C 【解析】编造、故意传播虚假恐怖信息罪是选择性罪名。编造恐怖信息以后向特定对象散布，严重扰乱社会秩序的，构成编造虚假恐怖信息罪。编造恐怖信息以后向不特定对象散布，严重扰乱社会秩序的，构成编造、故意传播虚假恐怖信息罪。本题中，李某法制观念淡薄，为泄私愤，编造虚假恐怖信息并故意向不特定对象传播，严重扰乱社会秩序，已构成编造、故意传播虚假恐怖信息罪。C 选项正确。本罪与准备实施恐怖活动罪的犯罪动机及客观方面都有较大区别，D 选项错误。

41. B 【解析】破坏计算机信息系统罪是指违反国家规定，对计算机信息系统功能进行删除、修改、增加、干扰，造成计算机信息系统不能正常运行，后果严重的行为。计算机信息系统包括计算机、网络设备、通信设备、自动化控制设备等。智能手机和计算机一样，使用独立的操作系统、独立的运行空间，可以由用户自行安装软件等程序，并可以通过移动通信网络实现无线网络接入，应当认定为刑法上的"计算机信息系统"。本题中，曾某通过修改被害人手机的登录密码，远程锁定被害人的智能手机设备，使之成为无法开机的"僵尸机"，属于对计算机信息系统功能进行修改、干扰的行为，且造成 10 部以上智能手机系统不能正常运行，符合《刑法》第 286 条破坏计算机信息系统罪构成要件中"对计算机信息系统功能进行修改、干扰""后果严重"的情形，构成破坏计算机信息系统罪。曾某采用非法手段锁定手机后以解锁为条件，索要钱财，在数额较大或多次敲诈的情况下，其目的行为又构成敲诈勒索罪。在这类犯罪案件中，手段行为构成的破坏计算机信息系统罪与目的行为构成的敲诈勒索罪之间成立牵连犯。牵连犯应当从一重罪处断。破坏计算机信息系统罪后果严重的情况下，法定刑为 5 年以下有期徒刑或者拘役；敲诈勒索罪在数额较大的情况下，法定刑为 3 年以下有期徒刑、拘役或管制，并处或者单处罚金。因此，本案应以重罪即破坏计算机信息系统罪论处。B 选项正确。非法侵入计算机信息系统罪是指违反国家规定，侵入国家事务、国防建设、尖端科学技术领域的计算机信息系统的行为。本案中曾某并非侵入国家事务、国防建设、尖端科学技术领域的计算机信息系统，因此不构成本罪。C 选项错误。

42. D 【解析】《刑法》第 280 条之二关于冒名顶替罪的规定："盗用、冒用他人身份，顶替他人取得的高等学历教育入学资格、公务员录用资格、就业安置待遇的，处三年以下有期徒刑、拘役或者管制，并处罚金。组织、指使他人实施前款行为的，依照前款的规定从重处罚。国家工作人员有前两款行为，又构成其他犯罪的，依照数罪并罚的规定处罚。"因此甲的行为应以本条的罪名定罪处罚。本题选 D 选项。

43. A 【解析】医生退休后已无"执业资格"，系非法行医罪的主体。其擅自为患者看病系营业性的非法行医行为，情节严重可构成非法行医罪。甲不做皮试就注射青霉素导致乙过敏死亡，乙的死亡结果与甲的行医行为之间具有因果关系，系非法行医致人死亡，属于结果加重犯。因此本题选 A。

44. C 【解析】甲的高空抛物行为虽未造成人身伤害或重大财产损失的严重后果，但其从建筑物抛掷物品的行为已经构成高空抛物罪，依据《刑法》第 291 条之二第 1 款之规定，甲的行为应当认定为高空抛物罪，C 选项正确。甲的行为未造成人身伤害的后果，不构成故意伤害罪，B 选项错误。甲的行为未对不特定多数人的生命、财产造成损失，没有危及公共安全，因此不构成以危险方法危害公共安全罪，A 选项错误。高空抛物罪作为《刑法修正案（十一）》的新增罪名，考生应当重点关注。

45. A 【解析】《刑法》第 299 条之一规定："侮辱、诽谤或者以其他方式侵害英雄烈士的名誉、荣誉，损害社会公共利益，情节严重的，处三年以下有期徒刑、拘役、管制或者剥夺政治权利。"本案中，仇子明歪曲卫国成边官兵的英雄事迹，诋毁、贬损卫国成边官兵的英雄精神，侵害英雄烈士名誉、荣誉，社会影响恶劣，构成侵害英雄烈士名誉、荣誉罪。A 选项正确。

46. D 【解析】盗伐林木罪、滥伐林木罪的"林木"指活的树木、成片的树林，两罪的行为均要求把活树砍死。因砍伐树枝不至于使树死亡，故不属于盗伐林木罪、滥伐林木罪。法条依据比照《最高人民法院关于审理破坏森林资源刑事案件具体应用法律若干问题的解释》第 15 条，即非法实施采种、采脂、挖笋、掘根、剥树皮等行为，牟取经济利益数额较大，不使树死亡的，构成盗窃罪。故 A 选项错误，B 选项也错误。甲公司没有以非法占有为目的，但砍伐的对象不属于"林木"，故而既不构成盗伐林木罪，也不构成滥伐林木罪、盗窃罪。C 选项错误，D 选项正确。

47. B 【解析】B 选项正确。帮助信息网络犯罪活动罪，是指明知他人利用信息网络实施犯罪，为其犯罪提供互联网接入、服务器托管、网络存储、通讯传输等技术支持，或者提供广告推广、支付结算等帮助，情节严重的行为。乙明知甲欲利用信息网络实施诈骗行为，仍然为其提供服务器托管服务，情节严重，成立帮助信息网络犯罪活动罪。本罪属于帮助犯正犯化，其独立成罪，不再是相关犯罪的帮助犯，不应当认定为诈骗罪的帮助犯。A 选项错误。

48. D 【解析】组织参与国（境）外赌博罪，是指组织中华人民共和国公民参与国（境）

外赌博，数额巨大或者有其他严重情节的行为。本案中，甲以旅游的名义骗取多名中国公民的信任，随后组织他们到菲律宾进行赌博，数额巨大，构成组织参与国（境）外赌博罪。D 选项正确。赌博罪，是指以营利为目的，聚众赌博或者以赌博为业的行为。开设赌场罪，是指为赌博提供场所、设定赌博方式、提供赌具、筹码、资金等组织赌博的行为。甲并没有开设赌场，也没有以营利为目的聚众赌博，不构成赌博罪和开设赌场罪，A、B 选项错误。帮助信息网络犯罪活动罪，是指明知他人利用信息网络实施犯罪，为其犯罪提供互联网接入、服务器托管、网络存储、通讯传输等技术支持，或者提供广告推广、支付结算等帮助，情节严重的行为。甲的行为显然不成立此罪，C 选项错误。

49. C 【解析】A 选项中，冒充警察招摇撞骗，同时骗取他人财物的，构成诈骗罪与招摇撞骗罪两罪竞合，应当择一重罪论处。A 选项错误。B 选项中，冒充警察实施抢劫，不构成招摇撞骗罪，应以抢劫罪论处。B 选项错误。C 选项中，冒充军人招摇撞骗，构成冒充军人招摇撞骗罪。冒充军人诈骗，又构成诈骗罪。两罪想象竞合，择一重罪论处。C 选项正确。D 选项中，冒充军人招摇撞骗罪的行为方式只能是招摇撞骗，不能是暴力行为、劫持行为。本选项中，行为人不构成冒充军人招摇撞骗罪，只构成劫持航空器罪。D 选项错误。本题答案为 C。

50. A 【解析】聚众斗殴过失致人重伤、死亡的，以故意伤害罪、故意杀人罪定罪处罚。本条规定是针对两种人而言的：一是直接造成重伤、死亡的斗殴者；二是首要分子。致人重伤、死亡，既包括一方导致另一方人员重伤、死亡，也包括一方导致本方人员重伤、死亡。本题中，甲是首要分子，对重伤、死亡结果必须负责，甲构成故意杀人罪。甲是组织者，不是教唆犯或从犯。因此，本题答案为 A。

51. A 【解析】相关司法解释认为，计算机信息系统，是指具备自动处理数据功能的系统，包括计算机、网络设备、通信设备、自动化控制设备的系统。本题改编自最高人民法院指导案例第 103 号：徐强破坏计算机信息系统案。该案例裁判要旨为：企业的机械远程监控系统属于计算机信息系统。违反国家规定，对企业的机械远程监控系统功能进行破坏，造成计算机信息系统不能正常运行，后果严重的，构成破坏计算机信息系统罪。基于此，本题中丙的行为构成破坏计算机信息系统罪。因此，本题选 A。

52. D 【解析】爆炸罪，是指故意针对不特定的多数人或者重大公私财产实施爆炸行为，危害公共安全的行为。甲仅仅是一种制造谣言引起恐慌的行为，并不能实际危害公共安全，也没有实际设置爆炸物的行为，不能认定为爆炸罪。A 选项错误。同样，根据上文可知，甲的行为不可能危害到公共安全，也没有实际对飞机进行破坏，因此不能认定为以危险方法危害公共安全罪、破坏交通工具罪。BC 选项错误。编造、故意传播虚假恐怖信息罪是指行为人编造或者放任传播爆炸威胁、生化威胁、放射威胁等恐怖信息，或者明知是他人编造的恐怖信息而故意传播，严重扰乱社会秩序的行为。甲故意编造、传播爆炸威胁的恐怖信息，造成了群众的恐慌，严重扰乱社会秩序，完全符合编造、故意传播虚假恐怖信息罪的构成要件。D 选项正确。

53. B 【解析】《刑法》第 277 条第 5 款规定："暴力袭击正在依法执行职务的人民警察的，处三年以下有期徒刑、拘役或者管制；使用枪支、管制刀具，或者以驾驶机动车撞击等手段，严重危及其人身安全的，处三年以上七年以下有期徒刑。"甲暴力袭击、威胁、辱骂正在依法执行职务的警务人员，致两位辅警轻伤，同时触犯袭警罪、妨害公务罪、故意伤害罪（轻伤），最终认定为构成袭警罪。B 选项正确。

1. **ABC** 【解析】甲、乙、丙三人的追逐行为致公园秩序严重混乱，构成寻衅滋事罪的共同犯罪。虽然甲、乙、丙构成寻衅滋事罪的共同犯罪，但是甲杀害胡某属于实行过限行为，乙、丙不负责。当甲杀害胡某时，由于乙、丙的先前实施的寻衅滋事的行为，使乙、丙二人对胡某产生救助义务，但乙、丙无法预见到甲会实施杀人行为，故乙、丙不构成不作为的过失致人死亡罪。综上所述，本题答案为ABC。

2. **ABC** 【解析】根据《刑法》第294条的规定，黑社会性质的组织应当同时具备以下特征：（1）形成较稳定的犯罪组织，人数较多，有明确的组织者、领导者，骨干成员基本固定；（2）有组织地通过违法犯罪活动或者其他手段获取经济利益，具有一定的经济实力，以支持该组织的活动；（3）以暴力、威胁或者其他手段，有组织地多次进行违法犯罪活动，为非作恶，欺压、残害群众；（4）通过实施违法犯罪活动，或者利用国家工作人员的包庇或者纵容，称霸一方，在一定区域或者行业内，形成非法控制或者重大影响，严重破坏经济、社会生活秩序。不要求必须有"保护伞"。本题答案为ABC。

3. **CD** 【解析】甲抢劫出租车构成抢劫罪。乙帮助甲把尸体埋掉，并把被害司机的证件、衣物等烧掉，构成帮助毁灭证据罪。乙接受甲的赃车，构成掩饰、隐瞒犯罪所得罪。本题答案为CD。

4. **BD** 【解析】A选项中，甲系非法获取国家秘密罪（目的行为）和非法侵入计算机信息系统罪（手段行为），应依《刑法》第287条、第282条以目的行为即非法获取国家秘密罪定罪。B选项中，乙系破坏计算机信息系统罪（后果严重的，法定最高刑15年；后果特别严重的，法定最高刑15年）与破坏生产经营罪（一般情况，法定最高刑3年；情节严重的，法定最高刑7年）的想象竞合，择一重罪论处，应以重罪即破坏计算机信息系统罪论处。C选项中，系盗窃罪（目的行为）与非法获取计算机信息系统数据罪（手段行为），应依《刑法》第287条、第264条以目的行为即盗窃罪论处。D选项中，构成《刑法》第286条规定的破坏计算机信息系统罪。本题具有一定难度，但由于是多选项，只要排除AC两选项，得出BD两选项基本没有问题。

5. **CD** 【解析】组织考试作弊罪，是指在法律规定的国家考试中，组织作弊或者为他人实施组织考试作弊行为提供作弊器材或者其他帮助的行为。甲的行为不是组织作弊的行为，仅仅是寻求他人代替自己考试的行为，不应认定为组织作弊罪。A选项错误。由于甲不构成组织作弊罪，乙也不属于为组织作弊罪提供帮助的行为，也不能认定为组织作弊罪。B选项错误。代替考试罪，是指代替他人或者让他人代替自己参加法律规定的国家考试的行为。甲让丙代替自己参加公务员考试，丙代替甲参加公务员考试，都构成代替考试罪。CD选项正确。

6. **CD** 【解析】A选项中，甲的行为构成《刑法》第307条第2款规定的帮助毁灭证据罪。B选项中，根据《最高人民法院关于审理交通肇事刑事案件具体应用法律若干问题的解释》第5条第2款，乙的行为构成交通肇事罪。C选项中，丙为杀人、放火的犯罪人作假证明，构成《刑法》第310条的包庇罪。D选项中，根据《刑法》第362条，丁构成包庇罪。注意：此规定很特别，是拟制规定，窝藏、包庇的对象不是犯罪分子而是违法分子。

7. **CD** 【解析】《刑法》第316条第1款规定："依法被关押的罪犯、被告人、犯罪嫌疑人脱逃的，处五年以下有期徒刑或者拘役。"AB选项中的犯罪分子都没有被关押，因此不能成为脱逃罪的主体。AB 选项不选。CD 选项属于脱逃罪的主体，应当选。

8. **AB** 【解析】《刑法》第 358 条第 3 款规定："犯前两款罪（组织卖淫罪、强迫卖淫罪），并有杀害、伤害、强奸、绑架等犯罪行为的，依照数罪并罚的规定处罚。"这是《刑法修正案（九）》的重大修改。A 选项正确。组织卖淫罪的帮助犯，虽然刑法分则作出了特别规定按照协助组织卖淫罪定罪处罚，但这并不改变其与组织卖淫者仍然是共同犯罪的性质，这也印证了共犯之间的罪名可以不同。B 选项正确。《最高人民法院、最高人民检察院、公安部、司法部关于依法惩治拐卖妇女儿童犯罪的意见》第 18 条规定："将妇女拐卖给有关场所，致使被拐卖的妇女被迫卖淫或者从事其他色情服务的，以拐卖妇女罪论处。有关场所的经营管理人员事前与拐卖妇女的犯罪人通谋的，对该经营管理人员以拐卖妇女罪的共犯论处；同时构成拐卖妇女罪和组织卖淫罪的，择一重罪论处。"C 选项错误。组织者对所组织的卖淫者有强迫、引诱、容留、介绍卖淫行为的，不是数罪，仍然只构成组织卖淫罪一罪。D 选项错误。

9. **ABC** 【解析】ABC 选项中行为人如果与犯罪人事前有通谋，商定事后进行窝藏、包庇等行为的，是犯罪行为实施者的共犯，而不是事后帮助犯。如果事先没有通谋，则是事后帮助犯。D 选项不属于事后帮助犯。

10. **ABCD** 【解析】伪证罪是指在刑事诉讼中，证人、鉴定人、记录人、翻译人对与案件有重要关系的情节，故意作虚假证明、鉴定、记录、翻译，意图陷害他人或者隐匿罪证的行为。ABCD 选项都正确。

11. **ACD** 【解析】窝藏犯罪分子的行为有以下三种情况：（1）为犯罪分子提供隐藏处所；（2）提供财物资助或协助犯罪人逃匿；（3）为犯罪分子提供交通工具，指示行动路线或逃匿方向等。包庇犯罪分子的行为是指向司法机关作虚假证明，即以非证人的身份向司法机关提供虚假的证明材料，为犯罪分子掩盖罪行或减轻罪责。ACD 选项正确。

12. **ABD** 【解析】非法侵入计算机信息系统罪是指违反国家规定，侵入国家事务、国防建设、尖端科学技术领域的计算机信息系统的行为。成立本罪，侵入的必须是上述三种特殊的计算机信息系统，侵入其他计算机信息系统不成立本罪，可能构成非法获取计算机信息系统数据罪、破坏计算机信息系统罪等。A 选项正确。本罪是行为犯，不要求造成严重后果，只要非法侵入了上述三种重要领域的计算机信息系统即可构成既遂。B 选项正确。如果侵入计算机系统是为了获取国家秘密的，不再认定本罪，而是认定成立非法获取国家秘密罪。C 选项错误。本罪的犯罪主体是一般主体，包括自然人和单位。D 选项正确。本题选 ABD 选项。

13. **ABCD** 【解析】《刑法》第 338 条规定："违反国家规定，排放、倾倒或者处置有放射性的废物、含传染病病原体的废物、有毒物质或者其他有害物质，严重污染环境的，处三年以下有期徒刑或者拘役，并处或者单处罚金；情节严重的，处三年以上七年以下有期徒刑，并处罚金；有下列情形之一的，处七年以上有期徒刑，并处罚金：（一）在饮用水水源保护区、自然保护地核心保护区等依法确定的重点保护区域排放、倾倒、处置有放射性的废物、含传染病病原体的废物、有毒物质，情节特别严重的；（二）向国家确定的重要江河、湖泊水域排放、倾倒、处置有放射性的废物、含传染病病原体的废物、有毒物质，情节特别严重的；（三）致使大量永久基本农田基本功能丧失或者遭受永久性破坏的；（四）致使多人重伤、严重疾病，或者致人严重残疾、死亡的。有前款行为，同时构成其他犯罪的，依照处罚较重的规定定罪处罚。"因此 ABCD 选项全正确。

14. **AB** 【解析】妨害公务罪，是指以暴力、威胁方法阻碍国家机关工作人员依法执行职务，阻碍各级人民代表大会代表依法执行代表职务，在自然灾害和突发事件中阻碍红十字会工作人员依法履行职责的行为；或者故意阻碍国家安全机关、公安机关依法执行国家安全工作任务，未使用暴力、威胁方法，造成严重后果的行为。在走私、贩卖、运输、制造毒品和组织他人偷越国（边）境的犯罪情境下，犯罪分子一般必须通过妨害公务的行为方式来实行犯罪，如果实行数罪并罚的话会显得过于苛刻。A、B 选项正确。C 选项错误。在走私、贩卖、运输、制造毒品的过程中妨害公务的，应当以走私、贩卖、运输、制造毒品罪加重处罚。D 选项错误。在组织他人偷越国（边）境的过程中妨害公务的，应当以组织他人偷越国（边）境罪加重处罚。

15. **AC** 【解析】侵害英雄烈士名誉、荣誉罪，是指侮辱、诽谤或者以其他方式侵害英雄烈士的名誉、荣誉，损害社会公共利益，情节严重的行为。A 选项正确。本罪的行为对象仅限于英雄烈士（包括无名英雄烈士），不包括劳动模范、先进个人等。英雄烈士是指已经牺牲、去世的英雄烈士。B 选项错误。本罪虽然是属于侮辱、诽谤式犯罪，但并不是亲告罪，属于公诉案件。C 选项正确。本罪保护的客体是国家对英雄烈士的名誉、荣誉的保护秩序，以及英雄烈士的人格利益。D 选项错误。本罪既可以成立作为犯罪，也可以成立不作为犯罪。网络服务提供者在明知该平台存在侵害英雄烈士名誉、荣誉的不法消息且有能力控制和删除，仍放任该消息扩散结果的发生，可成立本罪的不作为犯。

16. **ABCD** 【解析】贩卖毒品罪是在客观上有偿转让毒品或者以贩卖为目的收购毒品的行为。行为人主观上明知是毒品而贩卖，并不要求必须以营利为目的。A 选项错误。贩卖毒品罪并不要求以营利为目的。B 选项错误。贩卖毒品罪并不要求以实际获利为要件，只需要实施有偿转让毒品的行为即构成贩卖毒品罪。C 选项错误。虽然甲以购买价对乙转让毒品，但是仍然属于有偿转让，甲依然构成贩卖毒品罪。D 选项错误。虽然《刑法》没有将吸食毒品规定为犯罪，但是这并不影响甲成立贩卖毒品罪。

17. **ABC** 【解析】单位犯罪以刑法明文规定为限，凡是法律未指明该罪的犯罪主体包含单位的，则只有自然人才能构成犯罪主体，单位不能构成犯罪主体。题中四个选项中，我国《刑法》只对非法占用农用地罪规定了单位犯罪（见《刑法》第 342 条和第 346 条），其余三罪，刑法没有明文规定单位犯罪，故本题答案为 ABC。

18. **ABCD** 【解析】非法利用信息网络罪，是指设立用于实施违法犯罪活动的网站、通讯群组，或者利用信息网络发布违法犯罪信息，情节严重的行为。其客观方面表现为利用信息网络实施下列行为之一：（1）设立用于实施诈骗、传授犯罪方法、制作或者销售违禁物品、管制物品等违法犯罪活动的网站、通讯群组的；（2）发布有关制作或者销售毒品、枪支、淫秽物品等违禁物品、管制物品或者其他违法犯罪信息的；（3）为实施诈骗等违法犯罪活动发布信息的。故本题答案为 ABCD。

三、简答题

参考答案 非法利用信息网络罪，是指设立用于实施违法犯罪活动的网站、通讯群组，或者利用信息网络发布违法犯罪信息，情节严重的行为。本罪的构成要件如下：

犯罪的客体是国家对信息网络安全的管理秩序。

犯罪的客观方面是利用信息网络实施下列行为之一，情节严重的：

（1）设立用于实施诈骗、传授犯罪方法、制作或者销售违禁物品、管制物品等违法犯罪活动的网站、通讯群组的；

（2）发布有关制作或者销售毒品、枪支、淫秽物品等违禁物品、管制物品或者其他违法犯罪信息的；

（3）为实施诈骗等违法犯罪活动发布信息的。

犯罪的主体是年满16周岁具有刑事责任能力的自然人；单位也能成立本罪。

犯罪的主观方面是故意。

四、法条分析题

参考答案（1）虚假诉讼罪。

（2）本罪的犯罪构成如下：客体是司法秩序、他人的合法权益；客观方面表现为以捏造的事实提起民事诉讼，妨害司法秩序或者严重侵害他人合法权益的行为；主体是一般主体，即年满16周岁、有责任能力的自然人和单位；主观方面是故意。

（3）可能包括行为人触犯虚假诉讼罪同时触犯诈骗罪（诉讼诈骗），属于牵连犯，从一重罪处罚。

（4）司法工作人员是指在刑事诉讼过程中有侦查、检察、审判、监管职责的工作人员。

五、案例分析题

参考答案（1）在招摇撞骗过程中诈骗财物，应当以诈骗罪和招摇撞骗罪从一重罪论处。甲冒充法院工作人员诈骗王某4 000元的行为，应当以诈骗罪和招摇撞骗罪中的重罪论处，对4 000元数额的处罚，招摇撞骗罪比诈骗罪重，因此应认定为招摇撞骗罪。（2）甲利用透视扑克牌及隐形眼镜赌博，控制赌博输赢，背离了赌博的射幸本质，属于诈骗。甲构成诈骗罪。（3）甲构成危险驾驶罪和袭警罪，数罪并罚。甲酒后驾车，已经达到醉酒标准，构成危险驾驶罪。甲拒不配合检查，推搡、拉扯民警，撕破民警警服，并将民警推倒在地，属于暴力袭击正在执行公务的人民警察，构成袭警罪。二罪应当数罪并罚。

第二十章　贪污贿赂罪

一、单项选择题

1. A　**【解析】**本题改编自《刑事审判参考》第355号：朱洪岩贪污案。贪污罪的主体包括：（1）国家机关工作人员；（2）国有公司、企业、事业单位、人民团体中从事公务的人员；（3）国家机关、国有公司、企业、事业单位、人民团体委派到非国有公司、企业、事业单位、社会团体中从事公务的人员；（4）其他依照法律从事公务的人员；（5）受国家机关、国有公司、企业、事业单位、人民团体委托，管理、经营国有财产的人员。朱某既不是在国家机关中从事公务的人员，也不是《刑法》第93条"以国家工作人员论"的人员，但朱某租赁经营国有企业的行为，属于受委托管理、经营国有财产，其利用职务上的便利盗卖国有财产并携款潜逃的行为，应当以贪污罪定罪处罚。故本题答案为 A。

2. B 【解析】本题改编自《刑事审判参考》第 771 号：李成兴贪污案。诈骗罪与贪污罪的行为人在客观方面都可能采取虚构事实、隐瞒真相的方法，但诈骗罪的主体是一般主体，客观上要求行为人未利用职务上的便利条件。本题中的甲身为国家工作人员，利用职务上的便利非法占有公共财物，应当认定为构成贪污罪。因此本题答案为 B。

3. B 【解析】本题改编自《刑事审判参考》第 1142 号：王雪龙挪用公款、贪污案。挪用公款罪是指国家工作人员利用职务上的便利，挪用公款归个人使用，进行非法活动的，或者挪用公款数额较大，进行营利活动的，或者挪用公款数额较大、超过 3 个月未还的行为。王某利用职务上的便利，挪用公款 90 万元，数额较大，归个人进行营利活动，其行为已构成挪用公款罪。虽以单位的名义借出给其他单位使用的，但个人决定，且谋取个人利益，也属于挪用公款"归个人使用"，成立挪用公款罪。因此本题答案为 B 选项。

4. A 【解析】贪污罪，是指国家工作人员利用职务上的便利，侵吞、窃取、骗取或者以其他手段非法占有公共财物的行为。本案中，甲是国家工作人员，利用职务上便利，以欺骗的手段骗取国有银行贷款 50 万元，构成贪污罪。乙虽然不是国家工作人员，但乙和甲以非法占有为目的，诈骗银行贷款，乙的行为从属于甲的国家工作人员身份，甲和乙正是因为利用了甲作为国家工作人员的职务便利才能顺利实现犯罪，甲、乙成立贪污罪的共同犯罪。所以，A 选项正确。

5. B 【解析】利用影响力受贿罪，是指国家工作人员的近亲属或者其他与该国家工作人员关系密切的人，通过该国家工作人员职务上的行为，或者利用该国家工作人员职权或者地位形成的便利条件，通过其他国家工作人员职务上的行为，为请托人谋取不正当利益，索取请托人或者收受请托人财物，数额较大或者有其他较重情节的行为，或者离职的国家工作人员或者其近亲属以及与其关系密切的人，利用该离职的国家工作人员原职权或者地位形成的便利条件，通过其他国家工作人员职务上的行为，为请托人谋取不正当利益，索取或者收受请托人财物，数额较大或者有其他较重情节的行为。本案中，甲是离职的国家工作人员，利用其财政局局长的原职权形成的便利条件，通过教育局局长丙职务上的行为，为请托人乙谋取不正当利益，收受乙 5 万元，构成利用影响力受贿罪。B 选项当选。

6. C 【解析】根据相关司法解释的规定，国家机关、国有公司、企业、事业单位委派到非国有公司、企业、事业单位、社会团体中的从事公务的人员才是国家工作人员，只是普通工作人员不属于国家工作人员。C 选项错误，当选。其余选项都是或视为"国家工作人员"，故不当选。

7. B 【解析】贪污罪的主体是国家工作人员和受委托管理、经营国有财产的人员。《刑法》第 93 条规定："本法所称国家工作人员，是指国家机关中从事公务的人员。国有公司、企业、事业单位、人民团体中从事公务的人员和国家机关、国有公司、企业、事业单位委派到非国有公司、企业、事业单位、社会团体从事公务的人员，以及其他依照法律从事公务的人员，以国家工作人员论。"《刑法》第 382 条第 2 款规定："受国家机关、国有公司、企业、事业单位、人民团体委托管理、经营国有财产的人员，利用职务上的便利，侵吞、窃取、骗取或者以其他手段非法占有国有财物的，以贪污论。"国有参股公司一般文员、公立医院的医生不是从事公务的人员，不能成为贪污罪的主体，AC 选项错误。私立中学不属于事业单位，私立中学校长不是国家工作人员，也不是受委托管理、经营国有财产的人员，不能成为贪污罪的主体。D 选项错误。公立大学属于事业单位，公立大学的财务处副处长属于受事业单位委托管理、经营国有财产的人员，可以成为贪污罪的主体。B 选项正确。

8. C 【解析】国家工作人员是指在国家机关、国有公司、企业、事业单位、人民团体中从事公务的人员和国家机关、国有公司、企业、事业单位委派到非国有公司、企业、事业单位、社会团体从事公务的人员。甲是国有控股公司的聘用人员，不属于国家工作人员的范围，也不是受托经营国有财产的人员，不是贪污罪的主体。甲属于非国家工作人员，其利用管理货物的职务便利，勾结乙将本单位的财物非法占为己有，其构成职务侵占罪。AD 选项错误。在身份犯中，无身份者和有身份者相互勾结，利用他人的特殊身份实施犯罪，应当按照身份犯的罪名认定成立共同犯罪，其中无身份者构成帮助犯或者教唆犯，故甲、乙二人构成职务侵占罪的共同犯罪。C 选项正确，B 选项错误。

9. C 【解析】A 选项属于将公款供本人、亲友或者其他自然人使用的情形，不当选。B 选项属于以个人名义将公款供其他单位使用的情形，不当选。D 选项属于个人决定以单位名义将公款供其他单位使用，谋取个人利益的情形，不当选。其中的"个人利益"，根据《全国法院审理经济犯罪案件工作座谈会纪要》第 4 条第 2 项的规定，"既包括财产性利益，也包括非财产性利益，但这种非财产性利益应当是具体的实际利益，如升学、就业等"。这三项都属于"挪用公款归个人使用"，不当选。由于 C 选项系行为人以单位名义将公款借给其他单位使用，欠缺"个人决定"的要素，故不属于"挪用公款归个人使用"。本题答案为 C 选项。

10. C 【解析】多次挪用公款，分别用于非法活动、营利活动与其他活动等不同用途，各项用途均未达到定罪数额的，判断成罪与否可考虑"向下折算累加"（非法活动折成营利活动，再折成其他活动）来计算数额。如 3 个月内均未归还挪用的公款，累计计算数额时，应当累计至较为轻缓（严重程度：非法活动＞营利活动＞生活消费）的用途。甲挪用 4 万元用于炒股，系进行营利活动，单独计算未达到成罪数额（5 万元以上）；可将其"向下折算"为其他活动。4 万元其他活动 +4 万元生活消费 =8 万元，达到了用于其他活动的成罪数额（5 万元以上），超过 3 个月未归还，可构成挪用公款罪，系既遂。本题答案为 C 选项。

11. B 【解析】A 选项，国有公司中从事公务的人，系国有单位工作人员（第二类），是国家工作人员；本单位收受的回扣应归本单位所有，系贪污罪对象。甲可构成贪污罪，A 选项正确。B 选项，本选项犯罪对象是房地产开发商的补偿款，不属于国有单位财物，不构成贪污罪，构成诈骗罪，B 选项错误。C 选项，村民委员会主任协助政府管理土地征用补偿费时，是国家工作人员（第四类），可构成贪污罪。D 选项，国有保险公司工作人员，系国有单位工作人员（第二类），是国家工作人员；骗取本单位财物可构成贪污罪。CD 选项正确。本题答案为 B 选项。

12. A 【解析】贪污数额特别巨大、犯罪情节特别严重、社会影响特别恶劣、给国家和人民利益造成特别重大损失的，可以判处死刑。A 选项错误。BC 选项是《刑法修正案（九）》新增的内容。贪污罪必须以非法占有为目的，而挪用公款罪不以非法占有为目的。D 选项正确。本题选 A。

13. A 【解析】行贿罪是指为谋取不正当利益，给予国家工作人员以财物的行为。行贿可以是行为人的主动行为，也可以是行为人的被动行为。如果行贿人为谋取不正当利益，被勒索给予国家工作人员财物，没有获取不正当利益的，不是行贿罪；但如果行贿人为谋取不正当利益，被勒索给予国家工作人员财物，获取到了不正当利益的，其行为构成行贿罪。A 选项正确。

14. D 　【解析】宋某根本不知晓甲的行贿事实，所以宋某不构成受贿罪，保姆自然不可能成为受贿罪的帮助犯。A选项错误。保姆并没有利用其与国家工作人员宋某的特定关系来为甲谋取利益。B选项错误。保姆没有在行贿和受贿之间牵线搭桥。C选项错误。保姆的行为不具有社会危害性，不构成犯罪。D选项正确。

15. D 　【解析】挪用特定款物罪的目的是单位另行使用，而不是归个人使用。A选项错误。挪用公款数额较大从事营利活动即使在3个月内归还也构成犯罪，因此归还的30万元，仍然计算在挪用公款的数额内。B选项错误。挪用公款后产生非法占有的目的，实施了携款潜逃、虚假平账等行为的，其不想归还部分的金额转化为贪污罪。何某使用虚假发票平账的70万元构成贪污罪，已经归还的30万元构成挪用公款罪，应当数罪并罚。C选项错误。D选项正确。

16. A 　【解析】《最高人民法院、最高人民检察院关于办理受贿刑事案件适用法律若干问题的意见》第10条规定："国家工作人员利用职务上的便利为请托人谋取利益之前或者之后，约定在其离职后收受请托人财物，并在离职后收受的，以受贿论处。国家工作人员利用职务上的便利为请托人谋取利益，离职前后连续收受请托人财物的，离职前后收受部分均应计入受贿数额。"本题中，甲为他人谋取利益后，与他人约定离职后收取财物的行为，并在离职后收受了财物，其行为符合前述规定，应当以受贿罪定罪处罚，属于离职后的受贿罪。A选项正确。

17. A 　【解析】要注意利用影响力受贿罪与受贿罪的共同犯罪之间的区别：如果国家工作人员的近亲属或者其他与其关系密切的人，与国家工作人员通谋，由国家工作人员利用职务上的便利为请托人谋取利益，或者利用其本人职权地位形成的便利条件，通过其他国家工作人员职务上的行为，为请托人谋取不正当利益，而由其近亲属或者与其关系密切的人索取或者收受他人财物，则应构成受贿罪的共同犯罪。认定两罪区别的关键在于是否有"通谋"，A选项正确。

18. C 　【解析】巨额财产来源不明罪是指国家工作人员的财产或者支出明显超过合法收入，差额巨大，而本人又不能说明其来源是合法的行为。主体是国家工作人员。C选项正确。

19. D 　【解析】贪污罪的主体为特殊主体，具体包括两类人员：（1）国家工作人员，即《刑法》第93条的规定。根据该条规定，国家工作人员是指国家机关中从事公务的人员；国有公司、企业、事业单位、人民团体中从事公务的人员和国家机关、国有公司、企业、事业单位委派到非国有公司、企业、事业单位、社会团体从事公务的人员，以及其他依照法律从事公务的人员，以国家工作人员论。（2）受国家机关、国有公司、企业、事业单位、人民团体委托管理、经营国有财产的人员。本案中，孙某即属于国有公司委派到非国有公司从事公务的人员，属于贪污罪的主体，其利用从事公务的便利，将本公司的财物非法占为己有的行为构成贪污罪，因而本题的正确答案为D。

20. C 　【解析】国有保险公司理赔人员属于国有公司从事公务的人员，利用职务之便骗取国家财产的，构成贪污罪，而不构成职务侵占罪。C选项正确。A选项错误。虚假理赔罪是指保险公司的工作人员利用职务上的便利，故意编造未曾发生的保险事故进行虚假理赔，骗取保险金归自己所有，数额较大的行为。根据刑法第183条第2款的规定，国有保险公司工作人员和国有保险公司委派到非国有保险公司从事公务的人员有虚假理赔行为的，按照贪污罪定罪量刑，因此，本题中李某不构成虚假理赔罪，B选项错误。

21. A 【解析】国家工作人员利用职务上的便利为请托人谋取利益，并与请托人以"合办"公司的名义获取"利润"，没有实际出资和参与经营管理的，以受贿论处。本题中，潘某作为国家工作人员，利用职务便利为他人谋取利益，且以合办公司的名义获取利润，成立受贿罪。A选项正确。本罪与贪污罪的区别在于行为对象是否是公共财物。

22. B 【解析】利用影响力受贿罪是指国家工作人员的近亲属或者其他与该国家工作人员关系密切的人，通过该国家工作人员职务上的行为，或者利用该国家工作人员职权或者地位形成的便利条件，通过其他国家工作人员职务上的行为，为请托人谋取不正当利益，索取请托人或者收受请托人财物，数额较大或者有其他严重情节的行为，或者离职的国家工作人员或者其近亲属以及与其关系密切的人，利用该离职的国家工作人员原职权或者地位形成的便利条件，通过其他国家工作人员职务上的行为，为请托人谋取不正当利益，索取或者收受请托人财物，数额较大或者有其他较重情节的行为。本题中，黄某是离职的国家工作人员，其利用原职位形成的便利条件，通过其他国家工作人员职务上的行为，为请托人李某谋取不正当利益，收受李某的财物，成立利用影响力受贿罪。B选项正确。

23. A 【解析】国家工作人员利用职务上的便利，挪用公款归个人使用，进行非法活动的，或者挪用公款数额较大、进行营利活动的，或者挪用公款数额较大、超过三个月未还的，是挪用公款罪。杨某作为国家工作人员，利用职务便利，挪用防控新冠肺炎的款物数额较大、进行营利活动，其后续归还代表主观上不具有非法占有的目的，故其构成挪用公款罪，A选项正确。挪用特定款物罪是指挪用用于救灾、抢险、防汛、优抚、扶贫、移民、救济款物，情节严重，致使国家和人民群众利益遭受重大损害的行为。挪用特定款物罪的核心是专款未专用，将A用途的专款用于B公用，如将防疫款项用于购买单位公车。本题中，杨某属于将公款私用的行为，不符合挪用特定款物罪的构成要件，因此也不构成挪用特定款物罪。本题答案为A选项。

24. C 【解析】A选项中，本案中原来的流程是：乙公司卖给→甲公司，现在变成：丙公司卖给→王某交给→乙公司卖给→甲公司。这样，王某便可以从甲公司赚取非法利润4万元，这属于变相贪污公款，也即甲公司原本不需要多付出4万元，王某使甲公司多付出4万元，这4万元在乙公司处过了一下手，最终落到王某手里。王某构成贪污罪，贪污数额是4万元，而非10万元，因为甲公司损失的是4万元，而非10万元。故A选项说法错误。B选项中，王某作为国有公司领导，属于国家工作人员，构成贪污罪，而非职务侵占罪。故B选项说法错误。C选项中，刘某为王某的贪污提供协助，构成贪污罪的共犯（帮助犯）。C选项说刘某的行为构成贪污罪，是指构成贪污罪的共犯。故C选项说法正确。D选项中，刘某的乙公司与国有甲公司交易，甲公司的领导王某操纵这个交易，刘某并没有欺骗王某，因此刘某不构成诈骗罪。刘某是王某的贪污罪的帮助犯。故D选项说法错误。综上所述，本题答案为C。

25. D 【解析】A选项中，根据《刑法》第384条的规定，国家工作人员利用职务上的便利，挪用公款归个人使用，进行非法活动的，或者挪用公款数额较大、进行营利活动的，或者挪用公款数额较大、超过3个月未还的，是挪用公款罪。其中"归个人使用"，包括归本人使用或让亲友使用。本题中，乙将公款挪出来后让甲使用，属于归个人使用，并且让甲进行营利活动，数额较大，构成挪用公款罪。甲教唆乙实施挪用公款罪，构成挪用公款罪的共犯（教唆犯）。故A选项说法正确。B选项中，乙将公款挪出来以后，就构成挪用公款罪既遂。即便乙在20日后用个人财产归还单位10万元，也构成挪用公款罪既遂，并且应当追究乙的刑事责任。B 选项说法正确。C 选项中，乙为甲挪用公款，甲将一块名表送给乙，乙成立受贿罪，C 选项说法正确。D 选项中，挪用公款又构成其他犯罪的，应当数罪并罚。乙既实施了挪用公款罪，又实施了受贿罪。这是两个行为分别构成两个罪，应当数罪并罚。故 D 选项说法错误。综上所述，本题答案为 D。

26. B 【解析】受贿罪的行为结构是权钱交易。国家工作人员接受了他人财物，是受贿罪的既遂。既遂后，对财物如何处置，不影响既遂结论的成立。本题中，甲收到了购物卡，便构成受贿罪（既遂）。其之后的处置行为，不影响既遂结论的成立。

27. C 【解析】第一，甲伪造国家机关公文，构成伪造国家机关公文罪。第二，甲通过伪造国家机关公文担任了国家工作人员，就属于国家工作人员，可以成为贪污、贿赂犯罪的主体。招摇撞骗罪是指冒充国家机关工作人员实施招摇撞骗的行为。本题中，甲已经成为国家机关工作人员，不属于冒充国家机关工作人员，甲也没有实施骗的行为。因此，甲不构成招摇撞骗罪。故 A 选项说法错误。第三，受贿罪的实行行为是交易行为（权钱交易），用钱买权，用权收钱，二者形成交易关系。索取贿赂时，不要求为他人谋取利益。只要索贿，便成立受贿罪。索取到财物，便构成受贿罪既遂。第四，敲诈勒索罪，是指以非法占有为目的，对公私财物的所有人、管理人实施威胁或者要挟的方法，多次强行索取公私财物或者索取数额较大的公私财物的行为。索取贿赂的方式包括敲诈勒索。本题中，甲对乙实施了敲诈勒索行为，构成敲诈勒索罪。同时，甲也构成索取型受贿罪，与敲诈勒索罪属于想象竞合关系，择一重罪论处，受贿罪处罚更重，因此定受贿罪。第五，甲的两个行为分别构成伪造国家机关公文罪和受贿罪，应数罪并罚。牵连犯要求手段行为与目的行为具有高概率发生的牵连关系。而伪造国家机关公文行为与受贿行为没有这样的牵连关系，因此二者不属于牵连犯关系。D 选项说法错误。综上所述，本题答案为 C。

28. B 【解析】贪污罪和职务侵占罪都要求利用职务上的便利，这种便利必须是主管、经营、经手单位财产的实质性便利，仅仅是因工作关系熟悉作案环境或易于接近作案目标、易于进入某些场所的，不属于利用职务上的便利，不能认定为贪污罪或职务侵占罪。本案中，甲不具有保管专项资金的职务便利，其单纯利用对场地环境的熟悉实施转移财物的行为，不构成贪污罪或者职务侵占罪。AD 选项错误。盗窃罪，是指以非法占有为目的，盗窃公私财物，数额较大的，或者多次盗窃、入户盗窃、携带凶器盗窃、扒窃的行为。甲的行为完全符合盗窃罪的构成要件，构成盗窃罪。B 选项正确。侵占罪，是指以非法占有为目的，将代为保管的他人财物或者将他人的遗忘物、埋藏物非法占为己有，数额较大，拒不退还或者拒不交出的行为。本题中，不存在代为保管的他人财物、遗忘物和埋藏物，不能认定为侵占罪。C 选项错误。

二、多项选择题

1. ACD 【解析】A 选项错误。首先，甲是国家工作人员，其符合贪污罪的主体要件；其次，甲为出纳，因此对保险柜的财物有支配权，是基于职务便利而占有的；最后，他把自己基于职务便利而占有的财物非法占为己有了。所以，出纳甲用自己偷配的钥匙取走保险柜财物，成立贪污罪。B 选项正确。乙利用了其职务上的便利。利用职务上的便利不要求该财物完全归行为人一人保管，还包括个人部分拥有保管公共财物的权利，部分拥有公共财物的保管权也可以认为是利用了职务上的便利。乙非法获取的是公共财产。本选项中，虽然乙拿走的是被扣押的私人财产，但根据《刑法》规定，私人财产处于国家机关管理、扣押过程中，应视同公共财产，故乙的行为成立贪污罪。C选项错误。丙不属于利用职务上的便利，不构成贪污罪，而构成盗窃罪。D选项错误。携带挪用的公款潜逃的，推定行为人主观上具有非法占有目的，构成贪污罪。对查明具有非法占有目的的数额，以贪污罪定罪。综上，ACD选项当选。

2. **ABCD** 【解析】本罪的犯罪主体是特殊主体，即国家工作人员，A选项正确。"利用职务上的便利"是指利用主管、经手、管理公共财物的便利，B选项正确。挪用公款进行非法活动成立本罪的，无时间和数额上的限制，但挪用金额3万元以上的，才追究当事人的刑事责任。C选项正确。挪用用于救灾、抢险、防汛、优抚、扶贫、移民、救济款物归个人使用的不成立挪用特定款物罪，而以挪用公款罪从重处罚。D选项正确。

3. **ABCD** 【解析】行贿罪的犯罪主体是一般主体，即自然人。如果单位行贿的，成立单位行贿罪。A选项正确。行贿罪的主观方面为故意，并且具有谋取不正当利益的目的。B选项正确。根据司法解释的规定，CD选项表述正确。

4. **ABCD** 【解析】招摇撞骗罪是指冒充国家机关工作人员招摇撞骗的行为，赵某并没有冒充国家机关工作人员。A选项错误。赵某在外讲座的行为，根据司法解释规定，国家工作人员在国家法律、政策允许的范围内进行与其职务无关的活动获取合理报酬的，不是受贿。B选项错误。赵某是以为他人谋取利益为名骗取财物，但其不具有能够为孙某谋取不正当利益的职权，属于虚假承诺为他人谋取利益，应当认定为诈骗罪。CD选项错误。

5. **AC** 【解析】贪污贿赂罪的客体为公务活动的廉洁性。A选项正确。贪污贿赂罪的主体多为特殊主体，但是行贿罪和介绍贿赂罪的主体为一般主体。B选项错误。贪污贿赂罪的主观方面为故意。C选项正确，D选项错误。

6. **ACD** 【解析】根据《最高人民法院、最高人民检察院关于办理贪污贿赂刑事案件适用法律若干问题的解释》第16条第2款，特定关系人索取、收受他人财物，国家工作人员知道后未退还或者上交的，构成受贿罪。特定关系人索取、收受他人财物，国家工作人员知道后未退还或者上交的，应当认定国家工作人员具有受贿故意。A选项正确。司法解释规定，国家工作人员利用职务上的便利，收受他人财物，为他人谋取利益，同时构成受贿罪和《刑法》分则第三章第三节、第九章规定的渎职犯罪的，除刑法另有规定外，以受贿罪和渎职犯罪数罪并罚。C选项正确。国家工作人员明知他人有请托事项而收受其财物，视为具备"为他人谋取利益"的构成要件，事后是否实际为他人谋取利益，不影响受贿罪的认定。D选项正确。国家工作人员在国家法律、政策允许的范围内进行与其职务无关的活动获取合理报酬的，不是受贿。B选项错误。本题选ACD选项。

7. **CD** 【解析】《刑法》第383条规定："对犯贪污罪的，根据情节轻重，分别依照下列规定处罚：（一）贪污数额较大或者有其他较重情节的，处三年以下有期徒刑或者拘役，并处罚金。（二）贪污数额巨大或者有其他严重情节的，处三年以上十年以下有期徒刑，并处罚金或者没收财产。（三）贪污数额特别巨大或者有其他特别严重情节的，处十年以上有期徒刑或者无期徒刑，并处罚金或者没收财产；数额特别巨大，并使国家和人民利益遭受特别重大损失的，处无期徒刑或者死刑，并处没收财产。对多次贪污未经处理的，按照累计贪污数额处罚。犯第一款罪，在提起公诉前如实供述自己罪行、真诚悔罪、积极退赃，避免、减少损害结果的发生，有第一项规定情形的，可以从轻、减轻或者免除处罚；有第二项、第三项规定情形的，可以从轻处罚。犯第一款罪，有第三项规定情形被判处死刑缓期执行的，人民法院根据犯罪情节等情况可以同时决定在其死刑缓期执行二年期满依法减为无期徒刑后，终身监禁，不得减刑、假释。"因此本题选择 CD 选项。

8. ABCD　【解析】根据《刑法》第 91 条的规定，下列财产属于公共财产：（1） 国有财产。（2） 劳动群众集体所有的财产。（3） 用于扶贫和其他公益事业的社会捐助或者专项基金的财产。（4） 在国家机关、国有公司、企业、集体企业和人民团体管理、使用或者运输中的私人财产，以公共财产论。因此，本题 ABCD 项全选。

9. ABC　【解析】挪用公款罪，是指国家工作人员利用职务上的便利，挪用公款归个人使用，进行非法活动的，或者挪用公款数额较大、进行营利活动的，或者挪用公款数额较大、超过 3 个月未还的行为。挪用资金罪，是指公司、企业或者其他单位的工作人员，利用职务上的便利，挪用本单位资金归个人使用或者借贷给他人使用，数额较大、超过三个月未还的，或者虽未超过三个月，但数额较大、进行营利活动的，或者进行非法活动的行为。

A 选项正确。两者的主体不同。挪用公款罪的主体是国家工作人员；挪用资金罪的主体是公司、企业或者其他单位的工作人员。

B 选项正确。挪用公款罪的对象是公款；挪用资金罪的对象是单位资金。

C 选项正确。挪用公款罪侵犯的客体是公共财产权和国家工作人员职务行为的廉洁性；挪用资金罪侵犯的客体是公司、企业或者其他单位资金的使用权和普通受雇用人员职务行为的廉洁性。

D 选项错误。受委托管理、经营国有财产的人员，利用职务上的便利，侵吞、窃取、骗取或者以其他手段非法占有国有财物的，以贪污罪论处。上述法律拟制的国家工作人员只限制在贪污行为中。由于挪用公款罪中没有类似的法律拟制，因此此类人挪用受委托管理、经营的国有财产的，只能认定为挪用资金罪，不能认定为挪用公款罪。

10. ABC　【解析】A 选项正确。国家工作人员在经济往来中，违反国家规定，收受各种名义的回扣、手续费，归个人所有的，以受贿罪论处。甲是国家工作人员，在经济往来中收受房地产公司财物，归个人所有，构成受贿罪。

B 选项正确。学校及其他教育机构中的国家工作人员，在教材、教具、校服或者其他物品的采购等活动中，利用职务上的便利，索取销售方财物，或者非法收受销售方财物，为销售方谋取利益，构成犯罪的，以受贿罪定罪处罚。乙是公立学校的校长，具备国家工作人员的身份，在采购校服的过程中，利用职务便利，索取服装销售商财物，乙构成受贿罪。

C 选项正确。刑法将贿赂的内容限定为财物和财产性利益，尽管丙并没有收受李某现金，但会员卡具有 1 万元的财产价值，是刑法所认定的财产性利益，丙构成受贿罪。

D 选项错误。因为虽然丁具备国家工作人员的身份，但丁并不是利用国有医院副院长的职务便利收受贿赂，为他人谋取利益，而是利用自己作为医生的技术行为收受贿赂，所以丁构成非国家工作人员受贿罪。

11. ABCD　【解析】根据司法解释规定，具有下列情形之一的，应当认定为"为他人谋取利益"：（1） 实际或者承诺为他人谋取利益的。（2） 明知他人有具体请托事项。（3） 履职时未被请托，但事后基于该履职事由收受他人财物的。（4） 国家工作人员索取、收受具有上下级关系的下属或者具有行政管理关系的被管理人员的财物价值三万元以上，可能影响职权行使的，视为承诺为他人谋取利益。因此，本题答案为 ABCD。

三、简答题

1. 参考答案 对有影响力的人行贿罪是指为谋取不正当利益，向国家工作人员的近亲属或者其他与该国家工作人员关系密切的人，或者向离职的国家工作人员或者其近亲属以及其他与其关系密切的人行贿的行为。该罪的构成要件见下：（1）犯罪客体是国家工作人员职务行为的廉洁性。（2）客观方面是向国家工作人员的近亲属或者其他与该国家工作人员关系密切的人，或者向离职的国家工作人员或者其近亲属以及其他与其关系密切的人行贿的行为。（3）犯罪主体是一般主体，包括自然人和单位。（4）主观方面是故意，并且具有谋取不正当利益的目的。

2. 参考答案 挪用公款罪是指国家工作人员利用职务上的便利，挪用公款归个人使用，进行非法活动的，或者挪用公款数额较大、进行营利活动的，或者挪用公款数额较大、超过3个月未归还的行为。挪用特定款物罪是指违反特定款物专用的财经管理制度，挪用国家用于救灾、抢险、防汛、优抚、扶贫、移民、救济款物，情节严重，致使国家和人民群众利益遭受重大损害的行为。两罪的区别见下：

（1）犯罪客体不同。挪用公款罪的客体是国家工作人员的职务廉洁性和公款（物）的占有、使用、收益权；挪用特定款物罪的客体是国家对特定款物专款专用的财政管理制度以及国家和人民群众的利益。

（2）犯罪对象不同。挪用公款罪的犯罪对象是公款，包括特定款物在内；挪用特定款物罪的犯罪对象仅限于特定款物，即救灾、抢险、防汛、优抚、扶贫、移民、救济款物。

（3）犯罪主体不同。挪用公款罪的主体是国家工作人员；挪用特定款物罪的主体是经手、经办、管理特定款物的人员，而不一定是国家工作人员。

（4）主观方面不同。二者都是故意，但挪用公款罪以挪用公款归个人使用为目的，即挪作私用；挪用特定款物罪的目的则是为了其他公用。

（5）成立犯罪的条件不同。挪用公款罪中挪用公款行为共三种情况，并规定了不同的构成犯罪的客观要件；而挪用特定款物罪则在客观上要求致使国家和人民群众利益遭受重大损害的结果发生，否则不构成犯罪。

四、法条分析题

1. 参考答案 （1）"国家工作人员"包括：国家机关中从事公务的人员；国有公司、企业、事业单位、人民团体中从事公务的人员；国家机关、国有公司、企业、事业单位委派到非国有公司、企业、事业单位、社会团体从事公务的人员；其他依照法律从事公务的人员。（2）斡旋受贿，是指国家工作人员利用本人职权或者地位形成的便利条件，通过其他国家工作人员职务上的行为，为请托人谋取不正当利益，索取请托人财物或者收受请托人财物的行为。（3）行贿人在被追诉前主动交代行贿行为的，可以从轻或者减轻处罚。其中，犯罪较轻的，对侦破重大案件起关键作用的，或者有重大立功表现的，可以减轻或者免除处罚。（4）"利用影响力受贿罪"，是指国家工作人员的近亲属或者其他与该国家工作人员关系密切的人，通过该国家工作人员职务上的行为，或者利用该国家工作人员职权或者地位形成的便利条件，通过其他国家工作人员职务上的行为，为请托人谋取不正当利益，索取请托人财物或者收受请托人财物，数额较大或者有其他较重情节的行为。离职的国家工作人员或者其近亲属以及其他与其关系密切的人，利用该离职的国家工作人员原职权或者地位形成的便利条件实施前款行为的，依照前款的规定定罪处罚。

2. **参考答案** （1） 受贿罪的犯罪构成为：侵犯客体是国家工作人员职务行为的廉洁性；客观方面表现为利用职务上的便利，索取他人财物或者非法收受他人财物，为他人谋取利益的行为；犯罪主体是特殊主体，即国家工作人员；主观方面表现为故意。

（2） "利用职务上的便利"，既包括利用本人职务上主管、负责、承办某项公共事务的职权，也包括利用职务上有隶属、制约关系的其他国家工作人员的职权。担任单位领导职务的国家工作人员通过不属于自己主管的下级部门的国家工作人员的职务行为为他人谋取利益的，应当认定为"利用职务上的便利"为他人谋取利益。

（3） "为他人谋取利益"包括承诺、实施和实现三个阶段的行为。只要具有其中一个阶段的行为，就可以认定为"为他人谋取利益"。为他人谋取利益包括下列情形：第一，实际或者承诺为他人谋取利益的；第二，明知他人有具体请托事项的；第三，履职时未被请托，但事后基于该履职事由收受他人财物的。

（4） "违反国家规定"是指违反全国人民代表大会及其常务委员会制定的法律和决定，国务院制定的行政法规、规定的行政措施、发布的决定和命令。

五、案例分析题

1. **参考答案** （1） 丁某构成受贿罪。国家工作人员利用职务上的便利为请托人谋取利益，以委托请托人投资证券、期货或者其他委托理财的名义，未实际出资而获取收益，或者虽然出资，但获取收益明显高于出资应得收益的，以受贿论处。丁某是通过委托理财的名义收取王某贿赂，为王某谋取利益，应当认定为受贿罪。（2） 王某构成贪污罪（未遂），与丁某是共同犯罪，王某还单独构成行贿罪。丁某和王某以非法占有为目的，利用丁某的职务之便，共同骗取国有财产，应当认定为贪污罪的共同犯罪。但是，二者并未实际取得国有财产，尚未给国有财产造成损失，应当认定为犯罪未遂。在犯罪过程中，王某起的作用较小，可以认定为从犯，应当从轻、减轻或者免除处罚。王某是在被采取强制措施后交代的犯罪事实，不是自动投案，不能认定为自首，但如实交代自己罪行构成坦白，可以从轻处罚。

2. **参考答案** （1） 甲的行为构成挪用公款罪、受贿罪，应当数罪并罚。甲个人决定将公款 300 万元借给乙进行炒股，属于挪用公款进行营利活动，数额较大，构成挪用公款罪。在挪用公款给他人使用的情况下，本人认识的用途与使用人实际用途不一致时，应以本人认识为根据。本案中，甲受到乙的欺骗产生认识错误，主观上认为乙将公款用于炒股，应认定其行为属于挪用公款进行营利活动。甲收受乙给予的好处费 30 万元，为其谋取利益，构成受贿罪。乙构成挪用公款罪（教唆犯）、行贿罪，应当数罪并罚。乙指使、策划挪用公款，与甲构成挪用公款罪的共犯，但乙属于挪用公款进行非法活动。乙为谋取不正当利益，向甲行贿，构成行贿罪。甲、乙构成挪用公款罪的共同犯罪，甲的受贿罪与乙的行贿罪也是共同犯罪。（2） 乙构成伪造货币罪。行为人既伪造货币又运输、出售、持有、使用的，不是数罪，只以一个伪造货币罪定罪处罚即可。乙既伪造货币又出售，只定伪造货币罪。

第二十一章　渎职罪

一、单项选择题

1. D　【解析】环境监管失职罪是指负有环境保护监督管理职责的国家机关工作人员严重不负责任，导致发生重大环境污染事故，致使公私财产遭受重大损失或者造成人身伤亡的严重后果的行为。该罪的犯罪主体是负有环境保护监督管理职责的国家机关工作人员，主观罪过为过失，故 AB 选项正确。该罪以导致发生重大环境污染事故，致使公私财产遭受重大损失或者造成人身伤亡的严重后果为必要的犯罪构成，故该罪为实害犯，C 选项正确。收受贿赂后又构成该罪的，应数罪并罚，故 D 选项错误。本题为选非题，故选 D。

2. C　【解析】玩忽职守罪，是指国家机关工作人员严重不负责任，不履行或者不正确履行职责，玩忽职守致使公共财产、国家和人民利益遭受重大损失的行为。A 选项正确。玩忽职守罪的犯罪主体是国家机关工作人员。B 选项正确。不纯正不作为犯，是指行为人负有实施某种积极行为的特定法律义务，并且能够实行而不实行的犯罪形式。玩忽职守罪可以由作为或者不作为构成，属于不纯正不作为犯。C 选项错误。玩忽职守罪是实害犯。玩忽职守行为，只有致使公共财产、国家和人民利益遭受重大损失的，才成立犯罪。D 选项正确。玩忽职守罪的主观罪过为过失，行为人是由于严重不负责任，不履行或者不正确履行职责，玩忽职守才致使公共财产、国家和人民利益遭受重大损失，但行为人本身并没有追求或者放任危害结果发生的态度，是过失犯罪。

3. A　【解析】A 选项错误。甲仅仅实施了一个行为，不宜数罪并罚。可以认定为甲是强制猥亵妇女罪与滥用职权罪的想象竞合犯，择一重罪处罚。B 选项正确。渎职罪的主体是国家机关工作人员，其实质在于该类主体在行使公权力。但如果国有公司、企业和事业单位的人员，或者是基于法律授权或委托而行使公权力的人员，只要行使了管理公共事务和社会事务的职权，就构成渎职罪。C 选项正确。甲虽然有渎职的故意，但客观上没有影响公权力行使，即没有帮助"犯罪分子"逃避处罚，不应认定为帮助犯罪分子逃避处罚罪。甲的行为不具有导致犯罪分子逃避处罚的可能性，换言之，根本就没有犯罪分子。D 选项正确。作为司法人员的甲在民事诉讼中，枉法裁判的，成立民事枉法裁判罪。综上，A 当选。

4. A　【解析】刑事诉讼中的法官，明知证据不足，不能定罪，而故意违背法律定罪，触犯徇私枉法罪，也触犯滥用职权罪。利用审判职权帮助毁灭证据的，也可触犯帮助毁灭证据罪。在罪数上，帮助毁灭证据罪与徇私枉法罪，两罪是部分法与整体法的法条竞合关系，应以整体法徇私枉法罪论处。滥用职权罪与徇私枉法罪之间是一般法与特别法的法条竞合关系，应以特别法徇私枉法罪论处。A 选项当选。

5. C　【解析】渎职罪一章需要了解的罪名包括：滥用职权罪，玩忽职守罪，故意泄露国家秘密罪，徇私枉法罪，民事、行政枉法裁判罪，执行判决、裁定失职罪，执行判决、裁定滥用职权罪，私放在押人员罪，食品、药品监管渎职罪，放纵制售伪劣商品犯罪行为罪。ABD 选项都属于渎职罪一章。非法获取国家秘密罪属于妨害社会管理秩序罪。本题选 C 选项。

6. A　【解析】滥用职权罪是指国家机关工作人员滥用职权，致使公共财产、国家和人民利益遭受重大损失的行为。滥用职权罪的主观方面是故意，玩忽职守罪的主观方面是过失。陈某身为国家机关工作人员，在负责被征地人员就业和保障工作过程中，故意违反有关规定，擅自将不符合镇保条件的人员纳入镇保范围，致使公共财产遭受重大损失，并造成恶劣社会影响，其行为已触犯刑法，构成滥用职权罪。A 选项正确。

7. C 【解析】故意泄露国家秘密罪是指国家机关工作人员或非国家机关工作人员违反保守国家秘密法的规定，故意泄露国家秘密，情节严重的行为。故意泄露国家秘密罪的主体既包括国家机关工作人员，也包括非国家机关工作人员。C 选项错误，当选。

8. A 【解析】司法工作人员甲在刑事诉讼中利用司法职权徇私枉法，故意违背法律和事实作枉法裁判的，根据《刑法》第 399 条的规定，构成徇私枉法罪。该行为也触犯滥用职权罪。甲伪造乙防卫过当、自首的证据，触犯帮助毁灭、伪造证据罪。根据《刑法》第 305 条的规定，伪证罪是指在刑事诉讼中，证人、鉴定人、记录人、翻译人对与案件有重要关系的情节，故意作虚假证明、鉴定、记录、翻译，意图陷害他人或者隐匿罪证的行为，涉及言辞证据。本案主体是法官，未涉及言辞证据，不触犯伪证罪。甲收受贿赂，根据《刑法》第 385 条的规定，构成受贿罪。在罪数上，帮助毁灭、伪造证据罪与徇私枉法罪是部分法与整体法的法条竞合关系，应以整体法徇私枉法罪论处。滥用职权罪与徇私枉法罪之间是一般法与特别法的法条竞合关系，应以特别法徇私枉法罪论处。根据《刑法》第 399 条第 4 款的规定，司法工作人员收受贿赂后徇私枉法构成犯罪的，以徇私枉法罪、受贿罪从一重罪处罚。本题是单选题，本案属于徇私枉法情节严重的情况，从一重罪处罚应该按照徇私枉法罪处理，故 A 选项当选。

9. A 【解析】对于乙的行为。其一，就触犯罪名而言：司法工作人员利用办理刑事案件的职权对明知有罪的人故意使其不受追诉，可触犯徇私枉法罪；采用的手段系毁灭证据，可触犯帮助毁灭证据罪；国家机关工作人员故意滥用职权办案，可触犯滥用职权罪。其二，就三罪关系以及罪数而言：徇私枉法罪中含有毁灭证据的手段行为，二罪之间是整体法与部分法的法条竞合关系，按整体法优于部分法的规则，认定为徇私枉法罪；徇私枉法罪与滥用职权罪是特别法与一般法的法条竞合关系，按特别法优于一般法的规则，认定为徇私枉法罪。D 选项说法错误。对于甲的行为。其一，就触犯罪名而言：甲不具有司法工作人员身份，不能构成徇私枉法罪的正犯，包括间接正犯，只构成徇私枉法罪的教唆犯。B 选项说法错误。甲是国家机关工作人员，其滥用本人职权以权谋私，是滥用职权罪的实行犯。A 选项说法正确。其二，就罪数而言：甲一行为触犯两罪，造成不同结果，不是法条竞合，而是想象竞合犯，应当择一重罪论处。C 选项说法错误。本题选 A。

10. A 【解析】滥用职权罪是指国家机关工作人员滥用职权，致使公共财产、国家和人民利益遭受重大损失的行为。本罪的犯罪主体是国家机关工作人员，主观方面是故意，成立本罪要求致使公共财产、国家和人民利益遭受重大损失。A 选项错误，B 选项正确，D 选项正确。如果行为人滥用职权的行为同时符合诸如徇私枉法罪、私放在押人员罪等罪的构成要件，属于法条竞合的情形。C 选项正确。本题为选非题，答案选 A。

11. C 【解析】A 选项，应以特别法执行判决、裁定失职罪论处。B 选项，应以特别法失职致使在押人员脱逃罪论处。C 选项，国家机关工作人员出于过失不认真履行职责造成重大损失，构成玩忽职守罪。D 选项，应以特别法国家机关工作人员签订、履行合同失职被骗罪论处。本题答案为 C 选项。

12. D 【解析】A 选项正确。徇私枉法罪，是指司法工作人员徇私枉法，徇情枉法，在刑事诉讼中，使明知是无罪的人受到追诉、对明知是有罪的人而故意包庇使其不受追诉，或者在刑事审判活动中故意违背事实和法律作枉法裁判的行为。徇私枉法罪发生在刑事诉讼中。

B 选项正确。执行判决、裁定失职罪，是指司法工作人员在执行判决、裁定活动中，严重不负责任，不依法采取诉讼保全措施、不履行法定执行职责，致使当事人或者其他人的利益遭受重大损失的行为。执行判决、裁定失职罪是实害犯，构成本罪必须有致使当事人或者其他人的利益遭受重大损失的结果，没有发生这种结果，不能构成执行判决、裁定失职罪。

C 选项正确。故意泄露国家秘密罪，是指国家机关工作人员或者非国家机关工作人员违反保守国家秘密法的规定，故意泄露国家秘密，情节严重的行为。一般是国家机关工作人员，但是非国家机关工作人员也可以构成本罪。本罪主体是一般主体。

D 选项错误。私放在押人员罪，是指司法工作人员利用职务上的便利，私自将被关押的犯罪嫌疑人、被告人或者罪犯放走，使其逃离监管的行为。本罪要求行为人利用职务便利或者职权，如果行为人没有利用职务便利或职权，而是利用其他条件帮助在押人员逃跑的，应当以脱逃罪的共犯论处。

二、多项选择题

1. ABCD　【解析】负有食品药品安全监督管理职责的国家机关工作人员，滥用食品药品安全监督管理的职权或者对食品药品安全监督管理严重不负责任，造成严重后果或者有其他严重情节的行为。具体包括：（1）瞒报、谎报食品安全事故、药品安全事件的；（2）对发现的严重食品药品安全违法行为未按规定查处的；（3）在药品和特殊食品审批审评过程中，对不符合条件的申请准予许可的；（4）依法应当移交司法机关追究刑事责任不移交的；（5）有其他滥用职权或者玩忽职守行为的。故答案为 ABCD。

2. ACD　【解析】A 选项中，脱逃罪，是指依法被关押的罪犯、被告人、犯罪嫌疑人脱逃的行为。本罪行为主体是依法被关押的罪犯、犯罪嫌疑人、被告人。本选项中，陈某被监视居住，没有被关押，因此其逃跑不构成脱逃罪。甲不构成脱逃罪的帮助犯，只能构成徇私枉法罪。B 选项中，刑事附带民事诉讼仍然属于刑事诉讼的范畴，在刑事诉讼中作枉法裁判，就构成徇私枉法罪。乙构成徇私枉法罪。C 选项中，伪证罪，是指在刑事诉讼中，证人、鉴定人、记录人、翻译人对与案件有重要关系的情节，故意作虚假证明、鉴定、记录、翻译，意图陷害他人或者隐匿罪证的行为。本选项中，丙是鉴定人，构成的是伪证罪。D 选项中，"可以免除刑罚"是指成立犯罪，但免除刑罚。这也是承担刑事责任的方式。法官丁利用职权，将对程某不起诉的理由从"证据不足，指控犯罪不能成立"改为"可以免除刑罚"，其实质就是将"不成立犯罪"故意判为"成立犯罪但免除刑罚"，构成徇私枉法罪。综上所述，本题答案为 ACD。

3. CD　【解析】滥用职权罪是故意犯罪，玩忽职守罪是过失犯罪。两罪的成立都要求造成严重后果，而且要求该严重后果与滥用职权的行为、玩忽职守的行为具有因果关系。A 选项中，甲擅自离开办公室的行为没有创设火灾的危险，火灾与甲的行为没有刑法上的因果关系，因此甲不构成玩忽职守罪。B 选项中，乙未发现非法行医，患者死亡与乙的玩忽职守没有刑法上的因果关系，因此乙不构成玩忽职守罪。C 选项中，丙的行为系故意所为，并且该严重后果与其滥用职权行为有因果关系，因此丙构成滥用职权罪。D 选项中，丁的行为系故意所为，并且该严重后果与其滥用职权行为有因果关系，因此丁构成滥用职权罪。综上所述，本题答案为 CD。

4. BCD 【解析】A 选项中，帮助犯罪分子逃避处罚罪，是指负有查禁犯罪活动职责的国家机关工作人员，向犯罪分子通风报信、提供便利，帮助犯罪分子逃避处罚的行为。甲构成该罪。包庇罪，是指积极向司法机关作假证明的行为。甲并未积极向司法机关作假证明，甲不构成包庇罪。A 选项说法错误。B 选项中，徇私枉法罪，是指司法工作人员徇私枉法、徇情枉法，在刑事诉讼中，使明知是无罪的人受到追究，对明知是有罪的人而故意包庇使其不受追诉，或者在刑事审判活动中故意违背事实和法律作枉法裁判的行为。本选项中，乙应当立案却不予立案，构成徇私枉法罪。乙收受李某财物的行为，构成受贿罪。根据《刑法》第 399 条第 4 款规定，司法工作人员犯徇私枉法罪和受贿罪，应择一重罪论处。B 选项说法正确。C 选项中，私放在押人员罪，是指司法工作人员利用职务上的便利，私自将被关押的犯罪嫌疑人、被告人或者罪犯放走，使其脱离监管的行为。丙私放赵某回家一段时间，构成私放在押人员罪。C 选项说法正确。D 选项中，滥用职权罪，是指国家机关工作人员滥用职权，致使公共财产、国家和人民利益遭受重大损失的行为。本选项中，丁存在滥用职权行为，造成重大结果，构成滥用职权罪。D 选项说法正确。综上所述，本题答案为 BCD。

5. BC 【解析】受贿之后又利用职务之便实施其他犯罪行为的，一般都要数罪并罚，只有个别例外，即受贿后又实施徇私枉法罪，民事、行政枉法裁判罪，执行判决、裁定失职罪，执行判决、裁定滥用职权罪，属于《刑法》第 399 条的例外规定，应当按照其中的重罪定罪处罚，只需记住例外情形即可。本题选 BC 选项。

6. ABD 【解析】渎职罪是指国家机关工作人员在公务活动中滥用职权、玩忽职守、徇私舞弊，妨碍国家管理活动，致使公共财产或者国家与人民的利益遭受重大损失的行为。渎职罪的共同特征曾经两次在简答题中出题，应当注意掌握。渎职罪的共同构成要件有：侵犯的客体是国家机关的正常活动，客观方面表现为行为人实施滥用职权、玩忽职守等行为致使公共财产、国家和人民利益遭受重大损失，犯罪主体是国家机关工作人员，主观方面包括故意和过失。C 选项将国家机关工作人员等同于国家工作人员，说法错误。本题选 ABD 选项。

7. AC 【解析】负有特定监管义务的海关工作人员徇私舞弊，利用职权，放任、纵容走私犯罪行为，情节严重的，构成放纵走私罪。放纵走私行为，一般是消极的不作为。如果海关工作人员与走私分子通谋，在放纵走私过程中以积极的行为配合走私分子逃避海关监管或者在放纵走私之后分得赃款的，应以共同走私犯罪追究刑事责任。海关工作人员收受贿赂又放纵走私的，应以受贿罪和放纵走私罪数罪并罚。AC 选项正确。

8. AC 【解析】徇私枉法罪，是指司法工作人员徇私枉法、徇情枉法，在刑事诉讼中，使明知是无罪的人受到追究，对明知是有罪的人而故意包庇使其不受追诉，或者在刑事审判活动中故意违背事实和法律作枉法裁判的行为。本罪的犯罪主体是司法工作人员，A 选项错误。本罪的主观方面必须是故意，即出于私情、私利而有意地枉法追诉、包庇、裁判。B 选项正确。枉法裁判是指行为人故意对有罪者作出无罪判决，对无罪者作出有罪判决，或者重罪轻判，轻罪重判。C 选项表述不完整，错误。徇私枉法罪要求必须发生在刑事诉讼中，而不能是民事、行政诉讼中。D 选项正确。本题为选非题，答案为 AC。

9. **ABD** 【解析】不解救被拐卖、绑架妇女、儿童罪，是指对被拐卖、绑架的妇女、儿童负有解救职责的国家机关工作人员，接到被拐卖、绑架的妇女、儿童及其家属的解救要求或者接到其他人的举报，而对被拐卖、绑架的妇女、儿童不进行解救，造成严重后果的行为。

A 选项正确。本罪的主体是特殊主体，即负有解救职责的国家机关工作人员，是指各级政府中主管打击拐卖、绑架妇女、儿童及解救被拐卖、绑架的妇女、儿童的工作人员，公安机关工作人员以及其他负有会同公安机关解救被拐卖、绑架的妇女、儿童职责的工作人员。

B 选项正确。本罪的行为方式是不进行解救，是指对被害人及其家属或者其他人的解救要求和举报置之不理，不采取任何解救措施，或者推诿、拖延解救工作，是纯正不作为犯，只能以法律所规定的不作为方式构成犯罪。

C 选项错误。不解救被拐卖、绑架妇女、儿童罪是渎职罪，侵犯的是国家关于保护妇女、儿童、禁止买卖妇女、儿童的法律、法规和司法机关的正常工作秩序。

D 选项正确。不解救被拐卖、绑架妇女、儿童罪是实害犯，只有造成严重后果才成立犯罪。

10. **AD** 【解析】私放在押人员罪，是指司法工作人员利用职务上的便利，私自将被关押的犯罪嫌疑人、被告人或者罪犯放走，使其逃离监管的行为。

A 选项正确。狱警甲发现有罪犯正在实施越狱行为，故意放任不管，成立不作为的私放在押人员罪。

B 选项错误。私放在押人员罪的主观方面只能是故意，过失不构成本罪。

C 选项错误。私放在押人员罪的行为对象只能是依法被关押的犯罪嫌疑人、被告人或者罪犯。丙放走的是被行政拘留的李某，不成立私放在押人员罪。

D 选项正确。狱警丁利用看守犯人的职务便利，故意将犯人放走，成立私放在押人员罪。

三、简答题

1. **参考答案** 环境监管失职罪，是指负有环境保护监督管理职责的国家机关工作人员严重不负责任，导致发生重大环境污染事故，致使公私财产遭受重大损失或者造成人身伤亡的严重后果的行为。本罪的构成要件如下：

犯罪的客体是国家环境保护机关的监督管理活动和国家对保护环境、防治污染的管理制度。

犯罪的客观方面是负有环境保护监督管理职责的国家机关工作人员严重不负责任，导致发生重大环境污染事故，致使公私财产遭受重大损失或者造成人身伤亡的严重后果的行为。

犯罪的主体是负有环境保护监督管理职责的国家机关工作人员。

犯罪的主观方面是过失。

2. **参考答案** 食品、药品监管渎职罪，是指负有食品药品安全监督管理职责的国家机关工作人员，滥用职权或者玩忽职守造成严重后果或者有其他严重情节的行为。其客观行为方式具体包括：

（1）瞒报、谎报食品安全事故、药品安全事件的；

（2）对发现的严重食品药品安全违法行为未按规定查处的；

（3）在药品和特殊食品审批审评过程中，对不符合条件的申请准予许可的；

（4）依法应当移交司法机关追究刑事责任不移交的；

（5）有其他滥用职权或者玩忽职守行为的。

四、法条分析题

参考答案　（1）"司法工作人员"，是指在刑事诉讼中负有侦查、检察、审判、监管职责的司法工作人员。

（2）本条适用的诉讼范围是刑事诉讼活动，包括刑事附带民事诉讼。

（3）"追诉"，是指追究犯罪人的刑事责任，包括立案侦查、审查起诉与审理判决等。

（4）徇私枉法罪与受贿罪、渎职罪的罪数判断如下：① 受贿后徇私枉法，择一重罪处断。② 司法工作人员收受贿赂，成立受贿罪，又实施徇私枉法罪，民事、行政枉法裁判罪，执行判决、裁定滥用职权罪，执行判决、裁定失职罪的，从一重罪处罚，其余实行数罪并罚。

民法学

第一章　绪论

一、单项选择题

1. A　【解析】《民法典》在中国特色社会主义法律体系中具有重要地位，是一部固根本、稳预期、利长远的基础性法律，对推进全面依法治国、加快建设社会主义法治国家，对发展社会主义市场经济、巩固社会主义基本经济制度，对坚持以人民为中心的发展思想、依法维护人民权益、推动我国人权事业发展，对推进国家治理体系和治理能力现代化，都具有重大意义。《民法典》系统整合了新中国成立 70 多年来长期实践形成的民事法律规范，汲取了中华民族 5000 多年优秀法律文化，借鉴了人类法治文明建设有益成果，是一部体现我国社会主义性质、符合人民利益和愿望、顺应时代发展要求的《民法典》，是一部体现对生命健康、财产安全、交易便利、生活幸福、人格尊严等各方面权利平等保护的《民法典》，是一部具有鲜明中国特色、实践特色、时代特色的《民法典》。关于《民法典》的评价并无"促发展"这一表述，因而 A 选项错误。当然，其余选择均为正确选项。

2. D　【解析】民法可以分为形式意义上的民法和实质意义上的民法。形式意义上的民法，是指由立法机关系统编纂成《民法典》的民法规范体系。实质意义上的民法，是指具备民法实质内容的民事法律规范体系，包括《民法典》和其他民事法律、法规。在我国，形式意义上的民法指《民法典》，实质意义上的民法还包括其他规定了民法实质内容的单行法律、法规。本题选择 D 选项。

3. B　【解析】比较法解释是指引用外国的立法条文或者判例作为一项解释因素，用以阐释本国法律规定含义的一种解释方法。当然解释是指虽然法律没有明文规定，但是依据规范的目的进行衡量，某一事实比法律所规定的事实更有适用的理由时，直接将法律规定适用于该事实的法律解释方法，通常被称之为"举重以明轻，举轻以明重"。体系解释是指根据民事法律规范在法律体系中的位置，即与其他法律规范的关联，确定其含义和内容的解释方法。目的解释是指不拘泥于民事法律规范的字面含义以及立法者制定法律时的立法意图，从现实的社会关系发展的要求出发，依据合理的目的进行法律解释。本题选择 B 选项。

4. D　【解析】当然解释是指虽然法律没有明文规定，但是依据规范的目的进行衡量，某一事实比法律所规定的事实更有适用的理由时，直接将法律规定适用于该事实的法律解释方法。这种解释方法通常被称为"举重以明轻，举轻以明重"。故 D 选项正确，本题选 D。

5. B　【解析】我国民法的渊源包括制定法和非制定法。制定法主要包括宪法、民事法律、行政法规、地方性法规、规章、司法解释、国际条约等。非制定法主要包括民事习惯。民法判例不是我国民法的渊源。因此，本题的答案为 B 选项。

6. D 【解析】民事习惯，是指当事人所知悉或实践的生活和交易习惯。

A 选项正确。民法的渊源包括两种类型：一是制定法，二是非制定法。非制定法主要包括民事习惯。

B 选项正确。在一定地域、行业范围内，长期为一般人从事民事活动时普遍遵守的民间习俗、惯常做法等，可以认定为《民法典》第 10 条规定的"习惯"。

C 选项正确。在我国，习惯作为民法的渊源是受限制的，并不是所有的民事习惯都可以被认定为民法的渊源。根据《民法典》第 10 条的规定，只有不违背社会主义核心价值观和公序良俗的习惯，才具有民法渊源的意义。

D 选项错误。只有在法律没有规定的情况下才能适用习惯，若法律对相关情况有明文规定，则只能优先适用法律。本题为选非题，因此本题选 D。

7. C 【解析】我国民法对人的效力主要有以下几种情况：（1）对居住在我国境内的中国公民和设立在中国境内的中国法人及非法人组织，都具有法律效力。（2）对居留在我国境内的外国人、无国籍人和经我国政府准许设立在中国境内的外国法人，原则上具有法律效力，但依法享有外交豁免权的人除外；另外，我国民法中某些专门由中国公民、法人或非法人组织享有的权利，对外国人、无国籍人和外国法人不具有法律效力。（3）居住在外国的我国公民，原则上适用居住国的民法，而不适用我国民法。但是，依照我国法律以及我国与其他国家缔结的双边协定，或我国参加的国际条约，我国认可的国际惯例，应当适用我国民法的，仍然适用我国民法。因此，本题的答案为 C。

8. D 【解析】ABC 选项都属于民事法律关系，D 选项属于行政法律关系。因此，本题的答案为 D。

9. A 【解析】民事法律关系是由民事法律规范所确立的以民事权利和民事义务为主要内容的法律关系。本题中，文某在邀请华某时不具有产生法律关系的意图，只是一种好意施惠，不具有法律上的效力。因此，本题的答案为 A。

10. D 【解析】《民法典》第 132 条规定了"禁止滥用权利原则"，即"民事主体不得滥用民事权利损害国家利益、社会公共利益或者他人合法权益"。本题中，滥用法人独立地位和出资人有限责任，逃避债务，严重损害法人债权人利益的行为是典型的滥用权利的体现，故 D 选项当选，ABC 三项均没有体现。

11. A 【解析】平等原则的法律要求具体体现在以下四个方面：（1）自然人的民事权利能力一律平等。任何自然人在法律上不分尊卑贵贱、财富多寡、种族差异、性格差异，其抽象人格都是平等的。（2）不同民事主体参与民事法律关系适用同一法律，处于平等的地位。（3）民事主体在民事法律关系中必须平等协商。任何一方当事人不得将自己的意志强加给另一方当事人。（4）对权利给予平等的保护。在法律上，无论具体的人具有何种事实上的差异，当其权利受到侵害时，法律都给予平等保护。因此，本题的答案为 A。

12. C 【解析】自愿原则，是指民事主体在从事民事活动时，在法律允许的范围内自由表达自己的意愿，并按其意愿设立、变更、终止民事法律关系。在法律允许的范围内民事主体有权依其意愿自主作出决定，并对其自由表达的真实意愿负责，任何组织和个人不得非法干预。因此，本题的答案为 C。

13. D 【解析】公平原则，是指民事主体应当本着公平的理念从事民事活动，司法机关应当根据公平的理念处理民事纠纷。公平原则，是将市场经济活动中公平交易和公平竞争的道德准则上升为法律原则的结果。这一原则对于维护市场经济秩序、弥补法律漏洞有重要意义。在法律没有明文规定时，司法机关依据公平原则获得自由裁量权，本着公平、正义的理念进行裁判，解决民事纠纷。因此，本题的答案为 D。

14. A 【解析】诚实信用原则，是指民事主体从事民事活动时，应当诚实守信，正当行使民事权利并履行民事义务，不实施欺诈和规避法律的行为，在不损害他人利益和社会利益的前提下追求自己的利益。诚实信用原则是市场经济活动中的一项基本道德准则。民法将这一道德准则上升为法律原则，要求民事主体在民事活动的过程中维持民事主体之间的利益平衡以及当事人利益与社会利益之间的平衡。诚实信用原则在现代民法中具有重要的地位，被誉为现代民法的"帝王条款"。因此，本题选 A。

15. C 【解析】《民法典》第 9 条规定："民事主体从事民事活动，应当有利于节约资源、保护生态环境。"绿色原则是代际正义的要求，当代社会经济的发展不能牺牲未来的社会资源和环境。本题选 C。

16. B 【解析】民法解释的方法主要有文义解释、体系解释、历史解释、目的解释、扩张解释、限缩解释、当然解释、合宪性解释、社会学解释、比较法解释等，考生应当掌握各种解释的具体内涵。其中历史解释又称立法解释，是通过探求立法者在制定民事法律规范时的立法意图进行民法解释的方法。体系解释，是指根据民事法律规范在法律体系中的位置，即与其他法律规范的关联，确定其含义和内容的解释方法；目的解释，是指不拘泥于民事法律规范的字面含义以及立法者制定法律时的立法意图，从现实的社会关系发展的要求出发，依据合理的目的进行法律解释。本题选 B。

17. C 【解析】诚实信用原则，是指民事主体从事民事活动时，应当诚实守信，正当行使民事权利并履行民事义务，不实施欺诈和规避法律的行为，在不损害他人利益和社会利益的前提下追求自己的利益。本题中，李某在宅基地边界线建筑高墙，损害了张某的利益，违反了诚实信用原则。C 选项正确。

18. C 【解析】民法是实体法而不是程序法，C 选项表述错误，故本题选 C。

19. D 【解析】居住在外国的我国公民，原则上适用居住国的民法，而不适用我国民法。D 选项错误。故本题选 D。

二、多项选择题

1. ABD 【解析】构成权利滥用的条件为：一是当事人有权利存在；二是权利人有行使权利的行为；三是当事人的行为有滥用权利的违法性，故本题 ABD 当选。C 选项并不是构成权利滥用的条件之一，且 C 选项和 A 选项矛盾，故 C 选项错误，不选。

2. ABCD 【解析】民法理论将违反公序良俗行为类型归纳为：危害国家公序的行为类型、危害家庭关系的行为类型、违反两性道德准则的行为类型、射幸行为类型、违反人权和人格尊严的行为类型、限制营业自由的行为类型、违反公共竞争的行为类型、违反消费者保护的行为类型、违反劳动者保护的行为类型、暴利的行为类型等。本题选择 ABCD 选项。

3. ABCD 【解析】民法调整的人身关系的内容，包括人格关系和身份关系。人格关系，是指民事主体为实现人格利益而发生的权利义务关系，包括民事主体的生命权、健康权、姓名权、名称权、名誉权、荣誉权、隐私权、肖像权等；其中，名称权的主体是法人和非法人组织。身份关系是民事主体基于身份利益发生的权利义务关系，在民法上表现为自然人因婚姻家庭关系等产生的身份关系。因此，本题选 ABCD。

4. **ABC** 【解析】民法调整的财产关系，是平等主体之间以财产归属和财产流转为主要内容的权利义务关系。D 选项罚款关系中的主体不是平等主体，并非民事法律关系。因此，本题的答案为 ABC。

5. **BC** 【解析】民法调整的人身关系，是指平等主体之间基于人格或身份而发生的、与人身不可分离、不具有直接财产内容的权利义务关系。民法所调整的人身关系虽然不具有直接的财产内容，但是某些人身关系是财产关系产生的前提条件。同时，对民事主体的人身权进行侵害会导致民事主体的财产损失。因此，对人身权进行法律保护的方式既有停止侵害、赔礼道歉、恢复名誉等非财产性的责任方式，也有赔偿损失等财产性的责任方式。因此，本题的答案为 BC。

6. **BCD** 【解析】民法所调整的财产关系的基本内容是财产归属关系和财产流转关系。财产归属关系是指民事主体因占有、使用、收益、处分财产而形成的权利义务关系。财产流转关系是指民事主体为获取利益而相互交换财产所形成的权利义务关系。财产归属关系与财产流转关系之间有着密切的联系，财产归属关系是财产流转关系的前提，财产流转关系又常常是财产归属关系的发生根据。民法所调整的财产关系在利益实现方面大多具有有偿的特点。但是，在坚持民事主体平等、自愿的前提下，赠与、借用等民事法律关系中不适用有偿原则也是法律所允许的。因此，本题的答案为 BCD。

7. **BD** 【解析】因感情破裂而分手属于法外空间，不属于民法调整的平等主体之间的人身关系和财产关系，因此不选 A。劳动合同法在法硕考试的观点中属于社会法部门，因此不选 C。劳务合同与劳动合同不同，属于民事合同，本题的答案为 BD。

8. **ABCD** 【解析】民事习惯经过国家的认可，就具有民法渊源的意义。规章属于我国民法渊源中的制定法渊源，包括部门规章和地方政府规章。另外，最高人民法院的指导性文件，如司法解释和案件批复意见，也属于制定法渊源。国际条约对于我国国内的公民和法人也具有与国内法一样的效力。因此，本题的答案为 ABCD。

9. **ABCD** 【解析】A 选项体现的是平等原则；B 选项体现的是自愿原则；C 选项体现的是公平原则；D 选项体现的是合法原则。因此，本题的答案为 ABCD。

10. **BC** 【解析】自愿原则与平等原则有着密切的关系。平等原则是自愿原则的前提，自愿原则是平等原则的体现。民事主体的法律地位平等，每个人都具有独立的意志，任何一方当事人都不受他方当事人意志的支配。诚实信用原则是现代民法的"帝王条款"，在现代民法中具有重要的地位。合法原则不是公序良俗原则的基础。因此，本题的答案为 BC。

11. **ABC** 【解析】民法基本原则是指效力贯穿于民法始终的基本准则，是对民事立法、民事行为和民事司法具有普遍指导意义的基本准则，民法基本原则的功能包括指导、约束、补充三个方面。因此，本题的答案为 ABC。

12. **ABC** 【解析】民事法律的失效时间，法律本身一般都不作规定，而是通过下列方式确定：（1）自然失效。当某一民事法规规定的任务已经完成后，该法规的效力自然终止；（2）在公布新的法律时，明确宣布以前的同类法规与其相抵触的部分效力终止；（3）修改并重新公布实施新的法律的同时宣布原法律的效力终止。因此，ABC 选项正确。

13. **ABCD** 【解析】先合同义务和后合同义务虽然不属于主合同义务，但基于诚实信用原则，这些义务应当履行。BC 选项正确。缔约过失责任是诚实信用原则在先合同责任中的体现。D 选项正确。合同履行的基本原则中包含诚实信用原则。A 选项正确故本题选 ABCD。

三、简答题

参考答案 禁止权利滥用原则是民事主体行使民事权利的界限，权利都有一定的界限，没有不受任何限制的权利，行使权利超出了一定的界限而损害国家和他人合法权益或社会公共利益则构成权利滥用。

权利滥用的构成有三个要件：一是当事人有权利存在；二是权利人有行使权利的行为；三是当事人的行为有滥用权利的违法性。

第二章 民事法律关系

一、单项选择题

1. B 【解析】事实行为是指行为人主观上不一定具有发生、变更或消灭正常民事法律关系的意思，但客观上能够引起这种后果的行为。无因管理、侵权行为、给付行为、拾得遗失物、发现埋藏物、善意取得、创作作品等都属于典型的事实行为。通说认为，不当得利属于事件，而不是事实行为。所以，B 选项当选。

2. C 【解析】当事人可以选择某一自然事实作为民事法律关系发生的条件，从而具备民事法律事实的特点，但是并非当事人任何时候都可以自由选择民事法律事实，对于事件及事实行为，必须符合法律认可的事实构成，不允许当事人对此私自加以约定。A 选项错误。

遗嘱继承关系的产生需要遗嘱与被继承人死亡两个法律事实，只具备遗嘱并不能导致遗嘱继承关系的产生。B 选项错误。

民事法律事实，是指依法能够引起民事法律关系产生、变更和消灭的客观现象。并非一切客观现象均能引起民事法律关系的变动，如属于自然现象的下雨、下雪，或属于人的活动的吃饭、睡觉，一般情况下都不能引起民事法律关系的变动。而时间的经过、严重自然灾害的发生、战争和封锁禁运，人的出生、死亡、成年、失踪、精神失常等，却能引起民事法律关系的发生、变更和消灭，因而属于法律事实。可见，客观情况是否能成为民事法律事实，取决于法律的规定。C 选项正确。

事实行为是指行为人主观上不一定具有发生、变更或消灭民事法律关系的意思，但客观上有能够引起一定民事法律后果的行为。事实行为不以意思表示为构成要素，也不受行为人有无民事行为能力的限制。D 项错误。综上，本题选 C。

3. D 【解析】民事法律关系的客体主要有五类，即物、行为、智力成果、人身利益和权利。其中，物权法律关系的客体主要是物，例如所有权；用益物权法律关系的客体一般仅限于物；担保物权法律关系的客体一般也是物，但不限于物，还包括权利，如权利质押等；债权法律关系的客体是给付行为，行为所指向的对象包括物和行为；人身权法律关系的客体是人身利益，如健康、肖像、名誉、隐私等；知识产权法律关系的客体是智力成果。本题选择 D 选项。

4. B 【解析】民事权利的保护措施根据性质的不同可以分为私力救济和公力救济两种。民事权利的私力救济，又称民事权利的自我保护，是指权利人自己采取各种合法手段来保护自己的权利不受侵犯。民事权利主体可以以法律许可的方式在法律允许的限度内保护自己的权利。例如，正当防卫、紧急避险、自助行为等。民事权利的公力救济，又称民事权利的国家保护，是指民事权利受到侵害时，由国家机关给予保护。民事主体的民事权利受到侵犯时，可以诉请人民法院或仲裁机关予以裁判，也可以依法请求有关的国家机关给予保护。本题选择 B 选项。

5. C 【解析】根据权利的作用的不同可以将民事权利分为支配权、请求权、抗辩权、形成权。支配权是指可以对标的物直接支配并排除他人干涉的权利，例如所有权；请求权是指请求他人为一定行为或不为一定行为的权利，例如债权；抗辩权是指对抗请求权护或拒绝对方权利的权利，例如不安抗辩权；形成权是指当事人一方可以以自己的行为使法律关系发生变动的权利，例如对可撤销合同的撤销权、合同解除权、对效力未定合同的追认权、选择之债中的选择权等。因此，本题选择 C 选项。

6. C 【解析】民事法律事实分为行为和自然事实。行为可分为民事法律行为、准民事法律行为以及事实行为。民事法律行为是民事主体通过意思表示设立、变更、终止民事法律关系的行为；准民事法律行为是指行为人以法律规定的条件业已满足为前提，将一定的内心意思表示于外，从而引起一定法律效果的行为；事实行为是指行为人主观上不一定具有发生、变更或消灭民事法律关系的意思，但客观上能够引起这种后果的行为，例如创作作品的行为、付款等。自然事实又可分为事件和状态，事件是指某种客观现象的发生，例如人的出生、死亡、自然灾害等；状态是指某种客观现象的持续，例如人的下落不明、对物继续占有等。本题选择 C 选项。

7. C 【解析】民事法律事实，是指依法能够引起民事法律关系产生、变更和消灭的客观现象，包括行为和自然事实。C 选项的行为不能引起民事法律关系的变动，因此不是民事法律事实，更不是"行为"。因此，本题的答案为 C。

8. A 【解析】根据客观事实是否与主体的意志有关，民事法律事实可以分为自然事实和行为两大类。行为是指受主体意志支配、能够引起民事法律后果的活动。本题中，王某超速驾车的行为是在其意识支配下的行为。自然事实，是指与主体的意志无关，能够引起民事法律后果的客观现象。自然事实又可分为事件和状态。事件是指某种客观现象的发生，状态是指某种客观现象的持续。客观情况的发生能引起民事法律关系的产生、变更和消灭，如人的出生、死亡能改变身份关系，物的灭失可以使所有权关系消灭等。因此，本题的答案为 A。

9. B 【解析】民事法律关系的主体，是指参加民事法律关系，享有民事权利并承担民事义务的人，在我国，民事法律关系的主体主要包括自然人、法人和非法人组织，A 选项错误。民事法律关系的客体是指民事权利和民事义务所指向的对象，主要有五类，即物、行为、智力成果、人身利益和权利，B 选项正确。民事法律关系的内容是指民事主体所享有的民事权利和承担的民事义务，可以由民事主体在不违反法律和社会公共利益的情况下自由设立，也可能由法律进行规定，如因侵权行为而引发的民事权利与义务，CD 选项错误。

10. C 【解析】根据权利的作用的不同，民事权利可分为支配权、请求权、抗辩权、形成权。支配权是指可以对标的物直接支配并排斥他人干涉的权利，例如所有权。请求权是指请求他人为一定行为或不为一定行为的权利，例如债权。抗辩权是指对抗请求权或否认对方权利的权利，例如不安抗辩权。形成权是指当事人一方可以以自己的行为使法律关系发生变动的权利，例如追认权。因此，本题的答案为C。

11．A 【解析】抗辩权是指对抗请求权或否认对方权利的权利。本题的答案为A。

12．B 【解析】根据权利人可以对抗的义务人的范围的不同，民事权利可分为绝对权和相对权。绝对权，又称对世权，是指义务人不确定，权利人无须通过义务人实施一定的积极协助行为即可实现的权利，如所有权、人身权等。相对权，又称对人权，是指权利人和义务人均为特定人，权利人必须通过义务人积极的实施或者不实施一定行为才能实现的权利，如债权。甲和乙之间存在债权法律关系，乙所行使的权利只对甲发生效力。乙对甲的请求权进行抗辩，行使的是抗辩权，ACD选项错误。因此，本题的答案为B。

13．C 【解析】民事权利按照不同的标准可以分成不同的类型：（1）财产权和人身权。这是以权利的客体之不同所作的分类。（2） 支配权、请求权、抗辩权、形成权。这是根据权利的作用的不同所作的分类。（3） 绝对权和相对权。这是以权利人可以对抗的义务人的范围为标准所作的分类。（4） 主权利和从权利。这是根据权利的相互关系所作的分类。（5） 既得权和期待权。这是根据民事权利的成立要件是否全部实现所作的分类。因此，本题的答案为C。

14．A 【解析】根据民事权利的成立要件是否全部实现，民事权利可分为既得权和期待权。既得权是指成立要件已经全部具备并被主体实际享有的权利。期待权是指成立要件尚未全部具备，将来有可能实现的权利。因此，本题的答案为A。

15．C 【解析】法律意义上的"物"与物理意义上的"物"既有联系，又有不同，它不仅具有物理属性，而且应具有法律属性。物理意义上的物要成为法律关系的客体，需要具备以下条件：第一，应得到法律的认可；第二，应为人类所认识和控制，不可认识和控制之物不能成为法律关系的客体；第三，能够给人们带来某种物质利益，具有经济价值；第四，应具有独立性。A选项不符合条件一，B选项不符合条件四，D选项不符合条件二。因此，本题的答案为C。

16．C 【解析】根据物是否具有独有的特征或是否被特定化，物可以分为特定物和种类物。特定物既包括独具特征、独一无二的物，也包括经交易当事人指定被特定化的种类物；种类物是指具有共同的属性，可以通过品种、规格、型号等加以确定的物。古画真迹、绝版书、小说手稿都属于具有独有的特征的物。因此，本题的答案为C。

17．B 【解析】根据两物之间的关系，物可以分为主物和从物，从物必须相对独立于主物，若一物属于另一物的构成部分，则此物不作为从物。窗框属于房间的一部分，轮子属于汽车的一部分，不是从物，AC选项错误。枕头与被子之间不具有从属关系，可以单独使用，不构成主物与从物关系，D选项错误。故本题的答案为B。

18．D 【解析】根据两物之间的派生关系，物可以分为原物和孳息。原物是指能够产生收益的物，孳息是原物产生的收益。孳息分为天然孳息和法定孳息，天然孳息是指基于物的自然属性产生的孳息，如果实；法定孳息是指依法律关系所生的孳息，如利息。要注意的是，原物的组成部分不属于孳息，如长在树上的果实、羊身上的羊毛、未出生的猪宝宝，要与原物相分离才属于孳息。因此，本题的答案为D。

19．C 【解析】罚金是刑罚方法，罚款是行政处罚，其他三项均属于民事责任的承担方式。因此，本题的答案为 C。

20. B 【解析】人身法律关系不具有直接的物质利益的内容，但这并不是说人身法律关系与人的物质利益不发生联系。比如，名誉权就可能给权利人带来一定的物质利益，反之，如果名誉权受到侵害，也可能给权利人造成财产损害。因此，本题的答案为 B。

21. A 【解析】根据权利客体不同，民事权利可分为人身权和财产权。需要注意的是，有一些权利不能简单概括为人身权还是财产权，例如股权，A 选项错误。其余选项正确，本题的答案为 A。

22. A 【解析】本题涉及民事法律关系的认定问题。A 选项中甲在梦游中写就的书法作品导致作品所有权和作品著作权法律关系的产生，B 选项为情谊行为，C 选项为恋爱关系，D 选项为情谊行为。因此，本题的答案为 A。

23. B 【解析】根据调整对象的不同，民事法律关系分为人身法律关系和财产法律关系或称人身权关系和财产权关系。A 选项错误。

根据民事法律关系的义务主体范围的不同，民事法律关系可以分为绝对法律关系和相对法律关系。绝对法律关系，是指与权利人相对应的义务人是权利人以外一切不特定人的民事法律关系。相对法律关系，是指与权利人相对应的义务人是特定人的民事法律关系。在这种法律关系中，权利人实现其权利必须有具体的义务人协助。B 选项正确。

根据权利人权利的实现方式的不同，财产法律关系又可分为物权关系和债权关系，C 选项错误。

民事法律关系不存在一般民事法律关系和特别民事法律关系的分类。D 选项错误。综上，本题选 B。

24. B 【解析】本题涉及行为性质的认定问题。王某的行为是否属于侵权，关键在于其将客人的车钥匙拔下是否具有合法的依据。由于王某收取停车费并非经过有关部门批准，而是私自收取停车费，故其收费行为不具有合法的依据。既然王某的收费行为不合法，其以收费为由将客人的车钥匙拔下强行扣车的行为就属于侵害客人对汽车所有权的行为。因此，本题的答案为 B。

25. A 【解析】民事法律关系的客体主要有五类，即物、行为、智力成果、人身利益和权利。其中，物主要是物权法律关系的客体，例如所有权。用益物权法律关系的客体一般仅限于物；担保物权法律关系的客体一般也是物，但不限于物，还包括权利，如权利质押等。债权法律关系的客体是给付行为，行为所指向的对象包括物和行为。人身权法律关系的客体是人身利益，如健康、肖像、名誉、隐私等。知识产权法律关系的客体是智力成果。因此，本题的答案为 A。

26. B 【解析】民事义务按照不同的标准可作如下分类：（1）法定义务和约定义务，这是以民事义务的发生根据为标准作的分类。（2）作为义务和不作为义务，这是根据民事义务主体行为的方式为标准作的分类。因此，本题的答案为 B。

27. C 【解析】《最高人民法院关于适用〈中华人民共和国民法典〉总则编若干问题的解释》第 31 条规定："对于正当防卫是否超过必要的限度，人民法院应当综合不法侵害的性质、手段、强度、危害程度和防卫的时机、手段、强度、损害后果等因素判断。经审理，正当防卫没有超过必要限度的，人民法院应当认定正当防卫人不承担责任。正当防卫超过必要限度的，人民法院应当认定正当防卫人在造成不应有的损害范围内承担部分责任；实施侵害行为的人请求正当防卫人承担全部责任的，人民法院不予支持。实施侵害行为的人不能证明防卫行为造成不应有的损害，仅以正当防卫人采取的反击方式和强度与不法侵害不相当为由主张防卫过当的，人民法院不予支持。"因此本题答案选择 C 选项。

28. A　【解析】根据《民法典》第 179 条的规定，承担民事责任的方式主要有：（1）停止侵害；（2）排除妨碍；（3）消除危险；（4）返还财产；（5）恢复原状；（6）修理、重作、更换；（7）继续履行；（8）赔偿损失；（9）支付违约金；（10）消除影响、恢复名誉；（11）赔礼道歉。上述责任方式，可以单独适用，也可以合并适用。

根据《民法典》第 1167 条的规定，侵权行为危及他人人身、财产安全的，被侵权人有权请求侵权人承担停止侵害、排除妨碍、消除危险等侵权责任。根据《民法典》第 577 条的规定，当事人一方不履行合同义务或者履行合同义务不符合约定的，应当承担继续履行、采取补救措施或者赔偿损失等违约责任。上述责任形式中，赔偿损失和恢复原状是侵权责任和违约责任都适用的责任形式。故本题选 A。B 选项继续履行和 C 选项支付违约金仅适用于违约责任。D 选项停止侵害仅适用于侵权责任。

二、多项选择题

1. AB　【解析】所谓支配权，是指对权利的客体直接支配并且享有利益的权利，其义务主体不特定。支配权具有排他性与支配性，原则上不适用诉讼时效与除斥期间。在本题中，甲对住宅所享有的所有权即为支配权，其义务主体不特定，除甲之外，任何主体均不得侵犯甲对住宅所享有的所有权。此外，甲对住宅所享有的所有权作为支配权不适用诉讼时效与除斥期间，亦即除法律另有规定外，甲对住宅所享有的所有权不会因为时间流逝而消灭或者变更。因而，A 选项、B 选项正确，C 选项、D 选项错误。

2. BC　【解析】以民事义务的发生根据为标准，可以将民事义务分为法定义务与约定义务。法定义务是指民法规定的民事主体应负的义务；约定义务是由当事人协商约定的义务，约定的义务不得违反法律的强行性规定。以民事义务主体行为的方式为标准，可以将民事义务分为作为义务和不作为义务。作为义务是指义务人应当做出一定积极行为的义务，又称为积极义务。例如，给付财产、完成工作等。不作为义务是指义务人应为消极行为或者容忍他人的行为，又称为消极义务。例如，不侵害他人物权的义务等。本题中，两人约定由孙某制作并交付项链，属于约定义务；孙某应当向王某交付项链，属于作为义务。因此，本题选择 BC 选项。

3. ACD　【解析】准民事法律行为包括：意思通知，如要约拒绝、履行催告、选择权行使催告等；观念通知，如承诺迟到通知、发生不可抗力通知、瑕疵通知、债权让与通知、债务的承认等；感情表示，如被继承人对继承人所作的宽恕的表示等。事实行为是指行为人主观上不一定具有发生、变更或消灭民事法律关系的意思，但客观上能够引起这种后果的行为。如创作作品的行为，作为债权标的的给付行为如交货、付款等。因此，本题选择 ACD 选项。

4. ACD　【解析】诉讼时效一般是限制请求权，除斥期间一般是限制形成权，A 选项正确；形成权是指当事人一方可以以自己的行为使法律关系发生变动的权利，追认权属于形成权的一种，C 选项正确；催告权属于准民事法律行为中的意思通知，其行使产生一定的法律效果，但不直接引起民事法律关系的变动，D 选项正确。因此，本题的答案为 ACD。

5. BC　【解析】绝对权，又称对世权，是指义务人不确定，权利人无须通过义务人实施一定的积极协助行为即可实现的权利,如所有权、人身权等。相对权,又称对人权,是指权利人和义务人均为特定人,权利人必须通过义务人积极的实施或者不实施一定行为才能实现的权利,如债权。因此,本题的答案为BC。

6. BCD 【解析】期待权是指成立要件尚未全部具备,将来有可能实现的权利。既得权是指成立要件已经全部具备并被主体实际享有的权利。请求权是指请求他人为一定行为或不为一定行为的权利。相对权,又称对人权,是指权利人和义务人均为特定人,权利人必须通过义务人积极的实施或者不实施一定行为才能实现的权利。甲对乙的权利已具备全部成立要件,只能向特定的相对人(乙)行使,并且只能以请求的形式作出。因此,本题的答案为BCD。

7. AC 【解析】民事责任是指民事主体违反民事义务应当承担的民事法律后果。其特征包括:民事责任是民事主体一方对他方承担的责任;民事责任主要是为了补偿权利人所受损失和恢复民事权利的圆满状态,侧重于补偿,一般不具有惩罚性;民事责任既有过错责任又有无过错责任;民事责任的内容可以由民事主体在法律允许的范围内协商。因此,本题的答案为AC。

8. ABC 【解析】民事法律关系的产生、变更和消灭需要具备三个基本的条件:民事法律规范、民事主体和民事法律事实。因此,本题的答案为ABC。

9. BCD 【解析】按照各责任主体的共同关系,共同责任可以分为按份责任、连带责任和补充责任。因此,本题的答案为BCD。

10. ACD 【解析】民事权利的行使也就是民事权利内容的实现。民事权利的行使是实现民事权利内容的过程,民事权利的实现是民事权利行使的结果。

民事权利的行使应当遵循以下原则:(1)民事权利的行使必须符合国家法律和社会公共利益的要求。(2)不得滥用权利损害国家利益、社会公共利益或者他人合法权益。人民法院可以根据权利行使的对象、目的、时间、方式、造成当事人之间利益失衡的程度等因素认定是否构成权利滥用。(3)民事权利的行使必须符合诚实信用原则。因此,本题答案为ACD。

B选项中,民事权利的行使,不必遵循过高的道德准则,可以合理地追求利益最大化。但绝不是"最大限度",其需具备一个合理的前提。

11. ABC 【解析】民事权利是指民事主体为实现某种利益而依法为某种行为或不为某种行为的自由。

从权利指以主权利的存在为其存在前提的权利。主权利移转或者消灭时,从权利也随之移转和消灭。典型的从权利是担保物权,担保物权随着主债权的消灭而消灭。A选项正确。

期待权是指成立要件尚未全部具备,将来有可能实现的权利。B选项正确。

形成权是指当事人一方可以以自己的行为使法律关系发生变动的权利。选择之债中的选择权就是形成权,享有选择权的主体可以自由选择债务的类型,使得债权关系确定下来。C选项正确。

财产权是指以实现财产利益的自由为内容,直接体现某种物质利益的权利,如物权、债权等。股权,既具有人身权的性质,又具有财产权的性质。D选项错误。综上,本题选ABC。

参考答案 人身法律关系是指平等主体之间基于人格或身份发生的，与人身不可分离，不具有直接财产内容的权利义务关系。财产法律关系是指平等主体之间以财产归属和财产流转为主要内容的权利义务关系。人身法律关系与财产法律关系的区别如下：

（1）两类关系的权利性质不同。

① 在财产法律关系中，权利人所享有的权利是财产权利，通常可以被转让。

② 在人身法律关系中，权利人所享有的权利是人格权或者身份权，一般不能转让。

（2）两类关系的保护方法不同。

① 在财产法律关系受到破坏时，对加害人主要适用财产性质的责任，以补偿受害人所受的财产损害。

② 在人身法律关系受到破坏时，对加害人主要适用非财产性质的责任，以恢复权利人被侵害的权利。

③ 如果侵犯人身法律关系的行为也造成了物质损害，也可适用财产责任，但是这种责任形式并非保护人身法律关系的主要方法。

第三章　自然人

一、单项选择题

1. C　【解析】完全不能辨认或者不能完全辨认自己行为的成年人，其利害关系人或者有关组织可以向人民法院申请认定该成年人为无民事行为能力人或者限制民事行为能力人。据此，C选项正确。值得注意的是，被认定为无民事行为能力人或者限制民事行为能力人后，根据恢复状况，经过本人、利害关系人或者有关组织申请，人民法院可以认定该成年人恢复为限制民事行为能力人或者完全民事行为能力人。有关组织包括：居民委员会、村民委员会、学校、医疗机构、妇女联合会、残疾人联合会、依法设立的老年人组织以及民政部门等。

2. B　【解析】我国《民法典》第18条第2款规定："十六周岁以上的未成年人，以自己的劳动收入为主要生活来源的，视为完全民事行为能力人。"本案中，甲已满16周岁，虽然拍摄广告赚取了100万元，但并不是以自己的劳动收入作为主要生活来源，而且其主业是学生，因此甲依旧是限制民事行为能力人。本题选B。

3. D　【解析】《民法典》第42条规定："失踪人的财产由其配偶、成年子女、父母或者其他愿意担任财产代管人的人代管。代管有争议，没有前款规定的人，或者前款规定的人无代管能力的，由人民法院指定的人代管。"失踪人所欠税款、债务和应付的其他费用，由财产代管人从失踪人的财产支付。本题中，李某配偶白某或债权人刘某都可以担任财产代管人。代管人有争议的，可以由人民法院指定最终财产代管人。本题选择D选项。

4. D　【解析】《民法典》第46条规定："自然人有下列情形之一的，利害关系人可以向人民法院申请宣告该自然人死亡：（一）下落不明满四年；（二）因意外事件，下落不明满二年。因意外事件下落不明，经有关机关证明该自然人不可能生存的，申请宣告死亡不受二年时间的限制。"李某已被有关机关证明不可能生存，因此申请宣告李某死亡的时间不受限制，B 选项错误。法院受理利害关系人的申请后，应当发出寻找失踪人的公告，公告期间为 1 年；因意外事件下落不明经有关机关证明该自然人不可能生存的，公告期间为 3 个月。因此寻找李某的公告期间应当为 3 个月，A 选项错误。被宣告死亡的，人民法院宣告死亡的判决作出之日视为其死亡的日期；因意外事件下落不明宣告死亡的，意外事件发生之日视为其死亡的日期。因此，李某死亡的日期应为意外事件发生之日，C 选项错误。自然人被宣告死亡但事实上并未死亡的，产生与自然死亡大体相同的法律后果，如婚姻关系消除，个人财产作为遗产发生继承。D 选项正确。本题选择 D 选项。

5. D 【解析】根据《民法典》规定，依法负担被监护人抚养费、赡养费、扶养费的父母、子女、配偶等，被人民法院撤销监护人资格后，应当继续履行负担的义务。因此，李大某被撤销监护人资格后，应当继续履行负担被监护人抚养费的义务。本题选择 D 选项。

6. B 【解析】《民法典》第 15 条规定："自然人的出生时间和死亡时间，以出生证明、死亡证明记载的时间为准；没有出生证明、死亡证明的，以户籍登记或者其他有效身份登记记载的时间为准。有其他证据足以推翻以上记载时间的，以该证据证明的时间为准。"因此，本题的答案为 B。

7. A 【解析】农村承包经营户是我国农村劳动群众集体所有制经济的分散经营方式的法律形式。农村承包经营户是由农村集体经济组织的成员组成，不属于个体经济的范围，A 选项说法错误。BCD 选项说法正确。因此，本题的答案为 A。

8. C 【解析】民法的监护是为了监督和保护无民事行为能力人和限制民事行为能力人的合法权益而设置的一项民事法律制度。因此，本题的答案为 C。

9. D 【解析】《民法典》第 33 条规定："具有完全民事行为能力的成年人，可以与其近亲属、其他愿意担任监护人的个人或者组织事先协商，以书面形式确定自己的监护人，在自己丧失或者部分丧失民事行为能力时，由该监护人履行监护职责。"此种监护为意定监护。D 选项正确。

10. A 【解析】《民法典》第 27 条第 2 款规定："未成年人的父母已经死亡或者没有监护能力的，由下列有监护能力的人按顺序担任监护人：（一）祖父母、外祖父母；（二）兄、姐；（三）其他愿意担任监护人的个人或者组织，但是须经未成年人住所地的居民委员会、村民委员会或者民政部门同意。"因此，本题的答案为 A。

11. A 【解析】《民法典》第 28 条规定："无民事行为能力或者限制民事行为能力的成年人，由下列有监护能力的人按顺序担任监护人：（一）配偶；（二）父母、子女；（三）其他近亲属；（四）其他愿意担任监护人的个人或者组织，但是须经被监护人住所地的居民委员会、村民委员会或者民政部门同意。"因此，本题的答案为 A。

12. D 【解析】《民法典》第 31 条第 1 款规定："对监护人的确定有争议的，由被监护人住所地的居民委员会、村民委员会或者民政部门指定监护人，有关当事人对指定不服的，可以向人民法院申请指定监护人；有关当事人也可以直接向人民法院申请指定监护人。"因此，ABC 三项均有权指定监护人，但人民检察院没有指定监护人的权力。因此，本题的答案为 D。

13. B 【解析】《民法典》第 40 条规定："自然人下落不明满二年的，利害关系人可以向人民法院申请宣告该自然人为失踪人。"《民法典》第 41 条规定："自然人下落不明的时间自其失去音讯之日起计算。战争期间下落不明的，下落不明的时间自战争结束之日或者有关机关确定的下落不明之日起计算。"因此，本题的答案为 B。

14. A 【解析】人民法院宣告死亡的程序是：首先由利害关系人向法院提出申请，法院受理以后，应当发出寻找失踪人的公告，公告期间为 1 年；因意外事故下落不明经有关机关证明该公民不可能生存的，公告期间为 3 个月。因此，本题的答案为 A。

15. B 【解析】本题考查监护人的职责。《民法典》第 35 条第 1 款规定："监护人应当按照最有利于被监护人的原则履行监护职责。监护人除为维护被监护人利益外，不得处分被监护人的财产。"本题中，ACD 选项均不是为了被监护人利益，故 B 选项正确。

16. D 【解析】宣告失踪和宣告死亡是两个不同的程序，宣告失踪不是宣告死亡的前置程序。根据我国《民法典》的规定，自然人下落不明满 2 年的，利害关系人可以向人民法院申请宣告该自然人为失踪人；自然人下落不明满 4 年的，利害关系人可以向人民法院申请宣告该自然人死亡。本题中，庞某下落不明满 4 年，其配偶既可以申请宣告其失踪，也可申请宣告其死亡。因此，本题的答案为 D。

17. D 【解析】《民法典》第 16 条规定："涉及遗产继承、接受赠与等胎儿利益保护的，胎儿视为具有民事权利能力。但是，胎儿娩出时为死体的，其民事权利能力自始不存在。"AB 选项错误。本题中，胎儿娩出时为死体，其民事权利能力自始不存在，小张名下的楼房应按照法定继承方式处理，小张的第一顺序继承人为小王和老张，故应由小王和老张继承楼房。C 选项错误，D 选项正确。本题选择 D 选项。

18. C 【解析】根据《民法典》第 51 条、第 52 条的规定，人民法院撤销死亡宣告之后，如果被宣告死亡人的配偶尚未再婚，其夫妻关系自撤销死亡宣告之日起自行恢复，配偶已经再婚或者向婚姻登记机关书面声明不愿意恢复的除外。被撤销死亡宣告人有子女的，父母子女的权利义务应当恢复，但子女已被他人依法收养的，不得以未经本人同意为由主张收养关系无效。本案中，被宣告死亡的甲的配偶乙已经和丙结婚，所以甲与乙的婚姻关系不能自动恢复；甲的儿子丁已被丙依法收养，甲与丁的父子关系不能自动恢复。因此本题选 C。

19. D 【解析】《民法典》第 1121 条第 2 款规定："相互有继承关系的数人在同一事件中死亡，难以确定死亡时间的，推定没有其他继承人的人先死亡。都有其他继承人，辈份不同的，推定长辈先死亡；辈份相同的，推定同时死亡，相互不发生继承。"本案中，甲、乙、丙、丁都有其他的继承人，所以推定辈份最大的丁先死亡，相同辈份的甲、乙同时死亡，丙最后死亡。因此，本题答案为 D。

20. A 【解析】《民法典》第 49 条规定："自然人被宣告死亡但是并未死亡的，不影响该自然人在被宣告死亡期间实施的民事法律行为的效力。"因此，甲与乙签订的房屋买卖合同有效。本题选 A。

二、多项选择题

1. ACD 【解析】涉及遗产继承、接受赠与等胎儿利益保护的，胎儿视为具有民事权利能力。但是胎儿娩出时为死体的，其民事权利能力自始不存在。所以，胎儿的父亲死亡的，应当为胎儿保留相应的继承份额。本题当中，甲死亡后，应当为乙腹中胎儿丙保留相应的继承份额。胎儿出生时为活体的，该保留份额由胎儿继承。亦即如果乙顺利分娩，丙成功存活，哪怕只是存活一秒，为丙保留的继承份额应当由丙继承。值得注意的是，如果丙只是短暂存活，那么丙死亡之后，保留的继承份额属于丙的遗产，由丙的继承人继承。胎儿出生时为死体的，该保留份额由被继承人的其他继承人继承。亦即如果乙未能顺利分娩，导致腹中胎儿丙娩出之时即为死体，那么为丙保留的继承份额应当由甲的继承人继承。因而，A 选项正确、B 选项错误、C 选项正确、D 选项正确。

2. BC 【解析】《民法典》第 27 条规定："父母是未成年子女的监护人。未成年人的父母已经死亡或者没有监护能力的，由下列有监护能力的人按顺序担任监护人：（一）祖父母、外祖父母；（二）兄、姐；（三）其他愿意担任监护人的个人或者组织，但是须经未成年人住所地的居民委员会、村民委员会或者民政部门同意。"《民法典》第 32 条规定："没有依法具有监护资格的人的，监护人由民政部门担任，也可以由具备履行监护职责条件的被监护人住所地的居民委员会、村民委员会担任。"根据题干的表述无法确定李某的父母是否健在或是否具备监护能力，因此并非只能由李某的父母担任监护人，A 选项因表述过于绝对而错误。监护人可以是同一顺序的数人，如李某的父母。B 选项正确。《民法典》第 31 条规定："对监护人的确定有争议的，由被监护人住所地的居民委员会、村民委员会或者民政部门指定监护人，有关当事人对指定不服的，可以向人民法院申请指定监护人；有关当事人也可以直接向人民法院申请指定监护人。"C 选项正确。法定监护包括对未成年人的监护与对不能辨认、不能完全辨认自己行为的成年人的监护。李某为未成年人，应当适用未成年人监护制度。D 选项错误。本题选择 BC 选项。

3. AC 【解析】自然人民事行为能力的基础就是必须具有正确识别事物、判断事物的能力，即具有意思能力。具有意思能力必须满足两个方面的法律要求：一是要达到一定的年龄，有一定的社会活动经验；二是要有健康正常的精神状态，能够理智地从事民事活动。因此，本题的答案为 AC。

4. ABCD 【解析】《民法典》第 28 条规定："无民事行为能力或者限制民事行为能力的成年人，由下列有监护能力的人按顺序担任监护人：（一）配偶；（二）父母、子女；（三）其他近亲属；（四）其他愿意担任监护人的个人或者组织，但是须经被监护人住所地的居民委员会、村民委员会或者民政部门同意。"因此，本题的答案为 ABCD。

5. ABCD 【解析】监护关系的终止主要有以下五种原因：（1）被监护人取得或恢复完全民事行为能力；（2）监护人丧失监护能力；（3）监护人或被监护人死亡；（4）人民法院认定监护关系终止的其他情形；（5）监护人被撤销监护人资格。因此，本题的答案为 ABCD。

6. CD 【解析】宣告失踪不是宣告死亡的必经程序，只要符合死亡的条件，利害关系人就可以直接向人民法院申请宣告失踪人死亡。被申请宣告死亡的公民，可以是已被宣告失踪的人，也可以是未经宣告失踪的人。公民被宣告死亡之后，产生与自然死亡相同的法律后果，其民事主体资格消灭，民事权利能力终止，婚姻关系自动解除，个人财产作为遗产发生继承。因此，本题的答案为 CD。

7. AC 【解析】《民法典》第 34 条第 4 款规定："因发生突发事件等紧急情况，监护人暂时无法履行监护职责，被监护人的生活处于无人照料状态的，被监护人住所地的居民委员会、村民委员会或者民政部门应当为被监护人安排必要的临时生活照料措施。"甲是城市居民，因此其住所地的居民委员会或者民政部门应当为其安排必要的临时生活照顾措施。AC 项正确。本款为《民法典》正式版新增条款，《民法典（草案）》中无该条规定。考生要给予特别关注。

8. ABD 【解析】《民法典》第 46 条规定："自然人有下列情形之一的，利害关系人可以向人民法院申请宣告该自然人死亡：（一）下落不明满四年；（二）因意外事件，下落不明满二年。因意外事件下落不明，经有关机关证明该自然人不可能生存的，申请宣告死亡不受二年时间的限制。"综上，本题的答案为ABD。战争期间下落不明的，下落不明的时间自战争结束之日或有关机关确定的下落不明之日起计算。C选项错误。

9. **ACD** 【解析】民事权利能力具有与民事主体人身不可分离性，民事权利能力是一种资格，这种资格由法律赋予，不能转让或放弃。B选项错误。民事权利能力始于出生终于死亡，尚未出生的胎儿一般不具有民事权利能力，但涉及遗产继承、接受赠与等胎儿利益保护的，胎儿视为具有民事权利能力。C选项正确。宣告死亡产生的法律效果与自然死亡完全相同。D选项正确。民事权利能力的内容包括民事主体取得民事权利的资格也包括承担民事义务的资格。A选项正确。

10. **ABC** 【解析】A选项正确。民事行为能力非依法定条件和程序不受限制或被取消。除非法律有明确规定，任何组织或个人都不得非法限制或取消自然人的民事行为能力。自然人的民事行为能力会受到年龄、精神健康状态等各种因素的影响而发生辨认行为能力变化，为此，法律设定了对自然人欠缺民事行为能力的认定制度和恢复制度。

B选项正确。无民事行为能力人是指法律规定的完全不具有以自己的行为从事民事活动以取得民事权利和承担民事义务资格的行为人，因此，无民事行为能力人单独实施的民事法律行为无效。

C选项正确。民事行为能力具有法定性。自然人是否具有民事行为能力是由国家法律确认的，与自然人自己的意志无关。国家法律规定了自然人具备民事行为能力应当满足的基本条件，这些条件不能通过私人的约定加以更改。

D选项错误。完全民事行为能力是指法律赋予达到一定年龄和精神状态正常的自然人通过自己的独立行为参加民事法律关系，取得民事权利和承担民事义务的能力。我国自然人具有完全民事行为能力应当同时满足年满18周岁和精神状况健康正常的条件。仅具备年满18周岁这一条件不足以认定自然人为完全民事行为能力人，还需要精神状况健康正常的条件。综上，本题选ABC。

11. **ABCD** 【解析】《民法典》第24条规定："不能辨认或者不能完全辨认自己行为的成年人，其利害关系人或者有关组织，可以向人民法院申请认定该成年人为无民事行为能力人或者限制民事行为能力人。被人民法院认定为无民事行为能力人或者限制民事行为能力人的，经本人、利害关系人或者有关组织申请，人民法院可以根据其智力、精神健康恢复的状况，认定该成年人恢复为限制民事行为能力人或者完全民事行为能力人。本条规定的有关组织包括：居民委员会、村民委员会、学校、医疗机构、妇女联合会、残疾人联合会、依法设立的老年人组织、民政部门等。"因此，本题的答案为ABCD。

12. **CD** 【解析】个体工商户以户的名义独立进行民事活动，而不是以个人名义。C选项错误。个体工商户以其全部的个人财产对外承担无限清偿责任。个体工商户的债务，个人经营的，以个人财产承担；家庭经营的，以家庭财产承担；无法区分的，以家庭财产承担。D选项错误。因此，本题的答案为CD。

13. **ABCD** 【解析】《最高人民法院关于适用〈中华人民共和国民法典〉总则编若干问题的解释》第9条第1款规定："人民法院依据民法典第三十一条第二款、第三十六条第一款的规定指定监护人时，应当尊重被监护人的真实意愿，按照最有利于被监护人的原则指定，具体参考以下因素：（一）与被监护人生活、情感联系的密切程度；（二）依法具有监护资格的人的监护顺序；（三）是否有不利于履行监护职责的违法犯罪等情形；

（四） 依法具有监护资格的人的监护能力、意愿、品行等。"因此本题 ABCD 四项全选。

14. **ABCD** 【解析】《最高人民法院关于适用〈中华人民共和国民法典〉总则编若干问题的解释》第 14 条规定："人民法院审理宣告失踪案件时，下列人员应当认定为民法典第四十条规定的利害关系人：（一） 被申请人的近亲属；（二） 依据民法典第一千一百二十八条、第一千一百二十九条规定对被申请人有继承权的亲属；（三） 债权人、债务人、合伙人等与被申请人有民事权利义务关系的民事主体，但是不申请宣告失踪不影响其权利行使、义务履行的除外。"因此本题 ABCD 四项全选。

15. **AB** 【解析】《民法典》第 38 条规定："被监护人的父母或者子女被人民法院撤销监护人资格后，除对被监护人实施故意犯罪的外，确有悔改表现的，经其申请，人民法院可以在尊重被监护人真实意愿的前提下，视情况恢复其监护人资格，人民法院指定的监护人与被监护人的监护关系同时终止。"所以，被监护人的父母、子女才有可能恢复监护资格，AB 选项正确。本题选 AB。

三、简答题

参考答案 个体工商户是指在法律允许的范围内，依法经过核准登记，从事工商业经营的自然人。个体工商户的特征主要有：

（1） 个体工商户的经济性质是私人所有制。个体工商户以自然人个人财产或者家庭财产作为经营资本，其性质属于个体经济。

（2） 个体工商户的经营范围必须符合法律规定。根据我国法律规定，个体工商户经营的范围仅限于工商业。

（3） 个体工商户必须履行一定的核准登记手续方可成立。个体工商户应当在工商登记管理机关核准的范围内从事生产经营活动。

（4） 个体工商户以户的名义独立进行民事活动。个体工商户可以依法起字号、刻图章、在银行开立账户，依法进行生产经营活动。

（5） 个体工商户以其全部的个人财产对外承担无限清偿责任。个体工商户的债务，个人经营的，以个人财产承担；家庭经营的，以家庭财产承担；无法区分的，以家庭财产承担。

四、法条分析题

参考答案 （1） 自然人的民事权利能力是民事法律赋予自然人享有民事权利、承担民事义务的资格。民事权利能力与民事行为能力的区别为：民事权利能力始于出生，终于死亡，民事行为能力要求达到一定的年龄；民事权利能力是一种资格，民事行为能力是一种从事民事行为的能力。（2） 18 周岁以上，具有辨认和控制自己行为能力的自然人，为完全民事行为能力人。16 周岁以上，以自己劳动收入为主要生活来源，具有辨认和控制自己行为能力的自然人，视为完全民事行为能力人。

五、案例分析题

1. **参考答案** （1） 此买卖合同完全有效。《民法典》第 18 条第 2 款规定："十六周岁以上的未成年人，以自己的劳动收入为主要生活来源的，视为完全民事行为能力人。"因为合同成立时小张已满 16 周岁，并以自己的劳动收入为其主要生活来源，所以小张被视为完全民事行为能力人，可以独立实施法律行为，无须征得其父母同意。小张患上精神病丧失行为能力是在合同成立之后，这不影响他在此前所作出的民事法律行为的效力。

（2）本案中，买卖法律关系的要素分别为：① 民事法律关系的主体：小张和赵某。② 民事法律关系的客体：赵某交付电脑的行为和小张支付价款的行为。③ 民事法律关系的内容：小张有向赵某交付购买电脑的价款 500 元的义务和取得电脑的权利；赵某有收取小张 500 元价款的权利和向小张交付电脑的义务。

2. 参考答案 （1）田某与胡某间的夫妻关系自动恢复。《民法典》第 51 条规定："被宣告死亡的人的婚姻关系，自死亡宣告之日起消除。死亡宣告被撤销的，婚姻关系自撤销死亡宣告之日起自行恢复。但是，其配偶再婚或者向婚姻登记机关书面声明不愿意恢复的除外。"本题中，胡某没有再婚，也没有向婚姻登记机关书面声明不愿意恢复婚姻关系，因此与田某的夫妻关系自动恢复。（2）本案中，田燕的送养是合法有效的，田某不得要求撤销收养。《民法典》第 52 条规定："被宣告死亡的人在被宣告死亡期间，其子女被他人依法收养的，在死亡宣告被撤销后，不得以未经本人同意为由主张收养关系无效。"

第四章　法人

一、单项选择题

1. C 【解析】营利法人的出资人不得滥用出资人权利损害法人或者其他出资人的利益。滥用出资人权利给法人或者其他出资人造成损失的，应当依法承担民事责任。出资人承担的民事责任属于一般过错责任，即过错责任。据此，C 选项正确。

2. A 【解析】根据《最高人民法院关于适用〈中华人民共和国民法典〉合同编通则若干问题的解释》第 22 条的规定，合同系以法人、非法人组织的名义订立，但是仅有法定代表人、负责人或者工作人员签名或者按指印而未加盖法人、非法人组织的印章，相对人能够证明法定代表人、负责人或者工作人员在订立合同时未超越权限的，人民法院应当认定该合同对法人、非法人组织发生效力。但是，当事人约定以加盖印章作为合同成立条件的除外。据此，A 选项正确。

3. A 【解析】《民法典》第 75 条第 2 款规定："设立人为设立法人以自己的名义从事民事活动产生的民事责任，第三人有权选择请求法人或者设立人承担。"本案中，设立人甲为设立公司而以自己的名义签订买卖合同产生的支付货款的民事责任，第三人乙公司可以选择请求甲或者 A 公司承担，因此，A 选项正确。本题选 A。

4. C 【解析】《民法典》第 61 条规定："法定代表人以法人名义从事的民事活动，其法律后果由法人承受。"李某作为法定代表人以白茶公司的名义与雪人公司签订的合同，合同的当事人为白茶公司，而非李某。双方合同生效后，在白茶公司与雪人公司之间发生效力，李某的死亡不影响合同的履行，雪人公司仍应在收到茶叶时向白茶公司支付款项。因此，本题选择 C 选项。

5. D 【解析】《民法典》第 67 条规定："法人合并的，其权利和义务由合并后的法人享有和承担。法人分立的，其权利和义务由分立后的法人享有连带债权，承担连带债务，但是债权人和债务人另有约定的除外。"可见，A 公司分立后，其债务在没有特别约定的情况下，应由 B、C 公司共同承担，B 公司将本应由自己承担的债务转让给 C 公司，需要经过其债权人的同意。债权人同意该约定的，债权人只能向 C 公司主张债权。因此，本题的答案为 D。债权人不同意该约定的，可以向 B、C 公司主张债权，A 选项错误。但不论债权人是否同意该约定，该约定在 B、C 公司之间都是有效的，只不过如果债权人不同意的，对债权人无效，BC 选项错误。

6. B 【解析】法人的合并是指两个以上的法人，无须清算而归并为一个法人的法律行为。合并分为创设式和吸收式两种：创设式合并是指两个以上的法人归并为一个新法人，原有的法人均告消灭的合并方式；吸收式合并是指一个法人或多个法人归并于其他法人，被归并的法人人格消灭，该其他法人仍然存续的合并方式。因此，本题的答案为 B。

7. B 【解析】法人是有独立人格的民事主体，对自己的行为应当承担法律责任。法人的财产与其成员的财产在法律上是分开的。所以，法人能够独立承担民事责任，即法人的创立人和法人内部成员对法人的民事责任不予负担；其法定代表人也不予负担。因此，本题的答案为 B。

8. C 【解析】根据《民法典》的规定，我国的法人分为营利法人、非营利法人、特别法人。根据学者对公法与私法的划分，将法人分为公法人和私法人；根据成立的基础不同，将法人分为社团法人和财团法人；因此，本题的答案为 C。

9. D 【解析】《民法典》将法人分为营利法人、非营利法人和特别法人，这种分类与传统民法理论有所不同。《民法典》第 87 条规定："为公益目的或者其他非营利目的成立，不向出资人、设立人或者会员分配所取得利润的法人，为非营利法人。非营利法人包括事业单位、社会团体、基金会、社会服务机构等。"因此，本题的答案为 D。

10. A 【解析】特别法人是营利法人和非营利法人之外的，具有特殊性的法人组织。特别法人主要包括：机关法人，基层群众性自治组织法人，农村集体经济组织法人，城镇农村的合作经济组织法人。非营利法人是指为公益目的或者其他非营利目的成立，不向出资人、设立人或者会员分配所取得利润的法人。非营利法人包括事业单位、社会团体、基金会、社会服务机构等。BCD 选项均是非营利法人，不是特别法人，所以 A 选项当选。

11. D 【解析】《民法典》第 80 条规定："营利法人应当设权力机构。权力机构行使修改法人章程，选举或者更换执行机构、监督机构成员，以及法人章程规定的其他职权。"因此，本题的答案为 D。ABC 选项是营利法人执行机构的职权，而不是权力机构的职权。

12. C 【解析】《民法典》第 83 条第 2 款规定："营利法人的出资人不得滥用法人独立地位和出资人有限责任损害法人债权人的利益；滥用法人独立地位和出资人有限责任，逃避债务，严重损害法人债权人的利益的，应当对法人债务承担连带责任。"因此，本题的答案为 C。

13. D 【解析】《民法典》第 92 条第 2 款规定："依法设立的宗教活动场所，具备法人条件的，可以申请法人登记，取得捐助法人资格。法律、行政法规对宗教活动场所有规定的，依照其规定。"因此，本题的答案为 D。

14. C 【解析】代表法人从事活动的负责人称为法人的法定代表人，故本题 C 选项错误。注意法定代表人和法定代理人的区分。

15. B 【解析】A 选项正确。捐助人有权向捐助法人查询捐助财产的使用、管理情况，并提出意见和建议，捐助法人应当及时、如实答复。

B 选项错误。捐助法人，指具备法人条件，为公益目的以捐助财产设立的基金会、社会服务机构等，经依法登记成立，取得捐助法人资格的法人。捐助法人取得法人资格要经过依法登记。

C 选项正确。捐助法人应当设监事会等监督机构。

D 选项正确。捐助法人的决策机构、执行机构或者法定代表人作出决定的程序违反法律、行政法规、法人章程，或者决定内容违反法人章程的，捐助人等利害关系人或者主管机关可以请求人民法院撤销该决定。但是，捐助法人依据该决定与善意相对人形成的民事法律关系不受影响。综上，本题选 B。

16. B 【解析】A 选项错误。事业单位法人属于非营利法人，不以营利为目的，但这并不是说任何事业单位法人都不能进行经营性的营利活动。

B 选项正确。事业单位法人作为非营利法人，不得向出资人、设立人或者会员分配剩余财产。

C 选项错误。《民法典》第 88 条规定："具备法人条件，为适应经济社会发展需要，提供公益服务设立的事业单位，经依法登记成立，取得事业单位法人资格；依法不需要办理法人登记的，从成立之日起，具有事业单位法人资格。"因此并不是所有的事业单位法人都需要办理法人登记。

D 选项错误。社会团体法人是基于会员的共同意愿设立的，而事业单位法人没有会员或成员，也就无所谓依据会员或成员的共同意愿设立。综上，本题选 B。

二、多项选择题

1. ABD 【解析】企业法人的决议由于程序或者内容瑕疵而被撤销的，企业法人依据该决议与善意相对人形成的民事法律关系不受影响。在本题中，依据上述规则，虽然甲公司的决议被撤销，但是乙公司不应知道该决议存在瑕疵，为善意相对人，故甲公司依据该决议与乙公司签订的买卖合同不受影响，仍然有效。因而，A 选项错误、B 选项错误、C 选项正确、D 选项错误。

2. ABCD 【解析】法人的解散事由包括五个，一是法人章程规定的存续期间届满或者法人章程规定的其他解散事由出现；二是法人的权力机构决议解散；三是因法人合并或者分立需要解散；四是法人依法被吊销营业执照、登记证书，被责令关闭或者被撤销；五是法律规定的其他情形。社团法人的解散原因是多种的，并可以因成员的协议而解散。因此，本题选 ABCD 选项。

3. ABCD 【解析】法人的组织机构是对内管理法人事务、对外代表法人从事民事活动的机构。法人的组织机构包括权力机构（股东大会、社员大会）、执行机构（执行董事、董事会、理事会）、监督机构等，统称为法人的机关。在法人的机关中，最主要的是其法定代表人。因此，本题选择 ABCD 选项。

4. BD 【解析】名誉权和荣誉权都是可以由自然人或法人、非法人组织享有的人格权，名称权是只有法人或非法人组织才享有的权利，姓名权和隐私权是只有自然人才享有的权利。因此，本题的答案为 BD。

5. ABCD 【解析】与自然人相比，法人的民事行为能力具有如下特征：法人的民事行为能力与其民事权利能力是同时发生，同时消灭的。法人的民事行为能力与其民事权利能力在范围上是一致的。法人的民事行为能力是由其机关来实现的，法人也可以通过代理人进行民事活动。因此，本题的答案为 ABCD。

6. ABD 【解析】法人的组织机构包括权力机构（股东大会、社员大会）、执行机构（执行董事、董事会、理事会）、监督机构等，统称为法人的机关。法人的意志是通过其机关而形成、表示和实现的，因此，法人机关的行为就是法人的行为，法人对其机关的行为后果负责。监督机关是对法人的执行机关的行为进行监督的机关，不是一切法人都设置监督机关的，它是依据章程、命令或特别法的规定才设置的。并非所有的法人都具有意思机关，财团法人就没有意思机关。在法人的机关中，最主要的是法定代表人。因此，本题的答案为 ABD。

7. ABCD 【解析】根据成立的基础不同，法人可分为社团法人和财团法人。凡是以人的集合为成立基础的是社团法人，凡是以捐助的财产为基础而成立的是财团法人。二者有以下六个方面的区别：（1）成立基础不同。（2）设立人地位不同。社团法人的设立人，在法人成立时，可以成为法人的社员；财团法人的设立人，不能成为法人的成员。（3）设立行为不同。社团法人设立行为属于合同行为，而且为生前行为；财团法人的设立行为为单方行为，并可以遗嘱方式实施。（4）有无意思机关不同。社团法人有自己的意思机关，财团法人没有。（5）目的事业不同。社团法人的目的可以是公益的也可以是营利的；而财团法人的目的只能是为公益事业，不以营利为目的。（6）解散原因及后果不同。社团法人的解散原因是多种的，并可以因成员的协议而解散；而财团法人则只能因为期限届满或财产不足而解散。社团法人解散后，经清算仍有剩余的财产应分给其成员；财团法人解散后，有剩余财产的依章程处理，章程无规定的，应上缴国库。另外，二者在设立、变更和国家管理上也有所不同。因此，本题的答案为 ABCD。

8. AB 【解析】《民法典》第 68 条规定："有下列原因之一并依法完成清算、注销登记的，法人终止：（一）法人解散；（二）法人被宣告破产；（三）法律规定的其他原因。法人终止，法律、行政法规规定须经有关机关批准的，依照其规定。"因此，本题的答案为 AB。

9. ABCD 【解析】根据《民法典》的相关规定，法人解散的事由包括五个，其一是法人章程规定的存续期间届满或者法人章程规定的其他解散事由出现；其二是法人的权力机构决议解散；其三是因法人合并或者分立需要解散；其四是法人依法被吊销营业执照、登记证书，被责令关闭或者被撤销；最后是法律规定的其他情形。因此，ABCD 选项正确。

10. ABCD 【解析】法人的变更是指法人在其存续期间发生的组织机构或其他重大事项的变更，具体包括：（1）法人的分立；（2）法人的合并；（3）法人的组织性质变更；（4）其他事项的变更，如名称、注册资金、住所、活动宗旨、经营方式、经营范围等方面的重大变更等。故本题四个选项均正确。

11. BCD 【解析】A 选项错误。清算期间法人存续，但是不得从事与清算无关的活动。

B 选项正确。法人终止前必须进行清算，根据《民法典》的有关规定，法人解散的，除合并或者分立的情形外，清算义务人应当及时组成清算组进行清算。法人的董事、理事等执行机构或者决策机构的成员为清算义务人。法律、行政法规另有规定的，依照其规定。

C 选项正确。清算是对终止的法人的业务和财产进行清理，并依照法定程序对其债务进行清偿，使法人在法律上消灭的程序。

D选项正确。清算结束并完成法人注销登记时，法人终止；依法不需要办理法人登记的，清算结束时，法人终止。故本题答案为BCD。

12. ABCD 【解析】所有合伙人对执行合伙事务享有同等权利，基于约定或者全体合伙人同意，可以委托一个或者数个合伙人对外代表合伙企业，执行合伙事务。除合伙协议另有约定外，合伙企业的下列事项应当经全体合伙人一致同意：（1）改变合伙企业的名称；（2）改变合伙企业的经营范围、主要经营场所的地点；（3）处分合伙企业的不动产；（4）转让或者处分合伙企业的知识产权和其他财产权利；（5）以合伙企业名义为他人提供担保；（6）聘任合伙人以外的人担任合伙企业的经营管理人员。据此，A选项正确、B选项正确、C选项正确、D选项正确。

三、简答题

参考答案 特别法人是指除营利法人与非营利法人之外的，具有特殊性的法人组织。包括如下类型：

（1）机关法人，有独立经费的政府机关或者承担行政职能的法定机构，例如：政府、法院以及检察院等。

（2）农村集体经济组织法人，在一定的社区范围内的集体成员，利用土地等农民集体所有的资源要素，通过资金联合与劳动联合的方式合作实现共同发展的经济组织法人。

（3）城镇农村的合作经济组织法人，同类生产经营者、生产经营服务的提供者、利用者，在自愿联合的基础上，通过互助合作、民主管理共同实现成员利益的互助性经济组织法人。

（4）基层群众自治组织法人，由我国城市居民和农村村民依照宪法、法律赋予的权利，通过民主选举的方式，实现"自我管理、自我教育、自我服务"的基层自治社会组织法人。

四、案例分析题

参考答案 （1）债务应该由电力设备有限公司来承担。根据我国《民法典》的规定，法人合并、分立的，其权利和义务由变更后的法人享有和承担。本案中，安电设备制造厂被电力设备有限公司所兼并，已没有独立的财产，也不再是一个独立的法人，因此已无力偿还以前所欠的债务；电力设备有限公司已取代它成为原有法律关系的主体，也是原有债务的债务人。（2）广州建筑安装公司应以合并后的电力设备有限公司为被告。根据相关司法解释的规定，企业法人合并的，因合并前的民事活动发生的纠纷，以合并后的企业为当事人；企业法人分立的，因分立前的民事活动发生的纠纷，以分立后的企业为共同诉讼人。

第五章 非法人组织

一、单项选择题

1. D 【解析】普通合伙企业是指由普通合伙人组成，所有合伙人对合伙企业债务原则上承担无限连带责任的合伙企业。在本案中，三人均为普通合伙人，应当承担无限连带责任。虽然甲已退伙，但是普通合伙人退伙之后，对于退伙前的合伙企业债务承担无限连带责任。由于合伙债务产生于 2023 年 8 月，而甲是 2023 年 10 月退伙，基于上述规则，对此债务，甲应当与乙、丙二人一并承担无限连带责任，D 选项正确。

2. A 【解析】《合伙企业法》第 64 条规定："有限合伙人可以用货币、实物、知识产权、土地使用权或者其他财产权利作价出资。有限合伙人不得以劳务出资。"因此，本题的答案为 A。

3. C 【解析】A 选项，居民委员会是基层群众性自治组织法人。

B 选项，高校属于事业单位法人。

C 选项，律师事务所是非法人组织，不具有法人资格。

D 选项，股份有限公司属于营利法人。

因此，C 选项当选。

4. D 【解析】《合伙企业法》第 43 条规定："新合伙人入伙，除合伙协议另有约定外，应当经全体合伙人一致同意，并依法订立书面入伙协议。订立入伙协议时，原合伙人应当向新合伙人如实告知原合伙企业的经营状况和财务状况。"因此，本题的答案为 D。

5. C 【解析】《合伙企业法》第 53 条规定："退伙人对基于其退伙前的原因发生的合伙企业债务，承担无限连带责任。"因此，本题的答案为 C。

6. C 【解析】有限合伙人以其认缴的出资额为限对合伙企业债务承担有限责任。有限合伙人可以用货币、实物、知识产权、土地使用权或其他财产性权利作价出资，但不得以劳务出资。因此，本题的答案为 C。

7. C 【解析】《合伙企业法》第 77 条规定："新入伙的有限合伙人对入伙前有限合伙企业的债务，以其认缴的出资额为限承担责任。"第 81 条规定："有限合伙人退伙后，对基于其退伙前的原因发生的有限合伙企业债务，以其退伙时从有限合伙企业中取回的财产承担责任。"因此，有限合伙人对合伙债务承担有限责任，本题的答案为 C。

8. B 【解析】国有独资公司、国有企业、上市公司以及公益性质的事业单位、社会团体不得成为普通合伙人，ACD 选项错误。非上市股份公司可以成为普通合伙人，B 选项正确。本题选择 B 选项。

二、多项选择题

1. ABD 【解析】非法人组织是指不具有法人资格，但是能够依法以自己的名义从事民事活动的组织，包括：个人独资企业、合伙企业以及不具有法人资格的专业服务机构等。本题当中，恒源纺织厂是个人独资企业，属于非法人组织，恒方纺织厂是普通合伙企业，属于非法人组织。非法人组织应当以自有财产承担民事责任，不足部分，由其出资人或者设立人承担无限连带责任。本题当中，恒方纺织厂对外负担债务 50 万元，应当以自有财产对外清偿债务，但是恒方纺织厂的自有财产仅 20 万元，尚有债务 30 万元难以清偿，对此不足部分，应当由李某与恒源纺织厂承担无限连带责任，债权人可以要求李某与恒源纺织厂任何一方清偿债务 30 万元。因此，A 选项错误、B 选项错误、C 选项正确。

此外，恒源纺织厂同样属于非法人组织，对于相应债务，如果恒源纺织厂的自有财产不足以清偿的，对于不足部分，恒源纺织厂的投资人应当承担民事责任。因此，D 选项错误。

故本题答案为 ABD。

2. BC 【解析】个体工商户是指在法律允许的范围内，依法经过核准登记，从事工商业经营的自然人。A 选项错误。上市公司属于资合组织。D 选项错误。非法人组织是指不具有法人资格，但是能够依法以自己的名义从事民事活动的组织。非法人组织是具有稳定性的人合组织，包括个人独资企业、合伙企业、不具有法人资格的专业服务机构。BC 选项正确。

3. ACD 【解析】特殊的普通合伙企业和一般的普通合伙企业的设立条件都适用《合伙企业法》第 14 条的规定：（1）有两个以上合伙人。合伙人为自然人的，应当具有完全民事行为能力；（2）有书面合伙协议；（3）有合伙人认缴或者实际缴付的出资；（4）有合伙企业的名称和生产经营场所；（5）法律、行政法规规定的其他条件。因此，本题的答案为 ACD。另外，特殊的普通合伙企业的名称中应标明"特殊普通合伙"字样。

4. ABC 【解析】《合伙企业法》第 26 条规定："合伙人对执行合伙事务享有同等的权利。按照合伙协议的约定或者经全体合伙人决定，可以委托一个或者数个合伙人对外代表合伙企业，执行合伙事务。作为合伙人的法人、其他组织执行合伙事务的，由其委派的代表执行。"第 27 条规定："依照本法第二十六条第二款规定委托一个或者数个合伙人执行合伙事务的，其他合伙人不再执行合伙事务。不执行合伙事务的合伙人有权监督执行事务合伙人执行合伙事务的情况。"据此，本题的答案为 ABC。

5. BD 【解析】原则上，普通合伙企业的合伙人对合伙债务承担无限连带责任。但要注意的是，在特殊的普通合伙企业中，一个合伙人或数个合伙人在执业活动中因故意或重大过失造成合伙企业债务的，应当承担无限责任或无限连带责任，其他合伙人以其认缴的出资额为限对合伙债务承担责任。据此，只有一般的普通合伙企业中的合伙人对合伙债务承担无限连带责任。因此，本题的答案为 BD。

6. AC 【解析】《合伙企业法》第 57 条第 1 款规定："一个合伙人或者数个合伙人在执业活动中因故意或者重大过失造成合伙企业债务的，应当承担无限责任或者无限连带责任，其他合伙人以其在合伙企业中的财产份额为限承担责任。"因此，本题的答案为 AC。

7. BCD 【解析】非法人组织是指不具有法人资格但能够以自己的名义从事民事活动的组织。非法人组织包括个人独资企业、合伙企业、不具有法人资格的专业服务机构等。BCD 选项正确。A 选项是法人，而不是非法人组织。

8. ACD 【解析】非法人组织主要具有如下特征：（1）非法人组织是具有稳定性的人合组织。（2）非法人组织具有相应的民事权利能力和民事行为能力。非法人组织不具有一般意义上的民事权利能力和民事行为能力。（3）非法人组织不能完全独立承担民事责任。ACD 选项表述正确，B 选项表述错误。

9. ABD 【解析】A 选项正确。设立普通合伙企业，有两个以上合伙人，合伙人为自然人的，应当具有完全民事行为能力，便于执行合伙事务。

B 选项正确。退伙包括声明退伙、法定退伙或者除名退伙。普通合伙人退伙之后，对于退伙前的合伙企业债务承担无限连带责任。

C 选项错误。有限合伙企业是指由普通合伙人与有限合伙人共同组成，普通合伙人对合伙企业债务承担无限连带责任、有限合伙人对合伙企业债务承担有限责任的合伙企业。有限合伙人不能执行合伙事务，不得对外代表合伙企业，因为有限合伙人承担的是有限责任，不太会对合伙企业的事务做出谨慎、充分的判断。

D 选项正确。有限合伙人在退伙前，以其认缴的出资额为限对合伙企业债务承担责任。有限合伙人在退伙之后，对于退伙前产生的合伙企业债务仍需承担有限责任，以其退伙时取回的财产为限承担责任。综上，本题选 ABD。

三、简答题

1. **参考答案** 普通合伙企业是指由普通合伙人组成，合伙人对合伙企业债务原则上承担无限连带责任的合伙企业。普通合伙企业的设立条件如下：

（1）有两个以上合伙人。合伙人为自然人的，应当具有完全民事行为能力。

（2）有书面合伙协议。

（3）有合伙人的出资。合伙人可以用货币、实物、知识产权、土地使用权或者其他财产权利出资，也可以用劳务出资。

（4）有名称和生产经营场所。

（5）法律、行政法规规定的其他条件。

2. **参考答案** 非法人组织，是不具有法人资格，但是能够依法以自己的名义从事民事活动的组织。常见的非法人组织有：

（1）个人独资企业：是由一个自然人投资，财产为投资人个人所有，投资人以其个人财产对企业承担无限责任的经营实体。

（2）合伙企业：是由民事主体依法设立的，基于合伙协议，共同出资、合伙经营、共担风险、共享收益的营利性组织，可以进一步分为普通合伙企业与有限合伙企业。

（3）不具有法人资格的专业服务机构：以专业知识与专门技能为客户提供有偿服务的专业服务机构，并且该机构不能依据法人的设立条件登记为法人。

第六章　民事法律行为

一、单项选择题

1. C 【解析】所谓无权处分，是指当事人对标的物没有所有权或者处分权即处分该标的物的行为。围绕无权处分，可以展开如下层次。

第一层：无权处分不影响相应合同的效力。以转让或者设定财产权利为目的订立的合同，当事人或者真正权利人仅以让与人在订立合同时对标的物没有所有权或者处分权为由主张合同无效的，人民法院不予支持。据此，A 选项正确。

第二层：受让人可基于合同主张违约责任。因未取得真正权利人事后同意或者让与人事后未取得处分权导致合同不能履行，受让人主张解除合同并请求让与人承担违反合同的赔偿责任的，人民法院依法予以支持。据此，B 选项正确、D 选项正确。

第三层：受让人通常无法取得财产所有权。让与人已经将财产交付或者移转登记至受让人，真正权利人请求认定财产权利未发生变动或者请求返还财产的，人民法院应予支持。但是受让人可以善意取得财产所有权。据此，C 选项错误，当选。

2. C 【解析】以民事法律行为的成立是否必须依照某种特定的形式为标准，可以将民事法律行为划分为要式行为和不要式行为。要式行为是指必须履行某种特定的形式才能成立的民事法律行为；不要式行为是指不需要履行某种固定形式就能成立的民事法律行为。C 选项正确，本题选 C。

3. A 【解析】所谓单方行为，又称单方法律行为，是指依单方的意思表示即可使法律行为设立、变更或者终止。在本题中，甲自书遗嘱即属于单方行为，只要甲的自书遗嘱符合形式要求，那么无需征得他人同意，自书遗嘱便可生效。因而，A 选项正确、BCD 选项错误。

4. B 【解析】李某与刘某的手镯买卖合同，属于因遭受第三人（孙某）欺诈而订立的合同。第三人欺诈，是指民事法律行为当事人以外的第三人故意实施的，以引起、强化或维持他人的错误认识并使其基于此错误认识而做出意思表示为目的的欺骗行为。特别需要注意的是，民事法律行为的对方知道或应当知道第三人欺诈行为的，该民事法律行为才是可撤销的。本题中，刘某知道孙某帮助其作虚假鉴定，李某基于刘某和孙某的欺诈而购买手镯，故该合同属于可撤销合同。B 选项正确。

5. B 【解析】行为人与相对人以虚假的意思表示实施的民事法律行为无效。以虚假的意思表示隐藏的民事法律行为的效力，依照有关法律规定处理。隐藏行为，是指表意人为虚假的意思表示，但其真意为发生另外法律效果的意思表示。隐藏行为中的虚假意思表示无效，真实意思表示有效。范某与制片公司签订的 20 万合同为双方虚假意思表示，该合同无效。本题选择 B 选项。

6. B 【解析】《民法典》第153条第2款规定："违背公序良俗的民事法律行为无效。"本案中，甲乙约定双方离婚后终生不能再婚，该约定违背了公序良俗，因此无效。B 选项正确。

7. B 【解析】民事法律行为的成立，是指符合民事法律行为的构成要素的客观情况。民事法律行为的成立要件可分为一般成立要件和特别成立要件。一般成立要件，是指任何民事法律行为均须具备的共同要件。包括：（1）有行为人；（2）行为人作出意思表示；（3）有标的，标的指行为的内容，即行为人通过其行为所要达到的效果。特别成立要件，是指成立某一具体的民事法律行为，除需要具有一般成立要件外，还须具备的其他特殊事实要素。例如，实践性行为以标的物交付为特别成立要件。本题选择 B 选项。

8. A 【解析】根据民事法律行为的成立是否必须依照某种特定的形式可以划分为要式行为和不要式行为；根据民事法律行为之间的相互依从关系可以划分为主行为和从行为；根据民事法律行为是否有对价可以划分为有偿行为和无偿行为；根据民事法律行为与原因的关系可以划分为有因行为和无因行为。根据上述分类标准，买卖行为属于不要式行为、主行为、有偿行为、有因行为。本题选择 A 选项。

9. C 【解析】《民法典》第151条规定："一方利用对方处于危困状态、缺乏判断能力等情形，致使民事法律行为成立时显失公平的，受损害方有权请求人民法院或者仲裁机构予以撤销。"本题中，乙利用甲处于急于用钱的危困状态，以市价一半的价格购买油画，显失公平，甲有权请求人民法院或者仲裁机构予以撤销。C 选项正确。

10. B 【解析】无效的民事法律行为是指因欠缺民事法律行为的有效条件而不产生法律效力的民事法律行为。无效的民事法律行为在法律上当然无效，它不需要任何人的主张。根据《民法典》第155条的规定，无效的或者被撤销的民事法律行为自始没有法律约束力。B 选项正确。但此规定并不意味着无效的民事法律行为没有任何法律效力，其也能产生一定的法律后果，无效的民事法律行为只是不能产生行为人进行民事法律行为时所预期的后果。A 选项错误。无效的民事法律行为不具备民事法律行为的生效要件，而非成立要件。D 选项错误。重大误解的民事法律行为是可撤销的民事法律行为，而不是无效的民事法律行为。C 选项错误。因此，本题的答案为 B。

11. C 【解析】本题涉及善意取得制度的内容。善意取得是指无权处分他人动产的占有人（本题中的乙），在不法将动产转让给第三人后，如果受让人在取得该动产时出于善意，就可以依法取得对该动产的所有权，受让人在取得动产的所有权以后，原所有人（甲）不得要求受让人返还财产，而只能请求转让人（乙）赔偿损失。AD 选项错误。本题中，第三人已经合法取得了手表的所有权，甲不得向第三人主张侵权责任。B 选项错误。因出卖人未取得处分权致使标的物所有权不能转移的，买受人可以解除合同并请求出卖人承担违约责任。也就是说出卖人尽管没有取得标的物处分权，但其与买受人签订的合同是有效的，不需要经过真正的权利人追认。C 选项正确。因此，本题的答案为 C。

12. A 【解析】附条件的法律行为是指为行为人的某种特殊需要而设立的法律行为。民事法律行为中所附的条件，是一种特定的法律事实，它可以是某种自然现象，也可以是人的某种行为，还可以是某种特定的事件。但并非任何自然现象或任何行为，都可以作为条件。作为所附的条件必须有下列特点：条件应当是将来发生的事实，具有未来性；条件应当是将来可能发生也可能不发生的事实，具有或然性，如果是肯定能发生或肯定不能发生的事实，就不能作为民事法律行为所附的条件；条件应当是当事人选定的事实，具有非法定性；条件应当是合法的事实。违法的事实，不能作为民事法律行为所附条件。B 选项中的条件是法定的；C 选项中的"再次下雨"是必定会发生的，属于期限而不是条件；D 选项中的条件是非法的。因此，本题的答案为 A。

13. D 【解析】默示形式是指行为人并不直接表示其内在的意思，而是根据其某种法律事实，按逻辑推理的方法或者生活习惯，推断其内在意思表示的形式。默示形式的意思表示分为作为的默示和不作为的默示。沉默只有在有法律规定、当事人约定或者符合当事人之间的交易习惯时，才可以视为意思表示。AC 选项都属于法律明确规定的默示形式，前者是不作为的默示，后者是作为的默示。B 选项是生活中的普遍习惯，应视为符合交易习惯的默示形式。D 选项是要约方的单方面意思表示，而不是当事人双方的事先约定，因此不是默示形式的意思表示。本题的答案为 D。

14. C 【解析】A 选项正确。意思表示是民事法律行为的要素，指向外部表明意欲发生一定私法上效果的意思的行为。意思表示依据是否符合生效要件，法律赋予其不同的效力。

B 选项正确。书面形式，即以文字进行意思表示的法律行为形式。包括一般书面形式和特殊书面形式（公证、鉴证、审核、登记等）。

C 选项错误。意思表示除了以对话方式作出，还可以以公告方式作出。

D 选项正确。默示形式是指行为人并不直接表示其内在的意思，而是根据其某种法律事实，按逻辑推理的方法或按生活习惯，推断其内在意思表示的形式。不作为的默示被称为沉默，沉默只有在有法律规定、当事人约定或者符合当事人之间的交易习惯时，才可以视为意思表示。综上，本题选 C。

15. B 【解析】意思表示是民事法律行为的要素，指向外部表明意欲发生一定私法上效果的意思的行为，具有如下特征：意思表示的表意人具有旨在使法律关系发生变动的意图；意思表示是一个意思由内到外的表示过程；意思表示依据是否符合生效要件，法律赋予其不同的效力。ACD 选项均属于民事法律行为，因此都构成意思表示；B 选项的请客吃饭行为是好意施惠，不具有使法律关系发生变动的意图，不属于意思表示。因此，本题的答案为 B。

16. B 【解析】无因行为是指行为与原因可以分离，不以原因为要素的行为。有因行为是指行为与原因不可分离的行为。有因行为如果原因不存在，则行为无效；无因行为如果原因不存在或者有瑕疵，则不影响行为的效力，票据行为是无因行为。无偿行为即无偿民事法律行为，是当事人约定一方当事人履行义务，对方当事人不给予对价利益的行为，借用合同是无偿行为。本题的答案为 B。

17. D 【解析】本题考查附条件民事法律行为中对条件成就的判定。附条件的民事法律行为一旦成立，对当事人双方都有拘束力，任何一方不得为了自己的利益，恶意促成条件成就或者恶意阻碍条件成就，而应听任事物的自然发展。否则，恶意促成条件成就的，视为条件不成就；恶意阻碍条件成就的，视为条件已经成就。本题中的情况属于附条件的民事法律行为，赖某采用不作为的方式，恶意促使条件成就，条件视为不成就，双方合同不生效。因此，AB 选项错误。D 选项正确。C 选项，双方合同虽成立但不生效，信用社可以行使抗辩权，拒绝履行义务，故 C 选项错误。

18. D 【解析】本题考查民事法律行为的有效条件。根据《民法典》第 143 条的规定，民事法律行为的有效：（1）行为人具有相应的民事行为能力；（2）意思表示真实；（3）不违反法律、行政法规的强制性规定，不违背公序良俗。本题中，浴池工作人员违反了意思自治原则，因此不能产生期待的法律效果。此外，本题虽然存在得利，但是并非不当得利，而是强迫得利。本题的答案为 D。

19. D 【解析】以民事法律行为之间的相互依从关系为标准，民事法律行为可以分为主行为与从行为。除法律另有规定或者当事人另有约定外，从行为随着主行为的成立而成立，也随着主行为的无效而无效。在当事人为担保债权实现设定抵押权的情形下，债权合同是主行为，抵押合同是从行为。因此，本题的答案为 D。

20. C 【解析】《民法典》第 150 条规定："一方或者第三人以胁迫手段，使对方在违背真实意思的情况下实施的民事法律行为，受胁迫方有权请求人民法院或者仲裁机构予以撤销。"胁迫是指一方当事人或第三人向对方或其亲属预告危害，使其产生恐惧心理，并基于这种恐惧心理而作出的违背其真实意思的行为。本题中，王青峰以检举收受贿赂为要挟，使李小强产生恐惧心理，并基于这种恐惧心理而作出违背真实意思的行为，因此该合同中存在胁迫。因此，本题的答案为 C。

21. A 【解析】《民法典》第 19 条规定："八周岁以上的未成年为限制民事行为能力人，实施民事法律行为由其法定代理人或者经其法定代理人同意、追认；但是，可以独立实施纯获利益的民事法律行为或者与其年龄、智力相适应的民事法律行为。"本题中，四个选项均是未成年人，只能进行与其年龄、智力相适应的民事活动。A 选项正确。立遗嘱人要求必须是完全民事行为能力人。

22. D 【解析】单方行为是指仅由一方当事人的意思表示就能成立的民事法律行为，包括订立遗嘱、抛弃所有权、无权代理的追认等，ABC 三项均为单方行为。订立合同须双方的意思表示达成一致，属于双方行为。因此，本题的答案为 D。

23. D 【解析】在可撤销的民事法律行为中，如果属于部分撤销的，没有被撤销的部分继续有效，A 选项错误。撤销应向人民法院或者仲裁机构申请，而非以通知的方式作出，

B 选项错误。被撤销的民事法律行为自始没有约束力，C 选项错误。第三人实施欺诈行为，使一方在违背真实意思的情况下实施的民事法律行为，对方不知道且不应当知道存在欺诈行为的，受欺诈方不得主张撤销，D 选项正确。本题选择 D 选项。

二、多项选择题

1. BD 【解析】本题考查第三人欺诈。第三人实施欺诈行为，使一方当事人在违背真实意思的情况下实施的民事法律行为，对方当事人知道或者应当知道该欺诈行为的，受欺诈方有权请求人民法院或者仲裁机构撤销。本题当中，甲、乙二人是买卖合同的双方当事人，丙作为买卖合同之外的第三人实施欺诈行为，导致乙受骗而与甲签订买卖合同，属于第三人欺诈，其中，甲是对方当事人，乙是受欺诈人，丙是第三人。乙能否请求撤销买卖合同需要区分两种情况：如果甲知道或者应当知道丙的欺诈行为，那么乙能够请求撤销买卖合同；如果甲不知道也不应当知道丙的欺诈行为，那么乙不能请求撤销买卖合同。因而，A 选项、C 选项错误，B 选项、D 选项正确。

2. ABCD 【解析】意思表示的形式包括口头形式、书面形式和默示形式，默示形式可分为作为的默示和不作为的默示。因此，本题的答案为 ABCD。

3. BCD 【解析】本题考查可撤销的民事法律行为。对于因重大误解而发生的民事法律行为，当事人应当自知道或者应当知道撤销事由之日起 90 日内、自民事法律行为发生之日起五年内行使撤销权。因此，A 选项不合题意、B 选项符合题意、C 选项符合题意、D 选项符合题意。需要补充的是，对于因欺诈或者显失公平而发生的民事法律行为，当事人自知道或者应当知道撤销事由之日起一年内、自民事法律行为发生之日起五年内应当行使撤销权；对于因胁迫而发生的民事法律行为，当事人自胁迫行为终止之日起一年内、自民事法律行为发生之日起五年内应当行使撤销权。

4. ACD 【解析】以非对话方式作出的有相对人的意思表示，到达相对人时意思表示生效，而不是表意人作出意思表示时生效。B 选项错误。ACD 选项正确。

5. CD 【解析】《民法典》第 148 条规定："一方以欺诈手段，使对方在违背真实意思的情况下实施的民事法律行为，受欺诈方有权请求人民法院或者仲裁机构予以撤销。"第 152 条规定："有下列情形之一的，撤销权消灭：（一） 当事人自知道或者应当知道撤销事由之日起一年内、重大误解的当事人自知道或者应当知道撤销事由之日起九十日内没有行使撤销权；（二） 当事人受胁迫，自胁迫行为终止之日起一年内没有行使撤销权；（三） 当事人知道撤销事由后明确表示或者以自己的行为表明放弃撤销权。当事人自民事法律行为发生之日起五年内没有行使撤销权的，撤销权消灭。"第 188 条第 1 款规定："向人民法院请求保护民事权利的诉讼时效期间为三年。法律另有规定的，依照其规定。"因为甲在发现可撤销事由后 1 年内没有行使撤销权，撤销权消灭，但 3 年的诉讼时效期间未过，甲可以向商店主张违约责任。本题的答案为 CD。

6. ABD 【解析】参见本章单项选择题第 12 题的参考答案。本题的答案为 ABD。

7. AC 【解析】从不同的角度可以把条件分为两组：一组是延缓条件和解除条件；另一组是积极条件和消极条件。延缓条件是指民事法律行为中所确定的民事权利和民事义务，在所附条件成就时即发生法律效力的条件。解除条件是指民事法律行为中所确定的民事权利和民事义务，在所附条件成就时就失去法律效力的条件。积极条件是指把某种事实的发生作为条件内容的，又叫肯定条件。消极条件是指把某种事实的不发生作为条件内容的，又叫否定条件。因此，本题的答案为 AC。

8. ABD 【解析】重大误解的民事行为指行为人对于民事行为产生错误的理解，并基于这种错误理解而为的民事行为。该行为具体包括：（1）对行为性质的误解，如把买卖误解为赠与行为；（2）对标的物的误解，如把复制品当作原件；（3）对价金的误解，如将 10 000 元误认为 1 000 元；（4）对当事人的误解，如把某甲当作某乙。民法上的误解限于对行为内容的误解，不包括对行为动机的误解。因此，本题的答案为 ABD。

9. AB 【解析】《民法典》第 157 条规定："民事法律行为无效、被撤销或者确定不发生效力后，行为人因该行为取得的财产，应当予以返还；不能返还或者没有必要返还的，应当折价补偿。有过错的一方应当赔偿对方由此所受到的损失；各方都有过错的，应当各自承担相应的责任。法律另有规定的，依照其规定。"因此，本题的答案为 AB。

10. BD 【解析】人的去世是肯定会发生的事实，"甲的父亲去世"不属于条件，属于期限。附期限的民事法律行为是指双方当事人在民事法律行为中约定一定的期限，以期限的到来决定其效力发生或者终止的民事法律行为。本题中，期限尚未到来，因此该合同为已经成立尚未生效的合同。因此，本题的答案为 BD。

11. CD 【解析】效力待定的民事法律行为，是指民事法律行为虽已成立，但是否生效尚不确定，有待享有形成权的第三人作出追认或拒绝的意思表示来使之有效或无效的法律行为。效力待定的行为是一种允许事后补正的法律行为。《民法典》第 145 条第 1 款规定："限制民事行为能力人实施的纯获利益的民事法律行为或者与其年龄、智力、精神健康状况相适应的民事法律行为有效；实施的其他民事法律行为经法定代理人同意或者追认后有效。"因此 A 选项是有效的民事法律行为，C 选项与限制民事行为能力人的年龄、智力、精神健康状况不相适应，是效力待定的民事法律行为。订立遗嘱要求必须是完全民事行为能力人，限制民事行为能力人订立的遗嘱是无效的。B 选项不属于效力待定的民事法律行为。《民法典》第 171 条第 1 款规定："行为人没有代理权、超越代理权或者代理权终止后，仍然实施代理行为，未经被代理人追认的，对被代理人不发生效力。"因此 D 选项是效力待定的民事法律行为。因此，本题的答案为 CD。

12. BC 【解析】可撤销的民事法律行为的情形包括：（1）重大误解的民事法律行为；（2）因受欺诈实施的民事法律行为；（3）一方或者第三人以胁迫手段，使对方在违背真实意思的情况下实施的民事法律行为；（4）显失公平的民事法律行为。A 选项属于无效的民事法律行为，D 选项属于有效的民事法律行为。因此，本题的答案为 BC。

13. AD 【解析】该合同属于附延缓条件（生效条件）的合同。A 选项正确。乙恶意阻止条件成就，视为条件已经成就，合同生效，乙应当履行该合同。D 选项正确。

14. AC 【解析】行为人可以撤回意思表示，撤回意思表示的通知应当在意思表示到达相对人前或者与意思表示同时到达相对人。因此，本题的答案为 AC。

15. ABC 【解析】以民事法律行为与原因的关系为标准，可以将民事法律行为分为有因行为和无因行为。有因行为是指行为与原因不可分离的行为，绝大部分法律行为都是有原因的，如各类合同关系、物权关系等。无因行为是指行为与原因可以分离，不以原因为要素的行为。例如，票据行为中汇票的出票，不受买卖等基础法律关系效力的影响。A、B、C 选项表述都是有因行为，只有 D 选项表述的出具汇票，属于票据行为，系无因行为。

因此，本题答案为 ABC。

16. **ACD** 【解析】合同依法成立后，负有报批义务的当事人不履行报批义务或者履行报批义务不符合合同的约定或者法律、行政法规的规定，对方请求其继续履行报批义务的，人民法院应予支持；对方主张解除合同并请求其承担违反报批义务的赔偿责任的，人民法院应予支持。据此，A 选项正确、C 选项正确、D 选项正确。

17. **ABCD** 【解析】违反法律、行政法规的强制性规定的民事法律行为无效，但是，该强制性规定不导致该民事法律行为无效的除外。所谓"该强制性规定不导致该民事法律行为无效的除外"中的"强制性规定"是指：（1）强制性规定虽然旨在维护社会公共秩序，但是合同的实际履行对社会公共秩序造成的影响显著轻微，认定合同无效将导致案件处理结果有失公平公正；（2）强制性规定旨在维护政府的税收、土地出让金等国家利益或者其他民事主体的合法利益而非合同当事人的民事权益，认定合同有效不会影响该规范目的的实现；（3）强制性规定旨在要求当事人一方加强风险控制、内部管理等，对方无能力或者无义务审查合同是否违反强制性规定，认定合同无效将使其承担不利后果；（4）当事人一方虽然在订立合同时违反强制性规定，但是在合同订立后其已经具备补正违反强制性规定的条件却违背诚信原则不予补正；（5）法律、司法解释规定的其他情形。据此，A 选项正确、B 选项正确、C 选项正确、D 选项正确。

18. **AC** 【解析】以民事法律行为有无独立的实质性内容为标准，可以将民事法律行为划分为独立行为和辅助行为。区分的意义主要在于：辅助行为只是独立行为生效的条件，自身没有独立的实质内容，而受其辅助的独立行为在没有辅助行为之前不生效。独立行为是指行为凭借其意思表示即可成立的行为。辅助行为是指并不具有独立的内容，而仅仅是辅助其他行为生效的法律行为。综上，法定代理人对限制民事行为能力人订立合同的追认行为是辅助行为。理解独立行为和辅助行为，关键是要区分"成立"和"生效"的区别。故本题答案为 AC。

三、简答题

1. **参考答案** 显失公平是指一方当事人利用对方当事人处于危困状态、缺乏判断能力等，致使在成立时权利与义务即明显不对等的民事法律行为。显失公平通常具有以下特征：

（1）一方利用对方处于危困状态、缺乏判断能力等情形。

（2）行为结果对一方当事人有重大不利，而另一方则获得了显然超常的利益。

（3）不利一方当事人所为民事法律行为并非其本意，而是由于处于危困状态、缺乏判断能力等原因。

（4）不公平是法律所不允许的，或者是当时社会所公认的不公平。

2. **参考答案** 民事法律行为的有效，指已经成立的民事法律行为因符合法定有效要件而取得认可的效力。

民事法律行为的实质有效要件包括：

（1）行为人合格。行为人合格指行为人具有相应的民事行为能力。"相应的民事行为能力"指行为能力与其所进行的民事法律行为要相适应。

（2）意思表示真实。所谓意思表示真实，指行为人的外部表示与其内心的真实意思相一致。

（3）不违反法律、行政法规的强制性规定，不违背公序良俗。不违反法律和公序良俗是民事法律行为有效的重要条件。不违法指行为内容和形式都不违法。公序良俗是社会公共秩序和善良风俗的合称。

（4）在某些特殊的情况下，民事法律行为还须具备形式要件才发生效力。对于要式的法律行为，如果没有采取相应的形式，该行为无效；对于不要式的法律行为，当事人应在法律允许的范围内选择适用口头形式或书面形式，也可以采取其他形式。

四、案例分析题

1. 参考答案 （1）南某某购买洗发水的行为属于与其年龄、智力及精神健康状况相适应的民事法律行为，故有效。限制民事行为能力人有权单独获得奖励，因此奖金应归南某某所有。理由是：根据《民法典》的规定，8周岁以上不满18周岁的未成年人是限制民事行为能力人，故南某某是限制民事行为能力人。限制民事行为能力人从事下列两类民事行为有效：一是与其年龄、智力或精神健康状况相适应的民事行为；二是接受奖励、赠与、获得报酬等纯获利益的民事行为。（2）南某某购买钻戒的行为属于效力待定的民事法律行为。萧某有权要求退掉钻戒。理由是：根据《民法典》的规定，限制民事行为能力人订立的与其年龄、智力、精神健康状况不相适应的民事法律行为，经法定代理人同意或追认的，该民事法律行为有效。而该民事法律行为在法定代理人追认之前，属于效力待定的民事法律行为。如果父母拒绝追认，则民事法律行为归于无效。南某某用4 800元购买钻戒，属于标的数额较大的民事法律行为，与其年龄、智力不相适应，须征得其父母的同意或者追认。既然其母亲萧某拒绝追认该民事法律行为，则民事法律行为归于无效。既然民事法律行为归于无效，则其母亲萧某有权要求退掉钻戒。（3）萧某无权将此笔钱用于购买股票。理由是：根据《民法典》的规定，监护人应当履行监护职责，保护被监护人的人身、财产及其他合法权益，除为被监护人的利益外，不得处分被监护人的财产。萧某购买股票并非为被监护人的利益，故其无权将此笔钱用于购买股票。（4）商场不能以南某某是未成年人为由拒绝兑奖。根据《民法典》的规定，限制民事行为能力人实施的纯获利益的民事法律行为或者与其年龄、智力、精神健康状况相适应的民事法律行为有效。在本案例中，南某某属于限制民事行为能力人，其购买洗发水获得奖券中奖的行为，是一种纯获利益的行为，根据法律的规定，是有效的民事法律行为。因此，商场不能以南某某是未成年人为由拒绝兑奖。

2. 参考答案 （1）该合同属于无效合同。《民法典》第153条第1款规定："违反法律、行政法规的强制性规定的民事法律行为无效。但是，该强制性规定不导致该民事法律行为无效的除外。"甲公司与乙公司之间的买卖合同属于违反法律、行政法规强制性规定的合同，故为无效合同。（2）由于合同为无效合同，合同自始没有法律约束力，因此法院应驳回甲公司的诉讼请求。同时，甲公司和乙公司的交易损害了国家利益，法院可以采取民事制裁措施，没收双方用于交易的财产。

第七章　代理

一、单项选择题

1. B　【解析】无权代理指没有代理权而以他人名义进行代理活动的民事行为，注意，考试分析中所指的无权代理即狭义的无权代理。无权代理，其根本特征在于行为人以他人名义进行民事活动时没有代理权。无权代理包括三种情形：（1）行为人根本没有代理权却从事代理活动。（2）行为人享有代理权，但却超越代理权限从事了本不该由其进行的代理活动。（3）行为人原本享有代理权，但其代理权已经终止，行为人仍以代理人的身份进行代理活动。因此，A、C、D三项都是无权代理的情形，B选项属于表见代理，表见代理属于广义的无权代理，故本题选B。

2. A　【解析】A选项错误。授权行为是单方法律行为，不存在诺成性或实践性行为的区分。

　　B选项正确。委托代理一般是在委托合同基础上，由被代理人直接授权给代理人的。需要注意的是，委托合同与授权是两个概念。有时，尽管委托合同成立了，但是合同中没有明确的授权条款，代理权仍不产生。因此，产生委托权的是授权行为。

　　C选项正确。委托合同需要双方意思表示一致才能成立，属于双方法律行为；授权行为只需要被代理人单方意思表示即可使法律关系发生变动，是单方法律行为。

　　D选项正确。委托合同既可以采用书面形式也可以采用口头形式，是不要式行为；授权行为通常以授权委托书形式表明，一般应采用书面形式。综上，本题选A。

3. C　【解析】本题考查恶意串通。代理人与相对人恶意串通所实施的民事法律行为无效，因此损害被代理人的利益的，代理人与第三人承担连带责任。在本题中，乙是代理人，甲是相对人，二人恶意串通，损害被代理人商场的利益，买卖合同自然无效，因而，A选项错误、B选项错误、C选项正确、D选项错误。

4. D　【解析】《民法典》第164条第2款规定："代理人和相对人恶意串通，损害被代理人合法权益的，代理人和相对人应当承担连带责任。"因此，本题的答案为D。

5. A　【解析】无权代理人实施的行为，如果不能得到被代理人的追认，又不能证明自己有代理权，则应对自己的行为承担责任，对该行为所造成的相对人的损失负赔偿责任。因此，本题的答案为A。但要注意的是，如果被代理人知道他人以本人名义实施民事行为而不作否认的，视为其同意他人代理。

6. C　【解析】表见代理是指没有代理权的人，以被代理人名义进行的民事行为在客观上使第三人相信其有代理权而实施的代理行为。表见代理在代理制度中起协调本人利益和相对人利益的作用，通过对善意第三人利益的保护而达到维护交易秩序的目的。根据《民法典》的相关规定，行为人没有代理权、超越代理权或者代理权终止后，仍然实施代理行为，相对人有理由相信行为人有代理权的，代理行为有效。构成表见代理的，产生有权代理的法律后果，即由被代理人承受相应的法律后果。构成表见代理须具备以下条件：代理人无代理权；该无权代理人有被授予代理权的外表或假象；相对人有正当理由相信该无权代理人有代理权；相对人基于信任而与该无权代理人成立法律行为。王某的行为符合表见代理的构成。因此，本题的答案为C。

7. C 【解析】在各种代理中都能引起代理终止的原因，归纳起来包括两种：（1）本人死亡；（2）代理人死亡或丧失民事行为能力。但需要注意的是，被代理人死亡后，下列情况下的代理行为仍然有效：（1）代理人不知道且不应当知道被代理人死亡而继续为代理行为的；（2）委托书中约定待某一代理事项完成后代理关系终止，而在被代理人死亡时，该事项尚未完成的，代理人继续代理活动的；（3）被代理人的继承人承认的代理行为；（4）被代理人死亡前已经进行而在被代理人死亡后为了被代理人的继承人的利益继续完成的代理活动。因此，本题的答案为C。

8. D 【解析】无代理权，其根本特征在于行为人以他人名义进行民事活动时没有代理权，包括三种情形：（1）行为人根本没有代理权却从事代理活动。（2）行为人享有代理权，但却超越代理权限从事了本不该由其进行的代理活动。（3）行为人原本享有代理权，但其代理权已经终止，行为人仍以代理人的身份进行代理活动。A选项中刘某进行的并非民事法律行为，不构成代理，也就无所谓无权代理；B选项中李某行为的结果归于自己而非王某，不构成代理，构成无权处分；《民法典》第504条规定："法人的法定代表人或者非法人组织的负责人超越权限订立的合同，除相对人知道或者应当知道其超越权限外，该代表行为有效，订立的合同对法人或者非法人组织发生效力。"C选项中法定代表人不是法人的代理人，因此也不构成代理。因此，本题的答案为D。

9. D 【解析】乙给甲10元，让其代购彩票，甲、乙之间产生委托代理关系，而不是借贷关系。A选项错误。甲作为代理人，有义务遵守被代理人的指示办理事务，但是甲在购买彩票时"擅自"更换号码，构成无权代理。根据法律规定，无权代理实施的民事法律行为效力待定。如被代理人追认，则该民事法律行为有效，法律后果由被代理人承担。甲购买的彩票中奖后，甲、乙就奖项归属发生纠纷，意味着乙追认了甲购买该号码彩票的行为，因此该代理行为成为有权代理，产生的法律后果应由被代理人乙承担。因此，本题的答案为D。

10. C 【解析】根据代理人在进行代理活动时是否明示被代理人的名义，可将代理分为直接代理和间接代理。代理人在代理的权限范围内所为的意思表示，必须以被代理人名义进行的代理是直接代理。间接代理是指代理人虽未以本人名义为法律行为，但实际有代理的意思，产生代理的后果。C选项正确。

11. A 【解析】根据代理权的来源不同，可以将代理分为委托代理和法定代理。委托代理又称意定代理，是基于被代理人的委托授权而发生的代理，是最常见、最广泛适用的一种代理形式。委托代理一般是在委托合同基础上，由被代理人直接授权给代理人。法定代理是根据法律的直接规定而产生的代理。法定代理主要是为无民事行为能力人、限制民事行为能力人设置的代理，一般基于一定的亲属关系或某种隶属关系而产生，其确定带有强制性。因此，A选项当选。

12. C 【解析】本题考查违法代理。代理人知道或者应当知道所代理的事项违法未作反对表示，仍然进行代理活动的，被代理人与代理人承担连带责任。本题当中，乙作为代理人，对侵犯他人注册商标专用权这一事实知情，依据上述规则，甲、乙二人应当承担连带责任，因而，A选项错误、B选项错误、C选项正确、D选项错误。

13. B 【解析】本题考查委托代理的效力。被代理人死亡后，委托代理关系原则上应终止。但有下列情况之一的，委托代理人实施的代理行为有效：（1）代理人不知道且不应当知道被代理人死亡的；（2）被代理人的继承人予以承认的；（3）被代理人与代理人约定到代理事项完成时代理权终止的；（4）在被代理人死亡前已经进行，而在被代理人死亡后为了被代理人的继承人的利益继续完成的。所以王教授的行为属于有权代理，B选项为正确答案。

14. B　【解析】本题考查无权代理与无权处分的区别。无权代理是没有代理权，但以被代理人的名义为民事法律行为；无权处分是没有处分权，但以自己的名义为民事法律行为。乙没有青骡的所有权，但乙以自己的名义为民事法律行为，乙出卖青骡的行为属于无权处分行为。B选项正确。

15. B　【解析】根据代理权来源不同，代理可以分为委托代理和法定代理；根据代理人的选任和产生方式的不同，代理可以分为本代理和再代理；根据代理人在进行代理活动时是否明示被代理人的名义，代理可以分为显名代理和隐名代理；根据代理人有无代理权进行分类，代理可以分为有权代理和无权代理。因此，本题的答案为B。

16. C　【解析】《最高人民法院关于适用〈中华人民共和国民法典〉总则编若干问题的解释》第25条规定："数个委托代理人共同行使代理权，其中一人或者数人未与其他委托代理人协商，擅自行使代理权的，依据民法典第一百七十一条、第一百七十二条等规定处理。"《民法典》第172条规定："行为人没有代理权、超越代理权或者代理权终止后，仍然实施代理行为，相对人有理由相信行为人有代理权的，代理行为有效。"因此，数个委托代理人共同行使代理权，其中一人或者数人未与其他委托代理人协商，擅自行使代理权，且相对人有理由相信行为人有代理权的，符合表见代理的特征，代理行为有效。故答案选择C选项。

【特别说明】　关于间接代理，《民法典》第926条规定："受托人以自己的名义与第三人订立合同时，第三人不知道受托人与委托人之间的代理关系的，受托人因第三人的原因对委托人不履行义务，受托人应当向委托人披露第三人，委托人因此可以行使受托人对第三人的权利。但是，第三人与受托人订立合同时如果知道该委托人就不会订立合同的除外。受托人因委托人的原因对第三人不履行义务，受托人应当向第三人披露委托人，第三人因此可以选择受托人或者委托人作为相对人主张其权利，但是第三人不得变更选定的相对人。委托人行使受托人对第三人的权利的，第三人可以向委托人主张其对受托人的抗辩。第三人选定委托人作为其相对人的，委托人可以向第三人主张其对受托人的抗辩以及受托人对第三人的抗辩。"

17. C　【解析】A选项错误。《民法典》中将代理按照代理权的来源进行分类，只分为法定代理与委托代理，并无指定代理这一分类。

B选项错误。复代理是指代理人为了被代理人的利益需要，将其享有的代理权的全部或一部分给他人行使而产生的代理，又称"转委托"。转委托应当基于复任权，委托代理人在下列三种情况下具有复任权：（1）被代理人事先同意转委托的；（2）被代理人事后追认转委托的；（3）在紧急情况下，为了被代理人的利益而需要转委托的。本案中，乙的转委托行为显然不具备以上三种情形，因此，转委托对被代理人甲不发生效力，代理人乙对转委托的第三人的行为承担责任。

C选项正确。由于转委托行为系无效，丙没有代理权，其以甲的名义购得汽车的行为属于无权代理，汽车买卖合同效力未定。又由于甲拒绝接受，买卖合同自始无效，甲自然就没有得到汽车，等于乙作为代理人最终并未完成代理事务，自然应当返还被代理人甲预先支付的价款。

D 选项错误。由于买卖合同自始无效，丙自然无权要求甲支付价款。综上，本题选 C。

二、多项选择题

1. ABCD 【解析】本题考查无权代理。因无权代理而发生的民事法律行为效力待定，本题即是如此，因此买卖合同效力待定，A 选项正确。如果被代理人追认，那么民事法律行为自始有效，对当事人具有拘束力，当事人应当履行相应义务。本题当中，如果甲追认，那么买卖合同自始有效，对甲、丙开发商二人具有拘束力，甲应当支付 500 万元，丙开发商应当移交一栋别墅，因此，B 选项正确。如果被代理人拒绝追认，那么民事法律行为自始无效，对当事人没有拘束力，当事人不必履行相应义务。本题当中，如果甲拒绝追认，那么买卖合同自始无效，对甲、丙开发商二人没有拘束力，甲不必支付 500 万元，丙开发商不必移交一栋别墅，因此，C 选项正确。被代理人追认之前，善意的相对人可以以通知的方式撤销民事法律行为。本题当中，丙开发商对于乙的无权代理并不知情，属于善意的相对人，甲追认之前，丙开发商可以以通知的方式撤销买卖合同，因此，D 选项正确。

2. ACD 【解析】代理人在代理权限范围内实施代理行为包含三层意思：一是代理人须有代理权，代理权的产生或因委托，或因法定，没有授权属于无权代理；二是法律规定或当事人约定只能由本人实施的行为，不得代理，如遗嘱等；三是代理人在进行代理行为时有独立的意思表示，可视具体情况而决定表示内容，这与传达人、居间人相区别。因此，本题的答案为 ACD。如果被代理人对无权代理行为予以追认，则会使无权代理成为有权代理，被代理人就应当对该代理行为承担相应的法律后果，所以 B 选项错误。

3. ABCD 【解析】授权委托书中应载明代理人的姓名或名称、代理事项、权限和期间，并由委托人签名或盖章。因此，本题的答案为 ABCD。

4. ABC 【解析】A 选项是代表行为；B 选项是中介行为；C 选项是情谊行为，不发生法律关系；D 选项是诉讼代理关系。本题选择 ABC 选项。

5. BC 【解析】再代理是指代理人为了被代理人的利益需要，将其享有的代理权的全部或一部分转委托给他人行使而产生的代理。再代理应当符合一定的法律规则。在再代理中，代理人只有在特殊情况下，为了被代理人的利益，才能转委托。根据我国有关法律的规定，转委托要求事先征得被代理人的同意或事后得到追认，否则，代理人要对自己的转委托负责。因为代理是一种人身信任关系，代理人信任的人，被代理人不一定信任，何况代理的法律后果是由被代理人来承受的。所以，法律对转委托作了严格限制。在紧急情况下，代理人为维护被代理人的利益而转委托的，不论被代理人是否同意，均产生转委托的法律效力。综上，本题的答案为 BC。

6. ABD 【解析】在各种代理中通常都能引起代理终止的原因，归纳起来包括两种：（1）本人死亡；（2）代理人死亡或丧失民事行为能力。因此，本题的答案为 ABD。需要注意的是，被代理人死亡后，下列情况下的代理行为仍然有效：（一）代理人不知道且不应当知道被代理人死亡；（二）被代理人的继承人予以承认；（三）授权中明确代理权在代理事务完成时终止；（四）被代理人死亡前已经实施，为了被代理人的继承人的利益继续代理。

7. AC 【解析】无权代理是效力未定的民事法律行为，被代理人对所谓的代理行为不承担责任。但如果被代理人对此行为予以追认，则会使无权代理成为有权代理，被代理人就应当对该代理行为承受相应的法律后果。A 选项正确。无权代理并非合同可撤销的事由。B 选项错误。在无权代理中，相对人对代理行为享有催告权，善意相对人还享有撤销权。C 选项正确。本题中，商家明知乙是以甲的名义要购买 TBL 电视机，还向其销售 CTL 电视机，因此其不是善意相对人，不享有撤销权。D 选项错误。因此，本题的答案为 AC。

8. ACD 【解析】代理人不得以被代理人的名义与自己或自己代理的其他人进行民事活动，前者叫自己代理，后者叫双方代理。自己代理的情况下，代理人同时为代理关系中的代理人和第三人，意思表示双方实际上只由一人实施，很难保证不发生代理人为自己利益而牺牲被代理人利益的情况，所以法律禁止自己代理，但经被代理人同意或者追认的代理有效。双方代理指代理人同时代理双方当事人为同一项法律行为。该行为原则上无效，但是被代理的双方同意或者追认的除外。代理人与第三人恶意串通属于无效民事行为。因此，本题的答案为 ACD。

9. ABCD 【解析】代理具有适用范围，不是所有的民事法律行为都可以通过代理人完成，依照法律规定或者双方当事人约定应当由本人实施的民事法律行为不得通过代理人完成，具体包括：（1）有人身性质的行为，如设立遗嘱、婚姻登记、收养子女等。（2）法律规定或当事人约定应当由特定的人亲自为之的行为，如演出、讲课等。本题的答案为 ABCD。

10. ABD 【解析】本题考查滥用代理权的情形。滥用代理权的类型包括双方代理、自己代理、代理人与相对人恶意串通。C 选项属于无权代理。本题的答案为 ABD。

11. ABCD 【解析】根据《民法典》的相关规定，代理行为由代理人实施，代理人死亡或者被代理人死亡，代理关系自然终止。代理是为被代理人利益而设立的，如果被代理人死亡，就会出现没有代理行为后果承受者的局面，所以代理关系会因被代理人死亡而消灭。但被代理人死亡后，有下列情形之一的，委托代理人实施的代理行为有效：（1）代理人不知道并且不应当知道被代理人死亡；（2）被代理人的继承人予以承认；（3）授权中明确代理权在代理事务完成时终止；（4）被代理人死亡前已经实施，为了被代理人的继承人的利益继续代理。因此，ABCD 选项当选。

12. ACD 【解析】A 选项正确。法定代理是根据法律的直接规定而产生的代理。法定代理主要是为无民事行为能力人、限制民事行为能力人设置的代理，一般基于一定的亲属关系或某种隶属关系而产生，其确定带有强制性。法定代理不需要被代理人的授权（而且一般被代理人也无授权能力），但是作为第三人仍然有权要求代理人证明其代理资格。

B 选项错误。代理是由代理人以被代理人名义进行民事法律行为的行为，其最基本的要求是代理人必须是完全民事行为能力人，如果代理人丧失民事行为能力，其代理资格消灭，自然也就不能以被代理人名义代理被代理人进行民事活动。但不要求被代理人必须是完全民事行为能力人，例如，法定代理中的被代理人为无民事行为能力人、限制民事行为能力人。

C 选项正确。表见代理的构成要件为：（1）代理人无代理权；（2）该无权代理人有被授予代理权的外观；（3）相对人不知道行为人行为时没有代理权，且无过失；（4）相对人基于信任而与该无权代理人成立法律行为。所以，相对人如果有过失而不知行为人没有代理权，则不构成表见代理。

D 选项正确。授权行为通常以授权委托书形式表明，一般应采用书面形式。授权委托书中应载明代理人的姓名或者名称、代理事项、权限和期限，并由被代理人签名或者盖章。综上，本题选 ACD。

三、简答题

参考答案 代理权的行使是代理人在代理权限范围内完成代理事项的各种活动。根据我国法律的规定，代理权的行使必须遵守以下原则：

（1）代理人应在代理权限范围内行使代理权。代理人只有在代理权限范围内进行代理行为，才能由被代理人承担法律后果，超越代理权限所为的行为，除被代理人追认的以外，对被代理人不发生法律效力，而由代理人承担责任。

（2）代理人应为维护被代理人的利益而行使代理权。代理人的职责就是为被代理人服务，所以代理人应从被代理人的利益出发，本着对被代理人最有利的原则行使代理权，也只有在为了被代理人的利益的情况下才能转委托。代理人不履行职责而给被代理人造成损害的，应当承担民事责任。

（3）代理人不得滥用代理权。滥用代理权主要有三种情形：1）自己代理。这是指代理人以被代理人的名义与自己进行民事活动的行为。该行为通常为无效行为，但是被代理人同意或者追认的除外。2）双方代理。这是指代理人以被代理人的名义与自己代理的其他人进行民事活动的行为。该行为原则上无效，但是被代理的双方同意或者追认的除外。3）代理人与相对人恶意串通。此种行为属于无效的民事行为，给被代理人造成损害的，由代理人和相对人负连带责任。

四、法条分析题

1. **参考答案** （1）所谓"紧急情况"是指代理人有急病、通信联络中断等情况，使自己不能办理代理事项，与被代理人不能取得联系，如果不及时委托他人处理，就会给被代理人造成损失。（2）因为代理是一种人身信任关系，代理人信任的人被代理人不一定信任，何况代理的法律后果是由被代理人来承受的，所以，法律对转委托作了严格限制。

2. **参考答案** （1）有理由相信是指在具备外表授权或者权利外观的基础上，相对人有正当的、合理的理由相信代理人有代理权。判断相对人有无正当理由，应当以一个善良人在正常情况下是否相信作为判断标准。（2）表见代理成立后，产生类似有权代理的法律后果，由被代理人承担代理行为所带来的法律后果，即享有其权利，承担其义务。当然，被代理人有权要求无权代理人赔偿因无权代理而造成的损失。（3）表见代理在代理制度中起着协调本人利益和相对人利益的作用，通过对善意第三人利益的保护而达到维护交易秩序的目的。

五、案例分析题

1. **参考答案** （1）赵某购买名贵药材是受黄某的委托才进行的，其行为应属民事代理。《民法典》第 162 条规定："代理人在代理权限内，以被代理人名义实施的民事法律行为，对被代理人发生效力。"因此，本案中赵某购买药材的行为后果应由黄某承担。

（2）《民法典》第 174 条规定：“被代理人死亡后，有下列情形之一的，委托代理人实施的代理行为有效：（一）代理人不知道且不应当知道被代理人死亡；（二）被代理人的继承人予以承认；（三）授权中明确代理权在代理事务完成时终止；（四）被代理人死亡前已经实施，为了被代理人的继承人的利益继续代理。”本题中，黄某死亡时，赵某在国外，赵某不知道并且不应当知道黄某已经死亡，因此赵某实施的代理行为有效。也就是说，代理人因实施代理行为所取得的后果应由被代理人的继承人受领，由此所产生的债务作为被代理人的债务，以被代理人的遗产由其继承人或受遗赠人来承担。本案中，黄家理当出钱买下此药。

2. 【参考答案】（1）《民法典》第 161 条第 2 款规定：“依照法律规定、当事人约定或者民事法律行为的性质，应当由本人亲自实施的民事法律行为，不得代理。”本案中，合同约定由赵某创作全部对联，同时书法创作具有很强的人身属性，必须由本人亲自实施，是不得代理的行为，赵某无权委托他人代为履行。（2）赵某儿子的行为不属于无权代理。无权代理是指没有代理权而以他人的名义进行代理活动的民事行为，它包括没有代理权、超越代理权或代理权终止后的代理行为。无权代理经被代理人追认可以产生代理效果。但是不得代理的法律行为是不能由他人代理的行为，即使有合法的委托也不行。这些行为主要是具有人身属性的行为、违法行为或法律规定及合同约定的不得代理的行为。

第八章　诉讼时效与期间

一、单项选择题

1. D 【解析】A 选项正确。法律上关于诉讼时效的规定，不允许当事人通过约定排除适用。当事人不得违反法律规定，约定延长或者缩短诉讼时效期间、预先放弃诉讼时效利益。

B 选项正确。我国《民法典》对于诉讼时效的效力采取抗辩权发生主义。根据《民法典》第 192 条的规定，诉讼时效期间届满的，义务人可以提出不履行义务的抗辩。当事人未提出诉讼时效抗辩，人民法院不应对诉讼时效问题进行释明及主动适用诉讼时效的规定进行裁判。当事人在一审期间未提出诉讼时效抗辩，在二审期间提出的，人民法院不予支持，但其基于新的证据能够证明对方当事人的请求权已过诉讼时效期间的情形除外。

C 选项正确。诉讼时效期间届满的法律后果是产生请求权已经超过诉讼时效的抗辩权。

D 选项错误。人民法院不得主动适用诉讼时效的规定进行裁判。综上，本题选 D。

2. A 【解析】《民法典》第 188 条规定：“自权利受到损害之日起超过二十年的，人民法院不予保护；有特殊情况的，人民法院可以根据权利人的申请决定延长。”因此，可以申请延长最长诉讼时效的主体是权利人，可以决定延长最长诉讼时效的主体是人民法院。本题选择 A 选项。

3. D 【解析】本题考查诉讼时效的起算。债权请求权受到双重诉讼时效限制：普通诉讼时效/特殊诉讼时效＋最长诉讼时效，二者经过其一，债务人即可对债权人主张诉讼时效经过的抗辩权。本题当中，只要 20 年的最长诉讼时效与 3 年的普通诉讼时效经过一个，朱某即可对甲主张诉讼时效经过的抗辩，从而拒绝赔偿。但是，本题当中，普通诉讼时效刚刚起算，尚未经过，原因在于未成年人遭受性侵害的，应当自受害人年满十八周岁之日起计算普通诉讼时效。甲（12岁）遭其班主任老师朱某性侵即是未成年人遭受性侵害，六年之后，甲刚年满十八周岁，普通诉讼时效刚刚起算，尚未经过。最长诉讼时效同样尚未经过，毕竟最长诉讼时效自权利遭受侵害之日起计算，迄今刚刚6年，并未超过20年。综上所述，无论是3年的普通诉讼时效，抑或是20年的最长诉讼时效，均未经过，朱某不能主张诉讼时效经过的抗辩权。因此，A选项错误、B选项错误、C选项错误、D选项正确。

4. C 【解析】根据我国《民法典》的规定，我国的普通诉讼时效期间为3年，本题的答案为C。关于D选项，根据《民法典》的规定，国际货物买卖合同和技术进出口合同争议的诉讼时效期间为4年。

5. D 【解析】《民法典》第188条第2款规定："诉讼时效期间自权利人知道或者应当知道权利受到损害以及义务人之日起计算。法律另有规定的，依照其规定。但是，自权利受到损害之日起超过二十年的，人民法院不予保护，有特殊情况的，人民法院可以根据权利人的申请决定延长。"其中的20年即是最长时效期间，它也适用于一切民事法律关系，但它与普通诉讼时效的不同在于起算时间不同，普通诉讼时效从权利人知道或者应当知道权利受到损害以及义务人之日计算；而最长诉讼时效是从权利受到损害之日起计算的。因此，本题的答案为D。

6. C 【解析】根据《民法通则》第136条的规定，身体受到伤害要求赔偿的诉讼时效为一年，这被称为"短期诉讼时效"。《民法总则》规定，普通诉讼时效为三年，未延续《民法通则》中短期诉讼时效的规定，一般认为，《民法总则》生效后，短期诉讼时效的规定已经废止。《民法典》规定，普通诉讼时效为三年，对身体受到伤害要求赔偿的诉讼时效也无特别规定。《民法典》生效后，《民法通则》《民法总则》均废止，因此对于身体受到伤害要求赔偿的情形也应适用三年的普通诉讼时效。C选项正确。

7. C 【解析】《民法典》第191条规定："未成年人遭受性侵害的损害赔偿请求权的诉讼时效期间，自受害人年满十八周岁之日起计算。"因此，本题的答案为C。

8. D 【解析】根据《民法典》的规定，国际货物买卖合同和技术进出口合同争议的诉讼时效期间为4年。因此本题选D。

9. B 【解析】《民法典》第194条规定："在诉讼时效期间的最后六个月内，因下列障碍，不能行使请求权的，诉讼时效中止：（一）不可抗力；（二）无民事行为能力人或者限制民事行为能力人没有法定代理人，或者法定代理人死亡、丧失民事行为能力、丧失代理权；（三）继承开始后未确定继承人或者遗产管理人；（四）权利人被义务人或者其他人控制；（五）其他导致权利人不能行使请求权的障碍。自中止时效的原因消除之日起满六个月，诉讼时效期间届满。"因此，本题的答案为B。

10. D 【解析】诉讼时效的中断，是指在诉讼时效进行中，因为一定事由的发生，阻碍时效进行，致使以前经过的时效期间统归无效，从中断时起，其诉讼时效重新计算的制度。《民法典》第195条规定："有下列情形之一的，诉讼时效中断，从中断、有关程序终结时起，诉讼时效期间重新计算：（一）权利人向义务人提出履行请求；（二）义务人同意履行义务；（三）权利人提起诉讼或者申请仲裁；（四）与提起诉讼或者申请仲裁具有同等效力的其他情形。"因此，本题的答案为D。

11. D 【解析】期间的计算方法按以下标准进行：（1）期间按公历年、月、日、小时计算。（2）按照年、月、日计算期间的，开始的当日不计入，自下一日开始计算。按照小时计算期间的，自法律规定或者当事人约定的时间开始计算。（3）按照年、月计算期间的，到期月的对应日为期间的最后一日；没有对应日的，月末日为期间的最后一日。（4）期间的最后一日是法定休假日的，以法定休假日结束的次日为期间的最后一日。期间的最后一日的截止时间为24时；有业务时间的，停止业务活动的时间为截止时间。（5）民法上所称"以上""以下""以内""届满"包括本数，所称"不满""超过""以外"不包括本数。据此，ABC 均为正确的选项。因此，本题的答案为 D。

12. D 【解析】本题考查诉讼时效的起算。《民法典》第 188 条第 2 款规定："诉讼时效期间自权利人知道或者应当知道权利受到损害以及义务人之日起计算"。所以，尽管货物是 5 月 14 日被盗的，但甲在 5 月 25 日才得知货物被盗，所以诉讼时效期间应当从 5 月 25 日起算。D 选项为正确答案。

13. A 【解析】普通诉讼时效也称一般诉讼时效，是指由《民法典》规定的统一时效期间的诉讼时效。根据《民法典》第 188 条的规定，我国的普通诉讼时效期间为 3 年。根据《民法典》第 188 条第 2 款的规定："自权利受到损害之日起超过二十年的，人民法院不予保护，有特殊情况的，人民法院可以根据权利人的申请决定延长。"该规定表明，20 年即是最长时效期间。《最高人民法院关于适用〈中华人民共和国民法典〉总则编若干问题的解释》第 35 条规定："民法典第一百八十八条第一款规定的三年诉讼时效期间，可以适用民法典有关诉讼时效中止、中断的规定，不适用延长的规定。该条第二款规定的二十年期间不适用中止、中断的规定。"因此本题答案选择 A 选项。

14. B 【解析】除斥期间是指法律规定或者当事人约定的权利（主要是形成权）预定存在的期间。

权利人在此期间不行使权利，预定期间届满，即发生该权利消灭的法律后果。题目中的"一年"即是除斥期间，该期间届满，赠与人不行使撤销权，其撤销权即告消灭。因此本题选 B。

15. B 【解析】《民法典》第 190 条规定："无民事行为能力人或者限制民事行为能力人对其法定代理人的请求权的诉讼时效期间，自该法定代理终止之日起计算。"本案中，限制民事行为能力人甲对其法定代理人（甲的父母）的损害赔偿请求权的诉讼时效期间自甲的父母的监护资格被撤销之日起计算，因此，B 选项当选。

二、多项选择题

1. BCD 【解析】本题考查诉讼时效的起算、诉讼时效的期间。依《民法典》之规定，普通诉讼时效期间为 3 年。此外，如果约定债务分期履行，那么应当自最后一期履行期间届满之日起计算诉讼时效。据此，在 A 选项中，诉讼时效的起算正确，但是诉讼时效的期间错误，因此，A 选项错误。依《民法典》之规定，普通诉讼时效期间为 3 年。此外，如果合同被撤销，那么应当自合同被撤销之日起计算诉讼时效。据此，在 B 选项中，诉讼时效的起算正确，诉讼时效的期间正确，因此，B 选项正确。依《民法典》之规定，普通诉讼时效期间为 3 年。此外，法定代理人损害被代理人（无民事行为能力人或者限制民事行为能力人）的利益的，应当自该法定代理终止之日起计算诉讼时效。据此，在 C 选项中，诉讼时效的起算正确，诉讼时效的期间正确，因此，C 选项正确。依《民法典》之规定，普通诉讼时效期间为 3 年。此外，如果债务履行期间不明确，那么债权人首次请求债务人履行之时，如果双方约定了宽限期，那么应当自期间届满之日起计算诉讼时效；如果债务人明确拒绝，那么应当自拒绝之日起计算诉讼时效。据此，在 D 选项中，诉讼时效的起算正确，诉讼时效的期间正确，因此，D 选项正确。故本题答案为 BCD。

2. AB 【解析】普通诉讼时效和特殊诉讼时效都可以适用中止、中断。A 选项正确。适用诉讼时效的必然是请求权，但请求权不一定都适用诉讼时效。B 选项正确。最长诉讼时效期间从权利受到损害之日起算。C 选项错误。诉讼时效期间届满，债务人获得抗辩权，但并不消灭债权本身。D 选项错误。因此，本题的答案为 AB。

3. ABD 【解析】诉讼时效的中止，是指在诉讼时效进行中，由于出现了法定事由而暂时中止诉讼时效进行的法律制度。中止是暂时停止计算已经开始的诉讼时效，待阻止时效计算的事由消除之日起满 6 个月，诉讼时效期间届满。AD 选项正确。诉讼时效中止须满足两个条件：一是出现法定中止的事由，包括不可抗力和其他使当事人不能行使请求权的障碍。B 选项正确。二是中止的事由存在于诉讼时效期间的最后 6 个月内，包括在 6 个月前发生的，但持续到 6 个月内的情况。C 选项错误。本题的答案为 ABD。

4. ABC 【解析】《最高人民法院关于审理民事案件适用诉讼时效制度若干问题的规定》第 1 条规定："当事人可以对债权请求权提出诉讼时效抗辩，但对下列债权请求权提出诉讼时效抗辩的，人民法院不予支持：（一） 支付存款本金及利息请求权；（二） 兑付国债、金融债券以及向不特定对象发行的企业债券本息请求权；（三） 基于投资关系产生的缴付出资请求权；（四） 其他依法不适用诉讼时效规定的债权请求权。"因此，ABC 选项正确。第 8 条规定："返还不当得利请求权的诉讼时效期间，从当事人一方知道或者应当知道不当得利事实及对方当事人之日起计算。"因此，D 选项适用诉讼时效，D 选项不选。故本题答案为 ABC。

5. ABCD 【解析】民法典第 195 条规定："有下列情形之一的，诉讼时效中断，从中断、有关程序终结时起，诉讼时效期间重新计算：（一）权利人向义务人提出履行请求；（二）义务人同意履行义务；（三）权利人提起诉讼或者申请仲裁；（四）与提起诉讼或者申请仲裁具有同等效力的其他情形。"《最高人民法院关于适用〈中华人民共和国民法典〉总则编若干问题的解释》第 38 条第 2 款规定："权利人向义务人的代理人、财产代管人或者遗产管理人等提出履行请求的，可以认定为民法典第一百九十五条规定的诉讼时效中断。"因此本题 ABCD 四项全选。

6. ABCD 【解析】A 选项正确。两者的期间可变性不同，除斥期间是一个不变期间，法律规定多长时间就固定为多长时间，不能变动；而诉讼时效则可因各种原因中止、中断甚至延长。

B 选项正确。两者的法律后果不同，除斥期间届满的法律效力是实体权利（主要是形成权）消灭，而诉讼时效期间届满的法律后果是抗辩权发生，实体权利并不消灭。

C 选项正确。两者的适用条件不同，除斥期间届满，法院可依职权主动适用有关规定而无须当事人提出主张。义务人自愿履行的，也可以请求人民法院追回。而对于诉讼时效，人民法院不得主动适用相关规定。

D 选项正确。两者的适用范围不同，除斥期间主要适用于形成权，诉讼时效适用于请求权。综上，本题选 ABCD。

7. ABD 【解析】诉讼时效的中止，指在诉讼时效进行中，由于出现了法定事由而暂时中止诉讼时效进行的法律制度。诉讼时效中止须满足两个条件：一是出现法定的中止事由。诉讼时效法定的中止事由包括：（1）不可抗力；（2）无民事行为能力人或者限制民事行为能力人没有法定代理人，或者法定代理人死亡、丧失民事行为能力、丧失代理权；（3）继承开始后未确定继承人或者遗产管理人；（4）权利人被义务人或者其他人控制；（5）其他导致权利人不能行使请求权的障碍。因此，ABD 选项正确。C 选项，权利人提起诉讼或者申请仲裁是诉讼时效中断的情形，故不选。

三、简答题

1. 参考答案 诉讼时效与除斥期间的区别如下：

适用对象不同	诉讼时效适用于请求权，除斥期间一般适用于形成权。
法律效力不同	诉讼时效届满之后，实体权利本身并不消灭，诉权也不消灭，债权人提起诉讼的，法院应当受理，只是债务人享有诉讼时效经过的抗辩权；除斥期间届满之后，实体权利消灭，债权人向法院提起诉讼的，法院可以裁定不予受理或者驳回起诉。
期间性质不同	诉讼时效是可变期间，可以中断、中止或者延长；除斥期间是不变期间，不能中断、中止或者延长。
司法适用不同	对于诉讼时效，法院不得主动释明，亦即只要被告不主张诉讼时效经过的抗辩权，即便诉讼时效经过，法院也不得以诉讼时效经过为由判决驳回原告的诉讼请求；对于除斥期间，法院可以主动援用。
起算时间不同	诉讼时效一般自权利人知道或者应当知道权利遭受侵害以及义务人之日起算；除斥期间一般自法律规定或者权利产生之日起算。

2. 参考答案 根据《民法典》的规定，诉讼时效期间的起算规则是：

（1）普通的诉讼时效期间从权利人知道或者应当知道其权利受到损害以及义务人之日起计算。

（2）最长的诉讼时效期间自权利受到损害之日起计算。

（3）无民事行为能力人或者限制民事行为能力人对其法定代理人的请求权的诉讼时效期间，自该法定代理终止之日起计算。无民事行为能力人或者限制民事行为能力人的权利受到损害的，诉讼时效期间自其法定代理人知道或者应当知道权利受到损害以及义务人之日起计算。

（4）未成年人遭受性侵害的损害赔偿请求权的诉讼时效期间，自受害人年满 18 周岁之日起计算。

第九章　物权通则

一、单项选择题

1. C 【解析】所谓占有改定，是指让与人与受让人通过达成两个合意的方式完成交付，让与人与受让人合意移转动产的所有权之后，让与人和受让人达成借用、保管、租赁等合意，依照第二次的合意让与人取得直接占有，受让人取得间接占有。也即动产物权转让时，当事人又约定由出让人继续占有该动产的，物权变动自该约定生效时发生效力。据此，C选项正确。

2. C　【解析】限制物权，是仅能在特定范围内支配物的物权。定限物权分为用益物权和担保物权。用益物权是以物的使用、收益为内容的定限物权；担保物权是为确保债权的实现而设定的以支配特定财产的交换价值为内容的定限物权。ABD选项都是担保物权，故不选，本题选C。

3. B　【解析】不动产登记错误的原因既可能出自登记机构，也可能出自当事人。根据规定，当事人提供虚假材料申请登记，造成他人损害的，应当承担赔偿责任。因登记错误，造成他人损害的，登记机构应当承担赔偿责任。登记机构赔偿后，可以向造成登记错误的人追偿。本题选择B选项。

4. B　【解析】变更登记，是指在登记事项发生改变时进行的登记，如权利人的名称发生变更、不动产权利期限发生变化的，不动产权利人可以向不动产登记机构申请变更登记。A选项不符合题意。而在买卖、互换、赠与不动产时或者因继承、受遗赠导致不动产权利发生转移时，当事人可以向不动产登记机构申请转移登记。B选项符合题意。权利人、利害关系人认为不动产登记簿的事项错误的，可以申请更正登记。C选项不符合题意。异议登记是指登记机构将利害关系人对不动产登记簿登记事项的异议记载于登记簿上的行为。D选项不符合题意。本题选择B选项。

5. B　【解析】我国对不动产实行统一的登记制度。不动产登记由不动产所在地的登记机构办理。A选项错误。不动产物权的设立、变更、转让和消灭，依照法律规定应当登记的，自记载于不动产登记簿时发生效力。D选项错误。不动产登记簿是物权归属和内容的根据，由登记机构管理，具有权利推定的效力。B选项正确。不动产权属证书是权利人享有该不动产物权的证明。不动产权属证书记载的事项，应当与不动产登记簿一致；记载不一致的，除有证据证明不动产登记簿确有错误外，以不动产登记簿为准。C选项错误。本题选择B选项。

6. C　【解析】地役权是从物权。B选项错误。担保物权主要包括抵押权、质权、留置权，具有优先受偿性、从属性、不可分性、物上代位性的特征，AD选项错误。因此，本题的答案为C。

7. D　【解析】根据物权产生原因的不同，可以将物权分为意定物权和法定物权。意定物权是指基于当事人的意思和行为而产生的物权。法定物权是指基于法律的规定而产生的物权，如留置权等。在《民法典》规定的用益物权和担保物权中，只有留置权属于法定物权，其他物权都由当事人设立。因此，本题的答案为D。

8. C　【解析】根据《民法典》的相关规定，登记机构予以异议登记，申请人自异议登记之日起十五日内不提起诉讼的，异议登记失效。因此，本题的答案为C。

9. B　【解析】在权利的效力上，物权具有优先力、追及力，还具有排他性。而债权则没有这些效力。物权与债权同时存在于同一物上时，物权具有优先于债权的效力，物权人得优先行使其权利，是为物权的优先力。物权的标的物无论辗转流向何处，权利人均得追及于物的所在行使其权利，是为物权的追及力。物权具有直接排除不法妨害的效力。当物权人行使权利遇到不法妨害时，可以凭借物权直接请求妨害人排除妨害或消除危险；一物之上不能同时存在两个以上互不相容的物权。ACD 三项均属于物权独有的特征。在权利的发生上，物权的设定采取法定主义，而债权的设定则采任意主义。因此，本题的答案为 B。

10. C 【解析】动产的物权变动以交付为要件，甲和乙约定在 15 天后交货，意味着电脑的交付尚未完成，物权尚未发生转移，因此甲仍是电脑的所有权人，有权对电脑进行处分。甲将电脑卖给丙并交付，物权发生变动，丙取得电脑的所有权。因此本题选 C。

11. C 【解析】A 选项中甲的行为是对物权的保护，体现了物权的支配权属性；B 选项中甲的行为是设立担保物权的行为；D 选项中甲的行为是行使所有权。C 选项中甲行使的是基于汽车买卖合同的请求权，属于债权行为。因此，本题的答案为 C。

12. D 【解析】物权的排他性是指一物之上不能同时存在两个以上互不相容的物权。这意味着一物之上可以存在两个以上相容的物权，例如当事人在同一物品上设立多个担保物权。因此，本题的答案为 D。

13. A 【解析】物权是支配权，物权以物为支配对象，包括对物的全面支配和限定支配。A 选项错误，其余选项正确。

14. D 【解析】交付是移转标的物占有的行为，包括现实交付和拟制交付。实践中，有三种特殊情况，与现实交付有相同的效力，分别为：（1）简易交付，指动产物权设立和转让前，权利人已经占有该动产的，物权自民事法律行为生效时发生效力；（2）指示交付，指动产物权设立和转让前，第三人占有该动产的，负有交付义务的人可以通过转让请求第三人返还原物的权利代替交付；（3）占有改定，指出让人在转让物权后，仍需要继续占有出让的动产的，由出让人与受让人订立合同，使出让人由原来的所有人的占有改变为非所有人的占有，而受让人已取得物权，只是将占有权交给出让人行使一定时间，在约定期限届满时，出让人再按约定将该动产交还受让人直接占有。动产物权转让时，当事人又约定由出让人继续占有该动产的，物权自该约定生效时发生效力。因此，本题的答案为 D。

15. B 【解析】《民法典》第 229 条规定："因人民法院、仲裁机构的法律文书或者人民政府的征收决定等，导致物权设立、变更、转让或者消灭的，自法律文书或者征收决定等生效时发生效力。"《民法典》第 230 条规定："因继承取得物权的，自继承开始时发生效力。"《民法典》第 231 条规定："因合法建造、拆除房屋等事实行为设立或者消灭物权的，自事实行为成就时发生效力。"《民法典》第 232 条规定："处分依照本节规定享有的不动产物权，依照法律规定需要办理登记的，未经登记，不发生物权效力。"（"本节"指《民法典》第二编第一分编第二章第三节。）综上，根据《民法典》上述规定取得不动产物权的，不需要经过登记。因此，本题的答案为 B。

16. D 【解析】因合法建造、拆除房屋等事实行为设立或者消灭物权的，自事实行为成就时发生效力，因继承取得物权的，自继承开始时发生效力。据此，A 选项错误。转让不动产的协议的效力与物权变动的效力并没有必然联系。B 选项错误。C 选项应该是可以办理注销登记，而题目为"不可"。C 选项错误。《民法典》第 209 条第 2 款规定："依法属于国家所有的自然资源，所有权可以不登记。"D 选项正确。因此，本题的答案为 D。

17. C 【解析】《民法典》第 230 条规定："因继承取得物权的，自继承开始时发生效力。"《民法典》第 232 条规定："处分依照本节规定享有的不动产物权，依照法律规定需要办理登记的，未经登记，不发生物权效力。"（"本节"指《民法典》第二编第一分编第二章第三节。）乙继承取得房屋所有权不以登记为物权变动的生效要件，而丙通过买卖取得房屋所有权以登记为物权变动的生效要件。因此，如今房屋的所有权人是乙。C 选项正确。

18. C　【解析】《民法典》第221条第2款规定："预告登记后，债权消灭或者自能够进行不动产登记之日起九十日内未申请登记的，预告登记失效。"买卖不动产物权的协议被认定无效、被撤销，或者预告登记的权利人放弃债权的，应当认定为前述规定的"债权消灭"。据此，A选项不合题意、B选项不合题意、D选项不合题意，C选项符合题意。本题选C。

19. C　【解析】《民法典》第215条规定了区分物权效力与合同效力的原理："当事人之间订立有关设立、变更、转让和消灭不动产物权的合同，除法律另有规定或者当事人另有约定外，自合同成立时生效；未办理物权登记的，不影响合同效力。"因此，本案中，房屋买卖合同已经生效，但是因未办理登记，故房屋所有权没有转移。故本题选C。

20. D　【解析】A选项正确。在动产善意取得中，动产必须是占有委托物且为非禁止流通物。需要注意的是，这里的占有委托不能通过盗窃、抢劫等不法方式来实现。平板电脑是盗赃物，不满足善意取得的构成要件，李某不能善意取得平板电脑的所有权。

B选项正确。甲的偷盗行为给物权人张某带来了损害，张某可以向甲主张损害赔偿请求权。

C选项正确。返还原物请求权的请求人为物权人，被请求权人为现时的占有人。本案中，物权人张某可以向无权占有人李某主张返还原物请求权。

D选项错误。张某对甲不享有返还原物请求权。原因在于甲对平板电脑已经丧失了占有，其占有已经转移给李某，不是现时的占有人。综上，本题选D。

二、多项选择题

1. CD　【解析】物权的保护方式总体来讲有：确认物权，返还原物，排除妨害、消除危险，修理、重作、更换或恢复原状，损害赔偿。但一般而言，修理、重作、更换适用于动产，对于不动产可以用其他方式恢复原状。该题为多选，故C选项为应选项。消除影响只适用于对人身权相关权利的侵害，故D选项为应选项。综上，答案为CD。

2. ABC　【解析】物权的保护方式总体来讲有：确认物权，返还原物，排除妨害、消除危险，修理、重作、更换或恢复原状，损害赔偿。其中返还原物、排除妨害、消除危险这三种请求权属于物权请求权。物权请求权依附于物权，与物权不可分离，其目的在于恢复对物的圆满支配状态。故答案为ABC。

3. BCD　【解析】本题考查观念交付。动产交付方式共有四种：现实交付、指示交付、简易交付以及占有改定，其中指示交付、简易交付以及占有改定合称观念交付，与现实交付相对应。因此，A选项不合题意、B选项符合题意、C选项符合题意、D选项符合题意。值得注意的是，另有一种特殊交付称为拟制交付，是指交付仓单、提单等权利凭证以代替交付实物的交付方式。故本题答案为BCD。

4. ABCD　【解析】本题考查非基于法律行为的物权变动。非基于法律行为的物权变动是指物权变动不以有效的法律行为为要件。在非基于法律行为的物权变动中，物权变动的原因不是有效的法律行为，而是征收决定、形成判决（裁决）、继承以及事实行为等。亦即非基于法律行为的物权变动包括：（1）基于人民政府的征收决定发生物权变动，征收决定生效时物权变动；（2）基于人民法院、仲裁机构的形成判决、形成裁决发生物权变动，判决或者裁决生效时物权变动；（3）基于继承发生物权变动，继承开始时物权变动；（4）基于合法建造或者拆除房屋发生物权变动，事实行为成就时物权变动。显然，A选项、B选项、C选项、D选项均属上述情形，因此，A选项、B选项、C选项、D选项全部符合题意。

5. ACD　【解析】在权利的发生上，物权的设定采取法定主义，而债权（合同之债）的设定则采取任意主义。留置权、不动产所有权、居住权属于物权，故其设定采取法定主义。本题选择ACD。

6. ABCD　【解析】物权法定是指物权的类型以及各类型的内容和物权的变动方式由法律规定，而不许当事人自行创设的原则。《民法典》第116条规定："物权的种类和内容，由法律规定。"物权法定原则的内容包括：（1）物权的种类不得创设，即当事人不得创设法律所不认可的新类型的物权。此谓"类型强制"。（2）物权的内容不得创设，即当事人不得创设与物权的法定内容相悖的物权内容。此谓"类型固定"。物权法定使物权的规范具有明显的强制性，这也使其与债权相区别。违反物权法定原则的后果是：（1）法律没有规定的物权，当事人不得自由设立，即使当事人有约定也不发生物权设定的法律效果。（2）当事人的约定部分违反内容强制的规定，但不影响其他部分效力的，物权仍得以设立，仅违反规定的内容无效。因此，本题的答案为ABCD。

7. BCD　【解析】对世权即绝对权，可以对抗除权利人外的所有人，A选项请求权只能对抗相对人，不是对世权，因此A选项错误。民事权利以权利人可以对抗的义务人的范围为标准可以分为绝对权和相对权，绝对权，又称对世权，如物权、人身权等；相对权，又称对人权，如债权。B、C、D选项均属于物权。因此，本题的答案为BCD。

8. AB　【解析】所有权和抵押权的客体包括动产和不动产；质权的客体包括动产和权利；留置权的客体仅为动产。因此，本题的答案为AB。

9. ABCD　【解析】题目的四个选项均属于用益物权，且均以不动产为客体，因此，本题的答案为ABCD。与此同时，《民法典》第323条规定："用益物权人对他人所有的不动产或者动产，依法享有占有、使用和收益的权利。"这可以理解为《民法典》为以后添加以动产为客体的用益物权留下空间。

10. ACD　【解析】物权变动的模式仅针对法律行为引起的物权变动。从比较法上看，物权变动的立法模式主要有意思主义、物权形式主义和债权形式主义三种。ACD选项正确。

11. ACD　【解析】指示交付是指出让人的出让动产被第三人占有的，出让人将返还请求权让与受让人，并告知占有人向受让人交付该动产，交付即完成，也称"返还请求权的让与"。因此，B选项正确，A、C、D选项错误。

12. ABC　【解析】请求恢复原状，应具备下列条件：（1）须有财产损坏的事实存在。（2）须财产的损坏系出于他人的违法行为，包括故意损坏财产的行为和因使用不当而致财产损坏的行为。对于财产在使用中的自然磨损，除非使用人为非法使用人或法律另有规定，所有人不得请求使用人修理。（3）须损坏的财产有修复的可能。因此，本题的答案为ABC。

13. ABCD　【解析】不动产登记的类型包括变动登记、预告登记、更正登记、异议登记。其中变动登记又包括首次登记、变更登记、转移登记、注销登记等。因此，本题的答案为ABCD。

14. AB　【解析】《民法典》第221条规定："当事人签订买卖房屋的协议或者签订其他不动产物权的协议，为保障将来实现物权，按照约定可以向登记机构申请预告登记。

预告登记后，未经预告登记的权利人同意，处分该不动产的，不发生物权效力。"因此，本题的答案为AB。

15. **CD** 【解析】动产抵押权和地役权均自合同生效时设立，当事人要求登记的，可以向登记机构申请登记；未经登记，不得对抗善意第三人。因此，本题的答案为CD。

16. **AB** 【解析】物权具有优先效力，物权对于债权具有优先效力，同一物上既有物权，又有以其为给付标的的债权时，物权优先于债权。但物权优先于债权具有例外，个别情形下法律赋予某些债权以优先于物权的效力，如根据《民法典》确定的"买卖不破租赁"规则，租赁物的买受人不得以其所有权对抗承租人的债权。故 C 选项错误。物权的保护以恢复权利人对物的支配为主要目的，偏重于物上请求权的方法。D 选项错误。因此，本题的答案为 AB。

17. **ABD** 【解析】A 选项正确。物权客体特定原则又称一物一权原则，其内容包括：一物之上只能成立一个所有权，但这与多人共享一个所有权并不冲突。

B 选项正确。《民法典》第 116 条规定："物权的种类和内容，由法律规定。"物权法定原则指物权的类型和内容以及物权的变动方式由法律规定，而不允许当事人自行创设的原则。

C 选项错误。"占有"是动产物权存在的公示方式，国家不动产物权登记簿上所作的"登记"记载是不动产物权存在的公示方式。

D 选项正确。所谓公信，又叫公信力，指物权变动符合法定公示方式的就具有可信赖性的法律效力。依公信原则，物权变动经公示的，即发生法律效力，即使公示所表现的物权状态与真实的物权状态不相符合，也不影响物权变动的效力。综上，本题选 ABD。

三、简答题

1. 参考答案 物权变动的模式主要有意思主义、物权形式主义以及债权形式主义三种。

（1） 意思主义是指仅需当事人的意思表示而无须其他要件即足以产生物权变动的立法模式。

（2） 物权形式主义是指发生物权变动除了需要债权行为（法律行为）外，还需要物权变动的意思表示并且履行登记或者交付的法定形式方能产生物权变动的立法模式。

（3） 债权形式主义介于债权意思主义与物权形式主义之间，规定物权变动除需要债权行为外，还需要登记或者交付。

我国较为一致的观点是买卖、赠与、质押等债权合同并不足以引起物权变动，还须完成登记或者交付方可发生物权变动。

2. 参考答案 物权保护的方式如下：

请求确认物权	是指物权处于不确定状态时，相关人员可以提起确认之诉请求法院确认物权状态。既可以请求确认所有权，也可以请求确认他物权。
返还原物请求权	物权人可以请求无权占有人返还原物。当然，此一权利可能受到善意取得等制度的限制。
排除妨害、消除危险请求权	物权遭受妨害时，可以请求妨害人排除妨害或者请求法院责令妨害人排除妨害。物权面临妨害危险时，可以请求妨害人消除危险或者请求法院责令妨害人消除危险。

修理、重作、更换或者恢复原状请求权	当标的物因他人的侵权行为而毁损时，如果能够修复，可以请求修理。如果难以修复，可以要求重作或者更换。一般认为，修理、重作、更换适用于动产，对于不动产，可以用其他方式恢复原状。
损害赔偿请求权	是指妨害行为造成物权人之经济损失的，物权人可以请求妨害人赔偿损害。

四、法条分析题

参考答案 （1）登记作为不动产物权的公示方式，是指国家有关不动产登记部门依据权利人的申请将不动产物权的事项记载于不动产登记簿的事实。交付作为动产物权变动的方式，是指移转标的物占有的行为。（2）登记和交付适用于基于法律行为的物权变动。登记和交付的效力体现在：登记是不动产物权的公示方式，交付是动产物权的公示方式；不动产物权经登记或动产经交付，即发生物权转让的法律效力。（3）本条规定了不动产物权和动产物权的公示方式，有利于维护交易安全，为善意第三人的利益提供切实保障。

第十章　所有权

一、单项选择题

1. A　【解析】所有权的权能包括积极权能和消极权能。所有权的积极权能包括占有、使用、收益和处分。A选项属于所有权的积极权能。所有权的消极权能即排除他人的不法干预，如请求排除妨害、消除危险、恢复原状、赔偿损失等。BCD选项均属于所有权的消极权能。因此，A选项当选。

2. C　【解析】A选项正确。行使所有权不得妨害他人的合法权益。

B选项正确。行使所有权时必须注意保护环境、自然资源和生态平衡。

C选项错误。征收组织、个人的房屋以及其他不动产，应当依法给予征收补偿，维护被征收人的合法权益；征收个人住宅的，还应当保障被征收人的居住条件。C选项的"赔偿"应当改为"补偿"。

D选项正确。因抢险救灾等紧急需要，依照法律规定的权限和程序可以征用组织、个人的不动产或者动产。被征用的不动产或者动产使用后，应当返还被征用人。综上，本题选C。

3. A　【解析】根据《民法典》第305条、306条规定，按份共有人转让其享有的共有的不动产或者动产份额时，其他共有人在同等条件下有优先购买权。是否为同等条件应当综合共有份额的转让价格、价款履行方式及期限等因素确定。本题选择A选项。

4. D　【解析】先占是指以所有的意思占有无主动产而取得其所有权的法律事实。先占应具备以下构成要件：（1）须为无主物；（2）须为动产；（3）须以所有的意思占有无主物。目前，我国《民法典》并没有规定先占的条件。因此，本题的答案为D。

5. D　【解析】《民法典》第318条规定："遗失物自发布招领公告之日起一年内无人认领的，归国家所有。"因此，本题的答案为D。《民法典》修改了《物权法》对于无人认领时间的规定，《物权法》规定无人认领的时间是 6 个月，《民法典》修改成 1 年。

6. D 【解析】占有改定是指出让人在转让物权后，仍需要继续占有出让的动产的，由出让人与受让人订立合同，使出让人由原来的所有人的占有改变为非所有人的占有，而受让人已取得物权，只是将占有权交给出让人行使一定时间，在约定期限届满时，出让人再按约定将该动产交还受让人直接占有。在占有改定的情形下，无权处分人仍然占有动产，因此所有权人更容易追回被无权处分的动产，不适用善意取得。因此，本题的答案为 D。

7. C 【解析】《民法典》第 312 条规定："所有权人或者其他权利人有权追回遗失物。该遗失物通过转让被他人占有的，权利人有权向无处分权人请求损害赔偿，或者自知道或者应当知道受让人之日起二年内向受让人请求返还原物；但是，受让人通过拍卖或者向具有经营资格的经营者购得该遗失物的，权利人请求返还原物时应当支付受让人所付的费用。权利人向受让人支付所付费用后，有权向无处分权人追偿。"因此，本题的答案为 C。

8. A 【解析】所有权的绝对消灭是指因一定法律事实的发生使所有权的客体不复存在。所有权的相对消灭是指因一定法律事实的发生导致原所有人丧失所有权，但原物依然存在，只是更换了新的所有人。引起所有权相对消灭的原因主要是：（1）转让所有权；（2）抛弃所有权；（3）国家机关依法采取强制措施；（4）所有权主体消灭。因此，本题的答案为 A。

9. B 【解析】所有权继受取得的主要方式包括买卖、互易、赠与、继承与遗赠等。所有权原始取得的主要方式包括生产、先占、添附、拾得遗失物、发现埋藏物或者隐藏物、善意取得。因此，本题的答案为 B。

10. B 【解析】本题考查按份共有物的处分。处分或者重大修缮按份共有物的，有约定从约定，否则需经共有份额三分之二以上（包含三分之二）的按份共有人同意。本题当中，甲、乙、丙三人形成按份共有，由于没有约定各自份额，并且无法统计出资额度，即为等额按份共有，甲、乙、丙三人各占三分之一份额。依据上述规则，甲想转让共有的汽车，必须征得共有份额三分之二以上的按份共有人同意，甲仅占三分之一，至少仍需征得乙、丙二人之一同意，方才满足三分之二以上这一要求。因此，A 选项错误、B 选项正确、C 选项错误、D 选项错误。

11. C 【解析】建筑物区分所有权的主要特点有复合性、整体性、专有权的主导性、客体的多元性。故本题选择 C 选项。

12. A 【解析】相邻关系，是指相互毗邻的不动产的所有人或使用人因对不动产行使所有权或使用权而发生的权利义务关系。相邻关系具有如下特征：（1）相邻关系总是发生在两个以上权利主体之间；（2）相邻关系的内容是相邻人间的权利、义务；（3）相邻关系是在不动产毗邻或相近的特定条件下因对财产的使用而发生的。相邻关系一般由法律规定，而非"由毗邻不动产的权利人协议产生"，D 选项错误。因此，本题的答案为 A。

13. D 【解析】善意取得的目的是保护正常市场交易中善意第三人的利益，其条件之一就是必须支付合理对价，赠与行为不适用善意取得。质权人谎称自己是所有权人将质押物质押给他人，不是转质，适用善意取得。因此，本题选择 D 选项。

14. A 【解析】A 选项存在需役地，甲村私自利用乙村土地为自己提供便利，属于地役权纠纷。B 选项是相邻损害防免关系。C 选项是相邻采光关系。D 选项是相邻取水关系。因此，A 选项当选。

15. B 【解析】乙作为保管人，处分托管人甲的电脑，属于无权处分，丙对此知情，不适用善意取得制度，但是《民法典》第215条规定："当事人之间订立有关设立、变更、转让和消灭不动产物权的合同，除法律另有规定或者当事人另有约定外，自合同成立时生效；未办理物权登记的，不影响合同效力。"无权处分的买卖合同是有效的，C选项错误。丁不知情，乙向其完成交付，丁善意取得电脑的所有权，原所有权人丧失所有权并且无权追回，B选项正确，AD选项错误。本题选择B选项。值得注意的是，在理论上，高价不影响合理价格的认定。

16. D 【解析】善意取得的条件之一是善意取得的财产应该登记的已经登记，应该交付的已经交付，但占有改定的交付方式不适用善意取得。因此，本题的答案为D。

17. C 【解析】《民法典》第312条规定："所有权人或者其他权利人有权追回遗失物。该遗失物通过转让被他人占有的，权利人有权向无处分权人请求损害赔偿，或者自知道或者应当知道受让人之日起二年内向受让人请求返还原物；但是，受让人通过拍卖或者向具有经营资格的经营者购得该遗失物的，权利人请求返还原物时应当支付受让人所付的费用。权利人向受让人支付所付费用后，有权向无处分权人追偿。"遗失物不适用善意取得。C选项正确，A选项错误。古董不是无主物，而是遗失物。B选项错误。李某无须支付袁某之前所付的费用，因为袁某不是通过拍卖或者向具有经营资格的经营者购买该遗失物。D选项错误。因此，本题的答案为C。

18. C 【解析】通过事实行为、继承以及公法上的原因而取得（注意仅是取得）不动产所有权的，不需要经过登记。因此，本题的答案为C。

19. B 【解析】《民法典》第312条规定："所有权人或者其他权利人有权追回遗失物。该遗失物通过转让被他人占有的，权利人有权向无处分权人请求损害赔偿，或者自知道或者应当知道受让人之日起二年内向受让人请求返还原物；但是，受让人通过拍卖或者向具有经营资格的经营者购得该遗失物的，权利人请求返还原物时应当支付受让人所付的费用。权利人向受让人支付所付费用后，有权向无处分权人追偿。"本题中的情形是拾得人转让遗失物，对第三人而言，为了平衡所有人与第三人的利益，同时维护交易安全，对所有人物权的追及力有所限制。具体本题案情，虽然时间是2年后，但是根据《民法典》的规定，权利人救济的2年时间的起算点是"自知道或者应当知道受让人之日"，故B选项为本题的正确答案。

20. B 【解析】《民法典》第301条规定："处分共有的不动产或者动产以及对共有的不动产或者动产作重大修缮、变更性质或者用途的，应当经占份额三分之二以上的按份共有人或者全体共同共有人同意，但是共有人之间另有约定的除外。"因此，本题的答案为B。

21. C 【解析】《民法典》第301条规定："处分共有的不动产或者动产以及对共有的不动产或者动产作重大修缮、变更性质或者用途的，应当经占份额三分之二以上的按份共有人或者全体共同共有人同意，但是共有人之间另有约定的除外。"

A选项错误。甲的份额为二分之一，甲无权单独卖掉卡车。

B选项错误。处分共有的动产应当经占"份额"而不是占"人数"三分之二以上的按份共有人同意。

C选项正确、D选项错误。乙、丙二人的份额为二分之一（不足三分之二），乙、丙未经甲的同意无权卖掉卡车。综上，本题选C。

22. A 【解析】根据我国现行法律的规定，天然孳息由所有权人取得；既有所有权人又有用益物权人的，由用益物权人取得。甲是牛的所有权人，同时并不存在用益物权人，因此天然孳息（小牛）归甲所有。本题的答案为 A。

23. A 【解析】《民法典》第 248 条规定："无居民海岛属于国家所有，国务院代表国家行使无居民海岛所有权。"因此，本题的答案为 A。

24. D 【解析】《民法典》第 282 条规定："建设单位、物业服务企业或者其他管理人等利用业主的共有部分产生的收入，在扣除合理成本之后，属于业主共有。"因此，本题的答案为 D。

二、多项选择题

1. AD 【解析】本题考查善意取得。善意取得的条件有四：（1）处分人以自己的名义实施了无权处分；（2）第三人主观善意；（3）第三人以合理价格受让；（4）不动产已经完成登记／动产已经完成交付。本题当中，乙未经甲同意处分甲的相机，属于无权处分；丙对乙的无权处分并不知情，属于主观善意；交易价格是市价，属于合理价格；当场交付，交付完成，交付方式为现实交付。四个要件均已具备，丙能善意取得相机的所有权。因此，A 选项正确、B 选项错误。由于善意取得一旦发生，原所有权消灭，原所有权人不得向新所有权人主张返还原物，但是可以对无权处分人主张损害赔偿以资救济。此时，甲对相机的所有权消灭，不能请求丙返还相机，但是甲可以请求乙赔偿损害以资救济。因此，C 选项错误、D 选项正确。故本题答案为 AD。

2. ABCD 【解析】所有权的内容包括人对物和人对人两个方面的权利。人对物的权利属于所有权的积极内容，包括占有、使用、收益、处分几项具体的权利；人对人的权利属于所有权的消极内容，包括返还请求权、妨害排除请求权、妨害预防请求权、恢复原状请求权等。本题选择 ABCD 选项。

3. ABD 【解析】《民法典》第 281 条规定："建筑物及其附属设施的维修资金，属于业主共有。经业主共同决定，可以用于电梯、屋顶、外墙、无障碍设施等共有部分的维修、更新和改造。建筑物及其附属设施的维修资金的筹集、使用情况应当定期公布。紧急情况下需要维修建筑物及其附属设施的，业主大会或者业主委员会可以依法申请使用建筑物及其附属设施的维修资金。"因此 ABD 项正确。使用建筑物及其附属设施的维修资金应当经专有部分面积超过半数的业主且人数超过半数的业主同意（以参与投票的业主为基数，而非以小区全部的业主为基数），当然，超过半数并不包括半数，而 1/2 以上包括 1/2，因此 C 选项错误。

4. ABCD 【解析】动产所有权的善意取得包括：标的物须为占有委托物且为非禁止流通物、让与人系无权处分人、受让人以合理的价格受让、已完成交付（占有改定除外）、受让人系出于善意。因此，本题的答案为 ABCD。

5. ABC 【解析】《民法典》第 306 条规定："按份共有人转让其享有的共有的不动产或者动产份额的，应当将转让条件及时通知其他共有人。其他共有人应当在合理期限内行使优先购买权。两个以上其他共有人主张行使优先购买权的，协商确定各自的购买比例；协商不成的，按照转让时各自的共有份额比例行使优先购买权。"因此，本题的答案为 ABC。

6. ABCD 【解析】所有权的相对消灭是指因一定法律事实的发生导致原所有人丧失

所有权，但原物依然存在，只是更换了新的所有人。引起所有权相对消灭的原因主要是：（1）转让所有权；（2）抛弃所有权；（3）国家机关依法采取强制措施；（4）所有权主体消灭。因此，本题的答案为 ABCD。

7. BC 【解析】本题考查拾得遗失物。遗失人领取遗失物时应当向拾得人或者有关部门支付保管遗失物的必要费用。但是，拾得人侵占遗失物（拒不返还遗失物即为侵占遗失物）的，不能请求必要费用。本题当中，乙拾得甲的暹罗猫，即是乙拾得遗失物，此后，甲找到乙后，乙当即归还，表明乙并无侵占甲的暹罗猫的意思，可以请求甲支付暂养期间的必要费用 300 元。因此，C 选项正确、D 选项错误。如果遗失人发布悬赏广告，那么拾得人拾得遗失物并且通知失主或者主动送还，遗失人应当支付悬赏广告中所承诺的赏金。本题当中，乙仅是拾得甲的暹罗猫，并不符合悬赏广告所要求的通知或者送还，因此乙不能取得悬赏广告中所承诺的赏金 3000 元。因此，A 选项错误、B 选项正确。故本题答案为 BC。

8. ABCD 【解析】相邻关系的处理原则包括四项：有利生产、方便生活、团结互助、公平合理。因此，本题的答案为 ABCD。

9. ABC 【解析】《民法典》第 236 条规定："妨害物权或者可能妨害物权的，权利人可以请求排除妨害或者消除危险。"本案中，赵某的邻居叶某房屋施工给赵某的生活带来了重大妨害，赵某基于物权以及相邻关系的有关规定，可以请求排除妨碍。至于请求的对象，由于房屋尚未过户，所有权人仍然是叶某，因此赵某可以向叶某提出请求。同时，由于沈某直接造成了妨害的产生，赵某可以向沈某提出请求。AB 选项正确。排除妨害是一种物权请求权，只要妨害存在，就可以提出，不受诉讼时效的限制。C 选项正确。《民法典》第 1183 条第 1 款规定："侵害自然人人身权益造成严重精神损害的，被侵权人有权请求精神损害赔偿。"本案中，虽然施工导致了赵某失眠，但并没有给他造成严重的精神损害，不可以主张精神损害赔偿。D 选项错误。故本题答案为 ABC。

10. ABC 【解析】共同共有是指两个以上的所有人，根据共同关系对共有财产不分份额地共同享有权利并承担义务的共有关系。ABC 选项均是常见的共同共有，男女朋友同居期间的共有一般是按份共有。D 选项错误。

11. ABC 【解析】本题考查所有权取得的方式。关于所有权取得的分类，依据是否基于意思行为，分为原始取得和继受取得；依据产生的法律事实不同，分为基于法律行为的取得和非基于法律行为的取得。原始取得主要包括生产、先占、添附、拾得遗失物、拾得漂流物、发现埋藏物或者隐藏物，善意取得。继受取得的原因包括法律行为和法律行为以外的事实两大类，主要包括买卖、互易、赠与、继承、受遗赠等。本题中，继承属于继受取得，但不属于基于法律行为的取得。本题的答案为 ABC。

12. BD 【解析】《民法典》第 278 条规定："下列事项由业主共同决定：（一）制定和修改业主大会议事规则；（二）制定和修改管理规约；（三）选举业主委员会或者更换业主委员会成员；（四）选聘和解聘物业服务企业或者其他管理人；（五）使用建筑物及其附属设施的维修资金；（六）筹集建筑物及其附属设施的维修资金；（七）改建、重建建筑物及其附属设施；（八）改变共有部分的用途或者利用共有部分从事经营活动；（九）有关共有和共同管理权利的其他重大事项。业主共同决定事项，应当由专有部分面积占比三分之二以上的业主且人数占比三分之二以上的业主参与表决。决定前款第六项至第八项规定的事项，应当经参与表决专有部分面积四分之三以上的业主且参与表决人数四分之三以上的业主同意。决定前款其他事项，应当经参与表决专有部分面积过半数的业主且参与表决人数过半数的业主同意。"因此，本题的答案为BD。

13. ABCD 【解析】《民法典》第322条规定："因加工、附合、混合而产生的物的归属，有约定的，按照约定；没有约定或者约定不明确的，依照法律规定；法律没有规定的，按照充分发挥物的效用以及保护无过错当事人的原则确定。因一方当事人的过错或者确定物的归属造成另一方当事人损害的，应当给予赔偿或者补偿。"因此，本题ABCD全选。

14. BC 【解析】在我国，城市土地、矿藏、水流、海域、无居民海岛、无线电频谱资源、国防资产等专属于国家所有，BC选项正确。森林、荒地可以属于集体所有，AD选项错误。故本题选择BC选项。

15. ABC 【解析】专有部分指在构造上能明确区分，具有排他性且可独立使用的建筑物部分。构成专有部分须具备三个条件：一是构造上的独立性，即"物理上的独立性"，从而能够明确区分；二是利用上的独立性，即"功能上的独立性"，可以排他使用；三是能够登记成为特定业主所有权的客体。因此，ABC三个选项都是构成"专有部分"必备的条件。本题选ABC。

16. ABCD 【解析】所有权是权利人在法律限制的范围内，对物全面支配并排除他人干预的物权。所有权具有全面性、整体性、弹力性、排他性、恒久性的特征。因此，ABCD四项均是所有权的特征。本题选ABCD。

17. BD 【解析】业主共同决定事项，应当由专有部分面积占比2/3以上的业主且人数占比2/3以上的业主参与表决。

BD选项正确。决定"筹集建筑物及其附属设施的维修资金，改建、重建建筑物及其附属设施，改变共有部分的用途或者利用共有部分从事经营活动"这三项事项应当经参与表决专有部分面积3/4以上的业主且参与表决人数3/4以上的业主同意。

AC选项错误。决定"使用建筑物及其附属设施的维修资金、选聘和解聘物业服务企业或者其他管理人"应当经参与表决专有部分面积过半数的业主且参与表决人数过半数的业主同意。

18. ACD 【解析】A选项正确。在共同共有关系中，各个共有人对共有财产共同地、平等地享有所有权，没有份额的区分。各自的份额只有在分割时才能确定。

B选项错误。共同共有人可以依《民法典》第303条的规定主张特定情形下的分割请求权。根据该条规定，共有人约定不得分割共有的不动产或者动产，以维持共有关系的，应当按照约定，但是共有人有重大理由需要分割的，可以请求分割；没有约定或者约定不明确的，共同共有人在共有的基础丧失或者有重大理由需要分割时可以请求分割。因分割造成其他共有人损害的，应当给予赔偿。

C选项正确。处分共有财产或者对共有财产作重大修缮、变更性质或者用途的，应当经全体共同共有人同意，除非共有人之间另有约定。

D选项正确。共同共有的基础就是共有人之间的共有关系，因此，财产共同共有关系随着共有人的共同关系的存在而产生，并随着共同关系的解除而消灭。综上，本题选ACD。

三、简答题

参考答案 集体所有权的客体包括：

（1）法律规定属于集体所有的土地、森林、山岭、草原、荒地以及滩涂。

（2）集体所有的建筑物、生产设施、农田水利设施。

（3）集体所有的教育、科学、文化、卫生、体育等设施。

（4）集体所有的其他不动产和动产。

四、案例分析题

1. **参考答案** （1）木料的所有权应当认定尚未发生转移。《民法典》第224条规定："动产物权的设立和转让，自交付时发生效力，但是法律另有规定的除外。"本案涉及动产所有权的转移，按照《民法典》的规定，动产所有权的转移应自交付时起转移。本案中，尽管李某和王某已经就财产的转让达成协议，但由于木料仍在王某的占有之下，并未交付给李某，因此应认定所有权尚未转移。（2）本案中双方买卖的木料因洪灾而灭失，由此造成的损失由何方承担就是风险负担的问题。《民法典》第604条第1款规定："标的物毁损、灭失的风险，在标的物交付之前由出卖人承担，交付之后由买受人承担，但是法律另有规定或者当事人另有约定的除外。"由于木料尚未由王某交付给李某，因此木料毁损、灭失的风险理应由王某承担。

2. **参考答案** （1）李某。基于人民法院、仲裁机构的形成判决、形成裁决而发生的物权变动，在判决或者裁决生效时物权变动，无需办理过户登记。在本题中，法院判决房屋归李某所有，属于形成判决，一旦生效，李某取得房屋所有权，吴某丧失房屋所有权。亦即2月1日之后，李某取得房屋所有权，吴某丧失房屋所有权。（2）李某。基于法律行为的不动产物权变动的发生应当具备三个条件：① 在当事人间存在有效的法律行为，例如，买卖合同、赠与合同等；② 当事人一方对不动产有处分权；③ 已经办理登记，例如，设立不动产的抵押权要办理抵押登记、移转不动产的所有权要办理过户登记等。在本题中，3月1日，李某将该房屋出卖给张某，但是并未办理登记，尚未达成基于法律行为的不动产物权变动的三个条件，因此，物权尚未变动，张某未取得房屋所有权，李某仍然是房屋的所有权人。（3）王某。善意取得的条件有四：① 处分人以自己的名义实施了无权处分；② 第三人主观善意；③ 第三人以合理价格受让；④ 不动产已经完成登记／动产已经完成交付。在本题中，4月1日，吴某已经不是房屋所有权人，其将房屋出卖给王某属于无权处分；王某查阅了不动产登记簿，由于不动产登记簿上记载的仍然是吴某，因此王某以为吴某是房屋所有权人，主观上善意；此外，王某支付的价款与张某支付的价款相同，均为50万元，价格合理；并且5月10日，王某办理登记，上述四个条件均已满足，5月10日，王某善意取得房屋所有权。

第十一章 用益物权

一、单项选择题

1. D **【解析】** A选项正确。地役权是为了自己之不动产的便利，基于合同约定而使用他人之不动产的权利。甲为了眺望远方海景，和乙签订合同，要求乙不得兴建四层以上住宅，属于地役权合同。

B 选项正确。地役权自地役权合同生效时设立，未经登记不影响地役权的设立，但是未经登记，不得对抗善意第三人。因此，甲的权利自地役权合同订立时（2022 年 4 月）设立。

C 选项正确、D 选项错误。需役地的权利转让的，转让部分涉及地役权的，受让人享有地役权。甲将房屋所有权转移给丙并办理了登记，丙因此取得房屋所有权，受让人丙也享有该不动产上的地役权，因此丙有权阻止乙兴建四层以上住宅。综上，本题选 D。

2. B 【解析】地役权有下列情形之一的，供役地权利人有权解除地役权合同，地役权消灭：（1）违反法律规定或者合同约定，滥用地役权；（2）有偿利用供役地，约定的付款期限届满后在合理期限内经两次催告未支付费用。本题选择 B 选项。

3. A 【解析】通过家庭承包取得的承包经营权，承包人有权将土地承包经营权采取互换、转让等方式流转；无论采取何种方式，发包方都应当与承包方签订书面承包合同，承包合同自成立之日起生效，承包方自承包合同生效时取得土地承包经营权。因此，本题的答案为 A。

4. C 【解析】建设用地使用权是指自然人、社会组织对国家或集体所有的土地依法享有的利用该土地建造及保有建筑物、构筑物及其附属设施的权利。其具有以下特征：（1）建设用地使用权属于用益物权；（2）建设用地使用权的主体为符合法定条件的自然人和社会组织；（3）建设用地使用权的内容为在土地上建造和保有建筑物、构筑物及其附属设施，以及对建设用地使用权的处分如出资、转让、抵押等，但不包括对土地本身的处分；（4）建设用地使用权的客体包括国有土地和集体所有的土地，其范围包括土地表面及其上下的一定空间；（5）建设用地使用权具有排他性，在同一块土地上不允许有两个以上内容相同的建设用地使用权存在。因此，本题的答案为 C。

5. D 【解析】宅基地使用权是指农村集体经济组织成员因建造自有房屋而依法对集体所有的土地享有的占有、使用的权利，是我国特有的一种用益物权。宅基地使用权的特征在于：（1）宅基地使用权的主体限于农村集体经济组织成员。（2）宅基地使用权的内容限于建造、保有住宅及其附属设施。（3）宅基地使用权的客体限于集体所有的土地，换言之，宅基地的所有权归集体。（4）宅基地使用权的取得是无偿的且没有期限限制，故该权利具有福利性。宅基地使用权的取得方式有二：原始取得与继受取得。原始取得的方式主要包括根据法律的直接规定或者权利人的依法申请和集体经济组织的授予而取得。继受取得是指通过赠与、买卖、继承宅基地上的住宅而取得宅基地使用权。需要强调的是根据现行法律的规定，宅基地使用权不得抵押，不得单独转让，必须与合法建造的住房一并转让。宅基地属于集体土地，是不得作为继承的遗产继承的，一般继承的发生是个人的合法遗产。宅基地使用权的继受取得是指通过继承宅基地上的住宅而取得宅基地使用权。因此，宅基地使用权无法通过直接继承取得。综上所述，本题的答案为 D。

6. B 【解析】地役权是指不动产的权利人如所有权或使用权人，为自己使用不动产的便利或提高自己不动产的效益而利用他人不动产的权利。地役权的特征包括：（1）地役权的主体包括不动产的所有权人和使用权人；（2）地役权的内容是利用他人不动产，并对他人的权利加以限制；（3）地役权的客体是他人不动产；（4）地役权的设立目的是为供自己使用不动产之便利或效益之提高；（5）地役权是否有偿及存续期限依当事人约定；（6）地役权具有从属性。B 选项对应的是相邻关系，而不是地役权。因此，本题的答案为 B。

7. D 【解析】本题考查用益物权的法律制度。《民法典》第 323 条规定："用益物权人对他人所有的不动产或者动产，依法享有占有、使用和收益的权利。"A 选项正确。《民法典》第 333 条第 1 款规定："土地承包经营权自土地承包经营权合同生效时设立。"可见 B 选项正确。《民法典》第 347 条第 2 款规定："工业、商业、旅游、娱乐和商品住宅等经营性用地以及同一土地有两个以上意向用地者的，应当采取招标、拍卖等公开竞价的方式出让。"C 选项正确。《民法典》第 359 条规定："住宅建设用地使用权期限届满的，自动续期。续期费用的缴纳或者减免，依照法律、行政法规的规定办理。非住宅建设用地使用权期限届满后的续期，依照法律规定办理。该土地上的房屋以及其他不动产的归属，有约定的，按照约定；没有约定或者约定不明确的，依照法律、行政法规的规定办理。"D 选项错误。

8. D 【解析】《民法典》第 346 条规定："设立建设用地使用权，应当符合节约资源、保护生态环境的要求，应当遵守法律、行政法规关于土地用途的规定，不得损害已经设立的用益物权。"因此 D 选项说法错误。

9. C 【解析】根据《民法典》的相关规定，居住权无偿设立，但是当事人另有约定的除外。设立居住权的，应当向登记机构申请居住权登记。居住权自登记时设立。因此，本题的答案为 C。

10. C 【解析】A 选项错误。甲与乙订立居住权合同，并依法办理登记，乙是居住权人。居住权人乙应当按照合同的约定占有、使用他人的住宅。使用的目的应当限于自己生活居住的需要，故不得出租设立居住权的住宅，但是当事人另有约定的除外。所以，乙不可以将房屋出租给其他人。

B 选项错误。居住权期限届满或者居住权人死亡的，居住权消灭。本案中，居住期限为永久且居住权人未死亡，乙依然对该房屋享有居住权，房屋所有权的转移不影响居住权。

C 选项正确。设立居住权的住宅不得出租，但是当事人另有约定的除外。题目中未说明甲、乙是否约定该房屋可以出租，则应认定为没有约定的情况下，设立居住权的住宅不得出租。

D 选项错误。居住权人在权利受到侵害时有权主张物权保护或者请求侵权人承担侵权责任，如请求排除妨害或者消除危险、赔偿损失等。综上，本题选 C。

二、多项选择题

1. ABCD 【解析】我国《民法典》对土地承包经营权、建设用地使用权、宅基地使用权、居住权、地役权五种用益物权作了较为具体的规定，对海域使用权、探矿权、采矿权、取水权、养殖权、捕捞权等特别法上的物权仅作了宣示性规定。有学者将这些物权称为准物权、特许物权。故答案 ABCD 都正确。

2. ABD 【解析】本题考查土地承包经营权。土地承包经营权自土地承包经营权合同生效时即设立。据此，A 选项正确。农村土地承包采取农村集体经济组织内部的家庭承包方式，不宜采取家庭承包方式的荒山、荒沟、荒丘、荒滩等农村土地，可以采取招标、拍卖、公开协商等方式承包。家庭承包的承包方是本集体经济组织的农户，以招标、拍卖、公开协商等方式承包的承包方可以是本集体经济组织的农户，也可以是本集体经济组织以外的单位或者个人。据此，B 选项正确。土地承包经营权不得继承，只有承包收益（例如：

承包土地上未收割的农作物）可以继承。但是，林地承包经营权以及以招标、拍卖、公开协商等方式取得的土地经营权可以在承包期限内继承。据此，C 选项错误。以招标、拍卖、公开协商等方式承包农村土地的，在同等条件下，相对于本集体经济组织以外的单位或者个人，本集体经济组织成员享有优先承包权。据此，D 选项正确。故本题答案为 ABD。

3. BD　【解析】通过家庭承包取得的土地承包经营权、土地承包经营权人有权将土地承包经营权互换、转让，有权依法采取出租、入股或者其他方式向他人流转土地经营权。通过招标、拍卖、公开协商等方式承包农村土地，经依法登记取得权属证书的，可以依法采取出租、入股、抵押或者其他方式流转土地经营权。因此，BD 选项正确。

4. ABCD　【解析】在享受权利的同时，承包人必须依照法律规定和合同约定履行义务，维持土地的农业用途，未经依法批准，不得将承包地用于非农建设；依法保护和合理利用土地，不得进行掠夺性经营，不得给土地造成永久性损害；在生产过程中要保护环境；接受发包人的必要指导和管理。因此，本题的答案为 ABCD。

5. ABC　【解析】出让、转让与行政划拨两种取得方式的主要区别在于：（1）性质不同。前者属于民事方式，后者属于行政方式。（2）是否支付对价不同。前者属于有偿方式，需要支付对价——交付土地出让金或转让金；后者属于无偿方式，不需要支付出让金。（3）取得的权利的内容不同。通过前种方式取得的土地使用权可进入市场，属于民法上可交易的财产范畴，可以转让、出租、抵押和继承；而通过后一种方式取得的土地使用权只能由权利人自己使用，不能作如上处分。（4）取得的土地使用权存续期限不同。通过前种方式取得的土地使用权存在一定期限，期限届满后，未申请续展或续展未获批准，使用权即告消灭；而通过后一种方式取得的土地使用权是长期的或无期限的。（5）适用范围不同。后者仅限于法律有明文规定的情形，如国家机关用地和军事用地，城市基础设施用地和公益事业用地，国家重点扶持的能源、交通、水利等基础设施用地以及法律、行政法规规定的其他用地等；除此之外的情形只能采取出让方式取得国有土地使用权。无论通过哪种方式取得建设用地使用权，均应向登记机构申请建设用地使用权登记。建设用地使用权自登记时设立。综上所述，本题的答案为 ABC。

6. BC　【解析】根据《民法典》的相关规定，登记为物权变动生效要件的情形主要有：因买卖、赠与、互易等行为发生不动产所有权变动的，建设用地使用权的出让与转让的，不动产抵押权的设立等。登记为对抗要件的情形主要有：土地承包经营权互换、转让的，当事人可以向登记机构申请登记，未经登记，不得对抗善意第三人；地役权设立和转让时，未经登记，不得对抗善意第三人。因此，本题的答案为 BC。

7. AB　【解析】根据《民法典》的相关规定，地役权自地役权合同生效时设立。当事人要求登记的，可以向登记机构申请地役权登记；未经登记，不得对抗善意第三人。甲公司的地役权没有登记，不具有对抗效力。因此，丙公司对地役权的设立不知情，是善意第三人，甲公司就无权要求丙公司履行地役权合同的义务。本题的答案为 AB。

8. ABCD　【解析】我国《民法典》规定的用益物权包括土地承包经营权、建设用地使用权、宅基地使用权、居住权、地役权。因此，ABCD 选项均正确。

9. ABCD　【解析】本题比较相邻关系与地役权的区别。相邻关系是一种法定权利，地役权是约定的权利，地役权是为需役地而设立的，从属于需役地而存在，具有从属性和不可分性。ABCD 选项均正确。

10. ABD　【解析】《民法典》第 339 条规定："土地承包经营权人可以自主决定依

法采取出租、入股或者其他方式向他人流转土地经营权。"A 选项正确。《民法典》第341 条规定："流转期限为五年以上的土地经营权，自流转合同生效时设立。当事人可以向登记机构申请土地经营权登记；未经登记，不得对抗善意第三人。"B 选项正确，C 选项错误。《民法典》第 342 条规定："通过招标、拍卖、公开协商等方式承包农村土地，经依法登记取得权属证书的，可以依法采取出租、入股、抵押或者其他方式流转土地经营权。"D 选项正确。因此，本题的答案为 ABD。

11. ABD 【解析】《民法典》第 367 条规定："设立居住权，当事人应当采用书面形式订立居住权合同。居住权合同一般包括下列条款：（一） 当事人的姓名或者名称和住所；（二） 住宅的位置；（三） 居住的条件和要求；（四） 居住权期限；（五） 解决争议的方法。"A 选项正确。《民法典》第 369 条规定："居住权不得转让、继承。设立居住权的住宅不得出租，但是当事人另有约定的除外。"B 选项正确，C 选项错误。《民法典》第 370 条规定："居住权期限届满或者居住权人死亡的，居住权消灭。居住权消灭的，应当及时办理注销登记。"D 选项正确。本题选 ABD。

12. ACD 【解析】A 选项正确。以集体土地为客体的建设用地使用权限于兴办乡镇企业、乡（镇）村公共设施和公益事业，其使用权的取得必须报请有关政府部门批准，且不得转让、出租或者抵押。

B 选项错误。建设用地使用权人享有的处分权是指处分建设用地使用权，而非处分建设用地。

C 选项正确。建设用地使用权的处分遵循"房地一体"原则。建设用地使用权转让、互换、出资或者赠与的，附着于该土地上的建筑物、构筑物及其附属设施一并处分。建筑物、构筑物及其附属设施转让、互换、出资或者赠与的，该建筑物、构筑物及其附属设施占用范围内的建设用地使用权一并处分。

D 选项正确。建设用地使用权人在建设用地使用权消灭之后应当返还土地并恢复原状。综上，本题选 ACD。

13. ABC 【解析】宅基地使用权的内容包括：（1） 占有宅基地；（2） 使用宅基地建造房屋和附属设施并因此取得房屋及其附属设施的所有权；（3） 取得因行使宅基地使用权而获得的收益。ABC 三项都是宅基地使用权人享有的合法权利。D 选项错误，宅基地使用权不得抵押。本题选 ABC。

三、简答题

1. 参考答案 建设用地使用权的特征如下：
（1） 建设用地使用权属于用益物权。
（2） 建设用地使用权的主体是符合法定条件的自然人和社会组织。
（3） 建设用地使用权的内容是建设以及保有建筑物、构筑物以及附属设施或者处分建设用地使用权。
（4） 建设用地使用权的客体包括国有土地与集体土地的地表以及上下一定空间。
（5） 建设用地使用权具有排他性，同一块土地上不能并存两个以上内容相同的建设用地使用权。
2. 参考答案 居住权的特征如下：

（1）居住权的主体限于自然人。

（2）居住权的内容是占有、使用他人的住宅。

（3）居住权的客体是他人的住宅。

（4）居住权的设立目的是满足权利人生活居住的需要。

（5）居住权原则上是无偿的，当事人另有约定的除外。

（6）居住权具有专属性，依附于特定人的身份而存在，故不得转让、继承，并且因居住权人死亡而消灭。

（7）居住权是有期限的物权。

四、案例分析题

参考答案 （1）杜某和李某应签订书面的居住权合同，并向登记机构办理居住权登记。根据《民法典》的规定，设立居住权，当事人应采用书面形式订立居住权合同，应当向登记机构申请居住权登记。（2）有效。根据《民法典》的规定，居住权无偿设立，但是当事人另有约定的除外。杜某与李某关于房屋使用费的约定不违反法律规定，因此有效。（3）不能。根据《民法典》的规定，居住权不得转让、继承，居住权人死亡的，居住权消灭。因此李某去世后，戴某不能对楼房行使居住权。

第十二章　担保物权

一、单项选择题

1. C 【解析】承包方可以用承包地的土地经营权向金融机构融资担保，并向发包方备案。受让方通过流转取得的土地经营权，经承包方书面同意并向发包方备案，可以向金融机构融资担保。担保物权自融资担保合同生效时设立。当事人可以向登记机构申请登记；未经登记，不得对抗善意第三人。据此，C选项正确。

2. A 【解析】根据《最高人民法院关于适用〈中华人民共和国民法典〉有关担保制度的解释》第49条的规定，以违法的建筑物抵押的，抵押合同无效，但是一审法庭辩论终结前已经办理合法手续的除外。当事人以建设用地使用权依法设立抵押，抵押人以土地上存在违法的建筑物为由主张抵押合同无效的，人民法院不予支持。据此，A选项正确。

3. B 【解析】本题考查担保物权的从属性。主债权全部消灭，担保物权消灭；主债权部分消灭，担保物权并不消灭，但是所担保之额度相应缩减。本题当中，乙银行对甲所享有的100万元债权是主债权，乙银行对甲所享有的房屋抵押权是担保物权，依据上述规则，甲陆续向乙银行偿还贷款70万元不会导致乙银行的抵押权消灭，但是所担保之额度缩减为30万元。因而，A选项错误、B选项正确、C选项错误、D选项错误。

4. C 【解析】质押合同为诺成性合同，出质人未按合同约定移交质押财产的，应当承担违约责任。但合同生效不等于质权设立，质权自出质人交付质押财产时设立。本题选择C选项。

5. A 【解析】出质人的权利包括：第一，保留质押财产的所有权。第二，在质权人的行为可能使质押财产毁损、灭失时，可以请求质权人将质押财产提存，或者请求提前清偿债务并返还质押财产。第三，在债务人履行债务或出质人提前清偿所担保的债权后，有权请求质权人返还质押财产。第四，有权请求质权人在债务履行期届满后及时行使质权；质权人不行使的，出质人可以请求人民法院拍卖、变卖质押财产。出质人如果是债务人以外的第三人，还享有对债务人的追偿权。BCD 不符合题意。质权自交付时设立，质权人有权占有财产，出质人无权占有质押财产。A 项符合题意，本题选择 A 选项。

6. A 【解析】《民法典》第 403 条规定："以动产抵押的，抵押权自抵押合同生效时设立；未经登记，不得对抗善意第三人。"因此，本题的答案为 A。

7. A 【解析】《民法典》第 416 条规定了价款债权抵押权的超级优先效力。根据该条规定，动产抵押担保的主债权是抵押物的价款，标的物交付后十日内办理抵押登记的，该抵押权人优先于抵押物买受人的其他担保物权人受偿，但是留置权人除外。因此，本题答案为 A。

8. A 【解析】根据《民法典》第 393 条规定，担保物权消灭的情形包括：（1）主债权消灭；（2）担保物权实现；（3）债权人放弃担保物权；（4）法律规定担保物权消灭的其他情形。债务人无权放弃担保物权，故本题选择 A 选项。

9. B 【解析】抵押权是指债权人对于债务人或第三人提供的不转移占有而作为债务履行担保的财产，在债务人不履行债务时，可以就该抵押物的价值优先受偿的权利。抵押权的特征表现在：首先，抵押权是一种约定担保物权，其内容为就抵押物的价值优先受偿。其次，抵押权的标的物是债务人或第三人提供为担保的特定财产，该财产可以是动产、不动产，也可以是某种财产权利。最后，抵押权是不转移占有的担保物权，在抵押期间，抵押物仍由抵押人占有。因此，本题的答案为 B。

10. A 【解析】质权自质押财产交付时设立，而质押合同是诺成性合同，不以交付为生效要件。A 选项错误，其余选项说法正确，本题选择 A 选项。

11. A 【解析】留置权是指按照合同约定占有债务人动产的债权人，于债务人不履行债务时，得留置该动产并以其价值优先受偿的权利。其特征是：（1）留置权属于法定担保物权，其产生是基于法律的直接规定，无须合同当事人之间有特别约定；（2）留置权的标的物限于动产；（3）留置权不具有追及力，留置权人丧失对留置财产的占有即丧失留置权。因此，物权的追及力不适用于留置权。本题的答案为 A。

12. C 【解析】根据《民法典》第 407 条的规定，抵押权不得与债权分离而单独转让或者作为其他债权的担保。因此 C 选项说法错误，本题选 C。《民法典》修改了《物权法》对抵押财产转让的规定。根据《民法典》的规定，抵押期间，抵押人可以转让抵押财产。当事人另有约定的，按照其约定。抵押财产转让的，抵押权不受影响。抵押人转让抵押财产的，应当及时通知抵押权人。抵押权人能够证明抵押财产转让可能损害抵押权的，可以请求抵押人将转让所得的价款向抵押权人提前清偿债务或者提存。转让的价款超过债权数额的部分归抵押人所有，不足部分由债务人清偿。因此 B 选项说法正确。抵押期间，抵押人转让财产不再需要抵押权人同意。故本题答案为 C。

13. B 【解析】最高额抵押是指在预定的最高债权额限度内，为担保一定期间内将要连续发生的债权的清偿而设立的抵押。最高额抵押的特征是：（1）所担保的债权的不确定性；（2）适用范围的限定性；（3）非从属性。最高额抵押不以某一特定债权的存在为条件。最高额抵押担保的债权确定前，部分债权转让的，除当事人另有约定外，最高额抵押权不得转让。抵押期间某一具体债权消灭，最高额抵押权并不因此消灭。因此，本题的答案为 B。

14. B 【解析】在法硕考试的范围内，常见的实践性合同主要有定金合同、自然人借款合同、保管合同等。根据法硕考试的观点，质押合同是诺成性合同，不以交付为生效要件；质权的设立以交付为要件。因此，本题的答案为 B。

15. A 【解析】抵押权的客体包括动产、不动产和权利，质权的客体包括动产和权利，其中，两种担保物权的重合客体是动产和权利，但权利的内涵不同。抵押权客体的权利主要指建设用地使用权、海域使用权等权利。权利质权的客体包括：（1）汇票、本票、支票；（2）债券、存款单；（3）仓单、提单；（4）可以转让的基金份额、股权；（5）可以转让的注册商标专用权、专利权、著作权等知识产权中的财产权；（6）现有的以及将有的应收账款；（7）法律、行政法规规定可以出质的其他财产权利。因此，本题的答案为 A。

16. D 【解析】见上一题的参考答案。

17. C 【解析】根据《民法典》的相关规定，留置权人与债务人应当约定留置财产后的债务履行期限；没有约定或者约定不明确的，留置权人应当给债务人 60 日以上履行债务的期限，但鲜活易腐等不易保管的动产除外。债务人逾期未履行的，留置权人可以与债务人协议以留置财产折价，也可以就拍卖、变卖留置财产所得的价款优先受偿。本题中，李某提出张某应在 10 日内支付医疗费，但是张某未同意，因此李某并未就留置奶牛后的债务履行期限达成一致，李某应当确定不少于 60 日的债务履行期限，张某逾期不付费，李某才有权行使自己的留置权，所以 10 日后李某不能直接变卖奶牛抵偿医疗费。综上，本题的答案为 C。

18. B 【解析】质押合同是诺成性合同，不以交付为生效要件，B 选项错误。质权的设立需要债务人或者第三人将其动产或者财产权利交给债权人占有或者控制，A 选项正确。现有的以及将有的应收账款可以出质，C 选项正确。质权效力及于质押财产、质押财产的从物、孳息和代位物，D 选项正确。故本题选择 B 选项。

19. D 【解析】《最高人民法院关于适用〈中华人民共和国民法典〉有关担保制度的解释》第 62 条规定："债务人不履行到期债务，债权人因同一法律关系留置合法占有的第三人的动产，并主张就该留置财产优先受偿的，人民法院应予支持。第三人以该留置财产并非债务人的财产为由请求返还的，人民法院不予支持。企业之间留置的动产与债权并非同一法律关系，债务人以该债权不属于企业持续经营中发生的债权为由请求债权人返还留置财产的，人民法院应予支持。企业之间留置的动产与债权并非同一法律关系，债权人留置第三人的财产，第三人请求债权人返还留置财产的，人民法院应予支持。"因此，D 选项说法错误。本题选 D。

20. A 【解析】《民法典》新增"海域使用权"为可以抵押的财产，A 选项正确，B 选项错误。《民法典》规定的可以质押的权利中，没有海域抵押权，C 选项错误。留置权的客体是动产，不包括权利，D 选项错误。因此，本题的答案为 A。

21. B 【解析】《民法典》第 443 条规定："以基金份额、股权出质的，质权自办理出质登记时设立。基金份额、股权出质后，不得转让，但是出质人与质权人协商同意的除外。出质人转让基金份额、股权所得的价款，应当向质权人提前清偿债务或者提存。"因此，本题的答案为 B。

22. B 【解析】《民法典》第415条规定："同一财产既设立抵押权又设立质权的，拍卖、变卖该财产所得的价款按照登记、交付的时间先后顺序确定清偿顺序。"甲将自己的电脑先出质给丙并已转移占有，后抵押给丁并办理登记因此丙的质权优先于丁的抵押权。

同一动产上并存抵押权与质权，并且抵押权设立在先的，登记过的抵押权优先于质权，未登记的抵押权落后于质权。因此丙的质权优先于乙的未登记的抵押权。

虽然乙的抵押权在丁的抵押权之前就已经设立，但同一动产上的抵押权受偿顺序应当是已经登记的抵押权优先于未登记的抵押权。因此丁的抵押权优先于乙的抵押权。故担保物权的受偿顺序为丙、丁、乙。

综上，B选项当选。

23. D 【解析】我国实行"房地一体"原则，故以建筑物抵押的，该建筑物占用范围内的建设用地使用权一并抵押。以建设用地使用权抵押的，该土地上的建筑物一并抵押。抵押人未依据该规定一并抵押的，未抵押的财产视为一并抵押。A选项错误。

我国现行法律主要根据抵押财产的不同，对抵押权分别实行登记设立主义和登记对抗主义。

以建筑物和其他土地附着物、建设用地使用权、海域使用权、正在建造的建筑物抵押的，应当办理抵押登记，抵押权自登记时设立。以动产抵押的，抵押权自抵押合同生效时设立；未经登记，不得对抗善意第三人。B选项错误。

《民法典》第417条规定："建设用地使用权抵押后，该土地上新增的建筑物不属于抵押财产。该建设用地使用权实现抵押权时，应当将该土地上新增的建筑物与建设用地使用权一并处分。但是，新增建筑物所得的价款，抵押权人无权优先受偿。"C选项错误。

根据我国现行法律规定，抵押期间，抵押财产转让的，抵押权不受影响，抵押权人可以继续行使抵押权。但是，以动产抵押的，不得对抗正常经营活动中已经支付合理价款并取得抵押财产的买受人。D选项正确。综上，本题选D。

二、多项选择题

1. AB 【解析】担保物权可以与人的担保并存，从而形成混合共同担保。根据《民法典》的规定，被担保的债权既有物的担保又有人的担保的，债务人不履行到期债务或者发生当事人约定的实现担保物权的情形，债权人应当按照约定实现债权；没有约定或者约定不明确，债务人自己提供物的担保的，债权人应当先就该物的担保实现债权；第三人提供物的担保的，债权人可以就物的担保实现债权，也可以请求保证人承担保证责任。提供担保的第三人承担担保责任后，有权向债务人追偿。故答案为AB。

2. ABC 【解析】本题考查抵押财产的转让。抵押期间，抵押人可以转让抵押财产。当事人另有约定的，按照其约定。抵押财产转让的，抵押权不受影响。据此，A选项符合题意。

抵押人转让抵押财产的，应当及时通知抵押权人。抵押权人能够证明抵押财产转让可能损害抵押权的，可以请求抵押人将转让所得的价款向抵押权人提前清偿债务或者提存。转让的价款超过债权数额的部分归抵押人所有，不足部分由债务人清偿。据此，B选项符合题意。

当事人约定禁止或者限制转让抵押财产但是未将约定登记，抵押人违反约定转让抵押财产，抵押权人请求确认转让合同无效的，人民法院不予支持；抵押财产已经交付或者登记，抵押权人请求确认转让不发生物权效力的，人民法院不予支持，但是抵押权人有证据证明受让人知道的除外；抵押权人请求抵押人承担违约责任的，人民法院依法予以支持。据此，C 选项符合题意。

当事人约定禁止或者限制转让抵押财产且已经将约定登记，抵押人违反约定转让抵押财产，抵押权人请求确认转让合同无效的，人民法院不予支持；抵押财产已经交付或者登记，抵押权人主张转让不发生物权效力的，人民法院应予支持，但是因受让人代替债务人清偿债务导致抵押权消灭的除外。据此，D 选项不合题意。

3. ABCD 【解析】抵押权的效力，不仅及于原抵押财产，而且及于抵押财产的从物、从权利、添附物、孳息和代位物。本题选择 ABCD 选项。

4. BD 【解析】根据《民法典》的规定，可以抵押的财产必须是债务人或者第三人有权处分的财产，具体包括：（1）建筑物和其他土地附着物；（2）建设用地使用权；（3）海域使用权；（4）生产设备、原材料、半成品、产品；（5）正在建造的建筑物、船舶、航空器；（6）交通运输工具；（7）法律、行政法规未禁止抵押的其他财产。抵押人可以将前述所列财产一并抵押。《民法典》第 399 条规定："下列财产不得抵押:（一）土地所有权；（二）宅基地、自留地、自留山等集体所有土地的使用权，但是法律规定可以抵押的除外；（三）学校、幼儿园、医疗机构等为公益目的成立的非营利法人的教育设施、医疗卫生设施和其他公益设施；（四）所有权、使用权不明或者有争议的财产；（五）依法被查封、扣押、监管的财产；（六）法律、行政法规规定不得抵押的其他财产。"因此，本题的答案为 BD。

5. ABCD 【解析】《民法典》第 396 条规定："企业、个体工商户、农业生产经营者可以将现有的以及将有的生产设备、原材料、半成品、产品抵押，债务人不履行到期债务或者发生当事人约定的实现抵押权的情形，债权人有权就抵押财产确定时的动产优先受偿。"《民法典》第 411 条规定："依据本法第三百九十六条规定设定抵押的，抵押财产自下列情形之一发生时确定：（一）债务履行期限届满，债权未实现；（二）抵押人被宣告破产或者解散；（三）当事人约定的实现抵押权的情形；（四）严重影响债权实现的其他情形。"因此，本题 ABCD 四项全选。

6. ABCD 【解析】《民法典》第 389 条规定："担保物权的担保范围包括主债权及其利息、违约金、损害赔偿金、保管担保财产和实现担保物权的费用。当事人另有约定的，按照其约定。"因此，本题的答案为 ABCD。

7. ABC 【解析】《民法典》第 441 条规定："以汇票、本票、支票、债券、存款单、仓单、提单出质的，质权自权利凭证交付质权人时设立；没有权利凭证的，质权自办理出质登记时设立。法律另有规定的，依照其规定。"因此，AB 选项正确。《民法典》第 427 条第 1 款规定："设立质权，当事人应当采用书面形式订立质押合同。"第 446 条规定："权利质权除适用本节规定外，适用本章第一节的有关规定。"因此，权利出质也须签订书面合同。C 选项正确，D 选项错误。本题选择 ABC 选项。

8. ABD 【解析】《民法典》第 414 条规定："同一财产向两个以上债权人抵押的，拍卖、变卖抵押财产所得的价款依照下列规定清偿：（一）抵押权已经登记的，按照登记的时间先后确定清偿顺序；（二）抵押权已经登记的先于未登记的受偿；（三）抵押权未登记的，按照债权比例清偿。其他可以登记的担保物权，清偿顺序参照适用前款规定。"因此本题的答案为 ABD。

9. BCD 【解析】抵押权的实现方式主要有两种：一是与抵押人协议以抵押物折价，取得抵押物的所有权，但这种协议不得损害其他债权人的利益。否则，其他债权人可以请求人民法院撤销该协议。二是抵押权人与抵押人未就抵押权实现方式达成协议的，抵押权人可以请求人民法院拍卖、变卖抵押财产。抵押财产折价或者变卖的，应当参照市场价格。因此，本题的答案为 BCD。

10. ABCD 【解析】根据《民法典》的相关规定，债务人或者第三人有权处分的下列权利可以出质：（1）汇票、本票、支票；（2）债券、存款单；（3）仓单、提单；（4）可以转让的基金份额、股权；（5）可以转让的注册商标专用权、专利权、著作权等知识产权中的财产权；（6）现有的以及将有的应收账款；（7）法律、行政法规规定可以出质的其他财产权利。因此，本题的答案为 ABCD。

11. CD 【解析】根据《民法典》的相关规定，抵押期间，抵押人可以转让抵押财产。当事人另有约定的，按照其约定。抵押财产转让的，抵押权不受影响。抵押人转让抵押财产的，应当及时通知抵押权人。抵押权人能够证明抵押财产转让可能损害抵押权的，可以请求抵押人将转让所得的价款向抵押权人提前清偿债务或者提存。转让的价款超过债权数额的部分归抵押人所有，不足部分由债务人清偿。因此，本题的答案为 CD。

12. ABD 【解析】留置权的成立应当具备以下要件：（1）债权人根据特定合同已占有属于债务人所有的动产；（2）债权人对该动产的占有与其债权的发生有牵连关系，即出自同一个法律关系，但企业之间留置的除外；（3）债务已届清偿期而债务人仍未履行债务；（4）符合法律规定和当事人的约定并且不违背公序良俗。满足上述条件时，债权人即享有留置权。但债权人欲行使留置权还必须给债务人六十日以上履行债务的期间。因此，本题的答案为 ABD。

13. AC 【解析】《民法典》第 456 条规定："同一动产上已经设立抵押权或者质权，该动产又被留置的，留置权人优先受偿。"因此丁最优先。《民法典》第 415 条规定："同一财产既设立抵押权又设立质权的，拍卖、变卖该财产所得的价款按照登记、交付的时间先后确定清偿顺序。"本题中，乙的抵押权登记在先，丙的质权交付在后，因此乙优先于丙受偿，丁优先于乙受偿，AC 选项正确。

14. ABD 【解析】质权人的权利包括：占有质押财产；收取质押财产的孳息；保全质权；优先受偿。留置权人享有下列权利：留置标的物；收取留置物所生孳息并用以抵偿债权；必要时适当使用留置物；请求债务人偿还因保管留置物所支付的必要费用；就留置物的价值优先受偿。因此，本题的答案为 ABD。

15. ABCD 【解析】留置权消灭的原因主要有：（1）被担保的主债权消灭；（2）留置物灭失且无代位物；（3）留置权人丧失对留置物的占有；（4）留置权人抛弃留置权；（5）留置权实现；（6）债务人另行提供担保并被债权人接受。因此，本题的答案为 ABCD。

16. ABC 【解析】根据《民法典》的相关规定：被担保的债权既有物的担保又有人的担保的，债务人不履行到期债务或者发生当事人约定的实现担保物权的情形，债权人应当按照约定实现债权；没有约定或者约定不明确，债务人自己提供物的担保的，债权人应当先就该物的担保实现债权；第三人提供物的担保的，债权人可以就物的担保实现债权，也可以请求保证人承担保证责任。提供担保的第三人承担担保责任后，有权向债务人追偿。因此，乙银行应当先就甲公司提供的办公楼行使抵押权，仍有未实现的债权的，乙银行可以就丁公司提供的厂房行使抵押权，也可以要求丙公司承担保证责任。因此 ABC 选项正确。乙银行不可以首先要求丙公司承担保证责任，而应当先就甲公司提供的办公楼行使抵押权。D 选项错误。

17. ABC 【解析】抵押权人可以放弃抵押权顺位，放弃抵押权顺位的，不改变其抵押权人的性质，仍然享有优先受偿的权利。本题中，乙放弃自己的抵押权顺位，丙、丁的抵押权顺序依次向前移动，丙成为第一顺位的抵押权人，有权就 40 万元优先受偿，丁成为第二顺位的抵押权人，有权就 30 万元优先受偿，AB 选项正确。乙成为第三顺位的抵押权人，因抵押财物拍卖价款为 80 万，丙、丁的债权合计 70 万元，因此乙只能就剩下的 10 万元优先受偿，其剩余 40 万元债权成为普通债权，C 选项正确，D 选项错误。故本题选择 ABC 选项。

18. ACD 【解析】《最高人民法院关于适用〈中华人民共和国民法典〉有关担保制度的解释》第 40 条第 1 款规定："从物产生于抵押权依法设立前，抵押权人主张抵押权的效力及于从物的，人民法院应予支持，但是当事人另有约定的除外。"D 选项正确。第 41 条第 1、2、3 款规定："抵押权依法设立后，抵押财产被添附，添附物归第三人所有，抵押权人主张抵押权效力及于补偿金的，人民法院应予支持。抵押权依法设立后，抵押财产被添附，抵押人对添附物享有所有权，抵押权人主张抵押权的效力及于添附物的，人民法院应予支持，但是添附导致抵押财产价值增加的，抵押权的效力不及于增加的价值部分。抵押权依法设立后，抵押人与第三人因添附成为添附物的共有人，抵押权人主张抵押权的效力及于抵押人对共有物享有的份额的，人民法院应予支持。"A 选项正确，B 选项错误。第 42 条第 1 款规定："抵押权依法设立后，抵押财产毁损、灭失或者被征收等，抵押权人请求按照原抵押权的顺位就保险金、赔偿金或者补偿金等优先受偿的，人民法院应予支持。"C 选项正确。本题选 ACD。

19. ACD 【解析】A 选项正确。收取并非取得，质权人收取的孳息应当先充抵收取孳息的费用。

B 选项错误。质权人未经出质人同意，不得擅自使用、出租、处分质押财产，也不得将质押财产转质，否则应当赔偿因此给出质人造成的损害。

C 选项正确。质权人可以放弃质权。债务人以自己的财产出质，质权人放弃该质权的，其他担保人在质权人丧失优先受偿权益的范围内免除担保责任，但是其他担保人承诺仍然提供担保的除外。

D 选项正确。债务人履行债务或者出质人提前清偿所担保的债权的，质权人应当返还质押财产。综上，本题选 ACD。

20. BCD 【解析】A 选项错误。符合留置权的成立条件的，债权人可以留置动产，但只有在宽限期满后债务人仍未履行债务的，留置权人才可以行使优先受偿权。

B 选项正确。留置权是指合法占有债务人动产的债权人，于债务人不履行到期债务时，得留置该动产并以其价值优先受偿的权利。留置权的客体限于动产。

C 选项正确。留置权不具有追及力，留置权人丧失对留置财产的占有即丧失留置权。

D 选项正确。留置权的宽限期可以由留置权人与债务人事先约定；没有约定或者约定不明确的，除鲜活易腐等不易保管的动产外，留置权人应当给债务人六十日以上履行债务的期限，债务人逾期未履行的，留置权人才可以行使留置权。综上，本题选 BCD。

三、简答题

1. 参考答案 留置权人的权利如下：

（1） 留置权人有权占有留置财产。

（2） 留置权人有权收取留置财产所生孳息。

（3） 留置权人在必要时可以适当使用留置财产。

（4） 优先受偿的权利：在债务人不履行到期债务时，债权人得以拍卖、变卖留置财产并就所得价款优先受偿。

（5） 留置权人可以请求债务人支付保管留置物的必要费用。

2. 参考答案 在最高额抵押中，有下列情形之一的，抵押权人的债权确定：

（1） 约定的债权确定期间届满。

（2） 没有约定债权确定期间或者约定不明确，抵押权人或者抵押人自最高额抵押权设立之日起满二年后请求确定债权。

（3） 新的债权不可能发生。

（4） 抵押权人知道或者应当知道抵押财产被查封、扣押。

（5） 债务人、抵押人被宣告破产或者解散。

（6） 法律规定债权确定的其他情形。

四、法条分析题

1. 参考答案 （1） "债务人不履行到期债务或者发生当事人约定的实现抵押权的情形"是关于抵押权实现条件的规定。该规定的适用条件即抵押权的实现条件是：须抵押权有效存在；须发生可以实现抵押权的法定或约定情形。法定情形即债务人不履行到期债务的情形，约定情形即发生当事人约定的实现抵押权的情形。（2） 优先受偿即抵押权人可以就抵押物的价值优先于债务人的普通债权人而得到清偿。

2. 参考答案 （1） 最高额抵押权具有如下特征：最高额抵押权所担保的债权具有不确定性；最高额抵押权适用范围具有限定性；最高额抵押权具有非从属性，最高额抵押权不以某一特定债权的存在为前提。最高额抵押担保的债权确定前，部分债权转让的，除当事人另有约定外，最高额抵押权不得转让。抵押期间某一具体债权消灭，最高额抵押权并不因此消灭。（2） 一定期间内将要连续发生的债权是指最高额抵押权产生之时至债权确定前的期间内将要不断发生的不具有确定性的债权。（3） 最高债权额限度内是指抵押权人基于最高额抵押权所能够优先受偿的债权的最高限度数额。

五、案例分析题

1. 参考答案 （1） 2014 年 1 月 1 日。以占有改定的方式完成交付，物权变动在借用、保管等约定达成时发生。在本题中，约定由甲公司代为保管属于占有改定，2014 年 1 月 1 日保管约定达成，物权变动发生，乙公司取得所有权。（2） 甲公司对机器设备的抵押权优先于乙公司的其他担保物权人对机器设备的担保物权，但是留置权人除外。原因在于动产抵押担保的债权是抵押物的价款，标的物交付后十日内办理抵押登记的，该抵押权人优先于抵押物受让人的其他担保物权人受偿，但是留置权人除外，本题即是如此。（3）甲公司可以向丙公司或者刘某主张担保责任。在混合担保中，债务人自己未提供物的担保的，债权人可以就第三人物保或者保证人选择求偿。在本题中，丙公司是保证人，刘某是抵押人，属于混合担保，并且乙公司作为债务人没有提供物的担保，因而甲公司可以向丙公司或者刘某主张担保责任。（4）丙公司、刘某承担担保责任后可以向乙公司追偿。原因在于在混合担保中，承担担保责任的第三人，可以向债务人全额追偿。

2. 参考答案 （1）抵押合同生效时设立。原因在于动产抵押权的设立只要抵押合同有效，无需办理抵押登记，只是未经登记不得对抗善意第三人。（2）赵某、甲、刘某。动产抵押担保的债权是抵押物的价款，标的物交付后十日内办理抵押登记的，该抵押权人优先于抵押物受让人的其他担保物权人受偿，但是留置权人除外。本题当中，甲对轿车享有的抵押权担保的是戴某购买该辆轿车欠付的价款，并于轿车交付次日办理了抵押登记，因而甲对轿车享有的抵押权优先于除留置权外的其他担保物权，亦即甲优先于刘某，但是落后于赵某。（3）甲与其妻承担连带责任。个体工商户的债务，个人经营的，以个人财产承担；家庭经营的，以家庭财产承担；无法区分的，以家庭财产承担。在本题中，小餐馆是甲与其妻经营，亦即家庭经营，所负债务自然应当以家庭财产承担，就本题的情节而言，家庭财产便是甲与其妻二人共同财产，以家庭财产承担亦即由甲与其妻承担连带责任。（4）甲妻对甲按照内部比例本应负担的份额不再承担责任。在连带债务中，免除一人债务，其他债务人对该债务人按内部比例原本应当负担的份额不再承担连带责任。在本题中，甲与其妻承担连带责任，债权人免除甲的债务，既令甲的责任消灭，同时也令甲妻责任相应减轻，甲妻对甲按照内部比例本应负担的份额不再承担责任。

第十三章　占有

一、单项选择题

1. B 【解析】依据占有人的主观心理状态，可将占有分为善意占有和恶意占有。善意占有是指占有人不知道且不应当知道自己的占有没有合法根据而占有；恶意占有是指占有人知道或者应当知道自己没有合法根据而占有。因此，本题答案为 B。A 选项是根据占有人的占有是否以本权为依据而进行的分类，C 选项是根据占有人是否直接占有物而进行的分类，D 选项是根据占有人是否具有所有的意思而进行的分类。

2. A 【解析】有权占有是基于本权的占有，此处的本权包括所有权、他物权、租赁权等权利。无权占有是指欠缺本权的占有，如小偷对赃物的占有。白某基于租赁权属于有权占有。A 选项正确，B 选项错误。根据占有人的主观心理状态，无权占有又可分为善意占有与恶意占有。CD 选项错误。本题选择 A 选项。

3. D 【解析】根据有关物权的法律规范规定，占有人享有以下请求权：（1）占有物返还请求权。占有的动产或不动产被侵占的，占有人有权请求返还原物。占有人返还原物的请求权，自侵占发生之日起 1 年内未行使的，该请求权消灭。（2）妨害排除和防止请求权。在妨害已经发生或者有妨害之虞时，占有人有权请求排除妨害或者消除危险。（3）损害赔偿请求权。因侵占或者妨害造成损害的，占有人有权请求损害赔偿。优先受偿权一般指担保期间，担保财产毁损、灭失或者被征收等，担保物权人可以就获得的保险金、赔偿金或者补偿金等优先受偿。D选项不属于对占有的保护，故当选。

4. C 【解析】占有物被侵占的，占有人有权请求返还原物；对妨害占有的行为，占有人有权请求排除妨害或者消除危险；因侵占或者妨害造成损害的，占有人有权依法请求损害赔偿。占有人返还原物的请求权，自侵占发生之日起1年内未行使的，该请求权消灭。因此，本题的答案为C。

5. B 【解析】（1）依占有是否有法律上的原因或根据，占有可以分为有权占有与无权占有。二者的区别在于法律保护的程度不同。（2）依占有人是否直接占有物，占有可以分为直接占有与间接占有。直接占有即直接对物加以管领之占有；间接占有指虽不直接占有物，但基于一定法律关系对物加以间接支配的占有。如在租赁合同中，承租人为直接占有人，出租人为间接占有人。（3）依占有人是否具有所有的意思，占有可以分为自主占有与他主占有。自主占有是指占有人以自己所有的意思而为之占有；否则即为他主占有。可见，自主占有可以是有权占有或无权占有，可以是直接占有或间接占有。质权是转移占有的担保物权，债务人或者第三人为出质人，债权人为质权人；质押期间，质押财产为出质人所有、由质权人占有。因此，出质人对质押物为间接占有，质权人对质押物为直接占有、他主占有。承租人对租赁物的占有为直接占有、他主占有。留置权人对留置物的占有为直接占有、他主占有。因此，本题的答案为B。

6. A 【解析】原物返还请求权是基于物权的绝对性、支配性、排他性而衍生出来的一种请求权，其作用主要是使物权效力得到维护。占有物返还请求权是基于占有事实，其作用仅仅在于恢复占有人对物的占有，维护社会稳定的秩序，并不涉及占有物的权利归属问题。因此，占有物返还请求权并不是为了保护物权。A选项说法错误，本题的答案为A。

7. A 【解析】A选项正确。善意占有指占有人不知道且不应当知道自己的占有没有合法根据而占有。本案中，甲不知道这是乙的行李箱，而是以为这是自己的行李箱，甲并不知道自己没有合法本权，属于善意占有。

B选项错误。间接占有指虽不直接占有物，但基于一定法律关系对物加以间接支配。本案中，甲对于乙的行李箱有着事实上的支配、控制，是直接占有。

C选项错误。有权占有指基于本权的占有，此处的本权包括所有权、他物权、租赁权等权利上的管领、控制。本案中，甲对于乙的行李箱并不存在合法的本权，是无权占有。

D选项错误。他主占有，指视自己为非所有人的占有。本案中，甲并不知道该行李箱是乙的行李箱，而是以为是自己的行李箱，属于自主占有。综上，本题选A。

8. C 【解析】A选项错误。占有的客体限于有体物，包括不动产和动产。但占有的客体不限于独立的物，对物的组成部分也可以成立占有。

B选项错误。占有具有保护效力，占有人的占有无论是否为有权占有，均可以对抗他人的侵犯。

C选项正确。善意占有人对于因维护占有的不动产或者动产支出的必要费用，可以要求权利人返还，而恶意占有人无此项请求权。

D选项错误。占有指对于物具有事实上的管领力的一种状态。通说认为，占有是一种事实而不是权利。综上，本题选C。

1. **AC** 【解析】本题考查占有的分类。所谓直接占有,是指直接对物进行事实上的管领、控制。本题当中,乙作为承租人,直接管领、控制汽车,属于直接占有人。所谓间接占有,是指虽然没有直接对物进行事实上的管领、控制,但是依据一定的法律关系对于直接占有人享有占有返还请求权。本题当中,甲作为出租人,依据租赁合同法律关系管领、控制汽车,租期结束,甲可以请求乙返还对汽车的占有,因此甲属于间接占有人。因此,A 选项正确、C 选项正确。所谓自主占有,是指视自己为所有权人的占有。值得注意的是,无论占有人是否为所有权人,只要其将自己视为所有权人,即为自主占有,例如,拾得人将遗失物据为己有时即为自主占有。本题当中,乙作为承租人,并未将自己视为所有权人,并非自主占有人。所谓他主占有,是指视自己为非所有权人的占有。值得注意的是,即便占有人确系所有权人,只要其将自己视为非所有权人,即为他主占有。本题当中,甲作为出租人,自然视自己为所有权人,并非他主占有人。因此,BD 选项错误。故本题答案为 AC。

2. **ABCD** 【解析】根据占有人的主观心理状态,无权占有可分为善意占有与恶意占有。善意占有是指占有人不知道且不应当知道自己的占有没有合法根据而占有;恶意占有是指占有人知道或者应当知道自己没有合法根据而占有。区分善意占有和恶意占有的主要意义在于:第一,只有善意占有人方可受到善意取得制度的保护;第二,占有人因使用占有的不动产或者动产,致使该不动产或者动产受到损害的,恶意占有人应当承担赔偿责任;第三,善意占有人对于因维护占有的不动产或者动产支出的必要费用,可以要求权利人返还,而恶意占有人无此项请求权;第四,无权占有的不动产或者动产毁损、灭失的,占有人无论是否为善意均应返还保险金、赔偿金或者补偿金给权利人。权利人的损害未得到足够弥补的,恶意占有人还应当赔偿损失。故本题选择 ABCD 选项。

3. **ABC** 【解析】占有的效力包括权利推定效力、权利取得效力(我国未规定)和保护效力,不包括转移效力。因此,本题的答案为 ABC。

4. **ACD** 【解析】《民法典》第 462 条第 1 款规定:"占有的不动产或者动产被侵占的,占有人有权请求返还原物;对妨害占有的行为,占有人有权请求排除妨害或者消除危险;因侵占或者妨害造成损害的,占有人有权依法请求损害赔偿。"本题中,甲是手机的所有权人,可以依据所有权要求丙返还手机。乙是拾得人,对手机的占有是无权占有,但是该占有也受法律保护。需要注意的是,占有的不动产或者动产被侵占的,此处的侵占是指不基于占有人的意思而排除占有人对物的事实上的管领力。属于侵占的情形包括盗抢、霸占等,但不包括逾期返还借用物、遗失物被他人拾得等情况。B 选项中,乙作为手机的无权占有人,将手机丢失,不属于动产被侵占的情况,故不适用占有返还请求权。乙无权要求丙返还占有。因此,本题的答案为 ACD。

5. **AC** 【解析】依占有人的占有是否具有本权为标准,占有分为有权占有与无权占有;依占有人是否直接占有物,占有分为直接占有与间接占有。留置权人对留置物的占有是属于具有本权的占有,也是对留置物的直接占有。AC 选项正确。

6. **ABC** 【解析】根据《民法典》的相关规定,无权占有不动产或者动产的,权利人可以请求返还原物。本题中,甲作为所有权人,有权基于其所有权请求丁返还电脑,此即所有权人的原物返还请求权。乙作为质权人,有权请求丁返还电脑。AB 选项正确。根据《民法典》第 462 条第 1 款规定，"占有的不动产或者动产被侵占的，占有人有权请求返还原物"，因此丙可以基于占有被侵占而请求丁返还原物。C 选项正确。丁非法取得电脑，且丙非电脑的所有人，丁无权主张以电脑抵偿丙对自己的债务，D 选项错误。

三、简答题

参考答案 占有的法律效力主要有：

（1）权利推定效力。如果占有人在占有物上行使权利，则推定其享有此项权利。这就是占有的权利推定效力。根据占有的权利推定效力，在没有相反证据的情况下即推定占有人享有相应的物权或者债权。

（2）权利取得效力。占有人在符合法定要件的情况下可以取得本权，此即占有的权利取得效力。具体包括两种情形，一是善意取得所有权或者他物权，二是因占有时效的完成而取得所有权或者他物权。我国法律至今尚无关于占有时效的一般规定。

（3）保护效力。占有人的占有无论是否为有权占有，均可以对抗他人的侵犯。

第十四章 合同通则

一、单项选择题

1. A 【解析】当事人以认购书、订购书、预订书等形式约定在将来一定期限内订立合同，或者为担保在将来一定期限内订立合同交付了定金，能够确定将来所要订立合同的主体、标的等内容的，预约合同成立。据此，A 选项正确。

2. B 【解析】当事人订立的认购书、订购书、预订书等已就合同标的、数量、价款或者报酬等主要内容达成合意，符合合同成立的条件，未明确约定在将来一定期限内另行订立合同，或者虽然有约定，但是当事人一方已实施履行行为且对方接受的，应当认定本约合同成立，而非预约合同成立。据此，B 选项正确。

3. A 【解析】有证据证明当事人之间对合同条款有不同于词句的通常含义的其他共同理解，一方主张按照词句的通常含义理解合同条款的，人民法院不予支持。对合同条款有两种以上解释，可能影响该条款效力的，人民法院应当选择有利于该条款有效的解释；属于无偿合同的，应当选择对债务人负担较轻的解释。据此，A 选项正确。

4. A 【解析】采取招标方式订立合同，当事人请求确认合同自中标通知书到达中标人时成立的，人民法院应予支持。合同成立后，当事人拒绝订立书面合同的，人民法院应当依据招标文件、投标文件和中标通知书等确定合同内容。据此，A 选项正确。

5. C 【解析】合同不成立、无效、被撤销或者确定不发生效力，有权请求返还价款或者报酬的当事人一方请求对方支付资金占用费的，人民法院应当在当事人请求的范围内按照中国人民银行授权全国银行间同业拆借中心公布的一年期贷款市场报价利率（LPR）计算。但是，占用资金的当事人对于合同不成立、无效、被撤销或者确定不发生效力没有过错的，应当以中国人民银行公布的同期同类存款基准利率计算。据此，C 选项正确。

6. A 【解析】所谓同时履行抗辩权，是指当事人互负债务，没有先后履行顺序的，应当同时履行。一方在对方履行前有权拒绝其履行要求；一方在对方履行不符合约定时，有权拒绝其相应的履行要求。当事人因合同不成立、无效、被撤销或者解除而互负义务，如果具有对价关系，也可主张同时履行抗辩权。据此，A 选项正确。

7. C 【解析】让与人将同一债权转让给两个以上受让人，债务人以已经向最先通知的受让人履行为由主张其不再履行债务的，人民法院应予支持。债务人明知接受履行的受让人不是最先通知的受让人，最先通知的受让人请求债务人继续履行债务或者依据债权转让协议请求让与人承担违约责任的，人民法院应予支持；最先通知的受让人请求接受履行的受让人返还其接受的财产的，人民法院不予支持，但是接受履行的受让人明知该债权在其受让前已经转让给其他受让人的除外。

上述所称最先通知的受让人，是指最先到达债务人的转让通知中载明的受让人。当事人之间对通知到达时间有争议的，人民法院应当结合通知的方式等因素综合判断，而不能仅根据债务人认可的通知时间或者通知记载的时间予以认定。当事人采用邮寄、通讯电子系统等方式发出通知的，人民法院应当以邮戳时间或者通讯电子系统记载的时间等作为认定通知到达时间的依据。据此，C 选项正确。

8. B 【解析】情事变更是指合同成立后，合同的基础条件发生了当事人在订立合同时无法预见的、不属于商业风险的重大变化，继续履行合同对当事人一方明显不公平的事实。当事人事先约定排除情事变更制度适用的，人民法院应当认定该约定无效。据此，B 选项正确。

9. B 【解析】本题考查债的分类。所谓种类之债，是指以种类物为标的物的债。所谓种类物，是指能够为其他相同种类、相同品质的物所代替的物。本题当中，甲、乙二人仅约定标的物为 10 吨大米，并未具体指定仓库编号，那么只要属于相同种类、相同品质，甲可任取 10 吨大米交付给乙，亦即标的物为种类物，因此上述交易属于种类之债。因此，A 选项错误、B 选项正确、C 选项错误、D 选项错误。值得注意的是，与种类之债相对应的是特定之债，所谓特定之债，是指以特定物为标的物的债。所谓特定物，是指已经确定，无法为其他相同种类、相同品质的物所代替的物，包括事实上的特定物与法律上的特定物。其中，所谓事实上的特定物，是指不存在其他相同种类、相同品质的物可以代替的物，亦即"独此一家，别无分店"；所谓法律上的特定物，是指存在其他相同种类、相同品质的物可以代替，但是由于约定或者指定，不能以其他相同种类、相同品质的物相替代的物。故本题答案为 B。

10. B 【解析】债权是指债权人享有的以请求债务人为一定给付为内容的权利。债权的特征表现为：（1）债权为请求权；（2）债权为相对权；（3）债权具有任意性；（4）债权具有非排他性；（5）债权具有平等性。本题选择 B 选项。

11. C 【解析】债务是指债务人依照约定或法律规定向债权人作出给付的义务。债务的特征表现为：（1）债务具有特定性；（2）债务具有期限性；（3）债务的履行具有强制性。本题选择 C 选项。

12. C 【解析】撤销权自债权人知道或者应当知道撤销事由之日起一年内行使。自债务人的行为发生之日起五年内没有行使撤销权的，该撤销权消灭。本题选择 C 选项。

13. B 【解析】以债的发生根据为标准对债进行划分，债可分为合同之债和非合同之债。合同之债又称约定之债，是指基于当事人之间订立的合同而发生的债；非合同之债又称法定之债，是指基于法律的规定，因某一法律事实的出现，在特定当事人之间产生的债，主要包括侵权行为之债、不当得利之债和无因管理之债。因此，本题的答案为 B。

14. B 【解析】连带之债是指债的多数主体中任何一人都有权请求对方履行全部债务，或者任何一人都有义务向对方履行全部债务的债，连带之债的多数人一方相互间有连带关系。其中，债权人一方为多数且有连带关系，为连带债权；债务人一方为多数且有连带关系，为连带债务。连带债务可以因法律行为如合同而发生，也可以因法律规定而发生，如合伙人、共同侵权人依法需承担连带债务。按份之债通常只有外部效力；而连带之债除了外部效力外，还会产生内部效力，如偿还全部债务的连带债务人有权向其他债务人追偿。简单之债，又称不可选择之债，是指债的标的只有一种，当事人只能依照该种标的履行无选择余地的债。选择之债，是指债的标的有数种，享有选择权的当事人有权从数个标的中选择其一而为给付的债。因此，本题的答案为 B。

15. B 【解析】债权移转又称债权转让，是指在不改变债的内容的前提下，债权人将其债权全部或部分移转给第三人。债的内容变更是指在不改变债的主体的情况下对债的内容进行的改变，如改变标的物、改变履行条件、改变所附条件、改变担保等。债务承担是指在不改变债的内容的前提下而发生的债务人的变更。因此，本题的答案为 B。

16. C 【解析】通过合同方式让与债权的条件包括：存在有效的债权；让与人即原债权人与第三人达成合意且不违反法律规定；债权具有可让与性。因此，本题的答案为 C。

17. D 【解析】混同，是指债权人和债务人合为一人即债权与债务归于一人的事实。混同无须以任何人的意思表示为成立要件，故属于法律事实中的事件。因此，本题的答案为 D。

18. D 【解析】提存，是指由于债权人的原因而无法向其交付履行标的物时，债务人将该标的物交付给提存机关以消灭债务的行为。标的物提存后，债务人应当及时通知债权人或者债权人的继承人、遗产管理人、监护人、财产代管人。债权人领取提存物的权利，自提存之日起 5 年内不行使而消灭，提存物扣除提存费用后归国家所有。但是，债权人未履行对债务人的到期债务，或者债权人向提存部门书面表示放弃领取提存物权利的，债务人负担提存费用后有权取回提存物。因此，本题的答案为 D。

19. A 【解析】《民法典》第 573 条规定："标的物提存后，毁损、灭失的风险由债权人承担。提存期间，标的物的孳息归债权人所有。提存费用由债权人负担。"因此，本题的答案为 A。

20. C 【解析】《民法典》第 575 条规定："债权人免除债务人部分或者全部债务的，债权债务部分或者全部终止，但是债务人在合理期限内拒绝的除外。"因此，本题的答案为 C。《民法典》赋予了债务人拒绝债务免除的权利。

21. D 【解析】各国或地区法律从保护债务人出发，对债权让与作出了一定的限制。下列债权不得转让：（1） 根据性质不得转让的债权。此类债权主要包括：① 基于当事人之间的特定身份关系发生的债权，如抚养费、赡养费之请求权；② 基于当事人之间的信赖关系而发生的债权，如定作人对于承揽人之债权、委托人对于受托人之债权等。（2）按照当事人约定不得转让的债权。根据债权的性质，一些债权具有可让与性，但如债权人与债务人特别约定该债权不得转让，则该债权人不得将该债权转让与他人。（3） 依法律规定不得转让的债权。有的债权与社会公共利益有关，因而法律禁止该类债权转让或规定该类债权转让须经有关部门批准。ABC 三项均为不可转让的债权，因此，本题的答案为 D。

22. A 【解析】《民法典》第 550 条规定："因债权转让增加的履行费用，由让与人负担。"因此，本题的答案为 A。

23. C 【解析】《民法典》第 547 条规定："债权人转让债权的，受让人取得与债权有关的从权利，但是该从权利专属于债权人自身的除外。受让人取得从权利不因该从权利未办理转移登记手续或者未转移占有而受到影响。"因此 C 选项说法错误，本题的答案为 C。

24. C 【解析】承诺是受要约人向要约人作出的同意要约的意思表示。承诺的效力在于承诺生效意味着合同成立（法律另有规定或者当事人另有约定的除外），双方当事人由此承担合同产生的权利与义务。A 选项正确。《民法典》第 484 条规定："以通知方式作出的承诺，生效的时间适用本法第一百三十七条的规定。承诺不需要通知的，根据交易习惯或者要约的要求作出承诺的行为时生效。"B 选项正确。《民法典》第 485 条规定："承诺可以撤回。承诺的撤回适用本法第一百四十一条的规定。"D 选项正确。《民法典》第 488 条规定："承诺的内容应当与要约的内容一致。受要约人对要约的内容作出实质性变更的，为新要约。有关合同标的、数量、质量、价款或者报酬、履行期限、履行地点和方式、违约责任和解决争议方法等的变更，是对要约内容的实质性变更。"C 选项错误，本题的答案为 C。

25. C 【解析】格式条款，是指当事人为了重复使用而预先拟定，并在订立合同时未与对方协商的条款。我国《民法典》对格式条款有着特殊要求，具体体现在：首先，《民法典》要求提供格式条款的一方应当遵循公平原则确定当事人之间的权利和义务，并采取合理的方式提请对方注意免除或者减轻其责任等与对方有重大利害关系的条款，按照对方的要求，对该条款予以说明。提供格式条款的一方未履行提示或者说明义务，致使对方没有注意或者理解与其有重大利害关系的条款的，对方可以主张该条款不成为合同的内容。其次，格式条款存在无效情形。有下列情形之一的，该格式条款无效：（1）具有民法典第一编第六章第三节和《民法典》第 506 条规定的无效情形；（2）提供格式条款一方不合理地免除或者减轻其责任、加重对方责任、限制对方主要权利；（3）提供格式条款一方排除对方主要权利。最后，对格式条款的理解发生争议的，应当按照通常理解予以解释。对格式条款有两种以上解释的，应当作出不利于提供格式条款一方的解释。格式条款和非格式条款不一致的，应当采用非格式条款。因此，本题的答案为 C。

26. B 【解析】缔约过失责任，是指在订立合同过程中，当事人一方因违反其依据诚实信用原则产生的先合同义务，而致另一方信赖利益的损失时所应当承担的损害赔偿责任。可见，缔约过失责任的法理基础是诚实信用原则。本题的答案为 B。

27. C 【解析】《民法典》第 535 条第 1 款规定："因债务人怠于行使其债权或者与该债权有关的从权利，影响债权人的到期债权实现的，债权人可以向人民法院请求以自己的名义代位行使债务人对相对人的权利，但是该权利专属于债务人自身的除外。"因此，本题的答案为 C。

28. D 【解析】《民法典》第 469 条规定："当事人订立合同，可以采用书面形式、口头形式或者其他形式。书面形式是合同书、信件、电报、电传、传真等可以有形地表现所载内容的形式。以电子数据交换、电子邮件等方式能够有形地表现所载内容，并可以随时调取查用的数据电文，视为书面形式。"因此 ABC 选项均为书面形式，D 选项是口头形式。因此，本题的答案为 D。

29. D 【解析】《民法典》第 536 条规定："债权人的债权到期前，债务人的债权或者与该债权有关的从权利存在诉讼时效期间即将届满或者未及时申报破产债权等情形，影响债权人的债权实现的，债权人可以代位向债务人的相对人请求其向债务人履行、向破产管理人申报或者作出其他必要的行为。"因此 D 选项错误。

30. B 【解析】违约责任的特征是：违约责任属于民事责任；违约责任具有相对性；违约责任是当事人不履行合同债务而产生的责任；违约责任是一种财产性民事责任；违约责任具有一定的任意性，可由当事人在法定范围内约定。我国民法中违约责任的归责原则采取严格责任原则，根据《民法典》合同编的规定，只要当事人不履行合同义务或者履行合同义务不符合约定，就应承担违约责任；即使是第三人的原因导致当事人违约，违约方也应当向对方承担违约责任。B 选项错误。因此，本题的答案为 B。

31. C 【解析】《民法典》第 512 条规定："通过互联网等信息网络订立的电子合同的标的为交付商品并采用快递物流方式交付的，收货人的签收时间为交付时间。电子合同的标的为提供服务的，生成的电子凭证或者实物凭证中载明的时间为提供服务时间；前述凭证没有载明时间或者载明时间与实际提供服务时间不一致的，以实际提供服务的时间为准。电子合同的标的物为采用在线传输方式交付的，合同标的物进入对方当事人指定的特定系统且能够检索识别的时间为交付时间。电子合同当事人对交付商品或者提供服务的方式、时间另有约定的，按照其约定。"因此 C 选项说法错误，本题的答案为 C。

32. B 【解析】本案中，张某与李某约定"对机器转卖所得款张某分 6 万元，李某分 4 万元"，该约定未违反意思自治原则，合法有效。因此，张某可请求李某返还 6 万元。另外，根据《民法典》的相关规定，当事人一方因第三人的原因造成违约的，应当向对方承担违约责任。当事人一方和第三人之间的纠纷，依照法律规定或者按照约定解决。本案中，李某因第三人的原因导致违约，应当向张某承担违约责任，而非侵权。本题的答案为 B。

33. C 【解析】《民法典》第 490 条规定："当事人采用合同书形式订立合同的，自当事人均签名、盖章或者按指印时合同成立。在签名、盖章或者按指印之前，当事人一方已经履行主要义务，对方接受时，该合同成立。法律、行政法规规定或者当事人约定合同应当采用书面形式订立，当事人未采用书面形式但是一方已经履行主要义务，对方接受时，该合同成立。"因此 AB 选项正确，C 选项错误。C 选项的合同不是一定不成立，一方履行主要义务，对方接受时，合同是成立的。《民法典》第 491 条规定："当事人采用信件、数据电文等形式订立合同要求签订确认书的，签订确认书时合同成立。当事人一方通过互联网等信息网络发布的商品或者服务信息符合要约条件的，对方选择该商品或者服务并提交订单成功时合同成立，但是当事人另有约定的除外。"D 选项正确。因此，本题的答案为 C。

34. D 【解析】《民法典》第 495 条规定："当事人约定在将来一定期限内订立合同的认购书、订购书、预订书等，构成预约合同。当事人一方不履行预约合同约定的订立合同义务的，对方可以请求其承担预约合同的违约责任。"因此，ABC 选项均构成预约合同。D 选项是合同，而不是预约合同。因此，本题的答案为 D。

35. D 【解析】《民法典》第 503 条规定："无权代理人以被代理人的名义订立合同，被代理人已经开始履行合同义务或者接受相对人履行的，视为对合同的追认。"本题中，甲是无权代理人，以乙的名义订立买卖合同，乙知晓后接受相对人的履行且履行付款义务，视为对合同的追认。D 选项正确。

36. D 【解析】《民法典》第 533 条规定："合同成立后，合同的基础条件发生了当事人在订立合同时无法预见的、不属于商业风险的重大变化，继续履行合同对于当事人一方明显不公平的，受不利影响的当事人可以与对方重新协商；在合理期限内协商不成的，当事人可以请求人民法院或者仲裁机构变更或者解除合同。人民法院或者仲裁机构应当结合案件的实际情况，根据公平原则变更或者解除合同。"因此，D选项说法错误。当事人可以请求人民法院或者仲裁机构变更或者解除合同，而不仅仅是变更合同。

37. B 【解析】定金是指为担保合同的订立、成立或生效、履行，由当事人一方在合同订立时或者订立后至履行前给付给对方一定数额的金钱或替代物。定金属于约定担保方式，当事人可以约定定金数额，但不得超过主合同金额的20%，超过部分不产生定金的效力。因此，B选项正确。

38. A 【解析】《民法典》第564条规定："法律规定或者当事人约定解除权行使期限，期限届满当事人不行使的，该权利消灭。法律没有规定或者当事人没有约定解除权行使期限，自解除权人知道或者应当知道解除事由之日起一年内不行使，或者经对方催告后在合理期限内不行使的，该权利消灭。"因此，本题的答案为A。

39. B 【解析】《民法典》第565条规定："当事人一方依法主张解除合同的，应当通知对方。合同自通知到达对方时解除；通知载明债务人在一定期限内不履行债务则合同自动解除，债务人在该期限内未履行债务的，合同自通知载明的期限届满时解除。对方对解除合同有异议的，任何一方当事人均可以请求人民法院或者仲裁机构确认解除行为的效力。当事人一方未通知对方，直接以提起诉讼或者申请仲裁的方式依法主张解除合同，人民法院或者仲裁机构确认该主张的，合同自起诉状副本或者仲裁申请书副本送达对方时解除。"因此，本题的答案为B。

40. B 【解析】为第三人利益订立的合同是指订约当事人为第三人设定权利并使其取得利益的合同。其特征是：第三人不是当事人；第三人只享受权利，不承担义务；第三人对是否接受权利有选择权。故本题选择B选项。

41. A 【解析】不真正义务是法律要求民事主体谨慎对待自身利益的民事义务。不真正义务没有一个与之相对应的权利，故该义务不可能被请求履行，但当事人不履行不真正义务将承担法律上的不利后果。《民法典》第591条规定的防止损失扩大的减损义务即为不真正义务。因此，A选项是不真正义务。BC选项是主给付义务，D选项是从给付义务。本题选A。

42. D 【解析】A选项正确。不以其他合同存在为前提即可独立存在的合同，为主合同；必须以其他合同存在为前提才能成立的合同，为从合同。主合同是否成立与生效直接影响着从合同的成立及效力，但从合同不成立或无效，通常不会影响到主合同的成立与效力。

B选项正确。根据我国《民法典》合同编的规定，合同的解释对象主要是合同条款。

C选项正确。单务合同指仅有一方负担给付义务的合同；双务合同指双方互负对待给付义务的合同。抗辩权指对抗请求权或者否认对方权利的权利。在双务合同中，因为双方互付对待给付义务，当事人享有同时履行抗辩权、先履行抗辩权和不安抗辩权。单务合同则无此效力，因为单务合同中只有一方有给付义务，因此，一方只享有权利，另一方只承担义务，故不存在同时履行抗辩权、先履行抗辩权和不安抗辩权的适用空间。

D选项错误。有关身份关系的协议，适用有关该身份关系的法律规定，没有规定的，可以根据其性质参照适用《民法典》合同编的规定。综上，本题选D。

43. D 【解析】《民法典》第526条规定："当事人互负债务，有先后履行顺序，应当先履行债务一方未履行的，后履行一方有权拒绝其履行请求。先履行一方履行债务不符合约定的，后履行一方有权拒绝其相应的履行请求。"本案中，买卖合同约定了先后履行顺序，即甲交付货物而乙给付货款，乙对甲享有的是先履行抗辩权，排除了同时履行抗辩权和不安抗辩权，AB 选项错误。

乙对甲享有的先履行抗辩权是暂时性的权利，一旦甲履行了交付货物的义务，并且乙已经验收合格，乙对甲的先履行抗辩权立即消灭，C 选项错误。

乙对甲享有先履行抗辩权，即乙在甲未履行先交付货物义务之前有权拒绝给付货款，D 选项正确。综上，本题选 D。

44. A 【解析】《民法典》第 186 条规定："因当事人一方的违约行为，损害对方人身权益、财产权益的，受损害方有权选择请求其承担违约责任或者侵权责任。"

A 选项正确，C 选项错误。本案中，甲与商场之间存在有效的买卖合同，商场提供的电视机不符合质量要求，构成违约。同时，电视机爆炸造成甲的人身伤害，构成侵权。在侵权责任与违约责任竞合的情况下，甲可以向商场主张违约责任或侵权责任。

B 选项错误。合同已经有效成立，不存在缔约过失责任适用的情形。

D 选项错误。甲与商场签订的买卖合同有效，对于有效合同不能撤销。此外，商场在订立合同过程中存在欺诈等可撤销事由，但由于行使撤销权的除斥期间（1 年）已过，甲也无法主张撤销权。综上，本题选 A。

二、多项选择题

1. AB 【解析】让与人将同一债权转让给两个以上受让人，债务人已经向最先通知的受让人履行的，其可不再履行债务。债务人明知接受履行的受让人不是最先通知的受让人，最先通知的受让人有权请求债务人继续履行债务或者依据债权转让协议请求让与人承担违约责任；故 AB 选项正确，D 选项错误。除接受履行的受让人明知债权在其受让前已经转让给其他受让人外，最先通知的受让人无权请求接受履行的受让人返还其接受的财产，故 C 选项错误。综上，答案为 AB。

2. ABC 【解析】因侵害自然人人身权益，或者故意、重大过失侵害他人财产权益而产生的损害赔偿债务，侵权人无权主张抵销。故答案为 ABC。

3. ABCD 【解析】定金的效力有四：（1）担保债务履行。定金是通过对违约方适用定金罚则而起到合同担保作用的。定金罚则的基本规则是：给付定金的一方不履行债务或者履行债务不符合约定，致使不能实现合同目的的，无权请求返还定金；收受定金的一方不履行债务或者履行债务不符合约定，致使不能实现合同目的的，应当双倍返还定金。当事人一方不完全履行合同的，应当按照未履行部分所占合同约定内容的比例，适用定金罚则。（2）证明合同成立。定金的交付本身可以视为合同成立的证据。（3）解除合同的条件。当事人约定定金性质为解约定金，交付定金的一方有权主张以丧失定金为代价解除合同，收受定金的一方也有权主张以双倍返还定金为代价解除合同。（4）预先给付。债务人履行债务的，定金应当抵作价款或者收回。故答案 ABCD 都对。

4. AB 【解析】本题考查债权转让。主债权全部让与的，除另有约定外，担保物权、保证债权随同移转。本题当中，甲不仅对丙享有 100 万元的债权，而且对丙享有汽车的抵押权。其中，100 万元的债权为主债权，汽车的抵押权为担保物权。依据上述规则，甲将对丙的 100 万元的债权让与给乙之后，甲对丙所享有的汽车的抵押权随同移转给乙，甲不再是主债权人、抵押权人，乙成了主债权人、抵押权人，亦即在债权让与生效后，乙可以向丙主张主债权、抵押权，甲不能向丙主张主债权、抵押权。因此，A选项、B选项正确，C选项、D选项错误。

5. ABCD 【解析】从给付义务，是指辅助主给付义务的功能实现的义务。从给付义务尽管不决定债的类型，但能够确保债权人的利益获得最大的满足。从给付义务既可以基于法律的明文规定而发生，也可以基于当事人的约定而发生，还可以基于诚实信用原则及对合同进行补充解释而发生。本题选择ABCD选项。

6. AC 【解析】所谓附随义务，是指给付义务之外的，以诚实信用原则为依据而发生的协助、保护、照顾、保密等义务。防止损失扩大的义务属于不真正义务。给付义务与附随义务是并列的两种义务类型。故本题选择AC选项。

7. BCD 【解析】非合同之债又称法定之债，是指基于法律的规定，因某一法律事实的出现，在特定当事人之间产生的债，主要包括侵权行为之债、不当得利之债和无因管理之债。因此，本题的答案为BCD。

8. ABC 【解析】《民法典》第515条规定："标的有多项而债务人只需履行其中一项的，债务人享有选择权；但是，法律另有规定、当事人另有约定或者另有交易习惯的除外。享有选择权的当事人在约定期限内或者履行期限届满未作选择，经催告后在合理期限内仍未选择的，选择权转移至对方。"因此AB选项正确。《民法典》第516条第1款规定："当事人行使选择权应当及时通知对方，通知到达对方时，标的确定。标的确定后不得变更，但是经对方同意的除外。"因此C选项正确，D选项错误。经对方同意的，确定的债务标的也可以变更。故本题答案为ABC。

9. AC 【解析】本题考查要约、承诺。在生活中，合同缔结过程往往表现为"讨价还价"，但是，在法律上，合同缔结过程有着专业表述：要约人发出要约，在要约生效后失效前，受要约人进行承诺，承诺到达要约人时合同即已缔结。这一过程包括两个关键环节：要约、承诺。因此，A选项符合题意、B选项不合题意、C选项符合题意、D选项不合题意。

10. ABD 【解析】A选项正确。除法律另有规定或者当事人另有约定外，当事人对合同是否成立存在争议，能够确定当事人名称或者姓名、标的和数量的，一般应当认定合同成立。

B选项正确。要约生效后，要约人应受要约的约束，在要约有效期内不得随意撤销或变更要约；受要约人则取得了承诺的权利，受要约人有权在要约的有效期限内作出接受要约的答复，但其不负必须承诺的义务。受要约人不承诺，没有通知要约人的义务。

C选项错误。承诺可以撤回，但不可以撤销。因为承诺生效意味着合同成立，双方当事人由此承担合同产生的权利与义务，所以承诺不能撤销。

D选项正确。以招标投标方式订立合同的，招标为要约邀请，投标为要约，定标为承诺。定标后，招标人应当向中标人发出中标通知书，中标通知书对招标人和中标人具有法律效力，双方应当自中标通知书发出之日起30日内订立书面合同。综上，本题选ABD。

11. ABCD 【解析】《民法典》第568条规定："当事人互负债务，该债务的标的物种类、品质相同的，任何一方可以将自己的债务与对方的到期债务抵销；但是，根据债务性质、按照当事人约定或者依照法律规定不得抵销的除外。当事人主张抵销的，应当通知对方。通知自到达对方时生效。抵销不得附条件或者附期限。"因此ABCD四项全正确。

12. ABCD 【解析】混同的成立原因主要有以下两种：（1）概括承受。这是发生混同的主要原因。概括承受既有企业法人和非法人组织的概括承受，也有个人的概括承受。前者如相互有债权债务关系的企业合并为一个企业，债权债务即因同归于一个企业而消灭；后者如债权人继承债务人的遗产或者债务人继承债权人的遗产，债权债务因同归继承人而消灭。（2）特定承受。这是指在债务人受让债权人的债权，债权人承受债务人的债务的场合，债权债务亦因混同而消灭。AB 选项属于概括承受，CD 选项属于特定承受。因此，本题的答案为 ABCD。

13. **AD** 【解析】简单之债又称不可选择之债，是指债的标的只有一种，当事人只能依照该种标的的履行无选择余地的债；选择之债是指债的标的有数种，当事人可以选择其中之一为履行的债。特定物之债是指以特定物为标的物的债；种类物之债是指以种类物为标的物的债。因此，本题的答案为 AD。

14. **ABCD** 【解析】合同的权利义务终止的原因主要有六种：清偿、解除、抵销、提存、免除和混同。除了上述六种原因外，法律规定或当事人约定的其他情形，如当事人死亡、解除条件成就、终期届至等，也可以导致合同终止。本题的答案为 ABCD。

15. **ABCD** 【解析】《民法典》第 560 条规定："债务人对同一债权人负担的数项债务种类相同，债务人的给付不足以清偿全部债务的，除当事人另有约定外，由债务人在清偿时指定其履行的债务。债务人未作指定的，应当优先履行已经到期的债务；数项债务均到期的，优先履行对债权人缺乏担保或者担保最少的债务；均无担保或者担保相等的，优先履行债务人负担较重的债务；负担相同的，按照债务到期的先后顺序履行；到期时间相同的，按照债务比例履行。"因此 ABCD 选项全正确。

16. **AC** 【解析】《民法典》第 549 条规定："有下列情形之一的，债务人可以向受让人主张抵销：（一）债务人接到债权转让通知时，债务人对让与人享有债权，且债务人的债权先于转让的债权到期或者同时到期；（二）债务人的债权与转让的债权是基于同一合同产生。"因此，本题的答案为 AC。

17. **ABC** 【解析】《民法典》第 519 条第 1 款规定："连带债务人之间的份额难以确定的，视为份额相同。"A 选项正确。《民法典》第 520 条规定："部分连带债务人履行、抵销债务或者提存标的物的，其他债务人对债权人的债务在相应范围内消灭；该债务人可以依据前条规定向其他债务人追偿。部分连带债务人的债务被债权人免除的，在该连带债务人应当承担的份额范围内，其他债务人对债权人的债务消灭。部分连带债务人的债务与债权人的债权同归于一人的，在扣除该债务人应当承担的份额后，债权人对其他债务人的债权继续存在。债权人对部分连带债务人的给付受领迟延的，对其他连带债务人发生效力。"BC 选项正确，D 选项错误。因此，本题的答案为 ABC。

18. **ABCD** 【解析】一项有效的要约必须具备下列条件：（1）要约必须是特定人向相对人发出的意思表示。（2）要约必须以缔结合同为目的。非以缔结合同为目的的表示，不属于要约。（3）要约的内容应具体确定。要约一经相对人承诺即导致合同成立。因此，要约的内容必须具体确定，至少应包括拟订立合同的必备条款，以供相对人考虑是否承诺。（4）要约必须表明经受要约人承诺，要约人即受该意思表示约束。因此，本题的答案为 ABCD。

19. **ABC** 【解析】《民法典》第 497 条规定："有下列情形之一的，该格式条款无效：（一）具有本法第一编第六章第三节和本法第五百零六条规定的无效情形；（二）提供格式条款一方不合理地免除或者减轻其责任、加重对方责任、限制对方主要权利；（三）提供格式条款一方排除对方主要权利。"因此，本题的答案为ABC。

20. ABCD 【解析】缔约过失责任主要适用于以下情况：假借订立合同，恶意进行磋商；故意隐瞒与订立合同有关的重要事实或者提供虚假情况；泄露或者不正当地使用在订立合同过程中知悉的对方商业秘密；其他违背诚实信用原则的行为等。因此，本题的答案为ABCD。

21. ABC 【解析】《民法典》第473条规定："要约邀请是希望他人向自己发出要约的表示。拍卖公告、招标公告、招股说明书、债券募集办法、基金招募说明书、商业广告和宣传、寄送的价目表等为要约邀请。商业广告和宣传的内容符合要约条件的，构成要约。"因此，本题的答案为ABC。

22. ABCD 【解析】根据《民法典》的相关规定，当事人就有关合同内容约定不明确，依据《民法典》第510条规定仍不能确定的，适用下列规定：质量要求不明确的，按照强制性国家标准履行；没有强制性国家标准的，按照推荐性国家标准履行；没有推荐性国家标准的，按照行业标准履行；没有国家标准、行业标准的，按照通常标准或者符合合同目的的特定标准履行。因此，本题ABCD选项全选。

23. ACD 【解析】《民法典》第527条规定："应当先履行债务的当事人，有确切证据证明对方有下列情形之一的，可以中止履行：（一）经营状况严重恶化；（二）转移财产、抽逃资金，以逃避债务；（三）丧失商业信誉；（四）有丧失或者可能丧失履行债务能力的其他情形。当事人没有确切证据中止履行的，应当承担违约责任。"第528条规定："当事人依据前条规定中止履行的，应当及时通知对方。对方提供适当担保的，应当恢复履行。中止履行后，对方在合理期限内未恢复履行能力且未提供适当担保的，视为以自己的行为表明不履行主要债务，中止履行的一方可以解除合同并可以请求对方承担违约责任。""因此，ACD选项正确。B选项错误，应是"确切证据能够证明"，而不是"怀疑"。

24. ABCD 【解析】《民法典》第535条第1、2款规定："因债务人怠于行使其债权或者与该债权有关的从权利，影响债权人的到期债权实现的，债权人可以向人民法院请求以自己的名义代位行使债务人对相对人的权利，但是该权利专属于债务人自身的除外。代位权的行使范围以债权人的到期债权为限。债权人行使代位权的必要费用，由债务人负担。"因此，本题的答案为ABCD。

25. ABCD 【解析】《民法典》第563条第1款规定："有下列情形之一的，当事人可以解除合同：（一）因不可抗力致使不能实现合同目的；（二）在履行期限届满前，当事人一方明确表示或者以自己的行为表明不履行主要债务；（三）当事人一方迟延履行主要债务，经催告后在合理期限内仍未履行；（四）当事人一方迟延履行债务或者有其他违约行为致使不能实现合同目的；（五）法律规定的其他情形。"因此，本题的答案为ABCD。

26. ABCD 【解析】《民法典》第538条规定："债务人以放弃其债权、放弃债权担保、无偿转让财产等方式无偿处分财产权益，或者恶意延长其到期债权的履行期限，影响债权人的债权实现的，债权人可以请求人民法院撤销债务人的行为。"因此，ABCD选项全选。

27. ABD 【解析】A选项说法错误。《民法典》第539条规定："债务人以明显不合理的低价转让财产、以明显不合理的高价受让他人财产或者为他人的债务提供担保，影响债权人的债权实现，债务人的相对人知道或者应当知道该情形的，债权人可以请求人民法院撤销债务人的行为。"本案中，孔某将其市值110万元的房屋以105万元卖给赖某，不属于以明显低价转让，且题干也未明示受让人赖某对此知情。因此，张某不能以此为由请求法院撤销孔某与赖某之间的买卖合同。B选项说法错误。《民法典》第215条规定："当事人之间订立有关设立、变更、转让和消灭不动产物权的合同，除法律另有规定或者当事人另有约定外，自合同成立时生效；未办理物权登记的，不影响合同效力。"据此可知，房屋买卖合同的效力与房屋产权是否过户无关。本题中，房屋买卖合同自双方达成合意时成立并生效，并不以房屋过户为生效要件。C选项说法正确。《民法典》第154条规定："行为人与相对人恶意串通，损害他人合法权益的民事法律行为无效。"据此可知，如张某能举证孔某、赖某构成恶意串通，则孔某、赖某买卖合同无效。D选项说法错误。本题中，房屋尚未过户，房屋产权仍属孔某所有，张某与孔某间的债权债务关系可以通过协商、仲裁、起诉等方式进一步确认偿还方式，但张某无权直接取得房屋的所有权以实现其债权。因此，本题的答案为ABD。

28. **AC** 【解析】《民法典》第588条规定："当事人既约定违约金，又约定定金的，一方违约时，对方可以选择适用违约金或者定金条款。定金不足以弥补一方违约造成的损失的，对方可以请求赔偿超过定金数额的损失。"AC选项正确。

29. **AC** 【解析】本题考查违约金。事先约定违约金的数额过分高于一方所受损失的数额时，可以请求适当减少事先约定违约金的数额。本题当中，甲、乙二人事先约定违约金的数额是50万元，乙所受损失的数额是25万元，（50-25）/25=100%，显然事先约定违约金的数额过分高于乙所受损失的数额，甲可以向乙请求适当减少事先约定违约金的数额。因此，C选项正确、D选项错误。事先约定违约金的数额低于一方所受损失的数额时，可以请求适当增加事先约定违约金的数额。本题当中，甲、丙二人事先约定违约金的数额是50万元，丙所受损失的数额是55万元，显然事先约定违约金的数额低于丙所受损失的数额，丙可以向甲请求适当增加事先约定违约金的数额，但是最多增至所受的损失55万元。因此，A选项正确、B选项错误。故本题答案为AC。

30. **ABD** 【解析】这道题目是对法定解除权有关知识的考查。《民法典》第563条第1款规定："有下列情形之一的，当事人可以解除合同：（一）因不可抗力致使不能实现合同目的；（二）在履行期限届满前，一方当事人明确表示或者以自己的行为表明不履行主要债务；（三）当事人一方迟延履行主要债务，经催告后在合理期限内仍未履行；（四）当事人一方迟延履行债务或者有其他违约情形致使不能实现合同目的；（五）法律规定的其他情形。"A选项中，甲未按照合同约定于4月5日前向乙交付钢材，构成违约。但是一方不履行合同义务，对方并不能由此获得解除权，必须以尽"催告义务"且忍耐一个"合理期限"为要件，因此，此案中甲尚未催告并容忍一定期限，不能当然地获得合同解除权。B选项中，甲已经完成了合同中的主要义务，交付了大部分钢材。《民法典》上述规定的第（3）项要求一方当事人迟延履行主要义务，本案中甲已经履行了主要义务，虽然仍有小部分义务尚未履行，乙不具有解除权，只能要求甲承担违约责任。C选项中，乙出卖给甲的电视机没有声音，这已经影响了电视机的正常使用，使甲购买电视机的目的不能实现，属于根本违约的情形，符合《民法典》上述规定第（4）项"致使不能实现合同目的"的情形，因此甲具有法定解除权。D选项中，甲购买到的电视总体品质良好，只是稍有"雪花"，这没有影响合同目的的实现，也没有构成根本违约，甲没有法定解除权。故本题答案为ABD。

31. **AC** 【解析】本题考查缔约过失责任。所谓缔约过失责任，是指在缔结合同的过程中，一方违背诚实信用原则导致对方利益损失，依法应当承担的民事责任。缔约过失责任的赔偿范围仅限于信赖利益损失，一般包括：（1）缔约费用，即为了缔约与履行合同所支出的必要费用；（2）机会损失，即丧失与第三人另行交易的机会所造成的损失。A选项、C选项属于上述情形，因此，A选项符合题意、B选项不合题意、C选项符合题意、D选项不合题意。

32. ABCD 【解析】全面履行规则，又称正确履行规则或适当履行规则，该规则要求当事人按照合同约定的标的、数量、质量、履行期限、履行地点、履行方式，全面完成合同义务。全面履行规则要求当事人按照合同的约定全面履行义务，如果当事人就某些条款约定不明，应当遵循以下规则：就质量、价款或者报酬、履行地点等内容没有约定或者约定不明确的，可以协议补充；不能达成补充协议的，按照合同相关条款或者交易习惯确定。如果还不能确定，则适用下列规定：（1）质量要求不明确的，按照强制性国家标准履行；没有强制性国家标准的，按照推荐性国家标准履行；没有推荐性国家标准的，按照行业标准履行；没有国家标准、行业标准的，按照通常标准或者符合合同目的的特定标准履行。（2）价款或者报酬不明确的，按照订立合同时履行地的市场价格履行；依法应当执行政府定价或者政府指导价的，依照规定履行。（3）履行地点不明确，给付货币的，在接受货币一方所在地履行；交付不动产的，在不动产所在地履行；其他标的，在履行义务一方所在地履行。（4）履行期限不明确的，债务人可以随时履行，债权人也可以随时请求履行，但是应当给对方必要的准备时间。（5）履行方式不明确的，按照有利于实现合同目的的方式履行。（6）履行费用的负担不明确的，由履行义务一方负担；因债权人原因增加的履行费用，由债权人负担。ABCD四项均正确，本题选ABCD。

33. ABCD 【解析】向第三人履行的合同中，如果债务人违约，债务人应当向债权人承担违约责任，而不是向第三人承担违约责任。但是，法律规定或者当事人约定第三人可以直接请求债务人向其履行债务，第三人未在合理期限内明确拒绝的，第三人可以请求债务人向自己履行债务，但是不能主张行使撤销权、解除权等民事权利。据此，A选项正确、B选项正确。

债务人按照约定向第三人履行债务，第三人拒绝受领，债权人请求债务人向自己履行债务的，人民法院应予支持，但是债务人已采取提存等方式消灭债务的除外。第三人拒绝受领或者受领迟延，债务人请求债权人承担因此造成的损失的，人民法院依法予以支持。据此，C选项正确、D选项正确。

34. ABCD 【解析】债务人不履行债务，第三人对履行该债务具有合法利益的，第三人有权向债权人代为履行。对履行该债务具有合法利益的第三人包括：保证人或者提供物的担保的第三人；担保财产的受让人、用益物权人、合法占有人；担保财产上的后顺位担保权人；对债务人的财产享有合法权益且该权益将因财产被强制执行而丧失的第三人；债务人为法人或者非法人组织的，其出资人或者设立人；债务人为自然人的，其近亲属；其他对履行债务具有合法利益的第三人。据此，A选项正确、B选项正确、C选项正确、D选项正确。

35. ABCD 【解析】下列权利可以认定为专属于债务人自身的债权：（1）抚养费、赡养费或者扶养费请求权；（2）人身损害赔偿请求权；（3）劳动报酬请求权，但是超过债务人及其所扶养家属的生活必需费用的部分除外；（4）请求支付基本养老保险金、失业保险金、最低生活保障金等保障当事人基本生活的权利；（5）其他专属于债务人自身的权利。据此，A 选项正确、B 选项正确、C 选项正确、D 选项正确。

36. ABCD 【解析】根据《最高人民法院关于适用〈中华人民共和国民法典〉合同编通则若干问题的解释》第 27 条的规定，清偿型以物抵债协议如果没有其他效力瑕疵，人民法院应当认定该协议自当事人意思表示一致时生效。据此，A 选项正确。债务人履行以物抵债协议后，人民法院应当认定相应的原债务同时消灭。据此，B 选项正确。债务人未按照约定履行以物抵债协议，债权人选择请求债务人履行原债务或者以物抵债协议的，人民法院应予支持，但是法律另有规定或者当事人另有约定的除外。据此，C 选项正确。债务人或者第三人以自己不享有所有权或者处分权的财产权利订立以物抵债协议的，依据无权处分的规定处理。据此，D 选项正确。故本题答案为 ABCD。

三、简答题

1. 参考答案 所谓要约，是指希望与他人缔结合同的意思表示。所谓要约邀请，是指希望他人向自己发出要约的表示。二者具有如下区别：
（1）目的不同，要约在于获得对方承诺，要约邀请在于引出对方要约。
（2）要件不同，要约邀请无需要约那般的繁琐要件。
（3）效力不同，要约人受到要约的约束，邀请人不受要约邀请的约束。

2. 参考答案 先履行抗辩权，是指当事人互负债务，有先后履行顺序，应当先履行的一方未履行的，应当后履行的一方有权拒绝其履行要求的权利。其成立要件如下：
（1）双方基于同一合同互负债务。
（2）双方所负债务期限均已届满。
（3）一方当事人应当先履行债务。
（4）应当先履行的一方没有履行合同债务或者履行债务不合约定。

3. 参考答案 所谓债权人代位权，是指在债务人怠于行使到期债权并且因此损害债权人之债权时，债权人可以以自己的名义起诉次债务人，请求次债务人直接向自己履行债务的权利。其构成要件如下：
（1）债权人对债务人的债权合法。
（2）债务人对次债务人享有债权并且合法。
（3）债务人怠于行使债权或者相关的从权利并且因此损害债权人的债权。
（4）债务人对次债务人的债权不能专属于债务人并且可以强制执行。

4. 参考答案 定金是指合同当事人为了确保订立合同或者履行合同，依据双方约定，由一方给付对方一定数额的金钱。其特征如下：
（1）定金属于约定担保，可以约定定金数额但是不得超过主合同标的额的 20%。
（2）定金属于金钱担保，具有多重效力。
（3）定金合同属于实践合同，交付定金后方成立并且生效。
（4）定金有从属性，主合同不成立或者无效，定金合同随之不成立或者无效。

四、法条分析题

1. 参考答案 （1）全面履行是指当事人按照合同约定的标的、数量、质量、履行期限、履行地点、履行方式，全面完成合同义务。（2） 诚信原则是指当事人应本着诚实、守信、善意的态度履行合同义务，不得滥用权力或故意规避义务。（3） 本条第2款规定的义务在性质上属于附随义务，该义务是基于诚实信用原则产生的依附于合同主义务上的义务。附随义务不同于主合同义务：主合同义务属于给付义务，取决于当事人的约定；附随义务并非属于给付义务，是法律规定的一种合同履行过程的附随性义务。

2. 参考答案 （1） 同时履行抗辩权的成立条件有：须当事人就同一双务合同互负债务；须双方互负的债务均届至清偿期；须对方未履行债务或履行债务不符合约定；须双方的对待给付是可能履行的。（2） 同时履行是指合同的履行没有先后顺序之分，当事人在合同中也没有就合同履行顺序作出约定，双方当事人应当同时履行义务的情形。（3） 同时履行抗辩权的效力主要体现在：双方未履行债务或者履行债务不符合约定时，有拒绝履行自有债务的权利。如果对方履行了债务，该权利即行消灭。

3. 参考答案 （1） 侵权责任和违约责任发生竞合的条件有：当事人之间须存在合同关系的侵权的事实；当事人要有过错，且违约责任的过错和侵权责任的过错是同一的；要符合两种请求权的构成条件；必须有损害结果；责任具有不同的赔偿范围。（2） 违约责任和侵权责任发生竞合的主要原因有：当事人实施了侵权性的违约行为，即侵权行为直接构成违约的原因；当事人实施了违约性的侵权行为，即违约行为造成了侵权的后果。（3）在违约责任与侵权责任发生竞合时，受损害方有权选择其中的一种责任要求对方承担。

五、案例分析题

1. 参考答案 （1） 可以。出卖人就商品房开发规划范围内的房屋及相关设施所作的说明和允诺具体确定，并对商品房买卖合同的订立以及房屋价格的确定有重大影响的，应当视为要约，作为合同内容。在本题中，宣传资料和沙盘图具体确定，且有重大影响，自然应当视为要约，作为合同内容。

（2） ① 迟延履行。合同约定A公司应当于2004年6月30日之前交付房屋，但是A公司实际交房时间为2004年8月16日。② 不适当履行，合同约定的房屋并无外立面装饰，实际交付的房屋却有外立面装饰，并且影响窗内视觉效果。

（3） 可以。当事人就迟延履行约定违约金的，支付违约金后，仍然应当履行债务。在本题中，A公司与黄某就迟延履行约定了违约金，此后A公司即便支付违约金，也不影响其继续履行债务，采取补救措施，调整外立面装饰。

（4） 应当支持。当事人一方不履行合同义务或者不适当履行合同义务的，应当承担继续履行、采取补救措施或者赔偿损失等违约责任。在本题中，合同约定的房屋并无外立面装饰，实际交付的房屋却有外立面装饰，并且影响窗内视觉效果，A公司自然应当采取补救措施，并且"将该钢梁上移"在技术上可行。

2. 参考答案 （1） 本合同所生之债为选择之债。所谓简单之债，是指债的标的是单一的，当事人只能以该种标的履行的债，当事人没有选择的余地。所谓选择之债，是有选择权的当事人可从两个以上的标的中选择其一来履行的债。本案中，甲、乙两公司约定，乙公司可以筹集0号或10号柴油供给甲公司，因此，属于选择之债。（2） 甲公司要求乙公司换货或退货的理由不能成立。因为选择之债的债务人有权选择任何一种标的履行义务。《民法典》第516条第1款规定："当事人行使选择权应当及时通知对方，通知到达对方时，标的确定。标的确定后不得变更，但是经对方同意的除外。"乙公司已经行使选择权且通知了甲公司，债务标的确定，此时除乙公司同意外，债务标的不能变更。乙公司不同意变更，因此甲公司不能要求换货或退货。

3. **参考答案**（1）法院应支持乙商业银行的请求。《民法典》第535条第1款规定："因债务人怠于行使其债权或者与该债权有关的从权利，影响债权人的到期债权实现的，债权人可以向人民法院请求以自己的名义代位行使债务人对相对人的权利，但是该权利专属于债务人自身的除外。"本案中，甲公司怠于行使对丙公司的债权，损害了债权人乙商业银行的利益，因此，乙商业银行有权行使代位权，请求人民法院执行丙公司的财产以偿还甲公司的借款。（2）花费的3 000元费用应由甲公司承担。《民法典》第535条第2款规定："代位权的行使范围以债权人的到期债权为限。债权人行使代位权的必要费用，由债务人负担。"

第十五章　典型合同

一、单项选择题

1. A　**【解析】**商品房消费者以居住为目的购买房屋并已支付全部价款，主张其房屋交付请求权优先于建设工程价款优先受偿权、抵押权以及其他债权的，人民法院应当予以支持。只支付了部分价款的商品房消费者，在一审法庭辩论终结前已实际支付剩余价款的，可以适用前文规定。在房屋不能交付且无实际交付可能的情况下，商品房消费者主张价款返还请求权优先于建设工程价款优先受偿权、抵押权以及其他债权的，人民法院应当予以支持。据此，A选项正确。

2. B　**【解析】**分期付款买卖合同，指双方当事人约定买受人于一定期限内分批支付价款的买卖合同。在分期付款买卖合同中，买受人将应付的总价款在一定期限内至少分三次向出卖人支付。本案中，甲与乙约定：买受人甲于四个月内分批支付价款，这属于分期付款买卖合同。因此，本题答案为B。

3. A　**【解析】**A选项错误。因标的物的主物不符合约定而解除合同的，解除合同的效力及于从物；因标的物的从物不符合约定解除合同的，解除的效力不及于主物。

B选项正确。凭样品买卖的当事人应当封存样品，并可以对样品质量予以说明，出卖人交付的标的物应当与样品及其说明的质量相同。合同约定的样品质量与文字说明不一致且发生纠纷时当事人不能达成合意，样品封存后外观和内在品质没有发生变化的，应当以样品为准；外观和内在品质发生变化，或者当事人对是否发生变化有争议而又无法查明的，应当以文字说明为准。此外，凭样品买卖的买受人不知道样品有隐蔽瑕疵的，即使交付的标的物与样品相同，出卖人交付的标的物的质量仍然应当符合同种物的通常标准。

C选项正确。互易合同中当事人的义务主要有：交付标的物并移转标的物的所有权；对交付的标的物互负瑕疵担保义务；合同中有补足金条款时，负有补足金义务的当事人一方应按照约定支付补足金。

D选项正确。买受人应当及时检验标的物。若买受人发现标的物不符合约定，可以行使拒收权，但同时应负通知义务、保管义务与紧急情况下的处置义务。买受人违反及时检验标的物的义务的，应承受由此产生的不利后果。综上，本题选 A。

4. C　【解析】出租人出卖租赁房屋的，应当在出卖之前的合理期限内通知承租人，承租人享有以同等条件优先购买的权利；但是，房屋按份共有人行使优先购买权或者出租人将房屋出卖给近亲属的除外。ABD 选项不符合题意。我国《民法典》合同编规定，租赁期限届满，房屋承租人享有以同等条件优先承租的权利。C 选项正确。

5. B　【解析】租赁期限六个月以上的应当采用书面形式。当事人未采用书面形式，无法确定租赁期限的，视为不定期租赁。本题选择 B 选项。

6. B　【解析】《民法典》第 604 条规定："标的物毁损、灭失的风险，在标的物交付之前由出卖人承担，交付之后由买受人承担，但是法律另有规定或者当事人另有约定的除外。"本题中，甲、乙明确约定了交付地点是甲家，在交付之前，毁损、灭失的风险由乙承担。因此，本题的答案为 B。

7. B　【解析】《民法典》第 662 条规定："赠与的财产有瑕疵的，赠与人不承担责任。附义务的赠与，赠与的财产有瑕疵的，赠与人在附义务的限度内承担与出卖人相同的责任。赠与人故意不告知瑕疵或者保证无瑕疵，造成受赠人损失的，应当承担赔偿责任。"本题中，该赠与并非附义务的赠与，无论赠与人甲是否知道电脑存在故障都无需承担责任，即无需支付修理费。因此，AD 选项错误。《民法典》第 658 条规定："赠与人在赠与财产的权利转移之前可以撤销赠与。经过公证的赠与合同或者依法不得撤销的具有救灾、扶贫、助残等公益、道德义务性质的赠与合同，不适用前款规定。"甲已经将电脑赠与了乙，则甲无法撤销赠与。因此，C 选项错误。因此，本题的答案为 B。

8. C　【解析】《民法典》第 658 条规定："赠与人在赠与财产的权利转移之前可以撤销赠与。经过公证的赠与合同或者依法不得撤销的具有救灾、扶贫、助残等公益、道德义务性质的赠与合同，不适用前款规定。"赠与合同为诺成性合同，双方签订合同视为意思达成一致，该赠与合同成立并生效。因此，A 选项错误。本题中赠与财产的权利尚未转移，且并非经过公证或是公益、道德义务性质的赠与合同，故甲在实际交付电脑前可以撤销赠与。赠与合同存在三种特殊终止事由：赠与人的任意撤销权、法定撤销权以及穷困抗辩权。赠与人的任意撤销权，是指在赠与合同成立后，赠与人可基于自己的意思任意撤销赠与的权利，赠与人在未交付之前撤销赠与的，不构成违约。因此，B 选项错误。因此，本题的答案为 C。

9. D　【解析】A 选项错误。赠与人在赠与财产的权利移转前可以撤销赠与合同，但是具有救灾、扶贫、助残等社会公益、道德义务性质的赠与合同或者经过公证的赠与合同除外。本案中，赠与合同经过公证，因此甲不能行使任意撤销权撤销赠与合同。本案中，甲不具有法定撤销权和穷困抗辩权的情形，BC 选项错误。因此，甲无权撤销赠与合同，本题答案为 D。

10. B　【解析】A 选项错误，B 选项正确。诺成合同是指基于当事人双方的意思表示达成一致即可成立的合同，实践合同又称为要物合同，其不仅需要当事人双方意思表示达成一致，还需要交付标的物才能成立。自然人之间的借款合同是实践合同，合同自贷款人提供借款时成立。故本题答案为 B。

C 选项错误。自然人之间的借款合同是不要式合同，并不一定要采取书面形式。

D 选项错误。自然人之间的借款合同是否有偿取决于双方的约定。没有约定或者约定不明的，视为无偿。

11. C 【解析】《民法典》第 727 条规定："出租人委托拍卖人拍卖租赁房屋的，应当在拍卖五日前通知承租人。承租人未参加拍卖的，视为放弃优先购买权。"C 选项正确。

12. C 【解析】承揽合同是承揽人按照定作人的要求完成工作，交付工作成果，定作人给付报酬的合同。承揽合同的特征是：（1）以完成一定工作为目的；（2）标的物为承揽人应向定作人交付的工作成果，该成果具有特定性；（3）承揽人以自己的设备、技术独立完成工作；（4）承揽人的义务具有不可让与性；（5）是双务、有偿、诺成性的不要式合同。在承揽合同中，除当事人另有约定外，定作人未向承揽人支付报酬或者材料费等价款的，承揽人对完成的工作成果享有留置权或者有权拒绝支付。由于留置权是法定担保物权，故无须双方当事人在承揽合同中作出特别约定，但双方当事人可以在承揽合同中约定排除承揽人的留置权。因此，本题的答案为 C。

13. B 【解析】B 选项正确。《民法典》第 787 条规定："定作人在承揽人完成工作前可以随时解除合同，造成承揽人损失的，应当赔偿损失。"本案中，定作人甲可以在承揽人乙完成工作之前的任何时候解除承揽合同。

14. B 【解析】本题考查融资租赁合同。本题属于融资租赁合同中的"人买我租"。所谓人买我租，是指以融通资金为目的，由出租人按照承租人的指示向第三人购买租赁物后出租给承租人，承租人向出租人支付租金的融资租赁合同。本题当中，"甲因生产经营之需，意欲购买一台机械设备，无奈资金短缺"，为了解决资金困境，乙按照甲的指示向丙购买一台机械设备之后再出租给甲，甲向乙支付租金，自然属于融资租赁合同中的"人买我租"。在这段法律关系中，甲可以实现融通资金的目的，乙可以收取租金并且取得机械设备的所有权，丙可以获得销售机械设备的利润。因此，A 选项错误、B 选项正确、C 选项错误、D 选项错误。

15. C 【解析】《民法典》第 824 条第 1 款规定："在运输过程中旅客随身携带物品毁损、灭失，承运人有过错的，应当承担赔偿责任。"据此，承运人承担的是过错责任，本题的答案为 C。

16. C 【解析】《民法典》第 938 条规定："物业服务合同的内容一般包括服务事项、服务质量、服务费用的标准和收取办法、维修资金的使用、服务用房的管理和使用、服务期限、服务交接等条款。物业服务人公开作出的有利于业主的服务承诺，为物业服务合同的组成部分。物业服务合同应当采用书面形式。"AB 选项正确。《民法典》第 939 条规定："建设单位依法与物业服务人订立的前期物业服务合同，以及业主委员会与业主大会依法选聘的物业服务人订立的物业服务合同，对业主具有法律约束力。"C 选项错误。《民法典》第 948 条规定："物业服务期限届满后，业主没有依法作出续聘或者另聘物业服务人的决定，物业服务人继续提供物业服务的，原物业服务合同继续有效，但是服务期限为不定期。当事人可以随时解除不定期物业服务合同，但是应当提前六十日书面通知对方。"D 选项正确。因此，本题的答案为 C。

17. B 【解析】《民法典》第 925 条规定："受托人以自己的名义，在委托人的授权范围内与第三人订立的合同，第三人在订立合同时知道受托人与委托人之间的代理关系的，该合同直接约束委托人和第三人；但是，有确切证据证明该合同只约束受托人和第三人的除外。"因此，本题的答案为 B。

18. A 【解析】本题考查合作开发完成的发明创造的归属。《民法典》第 860 条规定："合作开发完成的发明创造，申请专利的权利属于合作开发的当事人共有；当事人一方转让其共有的专利申请权的，其他各方享有以同等条件优先受让的权利。但是，当事人另有约定的除外。合作开发的当事人一方声明放弃其共有的专利申请权的，除当事人另有约定外，可以由另一方单独申请或者由其他各方共同申请。申请人取得专利权的，放弃专利申请权的一方可以免费实施该专利。合作开发的当事人一方不同意申请专利的，另一方或者其他各方不得申请专利。"BD 选项说法正确，A 选项说法错误。《民法典》第 863 条规定："技术转让合同包括专利权转让、专利申请权转让、技术秘密转让等合同。技术许可合同包括专利实施许可、技术秘密使用许可等合同。技术转让合同和技术许可合同应当采用书面形式。"C 选项说法正确。因此，本题的答案为 A。

19. C 【解析】《民法典》第 692 条第 2 款规定："债权人与保证人可以约定保证期间，但是约定的保证期间早于主债务履行期限或者与主债务履行期限同时届满的，视为没有约定；没有约定或者约定不明确的，保证期间为主债务履行期限届满之日起六个月。"因此，本题的答案为 C。

20. D 【解析】《民法典》第 694 条第 2 款规定："连带责任保证的债权人在保证期间届满前请求保证人承担保证责任的，从债权人请求保证人承担保证责任之日起，开始计算保证债务的诉讼时效。"因此，本题的答案为 D。

21. B 【解析】根据《民法典》的相关规定，机关法人不得为保证人，但是经国务院批准为使用外国政府或者国际经济组织贷款进行转贷的除外。以公益为目的的非营利法人、非法人组织不得为保证人。B 选项说法错误，本题的答案为 B。

22. D 【解析】本题考查合同的变更。双方协议变更合同，是以第二个合同变更第一个合同，第二个合同也是合同，适用要约和承诺的规则。故 A 选项排除。甲、乙是对原合同进行变更，不是产生新合同，故排除 B 选项。《民法典》第 695 条第 1 款规定："债权人和债务人未经保证人书面同意，协商变更主债权债务合同内容，减轻债务的，保证人仍对变更后的债务承担保证责任；加重债务的，保证人对加重的部分不承担保证责任。"故排除 C 选项，因此，本题的答案为 D。

23. D 【解析】本题考查房屋转租。承租人征得出租人同意将租赁房屋转租给第三人时，转租合同的期限超过租赁合同的剩余期限的，除另有约定外，超过部分的约定对出租人不具有法律约束力。本题当中，在征得甲的同意后，乙才将该房屋转租给丙，属于合法转租，此时甲与乙的租赁合同仅剩租期两年，乙与丙的转租合同约定租期五年，显然转租合同租期超过租赁合同租期，超过部分的三年对出租人无约束力，亦即没有超过租赁合同租期的两年有效，超过租赁合同租期的三年对甲无效。因此，A 选项错误、B 选项错误、C 选项错误、D 选项正确。

24. D 【解析】优先承租权指租赁期限届满，房屋承租人享有以同等条件优先承租的权利。本案中，乙的承租期限尚未届满，故乙此时无权主张优先承租权，A 选项错误。出租人出卖租赁房屋的，应当在出卖之前的合理期限内通知承租人，承租人享有以同等条件优先购买的权利；但是，房屋按份共有人行使优先购买权或者出租人将房屋出卖给近亲属的除外。出租人履行通知义务后，承租人在 15 日内未明确表示购买的，视为承租人放弃优先购买权。本案中，出租人甲将租赁房屋出卖给近亲属丙，此种情况下承租人乙不能主张优先购买权，C 选项错误。乙也无权主张甲与丙签订的买卖合同无效，甲、丙均为完全民事行为能力人、意思表示真实且合法，买卖合同有效，B 选项错误。但乙可以主张"买卖不破租赁"，在 2 年租赁期限内仍可以继续承租该房屋。故 D 选项正确。

25. B 【解析】《民法典》第 737 条规定："当事人以虚构租赁物方式订立的融资租赁合同无效。"B 选项正确。

26. D 【解析】《民法典》第 974 条规定："除合伙合同另有约定外，合伙人向合伙人以外的人转让其全部或者部分财产份额的，须经其他合伙人一致同意。"D 选项说法错误。ABC 选项说法正确。因此，本题的答案为 D。

27. C 【解析】承租人经出租人同意，可以将租赁物转租给第三人。承租人转租的，承租人与出租人之间的租赁合同继续有效，A 选项正确。第三人造成租赁物损失的，承租人应当赔偿损失，B 选项正确。承租人经出租人同意将租赁物转租给第三人，转租期限超过承租人剩余租赁期限的，超过部分的约定对出租人不具有法律约束力，但是出租人与承租人另有约定的除外，C 选项错误。只有在房屋租赁合同中，承租人享有优先购买权，D 选项正确。因此，本题的答案为 C。

28. D 【解析】本题考查赠与合同的法定撤销。受赠人有下列情形之一的，赠与人可以撤销赠与合同：（1）严重侵害赠与人或者赠与人近亲属的合法权益；（2）对赠与人有扶养义务而不履行；（3）不履行赠与合同约定的义务。在本题中，乙将甲的儿子丙打成重伤属于上述第一种情形，所以甲可以行使法定撤销权撤销赠与合同。值得注意的是，虽然具有救灾、扶贫等社会公益、道德义务性质的赠与合同或者经过公证的赠与合同不能任意撤销，但是如果具有法定事由，仍然可以法定撤销，因此，A 选项错误。法定撤销权具有溯及力，如果行使法定撤销权撤销赠与合同，对于已经赠与的财产可以索回。在本题中，依据上述规则，甲撤销赠与合同后，不仅尚未交付的手机不必再交付，而且已经交付的手机还可以索回。因此，B 选项错误、D 选项正确。受赠人的行为导致赠与人死亡或者丧失民事行为能力的，赠与人之继承人或者法定代理人可以撤销赠与合同。赠与人之继承人或者法定代理人的法定撤销权应当自知道或者应当知道撤销事由之日起六个月内行使。在本题中，乙的行为既未导致甲死亡，也未导致甲丧失民事行为能力，也就不必轮到丙来撤销赠与合同，因此，C 选项错误。

29. C 【解析】《民法典》第 897 条规定："保管期间，因保管人保管不善造成保管物毁损、灭失的，保管人应当承担损害赔偿责任，但是无偿保管人证明自己没有故意或者重大过失的，不承担损害赔偿责任。"

A 选项错误。乙是否承担违约责任取决于乙是否具有过错，如果乙不具有过错，也没有实施违反保管合同义务的行为，不承担违约责任。

B 选项错误。喷洒驱虫药的人是居民委员会，而不是保管人乙，故乙不承担侵权责任。

C 选项正确，D 选项错误。无偿保管人乙需要证明自己没有故意和重大过失才能不承担赔偿责任。综上，本题选 C。

二、多项选择题

1. AB 【解析】应收账款债权人就同一应收账款订立多个保理合同，致使多个保理人主张权利的，已经登记的先于未登记的取得应收账款；均已经登记的，按照登记时间的先后顺序取得应收账款；均未登记的，由最先到达应收账款债务人的转让通知中载明的保理人取得应收账款；既未登记也未通知的，按照保理融资款或者服务报酬的比例取得应收账款。故答案为 AB。

2. ABC　【解析】保证旅客人身安全是承运人的基本义务。在运输过程中旅客伤亡的，无论是持正常客票的旅客，还是按规定免票、持优待票或经承运人许可搭乘的无票旅客，除伤亡是旅客自身健康原因造成的或者承运人证明伤亡是旅客故意、重大过失造成的以外，承运人均应承担赔偿责任。故答案为ABC。

3. ABCD　【解析】在保管合同中，保管人的义务主要有：（1）给付保管凭证。寄存人向保管人交付保管物的，除另有交易习惯外，保管人应当出具保管凭证。（2）妥善保管保管物。（3）亲自履行保管义务。除当事人另有约定外，保管人不得使用或者许可第三人使用保管物，也不得将保管物转交第三人保管。（4）在第三人对保管物主张权利时有通知义务。（5）返还保管物，包括原物和孳息。故答案为ABCD。

4. AB　【解析】在委托合同中，当受托人因委托人的原因对第三人不履行义务时，受托人向第三人披露委托人，第三人因此可以选择委托人或者受托人作为相对人主张权利，但不能同时选择受托人和委托人为共同相对人，第三人在选择后也不得变更选定的相对人。故答案为AB。

5. ABC　【解析】本题考查普通动产多重买卖。善意取得的条件有四：（1）处分人以自己的名义实施了无权处分；（2）第三人主观善意；（3）第三人以合理价格受让；（4）不动产已经完成登记/动产已经完成交付。在本题中，孙某并未将叉车交付给甲、乙、丙三人，亦即孙某将叉车交付给丁时仍是叉车所有权人，属于有权处分，丁是继受取得叉车所有权，而非善意取得叉车所有权。因此，A选项错误。所谓多重买卖，是指出卖人就同一动产与数个买受人签订数份买卖合同的买卖。在本题中，孙某就其叉车先后与甲、乙、丙、丁四人签订买卖合同，属于多重买卖。值得注意的是，叉车作为特种设备，属于普通动产，而非特殊动产，因此本题属于普通动产多重买卖。在普通动产多重买卖中，判断哪一买受人可以取得所有权应当遵循下列规则：第一步看交付，如果在受让人均主张动产的所有权时，出让人已经将动产交付给某一受让人，那么该受让人取得动产的所有权，其他受让人可以向出让人主张违约责任以资救济；第二步看付款，如果在受让人均主张动产的所有权时，出让人没有将动产交付给任何受让人，那么付款在先的受让人可以取得动产的所有权，其他受让人可以向出让人主张违约责任以资救济；第三步看合同成立，如果在受让人均主张动产的所有权时，出让人既没有将动产交付给任何受让人，也没有付款在先的受让人，那么合同成立在先的受让人可以取得动产的所有权，其他受让人可以向出让人主张违约责任以资救济。在本题中，既然叉车已经交付给丁，自然应当由丁取得叉车所有权，由于在多重买卖中，数份买卖合同均有效，无法取得叉车所有权的甲、乙、丙三人只能向孙某主张违约责任以资救济。因此，B选项错误、C选项错误、D选项正确。故答案为ABC。

6. AC　【解析】保证合同虽然从属于主债权债务合同，但保证合同是独立于主债权债务合同的单独合同，有自己独立的成立要件和生效要件，以及变更和消灭原因。A选项正确。在保证合同效力的认定上需要强调的是，机关法人不得为保证人，但是经国务院批准为使用外国政府或者国际经济组织贷款进行转贷的除外。以公益目的的非营利法人、非法人组织不得为保证人。B选项错误。债权人和债务人未经保证人书面同意，协商变更主债权债务合同内容，减轻债务的，保证人对变更后的债务承担保证责任；加重债务的，保证人对加重的部分不承担保证责任。C选项正确。当事人在保证合同中对保证方式没有约定或者约定不明确的，按照一般保证承担保证责任。D选项错误。本题选择AC选项。

7. ABC　【解析】保理合同中，当事人约定有追索权保理的，保理人可以向应收账款债权人主张返还保理融资款本息或者回购应收账款债权，也可以向应收账款债务人主张应收账款债权。ABC 选项正确。保理人向应收账款债务人主张应收账款债权，在扣除保理融资款本息和相关费用后有剩余部分的，剩余部分应当返还给应收账款债权人。D 选项错误。本题选择 ABC 选项。

8. AC 【解析】《民法典》第 944 条规定："业主应当按照约定向物业服务人支付物业费。物业服务人已经按照约定和有关规定提供服务的，业主不得以未接受或者无需接受相关物业服务为由拒绝支付物业费。业主违反约定逾期不支付物业费的，物业服务人可以催告其在合理期限内支付；合理期限届满仍不支付的，物业服务人可以提起诉讼或者申请仲裁。物业服务人不得采取停止供电、供水、供热、供燃气等方式催交物业费。"因此本题选 AC。本条最后一款为《民法典》正式版新增条款，强调物业服务人催交物业费不得使用的方式。

9. BD 【解析】《民法典》第 660 条第 1 款规定："经过公证的赠与合同或者依法不得撤销的具有救灾、扶贫、助残等公益、道德义务性质的赠与合同，赠与人不交付赠与财产的，受赠人可以请求交付。"因此，本题的答案为 BD。

10. CD 【解析】金融机构借款合同和自然人借款合同最大的区别是前者是诺成性合同，后者是实践性合同；其次，前者是要式合同，后者是不要式合同。金融机构借款合同为有偿合同。因此，本题的答案为 CD。

11. ABCD 【解析】有下列情形之一的，承租人不能行使优先购买权：（1） 房屋按份共有人行使优先购买权。（2） 出租人向近亲属转让房屋。关于近亲属的范围，《民法典》中设有规定：配偶、父母、子女、兄弟姐妹、祖父母、外祖父母、孙子女、外孙子女为近亲属。（3） 出租人通知承租人后，承租人在 15 日内没有明确表示购买。（4） 出租人委托拍卖人拍卖租赁房屋的，应当在拍卖 5 日前通知承租人，承租人未参加拍卖。据此，本题选择 ABCD。

12. ABCD 【解析】承揽合同包括加工合同、定作合同、修理合同、复制合同、测试合同、检验合同以及其他类型的承揽合同。因此，本题的答案为 ABCD。

13. ABC 【解析】行纪合同，是指行纪人以自己的名义为委托人从事贸易活动，委托人支付报酬的合同。其特征是：（1） 行纪人是以自己的名义办理行纪事务的，并且行纪人仅限于经过审查、登记可从事贸易活动的主体。（2） 行纪人为委托人办理的事务仅限于商品的寄售、购销等贸易活动。（3） 是双务、有偿、诺成性的不要式合同。因此，本题的答案为 ABC。

14. BCD 【解析】《民法典》第 955 条规定："行纪人低于委托人指定的价格卖出或者高于委托人指定的价格买入的，应当经委托人同意；未经委托人同意，行纪人补偿其差额的，该买卖对委托人发生效力。行纪人高于委托人指定的价格卖出或者低于委托人指定的价格买入的，可以按照约定增加报酬；没有约定或者约定不明确，依照本法第五百一十条（约定不明时合同内容的确定）的规定仍不能确定的，该利益属于委托人。委托人对价格有特别指示的，行纪人不得违背该指示卖出或者买入。"因此，本题的答案为 BCD。

15. ABCD 【解析】《民法典》第 768 条规定："应收账款债权人就同一应收账款订立多个保理合同，致使多个保理人主张权利的，已经登记的先于未登记的取得应收账款；均已经登记的，按照登记时间的先后顺序取得应收账款；均未登记的，由最先到达应收账款债务人的转让通知中载明的保理人取得应收账款；既未登记也未通知的，按照保理融资款或者服务报酬的比别取得应收账款。"因此，ABCD 选项正确。

16. ACD 　【解析】委托合同通常建立在彼此信任的基础上，委托人和受托人都享有单方解除合同的权利。B 选项错误。委托合同是双务、诺成性、不要式合同，既可以有偿也可以无偿。ACD 选项正确。

17. AB 　【解析】《民法典》第 597 条规定："因出卖人未取得处分权致使标的物所有权不能转移的，买受人可以解除合同并请求出卖人承担违约责任。法律、行政法规禁止或者限制转让的标的物，依照其规定。"缔约过失责任的目的在于解决没有合同关系的情况下因一方的过错而造成另一方信赖利益损失的问题，如果存在合同关系，则可以主张违约责任，不需要缔约过失责任进行调整。因此，本题的答案为 AB。

18. ABC 　【解析】《民法典》第 642 条第 1 款规定："当事人约定出卖人保留合同标的物的所有权，在标的物所有权转移前，买受人有下列情形之一，造成出卖人损害的，除当事人另有约定外，出卖人有权取回标的物：（一）未按照约定支付价款，经催告后在合理期限内仍未支付；（二）未按照约定完成特定条件；（三）将标的物出卖、出质或者作出其他不当处分。"因此，ABC 选项正确。

19. BCD 　【解析】《民法典》第 963 条规定："中介人促成合同成立的，委托人应当按照约定支付报酬。对中介人的报酬没有约定或者约定不明确，依据本法第五百一十条的规定仍不能确定的，根据中介人的劳务合理确定。因中介人提供订立合同的媒介服务而促成合同成立的，由该合同的当事人平均负担中介人的报酬。中介人促成合同成立的，中介活动的费用，由中介人负担。"BC 选项正确。《民法典》第 965 条规定："委托人在接受中介人的服务后，利用中介人提供的交易机会或者媒介服务，绕开中介人直接订立合同的，应当向中介人支付报酬。"D 选项正确。中介合同是不要式合同，未要求必须签订书面合同，A 选项错误。因此，本题的答案为 BCD。

20. ABCD 　【解析】《最高人民法院关于审理民间借贷案件适用法律若干问题的规定》第 9 条规定："自然人之间的借款合同具有下列情形之一的，可以视为合同成立：（一）以现金支付的，自借款人收到借款时；（二）以银行转账、网上电子汇款等形式支付的，自资金到达借款人账户时；（三）以票据交付的，自借款人依法取得票据权利时；（四）出借人将特定资金账户支配权授权给借款人的，自借款人取得对该账户实际支配权时；（五）出借人以与借款人约定的其他方式提供借款并实际履行完成时。"因此，本题的答案为 ABCD。

21. ABC 　【解析】A 选项正确。供用电、水、气、热力合同的主体具有特定性，电、水、气、热力的供应人通常是专营的。

　　B 选项正确。供用电、水、气、热力合同的标的具有垄断性，电、水、气、热力通常是国家垄断经营的。

　　C 选项正确。供用电、水、气、热力合同中，债务的履行具有持续性，供应与使用均处于持续的状态。

　　D 选项错误。供用电、水、气、热力合同的目的具有公益性，电、水、气、热力通常是为了满足公众基本生活需要，而不是为了营利。综上，本题选 ABC。

22. AB 　【解析】A 选项正确。赠与合同是单务合同，赠与可以附义务。赠与附义务的，受赠人应当按照约定履行义务，但该义务不是赠与的对待给付义务。

B 选项正确。赠与合同是无偿合同，在附负担的赠与中，受赠人的给付与赠与人的给付无对价关系。

C 选项错误。赠与合同是不要式合同，赠与的财产依法需要办理登记或者其他手续的，应当办理有关手续，但这并不影响赠与合同的不要式的性质。

D 选项错误。赠与合同是诺成合同，赠与财产的交付不是合同的成立要件。综上，本题选 AB。

23. **ABC** 【解析】A 选项正确。建设工程合同必须采用书面形式，这是国家对该合同进行监管的需要。

B 选项正确。建设工程施工合同无效，但是建设工程经验收合格的，可以参照合同关于工程价款的约定折价补偿承包人。

C 选项正确。承包人应当对建设工程合理使用期限内的质量安全负担保责任。因承包人的原因致使建设工程在合理使用期限内造成人身损害和财产损失的，承包人应当承担赔偿责任。

D 选项错误。建设工程承包人享有优先受偿权，建设工程的价款就该工程折价或者拍卖的价款优先受偿。但是对于逾期支付建设工程价款的利息、违约金、损害赔偿金等，不得主张优先受偿。综上，本题选 ABC。

24. **ABC** 【解析】在客运合同中，承运人负有保证旅客人身安全的义务。在运输过程中旅客伤亡的，无论是持正常客票的旅客，还是按规定免票、持优待票或经承运人许可搭乘的无票旅客，除伤亡是旅客自身健康原因造成的或者承运人证明伤亡是旅客故意、重大过失造成的以外，承运人均应承担赔偿责任。承运人负有保证旅客行李安全的义务。在运输过程中旅客随身携带物品毁损、灭失，承运人有过错的，应当承担赔偿责任。如毁损、灭失的是旅客托运的行李，承运人应当按照货物运输的有关规定承担责任。

本案中，甲是经公交车司机乙许可搭乘的无票旅客，视为客运合同已经成立，承运人公交公司应当就甲的人身损害和随身携带的手机毁损承担赔偿责任，ABC 选项正确。承运人公交公司对旅客的人身安全承担的是无过错责任，对旅客随身携带的物品承担的是过错责任。D 选项错误。

三、简答题

1. **参考答案** 所谓建设工程合同，是指承包人进行工程建设，发包人支付工程价款的合同。其特征如下：

（1）主体具有限定性：承包人必须经过批准具有相应资质。

（2）标的具有特殊性：通常以工程建设为标的。

（3）管理具有严格性：合同的订立与履行受到国家严格监督。

（4）形式具有要式性：建设工程合同必须采用书面形式。

（5）双务合同、有偿合同、诺成合同。

2. **参考答案** 合伙人的权利如下：

（1）追偿权。清偿合伙债务超过自己应当承担份额的合伙人，有权向其他合伙人追偿。

（2）转让财产份额权。除合伙合同另有约定外，合伙人向合伙人以外的人转让其全部或者部分财产份额的，须经其他合伙人一致同意。

（3）对合伙事务作出决定权。合伙人就合伙事务作出决定的，除合伙合同另有约定外，应当经全体合伙人一致同意。

（4）对合伙事务的执行权、监督执行权。合伙事务由全体合伙人共同执行。按照合伙合同的约定或者全体合伙人的决定，可以委托一个或者数个合伙人执行合伙事务；其他合伙人不再执行合伙事务，但是有权监督执行情况。

（5）利益分配、亏损分担请求权。合伙的利润分配和亏损分担，按照合伙合同的约定办理；合伙合同没有约定或者约定不明确的，由合伙人协商决定；协商不成的，由合伙人按照实缴出资比例分配、分担；无法确定出资比例的，由合伙人平均分配、分担。

四、法条分析题

参考答案（1）一般保证是指保证人在主合同纠纷未经审判或者仲裁，并就债务人财产依法强制执行仍不能履行债务前，对债权人可以拒绝承担保证责任的担保方式。连带责任保证是指债务人在主合同规定的债务履行期届满没有履行债务的，债权人可以要求债务人履行债务，也可以要求保证人在其保证范围内承担保证责任的担保方式。（2）一般保证和连带责任保证的主要区别在于：一般保证中的保证人享有先诉抗辩权；连带责任保证人不享有先诉抗辩权。先诉抗辩权即保证人在纠纷未经审判或者仲裁，并就债务人财产依法强制执行仍不能履行债务前，一般保证人对债权人可以拒绝承担保证责任的权利。（3）当事人在保证合同中对保证方式没有约定或者约定不明确的，按照一般保证承担保证责任。

五、案例分析题

1. **参考答案**（1）约定有效。《民法典》第 641 条第 1 款规定："当事人可以在买卖合同中约定买受人未履行支付价款或者其他义务的，标的物的所有权属于出卖人。"可见，本案中，赵某和陆某约定在赵某支付价款前，耕牛的所有权仍属于陆某的做法是有效的。（2）耕牛归王某所有。《民法典》第 641 条第 2 款规定："出卖人对标的物保留的所有权，未经登记，不得对抗善意第三人。"本案中，赵某和陆某虽然约定了陆某保留所有权，但是该约定没有进行登记，不能对抗善意第三人王某。因此，王某取得耕牛的所有权。

2. **参考答案**（1）本案属承揽合同。承揽合同与买卖合同都存在标的物的交付，这使得二者在社会生活中有时极其相似，其根本的区别在于：承揽合同的定作物是根据定作人的要求而制作，它必须是存在于合同履行之后；而买卖合同的标的物可以存在于买卖合同订立之前，或者虽存在于买卖合同履行后，但是出卖人根据自己的标准生产的标准化的成品，买受人只是选择了规格。本案中，印刷厂要求科技开发公司按其提供的资料进行生产，这就使得合同的性质为承揽合同。不同的合同其效力不同，所以合同的性质对确定双方当事人的权利与义务有重要的意义。（2）本案中，承揽人科技开发公司没有按照定作人某印刷厂的要求进行工作，应承担相应的违约责任。定作人可以要求承揽人承担修理、重作、减少报酬、赔偿损失等违约责任。

第十六章 准合同

一、单项选择题

1. D 【解析】本题考查无因管理。所谓无因管理，是指没有法定或者约定的义务而为他人管理事务。无因管理构成要件有三：（1）管理他人事务；（2）为他人利益而管理；（3）没有法定或者约定义务。据此，A选项不合题意、B选项不合题意、C选项不合题意、D选项符合题意。

2. B 【解析】不当得利中，一方获得利益是指一方的财产增加。财产的增加包括积极增加与消极增加两种情形。前者是指财产或权利范围的增加或扩大，如取得所有权；后者是指财产本应减少却因一定事实而未减少，如没有支出本应由自己支出的费用，未承担本应承担的债务等。A选项正确。获益没有法律根据，没有法律根据是指一方获益既无法律上的根据，亦无合同上的根据。没有法律根据包括取得利益时没有法律根据和取得利益时有法律根据但嗣后丧失法律根据两种情形。B选项错误。根据不当得利之债的发生是否基于给付行为，可以将不当得利分为因给付而发生的不当得利和基于给付之外的事实而发生的不当得利两种类型。CD选项正确。因此本题选择B选项。

3. D 【解析】无因管理，指没有法定的或者约定的义务，为避免他人利益受损失而进行管理或者服务的行为。法学通说认为，无因管理为事实行为。因此，D选项当选。

4. A 【解析】A选项正确。合同被宣布为无效或被依法撤销，当事人之间因而没有合法合同关系，对于此情形而取得的他人财产，权利人可以依据不当得利主张返还。

BC选项错误。对于无扶养义务的亲属误以为有扶养义务而予以扶养、他人结婚生子而给予贺礼、基于扶养、抚养、赡养、赠与反悔、超过诉讼时效的债务、慰问金、对无因管理人给予报酬、明知不欠债而清偿、行贿受贿、用金钱收买杀手、赌博之债等都不能适用不当得利要求返还。

D选项错误。不当得利请求权只在受益人取得利益且受损人无其他请求权可以行使时，才能行使。例如，在有合同上的请求权或者有侵权损害赔偿之债请求权的情形下，当事人不得主张不当得利。因保管他人财物而要求支付保管费的行为，具有基于保管合同上的请求权，不属于主张不当得利的情形。综上，本题选A。

二、多项选择题

1. ABCD 【解析】本题考查无因管理。无因管理应当同时满足下列条件：（1）管理他人事务；（2）为他人利益而管理；（3）没有法定或者约定义务。就A选项而言，甲实际上是为乙救火，属于管理他人事务，即便发生误认也是为了他人利益，不是为了自己利益，并且甲没有法定义务或者约定义务，甲可以对乙构成无因管理，但是并非对丙构成无因管理，因此，A选项错误。值得注意的是，为他人利益而管理，对被管理人发生误认的，不影响在管理人与真正的被管理人间成立无因管理。就B选项而言，甲误将乙的房屋认作自有房屋而装修属于管理他人事务，但是毕竟是认作自有房屋，也就是并非为了他人利益，而是为了自己利益，不能成立无因管理，因此，B 选项错误。值得注意的是，误将他人事务当作自己事务而管理，属于误信管理，不能成立无因管理。就 C 选项而言，甲加固乙的房屋属于管理他人事务，并无任何误认发生，自然是为了乙的利益，亦即甲是为他人利益而管理，并且甲没有法定义务或者约定义务，可以成立无因管理，主张必要费用，但是不能主张报酬，因此，C 选项错误。就 D 选项而言，消防队员救人乃是基于法定义务，不能成立无因管理，因此，D 选项错误。故答案为 ABCD。

2. BC 【解析】无因管理是指没有法定或者约定义务，为避免他人利益受损失而进行管理或者服务的行为。通说认为无因管理为事实行为。无因管理的构成要件包括：（1）管理他人事务。他人事务是指有关人们生活利益的一切事项，但不包括公益事业。管理是指处理事务的行为，包括事实行为和民事法律行为。（2）有为他人谋利益的意思。这是无因管理成立的主观要件，也是无因管理阻却违法性的根本原因。（3）无法律上的义务。法律上的义务包括法定义务和约定义务。A 选项中甲没有为他人谋利益的意思；D 选项中的招待行为是情谊行为，而非事实行为或民事法律行为。因此，本题的答案为 BC。

3. ABC 【解析】《民法典》第 985 条规定："得利人没有法律根据取得不当利益的，受损失的人可以请求得利人返还取得的利益，但是有下列情形之一的除外：（一）为履行道德义务进行的给付；（二）债务到期之前的清偿；（三）明知无给付义务而进行的债务清偿。"因此，本题的答案 ABC。

4. ABCD 【解析】《民法典》第 981 条规定："管理人管理他人事务，应当采取有利于受益人的方法。中断管理对受益人更为不利的，无正当理由不得中断。"AB 选项正确。《民法典》第 982 条规定："管理人管理他人事务时，能够通知受益人的，应当及时通知受益人。管理的事务不需要紧急处理的，应当等待受益人的指示。"因此 CD 选项正确。本题的答案为 ABCD。

5. AD 【解析】无因管理，指没有法定的或者约定的义务，为避免他人利益受损失而进行管理或者服务的行为。法学通说认为，无因管理为事实行为。A 选项正确。

无因管理中的"他人事务"是指有关人们生活利益的一切事项，可以是有关财产的，也可以是非财产性的，但不包括公益事业。B 选项错误。

无因管理人有为他人谋利益的意思。该意思无须表示，只要管理行为在客观上避免了他人利益受损且管理人不纯粹是出于为自己谋利的目的，就构成无因管理行为，即使管理人主观上有为自己的动机且在客观上使自己同时受益，仍不影响无因管理的成立。C 选项错误。

管理人管理事务经受益人事后追认的，从管理事务开始时起，适用委托合同的有关规定，但是管理人另有意思表示的除外。D 选项正确。

三、简答题

参考答案 不当得利是指一方没有法律依据取得不当利益而使另一方财产受损的事实。不当得利之债的构成要件为：（1）一方获得利益，即指财产的增加，财产的增加包括积极增加和消极增加两种情形；（2）另一方受有损失，可以是现有财产的减少，也可以是财产本应增加而未增加，即应得利益的损失；（3）一方获益和另一方受损之间有因果关系；（4）获益没有合法根据，即一方获益既无法律上的根据，亦无合同上的根据。

第十七章　知识产权

一、单项选择题

1. B　【解析】知识产权具有专有性、地域性、时间性、客体的无形性。ACD 选项均是知识产权的特征。知识产权的地域性，指一项知识产权只在其产生的特定国家或地区的领域内有效，不具有域外效力，其他国家没有必须给予保护的义务。权利人要想使自己的知识产权得到他国的法律保护，必须依有关国际条约、双边协议或按互惠原则，按照该国知识产权法的规定在该国获得知识产权。因此，B 选项当选。

2. D　【解析】《民法典》第 123 条规定："民事主体依法享有知识产权。知识产权是权利人依法就下列客体享有的专有的权利：（1）作品；（2）发明、实用新型、外观设计；（3）商标；（4）地理标志；（5）商业秘密；（6）集成电路布图设计；（7）植物新品种；（8）法律规定的其他客体。

因此，ABC 选项均属于广义的知识产权的客体。D 选项，数据本身不受到知识产权的保护，即不属于知识产权的客体，但是经过开发、加工后的数据有可能纳入知识产权的保护范围，如作为商业秘密的数据信息等。

3. B　【解析】修改权，即修改或者授权他人修改作品的权利。A 选项错误。改变作品、创作出具有独创性的新作品的权利是指改编权。B 选项正确。翻译权，即将作品从一种语言文字转换成另一种语言文字的权利。C 选项错误。汇编权，即将作品或者作品的片段通过选择或者编排，汇集成新作品的权利。D 选项错误。本题选择 B 选项。

4. C　【解析】所谓创作，是指直接产生文学、艺术和科学作品的智力活动。C 选项正确。为他人创作进行组织工作，提供咨询意见、物质条件，或者进行其他辅助工作，均不视为创作。因此本题选择 C 选项。

5. C　【解析】《著作权法》不予保护的对象包括：法律、法规，国家机关的决议、决定、命令和其他具有立法、行政、司法性质的文件及其官方正式译文；单纯事实消息；历法、通用数表、通用表格和公式。ABD 选项错误。计算机软件属于著作权的客体。C 选项正确。本题选择 C 选项。

6. D　【解析】著作权中的发表权、署名权、修改权和保护作品完整权不可以转让。对于前述四项权利外的其他权利，著作权人既可以全部或者部分转让，也可以许可他人行使上述权利并依照约定或者法律规定获得报酬。发行权不属于上述四项权利，故可以转让。本题选择 D 选项。

7. B　【解析】著作权中的署名权、修改权、保护作品完整权的保护期限不受限制。关于其他权利的保护期限，著作权人为自然人的，为作者终生及其死亡后 50 年。因此，B 项保护作品完整权的保护期限不受限制，本题答案为 B。

8. D　【解析】《专利法》第 35 条第 1 款规定："发明专利申请自申请日起三年内，国务院专利行政部门可以根据申请人随时提出的请求，对其申请进行实质审查；申请人无正当理由逾期不请求实质审查的，该申请即被视为撤回。"可见，只有发明专利要经过实质审查，实用新型和外观设计不需要。因此，本题的答案为 D。

9. D 【解析】《专利法》第 64 条规定："发明或者实用新型专利权的保护范围以其权利要求的内容为准，说明书及附图可以用于解释权利要求的内容。外观设计专利权的保护范围以表示在图片或者照片中的该产品的外观设计为准，简要说明可以用于解释图片或者照片所表示的该产品的外观设计。"因此，本题的答案为 D。

10. A 【解析】《著作权法》第 17 条规定："视听作品中的电影作品、电视剧作品的著作权由制作者享有，但编剧、导演、摄影、作词、作曲等作者享有署名权，并有权按照与制作者签订的合同获得报酬。前款规定以外的视听作品的著作权归属由当事人约定；没有约定或者约定不明确的，由制作者享有，但作者享有署名权和获得报酬的权利。视听作品中的剧本、音乐等可以单独使用的作品的作者有权单独行使其著作权。"因此，本题的答案为 A。

11. D 【解析】《著作权法》第 20 条规定："作品原件所有权的转移，不改变作品著作权的归属，但美术、摄影作品原件的展览权由原件所有人享有。作者将未发表的美术、摄影作品的原件所有权转让给他人，受让人展览该原件不构成对作者发表权的侵犯。"书法作品属于《著作权法》中的美术作品，王某将自己的书法作品赠与李某，李某即享有该书法作品的展览权，A 选项错误。发行权是指以出售或者赠与方式向公众提供作品的原件或者复制件的权利，署名权是指在作品上署名以表明作者身份的权利，李某将书法作品展览不会侵犯王某的发行权、署名权，BC 选项错误，因此，本题的答案为 D。

12. D 【解析】《专利法》第 25 条规定："对下列各项，不授予专利权：（一） 科学发现；（二） 智力活动的规则和方法；（三） 疾病的诊断和治疗方法；（四） 动物和植物品种；（五） 原子核变换方法以及用原子核变换方法获得的物质；（六） 对平面印刷品的图案、色彩或者二者的结合作出的主要起标识作用的设计。对前款第（四）项所列产品的生产方法，可以依照本法规定授予专利权。"心脏病药物及其生产方法不属于上述第（三）项。因此，本题的答案为 D。

13. D 【解析】根据《商标法》第 10 条第 1 款第 1 项规定，"同中华人民共和国的国家名称、国旗、国徽、国歌、军旗、军徽、军歌、勋章等相同或者近似的，以及同中央国家机关的名称、标志、所在地特定地点的名称或者标志性建筑物的名称、图形相同的"标志，不得作为商标使用。因此，本题的答案为 D。

14. A 【解析】《专利法》第 6 条第 1 款规定："执行本单位的任务或者主要是利用本单位的物质技术条件所完成的发明创造为职务发明创造。职务发明创造申请专利的权利属于该单位，申请被批准后，该单位为专利权人。该单位可以依法处置其职务发明创造申请专利的权利和专利权，促进相关发明创造的实施和运用。"因此，A 选项的说法错误，职务发明的专利申请权属于乙公司，其他说法均正确。故本题答案为 A。

15. C 【解析】注册商标包括商品商标、服务商标、集体商标、证明商标。其中，集体商标是指以团体、协会或者其他组织名义注册，供该组织成员在商事活动中使用，以表明使用者成员资格的标志。C 选项正确。证明商标是指由对某种商品或者服务具有监督能力的组织所控制，而由该组织以外的单位或者个人使用于其商品或者服务，用以证明该商品或者服务的原产地、原料、制造方法、质量或者其他特定品质的标志。服务商标又称服务标记或劳务标志，是指提供服务的经营者为将自己提供的服务与他人提供的服务相区别而使用的标志。故本题答案为 C。

16. D 【解析】根据《商标法》的规定，任何能够将自然人、法人或者其他组织的商品与他人的商品区别开的标志，包括文字、图形、字母、数字、三维标志、颜色组合和声音等，以及上述要素的组合均可以作为商标申请注册。因此，ABC 三项均可以申请商标注册，本题选 D。

二、多项选择题

1. ABD 【解析】专利权的继受取得是指通过合同或者继承取得专利权，故 AB 选项正确。在继受取得中，受让人或者继承人虽然是专利权人，但不享有专属于发明人或者设计人的人身权利，故 C 选项错误。外国人、外国企业或者外国其他组织也可以成为我国的专利权人，故 D 选项正确。综上，答案为 ABD。

2. ABCD 【解析】本题考查合作发明创造。合作开发完成的发明创造，除当事人另有约定外，专利申请权由合作开发的当事人共有。本题当中，由于甲、乙、丙三人除了开发费用，其他事项均未约定，因此专利申请权由甲、乙、丙三人共有，在获得授权后，专利权由甲、乙、丙三人共有，因此，A 选项正确。当事人一方转让专利申请权的，其他各方有权优先受让。本题当中，如果甲转让其专利申请权，那么乙、丙二人有权优先受让，因此，B 选项正确。当事人一方放弃专利申请权的，不影响其他各方的专利申请权，其他各方取得专利权后，放弃专利申请权的一方可以免费实施相应专利。本题当中，如果甲放弃专利申请权，不影响乙、丙二人的专利申请权，在获得授权后，专利权由乙、丙二人共有，甲可以免费实施该发动机节油技术，因此，C 选项正确。当事人一方反对申请专利的，其他各方不得申请专利。本题当中，如果甲反对申请专利，那么乙、丙二人不得申请专利，因此，D 选项正确。故答案为 ABCD。

3. ABCD 【解析】知识产权具有时间性特征，指的是依法产生的知识产权一般只在法律规定的期限内有效，超出知识产权的法定保护期后，该知识产权消灭，有关智力成果进入公有领域，人们可以自由使用。须强调的是，不同知识产权的时间性呈现出不同的特色，如商标权的期限届满后可通过续展依法延长保护期；少数知识产权没有时间限制，只要符合有关条件，法律可长期予以保护，如商业秘密权、地理标志权等。BC 选项正确。著作权中的署名权、修改权、保护作品完整权的保护期不受限制。其他权利的保护期，著作权人为自然人的，为作者终生及其死亡后 50 年。AD 选项正确。本题选择 ABCD 选项。

4. AB 【解析】知识产权特征包括专有性、地域性、时间性以及客体的无形性。著作权除具有知识产权的共同特征外，还具有权利内容的双重性和权利自动产生的特征。CD 选项不符合题意。商标权除具有知识产权的共同特征外，还具有权利内容的单一性、行政授予性的特征。此外，商标权虽然也具有时间性，但其时间性具有相对性的特征，只要商标权人愿意继续使用，就可以通过不断续展，使商标权长期甚至永久有效。AB 选项符合题意。本题选择 AB 选项。

5. ABCD 【解析】执行本单位的任务所完成的职务发明创造，是指在本职工作中作出的发明创造；履行本单位交付的本职工作之外的任务所作出的发明创造；退休、调离原单位后或劳动、人事关系终止后 1 年内作出的，与其在原单位承担的本职工作或者原单位分配的任务有关的发明创造。本题选择 ABCD 选项。

6. ABD 【解析】著作权具有权利自动产生的特点，权利的自动产生是指著作权基于作品的创作完成这一事实而自动产生，既不需要发表，也无须任何部门审批。信息网络传播权属于著作权的内容之一，C 选项错误。专利权和商标权具有行政授予性的特点，专利权必须经专利申请人申请和专利行政管理部门才能取得；商标权必须经商标注册申请人申请和行政部门授予才能取得。其中，专利权的客体具体包括发明、实用新型和外观设计。本题选择 ABD 选项。

7. ABCD 【解析】在我国，著作权的转让应当订立书面合同。权利转让合同包括下列内容：（1）作品的名称；（2）转让的权利种类、地域范围；（3）转让价金；（4）交付转让价金的日期和方式；（5）违约责任；（6）双方认为需要约定的其他内容。本题选择 ABCD 选项。

8. ACD 【解析】专利产品或者依照专利方法直接获得的产品，由专利权人或者经其许可的单位、个人售出之后，使用、许诺销售、销售或者进口该专利产品的，不构成侵权。据此，A 选项符合题意、B 选项不合题意、C 选项符合题意、D 选项符合题意。

9. ABD 【解析】专利权具有行政授予性，专利权并非自动产生的权利，必须经过专利行政部门的授予才能产生。C 选项错误。

10. ABCD 【解析】本题考查侵犯商标权的情形。《商标法》第 57 条规定："有下列行为之一的，均属侵犯注册商标专用权：（一）未经商标注册人的许可，在同一种商品上使用与其注册商标相同的商标的；（二）未经商标注册人的许可，在同一种商品上使用与其注册商标近似的商标，或者在类似商品上使用与其注册商标相同或者近似的商标，容易导致混淆的；（三）销售侵犯注册商标专用权的商品的；（四）伪造、擅自制造他人注册商标标识或者销售伪造、擅自制造的注册商标标识的；（五）未经商标注册人同意，更换其注册商标并将该更换商标的商品又投入市场的；（六）故意为侵犯他人商标专用权行为提供便利条件，帮助他人实施侵犯商标专用权行为的；（七）给他人的注册商标专用权造成其他损害的。"据此，乙商店的行为不仅侵犯了甲的"豪情"商标权即第（五）项，还侵犯了丙的"船王"商标权即第（四）项；丁明知乙的上述行为，仍然进行销售，侵犯了甲的"豪情"商标权和丙的"船王"商标权即第（三）项。ABCD 选项都是正确的。

11. ABCD 【解析】《反不正当竞争法》第 9 条规定："经营者不得实施下列侵犯商业秘密的行为：（一）以盗窃、贿赂、欺诈、胁迫、电子侵入或者其他不正当手段获取权利人的商业秘密；（二）披露、使用或者允许他人使用以前项手段获取的权利人的商业秘密；（三）违反保密义务或者违反权利人有关保守商业秘密的要求，披露、使用或者允许他人使用其所掌握的商业秘密；（四）教唆、引诱、帮助他人违反保密义务或者违反权利人有关保守商业秘密的要求，获取、披露、使用或者允许他人使用权利人的商业秘密。经营者以外的其他自然人、法人和非法人组织实施前款所列违法行为的，视为侵犯商业秘密。第三人明知或者应知商业秘密权利人的员工、前员工或者其他单位、个人实施本条第一款所列违法行为，仍获取、披露、使用或者允许他人使用该商业秘密的，视为侵犯商业秘密。本法所称的商业秘密，是指不为公众所知悉、具有商业价值并经权利人采取相应保密措施的技术信息、经营信息等商业信息。"因此，本题的答案为 ABCD。

12. ACD 【解析】商业秘密指不为公众所知悉、具有商业价值并经权利人采取相应保密措施的技术信息、经营信息等商业信息。商业秘密具有以下构成要件：（1）非公知性，即不为公众所知悉。有关信息不为其所属领域的相关人员普遍知悉和容易获得，应当认定为"不为公众所知悉"。（2）具有商业价值。作为商业秘密的有关信息应当具有现实的或者潜在的商业价值，能为权利人带来竞争优势。（3）保密性。这要求权利人为防止信息泄露应当采取与其商业价值等具体情况相适应的合理保护措施。据此，ACD 选项当选。

独创性不是商业秘密的构成要件，B 选项错误。

13. CD 【解析】专利权具有时间性，根据《专利法》的规定，发明专利权的期限为 20 年，实用新型专利权的期限为 10 年，外观设计专利权的期限为 15 年，均自申请日起计算。AB 选项错误，C 选项正确。

根据《专利法》的规定，转让专利申请权或者专利权的，当事人应当订立书面合同，并向国务院专利行政部门登记，由国务院专利行政部门予以公告。专利申请权或者专利权的转让自登记之日起生效。D 选项正确。因此，本题答案为 CD。

第十八章　人格权

一、单项选择题

1. D 【解析】A 选项错误。人格权是民事主体固有的权利，只要自然人出生、法人或非法人组织成立，无须任何意思表示或实施任何行为，就当然取得并受到法律保护。

B 选项错误。民事主体的人格权的种类和内容是经法律认可的，包括生命权、身体权、健康权、姓名权、名称权、肖像权、名誉权、荣誉权、隐私权等权利。悼念权、亲吻权等未经法律认可的"权利"不属于人格权的范畴。

C 选项错误。民事主体的人格权受到侵害后，受害人的停止侵害、排除妨碍、消除危险、消除影响、恢复名誉、赔礼道歉请求权，不适用诉讼时效的规定。

D 选项正确。死者的姓名、肖像、名誉、荣誉、隐私、遗体等受到侵害的，其配偶、子女、父母有权依法请求行为人承担民事责任；死者没有配偶、子女且父母已经死亡的，其他近亲属有权依法请求行为人承担民事责任。因此，死者的人格利益也受到保护。本题选 D。

2. A 【解析】身体权是指自然人享有的对其肢体、器官和其他人体组织进行支配并维护其安全与完整，从而享有一定利益的权利。假牙安装后属于身体的组成部分，为身体权的客体，不再属于所有权的客体。A 选项正确，C 选项错误。虽然王某的假牙脱落，但除此之外身体并无大碍，李某的行为并未造成王某失去劳动能力或身心健康受损。B 选项错误。《民法典》第 1183 条规定："侵害自然人人身权益造成严重精神损害的，被侵权人有权请求精神损害赔偿。"因王某的人身权益受损并未造成严重精神损害，故王某无权请求精神损害赔偿。D 选项错误。本题选择 A 选项。

3. C 【解析】一般人格权是指民事主体基于人格平等、人格独立、人格自由及人格尊严等根本人格利益而享有的人格权。一般人格权的功能包括三项：产生具体人格权、解释具体人格权、补充具体人格权，分别对应 ABD 三项。因此，本题的答案为 C。

4. B 【解析】身体权是指自然人享有的对其肢体、器官和其他人体组织进行支配并维护其安全与完整，从而享受一定利益的权利。其基本内容是：保护自然人的身体完整性和完全性，并支配自己的肢体、器官和其他人体组织等身体组成部分。健康权是指自然人依法享有的维护其健康、保持与利用其劳动能力并排除他人非法侵害的权利。其基本内容是：健康维护权、劳动能力维护权、健康利益支配权。侵犯身体权的行为不一定侵犯健康权，如剪掉他人头发的行为侵犯身体权而不侵犯健康权，AD 选项错误。侵犯健康权的行为不一定侵犯身体权，污染环境致人生病，侵犯了健康权但没有侵犯身体权，B 选项正确。砍断他人肢体的行为既侵犯身体权又侵犯健康权，C 选项错误。本题选择 B 选项。

5. C 【解析】《民法典》第 1012 条规定："自然人享有姓名权，有权依法决定、使用、变更或者许可他人使用自己的姓名，但是不得违背公序良俗。"ABD 三项正确。姓名权属于专属性人格权，不允许转让。C 选项错误。因此，本题的答案为 C。

6. D 【解析】未经肖像权人同意擅自使用他人肖像，侵犯了他人的肖像权。通过公布他人信息的方式，侵犯的是隐私权还是名誉权，要看公布的信息是否真实，公布真实信息的侵犯隐私权，否则侵犯名誉权。综上，本题的答案为 D。

7. D 【解析】肖像权属于支配权，肖像权人有权依法制作、使用、公开或者许可他人使用自己的肖像。李某整容成杨某的样子是对自己身体的自由支配，当然不侵犯杨某的权利；李某参加营利活动和担任品牌形象代言人使用的是自己的肖像，并没有侵犯杨某的权利。因此，本题的答案为 D。

8. C 【解析】荣誉是特定人从特定组织获得的一种专门化和确定化的积极评价。A 选项正确。荣誉与名誉的来源、内容、涉及的范围不同，荣誉可以依照一定的程序剥夺或者撤销，而名誉只可能发生改变，不可能被剥夺或者撤销。荣誉权的权利主体包括所有的民事主体。B 选项正确。荣誉权的客体是民事主体获得的荣誉。C 选项错误。荣誉权的基本内容包括荣誉利用权，即民事主体可以利用荣誉，享有和自主支配因一定的荣誉而获得的物质利益。D 选项正确。因此，本题的答案为 C。

9. D 【解析】根据《民法典》第 1006 条规定："完全民事行为能力人有权依法自主决定无偿捐献其人体细胞、人体组织、人体器官、遗体。任何组织或者个人不得强迫、欺骗、利诱其捐献。完全民事行为能力人依据前款规定同意捐献的，应当采用书面形式，也可以订立遗嘱。自然人生前未表示不同意捐献的，该自然人死亡后，其配偶、成年子女、父母可以共同决定捐献，决定捐献应当采用书面形式。"本题中，甲是完全民事行为能力人，可以自主决定捐献，无需他人同意。B 选项错误。甲捐献只能是无偿捐献，不能有报酬。C 选项错误。甲应当采用书面形式，不能是口头形式。A 选项错误，D 选项正确。因此，本题的答案为 D。

10. C 【解析】根据《民法典》第 996 条的规定："因当事人一方的违约行为，损害对方人格权并造成严重精神损害，受损害方选择请求其承担违约责任的，不影响受损害方请求精神损害赔偿。"因此 C 选项正确。

11. A 【解析】本题主要考查具体的人格权的区分，生命权强调的是生命的延续，身体权强调的是身体各器官、组织的完整性，健康权强调的是身体各器官、组织的正常功能。名誉权是民事主体对自己在社会生活中获得的社会评价、人格尊严享有的不可侵犯的权利。本题中，趁同学午睡剪去其头发的行为侵犯了该同学的身体权。本题的答案为 A。

12. A 【解析】根据《民法典》第 1017 条规定："具有一定社会知名度，被他人使用足以造成公众混淆的笔名、艺名、网名、译名、字号、姓名和名称的简称等，参照适用姓名权和名称权保护的有关规定。"因此 A 选项正确。

13. D 【解析】根据《民法典》第 1033 条规定："除法律另有规定或者权利人明确同意外，任何组织或者个人不得实施下列行为：（一）以电话、短信、即时通讯工具、电子邮件、传单等方式侵扰他人的私人生活安宁；（二）进入、拍摄、窥视他人的住宅、宾馆房间等私密空间；（三）拍摄、窥视、窃听、公开他人的私密活动；（四）拍摄、窥视他人身体的私密部位；（五） 处理他人的私密信息；（六） 以其他方式侵害他人的隐私权。"因此 ABC 三项均侵犯乙的隐私权，D 项不侵犯隐私权。因此，本题的答案为 D。

14. B 【解析】本题中，网站未经女孩同意，披露了该女孩的个人隐私，属于侵害隐私权的侵权行为，应依法承担侵权责任。因此，本题的答案为 B。

15. D 【解析】《民法典》第 1015 条规定："自然人应当随父姓或者母姓，但是有下列情形之一的，可以在父姓和母姓之外选取姓氏：（一） 选取其他直系长辈血亲的姓氏；（二） 因由法定扶养人以外的人扶养而选取扶养人姓氏；（三） 有不违背公序良俗的其他正当理由。少数民族自然人的姓氏可以遵从本民族的文化传统和风俗习惯。"马某可以随母姓龙，也可以选取奶奶的姓氏牛或者外婆的姓氏熊，但是不能姓麒麟，百家姓并无麒麟姓，选取该词语为姓氏有违公序良俗。本题选择 D 选项。

16. C 【解析】A 选项错误。名誉权既可以由自然人享有，也可以由法人或其他组织享有。

BD 选项错误。隐私权、姓名权只有自然人才享有。

C 选项正确。名称权只能由法人或其他组织才能享有。本题选 C。

17. C 【解析】个人信息是以电子或者其他方式公开的同意记录的能够单独或者与其他信息结合识别特定自然人的各种信息，包括自然人的姓名、出生日期、身份证件号码、生物识别信息、住址、电话号码、电子邮箱、健康信息、行踪信息等。

面部信息属于个人信息中的生物识别信息。非法收集、使用、加工、传输、买卖、提供或者公开个人信息均属于侵犯个人信息权益。本案中，商店未经顾客同意私自获取顾客的脸部信息并进行非法使用，侵犯了顾客的个人信息权益，C 选项正确。

二、多项选择题

1. AC 【解析】根据我国《民法典》第 109 条规定，自然人的人身自由、人格尊严受法律保护。故一般人格权的内容通常概括为人身自由和人格尊严两个方面。故答案为 AC。

2. ABCD 【解析】本题考查人格权。完全民事行为能力人有权采用书面或者遗嘱形式自主决定无偿捐献人体细胞、人体组织、人体器官、遗体，任何组织或者个人不得强迫、欺骗、利诱其捐献。自然人生前未表示不同意捐献的，该自然人死亡之后，配偶、成年子女、父母可以共同决定捐献，决定捐献应当采用书面形式。据此，A 选项正确。临床试验应当依法经相关主管部门批准并且经伦理委员会审查同意，向受试者或者受试者的监护人告知试验目的、用途和可能产生的风险等详细情况，并且经其书面同意。临床试验不得向受试者收取试验费用。据此，B 选项正确。除另有规定外，民事主体决定、变更自己的姓名、名称，或者转让自己的名称的，应当依法向有关机关办理登记手续。民事主体变更姓名、名称的，之前实施的民事法律行为对其具有法律约束力。据此，C 选项正确。行为人发表的文学、艺术作品以真人真事或者特定人为描述对象，含有侮辱、诽谤内容，侵害他人名誉权的，应当承担侵权责任。行为人发表的文学、艺术作品不以特定人为描述对象，仅情节与特定人的情况相似的，不在此列。据此，D 选项正确。故答案为 ABCD。

3. ABCD 【解析】一般人格权，指民事主体基于人身自由以及人格尊严等根本人格利益而享有的人格权。一般人格权具有以下特征：主体限定于自然人；权利客体的高度概括性；所保护利益的根本性；权利内容的不确定性。因此，本题答案为 ABCD。值得注意的是，之前的法硕官方观点认为一般人格权的主体具有普遍性，而我国《民法典》认为一般人格权主体限定于自然人。2025法硕大纲修正了观点，采取《民法典》的观点，即认为一般人格权的主体限定于自然人。

4．ABCD 【解析】行为人为公共利益实施新闻报道、舆论监督等行为，影响他人名誉的，不承担民事责任，但是有下列情形之一的除外：捏造、歪曲事实；对他人提供的严重失实内容未尽到合理核实义务；使用侮辱性言辞等贬损他人名誉。认定行为人是否尽到合理核实义务，应当考虑的因素包括：内容来源的可信度；对明显可能引发争议的内容是否进行了必要的调查；内容的时限性；内容与公序良俗的关联性；受害人名誉受贬损的可能性；核实能力和核实成本。故本题选择ABCD选项。

5．ABCD 【解析】《民法典》第1036条规定："处理个人信息，有下列情形之一的，行为人不承担民事责任：（一）在该自然人或者其监护人同意的范围内合理实施的行为；（二）合理处理该自然人自行公开的或者其他已经合法公开的信息，但是该自然人明确拒绝或者处理该信息侵害其重大利益的除外；（三）为维护公共利益或者该自然人合法权益，合理实施的其他行为。"A选项正确。第1037条第1款规定："自然人可以依法向信息处理者查阅或者复制其个人信息；发现信息有错误的，有权提出异议并请求及时采取更正等必要措施。"B选项正确。第1038条第1款规定："信息处理者不得泄露或者篡改其收集、存储的个人信息；未经自然人同意，不得向他人非法提供其个人信息，但是经过加工无法识别特定个人且不能复原的除外。"C选项正确。第1039条规定："国家机关、承担行政职能的法定机构及其工作人员对于履行职责过程中知悉的自然人的隐私和个人信息，应当予以保密，不得泄露或者向他人非法提供。"D选项正确。因此本题选ABCD。

6．ABCD 【解析】本题考查隐私权。所谓隐私，是指自然人的私人生活安宁和不愿为他人知晓的私密空间、私密活动、私密信息。据此，A选项符合题意、B选项符合题意、C选项符合题意、D选项符合题意。

7．ABCD 【解析】《民法典》第1010条规定："违背他人意愿，以言语、文字、图像、肢体行为等方式对他人实施性骚扰的，受害人有权依法请求行为人承担民事责任。"因此ABCD项全正确。

8．BC 【解析】本题考查侵犯肖像权和名誉权的情形。《民法典》第1019条第1款规定："任何组织或者个人不得以丑化、污损，或者利用信息技术手段伪造等方式侵害他人的肖像权。未经肖像权人同意，不得制作、使用、公开肖像权人的肖像，但是法律另有规定的除外。"本题中，甲贩卖画册的行为侵犯了他人的肖像权。故B选项正确。公民享有名誉权，公民的人格尊严受法律保护。甲散布不实言论，其行为事实上已经给乙造成恶劣影响，损害了乙的名誉。故C选项正确。甲的行为属于虚假宣传，并未实际侵犯乙的隐私，D选项错误。故答案为BC。

9．ABC 【解析】《民法典》第1025条规定："行为人为公共利益实施新闻报道、舆论监督等行为，影响他人名誉的，不承担民事责任，但是有下列情形之一的除外：（一）捏造、歪曲事实；（二）对他人提供的严重失实内容未尽到合理核实义务；（三）使用侮辱性言辞等贬损他人名誉。"本题中，甲故意歪曲事实，影响乙的名誉，因此报道侵犯了乙的名誉权。A选项正确，D选项错误。《民法典》第1028条规定："民事主体有证据证明报刊、网络等媒体报道的内容失实，侵害其名誉权的，有权请求该媒体及时更正或者删除等必要措施。"因此B选项正确。《民法典》规定，侵害自然人人身权益造成严重精神损害的，被侵权人有权请求精神损害赔偿。甲侵害乙的名誉权，造成乙严重精神损害，乙可以向晚报请求精神侵害赔偿。C 选项正确。因此，本题的答案为 ABC。

10. ABCD 【解析】《民法典》第 111 条规定："自然人的或者个人信息受法律保护。任何组织或者个人需要获取他人个人信息的，应当依法取得并确保信息安全，不得非法收集、使用、加工、传输他人个人信息，不得非法买卖、提供或者公开他人个人信息。"因此，本题的答案为 ABCD。

11. ABC 【解析】《民法典》第 993 条规定："民事主体可以将自己的姓名、名称、肖像等许可他人使用，但是依照法律规定或者根据其性质不得许可的除外。"因此，本题的答案为 ABC。

12. AC 【解析】《民法典》第 1008 条规定："为研制新药、医疗器械或者发展新的预防和治疗方法，需要进行临床试验的，应当依法经相关主管部门批准并经伦理委员会审查同意，向受试者或者受试者的监护人告知试验目的、用途和可能产生的风险等详细情况，并经其书面同意。进行临床试验的，不得向受试者收取试验费用。"因此，本题的答案为 AC。

13. ABCD 【解析】《民法典》第 1020 条规定："合理实施下列行为的，可以不经肖像权人同意：（一）为个人学习、艺术欣赏、课堂教学或者科学研究，在必要范围内使用肖像权人已经公开的肖像；（二）为实施新闻报道，不可避免地制作、使用、公开肖像权人的肖像；（三）为依法履行职责，国家机关在必要范围内制作、使用、公开肖像权人的肖像；（四）为展示特定公共环境，不可避免地制作、使用、公开肖像权人的肖像；（五）为维护公共利益或者肖像权人合法权益，制作、使用、公开肖像权人的肖像的其他行为。"因此，本题的答案为 ABCD。

14. ABC 【解析】本题考查名誉权。民事主体享有名誉权。所谓名誉，是指对民事主体的品德、声望、才能、信用等的社会评价。侮辱、诽谤他人即为最典型的侵权行为。新闻报道、舆论监督等行为影响他人名誉的，不必承担民事责任，但是有下列情形之一的除外：（1）捏造、歪曲事实；（2）对他人提供的严重失实内容未尽到合理核实义务；（3）使用侮辱性言辞等贬损他人名誉。据此，A 选项符合题意、B 选项符合题意、C 选项符合题意、D 选项不合题意。

15. ABCD 【解析】《民法典》人格权编对个人信息保护作了具体规定。敏感个人信息是一旦泄露或者非法使用，容易导致自然人的人格尊严受到侵害或者人身、财产安全受到危害的个人信息，包括生物识别、宗教信仰、特定身份、医疗健康、金融账户、行踪轨迹等信息，以及不满十四周岁未成年人的个人信息。因此，本题答案为 ABCD。

16. ABD 【解析】荣誉是特定人从特定组织获得的一种专门化和确定化的积极评价。名誉是对民事主体的品德、声望、才能、信用等的社会评价。

A 选项正确。荣誉是对民事主体的正面的、积极的、褒扬性的评价；名誉是对民事主体的客观评价，该评价可能是正面的积极的，也可能是负面的消极的，故名誉有好坏之分，而荣誉则无此区分。

B 选项正确。荣誉仅仅是对民事主体的某个特定方面的评价，名誉则是对某一主体的综合性评价，涉及主体的各个方面。

C 选项错误。荣誉可以依照一定的程序被剥夺或者撤销，而名誉只可能发生改变，不可能被剥夺或者撤销。

D 选项正确。荣誉是由特定组织授予的，来源具有特定性；名誉是民事主体获得的生活评价，其来源是不特定的社会公众。因此，本题选 ABD。

三、简答题

1. 参考答案 所谓一般人格权，是指自然人基于人身自由以及人格尊严等根本人格利益而享有的人格权。一般人格权具有如下特征：

（1）主体限定于自然人。自然人平等地享有一般人格权。

（2）权利客体的高度概括性。一般人格权的客体是高度概括的民事主体一般人格利益。

（3）保护利益的根本性。人格平等、独立、自由和尊严都是民事主体之所以成为民事主体最根本的条件。

（4）权利内容的不确定性。一般人格权的内容无法事先确定，也不应当事先确定。

2. 参考答案 身体权是指自然人所享有的对其身体进行支配并且维持完满状态的权利，基本内容包括身体维护权与身体支配权。身体权具有如下特征：

（1）身体权的主体限于自然人。

（2）身体权的客体是权利人自身的物质性人格要素。

（3）身体权的内容是自然人对其身体完整的维护与对肢体、器官以及人体组织的支配，故身体权属于支配权。

（4）身体权是不可转让的基本人格权。

3. 参考答案 处理个人信息的，应当遵循合法、正当、必要原则，不得过度处理，并且符合下列条件：

（1）征得该自然人或者其监护人同意，但是法律、行政法规另有规定的除外。

（2）公开处理信息的规则。

（3）明示处理信息的目的、方式和范围。

（4）不违反法律、行政法规的规定以及双方的约定。

四、法条分析题

参考答案 （1）民事主体作为一个人所应当享有的最起码的社会地位，并且应当受到社会和他人最起码的尊重。（2）名誉是对民事主体的品德、声望、才能、信用等的社会评价。（3）民法主体依法享有的维护其名誉，享受名誉给自己带来的利益并排除他人非法侵害的权利，包括名誉保有权、名誉维护权、名誉利益支配权。（4）死者不享有名誉权；死者的名誉受到侵害的，其配偶、子女、父母有权依法请求行为人承担民事责任；死者没有配偶、子女且父母已经死亡的，其他近亲属有权依法请求行为人承担民事责任。

第十九章　婚姻家庭

一、单项选择题

1. D 【解析】直系血亲是指有直接血缘关系的血亲，包括生育自己和自己生育的上下各代血亲，故小明与其姑姑不属于直系血亲，而属于旁系血亲，AB 选项错误。旁系血亲的计算方法如下：首先找出同源直系血亲，然后按直系血亲的计算法，从己身往上数至同源直系血亲，记下世代数；再从要计算的旁系血亲上数至同源直系血亲，记下世代数。需要注意的是，在计算过程中，己身算一代。如果两边的世代数相同，则用一边的世代数定代数；如果两边的世代数不同，则取世代数大的一边定代数。依据此方法计算，兄弟姐妹之间为二代旁系血亲，己身与叔、姑、姨、舅为三代旁系血亲。故 D 选项正确。

2. C 【解析】我国《民法典》婚姻家庭编调整的亲属范围以近亲属为限，近亲属包括配偶、父母、子女、兄弟姐妹、祖父母、外祖父母、孙子女、外孙子女。故本题选 C。

3. D 【解析】家庭成员，是指同居一家共同生活并互有权利义务的亲属。在我国，配偶、父母、子女和其他共同生活的近亲属为家庭成员。可见，家庭成员仅仅是近亲属中的一部分，家庭成员一定是近亲属，但近亲属不一定是家庭成员。A 选项错误。

亲属作为基于婚姻、血缘和法律拟制而产生的社会关系，可以上下左右延伸及延续，但法律所调整的只是一定范围内的亲属关系。我国《民法典》婚姻家庭编调整的亲属范围以近亲属为限。B 选项错误。

旁系血亲，是指彼此之间具有间接血缘关系的亲属，即双方之间无从出关系但同源于一共同祖先的血亲。兄弟姐妹无从出关系但同源于父母，属于旁系血亲，己身为一代，父母为二代，兄弟姐妹的共同长辈为父母，因此兄弟姐妹之间为二代旁系血亲。C 选项错误。

拟制血亲，是指相互之间本无该种血亲应具有的血缘关系，但法律确认其与该种血亲具有相同的权利义务关系的亲属。在我国，拟制血亲有两种，一是因收养形成的血亲；二是继父母与受其抚养教育的继子女之间形成的血亲。D 选项正确。因此，本题选 D。

4. C 【解析】根据《民法典》的规定，婚姻无效的情形有：重婚、有禁止结婚的亲属关系、未到法定年龄。法定婚龄中男性不得低于 22 周岁，女性不得低于 20 周岁。人民法院宣告婚姻无效的途径有两个，其一是根据当事人的申请；其二是对受理的离婚案件，人民法院依职权主动审查婚姻效力。其中有权向人民法院请求确认婚姻无效的主体，包括婚姻当事人及利害关系人。以未到法定婚龄为由的，为未到法定婚龄者的近亲属。本题中，岩某结婚两年后为 21 周岁，仍未达到法定婚龄，有权申请婚姻无效的主体为岩某的近亲属，AB 选项错误。近亲属包括配偶、父母、子女、兄弟姐妹、祖父母、外祖父母、孙子女、外孙子女。岩某的父亲为岩某的近亲属，C 选项正确。岩某的舅舅不属于近亲属，D 选项错误。本题选择 C 选项。

5. D 【解析】离婚时的救济包括离婚时的经济补偿、离婚时的经济帮助和离婚损害赔偿。夫妻一方因抚育子女、照料老人、协助另一方工作等负担较多义务的，离婚时有权向另一方请求补偿。李某在婚姻中并未负担较多义务，因此不享有经济补偿请求权。A 选项错误。离婚时，生活确有困难的一方有权请求另一方给予适当帮助。但对于离婚时不困难，离婚以后发生困难的，不予帮助。B 选项错误。离婚损害赔偿，是指因夫妻一方的法定错误行为导致离婚的，无过错方得向有过错方请求损害赔偿。C 选项错误。本题选择 D 选项。

6. D 【解析】离婚后，夫妻一方发现另一方隐藏、转移、变卖、毁损、挥霍夫妻共同财产，或者伪造夫妻共同债务企图侵占另一方财产的，在离婚分割夫妻共同财产时，对该方可以少分或者不分。离婚后，另一方发现有上述行为的，可以向人民法院提起诉讼，请求再次分割夫妻共同财产。请求再次分割夫妻共同财产的诉讼时效期间为三年，从当事人发现之日起计算。本题选择 D 选项。

7. A 【解析】《民法典》第 1079 条第 4、5 款规定："一方被宣告失踪，另一方提起离婚诉讼的，应当准予离婚。经人民法院判决不准离婚后，双方又分居满一年，一方再次提起离婚诉讼的，应当准予离婚。"A 选项正确。

8. A 【解析】人民法院撤销死亡宣告之后，如果被宣告死亡人的配偶尚未再婚，其夫妻关系自撤销死亡宣告之日起自行恢复，但是，其配偶向婚姻登记机关书面声明不愿意恢复的除外。如果其配偶已经再婚或再婚后配偶又死亡的，则夫妻关系不能自行恢复，需办理复婚手续。被撤销死亡宣告人有子女的，父母子女的权利义务应当恢复，但子女已被他人依法收养的，收养关系不能自动解除。因此，本题的答案为 A。

9. C 【解析】《民法典》第 1077 条规定："自婚姻登记机关收到离婚登记申请之日起三十日内，任何一方不愿意离婚的，可以向婚姻登记机关撤回离婚登记申请。前款规定期限届满后三十日内，双方应当亲自到婚姻登记机关申请发给离婚证；未申请的，视为撤回离婚登记申请。"C 选项正确。

10. B 【解析】《民法典》第 1076 条第 1 款规定："夫妻双方自愿离婚的，应当签订书面离婚协议，并亲自到婚姻登记机关申请离婚登记。"因此，本题的答案为 B。

11. B 【解析】在我国，有权撤销婚姻的机关只有人民法院。《民法典》第 1052 条规定："因胁迫结婚的，受胁迫的一方可以向人民法院请求撤销婚姻。请求撤销婚姻的，应当自胁迫行为终止之日起一年内提出。被非法限制人身自由的当事人请求撤销婚姻的，应当自恢复人身自由之日起一年内提出。"第 1053 条规定：一方患有重大疾病的，应当在结婚登记前如实告知另一方；不如实告知的，另一方可以向人民法院请求撤销婚姻。请求撤销婚姻的，应当自知道或者应当知道撤销事由之日起一年内提出。被撤销的婚姻与无效婚姻具有相同的法律后果。因此 B 选项说法错误，本题选 B。

12. C 【解析】本题考查夫妻共同债务的认定。夫妻双方约定财产分别所有制的，对于夫妻一方对外所负的债务，除非第三人知道该约定或者与第三人明确约定为个人债务，否则仍为夫妻共同债务。对于第三人知道的证明责任由夫妻一方负担。C 选项说法正确，是本题的答案。

13. D 【解析】本题考查无效婚姻的情形。无效婚姻指因不符合法定结婚条件而在法律上不具有婚姻效力的婚姻，《民法典》第 1051 条规定："有下列情形之一的，婚姻无效：（一）重婚；（二）有禁止结婚的亲属关系；（三）未到法定婚龄。"一审判决在上诉期内尚未生效，婚姻关系仍然存续，此时与他人结婚的，构成重婚。因此，可以看出 ABC 选项正确。D 选项属于可撤销的婚姻。

14. A 【解析】《民法典》第 1098 条规定："收养人应当同时具备下列条件：（一）无子女或者只有一名子女；（二）有抚养、教育和保护被收养人的能力；（三）未患有在医学上认为不应当收养子女的疾病；（四）无不利于被收养人健康成长的违法犯罪记录；（五）年满三十周岁。"因此，A 选项正确。《民法典》修改了《收养法》的规定，已有一名子女的，也可以收养；增加了"无不利于被收养人健康成长的违法犯罪记录"的要求。

15. C 【解析】《民法典》第 1082 条规定："女方在怀孕期间、分娩后一年内或者终止妊娠后六个月内，男方不得提出离婚；但是，女方提出离婚或者人民法院认为确有必要受理男方离婚请求的除外。"因此，本题的答案为 C。

16. B 【解析】A 选项正确。离婚后，不满两周岁的子女，以由母亲直接抚养为原则。B 选项错误。离婚后，不直接抚养子女的父或者母，有探望子女的权利，另一方有协助的义务，祖父母不具有探望权。

C 选项正确。父母不得因子女变更姓氏而拒付子女抚养费。父或者母擅自将子女姓氏改为继母或继父姓氏而引起纠纷的，应当责令恢复原姓氏。

D 选项正确。离婚后，子女由一方直接抚养的，另一方应当负担部分或者全部抚养费。负担费用的多少和期限的长短，由双方协议；协议不成的，由人民法院判决。综上，本题选 B。

17. **D**　【解析】夫妻人身关系，是指基于夫妻身份在夫妻之间当然产生的、没有直接财产内容的权利和义务。夫妻人身关系的具体内容包括：夫妻的姓名权；夫妻的人身自由权；夫妻对抚育未成年子女有平等的权利和义务；夫妻相互忠实义务。因此，ABC 三项都属于夫妻人身关系的内容。D 选项夫妻间的相互扶养义务属于夫妻财产关系的内容。因此，本题答案为 D。

二、多项选择题

1. **ABD**　【解析】离婚后，不直接抚养子女的父或者母，有探望子女的权利，另一方有协助的义务。行使探望权利的方式、时间由当事人协议；协议不成的，由人民法院判决。父或者母探望子女，不利于子女身心健康的，未成年子女、直接抚养子女的父或者母以及其他对未成年子女负担抚养、教育、保护义务的法定监护人，有权向人民法院提出中止探望的请求。人民法院认为需要中止探望的，依法作出裁定；中止探望的情形消失后，人民法院应当根据当事人的请求书面通知其恢复探望。故答案为 ABD。

2. **AB**　【解析】本题考查彩礼返还。对于已经给付的彩礼，原则上给付方不得请求返还，但是存在下列三种情形之一的，给付方可以请求返还：（1）双方未办理结婚登记手续的；（2）双方办理结婚登记手续后又离婚，确未共同生活的；（3）婚前给付彩礼，离婚后给付一方因为给付彩礼而生活困难的。在本题中，A 选项、B 选项属于上述情形，C 选项、D 选项并非上述情形，因此，A 选项、B 选项符合题意，C 选项、D 选项不合题意。

3. **ACD**　【解析】《民法典》第 1084 条规定："父母与子女间的关系，不因父母离婚而消除。离婚后，子女无论由父或者母直接抚养，仍是父母双方的子女。离婚后，父母对于子女仍有抚养、教育、保护的权利和义务。离婚后，不满两周岁的子女，以由母亲直接抚养为原则。已满两周岁的子女，父母双方对抚养问题协议不成的，由人民法院根据双方的具体情况，按照最有利于未成年子女的原则判决。子女已满八周岁的，应当尊重其真实意愿。"因此 ACD 项正确。

4. **BCD**　【解析】《民法典》第 1052 条第 1 款规定："因胁迫结婚的，受胁迫的一方可以向人民法院请求撤销该婚姻。"可见，婚姻关系的撤销权主体只有受胁迫的一方。本题的答案为 BCD。

5. **ABC**　【解析】《民法典》规定直系血亲及三代以内旁系血亲不得结婚。A 选项属于二代旁系血亲，BC 选项均属于三代以内旁系血亲。D 选项中姑婆为爸爸的姑姑，即爷爷的姐姐或者妹妹，为四代旁系血亲。因此，本题的答案为 ABC。

6. **ABD**　【解析】《民法典》第 1079 条第 1、2、3 款规定："夫妻一方要求离婚的，可以由有关组织进行调解或者直接向人民法院提起离婚诉讼。人民法院审理离婚案件，应当进行调解；如果感情确已破裂，调解无效的，应当准予离婚。有下列情形之一，调解无效的，应当准予离婚：（一）重婚或者与他人同居；（二）实施家庭暴力或者虐待、遗弃家庭成员；（三）有赌博、吸毒等恶习屡教不改；（四）因感情不和分居满二年；（五）其他导致夫妻感情破裂的情形。"因此，本题的答案为ABD。

7. ABC　【解析】参见上一题的参考答案，应当注意的是夫妻分居满二年的原因是感情不和，而非其他原因。

8. ABC　【解析】本题考查离婚财产分割。离婚的财产分割，由双方协议处理，双方协议不成时，由人民法院依法判决。人民法院依法判决时应当照顾子女、女方以及无过错方的权益。据此，A选项符合题意、B选项符合题意、C选项符合题意、D选项不合题意。

9. ABC　【解析】《民法典》第1064条规定："夫妻双方共同签名或者夫妻一方事后追认等共同意思表示所负的债务，以及夫妻一方在婚姻关系存续期间以个人名义为家庭日常生活需要所负的债务，属于夫妻共同债务。夫妻一方在婚姻关系存续期间以个人名义超出家庭日常生活需要所负的债务，不属于夫妻共同债务；但是，债权人能够证明该债务用于夫妻共同生活、共同生产经营或者基于夫妻双方共同意思表示的除外。"因此，本题的答案为ABC。

10. BCD　【解析】根据《民法典》第1098条的规定，收养人应当同时具备下列条件：（1）无子女或者只有一名子女；（2）有抚养、教育和保护被收养人的能力；（3）未患有医学上认为不应当收养子女的疾病；（4）无不利于被收养人健康成长的违法犯罪记录；（5）年满30周岁。但是，收养三代以内的旁系同辈血亲的子女，可以不受下列限制：（1）生父母有特殊困难无力抚养的子女；（2）无配偶者收养异性子女的，收养人与被收养人的年龄应当相差40周岁以上。华侨收养三代以内旁系同辈血亲的子女，还可以不受收养人无子女或者只有一名子女的限制。因此，本题的答案为BCD。

11. ABC　【解析】根据《民法典》的相关规定，下列个人、组织可以作送养人：（1）孤儿的监护人；（2）儿童福利机构；（3）有特殊困难无力抚养子女的生父母。因此，本题的答案为ABC。

12. ABC　【解析】《民法典》第1066条规定："婚姻关系存续期间，有下列情形之一的，夫妻一方可以向人民法院请求分割共同财产：（一）一方有隐藏、转移、变卖、毁损、挥霍夫妻共同财产或者伪造夫妻共同债务等严重损害夫妻共同财产利益的行为；（二）一方负有法定扶养义务的人患重大疾病需要医治，另一方不同意支付相关医疗费用。"因此，本题ABC选项正确。

13. AB　【解析】可撤销婚姻是指虽已成立，但因欠缺结婚合意，故可以由当事人向有关机关请求撤销的婚姻。《民法典》第1052条第1款规定："因胁迫结婚的，受胁迫的一方可以向人民法院请求撤销婚姻。"B选项正确。《民法典》第1053条第1款规定："一方患有重大疾病的，应当在结婚登记前如实告知另一方；不如实告知的，另一方可以向人民法院请求撤销婚姻。"A选项正确。本题的答案为AB。《婚姻法》（已失效）对于撤销婚姻只规定了一个事由——胁迫，《民法典》增加为两个事由——胁迫和隐瞒重大疾病。

14. AC　【解析】《民法典》第1073条规定："对亲子关系有异议且有正当理由的，父或者母可以向人民法院提起诉讼，请求确认或者否认亲子关系。对亲子关系有异议且有正当理由的，成年子女可以向人民法院提起诉讼，请求确认亲子关系。"因此，AC选项正确。

15. ABC　【解析】《最高人民法院关于适用〈中华人民共和国民法典〉婚姻家庭编的解释（一）》第25条规定："婚姻关系存续期间，下列财产属于民法典第一千零六十二条规定的'其他应当归共同所有的财产'：（一）一方以个人财产投资取得的收益；（二）男女双方实际取得或者应当取得的住房补贴、住房公积金；（三）男女双方实际取得或者应当取得的基本养老金、破产安置补偿费。"因此，ABC项属于夫妻共同财产。第26条规定："夫妻一方个人财产在婚后产生的收益，除孳息和自然增值外，应认定为夫妻共同财产。"D选项属于个人财产。本题选ABC。

16. **ABCD** 【解析】法定夫妻个人特有财产，指在适用夫妻共同财产制的情况下，依据法律规定属于夫或妻个人所有的财产。下列财产为夫妻一方的个人财产：① 一方的婚前财产；② 一方因受到人身损害获得的赔偿或者补偿；③ 遗嘱或者赠与合同中确定只归一方的财产；④ 一方专用的生活用品；⑤ 其他应当归一方的财产。因此，本题选ABCD。

17. **ABC** 【解析】根据《民法典》的相关规定，孙子女、外孙子女对祖父母、外祖父母承担赡养义务的条件是：孙子女、外孙子女为有负担能力的成年人；祖父母、外祖父母的子女已经死亡或子女无力赡养；祖父母、外祖父母必须是需要赡养的人。ABC三项正确。孙子女、外孙子女对祖父母、外祖父母承担赡养义务并不要求孙子女、外孙子女由祖父母、外祖父母抚养长大。D项错误，本题选ABC。

18. **ABCD** 【解析】离婚损害赔偿，指因夫妻一方的法定过错行为导致离婚的，无过错方有权向有过错方请求损害赔偿。

离婚损害赔偿请求权的成立条件包括：（1）须一方有法定过错。法定过错包括重婚，与他人同居，实施家庭暴力，虐待、遗弃家庭成员以及其他重大过错。（2）须一方的法定过错导致离婚。（3）须请求权人无法定过错。（4）须无过错方因离婚受到损害。损害包括物质损害和精神损害。如果双方都有法定过错，则任何一方都不能以对方有过错为由请求离婚损害赔偿。

因此，本题答案为ABCD。

三、简答题

1. **参考答案** 登记离婚是指夫妻双方自愿离婚，并且就离婚的法律后果达成协议，经婚姻登记机关认可即可解除婚姻关系的一种离婚方式。其条件如下：

（1）双方当事人必须是办理结婚登记的合法夫妻。事实婚姻、同居关系，即使当事人协议离婚，也不能以登记离婚的方式解除。

（2）双方当事人须为完全民事行为能力人。

（3）双方当事人必须有离婚的合意。夫妻双方自愿离婚的，应当签订书面离婚协议。

（4）双方当事人对子女抚养、财产以及债务处理等事项达成协议。

2. **参考答案** 约定财产制是指夫妻以契约确定夫妻财产关系的制度，在适用上具有优先于法定财产制的效力。夫妻财产约定的有效条件包括：

（1）约定的主体须为具备完全民事行为能力的夫妻双方。

（2）约定的意思表示必须自愿、真实。

（3）约定的内容必须合法，不得超出夫妻财产的范围，不得违反公序良俗。

（4）约定的形式必须合法，应当采用书面形式。

3. **参考答案** 收养关系解除后，产生如下效力：

（1）人身关系上的效力

① 被收养人成年之前解除收养关系的，与生父母的父母子女关系自动恢复。

② 被收养人成年之后解除收养关系的，与生父母的父母子女关系是否恢复可以协商确定。

③ 被收养人与收养人及其近亲属之间的亲属关系消灭。

（2）财产关系上的效力

① 成年的养子女应当向缺乏劳动能力与生活来源的养父母支付生活费。由于养子女的虐待、遗弃而解除收养关系的，养父母有权要求养子女补偿抚养费。

② 生父母要求解除收养关系的，养父母有权要求生父母补偿抚养费，但是由于养父母的虐待、遗弃而解除收养关系的除外。

四、案例分析题

参考答案　（1）应适用诉讼程序。本案中，甲男与乙女都同意离婚，但对家电及房屋的分割争执不下。依《民法典》的相关规定，双方自愿离婚，但对财产问题不能达成协议的，应通过诉讼程序解决。（2）甲男要求分得电器有法律依据。乙女婚前接受赠与，婚后才实际取得的财物，该赠与物的所有权在甲、乙婚姻关系期间转移给甲、乙双方；乙女叔父的赠与是作为甲、乙结婚的贺礼，并未指定只归乙女，不是乙女婚前个人财产；在甲、乙未作财产约定的情况下，应作夫妻共同财产处理，甲男有权要求分割。乙女要求分得房屋没有法律依据。两间房屋系男方婚前个人财产，且双方对婚前财产未作约定，不属于夫妻共同财产。

五、论述题

参考答案　离婚的法律后果，又称离婚的效力，是指离婚在当事人之间的人身关系、财产关系及父母子女关系方面所引发的一系列变化。

（1）离婚在当事人身份上的效力。离婚导致配偶身份的消灭，当事人双方忠实义务终止以及双方都有再婚的自由。

（2）离婚在当事人财产上的效力。① 夫妻间扶养义务的终止。② 夫妻相互间继承权的丧失。③ 夫妻共同财产的分割。离婚时，夫妻的共同财产由双方协议处理；协议不成的，由人民法院根据财产的具体情况，按照照顾子女、女方和无过错方权益的原则判决。④ 夫妻共同债务的清偿。离婚时，夫妻共同债务应当共同偿还。

（3）离婚在父母子女关系上的效力。① 离婚后的父母子女关系。父母与子女间的关系，不因父母离婚而消除。离婚后，子女无论由父或者母直接抚养，仍是父母双方的子女。离婚后，父母对于子女仍有抚养、教育、保护的权利和义务。② 离婚后子女随何方生活的确定。离婚后，不满两周岁的子女，以由母亲直接抚养为原则。已满两周岁的子女，父母双方对抚养问题协议不成的，由人民法院根据双方的具体情况，按照最有利于未成年子女的原则判决，子女已满八周岁的，应当尊重其真实意愿。③ 离婚后子女抚养费的负担。离婚后，子女由一方直接抚养的，另一方应当负担部分或者全部抚养费。④ 离异父母对子女的探望权。离婚后，不直接抚养子女的父或者母，有探望子女的权利，另一方有协助的义务。

第二十章　继承

一、单项选择题

1. A　【解析】《民法典》第112条第1款规定："继承从被继承人死亡时开始。"据此，对甲的遗产继承开始的时间是2023年5月2日，A选项符合题意，本题选A。

2. B　【解析】《民法典》第1121条第1款规定："继承从被继承人死亡时开始。"因此，遗嘱应当在被继承人（立遗嘱人）死亡时生效，故本题选B。

3. B　【解析】继承权具有以下特征：继承权是自然人享有的权利，其主体只能是自然人，不能是法人、其他组织或国家；A选项正确。继承权的产生是基于法律的规定或有效遗嘱的指定；继承权的客体是遗产；C选项正确。继承权是于被继承人死亡时才实际享有的权利；D选项正确。继承权不得转让。继承权是因一定的身份关系而发生，因此具有专属性，不得转让给他人。B选项错误。本题选择B选项。

4. B　【解析】根据《民法典》第1127条第1款、第1129条的规定，遗产按照下列顺序继承：（1）第一顺序：配偶、子女、父母；（2）第二顺序：兄弟姐妹、祖父母、外祖父母。丧偶儿媳对公婆，丧偶女婿对岳父母，尽了主要赡养义务的，作为第一顺序继承人。因此，本题答案为B选项。

5. B　【解析】我国《民法典》将法定继承顺序分为两个顺序。第一顺序：配偶、子女、父母以及对公婆、岳父母尽了主要赡养义务的丧偶儿媳和丧偶女婿。第二顺序：兄弟姐妹、祖父母、外祖父母。配偶、子女、丧偶儿媳均可以作为第一顺序继承人，祖父母是第二顺序继承人。因此，本题答案为B。

6. D　【解析】代位继承是指在被继承人的子女或兄弟姐妹先于被继承人死亡的情况下，由该先死亡子女的晚辈直系血亲或该先死亡兄弟姐妹的子女代其继承被继承人遗产的一种继承制度。代位继承的成立条件包括：（1）被代位继承人在继承前死亡，即被代位继承人先于被继承人死亡。A选项正确。（2）被代位继承人是被继承人的子女或者兄弟姐妹。B选项正确。（3）被代位继承人未丧失继承权。C选项正确。因此，本题的答案为D。

7. A　【解析】家庭承包的土地承包经营权以家庭为单位，一般不存在继承的问题。著作权中的出租权属于依法可以继承的财产权利。因此，本题的答案为A。

8. D　【解析】本题的关键点是先析产后继承。甲、乙共有黄金4吨，也就是甲拥有黄金2吨，乙拥有黄金2吨。甲死亡后，丙和乙作为甲的第一顺位继承人，平均继承甲的2吨黄金，乙继承1吨，丙继承1吨。此时，乙拥有黄金3吨，丙拥有黄金1吨。乙死亡时，丁作为唯一继承人继承乙的全部遗产，也就是继承3吨黄金。因此，本题的答案为D。

9. D　【解析】《民法典》第1130条规定："同一顺序继承人继承遗产的份额，一般应当均等。对生活有特殊困难又缺乏劳动能力的继承人，分配遗产时，应当予以照顾。对被继承人尽了主要扶养义务或者与被继承人共同生活的继承人，分配遗产时，可以多分。有扶养能力和有扶养条件的继承人，不尽扶养义务的，分配遗产时，应当不分或者少分。继承人协商同意的，也可以不均等。"因此，本题的答案为D。

10. A　【解析】《民法典》第1163条规定："既有法定继承又有遗嘱继承、遗赠的，由法定继承人清偿被继承人依法应当缴纳的税款和债务；超过法定继承遗产实际价值部分，由遗嘱继承人和受遗赠人按比例以所得遗产清偿。"因此，本题的答案为 A。

11. C 【解析】《民法典》第 1124 条第 1 款规定："继承开始后，继承人放弃继承的，应当在遗产处理前，以书面形式作出放弃继承的表示；没有表示的，视为接受继承。"故 C 选项错误。遗产处理后，继承人放弃的是所继承财产的所有权，而不是继承权。

12. D 【解析】遗嘱是要式法律行为，遗嘱的形式必须符合法律的规定。ABC 选项说法正确。本题的答案为 D。

13. D 【解析】《民法典》第 1147 条规定："遗产管理人应当履行下列职责：（一）清理遗产并制作遗产清单；（二）向继承人报告遗产情况；（三）采取必要措施防止遗产毁损、灭失；（四）处理被继承人的债权债务；（五）按照遗嘱或者依照法律规定分割遗产；（六）实施与管理遗产有关的其他必要行为。"因此 D 选项不属于遗产管理人的职责，本题的答案为 D。

14. B 【解析】无人继承又无人受遗赠的遗产，归国家所有，用于公益事业；死者生前是集体所有制组织成员的，归所在集体所有制组织所有。因此，本题的答案为 B。

15. C 【解析】乙在被继承人甲死亡之后遗产分割前死亡，乙应当继承的遗产份额转由他的继承人，例如其儿子丙继承，丙的这种继承方式为转继承，不存在代位继承，C 选项正确，D 选项错误。甲立有遗嘱分配财产，在其遗嘱将财产全部分配给乙的情况下，即使甲之配偶、乙之姑姑作为第一顺位继承人，也不能继承财产，AB 选项错误。乙的继母和乙之间未形成事实上的扶养关系，乙的继母对乙的遗产没有继承权。因此，本题答案为 C。

16. B 【解析】A 选项正确。《民法典》第 1138 条规定："遗嘱人在危急情况下，可以立口头遗嘱。口头遗嘱应当有两个以上见证人在场见证。危急情况消除后，遗嘱人能够以书面或者录音录像形式立遗嘱的，所立的口头遗嘱无效。"据此，口头遗嘱须满足法定条件才能成立，因此是要式法律行为。

B 选项错误。《民法典》第 1142 条第 3 款规定："立有数份遗嘱，内容相抵触的，以最后的遗嘱为准。"据此，口头遗嘱和自书遗嘱效力的判断，应当以最后所立的遗嘱为准，口头遗嘱的效力未必高于自书遗嘱。

C 选项正确。口头遗嘱须在危急情况下订立。所谓"危急情况"，一般指遗嘱人生命垂危、突遇自然灾害、意外事故、战争等。

D 选项正确。口头遗嘱至少需要有两个无利害关系人在场见证。综上，本题选 B。

二、多项选择题

1. AB 【解析】遗嘱无效是指遗嘱因违反法律规定而不能发生法律效力。遗嘱无效的情形有：（1）无民事行为能力人或者限制民事行为能力人所立的遗嘱无效。（2）遗嘱必须表示遗嘱人的真实意思，受欺诈、胁迫所立的遗嘱无效。（3）伪造的遗嘱无效。（4）遗嘱被篡改的，篡改的内容无效。（5）遗嘱人以遗嘱处分了国家、集体或者他人财产的，应当认定该部分遗嘱无效。注意，遗嘱被篡改的，以及遗嘱人以遗嘱处分了国家、集体或者他人财产的，遗嘱并非完全无效，而是相应部分无效，也即此时并非遗嘱无效，而是遗嘱相应内容无效。故答案为 AB。

2. **ABCD**　【解析】继承人以所得遗产实际价值为限清偿被继承人依法应当缴纳的税款和债务，继承人放弃继承的，对被继承人依法应当缴纳的税款和债务可以不负清偿责任，故 AD 选项正确。执行遗赠不得妨碍清偿遗赠人依法应当缴纳的税款和债务，故 B 选项正确。分割遗产，应当清偿被继承人依法应当缴纳的税款和债务；但是，应当为缺乏劳动能力又没有生活来源的继承人保留必要的遗产，故 C 选项正确。综上，答案为 ABCD。

3. **AD**　【解析】本题考查遗嘱继承。被继承人可以以生前行为变更遗嘱。本题当中，虽然甲的自书遗嘱表示死后遗产由乙继承，但是甲的生前行为与遗嘱内容不符，视为甲以生前行为变更遗嘱的相应内容，应当以甲的生前行为为准，因此 5 000 元积蓄应当由丙取得。因此，A 选项、D 选项正确，B 选项、C 选项错误。

4. **ABD**　【解析】《民法典》第 1125 条第 1 款明确规定，继承人有下列行为之一的，丧失继承权：（1）故意杀害被继承人；（2）为争夺遗产而杀害其他继承人；（3）遗弃被继承人的，或者虐待被继承人情节严重；（4）伪造、篡改、隐匿或者销毁遗嘱，情节严重；（5）以欺诈、胁迫手段迫使或者妨碍被继承人设立、变更或者撤回遗嘱，情节严重。C 选项中继承人的虐待行为未达情节严重的程度，故不丧失继承权。因此，本题的答案为 ABD。

5. **ABCD**　【解析】根据《民法典》的相关规定，下列人员不能作为遗嘱见证人：（1）无行为能力人、限制行为能力人以及其他不具有见证能力的人；（2）继承人、受遗赠人；（3）与继承人、受遗赠人有利害关系的人。因此，本题的答案为 ABCD。

6. **ABC**　【解析】根据《民法典》的相关规定，遗嘱继承人只能是法定继承人中的一人或数人，且属于自然人；受遗赠人则可以是国家、集体或者法定继承人以外的组织、个人，即不限于自然人。AB 选项正确。遗嘱继承人须在遗产处理前作出是否接受继承的表示，到期没有表示的，视为接受。而受遗赠人应在知道遗赠后六十日内作出是否接受的表示；到期没有表示的；视为放弃受遗赠。C 选项正确。遗嘱继承和遗赠都可以附义务。D 选项错误。因此，本题的答案为 ABC。

7. **ABCD**　【解析】遗赠扶养协议是遗赠人与继承人以外的组织或者个人签订的，由该组织或者个人承担遗赠人生养死葬的义务，赠养人将自己的合法财产的一部或全部于其死后转移给该组织或者个人所有的协议。遗赠扶养协议的特征包括：（1）该协议是双方法律行为，是双方在自愿协商，意思表示一致的基础上达成的协议。（2）该协议是诺成的、要式的法律行为。（3）该协议是双务、有偿合同。继承人以外的组织或者个人负有对遗赠人生养死葬的义务，享有接受遗赠人所遗赠财产的权利；遗赠人享有接受扶养的权利，负有将其遗产遗赠给该组织或者个人的义务。双方的义务构成对价关系，故遗赠扶养协议为双务有偿行为。（4）该协议是生前行为与死因行为的结合。这是因为该协议的扶养人在受扶养人生前即需履行扶养义务，而其权利只能在受扶养人死亡时实现。（5）该协议在适用上具有优先性。遗赠扶养协议的效力优于遗赠。因此，本题的答案为 ABCD。

8. **ABCD**　【解析】遗产是自然人死亡时遗留的个人合法财产。遗产具有如下特征：（1）时间上的特定性。自然人死亡前，其财产不能作为遗产。所以自然人死亡的时间是划定遗产的时间界限。遗产只能根据自然人死亡时其财产状况来确定。（2）内容上的财产性。遗产是自然人死亡时遗留的个人合法财产，具有财产性质。具有非财产属性的权益不能作为遗产，如人身权，当自然人死亡时，随主体的死亡而消灭。（3）范围上的限定性。遗产只能是死亡自然人的个人财产，如死亡自然人与他人共有的财产，不是死者的部分就不属于遗产。（4）性质上的合法性。遗产只能是死亡自然人的合法财产，如果是死者生前非法侵占的他人财产或非法所得，则不得作为遗产。（5）法律上的可转让性。遗产为依照法律规定能够转让给他人所有的财产。因此，本题的答案为ABCD。

9. ABCD 【解析】被继承人债务的清偿原则主要有：（1）限定继承原则。《民法典》第1161条第1款规定："继承人以所得遗产实际价值为限清偿被继承人依法应当缴纳的税款和债务。超过遗产实际价值部分，继承人自愿偿还的不在此限。"（2）保留必要份额原则。《民法典》第1159条规定："分割遗产，应当清偿被继承人依法应当缴纳的税款和债务。但是，应当为缺乏劳动能力又没有生活来源的继承人保留必要的遗产。"（3）清偿债务优于执行遗赠原则。《民法典》第1162条规定："执行遗赠不得妨碍清偿遗赠人依法应当缴纳的税款和债务。"（4）连带责任原则。继承人共同继承遗产系共同共有，共同继承人对遗产债务应当承担连带责任。因此，本题的答案为ABCD。

10. ABC 【解析】《民法典》第1136条规定："打印遗嘱应当有两个以上见证人在场见证。遗嘱人和见证人应当在遗嘱每一页签名，注明年、月、日。"A选项正确。《民法典》第1142条规定："遗嘱人可以撤回、变更自己所立的遗嘱。立遗嘱后，遗嘱人实施与遗嘱内容相反的民事法律行为的，视为对遗嘱相关内容的撤回。立有数份遗嘱，内容相抵触的，以最后的遗嘱为准。"BC选项正确。《民法典》删除了《继承法》规定的"自书、代书、录音、口头遗嘱，不得撤销、变更公证遗嘱"。因此D选项错误。本题的答案为ABC。

11. BCD 【解析】根据《民法典》的相关规定，遗嘱的形式要件有：（1）公证遗嘱须遵循法定条件和程序，由遗嘱人经公证机构办理。（2）自书遗嘱须由遗嘱人亲笔书写遗嘱的全部内容，由遗嘱人签名，并注明年、月、日。公民在遗书中涉及死后个人财产处分的内容，确为死者真实意思表示，有本人签名并注明了年、月、日，又无相反证据的，可按自书遗嘱对待。（3）代书遗嘱须由本人口授遗嘱内容，由他人代书，有两个以上见证人在场见证，代书人可以同时是见证人。代书人、其他见证人和遗嘱人须在遗嘱上签名，并注明年、月、日。（4）录音遗嘱须由遗嘱人口授遗嘱内容，由两个以上见证人在场见证。遗嘱人和见证人应当在录音录像中记录其姓名或者肖像，以及年、月、日。（5）口头遗嘱的设立条件是：其一，须在危急情况下才可以立口头遗嘱。所谓危急情况，通常是指遗嘱人因疾病或战争随时都有生命危险，无法以其他形式立遗嘱的情形。其二，口头遗嘱应当有两个以上见证人在场见证。危急情况消除后，遗嘱人能够用书面或者录音录像形式立遗嘱的，先前所立的口头遗嘱无效。（6）打印遗嘱应当有两个以上见证人在场见证。遗嘱人和见证人应当在遗嘱每一页签名，注明年、月、日。因此，本题的答案为BCD。

12. BD 【解析】遗赠是向法定继承人以外的组织、个人给予财产利益的行为，即受遗赠人限于法定继承人之外的组织、个人，否则就属于遗嘱继承。BD选项均属于法定继承人范围之内，因此，本题的答案为BD。

13. ABCD 【解析】《民法典》第1145条规定："继承开始后，遗嘱执行人为遗产管理人；没有遗嘱执行人的，继承人应当及时推选遗产管理人；继承人未推选的，由继承人共同担任遗产管理人；没有继承人或者继承人均放弃继承的，由被继承人生前住所地的民政部门或者村民委员会担任遗产管理人。"因此ABCD选项全正确。

14. ABD 【解析】转继承应具备下列条件：（1）被转继承人于被继承人死亡后、遗产分割前死亡；（2）被转继承人未丧失继承权，也未放弃继承权；（3）被转继承人生前未立另有安排的遗嘱。故本题选择 ABD 选项。

15. **ABCD** 【解析】《最高人民法院关于适用〈中华人民共和国民法典〉继承编的解释（一）》第 15 条规定："被继承人的养子女、已形成扶养关系的继子女的生子女可以代位继承；被继承人亲生子女的养子女可以代位继承；被继承人养子女的养子女可以代位继承；与被继承人已形成扶养关系的继子女的养子女也可以代位继承。"因此，ABCD 选项全选。

16. **ABCD** 【解析】我国《民法典》第 115 条规定："有下列情形之一的，遗产中的有关部分按照法定继承办理：（一）遗嘱继承人放弃继承或者受遗赠人放弃受遗赠；（二）遗嘱继承人丧失继承权或者受遗赠人丧失受遗赠权；（三）遗嘱继承人、受遗赠人先于遗嘱人死亡或者终止；（四）遗嘱无效部分所涉及的遗产；（五）遗嘱未处分的遗产。"因此，本题答案为 ABCD。

17. **ABCD** 【解析】分割遗产时，应遵循如下原则：先遗嘱继承后法定继承原则；保留胎儿继承份额原则；法定继承的遗产分配原则；互谅互让、协商分割原则；物尽其用原则。因此，本题答案为 ABCD。

18. **CD** 【解析】代位继承指被继承人的子女或兄弟姐妹先于被继承人死亡，应由被继承人的子女或兄弟姐妹继承的遗产份额，由被继承人的子女的直系晚辈血亲或兄弟姐妹的子女继承的法律制度。被继承人的孙子女、外孙子女、曾孙子女、外曾孙子女都可以代位继承，代位继承人不受辈数的限制。A 选项错误。

丧偶儿媳对公婆、丧偶女婿对岳父母，无论其是否再婚，依照《民法典》第 1129 条规定作为第一顺序继承人时，不影响其子女代位继承。B 选项错误。

根据《最高人民法院关于适用〈中华人民共和国民法典〉继承编的解释（一）》，人民法院对故意隐匿、侵吞或者争抢遗产的继承人，可以酌情减少其应继承的遗产。C 选项正确。

《民法典》第 1149 条规定，遗产管理人可以依照法律规定或者按照约定获得报酬。D 选项正确。因此，本题选 CD。

三、简答题

1. 参考答案 继承人有下列行为之一的，丧失继承权：

（1）故意杀害被继承人的，并且不论是既遂还是未遂，均应当确认其丧失继承权。

（2）为争夺遗产而杀害其他继承人的。

（3）遗弃被继承人的，或者虐待被继承人情节严重的。继承人是否符合"虐待被继承人情节严重"，可以从实施虐待行为的时间、手段、后果以及社会影响等方面认定。虐待被继承人情节严重的，不论是否追究刑事责任，均可确认其丧失继承权。

（4）伪造、篡改或者销毁遗嘱，情节严重的。继承人伪造、篡改、隐匿或者销毁遗嘱，侵害了缺乏劳动能力又无生活来源的继承人的利益，并造成其生活困难的，应当认定为"情节严重"。

（5）以欺诈、胁迫手段迫使或者妨碍被继承人设立、变更或者撤回遗嘱，情节严重的。

2. 参考答案 遗嘱的无效情形有：

（1）无行为能力人或者限制行为能力人所订立的遗嘱无效。

（2）遗嘱必须表示遗嘱人的真实意思，受胁迫、欺诈所订立的遗嘱无效。

（3）伪造的遗嘱无效。

（4）遗嘱被篡改的，篡改的内容无效。

（5）遗嘱人以遗嘱处分属于国家、集体或者他人的财产，遗嘱的相应部分无效。

3.【参考答案】遗赠是指自然人订立遗嘱将财产赠给国家、集体或者法定继承人以外的人，遗赠在自然人死后生效。其特征如下：

（1）遗赠是单方法律行为，无须有相对方的意思表示。

（2）遗赠是死后生效的民事法律行为，遗赠人死亡时遗赠才生效。

（3）遗赠是被继承人独立亲自所为的民事法律行为，不得代理。

（4）遗赠是要式法律行为，只有符合法律规定的形式要件，才能发生效力。

四、案例分析题

1.【参考答案】（1）吴某与洪某间所签的合同是遗赠扶养协议。遗赠扶养协议是双务合同，扶养人对受扶养人负有生养死葬的义务，受扶养人负有将其财产遗赠给扶养人的义务。（2）法院应判决吴某的财产归洪某所有。吴某与洪某签订的是遗赠扶养协议，且洪某已经按照协议履行，有权依据协议取得吴某财产的所有权。小吴是吴某的法定继承人，根据《民法典》的规定，遗赠扶养协议的效力优先于法定继承，因此法院应判决吴某的财产归洪某所有。

2.【参考答案】（1）根据我国法律规定，相互有继承关系的数人在同一事件中死亡，难以确定死亡时间的，推定没有其他继承人的人先死亡。都有其他继承人，辈份不同的，推定长辈先死亡；辈份相同的，推定同时死亡，相互不发生继承。具体到本案中，应推定李大成先死亡，其次是李晓光，最后是李蓓蓓。（2）李大成遗产1.2万元应分别归李晓光与郭氏继承，各得0.6万元；李晓光生前留下的3万元，除去儿子的0.2万元，属于夫妻共有财产，其中李晓光个人财产为1.4万元，加上其继承父亲的遗产0.6万元，其中0.3万元归其妻子，共计1.7万元应由其妻子、儿子和母亲共同分配，每人得到0.57万元。李蓓蓓原有财产0.2万元，加上已分的0.57万元遗产，共计0.77万元，应由其母亲王平全部继承。王平个人财产1.4万元，加上0.3万元，再加上继承的遗产0.57+0.77万元，共3.04万元，可以由其父全部继承。郭氏继承李大成的0.6万元和儿子李晓光的0.57万元，共计1.17万元。

第二十一章　侵权责任

一、单项选择题

1. A　【解析】网络服务提供者知道或者应当知道网络用户利用其网络服务侵害他人民事权益，未采取必要措施的，与该网络用户承担连带责任。故答案为A。

2. B　【解析】根据《最高人民法院关于审理生态环境侵权责任纠纷案件适用法律若干问题的解释》第9条的规定，两个以上侵权人分别排放的物质相互作用产生污染物造成他人损害的，应当承担连带责任。据此，B选项正确。

3. B 【解析】故意或者重大过失为侵权人污染环境、破坏生态提供场地或者储存、运输等帮助的，被侵权人应当与侵权人承担连带责任。一般过失为侵权人污染环境、破坏生态提供场地或者储存、运输等便利条件的，被侵权人请求行为人承担与过错相适应责任的，人民法院应予支持。据此，B选项正确。

4. B 【解析】A选项错误。过错推定是过错责任原则适用中的一种特殊情形，不是独立的归责原则。

B选项正确。侵权责任的主要形式是损害赔偿。侵权责任的主要功能在于填补被侵权人因侵权行为所遭受的损害，损害赔偿就成了侵权责任的主要形式。

C选项错误。在适用无过错责任原则时免除了被侵权人对侵权人过错的举证和证明责任，侵权人也不得以证明自己没有过错而主张免责。但作为侵权责任的构成要件，除主观要件不需举证外，被侵权人仍需证明侵权行为、损害后果以及二者之间的因果关系。

D选项错误。过错责任原则适用于一般侵权行为，只有法律规定适用无过错责任原则的侵权行为，才不适用过错责任原则。但是值得注意的是，过错推定并非普遍适用于一般侵权行为，只适用于法律规定的几种侵权行为，例如建筑物和物件损害责任、动物园的侵权责任。因此，本题选B。

5. C 【解析】抗辩事由也称为不承担责任或减轻责任的法定事由。侵权责任的抗辩事由包括正当理由的抗辩事由和外来原因的抗辩事由两大类。根据《民法典》的规定，正当理由的抗辩事由包括正当防卫、紧急避险、自甘风险、自助等；外来原因的抗辩事由包括不可抗力、受害人故意、被侵权人过错、第三人原因等。故本题选择C选项。

6. C 【解析】无意思联络的数人侵权行为，是指二人以上虽无共同故意或者共同过失，但其侵害行为直接结合发生同一损害后果的侵权行为。二人以上分别实施侵权行为造成同一损害，每个人的侵权行为都足以造成全部损害的，行为人承担连带责任。二人以上分别实施侵权行为造成同一损害，能够确认责任大小的，各自承担相应的责任；难以确定责任大小的，平均承担责任。本题选择C选项。

7. D 【解析】《民法典》第1181条规定："被侵权人死亡的，其近亲属有权请求侵权人承担侵权责任。被侵权人为组织，该组织分立、合并的，承继权利的组织有权请求侵权人承担侵权责任。"故本案中有权请求管理人承担责任的是张某的近亲属。本题选择D选项。

8. C 【解析】根据《民法典》的规定，因药品、消毒产品、医疗器械的缺陷，或者输入不合格的血液造成患者损害的，患者可以向药品上市许可持有人、生产者、血液提供机构请求赔偿，也可以向医疗机构请求赔偿。患者向医疗机构请求赔偿的，医疗机构赔偿后，有权向负有责任的药品上市许可持有人、生产者、血液提供机构追偿。本案中，张某遭受医疗产品侵权，可以向医疗器械提供机构请求赔偿，也可以向医疗机构请求即某市医院赔偿。医疗机构赔偿后，有权向负有责任的医疗器械提供机构追偿。本题选择C选项。

9. C 【解析】《民法典》第1191条第2款规定："劳务派遣期间，被派遣的工作人员因执行工作任务造成他人损害的，由接受劳务派遣的用工单位承担侵权责任；劳务派遣单位有过错的，承担相应的责任。"因此，本题的答案为C。

10. D 【解析】《民法典》第1192条第1款规定："个人之间形成劳务关系，提供劳务一方因劳务造成他人损害的，由接受劳务一方承担侵权责任。接受劳务一方承担侵权责任后，可以向有故意或者重大过失的提供劳务一方追偿。提供劳务一方因劳务受到损害的，根据双方各自的过错承担相应的责任。"因此，本题的答案为D。

11. B 【解析】过错推定，是指依照法律规定推定行为人有过错，行为人不能证明自己没有过错的，应当承担侵权责任。《民法典》第1199条规定："无民事行为能力人在幼儿园、学校或者其他教育机构学习、生活期间受到人身损害的，幼儿园、学校或者其他教育机构应当承担责任；但是，能够证明尽到教育、管理职责的，不承担侵权责任。"因此，本题的答案为B。

12. B 【解析】《民法典》第1257条规定："因林木折断、倾倒或者果实坠落等造成他人损害，林木的所有人或者管理人不能证明自己没有过错的，应当承担侵权责任。"因此，本题的答案为B。

13. A 【解析】《民法典》第1165条规定："行为人因过错侵害他人民事权益造成损害的，应当承担侵权责任。依照法律规定推定行为人有过错，其不能证明自己没有过错的，应当承担侵权责任。"过错责任原则是侵权责任的一般归责原则，过错推定原则和无过错责任原则只在法律有规定时才适用。因此，本题的答案为A。

14. D 【解析】《民法典》第1172条规定："二人以上分别实施侵权行为造成同一损害，能够确定责任大小的，各自承担相应的责任；难以确定责任大小的，平均承担责任。"本题中，甲、乙（没有意思联络）分别投毒，造成丙死亡，能够确定责任大小（即各自份额）。因此，本题的答案为D。

15. C 【解析】本题考点是拼装车的侵权责任。《民法典》第1214条规定："以买卖或者其他方式转让拼装或者已经达到报废标准的机动车，发生交通事故造成损害的，由转让人和受让人承担连带责任。"因此，本题的答案为C。

16. A 【解析】《民法典》第183条规定："因保护他人民事权益使自己受到损害的，由侵权人承担民事责任，受益人可以给予适当补偿。没有侵权人、侵权人逃逸或者无力承担民事责任，受害人请求补偿的，受益人应当给予适当补偿。"因此，本题的答案为A。

17. C 【解析】本题考点是不动产及搁置物、悬挂物脱落、坠落的责任：（1）适用过错推定；（2）责任主体为所有人、管理人或使用人；（3）因第三人导致的，由所有人、管理人或使用人对受害人承担责任后再向第三人追偿。本案中，彩虹温泉度假中心为所有人，华正广告公司为第三人，因华正广告公司安装不牢导致坠落。因此，本题的答案为C。

18. D 【解析】《民法典》第1189条规定："无民事行为能力人、限制民事行为能力人造成他人损害，监护人将监护职责委托给他人的，监护人应当承担侵权责任；受托人有过错的，承担相应的责任。"因此，应由监护人陈某承担侵权责任，周某有过错，承担相应的责任。D选项正确。

19. B 【解析】《民法典》第1193条规定："承揽人在完成工作过程中造成第三人损害或者自己损害的，定作人不承担侵权责任。但是，定作人对定作、指示或者选任有过错的，应当承担相应的责任。"甲在本案中并无过错，因此，本题的答案为B。

20. B 【解析】本题考查医疗损害责任中的责任承担问题。《民法典》第1218条规定："患者在诊疗活动中受到损害，医疗机构或者其医务人员有过错的，由医疗机构承担赔偿责任。"可见，医疗损害责任的责任主体是医疗机构，而不是医务人员。因此，本题的答案为B。

21. B　【解析】《民法典》第 1201 条规定："无民事行为能力人或者限制民事行为能力人在幼儿园、学校或者其他教育机构学习、生活期间，受到幼儿园、学校或者其他教育机构以外的第三人人身损害的，由第三人承担侵权责任；幼儿园、学校或者其他教育机构未尽到管理职责的，承担相应的补充责任。幼儿园、学校或者其他教育机构承担补充责任后，可以向第三人追偿。"本题中，第三人侵权导致学生受伤，第三人应当承担赔偿责任。但是，学校将用于学生运动的操场出租给他人停车存在过错，未尽到管理职责，对于学生所受到的损害应承担补充责任。因此本题答案为 B 选项。

22. C　【解析】《民法典》第 1195 条规定："网络用户利用网络服务实施侵权行为的，权利人有权通知网络服务提供者采取删除、屏蔽、断开链接等必要措施。通知应当包括构成侵权的初步证据及权利人的真实身份信息。网络服务提供者接到通知后，应当及时将该通知转送相关网络用户，并根据构成侵权的初步证据和服务类型采取必要措施；未及时采取必要措施的，对损害的扩大部分与该网络用户承担连带责任。权利人因错误通知造成网络用户或者网络服务提供者损害的，应当承担侵权责任。法律另有规定的，依照其规定。"因此，本题的答案为 C。

23. C　【解析】《民法典》第 1211 条规定："以挂靠形式从事道路运输经营活动的机动车，发生交通事故造成损害，属于该机动车一方责任的，由挂靠人和被挂靠人承担连带责任。"因此 C 选项正确。

24. D　【解析】《民法典》第 1198 条规定："宾馆、商场、银行、车站、机场、体育场馆、娱乐场所等经营场所、公共场所的经营者、管理者或者群众性活动的组织者，未尽到安全保障义务，造成他人损害的，应当承担侵权责任。因第三人的行为造成他人损害的，由第三人承担侵权责任；经营者、管理者或者组织者未尽到安全保障义务的，承担相应的补充责任。经营者、管理者或者组织者承担补充责任后，可以向第三人追偿。"故 ABC 选项错误，D 选项正确。本题选择 D 选项。

25. A　【解析】《民法典》第 1176 条第 1 款规定："自愿参加具有一定风险的文体活动，因其他参加者的行为受到损害的，受害人不得请求其他参加者承担侵权责任；但是，其他参加者对损害的发生有故意或者重大过失的除外。"乙没有故意或者重大过失，甲的人身损害应由甲自己承担。因此，本题答案为 A。

26. C　【解析】法人、非法人组织的人格权益遭受侵犯时不得主张精神损害赔偿，A 选项正确。

惩罚性赔偿指通过支付一定数额的金钱救济受害人精神损害的救济措施。该种救济措施的目的主要是惩罚侵权人。D 选项正确。

财产损失赔偿，指法律对被侵权人的财产权益遭受侵害的后果所采取的以金钱赔偿为内容的一种救济措施。侵害他人财产的，财产损失按照损失发生时的市场价格或者其他合理方式计算。B 选项正确。

财产损失赔偿包括侵害财产权益造成的财产损失赔偿和侵害人身权益造成的财产损失赔偿。C 选项错误。因此，本题选 C。

27. D　【解析】在我国，对因果关系的判定，主要有以下几种判定规则：直接原因规则、相当因果关系规则、近因规则、推定因果关系规则。因此，ABC 三项都是我国规定的因果关系的判定规则。我国没有规定间接原因规则，D 选项错误。本题选 D。

28. D　【解析】A 选项不选。民用核设施或者运入运出核设施的核材料发生核事故造成他人损害的，民用核设施的营运单位应当承担侵权责任；但是，能够证明损害是因战争、武装冲突、暴乱等情形或者受害人故意造成的，不承担责任。

B 选项不选。民用航空器造成他人损害的，民用航空器的经营者应当承担侵权责任；但是，能够证明损害是因受害人故意造成的，不承担责任。

C 选项不选。从事高空、高压、地下挖掘活动或者使用高速轨道运输工具造成他人损害的，经营者应当承担侵权责任；但是，能够证明损害是因受害人故意或者不可抗力造成的，不承担责任。

D 选项当选。非法占有高度危险物造成他人损害的，由非法占有人承担侵权责任。所有人、管理人不能证明对防止非法占有尽到高度注意义务的，与非法占有人承担连带责任。法律并没有规定受害人故意作为非法占有高度危险物侵权责任的免责事由，因此 D 选项当选。

29. A 【解析】《民法典》第 1204 条规定："因运输者、仓储者等第三人的过错使产品存在缺陷，造成他人损害的，产品的生产者、销售者赔偿后，有权向第三人追偿。"由此可见，产品的生产者、销售者无论有无过错，均不得以无过错为由抗辩，都要首先承担直接责任。运输者、仓储者等第三人不是直接责任的承担者，即使产品缺陷是因为其过错导致，生产者或销售者在承担无过错的直接责任之后，可以向运输者、仓储者等第三人追偿。本案中，甲可以向手机的生产者或者销售者请求赔偿，但是不能直接向运输商请求赔偿，故本题选 A。

二、多项选择题

1. ABC 【解析】本题考查精神损害赔偿。精神损害赔偿是指通过支付一定数额的金钱以救济受害人精神损害的救济措施。下列情形可以主张精神损害赔偿：（1）侵害自然人人身权益造成严重精神损害的，受害人有权请求精神损害赔偿；（2）因故意或者重大过失侵害自然人具有人身意义的特定物造成严重精神损害的，受害人有权请求精神损害赔偿；（3）违约行为损害对方人格权并且造成严重精神损害，受害人请求其承担违约责任的，不影响受害人请求精神损害赔偿。下列情形不能主张精神损害赔偿：（1）法人、非法人组织的人格权益遭受侵犯不得主张精神损害赔偿请求权；（2）虽然存在精神损害，但是没有造成严重后果，不得主张精神损害赔偿请求权。据此，A 选项符合题意、B 选项符合题意、C 选项符合题意、D 选项不合题意。

2. ABCD 【解析】《民法典》第 1235 条规定："违反国家规定造成生态环境损害的，国家规定的机关或者法律规定的组织有权请求侵权人赔偿下列损失和费用：（一）生态环境受到损害至修复完成期间服务功能丧失导致的损失；（二）生态环境功能永久性损害造成的损失；（三）生态环境损害调查、鉴定评估等费用；（四）清除污染、修复生态环境费用；（五）防止损害的发生和扩大所支出的合理费用。"因此 ABCD 选项全选。

3. ABCD 【解析】自助行为是指权利人为保护自己的权利，在来不及请求公力救济的情况下，对义务人的财产予以扣押或对其人身自由予以约束等行为。其构成要件包括：为保护自己的合法权益；情势紧迫来不及通过法院或其他国家机关解决；采取的方法适当；自助行为不能超过必要限度。因此，本题的答案为 ABCD。

4. ABCD 【解析】《民法典》第 1205 条规定："因产品缺陷危及他人人身、财产安全的，被侵权人有权请求生产者、销售者承担停止侵害、排除妨碍、消除危险等侵权责任。"《民法典》第 1206 条规定："产品投入流通后发现存在缺陷的，生产者、销售者应当及时采取停止销售、警示、召回等补救措施。未及时采取补救措施或者补救措施不力造成损害扩大的，对扩大的损害也应当承担侵权责任。依据前款规定采取召回措施的，生产者、销售者应当负担被侵权人因此支出的必要费用。"《民法典》第 1207 条规定："明知产品存在缺陷仍然生产、销售，或者没有依据前条规定采取有效补救措施，造成他人死亡或者健康严重损害的，被侵权人有权请求相应的惩罚性赔偿。"因此，本题的答案为 ABCD。

5. BCD 【解析】BCD 三项均是医疗损害责任的构成要件。医疗损害责任的承担要求医疗机构及其医务人员实施了具有违法性的医疗行为。A 选项错误。因此，本题的答案为 BCD。

6. AC 【解析】《民法典》第 1229 条规定："因污染环境、破坏生态造成他人损害的，侵权人应当承担侵权责任。"A 选项正确。第 1233 条规定："因第三人的过错污染环境、破坏生态的，被侵权人可以向侵权人请求赔偿，也可以向第三人请求赔偿。侵权人赔偿后，有权向第三人追偿。"C 选项正确。《民法典》没有将排污符合国家标准规定为环境污染和生态破坏责任的免责事由。B 选项错误。根据《环境保护法》的规定，因污染环境致人财产损害的，诉讼时效期间为 3 年。D 选项错误。因此，本题的答案为 AC。

7. AC 【解析】《民法典》第 1252 条规定："建筑物、构筑物或者其他设施倒塌、塌陷造成他人损害的，由建设单位与施工单位承担连带责任，但是建设单位与施工单位能够证明不存在质量缺陷的除外。建设单位、施工单位赔偿后，有其他责任人的，有权向其他责任人追偿。因所有人、管理人、使用人或者第三人的原因，建筑物、构筑物或者其他设施倒塌、塌陷造成他人损害的，由所有人、管理人、使用人或者第三人承担侵权责任。"本题中，市政部门是建设单位，本源公司是施工单位，建筑物存在质量缺陷，因此应由建设单位和施工单位承担连带责任。AC 选项正确。

8. ABD 【解析】医疗损害责任是指因医疗机构及其医疗人员的过错，致使患者在诊疗活动中受到损害，由医疗机构承担的侵权责任。C 选项是医疗损害责任的构成要件，不是推定医疗机构有过错的情形。本题答案为 ABD。

9. ABC 【解析】《民法典》第 1185 条规定："故意侵害他人知识产权，情节严重的，被侵权人有权请求相应的惩罚性赔偿。"A 选项正确。《民法典》第 1207 条规定："明知产品存在缺陷仍然生产、销售，或者没有依据前条规定采取有效补救措施，造成他人死亡或者健康严重损害的，被侵权人有权请求相应的惩罚性赔偿。"B 选项正确。《民法典》第 1232 条规定："侵权人违反法律规定污染环境、破坏生态造成严重后果的，被侵权人有权请求相应的惩罚性赔偿。"C 选项正确。本题的答案 ABC。

10. ABCD 【解析】《民法典》第 1254 条规定："禁止从建筑物中抛掷物品。从建筑物中抛掷物品或者从建筑物上坠落的物品造成他人损害的，由侵权人依法承担侵权责任；经调查难以确定具体侵权人的，除能够证明自己不是侵权人的外，由可能加害的建筑物使用人给予补偿。可能加害的建筑物使用人补偿后，有权向侵权人追偿。物业服务企业等建筑物管理人应当采取必要的安全保障措施防止前款规定情形的发生；未采取必要的安全保障措施的，应当依法承担未履行安全保障义务的侵权责任。发生本条第一款规定的情形的，公安等机关应当依法及时调查，查清责任人。"因此，ABCD 选项全正确。

11. ABD 【解析】《民法典》第 1250 条规定："因第三人的过错致使动物造成他人

损害的，被侵权人可以向动物饲养人或者管理人请求赔偿，也可以向第三人请求赔偿。动物饲养人或者管理人赔偿后，有权向第三人追偿。"本题中，甲私自将乙的狗牵出去玩，并任由狗奔跑致丙损害，丙可以向狗的饲养人乙请求赔偿，也可以向第三人甲请求赔偿。乙承担赔偿责任后，有权向甲追偿，C 选项错误，ABD 选项正确。本题选择 ABD 选项。

12. ABD 【解析】根据我国《民法典》，无过错责任原则主要适用于以下侵权行为：（1）产品质量不合格致人损害；（2）机动车交通事故中机动车一方致非机动车或行人的损害；（3）环境污染、破坏生态致人损害；（4）高度危险作业致人损害；（5）饲养的动物致人损害；（6）用人者的雇员在工作中致人损害；（7）被监护人致人损害。据此，ABD 三项均适用无过错责任原则，本题选 ABD。C 选项物件损害责任适用过错责任原则，具体适用过错推定，故不选。

13. BD 【解析】法定分担损失，指受害人和行为人对损害的发生都没有过错的，依照法律规定由双方分担损失。这项规则不是侵权责任的承担问题，不存在侵权行为，A 选项错误。法定分担损失规则实际上体现的是公平观念，是公平原则在损害赔偿制度中的运用，B 选项正确。分担损失不是必须平均分担，而是需要综合考虑受害人的损害、双方当事人的财产状况及其他相关情况等因素，才能得出双方分担的结果，C 选项错误。成立法定分担损失，要求当事人双方对损害的发生均无过错，D 选项正确。因此，本题选 BD。

三、简答题

1. 参考答案 精神损害赔偿是指通过支付一定数额的金钱以救济受害人精神损害的救济措施。具有下列情形之一的，可以主张精神损害赔偿：

（1）侵害自然人人身权益造成严重精神损害的，受害人有权请求精神损害赔偿。

（2）因故意或者重大过失侵害自然人具有人身意义的特定物造成严重精神损害的，受害人有权请求精神损害赔偿。

（3）违约行为损害对方人格权并且造成严重精神损害，受害人请求其承担违约责任的，不影响受害人请求精神损害赔偿。

2. 参考答案 用人单位责任是指用人单位对工作人员在从事职务活动时致人损害的行为承担责任。用人单位责任具有如下特征：

（1）用人单位责任是替代责任。用人单位为其工作人员致人损害的侵权行为承担责任。

（2）用人单位责任为无过错责任。即使用人单位无过错也应承担责任。

（3）用人单位责任以用人单位与直接侵权人存在特定关系为前提，即用人单位与工作人员存在隶属关系、管理关系等。

（4）用人单位责任是用人单位对工作人员在执行职务时的致害行为承担的责任。

四、案例分析题

1. 参考答案 （1）不能。机动车与非机动车发生交通事故的，非机动车一方如果存在过失，可以适当减轻机动车一方的责任。在本题中，赵某作为非机动车一方，并无过失，仅有特殊体质原因不能作为钱某与孙某的减责事由。

（2）可以。出租、出借机动车的，承租人、借用人发生交通事故，承租人、借用人承担侵权责任，出租人、出借人有过错的，承担相应责任。在本题中，钱某自然应当赔偿，由于周某明知钱某没有驾照依然借给其机动车，存在过错，因此周某也要承担相应责任。

（3）公交公司与钱某的继承人。

原因：① 用人单位工作人员由于职务行为导致他人损害的，由用人单位承担侵权责任。在本题中，公交车司机在驾驶公交过程中与钱某斗殴导致乘客死亡，属于因职务行为导致他人损害，公交公司应当承担侵权责任。

② 继承人没有放弃继承权的，应当在继承所得范围内清偿被继承人债务。在本题中，钱某与公交车司机斗殴导致乘客死亡，应当承担侵权责任，虽然钱某死亡，其继承人仍然应当在继承所得范围内承担侵权责任。

2. 参考答案 （1）赵甲、赵乙应当承担连带责任，赵丙不必承担侵权责任。二人以上实施危及他人人身、财产安全的行为，不能确定具体加害人的，行为人承担连带责任。在本题中，蜜蜂蜇人属于动物侵权，由于蜜蜂尚未交付养殖公司，赵甲、赵乙、赵丙仍为蜜蜂所有人、管理人，其中，赵甲、赵乙的蜂箱并未封闭，赵丙的蜂箱处于密闭状态，因而可以认定赵甲、赵乙二人实施危险行为，导致李某损害，属于共同危险行为，应当承担连带责任，赵丙连危险行为都没有实施，自然不必承担侵权责任。

（2）应当。个人之间形成劳务关系，提供劳务一方因为劳务受到损害，双方根据过错承担责任。在本题中，孙某雇佣李某形成个人劳务关系，李某因疏忽大意没有关闭车窗，孙某意识到了隐患也未关闭车窗，双方都有过错，孙某应当按照过错程度承担部分责任。

（3）不应当。紧急避险导致损害的，避险人不必承担侵权责任，但是避险过当的除外。用人单位工作人员由于职务行为导致他人损害的，由用人单位承担侵权责任。在本题中，钱某为了躲避醉驾的周某导致多名行人受害，虽然属于紧急避险，但是避险过当。不过由于其是在职务行为当中导致损害，所以应当由养殖公司承担侵权责任。

（4）不属于。当事人一方的违约行为侵害对方当事人人身、财产权益的，受害人有权要求其承担违约责任或者侵权责任。此为责任竞合，其前提是同一行为同时构成违约与侵权。在本题中，违约责任源自旅行社的违约行为，侵权责任源自王某的侵权行为，二者并非同一行为，不会产生责任竞合。

综合课

法 理 学

第一章 绪论

一、单项选择题

1. B 【解析】从法学和其他学科的关系这一角度，法学分为法教义学和法学交叉学科，法理学属于法教义学的范畴，B 选项当选。AD 选项是从认识论角度进行的划分，C 选项是从法律的制定到法律的实施这一角度进行的划分，ACD 项不当选。

2. D 【解析】马克思将法学发展为一门科学。因此 A 选项错误，不中选。法学又称法律科学，是一门以法（或法律）这一社会现象及其规律为研究对象的人文社会科学。因此 B 选项错误，不当选。法学是在法发展到一定阶段时才产生的，先有法，后有的法学。因此 C 选项错误，不当选。法学应当被界定为一种存在于社会科学和人文科学之间的知识形态，是人文社会科学。因此 D 选项正确，当选。

3. A 【解析】社会有了法或法律现象，就有了关于这些现象的思想、观点，但不是一有了法就有了法学，法学是在法发展到一定阶段时才产生的。法学的产生至少应当具备两个方面的条件：首先，要有关于法律现象的材料的一定积累；其次，要有专门从事研究法律现象的学者阶层的出现。A 选项正确，B 选项错误。法律意识是法律规范产生的前提，C 选项错误。国家是法产生的标志，而非法学产生的标志，法学诞生于法之后。因此 D 选项错误。本题选 A。

4. D 【解析】霍姆斯是社会法学派的代表人物，因此 A 选项错误，不中选。罗尔斯提出了"正义论"，因此 B 选项错误，不中选。霍布斯是古典自然法学派的代表人物，因此 C 选项错误，不中选。分析实证法学派仅针对法进行规范分析，反对超越现行法律制度的任何企图，主张"恶法亦法"，试图将价值考虑排除在法理学科学研究的范围之外，并把法理学的任务限定在分析和剖析实在法律制度的范围内。因此 D 选项正确，中选。

5. D 【解析】自然法学派历史悠久，其中以 17—18 世纪的古典自然法学派影响最大，A 选项错误。分析法学派是 19 世纪产生的学派，B 选项错误。社会法学派起源于 19 世纪后半期的欧洲，盛行于 20 世纪西方各国，C 选项错误。12 世纪至 16 世纪是罗马法的复兴时期，出现了以研究和恢复罗马法为核心的新的法学，主要是意大利的注释法学派，D 选项正确。

6. A 【解析】"理性论"的拥护者包括：斯多葛学派的哲学家、西塞罗、普芬道夫、卢梭、孟德斯鸠、霍布斯、格劳秀斯、罗尔斯、斯宾诺莎和洛克等法学家。

7. C 【解析】分析法学派以实证主义哲学为基础，主张恶法亦法，试图将价值考虑排除在法理学科学研究的范围之外，20 世纪代表人物有凯尔森、哈特等，C 选项正确。

AB项的卢梭和孟德斯鸠是自然法学派的代表人物，D选项庞德是社会法学派的代表人物。

8. C 【解析】社会法学派起源于19世纪后半期的欧洲，盛于20世纪西方各国。该学派的主要代表人物是奥地利的埃尔利希，系统地在美国阐述这一学派观点的是霍姆斯和庞德。

9. C 【解析】分析法学派的早期代表人物有边沁、奥斯丁，20世纪的代表人物有凯尔森、哈特。富勒为现代的新自然法学派代表人物。C选项正确。

10. C 【解析】分析法学派主张"恶法亦法"。A选项正确。社会法学派强调研究"现实的法学"，研究法律现实的各个方面。B选项正确。主张法是人的理性是自然法学派的观点。C选项错误。历史法学派代表人物萨维尼提出了民族精神论。D选项正确。本题为选非题，因此C选项当选。

11. D 【解析】马克思主义法学是以辩证唯物主义和唯物史观为指导的法学，它认为法是国家意志（统治阶级意志的体现），但这种意志不是凭空产生的，归根到底是由社会物质生活条件决定的。而以往法学则是以唯心史观为基础，有的认为法与经济无关，有的则否认经济对法的决定作用。因此，二者的根本区别在于对法的最终决定者的认识不同，马克思主义法学认为统治阶级意志的内容决定于统治阶级赖以生存的物质生活条件，归根结底决定于在该社会中占统治地位的生产关系、经济条件，这也是马克思主义法学最鲜明的特点。故D项正确，AC错误。不论是马克思主义还是以往的法学，都承认新法与旧法之间具有一定的继承性，故B项错误。本题正确答案为D项。

12. D 【解析】马克思于1835年10月至1841年3月先后在德国波恩大学和柏林大学法律系学习，接受了当时欧洲最好的法律教育。马克思主义法学思想的最初出发点是康德法学和黑格尔派的理性主义法学。D选项正确。

13. D 【解析】马克思主义法学具有鲜明的实践性、人文性、历史性和阶级性。马克思主义法学认为法是阶级的产物，认为法不具有超阶级性，所以D选项中选。

14. B 【解析】我们把法学界定为一种存在于社会科学和人文科学之间的知识形态，因此它具有社会科学和人文科学的双重性质。A选项错误。古罗马共和国时期，法学已发展成为一门独立的学科，出现了法学派别，编写了法学著作。C选项错误。法理学在法学体系中占有特殊的地位，它是法学的一般理论、基础理论和方法论。D选项错误。马克思主义法学认为，超阶级的法学是不存在的，法学总是为了一定的阶级利益和对一定阶级有利的社会制度服务的。B选项正确。

15. C 【解析】法是统治阶级意志的体现，法所体现的意志受经济以外如政治、文化等诸多因素的影响，法所体现的意志由一定的物质生活条件所决定，C选项正确，D选项错误。统治阶级的意志并不直接等于法，还需要国家机关通过法定程序外化，A选项错误。法是统治阶级整体的意志，并非个人意志的简单相加，B选项错误。

16. B 【解析】法理学与部门法学之间的关系是"一般"与"特殊"的关系。故B选项正确。

17. A 【解析】法理学的研究对象是一般意义上的法，是法和全部法律现象及其规律性，包括古今中外一切的法，A选项错误。法理学与部门法学之间是"一般"与"特殊"的关系，与法律史学的关系是"论"与"史"的关系，是我国法学体系中的一门重要的理论法学学科，BCD项正确。

18. D 【解析】法学自身的方法论包括社会调查的方法、历史调查的方法、价值分析的方法、阶级分析的方法等，ABC 项均属于法学自身的方法论。D 选项马克思主义的哲学方法是法学自身方法论之外的总的方法论，D 选项当选。

二、多项选择题

1. ABCD 【解析】马克思主义法学具有实践性、批判性、人文性和历史性的主要特征。第一，马克思主义法学的实践性。马克思主义法学创立了实践本体论的法律观。马克思将法律的基础从"概念天国"拉回到人类生活，从社会意识拉回到社会实践。法律的产生和发展离不开实践，法律是人类实践的产物。第二，马克思主义法学的批判性。马克思主义法学是在批判资本主义法律制度的过程中产生的。马克思主义法学运用阶级分析方法揭示了资本主义法律的实质。第三，马克思主义法学的人文性。马克思主义法学是西方人文主义法律思想的继承者，人的解放问题是马克思主义法学关注的中心问题。马克思主义法学关注的不是抽象的人，而是现实的具体的人。在马克思的学说中，法律也是实现人的解放的一种方式，人的解放的实现离不开法律。第四，马克思主义法学的历史性。马克思主义法学强调法律和权利的时间性和空间性。法律和权利不是超历史的抽象存在物，而是与一定的历史阶段和经济发展水平联系在一起的具体存在物。故答案为 ABCD。

2. CD 【解析】从法学和其他学科的关系这一角度看，法学可以分为法学本科和法学边缘学科（或称为法学交叉学科）。比较法学、法理学不是法学交叉学科，属于法学本科，故 AB 选项不选；法社会学是法学和社会学的交叉学科，法医学是法学和医学的交叉学科，故 CD 选项正确。

3. ACD 【解析】理论法学主要研究法的基础概念、原理和知识，主要关注法律的理论基础、价值观念、制度设计和实施逻辑等方面的问题，ACD 项均属于理论法学。应用法学更注重在社会生活中实际运用法律，解决实际问题，B 选项行政法属于应用法学。

4. ABCD 【解析】法学在历史上的发展情况是：（1）法学最早起源于古希腊时期；（2）古罗马共和国时期，法学已经发展成为一门独立的学科；（3）中世纪时期，法学丧失独立性，成为神学的一个分支；（4）16 世纪时，出现了以研究和恢复罗马法为核心的注释法学派；（5）17—18 世纪，代表新兴资产阶级的思想家们提出了许多重要法律思想、理论、学说；（6）19—20 世纪，出现了许多法学流派，主要有自然法学派、社会法学派、分析实证法学派、新自然法学派等。由此分析可以看出，题干中四个选项均正确，因此选 ABCD 选项。

5. ACD 【解析】分析实证主义法学派、社会法学派、批判法学并非 17—18 世纪的产物。B 选项错误。ACD 选项正确。

6. ABD 【解析】自然法学派、分析法学派和社会法学派是现代西方影响较大、占统治地位的法学流派，称为三大法学流派。批判法学是 20 世纪末出现的后现代法学思潮，不属于西方三大法学流派。本题选 ABD 选项。

7. ABC 【解析】近代自然法学派的代表人物有洛克、孟德斯鸠、卢梭；现代新自然法学派代表人物有富勒、罗尔斯和德沃金。本题选 ABC。

8. ABD 【解析】现代新自然法学派的代表人物有富勒、罗尔斯、德沃金，凯尔森是 20 世纪分析法学派的代表人物。本题选 ABD 选项。

9. ABC 【解析】分析法学派是 19 世纪产生的学派。社会法学派起源于 19 世纪后半期的欧洲，盛行于 20 世纪西方各国。历史法学派产生于 19 世纪。ABC 项当选。经济分析法学派产生于 20 世纪，D 选项不当选。

10. ABCD 【解析】分析法学派是 19 世纪产生的学派，以实证主义哲学为基础，反对超越现行法律制度的任何企图，主张恶法亦法，试图将价值考虑排除在法理学科学研究的范围之外，并把法理学的任务限定在分析和剖析实在法律制度的范围内。早期分析法学派代表人物有边沁、奥斯丁；20 世纪代表人物有凯尔森、哈特等。因此 ABCD 项当选。

11. BD 【解析】批判法学、法与文学运动都是 20 世纪末出现的后现代法学思潮。现代自然法学派、经济分析法学派不是 20 世纪末出现的后现代法学思潮。本题选 BD 选项。

12. AC 【解析】马克思主义揭示了事物的本质、内在联系及发展规律，是"伟大的认识工具"，是人们观察世界、分析问题的有力思想武器。马克思主义提出的历史唯物主义和辩证唯物主义是法学研究最根本的方法论。AC 选项正确。

13. ACD 【解析】马克思主义法学的产生给法学带来了革命性变革，表现在：有了马克思主义的指导，法学走上了真正严格的科学发展的道路；马克思主义法学以唯物史观为基础，第一次科学地揭示了法的本质，阐明了法律现象产生和发展的基本规律；马克思主义法学既有鲜明的党性，也有深刻的科学性。马克思主义法学的党性和科学性是一致的，它反映了无产阶级及其领导下的广大人民的要求。因此 ACD 选项正确。马克思主义法学同样具有阶级性，阶级性是法作为统治工具所不可缺少的性质，法所体现的国家意志实际上是统治阶级的意志。因此 B 选项不正确，排除。本题选 ACD 选项。

14. ABCD 【解析】马克思撰写了《黑格尔法哲学批判》，他在批判黑格尔理性主义法律观的过程中初步指明了历史唯物主义法学的基本方向，A 选项正确。《共产党宣言》是历史唯物主义法学的纲领性文件。马克思和恩格斯在批判资产阶级的谬论时指出，资产阶级的法不过是被奉为法律的资产阶级意志，而这种意志的内容是由资产阶级的物质生活条件来决定的，B 选项正确。马克思主义的唯物主义法律观在《资本论》中得到进一步的论证和集中的体现。在《资本论》及其手稿中，马克思全面系统地分析了构成法的关系的基础的经济关系，认为法的关系是一种反映着经济关系的意志关系，C 选项正确。列宁认为，对政治法律形式的说明要到物质生活关系中去寻找，人民的利益是最高的法律，D 选项正确。因此，ABCD 选项全正确。

15. ABCD 【解析】关于习近平法治思想，其基本精神和核心要义集中体现在习近平在 2020 年 11 月召开的中央全面依法治国工作会议上系统提出的"十一个坚持"。即坚持党对全面依法治国的领导；坚持以人民为中心；坚持中国特色社会主义法治道路；坚持依宪治国、依宪执政；坚持在法治轨道上推进国家治理体系和治理能力现代化；坚持建设中国特色社会主义法治体系；坚持依法治国、依法执政、依法行政共同推进，法治国家、法治政府、法治社会一体建设；坚持全面推进科学立法、严格执法、公正司法、全民守法；坚持统筹推进国内法治和涉外法治；坚持建设德才兼备的高素质法治工作队伍；坚持抓住领导干部这个"关键少数"。本题选择 ABCD 选项。

16. BD 【解析】马克思主义法学是西方人文主义法律思想的继承者，A 选项正确。马克思主义法学具有实践性，不仅致力于正确认识世界，最终目的是积极改变世界，B 选项错误。马克思主义法学具有人文性，认为人的解放离不开法律，C 选项正确。根据马克思主义的学说，法律和权利是实践的产物，D 选项错误。

参考答案 第一，马克思主义法学的实践性。马克思主义法学创立了实践本体论的法律观。马克思将法律的基础从概念天国拉回到人类生活，从社会意识拉回到社会实践。

第二，马克思主义法学的人文性。马克思主义法学关注的不是抽象的人，而是现实的具体的人。在马克思的学说中，法律也是实现人的解放的一种方式，人的解放的实现离不开法律。

第三，马克思主义法学的批判性。马克思主义法学是在批判资本主义法律制度的过程中产生的。马克思主义法学运用阶级分析方法揭示了资本主义法律的实质。

第四，马克思主义法学的历史性。马克思主义法学强调法律和权利的时间性和空间性。法律和权利不是超历史的抽象存在物，而是与一定的历史阶段和经济发展水平联系在一起的具体存在物。

第二章 法的特征与本质

一、单项选择题

1. D 【解析】ABC项均为汉语中"法"的含义，D选项是西方语言体系中"法"的内涵。故本题选D。

2. B 【解析】一切社会规范都具有强制性，都有保证其实施的社会力量，A选项正确。法律由国家强制力保证实施的另一层原因是法律不能自行实施，需要国家专门机关予以运用，B选项错误。法的普遍性通常包括两层含义：一是在一国主权范围内，法具有普遍效力，所有人都要遵守；二是法对同样的人和事同样适用，即法律面前人人平等，C选项正确。法具有国家意志性和权威性，它的权威性表现在当它与宗教、政策等发生冲突时，法作为国家意志的体现具有更大的权威性。D选项正确。本题为选非题，故B选项当选。

3. B 【解析】法对规范制定生效后发生的行为有效，而非公布后即发生法律效力。因此A选项错误。法的国家权威性表现为当它与道德、宗教、政策等发生冲突时，它作为国家意志的体现具有更大的权威性。因此B选项正确。对国家权力而言，在资源分配上不能将权利分配给一部分人，义务分配给另一部分人；对社会主体而言，在行使权利时，也必须尊重他人和社会的相应权利，不能只享有权利而不承担义务。因此C选项错误。在近现代意义上，法的程序性主要体现在无论立法、执法还是司法，都有相应的法律程序，这主要是针对国家公权力而言。因此D选项错误。本题选B。

4. B 【解析】法的规范性是指法所具有的规定人们行为模式、指导人们行为的性质，它表现在法规定了人们的一般行为模式，从而为人们的交互行为提供了一个模型、标准或方向。因此本题是对课本知识的基础考查，应当选B选项。

5. D 【解析】法的普遍性是以法的规范性为前提和基础产生的，C选项正确。法的普遍性包括：一是法在国家主权范围内的普遍适用；B选项正确。二是从同等适用的意义上来说，相同主体、相同事项适用相同的法。A选项正确。法具有普遍性，但并不等于法具有绝对性和无限性。D选项错误。法的局限性主要表现在法的效力具有局限性：第一，法的效力空间范围主要是以国家权力管辖范围为界的；第二，法的调整对象是有限度的。因此，法并不具有绝对性，而是具有相对性；法不具有无限性，而是在有限的范围内适用。本题为选非题，因此 D 选项当选。

6. B 【解析】法的国家强制性是指法律依靠国家强制力保证实施，这一特性与法具有普遍约束力和社会规范性等其他特征密切相关，A 选项正确。虽然国家强制力是保障法律得到实施的重要手段，但不是唯一手段，B 选项错误。法律之所以要由国家强制力保证实施，取决于下面两个原因：一是法律不一定能始终为人们所自愿遵守，需要通过国家强制力强迫人们遵守；二是法律不能自行实施，需要国家专门机关予以运用，CD 项正确。本题为选非题，因此 B 选项当选。

7. D 【解析】法的本质属性是阶级性，本质属性指的是比较深刻、需要抽象思维才能把握的属性，即法是统治阶级意志的表现和维护统治阶级根本利益的工具，D 选项正确。国家强制性和规范性都是可以从外部感知的法的属性，为法的非本质属性，AB 项错误。法是统治阶级意志的表现，不是社会公众的意志，C 选项错误。因此 D 选项当选。

8. C 【解析】一切社会规范都具有强制性，A 选项正确。法律、道德与宗教都为人们设定了权利和义务，但法律是权利本位，道德与宗教是义务本位，B 选项正确，C 选项错误。法律是国家意志的体现，具有更大的权威性，D 选项正确。本题为选非题，因此 C 选项当选。

9. C 【解析】法具有规范性，不是为某个特定的人而制定的，它所适用的对象是不特定的人；它不是仅适用一次，而是在其生效期间内反复适用。C 选项正确。法的强制性指的是法的实施具有法律的强制性，不涉及法的反复适用问题。A 选项错误。法的国家意志性指的是法所体现的意志是国家的整体意志，与法的适用无关。B 选项错误。法的普遍性指的是法所具有的普遍约束力，而不涉及是否能反复适用的问题。D 选项错误。因此，本题选 C 选项。

10. C 【解析】一切社会规范都具有强制性，都有保证其实施的社会力量。法律不同于其他社会规范，它具有特殊的强制性，即国家强制性。法律以国家强制力为后盾，由国家强制力保证实施。C 选项错误，其余选项正确。

11. D 【解析】狄骥在《法和国家》中认为，社会的基本事实是连带关系，法律就是基于这一事实和为了维护社会连带关系而存在的，D 选项正确。阿奎那在《神学大全》中主张法的本质是神的意志，卢梭在《社会契约论》中主张"公意论"，庞德在《通过法律的社会控制》中主张法是社会控制的手段，ABC 项错误。

12. C 【解析】托马斯·阿奎那和奥古斯丁认为法是神的意志。卢梭提出了"公意论"。黑格尔认为"法是自由意志的定在"，提出了"自由意志论"。罗尔斯提出了"正义论"。故本题选择 C 选项。

13. A 【解析】《法哲学原理》强调法是自由意志的外在表现形式。《正义论》强调正义是至高无上的，它是社会制度的首要价值，如同真理是思想体系的首要价值一样。《通过法律的社会控制》指出法是社会控制的手段，法是政治上组织起来的社会高度专门化的社会控制形式，是一种通过有系统有秩序地适用社会强力的社会控制。《社会契约论》强调法是人们共同意志下形成的一种社会契约。由此可以看出，本题应当选 A 选项。

14. C 【解析】法的第二层次的本质即指法的物质制约性，即法所体现的意志由一定的物质生活条件所决定，法所体现的意志也受经济以外诸多因素的影响。ABD 选项说法均为正确，C 选项认为法创造了现有的经济关系，是错误的，法并不能创造经济关系，只能调整或者影响经济关系。因此，本题选 C 选项。

15. A 【解析】霍布斯在法的本质学说上坚持的是理性论和命令说，而非民族精神论。B 选项错误。卡尔·冯·萨维尼是民族精神论的典型代表人物。C 选项错误。罗尔斯坚持正义论是正确的，但是该观点的出处不是《法哲学原理》而是《正义论》。D 选项错误。因此，本题选 A。

16. C 【解析】马克思主义法学认为，从人们对法的认识过程来看，法的第一层次本质是国家意志性。法是统治阶级或者取得胜利并掌握国家政权的阶级的意志的表现。统治阶级利用掌握国家政权这一政治优势，有必要也有可能将本阶级的意志上升为国家意志然后体现为国家的法。法律不体现被统治阶级的意志。因此本题选 C 选项。

17. C 【解析】古典自然法学派是在 17—18 世纪反封建的启蒙运动和革命斗争中，代表新兴资产阶级利益的、以强调自然法学为特征的一个法学派别。代表人物有荷兰的格劳秀斯、意大利的贝卡里亚等，他们在不同程度上主张天赋人权和社会契约论，认为人类在组成国家以前生活在自然状态中，受体现人的理性的自然法的支配后，根据理性要求，订立契约，成立国家，故 C 选项属于古典自然法学派的观点。法是民族精神的产物，属于历史法学派的观点，A 选项错误。法是阶级社会的产物，属于马克思主义法学的观点，B 选项错误。法是自由意志的外在表现形式属于黑格尔的"自由意志论"，D 选项错误。本题选 C 选项。

18. A 【解析】约翰·奥斯丁是命令论、分析法学派的代表人物，他认为法律是主权者对臣民所发布的应当如何行为并以制裁为后盾的命令，A 选项正确。萨维尼认为法是民族精神的体现，霍布斯既主张法是人的理性，又主张法是国家对人民的命令，奥古斯丁认为法律是神的意志，BCD 项错误。

19. B 【解析】卢梭是自然法学派和"公意论"的代表人物，认为自然法普遍永恒，自然与理性是等同的，且法是公意的体现，ACD 项正确。B 选项是民族精神论的内容。

20. B 【解析】统治阶级意志的内容是由一定的物质生活条件决定的，A 选项正确。统治阶级的意志是阶级的整体意志和根本意志，不是个体意志的简单相加，B 选项错误，D 选项正确。法是统治阶级意志的体现，代表统治阶级利益，C 选项正确。

二、多项选择题

1. AC 【解析】法具有程序性，主要是从近代意义上来讲的，故 A 选项错误。法律程序是保证法律公正的重要手段，无论是立法、执法还是司法，都有相应的法律程序，故 BD 两个选项正确，C 选项错误。本题选 AC。

2. ABCD 【解析】在当代中国，法与法律有时通用；有时则将法作为比法律更广泛的概念。如以我国宪法和立法法为例，从狭义层面理解法律，即认为法律仅指由全国人民代表大会及其常务委员会制定的规范性法律文件；而从广义层面理解法，即法是指包括宪法、法律、行政法规、地方性法规、规章等在内的一切规范性法律文件。本题选择 ABCD 选项。

3. ABCD 【解析】法的基本特征包括四个方面：（1）法是调整人们行为的规范，具有规范性和普遍性。（2）法是由国家制定或认可的社会规范，具有国家意志性和权威性。（3）法是以权利和义务为内容的社会规范，具有权利和义务的一致性。（4）法是由国家强制力保证实施的社会规范，具有国家强制性和程序性，因此本题 ABCD 选项说法正确，当选。

4. ABC 【解析】从效力范围上看，法的规范性至少有三个特点：（1）它针对的对象是不特定的大多数人；（2）它只对规范制定生效后发生的行为有效；（3）在其有效期内，针对同样的情况反复适用，ABC 项正确。D 选项属于法的普遍性特点。

5. AC 【解析】国家的强制力是法律实施的最后保障手段。法律之所以要由国家强制力保证实施，取决于两个原因：一是法律不一定能够始终为人们所自愿遵守，需要通过国家强制力强迫施行；二是法律不能自行实施，需要国家专门机关予以运用。AC 选项正确。并非所有法律均需要国家强制力才能产生实际效果，比如民事很多法律的实现是靠主体的自觉守法，因此 B 选项错误。法律的正当性依据来源于统治阶级自身，即宪法中提及的人民主权原则，而并非国家强制力。因此 D 选项错误。本题选 AC。

6. AC 【解析】法律对人们行为的调整主要是通过权利和义务的设定和运用来实现的，因而法律以规定人们的权利和义务作为自己的主要内容。法律上权利和义务的规定具有确定性和可预测性，它明确地告诉人们该怎样行为、不该怎样行为以及必须怎样行为。人们根据法律来预先估计自己与他人之间该怎样行为，并预见到行为的后果以及法律的态度。因此本题应该选 AC 选项。法律是自觉产生的，道德是自发产生的，因此法律上的权利和义务不具有自发性，B 选项错误。法律具有稳定性，这是法律能够被遵守的基础，D 选项错误。本题选 AC。

7. ABC 【解析】ABC 三项都是法的规范性的特点，D 选项属于法的普遍性的特点，故错误。本题选 ABC。

8. AB 【解析】法是由统治阶级的物质生活条件决定的，所体现的是统治阶级的意志，因此 AB 项错误。此外，B 选项中所表述的"法是社会成员共同意志的体现"是卢梭《社会契约论》中"公意论"的观点，而根据马克思主义的观点，法是统治阶级的整体意志、共同意志或根本意志，B 选项错误。法是由国家制定或认可，以权利和义务为内容的社会规范。CD 项正确。本题为选非题，因此 AB 选项当选。

9. ABD 【解析】马克思主义法学关于法的本质学说分为两个层面，第一层面是法的阶级意志性，第二层面是法的物质制约性。因此不能简单认为两者是同一个层面。C 选项错误，ABD 选项说法正确。

10. AC 【解析】理性论将法的本质解释为理性、人性等。17—18 世纪，古典自然法学派的理性论主要代表人物有荷兰的格劳秀斯、斯宾诺莎，英国的霍布斯、洛克，德国的普芬道夫，法国的孟德斯鸠、卢梭等。美国的庞德在法的本质上的观点为社会控制论；德国的萨维尼支持的观点为民族精神论。本题选 AC 选项。

11. AD 【解析】法是统治阶级或取得胜利并掌握国家政权的阶级的意志的体现。法体现的统治阶级意志具有整体性，这主要是指：法所体现的统治阶级意志不是统治阶级内部的各政党、集团及每个成员的个别意志，也不是这些个别意志的简单相加，而是统治阶级的整体意志、共同意志或根本意志。这种共同意志或根本意志是统治阶级作为一个整体在政治、经济上根本利益的反映。AD 选项过分地强调了法所体现的意志为各阶级的意志总和的观点，缺乏辩证的思维方式，因此不正确。本题选 AD。

12. ACD 【解析】法是统治阶级意志的体现；法所体现的意志由一定的物质生活条件所决定；法所体现的意志也受经济以外诸多因素的影响，ACD 项都是马克思主义法学关于法的本质的学说。B 项是民族精神论的内容，不当选。

三、简答题

参考答案 马克思和恩格斯在《共产党宣言》中指出，法律是上升为国家意志的统治阶级意志的体现。法的第一层次的本质是国家意志。法律是统治阶级或取得胜利并掌握国家政权的阶级的意志的体现。法律所体现的统治阶级意志不是统治阶级内部各党派、集团及每个成员的个别意志，也不是这些个别意志的简单相加，而是统治阶级的整体意志、共同意志或根本意志。这种共同意志或根本意志是统治阶级作为一个整体在政治上、经济上根本利益的反映。马克思和恩格斯在《德意志意识形态》中指出，法律是国家意志的体现，而国家意志实质上是统治阶级的共同利益的反映。但法律并不是以意志为基础的，而是由物质生活条件决定的。不以人的意志为转移的物质生活，即相互制约的生产方式和交往形式，是国家意志和统治阶级意志的现实基础。法律的物质制约性和阶级意志性是法律的不同层次的本质属性。物质生活条件决定阶级意志的内容，但阶级意志的内容还受到经济以外各种因素的不同程度的影响。法律和这些因素归根结底在由经济因素起决定作用的条件下相互作用。经济以外的各种因素的范围是很广泛的，主要包括政治、思想、道德、文化、历史传统、民族、宗教、习惯等。在分析法律的本质时，不应忽略这些因素。

附表　法的本质及其流派（非马克思主义法学）

理论	观点	代表人物
神意论	法为神的意志的体现	意大利的托马斯·阿奎那，古罗马的圣·奥古斯丁
理性论	法是人的理性的体现	荷兰的格劳秀斯、斯宾诺莎，英国的霍布斯、洛克，德国的普芬道夫，法国的孟德斯鸠、卢梭（古希腊的斯多葛学派，古罗马思想家西塞罗，古罗马五大法学家之一的盖尤斯，古典自然法学派的学者）
命令说	法律是主权者的命令，是以制裁为后盾的行为规则	英国的托马斯·霍布斯，边沁，约翰·奥斯丁
民族精神论	法是民族精神的体现	德国的萨维尼
公意论	法律是公意（人们的共同意志、普遍意志）	法国的让·卢梭
社会控制论	法是社会控制的工具	美国的罗斯科·庞德
自由意志论	法是自由意志的外在表现形式，自由意志是法的核心	德国的黑格尔
正义论	正义是至高无上的，它是社会制度的首要价值	美国的罗尔斯

第三章　法的起源与演进

一、单项选择题

1. A　【解析】大陆法系国家法的基本分类是公法和私法，而罗马法系是大陆法系的别称。英美法系国家法的基本分类是普通法和衡平法，无公法和私法之分。印度法系和中华法系都是在世界上存在并发挥重要影响的五大法系之一，但在此处明显属于干扰选项。故答案为 A。

2. A　【解析】法的形态是由不成文的习惯、习惯法发展为成文法，A 选项正确。法是国家自觉认可或制定的，自发产生的是氏族习惯，B 选项错误。法由针对特定人、特定事的调整发展为针对一般人、一般事的调整，C 选项错误。法由与道德、宗教规范混为一体向相对独立发展，D 选项错误。

3. A　【解析】法与国家同时产生。A 选项错误。马克思主义法学认为，私有制是法产生的经济根源，阶级的出现及阶级之间的矛盾斗争是法产生的政治根源。BC 选项正确。法起源的一般规律是由个别调整逐步发展到一般调整。D 选项正确。本题为选非题，故 A 选项当选。

4. A　【解析】马克思主义法学认为，法的产生和发展是多种社会因素相互作用的产物，但这些因素又是在经济因素最终起决定作用的条件下相互作用的，A 选项正确。

5. C　【解析】法系的划分主要是依据法律的历史传统进行的，但是影响法系形成的因素很多，也十分复杂。因此 A 选项错误。中华法系的特点是刑法发达，民法薄弱，因此 B 选项错误。英美法系又称盎格鲁－撒克逊法系、普通法法系、判例法系、不成文法系、海洋法系等。因此 C 选项正确。英美法系分布于美国（除路易斯安那州）、加拿大（除魁北克省）、英国（除苏格兰）等国家或地区，其中路易斯安那州、魁北克省、苏格兰为大陆法系。因此 D 选项错误。

6. C　【解析】古巴比伦的《汉谟拉比法典》是世界上最早的成文法典。C 选项正确。

7. C　【解析】世界上存在并发挥过重要影响的五大法系是中华法系、伊斯兰法系、印度法系、英美法系和大陆法系。其中，英美法系和大陆法系对资本主义法律影响最大。英美法系又称普通法法系、判例法系、不成文法系、海洋法系等；大陆法系又称民法法系、罗马法系、罗马德意志法系、日耳曼法系、法典法系、成文法系等。故本题选择 C 选项。

8. D　【解析】革命根据地的法是我国社会主义法的基础。本题选 D 选项。我国社会主义法是在全面废除"六法全书"的基础上制定的，所以 C 选项错误。本题考查的是我国社会主义法律的产生基础，并非立法基础，《宪法》是我国法律的立法基础，而非产生基础，所以 B 选项错误。

9. C　【解析】英美法的特点及区别主要有：英国法采取不成文宪法制和单一制，法院没有司法审查权；美国法采用成文宪法制和联邦制，法院有通过具体案件确定是否符合宪法的司法审查权，公民权利主要通过宪法规定。英国法和美国法是普通法法系中的两个重要分支，因此普通法法系也可以被称为英美法系。由此可以看出，C 选项法院享有司法审查权是美国法的特点，而非英国法。本题选 C 选项。

10. C 【解析】英国法和美国法是普通法法系中的两个重要分支。英国法采取不成文宪法制和单一制，法院没有司法审查权；美国法采取成文宪法制和联邦制，法院有司法审查权。因此 ABD 项正确，C 选项错误。

11. C 【解析】民法法系又称大陆法系，是以罗马法为基础而发展起来的法律的总称。大陆法系是在罗马法基础上，以 1804 年《法国民法典》和 1896 年《德国民法典》为代表的法律，以及在其法律传统影响下仿照它们而形成和发展起来的各国法律的总称。民法法系以罗马法为历史渊源，以民法为典型，以法典化的成文法为主要形式。C 选项正确。

12. B 【解析】普通法法系的分布范围包括英国本土（苏格兰除外）及美国、爱尔兰、加拿大、澳大利亚、新西兰等这些历史上曾是英国的殖民地、附属国的许多国家和地区，ACD 项均属于普通法法系国家。B 选项日本属于大陆法系国家。

13. A 【解析】大陆法系又称日耳曼法系，A 选项错误。普通法法系国家，制定法和判例法都是正式的法的渊源，判例法可以分为普通法和衡平法，BD 项正确。普通法法系国家在诉讼中奉行当事人主义，法官充当中立的、消极的裁定者角色，C 选项正确。本题为选非题，因此 A 选项当选。

14. C 【解析】奴隶制法的本质和特征是由奴隶制社会的经济基础决定的。在不同的奴隶制国家和奴隶制社会发展的不同阶段，奴隶制法存在着不同的特点，但从总体上认识，奴隶制法具有一些共同特征：严格保护奴隶主的所有制，这是奴隶制法的核心作用；奴隶制法还公开反映和维护奴隶主贵族的等级特权；另外，奴隶制法的刑罚手段极其残酷，长期保留着原始社会的某些行为规范残余。公元前 18 世纪的《汉谟拉比法典》，公元前 450 年左右的《十二铜表法》等是奴隶制法典的代表。C 选项中维护公民的人权是近代意义上产生的法律原则，不是奴隶制法的特点。本题选 C 选项。

15. D 【解析】大陆法系的诉讼程序以法官为重心，奉行职权主义，具有纠问程序的特点。D 选项错误。在大陆法系，法官审理案件，除了案件事实之外，首先考虑制定法是如何规定的，随后按照有关规定来判决案件；英美法系的诉讼程序奉行当事人主义，法官一般充当消极的、中立的裁定者的角色，法官首先要考虑以前类似案件的判决，将本案的事实与以前案件事实加以比较，然后从以前判例中概括出可以适用于本案的法律规则。ABC 选项正确，本题为选非题，故应选 D 选项。

16. B 【解析】法系是西方法学家首先适用的一个概念。它是按照世界上各个国家和地区法律的源流关系和历史传统以及形式上的某些特点对法律进行的分类。法系是具有共性或共同历史传统的法律的总称。法系的划分主要是依历史传统进行的，但是影响法系形成的因素很多，也十分复杂。结合以上陈述，我们可以看出历史传统、形式上的特点、法律的历史渊源都可以影响法系的划分，而国家的经济基础是划分法的历史类型的标准，并非划分法系的标准。故本题选 B 选项。

17. A 【解析】法系是按照世界上各个国家和地区法律的源流关系和历史传统以及形式上某些特点对法律所作的分类。B 选项错误。普通法法系的分布范围包括英国本土（苏格兰除外）及美国（路易斯安那州除外）、爱尔兰、加拿大（魁北克省除外）、澳大利亚、新西兰等这些历史上曾是英国的殖民地、附属国的许多国家和地区(如印度和中国香港等)。C 选项错误。两大法系之间的差异已逐渐缩小，融合也正在发生，但传统不同，差异还将长期存在。D 选项错误。法律移植是法系形成和发展的重要途径。A 选项正确。因此，本题选 A 选项。

18. A 【解析】资本主义法的特征是维护以剥削雇佣劳动为基础的资本主义私有制，资本主义法的核心就是维护资本主义私有制，即资产阶级财产权。本题选 A。

19. D 【解析】资本主义法维护资本主义私有制，资本主义法律的核心是维护资产阶级财产权，A 选项正确。资本主义法维护资产阶级自由、平等和人权，B 选项正确。资本主义法具有阶级性，维护资产阶级利益，C 选项正确，D 选项错误。本题为选非题，因此 D 选项当选。

20. D 【解析】奴隶制法是人类历史上最早出现的法，也是最早的私有制类型的法。A 选项错误。《唐律疏议》是中华法系完备的标志。B 选项错误。法律是统治阶级的意志和利益的体现，不存在"超阶级"的法律，所谓"法律是公共意志的体现"的说法是错误的。C 选项错误。维护资本主义私有制即资产阶级财产权是资本主义法律的核心，私有财产神圣不可侵犯是所有资产阶级宪法的一项基本原则，D 选项说法正确。本题选 D 选项。

21. D 【解析】大陆法系的诉讼程序以法官为重心，奉行职权主义，具有纠问程序的特点。普通法法系的诉讼程序奉行当事人主义，法官一般充当消极的、中立的裁定者的角色。D 选项错误。本题为选非题，因此 D 选项当选。

22. C 【解析】法律移植具有必然性和必要性，而不是一种偶然的行为，事实上很多国家和地区都存在法律移植。C 选项错误。其他选项均为考试分析基础知识，考生需要认真识记。本题选 C 选项。

23. D 【解析】法律和社会的发展是相互影响、相互促进的。在某些情况下，法律可能需要一定的时间来应对新的社会问题或挑战，但这并不意味着法律无法跟上社会发展的步伐，AB 项错误。法律发展与社会发展有时会存在不一致的情况，如某些法律条款与社会进步的观念相悖，C 选项错误，D 选项正确。

24. C 【解析】法律全球化并不是所有法律的全球化，那些不具有涉外性、国际性的地方性法律没有必要化为"全球性"法律，A 选项错误。法律全球化并不意味着国家主权概念的过时或消失，而只是意味着主权概念的进步和丰富，B 选项错误。各国均应当警惕和制止少数或个别国家借助法律全球化的名义推行政治霸权主义和法律帝国主义，C 选项正确。法律全球化是全球化的重要组成部分，与科技和经济的全球化密不可分，D 选项错误。

25. B 【解析】国际司法机制和国际法院的作用正在强化，A 选项正确。《世界人权宣言》只被部分国家认可，法律的全球化不可能实现法律全世界领域的一体化，B 选项错误。国际法的许多任意性规范成为强制性规范，C 选项正确。国际法与国内法趋向一致，是法律"趋同化"的表现，D 选项正确。本题为选非题，因此 B 选项当选。

26. D 【解析】世界范围内的法律趋同首先表现在民商法领域。在商务、金融、知识产权等领域，法律的趋同速度之快、程度之高，超出了人们的预料和想象，A 选项错误。应当警惕发达国家借发展与援助的名义推行法律帝国主义，B 选项错误。不具有涉外性、国际性的地方性法律不可能也没有必要"全球化"，C 选项错误。法律全球化并不意味着主权概念的过时或消失，各国法律仍将呈现多样性、多元化，D 选项正确。

1. **ABCD** 【解析】经济因素在法律的产生过程中起到了决定性作用，但并非唯一影响因素，政治、人文、地理、社会的发展、人的独立意识的成长等因素都在法的起源过程中产生了一定影响。故答案为 ABCD。

2. **ABCD** 【解析】随着社会经济的发展，社会公共事务也比以往原始社会更加复杂和增多，原始社会中的极为简单的习惯已无法适应处理这些事务的要求，这就需要产生一种新的行为规则，即法。A 选项正确。另外，随着社会经济的发展，人的独立意识的成长也促进法的产生。B 选项正确。总之，法的产生，除了经济、政治原因外，还有人文、地理等因素的影响。CD 选项正确。本题选择 ABCD 选项。

3. **ABCD** 【解析】经济因素对法的起源起决定作用，随着生产力发展，私有财产产生，社会分工出现，使得交换成为必要和可能，生产和交换的一般规则逐渐发展为法律，AD 项正确。分工和交换出现的同时，社会出现了阶级分化，统治阶级开始利用法律维护统治，B 选项正确。人的独立意识的成长也促进了法的产生，C 选项正确。

4. **BD** 【解析】法是统治阶级意志的体现，但法律并不是以意志为基础的，而是由物质生活条件决定的。A 选项错误。由个别到一般、由自发到自觉，是人类认识发展的一条基本规律，也是法起源和发展的规律。法与宗教、道德等社会规范开始浑然一体，后来相对独立。C 选项错误。BD 选项正确。

5. **AC** 【解析】进入 20 世纪后，出现了经济法、劳动法等兼有公法和私法两种成分的法，AC 选项正确。合同法属于私法，行政法属于公法，BD 选项错误。本题选 AC 选项。

6. **AB** 【解析】《法国民法典》是资本主义法的代表，《唐律疏议》是封建制法的代表。AB 选项正确。

7. **BCD** 【解析】大陆法系又称民法法系、罗马法系、罗马德意志法系、日耳曼法系、法典法系、成文法系等。BCD 选项正确。英美法系又称普通法法系、判例法系、不成文法系、海洋法系。因此，海洋法系是英美法系的别称，不是大陆法系的别称。本题选 BCD。

8. **ABD** 【解析】中华法系的特点之一是刑法发达，民法薄弱，C 选项表述正好相反，其他三项都是中华法系的特点。ABD 选项正确。

9. **ABC** 【解析】我国社会主义法的本质特征表现为：人民性与阶级性的统一、正义性与政治性的统一、科学性与先进性的统一。首先，我国社会主义法的本质，是工人阶级领导下的全国人民共同意志的体现。我国社会主义法所体现的意志既体现鲜明的阶级性，又体现广泛的人民性，它不仅强调工人阶级的领导，还强调坚持人民主体地位，一切以人民为中心，因而是人民性与阶级性的统一。其次，我国社会主义法还体现出代表社会发展进步方向的正义性，同时，在中国共产党的领导下，以五大发展理念为引领，以社会主义法治为保障，实现创新、协调、绿色、开放、共享的社会发展。社会主义法所体现的这种发展理念与人民意志不是自发形成的，而是在中国共产党的领导下逐步形成的，因此，社会主义法是正义性与政治性的统一。最后，我国社会主义法坚持从中国实际出发，吸收借鉴古今中外优秀的法律文化与制度经验，又与时俱进，不断发展与完善自身制度与实践，体现了科学性与先进性的统一。因此，本题选 ABC 选项。

10. **AC** 【解析】属于大陆法系的国家包括德国、意大利、法国、荷兰、西班牙、葡萄牙等国家及其殖民地国家。欧洲大陆大多数国家、前欧洲国家的殖民地、拉丁美洲等许多国家和地区的法律都属于大陆法系。此外，由于历史的原因，日本、土耳其、美国的路易斯安那州、加拿大的魁北克省、中国的澳门等地区的法律也基本上属于大陆法系。澳大利亚和加拿大是英美法系的代表国家。本题选 AC。

11. ABD 　【解析】两大法系赖以存在的经济基础、阶级本质、总的指导思想和基本原则等方面是一致的，ABD 项正确。法律渊源属于两大法系的区别之一，普通法法系国家，制定法和判例法都是正式的法律渊源；大陆法系国家，制定法是正式的法律渊源，法院的判例不是正式意义上的法律渊源，C 选项错误。

12. ABCD 　【解析】大陆法系和英美法系由于历史渊源不同，所以在形式和内容方面有很大差别：（1）法的渊源不同，大陆法系国家正式的法的渊源只是指制定法，而英美法系国家制定法和判例法都是正式的法的渊源；D 选项正确。（2）法的分类不同，大陆法系国家法的基本分类是公法和私法，而英美法系国家法的基本分类是普通法和衡平法；A 选项正确。（3）法典的编纂方式不同，大陆法系国家一般采用法典形式，而英美法系国家通常不倾向采用法典形式，制定法往往是单行法律、法规；B 选项正确。（4）诉讼程序不同，大陆法系国家一般采用职权主义，而英美法系国家采用当事人主义。C 选项正确。因此 ABCD 选项均当选。

13. BC 　【解析】法律移植是指在鉴别、认同、调适、整合的基础上，引进、吸收、摄取、采纳、同化外国法，使之成为本国法律体系中的有机组成部分，而不是直接将被移植的法律不加改动调适就适用于本国法中。D 选项错误。法律移植虽然不要求时间因素，但一般而言，大多借鉴同一时期的法律制度，因此既反映时间关系，又体现空间联系。A 选项错误。市场经济的客观规律和根本特征决定了法律移植的必要性。B 选项正确。德国为大陆法系国家，因而其民法典源于对罗马法的继承。C 选项正确。因此本题选 BC 选项。

14. ACD 　【解析】法律继承并非表现为消极的法律废止活动，A 选项错误。法律的相对独立性决定了法的发展过程的继承性，B 选项正确。法律发展的不平衡性决定了法律移植的必然性，C 选项错误。法律继承是指不同历史类型的国家法之间的延续和继受，不仅包括国内法的继承，也包括国际法的继承，D 选项错误。本题为选非题，因此 ACD 选项当选。

15. AC 　【解析】法律移植是指在鉴别、认同、调适、整合的基础上，引进、吸收、采纳、摄取、同化外国法，使之成为本国法律体系中的有机组成部分，为本国所用。法律移植的范围除外国的法律外，还包括国际法律和惯例，AC 项错误。法律移植是对外开放的应有内容，B 选项正确。法律移植是法律全球化的动力之一，法律全球化是法律继承和法律移植带来的法的发展趋势，D 选项正确。本题为选非题，因此 AC 选项当选。

16. ABCD 　【解析】法律全球化的趋势主要表现在：（1）法律的"非国家化"。法律并非都是由主权国家制定的，越来越多的法律由各种经济联合体、知识产权组织、环境保护组织、新闻媒介联合体等"非国家"的机构制定。（2）法律的"标本化"或"标准化"。由联合国、国际组织、经济联合体制定法律范本，提供给各个国家作为立法的参照。（3）法律的"趋同化"。所谓法律的趋同化，是指调整相同类型社会关系的法律规范和法律制度趋向一致，既包括不同国家的国内法的趋向一致，也包括国内法与国际法的趋向一致。（4）法律的"世界化"。所谓法律世界化，是指全球范围内法律规范的相互联结，国际法与国内法之间的界限正在变得模糊不清，而这种联结的实现就在于国际法高于国内法的信念已得到普遍的确认。法律世界化还意味着某些"全球性法""世界性法"的出现。本题选 ABCD 选项。

17. AD 　【解析】法律全球化并不是所有法律的全球化，那些不具有涉外性、国际性的法律不可能、也没有必要全球化。B 选项错误。法律全球化并不意味着国家主权概念的过时和消失，相反，它意味着主权概念的丰富和进步。C 选项错误。

18. ACD 　【解析】《联合国宪章》是世界共同遵守的基本规范，具有"准世界宪法"的性质，但不属于专门的人权文件。ACD 选项正确。

三、简答题

参考答案 （1） 社会发展和法律发展的不平衡性决定了法律移植的必然性，比较落后的国家为促进社会的发展，有必要移植先进国家的某些法律。（2） 市场经济的客观规律和根本特征决定了法律移植的必然性。市场经济要求冲破一切地域的限制，使国内市场与国际市场接轨，因而就要求借鉴和引进别国的法律，特别是世界各国通行的法律原则和规范。（3） 法治现代化既是社会现代化的基本内容，也是社会现代化的动力，法律移植则是法治现代化的一个过程和途径，因此法律移植是法治现代化和社会现代化的必然要求。（4） 法律移植是对外开放的应有内容。

四、论述题

参考答案 中国国家和法的形成与其所处的自然环境相匹配，具有自己鲜明的特点。法的起源受其影响，也形成了不同于西方社会的显著特点。第一，古代法的起源与宗法等级制度紧密结合，具有明显的宗法伦理性质。第二，古代法的起源主要是以"刑始于兵"和"礼源于祭祀"的形式完成的。第三，古代法的起源以自给自足的自然经济结构为基础。法是人类社会发展到一定阶段的产物，法的产生和发展是多种社会因素相互作用的结果。经济因素在法的产生过程中起了决定作用。我国古代法的起源以自给自足的自然经济结构为基础，强调家族、宗族、国家利益和集体协作精神，私有制和社会分工的出现导致了法的产生。政治因素也是法起源的重要因素，法的产生是当时阶级划分和阶级斗争的结果。我国古代法的起源与宗法等级制度紧密结合，兼有国法和宗法的双重性质，既适用于占统治地位的各支宗族内部，又适用于整个国家，是奴隶主阶级用来调整与奴隶的关系以及奴隶主内部关系的统治工具，这是法产生的政治根源。法的产生还受人文、地理等因素的影响，我国古代法的产生受我国特有的文化和地理环境的影响，与西方国家有所不同，主要是以"刑始于兵"和"礼源于祭祀"的形式完成的。法起源的一般规律是由个别调整到规范性调整、由习惯发展到习惯法以及由与道德规范、宗教规范混为一体到相对独立。我国古代法的起源最初是由原始氏族社会的习惯转化而成的礼法，从最初君主发布的命令到统一规范的成文法典的制定，从最初的"天命""神罚"到科学合理的刑法体系的建立都体现了法起源的一般规律。

第四章　法的作用与法的价值

1. C 【解析】法的主要价值包含秩序、安全、自由、平等、人权、正义、效率等价值，但在法的各种价值中，安全价值是基础性价值、底线价值，其为私人领域和公共领域的各种主体的利益与价值的实现奠定了基础，故答案为C。该考点为《2025年考试分析》新增考点。

2. C 【解析】《民法典》关于隐私权保护的规定确保了个人信息等不被未经授权的披露或滥用，从而保护个人隐私的安全，这主要体现了法的安全价值，即法律通过保护个人权利来维护个体安全，故答案为C。该考点为《2025年考试分析》新增考点。

3. A 【解析】法的安全价值为私人领域和公共领域的各种主体的利益与价值的实现奠定了基础。法律通过设定明确的规则和标准，为社会成员提供了行为的指南和预期。它不仅规定了哪些行为是被允许的，哪些行为是被禁止的，而且通过制裁机制确保这些规则得到遵守。故A选项错误。人权作为法律价值，既是对法律的精神、原则、规范的直接检验和方向引导，也是对法律的内在品质进行批判的标准和完善的依据。故B选项正确。正义是法律的存在根据和评价标准。法律的好坏需要评价标准，正义就是检验现实中法律好坏的根本标准和依据。故C选项正确。秩序不只从消极角度来调整和解决社会矛盾与纠纷，而且还从积极角度鼓励社会合作，促进社会和谐。故D选项正确。综上，A选项当选。

4. C 【解析】依据作用的途径，法的作用分为直接作用与间接作用。依据作用的效果，法的作用分为积极作用与消极作用。依据作用结果的状态，法的作用分为预期作用与实际作用。依据作用范围，法的作用分为整体作用与局部作用。所以C选项正确。

5. C 【解析】这一规定针对不特定的一般人，具有规范性；该规定对人们的行为进行确定的、命令性的指引，不存在选择的余地，具有确定性。因此C选项正确。

6. A 【解析】社会主义法治理念的基本特征包括：系统的科学性和合理性，鲜明的政治性和时代性，真正的开放性和可实证性。因此A选项错误。法的价值是阶级性与社会性的统一。因此B选项正确。法的价值是主观性与客观性的统一。因此C选项正确。法的价值是统一性与多样性的统一。因此D选项正确。本题为选非题，因此A选项当选。

7. C 【解析】法的指引作用具有规范性、连续性、稳定性，是一种抽象的、一般的指引，AD项正确。法律通过配置权利义务并规定相应的法律责任实现对人们行为的导向和引导，B选项正确。法的规范性、确定性是法具有预测作用的原因，C选项错误。本题为选非题，因此C选项当选。

8. B 【解析】法不是调整社会关系的唯一手段，诸如人们私生活、信仰等方面的问题不适合通过法律调整，A选项正确。法律具有抽象性、稳定性和保守性，与具体的、变动的社会生活之间存在冲突，B选项错误。法的制定和实施受人的因素的制约，C选项正确。法的实施受政治、经济、文化等社会因素制约，D选项正确。本题为选非题，因此B选项当选。

9. D 【解析】预测作用是指人们根据法可以预先估计人们相互间将怎样行为以及行为的后果等，从而对自己的行为作出合理的安排。预测作用的对象是人们的相互行为，比如合同双方当事人根据《民法典》合同编分别进行预测。法之所以具有预测作用，是因为法具有规范性、确定性的特点。人们根据法律，通过预测相互间的所作所为及其后果，来确定、安排、协调自己行为的方式、方向、取舍，从而作出选择。法是人们行为的预测工具和生活指针。因此 D 选项正确。

10. D 【解析】法的评价作用的形式主要有专门评价和社会评价。前者是指经法律专门授权的国家机关、组织及其成员对他人的行为所作的评价，如法院、仲裁机构、行政机关对人们行为所作的裁判或决定，其特点是代表国家，具有国家强制力，产生法律约束力，因此又称效力性评价。后者是指普通主体以舆论的形式对他人行为所作的评价，没有国家强制力和约束力，是人们自发的行为，因此又称舆论性评价。法学教授是普通主体对法作出的评价，体现了法的社会评价作用。本题选择 D 选项。

11. C 【解析】国家权力是法的载体和支点，法是国家意志这一内容的规范化。C 选项混淆了国家意志和法律内容的关系，因此不正确。本题为选非题，因此 C 选项当选。

12. A 【解析】法的指引作用是指法律规范对本人行为起到的导向和引导的作用。因此，法的指引作用的对象为本人，A 选项正确。法的评价作用是指法作为人们对他人行为的评价标准所起的作用，其作用的对象是他人的行为，B 选项错误。法的预测作用是指人们根据法可以预先估计人们相互之间将怎样行为以及行为的后果等，从而对自己的行为作出合理的安排，预测作用的对象是人们的相互行为，C 选项错误。法的强制作用是指法可以用来制裁、强制、约束违法犯罪行为。这种作用的对象是违法犯罪者的行为。D 选项错误。由以上分析可以看出，法的指引作用的对象是本人。

13. D 【解析】预测作用是指人们根据法可以预先估计人们相互之间将怎样行为以及行为的后果等，从而对自己的行为作出合理的安排；指引作用是指法律规范对本人行为起到的引导和导向作用；教育作用是指通过法的实施，使法对一般人的行为产生的影响；评价作用是指法作为人们对他人行为的评价标准所起的作用。由此可以得出，D 选项应该为本题题干内容所反映的作用。

14. B 【解析】法的社会作用包括维护阶级统治和执行社会公共事务两方面。AD 选项正确。法维护的是统治阶级整体的长远的利益，统治阶级中个别成员违背统治阶级整体利益和长远利益的行为，也会受到法的制裁。统治阶级需要用法来规定和确认他们自己内部各阶层、集团的相互关系，以此建立起个人意志服从整个阶级的关系，通过这种服从，确保其成员的权利的实现，解决其内部因财产、婚姻等问题引起的矛盾和纠纷，保证其内部和谐一致。因此，B 选项错误，C 选项正确。本题为选非题，因此选择 B 选项。

15. A 【解析】国家用以调整社会关系的手段，除法律外，还有经济、政治、行政、思想道德、政策、纪律、习俗、舆论等多种手段。法在社会生活调整中具有主导地位，但是并非所有的问题都适用法律。很多社会关系需要由法和其他手段并行调整，在对有些社会关系的调整中，法只能起到辅助作用；而对有些社会关系而言，法并不是有效的调整手段，比如人们的思想、信仰或私生活方面，就不宜采取法律手段加以调控。因此，A 选项认为法律调整的范围是无限的，说法错误。本题选 A。

16. A 【解析】遵守交通法规会获得安全的出行，反映的是法对自己行为起到的导向和引导作用，属于法的指引作用。A 选项正确。这里并没有直接表明他人的交通行为会对自己产生影响，并非属于预测作用。这种题目一般需要按照文字表述进行选择，不必过度联想。

17. D 　【解析】法的评价作用的对象为他人的行为，评价的标准是是否符合法律的要求。综合这两点评判标准，可以看出 D 选项符合法的评价作用的概念界定。

18. D 　【解析】这一法律条文体现的是法的社会作用，即执行社会公共事务的作用，而非政治作用（维护阶级统治的作用）。因此 ABC 选项均不正确。马克思主义法学认为，对法律发展起最终决定作用的是经济发展水平。因此，本题选 D 选项。

19. D 　【解析】ABC 三项体现的是法执行社会公共事务的作用。因此，本题选 D 选项。刑法的作用是同犯罪行为作斗争，体现了政治统治的职能。

20. D 　【解析】法的作用从根本上说，取决于生产关系或生产方式自身的生命力，而不是取决于立法者的主观愿望。D 选项正确。一切社会的法的作用都可以有规范作用和社会作用之分，这两种作用是手段与目的的关系。规范作用是手段，社会作用是目的。B 选项错误。法的规范作用对人们的意志、行为发生直接影响，直接影响人的行为方式。C 选项错误。法的作用不只是通过守法的方式来体现，违法犯罪会受到法律制裁同样也体现法律的作用。A 选项错误。因此，本题选 D 选项。

21. C 　【解析】法的规范作用是指法作为行为规范，对人们的意志、行为发生的直接影响，对人的行为所起到的保障和约束作用。法的社会作用是指法的社会、政治功能，即法作为社会关系的调整器，服务于一定的社会政治目的、目标，承担着一定的社会政治使命，形成、维护、实现一定的社会秩序。法通过调整人们行为这种规范作用，实现维护社会经济基础和发展生产力的社会作用。法的规范作用是手段，法的社会作用是目的。该法院的判决不仅体现了强制作用和教育作用，也体现出维护社会治安、保障社会成员的基本人身安全的执行社会公共事务的作用。因此 AB 选项错误。C 选项正确。D 选项体现了法的评价作用。

22. D 　【解析】王法官依据《刑事诉讼法》的规定主动申请回避，体现的是法的指引作用。A 选项错误。B 选项中法院的判决体现法的教育作用、强制作用和评价作用。B 选项错误。法的规范作用包括指引作用、评价作用、教育作用、预测作用、强制作用，保护自由价值并不是法的规范作用。C 选项错误。孙某的违法行为受到法律的制裁和约束，体现了法的强制作用。D 选项正确。本题选 D。

23. C 　【解析】法的强制作用是指法可以用来制裁、强制、约束违法犯罪行为，法的强制作用是不可或缺的一种重要作用，是法的其他作用的保证，法的强制作用是法存在的最后屏障。C 选项正确。

24. D 　【解析】法的规范作用是手段，法的社会作用是目的。A 选项错误。法的指引是一种规范指引，它不同于个别指引。B 选项错误。法的预测作用的对象是人们的相互行为。C 选项错误。D 选项正确。

25. C 　【解析】如果没有高素质的立法者，就不可能有良好的法律，如果没有具备良好法律素质和职业道德的专业队伍，法律再好，其作用也是难以发挥的。题目中的谚语体现了法的制定和实施受人的因素的影响。C 选项正确。

26. A 　【解析】法是调整社会关系的重要手段，但并不是唯一手段。国家用以调整社会关系的手段，除法律外，还有经济、政治、行政、思想道德、政策、纪律、习俗、舆论等多种手段。A 选项错误。本题为选非题，因此 A 选项当选。

27. A 　【解析】法律禁止主体任意放弃自由，A 选项正确。自由不是无限制的、绝对的自由，是指主体的行为与法律的既有规定相一致或相统一，B 选项错误。平等与差别对待（即合理差别）是有条件共存的，C 选项错误。正义是法律的核心价值，D 选项错误。

28. C 　【解析】本题中所体现的矛盾是该市的经济发展与市民的身体健康之间的矛盾，该市最终决定终止引进化工建设项目，体现了市民的健康高于该市的经济，从法的主要价值角度，即体现出人权高于效率。本题选 C。

29. D 　【解析】效率与人权属于不同位阶的价值，当二者发生冲突时，应当采用价值位阶原则，A 选项错误。个体与共同体的价值冲突应当应用价值冲突的解决原则加以判断，B 选项错误。正义和人权是法治保障的核心和标尺，C 选项错误。法的基本价值包括秩序、自由、平等、人权、正义、效率、安全，D 选项正确。

30. D 　【解析】法律以保障自由为最高价值和目标，但是法不禁止才可以算作自由，自由应该受到法律的限制。A 选项错误。自由并非是衡量法律善恶的唯一标准，正义、人权等价值均为衡量法律善恶的标准。B 选项错误。实证的意思是指实际存在，实证的法律不都是自由的法律，现实中也存在很多不自由的法律。C 选项错误。法不禁止才是自由，为了更好地实现自由，法律应当限制人们的一部分行为。D 选项正确。

31. A 　【解析】该市政府为了保障集体人权，对部分个人自由进行了限制，体现了价值位阶原则，即指在不同位阶的法律价值发生冲突时，在先的价值优先于在后的价值，而不是在后的价值优于在先的价值。A 选项正确。此类题目，法的价值排序需要按照题目表述进行分析后得出。

32. D 　【解析】人民根本利益原则即以是否满足最广大人民的根本利益为标准，来解决一些存在重大疑难的法律价值冲突问题，是当代中国特色社会主义法律价值体系中的根本价值原则。D 选项正确。

33. A 　【解析】本题中，价值冲突表现在孕妇母子的生命权和医院实施急救行为的程序要求（先通知家属，征得家属同意后再实施急救）之间的冲突，生命权背后显示的是人权的价值（生存是最大的人权），医院急救行为的程序显示的是秩序的价值。当基本价值之间有冲突时，人权和正义作为法治保障的核心和标尺，具有重要的价值地位。因此本题体现的是价值位阶原则，A 选项正确。

34. D 　【解析】人权是普遍性的权利，人权是普遍地为所有的人平等享有或应当享有的权利；人权是综合性权利，人权是包含多项权利内容的复杂的综合性的权利；人权不是天赋的，而是历史地产生的，ABC 项均正确。人权是人作为人所享有或应当享有的那些权利，具有应然性，D 选项错误。本题为选非题，因此 D 选项当选。

二、多项选择题

1. BC 　【解析】当基本价值之间发生冲突时，人权和正义作为法治保障的核心和标尺，具有重要的价值地位，这与我国宪法确立的"国家尊重和保障人权"的原则精神相符合，故 A 选项错误。法律维护安全的方式多种多样，法律通过预防和制裁犯罪来维护社会安全。法律通过保护个人权利来维护个体安全。法律通过规范政府行为等各类公权力的行使来维护政治安全。故 D 选项错误，C 选项正确。法的安全价值体现在其对社会信任的促进上，当法律公正地对待所有人，并且能够有效维护秩序时，社会成员之间的互信会增强。这种信任是社会合作与和谐的基础，有助于减少冲突和暴力。故 B 选项正确。综上，本题选 BC。

2. ABCD 【解析】法的作用取决于经济基础，从根本上说，取决于生产关系或生产方式自身的生命力，A 选项正确。法是通过调整人们行为这种规范作用来实现维护社会经济基础和发展生产力的社会作用的。法的规范作用是手段，法的社会作用是目的，B 选项正确。法作为行为规范，对人们的意志、行为发生直接的影响，C 选项正确。法的直接作用是指具体法律规范对特定关系的定向调整，间接作用是指法调整特定关系时对其他社会关系的影响，D 选项正确。

3. ABD 【解析】法的指引是一种规范指引，不同于个别指引。法的指引分为确定性指引和非确定性指引。可为的行为模式针对的是非确定性指引；应为、勿为的行为模式针对的是确定性指引。C 选项是可为的行为模式，属于不确定性指引。A 选项中，走私武器、弹药、核材料或者伪造的货币属于禁止做的事，是勿为的行为模式，属于确定性指引。因此，本题选 ABD。

4. ABCD 【解析】法的作用由法的规范作用和法的社会作用两部分构成。法的社会作用是法的规范作用的目的，法的规范作用是实现这一目的的手段。ABCD 选项都正确。

5. ABC 【解析】法的评价作用的对象是他人的行为，不包括自己的行为和思想，A 选项错误，D 选项正确。法的评价作用的标准是合法与否，不包括合理性，B 选项错误。法的评价作用的形式分为专门评价和社会评价，专门评价以国家强制力为保障，而社会评价没有国家强制力和约束力，C 选项错误。本题为选非题，因此 ABC 选项当选。

6. BCD 【解析】法的教育作用通过正反两个方面来实现。一方面，通过对违法行为人实施制裁，对包括违法者本人在内的一般人起到警示和警诫的作用；另一方面，通过对合法行为加以保护、赞许和奖励，对一般人的行为起到表率、示范作用，A 选项错误。法的教育作用是指通过法的实施，使法对一般人的行为产生影响，对人们今后的行为发生直接或间接的诱导影响，BCD 项正确。

7. ABCD 【解析】法在执行社会公共事务上的作用具体表现在：维护人类社会的基本生活条件，包括维护最低限度的社会治安，保障社会成员的基本人身安全等；维护生产和交换条件；促进教育、科学和文化事业的发展，如保护人类优秀的文化遗产等。因此 ABCD 项均正确。

8. AB 【解析】法的规范作用和社会作用是手段与目的的关系，A 选项正确。法是调整社会关系的重要手段，在社会生活调整中起主导作用，B 选项正确。法的局限性是客观存在的，无法被克服，C 选项错误。法的规范作用是指法作为行为规范，对人们的意志、行为发生的直接影响；法的社会作用是指法的社会、政治功能，D 选项错误。

9. ABCD 【解析】法律通过立法、执法和司法等活动来确认和保障平等实现。其基本方式有：法律将平等确立为一项基本的法律原则；法律确认和保障主体法律地位的平等；法律确认和保障社会财富、资源、机会与社会负担的平等分配；法律公平地分配法律责任。因此 ABCD 项均正确。

10. ABD 【解析】任何违法犯罪行为的法律责任都应当由违法犯罪行为人本人承担，而不能株连或者及于他人，这是现代法治的一项基本原则；有关通告对涉罪人员近亲属多项权利进行限制，违背罪责自负原则。犯罪人员子女的教育自由、就业自由不应受到国家机关的不正当限制，因此这体现了自由价值。这种限制不具有正当性即正义，因此体现了正义价值。受教育权、劳动权均属于人权的范畴，这也体现了人权价值。

11. **AC** 【解析】法对人们行为的指引有两种方式。小明被处以刑罚，体现了法的强制作用。A选项正确。小芳并非违法者或犯罪人员，履行合同义务没有体现法的强制作用。B选项不选。小戴因传播淫秽物品，被司法机关依法判决，体现了法的强制作用。C选项正确。小孙对小戴说"不喝不是好哥们"，强迫小戴饮酒的行为不具有法的强制性，D选项不选。因此本题选AC。

12. **ABCD** 【解析】法的基本价值又指法的主要价值，主要包括秩序、自由、平等、人权、正义。ABCD选项都正确。

13. **ABCD** 【解析】A选项体现的是法的价值冲突解决方法中的价值位阶原则，即秩序与自由（或财产权）冲突时的协调。A选项错误。在法的价值体系中，正义是法律的核心价值，但不能说正义是法的价值的最高级。B选项错误。C选项体现了法与自由和理性的关系，体现了法的自由价值，而非正义价值。法的价值是法的作用的目的，法的作用是法的价值的手段，D选项错误。因此，本题选ABCD。

14. **AB** 【解析】法的价值是法存在的理论正当性依据，它构成一个社会的法律主体尤其是法律职业人的精神存在的核心成分，直接决定着社会的法律主体的法律思维方式与法律实践。A选项正确。法律价值体系之间是协调统一的，有些价值之间可能本身存在冲突，但价值体系可以实现价值之间的协调。B选项正确。法律原则和法律规则相比，法律原则更能体现法的价值。C选项错误。法的价值中的主要价值包括秩序、自由、平等、人权、正义、效率等。D选项错误。因此，本题选AB。

15. **ABC** 【解析】人权作为一个开放性的权利体系，其具体权利内容也随着人对自身的认识和理解而不断深化，新的权利类型也将不断地出现。D选项错误。ABC选项正确。

第五章　法的渊源、效力与分类

一、单项选择题

1. **A** 【解析】普通法与衡平法是普通法法系的一种法律分类，都是判例法。A选项正确。这里的普通法专指英国在11世纪后由法官通过判决形式逐渐形成的适用于全英格兰的一种判例法；而衡平法是指英国在14世纪后对普通法的修正和补充而出现的一种判例法。故BC选项错误。我国澳门特别行政区的法律制度属于大陆法系，其法律不适用普通法与衡平法这种分类方式。D选项错误。

2. **C** 【解析】法的渊源通常是指形式意义上的渊源，即法律规范的表现形式或存在形式，C选项正确。法律的制定方式属于立法程序，A选项错误。法律的生效范围属于法律的效力范围，B选项错误。法律的实施方式属于法的实施。D选项错误。因此本题选C项。

3. **B** 【解析】某一行为规则之所以被认为具有法律规范的效力，就是因为它是以特定方式创制出来的，具有特定的表现形式。因此，不同种类的法律规范因其创制主体、创制方式和表现形式的差异而具有不同的效力等级。各国的法律渊源因为历史和各种原因，是不太一样的。例如，在英美法系中，判例法是正式渊源，而大陆法系不存在判例法。故

B 选项说法错误，本题选 B。

4. D 【解析】我国正式意义上的法律渊源包括宪法、法律、行政法规、行政规章、地方性法规、地方政府规章、民族自治地方的自治条例和单行条例、特别行政区基本法及法律、军事法规和规章以及国际条约和国际惯例。D 选项正确。某县政府制定的法律文件不属于规章。C 选项错误。判例和习惯都不是我国正式法律渊源。AB 选项错误。故本题选 D。

5. C 【解析】C 选项属于司法解释，不是我国法律渊源的组成部分。当代中国的法律渊源有宪法、法律、行政法规、地方性法规、自治条例和单行条例、特别行政区的法律、行政规章、国际条约和国际惯例。A 选项属于国际条约，B 选项属于法律，D 选项属于行政法规，ABD 选项都是我国法律渊源的组成部分。本题选 C。

6. B 【解析】宪法是我国的根本法，也是我国社会主义法律的正式法律渊源。B 选项正确。有些不成文法也是法的渊源，具有法律效力，比如国际惯例。A 选项错误。判例法不属于我国正式的法律渊源。C 选项错误。被我国批准认可的国际条约属于法的正式渊源。D 选项错误。

7. B 【解析】在大陆法系国家中，判例一般不是正式渊源，或仅是非正式渊源，制定法是法律的主要渊源；而在普通法法系国家中，除制定法外，判例法也是重要的正式渊源。B 选项错误。本题为选非题，因此 B 选项当选。

8. B 【解析】根据现行宪法的规定，法律可以分为基本法律和基本法律以外的法律。基本法律是由全国人民代表大会制定和修改，比较全面地规定和调整国家及社会生活某一方面的基本社会关系的法律，包括关于刑事、民事、国家机构和其他方面的基本法律；基本法律以外的法律，又称非基本法律，是指由全国人大常委会制定和修改的，规定和调整除基本法律调整的社会关系以外的，关于国家和社会生活某一方面具体社会关系的法律。因此 A 选项错误，B 选项正确。行政法规专指由国家最高行政机关，即国务院在法定职权范围内为实施宪法和法律制定的有关国家行政管理的规范性文件。C 选项错误。地方性法规指省、自治区、直辖市和设区的市的人民代表大会及其常委会根据本地区具体情况和实际需要，在法定权限内制定发布的适用于本地区的规范性文件。D 选项错误。本题选择 B 选项。

9. C 【解析】国务院有权制定行政法规，C 选项正确。AB 选项是狭义上法律的制定主体。D 选项是行政规章的制定主体。

10. A 【解析】根据《立法法》规定，全国人民代表大会和全国人民代表大会常务委员会根据宪法规定行使国家立法权。全国人民代表大会制定和修改刑事、民事、国家机构的和其他的基本法律，A 选项正确，BCD 项错误。

11. B 【解析】指导性案例又称案例指导制度，是新世纪我国法治实践中产生的新生事物，它为案件裁判提供统一的标准，为法官或检察官的自由裁量权提供一个尺度范围，同时也促使裁判者在裁判过程中准确适用法律。目前指导性案例包括最高人民法院和最高人民检察院分别发布的多批次指导性案例，它没有经过立法机关发布，但它在实际司法实践中已经开始发挥一些作用，已成为我国非正式法律渊源的组成部分。本题选择 B 选项。

12. D 【解析】国内法和国际法是按照法律的创制主体和适用主体的不同而作的分类。成文法和不成文法是以法律创制方式和表达形式的不同为标准对法律进行的分类。实体法和程序法是以法律规定内容的不同为标准对法律进行的分类。根本法和普通法是根据法律的地位、效力、内容和制定主体、程序的不同而对法律进行的分类。此外，按照法律适用范围的不同，法律还可以分为一般法和特别法。D 选项正确。

13. A 【解析】在我国，只有全国人民代表大会有权制定和全面修改基本法律。全国人大常务委员会只能部分修改基本法律。因此本题选 A。

14. B 【解析】根据《立法法》规定，省级人大及其常委会制定的规范性法律文件，是地方性法规，它在制定后应该报全国人大常委会和国务院备案。B 选项错误。A 选项"行政法部门"是法律体系的分类。行政法作为一个法律部门，是规范和调整行政法律关系的法律的总称，是由众多的单行的法律、法规和规章以及其他规范性法律文件构成的，食品安全与卫生管理的规定属于行政法部门。A 选项正确。该法规作为地方性法规，在该省范围内普遍适用，仍具有效力上的普遍约束力。C 选项正确。该法规属于我国法律的正式法律渊源，作为地方性法规当然可以被省法院所适用。D 选项正确。本题为选非题，因此 B 选项当选。

15. B 【解析】中国法律对外国公民的适用包括两种情况：一是对在中国境内的外国公民的适用问题；二是对中国境外的外国公民的适用问题。外国公民在中国境内，除法律另有规定外，一般适用中国法律。中国法律既保护他们在中国的合法权益，又依法处理其违法问题。若外国公民在中国境外对中国国家或中国公民犯罪，按中国刑法规定的最低刑为 3 年以上有期徒刑的，可以适用中国刑法，但是按照犯罪地的法律不构成犯罪的除外。在本题中，美国人的犯罪行为实施在中国的飞机上，中国的船舶、航空器视为中国的领土，按照属地主义的原则，应该追究其刑事责任。因而适用我国法律的依据是属地主义。B 选项正确。

16. D 【解析】法的溯及力又称法律溯及既往的效力，是指新法颁布后，对其生效前的事件和行为是否适用的问题。如果适用，则新法具有溯及力；如果不适用，则新法不具有溯及力。一般情况下，我国法律坚持"法律不溯及既往"的原则，这一原则也是各法治国家通行的法律原则。但这个原则也有例外，特别是在刑法中，目前各国采用的通例是"从旧兼从轻"原则。AB 选项正确。法律效力的终止是指通过明令废止或默示废止的形式而终止某一法律的效力。C 选项正确。法律生效的时间主要有三种形式：自法律颁布之日起生效；由法律规定具体的生效时间；规定法律公布后符合一定条件时生效。D 选项错误。本题选 D。

17. B 【解析】根据法的一般原则，法律不溯及既往，但也有例外情况，特别是刑法中，目前各国采用的通例是"从旧兼从轻"原则，即新法原则上不溯及既往，但是新法不认为是犯罪或罪轻的，可以适用新法。B 选正确，ACD 项均不准确。

18. C 【解析】法的效力主要包括对人的效力、空间效力和时间效力三个方面，A 选项错误。在我国，只有全国人大及其常委会制定的法律才具有普遍约束力，B 选项错误。下位法的效力受上位法的制约，C 选项正确。法的效力受时间限制，D 选项错误。

19. D 【解析】法的溯及力是指新法颁布并生效后对它生效前所发生的事件和行为是否适用的问题。原则上，法不具有溯及力，但在例外情况下，法可以具有溯及力，如刑法中，目前各国采用的通例是"从旧兼从轻"原则。因此 D 选项正确，ABC 项错误。

20. B 【解析】法律效力的终止是指通过明令废止或默示废止的形式而终止某一法律的效力。我国法律终止效力的形式有明示废止和默示废止。明示废止是指在新法或其他法律文件中明文规定废止旧法。默示废止是指在适用法律上出现新法和旧法冲突时，适用新法而使旧法在事实上废止。B 选项正确。

21. A 【解析】我国的船舶和航空器属于我国的领土（船旗国主义），按照属地主义原则，在其上发生的法律争端应该适用我国的法律。A 选项正确。

22. D 【解析】我国法律对人的效力遵循以属地主义为主、以属人主义和保护主义为补充的原则。此题为送分题，不再详细分析，望考生在复习过程中对知识点进行熟练掌握。本题选 D。

23. B 【解析】折中主义是以属地主义为主，与属人主义、保护主义相结合的原则。A 选项错误。由于法的制定机关不同，具体法的空间效力是有所区别的，一般来说，凡是中央国家机关制定的法在全国有效，凡是地方国家机关制定的规范性法律文件，只能在制定机关所管辖的范围内生效。B 选项正确。我国法律对人的效力采取折中主义。C 选项错误。我国现行刑法采用"从旧兼从轻"原则。D 选项错误。本题选 B。

24. A 【解析】《食品安全条例》主要是关于行政机关对食品安全的管理内容，调整行政机关与行政相对人之间的法律关系，属于行政法，是公法。A 选项正确。该法规属于地方性法规，是正式渊源，当地法院可以在审判中直接引用。B 选项错误。凡属于地方性法规如何具体应用的问题，由省、自治区、直辖市人民政府主管部门进行解释。C 选项错误。法的普遍性是指法所具有的普遍约束力，它通常包括两重含义：（1）在一国主权范围内，法具有普遍效力，所有人都要遵守；（2）法律对同样的事和人同样适用，即法律面前人人平等。该《食品安全条例》尽管有特定的适用范围，但在该特定范围内，法具有普遍效力，所有人都要遵守。D 选项错误。

25. D 【解析】根本法与普通法是根据法律的地位、效力、内容和制定主体、程序的不同而对法律进行的分类。根本法即宪法，它在一个国家中享有最高的法律地位和最高的法律效力；普通法指宪法以外的法律，其内容一般涉及调整某一类社会关系，其法律地位和法律效力低于宪法。另外，普通法与衡平法是普通法法系的一种法律分类方法。这里的普通法，不同于前面法律的一般分类中的普通法概念，而是专指英国在 11 世纪后由法官通过判决形式逐渐形成的适用于全英格兰的一种判例法；而衡平法是指英国在 14 世纪后对普通法的修正和补充而出现的一种判例法。D 选项错误，本题选 D。

26. A 【解析】根本法与普通法是根据法律的地位、效力、内容和制定主体、程序的不同这一标准对法律进行的分类。因此 A 选项正确。实体法与程序法是以法律规定内容的不同为标准对法律进行的分类。因此 B 选项错误。一般法与特别法是按照法律适用范围的不同对法律所作的分类。因此 C 选项错误。国内法与国际法是按照法律的创制主体和适用主体的不同而作的分类。因此 D 选项错误。

27. C 【解析】一般法与特别法是按照法律适用范围的不同对法律所作的分类，C 选项正确。成文法与不成文法是以法律创制方式和表达形式的不同为标准对法律进行的分类，A 选项错误。根本法与普通法是根据法律的地位、效力、内容和制定主体、程序的不同而对法律进行的分类，B 选项错误。国内法与国际法是按照法律的创制主体和适用主体的不同而作的分类，D 选项错误。

28. A 【解析】以法律的创制方式和表达形式的不同为标准可以将法律分为成文法和不成文法，A 选项正确。以法律规定内容的不同为标准可以将法律分为实体法和程序法，B 选项错误。以法律的适用范围的不同为标准可以将法律分为一般法和特别法，C 选项错误。以法律的创制主体和适用主体的不同可以将法律分为国内法和国际法，D 选项错误。

29. D 【解析】根本法与普通法是根据法律的地位、效力、内容和制定主体、程序的不同而对法律进行的分类，A 选项正确。实体法和程序法是以法律规定内容的不同为标准对法律进行的分类，B 选项正确。成文法与不成文法是以法律创制方式和表达形式的不同为标准对法律进行的分类，C 选项正确。国内法与国际法是按照法律的创制主体和适用主体的不同而作的分类。D 选项错误。本题为选非题，因此 D 选项当选。

30. C 【解析】公法和私法的分类源于古罗马法，它是在民法法系中适用的一种法律分类，最早由古罗马法学家乌尔比安提出，公法是关于罗马国家的法律，私法是关于个人利益的法律。C 选项正确。

31. B 【解析】公法和私法的分类源于古罗马法，它是在民法法系中适用的一种法律分类，而不是英美法系的传统。故 A 选项正确，B 选项错误。现代西方法学著作认为，公法主要是指调整国家与普通个人之间关系的法律，私法主要是调整国家的公民个人之间的关系。在当代，公法和私法的界限日益模糊，出现了兼具公法和私法特征的法律，如经济法。因此，CD 选项正确。本题选 B。

32. B 【解析】普通法与衡平法是普通法法系的一种法律分类方法。我国香港特别行政区属于普通法法系，适用普通法与衡平法的分类。B 选项错误。本题为选非题，因此 B 选项当选。

33. A 【解析】公法主要是调整国家与普通个人之间关系的法律，私法主要是调整国家的公民个人之间关系的法律。A 选项正确。程序法属于公法。B 选项错误。公法和私法是大陆法系国家的基本法律分类，普通法和衡平法是普通法系国家的基本法律分类。C 选项错误。公法和私法的分类源于古罗马法学家乌尔比安。D 选项错误。

二、多项选择题

1. ABC 【解析】习惯是指人们在长期的生产、生活中约定俗成的一种行为规范，除了经由国家认可成为习惯法的以外，其他习惯均为非正式法律渊源，故 A 选项正确。最高人民法院发布的指导性案例，在我国司法实践中能够发挥一定作用，但因我国并非判例法系国家，其不能直接发挥法律作用，所以其不是我国的正式法律渊源，故 B 选项正确。除了上升为国家法律以外的政策，政策在某种程度上讲均是我国的非正式法律渊源，故 C 选项正确。国家惯例是国际交往中逐渐形成的一些习惯做法和先例，通常是不成文的，最初被某些国家长期反复使用，后来为各国所接受并承认其法律的效力，并成为国际法的主要来源之一。国际商会曾先后多次公布了具有国际性的解释贸易术语的通则，这一通则便成了一种国际贸易惯例。因此，国际惯例也构成我国的法律渊源之一，并非我国的非正式法律渊源，故 D 选项错误。综上，答案为 ABC。

2. ABD 【解析】在我国，行政法规属于重要的法律渊源，其效力仅次于宪法和法律。但经济特区法规是经济特区所在地的省、市的人大及其常委会根据全国人大的授权制定的，在经济特区范围内优先于行政法规的适用，故 AB 选项都正确。特别行政区立法机关制定的法律须报全国人大常委会备案，但备案不影响该法律的生效，故 C 选项错误。在我国，部门规章是指国务院各部、委员会、中国人民银行、审计署和具有行政管理职能的直属机构以及法律规定的机构，根据法律和国务院的行政法规、决定、命令，在本部门的权限范围内发布的规章，故 D 选项正确。综上，答案为 ABD。

3. ABCD 【解析】当代中国法的渊源可以概括为以宪法为核心、以制定法为主的法律渊源。正式渊源有宪法、法律、行政法规、监察法规、地方性法规、民族自治法规、经济特区法规、特别行政区的规范性法律文件、规章、军事法规与规章、国际条约和国际惯例等。非正式渊源有习惯、政策和作为办案参考的指导性案例等。因此，ABCD 都是当代中国法的渊源。

4. AB 　【解析】当代中国法的渊源可以概括为以宪法为核心、以制定法为主的法律渊源。正式渊源有宪法、法律、行政法规、监察法规、地方性法规、民族自治法规、经济特区法规、特别行政区的规范性法律文件、规章、军事法规与规章、国际条约和国际惯例等。AB 项属于当代中国法的正式渊源，CD 项属于当代中国法的非正式渊源。

5. ABCD 　【解析】我国的法律渊源包括宪法、法律、行政法规、部门规章、地方性法规、地方政府规章、民族自治地方的自治条例和单行条例、特别行政区的规范性文件、经济特区的规范性文件以及国际条约和国际惯例。A 选项为法律，B 选项为地方性法规，C 选项属于国际公约，D 选项为地方政府规章，都属于我国法的正式渊源范畴，因此，本题选 ABCD。

6. ABC 　【解析】当不同的规范性法律文件在适用中发生冲突时，可以考虑的原则是新法优于旧法、特别法优于一般法、上位法优于下位法。我国法律在原则上不具有溯及力，但在刑法中有从旧兼从轻的例外。因此，D 选项错误，本题选 ABC。

7. BC 　【解析】法的溯及力是指新法对其生效以前的行为是否适用，如果新法可以适用，则法具有溯及力；如果新法不能适用于其生效以前的行为，则该法不具有溯及力。现代社会强调法律不溯及既往，除非适用新法对当事人有利。A 选项错误。法的溯及力属于法的时间效力的范畴，本条规定属于对人的效力问题，不涉及法的时间效力的问题。因此，BC 选项正确，D 选项错误。本题选 BC。

8. ABCD 　【解析】根据法律的地位、效力、内容和制定主体、程序的不同，可以将法律分为根本法与普通法。根本法是指宪法，普通法是指除了宪法以外的其他法律。因此本题选 ABCD。

9. ACD 　【解析】普通法和衡平法是普通法法系（也即英美法系）的一种法律分类方法。B 选项错误。这里的普通法，不同于法律一般分类中普通法的概念，而是专指英国在 11 世纪后由法官通过判决形式逐渐形成的适用于全英格兰的一种判例法；而衡平法是指英国在 14 世纪后对普通法的修正和补充而出现的一种判例法。我国香港特别行政区的法律也适用这种分类。因此，本题选 ACD。

10. ABC 　【解析】成文法和不成文法是以法律创制方式和表达形式的不同来对法律进行的分类。A 选项错误。成文法是指由国家特定机关制定和公布，并以成文形式出现的法律,因此又称作制定法。不成文法是指由国家认可其法律效力，但又不具有成文形式的法，一般指习惯法。不成文法还包括同制定法相对应的判例法，即由法院通过判决所确定的判例和先例，它是不以条文的形式出现的法律，因此也是不成文法的主要形式之一。B 选项错误。不成文法也可以构成国家正式的法律渊源，如国际惯例、习惯法、判例法。C 选项错误。我国是成文法国家，但也存在不成文法，如习惯法。D 选项正确。本题选 ABC。

11. AD 　【解析】成文法是指由国家特定机关制定和公布，并以成文形式出现的法律，又称制定法。D 选项正确。不成文法是指由国家认可其法律效力，但又不具有成文形式的法。习惯法和判例法都是不成文法的表现形式。所以 A 选项正确，B 选项错误。不成文法也同样具有法律效力。C 选项错误。因此，本题选 AD。

12. ABC 【解析】现代西方法学著作认为，公法主要是指调整国家与普通个人之间关系的法律，私法主要是调整国家的公民个人之间的关系。一般认为，宪法、刑法、行政法属于公法，民商法属于私法。本题选 ABC。

三、简答题

参考答案 法的效力层次是指规范性法律文件之间的效力等级关系。一般而言，法的效力层次可以概括为以下几点：（1）上位法的效力高于下位法，即规范性法律文件的效力层次决定于其制定主体的法律地位，行政法规的效力高于地方性法规。（2）特别法优于一般法，指在同一位阶的法律之间，特别法优于一般法。即同一事项，两种法律都有规定的，特别法比一般法优先，优先适用特别法。（3）新法优于旧法，即在同一位阶的法律之间，两者对同一事项规定不一样的，新颁布的法律优先适用。应该注意的是，这里所说的新法优于旧法适用所针对的行为或事件，均是在这些法律生效期间所发生的，与后面法的时间效力所提及的法不溯及既往原则所针对的行为或事件发生的时间完全不同。

第六章　法律要素与法律体系

一、单项选择题

1. B 【解析】法律概念具有认识功能、表达功能和改进、提高法律科学化程度的功能，但功能本身不作为法律概念划分的标准，故 A 选项错误。按照法律概念所涉及的因素不同，可以将法律概念划分为主体概念、关系概念、客体概念和事实概念，故 B 选项正确。按照法律概念所涉及的内容不同，可以将法律概念划分为涉人概念、涉物概念和涉事概念，故 C 选项错误。按照法律概念所涵盖的范围大小不同，可以将法律概念划分为一般法律概念和部门法律概念，故 D 选项错误。综上，答案为 B。

2. D 【解析】按照规则的内容规定不同，可以将法律规则分为授权性规则、义务性规则和权义复合性规则，A 选项错误。按照规则对人们行为规定和限定的范围或程度不同，可以将法律规则分为强行性规则和任意性规则，B 选项错误。按照法律规则内容的确定性程度不同，可以将法律规则分为确定性规则、委任性规则和准用性规则，C 选项错误。依据法律规则功能的不同，可以将法律规则分为调整性规则和构成性规则，D 选项正确。

3. D 【解析】按照规则的内容规定不同，可以将法律规则分为授权性规则、义务性规则和权义复合性规则，A 选项错误。按照法律规则内容的确定性程度不同，可以将法律规则分为确定性规则、委任性规则和准用性规则，B 选项错误。义务性规则又可以分为命令性规则和禁止性规则，C 选项错误。按照规则对人们行为规定和限定的范围或程度不同，可以将法律规则分为强行性规则和任意性规则，D 选项正确。

4. B 【解析】"国务院民政部门"属于假定条件。"建立健全慈善信息统计和发布制度""应当在统一的信息平台，及时向社会公开慈善信息，并免费提供慈善信息发布服务"属于行为模式。可见该法条包含的法律规则的逻辑结构是假定条件和行为模式。

5. D 【解析】"国有公司、企业、事业单位的工作人员"属于假定条件。"利用职务便利，有下列情形之一，致使国家利益遭受重大损失的""（一）将本单位的盈利业务交由自己的亲友进行经营的；（二）以明显高于市场的价格从自己的亲友经营管理的单位采购商品、接受服务或者以明显低于市场的价格向自己的亲友经营管理的单位销售商品、提供服务的；（三）从自己的亲友经营管理的单位采购、接受不合格商品、服务的"属于行为模式。"处三年以下有期徒刑或者拘役，并处或者单处罚金""处三年以上七年以下有期徒刑，并处罚金"属于法律后果。因此本条文包括假定条件、行为模式和法律后果。

6. C 【解析】"以暴力、威胁方法拒不缴纳税款的""情节严重的"属于行为模式，其否定性法律后果为"三年以下有期徒刑或者拘役，并处拒缴税款一倍以上五倍以下罚金""三年以上七年以下有期徒刑，并处拒缴税款一倍以上五倍以下罚金"。可见该行为属于"勿为"的行为模式。

7. B 【解析】法律规则由假定（条件）、行为模式和法律后果三部分构成。法律概念不属于法律规则的要素。C 选项错误。该条文中省略了代理人须为完全民事行为能力人这一前提条件和代理人实施民事法律行为的法律后果，"民事主体"只是对主体的称谓，并非假定条件。AD 选项错误。该条文表述了民事主体可以通过代理人实施民事法律行为这一行为模式，未省略。B 选项正确。

8. C 【解析】"完全民事行为能力的成年人"属于假定条件。"可以与其近亲属、其他愿意担任监护人的个人或者组织事先协商，以书面形式确定自己的监护人"属于行为模式。"在自己丧失或者部分丧失民事行为能力时，由该监护人履行监护职责"属于确定了监护人后的法律后果。

9. C 【解析】任意性规则是指在一定范围内，允许人们自行选择或协商确定法律关系中的权利义务内容的法律规则，A 选项错误。确定性规则是指内容已明确肯定，无须再援引或参照其他规则来确定其内容的法律规则，B 选项错误。准用性规则是指内容本身没有规定人们具体的行为模式，可以援引或参照其他相应内容规定的规则，C 选项正确。委任性规则是指内容尚未确定，而只规定某种概括性指示，由相应国家机关通过相应途径或程序加以确定的法律规则，D 选项错误。

10. A 【解析】主体概念，是用以表达各种法律关系主体的概念，如公民、法人、原告、行政机关等。因此，本题选 A。

11. B 【解析】法律规则的逻辑结构都由假定（条件）、行为模式和法律后果三部分构成。A 选项正确。法律后果是任何法律规则都不可缺少的要素，但在立法实践中，法律条文一般不明确表述合法的后果，因为根据行为模式，人们可以直接推知该法律后果。肯定性法律后果在法律规则的表述上可以被省略，但是在逻辑结构上不可省略。B 选项错误。法律规则中的行为模式分为可为模式、应为模式和不得为模式，C 选项正确。在立法实践中，法律条文一般不明确表述合法的后果，因为根据行为模式，人们可以直接推知该法律后果，D 选项正确。本题选 B。

12. B 【解析】法律规则种类的判断在每年试题中均会出现，是重点内容。考生在备考时最好每个类别都能记一至两个典型的法条，以增加感性的认识。按照法律规则内容的确定性程度的不同，可以分为确定性规则、委任性规则和准用性规则。委任性规则是内容尚未确定，而只规定某种概括性指示，由相应国家机关通过相应途径或程序加以确定的法律规则。委任性规则和准用性规则的区别在于前者法律没有明确的规定，需要被授权的其他国家机关通过制定相关的规则或程序来加以明确，而后者法律内容本身没有规定人们具体的行为模式，只需援引或参照其他的法律规定即可。本条规定最后授权国务院制定相关法规加以明确，属于典型的委任性规则。B 选项正确。

13. D 【解析】题干列举的内容为合同条款，并不是法律条文，并不涉及法律原则。A 选项错误。双方约定的内容是对法律效力和法律后果的说明，而非对案件事实的表述。案件事实应当出现在法官适用法律的过程中，本文并未涉及。B 选项错误。所谓授权性规则，是指规定人们有权做一定行为或不做一定行为的规则。C 选项错误。此条款约定的内容是对法律效力和法律后果的说明。D 选项正确。

14. D 【解析】本题中"出卖人交付的标的物不符合质量要求的，买受人可以依据本法第五百八十二条至第五百八十四条的规定请求承担违约责任"这一法条，从规则内容的角度，属于授权性规则；从内容是否确定的角度，属于需要援引、参考其他法条才能明确其具体内容的准用性规则；从是否允许当事人变更的角度，属于由当事人决定具体适用状况的任意性规则。因此，D 选项正确，ABC 选项错误。

15. C 【解析】本题所引法律条文规定的行为模式是"勿为模式"，即要求人们不能故意杀人。A 选项说法正确。该法律条文是确定性规则，其内容已明确肯定，无须再援引或参照其他规则来确定其内容。B 选项说法正确。该法律条文刑罚的排序体现立法者的意图，即对故意杀人行为优先适用较重的刑罚，因为故意杀人是行为性质及危害结果都极为严重的犯罪行为。D 选项说法正确。《刑法》于 1997 年 3 月 14 日公布，但同年 10 月 1 日施行后方产生法律效力。因此 1997 年 3 月 14 日至 10 月 1 日期间发生的故意杀人案件不能直接依据新法判决，仍应按照旧法判决，但新法生效后也要考虑"从旧兼从轻"适用法律，C 选项错误。本题为选非题，因此 C 选项当选。

16. D 【解析】法律原则与法律规则在内容、适用范围、适用方式上存在区别：在内容上，法律规则的规定是明确具体的，而法律原则的要求比较笼统、模糊。在适用范围上，法律规则只适用于某一类型的行为，而法律原则具有宏观的指导性，其适用范围比法律规则宽。在适用方式上，法律规则是以"全有或全无的方式"应用于个案当中的，而法律原则不是以"全有或全无的方式"应用在个案当中的。ABC 项正确。法律原则一般不能替代法律规则的适用，但在某些特定情况下，法律原则可以作为疑难案件的断案依据，以纠正严格执行实在法可能带来的不公或者填补规则可能存在的漏洞，D 选项错误。本题为选非题，因此 D 选项当选。

17. D 【解析】法律规则是法律条文的内容，法律条文是法律规则的表现形式，两者之间是内容和形式的关系，但法律条文表达的除了法律规则之外，还有法律原则。故 A 选项正确，D 选项错误。并不是所有的法律条文都是直接规定法律规则的，也不是每一个法律条文都完整地表述一个规则或只表述一个法律规则。有时一个法律规则可以包括在几个法律条文中，也有时一个法律条文可能包含了几个法律规则。故 BC 选项正确。本题选 D。

18. C 【解析】法律要素包括法律规则、法律原则和法律概念，故排除 D 选项。法律规则是指采取一定的结构形式具体规定人们的法律权利、义务以及相应的法律后果的行为规范。法律原则是指可以作为法律规则的基础或本源的综合性、稳定性原理和原则。法律概念是指对各种法律事实进行概括，抽象出它们的共同特征而形成的权威性范畴。本题列举的法条没有指出具体的结构形式规定人们的行为规范，也没有定义权威性范畴，而是给人们的行为一种原则性指引，因而属于法律原则的范畴。故选 C。

19. A 【解析】按照法律原则涉及的内容和问题不同，可以把法律原则分为实体性原则和程序性原则。A 选项正确。按照法律原则对人的行为及其条件之覆盖面的宽窄和适用范围的大小，可以把法律原则分为基本原则和具体原则。按照法律原则产生的基础不同，可以把法律原则分为政策性原则和公理性原则。法律原则的分类中没有普遍性原则和特殊性原则的分类。故本题选 A。

20. C　【解析】法律概念的功能主要体现在三个方面：表达功能、认识功能和改进法律、提高法律科学化程度的功能，ABD 项正确。补充功能不属于法律概念的功能，C 选项错误。本题为选非题，因此 C 选项当选。

21. D　【解析】事实概念，是用以表达各种事件和行为的概念，如失踪、不可抗力、违约等，因此 D 选项正确。A 选项属于主体概念，B 选项属于关系概念，C 选项属于客体概念。本题选 D。

22. C　【解析】法律概念是法律的构成要素之一，是对各种法律事实进行概括，抽象出它们的共同特征而形成的权威性范畴。该法律条文是对"粮食"进行概念性规范，属于法律概念。

23. B　【解析】立法体系不同于法律体系，它是以各个法律规范的制定机关在整个国家法律创制中的地位以及与此相联系的法律规范的效力范围和效力等级为分类组合标准的。立法体系注重的是法的形式，而法律体系注重的是法的内容。B 选项错误。本题为选非题，因此 B 选项当选。

24. A　【解析】宪法是我国社会主义法律体系的基础和主导性的法律部门。A 选项正确。社会法是指调整国家在解决社会问题和促进社会公共事业发展的过程中所产生的各种社会关系的法律规范的总称。经济法是有关国家对经济实行宏观调控的各种法律规范的总和。B 选项错误。民商法可以分为民法和商法两个次级法律部门，从立法模式上看，我国采取的是民商合一的模式。C 选项错误。行政法是法律部门，行政法规是国务院制定的规范性法律文件的总称，是法的渊源之一。D 选项错误。故本题选 A。

25. C　【解析】刑法是国家的基本法律之一，A 选项正确。教育法是调整教育领域法律关系的专门法，B 选项正确。行政法不仅调整政府与公民之间的法律关系，还调整国家行政机关在行政管理活动中产生的其他各种社会关系，C 选项错误。民法主要调整平等主体之间的财产关系和人身关系，D 选项正确。本题为选非题，因此 C 选项当选。

26. A　【解析】环境法包括环境污染防治法和资源法两方面的法律。过去环境法属于经济法与行政法的领域，由于调整对象的特殊性和调整方法的综合性，其重要性日益凸显，环境法成为一个独立部门法的时机已经成熟。因此，本题选择 A 选项。

27. C　【解析】程序法部门指规范因诉讼和非诉讼活动而产生的社会关系的法律规范的总和，由诉讼程序法与非诉讼程序法两部分构成。我国的诉讼法主要由刑事诉讼法、民事诉讼法、行政诉讼法组成。非诉讼程序法主要由仲裁法、律师法、公证法、调解法等基本法律构成。C 选项正确。《法官法》属于宪法及其相关法部门，《行政复议法》属于行政法部门，《国家安全法》属于行政法部门。

28. B　【解析】《高等教育法》属于行政法部门，《劳动法》属于社会法部门，《律师法》属于程序法部门，《药品管理法》属于行政法部门。故本题选择 B 选项。

29. D　【解析】《高等教育法》属于行政法部门，《教育法》属于社会法部门。本题选 D。

30. A　【解析】宪法是我国社会主义法律体系的基础和主导性的法律部门，是其他部门法所有规范性法律文件的最高依据，处于特殊的地位，起着特殊作用。宪法作为一个法律部门，除了包括现行《中华人民共和国宪法》，还包含处于附属层次的一些法律文件，如《全国人民代表大会组织法》《全国人民代表大会和地方各级人民代表大会选举法》《国籍法》《国旗法》《香港特别行政区基本法》《澳门特别行政区基本法》《民族区域自治法》《法官法》《检察官法》《立法法》和《监察法》等。A 选项正确。

31. B 【解析】一般认为，划分法律部门的首要标准是法律所调整的不同社会关系，即法律调整的对象，其次是法律调整的方法。B 选项正确。

32. C 【解析】法律部门的划分原则包括：客观原则、合目的性原则、适当平衡原则、辩证发展原则、相对稳定原则和主次原则。C 选项错误。本题为选非题，因此 C 选项当选。

33. C 【解析】法律体系是由一国现行法律规范构成的体系，既不包括具有完整意义的国际法范畴，也不包括已经宣布废止的法律和尚未制定或者虽然制定颁布但尚未生效的法律。A 选项正确。宪法部门除了我国宪法外，还包括《全国人民代表大会组织法》《立法法》《民族区域自治法》《国籍法》《法官法》《监察法》等。B 选项正确。行政法部门是指有关国家行政管理活动的法律规范的总称，行政机关制定的规范性法律文件可以是关于行政管理活动的，也可以是关于民商事等其他活动的。C 选项错误。法律部门的划分虽然有客观的基础，但最终还是人们主观活动的产物，D 选项正确。本题选 C。

34. D 【解析】宪法作为一个法律部门，除了包括现行《中华人民共和国宪法》这一占主导地位的法律文件外，还包含处于附属层次的一些法律文件，ABC 选项均属于宪法性法律文件。D 选项属于特别行政法，不属于宪法性法律文件。

35. A 【解析】A 选项《高等教育法》属于行政法部门。BC 项《劳动法》《劳动合同法》属于社会法部门。D 选项《企业所得税法》属于经济法部门。

36. B 【解析】划分法律部门的目的在于帮助人们了解和掌握本国现行法律，所以合目的性原则是划分法律部门时首先应该坚持的原则。如果某种划分不利于这一目的，那么其划分就是无意义的。B 选项正确。

二、多项选择题

1. CD 【解析】军事法部门的形成，对于构建系统完备、严密高效的军事法制度体系和提高国防与军队建设法治化水平，具有重要意义。现有军事法包括以下主要法律文件和规范：《国防法》《兵役法》《现役军官法》《预备役军官法》《军事设施保护法》等，国务院和中央军委联合制定的军事行政法规，以及中央军委制定的军事法规等。故本题选择 CD 选项。

2. ABD 【解析】法律要素由法律规则、法律原则和法律概念三部分构成。法律事实是指能够引起法律关系产生、变更或消灭的各种事实的总称，不是法律要素。因此，本题选 ABD。

3. ABCD 【解析】关于法律规则的基本特征，是法律规则部分较为重要的知识点。本题选 ABCD。本题考查的为基础知识，望考生在学习中熟练掌握，灵活运用。

4. AC 【解析】法律规则是采用一定的结构形式具体规定人们的法律权利、法律义务以及相应的法律后果的行为规范。B 选项表述的是诚实信用原则，D 选项表达的是自愿原则，属于法律原则。因此选 AC。

5. AC 【解析】法律概念只是表述规则和内容的工具，因此它不能单独地适用。B 选项错误。在通常情况下，法律适用的基本要求是有规则依据规则，穷尽规则才适用原则，原则具有弥补法律漏洞的作用，而不是优先适用。D 选项错误。因此选 AC。

6. ABC 【解析】从题干分析，"小芳违背了诚实信用原则和公序良俗原则"，已经明确了本案缺乏可供适用的法律规则。A 选项正确。我国是成文法国家，一般采取演绎推理，即大前提是法律、小前提是案件事实、结论是判决的三段论推理过程。BC 选项正确。无论是依据法律规则裁判，还是法律原则裁判，法官都必须提供充足的裁判理由。D 选项说法过于片面，错误。因此，本题选 ABC。

7. AB 【解析】法律原则是法律规则的本源和基础，它们可以协调法律体系中规则之间的矛盾，弥补法律规则的不足和局限，甚至可以直接作为法官裁判的法律依据。A 选项正确，C 选项错误。法律原则本身不是法律规则，既没有规定确定的事实状态，也没有规定具体的法律后果。B 选项正确。法律规则以"全有或全无的方式"应用于个案当中，而法律原则不是以"全有或全无的方式"应用于个案当中。D 选项错误。故本题选 AB。

8. ACD 【解析】法律规则以"全有或全无的方式（冲突不共存）"适用于个案。故 A 选项正确。而法律原则的适用则不同，它不是以"全有或全无的方式"应用于个案当中的，当两个原则在具体的个案中冲突时，法官必须根据案件的具体情况及有关背景在不同强度的原则间作出权衡。不同强度的甚至冲突的原则都可能存在于一部法律之中。故 B 选项错误。法律规则因其内容明确具体，能够最大限度地实现法律的可预测性价值且能够有效地限制法官的自由裁量，因此在案件裁判中具有通常的优先地位，但是当法律规则空白（穷尽规则）或者法律规则明显不正义（正义原则）时，可适用法律原则对法律规则进行补充和纠正。ACD 选项正确。

9. ACD 【解析】公理性原则是从社会关系本质中产生的，得到广泛承认并被奉为法律的公理。ACD 选项均属于公理性原则，B 选项属于政策性原则。故本题选 ACD。

10. BCD 【解析】按照法律原则产生的基础不同，可以把法律原则分为政策性原则和公理性原则。按照法律原则涉及的内容和问题不同，可以把法律原则分为实体性原则和程序性原则。明确规定权利义务和确定的法律后果的是法律规则，而非原则。A 选项错误。按照法律原则对人的行为及其条件之覆盖面的宽窄和适用范围大小，可以把法律原则分为基本原则和具体原则。基本原则是整个法律体系或某一法律部门所适用、体现法的基本价值的原则，如宪法所规定的各项原则。具体原则是在基本原则指导下适用于某一法律部门中特定情形的原则，如英美要约法中的要约原则和承诺原则等。本题选 BCD。

11. BD 【解析】本题考查了法律原则和法律规则的概念。两者在内容、适用范围、适用方式和功能上存在区别。法律规则是采取一定的结构形式具体规定人们的法律权利、法律义务以及相应的法律后果的行为规范，它由三个要素组成即假定（条件）、行为模式、法律后果，这三者在逻辑上缺一不可。A 选项中"承诺生效时合同成立"，我们可以把"承诺生效"视为假定（条件），"合同成立"视为法律后果。C 选项中的"为了犯罪，准备工具、制造条件的，是犯罪预备"是法律概念。而法律原则是指可以作为法律规则的基础或本源的综合性、稳定性的原理和原则。其内容通常比较笼统、模糊，且具有宏观的指导性，适用范围比法律规则宽广。常见的法律原则包括：刑法中的罪刑法定原则、刑法适用平等原则、罪责刑相适应原则；民法中的自愿原则、公平原则、诚实信用原则、合法原则、公序良俗原则、绿色原则。因此 BD 选项正确，应选。本题考查法律规则和法律原则的区别，为重要考点，望考生在复习时熟练掌握。

12. BD 【解析】民族区域自治法属于我国宪法及其相关法部门。B选项错误。我国诉讼法主要由民事诉讼法、刑事诉讼法、行政诉讼法三部分组成。D选项错误。本题选BD。

13. BCD 【解析】法律体系，是指一国的部门法体系。它是将一国现行的全部法律规范根据一定的标准和原则划分为不同的法律部门，并由这些法律部门所构成的具有内在联系的统一整体。法律体系是指由一国现行法律规范构成的体系，既不包括具有完整意义上的国际法范畴，也不包括已经宣布废止的法律和尚未制定或者虽然制定颁布但尚未生效的法律。本题选BCD。

14. ABCD 【解析】为适应推动科学发展、促进社会和谐、全面落实依法治国、基本方略的要求，今后一段时间要着力加强和完善以下几个方面的立法：第一，积极加强发展社会主义民主政治的立法；第二，继续加强经济领域立法；第三，突出加强社会领域立法；第四，更加注重文化科技领域立法；第五，高度重视生态文明领域立法；第六，深入推进科学立法、民主立法，着力提高立法质量。因此，本题ABCD全选。

15. ABCD 【解析】本题考查的是基础知识，考生在熟练掌握的基础上方能作出快速准确的判断。本题选ABCD。

16. ABD 【解析】法律部门与法律制度是交叉关系，一种法律制度可能分属于几个法律部门，一个法律部门也可能包含多个法律制度，A选项正确。法律部门是由规范性法律文件构成的，但法律部门不等于规范性法律文件，B选项正确，C选项错误。一个法律部门往往是由许多个规范性法律文件构成的，规范性法律文件的名称与部门法的名称有时是一致的，D选项正确。

17. AD 【解析】土地管理法属于行政法法律部门，农业法属于经济法法律部门。因此本题选AD。

18. BD 【解析】法律部门与规范性法律文件是两个互相联系又互相区别的概念。A选项错误。规范性法律文件是表现法的内容的形式或者载体，法律部门就是由规范性法律文件构成的。但是法律部门不等于规范性法律文件。一个法律部门往往是由许多个规范性法律文件构成的。B选项正确。有时候，规范性法律文件的名称与部门法的名称是一致的，但在许多情况下部门法的名称与规范性法律文件的名称并不对应。C选项错误。法律部门与法律制度属于交叉关系，一个法律部门包含若干法律制度，而一个法律制度也可能规定于多个法律部门，D选项正确。

19. AC 【解析】社会法是一个新兴的法律部门，关于这一法律部门的理论还不完善，一般认为，社会法是指调整国家在解决社会问题和促进社会公共事业发展的过程中所产生的各种社会关系的法律规范的总称。该法律部门的法律规范通常既不属于公法，也不属于私法，而是介于两者之间的性质。AC选项就具有这样介于公法和私法之间的社会性，因此正确。著作权法属于民商法部门，而监察法属于宪法及其相关法部门，故答案为AC。

三、简答题

参考答案 法律规则是采取一定的结构形式具体规定人们的法律权利、法律义务以及相应的法律后果的行为规范。其基本特征见下：（1）法律规则是一种一般的行为规则，它使用统一标准，对属于其效力范围内的主体行为进行指导和评价，这一特点使它有别于任何个别性调整措施。（2） 法律规则规定了一定的行为模式，是一种命令式的必须遵守的行为规则，这使它区别于不包含确定行为方案或仅具有倡导性的口号或建议。（3） 法律规则是由国家制定或认可的行为规则，具有强烈的国家意志性，这是它区别于其他社会规则的最基本特征。（4） 法律规则规定了社会关系参加者在法律上的权利和义务以及违反规则要求时的法律责任和制裁措施。（5） 法律规则有明确的、肯定的行为模式，有特殊的构成要素和结构，是一种高度发达的社会行为规则。

四、论述题

参考答案 （1） 法律体系，是指一国现行的全部法律规范根据一定的标准或原则，划分成不同的法律部门，并由这些法律部门构成的具有内在联系的统一整体。法律体系是指由一国现行法律规范构成的体系，既不包括具有完整意义的国际法范畴，也不包括已经宣布废止的法律和尚未制定或者虽然制定颁布但尚未生效的法律。（2） 当代中国法律体系的特色是：体现中国特色社会主义本质要求；体现改革开放和现代化建设的时代要求；体现结构内在统一而又多层次的国情要求；体现继承中国法律文化优秀传统和借鉴人类法制文明成果的文化要求；体现动态、开放、与时俱进的社会主义发展要求。当代中国的法律体系是产生于我国社会主义经济基础之上，并为我国社会主义经济基础服务的上层建筑之一。在我国法律体系中，宪法居于核心和统帅地位，是国家的根本大法，具有最高的法律效力。我国法律体系是开放的和发展的。中国正处于社会转型期，法律体系具有阶段性和前瞻性特点，今后仍将继续制定新的法律和修改原有的法律，使法律体系不断发展和完善。（3） 经过多年不懈的努力，以宪法为核心的中国特色社会主义法律体系基本形成。当代中国的法律体系，部门齐全、层次分明、结构协调、体例科学。构成当代中国法律体系的法律部门主要有宪法及其相关法、行政法、民商法、经济法、环境法、社会法、军事法、刑法、程序法。作为部门法之一的宪法，是我国社会主义法律体系的基础和主导性的法律部门，是其他部门法所有规范性法律文件的最高依据，处于特殊的地位，起着特殊的作用。宪法作为一个法律部门，除了包括现行《中华人民共和国宪法》这一占主导地位的法律文件外，还包含处于附属层次的一些法律文件：《全国人民代表大会组织法》《国务院组织法》《人民法院组织法》《人民检察院组织法》《城市居民委员会组织法》《村民委员会组织法》《全国人民代表大会和地方各级人民代表大会选举法》《国籍法》《国旗法》《香港特别行政区基本法》《澳门特别行政区基本法》《民族区域自治法》《法官法》《检察官法》《立法法》《监察法》等。行政法是有关国家行政管理活动的法律规范的总称。它由调整行政管理活动中国家机关之间以及国家机关同企业事业单位、社会团体、公民之间发生的行政关系的规范性文件组成，可以分为一般行政法和特别行政法。民商法是调整作为平等主体的公民之间、法人之间、公民与法人之间的财产关系和人身关系的法律规范的总和。经济法是有关国家对经济实行宏观调控的各种法律规范的总和。环境法又称为环境资源法，是关于保护、治理和合理开发自然资源，保护环境、防止污染和其他公害，维护生态平衡的法律规范的总称。它包括环境污染防治法和资源法两方面的法律。前者适用于噪声污染、大气污染、水污染、土壤污染等的防治，包括防沙治沙、清洁生产、气象、野生动物保护等领域的法律；后者适用于对森林、草原、土地、矿山、能源、水等资源的保护。社会法是指调整国家在解决社会问题和促进社会公共事业发展的过程中所产生的各种社会关系的法律规范的总称，它的主要功能是解决社会问题，促进社会公共事业发展。军事法是有关国防和军队建设的法律规范的总称。军事法是中国特色社会主义法律体系的重要组成部分，依法治军、从严治军是强军之基，是建军、治军的基本方略。军事法部门的形成，对于构建系统完备、严密高效的军事法制度体系和提高国防与军队建设法治化水平，具有重要意义。刑法是规定有关犯罪和刑罚的法律规范的总称。程序法是指规范因诉讼和非诉讼活动而产生的社会关系的法律规范的总和，由诉讼程序法与非诉讼程序法两部分组成。

【点评】 题干中指出"论述我国社会主义法律体系的特色与构成"，考查内容明确。首先回答法律体系的概念，然后回答中国特色社会主义法律体系的特色与构成。作答论述部分时要发散思维，要结合实际不要局限于罗列知识点，而应该对知识点进行展开论述。中国特色社会主义法律体系虽然已经形成，但是离实现法治国家还存在一定的距离。在回答完题干要求的内容之后，考生也可以扩展一下，探讨今后中国法治的建设与完善，以使整个答题思路完整、全面。

附表　法律规则与法律原则对比

	法律规则	法律原则
概念	是采取一定的结构形式具体规定人们的法律权利、法律义务以及相应的法律后果的行为规范	是指可以作为法律规则的基础或本源的综合性、稳定性原理和原则
内容的明确性	法律规则的规定是具体明确的	法律原则不预先设定明确的、具体的假定条件，更没有设定明确的法律后果，其要求比较笼统、模糊
适用范围	只适用于某一类型的行为	具有宏观的指导性，其适用范围比法律规则宽
适用方式	以"全有或全无的方式"应用于个案当中	不同强度的原则甚至冲突的原则都可能存在于一部法律之中。当两个原则在具体的个案中冲突时，法官必须根据案件的具体情况及有关背景在不同强度的原则间作出权衡
功能		法律原则是法律规则的本源和基础，可以协调法律体系中规则之间的矛盾，弥补法律规则之间的不足与局限，甚至可以直接作为法官裁判的法律依据
分类	（1）规则的内容规定不同：授权性规则/义务性规则/权义复合性规则 （2）规则对人们行为规定和限定的范围或程度不同：强行性规则/任意性规则 （3）法律规则内容的确定性程度不同：确定性规则/委任性规则/准用性规则 （4）法律规则功能不同：调整性规则/构成性规则	（1）产生的基础不同：政策性原则/公理性原则 （2）法律原则对人的行为及其条件之覆盖面的宽窄和适用范围大小：基本原则/具体原则 （3）涉及的内容和问题不同：实体性原则/程序性原则

第七章　立法

一、单项选择题

1. A　【解析】加强党对立法工作的领导与人大主导立法，是我国立法工作的根本原则。合宪和国家法制统一原则、民主原则与科学原则是立法的基本原则。故答案选 A。

2. D　【解析】立法权分为广义和狭义，狭义的立法权单指全国人民代表大会及其常务委员的立法权。我国《宪法》第 58 条规定："全国人民代表大会和全国人民代表大会常务委员会行使国家立法权。"全国人大及常委会在国家立法体制中处于核心地位。D 选项正确。

3. C　【解析】我国是单一制国家，不是联邦制国家，这一说法是正确的，但是我国的立法权必须相对集中于中央，而不是相对分散。C 选项错误，其余选项说法正确。本题选 C。

4. A　【解析】国家机关都有自己的职权范围，包括立法、执法和司法等职权，并非所有的国家机关都享有立法权。B 选项正确。享有立法权的国家机关其立法权限也有区别。如对于宪法，仅全国人大才具有制定和修改宪法的权力，全国人大常委会可以制定其他法律，中央行政机关可以制定行政法规，其部门可制定部门规章，省级人大和设区的人大及其常委会有地方性法规的制定权，省级政府和设区的市政府可制定地方政府规章。而法律保留的事项仅全国人大及其常委会有制定权。故 CD 选项正确，A 选项错误。因此，本题选 A。

5. B　【解析】立法主要是一定的国家机关在法定的职权范围内依照法定的程序，创制、认可、修改、废止规范性法律文件的活动。通过这种方式创建的法律规范，称为成文法，ACD 选项正确，B 选项错误，本题选 B。

6. A　【解析】行政法规由国务院制定。本题选 A。国务院各部委、中国人民银行、审计署和具有行政管理职能的直属机构，可以根据法律和国务院的行政法规、决定、命令，在本部门的权限范围内，制定部门规章。省、自治区、直辖市和设区的市、自治州的人民政府，可以根据法律、行政法规和本省、自治区、直辖市的地方性法规，制定地方政府规章。

7. D　【解析】立法是指有立法权的国家机关或经授权的国家机关，依照法定的职权和程序，创制、认可、修改或者废止法律和其他规范性法律文件的专门性活动，是掌握国家政权的阶级把自己的意志上升为国家意志的活动。法律汇编是指将规范性文件按照一定的目的或标准，作出系统排列，汇编成册，汇编不属于立法。本题选 D。

8. C　【解析】立法，包括法律的创制、认可、修改，也包括法律的废止。A 选项错误。立法的主体是特定的国家机关，邓析制"竹刑"，是私造刑法，邓析也因此被处死。邓析制"竹刑"不是立法行为，郑国执政认可并使用"竹刑"才是立法行为。立法主体必须是特定的国家机关或经授权的机关。B 选项错误。现代国家权力体系中，立法权是最重要、最核心的权力。C 选项正确。一个国家立法体制的形成，主要是由这个国家的国家性质、国家结构形式和文化传统等因素决定的。D 选项错误。

9. D　【解析】根据我国《宪法》和《立法法》的规定，全国人民代表大会制定基本法律，而其他法律可以由全国人大常委会制定，A 选项错误。立法程序包括提出法案、审议法案、表决和通过法案、公布法律等阶段，B 选项错误。全国人民代表大会的代表团或 30 名以上的代表联名享有立法提案权，C 选项错误。公布法律是立法程序的最后一个环节，D 选项正确。

10. A 【解析】《立法法》第 70 条规定："行政法规由总理签署国务院令公布。有关国防建设的行政法规，可以由国务院总理、中央军事委员会主席共同签署国务院、中央军事委员会令公布。"A 选项正确。

11. A 【解析】现代国家的职能主要包括立法职能、行政职能、司法职能等，其中立法职能是国家最重要、最根本的职能，是其他职能的基础和前提。A 选项正确。

12. D 【解析】我国现行的立法体制不同于联邦制国家的二元或多元结构的立法体制，也不同于单一制国家所采用的一元立法体制，而是集中了两种立法体制的一些特点，并结合我国的具体情况确立的"既统一又分层次"的立法体制。D 选项正确。

13. C 【解析】立法的基本原则包括：合宪和国家法制统一原则、民主原则、科学原则。C 选项正确。

14. C 【解析】这段话说明立法活动应当从实际出发，尊重客观规律，不能凭主观臆想进行，这体现了立法的科学原则，C 选项正确。

15. B 【解析】立法原则有三个：合宪和法制统一原则、民主原则、科学原则。分权制衡原则是西方宪法的基本原则之一，不是立法的原则。D 选项错误。立法必须从最大多数人的根本利益出发，体现人民的意志，这是由我国社会主义的性质决定的，体现的是立法内容的民主，是立法民主原则的一个方面。B 选项正确。

16. D 【解析】立法的程序由法律草案的提出、法律草案的审议、法律草案的表决通过和法律公布四部分组成。法律草案的提出是立法程序的第一步骤。A 选项正确。全国人大常委会对法律草案的审议包括全国人大专门委员会进行审议、分组审议、联组审议、全体审议等方式。B 选项正确。在审议法律草案的过程中，相应机关要对法律草案的立法动机、立法精神、法律草案与其他法律之间的协调性问题以及立法技术等问题进行审查。法律草案审议的结果主要有提付立法机关表决、搁置、因撤回而终止审议。法律草案的表决和通过是法律制定过程中具有决定意义的一个步骤，表决是有立法权的机关和人员对议案及法律草案表示的最终态度，包括赞成、反对或弃权。C 选项正确。法律的公布是指立法机关或国家元首将已经通过的法律以一定的形式予以公布，以便全社会遵照执行。法律公布是法律生效的前提，法律通过后，凡是未经公布的，都不产生法律效力。D 选项错误。本题为选非题，因此 D 选项当选。

二、多项选择题

1. BCD 【解析】立法是创制、认可、修改或废止法律和其他规范性法律文件的活动，A 选项错误。立法体制的核心是立法权限的划分问题，一般来说，国家结构形式对于立法体制形成的影响非常明显，BD 项正确。我国立法工作的根本原则是党领导立法与人大主导立法，C 选项正确。

2. ABC 【解析】党政机关不是国家机关，不能行使立法权，其制定政策的行为也不是立法。我国法律的公布权是由国家主席根据最高权力机关的决定行使的。D 选项错误。ABC 选项正确。

3. ACD 　【解析】立法的民主原则是指在立法过程中，要体现和贯彻人民主权思想，集中和反映人民的智慧、利益、要求和愿望，使立法机关与人民群众相结合，使立法活动与人民群众参与相结合。A 选项正确。立法中的民主原则应该包括两个方面：一是立法内容的民主；二是立法过程和立法程序的民主，而并非是指全体公民直接参与立法。事实上，由于我国公民人数较多，我国采用人民代表制进行立法。CD 选项正确。B 选项错误。因此，本题选 ACD。

4. ABC 　【解析】市级人大常委会制定的地方性法规需要经过省级人大常委会批准后才能施行，乙市人大常委会虽有权制定以城乡建设与管理、环境保护、历史文化保护为内容的地方性法规，但须省级人大常委会批准。D 选项错误。ABC 选项体现了立法民主原则和科学原则，因此本题选 ABC。

5. ABD 　【解析】立法原则中的第一个原则就是合宪和法制统一原则。立法要遵循宪法，要依法立法，立法维护法制统一，是合宪和法制统一原则的内涵。ABD 选项正确。C 选项是立法民主原则，是与合宪和法制统一原则并列的立法原则，而不是合宪和法制统一原则的内涵。本题选 ABD。

6. ABCD 　【解析】我国法律的制定程序包括法律草案的提出、审议、表决与通过、公布。法律草案审议的结果有提付立法机关表决、搁置、终止审议，故 ABC 选项正确。在交付表决前，草案的提出主体可以申请撤回草案，但需要主席团或者委员长会议的同意方可撤回。故本题选 ABCD。

7. ABC 　【解析】立法程序具有以下特点：第一，立法程序是法律规定的程序。立法程序法定既体现了立法活动的严肃性，也保证了立法活动的合法性，只有以法律形式确定立法程序，才能对立法活动具有高度的约束力。第二，立法程序规定了立法步骤和方法。立法步骤是对立法活动先后顺序的具体安排，立法方式是对立法活动运作方法的规定，立法程序具有确定工作顺序和固定活动步骤的功能。第三，立法程序是所有立法环节必须遵守的程序。立法活动的工作程序大多不需要由法律加以规定，可以在具体立法活动中进行调整甚至省略。但立法程序则由法律明确规定，是一切有立法权的国家机关在所有立法环节中必须遵循的程序。因此 ABC 选项说法正确，D 选项说法错误。

三、简答题

参考答案　（1）合宪原则，是指享有立法权的立法机关在创制法律的过程中，应当以宪法为依据，符合宪法的理念和要求，遵循宪法的基本原则。立法合宪性的要求具体还包括立法主体的合宪性、内容的合宪性和程序的合宪性。（2）依法立法原则，是在前述合宪原则的前提下，立法还应遵循《立法法》。我国现行《立法法》不仅明确规定了立法原则，还规定了不同立法主体所具有的不同立法权限与程序。《立法法》特别对法律、行政法规、地方性法规与规章等的制定主体、内容与程序作了明确的规制。各主体均应严格依法立法、保证立法合法。（3）法制统一原则，是指立法应当依照法定的权限和程序，从国家整体利益出发，维护社会主义法制的统一和尊严。它同时要求立法机关所创设的法律应内部和谐统一，做到法律体系各项法律、法规之间相互衔接且相互一致、相互协调。法制统一的前提和基础是宪法，只有在严格遵守和维护宪法的前提下，才能保证法制的统一。

参考答案 立法活动应坚持从实际出发，尊重客观规律，维护和保障立法的科学性。立法不能脱离客观实际存在，不能凭空主观臆断进行。从实际出发首先要求立法要从现实国情出发，适应经济社会发展和全面深化改革的要求；其次要求立法要尊重和反映客观规律。马克思深刻地指出，立法者应该把自己看作一个自然科学家。他不是在创造法律，不是在发明法律，而仅仅是在表述法律。他用有意识的实在法把精神关系的内在规律表现出来。立法活动应该科学、合理地规定公民、法人和其他组织的权利和义务以及国家机关的权力与责任，这就要求在立法工作中首先要坚持权利本位，把保障权利作为权利义务设定的出发点；其次要考虑权利义务的平衡；此外还应该考虑弱势群体的实际承受能力。立法的科学原则还要求法律制定过程中要注意法律规范的明确、具体，具有针对性和可执行性。这就要求立法不仅在语言上要具有明确性，平实严谨，而且要在内容上具有针对性和可执行性。

第八章　法律实施

一、单项选择题

1. D　【解析】法律实施和法律实现不同。法律实施是法从应然状态到实然状态的过程和活动，而法律实现是法律实施活动的直接目的。法律的实施并不意味着法律的实现。AC 选项正确。法律实现是法律实施过程性和实效性的结合，B 选项正确。法律实施不包括立法，立法是法律制定的环节。D 选项错误。本题是选非题，因此 D 选项当选。

2. B　【解析】法律的实施是指法在社会生活中被人们实际施行，法律实现是指法律的要求在社会生活中被转化为现实，法律实现是法律实施的直接目的，A 选项正确。法律的正当性是一个价值判断标准，而法律实效则是基于实际效果的评价，法律实效不等同于法律的正当性，B 选项错误。法律实现是将法律实施的过程性与法律实效的结果性结合的一个概念，法律的实效是法律被人们实际施行的状态和程度，是对法律实施结果的评估，法律实效不等同于法律实现，C 选项正确。即使法律得到了完全的实施，也可能因为各种原因（如社会变迁、价值观变化等）而无法完全实现其预期目的，D 选项说法正确。本题是选非题，因此 B 选项当选。

3. D　【解析】法律实施对于法律的落地和实现至关重要，也是法律得到实现的前提和基础，AB 项正确。法律实现是法律存在和发展的目的，C 选项正确。法律实现是将法的实施的过程性与法的实效的结果性结合的一个概念，D 选项错误。本题为选非题，因此 D 选项当选。

4. C　【解析】严格执法是对政府机关及其公职人员提出的重要执法原则，它与依法行政属于同一范畴。坚持这一原则，要求执法者应当严谨、严肃、严明、公正地执法，应当在准确理解法律精神的基础上，严格规范地遵循法律，依法裁量当事人的行为，准确判断其是否符合法律的规定，是否需要依法惩处。反对任性执法、选择性执法、钓鱼式执法等非正常执法模式，强调执法者通过严格执法来维护法律权威。本题选择 C 选项。

5. D　【解析】执法是法的执行的简称。A 选项正确。人们通常在广义和狭义两种含义上使用执法这个概念。B选项正确。广义上的执法是指所有国家行政机关、司法机关和法律法规授权、行政主体委托的组织及其公职人员依照法定职权和程序贯彻实施法律的活动，包括一切执行法律、适用法律的活动。D选项错误。狭义上的执法，专指国家行政机关和法律法规授权、行政主体委托的组织及其公职人员依照法定职权和程序行使行政管理职权、履行职责、实施法律的活动。执法的特点包括执法的主动性、执法的单方面性、执法内容的广泛性，此外，执法活动还具有主体法定性、国家权威性、强制性和灵活性等特点。C选项正确。因此，本题选D。

6. D 【解析】法的执行主体具有特定性，狭义上的执法主体是国家行政机关和所属的公职人员，以及法律授权和行政主体委托的组织及人员，国家司法机关是司法主体而非执法主体。本题选D。

7. C 【解析】诚实守信原则包含两个方面，一是行政信息真实原则，二是保护公民信赖利益原则。题目中体现的是行政信息真实原则。C选项正确。

8. B 【解析】深化司法体制改革事关党和国家事业大局，必须树立科学的司法改革观，在司法改革中坚持正确的方向和原则：一是坚持正确的政治方向。二是坚持以宪法为根本遵循。三是坚持以提高司法公信力为根本尺度。此外，还要坚持符合国情和遵循规律相结合，坚持依法有序推进。凡是同现行法律规定不一致的改革举措，必须先提请立法机关修改现行法律规定，然后再开展改革。修改现行法律规定的条件尚不成熟的，应及时提请立法机关进行授权，在授权范围内进行改革试点。B选项错误。本题为选非题，因此B选项当选。

9. D 【解析】司法的原则包括司法法治原则、司法平等原则、司法机关依法独立行使职权原则、司法责任原则、司法公正原则。D选项表述不正确，它不是司法的原则之一。因此，本题选D。

10. B 【解析】司法活动具有被动性、中立性、终极性、形式性和专属性等特点。法官为了审判工作的合法进行，实现司法正义，要在当事人之间保持中立态度，不能受到行政机关、社会团体和个人的非法干涉，这体现了司法的中立性。本题中，法官林某的行为违反了司法的中立性。B选项正确。

11. B 【解析】司法具有终局性，司法救济是公民权利救济的最后一道防线，B选项正确。

12. B 【解析】司法又被称为"法的适用"，通常指国家司法机关依照法定职权和程序，具体应用法律处理各种案件的专门活动。法院依照法律规定宣告失踪人的行为是一种法的适用活动。B选项正确。

13. B 【解析】政策属于我国的非正式法律渊源。《最高人民法院关于裁判文书引用法律、法规等规范性法律文件的规定》第3条规定："刑事裁判文书应当引用法律、法律解释或者司法解释。刑事附带民事诉讼裁判文书引用规范性法律文件，同时适用本规定第四条规定。"第4条规定："民事裁判文书应当引用法律、法律解释或者司法解释。对于应当适用的行政法规、地方性法规或者自治条例和单行条例，可以直接引用。"第5条规定："行政裁判文书应当引用法律、法律解释、行政法规或者司法解释。对于应当适用的地方性法规、自治条例和单行条例、国务院或者国务院授权的部门公布的行政法规解释或者行政规章，可以直接引用。"第6条规定："对于本规定第三条、第四条、第五条规定之外的规范性文件，根据审理案件的需要，经审查认定为合法有效的，可以作为裁判说理的依据。"可见法院的判决或裁定只能参照政策，而不能直接适用政策。本题选 B。

14. C 【解析】任何单位或者个人不得要求法官从事超出法定职责范围的事务。对于领导干部等干预司法活动、插手具体案件处理，或者人民法院内部人员过问案件情况的，办案人员应当全面如实记录并报告；有违法、违纪情形的，由有关机关根据情节轻重追究行为人的责任，因此 A 选项错误。司法活动具有被动性，法官不应主动与原被告私下接触，影响判案。B 选项错误。检察官在检察长的领导下开展工作，重大办案事项由检察长决定。检察长有权处理并决定本院的各项工作，C 选项正确。D 选项中，抢劫属于刑事公诉案件，不可私了，需要接受法院的刑事审判，故错误。因此，本题选 C 项。

注意：法院集体负责制和检察院个人负责制属于宪法学的相关知识点，两者在司法权的行使上存在差异，希望大家能够准确区分。

15. C 【解析】禁止领导干部干预司法活动、插手具体案件处理并不意味着任何领导干部在职务活动中均不得了解案件信息。C 选项错误。法院、检察院的领导了解案件信息是其发挥领导职能的必然要求。人大常委会的领导了解案件信息是其发挥监督作用的必然要求。了解案件信息不等于发挥干预作用。本题选 C。

16. C 【解析】守法的状态是指人们对法律的遵守程度，包括守法的最低状态、守法的中层状态和守法的高级状态这三种类型。守法的最低状态是不违法犯罪。守法的中层状态是依法办事，形成统一的法律秩序。守法的高级状态是守法主体不论是外在行为，还是内在动机都符合法的精神和要求，严格履行法律义务，充分行使法律权利，从而真正实现法律调整的目的。因此，C 选项正确。

17. C 【解析】法的遵守有广义和狭义两个方面的含义。广义上的法的遵守，就是法的实施。狭义上的法的遵守，又称守法，专指公民、社会组织和国家机关以法律为自己的行为准则，依照法律行使权利、履行义务的活动。公民为选举代表投选票的行为是一种法律的遵守。C 选项正确。

18. D 【解析】守法包括履行法律义务和行使法律权利，A 选项错误。依法办事，形成统一的法律秩序是守法的中层状态，B 选项错误。守法的范围包括制定法和各种非规范性法律文件，C 选项错误。守法的状态受主体心理状态、法律意识水平等主观因素的影响，D 选项正确。

19. B 【解析】审计监督属于行政监督中的专门监督，狭义的法律监督是检察院的法律监督，因此 A 选项错误。专门监督单指检察院的法律监督而不包括法院的监督，B 选项正确，C 选项错误。法律监督存在于立法、执法、司法、守法的全过程，因此 D 选项错误。

20. A 【解析】中国共产党的监督属于政党监督，其性质属于社会监督。全国人大的监督属于权力机关的监督，性质属于国家监督。人民法院的监督属于司法机关的监督，性质属于国家监督。监察委员会的监督属于监察机关的监督，性质属于国家监督。因此 A 选项正确。

21. A 【解析】国家权力机关的监督是指各级人民代表大会及其常务委员会为全面保证国家法律的有效实施，通过法定程序、对由它产生的国家机关实施法律的监督。这种监督在国家监督乃至全部法律监督中都处于核心和主导地位。D 选项中国共产党的监督不属于国家监督，属于社会监督中的政党监督。A 选项正确。

22. D 【解析】社会组织的监督，主要指人民政协、民主党派、社会团体以及其他社会组织的监督。其他社会组织的监督是依法登记的社会组织所进行的法律监督。随着法治社会建设的逐步推进，此类监督的价值越来越受到重视。事业单位不属于国家机关，其法律监督性质上属于社会组织的监督。D 选项正确。

23. B 【解析】人民政协并非国家机关，其实施的监督属于社会组织的监督，B 选项错误。本题为选非题，因此 B 选项当选。

二、多项选择题

1. ABCD 【解析】国家行政机关的监督是指以行政机关为监督主体进行的监督。它既包括国家行政系统内部上下级之间以及行政系统内部设立的专门机关的法律监督，也包括行政机关在行使行政权时对行政相对人的监督，具体可以分为四类，即一般行政监督、专门行政监督、行政复议、行政监管。故答案为 ABCD。

2. ABD 【解析】审判机关的监督又叫人民法院的监督，分为三种：一是人民法院系统内部的监督，二是人民法院对检察机关的监督，三是人民法院对行政机关的监督。审判机关的监督中没有人民法院对监察机关的监督，故答案为 ABD。

3. AB 【解析】法律实施是建立法治国家的必备条件。古希腊思想家亚里士多德认为制定好的法律，并严格实施这种法律，是法治的两个重要条件。AB 选项正确。

4. ACD 【解析】法的实施的基本形式是法的遵守、法的执行和法的适用。法律实现是指法律的要求在社会生活中被转化为现实，达到法律设定的权利和义务的目的。法律实施与法律实现不同，法律实施是使法从应然状态到实然状态的过程和活动，而法律实现是法律实施活动的直接目的。通常以实施主体和法的内容为标准，将法律实施的方式分为三种：法律的遵守（守法）、法律的执行（执法）和法律的适用（司法）。ACD 选项正确。

5. AB 【解析】本题考查的是对法律实施的理解。法律实施，也叫法的实施，是指法在社会生活中被人们实际施行，即在社会生活中通过执法、司法、守法、法律监督等方式对法律的实际施行，因而可以说法律实施使法律从书本上的法律变成了行动中的法律。A 选项正确。狭义上的执法专指国家行政机关和法律法规授权、行政主体委托的组织及其公职人员依照法定职权和程序行使行政管理职权、履行职责、实施法律的活动。公安机关对涉嫌嫖娼的李某行政拘留 15 天，属于法的执行，是行政主体履行职责、实施法律的活动，是一种执法行为。B 选项正确。人大常委会对地方性法规进行解释的行为属于法律解释，不属于法律监督。C 选项错误。社会监督，即非国家的监督，指由各政党、各社会组织和人民群众依照宪法和有关法律，对各种法律活动的合法性所进行的监督，据此，居民委员会不是国家机关，属于基层群众性自治组织，马大姐向公安机关举报李某涉嫌嫖娼的行为属于法律的监督中的社会监督，即 D 选项的行为属于以守法的方式进行的法律的监督，其性质不是法的适用。D 选项错误。

6. CD 【解析】改革开放以来，我国法律实施的情况不断变好，但仍存在一些问题和不足：（1）保证宪法实施的监督机制和具体制度还不健全。A 选项错误。（2）有法不依、执法不严、违法不究的现象在一些地方和部门仍然存在。B 选项错误。（3）关系人民群众切身利益的食品药品安全、环境保护、生产安全等执法司法问题还比较突出。C 选项正确。（4）滥用职权、失职渎职、执法犯法甚至徇私枉法现象频发，严重损害国家法律权威。D 选项正确。CD 选项正确。

7. ABCD 【解析】执法的原则是指行政执法主体在执法活动时所应遵循的基本准则。

在我国，执法的原则主要有依法行政原则、讲求效率原则、严格执法原则、合理性原则和正当程序原则、比例原则、诚实守信原则、权责统一原则。ABCD 选项都正确。

8. ABCD 【解析】与司法等法律实施活动相比较，执法的特点主要包括：执法的主动性、执法的单方面性、执法内容的广泛性，此外，执法活动还具有主体法定性、国家权威性、强制性和灵活性等特点，ABCD 项均正确。

9. ABCD 【解析】市场监管部门的调查活动属于执法活动，应当遵循依法行政原则、合理性原则、讲求效率原则、正当程序原则和严格执法原则等，ABCD 项均正确。

10. AC 【解析】该大学作为公办学校，在未听取当事人及家属申辩的情况下，开除小彬学籍的行为，违反了相关程序法的规定，不符合依法行政原则，且程序明显不当。因此本题选 AC。

11. ACD 【解析】广义的比例原则的内涵分为三个方面：第一是妥当性（适当性）原则，指行政行为对于实现行政目的、目标是适当的；第二是必要性原则，指行政行为应以达到行政目的、目标为限，不能给相对人权益造成过度的不利影响，即行政的行使只能限于必要的度，以尽可能使相对人权益遭受最小的侵害；第三是比例性原则（狭义），指行政行为的实施应衡量其目的达到的利益与侵犯相对人的权益二者孰轻孰重，只有前者重于后者时，其行为才具合理性，行政行为在任何时候均不应给予相对人权益以超过行政目的、目标本身价值的损害。ACD 选项正确。保护公民信赖利益原则是指非因法定事由并经法定程序，行政机关不得撤销、变更已经生效的行政决定；因国家利益、公共利益或者其他法定事由需要撤回或者变更行政决定的，应当依照法定权限和程序进行，并对行政管理相对人因此而受到的财产损失依法予以补偿。保护公民信赖利益原则是诚实守信原则的重要内容。

12. ABD 【解析】当前司法改革的主要任务有：一是保证公正司法、提高司法公信力；二是增强全民法治观念、推进法治社会建设；三是加强法治工作队伍建设。ABD 选项正确。保护信赖利益原则是行政执法中的诚实守信原则的要求。C 选项不符合题意。本题选择 ABD 选项。

13. ABD 【解析】司法活动具有被动性、中立性、终极性、形式性和专属性的特点。ABD 选项正确。主动性是执法的特征。C 选项错误。故本题选 ABD。

14. BD 【解析】守法的主体包括一切国家机关、武装力量、政党、社会团体、企业事业组织、中华人民共和国公民，在我国领域内的外国组织、外国人和无国籍人，因此 A 选项错误。广义上的法的遵守，就是法的实施，包括司法，因此 B 选项正确。老戴没有抗拒抓捕属于消极地接受法律的强制，属于消极守法，因此 C 选项错误。守法中的法属于广义的法，既包括全国人大及其常委会制定的法律，也包括其他具有法律效力的法，因此 D 选项正确。

15. ABD 【解析】在我国，守法的范围并不限于各种制定法，还包括有法律效力的非规范性法律文件，如人民法院的判决书、调解书、裁定书等。依法建立的合同具有法律效力，也属于守法的范围。村规民约具有社会规范性，但是并不具有法律效力，所以是公民应当遵守的社会规范，不是公民应当遵守的法律规范。因此本题选 ABD。

16. ABCD 【解析】一般而言社会成员遵守法律往往出于多方面因素的考虑，习惯、畏惧、道德、对合法性的认识、对社会压力及个人利益的考虑、对法律的认同甚至信仰等都是守法的原因。故本题 ABCD 选项均当选。

17. BC 　【解析】国家司法机关的监督是以国家司法机关为主体进行的监督。在我国，国家司法机关的监督包括检察机关的监督和审判机关的监督。检察机关的法律监督被称为检察监督，是一种专门监督。检察机关的监督分为三类：刑事诉讼监督、民事诉讼监督和行政诉讼监督。BC 选项正确。审判机关的监督也叫作人民法院的监督，分为三种：一是人民法院系统内的监督，二是人民法院对检察机关的监督，三是人民法院对行政机关的监督。A 选项错误。国家行政机关的监督是指以行政机关为监督主体进行的监督。它既包括国家行政系统内部上下级之间以及行政系统内部设立的专门机关的法律监督，也包括行政机关在行使行政权时对行政相对人的监督。国家行政机关的监督可以分为四类，即一般行政监督、专门行政监督、行政复议、行政监管。D 选项错误。本题选择 BC 选项。

18. ABCD 　【解析】《监察法》的主要内容分为 9 章，包括总则、监察机关及其职责、监察范围和管辖、监察权限、监察程序、反腐败国际合作、对监察机关和监察人员的监督、法律责任和附则。本题选择 ABCD 选项。

19. ACD 　【解析】国家监督包括国家权力机关、监察机关、司法机关和行政机关的监督，ACD 项正确。中国共产党的监督属于社会监督中的政党监督，B 选项错误。

20. ABCD 　【解析】社会监督，即非国家的监督，指由各政党、各社会组织和人民群众依照宪法和有关法律，对各种法律活动的合法性进行的监督。在我国，根据社会监督的主体不同，可以将其分为政党的监督、社会组织的监督、社会舆论的监督、人民群众的监督。这种监督主体范围十分广泛，民主性比较突出，虽然不具有法律效力，但发挥着非常重要的作用。ABCD 选项都正确。

21. CD 　【解析】所谓法律监督是指由所有的国家机关、社会团体和组织、公民对各种法律活动的合法性所进行的监督。按照监督的主体的不同，法律监督可以分为国家监督和社会监督。国家监督即国家机关进行的监督，包括国家权力机关的监督、国家监察机关的监督、国家司法机关的监督、国家行政机关的监督；社会监督是指由各政党、各社会组织和人民群众对各种法律活动的合法性所进行的监督，包括政党的监督、社会组织的监督、社会舆论的监督、人民群众的监督。题干中的吴某进行法律监督是以匿名信的方式进行的，没有运用公权力，只是以普通公民的身份行使的自身监督权，因此属于社会监督和人民群众监督。本题选 CD。

三、简答题

1. （参考答案）第一，法律的人民性是法律实施的根本基础与动力。法律实施需要人民的拥护和信赖。我国宪法法律秉持"以人为本"的基本理念，以尊重人民主体地位、增进人民利益福祉、促进人的全面发展、保障和改善民生、确保改革成果的广泛公平分享为核心价值，必将获得人民群众发自内心的拥护和支持，进而不断增强宪法法律实施的内生动力，提升宪法法律实施的水平和效果。第二，法律的公正性是法律实施的前提和基础。公正是法律的生命线，保障和维护社会公正是法治的核心价值。法律公正是良法善治的基本标志，也是法律有效实施的基本前提。只有公正的法律才能获得人民群众的认可、接受和遵守。在法治的范畴内，法律公正主要包括权利公平、机会公平、规则公平等。第三，法律的权威性是法律实施的根本保障和动力。法律的权威性是指在国家生活中法律应当有至上的效力和尊严，宪法和法律拥有足够的力量规范权力运行、制约权力任性，维护宪法律秩序，维护国家制度安全。法律权威的重要标志和基本保障在于，法律由国家强制力保证实施。

2. (**参考答案**) 依据监督主体的不同，我国的法律监督体系由国家监督和社会监督两大系统构成。（1） 国家监督。国家监督包括国家权力机关的监督、国家监察机关的监督、国家司法机关的监督和国家行政机关的监督。（2） 社会监督。社会监督，即非国家的监督，是指由各政党、各社会组织和人民群众依照宪法和有关法律，对各种法律活动的合法性所进行的监督。这种监督虽然不具有法律效力，但发挥着非常重要的作用。在我国，根据社会监督的主体不同，可以将其分为政党的监督、社会组织的监督、社会舆论的监督、人民群众的监督。

四、分析题

(**参考答案**) 法的遵守，有广义和狭义两个方面的含义。广义上的法的遵守，就是法的实施。狭义上的法的遵守，又称守法，专指公民、社会组织和国家机关以法律为自己的行为准则，依照法律行使权利、履行义务的活动。守法包括积极守法和消极守法，消极守法即指不违法。王某对"守法"的理解在以下几方面存在偏见：第一，守法主体即守法行为的实施者，是指在一个国家和社会中应当遵守法律的主体。在我国，守法的主体包括一切国家机关、武装力量、政党、社会团体、企业事业组织、中华人民共和国公民以及在我国领域内的外国组织、外国人和无国籍人。王某认为守法仅仅是每一位公民的活动，这种认识是片面的。第二，守法范围是指守法主体必须遵守的行为规范的种类。在我国，守法的范围并不限于各种制定法，还包括有法律效力的非规范性法律文件，如人民法院的判决书、调解书、裁定书等。王某认为守法的范围仅仅包括宪法和法律，而忽略了具有法律效力的非规范性法律文件，对守法范围的认识并不全面。第三，守法内容包括履行法律义务和行使法律权利，守法是履行法律义务和行使法律权利的统一，王某忽略了权利与义务的一致性。王某认为守法就是积极履行宪法和法律规定的各项义务，显然对守法的内容认识不够全面，只强调了法律义务的履行，而忽略了依法行使权利也是守法的内容。

五、论述题

(**参考答案**) 完善人权司法保障制度是我国司法体制改革的重要组成部分，也是建设公正高效权威的社会主义司法制度的重要内容。完善人权司法保障制度要正确处理打击犯罪与保护人权、程序公正与实体公正、追求公正与注重效率的关系，确保人民群众有尊严地参加诉讼，及时得到公正的裁判结果。一是完善人权司法保障要注重对法治原则的遵循。法治原则要求良法善治，坚持法律面前人人平等。加强对人权的司法保障要以宪法和法律为依据，逐步健全人权司法保障的法律法规，完善制度设计，细化保障措施。在司法活动中，要切实遵守人权保障的相关法律规定，着力提升司法理念、加强保障力度、完善监督制约，做到尊重人权与防止侵权有机结合，充分发挥社会主义司法制度的优越性。二是完善人权司法保障要体现对基本人权的尊重。国家尊重和保障人权是宪法的明确要求，要始终贯彻尊重和保障人权的理念，切实保护公民的人身权利、财产权利、民主权利等合法权益。司法活动直接涉及公民的人身、自由、人格尊严、财产权益等基本权利，要以完善人权司法保障改革为契机，不断提升人权司法保障的制度化、法治化水平。三是完善人权司法保障要突出对司法权力的制约。在司法活动中，当事人及诉讼参与人的权利相对司法机关的公权力，处于弱势地位，容易受到侵犯。完善人权司法保障就要强化对司法权力的限制和制约，防止滥用权力侵犯人权。要完善外部监督制约，认真贯彻《宪法》和《刑事诉讼法》关于司法机关"分工负责，互相配合，互相制约"的基本原则，完善内部监督制约，改革人民陪审员制度，健全人民监督员制度，推进审判公开、检务公开，为公民维护自身权利提供坚实的制度保障。四是完善人权司法保障要强化对诉讼权利的保障。树立理性、平和、文明、规范的执法理念，严禁刑讯逼供、体罚虐待。充分保障犯罪嫌疑人、被告人的辩护权、辩解权等诉讼权利，要重视其辩护辩解的内容，对涉及无罪、罪轻的辩护意见要认真核实。完善律师执业权利保障机制，发挥律师在依法维护公民和法人合法权益方面的重要作用。五是完善人权司法保障要加强对公民权利的救济。完善人权司法保障，既要有效防止侵权行为的发生，又要切实保障公民权利在受到侵犯后，能及时得到有效救济。不论是民事诉讼、行政诉讼还是刑事诉讼，司法活动本身就是对公民权利最有效的救济手段。

第九章　法律职业与法律方法

一、单项选择题

1. B 【解析】法律职业伦理有别于大众伦理和其他职业伦理，因为它受法律活动规律的制约，受法律职业技能的影响，如律师不得因委托人罪恶深重而拒绝接受委托。B 选项正确。

2. B 【解析】律师应当把维护公平正义作为核心价值追求，为委托人提供勤勉尽责、优质高效的法律服务，努力维护委托人合法权益；引导委托人依法理性维权，维护社会稳定；依法充分履行辩护或代理职责，促进案件依法、公正解决。因此 B 选项是律师的义务，不是法官的义务，本题选 B。

3. B 【解析】律师伦理要求中不包括讲求效率，讲求效率属于执法的主要原则之一，因此 B 选项错误。

4. B 【解析】全国人民代表大会常务委员会有权撤销国务院及其主管部门违反宪法和法律的解释。本题选择 B 选项。

5. C 【解析】法律解释是一个价值判断和价值选择的过程。人们创制并实施法律是为了实现一定的目的，而这些目的又以某些基本的价值为基础。这些目的和价值就是法律解释所要探求的法律意旨。A 选项正确。法律解释既是人们日常法律实践的重要组成部分，又是法律实施的一个重要前提。B 选项正确。法律解释的对象是法律的规定，法律解释的任务是要通过研究法律文本及其附随的情况即法律制定时的经济、政治、文化、技术等方面的背景情况，探求它们所表现出来的法律意旨。笼统地说法律解释的对象是规范性法律文件和非规范性法律文件是不正确的，法律适用中出现的任何问题都可能涉及法律解释。C 选项错误。法律解释与具体案件密切相关，法律解释往往由待处理的案件引起，法律解释需要将条文与案件事实结合起来进行。D 选项正确。本题选 C。

6. A 【解析】文义解释，又称语法解释、文法解释、文理解释，是指严格遵循法律规范的字面含义的一种以尊重立法者意志为特征的解释。这种解释按照法律条文的语言表述的字义、语法和通用的表达方式以及逻辑规律进行解释，目的在于使人们正确理解法律规范的含义和立法者的意志。这种解释的特点是将解释的焦点集中在语言上，而不顾及根据语言解释出的结果是否公正、合理。A 选项正确。

7. D 【解析】法律解释体系是指国家法律解释权限划分的制度。根据宪法和相关法律的规定，我国建立了以全国人大常委会的解释权为核心和主体的各机关分工配合的法律解释体系。相应来讲，法律解释分为立法解释、司法解释和行政解释三种形式。本题选 D。

8. C 【解析】立法解释，是一种法定的、有权的、正式的解释，严格意义上的立法解释就是指全国人大常委会所进行的解释，在法律解释体系中具有最高的法律效力，但广义上的立法解释也包括地方人大常委会所进行的解释。因此 ABD 选项正确。立法解释不能对下位立法进行。C 选项错误。本题为选非题，因此 C 选项当选。

9. D 【解析】题中是对"随地"这一词作了恰当的解释，属于文义解释。文义解释，即从法律条文的语言学意义上说明法律规范的含义，即依照文法规则分析法律的语言结构等以便准确理解法律条文的基本含义。D 选项正确。

10. C 【解析】法律解释的方法大体上可概括为文义解释、历史解释、体系解释、目的解释等，这些方法有时是综合使用的。A 选项正确。法律解释受解释学循环的制约。B 选项正确。法律解释具有一定的价值取向性，但是法律解释需要将条文与案件结合起来，因此其具有客观性基础。C 选项错误。法律解释是人们日常法律实践的重要组成部分，是法律实施的一个前提。D 选项正确。本题选 C。

11. B 【解析】在我国法律解释体系中，立法解释具有最高的效力，优先于司法解释和行政解释适用，B 选项正确，ACD 项均错误。

12. A 【解析】根据《全国人民代表大会常务委员会关于加强法律解释工作的决议》第 2 条规定，最高人民法院和最高人民检察院的解释如果出现原则性分歧，报请全国人民代表大会常务委员会解释或决定。因此，当最高人民法院和最高人民检察院对具体适用法律问题的解释出现原则性分歧时，有权作出解释或决定的机关是全国人民代表大会常务委员会。A 选项正确。

13. B 【解析】法律解释分为正式解释和非正式解释。正式解释，是指由特定的国家机关、官员或其他有解释权的人对法律作出的具有法律上约束力的解释；非正式解释，通常也叫学理解释，一般指由学者或其他个人及组织对法律规定所作的不具有法律约束力的解释。两者的主要区别为是否具有法律上的约束力。正式解释包括立法解释、司法解释和行政解释。法官自己作出的解释，只能代表该法官个人观点，并无法律上的约束力，属于非正式解释。B 选项正确。对于法律解释的分类，关键在于分清各类解释的主体，抓好了主体，解决该类题目就会十分熟练。

14. B 【解析】法律解释是指一定的人或组织对法律规定含义的说明。根据解释尺度的不同，法律解释可以分为限制解释、扩充解释与字面解释三种。扩充解释是指在法律条文的字面含义显然比立法原意窄时，作出比字面含义广的解释。扩充解释不能任意扩大法律的内容，必须以立法意图、目的和法律原则为基础。本题中，通常意义上的"子女"是指婚生子女，尹律师扩充了"子女"的含义，认为"子女"不仅包括婚生子女而且包括非婚生子女、养子女和继子女，应当属于扩充解释。B 选项正确。

15. B 【解析】司法解释包括最高人民法院所作的审判解释和最高人民检察院所作

的检察解释。B 选项错误。本题为选非题，因此 B 选项当选。

16. A 【解析】在我国，司法解释分为最高人民法院的审判解释和最高人民检察院的检察解释，地方机关没有司法解释权。A 选项正确，C 选项错误。在司法实践中，审判机关和检察机关为了更好地协调和配合，统一认识，提高工作效率，有时会采用联合解释的形式，共同发布司法解释文件。B 选项错误。司法解释的效力低于立法解释。D 选项错误。本题选 A。

17. C 【解析】司法解释是国家最高司法机关对司法工作中具体应用法律问题所作的解释。司法解释分为最高人民法院的审判解释和最高人民检察院的检察解释。审判解释是指由最高人民法院对人民法院在审判过程中具体应用法律问题所作的解释。我国的审判解释权由最高人民法院统一行使，地方各级人民法院都没有对法律的审判解释权。C 选项错误。本题为选非题，因此 C 选项当选。

18. C 【解析】法律推理的目的是为法律适用提供正当理由。A 选项错误。法律适用中的任何一个步骤彼此之间都不是完全独立的，这些步骤彼此之间是紧密联系的。B 选项错误。法律推理的过程是一个价值判断的过程，法律的价值判断并不是随意的，既要遵守和服从法律规则，又要在不同利益冲突间进行价值平衡和选择。C 选项正确，D 选项错误。本题选 C。

19. D 【解析】法律推理是指以法律和事实两个已知的判断为前提，运用科学的方法和规则，为法律适用提供正当理由的一种逻辑思维活动。法律推理的应用范围特别广泛，立法、执法、司法、法律监督乃至公民的法律意识中都有法律推理活动，尤其是在法律适用过程中，法律推理占有显著的地位。因此，AB 选项正确。法律推理运用多种科学的方法和规则进行。其中除了最基本的逻辑推理方法外，还需要应用一些非逻辑的分析和论证，比如价值分析判断等。C 选项正确。法律推理的结果并不一定是公正的，所以需要法律论证来证明推理结果的正当性和可接受性。本题选 D。

20. A 【解析】演绎推理又被称作三段论推理，它是从一般到特殊的推理形式，即从一般知识推出特殊知识的推理活动。在法律推理的过程中，演绎推理的特点是，法院有可以适用的法律规则和原则（大前提），也有通过审理确定的、可以归入该规则或原则的案件事实（小前提），由此法院可以作出一个确定的判决（结论）。A 选项正确。

21. D 【解析】法律推理可以分为形式推理和实质推理。形式推理可分为演绎推理、归纳推理、类比推理。演绎推理，即三段论推理，是从一般到特殊的推理，即根据一般性的知识推出特殊性的知识。归纳推理是从特殊到一般的推理，即从个别知识推出一般知识的推理。类比推理是根据两类对象的某些属性的相似性推出它们在另一些属性方面也具有相似性的推理活动，是一种从个别到个别的推理。实质推理又称辩证推理，它是指当作为推理的前提包含两个或者两个以上的相互矛盾的命题时，借助于辩证思维从中选择出最佳的命题以解决法律问题。辩证推理的作用主要是为了解决因法律规定的复杂性而引起的疑难问题。题中的案例就是出现了合法与合理的冲突，因此属于辩证推理。D 选项正确。

22. A 【解析】辩证推理是指这样一种情形：当作为推理前提的是两个或两个以上的相互矛盾的法律命题时，借助于辩证思维，从中选择出最佳的命题，以解决法律问题。辩证推理的作用主要是为了解决因法律规定的复杂性而引起的疑难问题。辩证推理是法官对法律或案件客观事实的辩证推理过程，它必须建立在事物的辩证法的客观基础之上，而绝不应该是从法官的主观想象中得出结论。A 选项正确。类似案件，类似处理是类比推理。

从普遍性问题推理出个案问题的答案，属于演绎推理。从个案问题推理出普遍性问题的答案，属于归纳推理。BCD 选项不属于辩证推理。所以本题选 A。

23. C 【解析】演绎推理又可以称为三段论推理，它是从一般到特殊的推理形式，即从一般的知识推出特殊知识的推理活动。在法律推理过程中，演绎推理的特点是，法院有可以适用的法律规则或原则（大前提），也有通过审理确定的、可以归入该规则或原则的案件事实（小前提），由此法院可以作出一个确定的判决（结论）。类比推理是一种从个别到个别的推理，主要适用于判例法国家。归纳推理是从特殊到一般的推理，即从个别知识推出一般知识的推理活动。实质推理又称辩证推理，它是指这样一种情形：当作为推理前提的是两个或两个以上的相互矛盾的法律命题时，借助辩证思维，从中选择出最佳的命题，以解决法律问题。本题中，法官依据《刑法》规定，确定案件事实并依法作出审判的行为符合演绎推理的形式。C 选项正确。

24. C 【解析】法律论证理论是对传统法律教义学和解释理论的超越，即意识到法律三段论的局限，强调"法外"因素在法律正当性论证（证成）中的意义，实际上与论理解释中的目的解释和社会学解释以及实质推理异曲同工，属于演绎论证和归纳论证之外的似真论证，即合情理论证。A 选项正确。法律论证一般由两个部分组成，即法律问题和事实问题。B 选项正确。由于事实、法律、社会等因素的变化，论证的结论有可能被证伪或被修正，因此，法律论证的结论不是绝对正确的，具有可废止性，或称为可改写性或可证伪性。C 选项错误，D 选项正确。本题选择 C 选项。

二、多项选择题

1. AB 【解析】初任法官、初任检察官，申请律师执业、公证员执业和初次担任法律类仲裁员，以及行政机关中初次从事行政处罚决定审核、行政复议、行政裁决、法律顾问的公务员，应当通过国家统一法律职业资格考试，取得法律职业资格。AB 选项正确。

2. ABC 【解析】《国家统一法律职业资格考试实施办法》第 10 条第 1 款规定："有下列情形之一的人员，不得报名参加国家统一法律职业资格考试：（一）因故意犯罪受过刑事处罚的；（二）曾被开除公职或者曾被吊销律师执业证书、公证员执业证书的；（三）被吊销法律职业资格证书的；（四）被给予二年内不得报名参加国家统一法律职业资格考试（国家司法考试）处理期限未满或者被给予终身不得报名参加国家统一法律职业资格考试（国家司法考试）处理的；（五）因严重失信行为被国家有关单位确定为失信联合惩戒对象并纳入国家信用信息共享平台的；（六）因其他情形被给予终身禁止从事法律职业处理的。"曾经被确定为失信联合惩戒对象并纳入国家信用信息共享平台的，现在移出的具有报考资格。因此，本题选 ABC。

3. ABC 【解析】法官职业道德的核心是公正、廉洁、为民，检察官职业道德的核心是忠诚、公正、清廉、文明，律师职业道德的要求是忠诚、为民、法治、正义、诚信、敬业。本题选 ABC。

4. ABD 【解析】律师是指依法取得律师执业证书，接受委托或者指定，为当事人提供法律服务的执业人员。律师应当维护当事人合法权益，维护法律正确实施，维护社会公平和正义。律师应当对案件处理过程中了解到的当事人的商业秘密严格保密，如果因泄露商业秘密造成当事人损失的，应当予以赔偿。因此 C 选项错误。律师这一职业具有以下几个特点：第一，律师必须是受过法律专业训练，具备丰富法律知识的人；第二，律师必须是依法取得律师执业证书的人；第三，律师是为社会提供法律服务的执业人员。因此，本题选 ABD。

5. ABD　【解析】根据解释尺度的不同，法律解释可以分为限制解释、扩充解释与字面解释三种。目的解释是法律解释的一种方法，不属于法律解释的具体分类。ABD 选项正确。

6. ABCD　【解析】ABCD 选项均属于司法解释的作用体现，此外还有"通过解释活动，弥补立法的不足"。ABCD 选项正确。

7. CD　【解析】行政解释的效力低于立法解释。A 选项正确。行政解释包括两种情况：一种是对不属于审判和检察工作中的其他法律如何具体应用的问题所作的解释；另一种是国务院及其主管部门在行使职权时对自己制定的法规进行的解释。B 选项正确。有权进行行政解释的机关包括制定行政法规的国务院以及制定行政规章的各部委。C 选项错误。为了保证国家法制的统一，行政解释不得与宪法和法律相抵触。全国人大常委会有权撤销国务院及其主管部门违反宪法和法律的解释。D 选项错误。本题选 CD。

8. BC　【解析】律师的辩护过程需要解释法律，但这不是有权解释，而是无权解释，因为有权解释是指经过法律特别授权，能产生法律效力的解释。A 选项错误，B 选项正确。律师的解释是一种任意解释，可以归到无权解释的范畴之内。司法解释是最高人民法院和最高人民检察院对法律适用问题作出的解释，属于有权解释的一种，因此 D 选项错误。学理解释，是指有权对法律进行立法解释和司法解释的机构之外的机关、团体和个人对法律条文含义的阐释。C 选项正确。BC 选项当选。

9. BD　【解析】历史解释并不适用于所有情况，有时法律的文义解释、体系解释等可能更为适用，A 选项错误。在没有充分证据的情况下，历史解释可以作出多种合理的推测，B 选项正确。历史解释除了关注文本产生的历史背景外，还应考虑其后的演变和发展，C 选项错误，D 选项正确。

10. AC　【解析】法律解释分为正式解释与非正式解释。正式解释又称为法定解释。根据解释的国家机关的不同，法定解释可以分为立法、司法和行政三种解释。非正式解释又称为无权解释、任意解释，是非法定主体对法律所作的解释。本案中，王某对尸体的解释主体是个人，即非法定主体，因此该解释为非正式解释。A 选项正确，D 选项错误。比较解释是根据比较外国的立法判例和判例学说对某个法律规定进行的解释。王某并未引用国外的立法判例，因此不是比较解释。B 选项错误。王某从条款本身语言的内涵出发作出解释，属于文义解释。C 选项正确。

11. AD　【解析】法律推理的方法有两大类：一是形式逻辑方法，二是辩证逻辑方法。其中形式逻辑方法又包括演绎推理、归纳推理和类比推理三种。AD 选项正确。

12. ABCD　【解析】实质推理又称辩证推理，它是指当作为推理的前提包含两个或者两个以上的相互矛盾的命题，借助辩证思维，从中选择出最佳的命题，以解决法律问题。辩证推理的作用主要是为了解决因法律规定的复杂性而引起的疑难问题。根据概念判定，可以确定 CD 选项正确。A 选项中法律虽然有规定，但社会发展后，出现新的情况，适用这一规定明显不合理，即会出现冲突，因此可以适用辩证推理。B 选项中同一位阶的法律规定之间存在抵触，也是两个相互矛盾的命题，需要协调后进行使用，适用辩证推理。因此 ABCD 全选。

13. CD　【解析】演绎推理又称三段论推理，它是从一般到特殊的推理形式，是一种必然性推理，A 选项错误。归纳推理是从特殊到一般的推理，是一种或然性推理，B 选项错误。类比推理是一种从个别到个别的推理，是一种或然性推理，C 选项正确。形式推理又称分析推理，包括演绎推理、归纳推理和类比推理，D 选项正确。

14. ABD 　【解析】分析推理即形式推理，包括演绎推理（又称三段论推理）、归纳推理和类比推理，ABD 项正确。实质推理又称辩证推理，是指当作为推理前提的两个或两个以上的相互矛盾的法律命题时，借助辩证思维，从中选择出最佳的命题，以解决法律问题，C 选项错误。

15. ABCD 　【解析】对司法过程中判决理由的正当性论证需要达到一定的正当性标准，这些标准有内容融贯性、程序合理性、依据的客观性和逻辑有效性、效果的最优性。总之，法律论证应注重广泛吸收公众参与，关注法外社会因素，注重协商和实践理论，同时需要在法治精神、法律原则、民主制度以及公正程序的保障下进行，以保证法律的有效实施和与时俱进的发展，避免法律与社会的脱节，防止法律被误用。ABCD 全选。

三、简答题

参考答案　（1）含义：法律论证是指在司法过程中对判决理由的正当性、合法性或合理性进行论证，即在诉讼过程中，诉讼主体运用证据确定案件事实，得出结论的思维过程。（2）目的：法律论证的目的是从多种合理乃至合法的法律主张中论证出最佳选择。（3）特点：法律论证的结论不是绝对的，具有可废止性，或称之为可改写性或可证伪性。

第十章　法律关系

一、单项选择题

1. D 　【解析】法律关系的特征有以下几方面：第一，法律关系是依法建立的社会关系；第二，法律关系是一种体现意志性的特殊社会关系；第三，法律关系是以法律上的权利义务为内容的社会关系。因此，ABC 选项正确。法律规范是法律关系产生的前提，如果没有相应的法律规范的存在，就不可能产生法律关系。因此，D 选项错误。本题为选非题，因此 D 选项当选。

2. D 　【解析】基本法律关系与普通法律关系是按照法律关系所体现的社会内容的性质所作的分类，A 选项错误。平权型法律关系与隶属型法律关系是按照法律关系主体的法律地位是否平等所作的分类，B 选项错误。绝对法律关系与相对法律关系是按照法律关系主体是否完全特定化所作的分类，C 选项错误。调整性法律关系与保护性法律关系是根据法律关系产生的依据、作用和实现规范的内容不同所作的分类，D 选项正确。

3. C 　【解析】法律意义上"权利"一词最早来源于罗马法。"民主"一词最早来源于古希腊。本题考查的为基础知识，考生在学习过程中应该对基础知识有深刻的掌握。C 选项正确。

4. A 　【解析】法律关系是根据法律规范产生的、以主体之间形成的权利和义务关系为表现形式的特殊社会关系。法律关系首先是依法建立的社会关系，法律规范是法律关系产生的前提。如果没有相应的法律规范的存在，就不可能产生法律关系。A 选项正确。BCD 选项颠倒了法律规范与法律关系之间的关系，故错误。考生在复习的过程中，要认真细致地记忆书本上对一些关系的界定词，以快速准确地找到此类客观题的答案。

5. B 【解析】保护性法律关系是由于违法行为而产生的，旨在恢复破坏的权利和秩序的法律关系，是法的实现的非正常形式。B 选项错误。本题为选非题，因此 B 选项当选。

6. B 【解析】法律关系是依法建立的社会关系。这一特征包含四个方面的含义：首先，法律规范是法律关系产生的前提。如果没有相应的法律规范的存在，就不可能产生法律关系。其次，法律关系不同于法律规范调整或保护的社会关系本身。再次，法律关系是法律规范的实现形式，是法律规范的内容在现实社会生活中得到的具体贯彻。最后，法律关系是人与人之间符合法律规范的社会关系。AC 选项正确，B 选项错误。法律关系是一种体现意志性的特殊社会关系，法律关系属于思想社会关系和上层建筑现象。D 选项正确。本题选 B。

7. B 【解析】广义的法律权利包含了权力，从字面上讲，职权、权限、权力等词与权利一样。但是在实际使用中，它们与权利的主要区别之一在于，在我国现行宪法中，对中央国家机关使用职权一词，对地方国家机关使用权限一词，对公民则使用权利一词。本题选择 B 选项。

8. D 【解析】权利能力是权利主体享有权利和承担义务的能力，它反映了权利主体取得享有权利和承担义务的资格。公民的权利能力分为一般权利能力和特殊权利能力两种。一般权利能力为所有公民所普遍享有，始于出生，终于死亡，如人身权利能力等。特殊权利能力须以一定的法律事实出现为条件才能享有，如参加选举的权利能力须以达到法定年龄为条件。本题选择 D 选项。

9. D 【解析】法律意义上的物是指法律关系主体支配的、在生产上和生活上所需要的客观实体。物理意义上的物要成为法律关系客体，须具备以下条件：第一，应得到法律的认可；第二，应为人类所认识和控制；第三，能够给人们带来某种物质利益；第四，须具有独立性；第五，应该具有稀缺性。（稀缺性属于补充知识点，在《考试分析》中并未提及，大家补充学习即可）非法制造的枪支不被法律所认可，不是法律上的物。被植入人体的器官属于人体的组成部分，不得视为法律意义上的物。空气不具有稀缺性，不是法律意义上的物。手工制作的艺术品雕像是法律意义上的物。因此 D 选项正确。

10. A 【解析】法律事件是法律规范规定的，与当事人意志无关的，且能够引起法律关系产生、变更或消灭的客观事实。法律行为是指与当事人意志有关的，能够引起法律关系产生、变更或消灭的作为和不作为。由以上定义可以看出，法律事件和法律行为的区别在于是否与当事人的意志有关。由此可以看出属于法律事件的为 A 选项。BCD 选项皆属于法律行为。

11. D 【解析】法律关系的主体有两个性质，即法律性和社会性。法律关系主体的法律性是指法律关系主体是由法律规范所规定的，不在法律规范规定的范围内，不得成为法律关系的主体。法律关系主体的社会性是指法律规范并不是任意地规定法律关系主体的，而是受一定物质生活条件决定的。由本题的表述可以看出，此处反映的是法律关系主体的法律性特征。D 选项正确。

12. A 【解析】施工单位与基层政府基于承包合同形成民事法律关系，属于平权型法律关系。平权型法律关系与隶属型法律关系是按照法律关系主体的法律地位是否平等所作的分类。平权型法律关系是存在于法律地位平等的当事人之间的法律关系，隶属型法律关系是一方当事人可依据职权而直接要求他方当事人为或不为一定行为的法律关系。在本题中，双方当事人法律地位平等，因此施工单位与基层政府的关系属于平权型法律关系。A选项正确，B选项错误。施工单位与基层政府之间签订了合同，二者之间存在法律关系。C选项错误。保护性法律关系是由于违法行为而产生的、旨在恢复破坏的权利和秩序的法律关系，保护性法律关系的一方主体为国家。D选项错误。本题选A。

13. A 【解析】法律权利和法律义务是一对表征法律主体关系和状态的范畴，是法学范畴体系中最基本的范畴。A选项正确。义务是权利的关联词或对应词，两者相辅相成，有权利即有义务，有义务即有权利，没有无权利的义务，也没有无义务的权利，二者互为目的，互为手段。BC选项错误。权利的实现离不开义务的履行。D选项错误。本题选A。

14. C 【解析】作为法律关系客体的数据信息，是指以数据形式存在的有价值的情报或资讯，如工商业情报、国家机密、个人信息等，其中既有人工处理的数据信息，也包括很多自然生成的数据信息。因此，它既不是物，也不等同于智力成果。随着以互联网、物联网、数码存储和处理技术的发展为主要表征的信息新时代的到来，数据信息作为法律关系客体的地位将愈加重要。C选项正确。

15. B 【解析】权利能力是每个人从出生到死亡一直都具有的，法律关系主体必然拥有权利能力。A选项错误。权利能力只是一种资格，享有权利能力的人不一定实际享有具体权利，但享有具体权利的人一定享有权利能力。B选项正确，C选项错误。权利能力也可以叫作权利义务能力，既包括享有权利的资格，也包括承担义务的资格。D选项错误。

二、多项选择题

1. ABCD 【解析】公民的权利能力分为一般权利能力和特殊权利能力两种。一般权利能力为所有公民普遍享有，始于出生，终于死亡，如人身权利能力等。特殊权利能力须以一定的法律事实出现为条件才能享有，如参加选举的权利能力须以达到法定年龄为条件。法人的权利能力始于法人依法成立，终于法人被解散或撤销。行为能力以权利能力为前提，但自然人有权利能力并不一定有行为能力，法人的权利能力和行为能力是一致的。故答案为ABCD。

2. AB 【解析】法律事件，是法律规范规定的、与当事人意志无关的，且能够引起法律关系产生、变更或消灭的客观事实。根据事件是否由人们的行为而引起可以划分为绝对事件和相对事件。绝对事件不是由人们的行为而是由某种自然原因引起的。相对事件是由人们的行为引起的，但它的出现在该法律关系中并不以法律关系主体意志为转移。自然人的出生和时间的流逝与人们的行为无关，是由自然原因引起的，为绝对事件；而政策的变更和爆发战争，虽与法律关系中的主体意志无关，但是由人们的行为引起的，因此为相对事件。故答案为AB。

3. BC 【解析】绝大多数行政法律关系属于隶属型法律关系，但并非所有的行政法律关系都是隶属型法律关系，A选项错误。民事法律关系只能发生于平等民事主体之间，B选项正确。绝对法律关系是权利主体特定而义务主体不特定的法律关系，以"一个人对一切人"的形式表现，C选项正确。基本法律关系主要包括公民与国家的关系、国家机构之间的关系、中央与地方的关系、民族之间的关系、所有制关系和分配关系等内容，D选项错误。

4. **CD** 【解析】公安机关与张某之间的关系属于行政机关与行政相对人之间的关系，是不平等主体之间的权利义务关系，故属于隶属型、相对法律关系，CD项正确。

5. **AC** 【解析】法律关系是根据法律规范产生的、以主体之间的权利与义务关系的形式表现出来的特殊的社会关系，即在法律规范调整社会关系过程中所形成的人们之间的权利和义务关系。本题中，新婚夫妇与影楼形成了一个债权关系，即影楼为新婚夫妇拍摄婚纱照，新婚夫妇支付价款。在这一法律关系中，主体是法律地位平等的当事人，双方不存在隶属关系，故影楼与新婚夫妇之间的法律关系属于平权型法律关系。A选项正确。法律关系根据法律规范建立，而法律规范是国家意志的体现，所以法律关系是一种体现意志性的特殊社会关系。法律关系体现国家意志。B选项错误。新婚夫妇与影楼之间的法律关系只对双方具有约束力，权利主体特定，义务主体也特定，这体现了合同的相对性，故两者的法律关系属于相对法律关系。C选项正确。法律关系的客体是指法律关系主体之间权利与义务所指向的对象。在本题中，影楼与新婚夫妇之间的债的法律关系的客体为行为，即影楼为新婚夫妇拍摄婚纱照的行为，新婚夫妇交付价款的行为，而不是照片。D选项错误。

6. **BC** 【解析】完全民事行为能力人包括两类：一是年满18周岁且精神状况正常；二是已满16周岁不满18周岁，能够以自己劳动收入为主要生活来源的。因此，BC选项正确。

7. **ABCD** 【解析】法律关系的客体包括物、行为、智力成果、人身利益和数据信息。因此ABCD四项均属于法律关系的客体。本题选ABCD。

8. **ABC** 【解析】物要成为法律关系的客体，需要具备以下条件：得到法律认可；为人类认识和控制；具有经济价值；具有独立性，ABC项正确。作为客体的物可以是天然物，也可以是生产物，D选项错误。

9. **ABC** 【解析】法律关系客体之一的物是指法律关系主体支配的、在生产上和生活上所需的客观实体。一粒随处可见的小石子不具有经济价值，不属于法律上的物。小明的发明专利属于法律关系上的客体，但是属于客体中精神产品的分类，不属于物的分类。机动车上的油漆不具有独立性，不属于法律上的物。李老师刚刚脱落的头发与人体脱离后，属于法律上的物。本题选ABC。

10. **ABCD** 【解析】法律关系的主体是指法律关系的参加者，即法律关系中权利的享有者和义务的承担者，根据我国法律规定，ABCD四项均能成为法律关系的主体。本题选ABCD。

11. **CD** 【解析】法律关系主要体现国家意志，次要体现当事人的意志，A选项错误。法律事件和法律行为的分类标准是法律事实是否与当事人的意志有关，B选项错误。同一个法律事实可以引起多种法律关系的产生、变更或消灭，一个法律关系的产生、变更或消灭有时也需要两个或两个以上法律事实，即"事实构成"，CD项正确。

12. **BC** 【解析】法律关系的产生、变更和消灭称为法律关系的演变。A选项正确。由于社会生活本身是不断变化的，法律关系也就不能不具有某种流动性，每一法律关系自产生后都可能在一定条件下趋于变更或消灭。D选项正确。法律关系的产生指的是在主体之间出现了权利、义务关系；法律关系的变更指的是法律关系的主体、客体或内容中的任何一项发生了变化；法律关系的消灭指的是主体间权利义务关系完全终止。B选项错误。法律关系的产生、变更与消灭不是随意的，必须符合两方面的条件：一是抽象的条件，即法律规范的存在，这是法律关系形成、变更与消灭的前提和依据；二是具体的条件，即法律事实的存在，也就是法律规范中假定部分所规定的各种情况，一旦这种情况出现，法律规范中有关权利和义务的规定以及有关行为法律后果的规定就发挥作用，从而使一定的法律关系产生、变更或消灭。C 选项错误。本题选 BC。

三、简答题

参考答案 法律关系是根据法律规范产生的、以主体之间的权利与义务关系的形式表现出来的特殊社会关系，即在法律规范调整社会关系的过程中所形成的人们之间的权利和义务关系。法律关系具有如下特征：（1） 法律关系是依法建立的社会关系，法律规范是法律关系产生的前提。（2） 法律关系是一种体现意志性的特殊社会关系。从实质上看，法律关系作为一种社会关系的特殊形式在于它体现了国家意志，是由国家强制力保障实施的社会关系，从这个意义上讲，破坏了法律关系，也就违背了国家的意志。（3） 法律关系是以法律上的权利与义务为内容的社会关系。法律规范中的权利和义务属于可能性的领域，而法律关系中的权利和义务属于现实性的领域。法律规范中的权利与义务是抽象的，而法律关系中的权利与义务是具体的，法律关系是法律规范规定的权利和义务在现实社会关系中的体现。法律权利和义务的内容是法律关系区别于其他社会关系的重要标志。

第十一章　法律责任与法律制裁

一、单项选择题

1. A 【解析】责任法定原则，是指法律责任作为一种否定的法律后果应当由法律规范预先规定，包括在法律规范的逻辑结构之中，当出现违法行为或法定事由的时候，按照事先规定的责任性质、责任范围、责任方式等追究行为人的责任。责任法定原则的内容包括：刑事法律是追究刑事责任的唯一法律依据，罪刑法定；由特定的国家机关或国家授权的机构归责；反对责任擅断；反对有害追溯；同时，允许人民法院行使一定的自由裁量权，准确认定和归结行为人的法律责任。故 A 选项正确，B 选项错误。因果关系原则要求区分因果关系是必然的还是偶然的，直接的还是间接的，故 C 选项错误。责任自负原则，是指违法行为人应当对自己的违法行为负责，不能让没有违法行为的人承担法律责任。但在某些特殊情况下，为了法律秩序特别是财产保护上的需要，也会产生责任转承问题，比如监护人对被监护人承担替代责任，上级对下级承担替代责任等，故 D 选项错误。综上，答案为 A。

2. D 【解析】法律责任是指行为人由于违法行为、违约行为或者由于法律规定而应承受的某种不利的法律后果。法律制裁是由特定的国家机关对违法者（或违约者）依其所应承担的法律责任而实施的强制性惩罚措施。D 选项混淆了法律责任和法律制裁的概念，因此选 D。

3. A 【解析】在我国，归责的原则主要包括责任法定原则、因果联系原则、责任与处罚相称原则、责任自负原则等。责任法定原则，是指法律责任作为一种否定的法律后果应当由法律规范预先规定，包括在法律规范的逻辑结构之中，当出现违法行为或法定事由的时候，按照事先规定的责任性质、责任范围、责任方式追究行为人的责任。责任法定原则的内容包括：刑事法律是追究刑事责任的唯一法律依据，罪刑法定；由特定的国家机关或国家授权的机构归责；反对责任擅断；反对有害追溯；同时，允许人民法院行使一定的自由裁量权，准确认定和归结行为人的法律责任。"法不溯及既往"体现了责任法定这一原则。因此本题选择 A 选项。

4. C 【解析】小李无正当理由拒绝偿还到期债务，违反合同义务因而产生法律责任。A 选项错误。小王向检察机关举报某单位国家工作人员受贿的事实，检察机关有义务立案而拒绝立案的行为会产生法律责任。B 选项错误。小孙只有道德上的让座义务，而无法律上的让座义务，因此不产生法律责任。C 选项正确。根据我国税法的相关规定，出售货物应当提供发票。列车售货员在出售泡面后拒不提供发票，属于拒不履行法律义务的行为，会产生法律责任。D 选项错误。因此本题选 C。

5. A 【解析】"免责"不同于"无责任"。免责以法律责任的存在为前提，"无责任"或"不负责任"则是指虽然行为人事实上或形式上违反了法律，但因其不具备法律上应负责任的条件，故不承担法律责任。BC 选项属于"无责任"的情形，不应该选。生理性醉酒应当负全部刑事责任，不属于免责或无责事由。因此本题选 A。

6. C 【解析】免责不同于"不负责任"或"无责任"，因为免责以法律责任的存在为前提，而后两者并不存在责任，AD 项正确。免责，也称法律责任的减轻和免除，是指法律责任由于出现法定条件被部分或全部地免除，B 选项正确。C 项中未达法定责任年龄属于不负法律责任的条件，不是免责条件，C 选项错误。本题为选非题，因此 C 选项当选。

7. A 【解析】追究刑事责任的唯一法律依据是刑事法律。A 选项正确。民事责任可以分为违约责任和侵权责任。B 选项错误。有法律责任不一定必然导致法律制裁，自觉承担法律责任的，不产生法律制裁。C 选项错误。违反道德的行为不一定是违法行为，因为道德调整的社会关系范围比法律更大。D 选项错误。本题选 A。

8. B 【解析】刑事责任通常由个人承担，也有一些刑事责任由法人或非法人组织承担。A 选项正确。民事责任主要是一种救济责任，但民事责任也具有惩罚的功能，比如违约金本身就含有惩罚的意思。B 选项错误。行政责任的承担方式较为多样化，可以是行为责任、精神责任、财产责任，甚至可以是人身责任。C 选项正确。违宪责任产生的原因是违宪行为。D 选项正确。本题选 B。

9. D 【解析】在我国，归责的原则主要包括责任法定原则、因果关系原则、责任与处罚相称原则、责任自负原则等。责任与处罚相称原则是指法律公正精神在法律责任归责上的具体体现。其含义是指，法律责任的性质和违法行为的性质应当相适应，法律责任的轻重和种类应当与违法行为的危害或损害相适应，法律责任的轻重和种类还应当与行为人主观恶性相适应。D 选项正确。

10. B 【解析】法律责任是法律制裁的前提，法律制裁是法律责任的后果。A 选项正确。并不是所有的违法行为都会受到法律制裁，有些违法行为虽然违反了法律规定，但由于某些原因（例如时效已过），违法者并不会受到法律制裁，B 选项错误。民事责任的承担方式有停止侵害、排除妨碍、消除危险、返还财产、赔偿损失等，C 选项正确。有法律责任不一定有法律制裁，但是有法律制裁一定有法律责任，法律责任是法律制裁的前提，D 选项正确。本题为选非题，因此 B 选项当选。

11. A 【解析】根据我国刑法的规定，刑罚分为主刑和附加刑两类。主刑包括管制、拘役、有期徒刑、无期徒刑、死刑。附加刑包括罚金、剥夺政治权利和没收财产等。刑事制裁是一种最严厉的法律制裁。本题选择 A 选项。

12. A 【解析】小戴不是党员，因此不会受到党纪处分，A 选项正确。小戴醉驾闯红灯并将阿彬撞成轻伤，构成危险驾驶罪，会受到刑事制裁，依法承担刑事责任，C 选项不选。小戴因违反交通法规，会在承担刑事责任的同时，被吊销驾照，承担行政处罚，D 选项不选。小戴对阿彬的侵权会产生民事责任，有可能会导致民事制裁，B 选项不选。

13. D 【解析】民事责任主要是一种救济责任，其功能主要在于救济当事人的权利，赔偿或补偿当事人的损失，D 选项正确。

14. D 【解析】各种不同的责任的性质不同，实际上是因为其对应的违法行为所侵害的社会关系的性质不同，所以国家对其进行否定性评价的程度不同。根据违法行为和法律责任的性质不同，法律制裁可以分为刑事制裁、民事制裁、行政制裁和违宪制裁。D 选项正确。

15. C 【解析】刑事制裁分为主刑和附加刑两类，主刑包括管制、拘役、有期徒刑、无期徒刑、死刑；附加刑包括罚金、剥夺政治权利和没收财产等。行政制裁包括政务处分和行政处罚两种，其中行政处罚主要有警告、通报批评、罚款、没收违法所得、没收非法财物、暂扣许可证件、降低资质等级、吊销许可证件、限制开展生产经营活动、责令停产停业、责令关闭、限制从业、行政拘留等。警告属于行政责任中的行政处罚，剥夺政治权利是刑罚中的附加刑。因此前者属于行政制裁，后者属于刑事制裁。C 选项正确。

16. D 【解析】刑事制裁是司法机关对于犯罪者根据其所应承担的刑事责任而确定和实施的强制性惩罚措施。刑事制裁以刑罚为主。罚金是刑事制裁，罚款是行政制裁，在性质上存在着明显的区别。A 选项错误。行政处分属于行政制裁，行政制裁分为政务处分和行政处罚两种形式。B 选项错误。民事制裁既可以是财产制裁也可以是非财产制裁，如排除妨碍、消除危险等。C 选项错误。公民和法人都可以成为刑事制裁的对象，对于单位犯罪，刑法作出了专门的规定。D 选项正确。

17. D 【解析】根据违法行为和法律责任的性质不同，法律制裁可以分为民事制裁、刑事制裁、行政制裁、违宪制裁。行政制裁又可分为政务处分和行政处罚。政务处分，是国家行政机关或其他组织依照行政隶属关系，对于违法失职的公务员或者所属人员实施的惩罚措施，主要有警告、记过、记大过、降级、撤职、开除等；行政处罚是指由特定机关对违反行政法规的公民或者社会组织实施的惩罚措施。违宪制裁是对违宪行为所实施的法律制裁。此题被监察委员会撤销职务属于政务处分。D 选项正确。答此类题目关键是要抓准主体，在认定主体的基础上作出正确判断。

二、多项选择题

1. BCD 【解析】协议免责指加害人和受害人在法律允许的范围内通过协商的方式减轻或免除法律责任，一般适用于民事领域。涉及公法的违法行为，一般不可以通过协议方式免责，故答案为 BCD。

2. ABC 【解析】产生法律责任的原因主要有三类：违法行为、违约行为和法律规定。违背道德不是法律责任的产生原因，故不入选。ABC 选项正确。

3. ACD 【解析】一般情形或多数情形下，违法行为是法律责任产生的前提，没有违法行为就没有法律责任。但在特殊情况下，法律责任的承担不以违法行为为构成条件，而是以法律规定为构成条件。因此，B 选项的说法过于绝对，不正确。其他选项表述正确。

4. ABC 【解析】张三和李四构成侵犯商业秘密罪，应当依法追究两人的刑事责任，A 选项正确。两人给公司造成经济损失 3500 万元，应当依法承担民事责任，B 选项正确。两人的行为违反了《中华人民共和国反不正当竞争法》的规定，构成了不正当竞争行为，应当依法承担行政责任，C 选项正确。两人的行为不承担违宪责任，D 选项错误。

5. ABCD 【解析】在我国的法律规定和法律实践中，免责条件和情况是多种多样的。免责的条件主要包括时效免责、不诉免责、自首立功免责、有效补救免责、自助免责。ABCD 全选。

6. ABCD 【解析】法律责任的归责原则包括责任法定原则、因果关系原则、责任与处罚相称原则、责任自负原则等。ABCD 全选。

7. BD 【解析】免责的前提是要有责任的存在，即已经构成法律责任。而小王合理限度的正当防卫行为在客观上不具有社会危害性，不会产生刑事责任，属于无责，A 选项错误。小赵有立功表现，法官因而对其从轻处罚，属于自首立功免责，B 选项正确。小李在商场盗窃小戴 50 元，属于情节显著轻微，不认为其构成犯罪，属于无责，C 选项错误。小刘欠小孙 1 000 元，超过三年小孙仍未主张让小刘偿还，超过诉讼时效，小刘因此可构成时效免责，D 选项正确。因此，本题选 BD。

8. AB 【解析】违宪制裁是对违宪行为所实施的一种强制措施。在我国，监督宪法实施的全国人民代表大会及其常委会是行使违宪制裁权的机关。承担违宪责任的主体主要是国家机关及其领导干部。制裁措施有撤销或改变同宪法相抵触的法律、行政法规、地方性法规，罢免违宪的国家机关领导成员等。AB 选项正确。

三、简答题

1. 参考答案 根据违法行为的一般特点，法律责任的构成要件主要概括为责任主体、违法行为、损害结果、因果关系、主观过错五个方面。（1） 责任主体是指承担法律责任的主体。责任主体必须具有法定责任能力，能够成为违法主体并且承担法律责任的自然人必须是达到法定年龄并具有责任能力的人；能够成为违法主体并且承担法律责任的组织必须是能够独立承担民事责任或具备刑事责任能力的法人或组织。（2） 违法行为是指违反法律规定的义务、超越权利的界限行使所谓的权利以及侵权行为的总称。一般情形或多数情形下，违法行为是法律责任产生的前提，没有违法行为就没有法律责任。（3） 损害结果是指由于违法行为所导致的损失和伤害的事实，包括人身、财产和精神方面的损失和伤害。损害应当具有确定性，必须是一个确定的现实存在的事实。（4） 因果关系即违法行为与损害结果之间的因果关系，它是存在于自然界和人类社会中的各种因果关系的特殊形式。法律归责原则上要求证明违法行为与损害结果之间的因果关系。（5） 主观过错指承担法律责任的主体在主观上存在的故意或者过失。

2. 参考答案 法律制裁是由特定的国家机关对违法者（或违约者）依其所应承担的法律责任而实施的强制性惩罚措施。根据违法行为、违约行为和法律责任的性质不同，法律制裁可以分为刑事制裁、民事制裁、行政制裁和违宪制裁。违法行为、法律责任与法律制裁三者之间具有内在的有机联系。一般情况下，主体的违法行为是法律责任和法律制裁的共同前提，法律责任和法律制裁都是基于违法行为而产生的。没有违法行为，就没有承担法律责任的客观基础，更谈不上实施法律制裁。法律责任与法律制裁既有密切关系又有明显的区别。法律责任是法律制裁的前提和基础，法律制裁是具体承担法律责任的结果或体现，是承担法律责任的一个重要方式。法律责任的认定和归结，不仅证明了法律制裁的合法性和正当性，而且还为法律制裁提供了具体的范围、标准和尺度，没有对违法主体法律责任的认定和归结，法律制裁就没有法律上的依据，就会成为任意的暴力。反之，没有法律制裁，法律责任也就变得毫无意义。要注意的是，法律责任并不等于法律制裁，有法律责任并不一定就有法律制裁。

四、分析题

1. **参考答案** 材料中涉及行政责任、刑事责任和民事责任。付某被判处有期徒刑2年，属于刑事责任。刑事责任是指行为人因其犯罪行为所必须承受的，由司法机关代表国家所确定的否定性法律后果。刑事责任是犯罪人向国家所负的一种法律责任，刑事法律是追究刑事责任的唯一法律依据。付某赔偿小刘的医药费，属于民事责任。民事责任可以分为违约责任和侵权责任，是指行为人由于违反民事法律、违约或者由于民法规定所应承担的一种法律责任。民事责任主要是一种救济责任，其功能主要在于救济当事人的权利，赔偿或补偿当事人的损失。小刘被警告、付某被开除公职，属于行政责任。行政责任是指因违反行政法规定或因行政法规定而应承担的法律责任。

2. **参考答案** 法律责任的目的在于保障法律上的权利、义务、权力得以生效，在它们受到阻碍，从而使法律所保护的利益受到侵害时，通过适当的救济，使对侵害发生有责任的人承担责任，消除侵害并尽量减少未来发生侵害的可能性。法律责任的目的是通过其三个功能的发挥来实现的：（1）惩罚功能，就是惩罚违法者和违约人，维护社会安全与秩序。（2）救济功能，即救济法律关系主体受到的损失，恢复受侵害的权利，分为特定救济和替代救济两种。（3）预防功能，就是通过使违法者、违约人承担法律责任，教育违法者、违约人和其他社会成员，预防违法犯罪或违约行为。

第十二章　法治

一、单项选择题

1. B 【解析】以人民为中心是社会主义法治的核心价值，全面依法治国最广泛、最深厚的基础是人民，必须坚持为了人民、依靠人民，不断增强人民群众获得感、幸福感、安全感、公平感。故答案为B。

2. B 【解析】在确定全面依法治国战略和工作布局的同时，习近平总书记从全面建设社会主义现代化国家的目标要求出发，提出了当前和今后一个时期全面依法治国的重点任务。全面贯彻实施宪法是全面依法治国的首要任务，要坚持依宪治国、依宪执政，更好展现国家根本法的力量、更好发挥国家根本法的作用。本题选择B选项。

3. C 【解析】实现全面依法治国的总目标要坚持的基本原则之一是坚持法律面前人人平等。平等是社会主义法律的基本属性。本题选择C选项。

4. A 【解析】法治国家是全面依法治国的根本目标。法治国家是指依法赋予、运行和制约国家权力、通过公正司法和严格执法来维护法律权威并实现人民权利的国家存在形式。本题选择 A 选项。

5. B 【解析】法治关注法律制度的内容，讲究"良法"之治，强调法律的至高权威，强调法律的公正性、稳定性、普遍性、公开性和平等性，以及对权力的制约和对人权的保障。A 选项正确。法治的政治基础是民主政治，其根本意义在于制约国家权力，以确认和保障公民的权利和自由，实现公民对国家和社会事务的管理。B 选项错误，D 选项正确。法治和人治是相对立的，法治要求将法律置于统治者的权力之上，要求公共权力必须依法取得和行使。C 选项正确。本题选 B。

6. C 【解析】与法治相比，法制更侧重于形式意义上的法律制度及其实施，A 选项错误。只要有法律和制度存在就有法制存在，但这不一定就是法治，B 选项错误。法治与人治是相对立的，法治要求"法律的统治"，将法律置于统治者的权力之上，C 选项正确。法制的问世先于法治，D 选项错误。

7. D 【解析】西方"民主"一词源于古希腊，并非罗马。A 选项错误。法治和德治存在分歧，但分歧并不是根本性的，两者的根本目的是治理国家，两者可以相互作用共同推动国家发展，所以两者并非根本对立的治国方略。B 选项错误。人治国家也存在法律，只是个人意志凌驾于法律之上，法律依旧是治理国家的有用工具。C 选项错误。因此 D 选项正确。

8. A 【解析】法律至上原则是指法律具有至高无上的地位与权威的法治原则，它是法治中最基本的重要原则。法律至上是法治区别于人治的根本标志，也是法治的首要条件。A 选项正确。

9. D 【解析】确立正当程序原则的法律最早源于英国，后来美国联邦宪法修正案对正当程序原则作了规定，从此奠定了正当程序原则在美国的宪法地位。本题选 D。

10. D 【解析】党在新时期既要坚持全面依法治国与依法执政，又要坚持全面从严治党，在从严治党问题上必须从源头上抓起，不断完善党内法规。仅党的十八大以来，中央就出台了一系列准则、条例和规则，包括修改党章，还出台了《中国共产党党内监督条例》《关于新形势下党内政治生活的若干准则》《中国共产党问责条例》《中国共产党地方委员会工作条例》《中国共产党纪律处分条例》《中国共产党廉洁自律准则》《干部教育培训工作条例》等共五十多项党内法规，为从严治党提供了规则基础。因此 ABC 选项均为党内法规，D 选项是法律，本题选 D。

11. D 【解析】法的作用具有局限性，只能调整一部分社会关系，不能调整所有的社会关系，也不可能将全部社会关系法律化，D 选项说法错误。本题选 D。

12. A 【解析】权利保障原则的内容主要包括国家尊重和保障人权、法律面前人人平等和权利与义务相一致。BCD 选项正确。听取当事人的意见是正当程序原则的内容。A 选项错误。本题选 A。

13. D 【解析】在当代社会，法治和德治有着目标的一致性，在终极目标上都是为了要营造一个协调和谐、健康有序、持续发展的氛围。一个社会选择法治还是德治，主要是由它的社会治理模式所属类型的性质决定的。只要人们能够发现一种全新的社会治理模式，就能够真正解决法治与德治相统一的问题。因此，D 选项表述不正确，法治和德治并不是完全不兼容的。本题为选非题，因此 D 选项当选。

14. C 　【解析】法治思维是指按照社会主义法治的逻辑来观察、分析和解决社会问题的思维方式，它是将法律规定、法律知识、法治理念付诸实施的认识过程。法治思维是规则思维、平等思维、权力受制约思维、程序思维。ABD 选项表述正确，C 选项错误，本题选 C。

15. B 　【解析】建设社会主义法治国家的前提条件是：完善的市场经济体制、高度的民主政治体制和全民较高的文化素养三部分。本题选 B。

二、多项选择题

1. ACD 　【解析】全面依法治国的政治方向集中体现在全面依法治国由谁领导、为了谁、依靠谁、走什么路等问题上。由谁领导是"坚持党对全面依法治国的领导"；为了谁、依靠谁是"坚持以人民为中心"，为了人民、依靠人民；走什么路是"坚持中国特色社会主义法治道路"是建设社会主义法治国家的唯一正确道路。因此 ACD 项正确。B 选项坚持依宪治国属于全面依法治国的重点任务。

2. BC 　【解析】"坚持以人民为中心"是社会主义法治的核心价值，说明了全面依法治国最广泛、最深厚的基础是人民，必须坚持为了人民、依靠人民，不断增强人民群众获得感、幸福感、安全感、公平感，BC 项正确。"坚持党对全面依法治国的领导"回答了由谁领导的问题，A 选项错误。"坚持中国特色社会主义法治道路"回答了走什么路的问题，D 选项错误。

3. ABCD 　【解析】在确定全面依法治国战略和工作布局的同时，习近平总书记从全面建设社会主义现代化国家的目标要求出发，提出了当前和今后一个时期全面依法治国的重点任务。全面贯彻实施宪法是全面依法治国的首要任务，要坚持依宪治国、依宪执政，更好展现国家根本法的力量，更好发挥国家根本法的作用。科学立法、严格执法、公正司法、全民守法是全面依法治国的关键环节，要坚持全面推进科学立法、严格执法、公正司法、全民守法，继续推进法治领域改革，解决好立法、执法、司法、守法等领域的突出矛盾和问题。同时，还要坚持统筹推进国内法治和涉外法治，坚决维护国家主权、尊严和核心利益。本题选择 ABCD 选项。

4. ABCD 　【解析】全面依法治国需要坚强有力的保障体系，包括政治保障、制度保障、思想保障、组织保障、人才保障、运行保障、科技保障等。本题选择 ABCD 选项。

5. ABC 　【解析】当代中国社会主义法治理念基本特征可以概括为：一是系统的科学性和合理性，二是鲜明的政治性和时代性，三是真正的开放性和可实证性。ABC 项正确。D 选项属于法的价值的特征，不当选。

6. AD 　【解析】1997 年召开的中国共产党第十五次全国代表大会，将"依法治国"确立为治国基本方略，将"建设社会主义法治国家"确定为社会主义现代化的重要目标，并提出了建设中国特色社会主义法律体系的重大任务。D 选项错误。社会主义法治理念是中国特色社会主义理论体系的重要组成部分，不是制度体系。A 选项错误。本题选 AD。

7. AD 　【解析】法治强调法律在社会生活中至高无上的权威。A 选项正确。法治与法制之间有许多不同。B 选项错误。"法制"一词通常在两种意义上使用：一种是静态意义上的法制，即法律和制度；另一种是动态意义上的法制，即指立法、执法、司法、守法和法律监督的活动和过程。C 选项错误。古代东方和西方都有倡导法制者，那时的法制与民主和宪政无关，是专制和主权的统治工具。D 选项正确。本题选 AD。

8. ABCD 　【解析】全面推进依法治国这一根本方略，必须做到：第一，维护宪法和法律的尊严，坚持法律面前人人平等。任何人、任何组织都没有超越法律的特权。第二，逐步完善我国的社会主义法律体系。进一步加强立法工作，提高立法质量，把立法同改革和发展的重大决策结合起来。第三，完善行政执法制度和司法制度。坚持依法行政、公正司法。为此要积极推进行政和司法改革，从制度上保证行政机关的廉洁和效率，保证司法机关独立公正地行使检察权和审判权。加强对执法、司法机关及其工作人员的监督。第四，大力开展普法教育，广泛进行法制宣传，不断提高广大干部和人民群众的法律意识和法治观念，特别是提高各级领导干部的法治意识，不断运用法治思维和法治方式，提升依法办事的能力，形成良好的社会法治环境。ABCD 全选。

9. BC 　【解析】全面依法治国的总目标是建设中国特色社会主义法治体系，建设社会主义法治国家。BC 选项正确。

三、简答题

1. 参考答案 （1）国家治理体系和治理能力现代化，是国家治理现代化的具体表现，其核心内含主要是实现国家治理的制度化、程序化、法治化。从当前中国社会主义法治的理论与实践要求来看，法治是国家治理体系和治理能力的重要依托，坚持在法治轨道上推进国家治理体系和治理能力现代化，是实现良法善治的必由之路。（2）我国宪法是国家的根本大法，是国家制度和法律法规的总依据。因此，必须在宪法范围内和法治轨道上推进国家治理体系和治理能力现代化。通过宪法法律确认和巩固国家根本制度、基本制度、重要制度，并运用国家强制力保证实施，保障了国家治理体系的系统性、规范性、协调性、稳定性，这有利于充分实现国家和社会治理的有法可依、有法必依、执法必严、违法必究，最终实现国家治理现代化。

2. 参考答案 （1）党领导立法，保证党的主张和意志通过法定程序上升为国家意志；（2）依照宪法和法律，党领导国家政权，运用国家政权，实现党的宗旨、目标和任务；（3）保证和支持行政机关依法严格执法、司法机关公正司法，确保民主的法律化、制度化；（4）带头遵守宪法法律，自觉维护宪法法律权威；（5）通过依法执政的体制机制改革，自觉提升运用法治思维和法治方式执政的意识和能力；（6）依法保障和规范党的机关和党员干部执掌和运用权力的行为，反对以言代法、以权废法、徇私枉法。

四、论述题

参考答案 法治的基本原则包括法律至上原则、权利保障原则、权力制约原则和正当程序原则。法律至上是法治区别于人治的根本标志，也是法治的首要条件。法律至上原则是指法律具有至高无上的地位与权威的法律原则，它是法治中最基本的重要原则，其中宪法至上是法律至上原则的核心。权利保障原则的内容主要包括国家尊重和保障人权、法律面前人人平等和权利与义务相一致。从一定意义上说，法治的所有价值目标都可以归结为国家充分尊重和保障人权。对国家权力的法律限制本身就是对人权的有力保障。法治内在地要求对国家权力进行合理的分配和有效的制约。权力如何分配和制约是法治国家权力结构的基本问题。能否实现法治，也取决于国家权力结构中是否实行分配和制约。之所以强调权力的分配和制约，是因为法治的目的就在于运用法律防止国家权力的专横、恣意和腐败，保障公民的权利和自由。权力制约原则特别强调对国家行政机关的制约，要求严格依法行政。正当程序原则主要是针对国家公权力而言的，即国家机关在行使权力时，应当按照公正的程序采取公正的方法进行。它强调程序正义，如个人不能作自己的法官、法官应听取双方当事人的意见等内容。正当程序原则的理论根据主要是自然公正原则。

第十三章　法与社会

一、单项选择题

1. C 【解析】社会主义法以维护广大人民群众根本利益为根本目标。法治作为一种社会治理形式，其最根本的目的就是使人民的利益得到实现，所以，从社会治理和法治本质看，以人民为中心还是社会主义法治的本质要求。故答案为 C。ABD 选项为社会主义法治的要求，但并不是本质要求，故不选。

2. A 【解析】在历史发展过程中，对社会的调整手段主要有三种：即法律、道德和宗教。近代以来，法律已成为对社会进行调整的首要工具。所有其他的社会调整手段必须从属于法律调整手段或与之相配合，并在法律确定的范围内行使。本题选择 A 选项。

3. B 【解析】法是社会的产物，社会性质决定法律性质，社会物质生活条件最终决定着法的本质。A 选项正确。不同的社会就会产生不同的法律，即使是在同一性质或历史形态的社会，在其不同的发展阶段上，法律的内容、特点和表现形式也往往不尽相同。B 选项错误。制定、认可法的国家以社会为基础，国家权力以社会力量为基础。C 选项正确。社会是法的基础，即社会是法赖以产生或形成的基础，新的法律不可能产生于旧的社会基础上，旧的法律也不可能长期在新的社会基础上生存和延续。法以社会为基础，不仅指法律的性质与功能决定于社会，而且还指法律变迁与社会发展进程基本一致。D 选项正确。本题选 B。

4. D 【解析】法以社会为基础，不仅指法律的性质与功能取决于社会，而且指法律变迁与社会发展的进程基本一致。因此 ABC 选项均正确。尽管法律由社会所决定，但是法对社会有其相对独立性，其独立性表现之一即其在立法、司法等方面的特定规律，因此法律不可能脱离立法、司法而独立发展。D 选项表述错误。本题为选非题，因此 D 选项当选。

5. D 【解析】法律在社会主义市场经济宏观调控方面也发挥着重要作用，主要表现在对市场经济运行的引导、促进、保障和必要的制约方面。D 选项错误，其余选项表述正确，本题选 D。

6. C 【解析】中国共产党的政策与社会主义法在本质上的一致性以及在外部形式和调整方式上的不同特点决定了二者的相互关系。党的政策是社会主义法的核心内容。C 选项正确。

7. A 【解析】法律保障国家职能的实现，具体表现在三个方面：首先，法律确认和宣称国家权力的合法性，D 选项正确。其次，法律制度和法律体系是国家的构成要素之一，法律促进国家职能的实现；最后，法律能增强国家机关行使权力的权威性，B 选项正确。

同时法律制约和监督国家权力的运行。C选项正确。国家是法律存在的政治基础。因此，A选项错误。本题为选非题，因此A选项当选。

8. B 【解析】法律文化由两个层面组成，其一是物质性的法律文化，其二是精神性的法律文化。A选项正确。法律文化与现行法、法律实践、法律意识等法律现实有密切的联系。B选项错误。法律文化是人们从事法律活动的行为模式和思维模式。C选项正确。在不同的国家和不同的历史发展阶段，法律文化会有很大的差异，法律文化具有多样性。D选项正确。本题选B。

9. B 【解析】根据法律意识的专门化、职业化的不同程度，可以将法律意识分为职业法律意识和非职业法律意识。根据法律意识的主体不同，可以将法律意识分为个人法律意识、群体法律意识和社会法律意识。根据认知阶段，可以把法律意识分为低级阶段的法律心理和高级阶段的法律思想体系。按照法律意识的社会政治属性，可以将法律意识分为占统治地位的法律意识和不占统治地位的法律意识。B选项正确。

10. B 【解析】社会法律意识是指社会作为一个整体对法律现象的意识，是一个社会中个人法律意识、各种群体法律意识相互交融的产物。因此这种法律意识往往是对一个国家法制状况的总的反映。B选项表述错误。本题为选非题，因此B选项当选。

11. D 【解析】当代中国的法律文化受到多种法律文化的影响，主要包括：中国传统的法律文化、西方法律文化、苏联的法律文化以及我国社会主义建设过程中所形成的法律文化。这些法律文化在不同的历史时期、不同的条件下对不同的社会阶层发挥着不同的影响。总的来讲，在我国社会主义法治实践基础上形成的法律文化对整个社会的影响更大，而中国传统法律文化则在其中发挥着潜在的作用。本题选D。

12. C 【解析】法律是自觉的、有形的，道德是自发的，有时是无形的，一般不通过专门的公共机关和人员来制定，也不一定要通过专门的组织和制度来实现，A选项正确。法通常是以成文方式表现出来，而道德主要体现在人们的意识、信念和心理之中，通过人们的言论、行为等表现出来，B选项正确。法律主要调整人的行为，而道德所调整的范围远比法律广泛得多，包括人的外在行为和内在思想、动机，C选项错误。道德和法都是以权利和义务为内容的，但法主要是以权利为本位，道德主要是以义务为主体，D选项正确。

二、多项选择题

1. ABCD 【解析】法律是上层建筑的组成部分，它与经济基础之间的关系是形式与内容的关系，故A选项正确。法律根源于经济基础，受经济基础所决定，但也具有一定的反作用和相对独立性，是一种超经济的力量，故BC选项正确。法律对经济基础的反作用包括下列四个方面：第一，法律对经济基础具有选择和确认作用；第二，法律对经济基础具有加速或延缓其发展的作用；第三，法律对经济基础具有保障和促进作用；第四，法律对生产关系的某些方面具有否定、阻碍或限制作用。故D选项也正确。综上，答案为ABCD。

2. ABC 【解析】科学技术进步所形成的新的科学知识，不断被运用到法律领域，成为法律规定的重要的科学依据，所以科学技术会影响法律的内容，故A选项正确。在科学技术的研究发明和推广应用的实践活动中出现的大量新的社会关系需要法律规范的调整，也即科学技术的发展扩展了法律调整的领域，故B选项正确。科学技术的发展会引起有关的传统法律概念和原则的变化，故 C 选项正确。随着科技的发展，科学技术知识内容的立法所占的比重不断增加，而这类专业性、技术性比较强的立法任务要求立法者具备一定的专门性的科学文化知识，需要将这类立法工作委托给专门的机关或人员，这导致"委任立法"范围的不断扩大，故 D 选项错误。综上，答案为 ABC。

3. AB 【解析】执政党政策与法作为社会调整的两种基本形式，它们之间不仅有着内在的一致性，也有着明显的区别，有各自不可替代的作用。法与执政党政策的一致性主要表现在：它们都产生并服务于社会的经济基础，都体现着一定阶级的意志和要求，它们的基本指导思想和价值取向是一致的，它们所追求的社会目的从根本上说也是一致的。法与执政党政策的区别主要表现在：意志属性不同、表现形式不同、实施的途径和保障方式不同、稳定性程度和程序化程度不同。故答案为 AB。

4. ABD 【解析】要正确认识我国社会主义法与党的政策的关系，既不能把二者割裂、对立起来，也不能把二者简单等同。具体而言，中国共产党的政策与社会主义法在本质上具有一致性，但在外部形式和调整方式上具有不同特点。首先，党的政策是社会主义法的核心内容；其次，社会主义法是贯彻党的政策，完善和加强党的领导的不可或缺的基本手段，宪法和法律的实施，是保障党的基本路线方针政策得以贯彻落实的重要途径；最后，党的政策充分发挥作用，能够保障、促进社会主义法的实现。故 AB 选项正确。党领导人民制定宪法法律，也领导人民实施宪法法律，党自身必须在宪法法律范围内活动，党的政策也不能偏离宪法，故 C 选项错误。中国社会主义法体现为以宪法为核心的中国特色社会主义法律体系，是在中国共产党领导下制定和不断完善的，是通过将党的政策转化为法律的方式形成和发展起来的庞大体系。故 D 选项正确。综上，答案为 ABD。

5. ACD 【解析】依法治理网络空间主要包括以下内容：第一，完善网络法律制度。第二，培育良好的网络法治意识。第三，保障公民依法安全用网。ACD 项正确。推进多层次多领域依法治理是实现"共建共治共享"的社会治理新理念的主要内容，B 选项错误。

6. ABCD 【解析】A 选项，党的政策是社会主义法的核心内容。B 选项，社会主义法是贯彻党的政策，完善和加强党的领导的不可或缺的基本手段。C 选项，党的政策充分发挥作用，能够保障、促进社会主义法的实现。D 选项，中国共产党的政策与社会主义法在本质上具有一致性。ABCD 均为正确答案。

7. ACD 【解析】国家意志可以通过政策、法律等多种形式表现出来，而不是单单只通过法律形式表现出来。故 A 选项表述错误。国家是法律存在的政治基础，C 选项把两者的关系说反了。法的制定、实施、实现、适用等都需要以国家为载体，国家权力是法的背后力量和效力基础，因此，法的实现应当以国家政权的运行为必要条件。D 选项错误。因此，本题选 ACD。

8. BC 【解析】法律意识是社会意识的一种特殊形式，泛指人们对法律，特别是对本国现行法律的思想、观念、心理或态度的总称。法律意识是可以通过教育形成的，并且教育是法律意识形成的一种重要的方式。A 选项错误。法律意识是法律文化的重要组成部分，而且在法律文化观念中，法律意识居于主导地位。B 选项正确。法律意识是社会主体在法律实践活动中形成的主观体验和认识在意识中的反映，是对法律现象本身的价值所作出的主观价值判断，同时法律意识反过来会制约法律实践活动的进行。C 选项正确。从认识阶段来看，法律意识可以分为低级阶段的法律心理和高级阶段的法律思想体系。D 选项错误。本题选 BC。关于法律意识考生还应掌握：之所以法律意识是一种特殊的社会意识，首先在于法律意识涉及的对象是法律现象；其次，法律意识与其他社会意识相比，具有较强的强制性，对人们的行为具有明确的指令性。

9. ABCD 【解析】法律意识是人们对法律，特别是对本国现行法律以及法律现象的思想、观点、知识和心理的总称。法律意识包括对法律本质、作用的看法，对现行法律的态度和评价，以及对人们行为的法律评价等。A 选项中消费者的维权意识是试图用法律来作为武器维护自身权益，是对法的作用的看法。B 选项中人们对法律尊重或者反感的情绪是人们对现行法律的态度和评价。C 选项中人们关于法律公正的观念是人们对于法律的观念和思想。D 选项中当事人对法院不信任的态度是人们对于本国法律在现实运行中的观念和态度。故本题选 ABCD。

10. ABC 【解析】律师对法条的认识和法官对法律的认识属于法律观点，法学家的理论属于法律思想。法律观点和法律思想都属于法律意识的范畴。ABC 选项正确。

11. ABCD 【解析】法律文化是一种特殊的文化现象。法律文化一般是指在一定社会物质生活条件的作用下，掌握国家政权的统治阶级所创制的法律规范、法律制度或者人们关于法律现象的态度、价值、信念、心理、感情、习惯以及学说理论的复合有机体。法律文化由两个层面组成，其一是物质性的法律文化，诸如法律制度、法律规范等，即制度形态的法律文化；其二是精神性的法律文化，诸如法律学说、法律心理、法律习惯等，即观念形态的法律文化。本题选择 ABCD 选项。

12. ABCD 【解析】在不同的国家和不同的历史发展阶段，法律文化会有很大的差异。因此，法律文化具有多样性。法律文化作为一个整体，一方面受到经济基础的制约，反映社会发展的客观需要和统治阶级的意志，具有阶级性；另一方面又具有相对独立性，它是一个民族长期积累起来的通过法律调整社会关系、进行社会管理的智慧、知识和经验的结晶，反映了历史上形成的有价值的法律思想和法律技术，反映了一个民族法律调整所达到的水平，具有民族性。故 ABCD 选项均当选。

13. ABC 【解析】宗教也是一种社会规范，其与法律规范的区别在于：（1）产生方式不同。宗教规范是宗教创始人和领袖借助神的名义规定的。（2）实施方式不同。宗教规范主要通过信仰机制，依靠自愿行为。（3）适用原则不同。宗教规范以属人主义原则为标准，只对教徒具有约束力，不同于法律的属地主义和属人主义相结合的原则。因此，本题选 ABC。

14. ABC 【解析】D 选项表现的是法律和道德的区别，并不能说明法律是传播道德、保障道德实施的有效手段。本题选 ABC。

15. ABCD 【解析】解决法律与道德在日常法律适用领域中冲突的措施主要有：（1）立法方面，充分考虑社会主义道德的要求，提高立法质量，尽量避免出现法律的漏洞；（2）在执法和司法过程中，在自由裁量权的范围内考虑道德要求，使法律的适用不仅合法，而且合乎常理，最大限度地减少法律与道德之间不必要的碰撞；（3）在宣传法律过程中，对旧道德进行批判，加强人们对于法律制度和法治理念的认同感。ABCD 全选。

三、简答题

1. 参考答案 （1）科学技术影响法的内容，成为法律规定的重要依据；（2）科学技术的发展扩展了法律调整的领域；（3）科学技术的发展引起了有关的传统法律概念和原则的变化；（4）科学技术的发展完善了法律调整机制；（5）科学技术的发展也影响了法学教育、法制宣传和法学研究的方式和内容，促进了其方式和内容的更新和发展。

2.【参考答案】（1）社会主义道德对社会主义法的作用主要表现在：① 社会主义道德是社会主义法制定的价值指导。② 社会主义道德对社会主义法的实施的促进作用。③ 社会主义道德可以弥补社会主义法在调整社会关系方面的不足。（2）社会主义法对社会主义道德建设的作用主要表现在：① 社会主义法以法律规范的形式把社会主义道德的某些原则和要求加以确认，使之具有法的属性。② 社会主义法是进行社会主义道德教育的重要方式。总之，社会主义道德是法律的评价标准和推动力量，社会主义法是传播社会主义道德、保障道德要求实现的有效手段。

四、分析题

1.【参考答案】（1）在法律的创制过程中，立法者的法律意识直接影响着法律创制活动的效果，起着认识社会发展的客观需要的作用。如果立法者能正确认识和反映一定社会关系的客观要求，进而有效地进行创制法律的活动，那么这样的法律就会促进经济的发展和社会的进步。在法律的创制过程中，有正确的法律意识，是使客观需要转化为法律规范的重要条件。（2）在法律适用的过程中，法律意识起到调整作用，使人们的行为与法律规范相协调。司法人员法律意识的水准对于适用法律的活动以及案件的审判影响很大，它直接关系到司法人员能否准确理解法律规范的精神实质，能否合法、公正地审理案件，能否有效地维护国家利益和公民权利。（3）法律意识在公民、社会组织遵守和执行法律规范的过程中也起着重要作用。法律意识是公民、社会组织对自身行为合法性进行判断的前提。清晰正确的法律意识，不仅能够确保公民、社会组织等主体从事各项活动的合法性，同时健全的法律意识，还是维护自身利益、保障自身合法权益不受侵害的有力武器。在我国社会主义条件下，大力培养公民的社会主义法律意识，对于坚持和实行依法治国，建设社会主义法治国家，具有十分重要的意义。

2.【参考答案】（1）国家是法律存在的政治基础。国家权力是法的支持和保障，这主要表现在以下方面：第一，国家是法的产生和发展直接的推动力之一；第二，国家权力是创制法的直接力量；第三，国家权力以其强制力参与和保障法的实现。（2）法律也对国家权力起到支持和制约的作用，表现在：第一，法确认国家权力的合法性；第二，通过法组织和完善国家权力机构体系；第三，通过法律制约和监督国家权力的运行；第四，法有助于提高国家权力运行的效率。

五、论述题

【参考答案】（1）中国共产党的政策与社会主义法在本质上的一致性以及在外部形式和调整方式上的不同特点决定了二者的相互关系。① 党的政策是社会主义法的核心内容；② 社会主义法是贯彻党的政策，完善和加强党的领导不可或缺的基本手段；③ 党的政策充分发挥作用，能够保障、促进社会主义法的实现。正确认识社会主义法与党的政策的关系，既不能把二者割裂、对立起来，也不能把二者简单等同。具体而言，中国社会主义法体现为以宪法为核心的中国特色社会主义法律体系，是在中国共产党领导之下制定和不断完善的，是通过将党的政策上升为法律的方式形成和发展起来的庞大体系。（2） 当前，坚持依宪治国、依宪执政，是全面推进依法治国的工作重点。宪法作为国家的根本大法，是治国安邦的总章程，是党和人民意志的集中体现，具有最高的法律地位、法律权威、法律效力。（3） 坚持依法治国首先要坚持依宪治国，坚持依法执政首先要坚持依宪执政。党领导人民制定宪法法律，也领导人民实施宪法法律，党自身必须在宪法法律范围内活动。宪法和法律的实施，也是保障党的基本路线方针政策得以贯彻落实的重要途径。要坚持宪法确定的中国共产党领导地位不动摇，坚持宪法确定的人民民主专政的国体和人民代表大会制度的政体不动摇，加强宪法实施和监督，推进合宪性审查工作，维护宪法权威。理解了这些根本法治精神，就能很好地理解两者的基本关系。

中国宪法学

第一章 宪法基本理论

一、单项选择题

1. B 【解析】英国宪法被誉为"宪法之母"。因此 A 选项错误，不选。英国宪法以人民主权思想为指导，突出议会至上的体制特点。因此 B 选项正确。美国宪法有序言，但没有附则。因此 C 选项错误，不选。美国宪法是分权比较彻底的宪法，体现了权力分立和制约与平衡原则。因此 D 选项错误。

2. C 【解析】宪法的实质特征包括：（1） 宪法是公民权利的保障书；（2） 宪法是民主制度法律化的基本形式；（3） 宪法是各种政治力量对比关系的集中体现。宪法的形式特征包括：（1） 宪法的内容具有根本性；（2） 宪法的效力具有最高性；（3） 宪法的制定和修改程序具有特殊性。因此本题选择 C 选项。

3. D 【解析】英国宪法被誉为"宪法之母"，1215 年《自由大宪章》是世界上第一个宪法性文件，A 选项错误。1787 年美国宪法是世界上第一部成文宪法，B 选项错误。1791 年法国宪法是欧洲大陆第一部成文宪法，C 选项错误。世界上第一个无产阶级国家的第一部宪法，也是第一部社会主义性质的宪法，为 1918 年的苏俄宪法，D 选项正确。

4. A 【解析】最早提出刚性宪法和柔性宪法分类的是英国学者蒲莱士，A 选项正确。洛克提出了立法权、司法权、对外权的权力分立原则，B 选项错误。卢梭提出了"天赋人权"理论，确立了基本人权原则，C 选项错误。孟德斯鸠提出了立法权、司法权、行政权的权力分立原则，D 选项错误。

5. D 【解析】马克思主义的宪法分类是马克思主义宪法学者根据宪法的阶级本质和赖以建立的经济基础的不同，对宪法进行的分类。按照这个标准，宪法被划分为资本主义类型宪法和社会主义类型宪法。这种分类方法最鲜明的特点在于揭示宪法的本质，反映了宪法的阶级属性。马克思主义的宪法分类方法是科学的分类方法，是马克思主义对宪法学的卓越贡献。宪法类型的理论以宪法的本质属性作为宪法分类标准，将宪法分类的理论奠定在科学的基础之上，在宪法学上具有重要的意义。D 选项正确。

6. D 【解析】成文宪法和不成文宪法是英国学者蒲莱士 1884 年首次提出的宪法分类，A 选项正确。世界上第一部成文宪法典是 1787 年的《美利坚合众国宪法》，B 选项正确。一般来讲，不成文宪法都是柔性宪法，但有的成文宪法也是柔性的，如 1848 年《意大利宪法》，C 选项正确。我国普通法律的修改需要全国人大全体代表的过半数通过，而不是 1/2 以上，D 选项错误。

7. C 【解析】现行最古老的钦定宪法是 1814 年 5 月 17 日的《挪威王国宪法》，现存最古老的协定宪法是1809年6月6日的《瑞典王国宪法》。A选项错误。美国宪法由序言、正文、修正案组成，没有附则，B选项错误。不成文宪法是指没有统一的法典形式而由带有宪法性质的各种法律文件、宪法判例和宪法习惯等内容组成的宪法。C选项正确。刚性宪法和柔性宪法是英国学者蒲莱士最早提出来的。D选项错误。

8. D 【解析】宪法的生命在于实施，宪法的权威也在于实施。唯有依宪治国，方能使宪法真正成为现实力量。D选项表述错误，ABC选项表述正确。本题选D。

9. A 【解析】1988年宪法修正案增加了"土地的使用权可以依照法律的规定转让"的规定，并非是所有权可以转让。因此A选项错误。其余选项均正确。

10. A 【解析】美国宪法是世界上第一部成文宪法，是比较典型的体现分权与制衡思想的宪法。美国宪法于1787年制定，1789年正式生效。美国宪法由宪法正文和宪法修正案构成。A选项正确。

11. C 【解析】自1982年《宪法》实施以来，全国人大分别在1988年、1993年、1999年、2004年及2018年以宪法修正案的形式对其进行了修改，因此是5次。C选项正确。

12. C 【解析】2004年宪法修正案将《宪法》第四章的章名"国旗、国徽、首都"修改为"国旗、国歌、国徽、首都"；在第136条（2018年修宪后为第141条）中增加一款，作为第2款："中华人民共和国国歌是《义勇军进行曲》。"C选项正确。

13. D 【解析】2004修正案将"戒严"改为"紧急状态"，既便于应对各种紧急状态，也同国际上通行的做法相一致。D选项正确。

14. B 【解析】我国《宪法》经历了三次全面的修改：1975年《宪法》、1978年《宪法》、1982年《宪法》。B选项正确。

15. A 【解析】1789年法国《人权宣言》规定："凡权利无保障和分权未确立的社会，就没有宪法"。1776年美国《独立宣言》规定了北美殖民地脱离英国殖民统治，建立独立自主的国家。1688年英国《权利法案》规定了人民的基本权利，并加以保护。1918年苏俄《被剥削劳动人民权利宣言》第一次系统地规定了经济制度，扩大了宪法的调整范围。A选项正确。

16. D 【解析】本题是对宪法修正案内容的考查。2004年宪法修正案第23条规定，《宪法》第14条增加一款，作为第4款："国家建立健全同经济发展水平相适应的社会保障制度。"D选项正确。

17. B 【解析】近代宪法是在限制封建王权过程中发生的资产阶级革命的产物，其思想基础是"主权在民"与"天赋人权"。A选项错误。美国宪法是世界上第一部成文宪法，也是最早的成文的民定宪法。B选项正确。1918年苏俄宪法是世界上第一部社会主义性质的宪法，不是苏联宪法。C选项错误。法国的第一部宪法是1791年宪法，《人权宣言》为其序言。D选项错误。B选项当选。

18. B 【解析】《独立宣言》被马克思称为世界上"第一个人权宣言"。B选项正确。

19. C 【解析】1982年《宪法》是现行宪法，从这部宪法开始，我国开始采用宪法修正案方式对宪法个别内容予以修改和完善，迄今为止我国现行宪法共进行过五次修改，和1982年《宪法》共同构成了我国的现行宪法。AB选项正确。1982年《宪法》将"公民的基本权利和义务"一章放在"国家机构"一章之前，显现了国家对公民基本权利及保障的重视。C选项错误。1982年《宪法》继承并发展了1954年《宪法》好的传统与基本原则，废弃了1975年《宪法》与1978年《宪法》中不适宜的内容。D选项正确。因此，本题选C。

20. D 【解析】ABC 项均属于 2018 年宪法修正案的内容。目前我国全面修改的宪法只有 1975 年《宪法》、1978 年《宪法》、1982 年《宪法》。2018 年宪法修正案是对 1982 年《宪法》的部分修改，D 选项错误。本题为选非题，因此 D 选项当选。

21. D 【解析】现存最古老的协定宪法是 1809 年 6 月 6 日的《瑞典王国宪法》，又称政体书或政府组织法。D 选项正确。

22. B 【解析】美国众议院任期为 2 年，按照人口比例选出代表组成；参议员任期为 6 年，每两年改选总数的 1/3，由各州选出两名代表组成。B 选项正确。

23. B 【解析】1949 年《中国人民政治协商会议共同纲领》是宪法性法律文件，并不是宪法，A 选项错误。1954 年第一届全国人民代表大会第一次全体会议通过了《中华人民共和国宪法》，这是中华人民共和国成立后的第一部宪法，也是唯一一次行使制宪权而制定的宪法。1975 年《宪法》、1978 年《宪法》、1982 年《宪法》均是行使修宪权而产生的宪法。B 选项正确。

24. C 【解析】1954 年《宪法》是新中国第一部社会主义类型的宪法，它以《共同纲领》为基础，同时又是对《共同纲领》的发展，C 选项正确。

25. B 【解析】中国人民政治协商会议第一届全体会议选举了中央人民政府委员会，宣告了中华人民共和国的成立，并通过了《中国人民政治协商会议共同纲领》，起到了临时宪法的作用，B 选项正确。

26. D 【解析】宪法指示规范，是指宪法指示强制国家为一定行为，和宪法委托不同，原则上所有公权力机关直接或间接的都是其规范对象，行为也不以立法机关的行为为限，公权力机关可以根据国家发展的实际情况决定履行宪法指示的具体方式和先后顺序。我国宪法中基本国策的条款多属于此类规范。D 选项正确。

27. C 【解析】宪法修正案是美国宪法规范体系的重要组成部分，以宪法修正案的方式对宪法进行调整和完善是美国宪政实践中的创造，现已被许多国家效仿和借鉴，我国也采用了以宪法修正案的方式对宪法个别内容予以修改和完善。C 选项正确。

28. B 【解析】以宪法修正案的方式对宪法进行调整和完善是美国宪政实践中的创造，现在已经被许多国家仿效和借鉴，其中也包括我国。A 选项正确。到目前为止，美国共通过宪法修正案 27 条，其中前 10 条宪法修正案是美国宪法颁布当年制定的，这 10 条宪法修正案专门规定了公民的基本权利，即所谓"权利法案"。B 选项错误。法国宪法是欧洲大陆第一部成文宪法。C 选项正确。1946 年，法兰西第四共和国宪法规定了宪法委员会制度，1958 年法兰西第五共和国宪法设立专章规定设置宪法委员会并赋予其合宪性审查的职能。D 选项正确。故本题选 B。

29. B 【解析】1993 年宪法修正案将"社会主义初级阶段"和"建设有中国特色社会主义的理论"及"改革开放"正式写进宪法。C 选项正确。确立"家庭联产承包为主的责任制"的法律地位，实行"社会主义市场经济"，将"国营经济"改为"国有经济"。A 选项正确。规定"中国共产党领导的多党合作和政治协商制度将长期存在和发展"。D 选项正确。1988 年宪法修正案增加规定"土地的使用权可以依照法律的规定转让"。故 B 选项错误。本题为选非题，因此 B 选项当选。

30. D 【解析】法治原则一般来说包含以下方面的内容：宪法优位、法律保留和审判独立。宪法原则包括人民主权原则、基本人权原则、法治原则、权力制约与监督原则。基本人权原则与法治原则并列，均属于宪法的基本原则，基本人权原则并非法治原则的内容。本题选 D。

31. B 【解析】近代分权学说最初是英国的洛克倡导而提出的，他认为国家权力应该分为立法权、行政权和对外联盟权，这实际上是立法和行政两权分立。孟德斯鸠在洛克学说的基础上进一步完善了分权理论，提出了著名的三权分立学说。B 选项正确。

32. A 【解析】我国现行《宪法》第 64 条是关于宪法修改程序的条款，规定了宪法修改的决定机关是全国人大。A 选项正确。

33. C 【解析】此题考查宪法的基本原则。宪法的基本原则包括：人民主权原则、基本人权原则、法治原则、权力制约与监督原则。其中，人民主权原则在我国宪法中的体现为 1982 年《宪法》第二条规定：中华人民共和国的一切权力属于人民，人民行使国家权力的机关是全国人民代表大会和地方各级人民代表大会。人民依照法律规定，通过各种途径和形式，管理国家事务，管理经济和文化事业，管理社会事务。C 选项正确。考生在复习宪法基本原则时，应重点记忆每个原则所对应的在我国宪法中的体现，以便于对宪法原则的理解更为清晰。

34. B 【解析】近代意义上的主权概念是法国人博丹在《共和六书》中提出来的。B 选项错误。本题为选非题，因此 B 选项当选。

35. D 【解析】宪法规范所调整的社会关系具有两个方面的特点：第一，宪法关系所涉及的领域非常广泛，几乎包括国家和社会生活的各个方面，而且均属于宏观的或者原则性方面的社会关系。第二，宪法关系的一方通常总是国家或者国家机关。因为宪法是国家的根本法，根据宪法所调整的社会关系一般必然有国家的参与，国家也依法承担相应的义务或者享有权利。D 选项错误。ABC 选项说法正确，不选。本题选 D。

36. D 【解析】宪法规范区别于普通法律规范的特点包括四个：内容的政治性、效力的最高性、立法的原则性、实施的多层次性。无论是宪法还是普通法律，均具有国家强制性，这并非两者的区别。D 选项正确。

37. A 【解析】宪法规范比普通法律规范更具原则性、概括性。A 选项正确。任何违宪主体都将承担一定的法律后果。B 选项错误。宪法规范所调整的社会关系主要包括国家与公民之间的关系、国家与其他社会主体之间的关系、国家机关之间的关系和国家机关内部的关系，宪法所调整的社会关系多数一方为国家或者国家机关，公民之间的关系涉及的大多数为民商法等部门法。C 选项错误。宪法规范在我国的表现形式主要有宪法典、宪法相关法和宪法惯例等，不包括宪法判例。D 选项错误。

38. A 【解析】宪法所调整的社会关系主要包括以下几类：（1）国家与公民之间的关系。（2）国家与其他社会主体之间的关系。（3）国家机关之间的关系。（4）国家机关内部的关系。A 选项错误。本题为选非题，因此 A 选项当选。

二、多项选择题

1. BCD 【解析】1982 年《宪法》加强了人民代表大会制度，省级以上人大设立了专门委员会，故 A 选项错误。其他各选项表述均正确，故答案为 BCD。

2. ABCD 【解析】宪法所调整的社会关系主要包括以下几类：（1）国家与公民之间的关系。（2）国家与其他社会主体之间的关系。（3）国家机关之间的关系。（4）国家机关内部的关系。故答案为 ABCD。

3. **ABCD** 【解析】宪法的形式特征包括：（1）宪法内容的根本性。（2）宪法效力的最高性。（3）宪法制定、修改程序的特殊性。ABC 选项属于宪法效力的最高性的表述，因此正确。宪法规定国家的根本制度，是对国家和社会生活的宏观规范和调整，宪法规定的内容是有关国家制度和社会制度的基本原则和主要问题，包括国家主权的归属、国家机关的设置及界限、中央和地方的权限划分、公民的权利及范围、基本国策等范畴。D 选项属于宪法内容根本性的表述。因此选 ABCD。

4. **ABCD** 【解析】一般来讲，不成文宪法都是柔性宪法，但有的成文宪法也是柔性的，如哥伦比亚、智利、秘鲁和新西兰。对于特殊情况应当重点记忆。ABCD 全选。

5. **ACD** 【解析】一般，不成文宪法都是柔性宪法，但是有的成文宪法也是柔性宪法（如 1848 年《意大利宪法》），A 选项正确，B 选项错误。刚性宪法和柔性宪法是英国学者蒲莱士最早提出来的，C 选项正确。刚性宪法在效力上高于普通法律、在修改程序上比普通法律严格，D 项正确。

6. **ABCD** 【解析】2018 年对《宪法》进行了第五次修改，通过了第 32 条到第 52 条共 21 条修正案，主要涉及《宪法》序言、贯彻党的领导、国家机构等方面的内容。具体包括：（1）在宪法序言部分，增加了"科学发展观、习近平新时代中国特色社会主义思想"的内容；《宪法》序言中明确写入"贯彻新发展理念"，"推动物质文明、政治文明、精神文明、社会文明、生态文明协调发展，把我国建设成为富强民主文明和谐美丽的社会主义现代化强国，实现中华民族伟大复兴"。统一战线的范围扩大到包括"致力于实现中华民族伟大复兴的爱国者"；在民族关系上，"平等团结互助和谐的社会主义民族关系已经确立，并将继续加强"。充实和平外交政策的内容，增加了"坚持和平发展道路，坚持互利共赢开放战略"，提出了"构建人类命运共同体"的构想。完善依法治国和宪法实施举措，将《宪法》序言中"健全社会主义法制"修改为"健全社会主义法治"。（2）充实和加强中国共产党的全面领导的内容，在《宪法》第 1 条增加规定："中国共产党领导是中国特色社会主义最本质的特征"。增加倡导社会主义核心价值观的内容，《宪法》第 24 条第 2 款中"国家提倡爱祖国、爱人民、爱劳动、爱科学、爱社会主义的公德"修改为"国家倡导社会主义核心价值观，提倡爱祖国、爱人民、爱劳动、爱科学、爱社会主义的公德"。（3）为推进国家治理体系和治理能力的现代化，在国家机构方面进行了以下的修改：推进合宪性审查工作，将全国人大法律委员会改名为"宪法和法律委员会"；国家主席任期、副主席任期同全国人大每届任期相同；增加设区的市制定地方性法规的规定，在《宪法》第 100 条增加一款，作为第 2 款，"设区的市的人民代表大会和它们的常务委员会，在不同宪法、法律、行政法规和本省、自治区的地方性法规相抵触的前提下，可以依照法律规定制定地方性法规，报本省、自治区人民代表大会常务委员会批准后施行"。为实现反腐败对公职人员的全覆盖，在国家机构中设立"监察委员会"。因此，本题 ABCD 全选。

7. **ABC** 【解析】标志着英国宪制逐步确立的宪法性文件主要包括：1215 年的《自由大宪章》，1628 年的《权利请愿书》，1679 年的《人身保护法》，1689 年的《权利法案》，1701 年的《王位继承法》，ABC 项正确。《国会法》是在英国宪制确立后，推动着英国宪制不断适应现代社会发展需要的宪法性文件，D 选项错误。

8. **ABCD** 【解析】我国《宪法》进行过三次全面修改，分别是 1975 年《宪法》、1978 年《宪法》、1982 年《宪法》。对现行 1982 年《宪法》以修正案的方式进行了五次修改，修正案的效力等同于宪法的效力。AD 项正确。我国《宪法》序言部分规定了宪法的根本地位和最高法律效力，B 选项正确。我国《宪法》中没有"附则"，由序言和正文构成，C 选项正确。

9. ABCD 【解析】1999 年宪法修正案第 12 条至第 17 条是 1999 年 3 月 15 日第九届全国人大第二次会议通过的。其内容包括：将"邓小平理论"写进了宪法序言，与马克思列宁主义、毛泽东思想一起，成为指引我国社会主义现代化建设的旗帜；明确了中华人民共和国实行依法治国，建设社会主义法治国家；明确了我国将长期处于社会主义初级阶段，确立了我国社会主义初级阶段的基本经济制度和分配制度；修改了我国的农村生产经营制度；确立了非公有制经济在社会主义市场经济中的地位；将《宪法》第 28 条"反革命活动"修改为"危害国家安全的犯罪活动"。ABCD 全选。

10. BCD 【解析】英国宪法被誉为"宪法之母"，但英国不是最早确立司法机关进行合宪性审查制度的国家，美国最高联邦法院在 1803 年的马伯里诉麦迪逊一案中创立了司法机关进行合宪性审查制。A 选项错误。英国宪制的确立，是通过逐步限制王权和扩大资产阶级政治权力的途径实现的。D 选项正确。英国宪法由宪法性法律、宪法惯例和宪法判例等构成，形成了没有统一的、完整的宪法典形式的、颇具特色的不成文宪法。BC 选项正确。因此选 BCD。

11. CD 【解析】2004 年宪法修正案在序言中增加了"社会主义事业的建设者"。A 选项正确。1999 年宪法修正案确立了非公有制经济在社会主义市场经济中的地位。B 选项正确。2004 年宪法修正案将国家保护私人财产权的规定修改为"公民的合法的私有财产不受侵犯"，并没有"神圣"二字。C 选项错误。1988 年宪法修正案将有关土地的规定进行了修改，规定"土地使用权"可以依照法律规定转让，并非土地所有权。D 选项错误。本题为选非题，因此 CD 选项当选。

12. AC 【解析】承认私营经济的合法地位和允许土地使用权依法进行转让是 1988 年宪法修正案第 1 条、第 2 条的内容。AC 选项正确。B 选项"承认个体经济的合法地位"是 1982 年宪法规定的。D 选项"将'国营经济'改为'国有经济'"是 1993 年宪法修正案的内容。

13. BCD 【解析】宪法并不是和法同时产生的，宪法是法发展到一定阶段的产物，是社会政治历史条件发展到一定阶段的产物。A 选项错误，C 选项正确。宪法是近代资本主义经济发展的必然产物。B 选项正确。宪法是资产阶级政治发展要求的必然结果。宪法是以资产阶级启蒙思想和民主政治理论为基础发展起来的。D 选项正确。

14. ABCD 【解析】2004 年宪法修正案的主要内容包括：对非公有制经济既鼓励、支持、引导，又依法监督、管理，以促进非公有制经济健康发展；在《宪法》第二章"公民的基本权利和义务"中增加"国家尊重和保障人权"；增加建立健全社会保障制度的规定，即建立健全同经济发展水平相适应的社会保障制度；把乡、镇人大的任期由 3 年改为 5 年，各级人大任期一致。ABCD 项均正确。

15. ABCD 【解析】宪法的发展及其趋势表现为：第一，各国宪法越来越强调对人权的保障，不断扩大公民基本权利的范围。第二，政府权力的扩大，是社会发展的必然。各国宪法一方面确认和授予政府更多的权力，另一方面也更加注重通过设定多种监督机制对政府权力加以限制，以防止政府权力的滥用。第三，各国越来越重视建立合宪性审查制度来维护宪法的最高权威。各国普遍认为，必须建立完善合宪性审查的机构与制度，行使合宪性审查的职能，保障宪法的实施。第四，宪法领域从国内法扩展到国际法。许多国家的宪法出现了同国际法相结合的内容。在人权的国际法保障方面尤为明显。因此，ABCD选项都正确。

16. **ABC** 【解析】我国宪法在以下三个方面体现了权力制约与监督原则：（1）人民对国家权力的制约监督。《宪法》第2条第1款规定："中华人民共和国的一切权力属于人民。"第3条第2款规定："全国人民代表大会和地方各级人民代表大会都由民主选举产生，对人民负责，受人民监督。"（2）公民权利对国家权力的制约监督。我国宪法规定了公民的基本权利，这些基本权利意味着国家不得干涉和予以保护的义务。此外，宪法还明确了公民对于任何国家机关和国家工作人员，有提出批评和建议的权利。（3）国家机关内部的制约监督。宪法规定了不同国家机关之间、国家机关内部不同的监督方式。《宪法》第3条第3款规定："国家行政机关、监察机关、审判机关、检察机关都由人民代表大会产生，对它负责，受它监督。"故本题ABC选项正确，D选项体现的是法治原则。

17. **ABD** 【解析】宪法确认民主施政规则，表现为：宪法规定了代议制和普选制，为人民主权的实现构建了政治运行机制；以根本法的形式赋予人民广泛的政治权利和其他社会、经济、文化权利，这些权利既是人民当家作主的政治地位在其他社会生活领域的具体体现，同时也是人民政治权利实现的保障；具体规范了国家机构的职权和行使程序，为国家权力的运行提供了法定界限。ABD项正确。C项属于宪法体现各种政治力量对比关系的内容，不当选。

18. **ABC** 【解析】宪法规定的内容是有关国家制度和社会制度的基本原则和主要问题，体现的是宪法内容的根本性，而不是效力最高性。D选项错误。ABC选项正确。

19. **ABD** 【解析】宪法优位，指宪法是国家的最高法律，其他法律必须受宪法约束。也就是说，全国人民代表大会及其常务委员会制定的法律，必须受到宪法的约束，而不能与宪法相抵触，否则无效。为了确保一个国家法制的统一，宪法优位还进一步要求在行政机关和立法机关之间的关系上要遵循法律优位的原则，也就是说行政机关的一切行政行为或其他活动都不得与法律相抵触。国家机关的行为应当有法律依据，但不一定有明确的宪法依据。C选项错误。故答案为ABD。

20. **ABCD** 【解析】美国宪法正文中，主要体现了以下几项基本原则：人民主权原则和有限政府原则，权力分立和制约与平衡原则，联邦与州的分立原则，对军队文职控制原则。ABCD项均正确。

21. **ABCD** 【解析】宪法规范的内容丰富，形式多样。学者们以不同的角度和标准对宪法规范予以划分。（1）组织权限规范。宪法中用大部分的条文去处理国家机关的组织、权限和职权行使的程序，或者至少规定其原则。（2）权利义务规范。这类规范是宪法在调整公民基本权利和基本义务的过程中形成的，是公民行使权利、履行义务的宪法基础。（3）宪法委托规范。这类规范和权利义务规范也属于实体规范，但只是规定了国家的义务，而没有赋予人民任何主观权利。广义的宪法委托规范包含宪法中所有的要求特定机关为具体行为的规定，一般仅限于狭义地对立法机关为立法委托。（4）宪法指示规范。宪法指示强制国家为一定行为，和宪法委托不同，原则上所有公权力机关直接或间接的都是其规范对象，行为也不以立法机关为限，公权力机关可以根据国家发展的实际情况决定履行宪法指示的具体方式和先后顺序。我国宪法中基本国策的条款多属于此类规范。ABCD全选。

三、简答题

1. **参考答案** 1982年《宪法》的主要内容和特点表现在以下几方面：第一，总结了历史的经验，规定了国家的根本任务和指导思想。第二，发展了民主宪制，恢复完善了国家机构体系，在内容上：（1）加强了人民代表大会制度，省级以上人大设立了专门委员会，规定了人民代表的权利和义务，扩大了人大常委会的职权。（2）恢复设置国家主席，并调整了国家主席的职权。（3）设立了中央军事委员会，加强党和国家对武装力量的统一领导。（4）实行了行政和军事系统的首长负责制。（5）体现了精简国家机构和人员的要求。第三，强调加强民主与法制，保障公民的基本权利和自由。宪法关于社会主义民主建设的规定主要表现在：（1）确立了国家一切权力属于人民的原则，坚持和完善人民代表大会制度。（2）规定了国家生活中的一系列民主原则，如民主集中制、首长负责制、人大常委会组成人员不得兼任行政机关和司法机关职务等。（3）扩大了公民的民主权利和自由。第四，维护国家的统一和民族团结。为实现台湾与祖国大陆的统一，恢复对香港、澳门行使国家主权，宪法从实际出发，根据"一国两制"的原则，规定了设立特别行政区制度，健全了民族区域自治制度，扩大了民族自治地方的自治权限，加强了对自治权实现的法律保障。

2. **参考答案** 我国实行人民代表大会制度，在国家权力统一行使的基础上，国家机关分工负责，相互制约。我国宪法在以下三个方面体现了权力制约与监督原则：（1）人民对国家权力的监督制约。（2）公民权利对国家权力的制约监督。（3）国家机关内部的制约监督。

四、论述题

参考答案 我国宪法有以下基本原则：（1）人民主权原则。我国《宪法》第2条规定："中华人民共和国的一切权力属于人民。人民行使国家权力的机关是全国人民代表大会和地方各级人民代表大会。人民依照法律规定，通过各种途径和形式，管理国家事务，管理经济和文化事业，管理社会事务。"（2）基本人权原则。我国《宪法》第33条第3款规定："国家尊重和保障人权。"这是我国《宪法》上第一次引入"人权"的概念，确立了基本人权原则，对于理解宪法基本权利提供了指引。（3）法治原则。我国《宪法》第5条规定："中华人民共和国实行依法治国，建设社会主义法治国家。国家维护社会主义法制的统一和尊严。一切法律、行政法规和地方性法规都不得同宪法相抵触。一切国家机关和武装力量、各政党和各社会团体、各企业事业组织都必须遵守宪法和法律。一切违反宪法和法律的行为，必须予以追究。任何组织或者个人都不得有超越宪法和法律的特权。"（4）权力制约与监督原则。我国实行人民代表大会制度，在国家权力统一行使的基础上，国家机关分工负责，相互制约。我国宪法在以下三个方面体现了权力制约与监督原则：① 人民对国家权力的监督制约；② 公民对国家权力的制约监督；③ 国家机关内部的制约监督。中国古代正统立法指导思想虽然在不同的朝代有不同的具体内涵，但都有着共同的地方。它们都是封建君主专制之下国家进行阶级统治的工具，不论秦朝的"严刑重法"还是唐代的"德本刑用"，它们都无一例外地维护封建地主阶级的利益，实行压迫剥削农民的政策，从根本上来说是维护少数人利益的法律，因此其立法指导思想也是带有剥削性质的。我国当代的宪法原则是我国宪法的基本原则，是以维护最广大人民的利益为根本出发点和落脚点的，在本质上是反对压迫剥削，保护人民利益的，因此与古代封建性质的立法指导思想有着本质的区别。

【点评】 自 2018 年开始，法硕（非法学）真题综合课中开始出现两门学科相结合的论述题，2018 年的真题是法理学与法制史结合的题目，后期考试也许会出现宪法学与法制史相结合的题目。本书在宪法学部分出了部分论述题，是宪法学与法制史相结合的题目，目的是锻炼考生多学科交叉思考的能力。

第二章 宪法的制定和实施

一、单项选择题

1. A 【解析】制宪权，是指人民创制宪法的权力。但具体行使制宪权的是立宪机关，如制宪会议。最早系统提出宪法制定权概念及其理论体系的学者是法国大革命时期的西耶斯，他认为国民不受制于宪法，国民拥有制宪权，而制宪权、修宪权与立法权是属于不同层次的权力形态。制宪权是一种原生权力，在国家政权性质没有改变的情况下，无论是修改、解释还是其他的变迁形式，都不会导致制宪权的变化问题。修宪权是依据制宪权而产生的一种派生性的权力，通常由宪法确定其行使的主体、程序和限制等方面的内容。而通常意义上的立法权，是制定一般法律的活动，这种立法活动要遵从制宪权的宗旨，不能脱离制宪的目的与原则。

2. D 【解析】宪法制定的程序一般包括：（1） 成立专门的制宪机构；（2） 提出宪法草案；（3） 宪法草案的通过；（4） 公布。D 选项不属于宪法制定的程序，故本题选 D。

3. D 【解析】我国第一届全国人民代表大会第一次会议制定了宪法，属于临时机构。D 选项正确，A 选项错误。制宪机关能够行使宪法制定权，有权批准和通过宪法，B 选项错误。制宪机关一般通过选举产生，C 选项错误。

4. A 【解析】最早建立宪法法院的国家是奥地利，早在 1920 年就已经建立。在此之后，许多欧洲国家纷纷效仿，如德国、西班牙、波兰等。A 选项正确。

5. D 【解析】ABC 项属于专门机关解释体制。这一制度源自奥地利。目前，奥地利、德国、意大利、俄罗斯和韩国等建立了宪法法院，法国等建立了宪法委员会。D 项日本属于司法机关解释体制。本题为选非题，因此 D 选项当选。

6. A 【解析】国家副主席只能由全国人民代表大会产生，故其宣誓仪式只能由全国人民代表大会主席团组织。因此 A 选项正确。国务院副总理既可以由全国人民代表大会产生，也可以由全国人民代表大会常务委员会产生，故全国人民代表大会常务委员会委员长会议也可以组织宣誓仪式。因此 B 选项错误。最高人民法院副院长的宣誓仪式由最高人民法院组织。因此 C 选项错误。中华人民共和国驻外全权代表的宣誓仪式由外交部组织。因此 D 选项错误。

7. C 【解析】根据我国《宪法》第 67 条第（1）项的规定，我国专门行使宪法解释权的机关是全国人民代表大会常务委员会。C 选项正确。

8. A 【解析】社会主义国家一般都确立了最高国家权力机关解释宪法的模式。例如我国宪法的解释权就是由国家权力机关行使，由全国人大常委会行使宪法解释权。A 选项正确。德国的宪法解释体制是专门机关解释体制，建立了宪法法院。B 选项错误。最早采用宪法法院进行宪法解释的国家是奥地利。C 选项错误。美国经由马伯里诉麦迪逊案确立了司法机关解释宪法的体制。D 选项错误，因此选 A。本题考查的是宪法解释的体制，知识点比较繁琐，考生在备考中要熟练背诵掌握。

9. D 【解析】宪法解释体制分为：（1）立法机关解释体制（中国等），在这种体制下，立法机关是制定宪法的机关，同时也是解释宪法的机关；（2）司法机关解释体制（美国、加拿大、日本、澳大利亚等），在这种体制下，司法机关按照司法程序对宪法进行解释，其他的机关或社会团体对宪法的解释属于非正式解释；（3）专门机关解释体制（法国的宪法委员会，德、奥、意、俄、韩的宪法法院等），专门机关解释体制是依据宪法或其他宪法性法律的专门授权成立的机关行使宪法解释权的一种制度。D 选项正确。

10. D 【解析】中国宪法的解释属于立法机关解释体制。这种解释体制首先是由 1978 年《宪法》予以确认和建立的，1978 年《宪法》第 25 条规定了全国人大常委会有"解释宪法和法律、制定法令"的职权。现行宪法再次以根本法的形式确认了宪法解释的机关是全国人大常委会。故 D 选项正确，其他组织和个人对宪法作出的解释为非正式解释。

11. B 【解析】2015 年 7 月 1 日，第十二届全国人大常委会第十五次会议表决通过《全国人大常委会关于实行宪法宣誓制度的决定》，宪法宣誓制度是我国宪法实施制度的完善和最新发展。B 选项正确。

12. C 【解析】我国《宪法》第 64 条第 1 款规定："宪法的修改，由全国人民代表大会常务委员会或者五分之一以上的全国人民代表大会代表提议，并由全国人民代表大会以全体代表的三分之二以上的多数通过。"注意是"全体代表"而非"出席代表"。C 选项错误。本题为选非题，因此 C 选项当选。

13. A 【解析】在我国，宪法修正案只能由全国人大常委会或者 1/5 以上的全国人大代表提出，并由全国人大以全体代表的 2/3 以上的多数通过，A 选项正确。

14. B 【解析】美国由普通法院行使合宪性审查权，虽然美国宪法没有规定普通法院有这项权力，但美国联邦最高法院在 1803 年的马伯里诉麦迪逊一案中创立了由普通法院进行合宪性审查的制度，且对世界上一些国家的合宪性审查制度产生了影响。B 选项正确。

15. D 【解析】从 1954 年《宪法》到 1982 年《宪法》，我国历来都非常重视宪法监督制度的建设。作为依照宪法享有宪法监督权的主体，1954 年《宪法》首次规定了全国人民代表大会在监督宪法实施中的作用。在具体的宪法监督制度建设方面，1982 年《宪法》首次规定了全国人民代表大会常务委员会在监督宪法实施中的作用。本题选 D。

16. A 【解析】宪法监督作为宪法保障的核心内容，在方式上主要表现为合宪性审查。合宪性审查是由特定的机关对立法行为以及其他行为进行审查并处理的一种制度。相对其他宪法监督的制度而言，由于行使合宪性审查权的机关往往具有很高的政治地位和权力，合宪性审查可以使违宪行为受到宪法制裁，具有实际的法律效力和制裁后果，故能够最大限度地保证宪法的权威和实施。因而，宪法监督的具体监督方式为合宪性审查。A 选项正确。

17. B 【解析】早在 1920 年，奥地利设立了宪法法院，其后许多欧洲国家纷纷效仿，如德国、波兰、西班牙等。法国设立的是宪法委员会。CD 选项错误。事先审查是一种预防性审查，是法律、法规或其他的法律文件在发生效力前，或行为还没有实施前，由特定的机关所作的一般性审查。A 选项错误。事后审查是指法律、法规或其他的法律文件在发生效力后，或者行为已经实施后，由特定的机关所作的具体审查。B 选项正确。

18. C 【解析】按照《立法法》第 99 条的规定，国务院、中央军委、最高人民法院、最高人民检察院和省级人大常委会认为行政法规、地方性法规、自治条例和单行条例同宪法或法律相抵触的，可以向全国人大常委会书面提出审查要求。故本题选 C。

19. B 【解析】按照《全国人民代表大会组织法》第 37 条的规定，全国人大各专门委员会可以审议全国人民代表大会常务委员会交付的被认为同宪法、法律相抵触的国务院的行政法规、决定和命令，国务院各部门的命令、指示和规章，国家监察委员会的监察法规，省、自治区、直辖市和设区的市、自治州的人民代表大会及其常务委员会的地方性法规和决定、决议，省、自治区、直辖市和设区的市、自治州的人民政府的决定、命令和规章，民族自治地方的自治条例和单行条例，经济特区法规，以及最高人民法院、最高人民检察院具体应用法律问题的解释，提出意见。因此，本题 B 选项正确。

20. B 【解析】合宪性审查是实现宪法监督的重要手段之一，通过审查公权力机关的规范性文件和具体行为是否合宪，维护宪法的权威和尊严，AD 项正确。合宪性审查主要是针对公权力机关的规范性文件和具体行为进行审查，而广义的宪法监督的范围更广泛，包括对公权力、公民权利以及宪法实施状况的监督，B 选项错误。全国人大各专门委员会负责审议地方性法规，C 选项正确。本题为选非题，因此 B 选项当选。

21. B 【解析】合宪性审查的对象既包括行政行为，也包括立法行为，A 选项正确。合宪性审查可以在司法裁判过程中进行，也可以在司法裁判前进行，B 选项错误。我国合宪性审查方式包括事先的一般性审查和事后的针对性审查，C 选项正确。权力机关对行政机关的法规、决议只能撤销不能改变，D 选项正确。本题为选非题，因此 B 选项当选。

二、多项选择题

1. AD 【解析】国民拥有制宪权，是制宪权的主体，但具体行使制宪权的是立宪机关，如制宪会议。C 选项错误。为了能够有效地行使制宪权，国家通常根据需要成立制宪机关，如制宪会议、国民大会、立宪会议等，因此立宪机关等同于制宪机关，也就是宪法的通过机关。A 选项正确。制宪机关不同于宪法的起草机关，B 选项错误。制宪机关与宪法起草机关的主要区别在于：（1）制宪机关是行使宪法制定权的国家机关，宪法的起草机关是专门的工作机构，不能独立行使制宪权。（2）制宪机关一般是常设的机构，而宪法的起草机关具有临时性，一旦宪法的起草任务完成就宣告解散。这里要注意的是，并非所有国家的制宪机关都是常设的机构，所以只能说制宪机关"一般是"常设的。例如我国的制宪机关是第一届全国人民代表大会第一次会议，属于临时机关。（3）制宪机关有权批准和通过宪法，宪法的起草机关则没有此权。（4）制宪机关是经过选举产生，而宪法的起草机关往往是经过任命的方法产生。D 选项正确。故本题选择 AD 选项。

2. ABCD 【解析】2018 年 6 月，全国人大常委会通过决议，明确了宪法和法律委员会的职责。宪法和法律委员会在继续承担统一审议法律草案等工作的基础上，增加推动宪法实施、开展宪法解释、推进合宪性审查、加强宪法监督、配合宪法宣传等工作职责。因此，ABCD 四项全选。

3. ABD 【解析】国民作为制宪权的主体，只是从抽象意义上来界定的，源自权力的享有主体，但在运行上并不意味着全体国民直接参与制宪活动，具体行使制宪权。真正直接参与制定宪法过程的只能是国民中的一部分人（代表），由他们代表国民行使制宪权。C 选项错误。ABD 选项正确。

4. ABCD 【解析】全国人大有权改变或撤销全国人大常委会不适当的决定；全国人大常委会有权撤销国务院制定的同宪法、法律相抵触的行政法规、决定和命令；全国人大常委会有权撤销省、自治区、直辖市的国家权力机关制定的同宪法相抵触的地方性法规和决议；国务院有权改变或撤销各部、各委员会发布的不适当的规章。ABCD 项均正确。

5. ABCD 【解析】《立法法》第 11 条规定，下列事项只能制定法律：国家主权的事项；民族区域自治制度、特别行政区制度、基层群众自治制度；犯罪和刑罚；对公民政治权利的剥夺、限制人身自由的强制措施和处罚；税种的设立、税率的确定和税收征收管理等税收基本制度；对非国有财产的征收、征用；诉讼制度和仲裁基本制度等。ABCD 均为正确答案。

6. ABCD 【解析】2015 年 7 月 1 日，第十二届全国人大常委会第十五次会议表决通过《全国人民代表大会常务委员会关于实行宪法宣誓制度的决定》（以下简称《决定》），确定了 70 个字的宣誓誓词，自 2016 年 1 月 1 日起实行。根据该《决定》，全国人大及其常务委员会、国务院、中央军委、最高人民法院、最高人民检察院等中央国家机构和县级以上人大及其常委会、人民政府、人民法院、人民检察院等县级以上地方国家机构选出或任命的国家工作人员在就任时应当公开对宪法宣誓。因此，ABCD 四项全选。

7. AB 【解析】司法机关行使宪法解释权源自美国。目前世界上许多国家采用这一体制，如加拿大、日本、澳大利亚等。在这种体制条件下，司法机关按照司法程序对宪法进行解释。专门机关行使宪法解释权源自奥地利，C 选项错误。法国的宪法委员会作为专门机关行使宪法解释权，D 选项错误。

8. AD 【解析】我国的宪法解释属于立法机关解释体制。1954 年《宪法》和 1975 年《宪法》都没有对宪法解释权的归属作出规定。这种解释体制首先是由 1978 年《宪法》予以确认和建立的，1978 年《宪法》第 25 条规定了全国人大常委会有"解释宪法和法律，制定法令"的职权。AD 项正确。

9. ABCD 【解析】在宪法实施过程中，为了探求宪法规范的意涵，往往要采用相应的方法对宪法进行解释。宪法解释的方法有文义解释、目的解释、体系解释，其中，文义解释也叫字面解释。ABCD 全选。

10. BD 【解析】现行《宪法》规定了宪法修改的提案主体，即宪法修改须由全国人大常委会或者 1/5 以上的全国人大代表提议。因此，本题选 BD。

11. ABCD 【解析】最早由普通法院行使合宪性审查权的国家是美国，美国的合宪性审查制度对世界上其他国家产生了重大的影响。目前有日本、加拿大、澳大利亚、墨西哥、阿根廷等国家采用此种模式。ABCD 全选。

12. ABD 【解析】合宪性审查是特定的机关对立法行为以及其他行为进行审查并处理的一种制度。因此 ABD 选项正确。司法审查指法院通过司法程序审查和裁决立法机关和行政机关制定的法律、法令以及行为是否违反宪法的审查。在实行司法审查的国家中，司法审查不但包括合宪性审查还包括违反一般法律的审查。合宪性审查则是对于立法行为或其他行为是否违反宪法进行的审查，既包括司法机关的审查模式，也包括立法机关、专门机关的审查模式。所以司法审查和合宪性审查这两个概念属于交叉关系。因此 C 选项将合宪性审查和司法审查等同的看法是错误的。

13. ABD 　【解析】2005 年全国人大常委会修订了《行政法规、地方性法规、自治条例和单行条例、经济特区法规备案审查工作程序》，并制定了《司法解释备案审查工作程序》。据此，合宪性审查的对象从《立法法》所规定的行政法规、地方性法规、自治条例和单行条例扩大到行政法规、地方性法规、自治条例和单行条例、经济特区法规、最高人民法院和最高人民检察院的司法解释。C 选项错误。ABD 选项正确。

三、简答题

1. 参考答案 （1） 制宪机关是行使宪法制定权的国家机关，宪法的起草机关是专门的工作机构，不能独立行使制宪权。（2） 制宪机关一般是一种常设的机构，而宪法的起草机关具有临时性，一旦宪法的起草任务完成就宣告解散。（3） 制宪机关有权批准和通过宪法，宪法的起草机关则没有此权。（4） 制宪机关是经过选举产生的，而宪法的起草机关往往是经过任命的方式产生的。

2. 参考答案 中国宪法的解释属于立法机关解释体制。1954 年《宪法》和 1975 年《宪法》都没有对宪法解释权的归属作出规定。这种解释体制首先是由 1978 年《宪法》予以确认和建立的，1978 年《宪法》第 25 条规定了全国人大常委会有"解释宪法和法律、制定法令"的职权。现行宪法再次以根本法的形式确认了宪法解释的机关是全国人大常委会，这与我国的宪法体制是相互吻合的。这种解释体制的存在理由在于：全国人大是最高的国家权力机关，而全国人大常委会是全国人大的常设机关，赋予全国人大常委会以宪法解释权，使宪法解释工作有可能成为一种经常性的行为。从一定的意义上讲，全国人大常委会比其他的国家机关更了解宪法的原意和精神。因而，这种解释体制具有一定的合理性。但是，我国的宪法解释在实际生活中还存在着一定的问题，最突出的问题是表现在缺乏具体的规范化程序，还应当建立和完善一些具体的解释程序，使宪法解释进一步规范化。

四、分析题

参考答案 人民法院的做法是正确的。一方面，根据《宪法》的规定，人民法院只能受理具体行政行为的行政诉讼，而无权审查并撤销人民政府的行政命令。因此当地人民法院并不能就政府发布的《关于面点加工经营许可审批制度的规定》而审查撤销。另一方面，根据《宪法》的规定，上级人民政府对下级人民政府所作出的行政决定和命令有权撤销。因此，法院建议小刘向省政府和市人大反映问题是符合法律程序的。综上所述，人民法院的做法正确。

第三章　国家基本制度

一、单项选择题

1. A 　【解析】人民代表大会制度是马克思主义关于政权组织形式的基本理论同中国具体实际相结合的产物，是人民通过选举的方式，选举代表组成各级国家权力机关，由国家权力机关产生其他国家机关，其他国家机关对权力机关负责，权力机关对人民负责的一种制度，人民代表大会制度是我国的根本政治制度。因此 A 选项正确。国家性质也称国体，或者说国家的阶级本质，是指各个阶级在国家中的地位，具体来讲就是哪个阶级是统治阶级，哪个阶级是被统治阶级，哪个阶级是联盟的对象。现行《宪法》规定："中华人民共和国是工人阶级领导的、以工农联盟为基础的人民民主专政的社会主义国家。"宪法的这一规定充分表明，我国的国家性质就是人民民主专政，因此 B 选项错误。

2. B 【解析】《宪法》第 1 条规定："中华人民共和国是工人阶级领导的、以工农联盟为基础的人民民主专政的社会主义国家。社会主义制度是中华人民共和国的根本制度。中国共产党领导是中国特色社会主义最本质的特征。禁止任何组织或者个人破坏社会主义制度。"可见中国共产党领导是中国特色社会主义最本质的特征。B 选项正确。

3. D 【解析】新时期爱国统一战线有以下特点：（1）以中国共产党的领导为最高原则；（2）以政治协商为主要工作方式；（3）以爱国主义为政治基础和界限范围；（4）以"三大任务"为奋斗目标；（5）以中国人民政治协商会议为组织形式。D 选项正确。

4. D 【解析】《国旗法》第 6 条规定："下列机构所在地应当在工作日升挂国旗：（一）中国共产党中央各部门和地方各级委员会；（二）国务院各部门；（三）地方各级人民代表大会常务委员会；（四）地方各级人民政府；（五）中国共产党地方各级纪律检查委员会、地方各级监察委员会；（六）地方各级人民法院和专门人民法院；（七）地方各级人民检察院和专门人民检察院；（八）中国人民政治协商会议地方各级委员会；（九）各民主党派、各人民团体；（十）中央人民政府驻香港特别行政区有关机构、中央人民政府驻澳门特别行政区有关机构。学校除寒假、暑假和休息日外，应当每日升挂国旗。有条件的幼儿园参照学校的规定升挂国旗。图书馆、博物馆、文化馆、美术馆、科技馆、纪念馆、展览馆、体育馆、青少年宫等公共文化体育设施应当在开放日升挂、悬挂国旗。"因此 A 选项除寒假、暑假和休息日外，应当"每日"升挂国旗，BC 选项应当在"工作日"升挂国旗，D 选项应当在"开放日"升挂国旗。本题选 D。

5. B 【解析】在公有制经济中，国有经济具有特殊的地位，控制着国民经济命脉，对经济的发展起着主导作用，是国民经济中的主导力量。在以公有制经济为主体、多种所有制经济共存的格局中，非公有制经济也在市场经济中扮演着重要的角色，是我国市场经济的重要组成部分。2004 年宪法修正案规定："国家保护个体经济、私营经济等非公有制经济的合法的权利和利益。国家鼓励、支持和引导非公有制经济的发展，并对非公有制经济依法实行监督和管理。"B 选项错误。本题为选非题，因此 B 选项当选。

6. A 【解析】我国《宪法》第 6 条规定："……社会主义公有制消灭人剥削人的制度，实行各尽所能、按劳分配的原则。国家在社会主义初级阶段，坚持公有制为主体、多种所有制经济共同发展的基本经济制度，坚持按劳分配为主体、多种分配方式并存的分配制度。"A 选项正确。

7. D 【解析】中国共产党的领导是社会主义政治文明建设的保障；人民当家作主是社会主义政治文明建设的本质特点；坚持依宪治国是社会主义政治文明建设的根本途径。D 选项正确。

8. A 【解析】社会主义社会应该是物质文明、政治文明、精神文明、社会文明和生态文明全面发展的社会，实现现代化的过程是包括经济、政治、文化、社会和生态发展在内的全面进步的过程。在这个过程中，生态文明是"五个文明"系统中的前提，物质文明是"五个文明"系统中的基础，政治文明是"五个文明"系统中的保障，精神文明是"五个文明"系统中的灵魂，社会文明是"五个文明"系统中的目的。本题选A。

9. D 【解析】建设生态文明是关系人民福祉、关系民族未来的大计。小康全面不全面，生态环境质量是关键。良好生态环境是最公平的公共产品，是最普惠的民生福祉。《中华人民共和国网络安全法》体现了我国物质文明、社会文明的高速发展，未体现生态文明建设内涵，因此本题选D。

10. C 【解析】政权组织形式主要是指特定社会的统治阶级采用一定的原则和方式组织实现国家权力的机关体系，确定各机关之间的相互关系。美国为典型的总统制国家，德国为典型的议会制国家，法国为典型的半总统制国家，而英国则是典型的议会君主制国家。C选项正确。

11. D 【解析】人民代表大会制度是我国的根本政治制度，实行一院制，人民代表大会在国家机关体系中居最高的地位，其他机关由它产生，对它负责，受它监督。ABC项正确。人民代表大会制度不是实现社会主义民主的唯一形式，民族区域自治制度和基层群众自治制度都是实现社会主义民主的重要形式，D选项错误。本题为选非题，因此D选项当选。

12. D 【解析】社会主义制度是我国的根本制度。人民代表大会制度是我国的根本政治制度。人民民主专政是我国的国家性质。民主集中制是国家机构的组织活动原则。单一制是我国的国家结构形式。D选项正确。

13. B 【解析】人民代表大会制度是我国的根本政治制度，即政体。人民民主专政是我国的国家性质，即国体。国体决定了政体，因此B选项正确。党的领导、民主集中制是人大和其他各级国家机关的组织原则，因此A、C选项不正确。中央统一领导，地方发挥主动性、积极性是民主集中制的体现，因此D选项错误。

14. B 【解析】人民代表大会制度的形成就是以民主集中制为原则，同时民主集中制也成为人民代表大会的组织和活动原则。B选项正确。三权分立与制衡是西方资产阶级宪法确立的原则，在我国则为权力制衡与监督，A选项错误。人民代表大会实行首长负责制，并非个人负责制，C选项错误。政治协商是民主党派参政议政的方式，D选项错误。

15. B 【解析】《选举法》第53条第2款规定："罢免由县级以上的地方各级人民代表大会选出的代表，须经各该级人民代表大会过半数的代表通过；在代表大会闭会期间，须经常务委员会组成人员的过半数通过。罢免的决议，须报送上一级人民代表大会常务委员会备案、公告。"因此，省级人大代表由下一级人民代表大会选举和罢免，并报省级人大常委会备案。B选项正确。

16. A 【解析】我国的根本政治制度是人民代表大会制度。我国的国家性质是人民民主专政。我国的根本制度是社会主义制度，中国共产党领导是中国特色社会主义最本质的特征。我国的根本政治制度是人民代表大会制度，人民代表大会制度的形成就是以民主集中制为原则，同时民主集中制也成为人民代表大会的组织活动原则。A选项正确。

17. D 【解析】选举权的普遍性实际上就是享有选举权的主体的范围问题，即公民享有选举权的广泛程度。D选项正确。

18. B 【解析】全国人民代表大会常务委员会主持全国人民代表大会代表的选举，A选项正确。县级以上的地方各级人民代表大会在选举上一级人民代表大会代表时，由该级人民代表大会主席团主持，B选项错误。不设区的市、市辖区、县、自治县的选举委员会受本级人民代表大会常务委员会的领导，C选项正确。乡、民族乡、镇的选举委员会受不设区的市、市辖区、县、自治县的人民代表大会常务委员会的领导，D 选项正确。本题为选非题，因此 B 选项当选。

19. B 【解析】根据《宪法》和《选举法》的规定，在我国享有选举权的基本条件有：（1）具有中国国籍，是中华人民共和国公民；（2）年满 18 周岁；（3）依法享有政治权利。阿彬虽然患有精神疾病，但是符合选举权的各项要求，享有选举权，A 选项不选。老戴 17 周岁，不符合年满 18 周岁的条件，不享有选举权，B 选项正确。霞姐满足上述三项条件，享有选举权，C 选项不选。老孙未被附加剥夺政治权利，符合上述三项条件，享有选举权，D 选项不选。因此本题选 B。

20. D 【解析】我国《选举法》第 25 条第 1 款规定："选区可以按居住状况划分，也可以按生产单位、事业单位、工作单位划分。"D 选项正确。

21. B 【解析】《选举法》第 31 条规定："全国和地方各级人民代表大会代表实行差额选举，代表候选人的人数应多于应选代表的名额。由选民直接选举人民代表大会代表的，代表候选人的人数应多于应选代表名额三分之一至一倍；由县级以上的地方各级人民代表大会选举上一级人民代表大会代表的，代表候选人的人数应多于应选代表名额五分之一至二分之一。"所以可以得出我国选举人大代表遵循的是差额选举的原则，故排除 A 选项。根据上述法律规定，在直接选举人大代表时，代表候选人的人数不能超过应选代表的一倍，所以在本题中该选区的候选人人数不能超过 6 人，故排除 CD 选项。B 选项正确。

22. B 【解析】我国《选举法》确立的基本原则包括：普遍性原则、平等性原则、直接选举和间接选举并用原则、差额选举原则、秘密投票原则。因此 B 选项不属于，本题选 B。

23. C 【解析】在实行直接选举的地方，由选举委员会主持投票选举工作，并通过召开选举大会、设立投票站和流动票箱的方式进行投票。县级以上地方各级人民代表大会在选举上一级人民代表大会代表时，由该级人民代表大会主席团主持投票选举。C 选项错误。本题为选非题，因此 C 选项当选。

24. D 【解析】选民名单应在选举日的 20 日以前公布，对公布的选民名单有不同意见的，可以在选民名单公布之日起 5 日内向选举委员会提出申诉。选举委员会对申诉的意见，应当在 3 日内作出处理决定。申诉人如果对决定不服，可以在选举日的 5 日前向人民法院起诉。人民法院应在选举日以前作出判决。D 选项正确。

25. D 【解析】对于县级的人民代表大会代表，原选区选民 50 人以上联名，对于乡级的人民代表大会代表，原选区选民 30 人以上联名，可以向县级的人民代表大会常务委员会书面提出罢免要求，AB 项错误。县级以上的地方各级人民代表大会举行会议的时候，主席团或者 1/10 以上代表联名，可以提出对由该级人民代表大会选出的上一级人民代表大会代表的罢免案，C 选项错误。代表在任期内，因故出缺，由原选区或者原选举单位补选，既可以采用差额选举也可以采用等额选举，D 选项正确。

26. B 【解析】根据《选举法》的规定，对于县级的人民代表大会代表，原选区选民 50 人以上联名，对于乡级的人民代表大会代表，原选区选民 30 人以上联名，可以向县级的人民代表大会常务委员会书面提出罢免要求。B 选项错误。直接选举和间接选举均需全体过半数通过，方可罢免人大代表，AC 选项正确。本题为选非题，因此 B 选项当选。

27. B 【解析】根据《选举法》的规定，全国人大代表，省、自治区、直辖市、设区的市、自治州的人大代表可以向选举他的人大常委会书面提出辞职。A 选项正确。常务委员会接受辞职，须经常务委员会组成人员的过半数通过。接受辞职的决议，须报送上一级人大常委会备案、公告。B 选项错误。县级人大代表可以向本级人大常委会书面提出辞职。乡级人大代表可以向本级人大书面提出辞职。县级的人大常委会接受辞职，须经常务委员会组成人员的过半数通过。乡级的人大接受辞职，须经人大过半数的代表通过。接受辞职的，应当予以公告。人民代表因故在任期内出缺，由原选区或原选举单位补选。D 选项正确。补选出缺的代表可以采用差额选举，也可以采用等额选举。C 选项正确。

28. D 【解析】中国人民政治协商会议是中国人民的爱国统一战线组织。在性质上，中国人民政治协商会议不属于国家机构体系，不是国家机关，也不同于一般的人民团体，而是爱国统一战线和多党合作的重要形式。D 选项正确。

29. C 【解析】爱国统一战线以中国共产党的领导为最高原则，C 选项错误。ABD 项表述正确。本题为选非题，因此 C 选项当选。

30. D 【解析】中国共产党和各民主党派不是执政党和反对党的关系，不存在轮流执政的问题，中国共产党对各民主党派的领导政治领导，各民主党派参政、议政，因此 ABC 项错误，D 选项正确。

31. B 【解析】1993 年宪法修订通过了《宪法》第 4 条修正案，《宪法》序言第 10 段末尾增加：中国共产党领导的多党合作和政治协商制度将长期存在和发展。B 选项正确。

32. D 【解析】中国共产党领导的多党合作和政治协商制度是我国的政党制度，是宪法制度中的重要组成部分。各民主党派都接受中国共产党的领导，成为参政党。中国共产党对民主党派的方针是"长期共存、互相监督、肝胆相照、荣辱与共"。D 选项正确。

33. A 【解析】自治条例是由民族自治地方的人民代表大会制定的、有关本地区实行民族区域自治的基本组织原则、机构设置、自治机关的职权、活动原则、工作制度以及其他的各种有关重大问题的规范性文件。因此本题选 A。

34. C 【解析】国务院有权批准省、自治区、直辖市的行政区域界线的变更（区域划分），人民政府驻地的迁移，简称、排列顺序的变更。因此 C 选项正确。

35. C 【解析】省、自治区、直辖市的设立、撤销、更名，报全国人大批准。省、自治区、直辖市的行政区域界线的变更，报国务院审批；自治州、县、自治县、市、市辖区的设立、撤销、更名和隶属关系的变更以及自治州、自治县、设区的市人民政府驻地的迁移，报国务院审批。自治州、自治县的行政区域界线的变更，县、市、市辖区的行政区域界线的重大变更报国务院审批。县、市、市辖区的部分行政区域界线的变更，县、不设区的市、市辖区人民政府的迁移，国务院授权省、自治区、直辖市人民政府审批；批准变更时，同时报送国务院备案。乡、民族乡、镇的设立、撤销、更名和行政区域界限的变更，人民政府驻地的迁移，由省、自治区、直辖市人民政府审批。故本题选 C。

36. B 【解析】单一制国家结构形式是指由若干不具有独立性的行政单位或自治单位组成，各组成单位都是国家不可分割的组成部分的一种国家结构形式。单一制的特征有：全国只有一部宪法和一个统一的法律体系；只有一个中央政权机关，各地方的自治单位或行政单位受中央的统一领导；每个公民只有一个国籍；国家整体在国际关系中是唯一的主体。因此 B 选项认为单一制国家中公民具有双重国籍是错误的。本题选 B。

37. D 【解析】我国目前存在着三种行政单元：普通行政地方、民族自治地方和特别行政区。经济特区只是实行特别的经济制度和经济体制的地区，性质上仍然属于一般的行政区划，并非特殊的行政区划。本题选 D。

38. A 【解析】我国宪法和法律严格规定了行政区划变更的法律程序：第一，省、自治区、直辖市的设立、撤销、更名，报全国人大批准。第二，省、自治区、直辖市的行政区域界线的变更，人民政府驻地的迁移，简称、排列顺序的变更，报国务院审批；自治州、县、自治县、市、市辖区的设立、撤销、更名和隶属关系的变更以及自治州、自治县、设区的市人民政府驻地的迁移，报国务院审批；自治州、自治县的行政区域界线的变更，县、市、市辖区的行政区域界线的重大变更，报国务院审批。第三，县、市、市辖区的部分行政区域界线的变更，县、不设区的市、市辖区人民政府驻地的迁移，国务院授权省、自治区、直辖市人民政府审批；批准变更时，同时报送国务院备案。第四，乡、民族乡、镇的设立、撤销、更名，行政区域界线的变更，人民政府驻地的迁移，由省、自治区、直辖市人民政府审批。因此 A 选项正确。

39. B 【解析】我国最早建立的民族自治区是内蒙古自治区。1947 年 5 月 1 日，内蒙古自治区政府正式宣告成立。这是党领导建立的我国第一个省一级的内蒙古自治区，为以后在其他民族地区实行民族区域自治指明了方向，积累了宝贵的经验。B 选项正确。

40. A 【解析】省、自治区、直辖市人民政府驻地迁移，应当报国务院批准，A 选项错误。自治州、县、自治县、市、市辖区的设立、撤销、更名和隶属关系的变更以及自治州、自治县、设区的市人民政府驻地的迁移，报国务院审批，B 选项正确。乡、民族乡、镇的设立、撤销、更名，行政区域界线的变更，人民政府驻地的迁移，由省、自治区、直辖市人民政府审批，C 选项正确。县、市、市辖区的部分行政区域界线的变更，国务院授权省、自治区、直辖市人民政府审批；批准变更时，同时报送国务院备案，D 选项正确。本题为选非题，因此 A 选项当选。

41. A 【解析】我国《宪法》第 113 条规定："自治区、自治州、自治县的人民代表大会中，除实行区域自治的民族的代表外，其他居住在本行政区域内的民族也应当有适当名额的代表。自治区、自治州、自治县的人民代表大会常务委员会中应当有实行区域自治的民族的公民担任主任或者副主任。"A 选项正确。

42. B 【解析】《宪法》第 112 条规定："民族自治地方的自治机关是自治区、自治州、自治县的人民代表大会和人民政府。"因此，民族自治地方的自治机关不包括人大常委会。A 选项错误。民族自治地方人大常委会中应当有实行区域自治的民族的公民担任主任或者副主任，自治区主席、自治州州长、自治县县长由实行区域自治的民族的公民担任。B 选项正确，C 选项错误。依照国家的军事制度和当地的实际需要，经国务院批准，民族自治地方的自治机关可以组织本地方维护社会治安的公安部队。D 选项错误。本题选 B。

43. C 【解析】特别行政区享有高度的自治权，但不享有主权，也不是一个独立的政治实体，其法律地位相当于省、自治区、直辖市。本题选 C。

44. C 【解析】澳门特别行政区设立初级法院、行政法院、中级法院和终审法院。香港特别行政区设立终审法院、高等法院、区域法院、裁判署法庭和其他专门法庭。考生要对港澳特别行政区的法院设置进行清晰的区分。本题选 C。

45. C 【解析】此题考查特别行政区制度。特别行政区政府是特别行政区的行政机关，对立法会负责。A 选项错误。行政长官是特别行政区首长，代表特别行政区，对中央人民政府和特别行政区负责。行政长官通过选举或者协商产生，由中央人民政府任命，B 选项错误。香港特别行政区行政长官应由在香港通常连续居住满 20 年的中国公民担任。D 选项错误。虽然特别行政区享有高度自治权，但是它仍直辖于中央人民政府，中央人民政府与特别行政区的关系是单一制国家结构形式内中央与地方之间的关系。C 选项正确。

46. A 　【解析】《香港特别行政区基本法》第 43 条规定："香港特别行政区行政长官是香港特别行政区的首长，代表香港特别行政区。香港特别行政区行政长官依照本法的规定对中央人民政府和香港特别行政区负责。"A 选项正确。《香港特别行政区基本法》第 49 条规定："香港特别行政区行政长官如认为立法会通过的法案不符合香港特别行政区的整体利益，可在三个月内将法案发回立法会重议，立法会如以不少于全体议员三分之二多数再次通过原案，行政长官必须在一个月内签署公布或按本法第五十条的规定处理。"《香港特别行政区基本法》第 50 条规定："香港特别行政区行政长官如拒绝签署立法会再次通过的法案或立法会拒绝通过政府提出的财政预算案或其他重要法案，经协商仍不能取得一致意见，行政长官可解散立法会。行政长官在解散立法会前，须征询行政会议的意见。行政长官在其一任任期内只能解散立法会一次。"故全体议员 2/3 多数再次通过原法案时，行政长官并非只能签署公布或辞职，也可以解散立法会，重新选出立法会。B 选项错误。行政长官由年满 40 周岁，在香港通常居住连续满 20 年，并在外国无居留权的特别行政区永久性居民中的中国公民担任。C 选项错误。《香港特别行政区基本法》第 55 条第 1 款规定："香港特别行政区行政会议的成员由行政长官从行政机关的主要官员、立法会议员和社会人士中委任，其任免由行政长官决定。行政会议成员的任期应不超过委任他的行政长官的任期。"D 选项错误。

47. D 　【解析】特别行政区享有高度自治权，有立法权、独立的司法权和终审权，A 选项正确。中央有权决定特别行政区进入紧急状态，B 选项正确。《香港基本法》和《澳门基本法》都规定在本行政区内"不实行社会主义制度和政策，保持原有的资本主义制度和生活方式，五十年不变"，C 选项正确。非中国籍的香港特别行政区永久性居民和在外国有居留权的香港特别行政区永久性居民可以当选为香港特别行政区立法会议员，其所占比例不得超过立法会全体议员的 20%，D 选项错误。本题为选非题，因此 D 选项当选。

48. A 　【解析】澳门行政长官没有无外国居留权的限制，A 选项正确。特别行政区行政长官只能连任一次，B 选项错误。特别行政区行政长官要求在香港或澳门连续居住满 20 年，C 选项错误。特别行政区行政长官必须是中国公民，D 选项错误。

49. B 　【解析】行政法院是澳门特别行政区的司法机关，A 选项错误。终审法院是澳门的最高法院，B 选项正确。香港没有单独的检察机关，律政司承担检察职能，C 选项错误。澳门属于大陆法系，D 选项错误。

50. C 　【解析】特别行政区政治体制的特点包括：行政主导、司法独立、行政与立法相互制约与配合，ABD 项正确。民主集中制是人民代表大会制度的组织活动原则，特别行政区施行特别的政治制度，民主集中制不属于其特点，C 选项错误。本题为选非题，因此 C 选项当选。

51. D 　【解析】基层群众性自治组织首次出现是在 1982 年《宪法》中，是指依据法律规定，以城乡居民（村民）一定的居住地为基础设立，并由居民（村民）选举产生的成员组成的，实行自我管理、自我教育、自我服务的社会组织。D 选项正确。

52. D 　【解析】2018 年《村民委员会组织法》进行了修改，村民委员会每届任期修改为 5 年。A 选项错误。村民委员会是村民自我管理、自我教育、自我服务的基层群众性自治组织，不属于国家机关。B 选项错误，D 选项正确。村民委员会由主任、副主任和委员共 3~7 人组成。C 选项错误。因此，本题选 D。

53. C 　【解析】城市居民委员会属于基层群众性自治组织，其设立主要遵循便于居民自治的原则。因此，C 选项正确。

54. B　【解析】根据《村民委员会组织法》的规定，村民委员会的工作报告由村民会议或者村民代表会议审议，而不是由乡政府审议。A 选项错误。村民会议可以制定和修改村民自治章程、村规民约，并报乡、民族乡、镇的人民政府备案。B 选项正确。对登记参加选举的村民名单有异议的，应当向村民选举委员会提出申诉，而不是向乡政府提出申诉。C 选项错误。村民委员会成员出缺，可以由村民会议或者村民代表会议进行补选。补选的村民委员会成员的任期到本届村民委员会任期届满时止。D 选项错误。

55. B　【解析】城市居民委员会是居民自我管理、自我教育、自我服务的基层群众性自治组织，A 选项正确。城市居民委员会由主任、副主任和委员共 5 至 9 人组成，B 选项错误。居民委员会每届任期 5 年，其成员可以连选连任，C 选项正确。居民委员会的主要任务包括协助人民政府或它的派出机关做好与居民利益有关的公共卫生、优抚救济、青少年教育等项工作，D 选项正确。本题为选非题，因此 B 选项当选。

二、多项选择题

1. ABC　【解析】以民族构成为基础进行划分，我国民族自治地方有三种类型：一是以一个少数民族聚居区为基础而建立的自治地方，如宁夏回族自治区；二是以两个或两个以上的少数民族聚居区为基础而建立的自治地方，如贵州省的黔东南苗族侗族自治州；三是以一个人口较多的少数民族聚居区为基础，同时包括一个或几个人口较少的其他少数民族聚居区而建立的自治地方，如新疆维吾尔自治区。在相当于乡一级的少数民族聚居区，建立民族乡。民族乡不是一级民族自治地方，不享有民族自治权。故答案为 ABC。

2. ABCD　【解析】根据《香港特别行政区基本法》第 48 条和《澳门特别行政区基本法》第 50 条，特别行政区的行政长官具有执行权和行政、立法、司法方面的职权，故答案为 ABCD。

3. ABCD　【解析】现阶段我国的统一战线称为爱国统一战线。这一新时期统一战线有如下特点：（1）以中国共产党的领导为最高原则。（2）以政治协商为主要工作方式。（3）以爱国主义为政治基础和界限范围。（4）以"三大任务"为奋斗目标。（5）以中国人民政治协商会议为组织形式。因此 ABCD 选项都正确。

4. ACD　【解析】我国现行宪法第 1 条第 1 款规定："中华人民共和国是工人阶级领导的、以工农联盟为基础的人民民主专政的社会主义国家。"人民民主专政的阶级结构表现为以工人阶级为领导，工农联盟是阶级基础，知识分子是依靠力量，统一战线是人民民主专政的重要特色。ACD 选项正确，B 选项错误。本题选 ACD。

5. ABCD　【解析】《国徽法》第 4 条规定："下列机构应当悬挂国徽：（一）各级人民代表大会常务委员会；（二）各级人民政府；（三）中央军事委员会；（四）各级监察委员会；（五）各级人民法院和专门人民法院；（六）各级人民检察院和专门人民检察院；（七）外交部；（八）国家驻外使馆、领馆和其他外交代表机构；（九）中央人民政府驻香港特别行政区有关机构、中央人民政府驻澳门特别行政区有关机构。国徽应当悬挂在机关正门上方正中处。"第 5 条规定："下列场所应当悬挂国徽：（一）北京天安门城楼、人民大会堂；（二）县级以上各级人民代表大会及其常务委员会会议厅，乡、民族乡、镇的人民代表大会会场；（三）各级人民法院和专门人民法院的审判庭；（四）宪法宣誓场所；（五）出境入境口岸的适当场所。"因此 ABCD 选项全正确。

6. **ABD**　【解析】《宪法》第 6 条规定："中华人民共和国的社会主义经济制度的基础是生产资料的社会主义公有制，即全民所有制和劳动群众集体所有制……国家在社会主义初级阶段，坚持公有制为主体、多种所有制经济共同发展的基本经济制度……"公有制经济在成分上不仅包括全民所有制经济、劳动群众集体所有制经济，还包括混合所有制经济中的国有成分和集体成分。ABD 选项正确。"外商投资经济"是指外国的企业、经济组织和个人依据我国的法律规定，在我国投资或与我国的企业、经济组织进行经济合作而形成的涉外经济形式，属于非公有制经济。C 选项错误。

7. **AC**　【解析】农村和城市郊区的土地，原则上属于集体所有，例外情况下由法律规定为国家所有，A 选项错误。宅基地和自留地、自留山属于集体所有，B 选项正确。我国的非公有制经济包括个体经济、私营经济以及外商投资经济，C 选项错误。全民所有制经济即国有经济控制着我国的经济命脉，对经济的发展起主导作用，D 选项正确。本题为选非题，因此 AC 选项当选。

8. **ABD**　【解析】我国实行各尽所能、按劳分配的原则，是由生产资料的社会主义公有制决定的，是社会主义公有制的具体体现，同时，在按劳分配为主体的情况下又允许多种分配方式并存，这又是由我国社会主义初级阶段生产力发展水平和多种生产方式并存的实际状况所决定的，ABD 项正确。C 选项与本题无关。

9. **CD**　【解析】我国《宪法》第 8 条第 3 款规定："国家保护城乡集体经济组织的合法的权利和利益，鼓励、指导和帮助集体经济的发展。"《宪法》第 11 条第 2 款规定："国家保护个体经济、私营经济等非公有制经济的合法的权利和利益。国家鼓励、支持和引导非公有制经济的发展，并对非公有制经济依法实行监督和管理。"因此 CD 选项正确。

10. **BC**　【解析】我国《宪法》第 6 条第 1 款规定："中华人民共和国的社会主义经济制度的基础是生产资料的社会主义公有制，即全民所有制和劳动群众集体所有制。社会主义公有制消灭人剥削人的制度，实行各尽所能、按劳分配的原则。"BC 选项正确。

11. **CD**　【解析】《宪法》第 9 条第 1 款规定："矿藏、水流、森林、山岭、草原、荒地、滩涂等自然资源，都属于国家所有，即全民所有；由法律规定属于集体所有的森林和山岭、草原、荒地、滩涂除外。"因此矿藏和水流只能属于国家所有。对于以上几种特殊的自然资源的所有性质，考生在备考时需要认真识记，以便于在考试中迅速得出正确答案。CD 选项正确。

12. **ABCD**　【解析】国家保护城乡集体经济组织的合法权利和利益，鼓励、指导和帮助集体经济的发展。国家保障国有经济的巩固和发展。国家鼓励、支持和引导非公有制经济的发展，并对非公有制经济依法实行监督和管理。国家在社会主义初级阶段，坚持公有制为主体、多种所有制经济共同发展的基本经济制度，坚持按劳分配为主体、多种分配方式并存的分配制度，按劳分配原则是我国社会主义分配制度的基础。ABCD 均为正确答案。

13. **AD**　【解析】我国《宪法》第 15 条第 1 款规定："国家实行社会主义市场经济。"A 选项正确。我国《宪法》第 16 条第 1 款规定："国有企业在法律规定的范围内有权自主经营。"而不是由政府统一安排经营管理。B 选项错误。我国《宪法》第 8 条第 1 款规定："农村集体经济组织实行家庭承包经营为基础、统分结合的双层经营体制……"但是集体经济并不仅仅指农村集体经济，在城镇集体经济表现为合作经济，因此 C 选项说法片面。我国《宪法》第 10 条第 4 款规定："……土地的使用权可以依照法律的规定转让。"D 选项正确。

14. **ABC**　【解析】我国公有制经济不仅包括全民所有制经济、劳动群众集体所有经济，还包括混合所有制中的国有成分和集体成分，D 选项"外商投资经济"属于非公有制经济。ABC 选项正确。

15. AB 【解析】精神文明是伴随着物质文明的产生而产生的，是社会生产实践中的精神产品。精神文明建设是我国社会主义制度的一项基本内容，宪法对其有明确和完整的规定。这是我国宪法所具有的重大特点，也是对社会主义类型宪法发展的重大贡献。按照现行宪法的规定，精神文明建设主要包括文化教育建设和思想道德建设的内容。根据《宪法》最新修改的表述，"我国要推动物质文明、政治文明、精神文明、社会文明、生态文明协调发展"，在之前物质文明、政治文明、精神文明的基础上，新增了社会文明和生态文明。AB 选项正确。

16. ABCD 【解析】社会文明是社会领域的进步程度和社会建设的积极成果，包括社会主体文明、社会关系文明、社会观念文明、社会制度文明、社会行为文明等方面。因此，ABCD 四项全选。

17. ABCD 【解析】"五个文明"协调发展是中国共产党统筹推进经济建设、政治建设、文化建设、社会建设、生态建设的"五位一体"总体布局的宪法化表达。社会主义社会应该是物质文明、政治文明、精神文明、社会文明和生态文明全面发展的社会，实现现代化的过程是包括经济、政治、文化、社会和生态发展在内的全面进步的过程。在这个过程中，生态文明是"五个文明"系统中的前提，物质文明是"五个文明"系统中的基础，政治文明是"五个文明"系统中的保障，精神文明是"五个文明"系统中的灵魂，社会文明是"五个文明"系统中的目的。因此，本题选 ABCD。

18. AC 【解析】与其他的代议制度相比较，人民代表大会制度具有以下五个特点：第一，人民代表大会制度的目标是规范国家权力和保障公民权利；第二，人民代表大会在国家机关体系中居最高地位，其他机关由它产生，对它负责，受它监督；第三，人民代表大会制度实行的是一院制；第四，人民代表是兼职代表，B 选项错误；第五，在人民代表大会中设立常务委员会作为常设机关。乡级人民代表大会因为处于基层，管理事务相对较少，无需设立常设机关，由乡级人民代表大会主席团在乡级人民代表大会闭会期间处理程序性事项，所以乡级人民代表大会不设立常务委员会，属于例外，D 选项错误。

19. CD 【解析】《全国人民代表大会和地方各级人民代表大会代表法》第 49 条规定："代表有下列情形之一的，其代表资格终止：（一）地方各级人民代表大会代表迁出或者调离本行政区域的；（二）辞职被接受的；（三）未经批准两次不出席本级人民代表大会会议的；（四）被罢免的；（五）丧失中华人民共和国国籍的；（六）依照法律被剥夺政治权利的；（七）丧失行为能力的。"因此本题选 CD。

20. BCD 【解析】乡级、县级人大代表采取直接选举的方式，市级及以上人大代表采取间接选举的方式，A 选项错误。各级人大选举均采用秘密投票原则，B 选项正确。选举权源于政治权利，属于参政权。外国人没有选举权并不违反普遍性原则，C 选项正确。人口特少的民族，至少应有代表一人，体现了实质平等，符合我国选举的平等性原则，D 选项正确。

21. ABC 【解析】选举权平等性原则的具体内容包括：一是保障公民都享有平等的选举权，实行城乡按相同人口比例选举代表，体现人人平等；二是保障各地方在国家权力机关有平等的参与权，各行政区域不论人口多少，都应当有相同的基本名额数，都能选举一定数量的代表，体现地区平等；三是保障各民族都有适当数量的代表，人口再少的民族，也要有一名代表，体现民族平等。因此 ABC 项正确。D 选项属于选举权的普遍性原则。

22. **ABCD**　【解析】选举委员会履行下列职责：（1）划分选举本级人大代表的选区，分配各选区应选代表的名额。（2）进行选民登记，审查选民资格，公布选民名单；受理对于选民名单不同意见的申诉，并作出决定。（3）确定选举日期。（4）了解核实并组织介绍代表候选人情况；根据较多数选民的意见，确定和公布正式候选人的名单。（5）主持投票选举。（6）确定选举结果是否有效，公布当选代表名单。（7）法律规定的其他职责。此外，选举委员会应当及时公布选举信息。ABCD 均为正确答案。

23. **ABCD**　【解析】我国选民如果是文盲或者因残疾不能写票的，或者在选举期间外出，依法可以委托他人代为投票，但是必须符合以下条件：（1）委托选举须经选举委员会同意认可；（2）必须有书面委托；（3）受委托人必须是具有选举权和被选举权，并依法进行登记的选民；（4）每一选民接受的委托不得超过三人。ABCD 均为正确答案。

24. **ABCD**　【解析】省级人民代表大会代表若在任期内因故出缺，由原选举机关人民代表大会或者常务委员会补选，BCD 选项当选。只有直接选举才划分选区，间接选举不存在选区，A 选项当选。因此本题 ABCD 全选。

25. **ABCD**　【解析】选民登记采用"一次登记、长期有效"的原则，做到"不错登""不漏登""不重登"。选民登记按选区进行，经登记确认的选民资格长期有效。对选民经登记后迁出原选区的，列入新迁入的选区的选民名单。AB 项正确。对公布的选民名单有不同意见的，可以在选民名单公布之日起 5 日内向选举委员会提出申诉。选举委员会对申诉的意见，应当在 3 日内作出处理决定。申诉人如果对处理决定不服，可以在选举日的 5 日以前向人民法院起诉。CD 项正确。因此，本题选 ABCD。

26. **CD**　【解析】政党是指由一定阶级或阶层的先进分子所组成的，以夺取、控制或影响国家政权运行为目的的，具有严格纪律和组织体系的政治组织。政党的特征有：第一，政党是一定阶级、阶层的政治组织，具有鲜明的阶级性。B 选项正确。第二，政党具有明确的政治纲领，其目的是为了夺取或控制政权，以及影响政治权力的运用。A 选项正确。第三，政党是以结社自由为法律基础建立起来的社会政治组织，具有一定的组织体系。C 选项错误。第四，政党有严格的组织纪律，用以规范和约束政党的组织和成员活动，以保证政党纲领的贯彻执行。D 选项错误。本题为选非题，因此 CD 选项当选。

27. **CD**　【解析】中国人民政治协商会议是中国人民的爱国统一战线组织，A 选项正确。中国人民政治协商会议的职能是政治协商、民主监督、参政议政，B 选项正确。在性质上，中国人民政治协商会议不属于国家机构体系，不是国家机关，也不同于一般的人民团体，而是爱国统一战线和多党合作的重要形式，C 选项错误。中国人民政治协商会议于1949 年 6 月在北平召开筹备会，同年 9 月举行第一届全体会议，D 选项错误。本题为选非题，因此 CD 选项当选。

28. **ABD**　【解析】中国人民政治协商会议的主要职能是：政治协商、民主监督、参政议政。审议政府工作报告是全国人大及其常委会的职能，并不是政协的职能。ABD 选项正确。

29. **ABCD**　【解析】政党制度是关于政党的地位、作用以及有关政党掌握或影响国家政权的各种制度的总称。根据不同的标准可以对政党制度作出不同的分类，如以社会制度为标准，可以将政党制度分为资本主义制度下的政党和社会主义制度下的政党制度；以掌握权力的形式为标准，可以将政党制度分为一党制、两党制、多党制和一党领导的多党合作制。ABCD 全选。

30. ABCD 【解析】我国行政区域划分的原则有：有利于现代化建设，有利于行政管理，有利于各民族团结，有利于巩固国防，照顾到自然条件和历史状况。ABCD 全选。

31. AD 【解析】我国是统一的多民族的单一制国家。我国的国家结构形式是单一制。A 选项正确。人民代表大会制度是我国的根本政治制度。B 选项错误。中国之所以采用单一制结构形式，是由我国政治、经济、民族发展的现实需要所决定的，也是我国历史上单一制结构形式的延续：（1）是由我国民族关系的历史和各民族的居住现状所决定的，是保障各少数民族与汉族平等发展的需要；（2）是由我国经济发展的实际需要所决定的，也是缩小各少数民族和汉族之间的经济文化发展差距的有效途径；（3）是由我国政治发展的基本需要决定的，有利于国家统一和政治稳定。C 选项错误，D 选项正确。因此 AD 选项正确。

32. ABD 【解析】虽然我国是单一制国家，但是也有很多自己的特色，依靠民族区域自治制度解决民族问题，依靠特别行政区制度解决历史遗留问题。我国宪法规定在祖国大陆实行社会主义制度，在香港和澳门特别行政区可以实行不同于大陆的资本主义制度。因此，C 选项笼统地说在全国范围内统一实行社会主义制度是不正确的。ABD 选项正确。

33. ABCD 【解析】自治权主要有下列几个方面：第一，制定自治条例和单行条例。第二，根据本地方的实际情况，贯彻执行国家的法律和政策，对于上级国家机关的决议、决定、命令和指示，如有不适合民族自治地方实际情况的，自治机关可以报经上级国家机关批准变通执行或停止执行。第三，管理地方财政。第四，安排和管理地方性经济建设事业的自主权。第五，管理本地方的教育、科学、文化、卫生、体育事业的自主权。第六，依照国家的军事制度和当地的实际需要，经国务院批准，可以组织本地方维护社会治安的公安部队。第七，其他方面的职权。ABCD 均为正确答案。

34. ABCD 【解析】为适应新时代民族关系发展的新要求，2018 年全国人大在修改《宪法》时，对民族关系的内容进一步予以充实，规定"维护和发展各民族的平等团结互助和谐关系"。这一修正有利于铸牢中华民族共同体意识，加强各民族交往交流交融，促进各民族和睦相处、和衷共济、和谐发展。因此，本题选 ABCD。

35. ABD 【解析】特别行政区自治和民族区域自治都是在单一制国家结构形式下的特殊制度设计。B 选项正确。特别行政区自治是为了实现"一国两制"，和平解决历史遗留下来的国家统一问题而实行的高度自治，而民族区域自治则是为了保证少数民族的自主性，促进少数民族尽快发展而制定的，两者的基础不同。A 选项正确。特别行政区享有的是高度的自治权，包括了立法权、行政权、独立的司法权和终审权，是一种高度的自治权。而民族自治地方的自治权只是一定范围内的自治权，两者自治权的侧重点不一样，所以 C 选项错误，D 选项正确。

36. AC 【解析】特别行政区享有高度的自治权，包括立法权、独立的司法权和终审权，不享有主权和独立的外交权，因此 AC 项正确，BD 项错误。

37. ABCD 【解析】立法会是特别行政区的立法机关，享有广泛的权力，包括立法权、财政权、任免权和监督权。ABCD 全选。

38. ABC 【解析】基层群众性自治组织具有基层性、群众性、自治性的特点，不具有开放性。ABC 选项正确。

39. ABCD 【解析】进一步完善基层群众自治制度的主要途径有：第一，尊重宪法和法律规定的关于基层群众性自治组织的自治权和法律地位，避免将其当作人民政府的派出机关。第二，提高基层群众性自治组织干部的素质。第三，帮助基层群众性自治组织增加经济来源。第四，搞好基层群众性自治组织的制度建设，规范自治组织的行为。第五，拓宽基层群众性自治的途径和形式。ABCD 全选。

40. **ACD** 【解析】村民委员会是农村村民自我管理、自我教育、自我服务的基层群众性自治组织。村民委员会实行村务公开制度。A 选项正确。村委会组成人员由村民直接选举产生，选举工作由村民选举委员会主持。B 选项错误。村委会可以根据村民居住状况、集体土地所有权关系等分设若干村民小组。C 选项正确。村委会根据需要，可设立若干下属委员会，如人民调解、治安保卫、公共卫生与计划生育等委员会。D 选项正确。故选 ACD。

41. **AB** 【解析】《城市居民委员会组织法》和《村民委员会组织法》是我国基层群众自治的法律依据和法律保障。AB 选项正确。

三、简答题

1. 参考答案 民族区域自治制度是适合我国国情的、正确解决我国民族问题的好制度，具有巨大的优越性。第一，民族区域自治制度体现了人民民主专政制度和民族平等原则、国家整体利益和各民族具体利益的高度结合，有利于国家的统一领导。第二，民族区域自治制度保证了聚居的少数民族能够充分享有自治权，同时散居全国各地的少数民族的权益也能够得以保障。第三，民族区域自治制度把行政区域和经济文化发展区域有机结合起来，能够更好地因民族制宜、因地区制宜地发展经济文化事业。第四，有利于民族团结和各民族间的互相合作。

2. 参考答案 进一步完善基层群众自治制度的主要途径有：第一，尊重宪法和法律规定的关于基层群众性自治组织的自治权和法律地位，避免将其当作人民政府的派出机关。第二，提高基层群众性自治组织干部的素质。第三，帮助基层群众性自治组织增加经济来源。第四，搞好基层群众性自治组织的制度建设，规范自治组织的行为。第五，拓宽基层群众性自治的途径和形式。

四、分析题

参考答案 （1）金水区人大代表选举的主持机关是金水区选举委员会。（2）该选区正式代表候选人的人数范围在 3 至 4 人之间。（3）该次选举无效。直接选举要求选区全体选民的过半数参加投票，选举才有效。所谓过半数，是指超过半数，不包含本数。题目中的某选区共有 2 000 名选民，实际投票中只有 1 000 名选民参与投票，并未超过半数，所以该次选举无效。

第四章　公民的基本权利和义务

一、单项选择题

1. **B** 【解析】我国《宪法》第 33 条第 1 款规定："凡具有中华人民共和国国籍的

人都是中华人民共和国公民。"B 选项正确。

2. B 【解析】人类历史上最早确认人权的宪法性文件是 1776 年美国的《独立宣言》，此后，人权就成为世界各国立宪的核心内容和根本准则。B 选项正确。

3. C 【解析】公民是法律概念，人民是政治概念，因此 A 选项错误。公民通常表述个体概念，人民表述群体概念，D 选项错误。公民包括人民和敌人，人民享有宪法和法律规定的全部权利并履行全部义务，而公民中的敌人则不然，B 选项错误。人民的范围小于公民，C 选项正确。

4. D 【解析】人权是公民权的政治基础，公民权是人权的法律化、具体化，A 选项错误，D 选项正确。公民权体现着人权的内在要求，B 选项错误。公民权和人权不能一一对等，C 选项错误。

5. D 【解析】公民是指具有某个国家国籍的自然人。A 选项正确。国籍，在宪法上是指一个人隶属于某个国家的法律上的身份。B 选项正确。我国《宪法》第 33 条第 1 款规定："凡具有中华人民共和国国籍的人都是中华人民共和国公民。"C 选项正确。根据 1980 年《国籍法》，我国国籍的取得方式有两种：出生国籍和继有国籍。我国对出生国籍采用以血统主义为主、出生地主义为辅的原则。D 选项错误。本题为选非题，因此 D 选项当选。

6. B 【解析】人权是指人作为人应该享有的权利，其最初的含义包括人们追求生活、财产、自由和幸福的权利。A 选项正确。公民权与人权有着历史的、政治的联系，公民权是人权的法律化和具体化，而人权是公民权的政治基础。C 选项正确。人权是一个政治概念，在实践中不断发展，不同的人们可以对人权有各自的理解和解释。而公民权是一个法律概念，其含义和保护方式有着法律的界定。B 选项错误。人类历史上最早确认人权的宪法性文件是 1776 年美国的《独立宣言》，此后，人权就成为世界各国立宪的核心内容和根本准则。D 选项正确。本题为选非题，因此 B 选项当选。

7. C 【解析】根据 1980 年《国籍法》，我国国籍的取得方式有两种：出生国籍和继有国籍。与世界上大多数国家一样，我国对出生国籍采用以血统主义为主、出生地主义为辅的原则。C 选项正确。

8. D 【解析】1991 年中国政府公布了新中国成立以来第一份"人权白皮书"，即《中国人权状况》，第一次正式提出了生存权概念，并指出生存权是中国人民长期争取的首要权利。D 选项正确。

9. B 【解析】政治权利主要包括选举权和被选举权、言论自由、出版自由、集会、游行、示威自由、结社自由等方面的内容。批评、建议权属于公民的监督权。本题选 B。

10. B 【解析】《集会游行示威法》第 8 条第 2 款规定："依照本法规定需要申请的集会、游行、示威，其负责人必须在举行日期的五日前向主管机关递交书面申请……"B 选项正确。

11. B 【解析】世界各国对于集会、游行、示威的管理方式有登记制、许可制和追惩制。根据我国《集会游行示威法》对公民集会、游行、示威的申请和许可，以及集会、游行、示威的举行、时间和地点都作了一些规定，可知我国对集会、游行、示威采取许可制。B 选项正确。

12. D 【解析】公民的人身自由是公民一切权利和自由行使的基础，是公民所应当享有的最基本、最起码的权利。D 选项正确。

13. B 【解析】生命权是公民最基本的权利，是一切其他权利存在的基础，并不是广义的人身自由权，而是有其自己含义的一项权利。并且生命权也不是《宪法》明确规定的公民基本权利。一般认为生命权包括生命安全维护权、生命利益支配权。因此，B 选项错误。本题为选非题，因此 B 选项当选。

14. B　【解析】我国公民的权利包括平等权、政治权利、宗教信仰自由、人身自由、财产权、社会文化权利和监督权。其中，人身自由包括公民的人身自由不受侵犯、公民的人格尊严不受侵犯、公民的住宅不受侵犯、公民的通信自由和通信秘密受法律保护。B 选项正确。

15. A　【解析】扣押和检查公民的通信有两个原因：一是国家安全的需要，二是追查刑事犯罪的需要。A 项错误。只有公安机关、国家安全机关和检察院才有权依照法律规定的程序扣押和检查公民的邮件、电报、电子邮件。B 项正确。《刑法》第 252 条规定，隐匿、毁弃或非法开拆他人信件，侵犯公民通信自由权利，情节严重的，构成侵犯通信自由罪。C 项正确。我国历部宪法都肯定了公民的通信自由权，D 项正确。本题为选非题，因此 A 选项当选。

16. D　【解析】我国现行《宪法》将私有财产权规定于"总纲"部分，A 选项正确。法律不保护非法财产，B 选项正确。个人在行使私有财产权时应当使其财产有助于社会公共福利的实现，C 选项正确。我国《宪法》规定，对私有财产征收、征用并给予补偿，没有"合理"的要求，D 选项错误。本题为选非题，因此 D 选项当选。

17. A　【解析】对公民的社会经济权利加以详细规定是从 1919 年德国《魏玛宪法》开始的。A 选项正确。

18. A　【解析】社会保障权又可以分为退休人员的生活保障权、物质帮助权两方面。物质帮助权指我国《宪法》第 45 条第 1 款规定的"中华人民共和国公民在年老、疾病或者丧失劳动能力的情况下，有从国家和社会获得物质帮助的权利"。A 选项正确。

19. B　【解析】《宪法》第 46 条第 1 款规定："中华人民共和国公民有受教育的权利和义务。"《宪法》第 47 条规定："中华人民共和国公民有进行科学研究、文学艺术创作和其他文化活动的自由。国家对于从事教育、科学、技术、文学、艺术和其他文化事业的公民的有益于人民的创造性工作，给以鼓励和帮助。"由此可以得出，公民文化教育权主要包括公民受教育的权利和义务以及公民有进行科研、文艺创作和其他文化活动的自由。B 选项正确。言论自由和出版自由属于政治权利的组成部分，AC 选项不当选。宗教信仰自由属于一项独立的公民的基本权利，D 选项不当选。

20. A　【解析】申诉权是指公民对于国家机关作出的决定不服，可向有关国家机关提出请求，要求重新处理的权利。A 选项正确。

21. D　【解析】《宪法》第 55 条规定："保卫祖国、抵抗侵略是中华人民共和国每一个公民的神圣职责。依照法律服兵役和参加民兵组织是中华人民共和国公民的光荣义务。"D 选项正确。

二、多项选择题

1. ABCD　【解析】根据我国《集会游行示威法》的具体规定，集会是指聚集于露天公共场所，发表意见、表达意愿的活动；游行是指在公共道路、露天公共场所列队行进、表达共同意愿的活动；示威是指在露天公共场所或者公共道路上以集会、游行、静坐等方式，表达要求、抗议或者支持、声援等共同意愿的活动。这里所指的集会、游行、示威具有如下特征：（1）集会、游行、示威是由公民举行的活动。国家或者根据国家决定举行的庆祝、纪念等活动和政党、社会团体、企业事业组织依照法律、章程举行的集会，不属于《集会游行示威法》的调整范围。（2）集会、游行、示威是指在露天公共场所或公共道路所举行的活动。（3）集会、游行、示威是公民表达某种意愿的行为，是言论自由的扩展形式。一般的文化娱乐、体育等活动不属于集会、游行、示威的范畴。故答案为 ABCD。

2. ABCD 【解析】我国《宪法》总纲明确规定："台湾是中华人民共和国的神圣领土的一部分。完成统一祖国的大业是包括台湾同胞在内的全中国人民的神圣职责。"华侨是指定居国外的我国公民。故答案 ABCD 全部属于维护祖国统一的主体。

3. CD 【解析】我国《兵役法》第 5 条规定：中华人民共和国公民，不分民族、种族、职业、家庭出身、宗教信仰和教育程度，都有义务依照本法的规定服兵役。有严重生理缺陷或者严重残疾不适合服兵役的公民，免服兵役。依照法律被剥夺政治权利的公民，不得服兵役。"故答案为 CD。

4. ABCD 【解析】我国《宪法》规定，我国公民的基本权利主要包括：平等权、政治权利、宗教信仰自由、人身自由、财产权、社会文化权利、监督权等。BC 项属于政治权利的具体内容，D 选项属于社会文化权利的具体内容。因此 ABCD 均为正确答案。

5. ACD 【解析】我国《宪法》第 43 条第 1 款规定："中华人民共和国劳动者有休息的权利。"因此休息权是针对劳动者而言的。A 选项错误。《宪法》第 50 条规定："中华人民共和国保护华侨的正当的权利和利益，保护归侨和侨眷的合法的权利和利益。"因此 CD 选项表述错误。《宪法》第 45 条第 1 款规定："中华人民共和国公民在年老、疾病或者丧失劳动能力的情况下，有从国家和社会获得物质帮助的权利。国家发展为公民享受这些权利所需要的社会保险、社会救济和医疗卫生事业。"因此 B 选项正确。本题选ACD。

6. AC 【解析】基本权利最初保护的是公民个体。基于宪法的结社自由，公民可以形成经济、政治和社会组织。法人成为现代社会活跃的主体。宪法中规定的一些基本权利同样为法人所享有。B 选项错误。我国宪法对公民基本权利义务的规定，体现出的特点是权利义务一致性。D 选项在描述权利义务时用"平等性"不恰当，因此该选项错误。故本题应选 AC 选项。

7. ABD 【解析】比例原则包括三个方面的内容，即手段适合性、限制最小化和狭义比例原则。明确性原则是对公民基本权利进行限制要符合的另一个原则。C 选项错误。

8. ABCD 【解析】根据我国《宪法》的规定，我国公民平等权具有下列含义：首先，平等权的主体是全体公民，它意味着全体公民法律地位的平等。A 选项正确。其次，平等权是公民的基本权利，是国家的基本义务。公民有权利要求国家给予平等保护，国家有义务无差别地保护每一个公民的平等地位。国家不得剥夺公民的平等权，也不能允许其他组织和个人侵害公民的平等权。B 选项正确。再次，平等权意味着公民平等地享有权利履行义务。平等不能和特权并存，平等也不允许歧视现象存在。C 选项正确。最后，平等权是贯穿于公民其他权利的一项权利，它通过其他权利，如男女平等、民族平等、受教育权平等而具体化。D 选项正确。因此，ABCD 选项当选。

9. ABD 【解析】《宪法》第 33 条第 2 款规定："中华人民共和国公民在法律面前一律平等。"任何公民不分民族、种族、性别、职业、家庭出身、宗教信仰、教育程度、财产状况、居住期限，都一律平等地享有宪法和法律规定的权利，也都平等地履行宪法和法律规定的义务。B选项正确。根据《宪法》第34条的规定，公民享有选举权和被选举权，必须年满18周岁，但对性别无限制。C选项错误。《宪法》第48条规定："中华人民共和国妇女在政治的、经济的、文化的、社会的和家庭的生活等各方面享有同男子平等的权利。国家保护妇女的权利和利益，实行男女同工同酬，培养和选拔妇女干部。"故D选项正确。A选项说法正确，本题选ABD。

10. AD 【解析】我国宪法明确列举了公民的基本权利，但并没有穷尽所有现代文明国家和国际公约所承认的权利类型。例如，我国宪法并没有规定公民的生命权、隐私权等基本权利。AD选项正确。

11. ABCD 【解析】政治权利亦称参政权，是公民参与政治活动的一切权利与自由的总称。政治权利主要包括选举权和被选举权、言论自由、出版自由、集会、游行、示威自由、结社自由等方面的内容。ABCD项均属于政治权利。

12. ABD 【解析】根据一般宪法理论，宗教信仰自由的内容包括以下几方面：（1）信仰的自由。国家不得禁止公民信仰某种宗教，也不得鼓励公民信仰某种宗教。（2）参加宗教仪式的自由。国家不得强迫公民履行某种宗教仪式或禁止、限制公民履行某种宗教仪式。（3）组成宗教社团的自由。公民有设立并参加某种宗教社团的自由。国家既不得限制，也不得强制或鼓励公民参加某种宗教社团或宗教社团活动。（4）进行其他活动的自由，如宗教出版、宗教集会、正常传教等自由。因此，C选项错误，选ABD。

13. BC 【解析】我国《宪法》第36条规定了宗教信仰自由，同时规定了其界限。（1）公民有宗教信仰的自由。（2）禁止强制公民信仰宗教或不信仰宗教，禁止歧视信仰宗教的公民或不信仰宗教的公民。（3）任何人不得利用宗教进行破坏社会秩序、损害公民身体健康、妨害国家教育制度的活动。（4）宗教团体和宗教事务不受外国势力的支配。这是我国宪法基于特定历史经验并在当今特定时代背景之下对公民宗教信仰自由所规定的限制。BC选项正确。

14. ABC 【解析】公民的人身自由是公民一切权利和自由的基础。公民的人身自由包括：公民的人身自由不受侵犯，公民的人格尊严不受侵犯，公民的住宅不受侵犯和公民通信自由和通信秘密受法律保护。ABC项正确。D项言论自由属于公民的政治权利。

15. ABCD 【解析】我国《宪法》第51条规定："中华人民共和国公民行使自由和权利的时候，不得损害国家的、社会的、集体的利益和其他公民的合法的自由和权利。"ABCD全选。

16. ABD 【解析】通信自由是指公民有根据自己的意愿自由进行通信不受他人干涉的自由。通信秘密是指公民通信的内容受国家法律保护，任何人不得非法私拆、毁弃、偷阅他人的信件。公民的通信包括书信、电话、电报、电子邮件等进行通信的各种手段和工具。A选项学校定期检查学生手机信息，当选。根据法律规定，扣押和检查公民的通信必须满足以下条件：（1）只有公安机关、国家安全机关和检察机关才有权依照法律规定的程序扣押和检查公民的邮件、电报、电子邮件。（2）扣押和检查公民的通信只有两种原因：一是国家安全的需要，二是追查刑事犯罪的需要。（3）对于扣押的邮件、电报、电子邮件等，经查明不影响国家安全或与犯罪无关，应立即通知邮电部门或网络服务单位。（4）需扣押的邮件、电报或电子邮件等，应由人民检察院、国家安全机关或公安机关通知邮电部门或网络服务单位。BD选项都不是追查刑事犯罪的需要或国家安全的需要，所以属于侵犯了公民的通信自由和通信秘密。C选项是基于刑事案件的需要，因此不侵犯公民的通信自由和通信秘密，不选。因此选ABD。

17. ABD　【解析】根据法律规定，扣押和检查公民的通信必须遵守以下规定：只有公安机关、国家安全机关和检察机关才有权依照法律规定的程序扣押和检查公民的邮件、电报、电子邮件。ABD为正确答案。

18. ACD　【解析】我国《宪法》关于财产权内容的规定主要有：（1）国家保护公民的合法的收入、储蓄、房屋和其他合法财产的所有权。（2）国家依照法律规定保护公民的私有财产的继承权。（3）公民的合法的私有财产不受侵犯。（4）国家依照法律规定保护公民的私有财产权和继承权。（5）国家为了公共利益的需要，可以依照法律规定对公民的私有财产实行征收或者征用并给予补偿。据此，ACD选项正确。国家保护公民的合法私有财产，而不是公民的任何私有财产。B选项错误。

19. ABC　【解析】2004年的私有财产权入宪建立了对私有财产保护的规范体系。国家在征收或者征用公民私有财产时必须满足公共利益、正当程序和公平补偿三个要件，才能满足合宪性要求。有的时候，政府的行政立法并没有剥夺公民的财产所有权，但是对公民财产权构成了实质性的侵害，造成财产价值实质性的减损，被称为管制性征收。ABC选项正确。

20. ACD　【解析】此题考查平等权。我国《宪法》第33条第2款明确规定：“中华人民共和国公民在法律面前一律平等。”在宪法中，我们所说的平等保护，从原则上来说，是对于所有的公民应当采取无差别的待遇，除非存在进行差别待遇的合理理由。B选项错误。一般来说，合理差别有以下几种具体类型：（1）由于年龄上的差异而采取的责任、权利等方面的合理差别；（2）依据人的生理差异所采取的合理差别；（3）依据民族的差异所采取的合理差别。此题对残疾人的特殊照顾，属于基于生理差异所采用的合理的差别对待，是平等原则的具体体现。当然政府对此差别对待须以实现重大利益为目的，负有举证责任。故本题选ACD。

21. ABCD　【解析】公民的社会文化权利包括劳动权、休息权、社会保障权、文化教育权。其中，社会保障权包括退休人员的生活保障权和物质帮助权等方面的内容。因此，ABCD四个选项均正确。

22. ABC　【解析】我国宪法规定的公民的监督权有：批评、建议权；申诉、控告、检举权；国家赔偿请求权。ABC选项正确。

23. CD　【解析】按照《国家赔偿法》，我国公民取得赔偿分为两种情况：一是行政赔偿，二是刑事赔偿。行政赔偿的范围包括行政机关及其工作人员在行使行政职权时侵犯公民人身权和财产权的情形；刑事赔偿的范围则包括行使侦查、检察、审判、监狱管理职权的机关及其工作人员在行使职权时侵犯公民人身权和财产权的情形。CD选项正确，AB选项错误，本题选CD。

24. ABCD　【解析】我国公民权利和义务的一致性主要表现在：（1）公民既享受宪法和法律规定的权利，又必须履行宪法和法律规定的义务。我国《宪法》第33条第4款规定：“任何公民享有宪法和法律规定的权利，同时必须履行宪法和法律规定的义务。”（2）公民的某些宪法权利和义务是相互结合的，如劳动权和受教育权，它们既是公民的权利，又是公民的义务。（3）权利和义务在整体上是相互促进的。（4）权利享有上附有限制条件。《宪法》第51条规定：“中华人民共和国公民在行使自由和权利的时候，不得损害国家的、社会的、集体的利益和其他公民的合法的自由和权利。"ABCD 全选。

25. **AB** 【解析】劳动权、受教育权既是权利也是义务，AB 项正确。休息权和监督权是权利，但不是义务，CD 项错误。

26. **ABD** 【解析】中华人民共和国公民有依法纳税的义务。A 选项错误。中华人民共和国公民有依法服兵役的义务。B 选项错误。在我国，凡是年满 18 周岁未被剥夺政治权利的中国公民，都享有选举权。C 选项正确。劳动者有休息的权利，在本题中王某尚未就业，不是劳动者，因此不享受休息的权利。D 选项错误。本题为选非题，因此 ABD 项当选。

27. **ABCD** 【解析】《宪法》第 54 条规定："中华人民共和国公民有维护祖国的安全、荣誉和利益的义务，不得有危害祖国的安全、荣誉和利益的行为。"祖国的安全是指国家领土、主权不受侵犯，国家各项机密得以保守，社会秩序不被破坏。祖国的荣誉是指：（1）国家的尊严不受侵犯；（2）国家的信誉不受破坏；（3）国家的荣誉不受玷污；（4）国家的名誉不受侮辱。ABCD 全选。

三、简答题

1. **参考答案** 第一，只有公安机关、国家安全机关和检察机关才有权依照法律规定的程序扣押和检查公民的邮件、电报、电子邮件。

第二，扣押和检查公民的通信只有两种原因：一是国家安全的需要，二是追查刑事犯罪的需要。

第三，对于扣押的邮件、电报、电子邮件等，经查明不影响国家安全或与犯罪无关，应立即通知邮电部门或网络服务单位。

第四，须扣押的邮件、电报或电子邮件等，应由人民检察院、国家安全机关或公安机关通知邮电部门或网络服务单位。

2. **参考答案** 社会文化权利包括以下几点：

第一，劳动权是指有劳动能力的公民，有获得工作和取得劳动报酬的权利。

第二，休息权，中华人民共和国劳动者有休息的权利。国家发展劳动者休息和休养的设施，规定职工的工作时间和休假制度。

第三，社会保障权是指社会成员为了维护人的有尊严的生活而向国家要求给付的权利。

第四，文化教育权主要包括：公民有受教育的权利和义务。公民有进行科学研究、文学艺术创作和其他文化活动的自由。

四、分析题

参考答案 宗教信仰自由是指个人可以在社会中选择其宗教信仰和公开参加其信仰的宗教的仪式或者选择不信仰任何宗教而不必担心受到迫害或歧视的自由。每个公民既有信仰宗教的自由，也有不信仰宗教的自由；有信仰这种宗教的自由，也有信仰那种宗教的自由；在同一宗教里，有信仰这个教派的自由，也有信仰那个教派的自由；有过去信教而现在不信教的自由，也有过去不信教而现在信教的自由。宗教信仰自由是公民个人的权利，信仰与不信仰宗教由公民个人选择，任何国家机关、社会团体和个人都不得强制公民信仰宗教或不信仰宗教，不得歧视信仰宗教的公民和不信仰宗教的公民。我国宪法也规定了公民享有宗教信仰自由的权利。在本案中，丈夫以妻子宗教信仰发生变化为由起诉至法院要求解除婚姻关系，侵犯了妻子的宗教信仰自由权。此外，宗教信仰的变化也构不成婚姻关系解除的法定条件，因此丈夫的起诉无效。

五、论述题

参考答案（1）当代中国公民的继承只包括对财产的继承，而中国古代的继承既包括对财产的继承，也包括对宗祧的继承，而且宗祧继承更为重要。（2）当代中国公民的财产的法定继承方面男女享有平等的继承权，而古代并不是这样。唐朝一般情况下女子出嫁后不享有本家财产的继承权，在室女分得未婚兄弟聘财的一半来置办妆奁；宋朝在室女享有兄弟继承权的一半。（3）古代的继承是有一定指向的，只有长辈对晚辈的传递或晚辈对长辈的承受才能称作"继承"，反之则不能称作继承；而当代的继承既包括长辈对晚辈的传递，也包括晚辈对长辈的传递。（4）当代中国公民的财产权是有法律明确保护的，《宪法》就规定，"公民的合法的私有财产不受侵犯""国家依照法律规定保护公民的私有财产权和继承权"。而古代的财产权在一些混乱严苛的朝代是很难受到保护的，经常出现被统治阶级、地方恶霸肆意侵夺的情形。（5）当代中国国家在征收或征用公民私有财产时必须满足公共利益、正当程序和公平补偿的三个要件。而在古代尤其是某些严苛的朝代，在朝廷征收百姓财产时，不仅没有办法保证程序的正当性，也没办法保证补偿的公平性。

第五章　国家机构

一、单项选择题

1. C　**【解析】**临时性委员会是全国人民代表大会根据实际需要为完成某项特定工作任务而设立的临时性工作机构，它的工作是临时性的，没有固定任期。C 选项错误。根据《宪法》第 71 条的规定，全国人民代表大会和全国人民代表大会常务委员会认为必要时，可组织关于特定问题的调查委员会，并且根据调查委员会的报告作出相应的决议。这种特定的调查委员会就是一种临时性委员会。AB 选项正确。1985 年 7 月到 1990 年 3 月设立的香港特别行政区基本法起草委员会，1988 年 8 月设立的澳门特别行政区基本法起草委员会即为临时性委员会。D 选项正确。本题为选非题，故答案为 C。

2. B　**【解析】**《全国人民代表大会组织法》第 30 条规定："常务委员会会议期间，常务委员会组成人员十人以上联名，可以向常务委员会书面提出对国务院以及国务院各部门、国家监察委员会、最高人民法院、最高人民检察院的质询案。"故答案为 B。

3. B　**【解析】**国务院直属特设机构，是国务院为了管理某类特殊的事项或履行特殊的职能而单独设立的一类机构。国务院直属特设机构目前只有国务院国有资产监督管理委员会，故答案为 B。

4. C　**【解析】**中国国家机构的组织和活动的主要原则有民主集中制原则、责任制原则、法治原则，此外，民族平等和民族团结的原则、效率原则、联系群众原则、党的领导原则等都是宪法规定的、国家机关应当遵循的组织和活动原则。因此 C 选项错误。本题为选非题，因此 C 选项当选。

5. D 【解析】行政机关、军事机关实行首长负责制，人大及其常委会、法院、检察院实行集体负责制，因此 D 选项正确。

6. B 【解析】中央军委主席可以连选连任，没有届数限制，B 选项正确。ACD 项最多连任一次。

7. A 【解析】最高人民法院和最高人民检察院对全国人大负责和报告工作。A 选项正确。中央军事委员会对全国人大负责，但要注意它不向全国人大报告工作。B 选项错误。国务院的职权本身就享有法规制定权，国务院制定行政法规并不需要再次由全国人大常委会授权。C 选项错误。有权决定省、自治区、直辖市范围内部分地区进入紧急状态的是国务院，有权决定全国或个别省、自治区、直辖市进入紧急状态的是全国人大常委会。D 选项错误。因此，本题选 A。

8. C 【解析】全国人大行使职权的法定期限即每届任期为 5 年。C 选项正确。

9. C 【解析】全国人大的工作方式是举行会议。全国人大每年举行一次会议，由全国人大常委会召集。C 选项正确。

10. A 【解析】全国人民代表大会任期届满的两个月以前，全国人民代表大会常务委员会必须完成下届全国人民代表大会代表的选举。如果遇到不能进行选举的非常情况，由全国人民代表大会常务委员会以全体组成人员的 2/3 以上的多数通过，可以推迟选举，延长本届全国人民代表大会的任期，A 选项正确。

11. C 【解析】批准政府年度财政预算决算是人大的重要职权之一，但不是与政府之间的监督关系。所以 C 为正确答案。

12. B 【解析】调查委员会是临时性机构，无一定任期，AC 项错误。调查委员会的成员必须是全国人大代表，B 选项正确。调查委员会是一种临时性委员会，不属于专门委员会，D 选项错误。

13. C 【解析】税种的设立、税率的确定和税收征收管理等税收基本制度属于法律保留的范围。但《立法法》第 9 条规定："本法第八条规定的事项尚未制定法律的，全国人民代表大会及其常务委员会有权作出决定，授权国务院可以根据实际需要，对其中的部分事项先制定行政法规，但是有关犯罪和刑罚、对公民政治权利的剥夺和限制人身自由的强制措施和处罚、司法制度等事项除外。"因此，C 选项正确。

14. B 【解析】《宪法》第 61 条第 1 款规定："全国人民代表大会会议每年举行一次，由全国人民代表大会常务委员会召集。如果全国人民代表大会常务委员会认为必要，或者有五分之一以上的全国人民代表大会代表提议，可以临时召集全国人民代表大会会议。"因此，B 选项正确。

15. B 【解析】全国人民代表大会常务委员会有权解释宪法，监督宪法的实施；有权撤销国务院制定的同宪法、法律相抵触的行政法规、决定和命令；有权根据最高人民法院院长的提请，任免最高人民法院副院长、审判员、审判委员会委员和军事法院院长；有权决定全国或者个别省、自治区、直辖市进入紧急状态，ACD 项正确。对于国务院制定的同宪法、法律相抵触的行政法规、决定和命令，全国人民代表大会常务委员会只能撤销，不能更改，B 选项错误。本题为选非题，因此 B 选项当选。

16. B 【解析】法律之间对同一事项的新的一般规定与旧的特别规定不一致，不能确定如何适用时，由全国人民代表大会常务委员会裁决，A 选项正确。地方性法规与部门规章之间对同一事项的规定不一致，不能确定如何适用时，由国务院提出意见，国务院认为应当适用地方性法规的，应当决定在该地方适用地方性法规的规定；认为应当适用部门规章的，应当提请全国人民代表大会常务委员会裁决，B 选项错误。部门规章之间、部门规章与地方政府规章之间对同一事项的规定不一致时，由国务院裁决，C 选项正确。根据授权制定的法规与法律规定不一致，不能确定如何适用时，由全国人民代表大会常务委员会裁决，D 选项正确。本题为选非题，因此 B 选项当选。

17. A 【解析】全国人大常委会的任期到下一届全国人大选出新的常委会时终止，A 选项错误。全国人大常委会有对国家重大事项的决定权，有权决定批准或废除同外国缔结的条约和重要协定，B 选项正确。在全国人大闭会期间，全国人大常委会有权根据国务院总理的提名，决定部长、委员会主任、审计长、秘书长的人选，C 选项正确。在全国人大常委会会议期间，常委会组成人员 10 人以上联名，可以向常委会书面提出对国务院及国务院各部门和国家监察委员会、最高人民法院、最高人民检察院的质询案，D 选项正确。本题为选非题，因此 A 选项当选。

18. C 【解析】根据《宪法》第 67 条第 7 项规定，全国人大常务委员会可以撤销国务院制定的同宪法、法律相抵触的行政法规、决定和命令。全国人大常务委员会对国务院制定的行政法规、决定和命令只能撤销不能改变。C 选项正确。

19. D 【解析】专门委员会的任务具体包括：（1）审议全国人大主席团或常委会交付的议案；（2）审议全国人大主席团或常委会交付的质询案，听取受质询机关对质询案的答复，必要时向全国人大主席团或常委会提出报告等。AB 项正确。专门委员会每届任期 5 年，与全国人大任期相同，C 选项正确。专门委员会主任委员由全国人大主席团在代表中提名，大会会议表决通过。在全国人大闭会期间，全国人大常委会可以补充任命个别副主任委员和部门委员，由委员长会议提名，常务委员会会议表决通过，D 选项错误。本题为选非题，因此 D 选项当选。

20. C 【解析】全国人大常委会有权撤销国务院制定的同宪法、法律相抵触的行政法规、决定和命令，A 选项正确。全国人大常委会有对国家重大事项的决定权，有权规定和决定授予国家的勋章和荣誉称号；决定特赦，BD 选项正确。国务院有权决定省、自治区、直辖市范围内部分地区进入紧急状态，C 选项错误。本题为选非题，因此 C 选项当选。

21. B 【解析】我国《宪法》规定，全国人民代表大会代表和地方各级人民代表大会的代表中，应当有适当名额的少数民族代表。B 选项正确。

22. A 【解析】广西壮族自治区制定的自治条例和单行条例应当报全国人民代表大会常务委员会批准后生效。同时广西壮族自治区制定的自治条例和单行条例无须备案。因此 A 选项正确。

23. D 【解析】根据《香港特别行政区基本法》第 17 条第 2 款和《澳门特别行政区基本法》第 17 条第 2 款规定，特别行政区的立法机关制定的法律须报全国人民代表大会常务委员会备案。备案不影响该法律的生效。D 选项正确。

24. A 【解析】《民族区域自治法》的性质为我国的基本法律，由全国人民代表大会制定。我国《民族区域自治法》于 1984 年 5 月 31 日由第六届全国人民代表大会第二次会议通过，2001 年 2 月 28 日第九届全国人民代表大会常务委员会第二十次会议对其进行了修订。因此，该法的制定机关应该是全国人民代表大会。A 选项正确。

25. B　【解析】国务院总理由国家主席提名，全国人大决定产生。A选项错误。国家主席、国家副主席均由全国人大选举产生；B选项正确。中央军委副主席由中央军委主席提名，全国人大或其常委会决定产生；国务院副总理由总理提名，全国人大决定产生；常委会在全国人大闭会期间，根据国务院总理的提名，可以决定国务院其他组成人员的任免。CD选项错误。因此，本题选B。

26. D　【解析】国务院有紧急状态决定权，有权决定省、自治区、直辖市范围内部分地区进入紧急状态，D选项正确。

27. C　【解析】决定战争和平的问题属于全国人大的职权，不属于全国人大常委会的职权。全国人大常委会有权决定战争问题（有权决定宣布战争状态），但不决定和平问题。本题选C。

28. A　【解析】全国人大由代表组成，对于全国人大代表的组成，我国实行地域代表制与职业代表制相结合、以地域代表制为主的代表机关组成方式。根据现行宪法和选举法，全国人大由省、自治区、直辖市、特别行政区和军队选出的代表组成。A选项正确。不包括县级市、经济特区或建设兵团，BCD选项错误。

29. A　【解析】在全国人大开会期间，全国人大代表非经全国人大会议主席团的许可，在全国人大闭会期间，非经全国人大常委会的许可，全国人大代表不受逮捕或刑事审判，A选项错误，B选项正确。如果全国人大代表是现行犯而被拘留，执行拘留的公安机关应当立即向全国人大主席团或者向全国人大常委会报告，CD项正确。本题为选非题，因此A选项当选。

30. C　【解析】《选举法》第55条第2款规定，县级的人民代表大会代表可以向本级人民代表大会常务委员会书面提出辞职。C选项正确。

31. A　【解析】全国人民代表大会代表享有人身特别保护权。在全国人大开会期间，非经全国人大会议主席团许可，在全国人大闭会期间，非经全国人大常委会的许可，全国人大代表不受逮捕或者刑事审判。如果因为全国人大代表是现行犯而被拘留的，执行拘留的公安机关必须立刻向全国人大会议主席团或者立即向全国人大常委会报告。A选项正确。

32. B　【解析】我国《宪法》第60条第2款规定："全国人民代表大会任期届满的两个月以前，全国人民代表大会常务委员会必须完成下届全国人民代表大会代表的选举……"B选项正确。

33. D　【解析】全国人民代表大会常务委员会委员长、副委员长、秘书长、委员的人选，中华人民共和国主席、副主席的人选，中央军事委员会主席的人选，国家监察委员会主任的人选，最高人民法院院长和最高人民检察院检察长的人选，由主席团提名，经各代表团酝酿协商后，再由主席团根据多数代表的意见确定正式候选人名单，D选项正确。

34. B　【解析】决定特赦的是全国人大常委会，发布特赦令的是国家主席。B选项正确。

35. C　【解析】国家主席有公布法律、发布命令权。《宪法》第80条规定，中华人民共和国主席根据全国人民代表大会的决定和全国人民代表大会常务委员会的决定，公布法律，宣布战争状态，发布动员令。C选项正确。

36. C　【解析】根据《宪法》的规定，国家主席的职权主要有如下四个方面：（1）公布法律、发布命令权。法律在全国人大或全国人大常委会正式通过后，由国家主席予以颁布施行。国家主席根据全国人大或者全国人大常委会的决定，发布特赦令、紧急状态令、动员令、宣布战争状态等。（2）任免权。全国人大或全国人大常委会确定国务院总理、副总理、国务委员、各部部长、各委员会主任、审计长、秘书长的正式人选后，由国家主席宣布其任职。根据全国人大常委会的决定，国家主席派遣或召回代表国家的常驻外交代表，即驻外使节。（3）外交权。国家主席对外代表国家，进行国事活动。国家主席接受外国使节，根据全国人大常委会的决定，宣布批准或废除同国外缔结的条约和重要协定。（4）荣典权。根据全国人大常委会的决定，国家主席代表国家向那些对国家有重大功勋的人或单位授予荣誉奖章和光荣称号。故 C 选项正确。共和国勋章只能先由全国人大常委会决定后，方可由国家主席颁发。因此 D 选项错误。

37. B 【解析】我国《宪法》规定，编制国家预算、领导国防建设事业、同外国缔结条约均属于国务院的职权，全国的武装力量由中央军事委员会来领导。B 选项错误。本题为选非题，因此 B 选项当选。

38. A 【解析】中央军事委员会主席对全国人民代表大会和全国人民代表大会常务委员会负责。因此本题 A 选项正确。

39. D 【解析】各级监察委员会是国家的监察机关，是行使国家监察职能的专责机关，依法对所有行使公权力的公职人员进行监察，调查职务违法和职务犯罪，开展廉政建设和反腐败工作，维护宪法和法律的尊严。D 项正确。本题选 D。

40. A 【解析】国家监察委员会是最高监察机关。省、自治区、直辖市、自治州、县、自治县、市、市辖区设立监察委员会。国家监察委员会领导地方各级监察委员会的工作。上级监察委员会领导下级监察委员会的工作。A 选项正确。

41. A 【解析】人大及其常委会、监察委员会、人民法院、人民检察院等都实行集体负责制；行政机关、军事机关都实行首长负责制。因此本题选 A。

42. B 【解析】我国设立最高人民法院，是我国最高审判机关。地方各级人民法院包括：高级人民法院（省级）；中级人民法院（市级）；基层人民法院（县级）。同时我国还设立专门人民法院。因此我国属于四级法院设置。人民法院审判案件实行两审终审制。两审终审制是指一个案件，经过两级人民法院的审判，即告终结的制度。所以 B 选项正确。

43. A 【解析】《人民法院组织法》第 15 条第 1 款："专门人民法院包括军事法院和海事法院、知识产权法院、金融法院等。"虽然有学者认为在学理上互联网法院应当属于专门人民法院，但目前互联网法院的专门人民法院的性质并未在法律上予以确认，彬哥建议仍按照法律条文记忆学习为宜。本题选 A。

44. D 【解析】人民法院的工作原则有：（1）依法独立审判原则；（2）审判案件在适用法律上一律平等原则；（3）被告人有权获得辩护原则；（4）使用本民族语言文字进行诉讼原则。因此本题选 D。

45. A 【解析】人民检察院的领导体制实行双重从属制，即最高人民检察院领导地方各级人民检察院和专门人民检察院的工作，上级人民检察院领导下级人民检察院的工作，A 选项正确。最高人民法院监督地方各级人民法院和专门人民法院的审判工作，上级人民法院监督下级人民法院的审判工作。BCD 项错误。

46. B 【解析】地方各级人大常委会的会议由主任召开，每两个月至少举行一次。B 选项正确。

47. A 【解析】特别行政区是中华人民共和国省级行政区，特别行政区政府在行政区划上相当于省级政府。

48. A 【解析】省、自治区的人民政府，在必要时经国务院批准，可分别设若干派出机关。县、自治县的人民政府在必要的时候，经省、自治区、直辖市的人民政府批准，可以设立若干区公所，作为它的派出机关。市辖区、不设区的市的人民政府，经上一级人民政府批准，可以设立若干街道办事处，作为它的派出机关。因此 A 选项正确。

49. C 【解析】省、自治区、县、自治县、市辖区和不设区的市的人民政府，在必要时经上一级人民政府批准，可分别设若干派出机关。省、自治区人民政府的派出机关是行政公署，简称"行署"。A 选项正确。县、自治县人民政府的派出机关是区公所。B 选项正确。市辖区和不设区的市人民政府的派出机关是街道办事处。C 选项错误，D 选项正确。派出机关受派出的人民政府委托，代表派出的人民政府进行行政管理。根据法律、法规和规章的授权，派出机关也可以自己的名义进行行政管理。因此本题选 C。

50. D 【解析】在省、自治区内按地区设立的和在直辖市内设立的中级人民法院院长，由省、自治区、直辖市人民代表大会常务委员会根据主任会议的提名决定任免，D 选项正确。副院长、审判委员会委员、庭长、副庭长和审判员由高级人民法院院长提请省、自治区、直辖市人民代表大会常务委员会任免。

二、多项选择题

1. ABCD 【解析】我国《宪法》第 93 条第 1 款规定："中华人民共和国中央军事委员会领导全国武装力量。"我国《国防法》第 22 条规定："中华人民共和国的武装力量，由中国人民解放军、中国人民武装警察部队、民兵组成。中国人民解放军由现役部队和预备役部队组成……"故答案为 ABCD。

2. ABC 【解析】省、自治区的人民政府，在必要时经国务院批准，可分别设若干派出机关。县、自治县的人民政府在必要的时候，经省、自治区、直辖市的人民政府批准，可以设立若干区公所，作为它的派出机关。市辖区、不设区的市的人民政府，经上一级人民政府批准，可以设立若干街道办事处，作为它的派出机关。故 AB 选项正确。派出所属于公安局的派出机构，而公安机关也属于行政机关，因此 C 选项也正确。居民委员会是基层群众自治组织，不是人民政府的工作部门，更不是其派出机关，故 D 选项错误。综上，答案为 ABC。

3. ABCD 【解析】我国国家机构的组织和活动的主要原则有党的领导原则、民主集中制原则、责任制原则、法治原则。ABCD 选项均正确。

4. ABCD 【解析】国家机构总是与国家政治权力的行使和运行有关，这也就决定了国家机构不同于普通的社会组织。国家机构具有以下几个方面的特点：（1）阶级性。国家机构是统治阶级为了实现自己的使命而设立的政治组织，国家机构的权力运作和职责都反映了统治阶级的意志和利益，具有鲜明的阶级性。（2）历史性。国家机构是一定历史范畴的产物，是社会发展到一定阶段的产物，随着国家的产生而出现，也会随着国家的消亡而消亡。（3）特殊的强制性。国家机构是一种国家组织，拥有特殊的强制力，即以军队、警察、监狱、法庭等为主要内容的国家暴力。因此，国家机构不同于一般的社会组织。（4）组织性。国家机构的组织体系的设置、职权划分及其相互之间的关系非常复杂，不同国家机关按照法律规定组成完整严密的整体，保证国家基本职能的实现。（5）协调性。国家机构根据宪法划分职权，国家权力按照行使职权的性质和范围的不同而分工行使；同时各个国家机关之间又相互协作、互相配合，共同为实现宪法规定的目标而运行。本题选ABCD。

5. ABCD 【解析】根据现行宪法和有关法律的规定，全国人民代表大会代表享有以下权利：（1）全国人大代表有出席全国人大会议，发表意见，参与表决，共同决定中央国家机关领导人员的人选和国家生活中的重大问题的权利。（2）根据法律规定的程序提出议案、建议和意见的权利。（3）依照法律规定的程序提出质询案的权利。（4）依法提出罢免案的权利。（5）人身特别保护权，即在全国人大开会期间，非经全国人大会议主席团的许可，在全国人大闭会期间，非经全国人大常委会的许可，全国人大代表不受逮捕或者刑事审判。如果因为全国人大代表是现行犯而被拘留的，执行拘留的公安机关必须立即向全国人大会议主席团或者立即向全国人大常委会报告。（6）言论免责权。根据宪法和有关法律的规定，全国人大代表在全国人大各种会议上的发言和表决不受法律追究，以此保证他们能够真实地代表和反映人民的意志，为制定法律规范提供客观的依据。（7）物质保障权。全国人大代表在履职时，所在单位根据实际需要予以时间保障和工资福利保障，国家应当予以适当补贴和物质上的补助。因此本题ABCD选项都正确。

6. AB 【解析】全国人大的专门委员会是按专业分工设立的辅助性工作机构。专门委员会是常设性机构，在全国人大会议期间向全国人民代表大会负责，在全国人大闭会期间向全国人大常委会负责。A选项正确。国务院拥有对所属部委和地方各级行政机关的领导权和监督权。B选项正确。最高人民法院监督地方各级人民法院和专门人民法院的审判工作，上级人民法院监督下级人民法院的审判工作。注意"监督"和"领导"的差别。C选项错误。最高人民检察院领导地方各级人民检察院和专门人民检察院的工作，上级人民检察院领导下级人民检察院的工作。注意"领导"和"指导"的差别。D选项错误。

7. ABCD 【解析】全国人民代表大会有权改变或者撤销它的常务委员会制定的不适当的法律，A选项正确。全国人民代表大会常务委员会有权撤销同宪法和法律相抵触的行政法规，有权撤销同宪法、法律和行政法规相抵触的地方性法规，B选项正确。省、自治区、直辖市的人民代表大会有权改变或者撤销它的常务委员会制定的和批准的不适当的地方性法规，C选项正确。省、自治区的人民政府有权改变或者撤销下级人民政府制定的不适当的规章，D选项正确。因此，本题选ABCD。

8. ABD 【解析】根据《宪法》第62条的规定，ABD选项均为全国人大选举产生。全国人大根据国家主席的提名，决定国务院总理的人选，因此国务院总理不是由全国人大选举产生。C选项错误。ABD选项正确。

9. BC 【解析】根据《全国人民代表大会组织法》第20条的规定，全国人民代表大会主席团、全国人民代表大会3个以上的代表团或者1/10以上的代表，可以提出对全国人民代表大会常务委员会的组成人员，中华人民共和国主席、副主席，国务院和中央军事委员会的组成人员，国家监察委员会主任，最高人民法院院长和最高人民检察院检察长的罢免案，由主席团提请大会审议。BC选项正确。

10. ABC 【解析】政府是国家权力机关的执行机关，是国家行政机关，对人大及其常委会负责并报告工作。国务院作为最高国家行政机关，对全国人大及其常委会负责并向其报告工作，AC项正确。在全国人大闭会期间，全国人大常委会有权根据国务院总理的提名，决定部长、委员会主任、审计长、秘书长的人选，B项正确。在全国人大常委会举行会议的时候，国务院、中央军事委员会、国家监察委员会、最高人民法院、最高人民检察院的负责人列席会议，D项错误。

11. ABC 【解析】审判委员会既是各级人民法院内设立的审判工作组织，又是人民法院进行审判工作的一种制度，该制度对保证办案质量和实现国家审判职能有重大作用。审判委员会不同于合议庭，合议庭审判是我国人民法院审理案件的基本组织形式。D选项错误。其余选项表述正确。因此，本题选ABC。

12. ABC 【解析】专门委员会是常设性的机构，在全国人大会议期间向全国人民代表大会负责，在全国人大闭会期间向全国人大常委会负责。A选项正确。专门委员会委员由全国人大主席团在代表中提名，大会通过。B选项正确。专门委员会每届任期5年，与全国人大任期相同。C选项正确。特定问题的调查委员会属于临时性委员会，不是专门委员会。D选项错误。本题选ABC。

13. ABCD 【解析】根据《全国人民代表大会组织法》和《全国人民代表大会常务委员会会议议事规则》的规定，全国人大常委会会议期间，委员长会议、全国人大各专门委员会、国务院、中央军事委员会、国家监察委员会、最高人民法院、最高人民检察院以及常委会组成人员10名以上联名，可以向常委会提出属于常委会职权范围内的议案。因此，本题ABCD选项都正确。

14. ABCD 【解析】代表有下列情形之一的，其代表资格终止：（1）地方各级人民代表大会代表迁出或者调离本行政区域的；（2）辞职被接受的；（3）未经批准两次不出席本级人民代表大会会议的；（4）被罢免的；（5）丧失中华人民共和国国籍的；（6）依照法律被剥夺政治权利的；（7）丧失行为能力的。AB项正确。在全国人大会议期间，一个代表团或者30名以上代表联名，在常委会会议期间，常务委员会组成人员10人以上联名，可以书面提出对国务院以及国务院各部门、国家监察委员会、最高人民法院、最高人民检察院的质询案。CD项正确。因此，本题选ABCD。

15. ABD 【解析】根据我国《宪法》第79条第2款的规定，国家主席、副主席的任职基本条件有：（1）必须有选举权和被选举权；（2）属于中华人民共和国公民；（3）必须年满45周岁。此外，特别行政区的行政长官的任职条件为：年满40周岁，在香港或澳门通常连续居住满20年，并为在外国无居留权（《澳门特别行政区基本法》无此规定）的特别行政区永久性居民中的中国公民。ABD选项正确。

16. ABCD 【解析】国家主席主要有四项职权，ABCD四项都是。

17. AB 【解析】国务院由下列人员组成：总理，副总理若干人，国务委员若干人，各部部长，各委员会主任，审计长，秘书长。因此本题选AB。

18. BCD 【解析】行政规章包括部门规章和地方政府规章，国务院各部委有权制定部门规章，省级人民政府和设区的市的人民政府有权制定地方政府规章。BCD选项正确。

19. ABC 【解析】中央军事委员会由下列人员组成：主席，副主席若干人，委员若干人。因此本题选ABC。

20. ABC 【解析】《宪法》第62条规定："全国人民代表大会行使下列职权：……（六）选举中央军事委员会主席；根据中央军事委员会主席的提名，决定中央军事委员会其他组成人员的人选……"因此，中央军事委员会副主席由全国人大根据中央军事委员会主席的提名决定产生。故D选项错误。ABC选项正确。

21. AC　【解析】监察委员会依法独立行使监察权，不受行政机关、社会团体和个人的干涉。监察机关办理职务违法和职务犯罪案件，应当与审判机关、检察机关和执法部门互相配合、互相制约。因此，本题选 AC。

22. ABCD　【解析】最高人民法院副院长由最高人民法院院长提名，由全国人大常委会决定产生，A 选项正确。最高人民法院、最高人民检察院有权发布指导性案例，B 选项正确。对职务犯罪案件拟作出不起诉决定，须经上一级人民检察院批准，C 选项正确。地方各级人民检察院检察长的任免，须报上一级人民检察院检察长提请本级人民代表大会常务委员会批准。D 选项正确。

23. BD　【解析】《立法法》第 109 条第 4 项规定，部门规章和地方政府规章报国务院备案；地方政府规章应当同时报本级人民代表大会常务委员会备案。河南省政府制定的政府规章，应当报国务院和本级人大常务委员会备案，BD 项正确。

24. ABCD　【解析】设区的市、自治州的人民政府制定地方政府规章，限于城乡建设与管理、生态文明建设、历史文化保护、基层治理等方面的事项。ABCD 项均正确。

25. ABCD　【解析】地方各级人大举行会议时，主席团、常务委员会、各专门委员会、本级人民政府及县级以上地方各级人大代表 10 人以上和乡镇人大代表 5 人以上联名，可以提出属于本级人大职权范围内的议案，由主席团决定是否列入大会议程。ACD 项正确。在全国人大常委会会议期间，委员长会议、国务院、中央军事委员会、国家监察委员会、最高人民法院、最高人民检察院、全国人大各专门委员会以及常委会组成人员 10 人以上联名，可以向常委会提出属于常委会职权范围内的议案，B 选项正确。

三、简答题

1. 参考答案　（1）修改宪法，监督宪法的实施。宪法是国家的根本大法，只有全国人大才有权修改宪法。监督宪法的实施主要包括：监督各项法律、行政法规、地方性法规以及各种规章是否符合宪法的原则和条文规定；监督一切国家机关、武装力量、各政党和社会团体、各企业事业组织的行为是否违反宪法。（2）制定和修改基本法律。基本法律是为实施宪法而由全国人大制定的最重要的法律，主要包括民刑法律、诉讼法、组织法、选举法、民族区域自治法、有关特别行政区的立法等。（3）选举、决定和罢免国家领导人。全国人大有权选举全国人大常委会委员长、副委员长、秘书长和委员，选举国家主席、副主席，选举中央军事委员会主席、国家监察委员会主任、最高人民法院院长、最高人民检察院检察长等。（4）决定国家重大问题。全国人大有权审查和批准国民经济和社会发展计划以及有关计划执行情况的报告；审查和批准国家预算和预算执行情况的报告；批准省、自治区和直辖市的建置；决定特别行政区的设立及其制度；决定战争与和平问题等。（5）最高监督权。全国人大有权监督由它产生的其他国家机关的工作。全国人大听取并通过全国人大常委会的工作报告，有权改变或撤销后者不适当的决定；国务院、最高人民法院和最高人民检察院向全国人大负责并报告工作；中央军委主席也要向全国人大负责。（6）其他职权。全国人大有权行使"应当由最高国家权力机关行使的其他职权"。

2. 参考答案　（1）依法独立行使检察权原则。《宪法》和《人民检察院组织法》规定，人民检察院依法独立行使检察权，不受行政机关、社会团体和个人的干涉。（2）行使检察权在适用法律上一律平等原则。人民检察院行使检察权在适用法律上一律平等，不允许任何组织和个人有超越法律的特权,禁止任何形式的歧视。(3) 司法公正原则。人民检察院坚持司法公正,以事实为根据,以法律为准绳,遵守法定程序,尊重和保障人权。(4)司法公开原则。人民检察院实行司法公开,法律另有规定的除外。(5) 司法责任制原则。人民检察院实行司法责任制,建立健全权责统一的司法权力运行机制。(6) 公民使用本民族语言文字进行诉讼原则。这一原则与人民法院审判活动中的公民使用本民族语言文字进行诉讼原则的性质相同,是宪法规定的重要司法工作原则。人民检察院在办理案件过程中,对于不通晓当地语言文字的诉讼参与人,应当为他们翻译。在少数民族聚居区或者多民族共同居住的地区,应当用当地通用的语言进行讯问,应当根据实际需要用当地通用的一种或几种文字制作起诉书或其他法律文书。

四、分析题

参考答案 (1) 根据《宪法》的规定,公民对于国家机关和国家工作人员有提出批评和建议的权利。根据《立法法》的规定,公民认为行政法规同宪法或者法律相抵触的,可以向全国人大常委会书面提出进行审查的建议。(2) 根据《宪法》和《立法法》的规定,全国人大常委会可以要求国务院修改《拆迁条例》或有权撤销此行政法规。(3) 我国《宪法》规定,人民依法通过各种途径和形式,管理国家事务,管理经济和文化事业,管理社会事务。我国《立法法》规定,行政法规在起草过程中,应当广泛听取有关机关、组织和公民的意见。听取意见可以采取座谈会、论证会、听证会等多种形式。国务院的立法活动反映了民主立法的原则。

五、论述题

参考答案 民主集中制是社会主义国家政权组织和活动的基本原则。我国《宪法》第3条第1款规定:"中华人民共和国的国家机构实行民主集中制的原则。"民主集中制是一种民主与集中相结合的制度,是在民主基础上的集中和在法治规范下的民主的结合。根据这一原则的要求,我国的国家权力必须集中由代表人民意志的、由民主选举产生的人大统一行使;各个国家机关之间不是分权关系,而是为实现国家管理任务进行的工作分工关系;各个国家机关依据宪法的具体规定,在人大及其常委会的统一领导和监督下行使各自职责范围内的权力。具体来说,根据《宪法》的规定,我国国家机构贯彻民主集中制原则主要表现为:(1) 在意志代表方面,人大由民主选举产生,对人民负责,受人民监督;由人大代表人民的最高意志,制定法律,决定国家的重大问题。(2) 在权限划分方面,国家行政机关、国家审判机关、国家检察机关、国家军事机关、国家监察机关等由人大选举或决定产生,对它负责,受它监督;各机关在其宪法权限内处理属于各自职权范围内的国家事务。(3) 在中央和地方的权力关系方面,遵循在中央统一领导下,充分发挥地方积极性、主动性的原则,但必须坚持中央的集中统一领导。(4) 在国家机关内部关系方面,人大及其常委会实行集体领导体制,而行政机关和军事机关则都实行首长个人负责制。(5) 在具体工作方面,不管哪一个国家机关,具体决策过程都必须遵循民主集中制的原则,既不能出现"一言堂"的情况,更不能出现互相推诿的情况。我国古代的中央集权制度是封建君主专制制度下的中央集权制度,皇帝个人专断独裁,集国家最高权力于一身,从决策到行使军、政、财权等都具有独断性和随意性。中国古代的中央集权制，只是封建皇帝们加强独裁统治的工具，它不仅没有随着历史的发展而逐渐宽松进步，反而愈演愈烈，造成学术思想停滞，华夏文明裹足不前。我国现在实行的民主集中制既不是专制主义或官僚主义集中制，也根本不同于无政府主义或极端民主化。它是与我国国情相适应的对国家机构的基本要求，适宜用来保障人民的根本权利和完成国家的根本任务。

中国法制史

第一章　绪论

一、单项选择题

1. B 【解析】周初统治者将商朝败亡的历史作为前车之鉴，认为天命是会改变的，天命总是归于有德者，天意总是通过民意表达出来。西周时期从夏商时代的神权法思想，发展到对人的关注，提出"以德配天"的民本思想，故西周时期就确立了"以德配天"的观念。本题选 B。

2. A 【解析】中国法制史是研究中国法律的起源，各个历史时期法律制度的发生、特点、作用和演变规律的科学。因此 A 选项错误。本题为选非题，因此 A 选项当选。

3. A 【解析】中国古代的法律体系是诸法并存、民刑有分的，而中国古代的法律编纂体系诸法并存、民刑不分，A 选项错误。本题为选非题，因此 A 选项当选。

4. D 【解析】调处适用的对象是民事案件和轻微的刑事案件，严重的刑事案件不能调处。D 选项错误，本题选 D。

5. D 【解析】礼法结合是中国古代法律最主要的传统。礼法相互为用，实现社会综合治理是中华法系最鲜明的特征。D 选项正确。

6. B 【解析】礼法相互为用，实现社会综合治理是中华法系最鲜明的特征。B 选项正确，其余选项错误，本题选 B。

7. A 【解析】"诸法并存，民刑有分"作为中国传统法制的主要特征之一，是就法律体系来说的，即法律体系是由刑法、民事法、行政管理法、诉讼法等法律部门构成的。但是就法典的编撰体例来讲，是"诸法合体，民刑不分"的。因此本题 A 选项正确。

二、多项选择题

1. ABCD 【解析】中华法系是在中国特定的历史条件下形成的，是中华法文化的特殊性及其世界影响力的集中体现，显示了中华民族的伟大创造力和中华法制文明的深厚底蕴，故 A 选项正确。至近代，由于国情的巨大变化，我国固有的中华法系在 19 世纪末 20 世纪初受到西方法文化的冲击和影响，进行大规模的修律，才开始逐步解体，故 B 选项正确。中华法系失去了所依附的载体而退出历史舞台，但中华法系所凝聚的中华民族精神和法文化精华中的因子没有消亡，今天复兴或重塑中华法系，对于实现中华民族伟大复兴具有重大意义，故 CD 选项正确。综上，答案为 ABCD。

2. AD　【解析】无讼是中国古代法制的价值取向，调处是实现息讼、无讼的重要手段，故 A 选项正确。调处适用的对象是民事案件与轻微的刑事案件，故 B 选项错误。调处的主持者包括地方州县官、基层小吏和宗族尊长等，故 C 选项错误。调处息争适应封闭的小农经济基础的深厚地缘关系，依赖的是宗族势力和基层国家权力，凭借的是礼与法相结合的多种法律渊源，维护的是三纲五常的伦理秩序，形成了一整套的完备制度，故 D 选项正确。综上，答案为 AD。

3. AC　【解析】中国传统法制的主要特征可以概括为：（1）法自君出，重权隆法。（2）诸法并存，民刑有分。（3）家族本位，伦理法制。（4）调处息争，无讼是求。本题 AC 选项正确。

4. ABC　【解析】中国古代特定的自然地理环境、生产方式、宗法伦理关系，以及大一统集权政治制度，决定了中华法系具有以下主要特点：皇权至上；维护宗法伦理；引礼入法，法律不断儒家化；以刑为主，诸法并存。ABC 项正确，D 选项错误。

5. BCD　【解析】民本主义是中国古代法制与法文化的基础。西周时期就确立了"以德配天"的观念，即天授王权取决于君王的德性，体现为"敬天保民"的统治政策。儒家进一步提出民贵君轻、民为国本的思想。这一传统对于中国古代法律有着深远的影响，可以说，传统法律的各个层面都表现出浓厚的民本主义色彩，如德主刑辅，注重教化；摆脱神判，重视证据；宽仁慎刑，爱惜人命等。因此，本题选 BCD。

6. ABCD　【解析】中国古代法的渊源经历了从先秦礼制与刑书，到《唐六典》与律令格式的长期发展，逐渐形成了以政典为组织法，以律典为基本法律，令格式为管理制度，并以廷行事、决事比、判例等为必要补充的完备体系。因此，ABCD 四项全选。

7. BCD　【解析】中国法制历史中的优秀传统可以概括为以下几个方面：（1）德配王命，民贵君轻。（2）礼法结合，综合为治。（3）体系完备，律例并行。（4）以法治官，明职课责。（5）法尚公平，执法原情。本题 BCD 选项正确。

8. ABCD　【解析】中国古代特定的自然地理环境、生产方式、宗法伦理关系，以及大一统集权政治制度，决定了中华法系具有以下主要特点：皇权至上；维护宗法伦理；引礼入法，法律不断儒家化；以刑为主，诸法并存。因此，本题 ABCD 选项都正确。

三、简答题

1. 参考答案　第一，法自君出，重权隆法。君主享有最高的立法权，决定法律的创制和变迁。法律也以维护君权为要务。君主和统治集团重视制定和运用法律，巩固政权稳定，维护社会秩序。这种传统是由古代农耕文明的特性所决定的，具有深刻的社会、历史和文化的根源。第二，诸法并存，民刑有分。中国古代的法典编纂保持"诸法合体，民刑不分"的体例，但是在法律体系上，则是"诸法并存，民刑有分"的，即法律体系是由刑法、民事法、行政管理法、诉讼法等法律部门构成的。"诸法并存，民刑有分"是从法律所调整的社会关系的特殊性和具体性以及由此而形成的法律体系而言的，至于"诸法"是否都发展成独立的部门法，需要结合历史发展的进程予以具体分析。第三，家族本位，伦理法制。中国古代是沿着由家而国的途径进入文明时代的，因此宗法血缘关系对于社会和国家的诸多方面都有着强烈的影响，尤其是宗法与政治的高度结合，造成了家国一体、亲贵合一的特有体制。儒家所倡导的伦理道德成为法律的重要内容和基本精神。

法律维护家族本位的社会结构及其经济基础，历经数千年依然保持稳定。道德法律化和法律道德化的交融发展，成为传统法制的重要特征。第四，调处息争，无讼是求。无讼是中国古代法制建设的价值取向，调处是实现息讼、无讼的重要手段。调处适用的对象是民事案件与轻微的刑事案件，调处的主持者包括地方州县官、基层小吏和宗族尊长等。调处息争适应封闭的小农经济基础的深厚地缘关系，依赖的是宗族势力和基层国家权力，凭借的是礼与法相结合的多种法律渊源，维护的是三纲五常的伦理秩序，形成了一整套的完备制度。

2. <u>参考答案</u> 第一，德配王命，民贵君轻。民本主义是中国古代法制与法文化的基础。西周时期就确立了"以德配天"的观念，即天授王权取决于君王的德性，体现为"敬天保民"的统治政策。儒家进一步提出民贵君轻、民为国本的思想。这一传统对于中国古代法律有着深远的影响，可以说，传统法律的各个层面都表现出浓厚的民本主义色彩，如德主刑辅，注重教化；摆脱神判，重视证据；宽仁慎刑，爱惜人命等。第二，礼法结合，综合为治。礼法结合是中国古代法律最主要的传统；礼法相互为用，实现社会综合治理是中华法系最鲜明的特征。礼法互补，以礼为主导，以法为准绳；以礼为内涵，以法为形式；以礼行法促进法律的实施，以法明礼增添礼的权威；以礼入法，使法律道德化，法由止恶而兼劝善；以法附礼，使道德法律化，出礼而入于刑。第三，体系完备，律例并行。中国古代法的渊源经历了从先秦礼制与刑书，到《唐六典》与律令格式的长期发展，逐渐形成了以政典为组织法，以律典为基本法律，令格式为管理制度，并以廷行事、决事比、判例等为必要补充的完备体系，较好地解决了法部门分类、法效力层级划分的机制问题，并兼顾了法的稳定性和适应性。第四，以法治官，明职课责。以法治官是中国古代法制的悠久传统，其主要内容包括：明确官吏的职、权、责；规定官吏的行为方式与自我约束的机制；实行考选、考课、监察等一系列制度，促其奉公守法，为君尽责。随着社会文明的进步，职官法不断充实完善，使官吏职责明确，有法可依，是古代法律体系中的重要组成部分。第五，法尚公平，执法原情。先秦诸子在释法时，常以度量衡为比喻，强调法的公平。公平成为法律的基本价值追求。法尚公平不仅体现在立法的内容上，也讲求执法原情，达致天理、国法、人情的允协。

第二章　夏商西周春秋战国法律制度

一、单项选择题

1. A 【解析】传说大禹开始按地域划分统治区域，所谓"茫茫禹迹，划为九州"。按地域划分统治区域是国家形成的标志之一。禹还设"九牧"，作为管理九州的地方长官。王位世袭制也是国家形成的标志之一。从夏禹传位于其子启开始，王位世袭制取代了氏族社会的禅让制，并最终导致原始氏族制度的解体及国家的建立。夏启成为中国历史上第一个世袭君主。此外夏朝统治者对原始社会的"礼"和其他氏族习惯加以改造，使之上升为习惯法，同时还颁布法令，惩处违抗"王命"的行为和其他犯罪。所以学界普遍认为，夏王朝的建立，标志着中国进入了国家和法的历史发展阶段。故答案为 A。

2. C 【解析】夏商，尤其是商朝，是神权政治盛行的时代，商汤代夏便自诩"有殷受天命"，商朝后期随着王权的扩张，神权与政权日益结合。神权政治表现在司法上，便是将宗教禁忌与审判制度相结合，具有浓重的"天罚"与"神判"特色，这是夏商诉讼制度的显著特征。卜者、巫史参与司法，通过祭祀占卜活动求问神意，以"神判"来决定司法审判和定罪量刑，乃为"殷人尊神，率民以事神"的商朝所司空见惯。作为最高军政首脑的商王，拥有最高审判权。故答案为C。

3. A 【解析】西周时期刑事诉讼费和民事诉讼费分别被称为"钧金"（三十斤铜）和"束矢"（一百支箭）。故答案为A。

4. C 【解析】《礼记·曲礼》中记载："八十、九十曰耄，七年曰悼。悼与耄，虽有罪不加刑焉。"即80岁以上的老人及7岁以下的幼童犯罪，可免予刑罚处罚。这一原则正是西周"明德慎罚"思想在刑法中的具体体现。后世法律沿袭和发展了这种矜老恤幼的制度。故答案为C。

5. C 【解析】"三不去"在某种程度上是对休妻的限制，但根本上是出于维护宗法伦理的需要。故答案为C。

6. B 【解析】《礼记·王制》记载商有"乱政"和"疑众"等罪，题干的表述是"乱政"罪，是商朝的罪名，B选项正确。本题选B。

7. D 【解析】"誓"的内容偏重于出兵打仗前的盟誓，主要是发布军令或宣布军纪。"命"则是王针对具体事情发布的命令。"诰"的内容偏重于王对大臣、诸侯或下属官吏发出的命令、指示或训诫。因此D选项正确。

8. B 【解析】为惩治职官犯罪，商朝有"三风十愆"之规定，即官吏有巫风、淫风、乱风三类恶劣风气以及与之相关的十种行为者，将受到墨刑等的处罚，B选项正确。

9. C 【解析】为惩治职官犯罪，商朝有"三风十愆"之规定，即官吏有巫风（庭内起舞、沉溺酒歌等）、淫风（贪求财物、迷恋美色、狩猎不休等）、乱风（蔑视圣人教训、拒绝忠直劝告、疏远贤德高士、亲近庇护小人等）三类恶劣风气以及与之相关的十种行为者，将受到墨刑等的处罚。C选项错误，本题选C。

10. C 【解析】据春秋后期晋国大夫叔向的解释，"己恶而掠美为昏，贪以败官为墨，杀人不忌为贼"，C选项正确。

11. A 【解析】《左传·襄公二十六年》引《夏书》有"与其杀不辜，宁失不经"的刑罚适用原则，意为宁可不按常法行事，也不能错杀无辜。A选项正确。

12. A 【解析】传说大禹开始按地域划分统治区域，还设置"九牧"作为地方长官，大禹传位于其子启，王位世袭取代了禅让制。按地域划分统治区域以及王位世袭制的出现都是国家形成的标志。学界普遍认为，夏王朝的建立标志着中国进入国家和法的历史发展阶段。A选项正确。商汤灭夏，是指大约公元前1600年商汤带领商部落灭掉夏朝建立商朝的历史事件。武王伐纣，是指大约公元前1046年周武王姬发带领周与各诸侯联军起兵讨伐商纣王灭掉商朝建立周朝的历史事件。BC选项错误。公元前536年，郑国的执政子产鉴于当时社会关系的变化和旧礼制的崩溃，率先"铸刑书于鼎，以为国之常法"，一般认为这是中国历史上第一次正式公布成文法。D选项错误。

13. C 【解析】华夏族在征服苗民后，袭用其刖、劓、剕、黥等肉刑，加以损益，形成了墨、劓、剕、宫、大辟五种刑罚，并使之成为常用的刑罚体系，学界普遍称之为"上古五刑"。其中，剕刑也作刖刑、髌刑、膑刑，此刑或断人之足，或剔去膝盖骨，使人丧失行走能力。C选项正确。黥刑，也即墨刑，是在罪人面上或额头刺刻后再涂上墨，留下痕迹作为受刑人的标志。A 选项错误。劓刑，即割鼻之刑。B 选项错误。流刑不属于"上古五刑"之一，而属于新五刑之一，是将犯罪人流放、放逐的刑罚。D 选项错误。

14. B 【解析】五刑起源的记载最早见于《尚书》，A 选项正确。夏商周三代死刑方式多样，手段残酷，B 选项错误。北齐天统五年，宫刑从法律上废止，C 选项正确。五刑之外还存在流刑、劳役刑、赎刑等，D 选项正确。本题为选非题，因此 B 选项当选。

15. A 【解析】宫刑，又称淫刑、腐刑，源于苗民的椓刑，是破坏生殖器官的刑罚。对男性为去势，对女性为幽闭。B 选项错误。墨刑，又称黥刑，是在罪人面上或额头刺刻后再涂上墨，留下痕迹作为受刑人的标志。D 选项错误。刖刑，也作剕刑、髌刑、膑刑，秦汉时称为斩趾，此刑或断人之足，或剔去膝盖骨，使人丧失行走能力。C 选项错误。A 选项正确。

16. A 【解析】"禹刑"为夏朝法律总称。《左转·昭公六年》记载，"夏有乱政，而作禹刑"，故而得名。A 选项正确。

17. B 【解析】《左传·昭公六年》记载："商有乱政，而作汤刑。""汤刑"被认为是商朝法律的总称。B 选项正确。

18. A 【解析】《孝经·五刑》称夏朝"五刑之属三千，而罪莫大于不孝"，近代学者章太炎亦认为夏朝已有不孝罪。A 选项正确。

19. B 【解析】本题考查西周的法制特点。为谋求长治久安，周初统治者继承了夏商以来的神权政治学说。同时，为了修补神权政治学说中的缺漏，并确定周王朝新的统治策略，进一步提出了"以德配天，明德慎罚"的政治法律主张。而"德主刑辅"的主张到汉朝时才提出，故 A 选项说法错误。西周时期"刑"多指刑法和刑罚。"礼"正面、积极规范人们的言行，而"刑"则对一切违背礼的行为进行处罚。其关系正如《后汉书·陈宠传》所说的"礼之所去，刑之所取，失礼则入刑，相为表里者也"，两者共同构成西周法律的完整体系。故 B 选项说法正确。西周的借贷契约叫"傅别"，"傅"，是把债的标的和双方的权利义务等写在契券上；"别"，是在简札中间写字，然后一分为二，双方各执一半，札上的字为半文。故 C 选项说法错误。西周形成了嫡长子继承制，这种继承主要是王公贵族政治身份的继承，土地、财产的继承是其次。故 D 选项说法错误。本题答案为 B。

20. D 【解析】西周的立法指导思想是明德慎罚。轻罪重罚、一断于法为战国时期的立法指导思想，约法省刑为汉朝的立法指导思想。D 选项正确。

21. C 【解析】西周经成康之治后，至穆王时国势渐微，财政拮据。周穆王为革新政治，命司寇吕侯作《吕刑》。它应是西周中期具有代表性的法典，具体内容已不可考。C 选项正确。

22. D 【解析】西周的宗法制着眼于从长远解决周天子及各级贵族的爵封继承和宗祧继承问题，同时也解决财产继承问题。但是重点关注的不是解决财产继承问题，而是解决爵封继承和宗祧继承问题。D 选项表述错误，本题选 D。

23. D 【解析】西周时期贵族犯罪在适用刑罚上可以享有减免特权，一般犯罪能够获得宽宥。贵族若有严重犯罪，一般不适用肉刑；也可被放逐乃至赐死，但处死不在市朝行刑。因此，D 选项说法错误，贵族若有严重犯罪，也会被处死，只是不在市朝行刑。本题选 D。

24. B 【解析】西周时为保证适用法律的谨慎，防止错杀无辜，对犯罪事实有疑的案件，实行从轻处断或赦免罪责的原则。从赦原则在司法审判中要经过"三刺"的程序，B

选项正确。

25. B 【解析】在西周时期，过失被称为"眚"，故意即是"非眚"，惯犯被称为"惟终"，偶犯称为"非终"。因此 B 选项正确。

26. C 【解析】中国最早的五刑指的是奴隶制五刑，具体为墨、劓、剕、宫、大辟。C 选项正确。

27. C 【解析】《吕刑》是西周中期具有代表性的法典，是了解西周法律制度的重要参考，西周很多重要的法律制度和原则都是从《吕刑》中归纳出来的。《吕刑》中规定了较为完整的收赎制度，赎刑由此开始制度化。C 选项正确。除此之外，《吕刑》又被称为《甫刑》。对于《吕刑》所继承并贯彻的周初明德慎罚的思想，强调须以德教为本，规定了例如"五刑之疑有赦""五罚之疑有赦""上下比罪"等审判原则，考生应细致掌握。

28. A 【解析】西周已开始区分民事案件和刑事案件。民事案件称"讼"；"讼，谓以财货相告者"；审理民事案件为"听讼"。刑事案件称"狱"；"狱，谓相告以罪名者"；审理刑事案件为"断狱"。A 选项正确。

29. C 【解析】西周时期关于婚姻解除制度的规定有若干条，被称作"七出三不去"。"三不去"是指：有所娶无所归，不去；与更三年丧，不去；前贫贱后富贵，不去。C 选项正确。

30. A 【解析】西周时期，"六礼"程序也是婚姻成立的必要条件。合礼合法的婚姻必须通过"六礼"来完成：（1）"纳采"，即男家请媒人向女方送礼品提亲；（2）"问名"，即在女方答应议婚后，由男方请媒人询问女子名字、生辰等，并卜于宗庙以定吉凶；（3）"纳吉"，卜得吉兆后即与女家订婚；（4）"纳征"，即男方派人送聘礼至女家，故又称"纳币"；（5）"请期"，即商请女方择定婚期；（6）"亲迎"，即婚期之日男方迎娶女子至家。至此，婚礼始告完成，婚姻也最终成立。正确选项为 A。

31. D 【解析】"与更三年丧"是指女子入夫家后与丈夫一起为公婆守过三年之孝，已尽子媳之道，不能休妻。因此 D 为正确答案。

32. D 【解析】西周时期婚姻的缔结有三大原则，即一夫一妻制，同姓不婚，父母之命、媒妁之言。凡婚姻不合此三者即属于非礼非法。D 选项正确。

33. A 【解析】A 项是吉礼，B 项是嘉礼，C 项是凶礼，D 项是宾礼。

34. D 【解析】西周婚姻缔结的主要原则有：一夫一妻制，同姓不婚，父母之命、媒妁之言。西周婚姻解除的规定有："七出""三不去"。由此可见，D 选项是婚姻解除的原则，而非婚姻缔结的原则。本题选 D。

35. D 【解析】西周时期的礼仪内容可以分为五个方面，通称为"五礼"，即吉礼、凶礼、军礼、宾礼、嘉礼。吉礼是祭祀之礼；凶礼是丧葬之礼；军礼是行兵打仗之礼；宾礼是迎宾待客之礼；嘉礼是冠婚之礼。D 选项正确。

36. B 【解析】质剂是买卖契约，A 选项错误。傅别指借贷契约，是解决债务纠纷的凭证，B 选项正确。西周设有专职官员管理立契事宜，称为"司约"，C 选项错误。司刑、司刺是西周处理司法事务的专职属吏，D 选项错误。

37. C 【解析】"纳吉"是占卜得到吉兆后，男家与女家定亲，C 选项正确。

38. A 【解析】西周有质剂和傅别两种契约形式。质剂是买卖契约，买卖奴隶、牛马等大宗交易须使用较长的契券，被称为"质"；买卖兵器、珍异等小件物品使用较短的契券，称为"剂"。傅别指的是借贷契约，"傅"即债券，一分为二称为"别"，债权人执左券，债务人执右券。A 选项正确。

39. A 【解析】依据《周礼》，西周设有专职官员管理立契事宜，称作"司约"，并设"质人"作为市场管理人员。司刺为西周时期专职处理司法事务的官吏，小司寇是西周时期协助大司寇审理案件、处理狱讼的中央司法官。A 选项正确。

40. C 【解析】西周时期将诉讼称为"狱讼"，审理民事案件称作"听讼"，审理刑事案件称作"断狱"。C 选项正确。

41. A 【解析】西周形成了比较系统的司法机构。中央常设最高司法官为大司寇，"掌建邦之三典，以佐王刑邦国、诘四方"，辅助周王掌管全国司法工作，A 选项正确。大司寇之下设小司寇，"以五刑听万民之狱讼"，协助大司寇审理案件，处理狱讼。此外还有各种专职的属吏如司刑、司刺、掌囚、掌戮等，处理各类司法事务。BCD 均不符合题意。

42. C 【解析】在长期的司法实践中，西周总结出一套"以五声听狱讼求民情"的经验，即运用察言观色进行审讯，以判断当事人陈述的真伪。"五声"亦即"五听"，其具体内容是：一曰辞听，"观其出言，不直则烦"，即观察当事人的言语表达，理屈者则言语错乱。二曰色听，"观其颜色，不直则赧然"，即观察当事人的面部表情，理屈者则面红。三曰气听，"观其气息，不直则喘"，即观察当事人的呼吸，无理则喘息。四曰耳听，"观其听聆，不直则惑"，即观察当事人的听觉，理亏则听语不清。五曰目听，"观其眸子，不直则眊然"，即观察当事人的眼睛与视觉，无理则双目失神。C 选项正确。

43. C 【解析】三风十愆是商朝关于惩治职官犯罪的制度，A 选项错误。三赦之法是西周时期关于老幼犯罪减免刑罚方面的法律制度，B 选项错误。三宥之法是指"壹宥曰不识，再宥曰过失，三宥曰遗忘"，这表明西周在定罪量刑时已考虑行为人的主观动机，C 选项正确。五过之疵是西周关于司法官渎职犯罪的制度，D 选项错误。

44. C 【解析】"五声"亦即"五听"，其具体内容是：一曰辞听，"观其出言，不直则烦"。二曰色听，"观其颜色，不直则赧然"。三曰气听，"观其气息，不直则喘"。四曰耳听，"观其听聆，不直则惑"。五曰目听，"观其眸子，视不直则眊然"。C 选项正确。

45. C 【解析】西周在总结夏商刑罚经验的基础上，逐渐形成了一系列较为成熟的刑罚适用原则。同罪异罚是体现宗法等级制度的刑法原则。《周礼·秋官》关于"八辟丽邦法"的规定亦公开赋予特定身份者享受减免刑罚的特权，后世的"八议"制度即源于此。C 选项正确。

46. D 【解析】《左传·文公十八年》引周公作誓命曰："毁则为贼，掩贼为藏，窃贿为盗，盗器为奸。"即毁坏礼法者为贼，窝藏贼者为藏，窃取财物为盗，偷盗国器宝物者为奸。D 选项正确。建议考生熟练掌握各种犯罪行为所对应的名称。

47. B 【解析】西周时期规定了渎职方面的犯罪，如司法官的"五过"之疵。"惟官"指秉承上意，倚仗权势。"惟反"指利用职权，报私恩怨。"惟内"指内亲用事，暗中牵制。"惟货"指贪赃受贿，敲诈勒索。"惟来"指接受请托，徇私枉法。B 选项正确。

48. D 【解析】针对上古时期不预设刑、临事议制的法律传统，春秋时期的政治改革家明确主张法布于众、民征于书，要求打破世袭贵族对于法律的垄断，将成文法公布于众。公元前 536 年，郑国的执政子产鉴于当时社会关系的变化和旧礼制的崩溃，率先"铸刑书于鼎，以为国之常法"，一般认为这是中国历史上第一次正式公布成文法。D 选项正确。

49. B 【解析】A 项《被庐之法》是关于选贤任官，建立官僚制度之法。B 项《仆区法》是禁止隐匿逃亡人之法。C项《卯门法》是关于宫门守卫、保障国君安全之法。D项《囚法》也称《网法》，是关于囚禁和审判罪犯的法律规定。B选项正确。

50. B 【解析】战国时期反对宗法制时代的"礼有等差"，主张"刑无等级""法不阿贵"，B选项错误，当选。ACD项都是战国的立法指导思想。

51. D 【解析】《法经》在体例上，出现了先列出罪名再规定刑罚的罪刑法定倾向。相当于法典总则的《具法》列在最后且适用于其他各篇。《具法》是关于定罪量刑中从轻从重等法律原则的规定，起着"具其加减"的作用。因此本题正确答案为D选项。

52. D 【解析】《法经》共有六篇：《盗法》《贼法》《网法》《捕法》《杂法》《具法》。《盗法》是侵犯官私财产所有权犯罪的法律规定。《贼法》是关于人身伤害、破坏社会秩序的法律规定。《网法》也称《囚法》，是关于囚禁和审判罪犯的法律规定。《捕法》是关于追捕盗、贼及其他犯罪者的法律规定。《网法》《捕法》二篇属于诉讼法的范畴。《杂法》是关于"盗贼"以外的其他犯罪与刑罚的规定，主要规定了"六禁"。《具法》是关于定罪量刑中从轻从重等法律原则的规定。D选项正确。

53. A 【解析】在篇目结构上，《法经》共有六篇：《盗法》《贼法》《网法》《捕法》《杂法》《具法》。《盗法》是侵犯官私财产所有权犯罪的法律规定，《贼法》是关于人身伤害、破坏社会秩序的法律规定。B选项错误。《荀子·修身》解释："窃货曰盗""害良曰贼"。李悝认为"王者之政，莫急于盗贼"，所以将《盗法》和《贼法》列在法典之首。《网法》也称《囚法》，是关于囚禁和审判罪犯的法律规定，《捕法》是关于追捕盗、贼及其他犯罪者的法律规定，《网法》《捕法》二篇属于诉讼法的范围。D选项错误。《杂法》是关于"盗贼"以外的其他犯罪与刑罚的规定，主要规定了"六禁"，即淫禁、狡禁、城禁、嬉禁、徒禁、金禁等。C选项错误。《法经》作为历史上第一部比较系统、完整的成文法典，在中国立法史上具有重要地位。A选项正确。

54. C 【解析】《杂法》是关于"盗贼"以外的其他犯罪与刑罚的规定，主要规定了"六禁"，即淫禁、狡禁、城禁、嬉禁、徒禁、金禁等。C选项正确。

55. B 【解析】商鞅颁布《分户令》，以鼓励发展小农经济，扩大户赋来源，改变秦国父子无别、同室而居的旧习俗；强制百姓分家立户，还能够增加国家的财政收入。此外，商鞅还颁布《军爵令》，奖励战功，增强国力。A选项错误，B选项正确。《武德令》是唐高祖武德年间颁布的令典，C选项错误。《大明令》是明朝洪武元年颁行的令典，是帝制中国最后一部令典。D选项错误。

56. B 【解析】商鞅在战国时期变法中颁布连坐法。所谓连坐，即因一人犯罪牵连其亲属、邻里、同伍以及其他与之有联系的人，使他们一起承担罪责的刑罚制度。B选项正确。

二、多项选择题

1. AB 【解析】西周礼制之中，抽象的精神原则主要可以归纳为"亲亲"与"尊尊"。故答案为AB。

2. ABCD 【解析】所谓"七出"，是指女子若有下列七种情形之一，丈夫或公婆即可休弃（单方面解除婚约）："无子，一也；淫佚，二也；不事舅姑，三也；口舌，四也；盗窃，五也；妒忌，六也；恶疾，七也。"不顺公婆者为"逆德"，无子者为绝嗣不孝，淫者乱族，妒者乱家，有恶疾者不能供祭祖先，口多言者离间亲属，盗窃者违反规矩。故答案为ABCD。

3. CD 　**【解析】**《礼记·王制》中记载："析言破律，乱名改作，执左道以乱政，杀。作淫声、异服、奇技、奇器以疑众，杀。行伪而坚，言伪而辩，学非而博，顺非而泽以疑众，杀。假于鬼神、时日、卜筮以疑众，杀。"因此AB项属于"疑众"，CD项属于"乱政"。因此CD项当选。

4. ABCD 　**【解析】**商朝法律在夏朝的基础上发展，政治上日趋成熟，国家机构逐步完善，汤刑是商朝法律的总称，不成文的习惯法和王发布的誓、诰、命等同样具有很高的法律效力。ABCD全选。

5. ACD 　**【解析】**夏朝的监狱成为"圜土"，商因袭夏，监狱仍称"圜土"。监狱还有很多叫法，许慎在《说文解字》中说："圄圉，所以拘罪人"，故"圄圉"也是监狱。《史记·殷本纪》还有商"纣囚西伯羑里"的记载，故后世史书也称商时的监狱为"羑里"。因此本题ACD选项正确。"钧台"是夏朝时期监狱的叫法之一。B选项错误。

6. ACD 　**【解析】**宗法制度是一种以血缘为纽带，家族组织与国家政权相结合，以维护贵族世袭统治的制度。宗法制度由氏族社会的父家长制发展而来。西周宗法制有三个基本原则：其一，周天子、诸侯、卿大夫、士的宗祧都实行嫡长子继承制。其二，大宗与小宗权利义务关系明确，相辅相成，B选项错误。其三，家国一体，等级秩序分明。宗法制度构成了西周的基本政治模式，成为确立社会等级秩序、维护贵族世袭统治的工具。ACD选项正确。

7. CD 　**【解析】**中国早期法制的突出特点是以习惯法为基本形态，法律不公开不成文。CD选项正确。

8. ABCD 　**【解析】**《吕刑》继承并贯彻了周初明德慎罚的思想，强调必须以德教为本，用刑适中（"明于刑之中"），提出惩罚与罪行相符（"其罪惟均，其审克之""上下比罪"），结合具体案情灵活处断（"刑罚世轻世重""轻重诸罚有权"）、案情不能确定时从轻不从重（"五刑之疑有赦""五罚之疑有赦"）等审案原则。因此ABCD均为正确答案。

9. ABC 　**【解析】**"三赦"之法即"一曰幼弱，二曰老耄，三曰蠢愚"，此三者除犯故意杀人罪外，一般皆赦免其罪。80岁以上的老人及7岁以下的幼童犯罪，可免予刑罚处罚。这一原则正是西周"明德慎罚"思想在刑法中的具体体现。A选项正确。西周时为保证适用法律的谨慎，防止错杀无辜，对犯罪事实有疑的案件，实行从轻处断或赦免罪责的原则。B选项正确。西周在定罪量刑时强调"中道""中罚""中正"，即要求宽严适中，罪刑相当。C选项正确。"贵族无宫刑"公开赋予特定身份者享受减免刑罚的特权。D选项错误。

10. ABCD 　**【解析】**西周时期，在刑法原则上，已经开始区分故意与过失、惯犯与偶犯。两者在观念上已有所区别。史籍中过失被称作"眚"，故意即是"非眚"，惯犯被称作"惟终"，偶犯被称作"非终"。ABCD全选。

11. ABCD 　**【解析】**西周在总结夏商刑罚经验的基础上，逐渐形成了一系列较为成熟的刑罚适用原则，不仅丰富和完善了上古刑法理论和实践，而且对后世的刑法制度产生了深远的影响。西周的主要刑法原则有：老幼犯罪减免刑罚；区分故意与过失、惯犯与偶犯；罪疑从轻、罪疑从赦；宽严适中；因地、因时制宜；上下比罪；同罪异罚。ABCD全选。

12. ABCD 　**【解析】**西周有"九刑"之说，除了题干中的五刑外还有赎刑、鞭刑、扑刑、流刑四种刑罚。ABCD 全选。

13. **ABC** 【解析】西周时有"三赦"之法："一曰幼弱，二曰老耄，三曰蠢愚。"此三者除犯故意杀人罪外，一般皆赦免其罪。因此，本题选 ABC。

14. **ABD** 【解析】西周时为保证适用法律的谨慎，防止错杀无辜，对犯罪事实有疑的案件，实行从轻处断或者赦免罪责的原则。从赦的原则在司法审判中要经过"三刺"的程序。《周礼·秋官·小司寇》载："以三刺断庶民狱讼之中：一曰讯群臣，二曰讯群吏，三曰讯万民。听民之所刺宥，以施上服下服之刑。"因此，本题选 ABD。

15. **ABC** 【解析】《周礼·秋官·司刺》记载有"三宥之法"："壹宥曰不识，再宥曰过失，三宥曰遗忘。"ABC 项正确。

16. **AB** 【解析】西周关于婚姻解除的规定主要有两个方面："七出"和"三不去"。C 选项"义绝"是唐朝婚姻解除要件，D 选项"六礼"是西周婚姻关系确定的条件，不是解除条件。AB 选项正确。

17. **BCD** 【解析】西周关于婚姻的解除，有"七出""三不去"之规定。"三不去"是指：有所娶无所归，不去；与更三年丧，不去；前贫贱后富贵，不去。"三不去"在某种程度上是对休妻的限制，但根本上是出于维护宗法伦理的需要，是中国民间传统道德所拥护的。因此，本题选 BCD。A 选项是"七出"的规定之一，不当选。

18. **AD** 【解析】西周的"六礼"程序包括：（1）纳采，即男家请媒妁向女家提亲。（2）问名，即男方询问女子名字、生辰等，卜于宗庙以定吉凶。（3）纳吉，即卜得吉兆后即与女家订婚。（4）纳征，又称纳币，即男方派人送聘礼至女家，婚约正式成立。（5）请期，即商请女方择定婚期。（6）亲迎，即婚期之日新郎迎娶新妇。因此本题 AD 选项正确。

19. **ABC** 【解析】西周法律规定的罪名大体分为三类，分别是政治性犯罪；破坏社会秩序、侵犯人身财产等方面的犯罪以及渎职方面的犯罪。西周司法官的"五过"之疵（弊端）即属于渎职方面的犯罪，包括：（1）惟官：秉承上意，依仗权势。（2）惟反：利用职权，报私恩怨。（3）惟内：内亲用事，暗中牵制。（4）惟货：贪赃受贿，敲诈勒索。（5）惟来：接受请托，徇私枉法。ABC 选项正确。

20. **ABD** 【解析】西周形成了比较系统的司法机构，中央常设最高司法官为大司寇，大司寇之下设小司寇。此外还有各种专职的属吏如司刑、司刺、掌囚、掌戮等处理各类司法事务。C 选项"司约"是管理立契事宜的专职官员。ABD 选项正确。

21. **BCD** 【解析】A 选项商鞅变法属于战国时代，与题目要求不符合，故选 BCD。本题考查的是基础知识，在此不再赘述，望考生在复习过程中夯实基础，尽可能拿下基础题目。

22. **AC** 【解析】春秋时期成文法的公布引起了旧贵族的激烈反对，晋国上大夫叔向特意写信给子产反对郑国"铸刑书"。孔子对晋国"铸刑鼎"也持反对意见。因此，本题选 AC。

23. **ABC** 【解析】《法经》是战国时期魏国魏文侯的丞相李悝在总结春秋以来各国成文法的基础上制定的。《法经》共六篇，为盗法、贼法、网法、捕法、杂法、具法。其中，盗法、贼法是关于惩罚危害国家安全、危害他人及侵犯官私财产的法律规定。李悝认为，"王者之政，莫急于盗贼"，所以将此两篇列为法典之首。《法经》六篇被秦、汉继承，成为秦、汉律的主要篇目，魏晋以后在此基础上进一步发展，最终形成了以《名例》为统率、以各篇为分则的完善的法典体例，故选项 A、B、C 的说法均正确。《法经》是中国历史上第一部比较系统、完整的成文法典，D选项少了"系统、完整"，缺少限制因而表述不准确，故错误。本题选 ABC。

24. ACD　【解析】法经共有六篇：《盗法》《贼法》《网法》《捕法》《杂法》《具法》。《网法》又称《囚法》。ACD 选项正确。

25. BC　【解析】《法经》共有六篇，其中《网法》《捕法》二篇属于诉讼法的范围。《网法》是关于囚禁和审判罪犯的法律规定，《捕法》是关于追捕盗、贼及其他犯罪者的法律规定，BC 项正确。

26. ABCD　【解析】战国时期法家"法治"理论突出反映了新兴阶级的法律观，并成为当时各国法制的指导思想，具体包括：一断于法、刑无等级、轻罪重刑、法布于众。ABCD 全选。

27. ABD　【解析】商鞅变法的内容包括：改法为律、连坐法、分户令，不包括公布成文法。C 选项错误。本题选 ABD。

三、分析题

1. 参考答案　（1）《法经》在篇目结构上共有六篇：《盗法》《贼法》《网法》《捕法》《杂法》《具法》。历史地位：《法经》作为历史上第一部比较系统、完整的成文法典，在中国封建立法史上具有重要的历史地位。特点：内容上，以惩治盗贼为主要任务，反对旧贵族的等级特权，体现重刑主义精神。体例上，出现了先开列罪名再规定刑罚的罪刑法定倾向；相当于法典总则的《具法》列在最后且适用于其他各篇。《法经》的体例和内容，为后世成文法典的编纂奠定了重要的基础。（2）"旧律"具体是指汉朝《九章律》，它在《法经》和秦律六篇的基础上，增加《户律》《兴律》《厩律》三篇。（3）《晋律》把《魏律》中的刑名分为《刑名》《法例》二篇，仍置于律首，进一步完善了刑律总则的内容。

2. 参考答案　（1）材料反映的是西周因地、因时制宜的原则。周初针对封国的具体情况实行灵活权衡的原则："刑新邦用轻典""刑平邦用中典""刑乱邦用重典"，即主张根据犯罪的主客观情势权衡量刑，不可一味地从轻或从重。（2）"甫侯"也就是"吕侯"，周穆王为革新政治，命司寇吕侯作《吕刑》。因此"甫侯度时作刑"指的是《吕刑》。（3）"五刑"是指墨刑（黥刑）、劓刑、剕刑（刖刑、髌刑、膑刑）、宫刑（淫刑、腐刑）、大辟。墨刑是在罪人面上或额头刺刻后再涂上墨，留下痕迹作为受刑人的标志。劓刑即割鼻之刑。剕刑或断人之足，或剔去膝盖骨，使人丧失行走能力。宫刑是破坏生殖器官的刑罚。大辟是死刑的总称。

四、论述题

参考答案　战国时期的立法中"一断于法"，将法律作为治理国家的基本手段，将法作为衡量任何人行为的客观标准。这就使得任何人，无论是贵族还是平民，都平等适用法律，这种情况下，法律规范就可以对本人行为起到导向和引导的作用，人们能对他人行为进行评价，可以根据法预先估计人们相互间怎样行为及行为后果从而安排自己的行为，通过法的实施对一般人的行为产生影响，即体现法的规范作用中的指引作用、评价作用、预测作用、教育作用。战国时期的立法指导思想包括"轻罪重刑"，用严刑峻法达到以法治国的目的，这体现了法的强制作用，用法来制裁、强制、约束违法犯罪行为。从实质上来讲，战国立法的主要目的就是用法来维护统治阶级的统治，这体现了法的社会作用中维护阶级统治的作用。在战国的立法指导思想中体现最明显的就是法的平等价值。战国立法指导思想要求取消旧贵族在法律上享有的一切特权。而法律中的平等价值就是要求排除特权和消除歧视，法律确认和保障主体法律地位的平等，法律公平地分配法律责任。此外，战国的立法指导思想也可以体现法的正义价值。"刑无等级"可以体现通过法律效果上的认可和惩罚机制，在执法和司法上保障实体正义与程序正义的实现。

第三章　秦汉三国两晋南北朝法律制度

一、单项选择题

1. B　【解析】《九章律》"因秦《法经》，就增三篇，而《具律》不移，因在第六。罪条例既不在始，又不在终，非篇章之义。"因此，《具律》的规定位于律中，故答案为 B。

2. D　【解析】封诊式是司法机关有关审判原则、治狱程式以及对案件进行调查、勘验、审讯、查封等方面的法律规定和文书程式，包括了一些具体案例。廷行事是最高司法机关判案的成例（判例），在司法实践中可以作为同类案件判决的依据，D 选项错误。本题为选非题，因此 D 选项当选。

3. B　【解析】秦朝的立法指导思想是"缘法而治""法令由一统"。B 选项正确。各时期的立法指导思想如下：西周是"明德慎罚"；战国是"一断于法"、刑无等级、轻罪重刑、法布于众；秦朝为"缘法而治""法令由一统"；汉初为黄老思想、"约法省刑"，汉武帝之后为"德主刑辅"；唐朝是"德本""刑用"；元朝为"祖述变通""附会汉法""因俗而治"，蒙汉异制；明朝是"刑乱国用重典""明刑弼教"；清朝是"详译明律，参以国制"。

4. B　【解析】科、比是汉朝的法律形式。A 选项错误。律、令、格、式是唐朝的主要法律形式。C 选项错误。令、条格、制、敕、断例是元朝的法律形式。D 选项错误。B 选项是秦朝的法律形式。

5. A　【解析】秦朝的主要刑名包括：（1）死刑，如戮、磔、腰斩、车裂等。（2）肉刑，如墨、劓、斩左右趾、宫刑等。（3）作刑，如城旦、舂、鬼薪、白粲、隶臣妾、司寇、候等。（4）财产刑，如赀刑和赎刑。（5）耻辱刑，如髡、耐。（6）其他刑，如废、谇、免及收、迁等。城旦、舂、鬼薪、白粲、司寇都属于作刑。A 选项正确，BC 选项错误。墨刑属于肉刑，耻辱刑主要包括髡、耐。D 选项错误。

6. C　【解析】秦律重视故意犯罪与过失犯罪的区别，故意称为"端"，过失称"不端"。C 选项正确，D 选项错误。眚与非眚是西周时期对故意与过失的区分，AB 选项错误。

7. D　【解析】盗徙封罪，即惩治偷偷移动田界标志企图侵占他人田产的犯罪。秦律规定："盗徙封，赎耐。"D 选项正确。

8. A　【解析】秦朝的刑名主要有死刑、肉刑、作刑、财产刑、耻辱刑和其他刑。其中，财产刑即对于某些犯罪强制罪犯缴纳一定数量的财产，以示惩罚。秦朝涉及财产处罚的刑罚有赀刑和赎刑。赀刑以财罚为主，也有与财产相关的力役罚，使用范围广泛，对轻微犯罪者实行赎甲、赎盾、赎徭等。赎刑是缴纳一定数量的赎金或者提供一定期限的劳役以替代判定的刑罚。A 选项正确。

9. C 【解析】秦朝把杀伤人、偷盗等危害封建统治的犯罪列为严惩对象，这类诉讼被叫作"公室告"。C 选项正确。

10. C 【解析】"八议"即议亲（皇亲国戚）、议故（皇帝故旧）、议贤（有封建德行与影响的人）、议能（有大才能的人）、议功（有大功勋的人）、议贵（贵族官僚）、议勤（为封建国家勤劳服务的人）、议宾（前朝皇室宗亲）。自曹魏以后，"八议"遂成为古代法律的重要原则。C 选项正确。

11. D 【解析】秦朝的作刑即后世的徒刑，是在一定时期内对罪犯限制人身自由，并强制无偿劳役之刑。秦朝将大量的徒刑用于军事设施和土木工程兴造。作刑主要包括城旦、舂、鬼薪、白粲、隶臣妾、司寇、候等，并附加肉刑和髡、耐，分为不同的等级。弃市属于死刑。D 选项不属于作刑的范围，故 D 选项正确。

12. B 【解析】秦朝通过颁布法令促进合理利用和保护自然资源，规定每年春二月，不准砍林伐木；不准堵塞水道；不到夏季，不得烧草积肥；不准采摘刚发芽的植物；不准捉取幼兽、幼鸟，等等。禁令至七月才解除。B 选项正确。

13. A 【解析】秦朝把讯问被告称为"讯狱"，审判定罪称为"治狱"。A 选项正确。

14. B 【解析】秦朝把杀伤人、偷盗（"贼杀伤、盗他人"）等危害统治秩序的犯罪，列为严惩对象，这类诉讼称为"公室告"，官府必须受理；把"子盗父母，父母擅杀、刑、髡子及奴妾"等家庭成员内部的案件，称作"非公室告"，"非公室告"案件不得告发，官府也不得受理。在唐律中规定了区分公罪与私罪。规定官吏"缘公事致罪而无私曲者"为"公罪"；"不缘公事，私自犯者"，或"虽缘公事，意涉阿曲"为"私罪"。"公罪"处刑从轻，"私罪"处刑从重。B 选项正确。

15. D 【解析】邻里对于重大案件有主动告发的义务，A 选项错误。家庭成员内部的案件称为"非公室告"，B 选项错误。皇帝掌握最高司法审判权，御史大夫具有重大案件的司法审判权，C 选项错误，D 选项正确。

16. A 【解析】秦朝在审判中重视收集证人证言、证物，尤其重视现场勘验和司法鉴定。调查或勘验的笔录称为"爰书"，必要时还可以查封财产，称为"封守"。司法官作出判决后要向被告宣读，称为"读鞫"，宣读后若当事人不服，可以申请再审，称为"乞鞫"。A 选项正确。

17. B 【解析】秦律明确规定了司法官的办案责任，错案必究，凡故意重罪轻判或者轻罪重判的，属于"不直"；故意应论不论或者减轻犯罪情节者，即犯"纵囚"；由于过失导致处刑不当，失其轻重的谓"失刑"。凡此种种司法官都要承担相应的法律责任。B 选项正确。

18. A 【解析】汉朝死刑的执行采取秋冬行刑制度，除谋反、大逆等"决不待时"者外，一般死刑犯须在秋天霜降以后、冬至以前这段特定的时间执行，这主要是受到董仲舒"天人感应"学说的影响。A 选项正确。

19. C 【解析】秦朝明确规定了司法官的办案责任，错案必究，凡故意重罪轻判或者轻罪重判的，属于"不直"。此外，"纵囚"是指故意应论不论或减轻犯罪情节者；"失刑"是由于过失导致处刑不当、失其轻重。凡此种种司法官都要承担相应的责任。本题中，咸阳令误将羊绳圈的价值计入赃值，系过失导致失其轻重，故属"失刑"。C 选项正确。

20. C 【解析】秦朝将审讯效果分为上、下、败三类："上"指的是能据供查证，弄清事实；"下"指的是动刑后查清事实；"败"指的是采用恐吓手段审讯却没有查清案情。C 选项正确。

21. C 【解析】汉律六十篇包括《九章律》《傍章律》《越宫律》《朝律》。C 选项正确。

22. B 【解析】汉朝法律的基本形式有律、令、科、比四种形式。比又称决事比，是指在律无正条时比照援引典型判例作为裁断案件的依据。B 选项正确。

23. B 【解析】经过休养生息，汉武帝时国家已经具备雄厚的物质基础。为了实现大一统的治世思想，汉武帝决心改消极姑息的"无为而治"为积极进取的"有为而治"，因而采用了"德主刑辅"的立法指导思想。B 选项正确。

24. B 【解析】《九章律》是两汉的基本法律，《傍章律》是规定有关朝廷礼仪的制度，《越宫律》规定宫廷侍卫方面事项，《朝律》规定朝贺制度。B 选项正确。

25. A 【解析】令是皇帝随时发布的诏令或者由臣下提出经皇帝批准的立法建议，涉及面广，法律效力高于律，是汉朝重要的法律形式。令可以对律起到增补和修改的作用。由于诏令的发布往往比较任意，其数量不断增多。武帝时廷尉杜周说："前主所是著为律，后主所是疏为令。"这表明律和令都是君主意志的体现。A 选项正确。

26. B 【解析】"上请"和"亲亲得相首匿"是汉朝刑罚适用的两项重要原则。所谓"上请"，又称"先请"，是指对于一定范围内的官僚贵族及其子孙犯罪，司法机关不得擅自裁判处理，而须奏请皇帝裁决的制度。通常皇帝会给予官僚贵族以减免刑罚的优待。《汉书·高帝纪》载高帝七年（前 200 年）令："郎中有罪耐以上，请之。"后来享有上请之特权者的范围不断扩大，买爵三十级者也可免死。《后汉书·光武帝纪》载："吏不满六百石，下至墨绶长、相，有罪先请。"司法官吏不遵守上请规定，擅自判决并执行的，不论定罪是否准确，都要被免官直至追究刑事责任。"亲亲得相首匿"原则源于孔子"父为子隐，子为父隐，直在其中"的思想。首匿指隐匿窝藏罪犯的首谋者，汉武帝时曾颁布"重首匿之科"。汉宣帝时有诏令规定，直系三代血亲之间和夫妻之间，除犯谋反、大逆以外的罪行，均可因互相隐匿犯罪行为而免于刑罚。汉宣帝时明确规定：子女隐匿父母，妻子隐匿丈夫，孙子隐匿祖父母的罪行，皆不追究刑事责任。父母隐匿子女，丈夫隐匿妻子，祖父母隐匿孙子的罪行，一般犯罪不追究刑事责任；如果所隐匿罪为死罪，则上请廷尉，由其决定是否追究首匿者的罪责。B 选项正确。

27. C 【解析】欺谩、诋欺、诬罔：对皇帝不忠、欺骗、轻慢、毁辱和诬蔑等行为。废格诏书：官吏不执行皇帝诏令。怨望诽谤：因怨恨不满而诽谤朝政。左道：以邪道巫术诅咒皇帝、蛊惑民众者，依律处死刑。C 选项正确。

28. D 【解析】秦律规定，未成年者犯罪，不负刑事责任或减轻刑事处罚。秦朝把身高作为承担刑事责任的标准，规定男六尺五寸、女六尺二寸以上要承担刑事责任。D 选项正确。

29. B 【解析】促成汉文帝进行刑制改革的直接原因是缇萦上书，A 选项正确。文帝下令废除肉刑，改斩左趾为笞刑五百，改斩右趾为弃市刑，B 选项错误。景帝在文帝改革的基础上进一步改革，两次减少笞刑数目。第一次，将笞三百改为笞二百，笞五百改为笞三百。第二次，又分别减笞三百为二百，笞二百为一百。CD 项正确。

30. D 【解析】汉代沿用秦朝的诽谤妖言、非所宜言等罪名，在惩治思想言论犯罪方面有所发展，比较典型的是腹诽罪。D 选项正确。

31. C 【解析】汉朝增设"女徒顾山"，属于赎刑的范围，即允许被判徒刑的女犯回家，但需每月缴纳官府三百钱，由官府雇人上山砍伐木材或从事其他劳作，以代替女犯的劳役刑。C 选项正确。

32. D 【解析】汉朝危害中央集权制的犯罪中，事国人过员是指诸侯王在王国内滥征人力，扩张势力，处罚措施是免爵。D 选项正确。

33. B 【解析】朝廷大臣"交通诸侯，助其获得非法利益"构成"附益"，朝廷官员"舍天子而仕诸侯"为"左官"。B 选项错误。本题选 B。

34. C 【解析】汉初沿袭秦制，中央丞相、太尉、御史大夫为"三公"，丞相辅佐皇帝，总理百政；太尉为最高武官；御史大夫为监察官之首。丞相下设九卿，即太常、光禄勋、卫尉、太仆、廷尉、宗正、大鸿胪、大司农、少府，分管各项政务。C 选项正确。

35. A 【解析】随着官僚制度的发展产生了官吏的休假和退休制度。对有功之臣给予省亲的假期，对有病官吏令其回家养病。退休称为致仕，汉时致仕的年龄为 70 岁，退休后的待遇，一般是给予一次性较高赏赐，以示养老尊贤。A 选项正确。

36. C 【解析】汉朝选拔和任用官吏的以荐举和考试为主要方法，具体包括：察举、征召、辟举、任子、太学补官。其中，辟举是指高级主管官吏或地方郡守以上官吏对其辖内有名望和才德之士，向中央举荐或自选为属吏的制度，C 选项正确。

37. C 【解析】汉朝对选拔任用官吏有身份限制，ABD 项不得在汉朝为官，C 项宗室子弟可以为官，但不得任公位高官。

38. B 【解析】A 选项《告缗令》是向商人征收财产税的法律。B 选项《上计律》规定了官吏的考核方式。CD 项是监察法规。本题为选非题，因此 B 选项当选。

39. B 【解析】御史台是汉朝的中央监察机关。A 选项错误。汉朝地方监察机关主要是在京师设立的司隶校尉和各州（部）刺史。B 选项正确。尚书台是皇帝侍从机构，在东汉初成为国家中枢机构。C 选项错误。肃正廉访司是元朝在地方设立的监察机关。D 选项错误。故本题选 B。

40. C 【解析】汉武帝时为了强化中央集权，把全国分为 13 个监察区，每区派出刺史一名。刺史在御史中丞的领导下，依照《六条问事》行使监察权。C 选项正确。

41. B 【解析】汉朝建立了录囚制度，即由皇帝或上级司法机关通过对囚徒的复核审录，监督和检查下级司法机关的决狱情况，以平反冤案，疏理滞狱。B 选项正确。

42. B 【解析】汉武帝为了强化中央集权，分全国为 13 个监察区，每区派刺史一人，于每年秋天巡行郡国，按《六条问事》的职权，行使监察权。故《六条问事》相当于现在的监察法律。B 选项正确。《六条问事》包括："一条，强宗豪右田宅逾制，以强凌弱，以众暴寡。二条，二千石不奉诏书遵承典制，倍公向私，旁诏守利，侵渔百姓，聚敛为奸。三条，二千石不恤疑狱，风厉杀人，怒则任刑，喜则淫赏，烦扰刻暴，剥截黎元，为百姓所疾，山崩石裂，妖祥讹言。四条，二千石选署不平，苟阿所爱，蔽贤宠顽。五条，二千石子弟恃怙荣势，请托所监。六条，二千石违公下比，阿附豪强，通行货赂，割损正令也。"

43. D 【解析】A 选项，汉朝对被告的审讯，称为"鞫狱"。B 选项，被告的口供，称为"辞服"。C 选项，向被告及其亲属宣读判决，称为"读鞫"。D 选项，如果被告及其亲属不服，允许其申请重审，称为"乞鞫"。D 选项正确。

44. A 【解析】汉初惠帝时曾颁行监察法规《监御史九条》。A选项正确。

45. B 【解析】战国时期，李悝制定了《法经》六篇。《具法》是其第六篇，内容主要是关于定罪量刑中从轻、从重等法律原则的规定，起着"具其加减"的法典总则作用。而曹魏《新律》将《法经》中的"具法"改为"刑名"，置于律首，集中规定刑罚种类及刑法适用的总原则，突出了法典总则的性质和地位。因此本题正确答案为B项。

46. C 【解析】西魏编定的《大统式》是我国历史上最早以"式"为形式的法典。C选项正确。

47. C 【解析】《北齐律》于武成帝河清三年（564年）完成，形成了12篇的法典体例。C选项正确。

48. A 【解析】《泰始律》将律和令明确分开，"律以正罪名，令以存事制"，解决了汉以来律令混杂、矛盾的局面，A选项正确。

49. A 【解析】格这种法律形式，在三国两晋南北朝时期得到了很大的发展，北魏中期，格刚从科演变而来，在内容上与汉晋之科无大区别，作为弥补律令的副法行用。北魏后期至北齐初期，格逐渐取代律文成为主要法律形式。东魏时颁布《麟趾格》作为正刑定罪的规范，这一阶段格成为当时的通制。A选项正确。

50. C 【解析】"重罪十条"罪名正式确立于《北齐律》，是直接危害国家根本利益的十种重大犯罪的总称，C选项正确。

51. B 【解析】《北齐律》以"法令明审，科条简要"著称，在古代法典发展史上起着承前启后的重要作用，对隋唐立法尤具影响。B选项正确，其余选项错误。本题选B。

52. D 【解析】"式"源于秦，西魏编定《大统式》，成为历史上最早以"式"为形式的法典，D选项正确。

53. B 【解析】费羊皮卖女葬母案的情况如下：费羊皮因家境贫寒，无钱葬母，被迫出卖女儿为奴隶。费羊皮的行为虽然触犯法律，但是为行孝道，事出有因且主观并无恶性，符合儒家伦理精神，所以皇帝对其赦免。B选项正确。

54. C 【解析】此题较偏，仅从字面"测罚"两字难以解题。因此考生可以换一种思路。注意朝代是南梁，属于三国两晋南北朝时期。这时期刑罚制度日趋规范和文明：肉刑日趋减少，酷刑的使用逐步减少。比较四个选项，ABD选项的刑讯方式比较残酷。而C选项相比而言，较为规范文明。C选项正确。此题考查的是三国两晋南北朝时期的刑讯制度。

55. C 【解析】北魏时出现了存留养亲制度，亦称留养。《魏书·刑法志》载："诸犯死罪，若祖父母、父母年七十已上，无成人子孙，旁无期亲者，具状上请。流者鞭笞，留养其亲，终则从流。不在原赦之例。"这是古代法律家族化、伦常化的具体体现，也是服制影响法律的显著标志。C选项正确。

56. B 【解析】张斐对20个法律概念及其含义作了精要的表述："违忠欺上谓之谩，背信藏巧谓之诈，两讼相趣谓之斗，两和相害谓之戏"，B选项正确。

57. C 【解析】春秋决狱为董仲舒首倡。《后汉书·应劭传》载："董仲舒老病致仕，朝廷每有政议，数遣廷尉张汤亲至陋巷，问其得失，于是作《春秋决狱》二百三十二事。"C选项正确。

58. C 【解析】崇尚复古的北周曾将廷尉改为秋官大司寇。C选项正确，其余选项错误。本题选C。

59. A 【解析】魏晋的司法机构基本沿用汉制，中央司法机关仍为廷尉。北齐时将廷尉改为大理寺，A 选项正确。

二、多项选择题

1. ACD 【解析】秦朝死刑的种类很多，常用者有戮、磔、腰斩、车裂、枭首、弃市、凿颠、抽肋、镬烹、囊扑、定杀等，死刑执行残酷。凌迟首用于五代，至宋（一说辽）立为法定刑。故答案为 ACD。

2. ABCD 【解析】秦朝法律规定的犯罪种类很多，常见的除谋反、盗贼犯罪和不敬皇帝等罪外，还有诽谤与妖言、以古非今、妄言、非所宜言、投书等惩治思想言论的犯罪。故答案为 ABCD。

3. ABCD 【解析】为了保护合法的商品交换，维护正常的市场秩序，秦朝重视运用法律手段加强市场与货币管理，对诸如商品价格、货币流通、度量衡管理、外贸管制等均有细密的法律规定。故答案为 ABCD。

4. BCD 【解析】汉宣帝时有诏令规定，直系三代血亲之间和夫妻之间，除犯谋反、大逆以外的罪行，均可因互相隐匿犯罪行为而免于刑罚。故答案为 BCD。

5. ABCD 【解析】汉朝对外贸易活动活跃，著名的"丝绸之路"就是在武帝时期开辟的。政府重视通过立法管理对外贸易活动。一方面通过互市缓和与匈奴的矛盾，规定参与互市的私商须持有政府发放的符传，但不准以违禁物品如铁、兵器、马匹、铜钱等与匈奴互市。故答案为 ABCD。

6. ABCD 【解析】"八议"制度源于西周的"八辟之议"，曹魏时期正式入律。"八议"即议亲（皇亲国戚）、议故（皇帝故旧）、议贤（有大德行与影响的人）、议能（有大才能的人）、议功（有大功勋的人）、议贵（贵族官僚）、议勤（为国家勤劳服务的人）、议宾（前朝皇室宗亲）。故答案为 ABCD。

7. ABD 【解析】"重罪十条"罪名正式确立于《北齐律》，是直接危害国家根本利益的十种重大犯罪的总称，包括反逆、大逆、叛、降、恶逆、不道、不敬、不孝、不义、内乱。不睦属于隋朝《开皇律》确定的"十恶"罪名中的一种，故答案为 ABD。

8. ACD 【解析】秦朝的立法指导思想大致可概括为：其一，"缘法而治"。其二，"法令由一统"。其三，严刑重法。因此 ACD 项正确。德主刑辅是汉武帝时期立法指导思想，B 选项错误。

9. AC 【解析】秦朝的主要法律形式包括：律、令、法律问答、封诊式、廷行事以及课、程等。AC 选项正确。西魏编定《大统式》，是历史上最早以"式"为形式的法典。B 选项错误。决事比是汉代的主要法律形式之一，是指在律无正条时比照援引典型判例作为裁判案件的依据。D 选项错误。

10. AD 【解析】廷行事属于秦朝最高司法机关判案的成例，A 选项正确。封诊式是司法机关有关审判原则、治狱程式以及对案件进行调查、勘验、审讯、查封等方面的法律规定和文书程序，包括一些具体的案例，B 选项错误。科、比是汉朝的法律形式，其中科是律以外规定犯罪与刑罚以及行政管理方面的单行法规，C 选项错误。比又称决事比，是指在律无正条时比照援引典型判例作为裁断案件的依据，D 选项正确。

11. AD 【解析】秦朝适用于官吏轻微犯罪的刑罚包括废、訾、免及收（籍没）、迁等刑罚，AD 项正确。BC 项是耻辱刑。

12. AD 　【解析】汉朝刑罚适用的两项重要原则是"上请"与"亲亲得相首匿"。AD选项正确。BC选项属于秦朝定罪量刑的主要原则。

13. ABCD 　【解析】秦朝刑事立法中定罪量刑的主要原则有：第一，以身高为刑事责任标准；第二，区分故意与过失；第三，盗窃按赃值定罪；第四，共同犯罪加重处罚；第五，累犯和教唆犯加重处罚；第六，自首减轻处罚；第七，诬告反坐；第八，连坐原则。ABCD全选。

14. ABCD 　【解析】秦朝加强了对思想言论的控制，规定了诽谤与妖言、以古非今、妄言、非所宜言、投书等犯罪，反映了专制主义法律的特征。ABCD全选。此考点考生应认真掌握。

15. ACD 　【解析】汉朝官吏诈称皇帝诏命者，轻者免官，重者腰斩，视后果轻重分为"大害""害""不害"三种。ACD选项正确。

16. AB 　【解析】秦律区分"自出""自告"与"得（捕获）"，"自出""自告"等自首者从轻。AB选项正确。"自首"与"自新"是唐律中关于自首减免刑罚的表述方式。CD选项错误。

17. ABC 　【解析】秦朝的起诉方式分为两种：一是当事人或亲属的告发，二是官吏的纠举。A选项正确。秦朝把杀伤人、偷盗等危害统治秩序的犯罪列为严惩对象，这类诉讼称为"公室告"，官府必须受理。B选项正确。把"子盗父母，父母擅杀、刑、髡子及奴妾"等家庭成员内部的案件称为"非公室告"，此类案件不得告发，官府也不得受理。C选项正确，D选项错误。

18. ABCD 　【解析】汉朝危害国家政权的犯罪包括四种。其一，蔽匿盗贼：指地方官吏隐瞒盗贼消息不上报朝廷的行为。武帝时制定《沈命法》，规定："群盗起不发觉，发觉而弗捕满品者，二千石以下至小吏主者皆死""敢蔽匿盗贼者，没其命也。"其二，见知故纵：汉代对不检举揭发犯罪活动的官吏所定的罪名。即发现有人犯罪必须举报，否则即为故纵；上级官员对所辖主管官吏的违法行为，应及时纠举，否则应处连坐。其三，群饮酒：三人以上无故群饮，罚金四两。其四，通行饮食：为盗贼提供饮食，传递情报，充当向导者，罪至大辟。ABCD选项正确。

19. ABC 　【解析】在汉朝时期，危害中央集权制的犯罪包括以下几种：其一，阿党附益。其二，左官。其三，非正。其四，出界。其五，逾制（僭越）。其六，漏泄省中语。其七，酎金不如法。其八，事国人过员。所以ABC项正确。矫制是危害君主专制的犯罪，D选项错误。

20. ABC 　【解析】汉武帝时为增加财政收入，将盐、铁、酒等有关人民生计的产品由国家专营，制定法律严禁私人生产和销售，称为"禁榷"。酒类专卖又称榷酤，中央设太官，地方设榷酤官，组织酒类生产，统一经销，利润归政府所有。ABC选项正确。

21. BD 　【解析】与匈奴互市的违禁物品包括铁、兵器、马匹、铜钱等，BD选项正确。

22. ABC 　【解析】根据汉代法律，商人子弟、赘婿、因贪赃被免官者不得为官，宗室子弟不得任公位高官。ABC选项正确。

23. ABC 　【解析】军功爵位制是秦朝奖励军功、鼓励杀敌求胜的军功爵禄制度。D选项错误。ABC选项正确。

24. ACD 　【解析】汉朝的"三公"指丞相、太尉、御史大夫。ACD选项正确。廷尉属于九卿之一。B选项错误。本题选ACD。

25. ABCD 　【解析】三国两晋南北朝时期，在汉律的基础上，加重了法律儒家化的色彩，主要表现为准五服以制罪、官当制度、八议制度、重罪十条、登闻鼓直诉制度、死刑复奏制度等。ABCD 全选。

26. AD 　【解析】三国两晋南北朝时期先后出现了一批著名的律学家，如陈群、刘劭、钟繇、张斐、杜预等。张斐著《律解》《汉晋律序注》，杜预著《律本》，贾充、杜预合著《刑法律本》，是这一时期律学成就的代表。因此，本题选 AD。

27. BC 　【解析】《曹魏律》在继承汉律的基础上进行了较大的改革，删繁就简，增加篇目至 18 篇，A 选项错误。晋律又称《泰始律》，共 20 篇，B 选项正确。《北魏律》根据汉律，参酌魏律、晋律制定，共 20 篇，C 选项正确。《北齐律》形成 12 篇的法典体例，D 选项错误。

28. ABC 　【解析】春秋决狱是汉代司法实践中采用的制度，不是魏晋南北朝时期的。ABC 选项正确。

29. AC 　【解析】《晋律》首立"准五服以制罪"制度。A 选项错误。"五服"本是中国古代以丧服为标志规定亲属之间亲疏远近的制度。封建服制把亲属分为五等：斩衰、齐衰、大功、小功、缌麻。B 选项正确。服制不仅确定婚姻、继承与赡养等权利义务关系，而且也确定了亲属相犯时刑罚轻重施用的原则。在刑法适用上，凡以尊犯卑，服制愈近，处罚愈轻，服制愈远，处罚愈重；凡以卑犯尊，服制愈近，处罚愈重，服制愈远，处罚愈轻。C 选项错误，D 选项正确。对于家庭(族)内的财产犯罪，则服制愈近，处罚愈轻，服制愈远，处罚愈重。因此本题选 AC。

30. ABD 　【解析】三国两晋南北朝时期刑讯采用"测立法"，这就表明在此时期还是存在刑讯逼供的。因此，C 选项错误。

31. BD 　【解析】AC 项是三国两晋南北朝时期确立的司法制度。B 选项春秋决狱制度确立于西汉时期。D 选项三司推事制度确立于唐朝。本题为选非题，因此 BD 选项当选。

三、简答题

1. 参考答案 　法律原则与立法指导思想有密切的关系。汉代与秦代相比，其法律原则有较大变化，这与汉代统治者把儒家思想作为立法的指导思想有关。汉代的刑罚适用原则主要有以下几个：（1）上请。所谓"上请"，又称"先请"，是指对于一定范围内的官僚贵族及其子孙犯罪，司法机关不得擅自裁判处理，而须奏请皇帝裁决的制度。通常皇帝会给予官僚贵族以减免刑罚的优待。（2）"亲亲得相首匿"原则源于孔子"父为子隐，子为父隐，直在其中"的思想。首匿指隐匿窝藏罪犯的首谋者，汉武帝时曾颁布"重首匿之科"。汉宣帝时有诏令规定，直系三代血亲之间和夫妻之间，除犯谋反、大逆以外的罪行，均可因互相隐匿犯罪行为而免于刑罚。汉宣帝时明确规定：子女隐匿父母，妻子隐匿丈夫，孙子隐匿祖父母的罪行，皆不追究刑事责任。父母隐匿子女，丈夫隐匿妻子，祖父母隐匿孙子的罪行，一般犯罪不追究刑事责任；如果所隐匿罪为死罪，则上请廷尉，由其决定是否追究首匿者的罪责。汉朝还继承了西周以来的矜老恤幼原则，对老人、孩童、妇女、残疾人等生理上之弱势群体在定罪量刑上给予特殊宽宥。

2. 参考答案 　《曹魏律》在继承汉律的基础上进行了较大的改革：
第一，删繁就简，增加篇目至 18 篇，扩充了法典的内容，又删削了条文；

第二,将《法经》中的《具法》改为《刑名》,置于律首,突出了法典总则的性质和地位;

第三,"八议"入律,使礼与律进一步融合;

第四,改革刑罚,使刑罚制度进一步规范化。

四、分析题

参考答案（1）这段文字反映的是"准五服以制罪"制度。（2）所谓"准五服以制罪",是指亲属间的犯罪,据五等丧服所规定的亲等来定罪量刑。在刑罚适用上,凡以尊犯卑,服制愈近,处罚愈轻,服制愈远,处罚愈重;凡以卑犯尊,服制愈近,处罚愈重,服制愈远,处罚愈轻。对于家族内的财产侵犯,则服制愈近,处罚愈轻,服制愈远,处罚愈重。（3）"准五服以制罪"是法律儒家化的重要标志之一,使法律成为"峻礼教之防"的工具,其影响极为深远。

第四章　隋唐宋法律制度

一、单项选择题

1. C 　【解析】自首,原则上为罪犯本人向官府坦白其犯罪行为。但罪犯可委托他人代自己向官府自首。他人代首在法律上与自己亲首一样,免予处罚。即使未受罪犯委托,在法定相容隐的范围内,亲属可代为自首,唐律称"为首",故答案为C。"首露"是指在一些与财产相关的犯罪中,罪犯向受害的财主坦白其罪,故不选。

2. D 　【解析】"七出"是男方可以休妻的条件,A选项错误。"三不去"是女方拒绝离婚的条件,B选项错误。"和离"是指夫妻双方自愿离婚,C选项错误。"义绝"是指夫妻情义已绝义绝是唐律规定的强制离婚的条件,故D选项正确。

3. B 　【解析】"七出"虽为休妻理由,但唐律补充规定,以无子休妻者,必须是妻年五十以上,故答案为B。

4. A 　【解析】秀才、明经、进士、明法、明字、明算等都是唐朝科举考试的主要科目,但以明经、进士二科最受重视,故答案为A。

5. D 　【解析】宋初以"两府三司"共治国事,两府是指中书门下和枢密院,三司是指盐铁司、度支司和户部司。故答案为D。

6. C 　【解析】宋朝科举制度较唐朝有显著发展,殿试成为常制便是之一,由此考生一律成为天子门生,避免考官与考生以师生之名结为同党,故答案为C。

7. B 　【解析】汉唐御史台长官为御史大夫,宋朝御史台长官为御史中丞,故答案为B。

8. D 　【解析】隋朝文帝时制定的《开皇律》具有重要的历史价值,代表了隋朝立法的最高成就。A选项正确。《开皇律》以《北齐律》为基础,调整了篇目内容,共12篇500条;D选项错误。《开皇律》删除了前代酷刑,刑罚定为死、流、徒、杖、笞,新五刑体系自此正式确立,并一直沿用至清末;B选项正确。《开皇律》通过"议、减、赎、当"制度,使贵族官僚的特权扩大化。C选项正确。

9. C 　【解析】《开皇律》中的流刑分为一千里、一千五百里、两千里三等,C选项错误。

本题为选非题，因此 C 选项当选。

10. A 【解析】《开皇律》在北齐"重罪十条"的基础上正式确立了"十恶"罪名。"十恶"指谋反、谋大逆、谋叛、恶逆、不道、大不敬、不孝、不睦、不义、内乱十种最严重的犯罪行为。A 选项正确。

11. A 【解析】《北齐律》是三国两晋南北朝时期立法成就最高、对后代封建法典影响最直接、最深远的一部法典。隋朝在立法时，采用《北齐律》为蓝本。A 选项正确。《北齐律》在古代法典发展史上起着承前启后的重要作用，这主要体现在：形成了 12 篇的法典体例；首创《名例》的法典篇目；确立"重罪十条"，为后世之"十恶"所本；确立死、流、徒、杖、鞭五刑，为隋唐最终建立新五刑奠定了基础。

12. B 【解析】《开皇律》以《北齐律》为基础，调整了篇目内容，确定了名例、卫禁、职制、户婚、厩库、擅兴、贼盗、诈伪、斗讼、杂律、捕亡、断狱共 12 篇 500 条。《开皇律》标志着古代法典体例由繁到简过程的完成，显示了立法技术的进步与成熟。B 选项正确。

13. C 【解析】《唐六典》是唐玄宗开元年间编纂的一部有关唐朝中央与地方官制的法规大全。唐玄宗开元十年下令，仿效《周礼》制六典，六典为：理典、教典、礼典、政典、刑典、事典。所有篇目完全是按唐代官制来设置，详细列出了从中央到地方各级机构的组织规模、官员编制及职权范围。它开启了中国古代行政立法法典化的先河。因此本题应选 C。

14. D 【解析】唐朝的立法指导思想为"德礼为政教之本，刑罚为政教之用"。D 选项正确。

15. A 【解析】《武德律》为唐高祖武德年间制定颁布，是唐朝立法开端。它以《开皇律》为基础，增加 53 条新格制成，其篇目"一准隋开皇之律"，也分为 12 篇，除对流刑和居作的刑制作了一些修改以外，没有太多变化。A 选项正确。

16. A 【解析】《永徽律疏》在后世被称作《唐律疏议》，它是现存最早最完整的古代法典，也是中国古代最具社会影响力的法典，集中体现了唐朝法律空前发达的盛况。A 选项正确。

17. D 【解析】唐宣宗大中年间将《唐律》按性质分为 121 门，并将"条件相类"的令、格、式及敕附于律条之后，即"以刑律分类为门，附以格敕"，共 1 250 条，称为《大中刑律统类》，从而改变了自秦汉以来编修刑律的传统体例，形成"刑统"这种新的法典编纂形式，对宋王朝制律产生了重要的影响。D 选项正确。

18. C 【解析】《唐六典》是唐玄宗开元年间编纂的一部有关唐朝中央与地方官制的行政法规大全。它开启了中国古代行政立法法典化的先河。C 选项正确。

19. A 【解析】唐律刑法适用上规定了累犯加重原则。累犯加重原则即犯罪已经被告发或者是已经被处以配决的情形，在这一前提条件之下又有新的犯罪发生，对其加重处罚。A 选项正确。

20. D 【解析】唐律中《断狱》是关于审判方面的法律，重点规定了审判程序和法官责任，构成唐代诉讼法的重要内容。D 选项正确。

21. C 【解析】《唐律》共 12 篇，分别为《名例》《卫禁》《职制》《户婚》《厩库》《擅兴》《贼盗》《斗讼》《诈伪》《杂律》《捕亡》《断狱》。C 选项不属于《唐律》篇目。

22. C 【解析】唐律在前律的基础上再行精简，定律 12 篇，共 502 条，凝练概括，又严密周详。唐律 12 篇包括《名例》《卫禁》《职制》《户婚》《厩库》《擅兴》《贼盗》《斗讼》《诈伪》《杂律》《捕亡》和《断狱》。

23. D 【解析】唐朝法律形式中，式是中央政府内部各机构关于行政管理、行政程序及具体办事规则的规定，包括国家机关的公文程式和活动细则。D 选项正确。

24. C 【解析】唐朝法律形式主要为律、令、格、式四种，其中格用以"禁违止邪"，是皇帝针对"百官有司之所常行之事"临时颁发的各种敕令，C 选项正确。

25. A 【解析】《唐律疏议》各篇规定的内容为：《名例》主要规定刑罚制度和基本原则；《卫禁》主要规定对皇帝、宫殿、太庙、陵墓等的警卫，及关津要塞和边防的保卫；《职制》主要涉及职官及其职责、程序、公文递送等方面的职务犯罪和一些非职务犯罪；《户婚》主要规定户口、家庭、婚姻、赋役、土地管理等方面的犯罪内容；《厩库》主要规定马牛的供养使用以及兵甲、财帛、仓库的保护；《擅兴》主要是关于军队的征调指挥、行军出征、军需供给和工程兴造方面的法律；《贼盗》主要规定谋反、谋大逆、恶逆等十恶方面的犯罪和杀人、强盗、窃盗等重大刑事犯罪及相应的刑事责任；《斗讼》主要规定斗殴犯罪和告讼犯罪；《诈伪》是关于惩治诈欺和伪造的法律；《杂律》的内容涉及面较宽，为不便于列入其他篇目的犯罪规定，在唐律中主要起到拾遗补阙的作用，主要规定市场管理、债权债务、犯奸失火以及其他一些轻微危害社会秩序和经济关系的犯罪和处罚；《捕亡》是关于追捕逃犯、逃丁、逃兵和逃奴婢的法律；《断狱》是关于审讯、判决、执行和监狱管理方面的法律。A 选项正确。

26. C 【解析】唐律的特点包括：一准乎礼；用刑持平；科条简要、繁简适中；立法技术空前完善。秦汉法律向以繁杂著称，西晋、北齐修律得以精简。唐律在前律的基础上再行精简，定律 12 篇 502 条，凝练概括，又严密周详。后人评价唐律："乘之则过，除之则不及，过与不及，其失均矣。"C 选项正确。

27. B 【解析】在唐朝，不是所有的犯罪都可以享受自首的待遇。凡"于人损伤，于物不可备偿"，"若越度关及奸，并私习天文者，并不在自首之例"，即对侵害人身、毁坏贵重物品、偷渡关卡、私习天文等犯罪，即便投案也不能按自首处理。因为这些犯罪的后果已经不能挽回。本题选 B。

28. C 【解析】自首是指犯罪未被举发而能到官府交代罪行的。A 选项不当选。自新是指犯罪被揭发，或被官府查知逃亡后再投案者。B 选项不当选。在一些与财产相关的犯罪中，罪犯可向受害的财主坦白其罪，称为"首露"。C 选项当选。对犯罪分子交代犯罪性质不彻底的，叫"自首不实"。D 选项不当选。C 选项正确。

29. C 【解析】在唐朝刑事立法上有一项定罪量刑的基本原则是"化外人有犯"。即同一国家侨民在中国犯罪，按其本国法律处断，实行属人主义原则；不同国家侨民相犯或唐朝人与外国人相犯，则按照唐律处刑，实行属地主义原则。C 选项正确。

30. C 【解析】谋叛指图谋背叛朝廷，投奔外国。A 选项不当选。恶逆指殴打或谋杀祖父母、父母、伯叔父母等尊长。B 选项不当选。不道指杀一家非死罪三人和肢解人；造畜蛊毒、厌魅。C 选项当选。不义指闻夫丧匿不举哀、作乐、释服从吉、改嫁，以及杀本属府主、刺史、县令、现授业师等方面的犯罪。D 选项不当选。C 选项正确。

31. C 【解析】对于杀人罪，唐代在《斗讼》中区分了"六杀"，即所谓的"谋杀""故杀""斗杀""误杀""过失杀""戏杀"。"谋杀"指预谋杀人；"故杀"指事先虽无预谋，但情急杀人时已有杀人的意念；"斗杀"指在斗殴中出于激愤失手将人杀死；"误杀"指由于种种原因杀错了对象；"过失杀"指"耳目所不及，思虑所不至"而杀人；"戏杀"指"以力共戏"而导致杀人。C选项正确。

32. D 【解析】翻译题干材料可以看出，本题的考点是犯罪时的主观意图——唐朝已经开始区分故意和过失在犯罪中的差别。D选项正确。

33. C 【解析】根据《唐律疏议·名例》，五刑包括笞刑（笞一十、笞二十、笞三十、笞四十、笞五十）、杖刑（杖六十、杖七十、杖八十、杖九十、杖一百）、徒刑（徒一年、徒一年半、徒二年、徒二年半、徒三年）、流刑（流二千里、流二千五百里、流三千里）、死刑（绞、斩）。本题选C。

34. B 【解析】此题考核唐朝的六杀制度。对于杀人罪，唐朝在《斗讼》中区分了"六杀"，即所谓的"谋杀""故杀""斗杀""误杀""过失杀""戏杀"。"谋杀"指预谋杀人；"故杀"指事先虽无预谋，但情急之下已经有了杀人的意念；"斗杀"指在斗殴中出于激愤失手将人杀死；"误杀"指由于种种原因杀错了对象；"过失杀"指"耳目所不及，思虑所不至"杀人；"戏杀"指"以力共戏"而导致杀人。B选项正确。唐朝的"六杀制度"为法硕考试的重要考点，望考生在理解的基础上能够进行辨析和判断。

35. B 【解析】如果辜限内以他因而死，则以伤害罪论。B选项中"一律"说法太过绝对，其余选项正确，本题选B。

36. C 【解析】唐律中的《名例》规定"二死、三流各同为一减"，即斩、绞两等死刑和三等流刑在递减量刑时都各自作为一等计算。唐朝时期，五刑为死、流、徒、杖、笞，徒刑分为五等，徒一年、一年半、两年、两年半、三年，故流三千里减刑一等，应判处徒三年。本题选C。

37. B 【解析】不睦：谋杀或卖缌麻以上亲，殴打或告发丈夫及大功以上尊长。不孝：告发或者咒骂祖父母、父母，祖父母、父母在世而别籍异财者。不义：闻夫丧匿不举哀、作乐、释服从吉、改嫁以及杀本属府主、刺史、县令、现授业师等方面的犯罪。不道：杀一家非死罪者三人和肢解人；造蓄蛊毒、厌魅。B选项正确。

38. A 【解析】在唐朝民间，"借"一般指使用借贷，"贷"一般指消费借贷。借贷契约分为有息和无息两种，前者称"出举"，后者称"负债"。A选项正确。

39. D 【解析】关于唐朝的继承制度，分为宗祧继承和财产继承。A选项正确。宗祧继承是对祖宗血脉的延续，因而更为重要，采取嫡长子继承的方式。B选项正确。财产继承实行诸子均分制，兄弟中先亡者，其子继父份，即代位继承。C选项正确。但生前立有遗嘱者，则不按法定顺序继承，采用遗嘱优先的原则。一般情况下，女子出嫁后不享有本家财产的继承权，但在室女可分得相当于未婚兄弟聘财的一半之财，作为置办嫁妆之用。D选项错误。但在户绝之家，女儿的继承权则很大。本题选D。

40. D 【解析】对于山间野外的自生、无主之物，唐律规定了"加功所有"的原则。《唐律疏议·贼盗》载："诸山野之物，已加功力刘伐积聚，而辄取者，各以盗论。"疏议解释"山野之物"为山野之中无主的草、木、药、石之类，即对于山野无主物，由首先对其实施收集性劳动者所有。D选项正确。

41. C 【解析】唐朝民间借贷关系已相当复杂，"借"一般指使用借贷，"贷"一般指消费借贷。借贷契约分为有息和无息两种，前者称"出举"，后者称"负债"。C选项正确。

42. A 【解析】唐朝法律规定，允许债权人在债务人不能清偿债务时扣押债务人的财产，称为"牵掣"。但牵掣前须向官府报告并经批准。债务人确无财产可供扣押，则可"役身折酬"，即驱使债务人及其家属以劳役，抵偿债务。因此，A 选项正确。

43. D 【解析】均田法施行，唐朝形成国家所有和私人所有两种土地所有制形式。国有土地主要有口分田、职分田和公廨田，私有土地主要有永业田和部分宅地。永业田由被授者永远执业，子孙可继承，经特别批准可买卖交易。D 选项正确。

44. C 【解析】唐朝中央政府的体制沿袭隋朝的三省六部制。三省是指中央政府的中枢机构中书省、门下省与尚书省。中书省传承皇帝的命令，草拟诏书；经门下省审核驳正后，交皇帝批准；尚书省负责执行皇帝的诏敕和经皇帝批准的各项政令。三省的长官集体出任宰相，其职权明确划分，互相制约。C 选项正确。

45. C 【解析】唐朝官员的致仕年龄为 70 岁，并依照官品级别分别报皇帝批准和吏部备案。但在实践中官员致仕，除年龄外，身体状况也是决定性因素。C 选项正确。

46. D 【解析】在唐代，中央设有大理寺、刑部和御史台三个主要的司法机关，称为"三法司"，分别负责行使审判、复核和监察等司法职能。其中，大理寺是唐代中央最高审判机关，负责审理中央百官犯罪及京师徒刑以上的犯罪案件。D 选项正确。

47. A 【解析】唐代御史台下设台院、殿院、察院。A 选项正确。察院的监察御史主要职责是监察地方官吏，可推测出御史台的职能不限于监察中央官吏，还有地方官吏。因此 C 选项错误。御史台和三省相对独立。B 选项错误。三省中的中书省负责传承皇帝的命令，草拟诏书，并不是御史台负责。D 选项错误。因此，本题选 A。

48. A 【解析】唐朝法定的市舶税有三种：一是"舶脚"，即船舶入口税；二是"抽分"，即抽取龙香等四宗货物的 1/10 的税，上贡朝廷，故又称"进奉"；三是"收市"，即蕃货在市场上与中国商人贸易时征收的市税。除此三税外，唐朝规定海商贸易，"任其往来，自为交易，不得重加率税"，无疑对促进外贸发展具有积极意义。A 选项正确。

49. C 【解析】唐德宗建中元年（780 年），采纳宰相杨炎的建议，实行两税法。C 选项正确。长孙无忌、房玄龄、杜如晦均为贞观名臣。本题选 C。

50. A 【解析】唐代中央或地方发生重大疑难案件时，由大理寺卿、刑部侍郎和御史中丞组成临时最高法庭审理，称为"三司推事"。A 选项正确。

51. A 【解析】唐代实行死刑复奏制度，限制死刑执行。贞观初年，唐太宗将京城死刑从三复奏改为五复奏，但对于恶逆以上犯罪，只需要一复奏即可实施死刑。A 选项正确。

52. B 【解析】在宋朝，敕是皇帝对特定的人和事或者特定的区域颁发的诏令。B 选项正确。

53. A 【解析】宋代的法律形式有律、敕、令、格、式。南宋时期，在敕、令、格、式四种法律形式并行和编敕的基础上，将敕、令、格、式以"事"分类统一编纂，形成了"条法事类"这一新的法典编纂体例。A 选项正确。

54. D 【解析】敕是皇帝对特定的人和事或特定区域颁发的诏令，条例是皇帝发布的特旨，指挥是中央官署对下级官署下达的命令。断例是中央司法机关或皇帝审断的案例，被相继沿用，成为审判案件的成例。D 选项正确。

55. C 【解析】宋朝的例有三种形式：一是"条例"，即皇帝发布的特旨；二是"断例"，即由中央司法机关或皇帝审断的案例，被相继沿用，成为审判案件的成例；三是"指挥"，即中央官署对下级官署下达的命令。C 选项正确。

56. D 【解析】宋朝除沿袭家产兄弟均分制外，允许在室女享受兄弟继承财产权的一半,同时承认遗腹子与亲生子享有同样的继承权。D 选项错误。ABC 选项正确。本题选 D。

57. A 【解析】折杖法将徒刑折为脊杖,杖后释放。A 选项错误。笞刑、杖刑折为臀杖;流刑折为脊杖,并于本地配役一年;加役流,脊杖后就地配役三年。BCD 项正确。本题为选非题,因此 A 选项当选。

58. C 【解析】宋朝典卖契约中,业主的权利有:得到钱主给付的典价;在约定的回赎期限内回赎,或没有约定回赎期限及约定不清的,在 30 年内可以原价赎回标的物等。因此 C 选项正确。本题选 C。

59. A 【解析】宋朝沿用唐朝的继承规定,由于商品经济和私有财产权观念的发展,财产继承的规定也更加完备,形成了一般财产继承、遗嘱继承、户绝财产继承、死亡客商财产继承等比较复杂的继承制度。宋朝除沿袭家产兄弟均分制外,允许在室女享受兄弟继承财产权的一半,同时承认遗腹子与亲生子享有同样的继承权。南宋又规定了户绝财产继承的办法。户绝立继有两种方式:凡夫亡而妻在,立继从妻,称“立继”;凡夫妻俱亡,立继从其尊长,称“命继”。继子与户绝之女同享继承权。A 选项正确。

60. B 【解析】宋代商品经济发达,推动了债相关法律的发展。在宋代,买卖是主要的债权债务关系,买卖分为绝卖和活卖,活卖即典质、典卖。B 选项正确。

61. B 【解析】宋朝将加盖了官印的契约称“红契”或“赤契”,具有一定的公证意义;未缴纳契税、加盖官印的契约称“白契”。B 选项正确。此题考查的为宋朝民事立法的重要内容,看似是很微小的知识点,但是也提醒考生在复习过程中要对该知识点进行细致的研读背诵,切不可偏废。

62. D 【解析】科举取士是宋朝选官的主要途径,与唐朝相比有显著的发展:其一,录取和任用的范围较宽。A 选项正确。不仅录取人数比唐朝大增,而且一经录用便可任官;并大大放宽了应试者的资格限制,僧道也可参加考试。其二,殿试成为常制,由此考生一律成为天子门生,避免了考生和主考官之间以师生之名结为同党。B 选项正确。其三,创造了“糊名”“誊录”和回避等方法以防科场舞弊。C 选项正确。其四,考试内容虽仍侧重诗赋、经义,但切近国家实际治理的策论受到重视。由此可知,D 选项错误。本题为选非题,因此 D 选项当选。

63. B 【解析】大理寺是宋代中央审判机关,宋代刑部负责大理寺详断的全国死刑已决案件的复核及官员叙用、昭雪等。B 选项正确。

64. C 【解析】宋代有“翻异别勘”制度。所谓“翻异别勘”是被告推翻原口供而另行安排勘问、推鞫的重审制度。因犯人翻供,所关情节重大,一般换法官审理,称“别推”,若换司法机关审理,则叫“别移”。因此本题应选 C。

65. B 【解析】翻异别推制是宋代为防止冤假错案而建立的复审制度,即在发生犯人推翻原有口供,而且“所翻情节,实碍重罪”时,案件须重新审理,应将该案交由其他司法官或司法机构重新审理。改换法官审理称之为“别推”,改换司法机关审理称为“别移”。法律规定,犯人翻异次数不得过三,若故意诬告、称冤,经查证属实,罪加一等。B 选项正确。秋审制度是清朝的死刑复审制度,A 选项错误。务限法是宋代规定在农务繁忙季节中停止民事诉讼审判的一项规定,C 选项错误。宋代的审判分离制度是鞫谳分司制,D 选项错误。

66. B 【解析】宋朝的翻异别勘制度,是指在诉讼中,人犯否认口供(称“翻异”),事关重大案情的,由另一法官或别一司法机关重审,称“别勘”。本题中,在路提刑司审核时,甲推翻原口供,否认杀妻指控,根据宋朝法律,该路提刑司应当“别移”,指定本路管辖的另一州级官府重审，因此 B 选项正确。

67. C 　【解析】《洗冤集录》是宋慈所著的一部法医学著作，属于世界上第一部比较系统的法医学专著，对世界各国产生了重大影响。C 选项正确。

68. C 　【解析】务限法即规定在农务繁忙季节中停止民事诉讼审判的法律制度，体现了以农为本的传统立法的价值取向。C 选项正确。

69. A 　【解析】契丹族建立的辽朝（916—1125 年），历 9 帝 210 年。辽因袭唐政治法律制度，但又保持民族特色。辽兴宗重熙五年（1036 年）编成《新定条例》547 条，是辽朝第一部比较完整的法典，史称《重熙条例》。A 选项正确。

70. C 　【解析】金朝（1115—1234 年）是以女真族为主体建立的政权，历 9 帝 120 年。金朝保持女真旧制，兼采宋辽制度。熙宗皇统三年（1143 年），"以本朝旧制，兼采隋唐之制，参辽宋之法"，制定了金朝第一部成文法典《皇统制》。C 选项正确。

二、多项选择题

1. ABCD 　【解析】唐律的特点有四：第一，"一准乎礼"；第二，科条简要、繁简适中；第三，用刑持平；第四，立法技术空前完善。故 ABCD 四个选项均正确。

2. ABC 　【解析】同居相隐不为罪是指，凡同财共居者，以及大功以上亲属、外祖父、外孙、孙媳妇、夫之兄弟及兄弟妻，皆可相互容隐犯罪；部曲、奴婢须为主人隐罪（但主人不为其隐）。为同居相隐范围内罪犯通风报信者，亦可不追究其刑事责任；非同居小功以下亲属相隐，其罪减凡人三等处理。但谋反、谋大逆、谋叛者，不用此律。故答案为 ABC。

3. BCD 　【解析】《唐律疏议·名例》规定："诸化外人，同类自相犯者，各依本俗法；异类相犯者，以法律论。"即同一国家侨民在中国犯罪，按其本国法律处断，实行属人主义原则；不同国家侨民相犯或唐朝人与外国人相犯，则按照唐律处刑，实行属地主义原则。故答案为 BCD。A 选项中，高丽人对高丽人犯罪，适用高丽国法，不适用唐律，故不选。

4. BC 　【解析】《开皇律》确立了 12 篇 500 条的篇目体例和新五刑制度，AD 项错误。《大业律》体例由 12 篇增至 18 篇，内容上删除"十恶"条款，减轻某些犯罪的刑罚，但并未认真实施，反而"轻刑其名，酷刑其实"，BC 项正确。

5. ABC 　【解析】唐朝主要法律形式包括律、令、格、式，律是关于定罪量刑的基本法典；A 选项正确。令是有关国家政权组织体制、尊卑贵贱等级制度与行政管理活动方面的法规；B 选项正确。格是皇帝临时颁发的各种敕令，经过汇编后上升为普遍适用的法律；C 选项正确。式是中央政府内部各机构关于行政管理、行政程序及具体办事规则的规定，包括国家机关的公文程式和活动细则，具有行政法规性质。D 选项错误。因此本题选择 ABC 选项。

6. AC 　【解析】唐太宗命长孙无忌、房玄龄等人全面修订律令，经过 11 年的时间，完成并正式颁布《贞观律》。李林甫为唐玄宗时期的人物，故不符合时代要求。因此，本题选 AC。

7. ABCD 　【解析】《贞观律》以《开皇律》为基础，共 12 篇 500 条。在内容上，《贞观律》增设加役流为死刑减等后的刑罚，并缩小了因缘坐而处以死刑的范围，大幅度减少了适用死刑的条文。《贞观律》构筑了唐律的基本框架，标志着唐代基本法典即告定型。

ABCD 选项均正确。

8. ABCD 【解析】唐律作为中华法系的典型代表，其影响力远远超越国界，对亚洲特别是东亚各国产生了重大影响。如朝鲜高丽王朝十世纪初颁行的《高丽律》，其篇章和内容皆取法于唐律，《高丽史·刑法志》载："高丽一代之制，大抵皆仿乎唐。至于刑法，亦采唐律，参酌时宜而用之。"日本八世纪初制定的《大宝律》和《养老律》也以唐律为蓝本，正如日本学者所言："我国《大宝律》大体上是采用《唐律》，只不过再考虑我国国情稍加斟酌而已。"越南李朝太尊时期的《刑书》（1042 年）和陈朝颁布的《国朝刑律》（1230 年），其原则、内容也大都参用唐律。可见，唐律在世界法制史上亦占有重要地位。ABCD 全选。

9. ABCD 【解析】唐朝定罪量刑的主要原则有：区分公罪与私罪；共同犯罪，以造意为首；合并论罪从重；自首减免刑罚；类推原则；老幼废疾减刑；累犯加重；贵族官员犯罪减免刑罚；同居相隐不为罪；良贱相犯依身份论处；化外人有犯；疑罪各依所犯以赎论。ABCD 全选。

10. CD 【解析】在"六赃"中，强盗和窃盗的罪犯是一般主体，而受财枉法、受财不枉法、受所监临财物和坐赃的罪犯是各级官吏。本题选 CD。

11. BD 【解析】唐律根据犯罪客观方面和犯罪行为的具体表现不同来对六赃进行区分。BD 选项正确。

12. ABC 【解析】唐朝死刑的执行，在时间上也有一定的限制。唐律规定：每年的立春以后、秋分以前，不得奏决死刑；在每月的朔、望日，上下弦、二十四节气等，均不得奏决死刑。但谋反、谋大逆、谋叛等重大犯罪，不受此限。因此，本题选 ABC。

13. ABC 【解析】唐朝沿袭隋制，皇帝以下设置大理寺、刑部、御史台三大司法机构，称为"三法司"，执行各自司法职能。D 选项都察院是明朝的机构。ABC 选项正确。

14. ABCD 【解析】唐朝创建了市舶制度，贞观十七年（643 年）诏令，对外国商船贩至中国的龙香、沉香、丁香、白豆蔻四种货物，政府抽取 1/10 的实物税，这是中国历史上第一项外贸征税法令。因此，本题选 ABCD。

15. ACD 【解析】汉代实行盐、铁、酒专营制度，唐代对盐、茶、酒实行禁榷制度，清代实行茶、盐、矾专卖制度，注意区分。ACD 选项正确。

16. AB 【解析】唐朝对外国人在中国境内的活动作出具体规定，如外国人非法入境，与中国人从事货物交易活动，比照中国人非法出境从事货物交易活动治罪。外国人因出使进入中国境内而从事货物交易活动，计赃准盗论。因此，本题选 AB。

17. AD 【解析】恶逆及以上犯罪、以及部曲、奴婢犯杀主人罪者，一复奏后即可执行死刑，A 选项正确。谋反、谋叛、谋大逆以及恶逆等重大犯罪不受执行死刑的时间限制，B 选项错误，D 选项正确。死刑案件均需要层层上报，奏请皇帝批准，C 选项错误。

18. ABCD 【解析】宋朝不动产买卖契约的成立要件有：首先，先问亲邻；其次，输钱印契；再次，过割赋税；最后，原主离业。ABCD 全选。

19. ABC 【解析】宋代规定在室女可以享受兄弟继承财产权的一半，同时承认遗腹子与亲生子享有同样的继承权，在户绝之家，继子与户绝之女同享继承权。D 选项奸生子的地位在明代才有所上升。ABC 选项正确。

20. ABCD 【解析】宋朝地方机构新设路一级政权，实际上是中央派出机构，并使其权一分为四，其长官为经略安抚使（帅司）、转运使（漕司）、提点刑狱使（宪司）、提举常平使（仓司），称之为"四司"，分别监管地方军政、财赋、司法、盐铁专卖等事。四司互不统属而互相监督，皆听命于皇帝。因此，本题选 ABCD。

21. ACD 　【解析】折杖法是宋太祖创立的，是宋初慎刑思想在刑罚制度上的体现。刺配是将杖刑、配役、刺面三刑同时施于一人的复合刑罚，原为宽贷死刑之意，后被滥用。凌迟首用于五代，至宋（一说辽）立为法定刑。ACD 选项均为宋朝的刑罚制度。廷杖是明朝皇帝处罚大臣的非常之刑，不是宋朝的刑罚。本题选 ACD。

22. BC 　【解析】西夏（1038—1227 年）是党项族（原属羌族一支）在西北地区建立的政权，历 10 帝 190 年。西夏政制借鉴唐宋制度，又保留党项习惯，兼有佛教特色。建国初期，西夏开始模仿唐宋律令制定成文法。崇宗贞观年间（1101—1113 年）即有综合性"律令"行用，并有军法典《贞观玉镜统》。至仁宗天盛年间（1149—1169 年），正式制定《天盛改旧新定律令》共 20 卷，150 门，1 461 条。该法典无注释、附例，仅律令条文达 20 余万言，其详细程度为中古法令之最，内容涵盖刑事法、行政法、经济法、民事法、诉讼法、军事法等。至神宗光定年间（1211—1223 年），又编订《亥年新法》。辽兴宗重熙五年（1036 年）编成《新定条例》547 条，是辽朝第一部比较完整的法典，史称《重熙条例》。道宗咸雍年间又增补成 789 条，称为《咸雍条例》。因此，《咸雍条例》属于辽朝法律制度，A 选项错误。金朝熙宗皇统三年（1143 年），制定了金朝第一部成文法典《皇统制》。章宗泰和二年（1202 年）颁行《泰和律令敕条格式》。因此，《泰和律令敕条格式》属于金朝法律制度，D 选项错误。因此，本题选 BC。

三、简答题

1. 参考答案 （1）严格区分自首和自新的界限；（2）不是所有犯罪都可以享受自首的待遇；（3）自首者虽然可以免罪，但赃物必须按规定如数偿还，以防止自首者非法获财；（4）对自首不彻底行为作了严格规定；（5）自首的方式，原则上为罪犯本人向官府坦白其犯罪行为。

2. 参考答案 （1）同姓不婚；（2）非同姓但有血缘关系的尊卑间不得为婚，违者以奸论；（3）严禁与逃亡女子为婚；（4）监临官不得与所监临之女为婚；（5）良贱之间不得为婚。

3. 参考答案 鞫谳分司制度即"审"与"判"分为两事，分别由不同的官员担当，二者相互牵制。

审问案情的官员无权置刑，检法量刑之事别由其他官员负责。前者称"鞫司"（又称"推司""狱司"），后者称"谳司"（又称"法司"）。

鞫谳分司制是宋朝审判制度的特色，在一定程度上有利于防止司法官因缘为奸，保证审判质量。

四、分析题

1. 参考答案 （1）材料反映的是唐朝的类推原则，其中所说的"出罪"是指减轻或者免除刑罚，"入罪"是指确定有罪或加重刑罚。（2）其含义为：对法无明文规定的犯罪，凡应减轻处罚的，则列举重罚处刑的规定，比照从轻处断；凡应加重处罚的犯罪，则列举轻罚处刑的规定，比照从重处断。（3） 为了减少律文的繁琐，唐律本着目的解释的原则，对律条进行合理解释从而便于运用。该原则在不损法律本意，不至于引起歧义理解的前提下，体现了立法者简化律文的精神。

2. 参考答案 （1） "入罪"是轻罪重判，或者无罪判为有罪；"出罪"是重罪轻判，或者有罪判为无罪。（2） 司法官断罪有出入者，属故意的，以故意出入人罪论处，采取反坐的原则；属过失的，以过失出入人罪论，即减故意者三等至五等处罚。（3） 这条规定明确了司法官责任制度，旨在保证司法审判的公正合法。

3. 参考答案 （1） 体现了自首减免刑罚原则。（2） 对侵害人身、毁坏贵重物品、案发后逃亡、偷渡关卡、强奸、私自学习天文知识等犯罪，即使投案自首也不能按自首处理。（3） "自首不实"是指犯罪分子交代犯罪性质不彻底，"自首不尽"是指犯罪分子对犯罪情节交代不彻底。

4. 参考答案 （1） 唐律首次将六种非法攫取公私财物的行为归纳到一起，冠以"六赃"之名，即受财枉法、受财不枉法、受所监临财物、强盗、窃盗和坐赃。受财枉法即官吏收受当事人贿赂而利用职权曲法枉断，为其牟取不正当利益，或为其开脱罪责。受财不枉法即虽收受当事人贿赂，但并未曲法枉断的行为。受所监临财物即主管官员私下接受所监管的吏民的财物。强盗即以暴力或暴力威胁而取他人财物。窃盗即秘密占有不属于自己的官私财物。坐赃即非监临官利用不正当手段获取的本不当得的财物。

（2） ① 六赃的处罚原则是：以所获得的赃值作为定罪量刑的标准；受刑之外，犯罪人还必须退还赃款赃物；官吏犯赃罪，还要"官除名，吏罢役"。② 各罪的定罪量刑：受财枉法的，赃一尺杖一百，一匹加一等，十五匹处绞刑。受财不枉法的，赃一尺杖九十，二匹加一等，三十匹加役流。受所监临财物的，赃一尺笞四十，一匹加一等，八匹徒一年，每八匹加一等，五十匹流二千里。强盗的，不得赃徒二年；赃一尺徒三年，二匹加一等，十匹以上处绞刑。窃盗的，不得赃笞五十；赃一尺杖六十，一匹加一等，五匹徒一年，每五匹加一等，五十匹加役流，最高刑不至死。坐赃的，赃一尺笞二十，一匹加一等，十匹徒一年，每十匹加一等，五十匹最高徒三年。

（3） 唐律关于赃罪定罪处刑的规定表明：① 以严刑峻法惩治贪赃枉法，是唐律的一项重要内容，这有利于净化官僚队伍，也使得贪赃枉法的罪犯没有可逃之路。② 保护公私财产不受侵犯是唐律规定的另一项重要内容，特别是对社会危害极大的强盗和窃盗行为，唐律规定的处刑较重，这有利于对官私财产的保护。

第五章　元明清法律制度

一、单项选择题

1. B 【解析】《泰始律》第一次将礼中的服制列入律典，作为定罪量刑的原则，但未直接附图。《大明律》通俗易懂，为使援引者一目了然，律首附有服制图，但该做法在《元典章》中就有先例。故答案为 B。

2. B 【解析】元朝结束了以诗赋取士的历史，首创以程朱理学为内容的经义取士制度，对明清科举影响很大，故答案为 B。

3. C 　【解析】清代的刑种，首先是"五刑"正刑体系，即笞、杖、徒、流、死，与唐宋律的规定并无二致。其次是律例有文但未列"五刑"的派生刑和附加刑，包括死刑类的凌迟、枭首、戮尸；流徒类的充军、发遣；附加刑类的枷号、刺字。清朝律例将明条例的"充军"定为重于流刑的刑罚种类。发遣是清朝特别创立的一种仅次于死刑的重刑，即将罪犯发配到边疆地区给驻防八旗官兵当差为奴的刑罚，比充军重。故答案为 C。

4. C 　【解析】幕友是由官员私人聘请的政法顾问，俗称师爷，胥吏才是清朝各级政府衙门中从事文书工作的人员，故答案为 C。

5. C 　【解析】辽朝法制注重"官分南北，以国制治契丹，以汉制待汉人"，C 选项错误。ABD 项都是元朝的立法指导思想。本题为选非题，因此 C 选项当选。

6. C 　【解析】为了适应大一统的需要，元世祖于至元二十八年（1291 年）令中书右丞相何荣祖等"以公规、治民、御盗、理财等十事辑为一书，名曰《至元新格》，令刻版颁行，使百司遵守"。《至元新格》是元朝统一中国后颁布的第一部比较系统的成文法典。C 选项正确。

7. D 　【解析】《元典章》全称为《大元圣政国朝典章》，是元朝地方政府对世祖以来约五十年间有关政治、经济、军事、法律等方面的圣旨条例的汇编，共 60 卷。《元典章》虽非中央政府所颁法律，但它系统地保存了元朝法律的内容，成为研究元朝社会及法律的珍贵材料。D 选项正确。

8. C 　【解析】元顺帝至正六年（1346 年）颁布《至正条格》，是对《大元通制》的修订补充。C 选项正确。

9. B 　【解析】元朝的法律文献还包括元文宗至顺二年（1331 年）编成的《经世大典》，这是一部仿效《唐六典》而编订的典章汇编，共 880 卷。B 选项正确。

10. C 　【解析】元朝罪名体系最为显著的变化，是强奸幼女罪的确立。《唐律疏议》和《宋刑统》的奸类罪中，未特别列出强奸幼女罪。元朝法律则规定："诸强奸人幼女者，处死；虽和同强，女不坐。"处罚比一般强奸罪要重很多。C 选项正确。

11. D 　【解析】元朝将"幼女"的年龄界定在 10 岁以下。D 选项正确。

12. D 　【解析】元朝统一中国以后，虽然受到儒家礼教纲常的影响，但仍保持某些蒙古族原有的传统，特别在婚姻方面，允许依照不同民族的风俗习惯行事，而不强求划一。A 选项正确。建立婚姻关系必须订立婚书，婚书上写明议定的聘财数额，如果是招赘女婿，须写明养老或出舍的年限，主婚人、保亲人、媒人须在婚书上签字画押，然后依礼成亲，婚姻关系方才有效。关于婚姻的限制和解除，元基本上沿用唐宋旧法，但不似唐宋那样严格。因此 BC 选项正确。在继承方面，蒙古人和色目人各依其本俗法，蒙古习惯法由幼子继承父业，后因接受汉法影响实行诸子均分制，但实际份额仍不相同。因此，本题选 D 选项。

13. C 　【解析】元朝对媒妁进行规范化管理，只有经基层官员、地方长老等保举推荐的"信实妇人"才能充任媒妁，并由官府登记在册，媒妁职业化倾向明显。故本题选 C。

14. D 　【解析】元朝的"充警迹人，红泥粉壁"制度规定：强盗、窃盗罪犯在服刑完毕后，发付原籍充"警迹人"。在其家门首立红泥粉壁，其上开具姓名、犯事情由，由邻居监督其行止，且每半个月需面见官府接受督察，五年不犯者除籍，再犯者终身拘籍。该制度类似于近代的社区矫正制度。D 选项正确。

15. A 　【解析】元朝以中书省取代隋唐的三省。中书省以中书令为长官，由皇太子兼领。皇太子一般不到职视事，由左右丞相及其他副职实际负责政务，统称宰相。中书省下仍设吏、户、礼、兵、刑、工六部，掌管国家各方面行政事务。A 选项正确。

16. B 【解析】元朝的监察制度体现民族歧视政策，御史大夫一职只能由蒙古贵族担任，B 选项正确。

17. D 【解析】大宗正府是管理蒙古贵族事务的机构，也是具有独立管辖范围的中央司法机关，掌握"诸王、驸马、蒙古人、色目人等"所"犯一切公事"以及"汉人奸盗诈伪、蛊毒厌魅"等刑狱。可见大宗正府既是管理蒙古贵族事务的机构，又是具有独立管辖范围的中央司法机关，职掌比较混乱。D 选项正确。宣政院是元朝主持全国佛教事务和统领吐蕃地区军、民之政的中央机构，同时也是全国最高的宗教审判机关，负责审理重大的僧侣案件和僧侣纠纷案件。C 选项错误。理藩院是清朝管理少数民族事务的机构，用于加强对少数民族聚居区的司法管辖。A 选项错误。大理寺，是唐宋乃至明清各代重要的中央司法机关。B 选项错误。

18. A 【解析】元朝结束了以诗赋取士的历史，首创以程朱理学为内容的经义取士制度，对明清科举制度影响很大。本题选 A。

19. C 【解析】《元典章》中"诉讼"已经独立出现，对诉讼的程序、步骤、诉状的格式都作了详细规定，反映出实体法与程序法开始逐步分离。C 选项正确。

20. B 【解析】为贯彻"刑乱国用重典"的方针，防止"法外遗奸"，朱元璋御制《大诰》，作为明初的刑事特别法。B 选项正确。

21. D 【解析】《大明会典》是明朝官修的一部行政法规汇编。其修纂始于英宗朝，至孝宗弘治十五年成书，其后，武宗、世宗、神宗三朝重加校刊增补，其中《正德会典》和《万历会典》曾颁行天下，并流传至今。D 选项正确。

22. A 【解析】《大明律》条文简于唐律，精神严于宋律，是明朝通行不改的大法，其体例直接为清律所承袭，在中国法制史上占有重要地位。A 选项正确。

23. D 【解析】条例是明律以外的单行法规，简称"例"，通常由司法机关根据典型案例拟定条文，经皇帝批准颁布，成为可以普遍适用的法律形式。明孝宗弘治十三年，刑部删定《问刑条例》，与律并行，并且"通行天下永为常法"。之后，嘉靖、万历年间多次修订，条文不断增加。万历年间还将重新辑修的《问刑条例》附于《大明律》，律为正文，例为附注，称《大明律集解附例》，开律例合编的先例并影响了清朝。D 选项正确。

24. B 【解析】洪武元年（1368 年）颁行《大明令》，按六部分篇，条文简略，只有 145 条。这是帝制中国最后一部令典。B 选项正确。

25. D 【解析】廷杖是皇帝处罚大臣的特殊刑罚，即由皇帝下令，由司礼监监刑，锦衣卫施刑，于殿廷之上杖责冒犯皇帝的大臣的一种制度。因此本题正确答案为 D 选项。

26. D 【解析】申明亭受理和调处有关婚姻、田土、斗殴等民事纠纷和轻微的刑事案件。D 选项不属于轻微刑事案件，不在申明亭的审理范围。本题为选非题，因此 D 选项当选。

27. C 【解析】鉴于历代臣下结党造成皇权削弱，统治集团内部矛盾导致国亡民乱的教训，明朝严禁臣下结党，在《大明律》中增设"奸党罪"并罗列了该罪的种种表现：在朝官员交结朋党紊乱朝政者；大小官员巧言进谏，请求宽免死罪之人，暗中邀买人心者；司法官不执行法律，而听从上级命令出入人罪者；"奸邪进谗言，左使杀人者"；甚至"上言宰执大臣美政才德者"，均构成奸党罪，一律处以斩刑。C 选项正确。

28. B 　【解析】明朝之时，家长主婚权在法律上明确规定下来，"嫁娶皆由祖父母、父母主婚"。如果婚姻本身违法，被追究的也是家长，而非结婚当事人，"凡嫁娶违律，若由祖父母、父母主婚者，独坐主婚"。A 选项正确。明律虽然对"义绝"作出了新的解释，但"义绝"仍是婚姻解除的条件。B 选项错误。明代婚姻家庭规定多沿袭唐宋旧律，婚书和聘礼仍是婚姻缔结的要件，同宗无服亲及良贱不得为婚仍然得到确认。C 选项正确。在明朝，"其分析家财田产，不问妻妾婢生，止以子数均分"。这承认了奸生子的继承权。D 选项正确。因此，本题应选 B。此题为反向选择题，考生注意不要选成正确的。

29. B 　【解析】明朝时官员年满 60 岁致仕，回乡官员称为"乡宦"，仍享有免役和司法特权。汉代官员以及唐代官员 70 岁致仕，应注意区分。本题选 B。

30. B 　【解析】明朝建立了空前庞大的监察机构，中央监察机关都察院号称"风宪衙门"，为天子之耳目，B 选项正确。

31. A 　【解析】在明朝，凡是发生重大疑难案件或呕须重新审理的重案时，由刑部、大理寺、都察院三法司会同审问罪犯，称"三司会审"，后将审理结果奏报皇帝，进行最后裁决。A 选项正确。

32. A 　【解析】明初极度强化了君主集权制度，明太祖朱元璋废除丞相制度直接掌管六部。A 选项正确。

33. D 　【解析】在明朝，徒刑以上案件均须报送中央刑部批准。死刑案件，刑部审理，大理寺复核后，须报请皇帝批准才能执行。D 选项正确。

34. A 　【解析】《大清现行刑律》是在《大清律例》的基础上作局部调整删改而成，取消了《大清律例》中按吏、户、礼、兵、刑、工六部名称而分的六律总目，将法典各条按其性质分隶 30 门。因此本题正确答案为 A 选项。

35. D 　【解析】"五朝会典"中，最后一部《光绪会典》增设了总理各国事务衙门的机构和权限，体现了近代行政体制的变化，D 选项正确。

36. B 　【解析】《大清律例》于乾隆五年正式颁行天下。此前顺治朝曾颁布过《大清律集解附例》，雍正朝颁布过《大清律集解》，而《康熙会典》颁布于康熙朝，所以颁行最早的法典是《大清律集解附例》。本题选 B。

37. D 　【解析】发遣是清朝特别设立的一种仅次于死刑的重刑，即将罪犯发配到边疆地区给驻防八旗官兵当差为奴的刑罚，比充军重。清代发遣的对象主要是犯徒罪以上的文武官员，一般只限本人，情节轻微的，还有机会放还。D 选项正确。

38. A 　【解析】清代发遣的对象主要是犯徒罪以上的文武官员，一般只限本人，情节轻微的，还有机会放还。A 选项正确。

39. A 　【解析】清《户部则例》规定："民人典当田房，契载统以十年为率，限满听赎。"如约定年限超过 10 年，即认定为买卖契约，必须缴纳契税。故本题选 A。

40. C 　【解析】独子兼祧是清朝的独创，民间俗称"两房合一子"，即一人可以继承两房的香火和财产。其余三种继承制度早已出现，并非清朝独创。故本题选 C。

41. C 　【解析】清朝沿袭明制，以刑部、大理寺、都察院为"三法司"，是既相互分工又相互制约的中央司法机关。其中，都察院是全国最高监察机关，负责督察百官风纪，纠弹不法，同时负有监督刑部、大理寺之责，可对其错误提出纠弹，亦可参与重大案件的会审。C 选项正确。

1. ABCD 【解析】元朝的"充警迹人，红泥粉壁"制度，规定强盗、窃盗罪犯在服刑完毕后，发付原籍充"警迹人"。在其家门首立红泥粉壁，其上开具姓名、犯事情由，由邻居监督其行止，且每半个月需面见官府接受督察，五年不犯者除籍，再犯者终身拘籍。通过昭示盗贼犯人之劣迹，以彰其过，达到"自警亦警人"目的，有些类似于现代的社区矫正制度。故答案为 ABCD。

2. ABCD 【解析】明朝诉讼制度主要有以下特点：第一，严厉制裁诬告行为；第二，严禁越诉；第三，军官、军人诉讼一般不受普通司法机构管辖；第四，明确地域管辖的原则；第五，强调以民间半官方组织调解"息讼"。故答案为 ABCD。

3. ABD 【解析】元朝的立法指导思想缺乏系统性，但是从其法制的实践和有关文献典籍的记载中，可以概括为：（1）祖述变通，附会汉法。（2）因俗而治，蒙汉异制。"详译明律，参以国制"是清朝的立法指导思想。"缘法而治，严刑重法"是秦朝的立法指导思想。"无为而治，约法省刑"是汉朝的立法指导思想。ABD 选项当选。

4. AC 【解析】元朝的死刑分为凌迟和斩两种。故本题选 AC。

5. ABCD 【解析】元朝政府很重视监察制度的建设，目的在于通过对官员尤其是汉族官员的监督，来防止他们的拥权自重。元朝通过总结和吸取历史经验，建立和发展了颇具特色的监察制度。其一，加强监察立法，使监察有法可依，有章可循。其二，监察体制设置严密，并且赋予其较大的权限。其三，重视加强对监察官本身的监督。其四，体现民族歧视政策。ABCD 全选。

6. CD 【解析】明太祖朱元璋在总结元亡历史经验的基础上，确立了"刑乱国用重典"的立法指导思想。此外，明刑弼教表现了明朝认识"刑"与"教"及其相互关系的态度，这也是其一项重要的立法思想。"一断于法""刑无等级"是战国时期的立法指导思想。CD 选项正确。

7. ABD 【解析】厂卫并非国家正式的司法机关，C 选项错误。但是在皇帝的纵容下，由宦官操纵，凌驾于司法机关之上，享有侦查缉捕、监督审判、法外施刑等种种司法特权。ABD 选项正确。

8. ABC 【解析】明朝的会审主要包括下列几种：第一，三司会审和九卿会审；第二，朝审；第三，大审（此制为明朝独有）；第四，热审。清代继承了明朝的"热审""朝审""九卿会审"，又创设了"秋审"的审判制度。秋审为清朝时期的一种会审方式，不属于明朝。D 选项错误。ABC 选项正确。

9. ABD 【解析】明朝中央司法机关的名称、职掌均与唐宋有所不同。大理寺、刑部、都察院组成中央"三法司"。ABD 选项正确。

10. ABCD 【解析】清王朝是一个统一的多民族国家，为了巩固辽阔的疆域，以理藩院作为少数民族事务的管理机构，加强对少数民族聚居区的管辖。清政府除制定全国统一的基本法典外，还制定了一系列适用于各少数民族聚居区的专门法规，如《蒙古律例》《理藩院则例》《回疆则例》《苗汉杂居章程》《湘苗事宜》《西宁青海番夷成例》《钦定西藏章程》等。ABCD 全选。

11. BC 【解析】清代的刑种，首先是"五刑"正刑体系，即笞、杖、徒、流、死，与唐宋律的规定并无二致。其次是律例有文但未列"五刑"的派生刑和附加刑，包括死刑类的凌迟、枭首、戮尸；流徙类的充军、发遣；附加刑类的枷号、刺字。因此，本题选BC。

12. ABCD 【解析】随着经济的发展以及农民的反抗，清朝的人身依附关系有所削弱，ABCD 四项都是体现。其中 D 选项为新增考点，注意 D 选项奴婢开户为民后本人不能应考出仕，但子孙后代可以。

13. ABD 【解析】大审是明代宦官会同三法司在大理寺共审囚徒的制度，是明朝特有的制度，清朝没有。C 选项不选。清承明制，清代在审判制度方面，继承了明朝诉讼制度。明朝有"热审""朝审""九卿会审"，清朝也有。清又创设了与"朝审"并行的"秋审"。因此，本题选 ABD。

14. AD 【解析】农忙期间（四月初一至七月三十）不得控告民事和轻微刑事案件，其他季节也只能在放告日（每月逢三、六、九或三、五等）起诉。因此，本题 AD 选项正确。

15. ABD 【解析】西周时期民事案件称为"讼"，而刑事案件称为"狱"，因此"听讼"为审理民事案件，"断狱"为审理刑事案件。所以，A 选项正确。唐代地方司法机关由行政长官兼理，但是县以下乡官、里正对犯罪案件具有纠举责任，对轻微犯罪与民事案件具有调解处理的权力，结果须报上级。所以，B 选项正确。明代的会审制度包括三司会审、九卿会审、朝审和大审。大审始于英宗正统年间，至宪宗成化十七年成为定例，司礼监会同三法司官员在大理寺共审囚徒，每五年举行一次。所以，不是三年而是五年，故 C 选项错误。清末改制，改刑部为法部，掌管全国司法行政事务，改大理寺为大理院，是全国最高审判机关。所以，D 选项正确。

三、简答题

1. 参考答案 （1）加强监察立法，使监察有法可依，有章可循。（2）监察体制设置严密，并且赋予其较大的权限。在机构设置上，中央一级为御史台（中台），在地方则设立两个行御史台（行台）——江南（南台）和陕西（西台），作为中央的派出机构。在中台和行台之下，分二十二道监察区，每道设肃政廉访司。（3）重视加强对监察官本身的监督。元政府重视加强对肃政廉访司的领导，对监察官员实行严格监督，规定了详密的行为规范和奖惩措施。（4）体现民族歧视政策。为便于对汉族官员进行监察，监察制度中也贯彻了民族歧视政策。

2. 参考答案 （1）严厉制裁诬告行为；（2）严禁越诉；（3）军官、军人诉讼一般不受普通司法机构管辖；（4）明确地域管辖原则；（5）强调以民间半官方组织调解"息讼"。

3. 参考答案 第一，情实：指罪情属实、罪名恰当者，奏请执行死刑。第二，缓决：案情虽属实，但危害性不大者，可再押监候办，留待下年秋审。凡三经秋审定为缓决，可免死减为流三千里，或减发烟瘴极边充军。第三，可矜：指案情属实，但情有可原，予以免死减等发落。第四，可疑：指案情尚未完全确证清楚的，则驳回原省再审。第五，留养承祀：指案情属实，罪名恰当，但罪犯为独子而祖父母、父母年老无人奉养，或符合"孀妇独子"等条件的，则经皇帝批准，可改判重杖，枷号示众三个月。

四、分析题

1. 参考答案 （1）这段文字反映了明朝的九卿会审制度。即如果案件已经审理完毕，而犯人仍然翻异不服的，则应当改由其他司法机关重新审理。如果第二次仍然翻异不服的，就应当具拟奏报皇帝，由皇帝令六部尚书和通政使司等九卿会审，称为"圆审"。如果三次或者四次审理仍然不服，则奏请皇帝裁决。（2）这种会审制度是慎刑思想的反映，有利于皇帝控制和监督司法活动，纠正冤假错案，但是明朝的会审往往由宦官操控，不免流于形式。

2. 参考答案 这段文字反映了明朝"轻其所轻，重其所重"的刑罚适用原则。明朝在刑法原则上确立"轻其所轻，重其所重"是有深刻的历史原因的，主要是因为宋明理学使儒家的纲常礼教对人们行为的法外约束力越来越大。这种背景下，对有关伦常礼教犯罪的处罚减轻，能集中刑法的打击目标，缓和社会的反抗情绪。随着君权的加强和社会矛盾的日益加剧，盗贼大案直接冲击着封建专制统治的基础，加大对此类犯罪的打击力度，也是"重典治国"的体现。

第六章　清末民初的法律制度

一、单项选择题

1. C 【解析】"详译明律，参以国制"是清朝前期的立法指导思想。A选项错误。"大权统于朝廷，庶政公诸舆论"是清末"预备立宪"的指导原则。B选项错误。"中外通行，有裨治理"是清末修律的指导思想。C选项正确。"隆礼"与"重刑"并重是北洋政府采用的立法指导原则。D选项错误。

2. B 【解析】谘议局是"预备立宪"时期清政府设立的地方咨询机关，于1909年开始在各省设立。当时的中央咨询机关叫作资政院。B选项正确。

3. D 【解析】1908年颁布的《钦定宪法大纲》的实质是给封建君主专制制度披上"宪法"的外衣，以法律的形式确认君主的绝对权力，体现了满洲贵族维护专制统治的意志及愿望，没有也不可能"确立了资产阶级民主共和国的国家制度"。所以，A选项错误。《十九信条》在形式上被迫缩小了皇帝的权力，相对扩大了国会和内阁总理的权力，但仍强调皇权至上，故B选项"取消了皇权至上"的说法错误。资政院是清末"预备立宪"时期清政府设立的中央咨询机构。它是承旨办事的御用机构，属于参谋性质，与近现代社会的作为立法和监督机关的国家议会有根本性的不同。所以，C选项错误。资（谘）议局是清末"预备立宪"时期清政府设立的地方咨询机关，以"指陈通省利病、筹计地方治安"为宗旨，权限包括讨论本省兴革事项、预算决算、选举资政院议员、申复资政院或本省督抚的咨询等。所以，D选项正确。

4. C 【解析】1906年9月1日，清政府发布《宣示预备立宪先行厘定官制谕》，确定了"大权统于朝廷，庶政公诸舆论"的立宪指导原则。C选项正确。

5. D 【解析】《大清民律草案》共分总则、债权、物权、亲属、继承五篇。前三篇，由松冈义正等人仿照德、日民法典的体例和内容草拟而成，吸收了大量的西方资产阶级民法的理论、制度和原则。而后两篇则由修订法律馆会同保守的礼学馆起草，其制度、风格带有浓厚的封建色彩，保留了许多封建法律的精神。根据修订法律大臣俞廉三"奏进民律前三篇草案折"的观点，修订民律草案的基本思路是"中学为体、西学为用"，故 A、B、C 选项的说法正确。在《大清民律草案》完成后仅两个多月，辛亥革命武昌起义爆发，清王朝的统治随即崩溃，该部民律草案并没有正式颁布与施行，还停留在草案阶段，故 D 选项错误。本题选 D。

6. D 【解析】作为中央咨询机关，资政院于 1910 年正式设立，其筹建始于 1907 年。D 选项正确。

7. C 【解析】1908 年 8 月 27 日，《钦定逐年筹备事宜清单》颁布，规定预备立宪期为九年，至 1916 年正式施行君主立宪。因此，C 选项表述错误，本题选 C。

8. D 【解析】清末在民商法的立法体例上采取民商分立的原则，制定了中国历史上第一部民法草案，即《大清民律草案》。它是由修订法律馆与礼学馆共同承担：修订法律馆委托日本法学家松冈义正起草民律草案前三编，即总则、债权、物权，后两编亲属与继承由修订法律馆会同礼学馆制定。D 选项正确。《大清民律草案》前三编与后两编的迥异，与当时中国实际严重脱节。它虽然不太成熟，但作为中国历史上第一部民法典草案，对以后的民事立法产生了重要影响。

9. B 【解析】修订法律馆是清末负责修订法律的专门机关。1902 年清廷任命沈家本、伍廷芳为修订法律大臣后，开始了修订法律馆的筹建，1904 年修订法律馆正式办公。B 选项正确。

10. D 【解析】宪政编查馆编订的宪法性文件是《钦定宪法大纲》。A 选项错误。谘议局是预备立宪时期清政府设立的地方咨询机关，具有地方议会的性质。B 选项错误。修订法律馆是清末修订法律的专门机关，1904 年正式办公。C 选项错误。资政院是中央咨询机关，1910 年正式设立，1911 年武昌起义爆发后，资政院仅用三天时间即拟定了《十九信条》。D 选项正确。

11. A 【解析】《钦定宪法大纲》是清政府于 1908 年颁布的宪法性文件，是中国历史上的第一个宪法性文件。《十九信条》是清政府于辛亥革命爆发后制定的又一个宪法性文件。《中华民国临时约法》是中国近代第一部资产阶级共和国性质的宪法文件。1923 年《中华民国宪法》是中国近代宪法史上公布的第一部正式宪法。因此 A 选项正确。

12. B 【解析】《十九信条》全称《宪法重大信条十九条》，是清政府于辛亥革命爆发后制定的又一个宪法性文件。B 选项正确。

13. B 【解析】《大清新刑律》是清政府于 1911 年 1 月公布的中国历史上第一部近代意义上的专门刑法典。B 选项正确。

14. C 【解析】《大清新刑律》取消了十恶、八议、官当以及按官秩、良贱、服制等刑律适用原则，A 选项错误。《大清新刑律》在体例上抛弃了以往旧律"诸法合体"的编纂形式，《大清现行刑律》对于律例合编的模式以及十恶重罪等内容未作更改，B 选项错误。《大清现行刑律》在《大清律例》的基础上作局部调整删改而成，C 选项正确。《大清现行刑律》中的死刑包括斩、绞两种，D 选项错误。

15. B 【解析】《大清民律草案》因武昌起义爆发，未及时正式颁布。本题选 B。

16. C 【解析】《大理院审判编制法》为中国近代意义上第一部法院编制法，明确了民刑分立的体制，确认了司法独立原则，并规定了不同审级的审判方式，引进了西方审判监督机制。C 选项正确。

17. D 　【解析】《大清民律草案》的制定由修订法律馆与礼学馆共同承担，修订法律馆委托日本法学家松冈义正起草民律草案前三编总则、债权、物权，后两编亲属与继承由修订法律馆会同礼学馆制定。D 选项正确。

18. D 　【解析】清末修律导致中华法系走向解体。A 选项错误。"二战"结束后，当法国宣布放弃在华特权时，治外法权才在中国寿终正寝。B 选项错误。清末修律活动在客观上对后世的立法有着显著的影响：修律导致中华法系走向解体，为中国法律的近代化奠定了基础，且在一定程度上引进和传播了西方近现代法律学说和法律制度，在客观上有助于推动中国资本主义的发展和法学教育的近代化，它的成果并未随着清王朝的覆灭而失去影响。C 选项错误。在形式上，清末修律明确了实体法之间、实体法与程序法之间的差别，制定了一系列的法典或法规，改变了中国传统的"诸法合体"的形式，形成了近代法律体系的雏形。在内容上，中华法系的"依伦理而轻重其刑"的特点也受到了极大的冲击。D 选项正确。

19. C 　【解析】《钦定宪法大纲》共 23 条，分为正文"君上大权"和附录"臣民权利义务"两部分，基本上以 1889 年《大日本帝国宪法》的前两章为蓝本。C 选项正确。

20. D 　【解析】《十九信条》是一部临时宪法，采行君主立宪政体，规定皇帝权力限于宪法所规定；宪法由资政院起草议决，由皇帝颁布之；内阁对国会负责；总理大臣由国会公举，皇帝任命，其他国务大臣由总理大臣推荐、皇帝任命；皇族不得为总理大臣及其他国务大臣并各省行政长官；军队对内使用时应依国会决议之特别条件；不得以命令代替法律；预决算由国会审核批准。《十九信条》仍然强调"大清帝国皇统万世不易""皇帝神圣不可侵犯"，但对于人民的权利只字未提。本题选 D。

21. A 　【解析】《大清现行刑律》是清政府在《大清律例》的基础上稍加修改，作为《大清新刑律》完成前的一部过渡性法典。A 选项正确。《大清新刑律》公布后不久清王朝即告覆亡，该律并未正式施行。B 选项错误。清末改刑部为法部，掌管全国司法行政事务；改大理寺为大理院，为全国最高审判机关。故 C 选项错误。清政府对旧的诉讼体制和审判制度进行了一系列改革，包括确立一系列近代意义上的诉讼制度，实行四级三审制。故 D 选项错误。

22. D 　【解析】《大清新刑律》采用近代刑罚体系，规定刑罚分为主刑和从刑两种。主刑包括死刑（仅绞刑一种）、无期徒刑、有期徒刑、拘役、罚金，从刑包括褫夺公权和没收两种。故本题选 D。

23. B 　【解析】清末对传统的司法组织体制进行了较大的调整，改刑部为法部，掌管全国司法行政事务；改大理寺为大理院，作为全国最高审判机关；实行审检合署制度。B 选项正确。

24. A 　【解析】清末改刑部为法部，掌管全国司法行政事务，A 选项正确。

25. C 　【解析】清末引进了一系列西方近代诉讼审判原则和具体制度，其中在诉讼程序上实行四级三审制。C 选项正确。

26. D 　【解析】《中华民国临时政府组织大纲》第一次以法律形式宣告废除封建帝制，A 选项正确。以美国的国家制度为蓝本，确立了中华民国的基本政治体制，B 选项正确。《中华民国临时政府组织大纲》实行三权分立原则，C 选项正确。临时政府为总统制共和政体，D 选项错误。临时大总统为国家元首和政府首脑，统率军队并行使行政权力。本题选 D。

27. C 【解析】1914年12月，参政院公布了《修正大总统选举法》。该法规定大总统的任期为10年，可连选连任；现任大总统可以推荐继承人，不限制荐贤、荐子，实际上承认了总统可以世袭。这部法律的制定公布为袁世凯复辟帝制提供了跳板。C选项正确。

28. C 【解析】北洋政府于1923年10月10日公布的《中华民国宪法》，因系曹锟为掩盖"贿选总统"丑名而授意炮制，故又被称作"贿选宪法"，是中国近代史上公布的第一部正式宪法。C选项正确。

29. C 【解析】北洋政府于1923年公布的《中华民国宪法》，因系曹锟为掩盖"贿选总统"丑名而授意炮制，故又被称作"贿选宪法"，是中国近代史上公布的第一部正式宪法。C选项正确。

30. B 【解析】《中华民国临时约法》作为近代第一部资产阶级共和国性质的宪法文件，肯定了辛亥革命的成果，彻底否定了中国数千年来的君主专制制度，肯定了资产阶级民主共和制度和民主自由原则，在全国人民面前树立起"民主""共和"的形象。B选项正确。

31. A 【解析】《临时约法》改总统制为责任内阁制，以限制袁世凯的政治权力。A选项正确，B选项错误。《临时约法》规定，约法的增删修改，须由参议院议员2/3以上或临时大总统之提议，经参议员4/5以上之出席，出席议员3/4以上之赞成方可进行，以防止袁世凯擅自修改变更约法。C选项错误。《临时约法》实行三权分立的政府组织原则，采用责任内阁制，规定临时大总统、副总统和国务员行使行政权力，参议院是立法机关，法院是司法机关，并规定了其他相应的组织与制度。D选项错误。

32. B 【解析】南京临时政府分别设立了司法行政机关和审判机关。最高司法行政机关为司法部，最高审判机关为临时中央审判所或最高法院。B选项正确。

33. B 【解析】南京临时政府时期进行了司法改革，其中试行律师制度是一项重要的措施。此外，确立司法独立的原则、禁止刑讯、禁止体罚、试行公开审判和陪审制度，都是该时期司法改革的内容。B选项正确。

34. A 【解析】《中华民国宪法草案》是北洋政府时期的第一部宪法草案，于1913年10月31日由国会宪法起草委员会三读通过。由于该委员会主要是在北京天坛祈年殿进行起草活动，故称这部宪法草案为"天坛宪草"。A选项正确。

35. B 【解析】北洋政府于1914年5月1日公布的《中华民国约法》，因系袁世凯一手操纵和炮制，故又称"袁记约法"。它是军阀专制全面确立的标志。《中华民国约法》和《临时约法》有着根本性的差别，主要表现在：第一，以根本法的形式彻底否定了《临时约法》所确立的民主共和制度，代之以袁世凯的个人独裁。第二，否定和取消了责任内阁制，实行总统制，赋予总统形同专制帝王一样至高无上的地位和权力。第三，取消了国会制，设立有名无实的立法院。第四，规定了人民的基本权利与义务，但无一例外地设定了"于法律范围内"或"依法律所定"等前提条件。B选项正确。

36. C 【解析】北洋政府的审判机关分为四级。中央设立大理院，是最高审判机关。C选项正确。

37. B 【解析】北洋政府时期实行二元司法体制。普通法院负责民事、刑事案件的裁判，平政院负责行政诉讼的裁判，大理院是最高审判机关。最高法院是南京国民政府的最高审判机关，司法部负责司法行政事务。B选项正确。

38. D 【解析】南京临时政府时期，颁布了文化教育方面的法令。以"启文明而速进化"作为拟定教育方案、颁布教育法规的指导方针，采取措施发展文化教育。颁布《普通教育暂行办法及课程标准》《教育部禁用前清各书通告各省电文》等法令，规定奖励女学，实行男女同校，废止读经，禁用前清学部颁行的教科书，并要求各种教科书的内容"务合乎共和民国宗旨"。本题为选非题，因此 D 选项当选。

二、多项选择题

1. ABCD 　【解析】清末商事立法的主要特点可概括为：第一，以"模范列强""博稽中外"为立法原则。商事法典的制定从体例到内容，皆模仿西方资本主义国家的商法，同时在内容上注意吸收和反映中国传统的商事习惯。第二，在法典编纂结构和立法技术上，采取与商为便的一系列规定，在客观上有利于鼓励私人投资近代企业。第三，带有半殖民地法律的烙印。清政府企图利用法律发展买办经济，把民族工商业纳入官办或半官办的轨道。故答案为 ABCD。

2. AB 　【解析】沈家本和杨度是法理派代表人物，故答案为 AB。

3. ABC 　【解析】清末对传统的司法组织体制进行了较大调整：其一，改刑部为法部，掌管全国司法行政事务，以使行政与司法分立，并改省按察使司为提法使司，负责地方司法行政工作及司法监督。其二，改大理寺为大理院，作为全国最高审判机关。在地方设立高级审判厅、地方审判厅和初级审判厅，形成新的司法系统。其三，实行审检合署，在各级审判厅内设置相应的检察厅，对刑事案件进行侦查、提起公诉、实行审判监督，并可参与民事案件的审理，充当诉讼当事人或公益代表人。故答案为 ABC。

4. ABCD 　【解析】在北洋政府时期，法律和单行法规为当然的正式法律渊源。此外，判例和解释例成为重要的法律渊源。所谓判例，就是大理院判决的典型案例；所谓解释例，是大理院对法律的解释，或者对各级法院提出的疑难问题的解释。北洋政府广泛运用判例与解释例，使之成为审判案件的重要依据，既补充了成文法的"未备"，又便于发挥成文法所不易发挥的作用。故答案为 ABCD。

5. ACD 　【解析】1905 年，清政府正式打出"仿行宪政"的旗号，并派遣五大臣赴日本等国考察宪政。五大臣回国后，上书建议进行"立宪之预备"，认为立宪有三大利：一曰皇位永固，二曰外患渐轻，三曰内乱可弭。因此本题 ACD 选项正确。

6. BD 　【解析】咨议局活动的宗旨在于"指陈通省利病，筹计地方治安"，A 选项正确。咨议局所议定事项，可决权全在本省督抚，督抚对于咨议局有监督、裁夺之权，B 选项错误。咨议局具有地方议会的性质，C 选项正确。资政院作为中央咨询机关，可以"议决"法典的修订，D 选项错误。本题为选非题，因此 BD 当选。

7. ACD 　【解析】1903 年，清廷派载振、伍廷芳和袁世凯拟订商律，后由同年成立的商部制定颁布了一些应急性的法律法规。故本题选 ACD。

8. ACD 　【解析】《钦定宪法大纲》是清王朝于 1908 年颁布的宪法性文件，由宪政编查馆编订，是清政府"预备立宪"的一个步骤，也是中国历史上的第一个宪法性文件。AC 选项正确，B 选项错误。《钦定宪法大纲》对于皇权的"法定"和关于臣民权利与义务的第一次明确规定，对于启发民智，培养近代法律意识具有一定的意义。D 选项正确。本题选择 ACD 选项。

9. ABCD 　【解析】清末立法之争，法理派和礼教派争论的焦点主要集中在：第一，关于"干名犯义"条的存废；第二，关于"存留养亲"；第三，关于"无夫奸"及"亲属相奸"；第四，关于"子孙违犯教令"；第五，关于子孙卑幼能否对尊长行使正当防卫权。ABCD 全选。

10. ACD 【解析】《大清民律草案》前三编引进了德国、日本、瑞士民法的大量条文，后两编带有较多的传统色彩。ACD 选项正确。

11. ABC 【解析】与《大清律例》相比，《大清现行刑律》的变化主要是：取消了《大清律例》中按吏、户、礼、兵、刑、工六部名称而分的六律总目，将法典各条按其性质分为 30 门；关于继承、分产、婚姻、田宅、钱债等纯属民事性质的条款不再科刑；设置了新的刑罚体系，删除了凌迟、枭首等残酷刑罚和缘坐制度，将主体刑罚确定为死刑、遣刑、流刑、徒刑、罚金五种；增加了一些新罪名，如妨害国交罪、妨害选举罪、私铸银圆罪以及破坏交通、电讯的犯罪等。D 选项错误。对于律例合编的模式以及"十恶"重罪等内容未作更改。ABC 选项正确。

12. AC 【解析】《大清民律草案》共分总则、债权、物权、亲属、继承五编。其中，总则、债权、物权由日本法学家松冈义正等人仿照德国、日本、瑞士民法典的体例和内容草拟而成，亲属和继承两编由修订法律馆和礼学馆起草。AC 选项正确。

13. CD 【解析】《大清新刑律》原称《钦定大清刑律》，是清政府于 1911 年 1 月公布的中国历史上第一部近代意义上的专门刑法典。它分为总则和分则两编。它从体例上抛弃了以往旧律"诸法合体"的编纂形式，采用近代西方刑法典的体例，将刑法分为总则和分则两部分；采用了近代的刑罚体系，规定刑罚分为主刑和从刑，主刑包括死刑（仅限绞一种）、无期徒刑、有期徒刑、拘役、罚金，从刑包括褫夺公权和没收。因此，CD 选项正确。

14. ABCD 【解析】清末商事立法主要有《钦定大清商律》《公司注册试办章程》《破产律》《商标注册试办章程》《大清商律草案》《保险规则草案》《改订大清商律草案》《银行则例》《银行注册章程》《大小轮船公司注册给照章程》。对于这么多具体的法律名称，考生并不需要背诵，只需在每次复习到该知识点时，仔细阅读一两遍，在头脑中形成印象，能在选择题中认出来即可。ABCD 全选。

15. ABCD 【解析】《大清新刑律》（原称《钦定大清刑律》）是清政府于 1911 年 1 月公布的中国历史上第一部近代意义上的专门刑法典。《大清新刑律》在体例上抛弃了以往旧律"诸法合体"的编纂形式，采用近代西方刑法典的体例，将法典分为总则与分则两部分。《大清新刑律》采用近代刑罚体系，规定刑罚分为主刑和从刑两种。《大清新刑律》引入了西方的刑法原则和刑法学的通用术语，如罪刑法定主义原则，"法律面前人人平等"原则等，并在各省设感化院，对少年犯改用惩治教育。《大清新刑律》是近现代意义上的专门刑法典，是清末修律的代表作。其后，《大清新刑律》因"礼法之争"而作出妥协，附录《暂行章程》5 条，具有浓厚礼教色彩。《大清新刑律》公布后不久清王朝即告覆亡，该律并未正式施行。ABCD 选项正确。

16. ABC 【解析】《大清新刑律》规定刑罚分为主刑和从刑两种。主刑包括死刑（仅绞刑一种）、无期徒刑、有期徒刑、拘役、罚金，A 选项正确。取消了十恶、八议、官当以及按官秩、良贱、服制等刑律适用原则，B 选项正确。在各省设感化院，对少年犯改用惩治教育，C 选项正确。《大清现行刑律》取消了《大清律例》中按吏、户、礼、兵、刑、工六部名称而分的六律总目，将法典各条按其性质分隶 30 门，D 选项错误。

17. BCD 【解析】为了限制袁世凯，《中华民国临时约法》规定，将总统制改为责任内阁制，进一步扩大参议院的权力，增加了制衡力量并规定了严格的修改程序。BCD 选项正确。

18. ABCD 【解析】《临时约法》主要内容包括：其一，明确宣示中华民国为统一的民主共和国。其二，确立了资产阶级民主共和国的政治体制和国家制度。其三，规定人民享有广泛的权利及应尽之义务。其四，确认保护私有财产的原则。ABCD 项均为正确答案。

19. ABCD 【解析】南京临时政府在社会改革方面，颁布了一系列社会改革法令，旨在革除社会陋习，移风易俗，振奋民族精神，提倡近代文明，改进社会风尚。法令主要内容涉及禁烟、禁赌、剪辫、劝禁缠足、改革称呼旧制等。ABCD 全选。

20. BD 【解析】中华民国南京临时政府颁布了多项革命法令，主要有关保障民权（《保护人民财产令》《大总统令内务部禁止买卖人口文》《大总统令广东都督严行禁止贩卖猪仔文》《大总统通令开放疍户惰民等许其一体享有公权私权文》《大总统令外交部妥筹禁绝贩卖猪仔及保护华侨办法文》）、发展经济（《令内务部通饬各省慎重农事文》《商业注册章程》《商业银行暂行则例》）、文化教育（《普通教育暂行办法及课程标准》《教育部禁用前清各书通告各省电文》）、社会改革（涉及禁烟、禁赌、剪辫、劝禁缠足、改革称呼旧制等）等方面的内容。BD 选项均为南京临时政府所颁布的革命法令。《易答条例》是北洋政府颁布的特别刑事法令，《徒刑改遣条例》也是北洋政府颁布的法律。因此，AC 选项错误。本题较难，综合考查考生对于南京临时政府时期颁布的革命法令的掌握。

21. BCD 【解析】临时约法属于南京临时政府时期的法律文件，时期不符。BCD 选项正确。

22. ABCD 【解析】北洋政府时期立法活动特点包括：第一，采用、删改清末新订之法律。第二，采用西方资本主义国家的某些立法原则。第三，制定颁布众多单行法规。第四，判例和解释例成为重要的法律渊源。ABCD 项均正确。

23. AB 【解析】在沿用清末法律的同时，北洋政府制定颁布了一系列单行法规：刑事、治安方面的，如《戒严法》《惩治盗匪法》《治安警察条例》《陆军刑事条例》《海军刑事条例》等；民事、商事方面的，如《公司条例》《矿业条例》《商人通例》等。《羁押法》和《监狱行刑法》是南京国民政府时期颁布的法律。AB 选项正确。

24. ABCD 【解析】1913 年《天坛宪草》规定了国会有立法权、弹劾权以及对总统重大权力的牵制权，A 选项正确。北洋政府于 1914 年公布的《中华民国约法》取消了国会制，设立有名无实的立法院，在立法院成立前，由纯属总统咨询机关的参政院代行立法院的职权，B 选项正确。1914 年参政院公布了《修正大总统选举法》，规定大总统的任期为 10 年，可连选连任，C 选项正确。北洋政府时期的民事制定法体系，以《大清现行刑律》中有关民事规范（现行律民事有效部分）与各种单行民事法令构成，D 选项正确。

三、简答题

1. 参考答案 （1） 立法原则：① 采纳各国通行的民法原则。② 以最新最合理的法律理论为指导。③ 充分考虑中国特定的国情民风，确定适合中国风俗习惯的法则，并适应社会演进的需要。（2） 特点：① 《大清民律草案》前三编以"模范列强"为主。这三编的内容主要以西方各国通行的民法理论和原则为依据，对中国旧有习惯未加参酌，因而体现出明显的资本主义民法的特征。②《大清民律草案》后两编"以固守国粹为主"。涉及亲属关系和与之相关联的财产关系，以及继承方面的规定，均以中国传统为主，体现了浓厚的传统色彩。

2. 参考答案 （1） 以"模范列强""博稽中外"为立法原则。商事法典的制定从体例到内容，皆模仿西方资本主义国家的商法，同时在内容上注意吸收和反映中国传统的商事习惯。（2） 在法典编纂结构和立法技术上，充分体现了照顾商事活动简便性及敏捷性的要求，以宽为主。（3） 带有半殖民地法律的烙印。清末商法虽有种种不足之处，但客观上基本适应了当时社会经济发展的要求，是中国近代商事立法的开端。

四、分析题

参考答案 这段文字的基本含义是：在通商交涉事宜繁重的情况下，沈家本、伍廷芳应该根据时局的变化，参考西方国家的法律制度，仔细研究，妥善处理，修律务必要采用先进的法律制度，同时要适合国情，维护专制统治和伦理纲常，做到有裨治理。该文字表明，清末修律在立法指导思想上，始终贯彻着仿效外国资本主义的法律形式，固守中国封建法制传统的方针。一方面清政府迫于激变的时局，不得不改弦更张，参酌各国法律进行变法修律；另一方面又固守中国封建制度的内容，维护伦理纲常，这便是清政府变法修律的基本宗旨。清末修律是清朝统治者为维护其统治，在保持君主专制的前提下进行的，因而既不能反映群众的要求与愿望，也没有真正的民主形式。

第七章　南京国民政府及中国共产党领导下的革命根据地法律制度

一、单项选择题

1. B 【解析】抗日民主政权时期实行"二五减租"原则，即在未经土改的地区，地主出租土地的地租必须比抗战以前原租额减轻 25%。故答案为 B。

2. C 【解析】南京国民政府立法活动的主要原则是坚持"党治"，即由国民党垄断立法权。C 选项正确。

3. D 【解析】南京国民政府的立法经历了三个阶段：第一阶段（1927—1936 年），是国民党政权"法统"的形成时期；第二阶段（1937—1945 年），是国民党政权"法统"的发展时期；第三阶段（1946—1949 年），是国民党政权"法统"的完善和崩溃时期。D 选项正确。

4. C 【解析】《中华民国训政时期约法》于 1931 年 5 月由"国民会议"通过，同年 6 月 1 日由南京国民政府公布施行。其主要内容是：以根本法的形式确认《训政纲领》的"党治"原则，建立国民党一党专政的国家制度；规定五院制的政府组织形式；罗列一系列公民权利与自由，但又多加限制；利用国家的名义，发展官僚资本。由此可推出，训政时期中华民国最高的训政者是国民党。C 选项正确。

5. D 【解析】孙中山的三民主义是南京国民政府立法指导思想的核心，以蒋介石为首的南京国民政府在形式上依照"权能分治""五权宪法""建国三时期"等政治设想建立政治体制和法律制度。D 选项正确。

6. A 【解析】南京国民政府采取"以法典为纲、以相关法规为目"的方式，将法典及相关法规汇编成《六法全书》。《六法全书》的编纂，标志着国民政府六法体系的建构完成，实现了法律形式上的近代化。A 选项正确。

7. C 【解析】在立法原则方面，继受了罪刑法定、罪刑相适应以及刑罚人道主义等原则，A 选项正确。为继承传统的宗法伦理精神，刑法典保留了更多传统中国刑法的痕迹，如对侵害直系尊亲属的犯罪行为采取加重处罚原则，B 选项正确。同居相为隐原则得到一定的体现，如规定罪犯的配偶、五亲等内之血亲或姻亲犯便利犯人逃脱、藏匿犯人、湮灭证据等犯罪，可以减轻或免除处罚，D 选项正确。亲族间犯盗可以免于处罚、适用亲告并纵容纳妾，C 选项错误。刑法典设有重婚罪，但纳妾不属于重婚范围。最高法院在判例中明确指出："所谓重婚及相婚，均指正式婚姻而言，如未正式结婚，纵令事实上有同居关系，仍难以成立该罪。"本题为选非题，故选 C 项。

8. B 【解析】《中华民国民法》是中国历史上第一部正式颁行的民法典。B 选项正确。

9. A 【解析】南京国民政府成立后，继续推动民法典的编纂，1929 年国民党中央政治会议通过"民商合一"的制定原则，这是中国近代民商事立法首次采用这一模式。A 选项正确。

10. C 【解析】中华民国南京国民政府的《刑事诉讼法》规定，在证据制度中采取"自由心证"的原则。C 选项正确。

11. B 【解析】南京国民政府成立初期，沿用北洋政府的法院组织体系，实行四级三审制。1932 年 10 月公布《法院组织法》（1935 年 7 月 1 日施行），改为三级三审制，第三审为"法律审"。B 选项正确。

12. C 【解析】根据 1947 年颁布的《司法院组织法》，司法院设大法官会议，行使解释宪法及统一解释法律命令之职权，C 选项正确。

13. D 【解析】《中华苏维埃共和国宪法大纲》规定了苏维埃国家性质是工人和农民的民主专政国家，规定苏维埃国家政治制度是工农兵代表大会，规定并保障苏维埃国家公民的权利和义务，规定苏维埃国家的外交政策。但是由于缺乏宪法实施经验和受到"左"倾思想的影响，《中华苏维埃共和国宪法大纲》也存在一定的缺陷，如混淆了民主革命与社会主义的界限，阶级路线上搞"左"倾关门主义和国家结构问题上照搬苏联经验等。D 选项说法错误。本题选 D。

14. C 【解析】1947 年 10 月 10 日，中共中央正式公布施行《中国土地法大纲》，废除了封建性及半封建性剥削的土地制度，实行耕者有其田的制度。此时为解放战争时期。C 选项正确。

15. B 【解析】工农民主政权中期的土地立法以 1929 年 4 月《兴国土地法》为代表。该法纠正了《井冈山土地法》"没收一切土地"的错误，改为"没收一切公共土地及地主阶级的土地"，但在土地分配适用的问题上沿用《井冈山土地法》的规定。B 选项正确。

16. D 【解析】1937 年 8 月颁布的《抗日救国十大纲领》确立了"减租减息"的原则，各根据地以此为中心任务制定本地区的土地法规，以陕甘宁边区的土地立法最有代表性。D 选项正确。

17. B 【解析】《五四指示》将抗战时期的减租减息政策改为没收地主土地分配给农

民，实行土地改革，从而揭开了解放区土地改革运动的序幕。B 选项正确。

18. B 【解析】1931 年 11 月中央苏区工农兵第一次代表大会通过的《中华苏维埃共和国劳动法》规定，实行 8 小时工作制和工人的各种法定休假制度，工人享有各种法定的劳动保护和社会保险等。B 选项正确。

19. B 【解析】抗日民主政权时期，劳动立法明确规定边区实行 10 小时工作制（陕甘宁边区为 8 小时）。B 选项正确。

20. B 【解析】各边区的抗日民主政府分别制定了若干地区性的婚姻条例，其中规定的法定最低婚龄基本为：男 20 周岁，女 18 周岁。B 选项正确。

21. C 【解析】抗日民主政权时期，婚姻立法规定法定最低婚龄为男 20 周岁、女 18 周岁，A 选项错误。将重婚规定为法定离婚条件，B 选项错误。规定了婚姻立法的基本原则，如男女平等、婚姻自由、一夫一妻制以及保护妇女儿童原则等，C 选项正确。规定离婚后的财产处理和子女抚养问题，D 选项错误。

22. A 【解析】1941 年 11 月颁布的《陕甘宁边区施政纲领》是抗日民主政权制定的最具代表性的宪法性文件。A 选项正确。

23. C 【解析】工农民主政权时期，苏区实行集权、独立系统垂直领导的国家政治保卫局，主要负责反革命案件的侦查、预审、提起公诉等工作。C 选项正确。

24. D 【解析】解放战争时期各解放区的刑事立法进一步明确惩办与宽大相结合的原则，以集中打击各类反革命分子。在刑法种类上，创设了"管制"刑，即将已经登记的反动分子交给当地政府及群众监督，限制其自由，责令其每隔一段时间必须向指定机关报告行踪。D 选项正确。

25. C 【解析】解放战争时期各解放区的刑事立法在原则方面，将惩办与宽大相结合的原则进一步明确为"首恶者必办，胁从者不问，立功者受奖"，以集中打击各类反革命分子。C 选项正确。

26. A 【解析】1941 年 11 月颁布的《陕甘宁边区施政纲领》是抗日民主政权制定的最具代表性的宪法性文件。在政权民主建设方面，它规定边区实行参议会制度和"三三制"政权组织原则。参议会制度是我国人民代表大会制度在抗战时期的特定历史条件下加以变通的政权组织形式。边区各级参议会为边区各级之人民代表机关，由其选举产生同级政府委员会。"三三制"政权组织原则，即规定根据地政权的人员构成实行"三三制"原则，即共产党员占 1/3，非党左派进步人士占 1/3，中间派占 1/3。A 选项正确。

27. B 【解析】以人民调解制度作为司法审判工作的重要补充，是抗日民主政权司法工作的突出特点。B 选项正确。

28. D 【解析】1946 年 4 月，陕甘宁边区第三届参议会通过了《陕甘宁边区宪法原则》，采取人民代表会议制的政权组织形式。D 选项正确，其余选项错误。本题选 D。

二、多项选择题

1. ABD 【解析】孙中山参照西方宪制理论和中国传统历史国情建构起其宪法思想体系。他认为西方代议制的症结在于人民权利和政府权力的矛盾，为解决这一矛盾，他提出了权能分治理论："权"即政权，是人民管理政府的力量，包括选举、罢免、创制、复决四项权力；"能"即治权，是政府管理国家事务的权能，包括行政、立法、司法、考试、监察五项权能。治权不包含军事权能，故答案为 ABD。

2. BCD 　【解析】以人民调解制度作为司法审判工作的重要补充，是抗日民主政权司法工作的突出特点。调解方式有民间调解、群众团体调解、政府调解、司法调解。调解的原则主要是：双方自愿；以法律为准绳，照顾善良风俗；调解不是诉讼必经程序。A 选项错误。调解的范围主要是民事纠纷和轻微刑事案件。调解处理方式一般有赔礼道歉、认错、赔偿损失或抚慰金等。调解一般需制作和解书。故答案为 BCD。

3. ABC 　【解析】《训政纲领》规定在训政时期由中国国民党全国代表大会代表国民大会领导国民行使政权。在其闭会期间，则由国民党中央执行委员会行使政权。国民政府从属于国民党中央机关。在国民党与人民的关系上，体现了"训政保姆论"的精神，即国民党是人民的政治保姆，训练幼稚的国民行使政权。ABC 项正确。训政时期，国民党为最高训政者，国民党全国代表大会及中央执行委员会为国家最高权力机关，中央政治会议为政府的直接领导机关，建立了国民党一党专政的政治制度。D 选项错误。

4. ABCD 　【解析】南京国民政府时期法律制度特点为：第一，以孙中山的"遗教"为立法的根本原则。第二，特别法多于一般法，其效力往往也高于一般法。第三，形成了以《六法全书》为标志的国家成文法律体系。第四，不成文法在法律体系中占据重要地位。ABCD 选项均正确。

5. BCD 　【解析】与旧刑法相比，1935 年《中华民国刑法》吸收了西方最新的刑法理论和立法经验，作了较大的修改，由"客观主义"改为"侧重于主观主义"，强调犯罪性质而非客观后果，A 选项错误。由"报应主义"改为"侧重于防卫社会主义"，强调"保全与教育机能"，引进保安处分制度，BC 选项正确。在时间效力上取"从新从轻主义"，但保安处分取"从新主义"和裁判后的"附条件从新主义"，D 选项正确。

6. ABCD 　【解析】南京国民政府时期制定颁布的单行商事立法主要有：（1）银行法，如《中央银行条例》《中国银行条例》《交通银行条例》《银行法》《储蓄银行法》《中央银行法》等；（2）交易所法，如《交易所法》；（3）票据法，如《票据法》；（4）公司法，如《公司法》；（5）海商法，如《海商法》及其施行法；（6）保险法，如《保险法》；（7）破产法，如《商人债务清理暂行条例》《破产法》《破产法施行法》等。本题 ABCD 四个选项都正确。

7. ABCD 　【解析】《中华民国民法》的内容与特点包括：第一，采用社会本位的立法原则。第二，在具体制度上，将外国民法之最新学理、最新立法例加以吸纳、整合，萃成本国民法。第三，肯定在无法可依的情况下，习惯及法理可作为审理民事案件的依据。第四，重在维护私有财产所有权及地主土地经营权。第五，婚姻家庭制度体现浓厚的固有法色彩。ABCD 均为正确答案。

8. BCD 　【解析】南京国民政府时期的司法机构分为普通法院系统和特种刑事法庭。普通法院的审判机构分为地方法院、高等法院和最高法院。BCD 选项正确。

9. ABC 　【解析】《中华苏维埃共和国婚姻法》主要内容有：（1）规定男女婚姻以自由为原则，废除一切包办、强迫和买卖婚姻制度，禁止童养媳，实行一夫一妻制，禁止一夫多妻或一妻多夫。（2）关于结婚年龄，规定男子须满 20 岁，女子须满 18 岁。禁止三代以内的血亲通婚，禁止患传染病、神经病及疯瘫者结婚。男女结婚须到苏维埃进行登记，领取结婚证。（3）确定离婚自由的原则，凡男女双方同意离婚，或男女一方坚决要求离婚的，即行离婚。规定离婚后孩子和财产的处理办法，私生子女得享受婚生子女同等权利。红军战士之妻要求离婚的，须得其夫同意，在通信便利的地方经过两年，通信困难的地方经过四年，其夫无信回家者，其妻可以请求登记离婚。ABC 选项正确。

10. ABCD　【解析】1934 年 4 月颁行的《中华苏维埃共和国惩治反革命条例》是土地革命时期最具代表性的惩治反革命的刑事法律。该条例的主要原则是：区分主犯、首犯和附和参与者，区别对待；对自首、自新者减免刑罚；罪刑法定主义与类推原则相结合；废止肉刑，实行革命的人道主义；按阶级成分及功绩定罪量刑。ABCD 全选。

11. BCD　【解析】1939 年陕甘宁边区规定的十条离婚条件有：有重婚之行为者；感情意志根本不合，无法继续同居者；与他人通奸者；虐待他方者；以恶意遗弃他方者；图谋陷害他方者；不能人道者；患不治之恶疾者；生死不明过一年者，但不能通信之地方以三年为期；有其他重大事由者。BCD 选项正确。

12. ABC　【解析】抗日民主政权时期各边区刑事立法的主要罪名有汉奸罪、破坏坚壁财物罪、贪污罪。ABC 选项正确。

13. ABD　【解析】《中国土地法大纲》属于解放区人民民主政权时期的立法。ABD 选项正确。

14. ABCD　【解析】抗日战争时期，劳动立法的内容包括工人权利、工时、工资、集体合同、安全生产防护的规定。ABCD 全选。

15. ABCD　【解析】解放区处理离婚问题时，在强调感情因素的同时，注重政治条件，规定夫妻一方是恶霸、地主、富农或者有反革命活动者，他方可据此为理由提出离婚。同时，针对当时干部离婚问题比较突出的情况，专门规定了干部离婚的原则，即坚持以"夫妻感情意志根本不合"为标准，凡以威胁、利诱、欺骗等手段制造离婚条件的，原则上不准离婚；对不得不离，经调解无效的，应准予离婚，但在财产处理上照顾对方。ABCD 全选。

16. CD　【解析】中国共产党领导下的人民民主政权时期主要的法律制度有：《陕甘宁边区宪法原则》《中国人民解放军宣言》《关于土地问题的指示（五四指示）》《中国土地法大纲》《关于中国职工运动当前任务的决议》《中华总工会章程》《陕甘宁边区婚姻条例》《关于废除国民党的〈六法全书〉与确定解放区的司法原则的指示》等。CD 选项正确。《陕甘宁边区施政纲领》属于抗日民主政权时期的法律制度。A 选项错误。《井冈山土地法》属于工农民主政权时期的法律制度。B 选项错误。

17. ACD　【解析】抗日民主政权时期，马锡五同志任陕甘宁边区高等法院陇东分庭庭长时，他在巡回审判中贯彻群众路线，深入农村，调查研究，实事求是地了解案情；依靠群众，教育群众，尊重群众意见；方便群众诉讼，手续简便，不拘形式。他依靠群众纠正错案，解决疑难案件，被人民群众誉为"马青天"。他的审判工作经验被总结为"马锡五审判方式"。马锡五审判方式是把中国共产党群众路线的工作方针创造性地运用到审判工作中去的司法民主的崭新形式。因此，本题选 ACD。

三、简答题

1. 参考答案　《中华民国民法》是中国历史上第一部正式颁行的民法典。其主要特点是：（1）该法采用社会本位的立法原则。（2）在具体制度上，该法将外国民法之最新学理、最新立法例加以吸纳、整合，萃成本国民法。（3）该法采取民商合一的编纂体例。（4）该法重在维护私有财产所有权及地主土地经营权。（5）该法的婚姻家庭制度体现出浓厚的封建色彩。该法前三编引进了德国、日本、瑞士民法的大量条文,后两编带有较多的封建色彩。

2. **参考答案** (1) 明确阐述抗日民主政权的主要任务,是《抗日救国十大纲领》确定的"抗日""团结""民主"。(2) 加强政权民主建设,规定边区实行参议会制度和"三三制"政权组织原则。参议会制度是我国人民代表大会制度在抗战时期的特定历史条件下加以变通的政权组织形式。边区各级参议会为边区各级之人民代表机关,由其选举产生同级政府委员会。"三三制"政权组织原则,即规定根据地政权的人员构成实行"三三制"原则,即共产党员占1/3,非党左派进步人士占1/3,中间派占1/3。(3) 改进司法制度,厉行廉洁政治。(4) 规定边区的基本经济文化政策。

3. **参考答案** (1)宣布废除封建、半封建性剥削的土地制度,实行耕者有其田。(2)规定土地改革须遵守的原则是依靠贫雇农,团结中农,保护工商者,正确对待地主富农。(3)规定以乡村为单位、按人口平均分配一切土地的分配办法。在土地数量上抽多补少,质量上抽肥补瘦。地主及其家属、国民党官兵家属也可以分得与农民同样的土地和财产。(4) 确认人民对所分得土地的所有权。政府发放土地证,允许土地所有人自由经营、买卖及在特定情况下出租土地。(5) 确定土地改革的执行机关为乡村农民大会、贫农团大会、区县省级农民代表大会。对一切违抗或破坏土地改革的罪犯,组成人民法庭予以审判。(6) 确认保护工商业的原则。

4. **参考答案** 北洋政府时期实际施行的民法(称"现行律民事有效部分")包括:

(1)《大清现行刑律》中关于民事部分内容,服制图、服制;

(2)名例中有关条款如户役、田宅、婚姻、犯奸、斗殴、钱债等部分;

(3)《大清户部则例》中关于户口、田赋、租税等内容。

(4)由于"现行律民事有效部分"条文甚为简略,不敷使用,北洋政府还颁布了一些民事单行法令以解决社会生活中的具体问题,如《验契条例》(1914)、《管理寺庙条例》(1915)、《清理不动产典当办法》(1917)等。

四、论述题

参考答案 清末的司法改革,对传统司法组织体制进行了调整,改刑部为法部,使得行政与司法分立;南京临时政府确立了司法独立的原则。这对当今司法改革的启示有:将行政与立法分开,建立领导干部干预司法活动、插手具体案件处理的记录、通报和责任追究制度,完善确保依法独立公正行使审判权的制度。清末的司法改革,在诉讼程序上实行四级三审制度。这对当今司法改革的启示有:完善人民法院系统,落实贯彻审级制度,加强上级法院对下级法院的监督,增加案件最终判决公正系数,实现司法公正与效率的统一。清末的司法改革,初步规定了法官及检察官考试任用制度,南京临时政府司法改革中试行律师制度,这对当今司法改革的启示有:我们在当今司法改革中,要加强法治工作队伍建设,完善法律职业准入制度,加快建设符合职业特点的法治工作人员管理制度,建立法官检察官逐级遴选制度,建立健全法治工作部门和法学教育研究机构人员双向互聘机制。南京临时政府的司法改革禁止刑讯、禁止体罚,这对当今司法改革的启示有:要加强人权司法保障,完善对限制人身自由司法措施和侦查手段的司法监督等举措。

读者意见反馈

为收集对本书的意见建议，进一步完善本书编写并做好服务工作，读者可将对本书的意见建议通过如下渠道反馈至我社。

咨询电话　400-810-0598

反馈邮箱　gjdzfwb@pub.hep.cn

通信地址　北京市朝阳区惠新东街 4 号富盛大厦 1 座

　　　　　高等教育出版社总编辑办公室

邮政编码　100029

防伪查询说明

用户购书后刮开封底防伪涂层，使用手机微信等软件扫描二维码，会跳转至防伪查询网页，获得所购图书详细信息。

防伪客服电话　(010)58582300